ANDREAS BÄRTELS

Gartengehölze

Prunus yedoensis

ANDREAS BÄRTELS

Gartengehölze

Bäume und Sträucher für
mitteleuropäische und mediterrane Gärten

3., neubearbeitete und erweiterte Auflage
392 Farbfotos
2 Farbkarten der Winterhärtezonen
320 Zeichnungen
75 Tabellen

VERLAG
EUGEN
ULMER

Die Deutsche Bibliothek – CIP-Einheitsaufnahme

Bärtels, Andreas:
Gartengehölze / Andreas Bärtels. – 3., neubearb. und
erw. Aufl. – Stuttgart : Ulmer, 1991
  ISBN 3-8001-6399-3

© 1973, 1991 Eugen Ulmer GmbH & Co.
Wollgrasweg 41, 7000 Stuttgart 70 (Hohenheim)
Printed in Germany
Umschlaggestaltung: Alfred Krugmann
Lektorat: Agnes Pahler
Herstellung: Dieter Kleinschrot
Satz: Typobauer Filmsatz GmbH, Ostfildern 3
Druck und Bindung: Passavia Druckerei GmbH, Passau

GELEITWORT

Gehölze vermögen, wie kaum eine andere Lebensform pflanzlicher Gewächse, Natur und Landschaft zu prägen. Nicht selten haben wir zu Bäumen und Sträuchern eine oft über Jahrzehnte lange emotionale Beziehung. Wir verfolgen den jahreszeitlichen Rhythmus, das Wachstum und die Gestaltsveränderungen. Wie sehr wir mit ihnen vertraut sind und an ihnen hängen, erfahren wir beispielsweise nach heftigen Stürmen, die sie schädigen oder gar zerstören.

Bäume und Sträucher sind es, die unsere oft bebaute, versteinerte oder stark industriell geprägte alltägliche Umgebung lebenswert machen. Sie erfreuen unsere Augen, spenden uns Schatten oder dämpfen den Lärm.

Gehölze vermögen uns jederzeit anzusprechen. Oft sind sie es allein, die uns die Jahreszeiten im Garten, im Park oder in der Naturlandschaft erleben lassen. Aus der Ferne oder bei näherer Betrachtung überraschen sie uns durch den Austrieb und die Blattentfaltung im Frühling, die farbliche Blütenfülle und Fruchtbildung sowie die Fruchtreife und Laubfärbung im Herbst. Ja selbst im Winter beeindrucken uns die Farbe oder Form ihrer Rinde und Borke. Die Immergrünen durchbrechen das winterliche Grau.

Als Mitteleuropäer müssen wir auf eine in vergleichbaren Klimaten herrschende Artenfülle verzichten und greifen daher gern auf Bäume und Sträucher anderer Kontinente zurück. Nur wenige unserer heimischen Gehölze weisen eine so ins Auge fallende Blütenpracht wie die vieler ostasiatischer Sträucher oder eine leuchtende Herbstfärbung wie nordostamerikanische Bäume auf. So ist es nur selbstverständlich, wenn in unseren Gärten und Parks seit langem auch nichtheimische Gehölze angepflanzt werden. Hinzu kommen die von kundiger Hand bewahrten Mutanten, die in der freien

Natur kaum überleben können. Sie sind es, die neben vielen Hybriden unsere Sortimente bilden und uns die Auswahl erschweren.

Um einen Überblick über die Arten- und Formenfülle zu erlangen, bedarf es eines guten Wegweisers und kundigen Führers. Hierfür haben sich die »Gartengehölze« bestens bewährt. Die hier vorliegende dritte Auflage erfuhr mancherlei Bereicherung und Erweiterung. So wurden bei vielen Gattungen die Sortenlisten überarbeitet, ergänzt und auf den neuesten Stand gebracht. Hinzugekommen sind seltenere Gattungen und Arten. Einen neuen Aspekt erfuhr das Buch durch die Aufnahme mediterraner Gehölze, die bei uns meist nur als Kübelpflanzen gedeihen können.

Die »Gartengehölze« bieten klare und vielseitige Auskünfte aus vielen Bereichen. Behandelt werden botanische Fragen wie die Benennung, Besonderheiten und die Verbreitung, gärtnerisch-praktische Belange wie Pflanzung und Pflege, Krankheiten und Schädlinge, gestalterische Möglichkeiten wie Anordnung und Verwendung. Neben einem soliden Text erlangt das Buch durch eine Fülle ausgezeichneter Farbfotos auch seine optische Aussagekraft.

Dem Autor und dem Verleger gebührt Dank, daß ein so bewährtes, reichhaltiges und bestens ausgestattetes Werk auch künftig Ratsuchenden zur Verfügung steht. Möge es jedem Leser helfen, die Augen für die Schönheit der Gehölze zu öffnen, ihre Vielfältigkeit zu bestaunen und ihn damit zugleich einen Blick in die Reichhaltigkeit und Faszination unserer belebten Umwelt tun zu lassen.

Dr. Ulrich Hecker
Präsident der Deutschen
Dendrologischen Gesellschaft

INHALTSVERZEICHNIS

EINFÜHRUNG IN DIE DENDROLOGIE

Zentrales Thema dieses Buches sind Eigenschaften, Standortansprüche und Verwendung von Baum und Strauch in Garten und Park. Darüber hinaus wird der Umgang mit Gehölzen, werden Themen wie Pflanzung, Bodenpflege, Düngung und Bewässerung, das Schneiden und die Gesunderhaltung der Gehölze ausführlich behandelt. Mit den folgenden Kapiteln soll zunächst aber kurz in die Dendrologie, die Baumkunde, eingeführt werden.

Pflanzennamen

Jede bekanntgewordene und beschriebene Pflanze hat einen ganz bestimmten, einzig ihr zugeteilten wissenschaftlichen Namen; er ist international gültig und verständlich. Natürlich hat wohl auch jede Pflanze einen – in der Regel weitaus älteren – volkstümlichen, heimatsprachlichen Namen, der aber innerhalb des deutschen Sprachraumes sehr verschieden sein kann. Ein Beispiel: Wenn Hans Sachs singt »Wie süß duftet der Flieder«, dann rühmt er ein Gehölz, das in einer anderen Gegend Holunder heißt, wieder anderswo Holder und vielleicht schon im Nachbarort Holler. Tatsächlich meint Hans Sachs den Holunder *(Sambucus nigra)*. Die Pflanze, die wir heute allgemein als Flieder *(Syringa vulgaris)* bezeichnen, wurde zeitweise auch als Holler oder Holunder bezeichnet, bevor mit Zusätzen wie spanisch, türkisch oder welsch die fremde Herkunft (Südosteuropa) angedeutet wurde und sich schließlich der heute gebräuchliche Name durchsetzte. Aus diesem Gewinn an Exaktheit zu Lasten manch alter mundartlicher, nur regional verbreiteter Namen läßt sich zugleich ableiten, warum der wissenschaftliche Name vorzuziehen ist.

Binäre Nomenklatur

Der wissenschaftliche Name besteht aus zwei Teilen, nämlich aus dem Gattungs- und dem Artnamen. Diese sogenannte binäre Nomenklatur geht zurück auf den schwedischen Naturforscher Carl von Linné. Er regte schon als junger Student eine einheitliche Namensgebung an und gab 1736 in seiner »Critica Botanica« dafür die Begründung und Anleitung. Danach sollten die wissenschaftlichen Namen eben nur Namen sein und nicht wie bisher in einer mehr oder weniger langen Aneinanderreihung von Worten eine Kurzbeschreibung der betreffenden Pflanze geben. Als Geburtsjahr der binären Nomenklatur gilt das Jahr 1753, als Linnés »Species Plantarum« (Die Arten der Pflanzen) erschien, ein Werk, das alle damals bekannten Pflanzen erfaßte und jede mit nur zwei Namen kennzeichnete. So ist z. B. mit dem Gattungsnamen *Hamamelis* und der Artbezeichnung »mollis« die Chinesische Zaubernuß gemeint, die wir später noch kennenlernen werden. Wir werden dort z. B. aber auch *Hamamelis mollis* 'Brevipetala' lesen. Dieser in einfachen Anführungszeichen stehende Name weist die betreffende Pflanze als Sorte aus, die nur durch eine vegetative Vermehrung erhalten werden kann. Wieder etwas anderes als der Sortenname 'Brevipetala' (er könnte auch aus zwei, höchstens drei Wörtern bestehen) sagt

z. B. die Bezeichnung *Hamamelis japonica* var. *arborea* aus. Mit »var. arborea« wird eine Varietät gekennzeichnet, die am natürlichen Standort zu finden ist, auch bei geschlechtlicher Vermehrung konstant bleibt, sich in ihren Merkmalen aber nur so geringfügig (hier durch höheren Wuchs) von der Art unterscheidet, daß sie nicht als eigene Art angesprochen werden kann.

Neben den natürlichen Arten und den Sorten haben wir es in Garten und Park häufig mit sogenannten Hybriden oder Bastarden zu tun. Das sind Kreuzungen aus zwei Arten einer Gattung (selten auch von Arten verschiedener Gattungen), die in Kultur (nur selten auch am natürlichen Standort) spontan aufgetreten sind, aber auch durch bewußte Kreuzungen entstanden sein können. Alle können nur durch vegetative Vermehrung erhalten werden.

An einen wissenschaftlichen Namen werden vier Forderungen gestellt: 1. Er muß für alle Sprachen und Länder verständlich sein. So wurde das Lateinische Grundlage der Sprach- und Schreibweise der Namen. 2. Nur eine einzige Pflanzenart in der Welt darf einen bestimmten Namen tragen: er muß einmalig sein. 3. Durch internationale Abmachungen müssen die Namen einheitlich in aller Welt gebraucht und verstanden werden. 4. Schließlich soll der Name beständig sein.

Seit 1867 versuchen internationale botanische Kongresse, diese Forderungen zu verwirklichen. Die Taxonomen schufen dort Regeln und Empfehlungen für die Anwendung und Behandlung alter und die Schaffung neuer Namen: den »Internationalen Code der botanischen Nomenklatur«. Internationale Regeln für die botanische und zoologische Nomenklatur fassen die Ergebnisse zusammen, die für alle Biologen verbindlich sind und von einer Nomenklaturkommission überwacht werden.

Auch die Namen sind, wie so manches in der Wissenschaft, nicht starr und unumstößlich, sondern neuen Erkenntnissen unterworfen. Es kam in den letzten Jahren recht häufig vor, daß aus einer Pflanzengattung mehrere neue gemacht wurden und dadurch die Pflanzen neue Namen erhielten. Aus anderen Gründen belegte man bestimmte Pflanzen in kurzer Folge mit verschiedenen Namen. Namensänderungen gehen auf den Prioritätsgrundsatz zurück. Danach ist der Pflanzenname korrekt, der nach Linné als erster gültig veröffentlicht wurde.

In der Nomenklatur folgen wir in der Regel dem bewährten »Zander, Handbuch der Pflanzennamen«, 14. Auflage, von Encke, Buchheim und Seybold, Verlag Eugen Ulmer, Stuttgart, soweit die hier beschriebenen Gehölze dort aufgeführt sind. Ist ein dem Leser besser bekannter Name im lexikalischen Teil dieses Buches nicht an der erwarteten Stelle zu finden, suche man ihn im Verzeichnis der ungültigen Namen.

Vulgärnamen

Als Vulgärnamen bezeichnet man den volkstümlichen Namen einer Pflanze. Wir werden im lexikalischen Teil die wissenschaftlichen Namen jeweils zuerst nennen, da die Vulgärnamen eine Pflanze nicht immer deutlich genug kennzeichnen. Man wäre außerdem häufig genug gezwungen, mehrere Pflanzennamen zu nennen, da besonders die in Mitteleuropa heimischen Pflanzen sehr viele verschiedene Namen tragen können. So heißt zum Beispiel der Feldahorn *(Acer campestre)* nicht nur auch Maßholder oder Kleiner Ahorn, sondern trägt mehr als ein Dutzend mundartliche Bezeichnungen. Die Traubenkirsche *(Prunus padus)* wird unter anderem auch Faulbaum genannt, genau wie *Rhamnus frangula*, der »echte« Faulbaum.

Die aus fremden Ländern eingeführten Pflanzen besitzen häufig keine anerkannten deutschen Namen. Die in ihren Heimatgebieten gebräuchlichen Vulgärnamen sind hier nicht bekannt oder nicht populär geworden. Eine wörtliche Übersetzung wissenschaftlicher Namen in die deutsche Sprache ist meist nicht sinnvoll, da der Name oft steif wirkt und sich daher nicht durchsetzt. Wo deutsche Namen für fremdländische Pflanzen gebräuchlich sind, werden wir sie neben den wissenschaftlichen nennen.

Sortennamen

Sortennamen sind in weiten Bereichen des Gartenbaus und der Landwirtschaft seit langem eingeführt. Seit 1961 ist ihr Gebrauch im »Internationalen Code der Nomenklatur der Kulturpflanzen« geregelt und vorgeschrieben. Danach sollen sich Sorten in ihrer Schreibweise deutlich von den botanischen Varietäten unterscheiden. In Deutschland werden die Sortennamen einheitlich groß geschrieben und in einfache Anführungszeichen gesetzt. Als Sorten werden bezeichnet:

Klon = Bestand genetisch einheitlicher Individuen, der ursprünglich von einer Pflanze abstammt und vegetativ erzeugt worden ist. Hierher gehören fast alle Gehölzsorten.

Linie = Bestand sich geschlechtlich fortpflanzender Individuen von einheitlichem Aussehen, der durch Samen oder Sporen vermehrt wird. Viele Getreide-, Gemüse- und Blumensorten sind hier einzureihen.

F_1-Bastarde = einheitlicher Bestand von Nachkommen einer Kreuzung zwischen zwei oder mehreren Zuchtstämmen, die als Klone oder durch Inzucht rein erhalten werden. Die Kreuzung wird jährlich wiederholt. Bekannt sind derartige Sorten unter anderem bei Begonien oder Hybrid-Mais.

Züchterrechte

Ähnlich wie für eine Erfindung auf dem gewerblichen Sektor ein Patent erteilt werden kann, so kann auch für eine neue Pflanzensorte ein Züchterrecht, das sogenannte Sortenschutzrecht, beantragt und gewährt werden. Hierfür ist das Bundessortenamt in Hannover zuständig. Sortenschutz kann für Sorten solcher Pflanzenarten gewährt werden, die im Artenverzeichnis zum Sortenschutzgesetz aufgeführt sind. Dies sind u.a. eine ganze Reihe von Ziersträuchern und -bäumen.

Der Sortenschutz hat die Wirkung, daß allein der Sortenschutzinhaber während der Schutzperiode von 20 bzw. 25 Jahren befugt ist, Vermehrungsgut der geschützten Sorte zum gewerbsmäßigen Vertrieb zu erzeugen oder gewerbsmäßig zu vertreiben.

Im Handel werden auch oft Warenzeichen verwendet. Sie schützen nicht die Sorte als solche; vielmehr dürfen sie nur von dem in die Zeichenrolle des Patentamtes in München eingetragenen Inhaber oder den von ihm autorisierten Personen bzw. Firmen zur Kennzeichnung bestimmter Waren – also auch von Pflanzensorten – verwendet werden. Das Warenzeichenrecht beinhaltet demnach keinen Sachschutz, sondern nur einen Schutz an dem eingetragenen Zeichen.

Gattungen und Arten

Die ungeheure Vereinfachung, die durch die Verwendung von nur zwei Namen für eine bestimmte Art entstand, hatte die Erkenntnis zur Voraussetzung, daß Pflanzen mit übereinstimmenden Merkmalen – auch wenn andere, abweichende Merkmale vorhanden waren – miteinander verwandt sein müßten. Pflanzen mit übereinstimmenden Merkmalen wurden einer Gattung zugeordnet. Die nicht übereinstimmenden Merkmale trennte die Pflanzen einer Gattung in mehrere Arten.

Wir wollen hier nicht näher auf die sprachliche Herkunft der Gattungs- und Artnamen eingehen, die von alten griechischen oder lateinischen Pflanzennamen oder aus der Mythologie stammen können oder Personennamen darstellen. Wir brauchen auch nicht die internationalen Nomenklaturregeln, die Rechtschreibung, die Aussprache oder das Geschlecht der Namen zu behandeln. Nur ein Wort zum Autorennamen: Zur exakten, vollständigen Kennzeichnung einer Pflanze gehört zu ihrem Namen die – meist abgekürzte – Autorenbezeichnung. Sie gibt an, wer den Namen einer Pflanze erstmals gültig veröffentlichte.

Der Artbegriff wird von Wissenschaftlern heute sehr unterschiedlich definiert und will doch immer nur eines: möglichst noch über den Grad der Exaktheit früherer Definitionen hinauskommen, neue biologische Erkenntnisse einbeziehen und praktische Lösungen anbieten.

Im Altertum und im Mittelalter herrschte völlige Klarheit über den Artbegriff. Die Art galt als unwandelbare Einheit, die, einmal erschaffen, sich unverändert fortpflanzte. Neue Erkenntnisse und das Bekanntwerden vieler neuer Tier- und Pflanzenarten ließen dieses feste Gebäude wanken. Erst nachdem Lamarck 1809 seine Entwicklungslehre begründet hatte und Darwin 1859 der Evolutionstheorie zum Durchbruch verhalf, verblaßte der unwandelbare Artbegriff der Antike endgültig und machte neuen Erkenntnissen Platz. Die Unvollkommenheit der Definition führt oft zu dem Ausweg, eine Art in Unterarten, Rassen und Varietäten zu gliedern. Um zu unterscheiden, welche Art ein Autor früher einmal gemeint hat, wird seit der Mitte des 19. Jahrhunderts das Typus-Exemplar zu Rate gezogen. Das Exemplar also, das der Autor als für die Art besonders typisch ansah und das in Herbarien und biologischen Sammlungen hinterlegt wird. Die Merkmale dieses Typus (genauer Holotypus) sind wichtiger als das, was der Autor über die Art schrieb. Berücksichtigt man alle Faktoren, kommt man nach J. Illies (1969) zu folgender Definition:

»Eine Art ist die Gesamtheit aller Individuen, die mit dem als Holotypus bezeichneten Exemplar in allen wesentlichen Merkmalen so weit übereinstimmt, daß man annehmen kann, sie bildeten mit ihm eine potentielle Fortpflanzungsgemeinschaft.«

Oberhalb der Art werden Fragen der Systematik immer problematischer. Wir wollen uns die weitere Gliederung an der international festgelegten Reihenfolge der einzelnen Rangstufen verdeutlichen, wie sie im »Internationalen Code der Botanischen Nomenklatur« genannt sind:

Abteilung – Unterabteilung – Klasse – Unterklasse – Ordnung – Unterordnung – Familie – Unterfamilie – Tribus – Untertribus – Gattung – Untergattung – Sektion – Untersektion – Serie – Unterserie – Art – Unterart – Varietät – Untervarietät – Form – Unterform – Spezialform.

Eigenheiten der Gehölze

Was sind Gehölze?

Als Holzgewächse bezeichnet man alle langlebigen Pflanzen, die die Festigkeit ihres ausdauernden, oberirdischen und unterirdischen Pflanzenkörpers durch große Mengen stark verholzter Gewebemassen erhöhen.

Wir unterscheiden zwischen Laub- und Nadelgehölzen. Laubgehölze sind alle Bäume und Sträucher aus der Unterabteilung der *Angiospermae*, der Bedecktsamigen Pflanzen. Die Nadelgehölze, im gärtnerischen Sprachgebrauch auch Koniferen genannt, gehören zur Unterabteilung der *Gymnospermae*, der Nacktsamigen Pflanzen. Beide zusammen bilden im Pflanzenbereich die Abteilung der Samenpflanzen. Die Bedecktsamigen Pflanzen sind vor allem dadurch gekennzeichnet, daß ihre Samenanlagen stets vom Fruchtknoten eingeschlossen sind, einem von den Fruchtblättern gebildetem Gehäuse. Aus ihm werden sie erst als reife Samen entlassen oder entwachsen ihm erst als keimende Pflanze, nachdem sich der Fruchtknoten, allein oder in Verbindung mit anderen Blütenorganen, zur Frucht umgewandelt hat.

Alle nacktsamigen Pflanzen, also auch die Nadelgehölze, besitzen frei zugängliche, nicht in einem Fruchtknoten eingeschlossene Samenanlagen. Die Pollenkörner gelangen durch Windübertragung unmittelbar auf die nackten Samenanlagen.

Bäume und Sträucher sind wesentliche Bestandteile der Natur. Sie haben Einfluß auf die Gestaltung und den Wert einer Landschaft, beeinflussen den Wasserkreislauf und bestimmen mit das Klima und den Witterungsverlauf. In unseren Ballungsräumen filtrieren sie zusammen mit den Kräutern die Luft und binden Staubteilchen. Sie geben in die Atmosphäre Sauerstoff ab, der durch die Atmung der Organismen und durch alle Verbrennungsvorgänge ständig reduziert wird. Würden die Pflanzen die Luft nicht dauernd wieder mit Sauerstoff anreichern, wäre unser Leben unmöglich.

Schließlich sind die Bäume von großem ökonomischem Wert. Sie liefern Nutzholz und Grundstoffe für die Herstellung von Papier und unzähligen anderen Dingen, die aus unserer Welt nicht wegzudenken sind.

Laub- und Nadelgehölze geben dem Garten Rahmen und Gerüst. Ohne sie ist ein Garten undenkbar. Sie schirmen ihn mit einem lebendigen Zaun von der Außenwelt ab, schützen ihn vor Lärm, Wind und Wetter und geben Menschen, Tieren und Haus Schatten und Kühle. Sie schaffen Gartenräume, setzen Schwerpunkte und Kontraste und bestimmen die Silhouette des Gartens. Als Gartengehölze bezeichnen wir alle verholzenden Gewächse, die der Mensch in seine Gärten holte. Der Begriff »Gartengehölze« umfaßt dabei nicht nur schönblühende, sommergrüne Bäume und Sträucher, sondern auch immergrüne Gehölze und Koniferen, bei denen nicht die Blüten den Ausschlag für ihre Verwendung geben. Er schließt die Rosen und Rhododendren, die Lianen und Heckenpflanzen ebenso ein wie Gehölze mit farbigem Laub oder buntem Fruchtschmuck oder Bäume und Sträucher, bei denen schon der Habitus allein dekorativ wirkt.

Baum oder Strauch?

Im gärtnerischen Sprachgebrauch gilt »Gehölz« als Sammelbezeichnung für Bäume und Sträucher. Die Frage, was denn ein Baum sei, beantwortet Schmucker (1951/52) kurz und einfach: »Ein Baum ist ein größeres, freitragendes Holzgewächs.« Dieser Satz beinhaltet eine Fülle von Tatsachen, die den Baum von anderen organischen Gestaltungen unterscheidet. Zunächst einmal den Begriff der Größe. Wenn wir uns vorstellen, daß unsere Fichten und Tannen 60 m Höhe erreichen können, westamerikanische Nadelhölzer (Küsten-Mammutbaum) und australische Eukalypten gelegentlich über 100 m hoch werden und die Montezuma-Zypresse einen Durchmesser von 14 m erreicht, betrachten wir solche Gestalten natürlich als Bäume. Eine untere Grenze ist ungleich schwerer festzusetzen. Von einem Baum verlangt man, daß »man zu ihm aufschauen kann«. Schmucker schlägt in seiner Definition am Schluß eine Minimalhöhe von 5 m vor, womit ein solcher Baum nahezu alle Kräuter überwachse. In den lebensfeindlichen Zonen der Hochgebirge und der nördlichen Breiten sind aber wesentlich kleinere Holzgewächse bekannt, die alle Merkmale eines Baumes aufweisen. Das Wort »freitragend« unterscheidet den Baum von den Lianen, die oft beträchtliche Längen erreichen können. Die mechanische Festigkeit oft riesiger Stämme wird durch die Verholzung der Zellmembran, durch den Einbau von Lignin, erreicht. Die Stämme müssen ihre Festigkeit mit einer erstaunlichen Leitfähigkeit für Wasser und Nährstoffe verbinden.

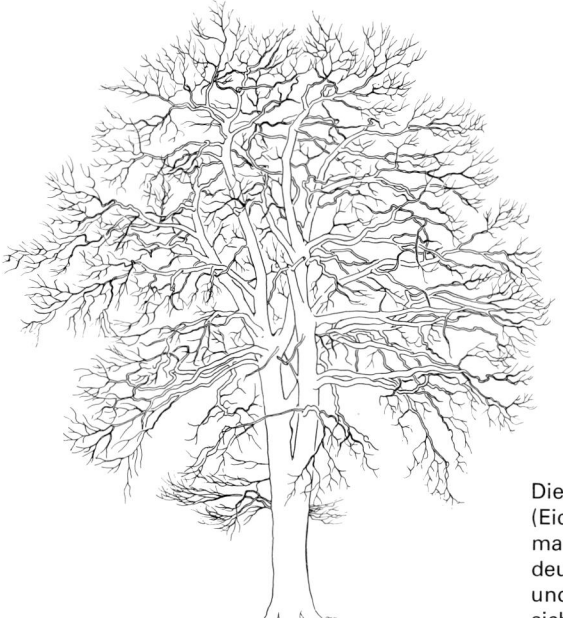

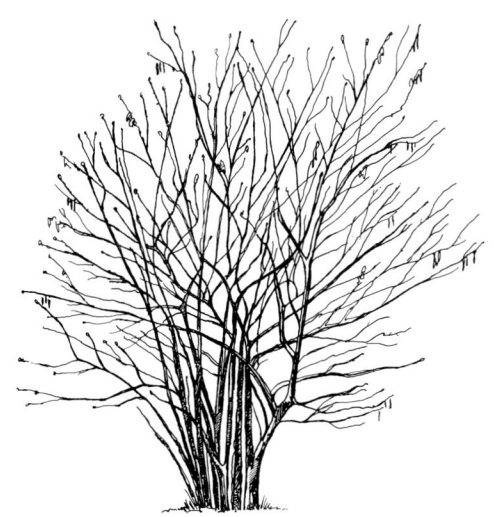

Die Gegenüberstellung von Baum (Eiche) und Strauch (Haselnuß) macht den unterschiedlichen Aufbau deutlich. Der Baum entwickelt Stamm und Krone, der Strauch verzweigt sich vom Boden an

Die Pflanze »erfand« dazu die Tracheiden, röhrenförmige, tote Einzelzellen, deren Wände stark ausgesteift sind. Alle Farnpflanzen sind mit ihnen ausgestattet und die Stämme der Nadelhölzer bestehen fast ausschließlich aus ihnen. Bei den weiterentwickelten Bedecktsamigen Blütenpflanzen traten dann die »modernsten« Leitungsbahnen auf, die Tracheen, die hintereinandergeschaltete Tracheiden gleichen, bei denen die Zwischenwände aufgelöst sind.

Der Aufbau eines Baumes erfordert viel Zeit. Bäume sind daher stets ausdauernde Gewächse, die oft erst in höherem Alter blühen und fruchten, dies dann aber nahezu jährlich wiederholen.

Der Baum ist in der Regel mit nur einem Stamm versehen, im Gegensatz zu den Sträuchern, die sich vom Boden aus mehrstämmig entwickeln. Stirbt der Stamm eines Baumes, so geht auch der Baum ein. Den Verlust eines oder mehrerer Stämme verkraftet der Strauch, er treibt aus der Wurzel neue Stämme. Die Größenverhältnisse spielen keine entscheidende Rolle. Wir kennen »Bäume«, die haushoch werden, aber alle Verzweigungsmerkmale von Sträuchern besitzen. Im übrigen gleichen die Sträucher in ihrer Langlebigkeit, dem inneren Aufbau und dem sich ständig wiederholenden Blühen und Fruchten den Bäumen vollkommen.

Aufbau der Gehölze, Verzweigungssysteme

Der Bau aller Samen- und Blütenpflanzen läßt sich auf wenige Grundorgane zurückführen. Alle bestehen aus Wurzel und Sproß. Der Sproß wiederum aus der Sproßachse und den Blättern. Je nach der Stärke der Sproßachse bezeichnen wir sie als Stengel, Schaft, Halm oder Stamm.

Die oberirdischen, verholzenden Sproßsysteme sind die kennzeichnenden Merkmale aller Holzgewächse. Die Gliederung der oberirdischen Teile in Stamm, Äste und Zweige ist nur in bezug auf ihre Stellung an Baum und Strauch von Bedeutung, nicht aber hinsichtlich ihres inneren Aufbaues, der überall gleich ist.

An der Sproßachse unterscheiden wir den Endvegetationspunkt, die Achselvegetationspunkte, die Knoten (Nodien) und die Internodien. Jeder Sproß entsteht aus einer dieser Vegetationspunkte. Die Sproßverlängerung aus dem Endvegetationspunkt, auch Terminalknospe genannt, die seitlichen Verzweigungen aus den Achselvegetationspunkten, den Seitenknospen.

Die sehr unterschiedliche und arttypische Form der Verzweigung macht die Mannigfaltigkeit der habituellen Erscheinung unserer Holzgewächse aus. Zwar gleicht kein Baum dem anderen; innerhalb der Art herrschen jedoch so strenge Gesetzmäßigkeiten, daß man eine Art oft schon aus großer Entfernung richtig ansprechen kann.

Verzweigungssysteme. Für den Aufbau und die habituelle Gestaltung von Baum und Strauch ist die Eigenart der Verzweigungssysteme ausschlaggebend. Wir unterscheiden bei Bäumen und Sträuchern im wesentlichen drei Systeme, die als Akrotonie, Basitonie und Mesotonie bezeichnet werden.

Bei der akrotonen Verzweigung werden die Terminalknospe und die ihr am nächsten sitzenden Knospen bei der Bildung der Jahrestriebe am meisten gefördert. Sie ist vor allem bei Bäumen zu beobachten, besonders deutlich an Fichten und Tannen, wo sich aus der Gipfelknospe die Triebverlängerung entwickelt und die unmittelbar darunter sitzenden Seitenknospen den nächsten Astquirl bilden. Bei der Wuchsform eines Baumes unterscheiden wir darüber hinaus einen echten Stamm (Monopodium), der sich, wie oben beschrieben, jeweils aus der Terminalknospe fortsetzt, nicht nur bei Fichte und Tanne, sondern auch bei den meisten Laubbäumen. Bei einigen Laubbäumen (Hainbuche, Ulme, Linde) schließt der Trieb nicht mit einer Endknospe ab. Die am höchsten stehende Seiten-

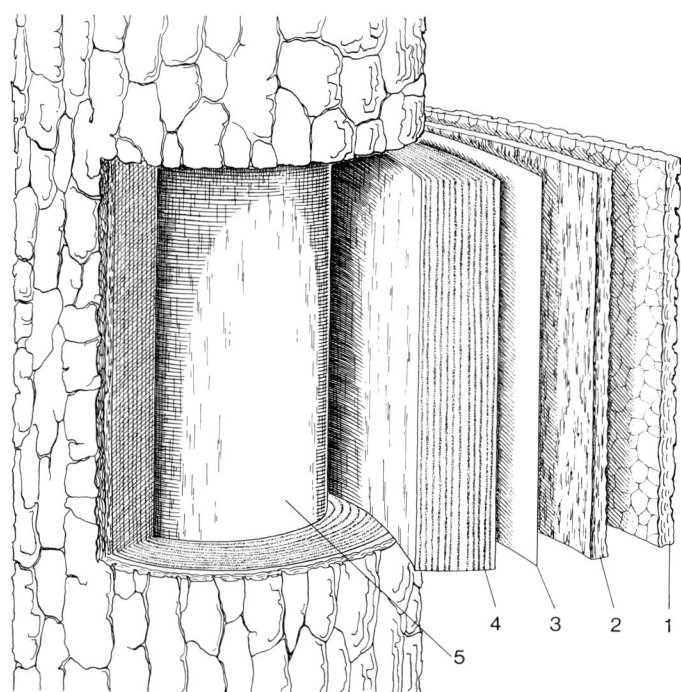

Stammquerschnitt (nach Reineke und Köpp, Information der Schutzgemeinschaft Deutscher Wald, abgeändert)
1 = Äußere Rinde (Borke)
2 = Im Bast vollzieht sich der Transport der Assimilate von den Blättern zu den übrigen Teilen des Baumes
3 = Die äußerst dünne Zellschicht des Kambiums, die zwischen Rinde und Holz liegt, ist der eigentlich wachsende Teil des Stammes
4 = Im Splintholz wird das Wasser mit den Nährstoffen von den Wurzeln in den Kronenraum transportiert
5 = Kernholz, die zentrale und stützende Säule des Baumes

knospe übernimmt die Triebverlängerung, wir sprechen von einem Scheinstamm (Sympodium). In der Praxis wirken sich diese unterschiedlichen Systeme nicht aus, beide sind in der Lage, mächtige Stämme zu bilden.

Die beiden anderen Formen der Verzweigung sind für den Aufbau der Sträucher charakteristisch. Bei der Basitonie entstehen fortlaufend aus dem Boden junge Triebe, die jeweils ältesten Äste sterben nach und nach ab. Besonders deutlich wird dies bei Brombeeren, Himbeeren und Strauchrosen, aber auch bei der Haselnuß und vielen anderen Sträuchern.

Weniger häufig tritt uns die Mesotonie entgegen. Die neuen Triebe entstehen vorwiegend am mittleren Teil der letztjährigen Sprosse. Mesotonie tritt in der Regel zusammen mit Basitonie auf und wird an verschiedenen Sträuchern deutlich, bei denen sich die zunächst aufrechten Triebe später in Bögen nach außen neigen und dann im Scheitelpunkt des Bogens die stärksten Neutriebe entwickeln, die dann wiederum in Bögen überhängen.

Neben den bisher behandelten longitudinalen Symmetrieverhältnissen an den lotrecht wachsenden Längsachsen, müssen wir kurz die lateralen Symmetrieverhältnisse betrachten; es geht also um die schräg aufrecht oder etwas abwärts gerichteten Zweige. Auch hier unterscheiden wir drei Formen.

Epitonie nennt man die Förderung der Sproßbildung an der Zweigoberseite, wie sie uns bei Sträuchern mit bogig abstehenden Ästen entgegentritt. Bei der Hypotonie entwickeln sich die Knospen auf der Zweigunterseite am besten, wie man es an Kronen

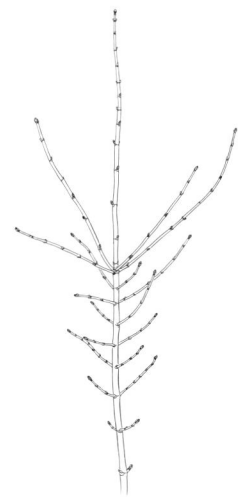

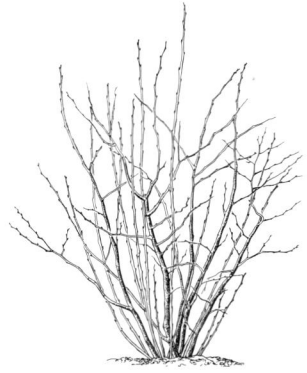

Akrotonie (Acer platanoides). An den beiden letztjährigen Trieben eines etwa sechsjährigen Ahorns wird das Prinzip der Akrotonie deutlich: Der Endtrieb und die obersten Seitentriebe wachsen am stärksten, die Länge der Seitentriebe nimmt nach unten kontinuierlich ab

Mesotonie (Rosa spec.) nennt man die Förderung der Neutriebbildung im mittleren Teil des Strauches, gleichzeitig entstehen neue Triebe bei vielen Sträuchern auch an der Basis

Basitonie (Corylus avellana). Bei der basitonen Triebförderung entstehen junge Schößlinge nur an der Basis der Sträucher. Die einzelnen Triebe verzweigen sich akroton

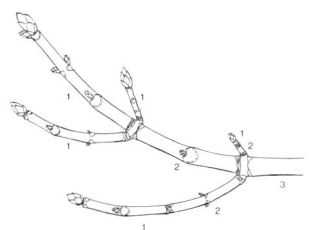

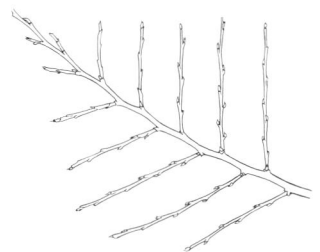

Epitonie (Ribes aureum). Auf der Oberseite älterer, schräg stehender Zweige entstehen die stärksten Jungtriebe

Hypotonie (Aesculus hippocastanum). Nur bei wenigen Baumarten werden die Knospen an den Zweigen alter Kronen auf der Zweigunterseite gefördert (1-, 2-, 3jährige Sproßteile)

Amphitonie (Cotoneaster horizontalis). Aus den zweizeilig angeordneten Knospen entwickelt sich eine fischgrätenartige Verzweigung

älterer Bäume deutlich beobachten kann. Die Amphitonie, die Förderung der Knospen auf den beiden Flankenseiten der Triebe, sehen wir bei der flächigen Verzweigung der Tanne und Fichte.

Umrißformen der Gehölze

Ebenso wie sich die unendliche Formenvielfalt der Pflanzenarten auf nur wenige Grundformen zurückführen läßt, kann man auch die Umrißformen in eine geringe Zahl von Grundformen eingliedern. Nach der Kronenform der Bäume unterscheiden wir zunächst zwei Hauptgruppen: die Wipfelbäume mit mehr oder weniger reich verzweigter Krone und die Schopfbäume, die, wie etwa die Palmen, auf einem stets unverzweigten Stamm einen Schopf oft sehr großer Blätter tragen.

Die Bäume unserer Klimabereiche gehören fast ausschließlich zu den Wipfelbäumen, die in ihrem Umriß sehr vielgestaltig sein können.

Ausgesprochen rundliche Formen finden wir vor allem bei Kugelbäumen, z.B. bei *Acer platanoides* 'Globosum'. Eiförmige Kronen sind dadurch gekennzeichnet, daß die Krone etwa doppelt so hoch wie breit und in der untersten Hälfte am breitesten ist. Viele Laubbäume tragen derartige Kronen. Die kegelförmige Krone ist an der Basis am breitesten und verjüngt sich zur Spitze hin allmählich. Diese Form ist im wesentlichen den Koniferen vorbehalten und tritt bei *Abies, Picea, Chamaecyparis* und *Thuja* deutlich in Erscheinung. Säulenförmige Kronen sind mehrmals länger als breit. Wir begegnen ihnen in einigen besonders schlanken Gartenformen, etwa bei *Fagus sylvatica* 'Fastigiata' und *Quercus robur* 'Fastigiata'. Diesen regelmäßigen Formen stehen die unregelmäßigen gegenüber, zu denen nicht nur die Hängeformen von Birke, Zierkirsche und Buche gehören, sondern auch die schirmförmigen Kronen einiger mediterraner Kiefern, die sicher mancher von seinem Urlaub am Mittelmeer kennt.

Eine Sondergruppe bilden die monströsen Formen, die wir bei der Süntelbuche oder der Korkenzieherhasel kennen. Diese Bäume lassen ihre Zweige in »sinnlosen« Windungen hin und her wachsen, so daß »verrückte« Formen entstehen.

Neben den Umrißformen interessiert an dieser Stelle die Wuchsrichtung von Stamm und Ästen, die naturgemäß sehr variabel sein

Kronenformen einiger alter, im freien Stand aufgewachsener Bäume

Schopfbäume wie diese Palme kommen in unseren Breiten nicht vor

Wipfelbaum (Quercus robur). Die meisten Laubbäume der gemäßigten Zonen gehören zu den Wipfelbäumen

Kegelförmige Baumkronen finden wir vor allem bei den Nadelgehölzen (Pinus peuce)

Kugelbaum (Aesculus hippocastanum). Im Alter entwickeln einige Baumarten im freien Stand eine nahezu vollkommen runde Krone

Populus nigra 'Italica', ein typisches Beispiel für säulenförmigen Wuchs, der als Kulturvarietät bei einigen Baumarten vorkommt

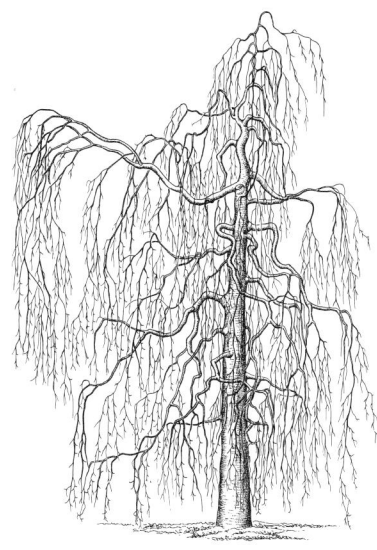

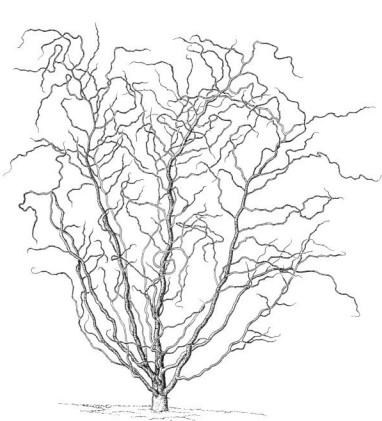

Fagus sylvatica 'Pendula' ist einer der häufigsten Vertreter der Pendula-Formen

Salix × erythroflexuosa gehört mit ihren gedrehten Zweigen zu den Contorta-Formen

Schirmbaum, Pinus sylvestris (Wallensteinkiefer bei Kriegenbrunn), kann bei freiem Stand im Alter eine typische Schirmkrone entwickeln

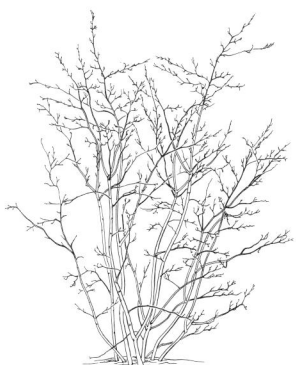

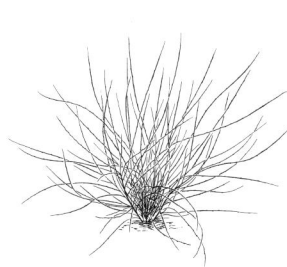

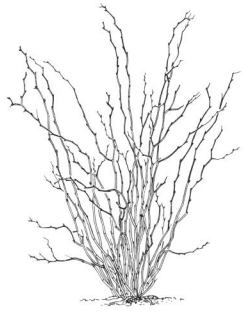

Aststrauch (Amelanchier laevis). Fast alle Ziersträucher gehören in diese Gruppe

Rutenstrauch (Cytisus × praecox). Eine Vielzahl dünner Zweige kennzeichnet die Rutensträucher. Unmittelbar nach der Blüte kann man jeweils die Hälfte der Triebe um ein Drittel ihrer Länge einkürzen

Die Zweige der Schößlingssträucher (Rubus odoratus) sterben im zweiten Jahr ab, nachdem sie geblüht und gefruchtet haben; man schneidet sie im Herbst oder Frühjahr heraus

Bambus (Sinarundinaria). Aus dem Wurzelstock entwickeln sich knotig gegliederte Sprosse

Kronenformen einiger alter,
im freien Stand
aufgewachsener Bäume

Taxodium distichum

Picea abies

Larix decidua

Picea omorika

Pinus sylvestris

Fraxinus excelsior

Liriodendron tulipifera

Ginkgo biloba

Populus canescens

Acer saccharinum

Salix alba

Betula pendula

Quercus robur

Robinia pseudoacacia

Castanea sativa

Carpinus betulus

Prunus avium

Quercus palustris

Taxus baccata

Pinus nigra ssp. nigra

Quercus cerris

Cedrus libani

Sequoiadendron giganteum

Thuja plicata

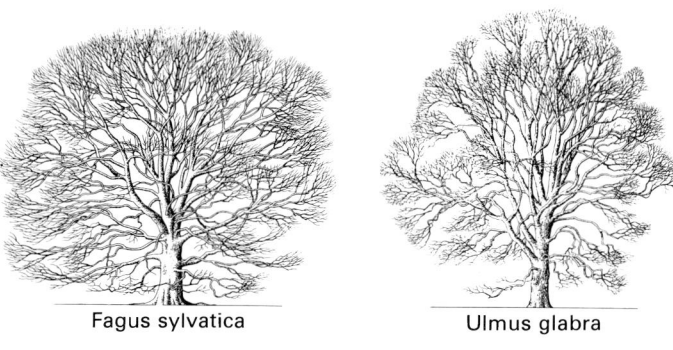

Fagus sylvatica

Ulmus glabra

Platanus × hybrida

Populus-Canadensis-Hybride 'Robusta'

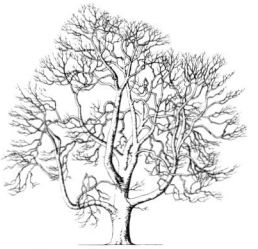

Ailanthus altissima

Acer pseudo-platanus

Catalpa bignonioides

Acer campestre

Pseudotsuga menziesii

Tilia × vulgaris

kann und alle Übergänge von aufrechtem, übergebogenem, hängendem, liegendem oder kletterndem Wuchs ausweist. Sie macht häufig den Reiz eines Gehölzes aus oder bestimmt seinen Verwendungszweck, etwa als kletternde oder windende Liane, als mächtiger, in die Höhe strebender Hofbaum oder als kriechende Pflanze für die Bodenbegrünung.

Die Stellung der Blätter und Knospen und damit der Zweige kann wechselständig sein, wenn sie einzeln in Schraubenlinien am Zweig stehen. Von gegenständiger Zweigstellung spricht man u.a. beim Flieder, wo sich zwei Sprosse genau gegenüberstehen. Beim Kreuzdorn und bei der Esche stehen jeweils zwei Zweige in Kreuzform übereinander, sie sind kreuzständig. Bei einigen Nadelhölzern, etwa beim Wacholder, gehen die Zweige von einer Stelle des Stammes ab und stehen in Etagen übereinander, sie sind quirlig angeordnet. In Scheinquirlen stehen die Zweige bei Fichten und Tannen übereinander. Zweizeilig ist die Blattstellung, wenn sich die Blätter in unterschiedlicher Höhe in zwei Reihen am Zweig gegenüberstehen, z.B. bei *Cotoneaster horizontalis*.

Zweigformen

Lang- und Kurztriebe sind die wichtigsten und häufigsten Zweigformen. Als Langtriebe bezeichnen wir Sprosse, die innerhalb einer Vegetationsperiode sehr kräftig in die Länge wachsen. Sie entstehen meist aus den Endknospen oder den obersten Seitenknospen und bilden so die Stammverlängerung und das Gerüst der Bäume und Sträucher. Bei jungen Pflanzen werden Langtriebe in reichem Maße gebildet. Mit zunehmendem Alter läßt das starke Längenwachstum nach und kann schließlich fast ganz zum Erliegen kommen. Aus den Langtrieben entwickeln sich im darauffolgenden Jahr wieder Langtriebe, daneben aber auch Kurztriebe. Sie sind durch engstehende Knospen und kurze Internodien gekennzeichnet und oft so weit gestaucht, daß kein Sproß mehr zu erkennen ist und die Blätter in Rosetten stehen. An den Kurztrieben entwickeln sich häufig die Blüten und Früchte. Bei einigen Arten (*Gleditsia, Prunus, Hippophaë, Crataegus, Elaeagnus*) bilden sich die Kurztriebe zu einfachen oder verzweigten Dornen um. Dornen sind daher fest mit dem Holzkörper verwachsen und lassen sich nicht abbrechen.

Stacheln dagegen sind Ausstülpungen der Epidermis, der äußeren Pflanzenhülle. Sie sind nur wenig fest mit der Pflanze verbunden und lassen sich, wie bei manchen Rosen, leicht seitwärts wegbrechen.

Als Ruten werden besonders lange, dünne und biegsame Triebe bezeichnet. Typische Rutensträucher sind die *Cytisus*-Arten, deren Blätter zu schuppenförmigen Gebilden reduziert sind und deren Ruten einen Teil der Blattfunktionen übernehmen. Schließlich sollen noch Phyllokladien (ebenfalls mit Blattfunktionen ausgestattete, blattartig verbreiterte Sprosse) und Phyllodien (blattartig ausgebildete Blattstiele, denen die Blattspreite fehlt) erwähnt werden.

Botanische Anmerkungen zu den Blüten

Blüten sind Sprosse und Sproßabschnitte, die der geschlechtlichen Fortpflanzung dienen und entsprechend umgebildete Blätter tragen. Sie sind in der Regel im Wachstum begrenzt und von den vegetativen Sprossen deutlich unterschieden. Die für die Fortpflanzung wichtigen Teile einer Blüte sind die Staubblätter mit den Pollensäcken und die Fruchtblätter mit den Samenanlagen. Den Blütenschmuck einer Pflanze macht dagegen in der Regel die Blütenhülle aus. Diese besteht aus den meist grünen Kelchblättern (Sepalen) und farbigen Blütenblättern (Petalen). Den Kelchblättern

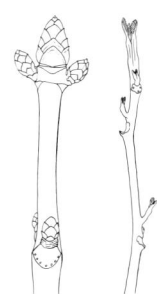
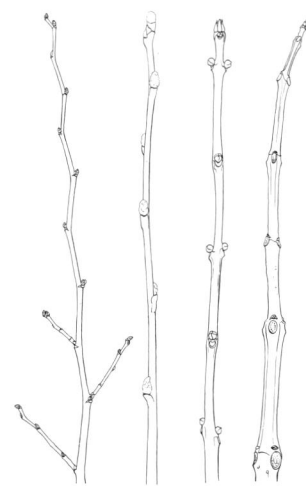

1 = Langtriebe (Acer platanoides) sind vorwiegend an jungen Bäumen und Sträuchern zu finden
2 = Kurztriebe (Prunus spec.) entwickeln sich überwiegend in den Kronen älterer Bäume. Bei vielen Arten werden die Blütenknospen nur an Kurztrieben angelegt
3 = Sehr stark gestauchte Kurztriebe sind u. a. bei Ginkgo biloba zu beobachten
4 = Bei einigen Straucharten (Hippophae rhamnoides) sind die Enden der Kurztriebe zu Dornen ausgebildet

1 = Bedeckte Knospen (Aesculus hippocastanum). Fast alle Baum- und Straucharten legen mit Schuppen bedeckte Winterknospen an
2 = Nackte Knospen (Pterocarya fraxinifolia). Nur wenige Arten kommen ohne Knospenschuppen aus

1 = Zweizeilige Knospenstellung bei Cotoneaster horizontalis
2 = Die spiralige Knospenstellung ist weit verbreitet (Sorbus aucuparia)
3 = Gegenständige Knospenstellung bei Fraxinus excelsior
4 = Eine quirlständige Knospenstellung tritt bei Laubgehölzen nur selten auf (Catalpa bignonioides)

obliegt der Schutz der Blüten-, Frucht- und Staubblätter. Die Blütenblätter locken durch ihre Farbe Insekten und andere Tiere an, die für die Bestäubung vieler Blütenpflanzen notwendig sind.

Sind Kelch- und Blütenblätter, die zusammen die Blütenhülle bilden, verschieden gestaltet, spricht man von einer doppelten Blütenhülle, dem Perianth. Oft haben beide die gleiche Form und Farbe, die Blütenhülle ist dann einheitlich, wir haben ein Perigon vor uns. Die Organe der Blüten sitzen in quirligen Kreisen dem Blütenboden auf, dem mehr oder weniger verdickten, unterschiedlich gestalteten Ende des Blütenstieles. Von außen nach innen sind die Kreise so aufgebaut: Kelchblätter, Blütenblätter, Staubblätter und Fruchtblätter. Vollständige Blüten besitzen alle vier Kreise, unvollständig sind Blüten, denen einer dieser Kreise fehlt. Unvollkommen sind z.B. die sterilen Randblüten einiger *Hydrangea*-Arten, sie besitzen keine Fruchtblätter und können nie Samen ansetzen.

Betrachten wir die Geschlechtsverteilung bei den Blüten, müssen wir zunächst die zwittrige Blüte als häufigste Form nennen. Hier sind männliche und weibliche Blütenteile in einer Blüte vereint. Fehlen die Staub- oder die Fruchtblätter, dann haben wir unvollkommene, eingeschlechtige Blüten vor uns, die bei einhäusigen Pflanzen (Haselnuß, Erle) auf einem Individuum, bei zweihäusigen (Weide, Pappel) auf zwei verschiedenen Individuen verteilt sind. Manche Pflanzenarten sind polygam veranlagt. Man findet bei ihnen neben zwittrigen auch eingeschlechtige Blüten auf derselben Pflanze (Ahorn, Ulmen, Esche).

Die Form der Blütenhülle ist für die Wirkung der Einzelblüte oft von entscheidender Bedeutung. Bestimmt wird sie durch freistehende oder miteinander verwachsene Blütenblätter und durch radiären (strahligen), bilateralen (zweiseitig-symmetrisch) oder monosymmetrischen Bau der Blüte. Bei Gehölzen kommen eine ganze Reihe von Formen vor, die Rädern, Trichtern, Tellern, Krügen, Röhren, Keulen, Bechern oder Glocken ähnlich sind. Die Blüte kann ferner kreuz- oder schmetterlingsförmig, zweilippig, ra-

chen- oder zungenblütig sein. In Ausnahmefällen wird der Schmuckwert nicht von den Blütenblättern bestimmt, sondern von einer perianthähnlichen Hülle von Hochblättern, die auffallend gefärbt sind und einen unscheinbaren Blütenstand umgeben. Beim Blumenhartriegel sind diese Hochblätter reinweiß und beim Weihnachtsstern hochrot gefärbt.

Die Gesamtwirkung eines blühenden Gehölzes wird in der Regel durch Blütenstände erhöht, in denen die Einzelblüten oft dicht gedrängt stehen. Ihrem Aufbau nach spricht man von einfachen und zusammengesetzten Blütenständen.

Bei den einfachen Blütenständen unterscheiden wir:
Ähre = Blüten unmittelbar an der Hauptachse in den Achseln von Tragblättern.
Kätzchen = wie die Ähren gebaut, sie hängen und fallen als Ganzes ab (männliche Blüten der Haselnüsse und Erlen).
Zapfen = im Aufbau ebenfalls den Ähren gleich, Hauptachse und Tragblätter verholzen (Koniferen und weibliche Blütenstände der Erle).
Trauben = die in den Achseln von Tragblättern stehenden Blüten sind gestielt (Johannisbeere). Die Blütenstände der Weintrauben sind keine Trauben, sondern Rispen.
Doldentraube = die Einzelblüten sitzen auf unterschiedlich langen Stielen und stehen dadurch in einer Ebene (Eberesche, verschiedene *Spiraea*-Arten).
Dolde = an der verkürzten Hauptachse entspringen die gestielten Blüten in der Achsel rosettig gestellter Tragblätter (Aralie).
Köpfchen = auf der verkürzten und verbreiterten Hauptachse stehen dicht gedrängt zahlreiche nicht oder nur kurz gestielte Blüten, die kugelige oder flach-kugelige Blütenstände bilden (Platane).
Büschel = mehrere Blüten entspringen ohne sichtbare Hauptachse achselständigen Knospen oder dem Holz älterer Zweige und Äste. Man nennt die letzte Erscheinung Kauliflorie = Stammblütigkeit (*Cercis*, Kakao).

Schnitt durch eine vollständige Blüte (Apfel)

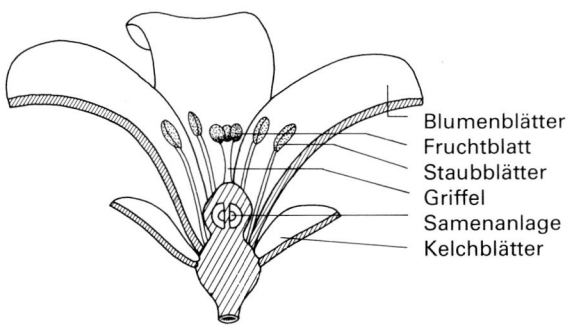

Blumenblätter
Fruchtblatt
Staubblätter
Griffel
Samenanlage
Kelchblätter

Formen der Blumenkrone

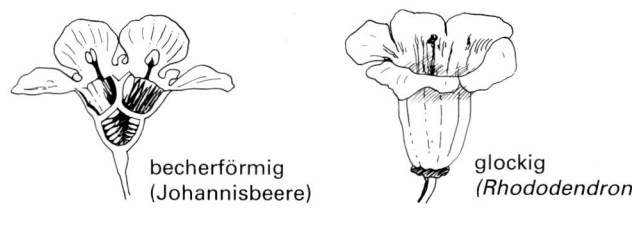

becherförmig
(Johannisbeere)

glockig
(*Rhododendron*)

krugförmig
(Lavendelheide)

zweilippig
(*Stachys*)

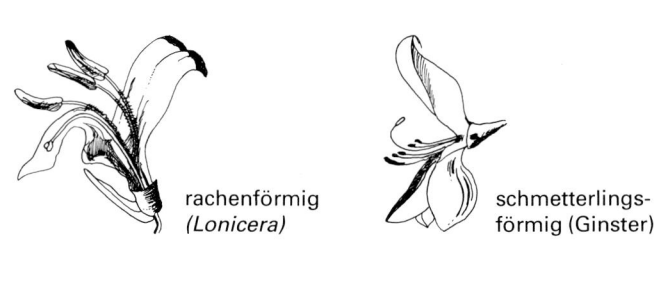

rachenförmig
(*Lonicera*)

schmetterlings-
förmig (Ginster)

keulenförmig
(*Onosma*)

stieltellerförmig
(Flieder)

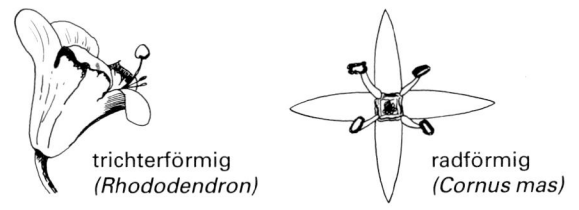

trichterförmig
(*Rhododendron*)

radförmig
(*Cornus mas*)

Einfache Blütenstände

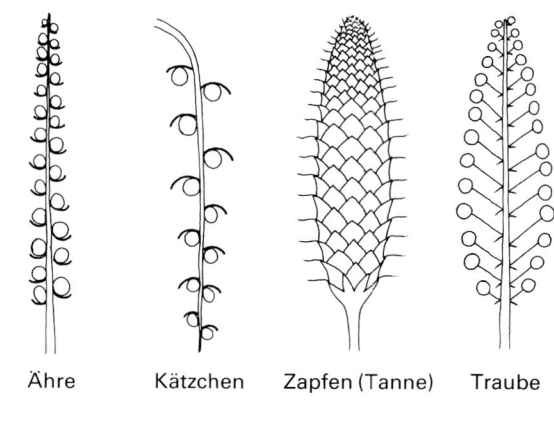

Ähre   Kätzchen   Zapfen (Tanne)   Traube

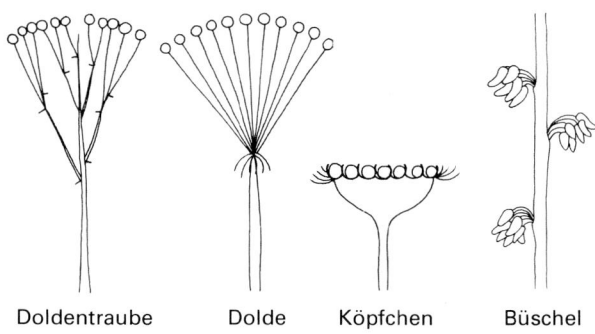

Doldentraube   Dolde   Köpfchen   Büschel

Zusammengesetzte Blütenstände

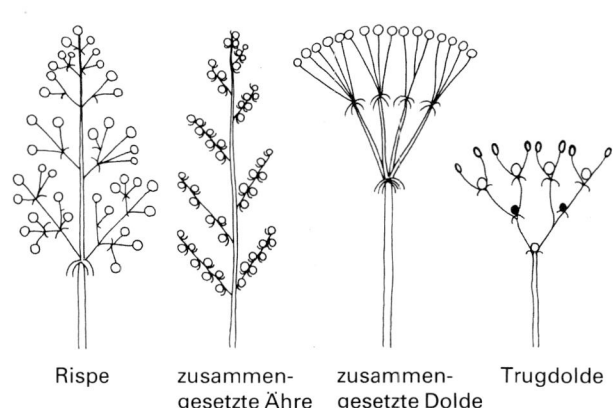

Rispe   zusammen-   zusammen-   Trugdolde
            gesetzte Ähre gesetzte Dolde

Bei den zusammengesetzten Blütenständen unterscheiden wir:
Rispe = Traube mit verzweigten Seitenachsen (Roßkastanie, Weintraube).
Zusammengesetzte Ähre = Ähren, die anstelle der Einzelblüten mehrblütige Ähren tragen.
Zusammengesetzte Dolde = die Nebenachsen der Dolde tragen nicht Einzelblüten, sondern wieder Dolden (*Eleutherococcus*, Efeu).
Trugdolde = Blütenstände, die unter der endständigen Blüte der Hauptachse von einem Punkt ausgehende, wie die Hauptachse gestaltete Nebenachsen tragen.

17

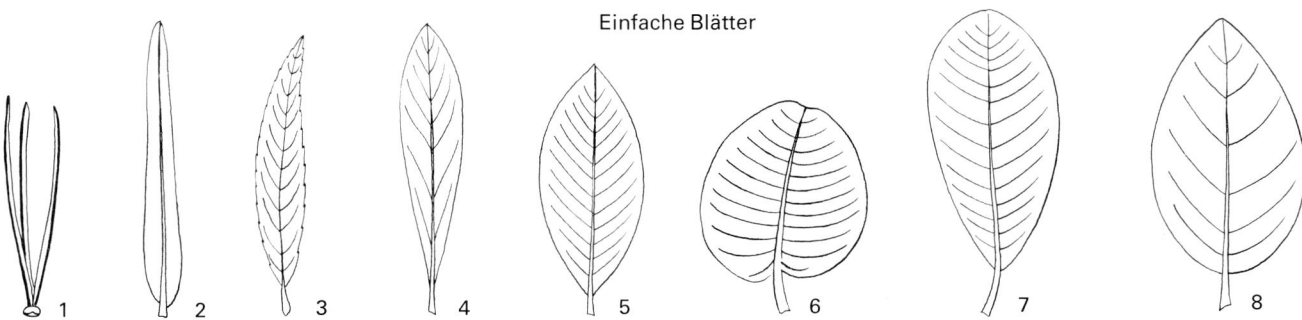

Einfache Blätter

1 nadelförmig (Kiefer), 2 linealisch (Sanddorn), 3 lanzettlich (Silberweide), 4 länglich (Seidelbast), 5 elliptisch *(Lonicera nigra)*,
6 rundlich *(Salix lanata)*, 7 verkehrt-eiförmig *(Magnolia hypoleuca)*, 8 eiförmig *(Lonicera xylosteum)*

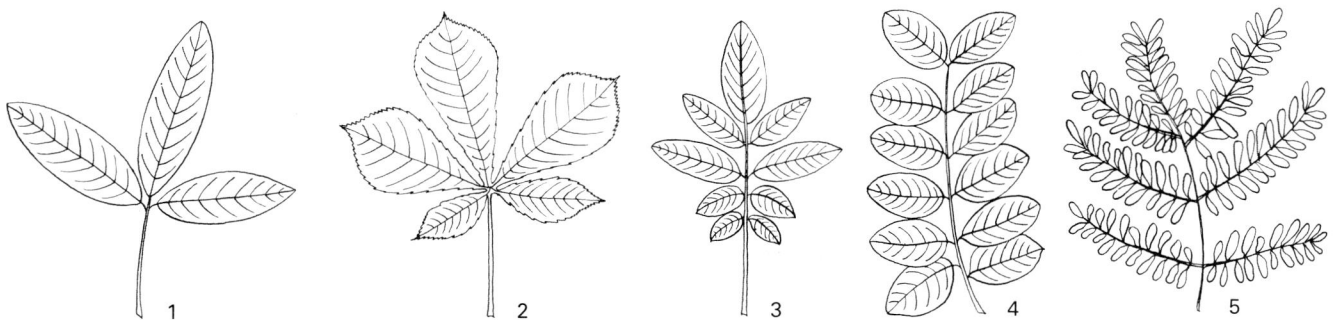

Zusammengesetzte Blätter

1 dreiteilig (Goldregen), 2 handförmig gefingert (Roßkastanie), 3 unpaarig gefiedert (Walnuß), 4 paarig gefiedert (Erbsenstrauch),
5 doppelt gefiedert (Gleditschie)

Eine dritte Gruppe von Blütenständen, die durch mehrere auseinander hervorgehende Achsen gekennzeichnet sind und als Wickel, Schraubel, Fächel und Sichel bezeichnet werden, kommen bei den Gehölzen nur sehr selten vor.

Blattformen

Neben den Blüten und Früchten ist die äußere Gestalt der Blätter, ihre Größe und Beschaffenheit nicht nur für die Gesamtwirkung der Pflanze von großer Bedeutung, sondern auch für ihre Bestimmung. Der Gehölzkenner kann nicht selten allein an den Blättern eine Pflanze einwandfrei identifizieren.

In der Botanik werden drei Typen von Blättern unterschieden: Laubblätter, Keimblätter, Nieder- und Hochblätter. Naturgemäß interessieren hier vor allem die meist lebhaft grün gefärbten und recht unterschiedlich gestalteten Laubblätter. Gemeinsam ist fast allen die Gliederung in eine flächige Blattspreite und einen mehr oder weniger langen Blattstiel. Ausnahmen von der flächigen Blattspreite kennen wir bei den nadelförmigen und im Verhältnis zur Ausdehnung oft recht dicken Blättern der Nadelgehölze. Die Blattspreite ist von Nerven durchzogen, die der Aussteifung des Blattes und der Stoffleitung dienen. Die Hauptnerven treten auf der Unterseite meist deutlich hervor. Nach ihrem Verlauf unterscheidet man einnervige Formen, etwa bei den Nadelgehölzen, und mehrnervige Blattformen. Die Blattspreite kann ungeteilt, geteilt oder aus Teilblättchen zusammengesetzt sein. Nach ihrer Beschaffenheit unterscheidet man bei den Gehölzen krautartige (bei den meisten sommergrünen Pflanzen) und lederartige Blätter (bei fast allen Immergrünen). Ihre Lebensdauer ist recht unterschiedlich. Sie reicht von den oft hinfälligen Nebenblättern bis zu den immergrünen Blättern der Nadelgehölze, die bei einigen Arten bis zu 15 Jahren leben können.

Blattstellung. Es gibt folgende Möglichkeiten: wechselständig (bei den meisten Laubgehölzen), gegenständig (Ahorn), kreuzweise gegenständig (Flieder, Esche, Liguster), quirlständig (Wacholder) zweizeilig (Ulme), büschelig (Berberitze) und dachziegelig (Heide und Heidekraut). Die Blätter sind am Sproß auf unterschiedliche Art und Weise angeheftet, bei den Gehölzen meist gestielt oder sitzend.

Gliederung des Blattes. Wir unterschieden zwischen einfachen Blättern, deren Spreite gleichwohl geteilt sein kann, und zwischen zusammengesetzten Blättern, bei denen an einem gemeinsamen Blattstiel mehrere Blättchen befestigt sind.

Die ungeteilten Blätter lassen sich nach ihrem Gesamtumriß in mehrere Gruppen einteilen. Der Umriß kann innerhalb einer Art zwar variieren, kein Blatt ist einem anderen absolut gleich, aber nur in recht engen Grenzen. Ausnahmen kennen wir nur bei wenigen Gehölzen, etwa beim Maulbeerbaum.
Längliche Blätter: die gegenüberliegenden Blattränder verlaufen mehr oder weniger parallel, Blattspitze und Blattgrund sind mehr oder weniger rund. Die Blattform umfaßt linealische Blätter mit einem Verhältnis von Breite zu Länge wie 1:12 und alle Zwischenformen bis zu breit-länglichen Blättern mit einem Verhältnis von 2:3.
Elliptische Blätter sind in der Blattmitte am breitesten und laufen an den Enden spitzwinklig aus. Auch hier unterscheidet man mehrere Zwischenformen, von sehr schmal-elliptischen bis fast kreisrunden Blättern.

Eiförmige Blattformen sind von den elliptischen dadurch unterschieden, daß ihr größter Blattdurchmesser unterhalb der Blattmitte liegt.

Verkehrt-eiförmige Blattformen: Die Blattspreite ist oberhalb der Mitte am breitesten.

Die besonderen Formen ungeteilter Blätter können hier unberücksichtigt bleiben, sie kommen bei Gehölzen kaum vor, mit Ausnahme etwa der im Umriß viereckigen Blätter des Tulpenbaumes.

In bezug auf die unterschiedliche Tiefe ihrer Einschnitte muß man die ungeteilten Blätter einteilen in fiederspaltige, fiederschnittige und fiederteilige Blätter. Sie bezeichnen Einschnitte, die entweder nicht bis zur Spreitenhälfte, gerade bis dahin oder aber bis zur Mittelrippe gehen.

Zusammengesetzte Blätter. Hierbei wird folgendermaßen unterschieden:

Gefingerte Blätter, etwa bei der Roßkastanie, deren Blättchen von einem Punkt ausgehen.

Gefiederte Blätter bestehen aus mehreren Blättchenpaaren an einer gemeinsamen Spindel. Unpaarig gefiedert sind die Blätter, die mit einem Endblättchen abschließen, paarig gefiedert die, denen das Endblättchen fehlt.

Mehrfach gefingerte oder gefiederte Blätter: Ihre Blättchen sind wiederum zerteilt und sitzen an Achsen zweiter oder dritter Ordnung.

Die Blattränder sind recht unterschiedlich gestaltet. Sie können ganzrandig, gewimpert, gesägt, gekerbt, gebuchtet, gekraust und gelappt sein. Die Blattspitze ist entweder spitz, zugespitzt oder stachelspitzig, stumpf oder abgestumpft, abgerundet, ausgerandet, eingeschnitten oder herzförmig. Stark differenziert ist auch der Blattgrund, er kann rund, herzförmig oder geöhrt, keilförmig, gestutzt oder stumpf sein, auch pfeilförmig, spießförmig, asymmetrisch oder schief.

Botanische Anmerkungen zu den Früchten

Nachdem die Samenanlage vom Pollen über Insekten oder den Wind befruchtet wurde, entwickeln sich die Samen, gleichzeitig gehen in den Blüten beträchtliche Veränderungen vor. Aus dem Fruchtknoten bildet sich die eigentliche Frucht, Kelch-, Blüten- und Staubblätter fallen in der Regel ab. Gelegentlich aber sind auch andere Blatt- und Achsengebilde am Bau der Frucht oder deren Verbreitungseinrichtungen beteiligt. Je nach ihrer Beschaffenheit werden die Früchte verschiedenen Gruppen zugeordnet.

Einzelfrüchte. Diese gehen nur aus einem Fruchtknoten hervor; man teilt sie ein in Streu- und Schließfrüchte.

Streufrüchte, deren Fruchthülle (Perikarp) sich zur Reifezeit öffnet und die Samen ausstreut, werden wiederum unterteilt in: 1. Balgfrüchte, die nur aus einem Fruchtblatt bestehen und sich an der Bauchnaht öffnen (Päonie). 2. Hülsen, die Früchte fast aller Schmetterlingsblütler, die ebenfalls aus einem Fruchtblatt hervorgehen, sie öffnen sich bei der Reife gleichzeitig an Bauch- und Rückennaht. 3. Schoten, sie entstehen aus zwei Fruchtblättern, zwischen denen sich eine falsche Scheidewand bildet; von ihr lösen sich die beiden Fruchtblätter ab *(Iberis)*. 4. Kapsel, formt sich aus zwei oder mehr Fruchtblättern; je nach dem Auftreten von Scheidewänden kann sie ein- oder mehrfächrig sein und sich verschiedenartig öffnen.

Schließfrüchte öffnen sich bei der Reife nicht, ihre Samen sind daher meist von der Fruchtwand eingeschlossen. Den Nüssen *(Corylus, Fagus, Castanea)* ist eine dicke, harte und holzige, nicht mit dem Samen verwachsene Hülle eigen, die bei *Quercus* und *Fagus* als Cupula (Fruchtbecher) ausgebildet ist. Die mehrsamige Spaltfrucht zerfällt bei der Reife in meist einsamige, aus je einem Fruchtblatt bestehende Teilfrüchte wie beim Ahorn. Die Bruchfrüchte zerfallen ebenfalls in einsamige Teilfrüchte, die aber nur aus Teilen von Fruchtblättern bestehen. Bei der Steinfrucht werden die äußeren Teile der Fruchtwand entweder fleischig *(Prunus)* oder ledrig-faserig *(Juglans)*. Der innere Teil der Fruchtwand besteht dagegen aus einem harten Steinkern, der in der Regel einen Samen enthält. Bei der Beere dagegen wird die ganze Fruchtwand fleischig (Johannisbeere), sie sind fast immer mehrsamig.

Sammelfrüchte. Diese entstehen aus Blüten mit mehreren Fruchtblättern, sehen wie Einzelfrüchte aus und fallen als Ganzes ab. An ihrer Bildung sind häufig auch andere Blütenteile beteiligt, insbesondere die Blütenachse. Wir nennen sie Sammelnußfrüchte, wenn sich die Blütenachse zu einem Achsenbecher verändert und im Inneren leicht voneinander zu lösende, steinharte Früchte enthält; als bestes Beispiel dienen die Hagebutten der Gattung *Rosa*, aber auch die Erdbeeren gehören hierher. Die einzelnen Fruchtblätter der Sammelsteinfrüchte werden zu Steinfrüchten mit flei-

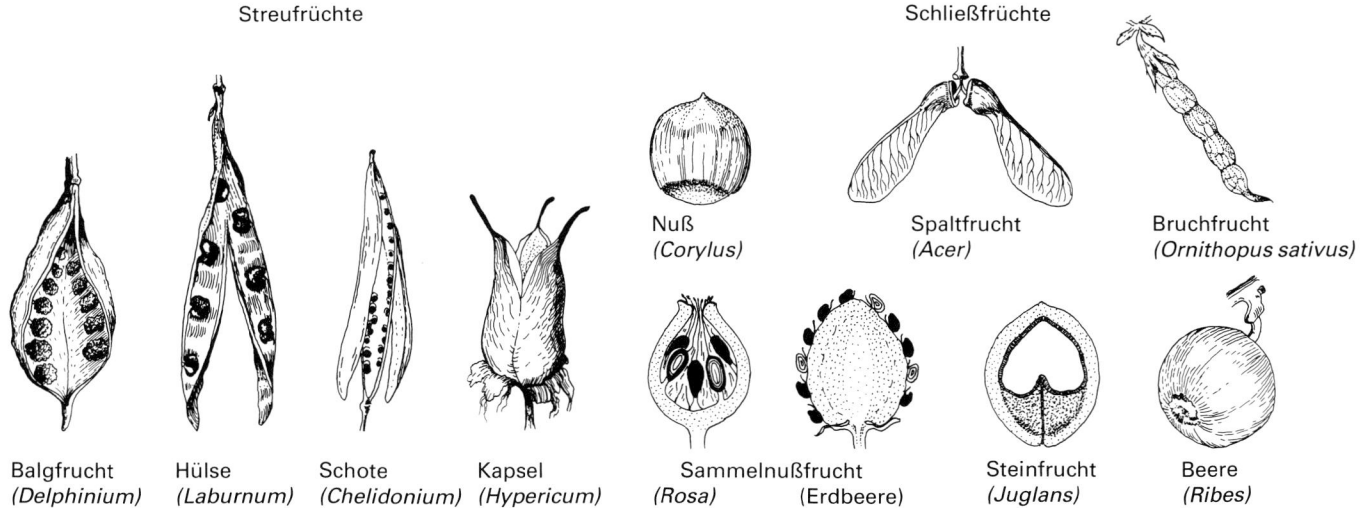

Streufrüchte

Balgfrucht
(Delphinium)

Hülse
(Laburnum)

Schote
(Chelidonium)

Kapsel
(Hypericum)

Schließfrüchte

Nuß
(Corylus)

Spaltfrucht
(Acer)

Bruchfrucht
(Ornithopus sativus)

Sammelnußfrucht
(Rosa)

(Erdbeere)

Steinfrucht
(Juglans)

Beere
(Ribes)

schiger Fruchthülle, die der kegelförmigen Blütenachse aufsitzen, bekannt von den Früchten der Himbeeren und Brombeeren. Bei den Apfelfrüchten wird die Fruchthülle pergamentartig; sie verwächst mit der fleischig werdenden Blütenachse und schließt die Früchte ein (Apfel und Birne).

Fruchtstände. Diese entsprechen den aus mehreren Einzelblüten zusammengesetzten Blütenständen. Nur in Ausnahmefällen gleichen sie einfachen Früchten, die bei der Reife als Ganzes abfallen. Wir kennen solche Formen unter anderem bei den Gattungen *Morus* und *Maclura*.

Verbreitung der Gehölze

Die Zahl der Baum- und Straucharten unserer engeren Heimat ist recht gering. Das war nicht immer so. Vor den Eiszeiten waren unsere Wälder artenreicher. Viele Pflanzen gingen während der Eiszeit zugrunde, da sie vor dem nach Süden vordringenden Eis nicht ausweichen konnten. Das Mittelmeer – nicht, wie oft angenommen, die von Ost nach West verlaufende Gebirgsbarriere – verstellte ihnen fast überall in Europa die Rückzugsmöglichkeit in wärmere Gebiete.

In Nordamerika und in Ostasien konnten die Gehölze ungehindert in südliche, wärmere Zonen ausweichen und in der Nacheiszeit ihre ehemaligen Heimatgebiete zurückerobern. So sind heute in Nordamerika und Ostasien 15- bis 20mal soviel Baumarten heimisch wie in Europa.

Für unsere Gärten stehen uns heute Bäume und Sträucher aus allen Erdteilen zur Verfügung. Im Freien verwenden können wir mit wenigen Ausnahmen nur die, die in ihren natürlichen Arealen unter vergleichbaren Klimabedingungen wachsen, überwiegend Vertreter der Borealen und Nemoralen Zone.

Arealformeln, Herkunftsgebiete der Gehölze

Über die Verwendbarkeit eines exotischen Gehölzes in unserem Raum entscheiden die ökologischen Ansprüche der Art an ihrem heimatlichen Standort. Nur die Kenntnis dieser Umweltbedingungen gibt uns die Möglichkeit, Bäume und Sträucher richtig zu verwenden.

Bisher beschränkten sich die Herkunftsangaben auf geographische Räume. Schroeder (1976) hat Formen entwickelt, die Auskunft geben über das Areal einer Art, über die geographische Verbreitung, die Vegetationszonen und deren Untergliederung nach Feuchtigkeit und Sommerwärme. Die Formeln wurden in Fitschen (1987) modifiziert.

Wichtigster Standortfaktor ist das Klima. Das Klima entscheidet über die natürliche Verbreitung einer Art und die Ausbildung eines bestimmten Vegetationstyps.

Unter gleichen Klimabedingungen entwickeln sich auch an weit voneinander entfernten Gebieten der Erde gleiche Vegetationstypen. Dort kommen zwar andere Arten vor, im Erscheinungsbild sind sie einander gleich. Beachten wir bei der Garten- und Parkgestaltung die Arealformel, können wir leicht Gehölze aus verschiedenen Erdteilen zu harmonischen Gruppen zusammenstellen; die einzelnen Arten werden sowohl in ihren ökologischen Ansprüchen als auch in ihrer Physiognomie zueinander passen. Deshalb wird im lexikalischen Teil dieses Buches für jede natürliche Gehölzart eine Arealformel genannt.

Großgliederung der Vegetation der Erde (n. Fitschen 1987)
Zum Verständnis der Herkunftsbezeichnungen ist ein Überblick über die klimatisch bedingte Vegetationsgliederung der Erde notwendig. Zwei Komponenten des Klimas bestimmen diese Gliederung: Wärme und Feuchtigkeit. Dabei ist die Wärme der übergeordnete Faktor: sie ist die Ursache für die Ausbildung thermischer Vegetationszonen, die die Erde gürtelförmig umfassen. Auf der Grundlage der Vegetation immerfeuchter Bereiche kann man sieben **thermische Zonen** unterscheiden: die zwei Polarzonen jenseits der thermischen Waldgrenze, die Tropische Zone, und vier extratropische (gemäßigte) Waldzonen. Ihre Abgrenzungen lassen sich ungefähr mit bestimmten Schwellenwerten der Sommerwärme und/oder der Winterminima verknüpfen. Von Norden nach Süden folgen aufeinander:

Arktische Zone: Sommer sehr kurz und kühl, kein Monat mit Temperaturmittel über $+10$ °C; Wärme für Waldwuchs nicht ausreichend, Vegetation Tundra.
Boreale Zone: Sommer kurz, nur 1–3 Monate mit Temperaturmittel über $+10$ °C; Winter mäßig bis sehr kalt mit Frösten unter -10 °C, oft weit unter -20 °C.
Nemorale Zone: Sommer ziemlich lang, mindestens 4 Monate mit Temperaturmittel über $+10$ °C; Winter mäßig kalt bis kalt mit regelmäßig auftretenden Frösten unter -10 °C.
Meridionale Zone: Winter mild mit Frösten zwischen 0 und etwa -10 °C, meist nur relative Ruhezeit.
Tropische Zone: Frostfrei, ohne thermische Jahreszeiten, die den Pflanzenwuchs beeinflussen.
Australe Zone: Wie Meridionale Zone.
Antarktische Zone: Wie Arktische Zone.

Innerhalb der fünf Zonen, in denen Waldwuchs möglich ist (Boreal bis Austral), variiert die Vegetation je nach der Feuchtigkeit. Die Abstufung von immer feuchtem zu immer trockenem Klima läßt sich in vier Humiditätsgrade einteilen:
Humid: Dauernd feucht, mit dem für die jeweilige thermische Zone charakteristischen Waldtyp.
Semihumid: Wechsel von Regen- und Trockenzeit; Feuchtigkeit für Waldwuchs ausreichend, aber Wald in Aussehen und/oder Zusammensetzung vom humiden Normaltyp wesentlich abweichend. In den extratropischen Zonen mit thermischen Jahreszeiten gibt es dabei noch Unterschiede je nach Lage der Regenzeit (Sommer-, Winterregen).
Semiarid: Wie semihumid, aber jenseits der hygrischen Waldgrenze, d.h. Feuchtigkeit für geschlossenen Waldwuchs nicht mehr ausreichend. Vegetation Offenwald, Trockenbusch oder Grasland.
Arid: Dauernd trocken, keine geschlossene Vegetationsdecke, d.h. Halbwüste und Wüste.

Die wichtigsten auf der Erde auftretenden natürlichen Vegetationsformationen, wie sie als Ergebnis der Kombination aus thermischen und hygrischen Klimabedingungen zu verstehen sind, zeigt die Tabelle: Übersicht über die Vegetationsformen der Erde nach Vegetationsformen und Humiditätsgraden. Die meisten Vegetationsformationen treten auf der Erde auf mehreren Kontinenten auf, sofern die Klimabedingungen gegeben sind. Die oft weit voneinander entfernten, auch floristisch verschiedenen Teilvorkommen einer Formation bezeichnen wir als **Vegetationsregionen**.

Die **Höhenstufen** der Vegetation in den Hochgebirgen der gemäßigten Zonen bis in die Randtropen sind als modifizierte Auslieger der entsprechenden polnäheren Zonen anzusehen (**Boreale Stufe** usw.); die den Polarzonen analoge Stufe oberhalb der thermischen Waldgrenze heißt **Alpine Stufe**. Die gemäßigte (frostbeeinflußte) Waldstufe der höheren Gebirgslagen in den inneren Tropen ist die **Oreotropische Stufe**.

Übersicht über die Vegetationsformen der Erde nach Vegetationszonen und Humiditätsgraden (nach Fitschen 1987)

Thermische Zone \ Humiditätsgrad	Humid	Semihumid — Sommerregen	Semihumid — Winterregen	Semiarid — Sommerregen	Semiarid — Winterregen	Arid
Arktisch	**Tundra** Baumfreie Bestände aus Klein- und Zwergsträuchern, Stauden, Gräsern, Moosen u. Flechten.	Nicht-humide Gebiete fehlen (außer in alpinen Gebirgsstufen, wo bei stärkerer Trockenheit der Anteil an Dornpolster-Zwergsträuchern immer mehr zunimmt)				
Boreal nur in Borealen Gebirgsstufen, nicht in der Zone selbst	**Borealer Nadelwald (= Dunkle Taiga)** Schattige, mittelhohe Wälder aus immergr. Nadelbäumen. Sommergr. (Lärchen, Weich-Laubhölzer) an Sonderstandorten und als Pionierhölzer.	**Helle Taiga, Weichholz-Sommerwald** Niedrige, meist lichte Wälder aus Lärchen bzw. sommergrünen Weich-Laubhölzern (Espen, Birken).	**Borealer Trocken-Nadelwald** Von der Dunklen Taiga kaum zu unterscheiden, bei sehr geringen Niederschlägen aber zunehmend lichter	**Steppe** (wie nemoral)	**Nadel-Offenwald** (wie nemoral)	**Halbwüste** Offene Bestände von Klein- und Zwergsträuchern sowie nur kurze Zeit oberirdisch sichtbaren Stauden und Kräutern; südlich der Nemoralen Zone oft auch niedrige Sukkulenten
Nemoral	**Sommergrüner Laubwald (= Sommerwald)** Schattige, hohe Wälder aus sommergrünen Laubbäumen. Nadelbäume nicht fehlend, aber nur an Sonder- und Extremstandorten.	**Trocken-Sommerwald** Wie humider Sommerwald, aber nur mittelhoch bis niedrig und ± licht, meist reich an Eichen und mit vielen Kleinbäumen und Sträuchern.	**Nemoraler Nadelwald** Je nach Regenmenge hohe, schattige bis niedrige, lichtere Wälder aus immergrünen Nadelbäumen, artenreicher als der Boreale Nadelwald. Sommergrüne Bäume nur an Sonderstandorten.	**Steppe** Geschlossene Bestände aus hochwüchsigen Gräsern und Stauden, auch mit Kleinsträuchern (z.B. Spiräen). **Sommergrüne Baumflur** Offene Bestände aus sommergrünen Kleinbäumen (unter bestimmten Klima- und Bodenverhältnissen)	**Nadel-Offenwald** Offene Bestände aus Klein-Nadelbäumen (Wacholder, Kiefern), darunter Kleinsträucher, Stauden, Gräser, Kräuter.	
Meridional	**Lorbeerwald** Schattige, hohe Wälder aus immergrünen Laubbäumen. Immergrüne Nadelbäume nicht selten beigemischt oder an Sonderstandorten. Hier und als Pionierhölzer gelegentlich auch Laubwerfende.	**Lorbeerwald mit Laubwerfenden** Meist hochwüchsige, überwiegend immergrüne Wälder mit wechselndem Anteil an Laubwerfenden.	**Hartlaubwald** Wie Lorbeerwald, aber oft nur mittelhoch bis niedrig, jedoch meist ebenso schattig; seltener hochwüchsig, aber lichter.	**Offenwald** gelegentlich auch **Steppe**	**Offenwald, Trockenbusch** (ähnlich tropisch, aber z.T. mit Nadelbäumen)	**Wüste** Vegetation wie Halbwüste, aber nur an lokal besser wasserversorgten Stellen, Normalstandorte pflanzenleer (kontrahierte Vegetation)
Tropisch	**Tropischer Regenwald** Schattige, hohe Wälder aus immergrünen Laubbäumen, meist sehr hohe Artenzahl. Nadelbäume fehlend.	**Regengrüner Wald** Je nach Regenmenge hohe, schattige bis niedrige, lichtere Wälder aus laubwerfenden Laubbäumen, in der Trockenzeit kahl stehend. Durch natürliche oder vom Menschen gelegte Brände leicht in Grasland (**Savanne**) umgewandelt.		**Offenwald, Trockenbusch** Offene Bestände (ohne Kronenschluß) aus oft dornigen Klein-Laubbäumen (immer- oder regengrün), auch Sukkulenten; oder dichtere Bestände aus entsprechenden Sträuchern; lückiger Unterwuchs aus Stauden, Gräsern und Kräutern.		
Austral	**Lorbeerwald**	**Lorbeerwald mit Laubwerfenden**	**Hartlaubwald**	**Offenwald, Steppe**	**Offenwald, Trockenbusch**	
	(entsprechend der Meridionalen Zone)					
Antarktisch	**Antarktische Tundra** Gegenüber der arktischen Tundra hohe Anteile an Polsterpflanzen und Horstgräsern	Nichthumide Gebiete fehlen				

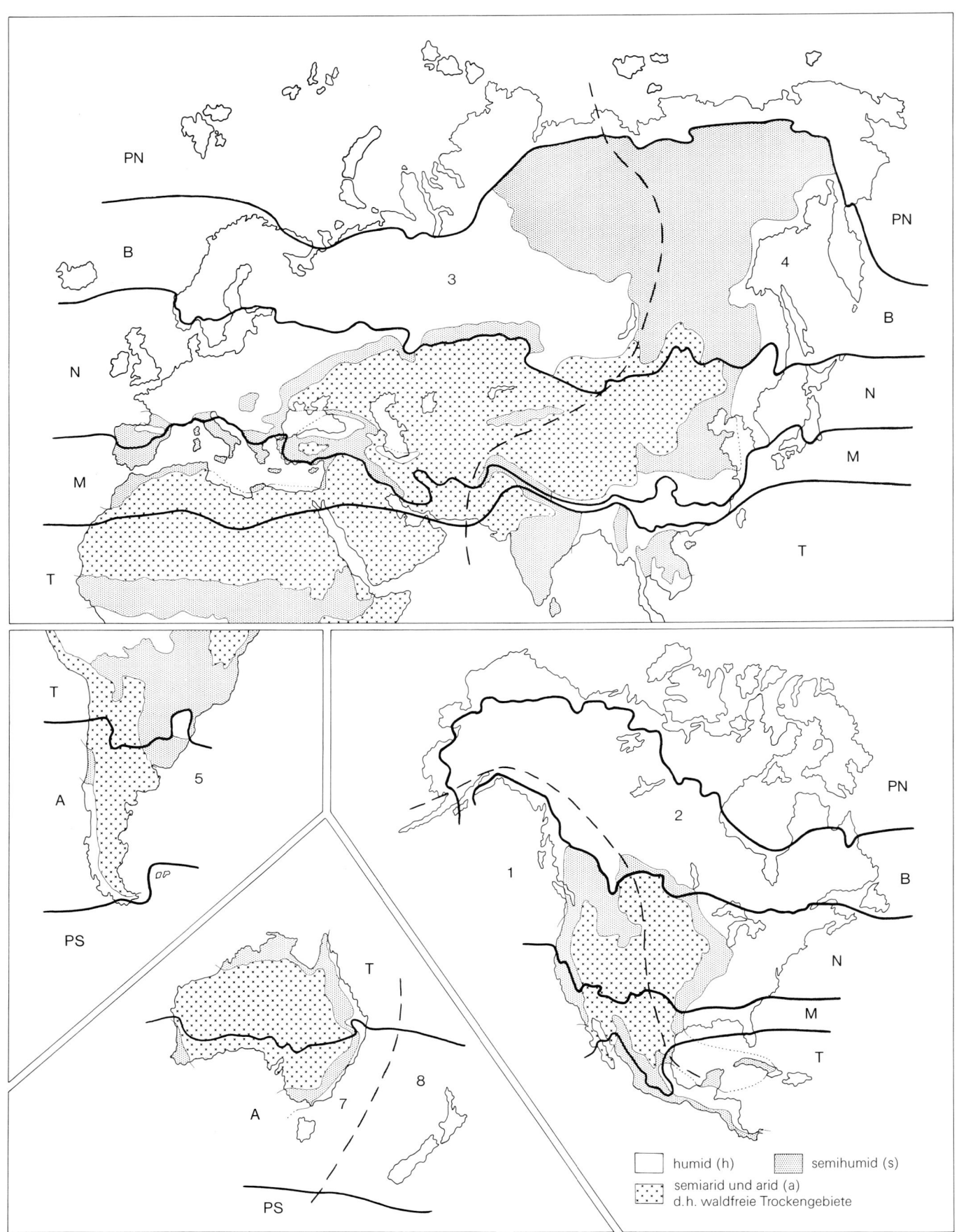

Herkunftsgebiete der Gehölze (nach Fitschen 1987). Nähere Erläuterung dazu im Text.

PN
B
N
M
T

humid (h)
semihumid (s)
semiarid und arid (a)
d.h. waldfreie Trockengebiete

Darstellung der Vegetationsregionen durch Arealformeln

Als Kurzbezeichnungen für die Vegetationsregionen **(Arealformeln)** benutzen wir Kombinationen aus Buchstaben und Zahlen, aus denen thermische Zone, Humiditätsgrad und Erdteil direkt erkennbar sind; z.T. enthalten sie noch einige zusätzliche Informationen. Folgende Symbole werden (in dieser Reihenfolge) benutzt:

1. Großbuchstaben für die Vegetationszonen und -stufen:
   PN = Arktische Zone (**N**ördliche **P**olarzone)
   B = Boreale Zone
   N = Nemorale Zone
   M = Meridionale Zone
   T = Tropische Zone
   A = Australe Zone
   PS = Antarktische Zone (**S**üdliche **P**olarzone)
   PG = Alpine Stufe (den **P**olarzonen analoge **G**ebirgsstufe)
   BG = Boreale Stufe (Gebirgsstufe in Nemoraler oder Meridionaler Zone)
   NG = Nemorale Stufe (in Meridionaler oder randlicher Tropischer Zone)
   MG = Meridionale Stufe (am Nordrand der Tropischen Zone)
   OT = Oreotropische Stufe (in innerer Tropischer Zone)
   AG = Australe Stufe (am Südrand der Tropischen Zone)

2. Kleinbuchstaben für die Humiditätsgrade:
   h = humid
   s = semihumid
   a = semiarid und arid

3. Weitere Kleinbuchstaben für gelegentliche zusätzliche Angaben (besonders in der Nemoralen Zone):
   k = sommerkühl (Mittel des wärmsten Monats unter $+20\ °C$)
   w = sommerwarm (Mittel des wärmsten Monats über $+20\ °C$)
   m = wintermild (Fröste kaum unter $-15\ °C$)
   g = nur in gebirgigen Teilen der betreffenden Zone (zu unterscheiden von G, das eine Gebirgsstufe innerhalb einer anderen Zone andeutet)

4. Zahlen für die Erdteile:
   1 = Westliches Nordamerika
   2 = Östliches Nordamerika
   3 = Europa – Mittelmeergebiet – Vorderasien – Westsibirien
   4 = Ostsibirien – Zentral-, Ost- und Südostasien
   5 = Südamerika
   6 = Afrika (südlich der Meridionalen Zonen)
   7 = Australien
   8 = Ozeanien

Ist das Areal einer Art größer als eine Vegetationszone, so ist der Schwerpunkt der Verbreitung maßgebend. Liegt dieser eindeutig in einer Region (andere werden nur durch sporadische Vorkommen berührt), so wird diese allein angegeben. Gleichwertige Vorkommen in mehreren Regionen werden durch Kombinationsformeln gekennzeichnet, z.B. Na-3/4, Mh/Nhm-2. Ist eine Art im humiden und semihumiden Bereich (d.h. im Waldgebiet) gleichmäßig verbreitet, so wird der Humiditätsgrad weggelassen, z.B. N-2 (eine gleichmäßige Verbreitung über sämtliche Humiditätsgrade kommt mindestens bei Gehölzen nicht vor).

Unnötig ist eine Angabe des Humiditätsgrades in der Arktischen und Antarktischen Zone. In den Waldzonen muß sie manchmal auch wegen unvollständiger Kenntnis des Areals unterbleiben.

Vegetationsformen der Erde nach Vegetationszonen und Humiditätsgraden

Mitteleuropa liegt in der Nemoralen Zone, und dementsprechend ist die Mehrzahl der bei uns kultivierten Gehölze in dieser Zone zu Hause. Die übrigen stammen aus borealen und arktischen (bzw. alpinen) Regionen; außerdem gibt es eine kleine Anzahl meridionaler und australer Arten mit für diese Zonen überdurchschnittlicher Frosthärte. Nur für die Heimatgebiete der bei uns anbaufähigen Arten folgen hier noch einige nähere Angaben, geordnet nach den Vegetationszonen.

PN – Arktische Zone
Klima, Vegetation und Flora rings um den Pol herum **(PN-1/2/3/4)** sind sehr gleichförmig. Winter meist sehr kalt (Minima unter $-30\ °C$), aber andauernd geschlossene Schneedecke, daher können dort heimische Pflanzen bei uns in schneearmen Wintern Frostschäden erleiden.

PGh – Alpine Stufen mit humidem Klima
Je weiter das Gebirge von der Arktischen Zone entfernt liegt, um so mehr unterscheidet sich das Klima vom arktischen durch geringere Winterkälte und höhere Schneedecke; entsprechend nimmt die Frostempfindlichkeit der Pflanzen zu. Ebenso erhöht sich die Zahl der Arten, und die floristischen Unterschiede sind nicht nur zwischen den Regionen **(PGh-1/3/4)**, sondern auch zwischen den einzelnen Gebirgsmassiven sehr groß. (Entsprechendes gilt, mutatis mutandis, auch für die übrigen Gebirgsstufen.)

PGs/a – Alpine Stufen mit semihumidem bis aridem Klima
Vor allem im Innern der Kontinente: Rocky Mountains **(PGs/a-1)**, Innerasien **(PGs/a-3/4)**. Hierher stammende Pflanzen könnten bei uns unter winterlicher Nässe leiden (wie alle Pflanzen aus mehr ariden Gebieten).

Bh – Boreale Zone, humide Regionen
Bh-2: Von Nordalaska durch den ganzen Kontinent bis nach Neufundland in Klima und Flora sehr einheitlich. Winter sehr kalt (Minima überall zwischen -30 und $-50\ °C$); Julitemperaturen (abgesehen vom nördlichen Randsaum) ähnlich wie oder nur wenig geringer als in Mitteleuropa.
Bh-3: In Nordskandinavien sommerkühl (Julimittel um $15\ °C$) mit Winterminima um $-40\ °C$; nach Osten wird das Klima zunehmend extremer (Mittelsibirien Minima um $-50\ °C$, Juli bis $20\ °C$). Flora in Skandinavien gegenüber dem Osten stark verarmt.
Bh-4: Winterkälte ähnlich wie in Mittelsibirien; Sommer durch den Monsuneinfluß sehr regenreich und relativ kühl.

Bs – Boreale Zone, semihumide Regionen (sämtlich mit Sommerregen)
Bs-2: Weichholz-Sommerwald aus Espen im Grenzsaum zwischen Taiga und Steppe (Prärie). Sommerwarm (Juli um $20\ °C$).
Bs-3: Entsprechend Bs-2, aber teils noch sommerwärmer.
Bs-4: Helle Taiga in extrem winterkaltem Klima (Minima bis $-70\ °C$) auf Dauerfrostboden; Unterwuchs Gemisch aus Steppen- und Tundrenpflanzen.

BGh – Humide boreale Gebirgsstufen
BGh-1: Von Westalaska bis Mexiko in immer höhere Gebirgslagen aufsteigend, dabei Abnahme der Winterkälte (in Mexiko BGhm); im N sehr niederschlagsreich, nach S weniger und immer stärker in

einzelne, von semihumiden Gebieten umgebene Inseln aufgelöst. Zahl der Gehölzarten besonders im Raum Kalifornien – Nordmexiko gegenüber Bh-2 deutlich erhöht.

BGh-2: Sehr kleinflächig und artenarm auf den höchsten Gipfeln der Appalachenkette. Winter mäßig kalt (nicht unter − 30 °C).

BGh-3: Höhere Gebirge von den Pyrenäen bis zum Kaukasus, fragmentarisch noch im Tienschan. Winterkälte nach O zunehmend, aber jeweils geringer als in der Borealen Zone auf gleichem Längengrad. Niederschläge in Teilen der Alpen und des Kaukasus sehr hoch. Gehölzflora insgesamt reicher als in Bh-3, mit deutlichen Unterschieden zwischen den Gebirgsmassiven.

BGh-4: Von Hokkaido und Nordkorea bis in den Himalaja (hier sehr wintermild, BGhm); überall sehr niederschlagsreich. Besonders in Südchina sehr artenreich.

BGs – Semihumide boreale Gebirgsstufen

Nur in Gebieten mit Winterregen. Vegetation von den angrenzenden Nemoralen Nadelwäldern kaum zu trennen bzw. nur als deren oberer Saum erscheinend **(BGs-1/3/4)**.

BGa – Semiaride und aride boreale Gebirgsstufen

Ebenfalls nur den oberen Saum der entsprechenden nemoralen Regionen (Na-1/3/4, NGa.1/3/4) bildend.

Nh – Nemorale Zone, humide Regionen

Nh-2: Größter Teil der ostamerikanischen Sommerwaldregion. Außer einem nördlichen Randsaum sehr sommerwarm (Nhw, Julimittel bis 26 °C) und vor allem in der südlichen Hälfte bei hoher Niederschlagsmenge und mäßig kalten Wintern (Minima nicht unter − 30 °C) sehr artenreich.

Nh-3: Europäisch-vorderasiatische Sommerwaldregion ohne die submediterranen und sarmatischen Randsäume. Überwiegend sommerkühl (Nhk, Julimittel in Mitteleuropa kaum über 18 °C; dabei Minima nicht unter − 30 °C) und arm an Gehölzarten; sommerwarm und zugleich humid (Nhw-3) sind nur kleine isolierte Gebiete im Bereich des Schwarzen und Kaspischen Meeres. Im W wintermild (Nhm) mit Beimischung von Lorbeergehölzen.

Nh-4: Durch das semihumide Nordchina und das Japanische Meer in drei floristisch differenzierte Teilregionen getrennt: Mandschurei/Korea (z.T. sehr winterkalt mit Minima unter − 30 °C), Nordjapan (mäßig winterkalt) und südliches Mittelchina (milder, teils Nhm). Die beiden nördlichen Teilregionen gehören größtenteils, die südchinesische (Julimittel bis 26 °C) völlig zu Nhw: letztere ist der günstigste, gehölzartenreichste Teil der ganzen Nemoralen Zone. Allen gemeinsam ist der Monsum-Klimatyp mit hohen Sommerniederschlägen und sehr plötzlichem Übergang vom Winter zum Frühling; daher leiden viele dort beheimatete Arten bei uns unter Spätfrösten und zu geringer Sommerfeuchte.

Ns – Nemorale Zone, semihumide Regionen

Ns-1: Küstengebiet, Talungen und untere Gebirgslagen von Alaska bis Nordkalifornien. Winterregengebiet mit sehr artenreichem und wüchsigem Nemoralem Nadelwald. Temperaturklima dem mitteleuropäischen sehr ähnlich (meist Nsk); im Küstenbereich Winter sehr mild (Nsm) und mit hohen Niederschlägen. Lokal, vor allem im nördlichen Küstenland, auch dauerhumid (Nh-1), was aber den Gesamtcharakter der Vegetation nicht ändert. In den trockeneren Teilen in der Nähe der hygrischen Waldgrenze dominieren meist Kiefern.

Ns-2: Westsaum des Sommerwaldes gegen die Prärie. Frühsommerregen, Vegetation Trocken-Sommerwald (»Oak-Hickory Forest«). Sommerwarm (Nsw).

Ns-3: Randsäume der europäischen Sommerwaldregion gegen das Mediterrangebiet (»submediterran«; wintermild, Nsm) und die Steppe (»sarmatisch«; winterkälter). Frühsommer- bis Frühjahrs- (auch Herbst-)regen; Vegetation Trocken-Sommerwald. Wärmer als Nh-3 (Nsw).

Ns-4: Nord- und Mittelchina, heute auf Lößböden größtenteils baumlos. Hochsommerregen, natürliche Vegetation Trocken-Sommerwald. Sommer sehr warm (Julimittel bis 28 °C). Winter kalt (Minima bis unter − 30 °C), winterliche Trockenzeit bis weit ins Frühjahr hinein andauernd.

Na – Nemorale Zone, semiaride und aride Regionen

Na-1: Trockengebiete im westamerikanischen Gebirgsraum, anschließend an Ns-1; Winterregengebiet mit Wacholder- und Kiefern-Offenwäldern im semiariden Bereich. Sommer warm, Winter mäßig kalt.

Na-2: Trockengebiete im Mittleren Westen. Frühsommerregen, natürliche Vegetation im semiariden Bereich (der den größten Teil umfaßt) Steppe (Prärie, heute meist durch Ackerland ersetzt). Sommer warm, Winter mäßig kalt bis (im N) sehr kalt.

Na-3: Trockengebiete von der Ukraine bis zum Altai und Tienschan. Im nördlichen, semiariden Randsaum mit Frühsommerregen natürliche Vegetation Steppe; größter Teil jedoch arid. Sommer warm, Winter mäßig kalt bis (im NO) sehr kalt.

Na-4: Trockengebiete von der Dsungarei bis ins Amurland. Hochsommerregen mit Steppe im semiariden nördlichen Teil der Mongolei; sonst meist arid. Sommer warm, Winter sehr kalt (Minima oft weit unter − 30 °C).

NGh – Humide nemorale Gebirgsstufen

In der Meridionalen Zone nur in Südchina und Südjapan **(NGh-4)**; Vegetation und Flora sehr ähnlich den entsprechenden Teilen von Nh-4. Im Randtropenbereich bei sehr milden Wintern fragmentarisch in Ostmexiko **(NHGm-2)** sowie im Osthimalaja und auf Taiwan **(NGhm-4)**.

NGs – Semihumide nemorale Gebirgsstufen

NGs-1: Gebirgslagen von Nordkalifornien und Colorado bis Mexiko (hier NGsm); südliche, im Ganzen wenig abweichende Fortsetzung von Ns-1.

NGs-3: Gebirge des südlichen Mittelmeergebietes von Atlas und Sierra Nevada bis Taunus und Libanon. Winterregengebiet mit Nemoralem Nadelwald, der aber gegenüber seiner Optimalausbildung in Ns-1 sehr verarmt und reliktär erscheint.

NGs-4: Westhimalaja und Ostafghanistan bis Kaschmir, ebenfalls Winterregengebiet mit Nemoralem Nadelwald.

NGa – Semiaride und aride nemorale Gebirgsstufen

NGa-1: Nur südliche Ausläufer von Na-1 und hiervon nicht zu trennen.

NGa-3: Gebirge vom Atlas bis Westafghanistan; semiaride Bereiche im W bei Winterregen mit Wacholder-Offenwäldern, in der Mitte und im O bei weniger festgelegter Regenzeit Offenwälder aus Sommergrünen oder Wacholderarten, seltener Steppe.

NGa-4: Semiarider Bereich im Westhimalaja bei Winterregen Wacholder-Offenwald, am SO-Rand des tibetanischen Hochlandes bei Sommerregen überwiegend Steppe.

M – Meridionale Zone und A – Australe Zone

Aus den beiden Zonen der Lorbeer- und Hartlaubwälder sind bei uns nur wenige Arten bedingt anbaufähig. Sie stammen aus folgenden Regionen:

Mh-2: Kleinflächig und recht artenarm in Nord- und Mittelflorida. Sommer sehr warm.

Mh-4: Vom ausgedehnten, sehr artenreichen Zentrum in Südchina zum Mittelhimalaja, nach Südkorea und Südjapan reichend. Sommer sehr warm.

Ms-1: Größter Teil von Kalifornien sowie kleinere Teile von Arizona und New Mexico. Sommer warm; Winterregengebiet im Hartlaubwald.

Ms-3: Mediterrane Hartlaubwaldregion im Winterregengebiet rings um das Mittelmeer. Sommer warm.

Ms-4: Randbereiche des Westhimalajas und Ostafghanistans, der mediterranen Hartlaubwaldregion sehr nahestehend.

Ah-5: Westpatagonien, nach S bis an die polare Waldgrenze auf Feuerland. Sommer, außer im nördlichsten Randbereich, kühl (Ahk). Stellenweise, vor allem am östlichen Andenrand, etwas winterkälter (bis um -15 °C) und mit sommergrünen *Nothofagus*(Südbuchen)-Arten.

Ah-8: Neuseeland, ebenfalls überwiegend Ahk. Nur im Bereich des Gebirges auf der Südinsel kommen etwas stärkere Fröste vor (um -10 °C).

Einführung der Gehölze in die Gartenkultur

Schon sehr früh wurden einige südosteuropäische und vorderasiatische Baum- und Straucharten, ganz besonders unsere Obstgehölze, in die Gartenkultur eingeführt. Eine wesentliche Bereicherung der europäischen Gärten setzte aber erst vom 17. Jahrhundert an ein, nachdem überseeische Arten zu uns gelangten. Als eine der ersten nordamerikanischen Arten kam um 1536 der Lebensbaum, *Thuja occidentalis*, nach Frankreich. 100 Jahre später führten die beiden Kolonialmächte England und Frankreich viele Bäume und Sträucher ein. Zu den ersten Gästen gehören u.a. *Liriodendron tulipifera* (1693), *Acer rubrum* (1656), *Acer negundo* (1688), *Rhus typhina* (1622), *Robinia pseudoacacia* (1636) *Prunus serotina* und *P.virginiana* (1629), *Platanus occidentalis* (1636), *Carya ovata* (1629), *Juglans nigra* (1629) und *Taxodium distichum* (1640). Einen letzten Höhepunkt erreichte die Flut der Neueinführungen aus Nordamerika um die Mitte des 18. Jahrhunderts, nachdem Kalifornien und die pazifische Küste entdeckt und durchforscht worden waren. Für Garten und Waldbau wichtige Nadelgehölze verdanken wir dieser Epoche, etwa *Calocedrus decurrens* (1849), *Picea engelmannii* und *P.pungens* (1863), *P.breweriana* (1884), *Abies concolor* (1851), *Pseudotsuga menziesii* (1827), *Pinus ponderosa* (1826), *P.flexilis* (1851), *P.jeffreyi* (1852), *Sequoiadendron giganteum* (1853) und *Sequoia sempervirens* (1840). Bis zum Ende des 19. Jahrhunderts dominierten als Exoten die nordamerikanischen Gehölze in unseren Gärten. Nachdem Japan und China vor rund 100 Jahren ihre Länder der westlichen Welt öffneten, überkam uns eine Flut neuer Gehölzarten. Im 16. und 17. Jahrhundert brachten christliche Missionare die ersten Arten nach Europa, u.a. *Prunus persica* (1562), *Morus alba* (1596) und *Salix babylonica* (1692). Im ausgehenden 18. Jahrhundert waren kaum mehr als 20 ostasiatische Arten bekannt, darunter so bekannte Arten wie *Sophora japonica* (1653), *Koelreuteria paniculata* (1763), *Ailanthus glandulosa* (1751), *Magnolia hypoleuca* (1790), *Thuja orientalis* (1752) und *Ginkgo biloba* (1754). Erst nachdem R. Fortune bei vier Reisen 120 Arten nach Europa eingeführt hatte und andere Sammler um die Mitte des 19. Jahrhunderts kaum weniger erfolgreich waren, ließ sich der gewaltige Gehölzreichtum Ostasiens erahnen. Unterstrichen wurde er noch einmal von 1898 bis 1916 durch E.H. Wilson, dessen Einführungslisten mehrere hundert Arten umfassen. Viele von ihnen kamen erst über Nordamerika nach Europa.

LAUBGEHÖLZE FÜR PARKS UND GÄRTEN

Der Begriff Laubgehölze umfaßt alle sommer- und immergrünen Baum- und Straucharten, ausgenommen die Nadelgehölze, die im allgemeinen Sprachgebrauch auch als Koniferen bezeichnet werden. Aus der großen Zahl bekannter Arten können uns hier nur die interessieren, die in irgendeiner Form für Garten und Park von Belang sind. Die in diesem Sinn positiven Eigenschaften beschränken sich nicht auf die Blüten, dem in der Regel auffallendsten Teil einer Pflanze, – sie beziehen die vielfältigen Erscheinungsformen von Baum und Strauch mit ein, etwa Habitus und Belaubung, Fruchtschmuck und Herbstfärbung.

In den folgenden Kapiteln werden wir uns aber nicht nur mit den Eigenschaften der Gehölze beschäftigen, sondern auch ihre Standortansprüche, die Verwendung in Garten und Park und den Umgang mit Baum und Strauch behandeln.

Blühende Bäume und Sträucher

Blütenschmuck im Winter

In diesem und in den nächsten beiden Abschnitten sollen kurz einige Sträucher und Bäume vorgestellt werden, die zu einer etwas ungewöhnlichen Zeit blühen. Sie sollen dazu anregen, nicht nur Frühjahr und Sommer als Zeit der Blüte zu betrachten. Auch in den übrigen Zeiten des Jahres kann man sich mit blühenden Gehölzen umgeben (siehe hierzu »Blütezeitkalender«, Seite 28).

Lange bevor sich die frühesten unserer heimischen Blütensträucher – Seidelbast, Haselnuß und Hartriegel – aus ihrer Winterruhe lösen und zu blühen beginnen, läßt sich in unsere Gärten ein Hauch von Frühling zaubern. Einige Sträucher blühen buchstäblich schon im Winter, wenn in der pflanzlichen Natur alles Leben zu ruhen scheint, sie kümmern sich oft nicht um Schnee und Eis.

Die in der Bergkieferzone unserer Alpen heimische Schneeheide *(Erica carnea)* bildet ihre Blüten im Herbst weit vor und öffnet sie bei geeignetem Wetter schon im Dezember. Ebenso ungeduldig ist *Jasminum nudiflorum*, der in China heimische Winterjasmin, dessen erste Blüten sich regelmäßig auch schon im Dezember öffnen. Gewöhnlich wird das Blühen dann jedoch durch die Winterkälte unterbrochen und im zeitigen Frühjahr fortgesetzt. Auch *Chimonanthus praecox* (Winterblüte) ist ein Vertreter der chinesischen Gehölzflora, der mit seinen hellgelben Blüten frühe Wintertage beleben kann. Die Art ist nur für klimatisch bevorzugte Gebiete zu empfehlen. *Prunus subhirtella* 'Autumnalis' (Schneekirsche) läßt sich dagegen auch an weniger günstigen Stellen pflanzen. Mit ihren ersten Blüten überrascht sie oft schon im November, der Hauptflor setzt dann im zeitigen Frühjahr ein. *Prunus* 'Hally Jolivette' verhält sich wie die Schneekirsche, und genauso früh können *Viburnum farreri* und *V.* × *bodnantense* mit ihren stark duftenden Blüten erfreuen. Die umfangreiche Gattung der Rhododendren kennt in *Rhododendron dauricum* und *R.mucronulatum* zwei Vertreter, die mit ihren purpurrosa Blüten Farbe in den winterlichen Garten bringen können. Höhepunkt des winterlichen Blütenflors sind die *Hamamelis*-Arten, die ihren Namen Zaubernuß zu Recht tragen.

Bei Frost und Schnee rollen sich ihre bizarren, fädigen Blütenblätter ein, öffnen sich bei geeignetem Wetter aber sofort wieder. Der Vorgang kann sich täglich wiederholen, wenn im Frühjahr nächtlicher Frost und die wärmende Sonne ihr gefährliches Wechselspiel treiben.

Mit Ausnahme der Schneeheide sind alle diese Winterblüher sogenannte Exoten, Pflanzen fremder Länder. Fast alle besitzen empfindliche Blüten, und oft genug muß man erleben, daß die zarte Pracht der Winterkälte zum Opfer fällt. Wer aber das Besondere liebt, wird sicher das Risiko eingehen und sich an solchen Pflanzen versuchen.

Vorfrühlingsblüher

Vorfrühlingsblüher öffnen ihre Blüten regelmäßig im Feburar oder März, nur sehr selten früher (siehe »Blütezeitkalender«, Seite 28). Sie unterscheiden sich so recht deutlich von den Winterblühern, obwohl die Übergänge fließend sind und deren Blüte oft in die gleiche Zeit fällt. Auch bei diesen Arten riskiert man, daß die Blüten späten Frösten zum Opfer fallen. Durch die Wahl geeigneter Standorte läßt sich das Risiko zwar mindern, ausschalten kann man es nicht, es sei denn, man unterzieht sich der Mühe, seine blühenden Sträucher in kritischen Nächten mit dünnen Tüchern zu bedecken, wie in Gartenbüchern gelegentlich empfohlen wird. Man wählt Plätze an Hecken, Mauern, in Gebäudeecken oder im Schatten größerer Pflanzen.

Einige Arten, wie *Jasminum* und *Chimonanthus*, lassen sich als Spalier an geschützten Wänden ziehen. Die Südseite einer Wand empfiehlt sich nicht immer, da die schräg einfallende Sonne auch die Pflanzen früh erwärmt und sie vorzeitig zur Blüte kommen läßt. Wichtig erscheint ein Standort in Fenster- oder Wegnähe, denn was nützt ein außergewöhnlicher Strauch in dem Teil des Gartens, den man im Winter oder zeitigen Frühjahr doch nur selten betritt. Hinzu kommt, daß man die meisten dieser Arten schon aus der Nähe betrachten muß, will man den Reiz ihrer Blüten erkennen. Nur recht wenigen Arten, etwa der Schneekirsche und der Sternmagnolie, ist auch eine recht deutliche Fernwirkung eigen.

Verfügt man über genügend Platz im Garten und entscheidet sich für mehrere Arten von Winter- und Vorfrühlingsblühern, sollte man sie nicht über den Garten verstreuen, sondern an einer exponierten Stelle zusammenfassen. Eine solche Gruppe läßt sich mit *Erica carnea*, frühblühenden Blumenzwiebeln (*Eranthis, Galanthus, Crocus, Chionodoxa, Cyclamen, Leucojum, Muscari, Scilla*) und den ersten Frühlingsstauden (*Aubrieta, Alyssum, Helleborus, Phlox, Bergenia, Arabis, Hepatica, Omphalodes, Primula vulgaris* und *P.denticulata*) unterpflanzen und ergibt reizvolle Frühlingsmotive.

Einer der bekanntesten Vertreter dieser Gruppe ist *Daphne mezereum*, der in unseren Wäldern heimische Seidelbast, dessen Zweige lange vor dem Blattaustrieb dicht mit rosa Blüten besetzt sind. Aus der heimischen Gehölzflora müssen hier Haselnuß, Hartriegel und Kätzchenweide genannt werden, die zwar alle keine überwältigend schönen Blütensträucher sind, die aber jeder gerne vom Spaziergang mit heimbringt und als ersten Frühlingsgruß in die Vase stellt. Weit imposanter bietet sich die in Zentraljapan heimische Stern-magnolie *(Magnolia stellata)* mit ihren weißen, duftenden Blüten dar. Überreich kann schon im Februar *Pieris japonica*, die Japani-sche Lavendelheide, mit weißen Blüten über immergrünem Laub blühen. Die Gattung *Prunus* steuert mit *Prunus* 'Okame' eine klein-bleibende Zierkirsche und mit *P.fenzliana* die Kaukasische Wild-mandel bei. *Lonicera × purpusii* ist ein wintergrüner, dichtver-zweigter Strauch, dessen rahmweiße, starkduftende Blüten sich schon im Februar öffnen können. *Abeliophyllum distichum* gilt unter Gehölzkennern als viel zu wenig verbreiteter Leckerbissen. Trotz recht kleiner, weißer Blüten ist der Strauch im März von großer Wirkung, sitzen doch sehr viele Blüten entlang der schlanken Zweige. Als »das« Vorfrühlings-*Rhododendron* gilt *R. × praecox* mit seinen leuchtend lilarosa Blüten und dem immergrünen Laub; es ist vollkommen winterhart.

Schließlich ist noch ein halbes Dutzend *Corylopsis*-Arten zu er-wähnen. Die Scheinhaseln sind mit den *Hamamelis* verwandt, und ihre besondere Bedeutung für den Garten erhalten sie durch ihre frühe, gelbe Blüte, die vor der der Forsythien liegt und ungleich zarter und eleganter ist als die jener etwas protzig gelbblühenden Sträucher. Leider fehlt den Blüten die Winterhärte der Zauber-nüsse. Vom flüchtigen Betrachter meist unbeachtet, blühen im zei-tigen Frühjahr in unseren Wäldern und Parkanlagen Erlen, Pap-peln, Birken, Hainbuchen, Ahorn und Ulmen oder unter den Na-delgehölzen die Lärchen.

Sommer- und Herbstblüher

Nachdem vom April bis Juni die überwiegende Zahl der Zierge-hölze ihre Blütenpracht verschwendet hat, beginnt im Hochsommer wieder eine blütenärmere Zeit. Vorbei ist dann die Blüte der Forsythien und Ginster, der ersten Spiräen, der Weigelien, Pfeifen-sträucher und Deutzien, der Magnolien, Zierkirschen und Zieräp-fel, der Flieder, der Blumenhartriegel und die Pracht der Rhodo-dendren.

Will man das Blühen im Sommer nicht den Rosen oder Sommer-blumen allein überlassen, muß man sich im Gehölzsortiment schon ein wenig umsehen (siehe auch »Blütezeitkalender«, Seite 28). Für den Hochsommer finden wir noch eine ganze Reihe blühender Sträucher und Bäume, ihre Zahl nimmt naturgemäß ab, je weiter das Jahr fortschreitet. Auch hier lassen sich keine starren Grenzen ziehen, alle Übergänge sind fließend. Durchkämmen wir die alpha-betische Gehölzliste, stoßen wir gleich zu Anfang auf einen der wertvollsten Sträucher dieser Gruppe:

Aesculus parviflora, die Strauchkastanie, mit ihren langen, weißen Blütenrispen. Vom Juni bis in den Oktober hinein schmückt sich die zierliche *Abelia × grandiflora* mit ihren rosaweißen Rachenblü-ten. Zur gleichen Zeit etwa erfüllt der Sommerflieder *(Buddleja davidii)* mit seiner Blütenpracht und mit seinem betäubenden Duft den Garten. Ab August öffnen die ersten Sorten der Besenheide *(Calluna vulgaris)* ihre Blüten, bis weit in den Oktober hinein hält die Blütezeit an. Mit *Erica tetralix*, *E.cinerea* und *E.vagans* und mit *Daboecia cantabrica* blühen weitere Heidekrautgewächse etwa zur gleichen Zeit. *Caryopteris*, die Bartblume, erfreut nicht nur durch späte Blütezeit (September-Oktober), sondern auch durch eine un-gewöhnliche violettblaue Blütenfarbe.

Unter den sommerblühenden Schlingpflanzen nehmen die groß-blumigen *Clematis*-Hybriden eine hervorragende Stellung ein. Nachdem etwa *C.alpina*, *C.macropetala* oder *C.montana* im Mai das Feld beherrschten, setzt schon ab Juni die Blüte der Hybriden ein, die bis zum September dauert; zu den Sommerblühern zählen

auch die natürlichen Arten *C.viticella*, *C.orientalis*, *C.texensis*, *C.maximowicziana* und *C.tangutica*. Unter günstigen Klimabedin-gungen überrascht der Chinesische Losbaum *(Clerodendrum)* im August mit seinen spinnenartigen, weißen Blüten. Alle *Clethra*-Arten mit ihren weißen Blütentrauben sind noch viel zu wenig bekannt. Mit einer ungewöhnlich langen Blühdauer, sie kann über fünf Monate, von Juni bis zum Oktober währen, empfehlen sich für milde Gebiete die »winterharten« Fuchsien.

Zu den schönsten Herbstblühern gehört zweifellos die Virgini-sche Zaubernuß *(Hamamelis virginiana)*, besonders dann, wenn man eine Pflanze bekommt, die erst nach dem Blattfall zu blühen beginnt. Ab August etwa öffnen sich die bunten, einfachen oder gefüllten Blüten des Straucheibisch *(Hibiscus syriacus)*. Die Haupt-blütezeit aller Hortensien mit ihren großen Blütenbällen oder -rispen erstreckt sich von Juli bis zum September, und zur gleichen Zeit öffnen sich die gelben Blütensterne der *Hypericum*-Arten. Die kletternde *Lonicera × heckrottii* bringt es auf eine Blütezeit von vier Monaten (Juni bis September). Unermüdlich zeigen sich auch die Sorten von *Potentilla fruticosa*, deren Blütezeit im Mai beginnt und sich bis in den September hinein erstreckt. Mit tiefblauen Lippen-blüten und aufgeblasenen violettblauen Blütenkelchen schmückt der Silberstrauch *(Perovskia)* den herbstlichen Steppengarten. Eine besondere Kostbarkeit des sommerlichen Blütengartens ist *Robinia hispida*, die Rosenakazie, mit ihren großen, karminrosa Blü-tenständen. Über die Rosen als ausgesprochene Sommerblüher brauchen wir hier nicht viel zu sagen. Zu den sommerblühenden Sträuchern zählen wir alle *Sorbaria*- und viele *Spiraea*-Arten. Be-sonders eindrucksvoll ist die seltene Scheinkamelie *(Stewartia pseudocamellia)* mit ihren edlen, schalenförmigen Blüten im Juli und August.

Dauerblühende Gehölze

Wir wollen hierunter Gehölze verstehen, die über einen längeren Zeitraum nacheinander ihre Blüten öffnen oder nach der Haupt-blüte ein zweites Mal blühen, also remontieren. Solche dauerblü-henden Gehölze können uns mehrere Wochen oder gar Monate lang mit ihren Blüten erfreuen. Die fehlende Vollblüte bei einigen Arten mag dagegen nachteilig sein.

Wie bei den anderen Gruppen sollen auch hier nur die wichtig-sten Arten genannt werden. Diese decken sich häufig mit den herbstblühenden Arten. Beiden Gruppen gehören z.B. an: *Abelia*, *Buddleja*, *Caryopteris*, *Clematis*, *Clethra*, *Fuchsia*, *Hydrangea*, *Hy-pericum*, *Potentilla* und *Robinia hispida*. Besondere Erwähnung ver-dienen hier, in der Reihenfolge ihres Aufblühens: Alle *Colutea*-Arten, die von Mai bis zum August unermüdlich ihre Schmetter-lingsblüten öffnen und zum Hochsommer hin Blüten und Früchte nebeneinander tragen. Noch länger, von Mai bis Oktober, finden wir gelbe Blüten an den grüntriebigen *Coronilla*-Sträuchern, die gefülltblühende *Kerria japonica* 'Plena' erlebt ihre Hauptblüte im Mai-Juni und entwickelt einzelne Blüten bis zum September. Über fünf Monate, von Juni bis September, blüht in Wald und Garten das Immergrün *(Vinca minor)*. Weithin bekannt sind als Dauerblü-her die *Spiraea*-Bumalda-Hybriden, die in den Monaten Juni, Juli und August fortlaufend an den Enden der Jungtriebe ihre flachen Blütendolden öffnen. Ein wenig empfindlich sind die dauer- und herbstblühenden *Indigofera* und *Lespedeza* mit ihren purpurnen und violetten Blüten. Mit den winterblühenden *Jasminum nudiflo-rum* und *Erica carnea*, die beide im November oder Dezember ihre ersten Blüten öffnen und dann unter Umständen bis zum März blühen können, schließt sich der kurze Jahresreigen (siehe auch »Blütezeitkalender«, Seite 28).

Blütenbäume

Der Begriff Blütensträucher ist im deutschen Sprachgebrauch allgemein üblich und geläufig, der Begriff Blütenbaum aber kaum. Natürlich müssen auch die Bäume blühen, wie sonst sollten sie Samen ansetzen und ihre Art erhalten. Viele Baumarten aber, besonders die einheimischen, besitzen oft nur recht kleine und daher meist unauffällige Blüten. Eine Reihe von ihnen sind Windblütler und haben es daher nicht nötig, als Einladung an die Insekten auffällige Schauapparate zu entwickeln. In dem uns heute zur Verfügung stehenden Gehölzsortiment, mit Vertretern »aus aller Welt«, finden wir eine ausreichende Zahl bemerkenswerter Blütenbäume. Sie sollen und können im Garten Akzente setzen, Blickpunkte und Rahmen schaffen. Der kleine Hausgarten verträgt oft nur wenige oder gar nur einen von ihnen. Sein Platz muß also mit Bedacht ausgewählt werden. Er will als Solitär behandelt sein (Definition siehe »Solitärgehölze«, Seite 126).

Wir wollen uns hier auf die wirklich baumförmigen Arten beschränken und alle Großsträucher unberücksichtigt lassen, obwohl auch sie oft als Solitärpflanzen verwendet werden wie etwa die *Amelanchier-*, *Cercis-* und *Cornus-*, die *Hippophaë-*, *Laburnum-* und *Tamarix-*Arten.

Im Alphabet begegnen wir zunächst den Arten der Gattung *Aesculus*, zu der die uns allen bekannte Roßkastanie gehört. Für den kleineren Garten kann man nur *Aesculus pavia* mit ihren hellroten Blüten empfehlen. Mit seinen übergroßen, herzförmigen Blättern und den großen, rispigen Blütenständen wirkt der Trompetenbaum *(Catalpa)* wie ein Vertreter der tropischen Pflanzenwelt. Er wird bei uns nur mittelgroß und paßt auch in den Hausgarten. *Cladrastis kentukea* ist mit seinen bis 40 cm langen Blütenrispen ein bis 10 m hoher, prächtiger Baum. Alle *Crataegus-*Arten entwickeln sich zu Bäumen. Außer den Rotdorn *(Crataegus laevigata* 'Paulii' = *C. oxyacantha* 'Paul's Scarlet')* sind eigentlich alle eher als Fruchtgehölze interessant oder auch ihrer langen und starken Dornen wegen. Der chinesische Taubenbaum *(Davidia involucrata)* kann wegen seiner knapp 20 cm langen, schneeweißen Hochblätter jedem Freund kostbarer Gehölze empfohlen werden, auch wenn er 15–20 Jahre auf die ersten Blüten warten muß. *Euodia daniellii*, trotz seiner unzähligen Blüten ein viel zu wenig bekannter Baum, wird wie kaum ein anderer von riesigen Bienenschwärmen besucht. Die Manna-Esche *(Fraxinus ornus)* aus Südeuropa ist auch in unserem

Klima ein recht ansehnlicher Blütenbaum, der Sonne und Trockenheit gut verträgt. Aus Nordamerika kam *Halesia carolina*, ein kleiner, nur in Ausnahmefällen bis 10 m hoher Baum mit eleganten, glockigen, weißen Blüten. Trotz der riesigen, gefiederten Blätter und der übergroßen, rispig verzweigten goldgelben Blüten wirkt *Koelreuteria paniculata* recht zierlich. Der Tulpenbaum *(Liriodendron tulipifera)*, ein aristokratischer Parkbaum, versteckt seine tulpenähnlichen Blüten leider unter seinen eigenartig geformten Blättern. Unter den Magnolien finden wir sowohl strauchige wie auch baumförmige Arten. Besonders die ostasiatischen Arten *Magnolia denudata*, *M. kobus*, *M. stellata*, *M. sieboldii*, *M. × soulangiana* und *M. wilsonii* bleiben recht klein und lassen sich in jedem Garten unterbringen. Unter den japanischen Arten wird allein *M. hypoleuca* zu einem recht großen Baum. Die nordamerikanischen Arten *M. acuminata*, *M. cordata*, *M. fraseri* und *M. tripetala* sind dagegen Parkbäume, die alle nicht so auffallend blühen wie ihre ostasiatischen Schwestern. *M. macrophylla* hat riesige Blattschöpfe und übergroße Blüten – eine ganz eigenartige, exotische Erscheinung, allerdings nur für geschützte Plätze im Weinbauklima. Über die Zieräpfel braucht man nicht viel zu sagen. Ihr Blütenreichtum und ihr herbstlicher Fruchtschmuck sprechen für sich. Alle sind nur kleine Bäume, also auch im Hausgarten am richtigen Platz. *Paulownia tomentosa* ist, soweit der Weinbau reicht, ein unvergleichlich schöner Blütenbaum mit seinen großen, violetten Blütenständen. Fast alle Arten der Gattung *Prunus*, zu der die japanischen Zierkirschen, aber auch unser gesamtes Steinobst gehören, sind als kleine oder mittelgroße Blütenbäume bekannt. Weniger bekannt ist der Flügelstorax *(Pterostyrax hispida)*, der im Juni seine wie Schneeflocken leichten, duftenden Blüten öffnet. *Robinia pseudoacacia*, die falsche Robinie, kennt fast jeder. Mit ihren weißen, betäubend duftenden Schmetterlingsblüten ist sie ein Baum für den Park und die freie Landschaft. Auch *Sophora japonica* kann nur ein Parkbaum sein, er ist wertvoll durch seine späte Blüte. Alle Ebereschen *(Sorbus)*, meist nur kleine oder mittelgroße Bäume, sind viel eher ihrer Früchte wegen interessant, ihre Blüten bieten nichts Überraschendes. *Styrax japonica* und *S. obassia* dagegen sind zwei exzellente kleine Blütenbäume, die man noch viel zu wenig in unseren Hausgärten sieht. Auch die Lärchen, Linden und Ahorne, die echten Kastanien oder der Katsurabaum besitzen kleine, aber höchst dekorative Blüten, sichtbar für den, der sich auch um die kleinen Dinge bemüht.

Blütezeitkalender für Laubbäume und -sträucher

Art	Blütenfarbe	Wuchshöhe (m)	Blütezeit									
			Febr.	März	April	Mai	Juni	Juli	Aug.	Sept.	Okt.
Abelia engleriana	purpurrosa	2					×	×			
– × *grandiflora*	weißrosa	1–2,5						×	×	×	×
– *schumannii*	rosa	1–1,5					×	×	×	×	
Abeliophyllum distichum	weiß	1	×								
Acer circinatum	weiß-purpurn	8			×						
– *davidii*	gelblich	12–15			×						
– *japonicum*	purpurn	2–4		×	×						
– *macrophyllum*	gelblich	15–20			×						
– *palmatum*	purpurrot	1–3				×					
– *platanoides*	gelbgrün	20–30		×							
– *rubrum*	dunkelrot	10–20	×	×							
– *rufinerve*	rostrot	10–12				×					
Actinidia arguta ↑	weiß	6			×	×					

Blütezeitkalender für Laubbäume und -sträucher (Fortsetzung)

Art	Blütenfarbe	Wuchshöhe (m)	Febr.	März	April	Mai	Juni	Juli	Aug.	Sept.	Okt.
Actinidia chinensis ↑	orangegelb	6–8				×					
– *kolomikta* ↑	weiß	2–3				×					
Aesculus-Arten ↑	weiß, gelb, rot	10–30			×	×					
– *parviflora*	weiß	3–4					×				
Akebia-Arten ↑	bräunlich violett	6		×	×						
Albizzia julibrissin	hellrosa	5–7						×	×		
Amelanchier-Arten	weiß	3–13			×						
Amorpha-Arten	blau	1–3					×	×	×		
Andromeda polifolia	hellrosa	0,2			×	×					
Aralia-Arten	weiß	2–3						×	×		
Arctostaphylos uva-ursi	weiß	0,2		×	×						
Aronia-Arten	weiß, blaßrosa	1,5–3			×	×					
Berberis											
– meiste immergrüne Arten	gelb, orangegelb	0,5–3			×	×					
– meiste sommergrüne Arten	gelb	1,5–3			×						
Bruckenthalia spiculifolia	hellrosa	0,2					×	×			
Buddleja alternifolia	purpurlila	4				×					
– *davidii*-Sorten	weiß, rot, blau	3–4					×	×	×		
Buglossoides purpurocaerulea	hellpurpur	0,3					×				
Callicarpa-Arten	blaßlila	2–3					×	×			
Calluna vulgaris-Sorten	weiß, rosa, rot	0,4					×	×	×	×	
Calycanthus-Arten	rotbraun	2–3				×	×				
Camellia japonica-Sorten	weiß, rot, rosa	2–4	×	×	×						
Campsis-Arten	orange, scharlach	10						×	×	×	
Caragana-Arten	gelb	2–6			×	×					
Caryopteris-Arten	blau	1						×	×	×	
Cassiope-Arten	weiß	0,3		×	×						
Catalpa bignonioides	weiß	10–12					×	×			
– *bungei*	blaßrosa bis weiß	5–10						×			
– *ovata*	gelblich	10						×			
– *speciosa*	weiß	20–30					×				
Ceanothus-Arten	blau, rosa	1						×	×	×	×
Cephalanthus occidentalis	gelblichweiß	1,5–2						×	×	×	
Ceratostigma plumbaginoides	blau	0,3								×	×
Cercis-Arten	hellrosa	3–5			×	×					
Chamaedaphne calyculata	weiß	0,5			×	×					
Chimonanthus praecox	hellgelb	2–3	ab Dez.								
Chionanthus-Arten	weiß	2–3					×				
Choenomeles-Arten und -Sorten	rot, rosa, weiß	1–3			×	×					
Cistus × hybridus	weiß	0,4–0,7					×				
– *laurifolius*	weiß	1–2						×	×		
Cladrastis kentukea	gelb	10–15					×				
Clematis alpina ↑	blau	1–2				×	×	×			
– × *durandii* ↑	dunkelviolett	1,5–2					×	×			
– × *jouiniana* ↑	weißlich bis lavendelblau	3–5							×	×	×
– *macropetala* ↑	violettblau	1				×	×				
– *maximowicziana* ↑	weiß	8–10								×	×
– *montana* ↑	weiß, rosa	8–10				×					
– *orientalis* ↑	maisgelb	3–5					×	×			
– *tangutica* ↑	gelb	3–4					×	×	×	×	
– *texensis* ↑	scharlachrot	2						×	×	×	
– *vitalba* ↑	weiß	10–12						×	×	×	
– *viticella* ↑	violett	3–4					×	×	×		

Blütezeitkalender für Laubbäume und -sträucher (Fortsetzung)

Art	Blütenfarbe	Wuchshöhe (m)	Febr.	März	April	Mai	Juni	Juli	Aug.	Sept.	Okt.
– Florida-Hybriden ↑	weiße, rote, rosa	3–4					×	×			
– Jackmanii-Hybriden ↑	violette und	4						×	×	×	×
– Lanuginosa-Hybriden ↑	blaue Farb-	2				×		×	×	×	×
– Patens-Hybriden ↑	töne	2–3				×	×	×			
– Viticella-Hybriden ↑		3–4					×	×	×	×	
Clerodendrum trichotomum	weiß und rot	2–3							×	×	
– – var. fargesii	weiß	2–3							×	×	
Clethra-Arten	weiß	2–7						×	×	×	
Colutea-Arten	gelb	2–3				×	×	×	×		
Cornus canadensis	weiß	0,2					×				
– 'Eddies White Wonder'	weiß	4–5				×					
– florida	weiß, rosa	4–5				×					
– kousa	weiß	7					×				
– mas	gelb	5–6	×	×	×						
– nuttallii	gelblichweiß	10–12				×					
– officinalis	dunkelgelb	4	×	×							
Coronilla-Arten	gelb	1–2				×	×	×	×	×	×
Corylopsis-Arten	hellgelb	1–3		×	×						
Corylus avellana	gelb	4–5	×	×							
Cotinus coggygria	grünlich	4–5					×	×			
Cotoneaster-Arten und -Sorten	weiß, rosa	0,1–3				×	×				
Crataegus-Arten und -Sorten	weiß, rosa, rot	4–12				×	×				
Cydonia oblonga	weiß	4–6				×	×				
Cytisus × beanii	goldgelb	0,4				×					
– decumbens	gelb	0,2				×	×				
– × kewensis	rahmweiß	0,3				×					
– nigricans	gelb	0,5–2					×	×			
– × praecox	gelb	1,5–3			×	×					
– purgans	goldgelb	0,2–1			×	×	×				
– purpureus	rosa	0,5					×	×			
– ratisbonensis	gelb	0,5				×	×				
– scoparius-Sorten	mehrere Farben	2–3				×	×				
– supinus	gelb	0,2–0,5					×	×	×		
Daboecia cantabrica	purpurn	0,4						×	×	×	
Daphne alpina	weiß	0,3				×	×				
– blagayana	gelblichweiß	0,3			×	×					
– × burkwoodii	blaßrosa	1–1,5				×					
– cneorum	karminrot	0,3			×	×					
– genkwa	blauviolett	1			×	×					
– giraldii	goldgelb	0,5				×					
– laureola	gelblichgrün	0,5–1			×	×					
– mezereum	rosa-karminrot	1,5	×	×							
Davidia involucrata	weiß	5–10				×	×				
Deutzia-Arten	weiß	1–2				×	×	×			
Dipelta floribunda	hellrosa	3–4				×					
Dirca palustris	gelb	1–2			×						
Disanthus cercidifolius	violettpurpurn	2–3									×
Dryas-Arten	weiß	0,1					×	×			
Elaeagnus-Arten	gelblichweiß	1–6				×	×	×			
Elsholtzia stauntonii	hellpurpurn	1,5								×	×
Enkianthus campanulatus	hellgelb, hellrosa	2–3				×					
Erica arborea var. alpina	weiß	1				×	×				
– carnea-Sorten	weiß, rosa, rot	0,3	Dez.	×	×						
– ciliaris	purpurrosa	0,3							×	×	
– cinerea-Sorten	violett, rosa, rot	0,4					×	×	×		
– mackaiana	rosa	0,3						×	×	×	

Blütezeitkalender für Laubbäume und -sträucher (Fortsetzung)

Art	Blütenfarbe	Wuchshöhe (m)	Febr.	März	April	Mai	Juni	Juli	Aug.	Sept.	Okt.
Erica × stuartii	hellrosa	0,5					×	×	×		
– tetralix	rosa	0,4					×	×	×	×	
– vagans-Sorten	weiß, rosa, rot	0,3						×	×	×	
– × williamsii	rosa	0,2						×	×	×	
Escallonia-Hybriden	rosa	1–1,5					×	×	×		
– virgata	reinweiß	1					×	×	×		
Euodia-Arten	weiß	3–5					×	×	×		
Exochorda-Arten	weiß	3–4				×					
Forsythia-Arten und -Sorten	gelb	3–4			×	×					
Fothergilla-Arten	gelblichweiß	1,5–3			×	×					
Fraxinus ornus	weiß	5–6					×	×			
– paxiana	weiß	8–10						×			
Fuchsia magellanica	rot und purpurn	1–3						×	×	×	×
Genista, meiste Arten	gelb	0,1–0,8				×	×				
– tinctoria	gelb	1					×	×	×		
Halesia-Arten	weiß	4–5			×	×					
Halimodendron halodendron	purpurrosa	5–7					×	×			
Hamamelis, meiste Arten und Sorten	gelb, einige rot	2–5	×	×							
– virginiana	gelb	2–5									×
Hebe-Arten	weißlich	0,5				×	×	×			
Hedera helix ↑	gelblich	20–30								×	×
Hibiscus syriacus-Sorten	weiß, blau, rot	2–3							×	×	×
Holodiscus discolor	gelblichweiß	3						×			
Hydrangea anomala ssp. *petiolaris* ↑	weiß	5–7						×	×		
– arborescens	weiß	1–3						×	×		
– aspera	weiß und violett	2–3						×	×		
– – 'Macrophylla'	blaßlila und weiß	2–3					×	×			
– – ssp. *sargentiana*	rosalila und weiß	2–3					×	×			
– heteromalla	weiß	0,5–1					×	×			
– involucrata	weiß und rosalila	1–2					×	×	×		
– macrophylla-Sorten	weiß, rosa, blau	1–3					×	×	×		
Hydrangea paniculata	weiß	1–2					×	×	×		
– quercifolia	weiß	1–2						×	×		
Hypericum-Arten und -Sorten	goldgelb	0,4–1,5						×	×	×	×
Indigofera heterantra	purpurrosa	1						×	×	×	
– kirilowii	rosa	1					×	×			
Itea virginica	weiß	1,5–2					×	×			
Jasminum nudiflorum	gelb	2–5	Dez.	×	×						
Kalmia angustifolia	purpurrot	1					×	×			
– latifolia	rosa und weiß	1,5–2				×	×				
– polifolia	purpurrosa	0,5				×	×				
Kalopanax septemlobus	weiß	2–4				×					
Kerria japonica	gelb	1–2			×	×	×	×	×		
Koelreutia paniculata	gelb	5–10						×	×		
Kolkwitzia amabilis	rosaweiß	1,5–2				×	×				
Laburnum-Arten und -Sorten	gelb	5–8				×	×				
Lavandula angustifolia	blau	0,6						×	×	×	
Ledum-Arten	weiß	1				×	×				
Leiophyllum buxifolium	weiß-hellrosa	0,3				×	×				
Lespedeza bicolor	violettrosa	1,5							×	×	×
– thunbergii	purpurrosa	1–2						×	×	×	×
Leucothoë walteri	weiß	2			×	×					
Leycesteria formosa	rötlichweiß, violett	1,5–2							×	×	

Blütezeitkalender für Laubbäume und -sträucher (Fortsetzung)

Art	Blütenfarbe	Wuchshöhe (m)	Febr.	März	April	Mai	Juni	Juli	Aug.	Sept.	Okt.
Ligustrum obtusifolium var. regelianum	weiß	2					×	×			
– quihoui	weiß	1,5–2								×	
Lriodendron tulipifera	grün-gelb	20–25					×				
Lonicera, meiste Arten	mehrere Farben	1–5				×	×				
– × heckrottii ↑	gelbrot	2–4					×	×	×	×	
– periclymenum ↑	gelblich	3–4					×	×	×		
– × purpusii	weiß	2	×	×	×						
Lycium barbarum	purpurlila	2–4					×	×	×		
Lyonia ligustrina	weißlich	2–4					×	×			
Maackia amurensis	grünlichweiß	10–15					×	×			
Magnolia acuminata	grünlichgelb	12–15					×	×			
– campbellii	karminrosa	10–30		×							
– cordata	hellgelb	5–7				×	×				
– denudata	weiß	8–10			×	×					
– fraseri	hellgelb	6–8				×	×				
– grandiflora	rahmweiß	20–25				×	×	×	×		
– hypoleuca	weiß	10–15				×	×				
– × kewensis	weiß	3–4			×	×					
– kobus	weiß	15–20			×	×					
– liliiflora	purpurn und weiß	2–3				×	×				
– × loebneri	weiß	6–8		×	×						
– macrophylla	weiß	6–10					×				
– sieboldii	weiß	3–4					×	×			
– – ssp. sinensis	weiß	3–4					×	×			
– × soulangiana	weiß, gerötet	3–6			×	×					
– stellata	weiß	2–3		×	×						
– tripetala	weiß	10–12					×				
– wilsonii	weiß	5					×	×			
Mahonia aquifolium	gelb	1				×					
– bealii	gelb	2–4	×	×	×	×					
– japonica	gelb	2–3	×	×	×	×					
– × wagneri	gelb	2–2,5				×					
Malus baccata var. mandschurica	weiß	4–5				×					
– floribunda	karmin-rosa	5–10					×				
– halliana	dunkelrosa	5					×				
– prunifolia	weiß	3–5				×					
– toringo	weiß	4					×				
– – var. sargentii	weiß	2					×				
– trilobata	weiß	8					×				
– tschonoskii	weiß	4–12					×				
– Hybriden und -Sorten	weiß, rosa, rot	3–10					×				
Menziesia cilicalyx	rosa bis rot	0,3–0,6					×	×			
– ferruginea	mattweiß mit rosa	1					×	×			
– pilosa	gelblichweiß	1–2					×	×			
Mespilus germanica	weiß	5–6					×				
Moltkia petraea	blau	0,3					×				
Myrica gale	weißlichgelb	1,5	×	×							
Neillia-Arten	rosa	2				×					
Neviusia alabamensis	weiß-gelb	1–1,5				×					
Oplopanax horridus	weiß	2–3						×	×		
Osmanthus × burkwoodii	milchweiß	2		×							
– decorus	weiß	2–3				×					
– heterophyllus	weiß	3–5								×	×
Oxydendrum arboreum	weiß	4–5					×	×	×		

Blütezeitkalender für Laubbäume und -sträucher (Fortsetzung)

Art	Blütenfarbe	Wuchshöhe (m)	Febr.	März	April	Mai	Juni	Juli	Aug.	Sept.	Okt.
Pachysandra terminalis	weiß	0,3			×						
Paeonia delavayi	dunkelkarmin	2–3				×					
– *lutea*	gelb	1				×					
– *suffruticosa*-Sorten	mehrere Farben	1–2				×	×				
Parrotia persica	gelblich, rot und tiefbraun	4–10	×	×							
Parrotiopsis jaquemontiana	weißlichgelb	2–3				×					
Paulownia tomentosa	violett	8–12				×					
Periploca-Arten ↑	bräunlich-violett	10–15					×	×			
Perovskia-Arten	blauviolett	1,5							×	×	
Petteria ramentacea	goldgelb	2				×	×				
Philadelphus-Arten und -Sorten	weiß	1–4					×	×			
Photinia villosa	weiß	3–5					×				
Phyllodoce caerulea	purpurn	0,2				×	×				
Physocarpus-Arten	weißlich	3					×	×			
Pieris floribunda	weiß	2			×						
– *japonica*	weiß	2–3		×	×	×					
Polygonum aubertii ↑	weiß	10								×	×
– *baldschuanicum* ↑	weiß und rötlich	15						×	×	×	×
Poncirus trifoliata	weiß	1–3			×	×					
Potentilla fruticosa-Sorten	rot, gelb, weiß	0,8–1,5				×	×	×	×	×	×
Prunus, meiste Arten und Sorten	weiß, rosa	0,2–15			×	×					
– *cerasifera*	weißrosa	4–8		×	×						
– *dulcis*	weiß bis blaßrosa	8–10		×	×						
– *fenzliana*	weiß	2	×	×	×						
– × *hillieri*	weiß-rosa	4–5		×	×						
– *incisa*	weiß	4–5		×	×						
– *lusitanica*	weiß	6–8					×				
– *mume*-Sorten	weiß bis dunkelrosa	8–10		×	×						
– *persica*	rosarot	4–5		×	×						
– *subhirtella*-Sorten	weiß-rosa	4–5	×	×	×						
– *yedoensis*	rosa-weiß	10–15		×	×						
Pterostyrax-Arten	rahmweiß	4–5					×				
Pyracantha-Arten und -Sorten	weiß	2–4				×	×				
Pyrus calleryana	weiß	10–12		×	×						
– *salicifolia*	weiß	8			×						
Rhododendron, meiste Arten und Sorten	mehrere Farben	0,5–4			×	×	×				
– *dauricum*	purpurrosa	2	×	×							
– *mucronulatum*	purpurrosa	2	×	×							
– *oreodoxa*	hellrosa	2–3		×	×						
– 'Praecox'	lilarosa	1–1,5		×							
– *sutchuenense*	rosa	2–3		×	×						
Rhodotypos scandens	weiß	2				×	×				
Rhus-Arten	grünlich	3–4						×	×		
Ribes sanguineum	rot	2			×	×					
Robinia × *ambigua*	hellrosa	15–20					×				
– 'Casque Rouge'	rot	1,5–2				×	×	×	×		
– *hispida*	purpurrosa	1–2				×	×	×	×		
– *luxurians*	rosa	8–10							×	×	
– *pseudoacacia*	weiß	20–25					×				
– *viscosa*	hellrosa	10–12					×	×	×		
Rosa, je nach Art und Sorte	mehrere Farben	0,5–5				×	×	×	×	×	
Rubus cockburnianus	purpurrosa	3				×					

Blütezeitkalender für Laubbäume und -sträucher (Fortsetzung)

Art	Blütenfarbe	Wuchshöhe (m)	Febr.	März	April	Mai	Juni	Juli	Aug.	Sept.	Okt.
Rubus deliciosus	weiß	3				×					
– *henryi* ↑	hellrot	4–6					×				
– *laciniatus*	rosaweiß	3					×	×			
– *lasiostylus*	rötlich	2				×	×				
– *leucodermis*	weiß	2				×	×				
– *odoratus*	purpurn	2					×	×	×		
– *phoenicolasius*	hellrosa	3					×	×			
– *spectabilis*	purpurrot	1–2				×					
– *thibetanus*	purpurn	2					×				
– 'Tridell'	weiß	3				×					
Salix-Arten	meist gelb	0,1–15		×	×						
Sambucus caerulea	gelblichweiß	3–4					×	×			
– *canadensis*	rahmweiß	3						×	×		
– *nigra*	gelblichweiß	5–8					×	×			
– *racemosa*	gelbgrün	3–4			×	×					
Santolina chamaecyparissus	gelb	0,5						×	×		
Sarcococca humilis	weiß	0,5	×	×							
Schisandra chinensis ↑	weiß	5–7				×	×				
Schizophragma hydrangeoides ↑	weiß	8–10						×			
Sibiraea laevigata	weiß	1				×					
Sinofranchetia chinensis ↑	weiß	5–10				×					
Skimmia-Arten	weiß	1				×	×				
Sophora japonica	gelblichweiß	20–25							×		
Sorbus-Arten	weiß	2–3				×	×	×			
Sorbaria-Arten	weiß, rosa getönt	0,5–15				×					
Spiraea albiflora	weiß	0,5						×	×		
– × *arguta*	weiß	2			×	×					
– *bullata*	dunkelrosa	0,4						×			
– Bumalda-Hybriden	weiß, rosa, rot	0,5–1					×	×	×	×	
– × *cinerea*	weiß	1				×					
– *decumbens*	weiß	0,4					×				
– *henryi*	weiß	2–2,5					×				
– *japonica*	rosa	1,5					×	×			
– × *margaritae*	rosa	1,5						×	×	×	
– *menziesii*	rosa	1,5					×	×	×		
– *nipponica*	gelblichweiß	2					×	×			
– *prunifolia*	weiß	1,5				×					
– *thunbergii*	weiß	1,5			×						
– *trilobata*	weiß	1,5				×	×				
– × *vanhouttei*	weiß	2–3				×	×				
– *veitchii*	weiß	3–4					×	×			
Symplocos paniculata	weiß	3				×	×				
Syringa-Arten	lila, violett, rot, rosa	0,5–6				×	×				
– Preston-Hybriden	rosa, lila, violett	4–5					×	×			
– *vulgaris*-Sorten	mehrere Farben	5–7				×					
Tamarix chinensis	rosa	3					×	×	×		
– *gallica*	rosa	3						×	×	×	
– *parviflora*	hellrosa	4				×					
– *tetranda*	hellrosa	3			×	×					
Teucrium chamaedrys	karminrosa	0,3						×	×	×	×
Toona sinensis	grünlichgelb	20					×	×			
Ulex europaeus	gelb	1				×	×		×	×	×
Viburnum, meiste Arten	weiß	1–4				×	×				
– × *bodnantense*	rosa	2–3	×	×							
– × *burkwoodii*	rosaweiß	2		×	×						

Blütezeitkalender für Laubbäume und -sträucher (Fortsetzung)

Art	Blütenfarbe	Wuchs-höhe (m)	Blütezeit								
			Febr.	März	April	Mai	Juni	Juli	Aug.	Sept.	Okt.
Viburnum × carlcephalum	weiß	1,5–2				×	×				
– *carlesii*	weiß	1,5–2				×	×				
– *farreri*	weiß	2–3	×	×							
– *lentago*	weiß	3–5					×	×			
– *nudum*	weiß	4–5						×	×		
– *tinus*	weiß	2–3			×	×					
Vinca minor	hellblau	0,2					×	×	×	×	×
Weigela-Arten und -Sorten	rosa, rot, gelb	2–3					×	×			
Wisteria floribunda	violett	8–10					×	×			
– *× formosa*	violett	8–10					×	×			
– *sinensis*	violett	8–10				×	×				
Xanthoceras sorbifolia	weiß und karminrot	2					×	×			
Xanthorhiza simplicissima	rotbraun	0,6				×					
Yucca filamentosa	weiß	1,5–3						×	×		
Zenobia pulverulenta	weiß	0,5–1					×	×			

↑ = Kletterpflanze

Gehölze mit wohlriechenden Blüten und Blättern

Es müssen nicht immer nur die Blüten und Früchte der Gehölze oder ihr buntes Herbstlaub bestimmend für die Pflanzenwahl sein. Oft ist auch ihr Duft von Interesse. In den Blindengärten, die manche Städte unterhalten, ist der Duft sogar von ausschlaggebender Bedeutung.

Wenn von duftenden Gehölzen die Rede ist, denkt man zunächst wohl nur an Rosen und Flieder, allenfalls noch an den Falschen Jasmin oder an den Sommerflieder. Die folgende Zusammenstellung zeigt, daß uns weit mehr Gehölze zur Verfügung stehen, deren Blüten oder Blätter duften.

Nicht immer ist der Duft so stark und weitreichend wie bei Rosen und Flieder – oft muß man erst auf ihn aufmerksam gemacht werden, um ihn dann auch wahrzunehmen. Bei manchen Arten erschließt erst die Berührung oder das Reiben der Blätter den typischen Duft der Pflanze. Nur selten lassen sich Pflanzendüfte mit einem anderen, definierten Duft beschreiben. Entsprechende Vergleiche treffen nur in wenigen Fällen zu; viele Pflanzen entwickeln eine ganz eigene Duftnote.

Träger der Duftstoffe sind häufig ätherische Öle, die in den Zellen von Blüten und Blättern eingelagert sind, gelegentlich aber auch verschiedene Harze. Die eingelagerten Mengen an ätherischen Ölen sind oft sehr gering; so soll 1 kg Rosenblüten nur 0,2–0,3 g flüchtiges Rosenöl liefern.

Gehölze mit wohlriechenden Blüten und Blättern

Art	Duft
Abeliophyllum distichum	leicht und angenehm duftende Blüten
Akebia quinata ↑	Blüten duften stark
Artemisia abrotanum	ganze Pflanze duftet erfrischend aromatisch
Buddleja alternifolia	starker, nicht für jedermann angenehmer Duft
– *davidii*-Sorten	starker und würziger, aufdringlicher Blütenduft, der viele Schmetterlinge anlockt
Buxus sempervirens	Laub und Blüten duften bitter aromatisch
Calycanthus floridus	Blüten und Laub duften sehr aromatisch, der Blütenduft streicht vor allem an windstillen Abenden sehr weit
Caryopteris-Arten	Blüten und Blätter duften stark aromatisch
Cercidiphyllum japonicum	Laub duftet bei beginnender Herbstfärbung intensiv nach Kuchen
Chimonanthus praecox	wohlriechende, stark duftende Blüten
Chionanthus virginicus	leichter Blütenduft
Cistus laurifolius	Laub duftet aromatisch
Clematis maximowicziana ↑	starker, angenehmer Blütenduft, der an Mandeln erinnert
– *vitalba* ↑	wie vorher
Clerodendrum trichotomum	Blüten duften stark und angenehm, Laub riecht streng
Clethra alnifolia	angenehmer, starker Duft
Comptonia peregrina	Laub duftet angenehm aromatisch
Corylopsis-Arten	leichter, angenehmer Duft, der an Frühlingsprimeln erinnert
Daphne-Arten	fast alle Arten duften schwer und stark würzig, etwas an Flieder erinnernd

Gehölze mit wohlriechenden Blüten und Blättern (Fortsetzung)

Art	Duft
Dipelta floribunda	angenehmer Blütenduft
Elaeagnus-Arten	Blüten mit eigenartigem, würzigem Honigduft
Elsholtzia	der Geruch der geriebenen Blätter erinnert an Minze
Euodia-Arten	Blüten und Blätter duften stark und streng aromatisch
Fothergilla major	Blüten mit mehligem Honigduft
Fraxinus ornus	Blüten duften stark aromatisch
– paxiana	Blüten duften stark aromatisch
Gaultheria-Arten	Blüten und Blätter duften stark aromatisch
Hamamelis-Arten	Blüten mit leichtem Mandelduft, besonders stark bei *H. vernalis*
Hedera colchica ↑	der Geruch geriebener Blätter erinnert an Sellerie
– helix ↑	Blüten riechen süßlich, etwas fade, aber nicht unangenehm
Hydrangea paniculata	Blüten duften angenehm süß
Hypericum-Arten	geriebene Blätter duften streng aromatisch
Itea virginica	Blüten duften
Juglans nigra	geriebene Blätter mit streng aromatischem Duft
– regia	wie vorher
Ledum-Arten	Blätter stark aromatisch duftend
Lavandula angustifolia	Blüten und Blätter duften angenehm und stark aromatisch
Lonicera caprifolium ↑	Blüten duften besonders am Abend stark und betäubend nach Honig
– maackii	Blüten wohlriechend
– periclymenum ↑	duftet wie *L. caprifolium*
Magnolia, meiste Arten	angenehmer, leichter bis starker Duft
Mahonia-Arten	Blüten duften stark nach Honig
Malus ionensis	Blüten duften nach Veilchen
Myrica gale	Blätter duften angenehm, beim Reiben stark aromatisch
– pensylvanica	Blätter und Früchte duften stark würzig
Osmanthus-Arten	starker und angenehmer Blütenduft
Paeonia suffruticosa	starker Blütenduft
Perovskia-Arten	Blätter und Zweige duften stark und würzig
Phellodendron amurense	aromatisch duftende Blätter
Philadelphus-Arten	die Blüten der meisten Arten und Sorten duften sehr stark und etwas süßlich
Pieris japonica	zart duftende Blüten
Pinus jeffreyi	geriebene Nadeln duften stark nach Orangen
Poncirus trifoliata	Blüten und Früchte mit typischem *Citrus*-Geruch
Populus balsamifera	die Winterknospen der Balsampappeln sind mit duftendem Harz bedeckt, die Blätter duften vor allem während des Austriebs
– koreana	wie vorher
– simonii	wie vorher
Prunus laurocerasus	fast aufdringlicher, starker Geruch der Blüten
– mahaleb	angenehmer, starker Blütenduft
– mume	stark duftende Blüten
– padus	Blüten intensiv aromatisch bis streng duftend
– serrulata	bestimmte Sorten, wie 'Amanogawa', 'Janioi', 'Shirotae', duften leicht und angenehm
– × yedoensis	leicht duftend
Pseudotsuga menziesii	Nadeln riechen beim Reiben nach Orangen
Ptelea trifoliata	Blüten und Blätter duften aromatisch
Pterostyrax	Blüten angenehm duftend
Rhododendron arborescens	Blüten mit heliotropartigem Duft
– discolor	Blüten stark duftend
– fortunei	Blütenduft erinnert an Küchengewürz
– luteum	besonders starker, hyazinthenähnlicher Duft
– schlippenbachii	gut duftend
– vaseyi	ähnlich wie *R. luteum*, aber schwächer
– viscosum	Blüten mit starkem, würzigen Nelkenduft
– yedoense var. *poukhanense*	Blüten duften stark nach Mandeln
	viele andere *Rhododendron*-Arten haben duftende Blüten und aromatisches Laub
Ribes americanum	Laub und Blüten stark aromatisch
– aureum	wohlriechende Blüten
Robinia pseudoacacia	besonders schwerer, fast betäubender und weitstreichender Duft

Gehölze mit wohlriechenden Blüten und Blättern (Fortsetzung)

Art	Duft
Rosa × alba 'Suaveolens'	angenehmer Duft nach Lindenblüten
– *centifolia*	herrlicher Rosenduft
– *× damascena*	hat wohl den schönsten und reinsten Rosenduft
– *foetida*	streng duftend
– *pimpinellifolia*	einige Sorten duften sehr stark
– *rubiginosa*	Laub duftet nach Äpfeln
– *rugosa*	kräftiger Rosenduft
Rubus odoratus	Blüten duften
Salix caprea	Blüten mit mehligem Honigduft
Sambucus nigra	eigenartiger, schwerer, fast betäubender Blütenduft, das geriebene Laub riecht unangenehm
Santolina chamaecyparissus	Laub duftet beim Reiben stark und angenehm kamillenartig
Sarcococca-Arten	Blüten mit starkem Honigduft
Skimmia japonica	Blüten duften maiglöckchenhaft
Styrax obassia	leichter Blütenduft
Syringa-Arten	viele Arten duften wie die bekannten Gartenflieder
– *vulgaris*-Sorten	typischer Fliederduft, vor allem bei den großblumigen Sorten
Tilia-Arten	sehr starker, weitstreichender Duft, vor allem bei *T. cordata* und *T. tomentosa*
Viburnum × bodnantense	besonders schwerer Blütenduft, der im Zimmer Kopfschmerzen verursachen kann
– *× burkwoodii*	wie *V. carlesii*
– *× carlcephalum*	starker Blütenduft
– *carlesii*	Blüten duften stark und fast betäubend heliotropartig
– *farreri*	Blüten duften nach Mandeln und Veilchen
Wisteria-Arten	stark duftende Blüten

↑ = Kletterpflanze

Immergrüne und wintergrüne Laubgehölze

Zu den immergrünen Gehölzen zählen wir zwei große Gruppen: die Nadelgehölze oder Koniferen, die mit Ausnahme weniger Gattungen (Lärche, Sumpfzypresse, Goldlärche und Chinesisches Rotholz) ihre nadel- oder schuppenförmigen Blätter über einen Zeitraum von mehreren Jahren behalten, und die immergrünen Laubgehölze, deren meist flächige Blätter in der Regel kaum länger als zwei bis drei Jahre ausdauern. Von diesen können wir weiter die Rhododendren und die anderen Ericaceen wegen ihrer besonderen Standortansprüche abtrennen.

Die immergrünen Laubgehölze sind in systematischer Hinsicht keine besondere Pflanzengruppe, wohl aber in bezug auf ihre geographische Verbreitung und ihre Standortansprüche. Sie sind auch nicht immergrün im wahren Sinne des Wortes, sondern werfen in einem bestimmten, arttypischen Zyklus jeweils die ältesten Blätter ab. Unterscheiden muß man auch zwischen den immergrünen und den nur scheinbar immergrünen, den wintergrünen Arten. Diese behalten über Winter ihre Blätter und stoßen sie erst mit oder kurz vor der neuen Laubentfaltung ab. Hierher gehören z.B. einige Liguster-, *Berberis*-, *Cotoneaster*- und *Lonicera*-Arten.

Mit Ausnahme der wenigen einheimischen Arten (Efeu, Immergrün und Stechpalme) kommen die meisten großblättrigen immergrünen Laubgehölze aus wärmeren Gebieten. Ein Teil unserer immergrünen Gartengehölze ist im »Laurocerasus-Gürtel« verbreitet, einem schmalen oder breiteren Ring aus unzusammenhängenden Arealen, der sich vom westatlantischen Küstengebiet Europas an den Südalpen vorbei durch Südosteuropa bis zur Kolchis zieht, dann dem südlichen Himalaja bis nach China und Japan folgt und sich schließlich im südlichen Nordamerika und dem subtropischen Südamerika fortsetzt. Zahlreiche immergrüne Laubgehölze sind in den subtropischen Zonen Südjapans, Koreas, Chinas und in den südöstlichen Staaten von Nordamerika verbreitet. Ein ausgeglichenes, wintermildes Klima mit hoher Luftfeuchtigkeit im Sommer sagt ihnen am besten zu. Da wir ihnen dies in weiten Bereichen Deutschlands nicht bieten können, müssen wir der Wahl des Standorts im Garten hohe Aufmerksamkeit widmen und dem Kleinklima Rechnung tragen.

Alle wachsen im lichten Schatten besser als in voller Sonne; das gilt besonders für alle Gebiete, die nicht im ozeanisch beeinflußten Westdeutschland liegen. Vor allem die Wintersonne kann erheblichen Schaden anrichten, und austrocknende Winde nicht minder. Für alle Immergrünen ist eine ausreichende Wasserversorgung im Herbst besonders wichtig. Sie müssen voll gesättigt in den Winter gehen, denn ihre immergrünen Blätter verdunsten zu jeder Zeit Wasser, auch wenn ihre Wurzeln keines nachliefern können. Eine Frosttrocknis ist häufig die Folge, ein Tod durch mangelnde Feuchtigkeit also, nicht so sehr durch tiefe Temperaturen bedingt. Nicht minder wichtig ist eine sorgfältige Bodenvorbereitung. Hohe Torfgaben lockern nicht nur den Boden, sondern beeinflussen auch seine wasserhaltende Kraft günstig.

Rhododendron und Verwandte

Zur Gattung *Rhododendron* gehören nicht nur die immergrünen und oft großblumigen Arten, sondern auch die laubabwerfenden, die bei Fachleuten und Laien immer noch als Azaleen bezeichnet werden. Mit »Verwandte« sind die anderen Ericaceen, d.h. einmal die Heidekräuter (*Calluna* und *Erica*) gemeint, zum anderen Vertreter verschiedener Gattungen; fast alle sind immergrüne Sträucher.

37

Immergrüne und wintergrüne Laubgehölze (ohne Ericaceen)

Art	Wuchshöhe (m)	Blütenfarbe	Blütezeit	Lichtansprüche	Standort geschützt, Winterschutz ratsam
Abelia engleriana (w)[1]	2	purpurrosa	6–7	○	
– × *grandiflora* (w)	1–2,5	weißrosa	7–10	○–◐	×
– *schumannii* (w)	1–1,5	rosa	6–8	○–◐	×
Aucuba japonica	2–1,5	(rötlich)[2]	3–4	◐	×
Berberis buxifolia 'Nana'	0,5	blüht nur selten		○–◐	
– *candidula*	0,5	goldgelb	5–6	○–◐	
– *darwinii*	1–2	goldgelb bis orangegelb	3–6	○	×
– × *frikartii*	1–1,5	hellgelb	5–6	○–◐	
– *gagnepainii*	2	goldgelb	5–6	○–●	
– *hookeri*	1	grünlichgelb	5	○–◐	
– × *hybridogagnepainii*	2,5	goldgelb	5–6	○–●	
– *julianae*	3–4	gelb-rötlich	5–6	○–●	
– *linearifolia*	1,5	orangegelb	5–6	◐	×
– × *lologensis*	1,5	orangegelb	5–6	◐	×
– × *stenophylla*	1,5–3	goldgelb	5	○–●	×
– *verruculosa*	1,5	goldgelb	5–6	○–●	×
Buxus microphylla	1	(gelb)	4–5	○–●	
– *sempervirens*	6–8	(gelb)	4–5	○–●	
Cistus × *hybridus*	0,7	weiß	6	○	×
– *laurifolius*	1–2	weiß	7–8	○	×
Cotoneaster congestus	0,5	weißlichrosa	6	○–◐	
– *conspicuus*	1–2	weiß	5	◐	
– *dammeri*-Sorten	0,1–1	weiß	5	○–◐	
– *franchetii*	1–2	weiß-rosa	6	◐	
– *microphyllus*	1	weißlich	5	○–◐	
– *salicifolius* var. *floccosus*	3–4	weiß	6	○–●	
– Watereri-Hybriden	3–7	weißlich	5–6	○–●	
Daphne blagayana	0,3	gelblich	4	◐–●	
– *cneorum*	0,3	rosa	5–6	○	
– *laureola*	0,5–1	gelblich	4–5	◐	×
Elaeagnus × *ebbingei* (w)	2–3	gelblichweiß	5	◐	×
– *macrophylla*	3	silbrig	9–10	◐	×
– *pungens*	2–4	gelblichweiß	10	◐	×
Empetrum nigrum	0,3	rosa	5	○–◐	
Escallonia-Hybriden	1–2	rosa-weiß	6–7	○–◐	×
Euonymus fortunei-Sorten	0,2–1	einige Sorten blühen überhaupt nicht	6–7	○–●	
– *japonica*	2	grünlichweiß	6–7	○–●	×
Hebe albicans	0,5	weiß	6–7	○–◐	×
– *brachysiphon*	1,5	weiß	7	○–◐	×
– *buchananii*	0,25	weiß	6–7	○–◐	×
– *buxifolia*	0,5–1	weiß	6–7	○–◐	×
– *loganioides*	0,3	weiß	6–7	○–◐	×
– *ochracea*	0,5	weiß	7–8	○–◐	×
– *pinguifolia*	0,3–0,7	weiß	7–8	○–◐	×
Hedera colchica ↑	10–20	grünlich	9–10	◐–●	×
– *helix* ↑	10–20	grünlich	9–10	◐–●	
Hypericum calycinum	0,4	goldgelb	8–9	○–●	×
– *densiflorum*	1	gelb	7–9	○–◐	
– *errectum* (w)	0,2–0,6	gelb	7–8	○–◐	
– 'Hidcote' (w)	1,5	goldgelb	7–10	○–◐	
– *hircinum* (w)	0,5–1	gelb	7–8	○–◐	
– × *inodorum* (w)	1	goldgelb	7–9	○–◐	
– *kalmianum*	0,5–0,7	goldgelb	8	○–◐	
– *kouytchense* (w)	0,5–1	goldgelb	6–10	○–◐	×
– × *moserianum* (w)	0,8	goldgelb	7–10	○–◐	
– *prolificum*	1	zitronengelb	7–9	○–◐	×

Immergrüne und wintergrüne Laubgehölze (ohne Ericaceen) (Fortsetzung)

Art	Wuchshöhe (m)	Blütenfarbe	Blütezeit	Licht-ansprüche	Standort geschützt, Winterschutz ratsam
Ilex × *altaclarensis*	2–5	(weiß)	5–6	◖–●	×
– *aquifolium*	4–6	(weiß)	5–6	○–●	
– *ciliospinosa*	3–4	(weiß)	5–6	◖	
– *crenata*	1–2	(weiß)	5–6	○–●	
– × *meserveae*	4–6	rötlichweiß	5	○–●	
– *pernyi*	4–6	(gelblich)	5–6	○–●	
Indocalamus tesselatus (B)	1			◖–●	
Lavandula angustifolia	0,2–0,6	hellblau bis violett	7–9	○	
Lonicera henryi ↑	3–4	gelbrot	7–8	◖–○	
– *nitida*	1	(rahmweiß)	5	○–●	
– *piliata*	0,3	(hellgelb)	5	○–●	
Magnolia grandiflora	15–20	rahmweiß	5–8	○–◖	×
× *Mahoberberis neubertii*	1			○–●	
Mahonia aquifolium	1	gelb	4	○–●	
– *bealii*	2–4	gelb	5–6	◖–●	×
– *japonica*	2–3	gelb	5–6	◖–●	×
– × *media*	1–2	hellgelb	1–2	○–●	×
– × *wagneri*	2,5	gelb	5	◖–●	×
Osmanthus × *burkwoodii*	2	milchweiß	3–4	◖–●	×
– *decorus*	2–3	weiß	5	◖–●	×
– *heterophyllus*	3–5	weiß	9–10	○–●	×
Pachysandra terminalis	0,3	(weiß)	4	◖–●	
Paxistima canbyi	0,3	(bräunlichrot)	4–5	○–◖	
Phillyrea angustifolia (w)	3	(grünlichweiß)	5	○–◖	×
– *latifolia* (w)	5	(gelblich)	5	○–◖	×
Phyllostachys aurea (B)	4			○–◖	×
– *aureosulcata* (B)	5–10			○–◖	×
– *bambusoides* (B)	6–10			○–◖	×
– *nidularia* (B)	3–8			○–◖	×
– *nigra* (B)	2,5			○–◖	×
– *viridiglaucescens* (B)	6			○–◖	
Pleioblastus pygmaeus (B)	0,4			○–◖	
– *simonii* (B)	4			○–●	×
– *viridistriatus* (B)	2			◖–●	×
Prunus laurocerasus	2–4	weiß	5	○–●	
– *lusitanica*	3–4	weiß	6	○–◖	×
Pseudosasa japonica (B)	2–3			◖–●	×
Pyracantha-Arten und -Sorten	2–4	weiß	5–6	○	
Quercus ilex	15–20	(bräunlich-filzig)	4–5	○	×
– × *turneri* 'Pseudoturneri' (w)	12–15	(grünlich)	4–5	○–◖	×
Rubus henryi ↑	4–6	hellrot	6	◖–●	×
Santolina chamaecyparissus	0,5	gelb	7–8	○–◖	
Sarococca-Arten	0,5	weiß	2–3	◖–●	×
Sasa kurilensis (B)	2,5			○–●	
– *lesselata* (B)	1–2			○–◖	×
– *palmata* (B)	2			○–●	×
– *veitchii* (B)	1,5			◖–●	×
Semiarundinara fastuosa (B)	7			○–◖	×
Shibataea kumasasa (B)				◖–●	×
Skimmia × *foremannii*	0,5	weiß	5–6	◖–●	
– *japonica*	1	gelblichweiß	5–6	◖–●	
– *reevesiana*	0,5	weiß	5–6	◖–●	
Stranvaesia davidiana	3–4	weiß	6	○–●	
Thamnocalamus tesselatus (B)	2–4			○	×
Trochodendron aralioides	2–3	grünlich	6	◖	×
Ulex europaeus	1–2	gelb	5–6	○–◖	×
Viburnum buddleifolium (w)	2	weiß	4–5	○–◖	

Immergrüne und wintergrüne Laubgehölze (ohne Ericaceen) (Fortsetzung)

Art	Wuchshöhe (m)	Blütenfarbe	Blütezeit	Licht-ansprüche	Standort geschützt, Winterschutz ratsam
Viburnum × burkwoodii	2	weiß	4–5	○–◖	
– *davidii*	0,5	weiß	5–6		×
– 'Pragense'	2–3	weiß	5–6	○–	
– *rhytidophyllum*	2–4	weiß	5–6	○–●	
– *utile*	1–2	weiß	5–6	○–●	×
Vinca major	0,3	blau	5–9	◖–●	
– *minor*	0,2	hellblau	5–9	◖–●	
Yucca filamentosa	1,5–3	weiß	7–8	○	

*¹ (w) = wintergrün   *² bei in Klammern gesetzten Blütenfarben haben die Blüten keine Schmuckwirkung
(B) Bambus, ↑ = Kletterpflanze

Was im folgenden zu den Standortbedingungen der Rhododendren im Garten gesagt wird, gilt mindestens teilweise auch für *Calluna* und *Erica*. Die Heidekräuter wachsen in ihren natürlichen Arealen unter ähnlichen klimatischen Bedingungen, häufig aber auf anderen Böden. *Calluna vulgaris* kommt z.B. auf durchlässigen, nährstoffarmen Böden mit geringem Kalkgehalt vor, während *Erica carnea* als eine der ganz wenigen kalkholden Ericaceen bekannt ist. Die anderen in Mitteleuropa heimischen Arten der Gattung *Erica* kommen nur im ozeanischen Klimabereich auf leichten, anmoorigen, sauren Böden vor und sind im kontinentalen Klima nicht immer zuverlässig winterhart. Unterschiede bestehen natürlich auch hinsichtlich ihrer Verwendung im Garten. *Rhododendron* und die großblättrigen Vertreter der Ericaceen sind im Garten oft ausgesprochene Dekorationspflanzen und häufig nur in geringen Stückzahlen vorhanden. Heidekräuter dagegen sind gesellige Pflanzen, die nur in möglichst großflächigen Beständen voll zur Geltung kommen.

Betrachten wir die natürlichen Verbreitungsgebiete der Rhododendren, so stellen wir übereinstimmende Umweltfaktoren fest. In der Regel finden wir Rhododendren in luftfeuchten Gebieten auf humosen, sauren Böden, entweder im Küstenbereich oder in höheren Berglagen. Die hohe Luftfeuchtigkeit maritimer und alpiner Gebiete garantiert eine nicht zu hohe Sonneneinstrahlung im Sommer und verhindert extreme Temperaturen im Winter oder bietet entsprechenden Schutz durch Schnee. Die immergrünen Blätter vieler *Rhododendron*-Arten verdunsten auch im Winter Wasser. Der Wasserverlust führt nur dann nicht zum Vertrocknen der Pflanzen, wenn aus dem Boden Nachschub möglich ist oder die Transpiration durch eine Schneeauflage oder hohe Luftfeuchtigkeit stark reduziert wird. Da sich in windexponierten Lagen die Transpiration wesentlich erhöht, sind windgeschützte Plätze eine der Grundvoraussetzungen für die erfolgreiche *Rhododendron*-Kultur. In genügend feuchtem Klima sind die Alpenrosen ausgesprochene Lichtpflanzen, in weniger günstigen Lagen ziehen sie sich in den lichten Schatten größerer Bäume zurück. Alle Ericaceen sind ausgesprochene Flachwurzler. Ihre feinen Faserwurzeln verlangen einen frischen, lockeren, in der Regel sauren Boden. Gegen stauende Nässe und Bodenverdichtung sind sie in höchstem Maße empfindlich.

Bevor man im eigenen Garten Rhododendren pflanzt, sollte man sich in den Nachbargärten umsehen. Findet man dort gesunde, dunkelgrün belaubte Pflanzen, kann man im eigenen Garten in der Regel ebenfalls ohne umfangreiche Bodenvorbereitungen pflanzen, sofern der Boden an Neubauten nicht verdichtet ist und halbschattige, windgeschützte Lagen zur Verfügung stehen.

Begrenzender Faktor für die Kultur von Rhododendren ist neben den klimatischen Einflüssen und der Lage des Pflanzplatzes nicht selten der pH-Wert des Bodens. Der optimale Bereich für Rhododendren liegt bei einen pH-Wert zwischen 4,2 und 5,5. Unter einem pH-Wert von 3,0 und über pH 6,0 ist eine *Rhododendron*-Pflanzung nur noch bedingt möglich. Humus- oder Waldböden mit einer Rohhumusauflage sind natürliche Standorte für Rhododendren. Auf Sandböden und sandigen Lehmböden gedeihen sie ebenfalls ohne größeren technischen Aufwand. Notfalls lassen sich zu leichte Böden durch organisches Material (Torf, Laub, Nadelstreu, Rindenkompost, alter verrotteter Kuhdung) verbessern, besonders im Hinblick auf ihre wasserhaltige Kraft.

Problematisch wird die *Rhododendron*-Kultur auf schweren Lehm- und Tonböden. Sie sind auf die Dauer nur schwer mit genügend hohen Humusmengen zu verbessern und bieten den feinen Faserwurzeln nur eine mangelhafte Ausdehnungsmöglichkeit. Auf solchen Böden, und das gleiche gilt auch für Kalkböden, die für Rhododendren völlig ungeeignet sind, lassen sie sich nur in künstlichem Substrat kultivieren, wobei es nicht genügt, nur einzelne

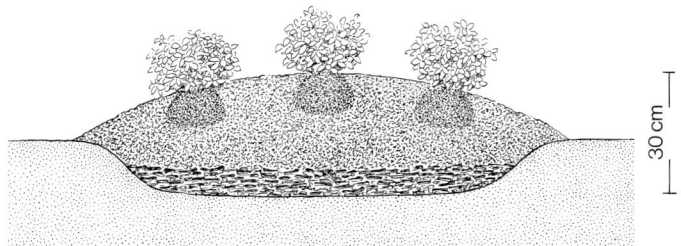

Auf extremen Böden pflanzt man Rhododendren in künstlichem Substrat aus Torf, Nadelstreu, Rindenkompost und Lauberde über einer Dränageschicht aus Koniferenreisig oder gehäckseltem Holz

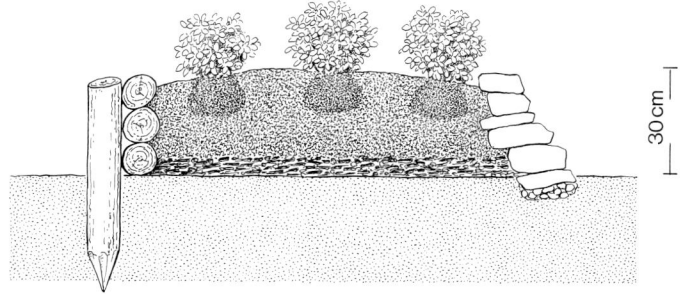

Ericaceen (ohne Rhododendron)

Art	Wuchshöhe (m)	Blütenfarbe	Blütezeit	Licht-ansprüche	Standort geschützt, Winterschutz ratsam
Andromeda glaucophylla	0,3	weißlich-rosa	5–6	○–◐	
– polifolia	0,2	hellrosa	5–6	○–◐	
Arctostaphylos uva-ursi	0,2	weiß	4–5	○–◐	
Bruckenthalia spiculifolia	0,2	hellrosa	7–8	○–◐	×
Calluna vulgaris-Sorten	0,1–0,4	mehrere Farben	6–10	○	
Cassiope tetragona	0,3	weiß	4–5	◐	
Chamaedaphne calyculata	0,5	weiß	4–5	◐	
Daboecia cantabrica	0,4	purpurn	7–9	◐	×
Enkianthus campanulatus	2–3	hellrosa-hellgelb	5	◐	
Erica arborea var. *alpina*	1	weiß	5–6	○	×
– carnea-Sorten	0,3	mehrere Farben	3–4	○–◐	
– ciliaris	0,3	purpurrosa	8–9	○–◐	×
– cinerea	0,4	violettrosa	6–8	○–◐	×
– makaiana	0,4	weiß	8–9	○–◐	×
– × stuartii	0,3	rosa	6–9	○–◐	×
– tetralix	0,4	rosa	6–9	○–◐	
– vagans	0,3	rosa	7–9	○–◐	×
– × williamsii	0,2	rosa	7–9	○–◐	
× Gaulnettya wisleyensis	1	weiß	6	◐	×
Gaultheria itoana	0,3	weißrosa	5–6	◐	×
– miqueliana	0,3	weiß	5–6	◐	×
– procumbens	0,2	hellrosa	6–8	◐	
– shallon	0,6	rötlichweiß	5–6	◐	×
Kalmia angustifolia	1	purpurrot	6–7	○–◐	
– latifolia	1,5–2	rosa-weiß	5–6	○–◐	
– polifolia	0,5	purpurrosa	5–6	○–◐	
Ledum palustre	1	weiß	5–6	○	
Leiophyllum buxifolium	0,3	weiß bis hellrosa	5–6	○–◐	×
Leucothoë walteri	2	weiß	4	○–●	
Loiseleuria procumbens	0,3	rosa oder weiß	7–9	○–◐	
Menziesia cilicalyx	0,3–0,6	rosa bis rot	5–6	◐	
– ferruginea	1	mattweiß mit rosa	5–6	◐	
– pilosa	1–2	gelblichweiß	5–6	○	
Oxydendrum arboreum	4–5	weiß	6–8	○–◐	×
Pernettya mucronata	0,5	weiß	5–6	◐	×
Phyllodoce caerulea	0,2	purpurn	5–6	○–◐	
Pieris floribunda	2	weiß	4	◐	
– japonica	2–3	weiß	3–5	◐	
Rhodothamnus chamaecistus	0,2–0,4	rosa	6–7	○–◐	
Vaccinium corymbosum	1–2	weiß	5	○–◐	
– macrocarpon	0,1	hellila	5–7	◐	
– myrtillus	0,5	grünlich	5	◐	
– oxycoccus	0,1	hellpurpurn	5–6	○–◐	
– uliginosum	0,9	weißrosa	5–6	○–◐	
– vitis-idaea	0,3	weiß-rosa	5–6	◐	

Pflanzlöcher herzurichten. Auf der für die Anpflanzung von Rhododendren vorgesehenen Fläche wird der Boden entweder 20–30 cm tief ausgehoben oder, bei der Anlage von Bank- oder Terrassenbeeten, der anstehende Boden in gleicher Stärke überdeckt. Auf die Sohle wird eine 5–10 cm starke Schicht aus Fichtenreisig, anderem Buschwerk oder Holzhäcksel aufgebracht. Diese Schicht dient als Dränage und verhindert gleichzeitig das Aufsteigen kalkhaltigen Bodenwassers. Für die Herstellung der 20–40 cm starken Substratschicht gibt es zahlreiche Rezepte. Gute Substrate besitzen einen sehr hohen Humusanteil, einen pH-Wert zwischen 4,5 und 5 und eine möglichst hohe Strukturstabilität, die dauerhaft einen optimalen Wasser- und Lufthaushalt garantiert. Grundlage aller Mischungen ist möglichst grobfaseriger Torf, der mindestens 50 Volumenprozent ausmacht. Dem Torf können verschiedene organische Materialien beigemischt werden, etwa Laub- und Nadelerde, Rindenkompost in feinerer Körnung, Hopfentrester (wie im Botanischen Garten München) oder 2 Jahre lang kompostiertes, gehäckseltes Holz (Deckreisig, Heckenschnitt). Als Vorrats- und Grunddüngung werden 100 g/m³ eines Mikronährstoff-Depotdüngers und 100 g/m² Alkrisal (Spezialnährsalz für Jungpflanzen,

Grünpflanzen und Moorbeetkulturen) eingemischt. Ein »künstliches« Substrat ist innerhalb von etwa 10 Jahren häufig so weit abgebaut, daß die Rhododendren aufgenommen werden müssen, damit neues Substrat eingebracht werden kann. Auch ältere Rhododendren vertragen ein Verpflanzen ausgezeichnet.

Bodenfeuchtigkeit und Wasser spielen für die Rhododendren eine entscheidende Rolle. Der Boden muß genügend frisch sein, stauende Nässe dagegen ist unerwünscht. Auf die Notwendigkeit ständiger Wasserversorgung immergrüner Pflanzen wurde schon hingewiesen. Besonders im ersten Jahr nach der Pflanzung und zur Zeit der Blüte wird bei Rhododendren ein hoher Wasserbedarf registriert. Zusätzliche Wässerung kann dann notwendig werden. Sie ist besonders nach einem trockenen Herbst zu wiederholen, damit den Pflanzen auch im Winter genügend Feuchtigkeit zur Verfügung steht.

Die Qualität des Gießwassers kann von großer Bedeutung sein. Hartes Gießwasser mit einem hohen Anteil an Calcium- und Magnesiumverbindungen ist oft ungeeignet, da es den pH-Wert des Bodens erhöht. Sehr hartes Wasser läßt sich durch Zugabe von Schwefel-, Phosphor- und Oxalsäure für Rhododendren erträglich gestalten. Berg und Heft (1979) empfehlen je Grad Carbonathärte und m³ Wasser die Zugabe von 22,5 g Oxalsäure oder 10 cm³ konzentrierte Schwefelsäure. Der pH-Wert des Wassers sei auf 5,8–6,0 einzustellen. Mittelhartes Wasser läßt sich durch die Beigabe von 500 g Torf je m³ und Grad deutscher Härte enthärten. Der Torf wird mindestens 24 Stunden in einem Gazebeutel in das Gießwasserbecken gehängt.

Rohrmatten oder Lattengerüste schützen Rhododendren und andere empfindliche Pflanzen vor Sonne und Wind

Sonne und Schatten sind beachtenswerte Umweltfaktoren. Je höher die Luftfeuchtigkeit, je mehr Sonne vertragen die Rhododendren. Unter nicht so idealen Bedingungen und für die empfindlicheren Arten und Hybriden, etwa aus der Gruppe der Griffithianum-, Fortunei-, Williamsianum- und Repens-Hybriden oder bei Japanischen Azaleen ist ein lichter Schatten aus Bäumen mit tiefgehenden Wurzeln unbedingt notwendig. Als ideale Schattenbäume haben sich die tiefwurzelnden Kiefern und Eichen erwiesen, brauchbar sind auch Lärchen, Hemlocktannen, Eschen, Walnüsse und Zierkirschen.

Über Wind und Luftfeuchtigkeit wurde schon gesprochen. Rhododendren sind im höchsten Maße windempfindlich und gehören nicht an zugige Haus- und Gebäudeecken oder sonstige windexponierte Stellen. Nur im Schutz einer Hauswand oder im Windschatten einer Hecke, größerer Sträucher und Bäume entfalten sie ihre volle Schönheit.

Natürlich lassen sich im jungen Garten auch Schilfmatten oder aus Holz geflochtene Gartenzäune verwenden. Auch die Temperatur kann ein begrenzender Umweltfaktor sein.

Gemeinhin werden Rhododendren dann als winterhart bezeichnet, wenn sie Temperaturen unter −20 °C ertragen. Berg und Heft (1979) teilen die Arten und Sorten in Winterhärte-Gruppen ein:

Gruppe der Winterhärte	Grenzwerte der Kälteempfindlichkeit
Winterhart	unter −20 °C
Winterschutz!	−15 °C bis −20 °C
Winterschutz!!	−10 °C bis −15 °C
Winterschutz!!!	−5 °C bis −10 °C

Durch die in diesem Buch vorgenommene Eingliederung aller Arten in Winterhärtezonen dürfte eine exaktere Aussage über die Winterhärte auch der Rhododendren möglich sein.

Pflanzung und Pflege

Die Pflanzstellen für Rhododendren sind sorgfältig zu wählen und vorzubereiten. Auch auf guten Böden ist eine Bodenverbesserung mit organischem Material ratsam. In der Regel wird man mit Düngetorf arbeiten. Man rechnet etwa einen Viertel bis ein Drittel Ballen je Pflanze und setzt gleichzeitig je m³ Humusstoff 2–3 kg eines langsam fließenden Volldüngers zu. Je ungünstiger die Bodenverhältnisse, um so mehr organische Substanz muß eingearbeitet werden, bis hin zu künstlichem Substrat auf stark kalkhaltigen und zu schweren Böden, die in der Regel zusätzlich mit einer Dränage zu versehen sind. Wurde der Boden richtig vorbereitet, sind die Rhododendren in den nächsten Jahren ziemlich problemlose Pflanzen, denen keine allzugroße Pflege zuteil werden muß. Zunächst beschränkt sich die Pflege auf den winterlichen Schutz empfindlicher Pflanzen mit Schattengewebe oder Fichtenreisig und auf Bodenpflegemaßnahmen. Es wurde schon erwähnt, daß Rhododendren Flachwurzler sind, die jedes Graben im Wurzelbereich übelnehmen. Das Aufbringen von Mulchmaterial wird dagegen dankbar entgegengenommen, es garantiert einen gleichbleibend kühlen Wurzelbereich und gleicht den Wasserhaushalt aus.

Auch Rhododendren müssen ausreichend mit Nährstoffen versorgt werden. Zur Düngung von Rhododendren empfiehlt Witt (1983): »Nach einer Pflanzung im Herbst braucht bis zum Frühjahr nicht gedüngt zu werden. Der Ballen bringt genügend Nährstoffvorrat aus der Baumschule mit.

Bei Pflanzung im Frühjahr dürfen kleinblumige Rhododendron noch nicht gedüngt werden, sie sind außerordentlich salzempfindlich. Anfang Juni nach der Pflanzung wird gedüngt, um den Blütenknospenansatz für das nächste Jahr zu fördern. Dabei gilt als Faustregel: kleinblumige Rhododendron und Japanische Azaleen erhalten stets nur ein Drittel oder die Hälfte der Düngermenge, die für großblumige Hybriden oder laubabwerfende Azaleen gilt. Man kann Rhododendron mehrmals im Jahr düngen, wenn ausreichend gewässert wird. Dadurch wird ein gleichmäßiges, üppiges Wachstum und ein reichlicher Knospenansatz gefördert. Auch die Winterhärte ist bei ausreichend gedüngten Pflanzen besser als bei schlecht ernährten.

Stets muß mit chloridfreiem Volldünger, z.B. Nitrophoska, gedüngt werden. Auch organisch-mineralische Düngemittel, z.B. Hornoska, sind geeignet, sie geben ihren Stickstoffanteil langsam ab.«

Auch Rhododendren brauchen Kalk, denn die zum Wachstum benötigten Nährstoffe Calcium und Magnesium entnehmen sie dem Kalk. Unterschreitet der pH-Wert den oben angegebenen Wert, muß Kalk verabreicht werden. Dazu eignet sich wegen des Anteils an Spurennährstoffen am besten Hüttenkalk. Die Kalkgabe

Düngung von Rhododendren nach der Pflanzung (nach Witt 1983)

Rhododendron-Typ	Düngung bei Pflanzung im	
	Herbst	Frühjahr
Großblumige Hybriden kleine Pflanzen große Pflanzen	– –	50 g Volldünger (z.B. Nitrophoska) oder 100 g Hornoska 100 g Volldünger oder 200 g Hornoska
Kleinblumige Sorten	–	–
Japanische Azaleen	–	50 g Volldünger oder 100 g Hornoska
Sonstige Azaleen kleine Pflanzen große Pflanzen	– – –	wie bei großblumigen Hybriden

Düngungsprogramm für großblumige Rhododendron-Hybriden

Die Werte gelten für eingewurzelte Pflanzen mit einem Durchmesser von 60 cm. Kleinere Pflanzen benötigen nur die Hälfte der angegebenen Düngergaben (nach Witt 1983).

Düngungstermin	Düngungshöhe	
	Nitrophoska	Hornoska
März–April	100 g/m²	200 g/m²
Juni–Juli	50 g/m²	100 g/m²
August–September	50 g/m²	–

Stellen wir am Schluß dieses Kapitels die Vertreter der Ericaceen zusammen (Liste, Seite 41), mit Ausnahme der Gattung *Rhododendron*, die im lexikalischen Teil ausführlich in eigenen Listen behandelt wird.

Bäume und Sträucher mit farbigem Laub

Auf bunt gefärbte Blätter brauchen wir nicht bis zum Herbst zu warten. Einige Gehölze färben ihr Laub vom Austrieb an rot, gelb, weißbunt oder silbergrau; sie werden in einer Liste (Seite 44) im einzelnen vorgestellt.

Oft sind die Farben recht gefällig und angenehm, manchmal ein wenig aufdringlich, besonders wenn sie in Massen auftreten. Am leichtesten sind noch die grau und graublau belaubten Pflanzen im Garten unterzubringen; sie passen sich gut in den Heide- oder Steppengarten ein. Die anderen verwende man sparsam und nur wenn man sie mag.

beträgt 50 bis 100 g/m². Beim Wässern mit besonders kalkhaltigem Wasser entfällt die Kalkdüngung.

Eine wichtige Pflegemaßnahme ist das Ausbrechen der abwelkenden Blütenstände. Man verhindert dadurch die Samenbildung, und die Pflanzen können die ihnen zur Verfügung stehenden Nährstoffe für die Trieb- und Blütenknospenentwicklung einsetzen. In den ersten Jahren nach der Pflanzung ist besonders bei einigen rotblühenden Sorten ein Erziehungsschnitt notwendig, der die Pflanzen sich besser verzweigen läßt. Oft erreicht man dies schon durch ein Ausbrechen der endständigen Triebknospen kurz vor dem Austrieb im zeitigen Frühjahr. Pflanzen, die schon sparrig geworden sind, lassen sich ohne Schwierigkeiten auch bis weit in das alte Holz zurückschneiden.

Zu locker aufgebaute Rhododendron können scharf zurückgeschnitten werden. Auch aus mehrjährigem Holz treiben sie willig aus

Die bunten Farben beruhen auf verschiedenen Einschlüssen im Plasma der Zelle. Aus den farblosen Plastiden der Embryonalzellen werden in Dauerzellen teilweise Farbstoffträger, Chloro- und Chromoplasten. In den Chloroplasten sind zwei Gruppen von Farbstoffen vorhanden: das grüne Chlorophyll und Carotinoide, die sich in das orangerote Carotin und das gelbe Xanthophyll gliedern. Carotine färben Blüten und Früchte orangerot, Xantophylle, z.B. das in den Laubblättern verbreitete Lutein, verursachen die gelbe Farbe. Die Rotfärbung der Blätter beruht auf den im Zellsaft der Epidermiszellen gelösten roten, blauen und violetten Antho-cyanen in Verbindung mit dem grünen Chlorophyll der darunter-liegenden Zellen. Bei den panaschierten Pflanzen enthalten Teile der Blätter kein grünes Chlorophyll, sondern nur farblose oder gelbliche Plastiden; die entsprechenden Blattzonen erscheinen daher gelblich oder weiß. Die graue oder graublaue Farbe der Blätter läßt sich nicht auf Farbeinschlüsse in den Zellen der Blätter zurückführen, sondern auf einen wachsartigen Belag oder auf eine mehr oder weniger dichte Behaarung. Deren abgestorbene Zellen sind mit Luft gefüllt und erscheinen dem Auge infolge totaler Lichtreflexion weiß oder grau.

Bäume und Sträucher mit farbigem Laub

Art	Wuchshöhe (m)	Laubfarbe rot	gelb	grau	panaschiert
Acer campestre 'Postelense'	5–10		×		
– *cappadocicum* 'Rubrum'	15–20	×			
– *japonicum* 'Aureum'	3		×		
– *negundo* 'Aureo-Limbatum'	10–12				×
– – 'Aureo-Variegata'	10–12				×
– – 'Elegans'	10–12				×
– – 'Flamingo'	10–12				×
– – 'Odessanum'	12–15		×		
– – 'Variegatum'	10–12				×
– *palmatum* 'Atropurpureum'	6–8	×			
– – 'Aureum'	2–3		×		
– – 'Beni-kagami'	2–4	×			
– – 'Bloodgood'	4–6	×			
– – 'Burgundy Lace'	3–4	×			
– – 'Butterfly'	3–4		×		
– – 'Crimson Queen'	2	×			
– – 'Dissectum Flavescens'	2–3		×		
– – 'Dissectum Garnet'	3–4	×			
– – 'Dissectum Variegatum'	2–3				×
– – 'Goshiki-shidare'	1–2				×
– – 'Inazuma'	3–4	×			
– – 'Matsugae'	3–4				×
– – 'Matsukaze'	3–4	×			
– – 'Moonfire'	4–5	×			
– – 'Nuresagi'	5–6	×			
– – 'O- kagami'	3–4	×			
– – 'Orido-nishiki'	5–6				×
– – 'Ornatum'	2–3	×			
– – 'Red Pygmy'	1	×			
– – 'Sherwood Flame'	3–4	×			
– – 'Shishio Improved'	3–4	×			
– – 'Shojo'	2–3	×			
– – 'Tamukeyama'	2–3	×			
– – 'Trompenburg'	2–4	×			
– – 'Tsumi-goki'	2		×		
– – 'Ukegumo'	1–2				×
– – 'Villa Taranto'	2		×		
– – 'Yezo-nishiki'	6–7	×			
– *platanoides* 'Crimson King'	15–20	×			
– – 'Drumondii'	15–20				×
– – 'Faassens Black'	15–20	×			
– – 'Reitenbachii'	15–20	×			
– – 'Royal Red'	15–20	×			
– – 'Schwedleri'	15–20	×			
– *pseudoplatanus* 'Brillantissimum'	2–3				×
– – 'Leopoldii'	10–15				×
– – 'Prinz Handjery'	3–4				×

Bäume und Sträucher mit farbigem Laub (Fortsetzung)

Art	Wuchshöhe (m)	Laubfarbe rot	gelb	grau	panaschiert
– – 'Purpurascens'	10–15	×			
– – 'Simon Louis Ferres'	10–12				×
– – 'Worleei'	10–15		×		
Actinidia kolomikta, männl. Pflanzen	2–3				×
Alnus incana 'Aurea'	6–10		×		
Amelanchier ovalis	2–3			×	
Amorpha canescens	1			×	
Aralia elata 'Aureo-variegata'	2–3				×
– – 'Silver Umbrella'	2–3				×
– – 'Variegata'	2–3				×
Aucuba japonica 'Variegata'	2–2,5				×
Berberis × interopposita 'Wallich's Purple'	1,5	×			
– × *media* 'Red Jewel'	1	×			
– × *ottawensis* 'Superba'	2	×			
– *thunbergii* 'Atropurpurea'	1	×			
– – 'Atropurpurea Nana'	0,4	×			
– – 'Aurea'	1		×		
– – 'Bagatelle'	0,4	×			
– – 'Helmond Pillar'	2	×			
– – 'Kelleris'	1				×
– – 'Pink Queen'	1	×			
– – 'Red Chief'	1	×			
– – 'Red Pillar'	1,5	×			
– – 'Rose Glow'	1	×			
– – 'Silver Beauty'	1				×
Betula pendula 'Purpurea'	15–20	×			
Calluna vulgaris siehe Liste im lexikalischen Teil					
Caryopteris-Arten	1			×	
Catalpa × erubescens 'Purpurea'	10–15	×			
Cercis canadensis 'Forest Pansy'	3–5	×			
Cornus alba 'Argenteomarginata'	2–3				×
– – 'Gouchaultii'	2–3				×
– – 'Spaethii'	1–2				×
– *florida* 'Rainbow'	2–4				×
– – 'Goldstar'	2–4				×
Corylus avellana 'Aurea'	3–6		×		
– *maxima* 'Purpurea'	3–4	×			
Cotinus coggygria 'Rubrifolius'	4–5	×			
– – 'Royal Purple'	4–5	×			
Elaeagnus angustifolia	7			×	
– *commutata*	1–3			×	
– × *ebbingei*	2–3			×	
– *multiflora*	2–3			×	
– *pungens*	2–4			×	
– *umbellata*	3–4			×	
Erica carnea siehe Liste im lexikalischen Teil					
– *cinerea*	0,4			×	
– *mackaiana*	0,4			×	
– × *stuartii*	0,4			×	
– *tetralix*	0,4			×	
Euonymus fortunei-Formen	0,5–1				×
Fagus sylvatica 'Albovariegata'	10–15				×
– – 'Ansorgei'	10–15	×			
– – 'Aurea Pendula'	10–15		×		
– – 'Dawyck Gold'	10–15		×		

Bäume und Sträucher mit farbigem Laub (Fortsetzung)

Art	Wuchshöhe (m)	Laubfarbe rot	gelb	grau	panaschiert
– – 'Dawyck Purple'	10–15	×			
– – 'Purple Fountain'	15–20	×			
– – f. *purpurea*	20–30	×			
– – 'Purpurea Pendula'	3–5	×			
– – 'Purpurea Tricolor'	10–15	×			
– – 'Rohanii'	10–15	×			
– – 'Spaethiana'	15–20	×			
– – 'Swat Magret'	20–25	×			
– – 'Tortuosa Purpurea'	5–10	×			
– – 'Zlatia'	10–15		×		
Fraxinus excelsior 'Aurea'	6–8		×		
– – 'Jaspidea'	15–20		×		
Gleditsia triacanthos 'Sunburst'	9–12		×		
Hedera helix 'Goldheart'	3–5				×
Hippophaë rhamnoides	4–6			×	
Ilex × altaclarensis 'Belgica Aurea'	3				×
– – *aquifolium* 'Argenteomarginata'	2–3				×
– – 'Aureomarginata'	2–3				×
– – 'Golden van Tol'	2–3				×
– – 'Handsworth New Silver'	2–3				×
– – 'Mme. Briot'	2–3				×
– – 'Rubicaulis Aurea'	2–3				×
– – 'Silver Queen'	2–3				×
– *crenata* 'Golden Gem'	0,5–1		×		
Lavandula angustifolia	0,5–1			×	
Leucothoë walteri 'Rainbow'	1				×
Ligustrum ovalifolium 'Aureum'	2–3		×		
Mahonia aquifolium 'Orange Flame'	1		×		
Malus 'Crimson Brillant'	3–4	×			
– 'Eleyi'	6–8	×			
– 'Liset'	6–8	×			
– 'Makamik'	3–4	×			
– 'Nicoline'	3–4	×			
– 'Niedwetzkyana'	3–4	×			
– 'Profusion'	3–4	×			
– 'Royal Beauty'	3–4	×			
– 'Royalty'	4–5	×			
Pachysandra terminalis 'Variegata'	0,3				×
Perovskia abrotanoides	0,5			×	
– *atriplicifolia*	1,5			×	
Physocarpus opulifolius 'Dart's Gold'	2–3		×		
Pieris japonica 'Variegata'	1–2				×
Populus alba 'Nivea'	20–25			×	
– *canescens*	20–30			×	
Potentilla fruticosa var. *mandshurica*	0,5			×	
– – 'Primrose Beauty'	0,4			×	
Prunus × blireana	3–6	×			
– *cerasifera* 'Atropurpurea'	5–7	×			
– – 'Nigra'	4–8	×			
– – 'Trailblazer'	4–8	×			
– – 'Woodii'	4–8	×			
– × *cistena*	2–3	×			
Ptelea trifoliata 'Aurea'	3–4		×		
Pyrus salicifolia	6–8			×	
Quercus petraea 'Aurea'	8–10		×		
– *robur* 'Concordia'	8–10		×		
– – 'Fastigiata Purpurea'	10–15	×			
– – 'Maculata'	10–15				×

Bäume und Sträucher mit farbigem Laub (Fortsetzung)

Art	Wuchshöhe (m)	Laubfarbe rot	gelb	grau	panaschiert
Robinia pseudoacacia 'Frisia'	20–25		×		
Rosa glauca	2–3	×			
Salix alba	6–25			×	
– × *boydii*	0,5			×	
– *elaeagnos*	5–10			×	
– *helvetica*	0,5			×	
– *integra* 'Hakuro Nishiki'					×
– *lanata*	0,5			×	
– *repens* ssp. *argentea*	1			×	
– – ssp. *rosmarinifolia*	1			×	
Sambucus nigra 'Aurea'	3–4		×		
Santolina chamaecyparissus	0,5			×	
Shepherdia argentea	4–6			×	
Sorbus aria 'Lutescens'	8–12		×		
– – 'Magnifica'	8–12			×	
– – 'Majestica'	8–12			×	
Tilia petiolaris	20–25			×	
– *tomentosa*	20–30			×	
Ulmus minor 'Wredei'	8–10		×		

Bäume und Sträucher mit bemerkenswerter Herbstfärbung

Wollte man bei der Wahl der Gehölze für einen Garten nur auf deren Wert als Blütenträger achten, so würde man einen Höhepunkt des Gartenjahres verpassen. Bevor der kahle Winter in den Garten einzieht, schmücken sich viele unserer Laubgehölze mit ihrem schönsten Kleid, einer oft sehr wirkungsvollen, farbenfrohen Herbstfärbung (siehe Liste).

Obwohl fast kein Laubgehölz seine Blätter ohne vorherige Färbung abwirft, sind enorme Unterschiede in der Intensität der Farben zu beobachten. Weiter fällt auf, daß die Herbstfärbung nicht in jedem Jahr gleich intensiv ist. Kräftig und leuchtend sind die Farben nach einem trockenen und warmen Herbst. Die geographische Lage dürfte bei der Färbung ebenfalls eine Rolle spielen. So färben sich z.B. Buchen in Süddeutschland nahezu tiefrot, während sich

weiter nördlich nur gelbe bis leuchtendbraune Töne feststellen lassen. Die zahlreichen Laubgehölzarten im Osten der USA färben sich ebenso prächtig wie die artenreichen Laubwälder des japanischen Berglandes.

Die Herbstfärbung der Blätter kommt durch Umwandlungen innerhalb der Blätter zustande. Vor dem Blattfall zerfallen Chloroplasten und Chlorophyll. Die Carotine und Xanthophylle verestern mit Fettwachsen, wodurch die gelbliche Färbung zustande kommt. Die Rotfärbung beruht auf der Anreicherung des Zellsaftes mit Anthocyan.

Bei der herbstlichen Braunfärbung bilden sich nach dem Absterben der Blätter braune, wasserlösliche Farbstoffe. Bei der Herbstfärbung der Laubblätter wird das Chlorophyll zerstört. Bei der winterlichen Färbung einiger Nadelhölzer (z.B. bei *Thuja occidentalis*) gehen in den Farbstoffen der Chloroplasten Umwandlungen vor, die im Frühjahr wieder rückgängig gemacht werden.

Bäume und Sträucher mit bemerkenswerter Herbstfärbung

Art	Wuchshöhe (m)	Färbung
Acer buergerianum	5–10	auffallend leuchtendrot und -gelb
– *campestre*	10–15	gelb
– *capillipes*	6–9	karmin
– *cappadocicum*	15–20	goldgelb
– *carpinifolium*	8–10	chromgelb, ockergelbe Flecken
– *circinatum*	6–8	orange bis scharlachrot
– *cissifolium*	10–12	gelb bis rot
– *davidii*	12–15	leuchtendgelb bis rot
– *ginnala*	5–6	rosa bis karminrot und gelb
– *griseum*	10–12	purpurrot
– *heldreichii*	12–15	gelb
– *henryi*	10	rot
– *japonicum* 'Aconitifolium'	4–5	herrlich brennendrot
– *macrophyllum*	15–20	gelb bis orange

Bäume und Sträucher mit bemerkenswerter Herbstfärbung (Fortsetzung)

Art	Wuchshöhe (m)	Färbung
Acer maximowiczianum	12–15	gelb, rosa und scharlachrot
– *monspessulanum*	6–8	goldgelb, gelegentlich auch rot
– *opalus*	8–12	orangerot
– *palmatum*	6–8	gelb, rosa und rot
– – 'Beni-komachi'	1–2	scharlachrot
– – 'Crimson Queen'	2	hochglänzend scharlachrot
– – 'Elegans'	4–6	orange bis gelb
– – 'Kamagata'	1–2	leuchtendgelb und orange mit roten Tönen
– – 'Katsura'	3–4	kräftiggelb mit orangefarbenem Ton
– – 'Ki-hachijo'	3–4	goldgelb mit rosa bis hellorange und rot
– – 'Koreanum'	3–4	intensiv karminrot, Blätter lange haftend
– – 'Kotohime'	1	hellorange
– – 'Kurui-jishi'	1–2	schön gelb
– – 'Matsukaze'	3–4	leuchtend karminrot
– – 'Nicholsonii'	2–3	schön rot
– – 'O-kagami'	3–4	scharlachrot
– – 'Okushimo'	4–6	intensiv goldgelb
– – 'Omurayama'	3–5	intensiv goldgelb und karminrot
– – 'Ornatum'	2–3	flammendrot und gelb
– – 'Osakazuki'	5–6	orange mit karminrot, eine der auffallendsten Herbstfarben
– – 'Sango-kaku'	6–7	goldgelb bis hellrot
– – 'Seiryu'	5–6	goldgelb mit dunkelroter Schattierung
– – 'Shishigashira'	2–3	goldgelb mit rosa und rot
– – 'Tamahime'	1	rot, karminrot und gelb
– – 'Tamukeyama'	2–3	glänzend scharlachrot
– – 'Utsu-semi'	3	intensiv karminrot und scharlachrot
– *pennsylvanicum*	6–12	reingelb
– *platanoides*	20–30	dunkelgelb
– *pseudoplatanus*	30–40	goldgelb bis rot
– – 'Red Sunset'	15–20	einheitlich leuchtend orangerot
– *rubrum*	10–20	scharlachrot und gelb
– *saccharinum*	15–20	glänzendgelb
– *saccharum*	20–40	chromgelb
Actinidia arguta ↑	6–8	gelb
Aesculus, alle Arten	3–30	chrom- bis dunkelgelb
Akebia quinata ↑	8–10	rotbraun
Amelanchier asiatica	10–12	rötlichorange, besonders schön
– *laevis*	8–13	gelb mit roten Partien, später scharlachrot
– *lamarckii*	6–10	gelbrot
Aronia-Arten	1,5–2	prächtig scharlachrot, nur für kurze Zeit
Berberis-Arten	1–4	im allgemeinen erst Ende Oktober bis Anfang November, beginnend mit einzelnen Zweigen oder Blättern; so entstehen reizvolle Kontraste zu dem oft glänzenden Grün. Auch bei immergrünen Arten gehen fast stets einige Blätter in Rottöne über
– *aggregata*	1,5–2	feurigrot
– *canadensis*	1,5	scharlachrot
– *dictyophylla*	1,5	hochrot
– *hookeri*	1	tiefrot
– *julianae*	3–4	leuchtendrot
– *koreana*	1,5	tiefrot
– × *rubrostilla* 'Fireflame'	1,5	lachsrot
– *thunbergii*	1	gelb, rot, orange
– *verruculosa*	1,5	mennigerot
– *wilsoniae*	1	scharlachrot
Betula-Arten	1–25	fast alle Arten färben sich mehr oder weniger intensiv von hell- bis orangegelb; in der Regel Färbung und Blattfall sehr zeitig; unvergleichlich die weißstämmigen Arten, wenn in der Herbstsonne die hellen Stämme durch das sich lichtende, goldgelbe Laub scheinen
Callicarpa-Arten	1–1,5	gelb und lila

Parthenocissus quinquefolia

Salix acutifolia

Fothergilla monticola

Quercus rubra

Bäume und Sträucher mit bemerkenswerter Herbstfärbung (Fortsetzung)

Art	Wuchshöhe (m)	Färbung
Carpinus betulus	15–20	gelb
Carya cordiformis	20–30	orangegelb mit helleren Partien
– ovata	20–30	goldgelb mit helleren Partien
Castanea sativa	20–30	gelb
Catalpa bignonioides	12–15	gelb
Celastrus orbiculatus ↑	10–12	sattgelb
Celtis occidentalis	20–30	goldgelb
Ceratostigma plumbaginoides	0,3	schön rotbraun
Cercidiphyllum japonicum	10–15	schwefelgelb; Laub duftet bei beginnender Färbung nach Kuchen
Chionanthus virginicus	3–4	gelb
Cladrastis kentukea	10–15	orangegelb
Clethra alnifolia	2–3	gelb
– barbinervis	5–7	chromgelb bis scharlachrot
Cornus alba	2–3	rosa
– – 'Eddies White Wonder'	4–5	orange bis leuchtendrot
– florida	4–5	scharlachrot bis violett
– kousa	5–7	gelb bis scharlachrot, mit grünen Partien
– officinalis	4–8	mahagonirot
Corylopsis-Arten	1–4	gelb
Cotinus-Arten	4–5	orange bis scharlachrot
Cotoneaster adpressus	0,3	dunkelrot
– bullatus	2–3	hochrot
– dielsianus	2	braunrot
– divaricatus	2	scharlachrot
– franchetii	1–2	gelb bis rot
– horizontalis	0,5	scharlachrot
– multiflorus	3–4	rotbraun
– praecox	0,5	rot
Crataegus crus-galli	7–10	orangerot bis purpurn
– × lavallei	10–12	gelbrot
– pedicellata	5–7	mattgelb
– persimilis 'McLeod'	5–7	flammendrot und gelb
– succulenta var. *macracantha*	4–5	rot und gelb
Cydonia oblonga	5–6	gelb
Decaisnea fargesii	3–5	chromgelb bis ocker
Disanthus cercidifolius	2–3	leuchtendorange bis karminrot, schon ab September für fast 6 Wochen
Enkianthus campanulatus	2–3	hochrot und gelb
Euodia daniellii	4–9	gelb
Euonymus alata	2–3	karminrot bis flammendrot, nur für kurze Zeit
– bungeana	3–4	bleichgelb, lange haftend
– europaea	4–6	gelb bis dunkel blutrot
– latifolia	3–5	eosinrosa
– planipes	3–5	karminrot
– sanguinea	4–5	braunrot
Euptelea-Arten	5–10	gelb und rot
Fagus grandifolia	20–30	goldgelb bis lederbraun
– orientalis	25–35	prachtvoll gelb
– sylvatica	20–30	gelb bis rotbraun
Fothergilla major	2–3	feurig orangerot
Fraxinus angustifolia	15	violettpurpurn
– excelsior	30–40	gelb
– ornus	6–8	gelb
Gaultheria shallon	0,6	braunrote Winterfärbung
Ginkgo biloba	25–30	chromgelb, spät einsetzende, intensive Färbung
Gleditsia triacanthos	15–20	goldgelb
Gymnocladus dioicus	20–25	goldgelb
Hamamelis-Arten und -Sorten	2–5	gelb bis rot und orange

Bäume und Sträucher mit bemerkenswerter Herbstfärbung (Fortsetzung)

Art	Wuchshöhe (m)	Färbung
Hydrangea anomala ssp. *petiolaris* ↑	5–7	gelb
– *quercifolia*	1–2	dunkelrot mit grünen Partien
Ilex verticillata	3	gelblich bis rötlich
Itea virginica	1,5–2	rosa bis lilarot
Juglans-Arten	15–20	gelb
Koelreuteria paniculata	5–10	gelb
Kolkwitzia amabilis	1,5–2	gelb bis violett
Larix-Arten	20–30	gelb
Leucothoë walteri	2	braunrote Winterfärbung
Ligustrum obtusifolium var. *regelianum*	2	rotbraun
Liquidambar styraciflua	20–30	gelb, rosa, violett, rot, besonders schön
Liriodendron tulipifera	20–25	gelb bis orange
Lyonia ligustrina	2–4	scharlachrot, hellere Blattnerven
Mahonia aquifolium	1	bronzefarbenes Winterlaub
Mallus halliana	5	rotbraun
– *toringo*	4	rot und gelb
– – var. *sargentii*	2	orangegelb
– *trilobata*	8	rot
– *tschonoskii*	4–12	orange bis scharlachrot, sehr lange andauernd
Mespilus germanica	2–3	gelb bis braunrot
Metasequoia glyptostroboides	20–25	gelb bis rostfarben
Microbiota decussata	0,3	bronzefarbenes Winterlaub
Nothofagus antarctica	5–6	gelb
Nyssa sylvatica	25–30	gelborange bis scharlachrot, ganz besonders attraktiv
Oxydendrum arboreum	4–5	scharlachrot mit silbrigem Schein
Parrotia persica	4–10	chromgelb bis scharlachrot
Parrotiopsis jaquemontiana	2–3	intensiv goldgelb
Parthenocissus quinquefolia ↑	10–12	Kletterpflanze, purpurrot
– *tricuspidata* ↑	10–15	Kletterpflanze, orangegelb bis scharlachrot
Phellodendron amurense	12–15	goldgelb, nur wenige Tage
Photinia villosa	3–5	orange bis scharlachrot
Physocarpus opulifolius	2–3	goldgelb
Platanus-Arten	20–40	gelb bis braun
Populus, meiste Arten	15–30	gelb
– *tremula*	20–30	gelb und rot
Prunus avium	10–15	gelb und rot
– × *hillieri*	1–2	rot
– *kurilensis*	2–3	leuchtend braunrot
– *pumila*	1	rot mit silbrigem Schein
– *sargentii*	15–18	hochrot bis karminrot, hat von allen *Prunus*-Arten die auffallendste Färbung
– *serotina*	20–30	mattgelb, braunrote Flecken
– *serrulata*-Sorten	6–8	gelb bis rot und orange
– *yedoensis*	10–15	goldgelb bis ziegelrot
Pseudolarix amabilis	10–12	gelb
Pterocarya fraxinifolia	15–20	gelbbraun
Pyrus calleryana 'Chanticleer'	10–12	gelb bis karminrot
Quercus alba	20–30	orangerot bis weinrot
– *bicolor*	15–20	orange bis rot
– *coccinea*	20–25	scharlachrot, häufig grüne Blattadern
– *dentata*	20–25	leuchtend rotbraun
– *ilicifolia*	4–6	gelb bis rotbraun
– *imbricaria*	15–20	dunkelgelb bis bräunlich
– *palustris*	20–30	gelb bis scharlachrot
– *phellos*	20–30	hellgelb
– *pontica*	5–6	meist schön lederbraun
– *rubra*	20–25	orange bis scharlachrot, oft nur braun

Bäume und Sträucher mit bemerkenswerter Herbstfärbung (Fortsetzung)

Art	Wuchshöhe (m)	Färbung
Quercus velutina	20–30	rotbraun bis orange
Rhododendron canadense	1–1,5	karminrot
– japonicum	1–2	gelbrot
– luteum	2–3	purpurrot
– mucronulatum	1–1,5	gelbrot
– reticulatum	1–1,5	dunkelrot
– schlippenbachii	2	karminrot
– vaseyi	1,5–2	blutrot
– sommergrüne Hybriden	1–2	oft leuchtendgelbe, orangefarbene und rote Töne
Rhus glabra	3–4	scharlachrot bis purpurn
– thyphina	3–4	karminrot, gelbe und grüne Flecken
Ribes americanum	1–1,5	gelb bis scharlachrot
– aureum	2	dunkel karminrot
Rosa carolina	1–1,5	orangerot
– multiflora	3	gelb
– nitida	0,5	leuchtendrot bis rotbraun
– rugosa	1–2	gelb bis rot
Rubus-Arten	2–5	viele Arten bronzerot
Sassafras albidum	12–15	herrlich orange bis scharlachrot
Schisandra chinensis ↑	5–7	gelb
Sophora japonica	20–25	gelb
Sorbus alnifolia	15–20	orange bis scharlachrot
– americana	7–9	goldgelb bis orange
– aria	6–12	gelb
– aucuparia	10–15	orange, gelbrot
– commixta	7–10	gelbrot
– domestica	10–20	orange bis scharlachrot
– rehderiana 'Josef Rock'	7–10	sehr lebhaft: rot, orange, kupfer, purpurn
– reducta	0,5	intensiv karminrot
– sargentiana	7–10	orangerot
– serotina	7–9	lebhaft scharlachrot
– torminalis	15–20	rot oder rotbraun
Spiraea × margaritae	1,5	gelbrot
– prunifolia	1,5	orange, rot
– thunbergii	1,5	hellgelb bis bronze
Stephanandra tanakae	2	orange, später rotbraun
Stewartia pseudocamellia	4–6	gelb bis dunkelkarmin, leuchtend
Stranvaesia davidiana	3–4	einzelne Blätter leuchtend karminrot
Taxodium distichum	20–30	rotbraun
Tilia-Arten	10–30	goldgelb
Toona sinensis	15–20	gelb
Vaccinium corymbosum	1–2	orange bis scharlachrot
Viburnum carlesii	1,5–2	orange, rot und grün
– lentago	3–5	lebhaft rot
– nudum	4–5	leuchtend scharlachrot bis dunkel braunrot
– opulus	2–4	rosa bis weinrot
– plicatum	2–3	dunkel violettbraun
Vitis coignetiae ↑	10–15	scharlachrot bis karminrot
Zelkova serrata	20–30	gelbbraun mit dunklen Flecken, gelegentlich auch auffallend rot

↑ = Kletterpflanze

Bäume und Sträucher mit bemerkenswertem Fruchtschmuck

Neben den Blüten und dem farbigen Herbstlaub können auch die Früchte einer Reihe von Gehölzarten von hohem Schmuckwert sein, wie der nachfolgenden Liste der »Bäume und Sträucher mit bemerkenswertem Fruchtschmuck« zu entnehmen ist. Viele Arten setzen ihre Früchte in verschwenderischer Fülle an, statten sie mit leuchtenden Farben aus und erfreuen uns mit dieser Pracht oft über viele Wochen.

Fast alle bunten Früchte sind fleischiger Natur, können aber verschiedenen Gruppen angehören, die auf Seite 19 beschrieben wurden. Einige Gehölzarten sind als zweihäusige Pflanzen bekannt, andere als selbstunfruchtbar.

Einen reichen Fruchtschmuck kann man bei solchen Arten nur erwarten, wenn man männliche und weibliche Pflanzen so gruppiert, daß eine gegenseitige Befruchtung durch Wind oder Insekten gewährleistet ist. Auch bei den selbstunfruchtbaren Arten setzt man mehrere Pflanzen zusammen. Von den hier genannten trifft dies zu für die Gattungen *Actinidia*, *Callicarpa*, *Celastrus*, *Hippophaë*, *Ilex*, *Myrica* und *Pernettya*.

Bäume und Sträucher mit bemerkenswertem Fruchtschmuck

Art	Wuchshöhe (m)	Fruchtfarbe	Frucht- reife (Monat)	Fruchtform
Acer davidii	12–15	braunrot	8–9	Flügelfrüchte in langen Trauben
– ginnala	5–6	rot	8–9	Flügelfrüchte in Rispen
– macrophyllum	15–20	grünlichgelb	8–9	große Flügelfrüchte in langen Rispen
Actinidia arguta ↑	6–8	grünlichgelb	9–10	stachelbeerartige, eßbare Beeren
– chinensis ↑	6–8	gelbgrün	9–10	liefert die vitaminreichen Kiwi-Früchte
Aesculus hippocastanum	20–25	grünlichgelb	8–10	stachelige Kapselfrüchte
Ailanthus altissima	20–25	gelbrot	9–10	eschenartig geflügelte Früchte in Rispen
Akebia quinata	8–10	grünlichrosa	9–10	gurkenartige, vielsamige, weit aufklaffende Beere
Amelanchier-Arten	3–13	blauschwarz	7	erbsengroße Apfelfrucht
Ampelopsis aconitifolia ↑	8	grünlich bis gelborange	9–10	erbsengroße Beerenfrüchte in Trugdolden
– megalophylla ↑	10	purpurn bis schwarz	9–10	wie vorher
Aralia-Arten	2–3	schwarz	9–10	beerenartige Steinfrüchte in großen Rispen oder Trugdolden
Aronia-Arten	1,5–2	rot und schwarz	9–12	erbsengroße Apfelfrüchte
Berberis aggregata	1,5–2	zinnoberrot	9–12	Beeren, lange haftend
– amurensis	3–4	lebhaft rot, oft bereift	9–11	wie vorher
– gagnepainii var. *lanceifolia*	1,5–2	blauschwarz	9–11	wie vorher
– koreana	1,5–2	hochrot	9–12	wie vorher
– × rubrostilla 'Barbarossa'	1	dunkelrot	9–12	wie vorher
*– – * 'Fireflame'	1–1,5	lachsfarben	9–12	wie vorher
– thunbergii	1	korallenrot	8–12	wie vorher
– wilsoniae	1	lachsrot, bereift	8–11	wie vorher
Callicarpa americana	2	rot	9–12	kleine, beerenartige Steinfrucht
– bodinieri var. *giraldii*	2–2,5	rötlichviolett	9–12	wie vorher
– dichotoma	1,5	violettlila	9–12	wie vorher
– japonica 'Leucocarpa'	1–2	weiß	9–12	wie vorher
Castanea sativa	20–30	grünlichgelb	9–10	Nußfrüchte mit stacheliger Hülle
Catalpa bignonioides	12–15	graubraun	9–3	lange, röhrenartige Kapsel
Celastrus orbiculatus ↑	10–12	orangegelb, Arillus scharlachrot	10–12	aufspringende, rundliche Kapsel
Choenomeles japonica	1	gelblichgrün	9–12	3–4 cm breite, rundliche Apfelfrucht
Clematis integrifolia ↑	1	silbrigweiß	9–12	kleine, nußartige Früchte mit langem Haarschweif
– orientalis ↑	4	silbrigweiß	9–12	wie vorher
– tangutica ↑	3	silbrigweiß	9–12	wie vorher
– vitalba ↑	10	silbrigweiß	9–12	wie vorher
Cornus alba 'Sibirica'	2–3	bläulichweiß	8–10	beerenartige Steinfrucht
– florida	4–5	scharlachrot	8–10	erdbeerartige Steinfrucht
– mas	5–6	rot	7–9	eiförmige, beerenartige Steinfrucht
– officinalis	4	scharlachrot	9–11	wie vorher
Cotoneaster-Arten		orange, rot	8–12	alle Arten und Sorten, ausgenommen *C. acutifolius* (schwarze Früchte), mit mehr oder weniger reichem Fruchtschmuck in Form kleiner, roter Äpfelfrüchte

Bäume und Sträucher mit bemerkenswertem Fruchtschmuck (Fortsetzung)

Art	Wuchshöhe (m)	Fruchtfarbe	Frucht-reife (Monat)	Fruchtform
Crataegus crus-galli	7–10	stumpfrot	8–10	rundliche Apfelfrüchte
– × *lavallei*	10–12	orangerot	10–12	wie vorher
– *pedicellata*	5–7	scharlachrot	8–11	wie vorher
– *pinnatifida*	4–5	tiefrot	8–11	wie vorher
– *succulenta*	4–5	glänzend scharlachrot	8–11	wie vorher
Cydonia oblonga	4–6	gelb	9–10	große, eßbare, apfel- oder birnenförmige Apfelfrucht
Daphne mezereum	1,5	scharlachrot	6–7	fleischige Steinfrucht
– – 'Alba'	1,5	gelb	6–7	wie vorher
Decaisnea fargesii	3–5	blau, bereift	10–11	wurstartige Balgfrucht
Diospyros virginiana	10–15	orange	8–11	2–3 cm große, eßbare »Persimone«
Elaeagnus angustifolia	7	gelb	8–10	fleischige Steinfrucht
– *commutata*	1–3	silbrig	9–10	trockene Steinfrucht
– *multiflora*	2–3	rotbraun	6–7	fleischige Steinfrucht
– *umbellata*	3–4	rot	9–10	wie vorher
Euonymus alata	2–3	karminrot, Arillus mennigerot	8–10	3- bis 5fächerige, aufspringende Kapsel, Samen von einem fleischigen Arillus umschlossen
– *europaea*	4–6	rosa- bis dunkelrot, Arillus orange	9–11	wie vorher
– *fortunei* 'Vegetus'	1,5	rot, Arillus weiß	9–12	wie vorher
– *hamiltoniana* var. *yedoensis*	3–4	hochrot, Arillus orange	9–11	wie vorher
– *latifolia*	3–5	karmin, Arillus orange	9–10	wie vorher
– *phellomana*	3–5	fast schwarz, Arillus rot	9–10	wie vorher
– *planipes*	3–5	karminrot, Arillus orange	9–10	wie vorher
Gaultheria miqueliana	0,3	weiß	10–12	fleischige, beerenartige Kapsel
– *procumbens*	0,2	rot	10–3	wie vorher
– *shallon*	0,6	schwarz	9–11	wie vorher
Gleditsia triacanthos	10–15	braun	10–2	lange, gedrehte Hülsen
Hedera helix	20–30	schwarz	3–4	fleischige Beere
Hippophaë rhamnoides	4–6	orange	9–12	vitaminreiche, fleischige Steinfrucht
Hypericum androsaemum	1	rot-schwarz	8–11	beerenartige Kapsel
Ilex aquifolium	4–6	rot	9–12	saftige oder mehlig-fleischige Beeren
– – 'Chrysocarpa'	4–6	gelb	9–12	wie vorher
– × *meserveae*	4–6	rot	8–12	wie vorher
– *pernyi*	4–6	rot	8–9	wie vorher
– *verticillata*	2–3	hochrot	10–11	wie vorher
Kalopanax septemlobus	2–4	schwarz	9–10	kugelige Beeren in großen Rispen
Koelreuteria paniculata	5–10	gelbbraun	9–10	papierartige, aufgetriebene Kapsel
Ligustrum-Arten		schwarz	10–12	erbsengroße, rundliche Beeren
Lonicera caerulea	1–2	schwarzblau	9–10	wie vorher
– *caprifolium* ↑	4–7	korallenrot	9–10	kugelige, fleischige Beeren, häufig paarweise
– *korolkowii*	2–3	rot	7–8	wie vorher
– *ledebourii*	1–2	rot und schwarz	7–9	wie vorher
– *maackii*	4–5	leuchtendrot	8–12	wie vorher
– *morrowii*	1–2	blutrot	7–8	wie vorher
– *periclymenum* ↑	3–4	hochrot	7–8	wie vorher
Lycium barbarum	2–4	scharlachrot	7–10	kugelige, fleischige Beere
Maclura pomifera	8–10	gelbgrün	9–10	kugelige, orangeähnliche Sammelfrüchte
Magnolia acuminata	12–15	rot	9–10	große, mehr- oder weniger zapfenartige Balgfrüchte, Samen von einem roten oder scharlachroten Arillus umgeben
– *fraseri*	8–10	rosa	10–11	wie vorher
– *kobus*	15–20	rot	10–11	wie vorher
– × *loebneri*	6–8	rot	10–11	wie vorher
– *tripetala*	10–12	karminrosa	9–10	wie vorher

Bäume und Sträucher mit bemerkenswertem Fruchtschmuck (Fortsetzung)

Art	Wuchshöhe (m)	Fruchtfarbe	Fruchtreife (Monat)	Fruchtform
Malus	2–8	gelb bis rot	9–11	viele Arten und Sorten mit mehr oder minder großen, dekorativen Apfelfrüchten, z. T. auch wirtschaftlich verwertbar
Mespilus germanica	5–6	braun	9–12	nach Frosteinwirkung eßbare Apfelfrucht
Morus alba	12–15	weiß, rot-schwarzrot	8–9	brombeerartige, fad schmeckende Scheinfrucht
– nigra	8–10	tiefrot	8–9	brombeerartige, würzig schmeckende Scheinfrucht
Myrica pensylvanica	1,5	grauweiß	11–4	kleine, kugelige, wachsüberzogene Steinfrucht
Oplopanax horridus	2–3	scharlachrot	10–11	fleischige Beere
Paulownia tomentosa	12–15	braun	10–12	große, ledrige Kapsel
Pernettya mucronata	0,5	rosa, rot, violett, weiß	9–12	große, lang haftende Beere
Photinia villosa	3–5	hochrot	10	kleine Apfelfrüchte
Poncirus trifoliata	1–3	goldgelb	10–11	walnußgroße Zitronen
Prunus cerasifera	4–8	rot-gelb	8–9	2–3 cm dicke, leicht bereifte, pflaumenähnliche Steinfrüchte
– – 'Trailblazer'	4–8	blau, bereift	9–10	große, schmackhafte Pflaumen
– incisa	5	purpurschwarz	9–10	eirunde Steinfrüchte
– laurocerasus	1–2	schwarzrot	9–10	kugelförmige Steinfrüchte
– serotina	20–30	dunkelpurpurn	9–10	zahlreiche eirunde Steinfrüchte
– spinosa	2–4	blauschwarz	8–11	ziemlich große, bereifte Steinfrüchte
Ptelea trifoliata	4–5	grünlichgelb	9–12	fast kreisrunde, flache, geflügelte Nüsse
Pterocarya fraxinifolia	15–20	gelbbraun	10–11	geflügelte Nüsse in hängenden Ähren
Pyracantha-Sorten	2–4	rot, orange, gelb	9–11	kleine, rundliche Apfelfrüchte, fast immer in sehr großen Mengen
Rhodotypos scandens	2	glänzendschwarz	9–12	erbsengroße, lange haftende Steinfrüchtchen
Rhus-Arten	3–4	dunkelrot	8–12	große, endständige zapfenartige Rispen
Rosa				Hagebutten in verschiedenen Formen:
– acicularis	2	rot	8–10	eirundlich bis kugelig
– × alba	2–3	rot	8–10	länglich-eiförmig
– arvensis	1	rot	9–10	eiförmig, klein
– canina	2–3	scharlachrot	9–11	rundlich-eiförmig
– carolina	1–1,5	rot	8–10	rundlich, ziemlich borstig, klein
– × damascena	2	rot	8–10	kreiselförmig, drüsig-borstig
– foetida	2	ziegelrot	8–10	rundlich, klein
– gallica	1	ziegelrot	9–10	rundlich bis verkehrt-eiförmig, drüsig-borstig
– glauca	1–3	leuchtendrot	8–9	rundlich
– hugonis	2–2,5	dunkelrot	8–10	flachkugelig
– jundzillii	1–3	leuchtendrot	8–10	rundlich, klein
– majalis	1,5	scharlachrot	9–10	flachkugelig, vitaminreich
– moyesii	3	dunkel- orangerot	9–10	flaschenförmig, sehr groß
– multiflora	3	orange bis rot	8–10	rundlich, sehr klein
– omeiensis	3–4	hellrot	8–10	birnförmig
– pendulina	2	ziegelrot	8–10	flaschenförmig, vitaminreich
– pimpinellifolia	1	schwarz bis schwarzbraun	9–10	rundlich
– roxburghii	2,5	grün	9–11	flachkugelig, dicht stachelborstig, ziemlich groß
– rubiginosa	2–3	orange bis rot	9–10	rundlich-eiförmig
– rugosa	1–2	ziegelrot	8–9	flachkugelig, ziemlich weichfleischig, recht groß
– sweginzowii	4–5	orangerot	8–9	schlank flaschenförmig, borstig, groß, sehr reichfruchtend
– tomentosa	2	rot	8–9	eiförmig, stark borstig
– villosa	2	dunkelrot	8–9	rundlich-länglich
– virginiana	1,5	rot	9–12	rundlich, klein
– wichuraiana	5	tiefrot	8–10	eiförmig
Rubus laciniatus ↑	3	schwarzglänzend	8–9	wohlschmeckende Brombeere (Steinfrüchtchen)

Bäume und Sträucher mit bemerkenswertem Fruchtschmuck (Fortsetzung)

Art	Wuchshöhe (m)	Fruchtfarbe	Frucht-reife (Monat)	Fruchtform
– phoeniculasius	3	orangerot	8–9	»Japanische Weinbeere«, süß-säuerlich, eßbar
– spectabilis	1–2	gelborange	8–9	große, eßbare, durchscheinende Frucht
Sambucus caerulea	3–4	blauschwarz, stark bereift	9	fleischige Beeren in großen Doldenrispen
– canadensis	3	purpurschwarz	9	wie vorher
– nigra	5–8	schwarz	9–10	wie vorher
– racemosa	4	korallenrot	6–7	wie vorher
Skimmia × foremanii	0,5	scharlachrot	10–3	fleischige, erbsengroße Beere
– japonica	1	hochrot	10–2	wie vorher
Sorbus				rundliche Apfelfrüchte unterschiedlicher Größe:
– alnifolia	15–20	rot oder gelb	9–11	erbsengroß
– americana	7–9	scharlachrot	10	pfefferkorngroß
– aria	6–12	orangerot	9–11	10–12 mm
– × arnoldiana-Sorten (Lombarts-Hybriden)	5–10	eine Reihe von Sorten mit ausgefallenen Farben	8–12	
– aucuparia	10–15	korallenrot	8–11	erbsengroß
– – 'Xanthocarpa'	10–15	orangegelb	8–11	erbsengroß
– cashmiriana	7–10	weiß	9–10	knapp 2 cm
– commixta	7–10	scharlachrot	9–10	erbsengroß
– decora	8–10	lebhaftrot	10–11	8–10 mm
– hupehensis	8–10	weiß und rosa	9–10	6–8 mm
– hybrida	10–12	rot	9–10	10–12 mm
– intermedia	10–12	orangerot	9–10	10–13 mm
– pohuashanensis	6–10	orangerot	9–10	8–10 mm
– prattii	5–7	weiß	8–9	6–8 mm
– rehderiana 'Josef Rock'	7–10	gelb	9–10	5–7 mm
– sargentiana	7–10	orangebraun	9–10	6 mm, reichfruchtend
– serotina	7–9	korallenrot	9	kaum erbsengroß
– × thuringiaca	10–12	leuchtendrot	9–11	etwa 10 mm
– vilmorinii	3–6	rot, dann hellrosa	8–9	etwa 8 mm
Staphylea-Arten	3–4	grünlichgelb	8–9	häutige, aufgeblasene Kapsel
Stranvaesia davidiana	3–4	karminrot	9–12	erbsengroße Apfelfrucht
Symphoricarpos albus var. laevigatus	2	weiß	9–11	große, beerenartige Steinfrucht
– – 'White Hedge'	1–2	weiß	9–11	wie vorher
– × chenaultii	1,5–2	karminrot	9–11	wie vorher
– Hybride 'Erect'	1–2	magentarot	9–11	wie vorher
– – 'Magic Berry'	1–2	lilarot	9–11	wie vorher
Symplocos paniculata	2–3	kobaltblau	8–9	erbsengroße, trockene Steinfrucht
Viburnum betulifolium	3–4	hochrot	8–12	fleischige Steinfrüchte in endständigen Doldenrispen
– davidii	0,5	dunkelblau	9–10	wie vorher
– lantana	4–5	rot-schwarz	8–12	wie vorher
– opulus	2–4	korallenrot	8–12	wie vorher
– – 'Compactum'	1	korallenrot	8–12	wie vorher, früh fruchtend
– rhytidophyllum	2–4	rot-schwarz	9–10	wie vorher
– sargentii	3–4	leuchtendrot	9–10	wie vorher

↑ = Kletterpflanze

Wirtschaftliche Verwendung von Zierfrüchten, Heil- und Gewürzpflanzen

In Notzeiten kommt den Wild- und Zierfrüchten immer wieder erhöhte Bedeutung zu. Aber auch unter normalen Bedingungen findet eine Reihe von Früchten in der Küche Verwendung. Nicht selten sind sie, nachdem sie verarbeitet wurden, äußerst schmackhaft, oft muß man ihren gesundheitlichen Wert recht hoch einschätzen. Als Beispiel mag der Sanddorn gelten, der schon lange seinen Weg in die Getränkeindustrie und die Reformhäuser fand. Große Bedeutung haben einige Wildfrüchte als Lieferanten natürlicher Farbstoffe, die in der Lebensmittelindustrie Verwendung finden, dazu gehören unter anderem Sanddorn, Holunder und Apfelbeere (*Aronia melanocarpa*). Natürlich sind mit Früchten besetzte Zweige auch als Dekorationsmaterial von Bedeutung.

Wichtiger sind eine Reihe von Früchten und andere Pflanzenteile als Heil- und Teepflanzen, nicht nur als altbewährte Hausmittel, auch in der Medizin, der Homöopathie, der pharmazeutischen und kosmetischen Industrie. Die folgende Übersicht nennt einige Gehölzarten, ihre wichtigsten Inhaltsstoffe und ihre Verwendung, wobei wir uns nicht auf die Früchte beschränken wollen, die gebräuchlichen Obstarten aber außer acht lassen. In der Liste sind »giftige« Gehölze auch dann nicht aufgeführt, wenn ihnen in der Medizin oder in der Homöopathie noch einige Bedeutung zukommt. Sie werden auf den Seiten 63–65 behandelt.

Wirtschaftlich genutzte Bäume und Sträucher

Art	Inhaltsstoffe	verwendete Teile	Verwendung (Haushalt, Medizin, Pharmazie)
Acer saccharum	hoher Zuckergehalt im Saft	Saft des Stammes im Frühjahr	verarbeitet zu Sirup und Ahornzucker, in Konditoreien
Actinidia chinensis, großfrüchtige Sorten	sehr hoher Gehalt an Vitaminen (C und B_1) und Kalium	Früchte	Kiwi-Früchte eignen sich zum Frischverzehr, zur Zubereitung von Marmelade und Gelee, als Beigabe zu Fruchtsalaten, kalten Platten und belegten Broten
Aesculus hippocastanum	Aescin, Saponine, Glykoside, Gerbstoffe, Harze, fettes Öl im Samen	Blüten, geschälte Samen, Rinde	blutreinigend, wassertreibend, kreislaufanregend; kosmetische Industrie
Ailanthus altissima	Ailanthin, Gerbstoff	Blüten, junge Rinde und Sproßspitzen	gegen Durchfallerkrankungen
Akebia quinata und *A. trifoliata*		Früchte	das gallertartige Fruchtmark schmeckt angenehm süß, es wird roh gegessen
Alnus – *glutinosa* – *incana* – *viridis*	Gerbstoffe und Harze, bes. in der Rinde, roter Farbstoff, fettes Öl	getrocknete Knospen und Rinde junger Zweige	Abkochungen zum Gurgeln bei Hals- und Mandelentzündungen, Gerb- und Färbemittel in der Industrie
Amelanchier alnifolia		Früchte	Früchte werden in der Heimat zu Marmelade und Kompott verarbeitet, sie sind ein wichtiger Bestandteil von Pemmikan, einer Fleischkonserve der nordamerikanischen Indianer
– *laevis*		Früchte	zu Mus und Süßmost; früher Korinthenersatz im Weißbrot
Arcostaphylos uva-ursi	Arbutin, Glucose, Arbutase, Gallus-, Citronen-, China- und Ameisensäure, ätherisches Öl	getrocknete Blätter	u.a. als Tee bei Blasen-, Harn- und Nierenleiden
Aristolochia macrophylla	Aristolochiasäure, ätherisches Öl	Blätter	gegen unregelmäßige Menstruation
Aronia melanocarpa		Früchte	Früchte werden vorwiegend industriell als Färbemittel in der Konservenindustrie und für Fruchtsäfte verwendet
Berberis koreana		Früchte	zur Herstellung von Kompott und Erfrischungsgetränken
– *vulgaris*	Wurzel: Alkaloide, Gerbstoffe und Harze, in den Früchten Äpfelsäure und Vitamin C, in der Rinde von Wurzeln und Trieben das Atemgift Berberin	getrocknete Wurzel und Wurzelrinde	bei Funktionsstörungen von Galle und Leber, Menstruationsbeschwerden; aus den Früchten Süßmost, Gelee und Sirup

Wirtschaftlich genutzte Bäume und Sträucher (Fortsetzung)

Art	Inhaltsstoffe	verwendete Teile	Verwendung (Haushalt, Medizin, Pharmazie)
Betula – *pendula* – *pubescens*	Saponine, ätherisches Öl, Gerbstoff, Flavone	Blätter und Saft der Rinde	Blätter milde harntreibend, Blutreinigungsmittel; Saft für Haarwässer
Calluna vulgaris	Glykoside, Gerbstoffe, Säuren, Harze	blühende Zweige, frisch und getrocknet, getrocknete Blüten	Hausmittel zur Nervenberuhigung, zur Blutreinigung, bei Erkältung, Nieren- und Blasenleiden, Magenbeschwerden und Rheumatismus
Carya-Arten	in den Früchten u.a. hohe Ölgehalte	Früchte	vor allem in den USA wertvoller Fruchtbaum, glattschalige, walnußähnliche Nuß, auch bei uns auf dem Markt
Castanea sativa	Fett, Stärke, Faser- und Mineralstoffe	Früchte	geröstete »Maroni«, auch gekocht oder im Backofen geröstet
Ceanothus americanus	Rinde: Gerbstoff und das Alkaloid Ceanothin	Blätter und Wurzeln	Laubblätter lieferten Tee-Ersatz, Adstringens gegen Schleimhauterkrankungen, bei den Indianern gegen Fieber
Chionanthus virginicus	Glykosid	Rinde	Fiebermittel bei Lebererkrankungen
Choenomeles japonica	Vitamin C, Ascorbinsäure	Früchte	ausgezeichnet für Gelee und Süßmost, lassen sich wie Schwarze Johannisbeeren mit Branntwein aufsetzen; Grundstoff für Parfüm
Cornus florida	Cortex corni floridae	Rinde	Adstringens, Fiebermittel
– *mas*	Saccharose, Invertzucker, Glyoxalsäure Vitamingehalt 75–90 mg %	Früchte	aromatischer Süßmost, durststillendes Getränk bei Fieber
– *sanguinea*	fettes Öl	Samen	Seifenherstellung
Corylus avellana	Blätter: ätherisches Öl, Paraffin und Myricitrosid; Nüsse: reichlich fettes Öl und Vitamine; Rinde: Gerbstoffe, Harzsäuren, Betulin	frische und getrocknete Blätter, Nüsse, Rinde	Blätter: Wirkung ähnlich wie *Hamamelis*-Blätter; Öl der Nüsse auch in der Ölmalerei und der Parfümerie verwendet
Crataegus – *laevigata* – *monogyna*	Saponin, ätherisches Öl, Gerbstoff, ein Glykosid, Flavonoide, Crataegolsäure	getrocknete Blüten und Blätter, frische und getrocknete Früchte	Medizin, Homöopathie: Kreislaufmittel und bei Arteriosklerose
Cydonia oblonga	Schleim, Gerbstoff, Vitamin C, fettes Öl, Pektin	getrocknete Samen, Früchte	innerlich bei Husten und Magen-Darm-Katarrhen, zu Umschlägen bei rissiger Haut und Verbrennungen; Früchte: Marmelade, Gelee und Sirup
Datura-Arten	Scopolamin, Hyoscyamin, Atropin	vor allem Samen und Fruchtkapseln	von den Indianern in Südamerika, Mexiko und dem südwestlichen Nordamerika als halluzinogene Droge benutzt; in Ostasien auch als Medizin und Anästetikum
Eucommia ulmoides	in Rinde, Mark und Blättern guttaperchaartiger Stoff	Rinde	nimmt in China wegen ihrer tonisierenden Eigenschaften unter den »erhabenen Drogen« einen hervorragenden Platz ein, Tinktur gegen hohen Blutdruck
Fagus sylvatica	in den Früchten Fett, stickstoffhaltige Stoffe, Oxalsäure, wahrscheinlich ein giftiges Saponin	Früchte und Holz	Öl in Früchten als Speiseöl und technisches Öl, Holzteer in der pharmazeutischen Industrie für Salben bei Hauterkrankungen
Forsythia – × *intermedia* – *suspensa* – – var. *fortunei*	Rutin = wichtiges Flavonglykosid	frische Blüten	Vitamin-P-Wirkstoff zum Abdichten von Kapillaren, in China gegen Grippe und Abszesse empfohlen

Wirtschaftlich genutzte Bäume und Sträucher (Fortsetzung)

Art	Inhaltsstoffe	verwendete Teile	Verwendung (Haushalt, Medizin, Pharmazie)
Fraxinus – americana – excelsior	Gerbstoff, Vitamin C, Flavonglykoside, ätherisches Öl, Harz; Rinde: Schleim und Mannit	Blätter ohne Stiel, getrocknete Rinde junger Zweige	Blätter: harntreibend, abführend; Rinde: wundheilend, als Fieber- und Kräftigungsmittel
– ornus	Manna enthält vor allem Mannit, Glucose, Lävulose und Harz	Saft aus Rindeneinschnitten	früher sehr wichtig zur Erzeugung von Manna oder Himmelsbrot
Ginkgo biloba	aus den stärkereichen Samen läßt sich Ginkgolsäure isolieren, die noch in starker Verdünnung das Wachstum von Tuberkulosebakterien zu hemmen vermag	Früchte	die Früchte, die in Japan gegessen werden, sollen die Verdauung fördern; Wirkstoffe des Ginkgo werden in medizinischen Präparaten (unter anderem zur Förderung der Gehirndurchblutung) verwendet (in China als Heilmittel gegen Tuberkulose)
Hamamelis virginiana	Hamamelitamin, Gerbstoff, fettes Öl, Saponin, Gallussäureester	im Herbst gesammelte Blätter, Rinde von Zweigen und Stämmen	adstringierend und blutstillend, äußerlich gegen Hämorrhoiden, Venenreizungen und Geschwüre, kosmetische und pharmazeutische Industrie
Hippophaë rhamnoides, vor allem selektierte Sorten	viel Äpfelsäure, gelber Farbstoff, fettes Öl, Mannit, 500–900 mg % Vitamin C	reife Beeren	kräftigend und stärkend; zur Herstellung vitaminangereicherter Arznei-, Nähr- und Kräftigungsmittel; Hautcreme, Zahnpasten, erfrischende Getränke
Hovenia dulcis		Blütenstandsachsen	die zur Fruchtreife fleischig werdenden, Blütenstandsachsen werden frisch als Obst gegessen
Juglans regia	in Blättern und grünen Fruchtschalen: Juglon, Gerbstoff, Säuren, ätherisches Öl, Früchte: fettes Öl	frische und getrocknete Blätter, grüne Fruchtschalen, Kerne	bei chronischen Magen-Darm-Katarrhen, Gicht und chronischen Ekzemen, gegen Frostbeulen
Liquidambar styraciflua	Styrax-Extrakt, ätherisches Öl	Rinde, Blätter	Arzneidroge, Kaugummizusatz, Aromatisierung von Tabak
Malus, einige Zierapfel-Sorten	u.a. Invertzucker, Äpfelsäure, Saccharose, Pektinstoffe, Cellulose	Früchte	wohlschmeckendes Gelee, Mischmarmelade und Süßmost aus verschiedenen Kirschäpfeln
Mespilus germanica	Invertzucker, Rohfaser, Äpfel- und Borsäure, in den Kernen fettes Öl	Früchte	im teigigen Zustand roh genossen, vor der Vollreife dem Apfelwein zugesetzt, mit anderen Wildfrüchten zu Marmelade verarbeitet
Morus nigra	Frucht: Zucker, Fruchtsäuren, Pektin, Farbstoff; Blätter: Adenin, Asparagin, Kieselsäure, Phytosterine	Beeren und getrocknete Blätter	Sirup dient der Geschmacksverbesserung und als leichtes Abführmittel, Blätter in der Homöopathie bei Zuckerkrankheit
Myrica gale	ätherisches Öl, Flavonglykosid, Myritricin	Blätter	Giftdroge, Volksheilmittel bei Hautleiden, früher Insektenvertreibungsmittel und »Hopfenersatz« bei der Bierbrauerei
Ostrya virginiana	Lignum Ostryae	Holz	in der Homöopathie
Paulownia tomentosa	Fette und trockenes Öl	Samen	zum Präparieren von Papier
Phellodendron amurense	Öl	Früchte	in Aceton gelöst: starkes Insektizid, in China wurde mit Cortex phellodendri die Ruhr behandelt
Philadelphus coronarius		Blüten	in der Homöopathie
Pinus sylvestris	ätherisches Öl, Harz, Bitterstoff, Gerbstoff, Säuren	junge Triebe	wundheilend, hautreizend, blutreinigend und harntreibend, vielfältig in Medizin, Homöopathie und pharmazeutischer Industrie

Wirtschaftlich genutzte Bäume und Sträucher (Fortsetzung)

Art	Inhaltsstoffe	verwendete Teile	Verwendung (Haushalt, Medizin, Pharmazie)
Populus – *balsamifera* – *nigra*	Glykoside, Salicin und Populin, ätherisches Öl, Gerbstoffe	Blattknospen	verarbeitet in Ölen und Salben gegen Hämorrhoiden, Frostbeulen, Gelenk- und Muskelrheumatismus
Prunus avium	Cumaringlykosid	junge, frische Blätter	in der Homöopathie, Tabakersatz in Notzeiten
– *cerasus*	Früchte: reichlich Fruchtsäuren; Kerne: Blausäureglykosid; Blätter: Citronensäure, Quercetin, Gerbstoff	reife Früchte, z. T. mit Kernen, getrocknete Blätter und Fruchtstiele	Früchte und Kerne in der pharmazeut. Industrie; durststillender und geschmacksverbessernder Sirup; Fruchtstiele als harntreibendes Mittel, Likör aus Früchten, z. T. mit Kernen
– *domestica*	fettes Öl	Fruchtkern	Pflaumenkernöl, nach der Raffinierung als Speiseöl
– *dulcis* – – var. *amara* – – var. *dulcis*	fettes Öl, Eiweiß Blausäureglykosid Amygdalin	Samen	50–60 Kerne der bitteren Mandel sind tödlich. Aus bitteren und süßen Mandeln wird Öl gewonnen, aus dem zurückbleibenden Kuchen die kosmetische Mandelkleie, Mandelmilch · entsteht aus süßen Mandeln, sie werden gebrüht, geschält, zerstoßen und mit Wasser angesetzt
– *padus*	Prulaurasin, Gerbsäure, Gummi, Harz	frische oder getrocknete Rinde	Essenz aus frischer Rinde, in der Homöopathie bei Kopfschmerzen, Herzleiden und Mastdarmbeschwerden, Hausmittel gegen Fieber, Husten, Hautausschläge, Gicht und Rheumatismus
– *spinosa*	Nitriglykosid, Benzaldehyd, Flavonglykosid, Kampferöl; Frucht: Zucker, Gerbstoff, Vitamin C, Pektin, organische Säuren; Samen: Amygdalin als Blausäureglykosid	Blüten, Früchte, frisch und getrocknet	Blüte: mildes Abführ- und Blutreinigungsmittel, gegen Erkältung; Früchte: Fruchtwein, Adstringens, bei Magenschwäche, Blasen- und Harnleiden, Mus aus frischen Früchten, getrocknete Früchte für Teemischungen
Pseudolarix amabilis	Rinde besitzt fungizide Eigenschaften	Rinde	in China seit Jahrhunderten gegen Zecken verwendet
Quercus – *petraea* – *robur*	Gerb- und Bitterstoffe, Quercit, Zucker, Stärke, Eiweiß, fettes Öl	geschälte und getrocknete Rinde junger Bäume	eine der wichtigsten Gerbstoffdrogen, innerlich gegen Magen-Darm-Katarrh, äußerlich gegen Frostbeulen und Fußschweiß
Ribes nigrum	Blätter: Öl, Rutin, Gerbstoff, Früchte: 120 mg % Vitamin C	Früchte, getrocknete Blätter	Blätter: harn- und schweißtreibend, in vielen Hausteemischungen; Früchte: als Frischobst und Saft gegen Erkältung und Keuchhusten, Likörindustrie, mit Branntwein aufgesetzt
Rosa canina – *rubiginosa* – *rugosa* – *villosa*	Vitamine A, B₁, B₂, C, P, K, Carotin, Fruchtsäuren, Gerbstoff, Invertzucker, ätherisches und fettes Öl	Hagebutten mit und ohne Samen	harn- und blutreinigend, Keuchhusten- und Wurmmittel, Mus zu Marmelade und Süßmost, wichtige Vitamin-C-Träger
× *damascena* 'Trigintipetala'	ätherisches Öl, Gerbstoff, Zucker, Farbstoff, Gallussäure, Quercitrin, Cyanin, Aglykone, Wachs	Blüten und Blütenblätter	Rosenöl in der kosmetischen und pharmazeut. Industrie, zur Likörbereitung, für Back- und Zuckerwaren, Blütenblätter adstringierend und stopfend, Teemischungen, Mund- und Augenwasser
Rubus fruticosus	Blätter: reichlich Gerbstoff und Flavon; Früchte: Farbstoff, Säuren, Schleim, Pektine, Zucker, Vitamin C	getrocknete Blätter und frische Früchte	Blätter als Haustee, zum Zusammenziehen von Geweben, gegen Durchfall, Sirup von Früchten verdünnt bei fiebrigen Erkrankungen, Früchte zu Säften, Marmeladen und Obstwein verarbeitet, in der Industrie als Färbemittel und zur Schnapsbrennerei

Wirtschaftlich genutzte Bäume und Sträucher (Fortsetzung)

Art	Inhaltsstoffe	verwendete Teile	Verwendung (Haushalt, Medizin, Pharmazie)
Rubus idaeus	Gerbstoff und Säuren in den Blättern; Früchte: Zucker, Citronen- und Äpfelsäure, Farb- und Aromastoffe, 800 mg % Vitamin C	getrocknete Blätter und frische Früchte	Blätter als Blutreinigungs- und Frühstückstee, sonst wie bei *R. fruticosus*
– *phoeniculasius*		Früchte	Fruchtverwertung wie bei anderen eßbaren *Rubus*-Arten
Salix – *alba* – *caprea* – *fragilis* – *pentandra*	Glykosid, Salicin, Gerbstoff	getrocknete Rinde	schmerzstillend, fiebersenkend, entzündungswidrig und leicht stopfend, äußerlich zu Umschlägen auf schlecht heilende Wunden
Sambucus nigra	in Blüte und Rinde ätherisches Öl, Glykosid, Sambunigrin, Gerbstoff, Flavon, Schleim; Früchte: Säuren und Vitamine A, B und C	Rinde, Blüten, Blätter und Früchte	Blütentee bei Erkältung und Fieber, frische Beeren mehrmals täglich als Vitamin-Kur und zur Blutreinigung, Früchte zu Saft und Marmelade, z. T. mit anderem Obst
Sassafras albidum	Sassafrasöl, Gerbstoff	Holz der Wurzel	das aus der Rinde gewonnene Öl zur Parfümierung von Seifen, als Zusatz zu Getränken und Tabak und als Schädlingsbekämpfungsmittel
Securinega suffruticosa	Alkaloid Securinin		Securinin stimuliert das zentrale Nervensystem, in China gegen spinale Kinderlähmung, Gesichtslähmung und Neurasthenie eingesetzt
Sophora japonica	Rutin (Vitamin P), Quercetin	Blütenknospen	zur Darstellung des Rutins, in China früher gegen Ruhr, heute gegen Tumoren verwendet
Sorbus × *arnoldiana* 'Apricot Queen'		Früchte	sie haben von allen *Sorbus*-Formen mit eßbaren Früchten den höchsten Vitamin-C-Gehalt. Verwendung im Haushalt wie Früchte von *S. aucuparia*-Sorten
– *aucuparia*	Früchte: Sorbinsäure, Äpfelsäure, Zucker, Sorbit, reichlich Vitamin C, Gerbstoff	Blüten, frische und getrocknete Früchte	Blüten zu blutreinigenden Hausteemischungen, der frische Saft, der Tee und das Beerenmus sind ein wassertreibendes Mittel, einige süßfrüchtigen Sorten wie 'Edulis', 'Rosina' und 'Rossica Major' zu Kompott, Marmelade und Fruchtsaft
– *domestica*	hoher Gerbstoffgehalt	Früchte	Zusatz zum Apfelmost, erhöht dessen Geschmack, Haltbarkeit und Bekömmlichkeit; Hausmittel gegen Durchfall
Staphylea colchica		Blüten	im Kaukasus werden die Blüten in Essig eingelegt und als Beilage gegessen
Thuja orientalis	Pinipikrin und Thujin	Blätter	Sud von aufgekochten Blättern hat bei Blutungen im oberen Verdauungstrakt eine gefäßverengende und schmerzstillende Wirkung
Tilia – *cordata* – *platyphyllos*	ätherisches Öl, Glykoside, Saponin, Schleim, Gerbstoff, Zucker	Blüten	schweißtreibend und krampfstillend, bei Erkältungen und Durchfällen, Lindenblütentee
Ulmus – *glabra* – *minor*	Schleim, Gerbstoff, Bitterstoff, Harz	Rinde junger Zweige	in der Homöopathie bei Ekzemen, Hausmittel bei Durchfall und Rheumatismus
Vaccinium macrocarpon	Ascorbinsäure 30–40 mg % Vitamin C	Früchte	USA: Beilage zu Geflügel und Wild; Frischfrucht für Gelee, Suppen, Pudding, Eiscreme, bes. aber als »Cranberry-Juice« rein oder mit anderen Früchten

Wirtschaftlich genutzte Bäume und Sträucher (Fortsetzung)

Art	Inhaltsstoffe	verwendete Teile	Verwendung (Haushalt, Medizin, Pharmazie)
Vaccinium myrtillus	Gerbstoffe, Glykosid; Früchte: Pektin, Vitamin C, Zucker und Fruchtsäuren	Früchte, frisch und getrocknet, Blätter	Blätter: Teeaufguß bei Durchfällen und bei Zuckerkrankheit; getrocknete Beeren wirken leicht stopfend, die frischen leicht abführend
– *uliginosum*		Früchte	Die Früchte sie werden in Korea u.a. zur Herstellung von Saft, Sirup und Gelee industriell verarbeitet
– *vitis-idaea*	Arbutin, Gerbstoff, Flavonglykosid	Blätter und Früchte	Erkrankung der Harnorgane, besitzt antiseptische Eigenschaften, gegen Gicht, Rheumatismus, Zuckerkrankheit und Durchfall, Früchte als Kompott zu Wild
Vinca minor	Gerbstoffe, Bitterstoff, Vincin, Pektin u.a.	blühende, frische und getrocknete Triebe	blutreinigend und wassertreibend, bei Katarrhen der Luftwege und Magenverstimmungen
Xanthoceras sorbifolium	reichlich fettes Öl	Samen	Samen und Öl genießbar

Giftige Bäume und Sträucher

Seit Jahren wird in zahlreichen Publikationen immer wieder von »giftigen Pflanzen« und von Vergiftungsfällen, vor allem bei Kindern, berichtet. Ursache der Vergiftungen ist nicht selten der Versuch, Zweige, Blätter, Blüten und Früchte von wildwachsenden oder angepflanzten Gehölzen zu verzehren oder wenigstens zu kosten.

Selbstverständlich ist es nicht notwendig, an Kinderspielplätzen oder in anderen öffentlichen Grünanlagen giftige Gehölze zu pflanzen; in der heimischen Natur können und wollen wir aber giftige Pflanzen nicht ausrotten. Deshalb ist die Erziehung der Kinder zum Umgang mit der Natur wichtiger und erfolgversprechender als das Bemühen, sie von giftigen Pflanzen dadurch fernzuhalten, daß man entsprechende Arten aus allen Gärten und öffentlichen Grünanlagen verbannt.

Als Auszug aus einer von Krienke und Zaminer (1973) zusammengestellten Liste werden auf den folgenden Seiten diejenigen giftigen Gehölze aufgeführt, die nicht mehr an Kinderspielplätzen gepflanzt werden sollen.

Eine ähnliche Liste wurde auf Vorschlag des Landesjugendamtes beim Landschaftsverband Rheinland von Koch (1974) erstellt; nach Abstimmung mit dem Bund Deutscher Landschaftsarchitekten e.V., Landesverband Nordrhein-Westfalen, und dem Verband Rheinischer Baumschulen wurde sie durch den Minister für Arbeit, Gesundheit und Soziales des Landes Nordrhein-Westfalen bestätigt (Erlaß vom 7. 5. 1974, Aktenzeichen IV/1-6190.3). In der Beurteilung der giftigen Gehölze unterscheiden sich beide Listen kaum. Die tabellarische Aufstellung von Krienke und Zaminer enthält eine größere Anzahl von krautigen Pflanzen, die hier aber nicht aufgeführt werden.

Die Auswahl der Gehölze soll »einen optimalen Kompromiß zwischen aus Sicherheitsgründen gegebenen Erfordernissen und aus landschaftsgärtnerischen Gesichtspunkten notwendigen Pflanzen für die Eingrünung an Kinderspielplätzen darstellen«.

Einige der aufgeführten Arten sind stark giftig (+ +) und können zu schweren Symptomen führen; andere gelten als sehr stark giftig (+ + +), schon geringe Mengen können lebensgefährlich sein. Die bunten Früchte einiger Arten verlocken Kinder ganz sicher zum Verzehr. Der Genuß anderer Arten, etwa der Zweige von

Cytisus, Laburnum oder *Wisteria*, erscheint unwahrscheinlich, ist tatsächlich aber vorgekommen. Die kritischen Pflanzenteile sind aber in aller Regel Früchte oder Samen.

Pflanzengifte sind nach Liebenow (1973) »mehr oder weniger kompliziert aufgebaute chemische Verbindungen, die nach der Einwirkung auf den Organismus zu Erkrankungen oder in schweren Fällen zum Tode führen können. Dabei steht die Giftaufnahme über die Verdauungsorgane im Vordergrund. Eine äußere Gifteinwirkung auf die Haut erfolgt seltener«.

Träger der Giftstoffe sind vor allem Alkaloide, Glykoside, ätherische Öle, Eiweiße und Phenole bzw. deren Abkömmlinge. Nach Krienke und Zaminer kann »der Giftigkeitsgrad einer Pflanze nur schwer durch ein objektives Maß ausgedrückt werden, da die Toxidität nicht nur von dem pharmakologischen Eigenschaften, sondern ebenso von der Dosis und den individuellen Gegebenheiten des Betroffenen abhängt. Trotzdem kann und muß man zwischen mehr oder weniger giftigen Pflanzen unterscheiden«. Diese Erfahrungswerte sind in der rechten Spalte der Liste durch Kreuze ausgedrückt worden.

Eigenwillige Gehölzformen

Die Natur hat eine reiche Mannigfaltigkeit an Wuchsformen hervorgebracht – kein Wunder bei der großen Zahl verschiedener Baum- und Straucharten. Den Menschen hat es zu allen Zeiten gereizt, vom normalen Habitus abweichende Formen in seine Gärten zu holen und in Kultur zu nehmen. So kamen viele Hänge-, Säulen- und Kugelformen in unsere Gärten und fanden teilweise eine weite Verbreitung.

Diese von der natürlichen »Form« abweichenden Formen sind wohl alle spontan entstanden, und zwar durch plötzliche Veränderung der Erbanlagen (Mutation). Ein »Knacks im Erbgefüge« führte zu einem neuen Habitus, zu anders gestalteten und gefärbten Blättern und Blüten.

Hätte der Mensch sich ihrer nicht angenommen, so wären sie im Konkurrenzkampf der Natur wohl unterlegen und bald wieder verschwunden. Der Gärtner muß diese Formen durch vegetative, also ungeschlechtliche Vermehrung erhalten, durch Stecklinge, Steckhölzer oder durch Veredlungen.

Giftige Bäume und Sträucher (nach Krienke und Zaminer 1973; Auszug, z.T. abgeändert und ergänzt)

Art	Giftige Teile	Hauptwirkstoffe	Wichtige Vergiftungssymptome	Gefährlichkeitsgrad, Bemerkungen
Andromeda polifolia	Blätter, Blüten	Andromedotoxin	aconitinähnliche Wirkung, Erbrechen, Kolik, Durchfälle, Muskelzittern, Gefühllosigkeit, Herzrhythmusstörungen, Krämpfe, Tod durch Atemlähmung	+ +
Buxus sempervirens	Blätter	Buxin, Buxenin G, Buxinidin, Buxomegin, Cyclobuxin D, Cyclo-protobuxin C	Brechdurchfälle; zentral: Erregung, Krämpfe; Tod durch Atemlähmung	+
Caragana arborescens	alle Organe	Caraganin	ähnlich *Laburnum anagyroides*; Symptome sollen gem. Lit. etwas schwächer sein	+
Clematis-Arten	alle Organe	Protoanemonin	äußerlich: hautreizend und blasenziehend, innerlich: Erbrechen, Durchfall, blutiger Harn; Erregung, Krämpfe, Kreislaufkollaps, Atemlähmung	+
Colutea arborescens	Samen, Blätter	Coluteasäure, Bitterstoff	Samen soll gem. Lit. Magen- und Darmstörungen bewirken	+
Cotinus coggygria	alle Organe	Gerbstoff, organische Säuren, Hydrochinone	Magen-Darm-Störungen	(+)
Cotoneaster integerrimus	Samen	Amygdalin bzw. verwandte Blausäureglykoside	Kratzen und Brennen in Mund und Schlund; Speichelfluß, Übelkeit, Würgen, Erbrechen, Durchfall	(+) bei Aufnahme größerer Mengen Auftreten nebenstehender Symptome
Cytisus scoparius und andere Arten	alle Organe	Cytisin, Spartein	gleicher Hauptwirkstoff wie *Laburnum anagyroides* nur evtl. etwas niedrigere Konzentration; Symptome siehe dort	+
Daphne mezereum und andere Arten	alle Organe	Mezerein	schwere Verätzungen in Mund, Rachen und Speiseröhre; Übelkeit, Erbrechen, Durchfälle, Herz-, Kreislauf- und Atemstörungen, Krämpfe	+ + +
Euonymus europaea	alle Organe, vor allem Früchte	Evobiosid, Evomonosid, Evonosid; Harzfarbstoffe	Erbrechen, Koliken, Durchfall, Kreislaufstörungen; zentral: Benommenheit bis Ohnmacht, Koma	+ +
Genista-Arten	alle Organe	Cytisin	gleicher Hauptwirkstoff wie bei *Laburnum anagyroides*; Symptome siehe dort	+
Hedera helix	Beeren (Fruchtfleisch besonders toxisch), Blätter	Hederasaponine A, B, C	Beeren: in der Lit. Todesfälle beschrieben; Blätter in großen Mengen genossen: erhöhte Temperatur, scharlachartiger Hautausschlag, Benommenheit, Krämpfe	+

(+) giftverdächtig bzw. schwach giftig; bei Aufnahme größerer Mengen unter Umständen Vergiftungssymptome

+ giftig

+ + giftig, kann zu schweren Symptomen führen

+ + + sehr stark giftig; schon geringe Mengen sind unter Umständen lebensgefährlich

Giftige Bäume und Sträucher (Fortsetzung)

Art	Giftige Teile	Hauptwirkstoffe	Wichtige Vergiftungssymptome	Gefährlichkeitsgrad, Bemerkungen
Ilex aquifolium	Beeren	unbekannter Hauptwirkstoff	schwere Durchfälle; tödliche Dosis für Kinder gem. Lit. bei 20–30 Beeren	+
Juniperus communis	Beeren	ätherisches Öl mit α-Pinen	Nierenreizungen	(+) Symptome erst nach Aufnahme größerer Mengen
Juniperus sabina	alle Organe, vor allem Zweigspitzen (Triebe)	ätherisches Öl mit etwa 40% Sabinol	starke Reizwirkung auf Magen-Darm-Kanal und Niere; zentral: Krämpfe, Lähmung, Tod im Koma	+ + +
Juniperus virginiana	alle Organe	ätherisches Öl, Harz	Vergiftungsbild wie bei *J. sabina*	+ + +
Kalmia angustifolia – *latifolia*	Blätter	Andromedotoxin, Phloridizin	Erbrechen, Kolik, Durchfall, Atembeschwerden, Kreislaufstörungen; Leberverfettung möglich	+
Laburnum anagyroides	alle Organe	Cytisin	Leibschmerzen, Übelkeit, Erbrechen, Herz- und Kreislaufstörungen; zentral: Benommenheit bis Bewußtlosigkeit, Krämpfe, Tod durch Atemlähmung	+ +
Ledum palustre	alle Organe	ätherisches Öl mit Ledol	starke lokale Reizungen, Erbrechen, Durchfälle, Herzrhythmusstörungen; zentral: Erregung, Schwindel, Schlafsucht, später Lähmung; Nierenschäden möglich	+
Ligustrum vulgare und andere Arten	Beeren, Blätter, Rinde	unbekanntes Toxin, Bitterstoffe, Gerbstoffe, Harz	Übelkeit, Erbrechen, Durchfall, Krämpfe, Kreislaufstörungen, starke Hautreizungen	+
Lonicera nigra – *xylosteum* und andere Arten	Beeren	Xylostein	Übelkeit, Erbrechen, Leibschmerzen, Durchfall, Koliken, Herz- und Kreislaufstörungen; zentral: Benommenheit bis Bewußtlosigkeit, Krämpfe, evtl. Tod durch Atemlähmung	+
Lycium barbarum und andere Arten	alle Organe	Hyoscyamin oder hyoscyaminähnlicher Stoff	Pupillenerweiterung und -starre, Herzrhythmusstörungen, Blasenlähmung, Delirien mit Unruhe, später Erschöpfung, Tod im Koma	+ +
Nerium oleander	alle Organe	Oleandrin, Desacetyloleandrin	Übelkeit, Erbrechen, Koliken, Durchfälle, starke Herzrhythmusstörungen, Herzschwäche bis Herzstillstand	+ +
Pachysandra terminalis	Blätter	Pachysamin, Pachysandrine A, B, C, D, Pachysanthermin A, Pachysterin, Epipachysamin, Holarrhidin, Saracocin	verwandt mit *Buxus sempervirens*, Wirkung unter Umständen ähnlich	+
Parthenocissus quinquefolia und andere Arten	Beeren, Blätter	Oxalsäure	Magen-Darm-Störungen (Brechdurchfall) möglich	(+)
Prunus laurocerasus und *P. lusitanica*	Blätter, Knospen, Rinde, Samen	Prulaurasin	Brennen im Mund und Rachen, Speichelfluß, Übelkeit, Würgen, Erbrechen	+

Giftige Bäume und Sträucher (Fortsetzung)

Art	Giftige Teile	Hauptwirkstoffe	Wichtige Vergiftungssymptome	Gefährlichkeitsgrad, Bemerkungen
Rhamnus catharticus und andere Arten	Früchte unreif	Anthrachinon-Derivate	Magen-, Darm- und Nierenreizungen	(+)
Rhododendron – *campylocarpum* – *catawbiense* – *japonicum* – *keiskei* – *luteum* – *metternichii* – *ungernii*	Blätter, Pollen von *R. luteum*	Andromedotoxin	Brennen im Mund, Durchfall, Erbrechen, Schweiß, Schwindel, Krämpfe, Atemlähmung; Vergiftungserscheinungen nach Genuß von *Rhododendron*-Honig	+
Rhus typhina	Blätter, Früchte	Gerbstoffe, organische Säuren	Hautentzündungen, Magen-Darm-Reizungen	+
Robinia pseudoacacia	Rinde, Früchte (Samen)	Robin, Phasin	Kauen der Rinde kann gem. Lit. führen zu: Erbrechen, Schlafsucht, krampfhaften Zuckungen, Kollaps	+
Sambucus racemosa	Beeren, unreif (Samen)	unbekannter harzartiger Wirkstoff	Schleimhautreizungen, Magen-Darm-Störungen	(+) bei Aufnahme größerer Mengen Symptome möglich
Sorbus aucuparia	Beeren	Parasorbinsäure	unter Umständen Reizwirkung auf den Magen-Darm-Kanal	(+) erst bei größeren Mengen Auftreten nebenstehender Symptome
Symphoricarpos albus var. *laevigatus* und andere Arten	Beeren	unerforschte Heteroside, Saponine	äußerlich: Hautreizungen; innerlich: Brechdurchfall, Delirien, Koma	+ Vergiftungsfall auch mit roten Beeren von *S.* × *chenaultii* bekannt
Taxus baccata und andere Arten	alle Organe, ausgenommen der rote Samenmantel	Taxine A + B	Übelkeit, Erbrechen, Durchfälle, Herz- und Kreislaufstörungen, Leber- und Nierenschäden, Tod durch Atemlähmung	+ +
Thuja occidentalis – *orientalis* und andere Arten	Zweigspitzen (Triebe), Zapfen	ätherisches Öl mit α- und β-Thujon, Pinen und Camphen	äußerlich: Hautentzündungen; innerlich: starke Reizwirkung auf Magen und Darm: Bewußtlosigkeit, Krämpfe, Leber- und Nierenschäden	+ + +
Toxicodendron radicans und andere Arten	Blätter, Früchte	Urushiole	äußerlich: bei Hautkontakten schwere Hautreizungen; innerlich: schwere Reizung des Magen-Darm-Kanals, unter Umständen blutige Durchfälle	+ + +
Viburnum-Arten	Beeren, Rinde, Blatt	Viburnin	Magen- und Darmreizung, Erbrechen, blutiger Harn	+
Wisteria sinensis und andere Arten	Früchte, Zweige, Wurzel	Wistarin	Brechdurchfall, Kollaps	+

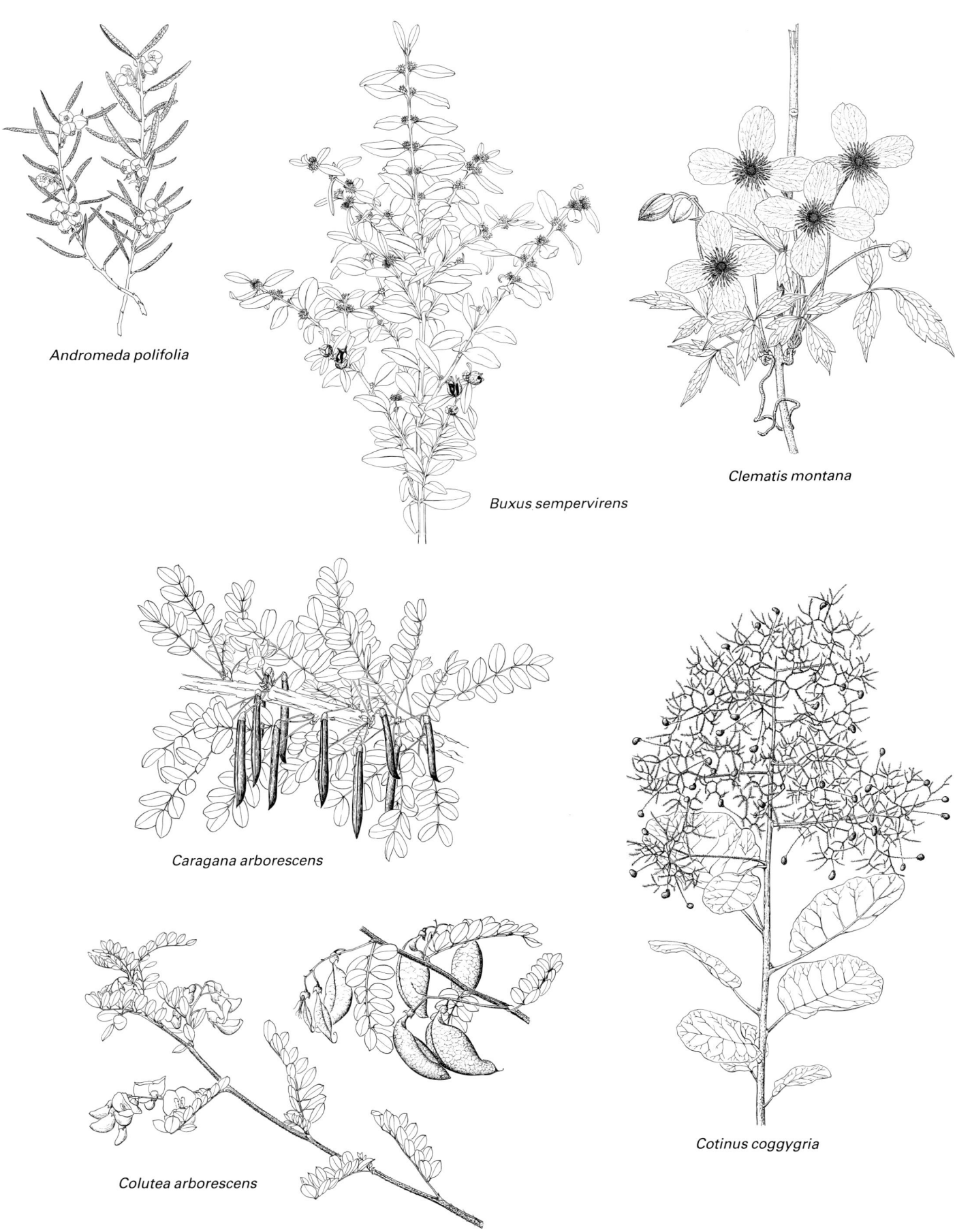

Andromeda polifolia

Buxus sempervirens

Clematis montana

Caragana arborescens

Cotinus coggygria

Colutea arborescens

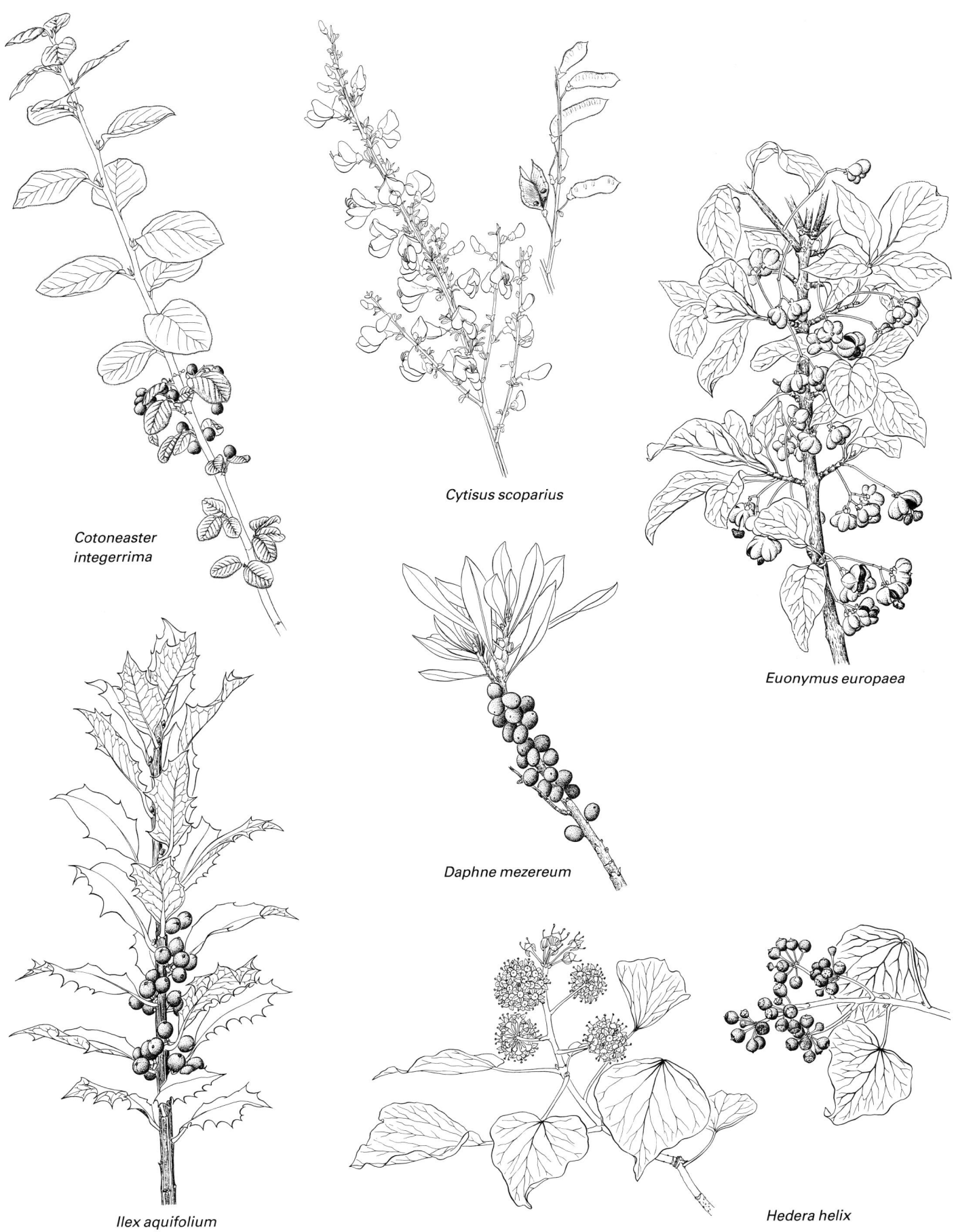

*Cotoneaster
integerrima*

Cytisus scoparius

Euonymus europaea

Daphne mezereum

Ilex aquifolium

Hedera helix

67

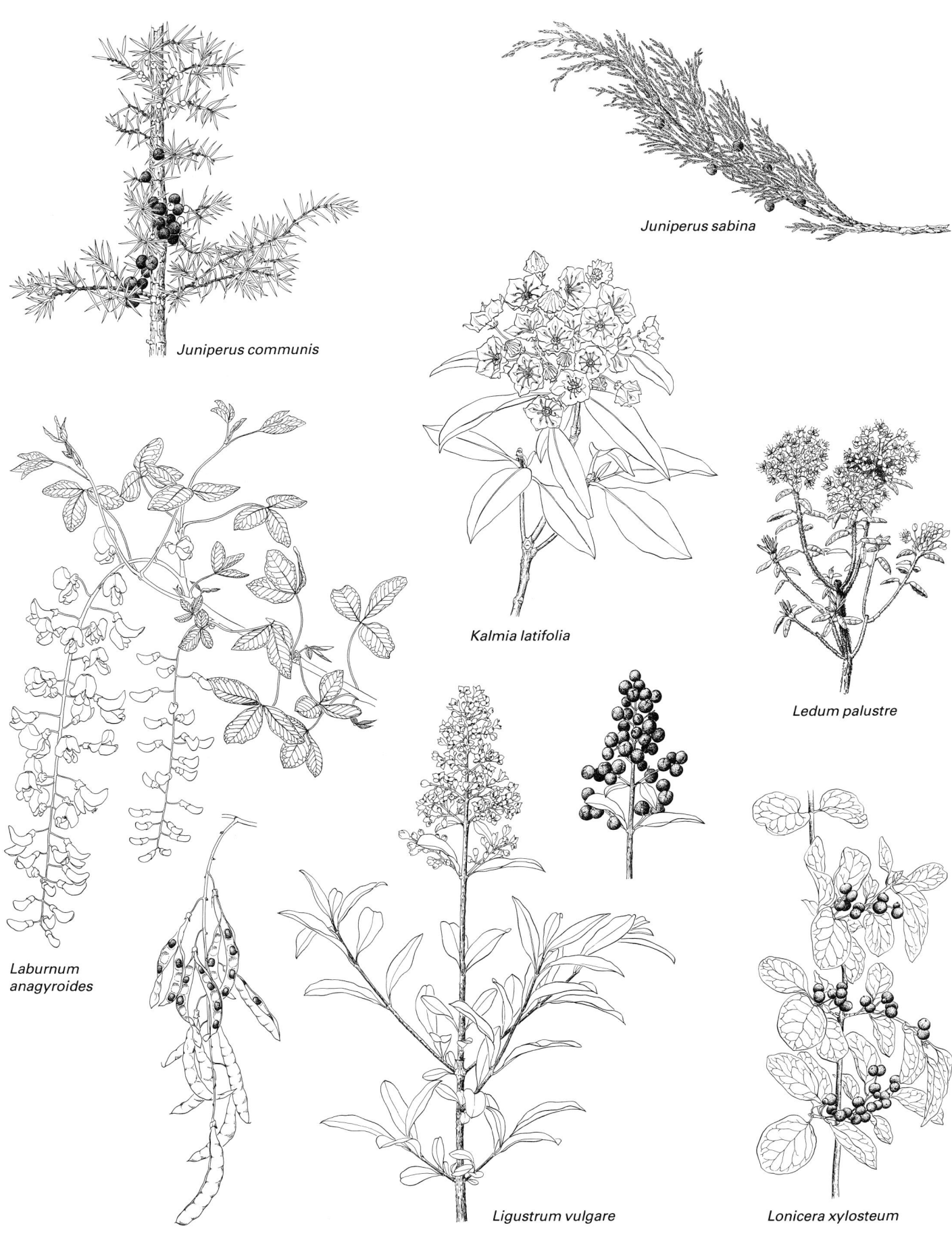

Juniperus sabina

Juniperus communis

Kalmia latifolia

Ledum palustre

Laburnum
anagyroides

Ligustrum vulgare

Lonicera xylosteum

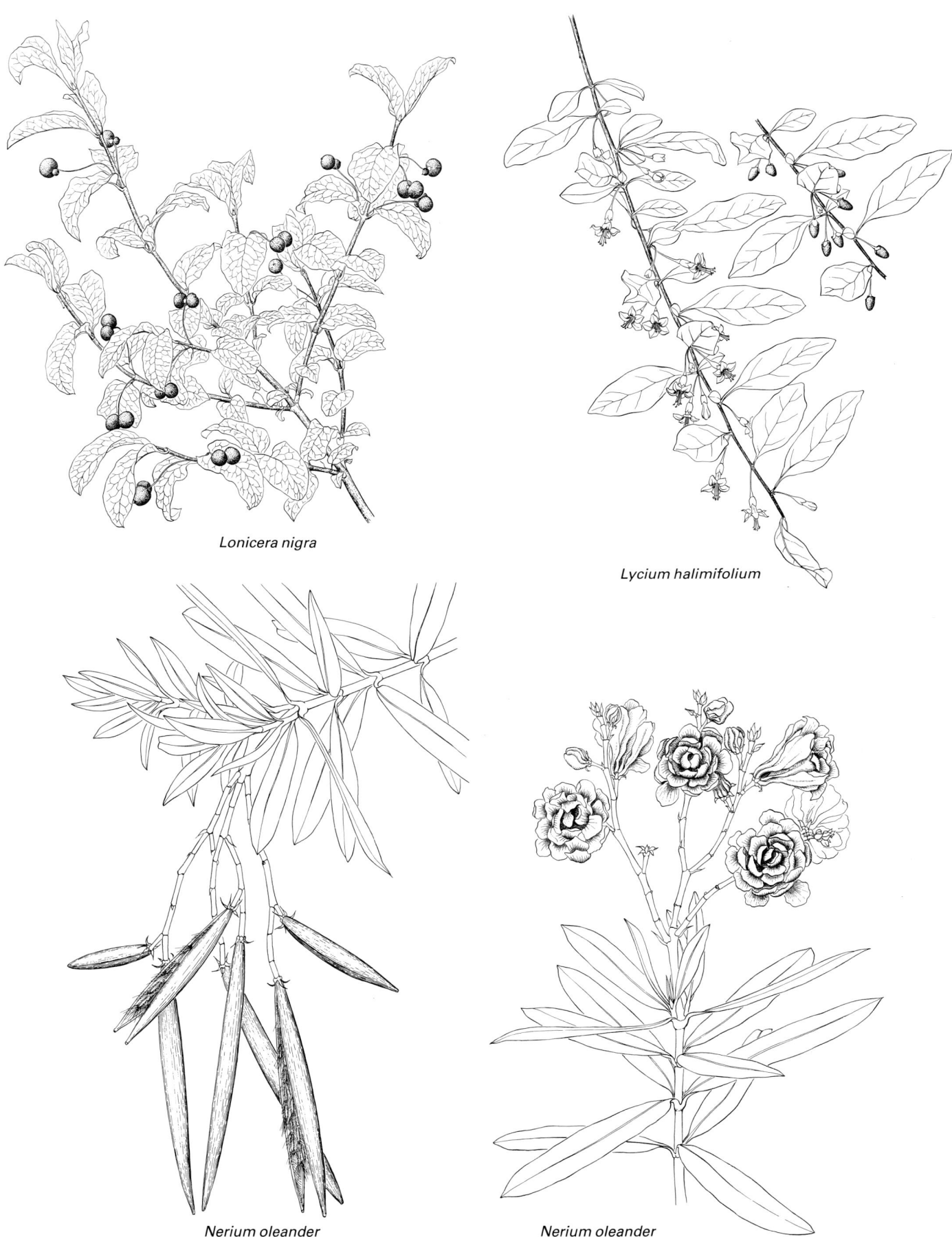

Lonicera nigra

Lycium halimifolium

Nerium oleander

Nerium oleander

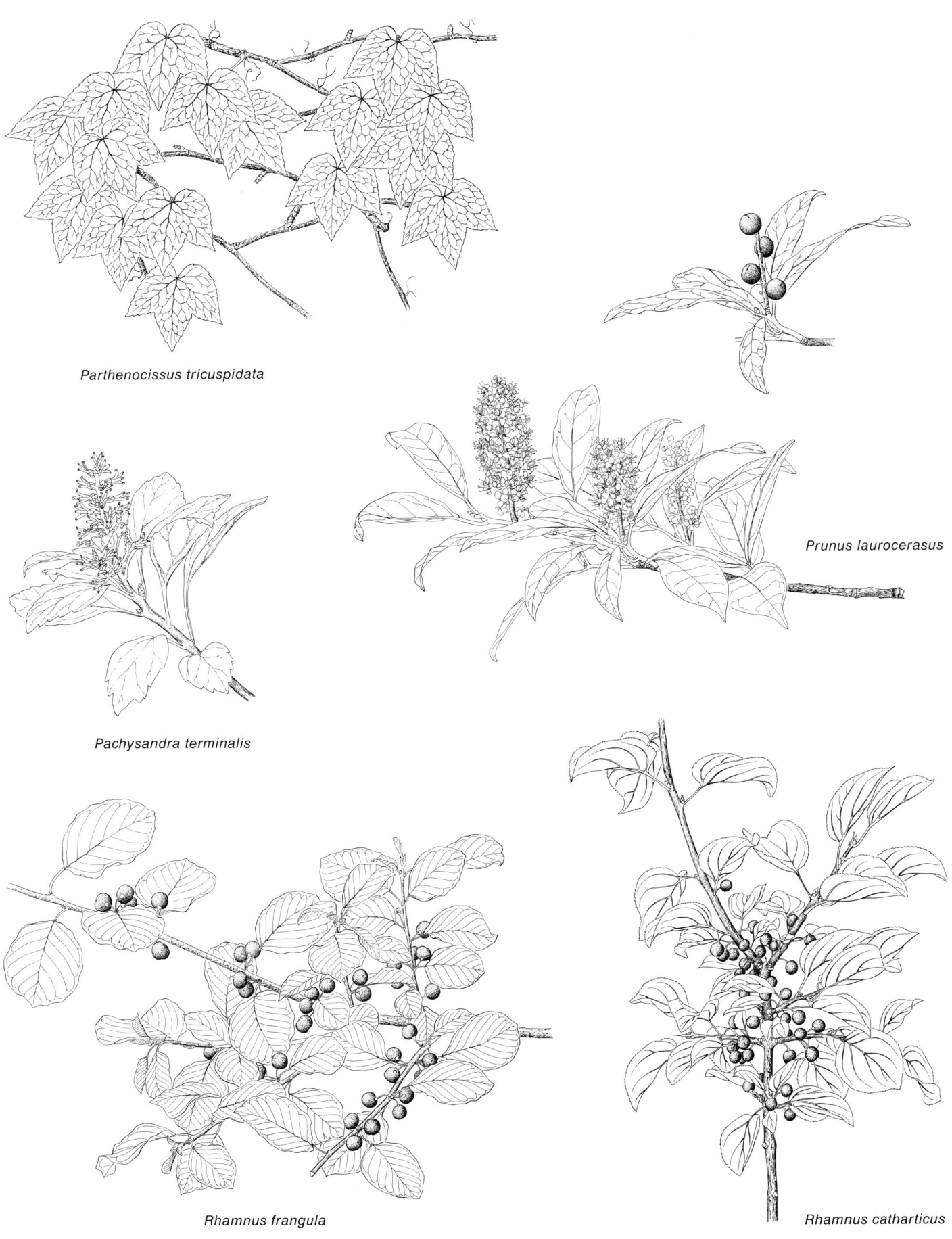

Parthenocissus tricuspidata

Prunus laurocerasus

Pachysandra terminalis

Rhamnus frangula

Rhamnus catharticus

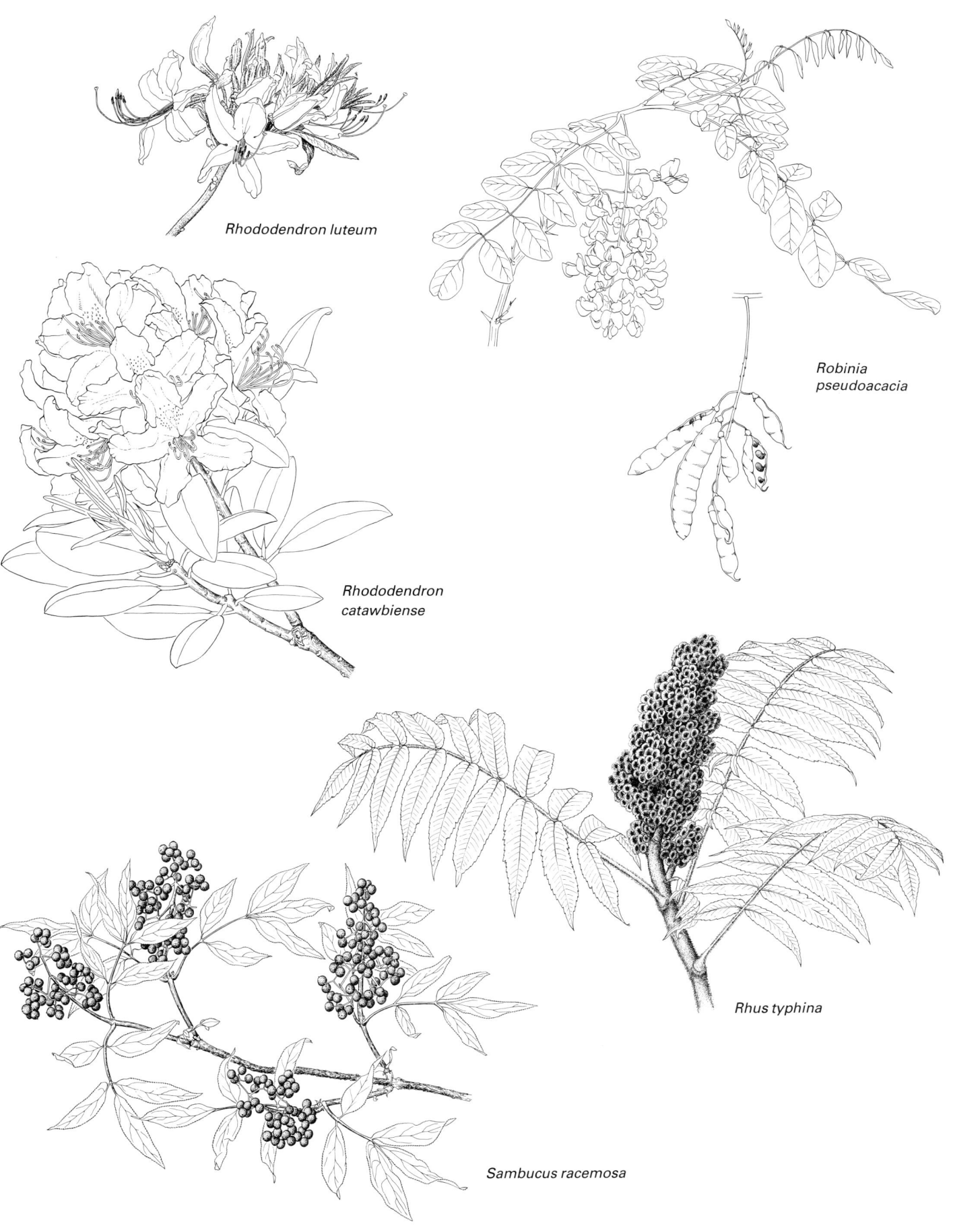

Rhododendron luteum

Robinia pseudoacacia

Rhododendron catawbiense

Rhus typhina

Sambucus racemosa

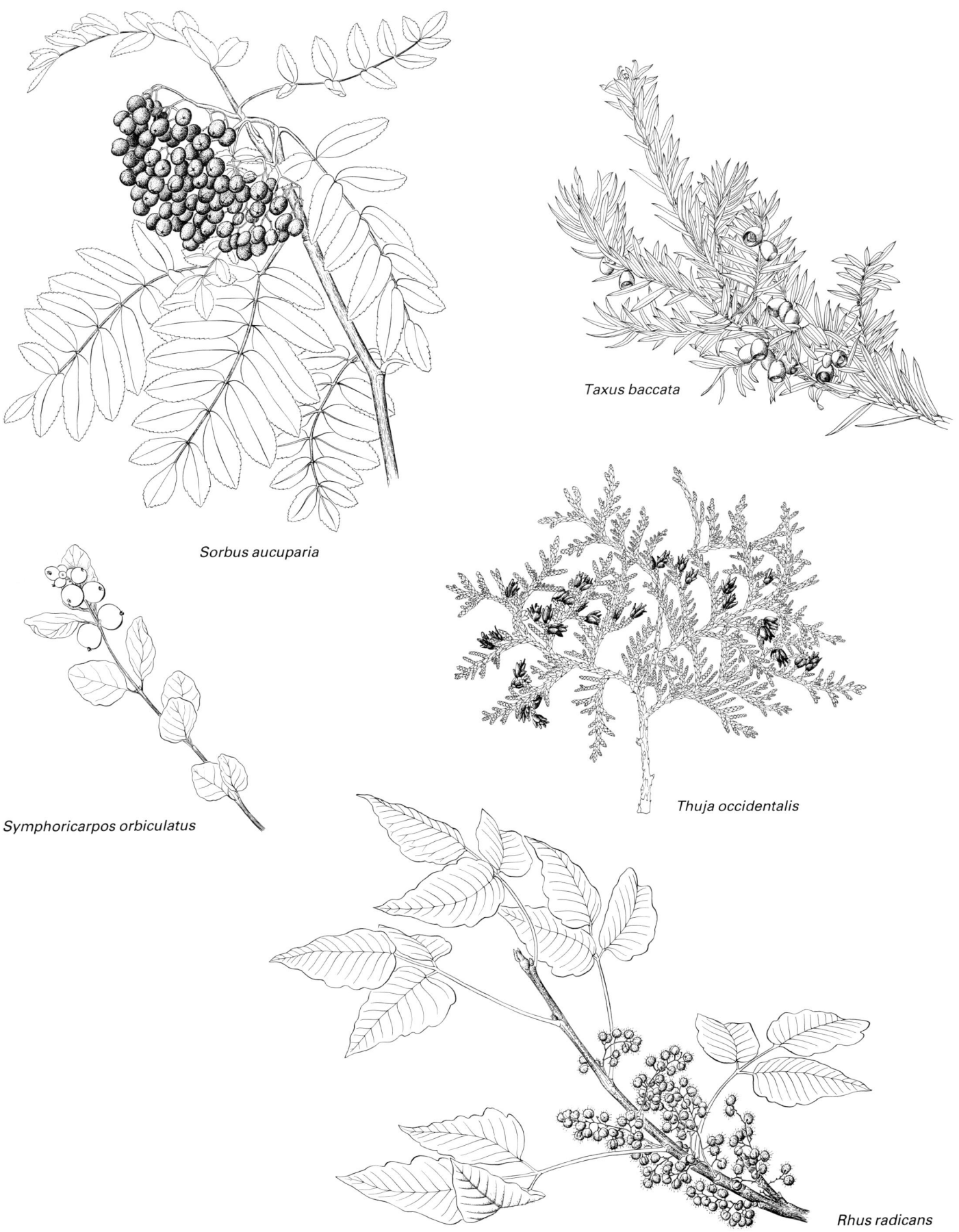

Sorbus aucuparia

Taxus baccata

Symphoricarpos orbiculatus

Thuja occidentalis

Rhus radicans

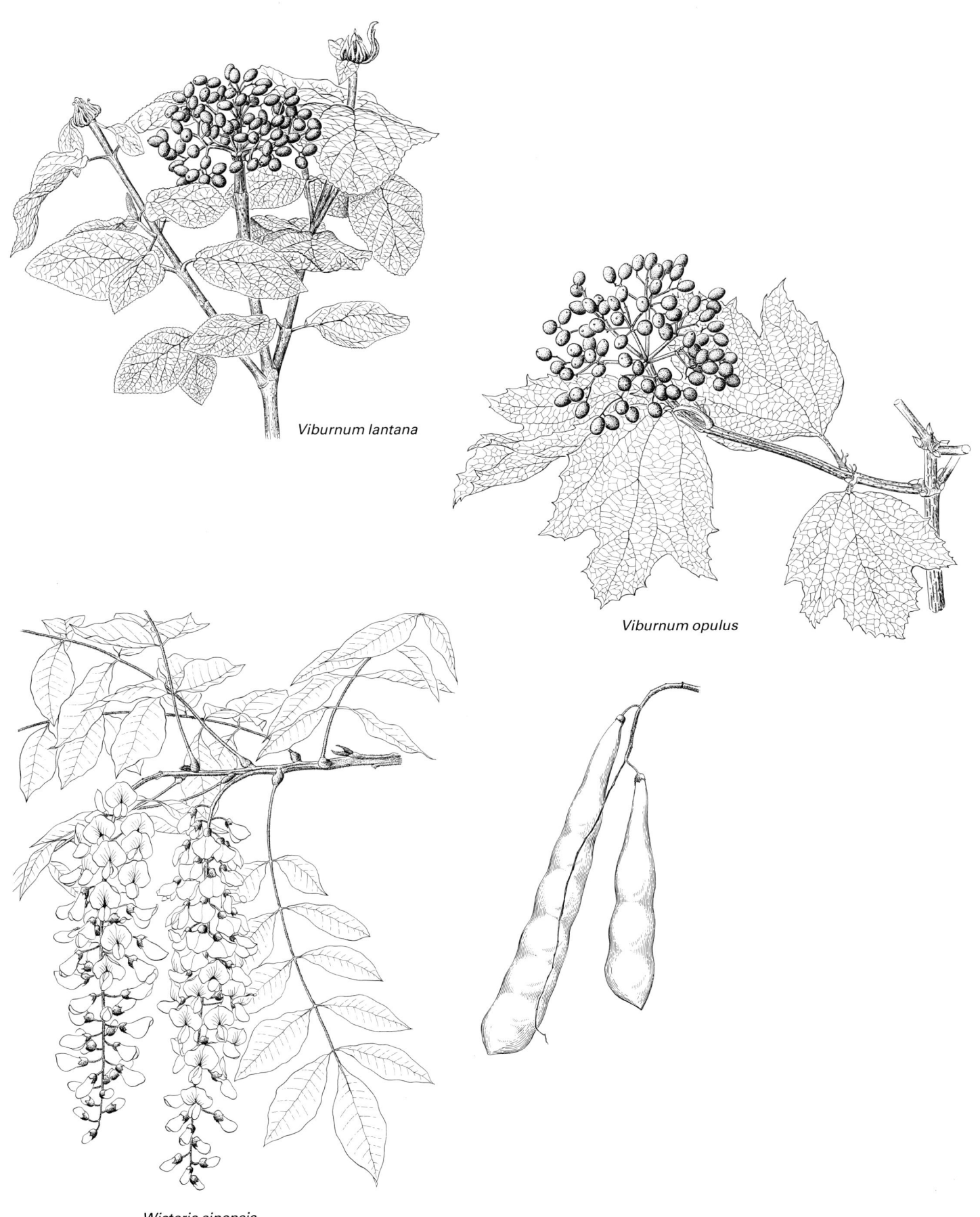

Viburnum lantana

Viburnum opulus

Wisteria sinensis

73

Säulen-, Hänge- und Kugelformen

Unter den Laubbäumen kennen wir bei einer Reihe von Arten abweichende Formen. Mit Ausnahme der Hängeformen wirkt ihr Habitus recht streng. Nicht immer sind sie leicht in das Gartenbild einzufügen. Wer sie mag, wird aber einen markanten Platz für sie finden, etwa als Wegbegleiter, an Toreinfahrten, als Säulenbirke in Heidegärten. Über die gebotenen Möglichkeiten unterrichtet die nachfolgende Liste.

Einige säulenförmige Arten sind begehrte Straßenbäume, andere können als hohe Windschutzhecken dienen. Verschiedene kugelkronige Bäume werden heute gern auf kleinen, innerstädtischen Plätzen oder im Fußgängerbereich verwendet.

Bäume mit hängendem Wuchs sind nicht selten sehr malerisch gewachsen, besonders dann, wenn ihre Zweige und Äste nicht nur gerade und schlaff herabhängen, sondern gelegentlich auch wieder waagerecht wachsen, ehe sie sich erneut neigen. Solche Formen finden wir vor allem bei der »Trauerbuche« (*Fagus sylvatica* 'Pendula'). Ihre rotlaubige Schwester 'Purpurea Pendula' wächst sehr viel langsamer und nicht so bizarr, sie findet auch im kleinen Garten für viele Jahre Platz. Als ausgesprochene Laubenbäume sind die Hängeformen der Esche und Ulme bekannt; für beide ist nur in Parkanlagen oder in großen Gärten Platz.

Die folgende Liste enthält nicht nur Gartenformen, sondern auch einige Arten, die von Natur aus säulenförmig oder mit überhängenden Trieben wachsen.

Die Wuchshöhen-Angabe »Veredl.-Höhe« bedeutet, daß sich die Kronen dieser Formen ausschließlich mit hängenden oder abwärts wachsenden Trieben aufbauen; die Bäume wachsen über die ursprüngliche Veredlungshöhe kaum hinaus.

Säulen-, Hänge- und Kugelformen

Art	Wuchshöhe (m)	Säulenform	Hängeform	Kugelform
Acer lobelii	15–18	×		
– *platanoides* 'Columnare'	10–12	×		
– – 'Globosum'	3–5			×
– *saccharinum* 'Pyramidalis'	15–20	×		
Alnus incana 'Pendula'	8–10		×	
Betula pendula 'Fastigiata'	10–15	×		
– – 'Tristis'	10–15		×	
– – 'Youngii'	6–8		×	
Caragana arborescens 'Pendula'	Veredlungshöhe		×	
– – 'Walteri'	Veredlungshöhe		×	
Carpinus betulus 'Columnaris'	10–15	×		
– – 'Fastigiata'	10–15	×		
– – 'Pendula'	Veredlungshöhe		×	
Catalpa bignonioides 'Nana'	Veredlungshöhe			×
Cercidiphyllum japonicum 'Pendulum'	10–15		×	
Corylus avellana 'Pendula'	Veredlungshöhe		×	
Cotoneaster salicifolius var. *floccosus*	2–3		×	
– Watereri-Hybride 'Pendulus'	Veredlungshöhe		×	
Crataegus monogyna 'Stricta'	5–7	×		
Fagus sylvatica 'Aurea Pendula'	10–15		×	
– – 'Dawyck'	20–25	×		
– – 'Dawyck Gold'	10–15	×		
– – 'Dawyck Purple'	10–15	×		
– – 'Pendula'	10–15		×	
– – 'Purple Fountain'	15–20		×	
– – 'Purpurea Pendula'	Veredlungshöhe		×	
Fraxinus excelsior 'Globosa'	5–6			×
– – 'Nana'	Veredlungshöhe			×
– – 'Pendula'	6–8		×	
– *ornus* 'Globosa'	5–6			×
Ilex aquifolium 'Pyramidalis'	3–6	×		
Liriodendron tulipifera 'Fastigiata'	15–20	×		
Malus-Hybride 'Cheal's Weeping'	Veredlungshöhe		×	
– – 'Gracilis'	Veredlungshöhe		×	
– – 'Red Jade'	Veredlungshöhe		×	
– – 'Royal Beauty'	Veredlungshöhe		×	
Platanus × *hispanica* 'Dortmund'	20–25	×		
Populus nigra 'Italica'	20–25	×		
– *simonii* 'Fastigiata'	10–15	×		
– *tremula* 'Erecta'	10–15	×		
– – 'Pendula'	10–15		×	
Prunus lusitanica 'Pyramidalis'	5–10	×		

Säulen-, Hänge- und Kugelformen (Fortsetzung)

Art	Wuchshöhe (m)	Säulenform	Hängeform	Kugelform
– *serrulata* 'Amanogawa'	4–5	×		
– – 'Kikushidare-sakura'	4–6		×	
– *subhirtella* 'Pendula'	5–10		×	
– × *yedoensis* 'Moerheimii'	4–6		×	
Quercus petraea 'Pendula'	Veredlungshöhe		×	
– *robur* 'Fastigiata'	15–20	×		
– – 'Pendula'	Veredlungshöhe		×	
Robinia pseudoacacia 'Bessoniana'	15–20	×		
– – 'Monophylla Fastigiata'	15–20	×		
– – 'Pyramidalis'	20–25	×		
– – 'Umbraculifera'	5–6			×
Salix alba 'Tristis'	15–20		×	
– – 'Tristis Resistenta'	15–20		×	
– *babylonica*	10–15		×	
– *caprea* 'Pendula'	Veredlungshöhe		×	
– × *erythroflexuosa*	8–10		×	
Sophora japonica 'Pendula'	Veredlungshöhe		×	
Sorbus aucuparia 'Fastigiata'	5–7	×		
– – 'Pendula'	Veredlungshöhe		×	
– × *thuringiaca* 'Fastigiata'	8–10	×		
Ulmus glabra 'Camperdownii'	Veredlungshöhe		×	
– – 'Exoniensis'	7–10	×		
– – 'Pendula'	10–15		×	
– × *hollandica* 'Dampieri'	10–15		×	
– *minor* 'Wredei'	8–10	×		

Skurrile Baum- und Strauchgestalten

Sind bei den Gehölzen die Säulen-, Kugel- oder Hängeformen insgesamt noch ziemlich regelmäßig gestaltet, so überraschen einige Mutanten mit einem eigenartigen Wuchs, der sich in »unvernünftigen«, skurrilen Windungen und Drehungen der Zweige und Äste ausdrückt.

Obwohl alle recht eigentümlich und fast abartig wirken, üben sie doch eine gewisse Faszination aus, nicht nur als Baum und Strauch im Garten, auch als Zweig in Vasen oder Blumengestecken. Alle sind ausgesprochene Solitärpflanzen; mit ihrem auffallenden Wuchs finden sie in der Nähe von Gebäuden den besten Platz.

Corylus avellana 'Tortuosa', Korkenzieherhasel. Die Zweige ändern häufig und ohne erkennbaren Grund ihre Wuchsrichtung; es entstehen korkenzieherartig gedrehte Zweige, dekorativ vor allem bei Schnee und Rauhreif.

Fagus sylvatica 'Tortuosa', Süntelbuche. Wirkt mit ihren oft schlangenartig gewundenen Zweigen und Ästen fast gespenstisch und heißt deshalb auch Schlangen- oder Gespensterbuche.

Fagus sylvatica 'Tortuosa Purpurea'. Form der Süntelbuche mit roten Blättern.

Robinia pseudoacacia 'Tortuosa'. Mittelstark wachsender Solitärbaum mit korkenzieherartig gedrehten Zweigen.

Salix × erythroflexuosa. Neue Hybride mit gedrehten, auffallend bananen- bis orangegelb gefärbten Zweigen, die bald in Bögen abwärts wachsen.

Salix matsudana 'Tortuosa'. Ein Elter von *S. × erythroflexuosa*. Sie wächst aufrecht und bleibt deutlich schlanker; die lockenartigen Windungen der Zweige setzen sich bis in die Blätter fort.

Salix sachalinensis 'Sekka', Chinesische Drachenweide. Mit flachen Zweigverbänderungen, die dicht mit kleinen Kätzchen besetzt sind. Eine ungewöhnliche Erscheinung.

Bäume und Sträucher mit ausdrucksvollen Stämmen und Zweigen

Art	Wuchshöhe (m)	Bemerkungen
Arten mit grünen Stämmen, Ästen und Zweigen		
Acer capillipes	8–12	alle gehören zu den sog. Schlangenhautahornen, deren grüne Rinde durch
– *davidii*	12–15	weiße oder blauweiße Längsstreifen unterbrochen ist. Die Zeichnung be-
– *grosseri*	6–9	ginnt oft schon an 3- bis 4jährigen Zweigen; sie ist auch an stärkeren
– *pensylvanicum*	6–12	Ästen und Stämmen deutlich zu sehen
– *rufinerve*	8–10	
– *tegmentosum*	10–12	
Cytisus × praecox	1,5–3	graugrüne, dünne Rutentriebe
– *purpureus*	0,6	grüne, übergeneigte Rutentriebe
– *scoparius*-Sorten	2–3	dunkelgrüne, kantige Rutentriebe
Genista-Arten	0,2–1	Zweige dunkelgrün, z. T. dornig

Bäume und Sträucher mit ausdrucksvollen Stämmen und Zweigen (Fortsetzung)

Art	Wuchshöhe (m)	Bemerkungen
Jasminum nudiflorum	2–5	grüne, rutenförmige Zweige
Kerria japonica	1–2	glänzendgrüne, dünne Zweige
Poncirus trifoliata	1–3	Zweige matt dunkelgrün, mit starken, grünen Dornen
Sophora japonica	20–25	dunkelgrüne Zweige
Ulex europaeus	1–2	Zweige grün, dicht mit Dornen besetzt

Arten mit weißen Stämmen oder weiß bereiften Zweigen

Art	Wuchshöhe (m)	Bemerkungen
Betula ermanii	18–20	Stamm weiß oder gelbweiß
– *jacquemontii*	18–20	Stamm weiß, Borke abrollend
– × *koehnei*	15–20	Stamm weiß, bis in die jüngsten Äste
– *papyrifera*	20–30	Stamm blendendweiß
– *pendula*	20–25	Stamm weiß, abblätternd, bald borkig und schwarz
– *platyphylla*	10–20	Stamm weiß
– – var. *japonica*	10–20	Stamm reinweiß
– *pubescens*	15–20	Stamm weiß, abrollende Borke, am Stammfuß rauhe, schwarze Borke
Rubus cockburnianus	2–3	bläulichweiß bereifte Zweige
– *lasiostylus*	1,5–2	bläulichweiß bereifte Zweige
– *leucodermis*	1,5–2	bläulichweiß bereifte Zweige
– *thibetanus*	2	Zweige bläulich rot bereift
Salix acutifolia 'Pendulifolia'	5–6	rotbraune, bläulich bereifte Zweige
– *daphnoides*	8–9	rote, blau bereifte Zweige

Arten mit grauen Stämmen

Art	Wuchshöhe (m)	Bemerkungen
Betula alleghaniensis	20–30	Stamm silbergrau, Borke kirschenartig abrollend
– *costata*	15–20	Stamm graubraun, Borke löst sich in sehr großen Fetzen ab
– *nigra*	10–20	Borke kraus aufgerollt, im Alter schwarzgrau
Caryopteris-Arten	1	graufilzige Zweige
Crataegus-Arten	2–10	Stamm bleigrau, nicht besonders auffallend
Elaeagnus-Arten	1–7	Zweige mit silbergrauen oder grauen Schuppen bedeckt
Fagus-Arten	10–30	im Alter silbergrauer Stamm
Perovskia-Arten	0,5–1,5	graufilzige Zweige
Populus-Arten	10–30	Stamm grau, keine besondere Farbwirkung
Sorbus-Arten	5–20	Stamm grau, nicht besonders auffallend

Arten mit gelben bis orangefarbenen Zweigen und Stämmen

Art	Wuchshöhe (m)	Bemerkungen
Alnus incana 'Aurea'	6–10	Zweige und Kätzchen auffallend orangerot
Betula albosinensis	15–25	Rinde hellorange, oft nur grau
– – var. *septentrionalis*	10–12	Rinde rötlichorange mit bläulichem Hauch
– *maximowicziana*	20–25	Stamm gelblichweiß bis grau
Cornus sericea 'Flaviramea'	2–3	auffallend gelbgrüne Zweige
Corylus avellana 'Aurea'	3–4	nur junge Zweige orange gefärbt
Fraxinus excelsior 'Aurea'	6–8	nur junge Zweige gelb
– – 'Jaspidea'	15–20	an jungen Bäumen Zweige beständig gelb
Prunus maackii	8–10	Rinde glänzendgelb
Salix alba 'Tristis'	15–20	gelbe Zweige
– × *erythroflexuosa*	8–10	gelbe, korkenzieherartig gedrehte Zweige

Arten mit roten Zweigen

Art	Wuchshöhe (m)	Bemerkungen
Acer capillipes	8–12	junge Zweige rot, Stamm und Äste grün-weiß gestreift
– *cappadocicum*	15–20	Zweige glänzendrot, häufig bereift
– *palmatum*	6–8	braunrot, besonders feintriebig
– – 'Sango-kaku'	6–7	Zweige vor allem im Winter leuchtend korallenrot
Cornus alba	2–3	dunkelrote Zweige
– – 'Sibirica'	2–3	leuchtendrote, besonders auffallende Zweige
– *sericea*	2–3	braunrote Zweige
Itea virginica	1,5–2	leuchtendrote Zweige
Lonicera caerulea	1–2	rotbraun, Stämme abblätternd
Rosa gallica	1–2	Zweige grün bis trübrot
– *glauca*	2–3	Zweige braunrot, bereift

Bäume und Sträucher mit ausdrucksvollen Stämmen und Zweigen (Fortsetzung)

Art	Wuchshöhe (m)	Bemerkungen
Rosa majalis	1–2	rotbraune Zweige
Stephanandra tanakae	1–2	rotbraune Zweige
Viburnum opulus 'Nanum'	0,3	leuchtend orangerote Zweige
Arten mit braunroten bis schwärzlichen Zweigen und Stämmen		
Acer griseum	10–12	zimtbraune, abfärbende und abrollende Borke
Cornus alba 'Kesselringii'	2–3	Zweige schwarzrot, dunkel
Prunus avium	10–15	glänzend rotbraune Borke, von dunklen Lentizellenbändern unterbrochen
– *serrula*	6–7	mahagonirote, hochglänzende Borke
Rhus typhina	3–4	Zweige schwarzrot, dicht samtartig behaart
Salix babylonica	10–15	Trauerweide mit glänzendbraunen Zweigen
Tamarix-Arten	2–5	Zweige tief rotbraun, im Winter fast schwarz

Stamm und Borke

Bäume und Sträucher für Garten und Park werden nach verschiedenen Gesichtspunkten ausgewählt. Habitus, Form, Farbe und Zeitpunkt der Blüte, Herbstfärbung und Fruchtschmuck stehen dabei im Vordergrund. Darüber hinaus erhöhen einige Arten durch eine besondere Ausgestaltung ihrer Borke, die, botanisch nicht ganz korrekt, oft als Rinde bezeichnet wird, ihren Gartenwert. An einigen Beispielen wollen wir die Möglichkeiten aufzeigen.

Gehölze mit farbiger Borke

Die Borke der meisten Baumarten nimmt im Alter ein unauffälliges Graubraun an. Einige wenige schmücken sich mit leuchtenden Farben, die häufig erst richtig zur Geltung kommen, wenn im Winter ringsum alles kahl ist. Mit den grün, gelb und rot gefärbten Zweigen, Ästen und Stämmen bringen sie Farbe in den winterlichen Garten (Liste Seite 75).

Gehölze mit abrollender oder abblätternder Borke

Bei diesen Arten lösen sich jeweils die ältesten Borkenschichten in dünnen Fetzen oder in mehr oder weniger großen Platten ab. Die darunter sichtbar werdende jüngere Rinde ist dann nicht selten auffallend gefärbt. Bei dem abrollenden Borkentyp löst sich die Borke zumindest im Anfang nicht ganz, im Gegensatz zu der sich in Platten oder Schuppen lösenden Borke; sie rollt sich auf und bedeckt bei einigen Arten im Alter fast völlig den Stamm, z.B. bei *Betula nigra*. Weit schöner sind die Stämme, bei denen unter der sich abrollenden Borke ein meist glatter Stamm sichtbar wird. Beide Typen sind in der Liste (Seite 79) enthalten.

Korkleisten und zierende Bewehrung

Ältere Stämme sind stets von Korkgewebe überzogen. Kork bildet sich an der Peripherie aus dem Korkkambium; es ist totes, mehrschichtiges, lufthaltiges Gewebe, das den Stamm nach außen abschirmt. Bei einigen Gehölzen ist dieses Korkgewebe nicht gleichmäßig auf der Oberfläche von Stamm, Ästen und Zweigen verteilt, sondern als schmale Leisten und Wülste ausgeprägt.

Wenn wir von zierender Bewehrung sprechen, meinen wir Dornen und Stacheln. Einige Gehölzarten wirken damit besonders im Winter recht dekorativ.

Nicht übergehen dürfen wir an dieser Stelle die Baumarten, die mit einer starken, oft tief zerklüfteten und dadurch ausdrucksvollen Borke ausgestattet sind, etwa die knorrigen Stämme der Eichen, des Spitzahorns, der Robinie und des Tulpenbaumes, die tief gefurchte, in rhombische Felder aufgeteilte Borke der Amerikanischen Esche oder das eigenartige Borkenbild des Weißen Hickorybaumes *(Carya ovata)*, dessen Borke sich in langen, harten Streifen löst, die oben befestigt bleiben und unten abstehen.

In den Listen »Bäume und Sträucher mit ausdrucksvollen Stämmen und Zweigen« (Seite 75) und »Zierende Bewehrung« (Seite 80) werden Vertreter dieser Kategorie von Gehölzen vorgestellt.

Lianen

In unseren Gärten spiegeln die Schling- und Kletterpflanzen nur wenig von der wilden Üppigkeit ihrer Artgenossen aus den tropischen Regenwäldern wider. Die Lianen unserer Gärten sind vergleichsweise zahm oder werden in ihrem Lebensraum beschnitten, damit sie nicht etwa Fenster überwachsen oder Dachziegel anheben. Nur selten pflanzen wir sie so, daß sie Sträucher überwuchern oder in Bäume klettern können, wie das unsere heimische Waldrebe *(Clematis vitalba)* oder Jelängerjelieber *(Lonicera periclymenum)* gerne tun. Wir setzen sie an Mauern oder Zäune, Hauswände und Pergolen, lassen Lauben beranken und verdecken und begrünen häßliche Wände, Telefon- und Leitungsmasten. Einige vermögen sich ohne Gerüst auch an glatten Wänden zu halten, anderen müssen wir Hilfe geben.

Nach der Ausbildung ihrer Kletterorgane unterscheiden wir vier Gruppen:

1. Spreizklimmer. Sie sind weder mit Haftwurzeln ausgestattet noch winden sie. Sie lassen lediglich ihre langen, dünnen Sprossen den Stützpflanzen aufliegen und durchwuchern sie. Mit Stacheln und kurzen Seitentrieben halten sie sich fest. Kletterrosen und *Rubus*-Arten gehören hierher, auch der winterblühende Jasmin. Wir müssen allen Klettergerüste zur Verfügung stellen.

2. Schlingpflanzen (Windepflanzen), die den größten Teil der Lianen ausmachen. Sie sind durch die kreisende Bewegung ihrer Sproßspitze gekennzeichnet, mit der sie alles Erreichbare umwinden. Wir kennen Rechts- und Linkswinder. Rechtswinder drehen sich im Uhrzeigersinn, z.B. das Geißblatt oder der Hopfen. Nach links windet u.a. der Baumwürger. Auch ihnen müssen wir Drähte, Latten, Zäune oder Leinen als Kletterhilfe anbieten.

3. Wurzelkletterer. Sie entwickeln auf der Schattenseite ihrer Triebe eine mehr oder weniger große Zahl von Haftwurzeln, mit denen sie sich an der Baumborke oder an rauhen Mauern anklammern können. Haftwurzeln nehmen keine Nährstoffe auf. Zu dieser Gruppe gehören etwa Efeu, Jasmintrompete, Kletterhortensie, Spalthortensie und der Kletternde Spindelbaum.

4. Rankenpflanzen lassen sich in drei Untergruppen gliedern:
– Sproßkletterer mit Sproßranken. Sie bilden an den Nodien der diesjährigen Triebe Sproßfadenranken aus, mit denen sich die Pflanze an allen Kletterhilfen festhält. Zu dieser Gruppe gehören verschiedene *Ampelopsis*- und *Vitis*-Arten.
– Bei Sproßkletterern mit Haftscheiben enden die Sproßranken in Haftscheiben, die sich auch an ziemlich glatten Mauern festsaugen können. Einer der wichtigsten Vertreter dieser Gruppe ist *Parthenocissus tricuspidata*.
– Bei Blattkletterern mit Blattstielranken wie den Waldreben übernimmt der Blattstiel die Funktion des Kletterorganes. Außerdem verankern sich die Waldreben mit ihren Langtrieben an Klettergerüsten oder anderen Gehölzen.

An Lauben und überdachten Sitzplätzen finden unsere Lianen vielfache Klettermöglichkeiten

Auch an Pergolen und Hauswänden können Kletterpflanzen an heißen Sommertagen Schatten und Kühle spenden

Gestrichene oder verzinkte und im Abstand von 5 cm an Wänden befestigte Baustahlgewebe sind ideale Rankgerüste nicht nur für Kletterrosen

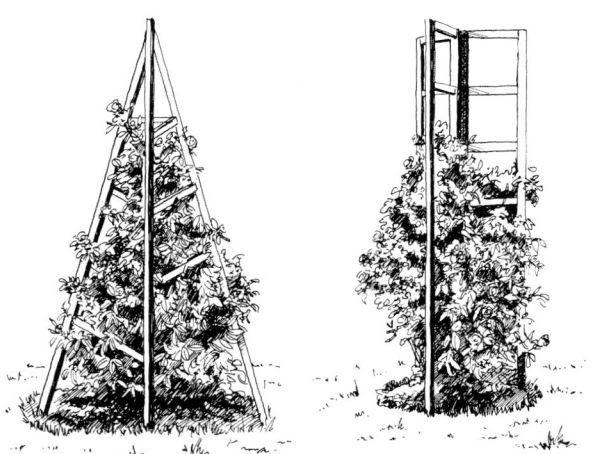

Pyramiden und leiterförmige Gestelle aus Holz und Eisen werden im Garten frei aufgestellt und mit Kletterrosen oder schwachwachsenden Klimmern bepflanzt

Clematis werden nicht unmittelbar an die Hauswand gepflanzt; sie stehen nach dem Pflanzen etwas tiefer als vorher. Im Pflanzloch sorgt eine Schotterschicht für einen guten Wasserabzug. Eine Decke aus Torfmull hält die durchlässige Pflanzerde feucht

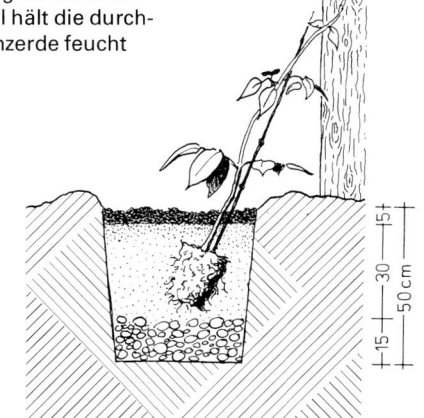

Gehölze mit abrollender und abblätternder Borke

Art	Wuchshöhe (m)	Bemerkungen
Borke abrollend		
Acer griseum	10–12	zimtbraune, abfärbende Borke, in mehreren Lagen dünn abrollend
Betula alleghaniensis	20–30	wie an Vogelkirschen abrollend
– *costata*	15–20	Borke löst sich in besonders großen Lappen ab
– *ermanii*	18–20	unter der sich lösenden Borke ist der Stamm gelblichrötlich
– *maximowicziana*	20–25	dünn abrollend
– *nigra*	12–15	in mehreren dichten Lagen abrollend, Stamm anfangs mehrfarbig, im Alter schwarzgrau
– *pendula*	20–30	ältere Borke blättert ab
– *pubescens*	15–20	Borke rollt in dünnen Streifen ab
Prunus maackii	8–10	glänzender Stamm mit dünn abrollender Borke
– *serrula*	6–7	mahagonirote, spiegelglatte Borke mit dünn abrollenden älteren Borkenteilen
Rosa roxburghii	2–3	an älteren Stämmen rollt die Borke ab
Borke schuppenartig abblätternd		
Acer pseudoplatanus	30–40	an älteren Stämmen löst sich die Borke schuppig ab und legt bemerkenswert schöne, ornamentale Zeichnungen frei
Carya ovata	20–30	Borke löst sich von unten her in langen, schmalen Streifen ab, die dann in Bögen weit abstehen
Clethra barbinervis	5–7	Borke löst sich in Streifen; der glatte Stamm ist hellbraun gefärbt und von einem milchigweißen Schimmer überzogen
Neillia sinensis	2–3	an älteren Trieben blättert die Borke ab
Parrotia persica	4–10	wie bei Platanen blättert die Borke in kleinen Schuppen ab und hinterläßt einen lebhaft bunten Stamm
Picea sitchensis	30–40	Borke blättert an alten Stämmen wie bei *Pinus bungeana* ab
Pinus bungeana	15–20	Borke blättert in kleinen Schuppen ab und hinterläßt weiße, grüne, graue und rote Stellen
Platanus × hispanica	20–30	Abblättern der Borke bei Platanen allgemein bekannt; nach dem besonders trockenen Sommer 1976 wurde sie in sehr großen Fetzen abgestoßen, die Stämme waren fast weiß
– *orientalis*	20–30	blättert wie *P. × hispanica* ab; an älteren Stämmen entwickelt sich vom Stammgrund her eine kleingefelderte, birnbaumartige Borke
Rhododendron campanulatum	4–5	im Alter sind die Stämme glatt und fleischgrau
Stewartia pseudocamellia	4–6	Borke blättert in kleinen Schuppen ab und hinterläßt einen glatten, sehr bunten Stamm

Korkbildung und ausdrucksvolle Borke

Art	Wuchshöhe (m)	Bemerkungen
Acer campestre	10–15	häufig dicke Korkleisten an Zweigen und Ästen; dicke Borke durch Längs- und Querrisse in mehr oder weniger rechteckige Felder geteilt
Corylus colurna	15–20	Zweige nicht selten mit Korkleisten, Borke grauweiß, rauh und korkig
Euonymus alata	2–3	Zweige mit 4 breiten und dünnen, scharfkantigen Korkleisten
Fraxinus-Arten	10–30	tiefgefurchte Borke mit Rhombenmustern
Liquidambar styraciflua	20–30	oft mit unregelmäßig dicker Flügelborke an den jüngeren, rotbraunen Zweigen
Phellodendron amurense	12–15	sehr starke und weiche Korkschicht am Stamm, junge Zweige orangegelb
Quercus-Arten	10–30	häufig knorrige Stämme mit tiefgefurchter, graubrauner bis schwärzlicher Borke, fremdländische Arten nicht selten mit sehr heller Borke
Robinia pseudoacacia	20–25	tiefgefurchte, rauhe und dunkle Borke mit großen Rhombenmustern
Sequoiadendron giganteum	30–40	Borke kann an besonders starken Stämmen am natürlichen Standort bis 60 cm dick sein; sie ist sehr weich und schwammig und in unseren Parkanlagen vom vielen Anfassen oft regelrecht abgenutzt
Ulmus minor var. *suberosa*	20–30	Zweige und Äste mit breit geflügelten Korkleisten
– *thomasii*	20–25	Zweige immer mit starken Korkleisten, Stammrinde tief gefurcht

Zierende Bewehrung

Art	Wuchshöhe (m)	Bemerkungen
Actinidia chinensis	6–8	Kletterstrauch mit auffallender, braunrot-filziger Behaarung an jungen Zweigen
Aralia-Arten	5–8	dicke und steife, bestachelte Zweige
Berberis-Arten	1–3	Blätter an Langtrieben häufig zu meist 3teiligen Dornen umgebildet, Blätter ebenfalls häufig bedornt
Caragana jubata	1–2	dicke, dicht mit verdornten Blattspindeln besetzte Zweige
Crataegus-Arten	5–10	viele Arten mit langen Dornen, besonders auffallend bei *C. macracantha*
Genista hispanica	0,5	dicht verzweigter Strauch mit dornigen Trieben
– *horrida*	0,3–0,6	sehr dichter, kissenartiger Strauch mit starren, stechenden Zweigen
Gleditsia triacanthos	10–20	sehr dekorative, lange, rotbraune, meist verzweigte Dornen, die an Stamm und Ästen häufig in Büscheln stehen
Ilex aquifolium	3–6	Blätter oft mit dornigen Zähnen, besonders ausgeprägt bei 'Crispa' und 'Ferrox'
– *pernyi*	4–6	kleine, fast 4eckige Blätter, an jeder Seite mit 2 Dornen
Kalopanax septemlobus	2–4	wenig verzweigt, dicke Äste mit starken Stacheln
Oplopanax horridus	2–3	Triebe, Blattstiele und Blütenstandsachsen dicht mit abstehenden, dünnen Stacheln besetzt
Poncirus trifoliata	1–3	dunkelgrüne Triebe mit starken und steifen grünen Dornen
Robinia hispida	1–2	Zweige dicht mit ziemlich langen, roten Borsten besetzt
Rosa omeiensis f. *pteracantha*	3–4	Stacheldrahtrose, 3–4 cm breite, in der Jugend durchscheinend rote Stacheln
Ulex europaeus	1–2	Stechginster, alle Zweige enden in scharfspitzigen Dornen

Lianen

Art	Wuchshöhe (m)	Blütezeit	Blütenfarbe	Standort	Gruppe
Sommergrüne Arten					
Actinidia arguta	6	5–6	weiß	○–◐	Schlingpflanze
– *chinensis*	8	6	orangegelb	○–◐	Schlingpflanze
– *kolomikta*	3	6	weiß	○–◐	Schlingpflanze
Akebia quinata	6	4–5	purpurn	○–◐	Schlingpflanze
Ampelopsis aconitifolia	8	★		○–◐	Rankenpflanze mit Sproßranken
– *megalophylla*	10	★		○–◐	Rankenpflanze mit Sproßranken
Aristolochia macrophylla	10	6	purpurbraun	○–●	Schlingpflanze
Campsis radicans	10	7–9	rot	○–◐	Wurzelkletterer
– × *tagliabuana*	10	7–9	rot und gelb	○–◐	Wurzelkletterer
Celastrus orbiculatus	12	★		○–●	Schlingpflanze
Clematis alpina	1–2	5–7	blau	◐–●	Rankenpflanze mit Blattstielranken
– × *durandii*	2	6–9	violettblau	○–◐	Rankenpflanze mit Blattstielranken
– *macropetala*	1	5–6	violettblau	○–◐	Rankenpflanze mit Blattstielranken
– *maximowicziana*	10	8–10	weiß	○–◐	Rankenpflanze mit Blattstielranken
– *montana*	10	5	weiß-rosa	○–◐	Rankenpflanze mit Blattstielranken
– *orientalis*	4	8–9	maisgelb	○–◐	Rankenpflanze mit Blattstielranken
– *tangutica*	3	6–8	gelb	○–◐	Rankenpflanze mit Blattstielranken
– *texensis*	2	7–9	scharlach	○–●	Rankenpflanze mit Blattstielranken
– *vitalba*	12	7–9	weiß	○–●	Rankenpflanze mit Blattstielranken
– *viticella*	3–4	6–8	violett	○–●	Rankenpflanze mit Blattstielranken
– großblumige Hybriden	2–4	5–10	mehrere Farben	◐	Rankenpflanze mit Blattstielranken
Hydrangea anomala ssp. *petiolaris*	5–7	6–7	weiß	○–●	Wurzelkletterer
Jasminum nudiflorum	2–5	1–4	gelb	○–◐	Spreizklimmer
Lonicera × *americana*	2–4	6–8	gelb	○–◐	Schlingpflanze
– × *brownii*	3	5–8	orange-rot	○–◐	Schlingpflanze
– *caprifolium*	4	5–6	gelb-weiß	○–●	Schlingpflanze
– × *heckrottii*	2–4	6–9	purpurn und gelb	○–◐	Schlingpflanze
– *periclymenum*	3–4	6–7	gelb-weiß	○–●	Schlingpflanze
– × *tellmanniana*	5	5–6	orange-gelb	○–◐	Schlingpflanze

Lianen (Fortsetzung)

Art	Wuchshöhe (m)	Blütezeit	Blütenfarbe	Standort	Gruppe
Menispermum canadense	3–4	★		○–●	Schlingpflanze
– dauricum	3–4	★		○–●	Schlingpflanze
Parthenocissus quinquefolia	10	★		○–◐	Rankenpflanze mit Haftscheiben
– – var. engelmannii	10	★		○–●	Rankenpflanze mit Haftscheiben
– tricuspidata 'Veitchii'	10	★		○–●	Rankenpflanze mit Haftscheiben
Periploca-Arten	10–15	6–7	bräunlich-violett	○–◐	Schlingpflanze
Polygonum aubertii	15	9–11	weiß	○–◐	Schlingpflanze
– baldschuanicum	15	7–10	weiß	○–◐	Schlingpflanze
Rosa, Kletterrosen	3	5–7	mehrere Farben	○	Spreizklimmer
Rubus laciniatus	3	6–7	blaßrosa	○–◐	Spreizklimmer
Schisandra chinensis	5–7	5–6	weiß	○–◐	Schlingpflanze
– rubrifolia	4–5	4–5	karminrot	○–◐	Schlingpflanze
Schizophragma hydrangeoides	10	7	weiß	○–●	Wurzelkletterer
Solanum dulcamara	2,5	7–8	hellviolett	○–◐	Spreizklimmer
Stauntonia hexaphylla	10	4	weißlich, außen violett	○–◐	Schlingpflanze
Tripterigium regelii	2	6–7	gelblichweiß	○–◐	Spreizklimmer
Vitis coignetiae	10	★		○–◐	Rankenpflanze mit Sproßranken
Wisteria floribunda	10	5–6	violett	○–◐	Schlingpflanze
– sinensis	10	4–5	violett	○–◐	Schlingpflanze
Immergrüne Arten					
Euonymus fortunei 'Coloratus'	3	★		◐–●	Wurzelkletterer
– – var. radicans	3	★		◐–●	Wurzelkletterer
– – 'Reticulatus'	4	★		◐–●	Wurzelkletterer
– – 'Variegatus'	3	★		◐–●	Wurzelkletterer
– – 'Vegetus'	3	6–7	grünlichgelb	◐–●	Wurzelkletterer
Hedera colchica	10	9–10	grünlichgelb	◐–●	Wurzelkletterer
– helix mit zahlreichen Sorten	20	9–10	grünlichgelb	◐–●	Wurzelkletterer
– hibernica	20	9–10	grünlichgelb	◐–●	Wurzelkletterer
– pastuchovii	10	9–10	grünlichgelb	◐–●	Wurzelkletterer
Lonicera henryi	6	6–7	gelblichrot	◐–●	Schlingpflanze
Rubus henryi	3	6	hellrot	◐–●	Spreizklimmer

★ Keine Angaben: die Blüten sind unscheinbar und ohne Zierwert, die entsprechenden Arten sind wertvoll durch ihren Fruchtschmuck und/oder ihr farbiges Herbstlaub oder ihre immergrüne Belaubung.

NADELGEHÖLZE FÜR PARKS UND GÄRTEN

Nadelgehölze sind seit langem ein unverzichtbarer Bestandteil unserer Gärten und Parkanlagen. In ihrer Verwendung drückt sich u.a. die Sehnsucht nach einem immergrünen Garten aus, der in unseren Breiten zuverlässig nur mit den vorwiegend immergrünen Nadelgehölzen gestaltet werden kann. Die nahezu ausschließliche Verwendung von Nadelgehölzen im Hausgarten, der wohl auch das Verlangen nach einem »pflegeleichten«, stets sauberen Garten zugrunde liegt, führt aber nicht selten zu monotonen Gartenbildern. Auch bei einer großen Vorliebe für Nadelgehölze sollte man auf sommergrüne Laub- und Blütengehölze nicht verzichten.

Botanische Notizen

Nadelgehölze nennen wir die meist immergrünen Bäume und Sträucher, die der Abteilung der Gymnospermen, der Nacktsamigen Pflanzen angehören. Der Begriff »Nadel«-Gehölz besteht mindestens bei den europäischen Arten ganz augenfällig zu Recht. Amerikanische und ostasiatische Vertreter dieser Gruppe sind dagegen häufig mit Schuppenblättern ausgestattet (*Thuja, Chamaecyparis, Juniperus*); trotzdem gehören sie zu den Nadelgehölzen, da sie mindestens als Keimlingspflanzen nadelförmige Blätter tragen.

Das wesentliche Merkmal der Nadelgehölze sind ihre nackt auf der Oberfläche von Fruchtblättern sitzenden Samenanlagen und, mit wenigen Ausnahmen, die verholzenden Fruchtzapfen. Von ihnen leitet sich die wissenschaftliche Bezeichnung *Coniferae* (= Zapfenträger) ab, die zu dem Namen Koniferen geführt hat. Nur die Gattungen *Taxus, Ginkgo* und *Ephedra*, die wir aus praktischen Gründen hier einbeziehen, gehören anderen Reihen der Abteilung der *Gymnospermae* an.

Obwohl wir mit dem Begriff Nadelgehölze meist das Attribut »immergrün« verbinden, sind durchaus nicht alle Nadelgehölze immergrün. Als laubabwerfendes Nadelgehölz kennen wir aus unseren Breiten die Lärche, aus Nordamerika kommt die Sumpfzypresse und aus Ostasien die Goldlärche und das Chinesische Rotholz.

Entwicklungsgeschichtlich sind die Nadelgehölze ein uraltes Geschlecht, mit ihrem Erscheinen begann das Zeitalter der Samenpflanzen. Die ältesten Gattungen der *Gymnospermae* sind längst ausgestorben und uns nur aus fossilen Funden bekannt. Einige Palmfarne und der Ginkgobaum, der einzige Vertreter der *Ginkgoaceae*, sind Überlebende ihrer Klasse, deren erste Vertreter vor etwa 230 Millionen Jahren erschienen. Später entwickelten sich die Koniferen und beherrschten die Erde, bevor sie von den höher entwickelten Bedecktsamigen Pflanzen in die klimatisch weniger günstigen Gebiete der Erde zurückgedrängt wurden. Die Mehrzahl von ihnen sind heute Bewohner der gemäßigten und der kälteren Zonen. Im borealen Nadelwaldgürtel treten sie oft in artenreinen Beständen auf und bedecken riesige Flächen. Neben diesen nördlichen Vorkommen sind uns Nadelholzwälder aus den Gebirgen der gemäßigten und warmen Klimazonen bekannt, etwa aus den europäischen und ostasiatischen Gebirgen, besonders aber aus den Felsen-, Kaskaden- und Küstengebirgen des pazifischen Nordamerika. In den wärmeren Gebieten sind die Nadelgehölze nahezu ausschließlich Bewohner der Gebirge in eng begrenzten Arealen. Aus diesen Regionen der südlichen Halbkugel kennen wir als Freilandpflanze eigentlich nur Vertreter der Gattungen *Araucaria* und *Podocarpus*.

Nadelgehölze stellen die ältesten Lebewesen der Erde dar und zugleich die gewaltigsten. Als Giganten unter den Bäumen werden die Mammutbäume (*Sequoiadendron giganteum*) des westlichen Nordamerika bezeichnet. Der mächtigste dieser Riesen steht im Sequoia National Park, etwa 320 km nördlich Los Angeles, am Westhang der Sierra Nevada. Er wird »General Sherman« genannt, war 1975 83,82 m hoch, hatte eine Kronenbreite von 32,6 m und einen Stammdurchmesser von 8,07 m. Man hat den Stamminhalt dieses Baumriesen auf 1500 m³ berechnet. Er ist damit zur Zeit das größte Lebewesen der Erde. Sein Alter wird auf 2500 bis 3000 Jahre geschätzt. Höher, aber nicht ganz so mächtig werden die Küstensequoien (*Sequoia sempervirens*), die einen schmalen Küstenstreifen im nördlichen Kalifornien und in Oregon bewohnen. Der längste lebende Baum, 1972 im Humboldt Redwood State Park vermessen, hat eine Höhe von 110,35 m bei einem Stammdurchmesser von 5,10 m.

Bis vor wenigen Jahren galten die Mammutbäume und Küstensequoien als älteste Bäume der Welt. Erst nachdem Dr. E. Schulmann 1958 im National Geographic Magazine über das Auffinden uralter Kiefern in den White Mountains, im Regenschatten der Sierra Nevada berichtete, mußte man die bisherige Annahme revidieren. Durch sorgfältige Jahresringmessungen und vergleichende Radiocarbonuntersuchungen konnte man das Alter von 17 *Pinus longaeva*-Exemplaren (den Grannenkiefern nahe verwandt) auf etwa 4000 Jahre datieren. Die ältesten dieser Bäume sind etwa 4600 Jahre alt. 4600 Jahre sind eine kaum vorstellbare Zeitspanne, die man sich nur anhand geschichtlicher Daten vergegenwärtigen kann. Um 2600 v. Chr., mehr als 100 Jahre vor dem Bau der Cheopspyramide in Ägypten, keimten diese Bäume im Herzen der High Sierra in einer Höhe von 3400 m. Als Kolumbus im Jahre 1492 Amerika entdeckte, hatten sich die Grannenkiefern schon länger als 4000 Jahre auf ihrem felsigen Standort behauptet und den eisigen Winden getrotzt. Heute, im Zeitalter der Raumfahrt, leben diese Bäume noch immer, auch wenn sie zum großen Teil aus hartem, abgestorbenem Holz bestehen.

Von uralten, wahrhaft riesigen Nadelbäumen wird auch aus Mexiko berichtet. Nahe der Stadt Oaxaca steht eine auf 2000 Jahre geschätzte Sumpfzypresse (*Taxodium mucronatum*) mit einem Stammumfang von knapp 60 m. Der vor einigen Jahren in der Sahara untersuchte Reliktbestand von etwa 80 Zypressen (*Cupressus duprezina*) ist nicht, wie zunächst vermutet, mehrere 1000 Jahre alt – die oben erwähnten Kiefern bleiben die ältesten Bäume.

Die Formenmannigfaltigkeit der Nadelgehölze bleibt weit hinter der der Laubgehölze zurück. Zwischen den Arten bestehen natürlich habituelle Unterschiede, doch wachsen alle baumförmigen Arten (Tannen, Fichten, Hemlocktannen, Zedern, Lebensbaum, Scheinzypressen und Lärchen) in der Jugend streng kegelförmig.

Kronenformen verschiedener Koniferen

Schirmkrone (Libanonzeder)

Streng pyramidale
Krone (Serbische Fichte)

Im Alter abgeflachte
Krone (Weißtanne)

Säulenförmig
(Wacholder)

Niederliegend oder kriechend (Bergkiefer)

Erst im Alter öffnen einige Arten ihre Kronen, werden locker und gefälliger. Kiefern und Zedern entwickeln dann ausgesprochene Schirmkronen, die dadurch entstehen, daß das Höhenwachstum des Mitteltriebes nachläßt und die Seitenäste stärker gefördert werden. Breit-ausladende Kronen kennen wir auch von freistehenden Lärchen. Während die Fichten bis ins hohe Alter die Grundform des Kegels bewahren, bilden die Tannen eine an der Spitze leicht abgeflachte, nestförmige Krone aus. Beide Gattungen sind so schon aus größerer Entfernung zu unterscheiden. Lebensbaum und Scheinzypresse behalten ebenfalls ihren jugendlichen Habitus bei. Recht unterschiedlich geformt sind die Wacholder-Arten. Wir kennen mit *Juniperus communis*, *J. chinensis*, *J. rigida* und *J. virginiana* baumförmige, mit *J. horizontalis*, *J. sabina* und *J. squamata* strauchförmige oder gar kriechende Arten. Strauchige Koniferen sind als natürliche Arten darüber hinaus nur von Eiben, einigen Kiefern und *Microbiota decussata* bekannt. Neben den habituellen Unterschieden treten die der Nadeln besonders augenfällig in Erscheinung.

Die Angehörigen der Familie der *Pinaceae*, der Kieferngewächse, zu denen die Kiefern, Tannen, Fichten, Zedern, Lärchen, Goldlärchen, Douglasien und Hemlocktannen gehören, sind mit nadelförmigen Blättern ausgerüstet. Sie umstehen spiralig die Zweige, erscheinen gelegentlich aber durch eine Drehung an der Basis gescheitelt oder wie 2zeilig gestellt, wie bei den Fichten und Tannen. An Zedern, Lärchen und Goldlärchen stehen die Nadeln an den Langtrieben ebenfalls spiralig, an den Kurztrieben dagegen dicht gedrängt in rosettenförmigen Büscheln. Auch die aus 2, 3 oder 5 Nadeln zusammengesetzten Nadelbüschel der Kiefern sind tatsächlich Kurztriebe.

Die Mehrzahl der Gattungen und Arten aus der Familie der *Cupressaceae*, der Zypressengewächse (Lebensbaum, Scheinzypresse, Wacholder, Weihrauchzeder und Hiba-Lebensbaum) ist mit schuppenförmigen Blättern ausgestattet. Sie stehen entweder kreuzweise gegenständig in 4 Reihen oder zu dritt quirlig um die Zweige. Nur bei einigen Wacholder-Arten sind die Blätter nadelförmig, gelegentlich finden wir beide Blattformen an einer Pflanze. Auch an einigen Gartenformen des Lebensbaumes und der Scheinzypresse finden wir nadelförmige Blätter. Sie sind im Gegensatz zu denen des Wacholders weich und stechen nicht.

Recht unterschiedlich in der Benadelung sind die Vertreter der *Taxodiaceae*, der Sumpfzypressengewächse: Japanische Sicheltanne, Spießtanne, Chinesisches Rotholz, Schirmtanne, Küstensequoie, Mammutbaum, Sumpfzypresse. Die nadelförmig-pfriemlichen Blätter der Sicheltanne *(Cryptomeria japonica)* sind in 5 Reihen spiralig angeordnet. Lederartig steife, schmal-lanzettliche und scharf zugespitzte Blätter hat die Spießtanne. Das Chinesische Rotholz und die Sumpfzypresse sind mit nadelförmigen, sommergrünen Blättern ausgestattet, sie werden im Herbst mit den Kurztrieben abgeworfen. Beim Chinesischen Rotholz sind sie gegenständig, bei der Sumpfzypresse nicht. Ganz merkwürdig ist die Benadelung bei den Schirmtannen. Sie besitzen kleine, kaum 5 mm lange und nur 1 mm breite Schuppenblätter an der Basis der bis 12 cm langen Doppelnadeln, die zu 20–30 in Quirlen stehen. Die Nadeln der Küstensequoie sind an Langtrieben schuppenförmig und spiralig, an Seitentrieben linealisch und 2zeilig gestellt. Der Mammutbaum dagegen trägt schuppenförmige, scharf zugespitzte Nadeln; sie sind dem Trieb mehr oder weniger stark angepreßt und stehen in 3 Längsreihen spiralig.

Die Familien der *Araucariaceae* und der *Cephalotaxaceae* gehören ebenfalls zur Reihe der *Coniferae*. Aus der ersteren ist bei uns nur *Araucaria araucana* an günstigen Stellen winterhart. Ihre Nadeln sind ganz unverwechselbar, eiförmig-lanzettlich, dicht spiralig gestellt und scharf zugespitzt. Allein die Gattung *Cephalotaxus* mit einigen Arten – in der Tracht den Eiben ähnliche Pflanzen – macht die Familie der *Cephalotaxaceae* aus.

Außerhalb der *Coniferae* zählen wir die *Taxales*, ihrer nadelförmigen Blätter wegen, zu den Nadelgehölzen. Auch *Ginkgo biloba*, die als einzige Art gleichzeitig eine Gattung, eine Familie und eine Reihe bildet, wird in der Regel zu den Nadelgehölzen gestellt, obwohl sie durch ihre flächigen, sommergrünen Blätter viel eher an ein Laubgehölz erinnert. Mit den Nadelgehölzen hat sie nur ihre nackten Samenanlagen gemein.

So unterschiedlich ihre Form ist, so stark weichen auch die Nadeln in der Größe voneinander ab. Nur wenige Millimeter groß sind etwa die schuppenförmigen Nadeln der Schirmtanne oder die Nadeln einiger Zwergfichten. Rund 20 cm lange Nadeln kennen wir von *Pinus wallichiana* und *P. jeffreyi*, besonders breit sind die Doppelnadeln der Schirmtanne und die *Torreya*-Arten.

Recht große Unterschiede bestehen auch hinsichtlich der Lebensdauer. Sie reicht von den ganz kurzlebigen Blättern an den Langtrieben der Kiefern (nicht die nadelförmigen Kurztriebe) bis zu den nie abfallenden (auch wenn sie nach 15 Jahren abgestorben sind) der Araukarie. Sonst werfen alle Arten nach und nach ihre ältesten Nadeln ab, meist sachte und ohne daß es uns auffällt. Gelegentlich bleiben sie, z.B. bei den Kiefern, mehrere Wochen als braune abgestorbene Nadeln hängen. Den Pflanzenfreund befällt dann Sorge um seine Koniferen. Sie ist meist unbegründet, denn es handelt sich um einen ganz natürlichen Vorgang.

Für die wissenschaftliche Einteilung der Gattungen und Arten sind die Nadeln weniger ausschlaggebend als die Zapfen, ihre Form und Größe, ihre Stellung am Zweig, ihre Reifezeit und ihr Verhalten nach der Reife.

Formen und Farben im Garten

Bewegung kommt in die gelegentlich etwas starren Formen durch in Gestalt und Farbe abweichende Gartenformen. Bei den natürlichen Arten kennen wir, von wenigen Ausnahmen abgesehen, nur verschiedene Grüntöne, allenfalls unterseits weiß gefärbte oder graugrüne Nadeln. Die Gartenformen bringen neben grau- und blauweißen Farben auch gelbe oder rotbraune Töne hervor. Als abweichend in der Form betrachten wir den schmal-säulenförmigen Wuchs, die Kugel- oder flachen Tafelformen, die Trauerform mit ihren hängenden Zweigen und die Schlangenform mit ihren langen, spärlich verzweigten Seitenästen. Besonders häufig kultivieren wir die sogenannten Zwergformen, die gar nicht immer wirklich zwergig bleiben, sich von der Stammform aber durch deutlich schwächeren Wuchs unterscheiden. Alle diese Formen sind wohl durch Mutation entstanden, durch eine plötzliche Veränderung der Erbanlagen. Die Neigung zur Mutation ist bei den einzelnen Arten sehr unterschiedlich ausgeprägt. Wir kennen z.B. nur wenige Gartenformen von Lärchen, Zedern und Tannen, unendlich viele dagegen von *Chamaecyparis lawsoniana* (200) und *C. obtusa* (70), *Picea abies* (140), *Taxus baccata* (100) und *Thuja occidentalis* (140).

Neben den meist durch Mutation entstandenen Formen sind in der Gartenkultur einige Bastarde von Bedeutung. Meist sind dies durch Zufall entstandene Nachkommen verschiedener Arten einer Gattung, die in ihren Merkmalen zwischen den Eltern stehen oder bei dem einen oder anderen Merkmal sich einem der Eltern nähern. Übertreffen sie in ihrem Gartenwert die Eltern, wird man sie gern pflanzen, wie z.B. *Pinus × schwerinii*, die in der Tracht *P. wallichiana* ähnlich, aber viel frosthärter ist. Als Gattungsbastarde bezeichnen wir Nachkommen aus einer Kreuzung zwischen zwei Vertretern verschiedener Gattungen. Unter den Koniferen ist hier besonders × *Cupressocyparis leylandii* als besonders schnell wachsende Konifere bekannt geworden. In unseren forstlichen Versuchsanstalten werden zielgerichtete Hybridisierungen durchgeführt. Sie sollen den Wald ertragreicher und den Baum widerstandsfähiger machen. Dabei fällt gelegentlich auch etwas Brauchbares für Garten und Park ab.

Natürliche Arten

Bei der Behandlung der Nadelgehölze sollen, von wenigen Ausnahmen abgesehen, zunächst die natürlichen Arten behandelt werden. Die meisten entwickeln sich zu mehr oder weniger hohen Bäumen, die in Garten und Park, einzeln oder in kleineren Gruppen, als Solitärgehölze behandelt und verwendet werden. In genügend großen Gärten, im Park und in der freien Landschaft dienen einige Arten, etwa *Picea omorika*, *P. sitchensis*, *Thuja occidentalis*, *T. plicata* und × *Cupressocyparis leylandii* auch zur Anlage hoher Wind- und Sichtschutzhecken.

Bei den in der Übersicht genannten Wuchshöhen sind die Höhen gemeint, die Bäume der jeweiligen Art unter optimalen Standortbedingungen im Alter erreichen können. Obwohl in Garten und Park diese Höhen nicht immer erreicht werden, müssen bei der Verwendung hochwachsender Arten in kleineren Hausgärten die späteren Ausmaße dieser Koniferen berücksichtigt werden, es sei denn, man denkt nur in kurzfristigen Zeiträumen oder ist bereit, später zu groß gewordene Bäume zu beseitigen. Ihre volle Schönheit erreichen viele Arten aber erst im Alter, wenn sich der in der Jugend geschlossene und deshalb meist steife, spitzkegelige Habitus auflöst und einer individuellen, arteigenen Kronenentfaltung Platz macht (siehe Tabelle Seite 85).

Säulen- und Hängeformen

Die in der Liste »Säulen- und Hängeformen« (Seite 87) genannten Nadelgehölze unterscheiden sich in ihrem Habitus mehr oder weniger deutlich vom Erscheinungsbild der meisten Nadelholzarten. Die als Säulenform bezeichneten Arten oder Gartenformen sind in der Regel sichtlich schlanker und schmalkroniger als der Normaltyp. Es sind strenge, meist dicht geschlossene Pflanzengestalten, die einen idealen Platz in formalen Gärten finden, entweder in sparsamer Verwendung oder auch als dominierendes Solitärgehölz oder als Heckenpflanze, die dann oft nur einen geringen Schnittaufwand erfordert.

Monströse Formen sind auch unter den Nadelgehölzen bekannt. Im Gegensatz zu den Laubgehölzen sind sie oft eher eigenartig als schön. Dem Liebhaber solcher Formen sollen sie aber nicht vorenthalten werden. Zunächst sind die im Habitus sehr ähnlichen Formen unserer Fichte zu nennen, die sich durch lange, schlangenförmige Äste und spärliche Verzweigungen auszeichnen: *Picea abies* 'Cranstonii', 'Virgata' und 'Viminalis'. Selten und eigenartig ist *P. abies* 'Tuberculata', die »Zitzenfichte« mit ihren kegelförmigen Stammauswüchsen an der Basis jeden Astes. Wenn man mag, kann man auch *P. abies* 'Inversa' zu den monströsen Formen rechnen. Sicher gehört *P. abies* 'Eremita' dazu, mit ihren kurzen, etwas durcheinander wachsenden Zweigen, die den Eindruck hinterlassen, als sei der Baum durch Spätfrost geschädigt und sehr unregelmäßig wieder ausgetrieben.

Die Kiefern bieten uns mit der Zapfensucht eine recht interessante, monströse Erscheinung. Man versteht darunter eine vom Normalen abweichende Anhäufung zahlreicher Zapfen an den Zweigen. Zwar kommen nur selten alle weiblichen Blüten zur Aus-

Nadelgehölz-Arten (und einige Hybriden) für Garten und Park

Art	Wuchshöhe (m)	Bemerkungen
Abies alba	30–50	die Schwarzwaldtanne gedeiht im Flachland nicht überall gut
– *amabilis*	20–25	sehr harte und dekorative Tanne
– *balsamea*	15–20	nur als junger Baum dekorativ
– *cephalonica*	15–20	verträgt auch trockene Standorte
– *cilicica*	20–30	verträgt ebenfalls trockene und sonnige Standorte
– *concolor*	25–40	besonders schöne und anspruchslose Tanne
– *grandis*	30–40	größte aller Tannen, auch forstlich wichtig
– *homolepis*	20–30	raschwüchsig, gesund und schön
– *koreana*	5–15	wächst vor allem als veredelte Pflanze sehr langsam und fruchtet früh
– *lasiocarpa*	10–15	nur in kühlen, luftfeuchten Lagen schön
– *nordmanniana*	25–30	sehr robust und häufig gepflanzt
– *numidica*	15–20	gedeiht auch in trockenen Lagen
– *pinsapo*	15–20	mit ihren starren Nadeln unverwechselbar und sehr dekorativ
– *procera*	10–20	trägt als veredelte Pflanze häufig sehr früh besonders große Zapfen
– *veitchii*	15–20	schöne Tanne mit silbrigen Nadelunterseiten
Araucaria araucana	5–10	fremdartig anmutend, nur in klimatisch bevorzugten Lagen winterhart
– *bildwillii*	30–50	nur für Mittelmeerklima geeignet
– *heterophylla*	40–70	gedeiht ebenfalls nur im Mittelmeerklima
Calocedrus decurrens	20–30	schlank-säulenförmig; gedeiht auch auf mageren Böden
Cedrus atlantica	30–40	besonders in der blaunadeligen Form eine beliebte Solidärkonifere
– *deodara*	10–20	sehr dekorativ, aber frostempfindlich
– *libani*	20–30	wächst unter günstigen Bedingungen zu einem mächtigen Baum heran
– – ssp. *brevifolia*	6–8	schwachwüchsig, kurznadelig und sehr hübsch
Cephalotaxus harringtoniana	3–4	strauchförmiges Nadelgehölz für halbschattige Lagen
Chamaecyparis lawsoniana	20–50	Scheinzypressen werden nur selten als natürliche Arten gepflanzt
– *nootkatensis*	20–40	die wichtigsten Gartenformen sind in den Listen Seite 87, 89 und 95 aufgeführt
– *obtusa*	20–30	wird nur selten als natürliche Art, meist in schwachwachsenden Gartenformen, gepflanzt
– *pisifera*	15–20	
Cryptomeria japonica	20–30	an den Standort anspruchsvoller Parkbaum, im Garten werden vorwiegend Formen gepflanzt
Cunninghamia lanceolata	5–10	interessante, langnadelige Konifere für milde Lagen
× *Cupressocyparis leylandii*	20–30	Gattungsbastard, wächst besonders rasch
– *notabilis*	15–20	blaugrün benadelt, ebenfalls sehr rasch wachsend
Cupressus arizonica	8–10	eine der härtesten Arten der Gattung, trotzdem nur für milde Klimabereiche geeignet
– *bakeri*	8–10	besitzt etwa die gleiche Winterhärte wie *C. arizonica*
– *cashmeriana*	10–15	nur südlich der Alpen ausreichend hart
– *lusitanica*	20–30	nur am Mittelmeer ausreichend hart
– *macocarpa*	15–20	ebenfalls nur am Mittelmeer ausreichend hart
– *sempervirens*	8–10	kann nur für wärmste Regionen empfohlen werden
Ginkgo biloba	20–30	mächtiger, sommergrüner Parkbaum
Juniperus chinensis	5–10	
– *communis*	5–6	vielgestaltige Art, die in Kultur mit zahlreichen Sorten vertreten ist
– *oxycedrus*	5–7	nur in Gebieten mit Weinbauklima hart
– *phoenicea*	4–6	weniger frosthart als *J. oxycedrus*
– *rigida*	4–6	eine Art mit besonders malerischem Habitus
– *virginiana*	10–20	einige Gartenformen werden nur 6–8 m hoch
Larix decidua	30–35	mächtiger, sommergrüner Parkbaum
– *kaempferi*	20–30	gedeiht besonders gut bei ausreichend hoher Boden- und Luftfeuchtigkeit
Metasequoia glyptostroboides	20–30	raschwüchsig, sommergrün, in der Benadelung den Sumpfzypressen ähnlich
Picea abies	30–40	heimische Fichte, wichtiger Waldbaum
– *asperata*	20–25	lockerkronig, steife und stechende Nadeln
– *bicolor*	10–20	dichtkronig, mit zweifarbigen Nadeln
– *brachytyla*	20–25	besonders schöne Fichte, im Alter mit mehr oder weniger hängenden Zweigen
– *breweriana*	20–25	mit den langen Nadeln und hängenden Zweigen die eleganteste aller Fichten
– *engelmannii*	20–25	die blaunadeligen Formen sind recht dekorativ
– *glauca*	10–15	nur in der Jugend schön
– *glehnii*	15–25	schlank, feinnadelig, dekorativ

Nadelgehölz-Arten (und einige Hybriden) für Garten und Park (Fortsetzung)

Art	Wuchshöhe (m)	Bemerkungen
Picea × hurstii	10–20	Hybride mit dünnen, nicht stechenden Nadeln
– *jezoensis*	20–30	verträgt keinen kalkhaltigen Boden
– *likiangensis*	10–20	besonders elegant, mit sehr kurzen Nadeln
– *mariana*	6–20	kurzlebig und nicht besonders reizvoll
– × *mariorika*	10–20	steht im Habitus zwischen *P. mariana* und *P. omorika*
– *obovata*	20–30	im Aussehen der *P. abies* ähnlich, besonders frosthart
– *omorika*	20–30	häufigste Fichte unserer Gärten
– *orientalis*	20–25	besonders schöne, langsamwachsende Fichte
– *polita*	10–20	mit ihren harten, stechenden Nadeln unverwechselbar
– *pungens*	20–30	in ihren blauen Formen weit verbreitet
– *purpurea*	10–20	sehr zierlich, langsamwachsend
– *schrenkiana*	10–15	wächst in Kultur mit einem auffallend breiten Habitus
– *sitchensis*	20–30	vor allem als Waldbaum interessant
– *smithiana*	20–40	schöne, langnadelige Fichte für geschützte Standorte
Pinus aristata	8–10	sehr dekorative, kleine Kiefer
– *armandii*	15–20	ausreichend harte, chinesische Kiefer mit sehr großen, dekorativen Zapfen
– *ayacahuite*	20–30	langnadelig, raschwüchsig; für geschützte Standorte
– *bungeana*	10–20	langsam wachsend, im Alter mit bunt gescheckter Borke
– *cembra*	10–20	heimische Zirbelkiefer, besonders wertvoll für kleine Gärten
– *contorta*	10–20	in der Jugend recht hübsch
– *coulteri*	10–20	sehr schöner Baum mit besonders langen Nadeln, nur für sehr geschützte Lagen
– *densiflora*	10–20	kleiner Baum mit breiter, unregelmäßiger Krone
– *flexilis*	10–25	eine der schönsten baumförmigen Arten
– *halepensis*	15–20	im Mittelmeergebiet sehr häufig in Kultur
– *heldreichii*	10–20	sehr trägwüchsig, auch im Alter mit schlanker Krone
– *jeffreyi*	20–30	hoher Baum mit lockerer Krone und langen Nadeln
– *koraiensis*	10–20	der heimischen Zierbelkiefer ähnlich, aber lockerer und rascher wachsend
– *longaeva*	5–10	sehr nahe mit *P. aristata* verwandt, stellt die ältesten Bäume der Welt
– *monophylla*	10–15	kleiner Baum mit runden, einzelnstehenden Nadeln
– *montezumae*	20–30	am Mittelmeer oft malerisch gewachsene Kiefer
– *monticola*	20–30	vorwiegend als Waldbaum verwendet
– *mugo*	1–5	sehr vielgestaltige Art mit zahlreichen Gartenformen
– *nigra*	20–30	bekannte Schwarzkiefer, viel zu häufig in kleine Gärten gepflanzt
– *parviflora*	5–12	kleinkronig, sehr hübsch
– *peuce*	15–20	eine der wichtigsten Gartenkiefern
– *pinaster*	20–30	bevorzugt am Mittelmeer küstennahe Standorte
– *pinea*	15–25	fällt am Mittelmeer stets durch ihre schirmförmigen Kronen auf
– *ponderosa*	20–30	im Habitus der *P. jeffreyi* ähnlich
– *pumila*	1–5	ostasiatisches Pendant zu *P. mugo*
– *radiata*	15–20	nur am Mittelmeer ausreichend hart
– *resinosa*	10–20	breitkronige, lockerastige Kiefer
– *rigida*	10–15	eine der wenigen Arten, die sich aus dem Stamm regenerieren können
– × *schwerinii*	15–20	sehr wertvolle und dekorative Hybride
– *strobus*	20–30	wichtiger Park- und Waldbaum
– *sylvestris*	10–30	als natürliche Art eher ein Waldbaum, zwergwüchsige Gartenformen werden häufig gepflanzt
– *uncinata*	5–20	nahe mit *P. mugo* verwandte, baumförmige Art
– *wallichiana*	20–30	sehr dekorative, aber empfindliche Art
Podocarus macrophyllus	10–12	nur am Mittelmeer ausreichend frosthart
– *neriifolius*	5–10	ebenfalls nur am Mittelmeer ausreichend hart
– *nivalis*	0,5–1	in Mitteleuropa an geschützten Plätzen ausreichend hart
Pseudolarix amabilis	10–12	prachtvoller Baum mit sommergrünen, im Herbst goldgelb gefärbten Nadeln
Pseudotsuga menziesii	20–50	raschwüchsiger, wertvoller Park- und Waldbaum
Sciadopitys verticillata	10–12	kleine Konifere mit großen, steifen Doppelnadeln
Sequoia sempervirens	bis 110	Küstensequoie, nur für mildeste Klimabereiche
Sequoiadendron giganteum	80–100	bei uns bis 50 m hoher Mammutbaum, der ebenfalls geschützte Lagen benötigt
Taxodium ascendens	5–10	selten kultivierte Art mit kleinen, pfriemlichen Nadeln
– *distichum*	20–30	mächtiger, sommergrüner Baum mit interessanten Wurzelknien

Nadelgehölz-Arten (und einige Hybriden) für Garten und Park (Fortsetzung)

Art	Wuchshöhe (m)	Bemerkungen
Taxus baccata	10–20	als Art baumförmig, in Gärten häufig als schwachwüchsige, strauchartige Form
Thuja koraiensis	4–9	lockerer Baum mit blendendweißen Nadelunterseiten
– *occidentalis*	15–20	die natürliche Art wird in der Regel nur als Heckenpflanze verwendet
– *orientalis*	5–10	kleiner Baum mit straff-aufrecht stehenden Zweiglein, für geschützte Lagen
– *plicata*	20–30	raschwüchsiger Riesenlebensbaum
– *standishii*	10–20	breit und ornamental wachsender Lebensbaum
Thujopsis dolabrata	10–15	häufig nur strauchig wachsend
Torreya californica	5–15	nur in Gebieten mit Weinbauklima ausreichend hart
– *grandis*	10–20	hat etwa die gleiche Winterhärte wie *T.californica*
– *nucifera*	5–10	härteste Art der Gattung
Tsuga canadensis	15–20	häufig gepflanzte, zierliche Konifere
– *caroliniana*	10–15	dichtkroniger Baum mit überhängenden Ästen
– *diversifolia*	5–10	häufig nur strauchig wachsend
– *heterophylla*	30–60	sehr rasch wachsende, forstlich angebaute Art
– *mertensiana*	10–12	mit den kurzen, silberweißen Nadeln besonders dekorativ
– *sieboldii*	5–10	in der Heimat bis 30 m, bei uns meist nur strauchig und mehrstämmig

Säulen- und Hängeformen

Art	Wuchshöhe (m)	Wuchs säulen- oder schmalkegelförmig	Hängeform
Abies alba 'Pendula'	10–15		×
– – 'Pyramidalis'	7–10	×	
– *nordmanniana* 'Pendula'	10–20		×
Calocedrus decurrens	25–30	×	
Cedrus atlantica 'Fastigiata'	10–20	×	
– – 'Glauca Pendula'	5–10		×
Cephalotaxus harringtonia 'Fastigiata'	3–5	×	
Chamaecyparis lawsoniana 'Alumii'	10–15	×	
– – 'Blue Ribbon'	5–10	×	
– – 'Columnaris'	5–10	×	
– – 'Erecta'-Formen	5–10	×	
– – 'Filiformis'	8–10		×
– – 'Fletcheri'	5–8		×
– – 'Kilmacurragh'	5–10	×	
– – 'Lane'	4–5	×	
– *nootkatensis* 'Pendula'	12–15		×
– *pisifera* 'Filifera'-Formen	0,5–5		×
Cryptomeria japonica 'Pyramidalis'	3–4	×	
× *Cupressocyparis leylandii*	20–30	×	
– *notabilis*	15–20	×	
Cupressus arizonica	8–10	×	
– *sempervirens* var. *sempervirens*	8–10	×	
Ginkgo biloba 'Fastigiata'	20–25	×	
– – 'Pendula'	5–10		×
– – 'Tremonia'	10–15	×	
Juniperus chinensis 'Columnaris Glauca'	6–8	×	
– – 'Keteleerii'	6–10	×	
– – 'Mountbatten'	4–6	×	
– – 'Neaboriensis'	3–4	×	
– – 'Obelisk'	3–5	×	
– – 'Olympia'	3–5	×	
– *communis* 'Barmstadt'	2–3	×	
– – 'Bruns'	5–10	×	
– – 'Candelabriformis'	3–4		×
– – 'Goldcone'	2–3	×	
– – 'Hibernica'	3–5	×	

Art	Wuchshöhe (m)	Wuchs säulen- oder schmal-kegelförmig	Hängeform
Juniperus, communis 'Horstmann'	3–4		×
– – 'Meyer'	2–3	×	
– – 'Oblonga Pendula'	3–4		×
– – 'Robusta Green'	2–3	×	
– – 'Schneverdinger Goldmachangel'	2–4	×	
– – 'Sentinel'	2–3	×	
– – 'Suecica'	5–10	×	
– *scopulorum* 'Springbank'	2–3	×	
– *virginiana* 'Burkii'	2–3	×	
– – 'Canaertii'	3–5	×	
– – 'Glauca'	8–10	×	
– – 'Skyrocket'	4–6	×	
Larix decidua 'Pendula'	10–15		×
Picea abies 'Columnaris'	8–10	×	
– – 'Cranstonii'	10–15	×	
– – 'Cupressina'	10–20	×	
– – 'Frohburg'	5–10		×
– – 'Inversa'	5–10		×
– – 'Pendula Major'	10–15		×
– – 'Viminalis'	15–20	×	
– – 'Virgata'	15–20	×	
– *breweriana*	20–25		×
– *omorika*	20–30	×	
– *orientalis* 'Nutans'	5–8		×
– *pungens* 'Glauca Pendula'	10–15		×
– *smithiana*	15–20		×
Pinus monticola 'Pendula'	5–10		×
– *nigra* var. *pyramidata*	20–25	×	
– *ponderosa* 'Pendula'	5–10	×	
– *strobus* 'Fastigiata'	8–10	×	
– – 'Pendula'	5–10		×
– *sylvestris* 'Fastigiata'	10–15	×	
– *wallichiana* 'Densa'	10–15	×	
Taxus baccata 'Dovastoniana'	3–5		×
– – 'Dovastonii Aurea'	2–3		×
– – 'Fastigiata'	4–7	×	
– – 'Fastigiata Aurea'	3–4	×	
– – 'Fastigiata Melfard'	3–5	×	
– – 'Fastigiata Nova'	4–7	×	
– – 'Fastigiata Robusta'	4–7	×	
– – 'Gracilis Pendula'	2–3		×
– – 'Pendula Graciosa'	2–3		×
– – 'Standishii'	2–3	×	
– × *media* 'Hicksii'	2–3	×	
– – 'Strait Hedge'	2–3	×	
– – 'Stricta Viridis'	2–3	×	
Thuja occidentalis 'Columna'	4–5	×	
– – 'Douglasii Pyramidalis'	10–15	×	
– – 'Fastigiata'	10–15	×	
– – 'Filiformis'	1–2		×
– – 'Holmstrup'	2–3	×	
– – 'Malonyana'	10–15	×	
– – 'Ohlendorfii'	1–2		×
– – 'Pendula'	4–5		×
– – 'Rosenthalii'	2–3	×	
– – 'Spiralis'	10–15	×	
Tsuga canadensis 'Pendula'	1–3	×	

bildung, es sind aber Fälle bekannt geworden, bei denen etwa 250 kleine Zapfen an einem Trieb dicht beieinander standen. Über die Ursachen dieser Mißbildungen liegen keine gesicherten Angaben vor. Vermehrt man die Triebe vegetativ, so treten an den Nachkommen die gleichen Erscheinungen auf.

Recht eigenartig muten die Verbänderungen an, die an einzelnen Nadelgehölzen gelegentlich oder regelmäßig auftreten. Verbänderungen sollen dadurch entstehen, daß sich die Zellen in einem Vegetationspunkt in zwei entgegengesetzte Richtungen teilen, wodurch der sonst mehr oder weniger runde Sproß die Form eines flachen Bandes annimmt. Bei *Cryptomeria japonica* 'Cristata' tritt uns diese Erscheinung besonders deutlich entgegen. Die Triebe sind hier hahnenkammartig verbreitert und gekrümmt. Die Krümmung kommt dadurch zustande, daß eine Seite der Zweige in ihrem Längenwachstum gefördert wird.

Interessant sind auch die gelegentlich auftretenden Rückmutationen, z.B. an *Chamaecyparis obtusa* 'Nana Gracilis'. An irgendeiner Stelle entwickeln sich plötzlich Triebe, die in ihrem Aufbau und in ihrer Wuchsleistung der Stammform gleichen. Entfernt man sie nicht rechtzeitig, wird die meist schwachwachsende Gartenform zerstört. Sich ständig wiederholende Rückmutationen kann man an *Chamaecyparis pisifera* 'Squarrosa Intermedia' beobachten. Zweige mit Nadeln und solche mit Schuppenblättern wechseln in unregelmäßigem Wirrwarr einander ab, eine seltsame, wenig schöne Form.

Besonders merkwürdig sind die Hexenbesen, die man gelegentlich an Koniferen beobachten kann. Wie kommen solche Gebilde zustande? Unter normalen Umständen entwickeln sich in einem Baum nur recht wenige der angelegten Knospen zu neuen Trieben. Wird aus irgendeinem Grund die innere Gesetzmäßigkeit ausgeschaltet, können sehr viele Knospen austreiben. Dies führt dann zu dichten, nestähnlichen Gebilden, die aus zahlreichen kurzen, sich ständig wieder verzweigenden Trieben bestehen. Vermehrt man sie vegetativ, so kann man ihren Wuchscharakter häufig erhalten. Viele Zwergkoniferen sind so entstanden.

Bei *Chamaecyparis* und *Thuja* kann man gelegentlich eine merkwürdige, doch leicht erklärbare Erscheinung beobachten. Stehen solche Pflanzen völlig frei und können sie sich so entwickeln, daß

ihre untersten Äste nicht verkümmern, so legen sich diese auf den Boden und bewurzeln sich häufig im von den Nadeln des eigenen Baumes gebildeten Humus. Nach einigen Jahren richten sie sich an der Spitze auf und werden zu neuen, fast selbständigen »Tochterpflanzen«.

Die gleiche Erscheinung kennt man auch von freistehenden Fichten. Unter sehr günstigen Voraussetzungen findet man sie auch bei der Serbischen Fichte *(Picea omorika)*, ja sogar beim Mammutbaum *(Sequoiadendron giganteum)*.

Kleinkoniferen

Den klein- und zwergwüchsigen Formen unserer Nadelgehölze begegnen wir in Heide- und Steingärten, auf engen Rabatten und als Vorsträucher, in Atrium-, Dach- und Troggärten, auf Friedhöfen, an Hängen und Böschungen. Sie sind überall da willkommen, wo nur geringer Raum zur Verfügung steht oder wo sie bestimmte Aufgaben zu erfüllen haben. Man verwendet sie allein, in Verbindung mit niedrigen Laubgehölzen, mit Gräsern, Kleinblumenzwiebeln und niedrigen Sträuchern oder in mehr oder weniger großen, zusammenhängenden, artreinen Gruppen, etwa bei der Böschungsbefestigung oder als trennendes Element zwischen Grabfeldern. Viele von ihnen eignen sich auch als freiwachsende, niedrige Hecke. Kleinkoniferen treten uns nicht nur als Mutanten baumförmiger Arten entgegen. Als natürliche Arten kommen sie unter extremen Klimabedingungen vor und sind durch ihren niedrigen Wuchs etwa dem hohen Schneedruck angepaßt, wie die in den Alpen heimische Bergkiefer *(Pinus mugo)* und ihr asiatisches Pendant *Pinus pumila*, die schönste aller Kleinkiefern. Als natürliche Arten wachsen auch *Juniperus communis* ssp. *alpina*, *J. conferta*, *J. horizontalis*, *J. procumbens*, *J. sabina* und *J. squamata* niederliegend oder strauchig. Ausgesprochen zwergig mit dicht dem Boden aufliegenden oder abstehenden Zweigen entwickelt sich auch die ostasiatische *Microbiota decussata*. Unter den natürlichen Arten ist noch *Podocarpus nivalis* mit ihrem niedergestreckten Wuchs zu nennen, sie erreicht in ihrer neuseeländischen Heimat Höhen von 1–3 m.

Klein- und Zwergkoniferen

Art	Wuchshöhe (m)				Wuchsform
	0,5	0,5–1	1–2	2–4	
Abies amabilis 'Spreading Star'		×			waagerecht ausgebreitet
– *balsamea* f. *hudsonia*		×			breit-kissenförmig
– – 'Nana'		×			kugelig
– *cephalonica* 'Meyer's Dwarf'		×			unregelmäßig, breit und niedrig
– *concolor* 'Compacta'				×	unregelmäßig strauchig
– – 'Piggelmee'	×				sehr kompakt
– *koreana* 'Picolo'	×				sehr breit und flach
– – 'Taiga'	×				flach
– *lasiocarpa* 'Compacta'				×	kegelförmig
– *pinsapo* 'Horstmann'				×	dicht, gedrungen
– *procera* 'Blaue Hexe'	×				flach gewölbt, dicht –erzweigt
– – 'Glauca Prostrata'		×			waagerecht ausgebreitet
Cedrus deodara 'Golden Horizon'		×			sehr breit und flach
– *libani* 'Sargentii'			×		waagerecht ausgebreitet, Triebspitzen überhängend
Chamaecyparis lawsoniana					
– – 'Ellwoodii'				×	kegelförmig, geschlossen
– – 'Elwood's Gold'				×	kegelförmig, geschlossen
– – 'Elwood's Pillar'				×	schlanker als 'Elwoodii'
– – 'Forsteckensis'			×		breit-kegelförmig

Klein- und Zwergkoniferen (Fortsetzung)

Art	Wuchshöhe (m)				Wuchsform
	0,5	0,5–1	1–2	2–4	
Chamaecyparis lawsoniana 'Gimbornii'			×		kugelig bis zugespitzt, dicht gedrungen
– – 'Minima Aurea'		×			kugelig, dicht
– – 'Minima Glauca'		×			flach-kugelig
– – 'Nidiformis'			×		ausgebreitet, nestförmig
– – 'Pygmaea Argentea'			×		kugelig bis breit-kegelförmig
– – 'Rijnhof'		×			flach ausgebreitet, Triebspitzen überhängend
– – 'Tharandtensis Caesia'			×		kugelig bis breit-kegelförmig
– – 'Tilgate'		×			flach-kugelig, kompakt
– *nootkatensis* 'Compacta'		×			locker, kegelförmig
– *obtusa* 'Albospica'			×		kegelförmig, dicht verzweigt
– – 'Contorta'			×		kegelförmig, Äste kurz und gedreht
– – 'Coralliformis'	×				flach-kugelig bis eiförmig
– – 'Hage'		×			breit-kugelförmig
– – 'Kosteri'		×			gedrungen kegelförmig
– – 'Lycopodioides'				×	strauchig bis locker kugelig
– – 'Lycopodioides Aurea'			×		strauchig bis locker kugelig
– – 'Nana Aurea'			×		kegelförmig
– – 'Nana Gracilis'			×		breit-kegelförmig
– – 'Nana Pyramidalis'		×			dicht kegelförmig
– – 'Pygmaea'			×		breitkugelig
– – 'Rigid Dwarf'		×			kegelförmig, straff-aufrecht
– – 'Tetragona Aurea'			×		unregelmäßig buschig
– *pisifera* 'Filifera Nana'			×		dichtbuschig, Zweige fadenförmig
– – 'Golden Mop'		×			wie vorher
– – 'Goldspangle'				×	breit-kegelförmig, Zweige gedreht oder faden-förmig
– – 'Nana'	×				kugelig bis kissenförmig
– – 'Plumosa Compressa'		×			kissenförmig
– – 'Plumosa Flavescens'	×				kegelförmig bis kugelig
– – 'Plumosa Nana Aurea'		×			flach-kugelig
– – 'Robusta Green'			×		säulenförmig
Cryptomeria japonica 'Bandai-sugi'			×		unregelmäßig strauchig
– – 'Globosa Nana'				×	breit-kugelig, gedrungen
– – 'Jindai-sugi'				×	kegelförmig, gedrungen
– – 'Pyramidalis'				×	schmal-säulenförmig
– – 'Vilmoriniana'		×			unregelmäßig kugelförmig
Juniperus chinensis 'Blaauw'			×		strauchig
– – 'Blue Alps'		×			buschig, aufrecht, dicht verzweigt
– – 'Blue Cloud'		×			breitstrauchig
– – 'Globosa Cinerea'		×			breit-kugelig, strauchig
– – 'Goldcoast'		×			kompakt, breit-tafelförmig
– – 'Hetzii'				×	strauchig, ansteigende Äste
– – 'Kaizuka'				×	aufrecht, breitstrauchig
– – 'Mint Julep'			×		breitstrauchig
– – 'Monarch'				×	schmal-kegelförmig
– – 'Neaboriensis'				×	säulenförmig
– – 'Obelisk'				×	schlank-säulenförmig, unregelmäßig
– – 'Old Gold'			×		breitbuschig
– – 'Pfitzeriana Aurea'			×		breitbuschig
– – 'Pfitzeriana Compacta'		×			gedrungen und flach
– – 'Pfitzeriana Glauca'				×	breitbuschig
– – 'Plumosa'			×		buschig, ansteigende Äste
– – 'Plumosa Aurea'		×			breitstrauchig
– – 'Ramslösa'	×				Äste fast horizontal abstehend
– – 'Robusta Green'			×		säulenförmig
– – 'Rockery Gem'			×		dicht buschig
– – var. *sargentii*		×			niederliegend, bis 3 m breit
– – 'Spartan'		×			aufrecht, breit-gedrungen

Klein- und Zwergkoniferen (Fortsetzung)

Art	Wuchshöhe (m)				Wuchsform
	0,5	0,5–1	1–2	2–4	
Juniperus chinensis 'Stricta'				×	schmal-kegelförmig
– – 'Variegata'				×	dicht kegelförmig
– *communis* 'Barmstedt'				×	säulenförmig, besonders schlank
– – 'Candelabriformis'				×	baumförmig mit waagerecht abstehenden Ästen
– – 'Compressa'		×			spindelförmig
– – 'Depressa Aurea'		×			ausgebreitet, Hauptäste ansteigend
– – 'Depressed Star'		×			breit und flach
– – 'Hornibrookii'	×				kriechend, bis 2 m breit
– – 'Meyer'				×	breit-kegelförmig
– – ssp. *alpina*	×				niederliegend, mattenförmig, dichtstehende Äste
– – 'Nana Aurea'	×				breitbuschig, abstehende Äste
– – 'Oblonga Pendula'				×	aufrecht, breit und locker überhängende Zweige
– – 'Repanda'	×				kriechend, 1,5 m breit
– – 'Schneverdinger Goldmachangel'			×		säulenförmig
– – 'Sentinel'				×	säulenförmig, besonders schlank
– – 'Sieben Steinhäuser'			×		säulenförmig, dicht
– – 'Silver Lining'	×				niederliegend, unregelmäßig
– – 'Suecica Nana'			×		schmal-säulenförmig
– *conferta*	×				lange, niederliegende Äste mit aufrechten Zweigspitzen
– *horizontalis* 'Andorra Compact'	×				niederliegend
– – 'Bar Harbour'	×				niederliegend, dicht
– – 'Blue Chip'	×				Äste flach ausgebreitet, Zweige ansteigend
– – 'Douglasii'	×				mattenförmig
– – 'Emerald Spraeder'	×				mattenförmig, Zweige gleichmäßig verteilt
– – 'Glacier'	×				mattenförmig
– – 'Glauca'	×				dicht mattenförmig
– – 'Hughes'	×				mattenförmig, starkwachsend
– – 'Jade River'	×				mattenförmig, dicht verzweigt
– – 'Plumosa'	×				niederliegend
– – 'Prince of Wales'	×				mattenförmig, dicht verzweigt
– – 'Prostrata'	×				mattenförmig bis niederliegend
– – 'Turquoise Spreader'	×				niederliegend
– – 'Wiltonii'	×				teppichförmig, sehr dicht
– *procumbens*	×				niederliegend-ausgebreitet, Äste etwas steif, an den Enden aufgerichtet
– – 'Nana'	×				niedriger und dichter, Äste und Jahrestriebe kürzer
– *sabina* 'Arcadia'		×			ausgebreitet
– – 'Blue Danube'			×		breit und niedrig
– – 'Broadmoor'		×			Äste waagerecht abstehend, rasch Flächen deckend
– – 'Cupressiformis'			×		niedrig und gedrungen
– – 'Femina'			×		niedrig, ansteigende Äste
– – 'Mas'			×		strauchig, ansteigende Äste
– – 'Rockery Gem'		×			Äste waagerecht abstehend, langsam wachsend
– – 'Tam No Blight'		×			breit, Zweige leicht steigend
– – 'Tamariscifolia'		×			niedrig, ausgebreitet
– – 'Thomsen'	×				niederliegend, mattenförmig
– *scopulorum* 'Blue Haven'				×	schlank-kegelförmig
– – 'Blue Pyramid'				×	kegelförmig
– – 'Springbank'				×	locker, aufrecht
– – 'Wichita Blue'				×	schlank bis breit-kegelförmig
– *squamata* 'Blue Carpet'					flach und breit, sehr dicht verzweigt
– – 'Blue Sprider'		×			flach-kugelig, dicht verzweigt

Klein- und Zwergkoniferen (Fortsetzung)

Art	Wuchshöhe (m)				Wuchsform
	0,5	0,5–1	1–2	2–4	
Juniperus squamata 'Blue Star'		×			breit- und halbkugelig, sehr dicht
– – 'Hunnetrop'		×			ausgebreitet, bis 3 m breit
– *virginiana* 'Burkii'				×	breit-säulenförmig
– – 'Globosa'		×			kugelförmig
– – 'Grey Owl'			×		strauchig, ansteigende Äste
– – 'Helle				×	aufrecht, breitgedrungen
Larix decidua 'Kornik'		×			rundlich, aufgelockert
– *kaempferi* 'Blue Ball'			×		breit-kugelig
– – 'Wolterdingen'		×			dicht, breiter als hoch
Microbiota decussata	×				mattenförmig
Picea abies 'Barryi'			×		unregelmäßig kegelförmig
– – 'Clanbrassiliana'		×			bienenkorbförmig
– – 'Compacta'		×			breit-kegelförmig, gedrungen
– – 'Echiniformis'	×				kugelig bis kissenförmig
– – 'Gregoryana'		×			kugelig bis breit-kugelig
– – 'Gregoryana Veitchii'		×			breit-kegelförmig
– – 'Humilis'			×		stumpf- oder spitz-kegelförmig
– – 'Kamon'			×		breit und unregelmäßig
– – 'Little Gem'	×				flach-kugelig
– – 'Mariae-Orffiae'	×				eirund
– – 'Maxwellii'		×			kissenförmig
– – 'Merkii'			×		breit-kegelförmig
– – 'Nana Compacta'				×	flach-kugelig, gedrungen
– – 'Nidiformis'		×			breit und dicht, nestförmige Vertiefung
– – 'Ohlendorffii'				×	breit-kegelförmig
– – 'Pachyphylla	×				unregelmäßig und locker
– – 'Parviformis'				×	breit-kegelförmig
– – 'Procumbens'		×			breit und flach
– – 'Pumila Glauca'		×			breit und flach
– – 'Pygmaea'		×			kugelig bis breit-kegelförmig
– – 'Remontii'				×	kegelförmig
– – 'Repens'	×				locker, flach-kugelig
– – 'Tabulaeformis'			×		locker, flach-kugelig
– – 'Wills Zwerg'			×		dicht kegelförmig
– *glauca* 'Alberta Globe'		×			breit-kegelförmig, spitz, dicht geschlossen
– – 'Conica'			×		streng kegelförmig
– – 'Echiniformis'	×				flach-kugelig bis kissenförmig
– – 'Laurin'	×				streng kegelförmig
– *mariana* 'Nana'	×				breit-kugelig
– × *mariorika* 'Kobold'		×			dicht-kugelig
– – 'Machala'	×				ausgebreitet bis flach-kugelig
– *omorika* 'Frohnleiten'		×			unregelmäßig strauchig
– – 'Gnom'			×		breit-kegelförmig
– – 'Minima'	×				breit-kugelig bis flachgewölbt
– – 'Nana'				×	breit-kegelförmig
– – 'Pimoco'	×				rundlich-abgeflacht, dicht verzweigt
– *pungens* 'Compacta'				×	flach ausgebreitet, bis 4 m breit
– – 'Glauca Globosa'		×			flach-kugelig, sehr dicht
– – 'Glauca Procumbens'		×			unregelmäßig, breit niedergestreckt
– – 'Glauca Prostrata'	×				flach aufliegend
– – 'Moll'			×		breit-kegelförmig, dicht
– – 'Montgomery'			×		breit-kegelförmig
Pinus densiflora 'Alica Verkade'		×			kugelförmig, geschlossen
– – 'Umbraculifera'				×	flache, schirmförmige Krone
– × *hakkodensis*				×	unregelmäßig strauchig
– *mugo* 'Frisia'			×		Äste straff-aufrecht
– – 'Gnom'			×		dicht kugelig
– – 'Hesse'		×			gedrungen kissenförmig

Klein- und Zwergkoniferen (Fortsetzung)

Art	Wuchshöhe (m)				Wuchsform
	0,5	0,5–1	1–2	2–4	
Pinus mugo 'Humpy'	×				kurztriebig, sehr langsam wachsend
– – 'Kobold'		×			breit-kugelig
– – 'Krauskopf'	×				mattenförmig ausgebreitet, raschwachsend
– – 'Laurin'		×			aufrecht bis kugelig
– – 'Minimops'	×				sehr dicht verzweigt
– – 'Mops'		×			breit-kugelig
– – ssp. *mugo*			×		strauchig bis niederliegend
– – 'Pal Maleter'		×			flach und breit
– – ssp. *pumilio*				×	niedergestreckt, flach-kugelig
– – 'Wintergold'					locker, aufrecht
– *nigra* 'Helga'		×			aufrecht, breit-kugelförmig
– – 'Hornibrookiana'			×		breitstrauchig
– – 'Pygmaea'			×		kugelig bis buschig
– *parviflora* 'Adock's Dwarf'		×			strauchig, locker
– – 'Bonsai'			×		bizarr aufgebaut
– *pumila*				×	niedergestreckt bis aufstrebend
– – 'Barmstedt'			×		aufrecht, buschig, starkwachsend
– – 'Dwarf Blue'		×			breiter als hoch
– – 'Glauca'			×		breitbuschig
– *strobus* 'Krüger's Liliput'			×		stumpf-kegelförmig, dicht verzweigt
– – 'Macopin'			×		breitbuschig, locker verzweigt
– – 'Minima'	×				flach-kugelig, dicht verzweigt
– – 'Radiata'				×	gedrungen, kugelig
– *sylvestris* 'Albyns'	×				Äste dem Boden aufliegend
– – 'Argentea Compacta'			×		kegelförmig bis kugelig
– – 'Beuvronensis'	×				dicht und unregelmäßig
– – 'Globosa Viridis'			×		kugelig bis eiförmig
– – 'Nana'	×				dicht und buschig
– – 'Watereri'				×	breit-kegelförmig bis kugelig
– *uncinata* 'Grüne Welle'	×				niederliegend, schwachwüchsig
– – 'Ofenpass'	×				zuckerhutförmig, schwachwüchsig
– – 'Paradekissen'	×				kissenförmig, schwachwüchsig
Pseudotsuga menziesii 'Compacta Glauca'				×	kegelförmig
– – 'Fletcheri'				×	flach-kugelig
Taxus baccata 'Adpressa'				×	breitstrauchig, unregelmäßig
– – 'Adpressa Variegata'			×		strauchig, locker
– – 'Amersfoort'		×			locker, kurze, schuppige Nadeln
– – 'Cavendishii'	×				Äste flach ausgebreitet, bis 2 m breit
– – 'Dovastonii Aurea'				×	aufrecht, Äste waagerecht ausgebreitet
– – 'Elegantissima'				×	aufrecht, Äste weit ausgebreitet
– – 'Fastigiata Aurea'				×	säulenförmig
– – 'Fastigiata Melfard'			×		säulenförmig
– – 'Gracilis Pendula'				×	aufrecht, zierlich überhängende Äste
– – 'Nissens's Corona'		×			breit und flach, bis 5 m
– – 'Nissen's Kadett'			×		locker, aufrecht
– – 'Nissen's Page'			×		buschig, geschlossen
– – 'Nissen's Präsident'			×		breit ausladend
– – 'Nissen's Regent'		×			flach, bis 6 m breit
– – 'Pendula Graciosa'				×	Mitteltrieb aufrecht, Zweige stark hängend
– – 'Repandens'		×			niederliegend, weit ausgebreitet
– – 'Semperaurea'			×		breit-aufrecht
– – 'Spieckermann'			×		locker, graziös, breiter als hoch
– – 'Standishii'			×		gedrungen, säulenförmig
– – 'Washingtonii'			×		gedrungen und breit, aber locker
– – 'Wiesmoor Gold'				×	breit-säulenförmig
– *cuspidata* 'Green Valley'		×			Verzweigung aufrecht bis abstehend
– – 'Ingeborg Nellemann'			×		breit-kompakt, Triebspitzen überhängend
– – 'Nana'		×			unregelmäßig strauchförmig

Klein- und Zwergkoniferen (Fortsetzung)

Art	Wuchshöhe (m)				Wuchsform
	0,5	0,5–1	1–2	2–4	
Taxus × media 'Farmen'				×	kompakt, breitbuschig
– – 'Hatfieldii'				×	breit-pyramidal
– – 'Hicksii'				×	schmal-säulenförmig
– – 'Hillii'				×	breit-kegelförmig
– – 'Nidiformis'			×		breitbuschig, Äste waagerecht
			×		ausgebreitet
– – 'Strait Hedge'				×	sehr schlank, aufrecht
– – 'Stricta Viridis'				×	schlank-säulenförmig
– – 'Ward'			×		flach-kugelig, bis 6 m breit
Thuja occidentalis 'Danica'		×			breit-kugelig
– – 'Elegantissima'				×	schmal-kegelförmig
– – 'Ellwangeriana'				×	breit-kegelförmig
– – 'Ellwangeriana Aurea'				×	breit-kegelförmig
– – 'Globosa'			×		kugelig
– – 'Golden Globe'		×			kugelig
– – 'Holmstrup'				×	säulenförmig
– – 'Hoveyi'			×		eiförmig bis hoch-kugelig
– – 'Little Champion'		×			kugelig, aufgelockert
– – 'Little Gem'			×		flach-kugelig
– – 'Mecki'			×		kugelig
– – 'Ohlendorfii'			×		unregelmäßig strauchig
– – 'Recurva Nana'			×		breit-kegelförmig
– – 'Rheingold'				×	breit-kegelförmig
– – 'Smaragd'				×	schmal-kegelförmig
– – 'Tiny Tin'	×				kugelig
– – 'Umbraculifera'			×		flach-rundlich
– *orientalis* 'Aurea Nana'		×			kugelig bis eiförmig
– *plicata* 'Rogersii'		×			dicht-kegelförmig
Thujopsis dolabrata 'Nana'	×				dichtbuschig
– – 'Variegata'			×		aufrecht-buschig
Tsuga canadensis 'Albospica'				×	gedrungen kegelförmig
– – 'Gracilis Oldenburg'	×				halbkugelig, nestförmige Vertiefung
– – 'Jeddeloh'	×				halbkugelig, spiralige Zweigstellung
– – 'Minima'	×				locker-kugelig
– – 'Nana'		×			Äste waagerecht und weit ausgebreitet
– – 'Parviformis'		×			buschig, Äste zierlich ausgebreitet

Nadelgehölze mit farbiger Belaubung

Farbige Koniferen sind in unseren Sortimenten nur recht spärlich vertreten. Wenn die Übersicht der »Koniferen mit farbigen Nadeln und Blättern« (Liste Seite 95) trotzdem recht umfangreich ist, so liegt dies daran, daß vergleichsweise wenige Farben von verhältnismäßig vielen Vertretern »getragen« werden.

Wir kennen nur gelblaubige und durch Wachsüberzug graublau oder blauweiß erscheinende Farben. Die gelblaubigen Koniferen sind entweder über das ganze Jahr konstant gefärbt, oder die gelbe Farbe ist nur im Austrieb und bei der Herbstfärbung sichtbar.

Manche gelblaubigen Formen sind gegen direkte Sonneneinstrahlung sehr empfindlich, sie erleiden Sonnenbrandschäden, werden dann braun und häßlich. In der Regel ist ein leicht beschatteter Standort erste Voraussetzung für gesunde Pflanzen. Die graublaue Belaubung ist bei fast allen Arten sehr farbkonstant. Die rotbraunen Färbungen treten nur im Herbst auf, entweder bei der herbstlichen Färbung einiger sommergrüner Arten *(Metasequoia* und *Taxodium)* oder bei einigen *Thuja-, Cryptomeria-* und *Juniperus*-Arten, die sich im Herbst rotbraun oder purpurviolett verfärben. Hier beruht die Färbung auf einer vorübergehenden Überlagerung des Chlorophylls durch Anthocyane.

Nadelgehölze mit farbiger Belaubung

Art	Wuchshöhe (m)	Nadeln bzw. Blätter gelb bis weiß	Nadeln bzw. Blätter grau, blau, silberfarben
Abies concolor 'Violacea'	20–30		prachtvoll blauweiß
– *koreana* 'Blauer Pfiff'	5–10		blaugrau
– – 'Blue Standard'	8–10		unterseits weißliche Blätter
– – 'Horstmanns Silberlocke'	5–10		silberweiße Nadelunterseite, Nadeln lockig nach oben gekrümmt
– *lasiocarpa* var. *arizonica*	8–10		Unterseite bläulichweiß
– – 'Compacta'	1–1,5		deutlich silberblau
– *pinsapo* 'Glauca'	15–20		auffallend blaugrün
– – 'Horstmann'	2–3		auffallend blaugrün
– – 'Kelleriis'	10–15		blau
– *procera* 'Blaue Hexe'	0,5		blaugrau
– – 'Glauca'	15–20		prachtvoll blauweiß
– – 'Glauca Prostrata'	1–1,5		blauweiß
Cedrus atlantica 'Aurea'	5–6	im 1. Jahr goldgelb, im 2. vergrünend	
– – 'Glauca'	20–30		prächtig graublau
– – 'Glauca Pendula'	5–10		prächtig graublau
– *deodara* 'Golden Horizon'	0,5	an der Sonnenseite grünlich-gelb, sonst graugrün	
– – 'Karl Fuchs'	10–15		leuchtend silberblau
– – 'Kaschmir'	15–20		silbergrau
– – 'Verticillata Glauca'	3–5		blaugrün
– *libani* 'Sargentii'	1–2		bläulich bereift
Chamaecyparis lawsoniana 'Alumigold'	8–10	reingelb	
– – 'Alumii'	10–15		blau bis blaugrau
– – 'Blue Ribbon'	5–10		blaugrau
– – 'Blue Surprise'	3–5		auffallend blaugrün
– – 'Ellwoodii'	2–3		blau, im Innern der Pflanze hellgrau
– – 'Ellwood's Gold'	2–3	Triebspitzen im Frühjahr und Sommer goldgelb	
– – 'Ellwood's Pillar'	2–3		blaugrau
– – 'Erecta Alba'	5–10	an den Spitzen silbrigweiß	
– – 'Glauca Argentea'	5–10		blaugrün, weiß bereift
– – 'Golden King'	10–15	goldgelb, im Winter mehr bräunlich-gelb	
– – 'Golden Wonder'	4–5	auch im Winter tief goldgelb	
– – 'Howarth's Gold'	5–10	hellgelb	
– – 'Kelleris Gold'	5–10	stumpfgelb	
– – 'Lane'	4–5	oberseits goldgelb, unten mehr gelb-grün	
– – 'Minima Aurea'	1	hellgelb	
– – 'Minima Glauca'	1		blaugrün, weiße Zeichnung
– – 'Moerheimii'	8–10	oberseits hellgelb	
– – 'New Silver'	5–10		blaugrün
– – 'Pembury Blue'	5–10		hell stahlblau
– – 'Pygmaea Argentea'	1	Zweigspitzen weißlichgelb	
– – 'Robusta Glauca'	15–20		hell stahlblau
– – 'Romana'	5–10	goldgelb	
– – 'Silver Queen'	8–10	Spitzen im Austrieb rahmweiß bis gelbgrün	
– – 'Spek'	5–10		graublau
– – 'Stardust'	5–10	schwefelgelb	
– – 'Stewartii'	5–10	goldgelb, an der Basis und im Winter gelbgrün	
– – 'Triomf van Boskoop'	10–15		blaugrün, silbrig
– – 'Van Pelt's Blue'	5–10		tiefblau
– – 'White Spot'	5–6	Blätter teilweise weiß oder weiß marmoriert, Austrieb rahmweiß	

Nadelgehölze mit farbiger Belaubung (Fortsetzung)

Art	Wuchshöhe (m)	Nadeln bzw. Blätter gelb bis weiß	Nadeln bzw. Blätter grau, blau, silberfarben
Chamaecyparis nootkatensis 'Aurea'	3–5	im Austrieb hellgelb, später hellgrün	
– – 'Glauca'	10–15		ausgeprägt blaugrün
– – 'Lutea'	10–15	Austrieb goldgelb, später hellgrün	
– *obtusa* 'Albospica'	1–2	Spitzen bis zum Sommer gelblich-weiß	
– – 'Aurea'	4–5	goldgelb, teilweise auch nur grün	
– – 'Crippsii'	4–5	goldgelb, im Innern gelbgrün	
– – 'Lycopodioides Aurea'	1–2	hellgelb	
– – 'Nana Aurea'	1–2	goldgelb bis weißlichgelb	
– – 'Tetragona Aurea'	1–2	glänzend gold- bis bronzegelb	
– *pisifera* 'Aurea'	5–10	goldgelb, im Innern vergrünend	
– – 'Boulevard'	5–8		auffallend silberblau, im Winter graublau
– – 'Dwarf Blue'	1–2		blau
– – 'Filifera Aurea'	3–5	gelb	
– – 'Filifera Nana Aurea'	2–3	gelb	
– – 'Filifera Sungold'	3–5	gelbgrün, sonnenbeständig	
– – 'Golden Mop'	1	beständig goldgelb	
– – 'Gold Spangle'	2–4	hell- und dunkelgelb	
– – 'Plumosa Aurea'	5–10	goldgelb	
– – 'Plumosa Flavescens'	1	gelbweiß, im Herbst vergrünend	
– – 'Plumosa Nana Aurea'	0,8	goldgelb, im Innern vergrünend	
– – 'Squarrosa'	10–20		silbergrau
– – 'Squarrosa Sulphurea'	4–5	im Sommer schwefelgelb, im Winter mehr silbergrau	
– *thyoides* 'Aurea'	1–3	goldgelb	
– – 'Glauca'	3–5		bläulich
Cupressus arizonica 'Fastigiata'	5–6		blaugrau
– – 'Glauca'	5–6		intensiv silbergrau
Ginkgo biloba	20–30	goldgelbe Herbstfärbung	
Juniperus chinensis 'Blaauw'	1,5		graublau
– – 'Blue Alps'	0,5–1		silbrigblau
– – 'Blue Cloud'	0,5–1		stahlblau
– – 'Goldcoast'	0,5–1	Triebspitzen goldgelb, im Herbst und Winter dunkelgelb	
– – 'Hetzii'	2		blaugrün
– – 'Iowa'	2–3		bläulichgrün
– – 'Mordigan Aurea'	1–2	gelb	
– – 'Old Gold'	1,5	bronzegelb, auch im Winter	
– – 'Olympia'	2–3		grünlichblau, weiße Stomabänder
– – 'Pfitzeriana Aurea'	2–3	gelb, im Sommer vergrünend	
– – 'Pfitzeriana Glauca'	3		silbriggrau, im Winter purpurblauer Anflug
– – 'Plumosa Aurea'	1	goldgelber Austrieb, im Winter bronzegelb	
– *communis* 'Depressa Aurea'	1	im Frühjahr sehr schön gelb, später bronze	
– – 'Goldcone'	3–5	konstant goldgelb	
– – 'Hornibrookii'	1		silberweiße Stomabänder
– – 'Meyer'	2–3		silbriggrün
– – 'Nana Aurea'	0,5	oberseits silbrigweiß gestreift, unten goldgelb	
– – 'Repanda'	0,4		silbrig gestreift
– – 'Schneverdinger Goldmachangel'	2–4	goldgelb	
– *horizontalis* 'Blue Chip'	0,3		auffallend blaugrün
– – 'Douglasii'	0,4		blau bereift, im Winter purpurn
– – 'Glauca'	0,3		stahlblau
– – 'Hughes'	0,3		weißlichblau

Nadelgehölze mit farbiger Belaubung (Fortsetzung)

Art	Wuchshöhe (m)	Nadeln bzw. Blätter gelb bis weiß	Nadeln bzw. Blätter grau, blau, silberfarben
Juniperus horizontalis 'Jade River'	0,3		silbrig graublau, im Winter mit purpurnem Schimmer
– – 'Plumosa'	0,6		hell graugrün, im Winter purpurn
– – 'Prostrata'	0,3		blaugrün mit purpurnen Spitzen
– – 'Wiltonii'	0,1	silberblau	
– *sabina* 'Blue Danube'	1,5		hell graublau
– *scopulorum* 'Blue Haven'	2–3		blaugrün
– – 'Blue Pyramid'	2–4		blau
– – 'Springbank'	2–3		silbergrau
– – 'Wichita Blue'	2–4		auffallend silbrigblau
– *squamata* 'Blue Carpet'	0,3		blauweiß
– – 'Blue Sprider'	0,5–1		blaugrün
– – 'Blue Star'	0,5		blauweiß
– – 'Hunnetrop'	0,5–1		graugrün mit silbrigem Glanz
– – 'Meyeri'	5–6		blauweiß
– *virginiana* 'Blue Mountain'	3–5		graublau
– – 'Burkii'	2–3		mattblau gestreift
– – 'Glauca'	5–10		stahlblau
– – 'Grey Owl'	1–2		blau bereift
– – 'Skyrocket'	3–4		schön bläulichgrün
Larix-Arten	20–30	goldgelbe Herbstfärbung	
– *kaempferi* 'Blue Ball'	1–2		bläulich
– 'Blue Rabbit'	5–10		ausgeprägt blau
Metasequoia glyptostroboides	20–30	gelbbraune Herbstfärbung	
Microbiota decussata	0,3	im Winter kupferbraun	
Picea abies 'Argentospica'	10–20	junge Triebe mit weißen Spitzen, später grün	
– – 'Aurea'	8–10	glänzend gelblichweiß	
– – 'Aurea Magnifica'	10–15	hell goldgelb, im Winter orangegelb	
– – 'Kamon'	0,5		silbrig blaugrün
– *glauca* 'Echiniformis'	0,5		grau oder graublau bereift
– *mariana* 'Beissneri'	4–5		stahlblau
– – 'Doumettii'	4–6		silbrig graugrün
– – 'Nana'	0,5		stumpf blaugrün
– *orientalis* 'Aurea'	10–20	nur im Austrieb goldgelb	
– – 'Early Gold'	10–15	im Austrieb goldgelb	
– *pungens*-Formen	0,5–15		mehr oder weniger intensiv blauweiß
Pinus ayacahuite	20–30		silbrig oder bläulichgrün schimmernd
– *cembra* 'Compacta Glauca'	5–10		Innenseiten bläulichweiß
– – 'Glauca'	10–20		silbrigblau
– *densiflora* 'Oculis-draconis'	3–5	gelb gefleckt	
– *flexilis*	10–20		blaugrün
– – 'Glauca'	10–15		blau
– – 'Firmament'	8–10		graublau
– × *hakkodensis*	2–3		Innenseiten stark blaugrau
– *heldreichii* 'Aureospica'	3–5	gelbe Nadelspitzen	
– *koraiensis* 'Glauca'	15–20		blauweiß
– – 'Silveray'	10–12		silbrig graublau
– *monticola* 'Glauca'	10–15		silbrigblau
– *mugo* 'Paul Maleter'	0,8	im Austrieb gelb	
– – 'Wintergold'	0,4	im Winter gelb, im Sommer grün	
– *parviflora* 'Blauer Engel'	5–8		intensiv blau
– – 'Brevifolia'	5–10		blaugrün
– – 'Gimborn's Ideal'	6–8		bläulichgrün
– – 'Glauca'	5–10		Innenseiten stark blauweiß
– – 'Negishii'	5–8		blauweiß
– – 'Tempelhof'	10–15		blaugrau

Nadelgehölze mit farbiger Belaubung (Fortsetzung)

Art	Wuchshöhe (m)	Nadeln bzw. Blätter gelb bis weiß	Nadeln bzw. Blätter grau, blau, silberfarben
Pinus pumila	0,5–3		Innenseiten stark blaugrün
– – 'Barmstedt'	1–2		silbrigblau
– – 'Dwarf Blue'	1–2		intensiv blau
– – 'Glauca'	1–3		graublau
– *strobus* 'Nivea'	10–20		im Austrieb silberweiß
– *sylvestris* f. *argentea*	10–20		silbrig glänzend
– – 'Argentea Compacta'	1–2		silbergrau
– – 'Aurea'	10–15	im Sommer gelbgrün, im Winter goldgelb	
– – 'Fastigiata'	10–15		blaugrün
– – 'Watereri'	4–7		blaugrau
Pseudolarix amabilis	10–15	goldgelbe Herbstfärbung	
Pseudotsuga menziesii			
– – 'Blue Wonder'	15–20		auffallend blau
– – 'Compacta Glauca'	8–10		blaugrün
– – var. *glauca*	15–20		bläulichgrün
– – 'Glauca Pendula'	10–15		bläulichgrün
– – 'Glauca Pyramidalis'	10–15		bläulichgrün
Taxodium distichum	20–25	rotbraune Herbstfärbung	
Taxus baccata 'Adpressa Aurea'	1,5	Triebspitze goldgelb, sonst gelbbunt	
– – 'Adpressa Variegata'	1,5	gelbbunt oder gelblichweiß	
– – 'Dovastonii Aurea'	2–3	gelbgrün mit gelbem Rand	
– – 'Elegantissima'	3–4	gelb gestreift, später weißbunt	
– – 'Fastigiata Aureovariegata'	2–3	goldgelb gerandet, später hellgrün	
– – 'Gracilis Pendula'	3–4		bläulichgrün
– – 'Ingeborg Nellemann'	1–2	ganzjährig orange bis goldgelb	
– – 'Semperaurea'	2	beständig goldgelb	
– – 'Standishii'	2	goldgelb	
– – 'Sungold'	2–3	im Sommer goldgelb, im Winter hellgrün	
– – 'Washingtonii'	2	grünlich mit schmalem gelbem Rand	
– – 'Wiesmoor Gold'	2	mit deutlichem gelbem Rand	
Thuja koraiensis	4–9		Unterseite weiß
– *occidentalis* 'Aurescens'	8–10	junge Triebe goldgelb	
– – 'Elegantissima'	3–5	Spitzen goldgelb	
– – 'Ellwangeriana Aurea'	2–3	goldgelb	
– – 'Europe Gold'	10–12	goldgelb, im Winter orangegelb	
– – 'Golden Globe'	1–2	zartgelb	
– – 'Lutea'	8–10	goldgelb	
– – 'Rheingold'	1–2	goldgelb bis orangegelb, im Winter kupfriggelb	
– – 'Semperaurea'	5–10	goldgelbe Spitzen, im Winter gelblichbraun	
– – 'Sunkist'	8–10	goldgelb	
– *orientalis* 'Aurea Nana'	0,6	hell gelbgrün	
– – 'Elegantissima'	4–5	im Frühjahr goldgelb, später grünlichgelb	
– – 'Pyramidalis Aurea'	4–5	im Frühjahr goldgelb	
– *plicata* 'Aurescens'	10–15	Spitzen der jungen Triebe grünlichgelb	
– – 'Rogersii'	1	goldgelb, im Winter bronzegrün	
– – 'Zebrina'	12–15	Zweiglein zebraartig gelblich gestreift	
Thujopsis dolabrata 'Variegata'	1–2	Zweiglein weißbunt	
Tsuga canadensis 'Albospica'	2	Triebspitzen weiß oder weißbunt	
– *mertensiana*	15–20		graugrün
– – 'Argentea'	8–10		silbrig
– – 'Glauca'	8–10		ausgeprägt blaugrün

STANDORT-
BEDINGUNGEN

Als Standort bezeichnen wir nicht nur den Ort, an dem eine Pflanze wächst, sondern mit ihm alle äußeren Faktoren, die auf sie einwirken, insbesondere Licht, Temperatur, Boden- und Luftfeuchtigkeit, Art und Nährstoffgehalt des Bodens, Kohlensäure- und Sauerstoffgehalt der Luft, Wind, Niederschläge und die Lage. Dieser Komplex von Standortfaktoren wirkt in seiner Gesamtheit, und es ist nicht immer leicht, die Einflüsse auf die Pflanze wert- und mengenmäßig im einzelnen zu bestimmen. Betrachten wir nun im einzelnen kurz die wichtigsten Standortfaktoren.

Klima

Unter dem Begriff Klima verstehen wir alle Wettervorgänge an einem gegebenen Ort. Dazu gehören Luft- und Bodentemperaturen, Niederschläge, Tageslänge, Wind und Frost, Sturm und Hagel. Die Gesamtheit dieser meteorologischen Einzelvorgänge beeinflussen ganz wesentlich das Wachstum von Wild- und Kulturpflanzen, die Zusammensetzung der natürlichen Pflanzendecke und die Verbreitung einer bestimmten Art.

Makroklima

Von ausschlaggebender Bedeutung für das Gedeihen einer Art ist das Makroklima, das Klima eines Landes oder einer Landschaft, vor allem deshalb, weil es sich nicht entscheidend beeinflussen läßt.

Mit Ausnahme der hohen Gebirgslagen liegt Deutschland im Bereich des warmgemäßigten Klimas im Übergang vom maritimen zum kontinentalen Klima. Im Vergleich zu den Unterschieden zwischen dem maritimen und dem kontinentalen Klima sind die klimatischen Unterschiede in Deutschland gering. Trotzdem ist die Differenz zwischen der günstigsten und ungünstigsten mittleren Lufttemperatur im Januar nicht ganz unbeträchtlich; sie liegt in Westdeutschland bei etwa 2 °C, im Bayrischen Wald und in den Alpen kann sie unter − 3 °C sinken. Das gleiche gilt für die mittlere Lufttemperatur im Juli (19 °C im Westen, 13 °C in den Alpen und

in Höhenlagen der Mittelgebirge) und für die mittlere jährliche Niederschlagsmenge (Schwankungen zwischen 500 und mehr als 1200 mm).

Die angesprochenen Klimafaktoren können Hinweise darauf liefern, wie gut sich eine Klimazone für die Kultur bestimmter Gehölzarten eignet bzw. in welchen Zonen sich bestimmte Gehölzarten noch mit Erfolg kultivieren lassen: die bisher für den europäischen Raum vorliegenden Klimakarten reichen aber für eine differenzierte Aussage über die Eignung von Gartengehölzen für bestimmte Zonen nicht aus (siehe Seite 104, Winterhärtezonen).

Mikroklima

Im Gegensatz zum Makroklima, dem Witterungsverlauf eines größeren Gebietes, steht das Mikroklima. Man versteht darunter die Wettervorgänge auf kleinstem Raum in der bodennahen Luftschicht, die von den Klimawerten der Meßstation sehr wesentlich abweichen können. Beeinflußt wird das Mikroklima durch den Pflanzenbewuchs, die wechselnde Art und Feuchte des Bodens, die Hangneigung, die Nähe von Gewässern und die Bebauung. Diese Faktoren können sowohl im positiven wie im negativen Sinn das Gedeihen unserer Gartenpflanzen beeinflussen. Im positiven Sinn in der Art, daß z.B. an einem Hang die Sonne in einem günstigeren Winkel einfällt und dort eine höhere Temperatur herrscht.

Stärker als die Umgebung erwärmen sich auch Gebäudewinkel und geschützte Plätze vor Hecken. Im Windschutz von Hecken, Gebäuden, höheren Bäumen und Bodenwellen gedeihen alle Pflanzen besser als in windexponierten Lagen. Eine Hecke kann die Windgeschwindigkeit um 50−80 % mindern. Ihre Wirkung macht sich bis zu einem Abstand bemerkbar, der etwa der fünffachen Höhe der Hecke entspricht.

Bäume und höhere Sträucher bieten Schatten für immergrüne Laubgehölze und gegen Sonnenbrand empfindliche Arten. Größere Wasserflächen können die Temperatur ausgleichen und nicht selten Früh- oder Spätfröste verhindern oder abschwächen. Innerhalb einer Stadt sind die Temperaturen in der Regel höher als in der freien Landschaft.

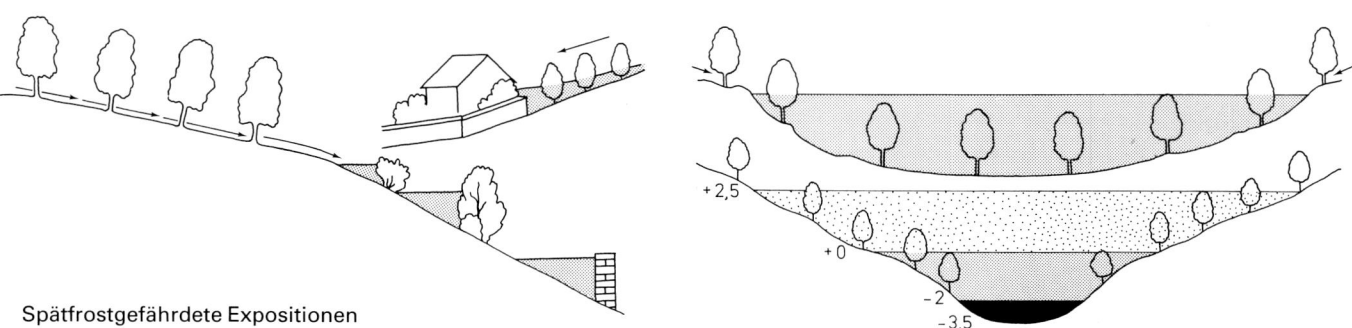

Spätfrostgefährdete Expositionen

An einem Hang kann sich die abfließende Kaltluft oberhalb von Gebäuden, Mauern und dichten Windschutzhecken stauen und dann Schäden verursachen. Einzelnstehende Bäume hindern den Abfluß der Kaltluft nicht. In Mulden sickert die Kaltluft in Schichten aus; recht große Temperaturunterschiede sind dann möglich

Hanglagen können auch empfindlicheren Pflanzen Schutz bieten, da die Kaltluft abfließen kann

In Gebäude- und Mauerecken entstehen windgeschützte Lagen

Hohe Bäume vermindern die Abkühlung der bodennahen Luftschichten; sie bieten Sonnen- und Windschutz

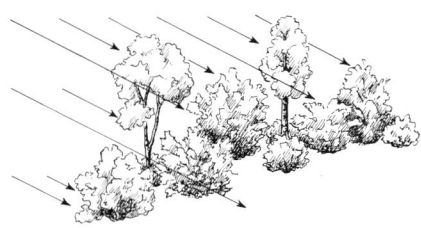

Lockere Hecken und Windschutzpflanzungen bremsen die Windgeschwindigkeit ganz erheblich

Nachteilig kann der Platz vor einer nach Süden gerichteten Wand sein, wenn im Frühjahr die einstrahlende Sonne zur vorzeitigen Saftzirkulation anregt und die Pflanzen in den folgenden Nächten durch tiefe Temperaturen geschädigt werden. Wir kennen alle die Frostplatten und -risse an unbeasteten Baumstämmen, die durch das verhängnisvolle Wechselspiel von starker Sonneneinstrahlung und tiefen Nachttemperaturen entstehen. Durch das früher übliche Anstreichen der Bäume mit Kalkmilch versuchte man mit Erfolg diese Schäden zu verhindern. Im Sommer sind Standorte mit starker Sonneneinstrahlung und -reflexion in der Regel recht heiß und trocken, hier ist die Wahl der richtigen Gehölzarten ausschlaggebend.

Die Lage in einer Mulde kann sich sehr nachteilig auf den Pflanzenwuchs auswirken. Dort bildet sich, bedingt durch die in der Nacht talwärts abfließende Kaltluft und andere Faktoren, nicht selten ein Kältestau, dessen Temperaturen häufig mehrere Grade unter denen der unmittelbaren Nachbarschaft liegen.

Benachteiligt sind auch die nach Osten und Norden gerichteten Standorte in der Nähe von Gebäuden. Sie müssen vielfach ohne direkt Sonneneinstrahlung auskommen. Nur sehr schattenverträgliche Pflanzen können an solchen Plätzen gedeihen.

Der Platz unter großen Bäumen bietet kleineren Gehölzen nicht nur Schutz, etwa vor starker Sonneneinstrahlung, sondern auch Nachteile durch die Wurzelkonkurrenz und den Entzug von Wasser und Nährstoffen.

Nur tiefwurzelnde Bäume, z.B. Kiefern, Lärchen, Eichen und Eschen, sind ideale Schattenspender. Unter flachwurzelnden Bäumen, z.B. Buche, Ahorn, Hainbuchen, Birken, Roßkastanien, Erlen, Fichten, Lebensbaum und Scheinzypresse, wächst bald nichts mehr. Neben der Wurzelkonkurrenz kann dort auch das mangelnde Licht ein begrenzender Wachstumsfaktor sein.

In den folgenden Kapiteln werden in mehreren Tabellen Gehölze genannt, die auch unter erschwerten Standortbedingungen zu bedeihen vermögen.

Wind, Luftfeuchtigkeit, Niederschläge

Wir sprachen weiter oben schon kurz von der Windschutzwirkung einer Hecke. Eine ausreichende Schutzpflanzung kann in windexponierten Lagen für das Gedeihen der Pflanzen ausschlaggebend sein. An zugigen Hausecken und überall dort, wo sich eine ständige Windbewegung zeigt, wachsen nur robuste Pflanzen. Besonders den immergrünen Laubgehölzen, den *Rhododendron* und allen großblättrigen Gehölzen sollte man nicht gerade solche Plätze zuweisen. Neben den mechanischen Schädigungen (windgeschorene, deformierte Pflanzen, Kronenbruch) durch den Wind treten auch solche physiologischer Natur auf. Die Luftfeuchtigkeit wird herabgesetzt, die Wasserdampfabgabe der Pflanzen ganz erheblich gesteigert. Dies führt zumindest zu verminderter Wuchsleistung, denn die Wasserdampfspannung der Luft ist der entscheidende physikalische Faktor für die Intensität der Transpiration. Stehen in einem neuen Garten nicht gleich eine Hecke oder größere Gehölze als Windschutz zur Verfügung, schützt man empfindliche Arten zunächst mit Schilfrohrmatten oder Lattengerüsten. Es gilt besonders, die von Osten und Nordosten einfallenden Winde abzuschirmen. Wir kennen eine Reihe von Gehölzen, die sich als Windschutzpflanzen in der freien Landschaft bewährt haben. Im Garten werden nur selten Windschutzstreifen angelegt. Hier kommt man in der Regel mit sommer- und immergrünen Hecken aus.

Einige Gehölze gedeihen nur bei hoher Luftfeuchtigkeit zufriedenstellend. Es sind alle die Arten, deren Heimatgebiete im mariti-

Beim Pflanzen von empfindlicheren Baum- und Straucharten in offenen Lagen, vor allem von immergrünen Laubgehölzen und weniger robusten Koniferen können Lattengerüste, Schilfmatten oder synthetische Schattiergewebe als Wind- und Sonnenschutz die Verdunstungsrate der Gehölze ganz erheblich reduzieren

Mit Fichtenreisig oder Jutegewebe schützt man die empfindlichen Gehölze vor winterlichen Winden

Erfrieren und Vertrocknen, Winterschutz

Über die mögliche Beeinflussung der Wuchsleistung von Baum und Strauch durch Standortbedingungen ist weiter oben schon gesprochen worden.

Der Großteil unserer sommergrünen Garten- und Parkgehölze übersteht selbst extreme Winter. Problematischer wird es mit den immergrünen Laubgehölzen und einigen empfindlichen Koniferen. Sie verlieren auch im Winter ihre Blätter nicht und verdunsten daher ständig Wasser. Können die Wurzeln aus dem gefrorenen Boden kein Wasser nachliefern, so »erfrieren« die Pflanzen. In Wirklichkeit handelt es sich häufig aber um ein Vertrocknen, man spricht von Frosttrocknis. Sie wird sich dort besonders stark bemerkbar machen, wo die Pflanze mit einem Wasserdefizit in den Winter geht. Alle immergrünen Laubgehölze und Koniferen werden daher vor

men Bereich oder in regenreichen Gebirgslagen liegen. Im Freien läßt sich die Luftfeuchtigkeit nicht nachhaltig verbessern. Wohnt man in einem in dieser Hinsicht ungünstigen Gebiet, muß man notfalls auf anspruchsvolle Gehölzarten verzichten. Anspruchsvoll in dieser Hinsicht sind insbesondere alle immergrünen und die besonders großblättrigen Laubgehölze sowie einige Koniferen.

Naturgemäß spielen die Niederschläge, ihre Höhe und zeitliche Verteilung für den Pflanzenwuchs eine entscheidende Rolle. Wasser ist einer der wichtigsten Wachstumsfaktoren und Grundlage der Ernährung der Pflanzen. Der Wasserbedarf ist im Laufe einer Vegetationsperiode sehr hoch.

In der Landwirtschaft wird der durchschnittliche Wasserverbrauch mit 300–400 Liter je 1 kg wasserfreien Erntegewichtes angenommen (Schmalfuss 1955). Ein Hektar Zuckerrüben hat demnach einen Bedarf von 3–4 Mio. Liter Wasser, das entspricht einer Niederschlagsmenge von 300–400 mm. In der Regel kommen unsere Pflanzen mit den in der Vegetationszeit fallenden Niederschlägen nicht aus, sie benötigen zusätzlich das im Winter gespeicherte Bodenwasser. Da wir unsere Gärten im Sommer nicht dem Zufall rechtzeitiger Niederschläge überlassen wollen, müssen wir häufig zusätzlich bewässern.

Andere Formen der Niederschläge können im Garten sehr gefährlich werden. Der Hagel kann unsere Gehölze stark schädigen oder gar vernichten, unter großen Schneemassen brechen die Gehölze oft zusammen. Gegen den Hagel können wir unsere Pflanzen nicht schützen, vom Schnee kann man seine Sträucher, besonders die immergrünen, und Koniferen rechtzeitig befreien, indem man sie leicht schüttelt. Starke Bewegungen oder das Schlagen mit Stangen führt leicht zum Bruch der meist gefrorenen Äste. Leichte Schneedecken beläßt man unbedingt auf den Gehölzen, sie schützen vor Frost und austrocknenden Winden.

Mit Lattengerüsten schützt man empfindliche Gehölze in extremen Lagen das ganze Jahr über.

dem Winter durchdringend gewässert, wenn der Herbst nicht genügend Niederschläge brachte. Auch zwischen zwei Frostperioden empfiehlt sich eine zusätzliche Bewässerung. Sorgt man darüber hinaus für einen Verdunstungsschutz, etwa durch Windschutz, hilft man empfindlichen Pflanzen zu überleben. Bei wertvollen Pflanzen ist auch die Anwendung flüssiger Kunststoffmittel (Vitaplastik und Dunstol) denkbar. Auf die Pflanze wird ein dünner, atmungsaktiver, aber verdunstungshemmender Überzug gebracht, der erst im Frühjahr durch die Wachstumsdehnung reißt.

Winterschutz ist notwendig bei allen Pflanzenarten, die aus klimatisch günstigeren Gebieten kommen; sie wachsen im Herbst

Einwinterung von Rosen

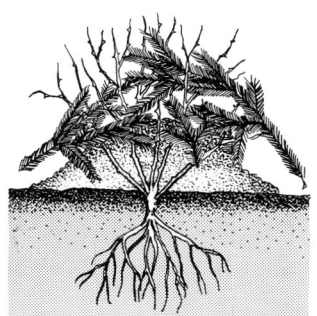

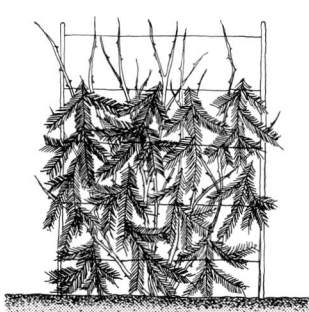

Buschrosen nicht vor Anfang November anhäufeln und abdecken

Hochstammrosen über den Zapfen weg zur Erde biegen und die Krone anhäufeln, den Stamm durch Haken niederhalten und mit Fichtenreisig umwickeln

Kletterrosen locker mit Fichtenreisig behängen

Winterhärtezonen
für Gehölze in Europa

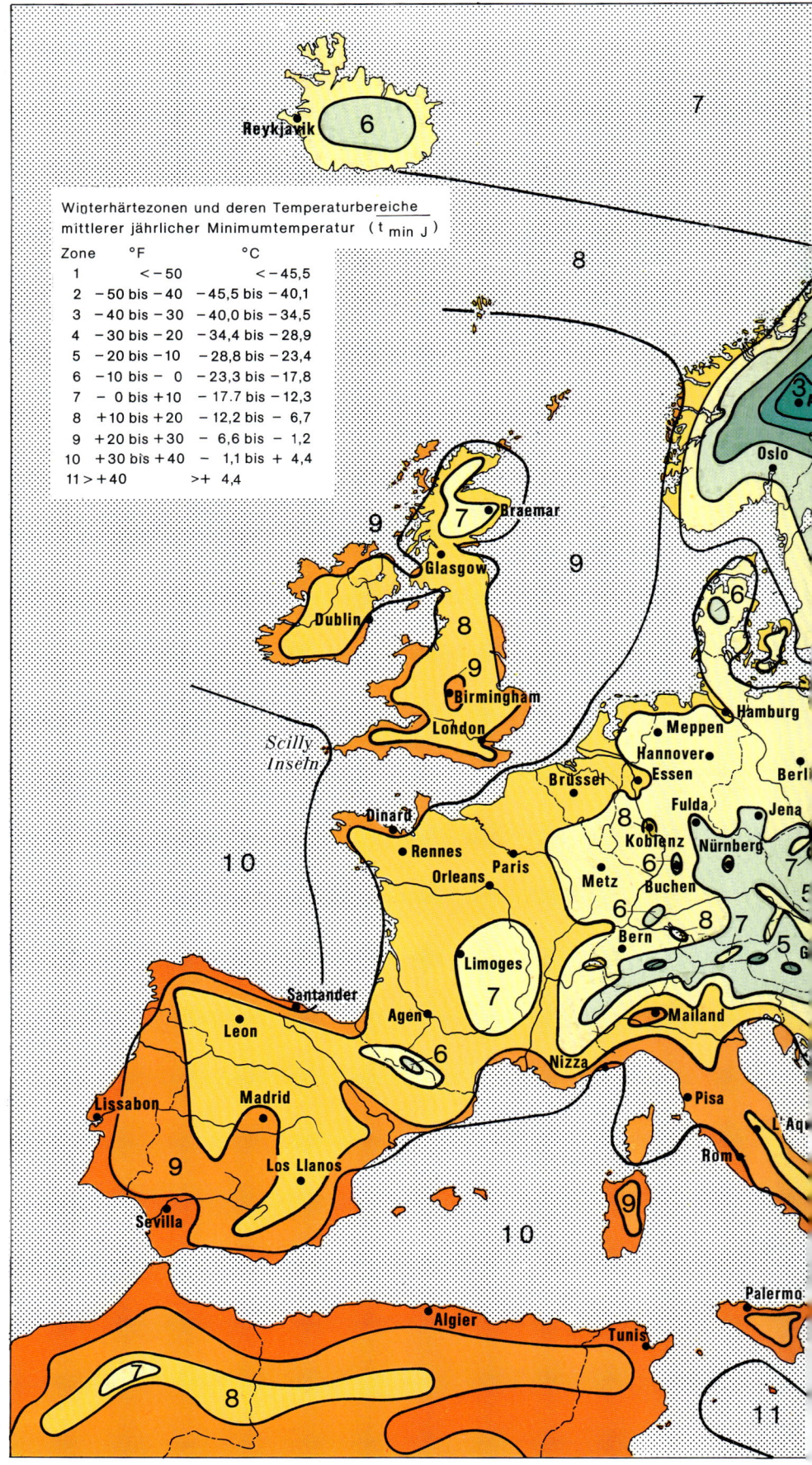

Winterhärtezonen und deren Temperaturbereiche
mittlerer jährlicher Minimumtemperatur ($t_{min\,J}$)

Zone	°F	°C
1	< −50	< −45,5
2	−50 bis −40	−45,5 bis −40,1
3	−40 bis −30	−40,0 bis −34,5
4	−30 bis −20	−34,4 bis −28,9
5	−20 bis −10	−28,8 bis −23,4
6	−10 bis − 0	−23,3 bis −17,8
7	− 0 bis +10	−17,7 bis −12,3
8	+10 bis +20	−12,2 bis − 6,7
9	+20 bis +30	− 6,6 bis − 1,2
10	+30 bis +40	− 1,1 bis + 4,4
11	> +40	>+ 4,4

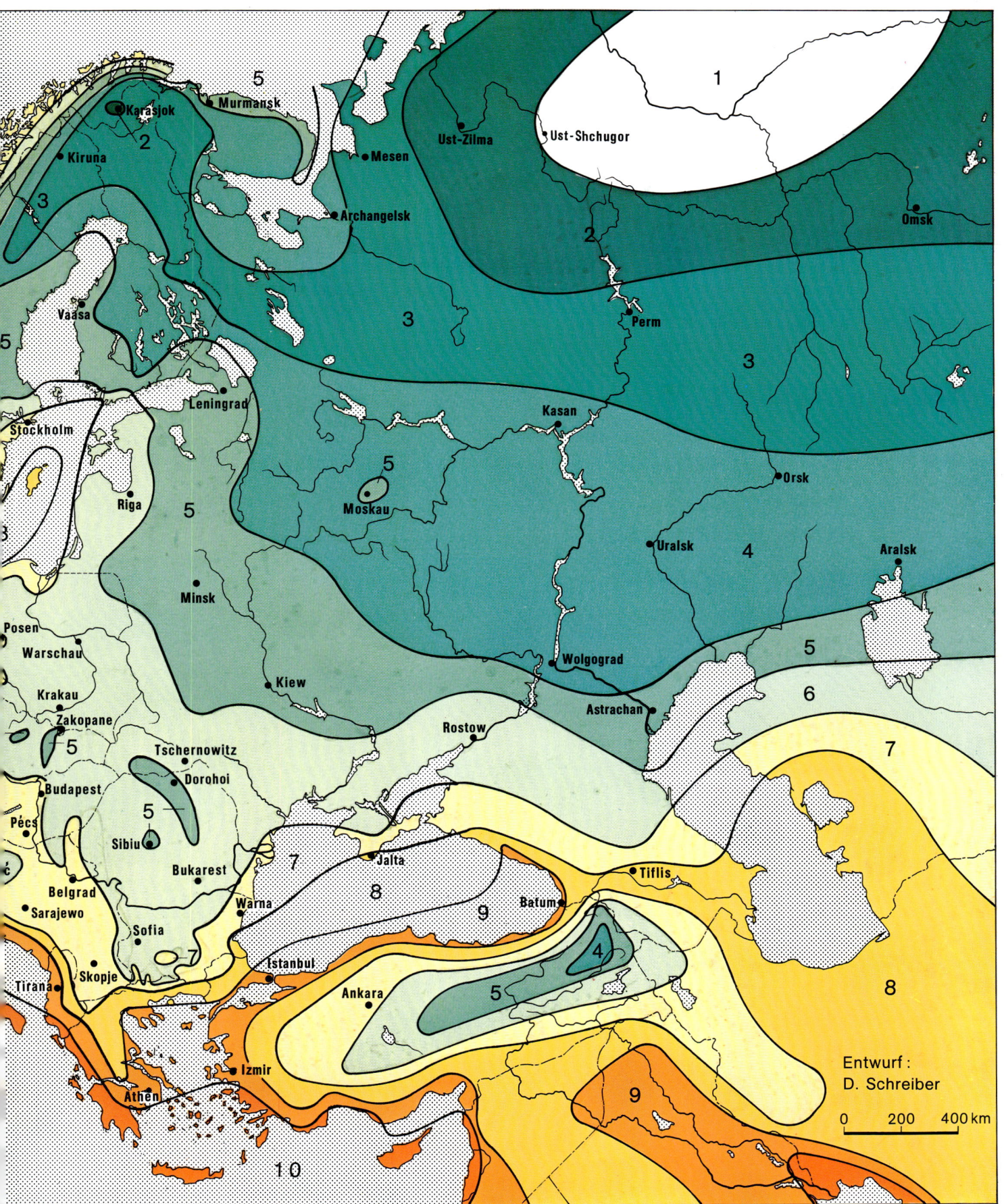

Karasjok
Murmansk
5
Kiruna
2
3
Ust-Zilma
Ust-Shchugor
1
Mesen
2
Omsk
Archangelsk
Vaasa
3
Perm
5
Leningrad
3
Stockholm
5
Kasan
Moskau
Orsk
Riga
5
Uralsk
Aralsk
4
Minsk
Posen
Warschau
Wolgograd
5
Kiew
Astrachan
6
Krakau
Rostow
Zakopane
7
5
Tschernowitz
Dorohoi
Sibiu
5
7
Jalta
Budapest
Pécs
Bukarest
8
Tiflis
Belgrad
Warna
9
Batum
Sarajewo
Sofia
7
4
Tirana
Skopje
Istanbul
5
Ankara
8
Izmir
Athen
9
10

Entwurf :
D. Schreiber

0   200   400 km

häufig zu lange, und ihr Holz reift nicht genügend aus. Wo bei einer Art Winterschutz notwendig ist, wird im lexikalischen Teil darauf hingewiesen. Ein Winterschutz besteht in der Regel aus zwei Maßnahmen. Zunächst wird der Boden im Wurzelbereich der Pflanze mit isolierenden, organischen Materialien abgedeckt, etwa mit Laub, Rindenmulch oder Sägespänen. Der Frost soll nach Möglichkeit nicht in den Boden dringen. Die oberirdischen Pflanzenteile schützt man nur mit lose übergelegtem oder beigestecktem Nadelholzreisig. Auch hier geht es im wesentlichen um einen Windschutz und um das Fernhalten der winterlichen Sonneneinstrahlung. Ein dickes Einpacken der Pflanzen in Stroh und Schilf sollte man vermeiden, die Pflanzen ersticken nicht selten unter einem so dichten Panzer. Bewährt hat sich stellenweise ein Einwickeln der Pflanze in Kunststofffolie. Sie bietet vor allem einen Verdunstungsschutz, kann bei Sonneneinstrahlung aber auch wie ein Treibhaus wirken und damit eine zu frühe Saftzirkulation anregen. Bei etwas größeren Pflanzen muß man notfalls zuerst ein Gestell aus drei entsprechend langen Pfählen bauen, dieses mit Draht bespannen und dann mit Reisig behängen. Häufig benötigen die Pflanzen nur in der Jugend Schutz, solange sie noch nicht den kälteren Zonen der bodennahen Luftschicht entwachsen sind und ihr Holz noch nicht genügend abgehärtet ist.

Winterhärtezonen

Unsere Garten-, Park- und Forstgehölze stammen aus verschiedenen Klimazonen der nördlichen Halbkugel (aus der südlichen Hemisphäre können wir nur wenige Arten kultivieren); sie sind vor allem dank ihrer unterschiedlich hohen Frostresistenz den Klimabedingungen dieser Zonen angepaßt.

Grundlage der hier behandelten Winterhärtezonen sind die mittleren jährlichen Minima der Lufttemperatur. Die Gründe dafür werden von Heinze und Schreiber (MDDG Bd. 75) ausführlich dargelegt. Sie führen u. a. aus, daß die absoluten Minima der Lufttemperatur ein recht uneinheitliches Bild von Einzeldaten ergeben, die sich schwerer zu Zonen zusammenfassen lassen als die mittleren Minima und daß vor allem die in den USA für die USA und Kanada vorgenommene Kartierung ebenfalls die mittleren jährlichen Minima zur Grundlage hat, wodurch sich Vergleichsmöglichkeiten ergeben.

Nordamerika ist auf der Basis der mittleren jährlichen Minima schon länger in Winterhärtezonen für Gehölze eingeteilt worden, vor allem von Rehder (1927, 1940) und Wyman (1938). Nach jahrelangen Vorarbeiten wurde schließlich 1960 vom US Department of Agriculture eine neue Kartierung vorgenommen und als Plant Hardiness Zone Map (USDA Map) veröffentlicht, die 1965 als überarbeiteter Neudruck erschien und 1972 nachgedruckt wurde (zitiert bei Heinze und Schreiber). Die Karte weist zehn Zonen auf, von denen die Zonen 2 bis 10 in Halbzonen a und b unterteilt sind. Mit Ausnahme der Zonen 1 und 10 umfassen alle anderen Zonen gleichmäßig 10 °F (≈ 5,5 °C).

Für den mitteleuropäischen Raum gab es bisher keine brauchbare Winterhärtezonenkarte und keine umfassende Zuordnung der Gehölze zu diesen Zonen. Beißner, Schelle, Zabel (1903) und Schelle (1909) haben für Deutschland auf der Basis der Minima in normalen und in extrem kalten Wintern sieben Klimaregionen ausgewiesen, dazu aber keine Karte vorgelegt und naturgemäß nur die damals kultivierten Gartengehölze diesen Zonen zugeordnet. Schelles Arbeiten sind später nicht weitergeführt und, mit Ausnahme von Schneider (1906), von anderen Autoren nicht übernommen worden.

Angaben zu Winterhärtezonen in Europa in der neueren Literatur (u. a. Johnson 1975, Barber und Philipps 1975) basieren z. T. auf älteren amerikanischen Karten und sind nicht genügend auf europäische Verhältnisse abgestimmt; sie sind deshalb nur in begrenztem Umfang zu gebrauchen. Selbst bei gleicher Zoneneinteilung (Temperaturabstufung) läßt sich die in Nordamerika vorgenommene Zuordnung der kultivierten Gehölze zu den einzelnen Zonen nicht ohne weiteres auf europäische Verhältnisse übertragen. Der die Frosthärte eines Gehölzes mit beeinflussende Witterungsverlauf eines Jahres (Temperaturverlauf im Spätsommer und im Herbst, Menge und Verteilung der Niederschläge in der Vegetationszeit, Zeitpunkt und Höhe des Schneefalles, Beginn und Dauer der Frostperiode) verläuft in der gleichen Winterhärtezone in Nordamerika in der Regel anders als in Mitteleuropa.

Auf der von Krüssmann (1970 und 1972) veröffentlichten Karte Mitteleuropas sind durch Isothermen der mittleren Jahresminimumtemperatur mit Abstufen von 5 zu 5 °C sechs Temperaturzonen dargestellt. Die Winterhärteangaben bei der Beschreibung der Arten (keine Angabe, ∧, ∧ ∧, ∧ ∧ ∧) sind zu wenig differenziert.

Die Angaben von Härtezonen in den Katalogen von Simon, Marktheidenfeld (1977 und 1978) basieren auf neueren amerikanischen Daten; einige Gehölze sind dabei zu günstig eingestuft. Der schwedische »Växtatlas« (Ullström 1966) berücksichtigt mit seinen sieben Winterhärtezonen nur die klimatischen Verhältnisse im eigenen Land.

Heinze und Schreiber haben für den europäischen Raum Winterhärtezonen-Karten entwickelt. Darin werden die Temperaturgrenzen der Zonen der USDA Map übernommen, die Temperaturgrade allerdings von Fahrenheit in Celsius umgerechnet. Die Übernahme der amerikanischen Zoneneinteilung erlaubt hinsichtlich der Winterhärte von Gehölzen Vergleiche zwischen Nordamerika und Europa. Den zehn Zonen der USDA Map ist eine elfte Zone hinzugefügt worden, weil auf Malta, Lampedusa, den Azoren und Madeira die mittleren jährlichen Minima der Lufttemperatur höher liegen als + 4,4 °C (= + 40 °F), die zehnte Zone der nordamerikanischen Einteilung aber bei + 40 °F aufhört.

Winterhärtezonen und deren Temperaturbereiche, resultierend aus der mittleren jährlichen Minimumtemperatur t_{minJ} (nach Heinze und Schreiber, MDDG Band 75)

Zone	°F	°C
1	unter − 50	unter − 45,5
2	− 50 bis − 40	− 45,5 bis − 40,1
3	− 40 bis − 30	− 40,0 bis − 34,5
4	− 30 bis − 20	− 34,4 bis − 28,9
5	− 20 bis − 10	− 28,8 bis − 23,4
6	− 10 bis 0	− 23,3 bis − 17,8
7	0 bis + 10	− 17,7 bis − 12,3
8	+ 10 bis + 20	− 12,2 bis − 6,7
9	+ 20 bis + 30	− 6,6 bis − 1,2
10	+ 30 bis + 40	− 1,1 bis + 4,4
11	über + 40	über + 4,4

Das für die Karten als Maßzahl zugrunde gelegte »mittlere jährliche Minium der Lufttemperatur« wird errechnet, indem die in den Wetterhütten der einzelnen Stationen 2 m über – soweit vom Klima her möglich – rasenbedecktem Boden im Laufe langfristiger Meßperioden gemessenen alljährlichen Tiefsttemperaturen (absolute Minima der einzelnen Jahre) summiert und durch die Anzahl der Beobachtungsjahre dividiert werden. Diese Mittelwerte werden mit t_{minJ} bezeichnet.

Winterhärtezonen-Einteilung für Mitteleuropa
(nach Heinze und Schreiber, MDDG Band 75)

Zone	°F	°C
5b	− 15 bis − 10	− 26,0 bis − 23,4
6a	− 10 bis − 5	− 23,3 bis − 20,6
6b	− 5 bis 0	− 20,5 bis − 17,8
7a	0 bis + 5	− 17,7 bis − 15,0
7b	+ 5 bis + 10	− 14,9 bis − 12,3
8a	+ 10 bis + 15	− 12,2 bis − 9,5
8b	+ 15 bis + 20	− 9,4 bis − 6,7

In der Europakarte umfassen die Temperaturbereiche der Winterhärtezonen jeweils 5,5 °C; für Mitteleuropa sind diese Zonen in Halbzonen a und b unterteilt (siehe Tabellen).

In Europa, von Nordrußland bis zu den Azoren, kommen alle elf Winterhärtezonen vor, in Mitteleuropa nur die Zonen 5 bis 8. Ihre Unterteilung in Halbzonen (auf der Mitteleuropakarte durch eine gestrichelte Linie kenntlich gemacht) berücksichtigt die ziemlich kleinräumige mitteleuropäische Landesnatur und ermöglicht differenziertere Aussage über die Anbaufähigkeit von Gartengehölzen in einer bestimmten Region. Bei Heinze und Schreiber wird die Abgrenzung der Zonen eingehend besprochen, wobei unter anderem auch die Gründe für die Ausweisung einer größeren Anzahl kleinräumiger Exklaven dargelegt werden. Im einzelnen kann hier auf die Erläuterung der Karten nicht näher eingegangen werden. Angemerkt werden muß aber, daß in den Karten nicht alle lokalklimatischen Besonderheiten berücksichtigt werden konnten. Bei der Auswertung der Klimadaten bestätigte sich unter anderem, daß Stadtstationen in der Regel eine Halbstufe wärmer einzustufen sind als deren weitere Umgebung, daß sich Wasserflächen, falls sie während strenger Winter nicht zufrieren, ebenso günstig auswirken wie warme Hangzonen, Kuppen und Rücken, während in Mulden und Tälern ungünstigere Bedingungen herrschen. Außerdem wurde nördlich der Alpen keine wesentliche Höhenabhängigkeit der Winterhärtezonen festgetellt; bis 1500 m über NN herrscht hier einheitlich die Zone 6b. Der Südabfall der Alpen zeigt dagegen eine deutliche Höhenabstufung der Winterhärtezonen (siehe Tabelle).

Zuordnung der Gehölze zu den Winterhärtezonen

Auf der Grundlage der Winterhärtezonen-Karte von Heinze und Schreiber habe ich in der 1981 erschienenen 2. Auflage der »Gartengehölze« bei den im lexikalischen Teil dieses Buches ausgeführten Gehölzarten jeweils die Zone (auch außerhalb Mitteleuropas) angegeben, in der die betreffende Art in der Regel noch frosthart ist, in der also ihr Kulturareal beginnt.

In extrem kalten Wintern werden die den jeweiligen Zonen zugrundeliegenden mittleren jährlichen Minima der Lufttemperatur stark unterschritten, wobei es dann zu mehr oder weniger großen Schäden an den Gehölzen kommen kann. Nach Heinze und Schreiber dürfte es realistisch sein, wenn man, ähnlich wie bei kanadischen Angaben, eine etwa 80%ige Überlebenswahrscheinlichkeit der Gehölze in den angegebenen kältesten Zonen ihres Anbaugebietes zugrunde legt. Außerdem treten Extremwinter in unterschiedlich großen, nicht vorhersehbaren Zeitabständen auf. Zwischen zwei Extremwintern lassen sich in weniger günstigen Zonen durchaus mit Erfolg auch empfindlichere Gartengehölze kultivieren; man muß sich nur darauf einstellen, daß diese im nächsten Extremwinter mehr oder weniger große Schäden davontragen können. Heinze und Schreiber weisen darauf hin, daß einerseits ein sehr kalter Winter geringe Schäden verursachen kann, daß andererseits ausgesprochene Schadwinter aber nicht kalt sein müssen, wie Kemmer und Schulz (1955, zitiert bei Heinze und Schreiber) in einer Untersuchung über die Auswirkung besonders strenger Winter auf Obstgehölze nachgewiesen haben. Wie schon mehrfach angefügt, ist die Frostresistenz ja keine absolute Größe, obwohl sie eine genetisch fixierte Eigenschaft ist, die durch Umwelteinflüsse nur in Grenzen beeinflußt werden kann.

Einen Einfluß auf die Winterhärte hat neben zusagenden Bodenverhältnissen (physikalische und chemische Eigenschaften, Struktur und Zustand) und einer optimalen Nährstoffversorgung als Grundlage für ein gesundes Wachstum vor allem der Witterungsverlauf im Sommer und im Herbst. Nach einen mäßig warmen und trockenen Herbst, verbunden mit einer optimalen Wasserversorgung im Frühherbst, schließen die Gehölze rechtzeitig mit dem Trieb ab, reifen gut aus und erreichen sicher ihre spezifische Winterhärte. Die Bodenpflege beeinflußt u.a. den Wasserhaushalt eines Bodens, der, vor allem bei immergrünen Gehölzen, einen großen Einfluß auf die Winterhärte ausüben kann.

Von erheblichem Einfluß ist auch der Beginn der Winterfröste. Im Laufe des Winters findet in Blättern, Knospen und Trieben eine ansteigende Frosthärtung statt, die sich zum Frühjahr hin allmählich wieder auflöst. Von beträchtlichem Einfluß können auch kleinklimatische Standortbedingungen sein. Durch geschicktes Ausnutzen kleinklimatischer Standortvorteile lassen sich nicht selten Gehölze auch in solchen Winterhärtezonen mit Erfolg kultivieren, in denen sie ohne diese besonderen Vorteile nicht mehr optimal gedeihen würden.

Winterhärtezonen in unterschiedlicher Höhe nach einem Querschitt durch die Alpen im Bereich Tirols
(nach Heinze und Schreiber, MDDG Band 75)

Höhe m	Entfernung vom Gebirgsrand in km						
	Nord 0–30	30–60	60–90	Mitte	90–60	60–30	30–0 Süd
3000		5 b	5 a	5 a	5 a		
2500		6 a	5 b	6 a	6 a	5 b	
2000	6 b	6 b	5 b	6 b	6 a	6 b	7 a
1500	6 b	6 b	6 b	6 b	6 b	7 a	7 a
1000	6 b	6 b	6 b	7 a	7 a	7 a	7 a
500	6 b	6 b	6 b	8 a	8 a	8 a	8 a
250	−	−	−	−	8 a	8 b	8 b
Höhe der möglichen Waldgrenze							
	1700 m	2000 m	2300 m	2400 m	2300 m	2100 m	1900 m

Winterhärtezonen für Gehölze in Mitteleuropa

Durch die Unterteilung in Halbzonen (gestrichelte und ungestrichelte Bereiche im gleichen Farbfeld) wird dem kleinräumigen Landschaftscharakter und den unterschiedlichen Klimaverhältnissen in Mitteleuropa Rechnung getragen. Bei den Winterhärteangaben im lexikalischen Teil werden ebenfalls Halbzonen genannt.

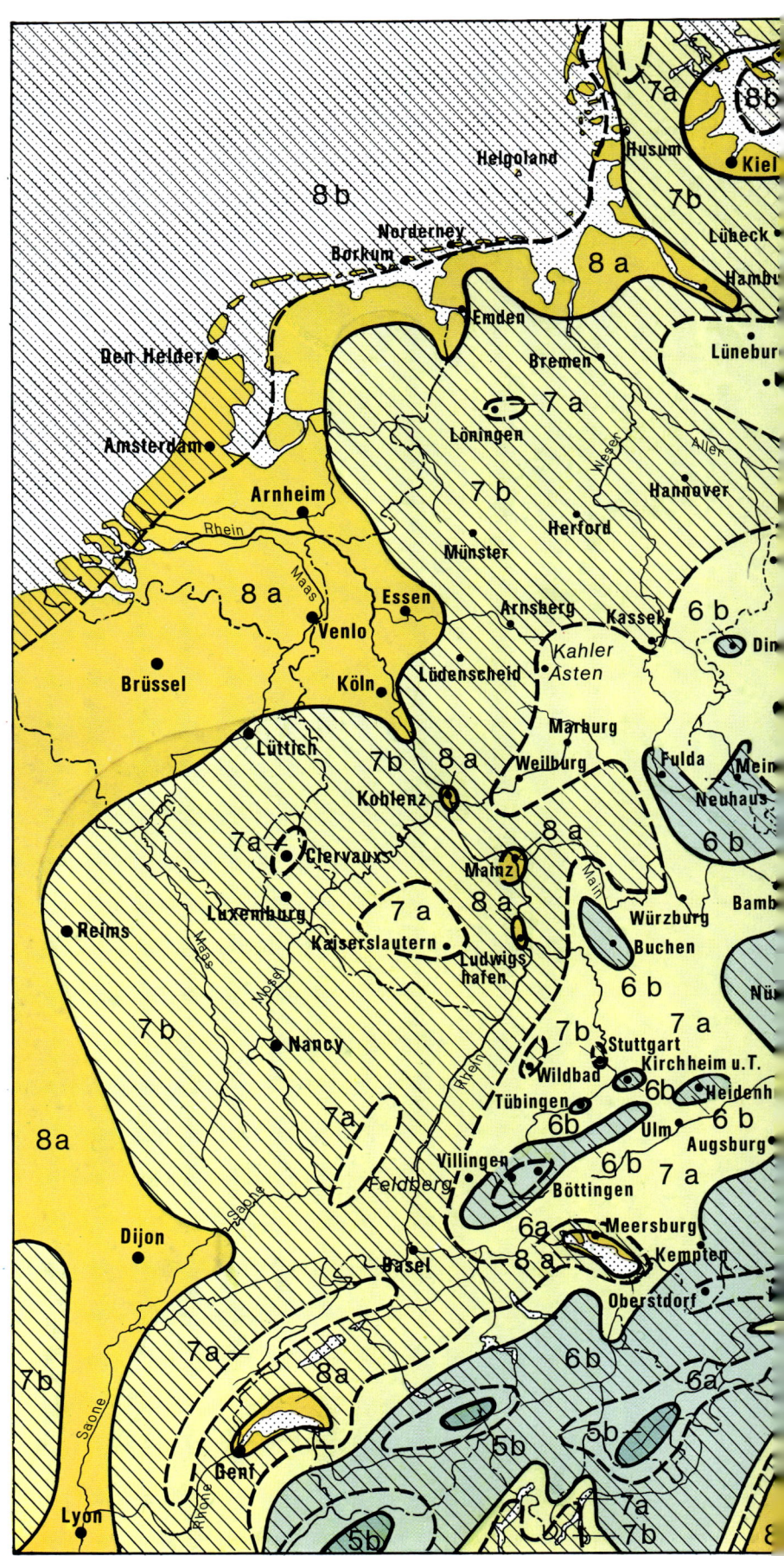

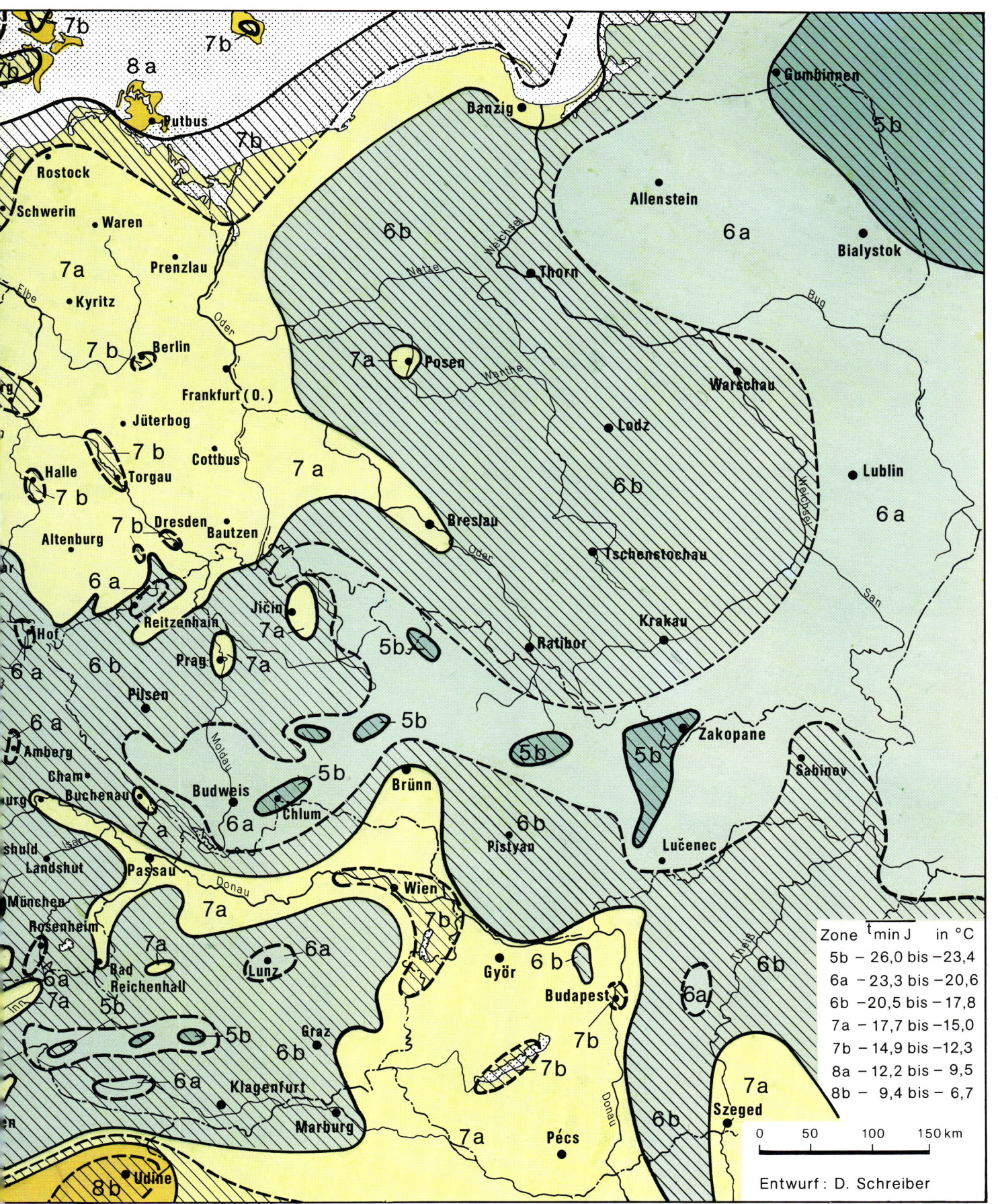

Zone	$t_{min J}$ in °C
5b	− 26,0 bis −23,4
6a	− 23,3 bis −20,6
6b	− 20,5 bis −17,8
7a	− 17,7 bis −15,0
7b	− 14,9 bis −12,3
8a	− 12,2 bis − 9,5
8b	− 9,4 bis − 6,7

0   50   100   150 km

Entwurf: D. Schreiber

107

Bei Gehölzarten mit ausgedehnten natürlichen Arealen ist auch die Provenienz, die Herkunft des Vermehrungsmaterials von nicht zu unterschätzender Bedeutung.

Die Zuordnung der Garten- und Parkgehölze zu Winterhärtezonen ist eine gute Grundlage für die Beurteilung der Anbaufähigkeit und des Gartenwertes einer Gehölzart in bestimmten Zonen und für die Abgrenzung von Kulturarealen.

Grundlage für die Beurteilung der Frostresistenz der Garten- und Parkgehölze im mitteleuropäischen Raum und für die Zuordnung der Gehölze zu bestimmten Zonen waren neben eigenen Erfahrungen nach mehr als 40 Jahren im Umgang mit Gehölzen vor allem:

1. Die Berücksichtigung der natürlichen Areale der mitteleuropäischen Gehölzarten.
2. Die entsprechenden Angaben bei Beißner, Schelle, Zabel (1903), Schelle (1909), Schneider (1906), Rehder (1951), Harrison (1975) und Simon (1978).
3. Aufzeichnungen über Frostschäden an Gehölzen von Jahnel und Watzlawik (1956/57, 1958/59, 1961), Wolf und Kesselring (1911/12), Kraus und Helebrant (1965).
4. Zahlreiche Angaben über Frostschäden an Gehölzen und deren Verhalten in Extremwintern in verschiedenen Bänden der Mitteilungen der Deutschen Dendrologischen Gesellschaft (MDDG).
5. Eine Erhebung über die in mittel-, nord- und osteuropäischen botanischen Gärten und Parkanlagen kultivierten Gehölze, die die Deutsche Dendrologische Gesellschaft durchgeführt hat und deren Ergebnis in Band 73 der MDDG veröffentlicht worden ist.
6. Eine Umfrage der Deutschen Dendrologischen Gesellschaft bei ihren Mitgliedern im Sommer 1979 über Frostschäden an Gehölzen, die durch den strengen Winter 1978/79 verursacht worden sind (Bärtels 1981).
7. Die alljährlich von den botanischen Gärten in aller Welt verschickten Samenlisten (Index Seminum), aus denen zu ersehen ist, welche Gehölzarten unter den gegebenen klimatischen Bedingungen fruktifizieren.

Die Winterhärteangaben werden zu allen in diesem Buch beschriebenen Arten und Hybriden mitgeteilt. Von Ausnahmen abge-

Winterhärte-Indikatorpflanzen*¹
(nach Heinze und Schreiber, MDDG Band 74)

Zone	Botanischer Name	Deutscher Name
1	*Picea obovata*	Sibirische Fichte
	Pinus sylvestris	Gemeine Kiefer
	– *cembra* ssp. *sibirica*	Sibirische Zirbelkiefer
	Ribes nigrum	Schwarze Johannisbeere
	Betula pubescens	Moorbirke
	– *nana*	Zwergbirke
	Populus tremula	Zitterpappel
2	*Picea abies*	Gemeine Fichte
	Potentilla fruticosa	Fingerstrauch
	Salix pentandra	Lorbeerweide
3	*Alnus glutinosa*	Schwarzerle
	Caragana arborescens	Erbsenstrauch
	Rhamnus frangula	Faulbaum
4	*Quercus robur*	Stieleiche
	Tilia cordata	Winterlinde
	Acer platanoides	Spitzahorn

5	*Rhamnus catharticus*	Kreuzdorn
	Fraxinus excelsior	Gemeine Esche
	Acer campestre	Feldahorn
	Cornus mas	Kornelkirsche
6	*Taxus cuspidata*	Japanische Eibe
	Buxus sempervirens	Buchsbaum
	Hedera helix	Efeu
	Juglans regia	Walnuß
	Quercus petraea	Traubeneiche
7	*Taxus baccata*	Eibe
	Cedrus atlantica	Atlaszeder
	Ilex aquifolium	Stechpalme, Hülse
	Prunus laurocerasus	Lorbeerkirsche
8	*Araucaria araucana*	Chilenische Araucarie
	Cupressus sempervirens (nur wärmere, insbesonders sommerwarme Teile der Zone 8)	Echte Zypresse
	Magnolia grandiflora	Immergrüne Magnolie
	Pinus pinaster	Strandkiefer
	Quercus ilex	Steineiche
	Trachycarpus fortunei (nur wärmere Teile der Zone 8)	Japanische Hanfpalme
9	*Chamaerops humilis*	Zwergpalme
	Citrus-Arten	Zitrusgewächse
	Eucalyptus globulus (nur wärmere Teile der Zone 9)	Blaugummibaum
	Jubaea chilensis	Honigpalme
	Laurus nobilis	Lorbeer
	Myrtus communis (nur wärmere Teile der Zone 9)	Myrte
	Nerium oleander (nur wärmere Teile der Zone 9)	Oleander
	Olea europaea	Ölbaum
	Phoenix canariensis*² (nur wärmere Teile der Zone 9)	Kanarische Dattelpalme
	Pinus pinea (in Zone 8 in kalten Wintern regelmäßig schwerste Schäden, doch Wiederaustrieb)	Pinie
	Viburnum tinus (auch wärmste Teile der Zone 8)	Lorbeerschneeball
10	*Annona cherimola*	Cherimoya
	Ceratonia siliqua	Johannisbrotbaum
	Ficus elastica (nur wärmste Teile der Zone 10)	Gummibaum
	Musa basjoo, Ensete ventricosum	Bananen
	Phoenix dactylifera*²	Echte Dattelpalme
11	*Cocos nucifera*	Kokospalme
	Chrysalidocarpus lutescens	Goldblattpalme
	Theobroma cacao	Kakaobaum
	Spathodaea campanulata	Afrikanischer Tulpenbaum

*¹ Pflanzen, deren Kulturareal jeweils in der Winterhärtezone beginnt, in der sie aufgeführt sind. Die Tabelle bringt eine Auswahl von Gehölzen.

*² *Phoenix canariensis* und *P. dactylifera* unterscheiden sich hinsichtlich ihrer Kälteresistenz sehr wenig. Hinsichtlich ihres sommerlichen Wärmebedarfs ist der Unterschied jedoch sehr groß. Die Früchte von *P. dactylifera* reifen nur an sehr heißen Standorten aus.

sehen (z.B. einige gelblaubige Farbmutanten), kann man davon ausgehen, daß in der Regel auch Formen und Sorten über die gleiche Frostresistenz verfügen wie ihre Stammart; nicht selten sind Gartenformen sogar frosthärter als die natürliche Art.

Trotz umfangreicher Nachforschungen liegt nicht für jede in diesem Buch behandelte Gehölzart die gleiche Anzahl an Informationen über ihre Winterhärte in der Gartenkultur vor. Deshalb sind die Aussagen über die Winterhärte nicht bei allen Arten gleich gut abgesichert; Mitteilungen über andere Erfahrungen mit der Winterhärte einer Gehölzart sind daher sehr willkommen.

Boden und Wasser

Der Boden ist einer der wichtigsten Standortfaktoren. Während man den Standortfaktor Klima kaum nachhaltig beeinflussen kann, läßt sich der Boden durchaus verbessern. Vom Boden verlangen wir zweierlei, er muß als Wurzelgrund in physikalisch-mechanischer Hinsicht brauchbar sein, und er muß die notwendigen Nährstoffe und das Wasser enthalten und bei Bedarf abgeben können.

Der Boden und seine Bestandteile

Als Boden bezeichnet man die oberste, mit Leben erfüllte Schicht der festen Erdrinde. Sie besteht aus *mineralischen Stoffen* verschiedener Korngrößen, die aus Gesteinen und Mineralien hervorgingen und aus *organischen Substanzen*. Diese Reste von Pflanzen und Tieren sind die Voraussetzungen für das Leben der Mikroorganismen. Hinzu kommt das *Bodenwasser* und die *Bodenluft*, die in unterschiedlichen Mengenverhältnissen die Hohlräume erfüllen. Neben den Bestandteilen des Bodens ist die Lagerungsweise der einzelnen Bestandteile, die *Bodenstruktur* von Bedeutung. Schneidet man einen gewachsenen Boden senkrecht an, werden unterschiedlich gefärbte und in Struktur und Körnung abweichende Schichten sichtbar, die man als *Bodenprofil* bezeichnet, ein wichtiges Merkmal für die Einteilung der Böden. Für den gärtnerischen und landwirtschaftlichen Pflanzenbau ist die *Krume*, ihre Struktur, ihr Wasser-, Luft- und Nährstoffgehalt, von ausschlaggebender Bedeutung. In ihr breitet sich die Hauptmasse der Wurzeln aus, und sie unterliegt im wesentlichen der Bearbeitung.

Nach der Korngröße der mineralischen Bodenbestandteile unterscheiden wir mehrere Bodenarten. Die mechanische Bodenanalyse, bei der durch Siebe die groben Bestandteile getrennt und durch die Schlämmanalyse die feinen ermittelt werden, gibt Aufschluß über die mineralische Zusammensetzung. Für den Kulturboden ist nur die Feinerde von Bedeutung, alle Teile unter 2 mm Größe, die als Grobsand, Feinsand, Schluff und Ton bezeichnet werden. Mit abnehmender Korngröße geht eine physikalische Verschlechterung

des Bodens einher, die sich in der weniger günstigen Wasser- und Luftbewegung ausdrückt. Gleichzeitig steigen jedoch die chemischen Eigenschaften des Bodens, denn neben dem Humus ist auch der Ton Nährstoffträger.

Neben der Körnung der mineralischen Bestandteile werden auch Kalk und Humus bei der Unterscheidung der Bodenart berücksichtigt. Nach Schmalfuss (1955) teilen wir die Böden nach dem Prozentgehalt ihrer charakteristischen Bestandteile wie folgt ein (angegeben ist immer der Mindestgehalt):

Bodenart	Steine	Sand	abschlämm-bare Teile	Kalk	Humus
Steinböden	80				
Sandböden		80			
Lehmböden		50	20		
Tonböden			50		
Mergelböden				5	
Kalkböden				40	
Humusböden (reine)					20

Der Nutzungswert der einzelnen Bodenart läßt sich etwa folgendermaßen charakterisieren:

Steinböden lassen sich erst ackerbaulich nutzen, wenn ihr Feinerdegehalt mehr als 15 % beträgt.

Sandböden lassen sich leicht bearbeiten, man nennt sie daher leichte Böden. Sie haben nur eine geringe wasserhaltende Kraft, und ihre Nährstoffe werden leicht ausgewaschen. Ihr hoher Luftanteil fördert die schnelle Erwärmung und das Mikroorganismenleben im Boden, organische Stoffe werden schnell abgebaut. Reine Sandböden sind nur forstlich nutzbar, mit steigendem Gehalt an Ton, Kalk und Humus ergeben sie gute Acker- und Gartenböden. Im Garten lassen sie sich durch die wiederholte Zufuhr organischer Substanzen leicht verbessern.

Lehmböden sind durch wechselnde Anteile von Sand und Ton geprägt. Sie vereinigen in der Regel die Vorteile beider Bodenarten in sich und sind meist gute Kulturböden.

Tonböden besitzen oft ungünstige physikalische Eigenschaften, da sich ihre feinen Teilchen eng aneinander lagern, der Boden daher schlecht durchlüftet und nur schwer zu bearbeiten ist, er ist ein schwerer Boden. Nur milde Tonböden mit höherem Sandanteil sind im Garten nutzbar.

Mergelböden sind durch einen Mindestgehalt von 5 % Calciumcarbonat gekennzeichnet. In der Regel handelt es sich um nährstoffreiche Lehm- und Tonböden, die dank ihrer günstigen physikalischen Eigenschaften zu den fruchtbarsten Ackerböden gehören.

Kalkböden besitzen einen Anteil von mehr als 40 % Calciumcarbonat. Sie sind meist sehr tätig und trocken und daher für den Pflanzenwuchs recht ungünstig.

    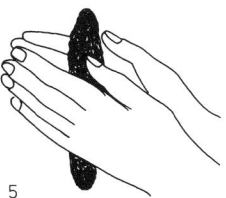

1   2   3   4   5

Einschätzung der Bodenart nach der "Fingerprobe" am leicht feuchten Boden. 1 Leichter Sandboden rinnt durch die Finger, 2 Lehmiger Sandboden krümelt, 3 Mittelschwerer, sandiger Lehmboden ist formbar, zerbricht aber in mittelgroße Klümpchen, 4 Lehmboden backt zusammen, 5 Aus Tonboden lassen sich "Würste" formen

Alle Böden können verschieden große **Humusmengen** enthalten. Nach Schmalfuss (1955) werden sie in verschiedene Gruppen eingeteilt:

Bodentyp	Humusgehalt in %
humusarm	0–2
humushaltig	2–5
humos	5–10
anmoorig	10–20
Moorboden	über 20

Eine grobe Einschätzung des Bodens kann man durch die »Fingerprobe« am leicht feuchten Boden erreichen. Der Sandboden rinnt durch die Finger; der lehmige Sandboden krümelt, während der sandige Lehmboden zwar formbar ist, aber leicht zerbricht; der Lehmboden backt zusammen, und aus dem Tonboden lassen sich »Würste« formen. Wer aber seinen Boden genauer kennenlernen will, läßt sich eine wissenschaftliche Bodenanalyse erstellen, die Auskunft über die Bodenart, die Reaktion und den Nährstoffzustand gibt. Dazu werden an mindestens zehn gleichmäßig über das Grundstück verteilten Stellen einige Eßlöffel Erde entnommen, gemischt und an die zuständigen Untersuchungsstellen geschickt. Einen genauen Überblick erhält man, wenn man die Bodenprobe für jede Bodenschicht von etwa 10 cm getrennt entnimmt, bis in etwa 30 cm Tiefe. Den Angaben über die Nährstoffgehalte läßt sich entnehmen, wie weit ein Boden mit Nährstoffen versorgt ist bzw. ob eine Düngung erforderlich ist.

Bodenuntersuchungen werden von den nachstehend genannten Fachinstituten vorgenommen, die auch Wasseruntersuchungen durchführen.

Institut für Angewandte Botanik, Marseiller Straße 7, 2000 Hamburg 36, Tel.: 040-41232351

Landwirtschaftliche Untersuchungs- und Forschungsanstalt, Gutenbergstraße 75–77, 2300 Kiel, Tel.: 04131-587970

Landwirtschaftliche Untersuchungs- und Forschungsanstalt, Mars-la-Tour-Straße 4, 2900 Oldenburg, Tel.: 0441-801845

Bodenuntersuchungsinstitut Koldingen, Dr. Hans von Rohr KG, Holländerei 5, 3017 Pattensen 1, Tel.: 05102-70060

Institut für Bodenökologie, Am Teeberg 5, 3111 Bohlsen, Tel.: 05808-605

Landwirtschaftliche Untersuchungs- und Forschungsanstalt, Finkenborner Weg 1a, 3250 Hameln, Tel.: 05151-608455

Hessische Landwirtschaftliche Versuchsanstalt – Landwirtschaftl. Untersuchungsamt, Am Versuchsfeld 13, 3500 Kassel-Harleshausen, Tel.: 0561-885041

Landwirtschaftliche Untersuchungs- und Forschungsanstalt, Nevinghoff 40, 4400 Münster, Tel.: 0251-2376772

Landwirtschaftliche Untersuchungs- und Forschungsanstalt, Institutszentrum Beuel-Roleber, Siebengebirgsstraße 200, 5300 Bonn 3, Tel.: 0228-403330

Landes-Lehr- und Versuchsanstalt für Weinbau, Gartenbau und Landwirtschaft, Institut für Bodenkunde, Egbertstraße 18–19, 5500 Trier, Tel.: 0651-49061

Hessische Landwirtschaftliche Versuchsanstalt – Landwirtschaftliches Untersuchungsamt, Darmstadt/Kassel, Rheinstraße 91, Postfach 4001, 6100 Darmstadt, Tel.: 06165-81091

Landwirtschaftliche Untersuchungs- und Forschungsanstalt, Obere Langgasse 40, 6720 Speyer, Tel.: 06232-76026-27

Landesanstalt für Landwirtschaftliche Chemie, Emil-Wolff-Straße 14, Postfach 700562, 7000 Stuttgart 70 (Hohenheim), Tel.: 0711-4592672

Staatliche Landwirtschaftliche Untersuchungs- und Forschungsanstalt Augustenberg, Neßlerstraße 23, Postfach 430230, 7500 Karlsruhe, Tel.: 0721-48020

Bayerische Hauptversuchsanstalt für Landwirtschaft der Technischen Universität München, 8050 Freising-Weihenstephan, Tel.: 08161-713381-82

Bayerische Landesanstalt für Bodenkultur und Pflanzenbau, Landwirtschaftliches Untersuchungsamt, Herrnstraße 8, 8707 Veitshöchheim, Tel.: 0931-9002-862

Neben den Korngrößen spielt die Art ihrer Lagerung für den Pflanzenwuchs eine überragende Bedeutung. Wir unterscheiden die Einzelkornstruktur, bei der die einzelnen Bodenkörner mehr oder weniger dicht beieinander liegen, etwa bei reinen Sand- und Tonböden und die Krümelstruktur, bei der die einzelnen Teile zu Krümeln verkittet sind. Die Krümelstruktur bietet die beste physikalische und chemische Voraussetzung für einen befriedigenden Pflanzenwuchs. Alle ackerbaulichen Maßnahmen zielen daher auf die Schaffung einer günstigen Krümelstruktur hin, die sich durch die Bodenbearbeitung und besonders durch die Düngung erreichen läßt. Eine Krümelstruktur kann nur in Böden erreicht werden, die neben gröberen Bestandteilen genügende Kalkmengen und feinste (kolloide) Ton- und Humusteile enthalten. Die Kolloide (alle Bodenteile die zwischen 2/1000 und 1/1000000 mm groß sind) verkitten infolge der Ausflockung durch Calciumionen die einzelnen Bodenteilchen und führen zum Zustand der Bodengare. Durch ausreichende Kalk- und Humusgaben und sachgerechte Bodenpflege bewahrt oder erreicht man die Bodengare und damit den bestmöglichen Zustand des Bodens.

Die Pflanzen atmen mit ihrer gesamten Oberfläche, also auch mit den Wurzeln; der Sauerstoff der Bodenluft ist daher einer der wichtigsten Standortfaktoren. Auch die Mikroorganismen sind auf eine ausreichende Versorgung mit Sauerstoff angewiesen. Etwa die Hälfte des Hohlraumvolumens im Boden ist mit Luft erfüllt. Gegenüber der Außenluft unterscheidet sie sich durch einen wesentlich höheren Gehalt an Kohlendioxid, der auf die Atmung der Pflanzenwurzeln und der Mikroorganismen zurückgeht. Eine ständige Durchlüftung des Bodens erreicht man durch Bearbeitungsmaßnahmen, durch die Förderung der Krümelstruktur und notfalls durch eine Entwässerung.

Das von der Luft nicht eingenommene Hohlraumvolumen des Bodens ist mit Wasser gefüllt. Eine ausreichende Wasserführung des Bodens ist für den Pflanzenwuchs unerläßlich. Die Wasserkapazität, das Maß für das Festhaltevermögen eines Bodens, ist in den verschiedenen Bodenarten naturgemäß recht unterschiedlich. Es ist in Sandböden am geringsten und erreicht in Ton- und humusreichen Moorböden die höchsten Werte. Das Bodenwasser entstammt

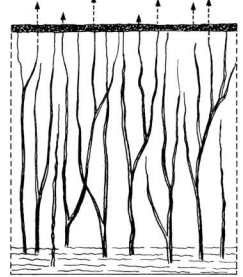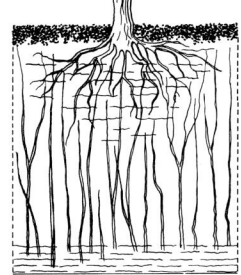

In unbearbeitetem Boden steigt das kapillare Bodenwasser ungehindert an die Bodenoberfläche. Die flache Bearbeitung oder eine Mulchdecke unterbricht die Kapillarröhrchen und mindert die Verdunstung

im wesentlichen den Niederschlägen, die entweder als Haftwasser in den Bodenkapillaren festgehalten werden oder absinken und dann als Grundwasser erscheinen. Das von den Pflanzen nutzbare Kapillarwasser erreicht in gut gekrümelten Böden seine höchsten Werte. Werden die Poren durch Bodenbearbeitung oder grobe Körnung größer, nimmt die Wasserhaltekraft des Bodens ab. Der Wasserhaushalt des Bodens wird durch die Verdunstung wesentlich beeinflußt. Sie hängt von verschiedenen Faktoren ab und kann durch die Bodenbearbeitung verringert werden. Wird der Boden oberflächlich aufgerauht, so ist der Wassernachschub aus tieferen Schichten durch die großen Hohlräume unterbrochen. Im gleichen Sinne wirkt auch eine Mulchdecke aus organischem Material oder Sanddecken auf Moor. Der Wasserhaushalt unserer Böden im Ablauf des Jahres ist meist dadurch gekennzeichnet, daß die sommerlichen Niederschläge den Wasserbedarf nicht befriedigen können. Stets wird das Grundwasser der tieferen Schichten mitverbraucht, im Garten ist häufig eine zusätzliche Bewässerung notwendig.

Die Wärmeverhältnisse der Böden können auf den Pflanzenwuchs erhebliche Auswirkungen haben. Die Bodenwärme ist klimatisch bedingt und entstammt der Sonnenenergie. Sie wird beeinflußt durch die Art des Bodens und seinen Luft- und Wasserhaushalt. Sie können durch eine entsprechende Bodenbearbeitung nur in Grenzen verändert werden.

pH-Wert des Bodens

Der pH-Wert gibt den Säuregehalt, genauer den Gehalt an Hydronium-Ionen (H_3O^+) einer Lösung an. Die Reaktion des Bodens kann sauer, alkalisch oder neutral sein und beeinflußt die Bodenstruktur und das Pflanzenwachstum nicht unerheblich. Der pH-Wert wird in Zahlen ausgedrückt, die von 1 bis 14 reichen. Werte unter pH 7 bezeichnen den sauren Bereich, darüber den alkalischen Bereich. Unter pH 4–4,5 ist ein zufriedenstellendes Pflanzenwachstum im Garten nahezu ausgeschlossen. Lediglich für *Rhodendendron* und andere Ericaceen sind Werte bis zu dieser Grenze ideal. Die meisten anderen Pflanzen gedeihen dagegen besser in leicht sauren bis schwach alkalischen Bereichen von pH 6–7. Der pH-Wert des Gartenbodens läßt sich mit dem Pehameter leicht ausreichend genau bestimmen. Die meisten Böden sind im neutralen bis schwach sauren Bereich, bei ausreichendem Gehalt an kohlensaurem Kalk und Humus, zur Ausbildung der Krümelstruktur befähigt. Fast alle mitteleuropäischen Böden sind durch eine natürliche Kalkverarmung gekennzeichnet. Neben der Bodenbearbeitung muß eine Düngung mit Kalk und Humus zur Stützung der Krümelstruktur beitragen. Von den Handelsdüngern wirken diejenigen alkalisch, die nebenbei Kalk in Form von Ätzkalk, Kalkhydrat oder kohlensaurem Kalk enthalten. Von den Stickstoffdüngern vermindern die Salpeterdünger (Natrium-, Kalium- und Calciumnitrat) die saure Bodenreaktion. Die ammoniumhaltigen Düngemittel (mit Ausnahme der mit Kalk angereicherten) bewirken dagegen eine Zunahme der sauren Reaktion. Die Kalisalze haben nur insofern Auswirkungen auf die Bodenreaktion, als sie, wie auch andere Salze, durch Ionenaustausch versauernd wirken. Die phosphorhaltigen Düngemittel bringen häufig einen Überschuß an freiem oder nur

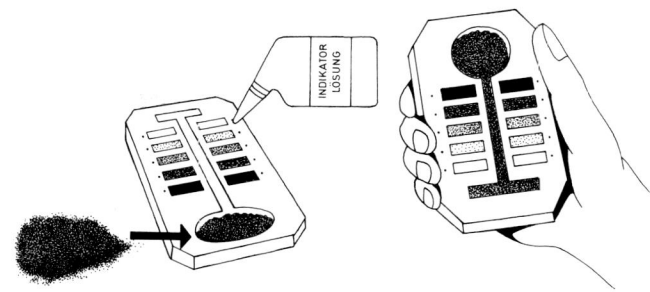

Die Bestimmung der Bodenreaktion mit dem Pehameter vermittelt in der Regel eine ausreichend genaue Aussage über den pH-Wert eines Bodens

locker gebundenem Kalk mit oder verhalten sich im Boden neutral wie das Superphosphat. Den organischen Düngemitteln (Stallmist und Gründünger) ist zunächst eine leicht alkalisierende Wirkung eigen, die mit der Umsetzung des Harnstoffes zur Salpetersäure schließlich einer leicht säuernden Wirkung Platz macht. Eine Anhebung des pH-Wertes ist im allgemeinen leicht möglich. Durch eine Bodenuntersuchung läßt man die notwendige Menge an kohlensaurem Kalk feststellen. Eine nachhaltige Senkung des pH-Wertes, z.B. vor dem Pflanzen von *Rhododendron*, ist nur mit Hilfe von großen Torfmengen oder durch die Einbringung von Schwefelblume möglich. Nach Berg und Heft (1979) läßt sich ein pH-Wert zwischen 6,0 und 7,0 durch das Einbringen von 4 Ballen (je 300 l) Torf je 10 m² und dem Abdecken mit 2 Ballen je 10 m² nach dem Pflanzen auf etwa 5,5 absenken.

Gehölze für extreme Böden

Der größte Teil unserer Gehölze verhält sich den einzelnen Bodenarten gegenüber recht indifferent. Die meisten von ihnen wachsen auf allen gepflegten, schwach sauren bis leicht alkalischen Kulturböden, was nicht bedeuten soll, daß vor dem Pflanzen bodenverbessernde Maßnahmen überflüssig sind. Davon ausgenommen sind nur ganz wenige Gehölzarten, etwa die kalkempfindlichen Rhododendren und andere Heidekrautgewächse. Schwierigkeiten treten nur bei der Nutzung extremer Böden auf, z.B. bei der Bepflanzung leichter Sand-, trockener Kalk-, schwerer Ton- oder stark humoser Moorböden. Hier müssen bodenverbessernde Maßnahmen einsetzen, z.B. die Zufuhr hoher Humusmengen bei sandigen Böden oder die Dränage zu nasser Böden. Ist eine nachhaltige Bodenverbesserung nicht möglich, wählt man solche Arten, die auf dem zur Verfügung stehenden Boden gedeihen können. Die Liste Seite 112 gibt gleichzeitig Auskunft über die Ansprüche bestimmter Arten und Gattungen an Art, Reaktion und Feuchtigkeitsstufe des Bodens. Alle in diesem Buch behandelten, aber in der Liste nicht genannten Arten brauchen gepflegte, ausreichend mit Wasser versorgte, durchlässige Böden mit einer schwach sauren bis leicht alkalischen Reaktion. Konkrete Maßnahmen zur Verbesserung extremer Böden werden im Kapitel »Vorbereiten des Bodens zur Pflanzung« behandelt.

Bodenansprüche der Gehölze

Art	Wuchshöhe (m)	sauer	kalk-haltig	leicht, sandig	schwer, tonig	humos, vorwieg. organ. Material	frisch bis feucht	trocken
Laubgehölze								
Acer campestre	10–15		×					×
– *ginnala*	5–6		×					×
– *monspessulanum*	6–8		×					×
– *negundo*	10–15		×				×	×
– *palmatum*	6–8	×					×	
– *pensylvanicum*	6–12						×	
– *platanoides*	20–30		×	×	×		×	×
– *pseudoplatanus*	30–40		×	×			×	
– *rubrum*	10–20	×		×			×	
– *saccharinum*	20–30			×			×	
– *tataricum*	6–8							×
Ailanthus altissima	20–25		×	×				×
Alnus cordata	10–15							×
– *glutinosa*	20–25	×					×	
– *incana*	15–20		×	×			×	
Amelanchier laevis	8–13	×	×	×			×	×
– *lamarckii*	6–10		×	×			×	×
– *ovalis*	2–3		×	×				×
Amorpha canescens	1			×				×
– *fruticosa*	2–3		×	×			×	×
Andromeda-Arten	0,2	×				×	×	
Aralia elata	2–3		×	×			×	×
Arctostaphylos-Arten	0,2			×				
Aronia arbutifolia	1,5–2						×	
Berberis, meiste Arten	1–3		×					
– sommergrüne Arten	1–3		×	×				
– *thunbergii*	1	×		×				
Betula, meiste Arten	1–25	×						
– *nana*	0,5	×					×	
– *nigra*	12–15	×					×	
– *pendula*	20–25	×		×	×		×	×
– *pubescens*	15–20	×					×	
Bruckenthalia spiculifolia	0,2	×					×	
Buddleja alternifolia	4			×				×
– *davidii*-Sorten	3–4		×	×				
Buxus sempervirens	6–8		×					×
Callicarpa-Arten	1,5–2	×					×	
Calluna vulgaris	0,2	×		×				
Calycanthus floridus	2–3						×	
Camellia japonica	2–4	×						
Caragana-Arten	1–6			×				×
Carpinus betulus	12–20		×	×			×	
– *orientalis*	3–5		×					×
Caryopteris-Arten	1			×				×
Cassiope tetragona	0,3	×				×		
Castanea sativa	20–30	×		×				
Catalpa bignonioides	12–16		×	×			×	×
Ceanothus-Arten	1		×	×				×
Celtis australis	20–25			×				
– *occidentalis*	20–25							×
Cephalanthus occidentalis	1,5–2						×	
Cercidiphyllum japonicum	10–15						×	
Cercis-Arten	3–5		×					×

Bodenansprüche der Gehölze (Fortsetzung)

Art	Wuchshöhe (m)	sauer	kalkhaltig	leicht, sandig	schwer, tonig	humos, vorwieg. organ. Material	frisch bis feucht	trocken
Chamaedaphne calyculata	0,5	×				×	×	
Choenomeles-Arten	1–2		×	×				
Cistus laurifolius	1–2							×
Cladrastis kentukea	10–15		×					
Clematis-Arten	2–10		×				×	
Clethra-Arten	3–5	×					×	
Colutea arborescens	3–4		×	×	×			×
Cornus alba	2–3	×					×	×
– florida	4–5	×						
– kousa	5–7	×						
– mas	5–6		×		×		×	×
– sanguinea	3–4	×	×	×			×	×
– sericea	2–2,5	×					×	
Coronilla emerus	1–2		×				×	×
Corylus avellana	4–5		×		×		×	×
– colurna	15–20		×					×
– maxima	4–5		×				×	×
Cotinus coggygria	4–5		×	×	×			×
Cotoneaster adpressus	0,3		×		×			
– bullatus	2–3		×		×			
– dielsianus	2		×		×			
– divaricatus	2		×		×			
– horizontalis	0,5		×	×				
– integerrimus	1,5		×					×
– multiflorus	3–4		×		×			
– praecox	0,5		×	×				
– tomentosus	1,5		×					×
Crataegus, meiste Arten	5–8		×		×		×	×
Cytisus, meiste Arten	0,2–2		×	×				×
– scoparius	2–3	×		×	×			×
Daboecia cantabrica	0,4	×				×		
Daphne cneorum	0,3		×					×
– mezereum	1,5		×				×	
Dryas-Arten	0,1		×					
Elaeagnus angustifolia	5–7			×			×	×
– commutata	1–3			×			×	×
Eleutherococcus sieboldianus	2–3		×					
Elsholtzia stauntonii	1,5		×	×				×
Empetrum nigrum	0,25	×		×			×	
Enkianthus campanulatus	2–3	×				×	×	
Erica, meiste Arten	0,3	×		×		×		
– carnea	0,3		×			×		
Escallonia-Arten	1–2	×						
Euonymus, meiste Arten	2–5				×			
– europaea	4–6		×	×	×		×	
– nana var. *turcestanica*	0,5							×
– verrucosa	1,5–2							×
Exochorda-Arten	3–4		×	×				
Fagus sylvatica	20–30	×	×	×			×	
Forsythia-Arten	3–4		×					
Fothergilla-Arten	1–3	×						
Fraxinus angustifolia	20–25							×
– excelsior	30–40		×				×	
– ornus	10–20		×	×				×

Bodenansprüche der Gehölze (Fortsetzung)

Art	Wuchshöhe (m)	sauer	kalkhaltig	leicht, sandig	schwer, tonig	humos, vorwieg. organ. Material	frisch bis feucht	trocken
Fraxinus pennsylvanica	15–20			×				×
× *Gaulnettya*	1	×				×	×	
Gaultheria-Arten	0,2–1	×				×	×	
Genista, meiste Arten	0,1–0,8			×				×
– *anglica*	0,5	×						
– *lydia*	0,5		×	×				×
– *pilosa*	0,3	×	×					
– *radiata*	0,8		×	×				×
– *tinctoria*	1	×	×	×				×
Gleditsia triacanthos	15–20		×					×
Gymnocladus dioicus	20–25						×	×
Halesia-Arten	4–5	×						
Halimodendron halodendron	5–7			×				×
Hamamelis × *intermedia*	3–4	×						
– *japonica*	2–3	×						
– *mollis*	4–5	×						
– *virginiana*	4–5	×						
Hedera helix	10–20	×	×	×	×		×	×
Hippophaë rhamnoides	4–6		×	×			×	×
Hydrangea-Arten	1–3	×				×	×	
Hypericum, meiste Arten	0,4–1,5			×				
Ilex, meiste Arten	1–3	×						
– *aquifolium*	4–6	×	×	×	×		×	
Indigofera heteranthera	1			×				×
Itea virginica	1	×					×	
Kalmia-Arten	0,5–2	×				×	×	
Kerria japonica	1–2		×		×		×	
Koelreuteria paniculata	5–10		×	×				×
Laburnum-Arten	5–8	×	×	×				×
Lavandula angustifolia	0,6		×	×				×
Ledum-Arten	1	×				×	×	
Leiophyllum buxifolium	0,3	×						
Lespedeza-Arten	1–2			×				×
Leucothoë walteri	2	×					×	
Ligustrum vulgare	4–5		×				×	×
Liquidambar styraciflua	20–30	×					×	
Liriodendron tulipifera	20–25						×	
Lonicera, meiste Arten	1–3		×					
– *caerulea*	1–2	×				×	×	
– *korolkowii*	2–3		×					×
– *tatarica*	3–4		×				×	×
– *xylosteum*	2–3		×	×			×	×
Lycium barbarum	2–4			×			×	×
Lyonia ligustrina	2	×					×	
Maackia amurensis	10–15							×
Magnolia, meiste Arten	2–20	×						
Malus-Arten und -Sorten	2–10		×					
Menziesia-Arten	1–2	×				×	×	
Mespilus germanica	3–6		×				×	×
Myrica-Arten	1,5	×				×	×	
Neillia affinis	2			×				
Nyssa silvatica	20–30	×					×	
Ostrya carpinifolia	10–20							×
Oxydendrum arboreum	4–5	×				×	×	

Bodenansprüche der Gehölze (Fortsetzung)

Art	Wuchshöhe (m)	sauer	kalkhaltig	leicht, sandig	schwer, tonig	humos, vorwieg. organ. Material	frisch bis feucht	trocken
Parrotia persica	4–10	×					×	
Paulownia tomentosa	8–12		×					×
Pernettya mucronata	0,5	×				×	×	
Perovskia-Arten	1,5			×				×
Phellodendron amurense	12–15		×					
Philadelphus-Arten	1–4		×		×			
Photinia villosa	3–5	×						
Phyllodoce caerulea	0,2	×				×	×	
Physocarpus-Arten	3		×					
Pieris floribunda	2	×		×			×	
– japonica	2–3	×				×	×	
Platanus-Arten	20–30		×	×	×		×	×
Populus alba	20–30			×			×	×
– Canadensis-Hybriden	20–30						×	
– canescens	20–30		×	×			×	×
– nigra	20–25		×				×	
– tremula	20–30	×	×	×		×	×	×
Potentilla fruticosa	1,5	×		×				
Prunus avium	10–15		×		×		×	×
– fruticosa	1–2		×	×			×	×
– laurocerasus	1–2				×		×	
– mahaleb	5–7		×	×				×
– padus	8–12	×	×	×	×		×	
– sargentii	15–18		×					
– serotina	20–30			×				×
– serrula	5–7		×					
– spinosa	2–4		×	×			×	×
– subhirtella	5–10		×					
– tenella	1,5		×				×	×
Ptelea trifoliata	4–5			×				×
Pterocarya fraxinifolia	15–20						×	
Pyracantha-Arten	2–4		×	×				×
Pyrus salicifolia	6–8		×				×	×
Quercus alba	20–30	×					×	×
– bicolor	15–20	×					×	
– cerris	20–30		×	×				×
– coccinea	20–25	×		×			×	×
– dentata	15–20	×					×	
– frainetto	20–30		×					×
– ilex	10–20		×					×
– macranthera	15–20		×	×				
– marilandica	8–10	×						×
– palustris	20–30	×					×	
– petraea	30–40	×		×			×	×
– phellos	20–30	×					×	
– pontica	6–8	×						×
– robur	30–40	×		×			×	×
– rubra	20–25	×	×					×
Rhamnus catharticus	4–6		×	×			×	×
– frangula	2–4						×	
Rhododendron, Arten und Sorten	0,5–4	×				×	×	
Rhus glabra	3–4			×	×			×
– typhina	3–4		×	×	×			×
Ribes alpinum	1–2				×		×	×

Bodenansprüche der Gehölze (Fortsetzung)

Art	Wuchshöhe (m)	sauer	kalk-haltig	leicht, sandig	schwer, tonig	humos, vorwieg. organ. Material	frisch bis feucht	trocken
Ribes aureum	2				×		×	×
– *sanguineum*	2–3							×
Robinia, meiste Arten	1–20		×					×
– *luxurians*	8–10							×
– *pseudoacacia*	20–25		×	×	×			×
Rosa, meiste Arten	0,5–5		×					
– *canina*	3		×	×			×	×
– *foetida*	1,5–2							×
– *gallica*	0,2–1		×				×	×
– *glauca*	1–3							×
– *majalis*	1–2						×	×
– *pendulina*	1–3	×					×	
– *pimpinellifolia*	1			×				×
– *rubiginosa*	2–3		×	×				×
– *rugosa*	1–2	×		×				×
– *villosa*	1,5–2	×	×					×
Salix alba	6–25		×	×	×		×	
– *aurita*	2–3	×		×	×	×	×	
– *caprea*	5–7	×	×	×	×	×	×	
– *cinerea*	4–5	×		×	×	×	×	
– *daphnoides*	8–9		×	×	×		×	
– *elaeagnos*	5–10		×	×	×		×	×
– *fragilis*	2–15	×		×	×		×	
– *hastata*	1–1,5	×	×	×			×	
– *myrsinites*	0,4	×	×				×	
– *pentandra*	8–10	×	×	×		×	×	×
– *purpurea*	2–6		×	×	×		×	×
– *repens*	1	×		×	×	×	×	×
– *reticulata*	0,1		×				×	
– *retusa*	0,1	×	×	×			×	
– *triandra*	2–4	×	×		×		×	
– *viminalis*	2–10		×	×	×		×	
– *waldsteiniana*	0,3–1		×	×	×		×	
Sambucus nigra	5–8		×		×		×	
– *racemosa*	4	×		×	×		×	
Santolina chamaecyparissus	0,5		×	×				×
Sarcococca humilis	0,3–0,5	×		×		×	×	
Sassafras albidum	12–15	×					×	×
Skimmia-Arten	0,5–1	×				×		
Sophora japonica	20–25		×	×				×
Sorbaria aitchisonii	2–3		×					×
Sorbus aria	10–12		×					×
– *aucuparia*	10–15	×		×			×	
– *domestica*	10–20		×		×			×
– *intermedia*	10–12	×	×	×				×
– *serotina*	5–8	×		×			×	×
– *torminalis*	10–15		×	×				×
Spiraea, meiste Arten	0,5–4		×					
Staphylea-Arten	2–5		×				×	
Stephanandra incisa	1,2–1,5	×	×	×			×	
Stewartia-Arten	4–6	×				×		
Stranvaesia davidiana	3–4	×				×		
Styrax-Arten	4–7	×						
Symphoricarpos-Arten	1–2		×	×				×

Bodenansprüche der Gehölze (Fortsetzung)

Art	Wuchshöhe (m)	sauer	kalk-haltig	leicht, sandig	schwer, tonig	humos, vorwieg. organ. Material	frisch bis feucht	trocken
Symplocos paniculata	2–3	×						
Syringa, meiste Arten	1–6		×	×				
– *afghanica*	0,5		×	×				×
– *reflexa*	3–4	×						
– *vulgaris*	5–7		×	×				×
Tamarix-Arten	3–5		×	×				×
Teucrium chamaedrys	0,25		×	×				×
Tilia cordata	20–30		×		×		×	
– × *euchlora*	10–20			×				
– *platyphyllos*	20–30		×				×	
– *tomentosa*	20–30		×	×			×	×
– × *vulgaris*	25–40		×		×		×	
Trochodendron aralioides	2–3	×				×	×	
Ulex europaeus	1–2	×		×				
Ulmus glabra	30–40		×	×	×		×	
– *laevis*			×		×		×	
– *minor*	20–30		×	×	×		×	×
Vaccinium, meiste Arten	0,2–1,5	×		×		×	×	
Viburnum × *burkwoodii*	2	×					×	
– × *carlcephalum*	1,5–2	×						
– *carlesii*	1,5–2	×						
– *davidii*	1	×				×	×	
– *farreri*	2–3	×						
– *lantana*	4–5		×	×	×		×	×
– *opulus*	2–4		×		×	×	×	
– *plicatum*	2–3	×					×	
– *rhytidophyllum*	2–4						×	
Weigela, meiste Arten	2–3	×			×			
– *middendorffiana*	1–2	×					×	
Xanthoceras sorbifolium	2		×					×
Yucca filamentosa	1,5–3			×	×			×
Zelkova carpinifolia	20–25							×
Zenobia pulverulenta	1	×				×		×

Nadelgehölze, Ephedra und Ginkgo

Art	Wuchshöhe (m)	sauer	kalk-haltig	leicht, sandig	schwer, tonig	humos, vorwieg. organ. Material	frisch bis feucht	trocken
Abies alba	30–50						×	
– *amabilis*	20–25						×	
– *balsamea*	15–20						×	
– *concolor*	25–40			×				×
– *grandis*	30–40						×	
– *homolepis*	20–30			×			×	
– *koreana*	5–15						×	
– *lasiocarpa*	10–15	×						
– *nordmanniana*	20–30						×	
– *pinsapo*	15–20							×
– *procera*	10–20	×					×	
– *veitchii*	15–20	×						
Calocedrus decurrens	20–30						×	×
Chamaecyparis pisifera	20–25						×	
– *thyoides*	20–25	×					×	
Ephedra-Arten	1							×
Ginkgo biloba	20–30							×
Juniperus chinensis 'Pfitzeriana'	4–5	×		×				
– *communis*	6–8		×	×			×	×

Bodenansprüche der Gehölze (Fortsetzung)

Art	Wuchshöhe (m)	Boden						
		sauer	kalk-haltig	leicht, sandig	schwer, tonig	humos, vorwieg. organ. Material	frisch bis feucht	trocken
Juniperus horizontalis	0,5			×				
– virginiana	10–15			×				
Larix decidua	30–35			×			×	×
– kaempferi	20–30						×	
Microbiota decussata	0,4			×				×
Picea abies	30–40	×	×	×	×		×	
– asperata	20–25			×				
– glauca	10–15						×	
– jezoensis	20–30	×					×	
– mariana	6–20						×	
– omorika	20–30		×					
– orientalis	20–25		×					
– pungens	20–30			×				×
– sitchensis	20–30	×					×	
Pinus aristata	8–10							×
– cembra	10–20	×	×	×			×	
– contorta	10–20	×		×				
– densiflora	10–20	×						
– flexilis	10–25							×
– heldreichii	10–20		×					×
– mugo	8–10	×	×	×			×	×
– nigra	20–30		×	×				×
– peuce	15–20	×						×
– ponderosa	20–30			×				×
– pumila	1–3	×						
– resinosa	10–20	×						
– rigida	10–15	×		×				
– strobus	20–30	×					×	
– sylvestris	10–30	×	×	×			×	×
Pseudolarix amabilis	10–15	×					×	
Sciadopitys verticillata	10–15	×					×	
Sequoiadendron giganteum	30–40						×	
Taxodium distichum	20–30	×					×	
Taxus baccata	10–20		×	×	×		×	
Thuja occidentalis	15–20						×	
– plicata	20–30	×	×				×	
Thujopsis dolabrata	10–15						×	
Tsuga candensis	15–20	×					×	
– caroliniana	10–15	×					×	
– diversifolia	5–10	×					×	
– heterophylla	30–60	×					×	

AUSWAHL UND VERWENDUNG DER GEHÖLZE

In den vorhergehenden Kapiteln sind schon verschiedene Gehölz-zusammenstellungen zu finden. Sie beziehen sich in der Regel auf die Eigenschaften von Baum und Strauch, auf den Zeitpunkt ihrer Blüte, den Fruchtschmuck, den Habitus oder die Herbstfärbung. In den folgenden Abschnitten soll etwas über verschiedene Verwendungsmöglichkeiten ausgesagt werden.

Am Anfang aller Überlegung für die Anlage eines neuen Gartens sollte eine möglichst exakte Planung stehen, die den Garten in Wege- und Rasenflächen, Stauden- und Gehölzrabatten, Wohn- und Küchengarten untergliedert. An dieser Stelle sollen und können keine Anleitungen für die Gestaltung von Gärten gegeben werden, zu unterschiedlich sind die Situationen und zu vielgestaltig die Ansprüche und Anforderungen, die der einzelne an seinen Garten stellt. Im Zweifelsfall können ortsansässige Gartenarchitekten Rat geben. Ist man sich über die Gestalt und die Einteilung des Gartens einig geworden, beginnt die Auswahl der Bäume und Sträucher und damit meist die Qual der Wahl. Aus dem umfangreichen Angebot der Baumschulen, Gartencenter oder Versandgeschäfte gilt es, die richtige Wahl zu treffen und das dem Garten Entsprechende zu wählen. In der Regel muß man seine Wünsche stark reduzieren, denn die heutigen Hausgärten sind in ihren Platzverhältnissen oft sehr beschränkt.

Pflanzabstände

Über die Zahl der zu pflanzenden Bäume und Sträucher entscheidet neben der zur Verfügung stehenden Fläche der für die Gehölze notwendige Lebensraum. Sehr häufig werden die noch jungen und kleinen Baumschulpflanzen viel zu eng gepflanzt, sie behindern sich später, schieben sich gegenseitig in die Höhe, müssen dann notgedrungen ständig geschnitten werden und wachsen zu besenartigen Gestalten heran. Pflanzt man in einem neuen Garten eng, um möglichst schnell in den Genuß von Sicht- und Windschutz zu kommen, muß man nach einigen Jahren einen Teil der Gehölze verpflanzen. Fehler werden vermieden, wenn gleich größere, sogenannte Solitärgehölze gepflanzt werden, die schon ihre spätere Größe ahnen lassen. Die Zeichnungen (Seite 14 und 15) aus Brenda Colvin »Trees for Town and Country«, Lund Humphries, London 1972, zeigen die Ausdehnungen einiger erwachsener Baumarten und können Anhaltspunkte für die notwendigen Pflanzabstände geben. Andere Gehölze mit ähnlichem Habitus und gleicher Größe lassen sich danach leicht einordnen. Einzelstehende Bäume und Sträucher benötigen weit mehr Raum als ihr Kronendurchmesser ausmacht, wenn sie als markante Einzelwesen voll zur Geltung kommen sollen. Innerhalb kleiner oder größerer Gruppen können die Pflanzabstände natürlich wesentlich enger sein, die Kronen dürfen ineinanderwachsen.

Abgrenzung zum Nachbarn

Eng verknüpft mit den Abständen zwischen den Gehölzen sind die Abstände zu den Nachbargrenzen. Sie sind zwar gesetzlich geregelt, lassen sich aber nicht generell angeben, da sie in den einzelnen Bundesländern unterschiedlich sind. Alle Gesetze behandeln aber die gegenseitige Absprache mit dem Nachbarn als vorrangig. Bevor man also eine Hecke oder einen Baum in Grenznähe pflanzen will, sollte man sich mit seinem Nachbarn einigen. Man kann dann die Hecke unter Umständen auch unmittelbar auf die Grenze pflanzen, eine nicht unerhebliche Pflatzersparnis ist die Folge. Als Beispiel sei hier die gesetzliche Regelung in Niedersachsen angeführt. Das Nachbarschaftsgesetz wurde 1967 neu gefaßt, und seine Bestimmungen sind besonders klar und einfach.

Für Bäume, Sträucher und lebende Hecken gelten nach § 50 je nach ihrer Höhe folgende Grenzabstände:

– bis zu 1,2 m Höhe 0,25 m
– bis zu 2   m Höhe 0,50 m
– bis zu 3   m Höhe 0,75 m
– bis zu 5   m Höhe 1,25 m
– bis zu 15 m Höhe 3,00 m
– über   15 m Höhe 8,00 m.

Diese Abstände gelten nur für Gehölzpflanzen und schließen hohe Stauden nicht ein, die der Eigentümer nach seinem Willen hochwachsen lassen kann. Nach § 52 gelten diese Abstände nicht

– für Anpflanzungen hinter einer Wand oder einer undurchsichtigen Einfriedung, wenn sie diese nicht überragen,
– für Anpflanzungen an den Grenzen zu öffentlichen Straßen und Gewässern,
– für Anpflanzungen auf öffentlichen Straßen und auf Uferböschungen

Im Außenbereich (§ 19 Abs. 2 des Bundesbaugesetzes) genügt ein Grenzabstand von 1,25 m für alle Anpflanzungen über 3 m Höhe. Der Nachbar kann nach § 53 die Beseitigung der Bäume, Sträucher und Hecken verlangen, deren Grenzabstand weniger als 0,25 m beträgt. Erklärt er sich mit dem zu geringen Abstand einverstanden, kann er Rückschnitt bis zu einer Höhe von 1,25 m verlangen. Ein Zurückschneiden kann der Nachbar auch bei den Gehölzen verlangen, die die in § 50 genannten Höhen überschreiten. Der Rückschnitt oder die Beseitigung braucht aus Gründen des Naturschutzes nur in der Zeit vom 1. 10. bis 15. 3. zu erfolgen. Abweichende Vereinbarungen zwischen Nachbarn und Eigentümer über geringere oder größere Grenzabstände sind möglich, das Gesetz läßt solche Absprachen vorgehen. Sie gelten aber nur zwischen den Vertragschließenden, der Rechtsnachfolger kann zu geringe Grenzabstände beanstanden und sich auf die gesetzlichen Bestimmungen berufen.

Spätestens im fünften auf die Anpflanzung folgenden Kalenderjahr muß der Nachbar nach § 54 Klage auf Beseitigung von Gehölzen mit weniger als 0,25 m Grenzabstand erheben, wenn sein Anspruch auf Beseitigung oder Zurückschneiden nicht ausgeschlossen werden soll. Nach Ablauf dieser Ausschlußfrist kann der Nachbar noch immer ein Zurückschneiden auf die Höhe von 1,2 m verlangen, wenn er diesen Anspruch spätestens im fünften Kalenderjahr geltend macht, nachdem die Anpflanzung diese Höhe überschritten hat.

Die Bestimmung des § 55 regeln die Behandlung der vor dem Inkrafttreten des Gesetzes (1. 1. 1968) vorhandenen Gehölze. Entsprechen solche Anpflanzungen dem bisherigen Recht, so ist ein Anspruch auf Beseitigung von Anpflanzungen mit weniger als 0,25 m Grenzabstand ausgeschlossen. Auch ein Anspruch auf Zurückschneiden ist ausgeschlossen, wenn die Anpflanzungen am 1. 1. 1968 bereit über 3 m hoch waren.

Entsprach der Grenzabstand nicht dem bisherigen Recht, so sind auf Verlangen des Nachbarn die in § 50 bestimmten Grenzabstände einzuhalten.

Weitere §§ regeln die Grenzabstände für Waldungen, sie können hier außer Betracht bleiben.

Hecken

Das erste Ziel einer Gartenanlage ist in der Regel die Umfriedung und Abgrenzung des Gartens zum Nachbarn und zur Straße. Möglichst schnell soll ein Gartenraum entstehen, soll Lärm-, Sicht-, Wind- und Staubschutz erreicht werden. Ist der Garten nur klein, wählt man eine geschnittene Hecke, die weit weniger Platz braucht als eine freiwachsende. Letztere kann aus einer einreihigen Pflanzung einer Gehölzart oder auch aus einem breiteren, mehrreihig oder in lockeren Gruppen verschiedener Baum- und Straucharten gepflanzten Band bestehen. Kann man dafür nahezu alle Gehölzarten verwenden, beschränkt sich deren Zahl bei regelmäßig geschnittenen Hecken ganz erheblich. Nur eine begrenzte Anzahl von Gehölzen besitzt ein hohes Regenerationsvermögen, das einen regelmäßigen Rückschnitt erlaubt.

Regelmäßig geschnittene Hecken sind im Garten immer eine elegante Lösung zur Abgrenzung des Grundstückes. Sie erfordern zwar einen relativ hohen Pflegeaufwand, sind aber äußerst langlebig und benötigen weit weniger Platz als etwa eine Sichtschutzpflanzung aus frei gewachsenen Blütensträuchern.

Für jede Situation steht eine mehr oder weniger große Zahl brauchbarer Heckenpflanzen zur Verfügung. Im Garten lassen sich im wesentlichen wohl drei Verwendungsbereiche unterscheiden:
1. Hohe, raumbildende Sichtschutzhecken für die Abgrenzung zum Nachbarn oder zur Straße hin oder für die Abtrennung von Räumen innerhalb großer Gärten. Dazu müssen sich die Gehölze auf mehr als 2 m Höhe ziehen lassen, was man längst nicht von allen Arten erwarten kann. Weit mehr als 2 m hoch werden nicht selten auch die Heckenwände historischer Parkanlagen gezogen. Fast immer wird dazu die Hainbuche verwendet, gelegentlich auch Rotbuche, Eiche oder Kornelkirsche.
2. Niedrigere Hecken für die Abgrenzung von Vorgärten, die den Einblick nicht verhindern sollen. Ihre Wuchshöhe kann je nach Geschmack und der gegebenen Situation zwischen 0,5 m und 1,5 m liegen. Bei sorgfältigem und strengem Schnitt sind für Höhen zwischen 1 und 2 m auch einige Arten der ersten Gruppe geeignet.
3. Niedrige Hecken für Beet- und Wegeeinfassungen. Dazu sind Arten oder Sorten notwendig, die sich auf Höhen zwischen 0,1 m und 0,4 m halten lassen.

Der Bedarf an Pflanzen je laufendem Meter (lfm) richtet sich naturgemäß nach Höhe und Wuchscharakter (mehr oder weniger starke Verzweigung) der einzelnen Arten. In der folgenden Tabelle sind nur die wichtigsten Gehölzarten für geschnittene Hecken mit den üblichen Verkaufsgrößen und der notwendigen Anzahl von Pflanzen je laufendem Meter für eine einreihige Hecke aufgeführt. Obwohl sich eine größere Anzahl sommergrüner oder immergrüner Laubgehölze für die Anlage von geschnittenen Hecken eignet, werden

dafür in der Praxis kaum andere als die genannten Arten verwendet. Man sollte stets nur einreihige Hecken pflanzen. Bei richtiger Pflege werden sie genauso dicht wie zweireihige Hecken, sie wirken mit ihrer geringeren Breite eleganter und lassen sich bei großer Höhe leichter schneiden.

Freiwachsende Blüten- und Sichtschutzhecken

Zur Abgrenzung eines Gartens oder einzelner Gartenräume sind neben geschnittenen Hecken auch andere Formen denkbar, etwa einreihige Blütenhecken oder mehrreihige Pflanzungen mit raschwachsenden Sichtschutzgehölzen. Beide erfordern allerdings weit mehr Raum als geschnittene Hecken.

Für eine einreihige, frei gewachsene Hecke empfehlen sich robuste, dicht verzweigte Straucharten. Man sollte möglichst nur eine Art wählen, denn das Nebeneinanderstellen mehrerer Straucharten ergibt selten ein harmonisches Bild, zu unterschiedlich ist ihr Habitus. In der folgenden Liste werden nicht nur ausgesprochene Blütengehölze, sondern auch andere brauchbare Arten für freiwachsende Hecken genannt. Eine größere Anzahl verschiedener Straucharten läßt sich nur in einer breiteren, gestaffelten Pflanzung unterbringen, in der die Gehölze einzeln und in mehr oder weniger großen Gruppen zusammengefaßt werden können. In gemischten Sträucherrabatten lassen sich nahezu alle Straucharten verwenden. Für eine Sichtschutzpflanzung werden in der Regel jedoch robuste und raschwachsende, weniger attraktive Gehölze bevorzugt, da es bei dieser Art der Pflanzung nicht so sehr auf die Schönheit des Einzelstrauches ankommt.

Die Pflanzabstände innerhalb und zwischen den einzelnen Gruppen dürfen nicht zu eng gewählt werden, da die Einzelpflanzen sonst nicht zu einer optimalen Entfaltung kommen. Das gilt vor allem für Rabatten mit verschiedenen Blütensträuchern, aber auch für Sichtschutzpflanzungen.

Bei der Zusammenstellung gemischter Strauchpflanzungen sind außerdem Wuchshöhe und Habitus der Gehölze zu berücksichtigen. Eine mehrreihige Sichtschutzpflanzung wirkt dann am natürlichsten, wenn sich Gehölze mit unterschiedlicher Wuchshöhe abwechseln.

Kleinere Bäume oder Großsträucher füllen die Lücken. Eine lockere Zusammenstellung mag zwar keinen absoluten Sichtschutz geben, befriedigt durch ihren harmonischen Aufbau auf die Dauer aber mehr als eine dichte Wand anonymen Grüns. Die mangelnde Sichtschutzwirkung einer lockeren Pflanzung läßt sich häufig durch einen flachen, bepflanzten Wall etwas ausgleichen.

Nadelgehölze für freiwachsende und geschnittene Hecken

Unter den Nadelgehölzen finden wir einige seit Jahrhunderten verwendete, klassische Heckenpflanzen: den Morgenländischen Lebensbaum *(Thuja occidentalis)* und die Eibe *(Taxus baccata)*. Daneben sind in den letzten Jahren eine Reihe von schlankwachsenden Arten und Gartenformen in ziemlich großem Umfang als Sichtschutzhecken gepflanzt worden, vor allem die Serbische Fichte *(Picea omorika)*, aber auch Gartenformen von *Thuja occidentalis* und *Chamaecyparis lawsoniana*, die so schlank und gleichmäßig wachsen, daß man mit ihnen auch ohne Schnitt regelmäßige Heckenwände aufbauen kann. Schließlich steht uns in einer Hybride (× *Cupressocyparis leylandii*) ein schlanker Nadelbaum zur Verfügung, der schneller wächst als alle anderen winterharten Nadelge-

Die wichtigsten Gehölzarten für geschnittene Hecken und Einfassungen

Art	Höhe der Hecke (m)				Bedarf für einreihige Pflanzung	
	2–4	1–2	0,4–1	bis 0,4	Pflanzenqualität und -höhe (cm)	je lfm
Sommergrüne Laubgehölze						
Acer campestre	×	×			1 × verpflanzt, 80–100	3–4
– *ginnala*	×	×			1 × verpflanzt, 80–125	3–4
Berberis × ottawensis 'Superba'	×	×			2 × verpflanzt, 40–60	3–4
– *thunbergii*		×	×		2 × verpflanzt, 30–40	5–6
– – 'Atropurpurea'		×	×		2 × verpflanzt, 30–40	5–6
– – 'Atropurpurea Nana'				×	2 × verpflanzt, 15–20	7–8
Carpinus betulus	×	×			1 × verpflanzt, 60–80	5–6
					1 × verpflanzt, 80–100	4–5
					2 × verpflanzt, 150–175	2–3
Cornus mas	×	×			2 × verpflanzt, 80–100	3–4
– *sanguinea*	×	×			2 × verpflanzt, 60–100	4–5
Cotoneaster bullatus	×	×			1 × verpflanzt, 70–90	4–5
– *dielsianus*		×	×		2 × verpflanzt, 80–100	3–4
– *divaricatus*		×	×			
Crataegus-Arten	×	×			1 × verpflanzt, 70–90	4–5
Fagus sylvatica	×				1 × verpflanzt, 80–100	4–5
					2 × verpflanzt, 100–125	3–4
Ligustrum vulgare 'Atrovirens'	×	×			5–7 Triebe	4–5
– – 'Lodense'			×	×	8–12 Triebe	3–4
Lonicera tatarica		×			2 × verpflanzt, 60–80	3–4
– *xylosteum*		×			2 × verpflanzt, 60–80	3–4
Potentilla fruticosa-Sorten				×	2 × verpflanzt, 30–40	4–5
Ribes alpinum 'Schmidt'		×	×		3–4 Triebe	5–6
					5–7 Triebe	4–5
					8–12 Triebe	3–4
Spiraea-Bumalda-Hybriden			×	×	2 × verpflanzt, 20–30	5–7
– *japonica* 'Little Princess'				×	2 × verpflanzt, 20–30	6–8
Immergrüne und wintergrüne Laubgehölze						
Berberis buxifolia 'Nana'				×	2–3 × verpflanzt, 15–20	6–7
– *gagnepainii* 'Klugowski'			×		mit Ballen, 30–40	4–5
– *julianae*	×	×			mit Ballen, 40–50	3–4
Buxus sempervirens			×	×	als Einfassung in Bauerngärten	15–20 Teilpflanzen
					geschnittene Büsche, 15–20	6–7
Ilex aquifolium	×	×			mit Ballen, 40–60	3–4
					mit Ballen, 80–100	2–3
Lavandula angustifolia				×	mit Topfballen	8–10
Ligustrum ovalifolium		×	×		5–7 Triebe	4–5
					8–12 Triebe	3–4
Lonicera nitida				×	mit Ballen, 20–30	5–6
Mahonia aquifolium			×	×	2 × verpflanzt, 30–40	5–6
Prunus laurocerasus 'Herbergii' und andere Sorten			×		mit Ballen, 30–40	3–4
Pyracantha-Sorten	×	×			mit Topfballen, 60–80	3–4
Teucrium chamaedrys				×	mit Topfballen	8–10

hölze und sich gleichzeitig hervorragend für die Anlage von geschnittenen und freigewachsenen Hecken eignet.

Mit ihrer – wenigstens bei den meisten Arten – immergrünen Belaubung sind die Nadelgehölze als frei gewachsene Sichtschutzhecke, aber auch als regelmäßig geschnittene Hecke den sommergrünen Laubgehölzen naturgemäß überlegen; dichte Nadelholzpflanzungen können den Garten vor unerwünschter Einsicht völlig abschirmen. Da Nadelgehölze auch als frei gewachsene Hecke in der Regel nur mit einer Baumart erstellt werden, wirken sie meist steif und düster. Zum Garten hin sollte man die häufig hoch aufragenden, glatten Wände mit blühenden Laubgehölzen auflockern. Die meisten der in der folgenden Aufstellung genannten Arten und Gartenformen eignen sich für beide Heckenformen, einige sind aber nur für die Anlage regelmäßig geschnittener Hecken, andere

Laubgehölze für freiwachsende Blüten- und Sichtschutzhecken

	Wuchshöhe (m)	Einreihige Blütenhecke	Mehrreihige Sicht-schutzpflanzung
Acer campestre	10–15		×
– *ginnala*	5–6		×
– *tataricum*	4–6		×
Amelanchier laevis	8–13	×	×
– *lamarckii*	6–10	×	×
Berberis gagnepainii var. *lanceifolia*	2	×	×
– × *hybridogagnepainii*	2,5	×	×
– *julianae*	3–4	×	×
– × *ottawensis* 'Superba'	2–3	×	×
– *thunbergii*	1	×	×
– – 'Atropurpurea'	1	×	×
– *wilsoniae*	1	×	×
Buxus sempervirens	6–8	×	×
Caragana arborescens	4–6		×
Carpinus betulus	15–20		×
Choenomeles-Arten und -Sorten	1–2	×	×
Colutea arborescens	3–4		×
– × *media*	3–4	×	×
Cornus alba	2–3		×
– *mas*	5–6		×
– *sanguinea*	3–4		×
Corylus avellana	4–5		×
Cotoneaster bullatus	2–3	×	×
– *dielsianus*	2	×	×
– *divaricatus*	2	×	×
– *franchetti*	1–2	×	×
– *multiflorus*	3–4	×	×
– Watereri-Hybriden	3–4	×	×
Crataegus, alle Arten	5–10		×
Deutzia, alle hochwachsenden Arten und Sorten	2–3	×	×
Elaeagnus angustifolia	5–7		×
– *multiflora*	2–3		×
Eleutherococcus-Arten	2–3		×
Euonymus europaea	3–6		×
Forsythia, alle Arten und Sorten	3–4	×	×
Hippophaë rhamnoides	4–6		×
Ilex aquifolium	4–6	×	
Kerria japonica	1–2		×
Laburnum-Arten	5–8		×
Ligustrum-Arten	2–5		×
Lonicera caerulea	1–2	×	×
– *korolkowii*	2–3		×
– *ledebourii*	2–3		×
– *maackii*	4–5		×
– *tatarica*	3–4		×
– *xylosteum*	2–3		×
Philadelphus, alle Arten und Sorten	2–4	×	×
Physocarpus, alle Arten	3–5		×
Populus nigra 'Italica'	20–25		×
– *simonii* 'Fastigiata'	12–15		×
Prunus avium	10–15		×
– *cerasifera*-Sorten	4–8		×
– *laurocerasus*-Sorten	1–2	×	×
– *mahaleb*	5–7		×
– *padus*	12–15		×
– *serotina*	20–30		×
– *spinosa*	2–4		×
Pyracantha-Arten und -Sorten	2–4	×	

Laubgehölze für freiwachsende Blüten- und Sichtschutzhecken (Fortsetzung)

	Wuchshöhe (m)	Einreihige Blütenhecke	Mehrreihige Sicht-schutzpflanzung
Rhamnus catharticus	4–6		×
– *frangula*	2–4		×
Rhododendron 'Catawbiense Grandiflorum'	2–5	×	
– 'Cunnigham's White'	2–5	×	
Rhodotypos scandens	2–3		×
Rhus typhina	3–4		×
Ribes alpinum	1–2		×
– *aureum*	2–3		×
Rosa, Wildarten und deren Sorten, Strauch- und Parkrosen	2–4	×	×
Sambucus-Arten	3–6		×
Sorbaria sorbifolia	2–3		×
Sorbus aria	10–15		×
– *aucuparia*	10–15		×
– – 'Fastigiata'	10–15	×	×
– *decora*	8–10		×
– *hybrida*	10–12		×
– *intermedia*	10–15		×
– × *thuringiaca* 'Fastigiata'	10–12	×	×
Spiraea × *arguta*	2	×	
– *menziesii*	1–2		×
– *nipponica*	2	×	
– *prunifolia*	1,5	×	
– *thunbergii*	1,5	×	
– × *vanhouttei*	2–3	×	
Symphoricarpos-Arten	1–3		×
Syringa, meiste Arten	3–5	×	
Viburnum lantana	4–5		×
– *opulus*	2–4		×
– 'Pragense'	2–3	×	×
– *rhytidophylum*	2–4	×	×
Weigela-Arten	2–3	×	×

Nadelgehölze für freiwachsende und geschnittene Hecken

Art	Wuchshöhe (m) freiwachsend	geschnitten	Bemerkungen
Chamaecyparis lawsoniana			
– – 'Alumii'	8–10	2–4	schmal-kegelförmiger Wuchs, dicht verzweigt, graublaue Blätter
– – 'Blom'	2–3	1–2	dicht und gleichmäßig säulenförmig, blau bereifte Blätter
– – 'Blue Ribbon'	5–10	2–4	im Habitus wie 'Columnaris', Benadelung aber etwas blauer
– – 'Columnaris'	5–10	2–4	schmale, dicht verzweigte Säulenform mit straff-aufrechtem Wuchs
– – 'Elwoodii'	2–3	1–2	kegelförmig, dicht verzweigt, blaugraue, fedrige Benadelung
– – 'Green Hedger'	5–10	2–4	starkwachsende Sorte mit auffallend frischgrüner Benadelung, läßt sich besonders gut schneiden
– – 'Spek'	5–10	2–4	mit kräftigen Ästen kegelförmig wachsend, eine der besten blauen Formen
– – 'Stardust'	5–10	2–4	starkwüchsig, reich verzweigt, federförmige Zweiglein mit schwefelgelben Blättern

Nadelgehölze für freiwachsende und geschnittene Hecken (Fortsetzung)

Art	Wuchshöhe (m) freiwachsend	geschnitten	Bemerkungen
– – 'Youngii'	8–10	2–4	schlank-kegelförmig wachsend, fast farnartige Verzweigung, beständig dunkelgrüne Blättern
– pisifera 'Plumosa'	8–10	2–4	breit-kegelförmig, federartig krause Zweiglein, im Winter oft bräunlich verfärbt
– – 'Squarrosa'	10–15	2–4	dicht und unregelmäßig verzweigt, moosartig krause, silbergraue Zweiglein
× Cupressocyparis leylandii (einschließlich aller Formen)	20–30	2–4	dicht geschlossen, regelmäßig säulenförmig, frischgrüne Benadelung, sehr rasch wachsend, verträgt halbschattige Standorte, ist bodenvag und besitzt ein hohes Regenerationsvermögen, leider nicht überall absolut frosthart
Juniperus chinensis 'Obelisk'	3–4		dicht und unregelmäßig verzweigte Säulenform mit blaugrünen, stechenden Nadeln
Larix decidua		2–4	heimischer, sommergrüner, bis 30 m hoher Park- und Waldbaum mit hoher Schnittverträglichkeit, deshalb auch für geschnittene Hecken geeignet, die relativ breit gehalten werden müssen
Picea abies	30–40	2–4	heimischer Waldbaum mit guter Schnittverträglichkeit; geschnittene Hecken werden in der Regel recht breit
– – 'Columnaris'	10–20		mit horizontal abstehenden Ästen, dicht verzweigte, schmale Säulenform
– – 'Cupressina'	10–20		ebenfalls schmal-säulenförmig, Äste aufrechtstehend
– glauca	10–15		wird im Küstenbereich nicht selten in Windschutzanlagen verwendet
– – 'Conica'	2–3		ganz regelmäßig, dicht und zuckerhutförmig; wird gelegentlich als Heckenpflanze verwendet, ist dafür aber nicht besonders gut geeignet
– omorika	20–30		von allen Nadelgehölzen wird die Serbische Fichte wohl am häufigsten in frei gewachsenen Hecken gepflanzt, mit ihrem schlanken Wuchs ist sie dafür besonders gut geeignet
– pungens	20–30		wird nicht selten in Sichtschutzhecken verwendet, sie ist besonders windresistent
– sitchensis	20–30		eine der wichtigsten Nadelholzarten für Windschutzanlagen im unmittelbaren Küstenbereich
Pinus mugo	1–3		P. mugo, ihre Varietäten und Gartenformen eignen sich besonders gut zur Anlage niedriger, freiwachsender Hecken, die nach einigen Jahren aber ziemlich breit werden können, in Höhe und Breite sind leicht durch Schnitt zu begrenzen; ideal zur Abgrenzung des Vorgartens, als Begleitgrün an breiten Wegen und Einfahrten
– peuce	10–20		raschwachsende Kiefer mit beständig schlanker, kegelförmiger Krone, ein sehr guter »Ersatz« für die zu häufig verwendete Serbische Fichte
Taxus baccata		1–4	klassische Heckenpflanze mit sehr hohem Regenerationsvermögen (auch aus älteren Ästen), wird nicht selten zu Kugeln, Kegeln, Pyramiden oder Lauben zurechtgeschnitten

Nadelgehölze für freiwachsende und geschnittene Hecken (Fortsetzung)

Art	Wuchshöhe (m) freiwachsend	geschnitten	Bemerkungen
– – 'Fastigiata'	2–5	1–2	straff-aufrechte Säulenform, die im Alter aber nicht selten in die Breite wächst; von 'Fastigiata' gibt es zahlreiche ausgelesene Formen, die sich im Habitus, in der besseren Winterhärte und in der Nadelfärbung von der ursprünglichen Form unterscheiden
– – 'Hessei'	3–5	1–2	aufrechtwachsend, bis 1 m breit, dicht verzweigt, sehr gut für frei gewachsene Hecken geeignet
– – 'Overeynderi'	3–5	1–2	regelmäßig breit-kegelförmig mit aufstrebenden Ästen und zahlreichen Zweigen, ebenfalls besonders gut für frei gewachsene Hecken
– – 'Strait Hedge'	2–3	1–2	Wuchs sehr schmal und aufrecht, mehrtriebig
– – 'Stricta Viridis'	2	1–2	dicht verzweigte Säulenform
– cuspidata		1–2	wertvoll vor allem wegen der großen Winterhärte und der tiefgrünen Benadelung
– × media 'Hicksii'	2–3		schmale Säulenform mit langen, aufstrebenden Ästen, die an der Spitze breiter verzweigt sind als an der Basis
Thuja occidentalis	10–20	2–4	für geschnittene Nadelholzhecken eine der am häufigsten verwendeten Arten
– – 'Columna'	5–10	1–3	regelmäßig aufgebaute und kräftig wachsende Säulenform mit glänzend dunkelgrüner Benadelung, vor allem für frei gewachsene Hecken
– – 'Fastigata'	10–15	2–4	breit-säulenförmiger Wuchs, für beide Heckenformen gleich gut geeignet
– – 'Frieslandia'	5–10	2–4	Wuchs breit-kegelförmig, gegen Seewinde unempfindlich
– – 'Lori'	10–20	2–4	im Wuchs wie die Wildform, Belaubung aber auch im Winter hellgrün
– – 'Malonyana'	10–15	2–4	ganz schmale, spitzkronige Säulenform, ideal für schlanke Säulenwände, fällt bei hoher Schneebelastung leicht auseinander
– – 'Smaragd'	5–10	1–3	gedrungen und kegelförmig, besonders winterhart und beständig frischgrün
– plicata 'Aurescens'	10–15	2–4	im Aufbau breit-kegelförmig, grünlichgelb gefärbte Zweigspitzen
– – 'Excelsa'	10–15	2–4	lockerer, säulenförmiger Wuchs, derbe, glänzende, beständig dunkelgrüne Benadelung, völlig winterhart, verträgt auch schattige Lagen
Tsuga canadensis	15–20		breit-kegelförmig aufgebaut, mit der lockeren Verzweigung und den überhängenden Zweigspitzen sehr elegant, nur für luftfeuchte Lagen

nur für frei gewachsene Sichtschutzhecken zu gebrauchen. Die Höhenangaben für geschnittene Hecken werden im wesentlichen nur in zwei Kategorien angegeben. Die meisten Nadelholzarten wachsen so stark, daß man sie vorwiegend für die Anlage übermannshoher Hecken verwendet, bei regelmäßigem und sehr sorgfältigem Schnitt lassen sie sich in der Regel aber auch unter der angegebenen Höhe halten.

Solitärgehölze

Als »Solitär« bezeichnen wir einen Baum oder größeren Strauch, der, frei von konkurrierender Nachbarschaft, als individuelle Pflanzengestalt im Blickfeld des Betrachters steht; wir charakterisieren mit diesem Wort also lediglich die Stellung eines Gehölzes in Garten und Park. Nach unserem Sprachgebrauch kann demnach fast jede Gehölzart zum Solitär avancieren; die Auswahl ist nahezu unbeschränkt.

Abweichend davon gilt im Sprachgebrauch der Baumschuler als Solitär ein nach ganz bestimmten Regeln – nämlich »solitär« – kultiviertes Gehölz, d.h. es kommt aus weitem oder extra weitem Stand, ist mindestens dreimal verpflanzt und mittlerweile relativ groß geworden, ein Gehölz, das schon deutlich den endgültigen Wuchscharakter zeigt und einem neu angelegten Garten recht schnell zu einem »Gesicht« verhilft. Die Doppeldeutigkeit des Begriffes löst sich jedoch in dem Augenblick auf, wo der Solitär aus der Baumschule als Solitär im Garten seinen Platz bezieht, wie das in aller Regel der Fall ist.

Grundsätzlich läßt sich nahezu jede Baum- oder Strauchart als Solitär verwenden; üblicherweise wird aber die bevorzugte Position mit einer dekorativen, wertvollen besetzt.

Unter den Koniferen sind nahezu alle hochwachsenden Arten als Solitärgehölze zu betrachten. Alle entwickeln sich nur im freien Stand oder in kleinen Gruppen zu vollkronigen und wirkungsvollen Gestalten.

Die im Blütezeitkalender (Seite 28) genannten Blütenbäume, z.B. die Magnolien, Zierkirschen oder Zieräpfel, eignen sich alle als Solitärgehölze. Weitere brauchbare Arten, die auch den Rahmen eines Hausgartens nicht sprengen, werden in der folgenden Liste aufgeführt. Schließlich sind in den Tabellen auf den Seiten 44 bis 56 und 74 bis 80 Arten mit besonderen Wuchsformen und Blattfarben zu finden, von denen viele eine Sonderstellung verdienen.

Unser heutigen Hausgärten sind selten mehr als 1000 m², oft sogar weniger als 500 m² groß. Werden davon noch die Flächen für Haus, Wege und Gemüsegarten abgezogen, bleibt im Wohn- oder Ziergarten kein Raum mehr für viele und großkronige Bäume. Häufig genug kann man nur einen oder ganz wenige Bäume unterbringen, deren Standort dann sorgfältig überlegt werden muß. Der richtigen Artenwahl ist besondere Aufmerksamkeit zu schenken, soll der Baum später nicht den Rahmen des Gartens sprengen oder den übrigen Gartengewächsen den Lebensraum nehmen. Man wird also möglichst kleinkronige, dekorative Arten wählen, die nach Möglichkeit auch noch als Blütenbäume von Bedeutung sind.

Dekorative Solitärgehölze*

Art	Wuchshöhe (m)	besondere Eigenschaften
Acer buergerianum	8–10	kleinkroniger Ahorn mit einer bemerkenswerten, hochroten Herbstfärbung
– capillipes	8–12	Schlangenhautahorn, weiß gestreifter Stamm, roter Blattaustrieb, Herbstfärbung
– cappadocicum	15–20	glänzendgrüne, im Herbst goldgelbe Blätter
– carpinifolium	8–10	hainbuchenartige, lange haftende Blätter
– circinatum	6–8	vielstämmiger Großstrauch, auffallende Herbstfärbung
– cissifolium	10–12	*Cissus*-ähnliche, im Herbst orangerote Blätter
– davidii	12–15	Schlangenhautahorn, besonders ausdrucksvolle Rinde
– ginnala	5–6	robuster Großstrauch, schöne Herbstfärbung, hochrote Früchte
– griseum	10–12	auffallende, zimtfarbene Rinde
– grosseri	6–9	Schlangenhautahorn, prächtige Herbstfärbung
– heldreichii	12–15	große, tief eingeschnittene Blätter
– henryi	8–10	zierlicher Ahorn mit 3zähligen, im Herbst rot gefärbten Blättern
– japonicum	6–10	Fächerahorn mit 9 bis 11 lappigen Blättern
– maximowiczianum	12–15	prachtvolle, scharlachrote Herbstfärbung
– monspessulanum	6–8	knorriger Baum, gelbe Herbstfärbung, rote Früchte
– opulus	8–12	ziemlich großblättrige Art mit einer schönen Herbstfärbung
– palmatum	6–8	die vielen Gartenformen sind häufig gepflanzte, dekorative Solitärgehölze
– pensylvanicum	6–12	Schlangenhautahorn, große Blätter, gelbe Herbstfärbung
– rufinerve	8–10	Schlangenhautahorn, karminrote Herbstfärbung
– shirasawanum	3–4	wie *A. palmatum* zu verwenden
Alangium platanifolium	5–7	seltene, etwas empfindliche japanische Gehölzart für Liebhaber
Alnus cordata	10–15	herzförmige Blätter, besonders schöne Erle, trockenresistent
Betula albosinensis	15–25	rotbrauner bis orangefarbener Stamm
– costata	15–20	etwas knorriger Baum, Borke löst sich in sehr großen Fetzen
– ermanii	18–20	eleganter Baum mit glattem, gelblichweißem Stamm
– jacquemontii	18–20	schöne Birke mit blendendweißem, glattem Stamm
– × koehnei	15–20	lockerkroniger Baum, Stamm und Äste mit weißer Borke
– nigra	12–15	zierliche, feintriebige Krone, bunter Stamm mit abrollender Borke
– platyphylla	10–20	treibt 2–3 Wochen früher aus als andere Birken
Cercidiphyllum japonicum	10–20	breitkroniger, vielstämmiger Baum, herzförmige Blätter, intensiv gelbe Herbstfärbung

Dekorative Solitärgehölze* (Fortsetzung)

Art	Wuchshöhe (m)	besondere Eigenschaften
– *magnificum*	5–10	Blätter größer als bei *C. japonicum*
Cornus controversa	10–15	etagenförmiger pagodenhafter Kronenaufbau, dekorativ
Corylus colurna	12–15	Krone meist regelmäßig breit-kegelförmig
Gleditsia triacanthos mit einigen Sorten	15–20	lockerkroniger Baum, stark bedornte Zweige, Äste und Stämme
Nothofagus antarctica	5–6	zierlich, fein belaubt, malerischer Wuchs
Phellodendron amurense	10–15	große, gefiederte, aromatisch duftende Blätter
Populus koreana	20–25	extrem früh austreibende Balsampappel
– *lasiocarpa*	10–20	Großblattpappel, bis 30 cm lange, herz-eiförmige Blätter
– *simonii*	12–15	treibt sehr früh aus
– *wilsonii*	15–20	dekorative Großblattpappel, Blätter bis 20 cm lang
Quercus dentata	20–25	Japanische Kaisereiche, sehr große, derbe Blätter
– *ilicifolia*	4–6	sparriger Strauch, gelbrotes Herbstlaub
– *imbricaria*	15–20	rundkroniger Baum, Herbstfärbung dunkelgelb bis bräunlichrot
– *libani*	7–8	dichtkroniger Baum, zierliche, längliche Blätter
– *macranthera*	15–20	dicke, graufilzige Triebe, heller Stamm
– *marilandica*	6–10	knorriger Baum, eigenartig geformte Blätter, gelbbraune Herbstfärbung
– *pontica*	5–6	große, ledrige, *Castanea*-ähnliche Blätter
– × *turneri* 'Pseudoturneri'	12–15	halbimmergrün, nur für geschützte Standorte
Salix acutifolia 'Pendulifolia'	4–6	sehr elegante Kätzchenweide
– *babylonica*	15–20	kleinkronige Trauerweide
– *caprea*	5–7	häufigste Kätzchenweide
– *daphnoides*	6–8	blau bereifte Triebe, seidenhaarige Kätzchen
Sorbus alnifolia	15–20	scharlachrote Herbstfärbung, rote Früchte
– *americana*	7–9	große, im Herbst goldgelbe Blätter, Früchte scharlachrot
– *aria*	10–15	schneeweiße Blattunterseiten, anspruchslose Art
– × *arnoldiana*	8–10	einige Sorten mit abweichenden Fruchtfarben
– *aucuparia*	10–15	bekannte, heimische Eberesche
– *cashmiriana*	7–10	große, weiße Früchte
– *decora*	8–10	bemerkenswert schöne Früchte
– *hupehensis*	8–10	kleine weiße, rosa angehauchte Früchte
– *pratti*	5–7	kleine weiße Früchte
– *rehderiana* 'Josef Rock'	7–10	säulenförmiger Aufbau, gelbe Früchte, sehr schöne Herbstfärbung
– *sargentiana*	7–10	sehr große, grünfilzige Blätter, zahlreiche Früchte
– *serotina*	8–10	hat die schönste Herbstfärbung aller *Sorbus*-Arten
– *vilmorinii*	3–6	Früchte zunächst rot, dann hellrosa
Tilia henryana	10–15	kleiner Baum mit bemerkenswert schönen Blättern
– *monogolica*	8–10	überhängende Zweige, Blätter im Austrieb rötlich
Ulmus parvifolia	10–15	rundkroniger Baum mit sehr lange haftenden Blättern, sehr gesunde Art
Zelkova carpinifolia	20–25	oft mehrstämmiger Baum mit steif aufstrebenden Ästen und glattem grauem Stamm

* siehe auch Bäume im »Blütezeitkalender«, Seite 28

Laubgehölze als Bodendecker

Nicht nur in öffentlichen Grünanlagen, auch im Hausgarten nimmt die Verwendung von bodendeckenden Gehölzen zu. Hier wie dort soll eine Arbeitserleichterung erreicht werden, in öffentlichen Anlagen aus Kostengründen und aus Mangel an Arbeitskräften. Im Hausgarten soll die Bodendecke das ständige Unkrautjäten und Bodenlockern ersetzen und dem Gartenbesitzer Zeit zur Muße und Erholung geben. Die bodendeckende Pflanzung soll in erster Linie also einen praktischen Zweck erfüllen, muß dabei aber auch ansprechend und dekorativ sein.

Man verwendet Bodendecker im Garten und Park überall dort, wo Gehölze auf Rabatten oder Pflanzstreifen in lockerer Anordnung stehen und genügenden Lebensraum für den Unterwuchs lassen. Die Bodendecke ist außerdem häufig Rasenersatz an allen Stellen, die mit der Mähmaschine nur schlecht zu erreichen sind, etwa auf schmalen Streifen, unter zu dicht stehenden Gehölzen oder an Böschungen und Hängen. Soll ein Gehölz als Bodendecker geeignet sein, muß es bestimmte Voraussetzungen erfüllen. Es muß sich in möglichst großen Flächen pflanzen lassen, denn Bodendecker wirken nur in geschlossenen, großflächigen Pflanzungen. Das Gehölz soll von gleichmäßig hohem Wuchs sein, mit kriechenden, in Bögen abwärts wachsenden oder mit zahlreichen dicht und aufrecht stehenden Trieben die zur Verfügung stehende Fläche schnell begrünen.

Ideal sind Gehölze mit unterirdischen Wurzelausläufern. Immergrüne Gehölze werden den laubabwerfenden in der Regel vorgezogen. Die zulässige Höhe eines Bodendeckers richtet sich nach der Größe der Fläche und nach der Höhe der zu unterpflanzenden

Gehölze. Je größer die zu bepflanzende Fläche, je höher dürfen die Pflanzen werden. Je kleiner die Fläche und die auf ihr stehenden Gehölze, je niedriger muß ein Bodendecker sein. Kleinsträucher und Zwergkoniferen lassen sich häufig nur mit *Cotoneaster dammeri* oder vergleichbaren Arten unterpflanzen. Natürlich muß ein Bodendecker möglichst anspruchslos an den Boden sein, Schatten ertragen können und eine hohe Regenerationsfähigkeit nach einem Rückschnitt besitzen. Soll er eine seiner wichtigsten Aufgaben erfüllen, die Unterdrückung des Unkrautwuchses, muß der Boden vor dem Pflanzen natürlich sorgfältig von allen Wurzelunkräutern gesäubert werden. Eine gründliche Bodenvorbereitung ist gerade für die Bodendecker besonders wichtig, denn hier stehen auf einer

auf einer Flächeneinheit recht viele Pflanzen, die oft über Jahrzehnte an ihrem Platz verbleiben und später kaum mehr eine Bodenbearbeitung zulassen.

Verlangt werden, vor allem bei der Verwendung von Bodendeckern auf großen Flächen im öffentlichen Grün und im Straßenbegleitgrün, eine genügend große Durchsetzungskraft gegen Unkräuter, Anspruchslosigkeit an den Standort, eine rasche Flächendeckung und ein geringer Pflegebedarf. Nach von Finteln (1977) gelten die Gehölze als wenig pflegeaufwendig und sind somit für die Flächenbegrünung an Straßen optimal geeignet, »die nach zwei Jahren eine Höhe von mindestens 60–70 cm erreichen und gleichzeitig den Boden gut decken«.

Laubgehölze als Bodendecker

Art	Wuchshöhe cm	Verwendung und Eignung	benötigte Menge je m²
Arctostaphylos uva-ursi	20	nur kleinflächig auf saurem, humosen Böden	10–12
Berberis buxifolia 'Nana'	30	immergrüne, buschige Pflanze, besonders für Einfassungen	8–10
Buglossoides purpurocaerulea	30	sehr guter, dicht schließender Bodendecker für sonnige und halbschattige Plätze auch unter Gehölzen	6–8
Calluna vulgaris mit zahlreichen Sorten	30	für leichte, saure Böden, jährlicher Rückschnitt notwendig	12–15
Ceratostigma plumbaginoides	25	kriechender, reich verzweigter Halbstrauch, einen dichten Teppich bildend, für kleine Flächen auf nicht zu feuchten Böden in sonnigen oder halbschattigen Lagen	8–10
Choenomeles japonica	100	niedriger, dichter Strauch mit dornigen Zweigen und roten Blüten für größere Flächen und Hänge	2–3
Cornus canadensis	20	für sandige oder humose, saure Böden, bei zusagenden Bedingungen herrlicher Blütenteppich	15–20
– *sericea* 'Kelsey's Dwarf'	75	sehr breitwüchsig, Zweige bewurzeln sich, ein guter Bodenbegrüner für große Flächen	3–4
Cotoneaster 'Cardinal'	30	wächst stärker als *C. dammeri* und hat größere Blätter	6–8
– *congestus*	25	dem Boden aufliegende Art mit immergrünen Blättern	3–4
– *conspicuus* 'Decorus'	100	elegante Art mit reichem Blüten- und Fruchtschmuck	2–3
– *dammeri*	10	einer der wichtigsten niedrigen Bodendecker, der überall zu verwenden ist	8–10
– – 'Coral Beauty'	50	Auslese von 'Skogholm', die besser fruchtet und im Winter nicht so viel Laub verliert	3–4
– – 'Eichholz'	25	sehr guter, raschwüchsiger Bodendecker für große und kleine Flächen, besonders winterhart	4–6
– – 'Holsteins Resi'	15	ganz flach wachsend, resistent gegen Feuerbrand	8–10
– – 'Jürgl'	50	flachwachsend, reichblühend und -fruchtend, ausgezeichneter, winterharter Bodendecker	3–4
– – 'Major'	10	wächst kräftiger und hat größere Blätter als die Art	8–10
– – 'Queen of Carpet'	15	wächst etwas stärker als die ähnliche, nur 10–12 cm hohe 'Streib's Findling'	10–12
– – var. *radicans*	10	etwas kleinblättriger als der Typ	8–10
– – 'Skogholm'	100	am häufigsten gepflanzte, robuste Form, die jeden Unkrautwuchs unterbindet	2–3
– – 'Streibs Findling'	10	sehr kleinblättrige und schwachwachsende Selektion, ideal für sehr kleine Flächen und Grabbepflanzungen	10–15
– – 'Thiensen'	15	resistent gegen Feuerbrand	8–10
– *salicifolius* 'Parkteppich'	80	niederliegender, immergrüner Strauch, schnellwachsend und dicht deckend	3–4
– Watereri-Hybride 'Herbstfeuer'	50	besonders reich fruchtende und starkwachsende Form	3–4
Diervilla lonicera	100	Ausläufer treibender Strauch, der sich hervorragend für die Begrünung großer Flächen eignet	2–3
Empetrum nigrum	25	mit niederliegend-ansteigenden Zweigen den Boden dicht deckend, nur für leichte, sandige Böden	10–12
Erica carnea-Sorten	25	für flächige Pflanzungen in Heidegärten unentbehrlich	12–15

Laubgehölze als Bodendecker (Fortsetzung)

Art	Wuchshöhe cm	Verwendung und Eignung	benötigte Menge je m²
Euonymus fortunei		immergrüne, schattenverträgliche Kleinsträucher	
– – 'Dart's Blanket'	50	Triebe niederliegend-aufsteigend, gut für die Begrünung großer Flächen	6–8
– – 'Dart's Cardinal'	100	'Vegetus'-Form mit dicken Blättern	3–4
– – 'Dart's Carpet'	30	breitwachsend bis kriechend, Blätter im Winter stark verfärbt	6–8
– – 'Dart's Ideal'	30	sehr flachwachsend, Blätter ziemlich klein	6–8
– – 'Emerald Charm'	100	Wuchs aufrecht, reich fruchtend	3–4
– – 'Emerald Gaiety'	80	weißgerandete, große Blätter, hübscher Strauch für große Flächen in schattigen Lagen	3–4
– – 'Emerald'n Gold'	100	Blätter hellgelb gerandet, besser gefärbt als 'Variegatus'	5–6
– – 'Goldtip'	40	Blätter grün mit goldgelbem Rand	6–8
– – 'Minimus'	10	sehr kleinblättrige Sorte, für kleine und große Flächen in schattigen Lagen, sehr dicht deckend	15–20
– – var. *radicans*	30	niederliegender oder kletternder Strauch, der den Boden sehr gut deckt und auch tiefe Schattenlagen verträgt	6–8
– – 'Sheridan Gold'	50	Blätter gelb, grüngelb oder gelb gefleckt	6–8
– – 'Sunspot'	40	Wuchs kriechend-aufsteigend, Blätter in der Mitte mit gelben Fleck	6–8
– – 'Variegatus'	30	als 'Gracilis' besser bekannt, Form mit weißbunten Blättern, ebenfalls für schattige Lagen	6–8
– – 'Vegetus'	100	breitbuschig, dicke Triebe und große Blätter, zur Unterpflanzung größerer Gehölze	2–3
Gaultheria procumbens	15	einer der schönsten niedrigen Bodendecker für humose, saure Böden und halbschattige Lagen	12–15
– *shallon*	80	treibt wie die vorigen Ausläufer und ist unter gleichen Bedingungen zu verwenden	3–4
Hedera colchica	30	wesentlich großblättriger als *H. helix*, braucht geschützte Lagen	5–6
– *helix* mit zahlreichen Sorten	20	immergrüne Kletterpflanze, die über den Boden kriecht, wenn keine Klettermöglichkeit vorhanden ist	6–8
– *hibernica*	20	mit den gleichen Eigenschaften wie *H. helix*	6–8
Hydrangea anomala ssp. *petiolaris*	40	ebenfalls eine Kletterpflanze, die den Boden dicht überziehen kann	3–4
Hypericum calycinum	30	immergrüner, niedriger Strauch mit Wurzelausläufern, friert gelegentlich zurück, treibt aber immer wieder aus, verträgt sonnige und schattige Standorte	6–8
– 'Hidcote'	80	immergrüner Bodendecker für größere Flächen in sonnigen Lagen	3–4
– *kouytchense*	80	wintergrün, oft aber nur sommergrün, wie 'Hidcote' als Bodendecker nur für große Flächen	3–4
– × *moserianum*	40	wichtiger, halbimmergrüner Bodendecker für geschützte Lagen, jährlicher Rückschnitt ist ratsam	4–6
Lavandula angustifolia	60	graulaubiger, aufrechtwachsender Strauch für sonnige Lagen, zur flächigen Pflanzung in Heidegärten und in Verbindung mit Rosen	8–10
Ligustrum vulgare 'Lodense'	50	wintergrüner Strauch, sehr dicht wachsend, für große Flächen	2–3
Lonicera japonica 'Halliana'	40	Schlinggehölz mit guten, bodendeckenden Eigenschaften	2–3
– *nitida* 'Elegant'	80	immergrüne, feinlaubige Art, die in ungünstigen Gebieten häufig unter der Winterkälte leidet	3–4
– – 'Hohenheimer Findling'	80	verkahlt im Winter nur wenig und treibt nach Frostschäden gut aus	3–4
– – 'Maigrün'	80	bildet dichte Bestände und treibt nach Frostschäden ebenfalls wieder gut aus	3–4
– *pileata*	30	sehr schattenverträglich, besonders für große Flächen	4–5
– *xylosteum* 'Clavey's Dwarf'	100–150	sehr dicht verzweigt, fast kugelig wachsend, nur für große Flächen	1–2
Mahonia aquifolium	100	immergrüner, besonders wertvoller Strauch, der auch im tiefen Schatten zufriedenstellend gedeiht, sollte nach der Blüte im April zurückgeschnitten werden, damit er nicht verkahlt	3–4
– – 'Apollo'	50	kompaktwachsende, gleichmäßig hochwachsende Sorte	4–5
– – 'Atropurpurea'	100	vieltriebige Sorte, Blätter im Winter lebhaft rotbraun	3–4
– – 'Smaragd'	70	breitwüchsig, sehr winterhart, wird wenig von Mehltau befallen	4–5

Laubgehölze als Bodendecker (Fortsetzung)

Art	Wuchshöhe cm	Verwendung und Eignung	benötigte Menge je m²
Pachysandra terminalis	20	immergrüne Staude, bester Bodendecker in schattigen Lagen auf humosen Böden, »schluckt« auch unter großen Bäumen alles herabfallende Laub	12–15
– – 'Green Carpet'	10	schwachwachsende Selektion, mit der sich auch Kleingehölze unterpflanzen lassen, kann unter Sonnenbrand leiden	15–20
Paxistima canbyi	25	immergrüner, sehr fein belaubter Zwergstrauch, der Ausläufer treibt und sich hervorragend für die Begrünung kleiner Flächen eignet, verträgt sonnige und schattige Standorte	10–12
Potentilla fruticosa-Sorten	50–100	alle Gartenformen sind wertvolle Bodendecker für sonnige Lagen	3–4
Prunus laurocerasus-Sorten	100–200	immergrüne Sträucher, die sich auch im Schatten lichter Bäume recht gut ansiedeln lassen	1–2
– *pumila* var. *depressa*	20	niederliegende Form der Sandkirsche, nicht sehr dicht deckend, nur für kleine Flächen geeignet	4–5
Rosa arvensis	60–80	mit langen, dicht übereinander liegenden Trieben, den Boden gut deckend, kleine weiße Blüten im Juni-Juli, nur für große freie Flächen	2–3
– *nitida*	60	zierliche Wildrose mit starker Ausläuferbildung, Blüten einfach, reinrosa, leuchtend braunrote Herbstfärbung, gut für flächige Pflanzungen, auch auf kleinen Flächen	4–6
– *rugosa*	100–200	sehr robuste Wildrose, aufrechtwachsend, starke Ausläuferbildung, einfache, hellrote Blüten, im Herbst zahlreiche große Hagebutten	3–4
– – 'Alba'	100–200	weißblühende Form der Kartoffelrose, breitbuschiger Wuchs, wie *R. rugosa* sehr gut für die Begrünung großer Flächen geeignet	3–4
– – 'Apart'	60–80	Blüten rosa- bis purpurrot, halbgefüllt	4–5
– – 'Dagmar Hastrup'	80–100	kissenförmiger bis flach-kugeliger Wuchs, gesundes Laub, einfache rosa Blüten mit auffallend starkem Duft, remontierend, Fruchtansatz noch besser als bei *R. rugosa*, salzfest, auch im Winter kein Unkrautwuchs	4–5
– – 'Gelbe Dagmar Hastrup'	80–100	Blüten kräftiggelb, halbgefüllt	4–5
– – 'Max Graf'	100	besonders flach wachsend, 2 m lange Sprosse, reiche, nicht remontierende, kräftig rosa Blüte, glänzendgrünes Laub, bemerkenswert schöne Herbstfärbung	3–4
– – 'Moje Hammarberg'	100–120	wächst stärker als 'Dagmar Hastrup' und bleibt nicht ganz so kompakt und gleichmäßig hoch, dunkelgrünes Laub, große, violettrote Blüten mit starkem und angenehmem Duft	3–4
– – 'Repens Alba'	40–60	Triebe bogenförmig oder niederliegend, über 3 m lang, besonders für großflächige Pflanzungen geeignet	2–3
– – 'Schneeule'	60	Wuchs kompakt und aufrecht, Blüten weiß und stark duftend	4–5
– – 'White Hedge'	80–100	aufrecht und buschig, hellgrünes gesundes Laub, große, reinweiße, mäßig duftende Blüten, reicher Besatz mit orangefarbenen, rundlichen Hagebutten	3–4
– × *rugotida*	80–120	aufrechter, buschiger, ziemlich feinästiger Wuchs, durch zahlreiche Ausläufer Boden dicht deckend, Blätter etwas größer als bei *R. nitida*, kleine, einfache hellrosa Blüten	3–4
– – 'Dart's Defender'	60–80	etwas niedriger und buschiger, Blüten violettrosa und größer als bei *R.* × *rugotida*, rostrote Herbstfärbung, geringer Fruchtansatz	4–5

weitere Sorten siehe Übersicht Seite 462

Art	Wuchshöhe cm	Verwendung und Eignung	benötigte Menge je m²
Salix × *grahamii*	15	kriechender Wuchs, Zweige dem Boden dicht aufliegend	5–6
– *purpurea* 'Gracilis'	80	dichtbuschig mit zahlreichen, aufrechtstehenden Trieben, für große Flächen und sonnige, auch trockene Standorte	2–3
– *pyrifolia*	100–180	Wuchs niederliegend-aufrecht, besonders gut für großflächige Pflanzungen im Straßenbegleitgrün geeignet	2–3
– *repens*	80	mit niederliegend, aufstrebenden Zweigen gut deckend, nur für große Flächen an hellen Standorten	2–3
– – ssp. *argentea*	100	Wuchs niederliegend-aufsteigend, wird besonders zur Befestigung von Dünen in Küstenbereichen eingesetzt	2–3

Laubgehölze als Bodendecker (Fortsetzung)

Art	Wuchshöhe cm	Verwendung und Eignung	benötigte Menge je m²
Salix retusa	20	stark verästelt und rasenbildend, den Boden völlig deckend	5–6
– *waldsteiniana*	30	flach aufliegende, zahlreiche Triebe, gut deckend	5–6
		Mit Ausnahme von *S. pyrifolia* und *S. repens* ssp. *argentea* eignen sich die Zwergweiden nicht für die Begrünung großer Flächen, sie benötigen freie Lagen und sonnige Standorte	
Spiraea-Bumalda-Hybriden	80	eignen sich für niedrige Blütenhecken und flächige Pflanzungen	3–4
– *decumbens*	20	fast vergessenes Kleingehölz, das sich durch Ausläufer stark ausbreitet und den Boden bald völlig bedeckt	8–10
– *japonica* 'Little Prinzess'	50	sehr dichter, kompakter Wuchs	5–6
Stephanandra incisa 'Crispa'	50	wächst mit bogig überhängenden Zweigen und verträgt auch schattige Standorte	3–4
Symphoricarpos × chenaultii 'Hancock'	80	verzweigt sich stark mit sehr langen, niederliegenden Zweigen, verträgt Schatten	2–3
Teucrium chamaedrys	25	immergrüner, breitbuschiger Halbstrauch für kleine Flächen und sonnige Standorte	10–15
Vaccinium vitis-idaea	20	immergrüne Ericacee, hübsch und zufriedenstellend nur auf leichten Böden	12–15
Vinca minor	20	bekannte einheimische Waldpflanze, die mit weiten Ausläufern kriecht und auch im tiefen Schatten fortkommt	10–12
Xanthorhiza simplicissima	80	Ausläufer treibend, auf leichten Böden rasche Ausbreitung, verträgt auch den Druck von Bäumen	3–4

Nadelgehölze für flächige Pflanzungen

Die meisten der kriechenden und flachwachsenden Nadelgehölze sind keine Bodendecker im eigentlichen Sinn; sie lassen sich kaum so verwenden wie einige Laubgehölze, die mit Ausläufern oder mit ausgebreiteten und niederliegenden Trieben kleine und große Flächen schnell dicht bedecken und in der Regel auch der Wurzelkonkurrenz und dem Kronendruck größerer Gehölze gewachsen sind. Fast alle Nadelgehölze verlangen offene und freie Standorte, nur *Taxus*-Arten und -Formen gedeihen auch in sehr schattigen Lagen.

In ihren natürlichen Arealen bedecken *Microbiota decussata* und die kriechenden Wacholderarten (*Juniperus communis* ssp. *alpina*, *J. conferta*, *J. horizontalis*, *J. procumbens*) nicht lückenlos größere Flächen, sie wachsen vielmehr in lockeren Beständen über Felsen und Geröll; allein die alpine Bergkiefer (*Pinus mugo*) und die ostasiatische *Pinus pumila* leben gern gesellig und bedecken mit ihren niederliegend-aufsteigenden Ästen nicht selten größere Flächen.

Deshalb lassen sich vor allem die beiden genannten Kiefern, ihre Varietäten und Gartenformen vorbehaltlos für eine großflächige Begrünung, etwa an Böschungen, empfehlen. Das gleiche gilt für *Juniperus conferta* und *J. horizontalis* sowie deren Gartenformen, die vor allem in den USA für großflächige Böschungsbepflanzungen eingesetzt werden. Alle anderen Arten und Gartenformen sollte man nur für kleinflächige Begrünungen, z.B. in Hausgärten, an kleinen Böschungen, in Stein- und Heidegärten oder auf größeren Grabstellen verwenden. Richtig eingesetzt, können sie von hervorragender Wirkung sein.

Nadelgehölze für flächige Pflanzungen

Art	Wuchshöhe (m)	Bemerkungen
Juniperus chinensis 'Rockery Gem'	0,8–1	niedrig und flach wachsend, stark verzweigt, robuster Bodendecker mit blaugrüner Benadelung
– – var. *sargentii*	0,3–0,5	mit kriechenden oder flach über den Boden ausgebreiteten Ästen 2–3 m breite Polster bildend, auch für schlechtere Böden geeignet
– *communis* 'Hornibrookii'	0,5	flach dem Boden aufliegende Äste, leicht ansteigende Triebspitzen, bis 2 m breit
– – ssp. *alpina*	0,2–0,3	mattenförmig mit dichtstehenden Ästen und kurzen, dicken Zweigen; lebhaft silbrig gefärbte Nadeln
– – 'Repanda'	0,3–0,4	bis 1,5 m breite, kriechende Form, deren Äste gleichmäßig rundum abstehen, Zweige dünn und sehr dichtstehend
– *conferta*	0,4	niederliegende lange Äste, aufrechtstehende Triebe, dicht deckend
– *horizontalis*-Formen	0,2–0,3	alle Gartenformen von *J. horizontalis* entwickeln sich mit flach dem Boden aufliegenden Zweigen zu dichten Matten, die einen Durchmesser von 1,5–3 m erreichen können; bei vielen Formen sind die Nadeln blau gefärbt
– *procumbens*	0,6	Wuchs niederliegend-ausgebreitet, Äste steif, an den Enden aufgerichtet

Nadelgehölze für flächige Pflanzungen (Fortsetzung)

Art	Wuchshöhe (m)	Bemerkungen
– – 'Nana'	0,3	niedriger und dichter, untere Partien der Äste dicht kissenförmig mit Zweigen besetzt, Kurztriebe aufrecht
– squamata 'Blue Carpet'	0,3	ganz flach und breit wachsend, Nadeln blauweiß gefärbt, auch für halbschattige Lagen geeignet
Microbiota decussata	0,2	Äste flach dem Boden aufliegend, im Alter 2–3 m breite, kreisrunde Teppiche bildend, feintriebig und dicht verzeigt, im Botanischen Garten Hamburg für eine großflächige Begrünung eingesetzt
Pinus mugo 'Krauskopf'	0,25	Wuchs mattenförmig-ausgebreitet
– – ssp. pumilio	1–3	wächst mit dicht gestellten Ästen niederliegend-strauchig, bleibt von allen natürlich wachsenden Bergkiefer-Formen am niedrigsten und erreicht die angegebene Höhe erst nach vielen Jahren, läßt sich durch sachgemäßen Rückschnitt leicht niedriger halten
– – 'Pal Maleter'	0,8	Wuchs flach und breit, dicht verzweigt
– – 'Wintergold'	0,5	Wuchs locker, aufrecht, Nadeln im Winter goldgelb
– pumila 'Barmstedt'	1–2	sehr wüchsige Form mit langen, gedrehten Nadeln
– – 'Dwarf Blue'	1–2	durch die dezente blaue Benadelung sehr dekorativ
– – 'Jeddeloh'	0,8	wüchsige und gesunde Form mit flachem, breit-ausladendem Wuchs
Taxus baccata 'Cavendishii'	0,4	sehr langsam wachsende Zwergform, Äste flach über dem Boden ausgebreitet
– – 'Nissen's Corona'	1	gleichmäßiger, kräftiger Wuchs, bei nur 1 m Höhe bis 5 m breit
– – 'Nissen's Regent'	1	wird bei gleicher Höhe noch etwas breiter als die vorige Form, Wuchs aber unregelmäßig
– – 'Repandens'	0,5	Wuchs niederliegend und weit ausgebreitet, 2–5 m breit, die beste Form für flächige Pflanzungen

Schattenverträgliche Laub- und Nadelgehölze

Immer wieder wird nach Gehölzen gesucht, die auch an schattigen und absonnigen Standorten gedeihen, sei es unter Bäumen oder an der Nordseite hoher Gebäude und Mauern, z.B. in Atriumgärten oder Innenhöfen. Natürlich benötigen alle Pflanzen ein Minimum an Licht, um assimilieren zu können, doch kommen bestimmte Gehölze offenbar mit weniger Sonnenlicht zurecht. Unter extrem schattigen Bedingungen kann man in der Regel kein optimales Wachstum erwarten. Besonders die laubabwerfenden Gehölze werden nach einer bestimmten Zeit von unten her kahl. Alle blühen und fruchten oft weniger und färben im Herbst ihre Blätter nicht so intensiv wie sonst.

Einige der in der Aufstellung genannten Gehölze vertragen auch sehr sonnige Standorte; sie eignen sich deshalb besonders gut für die Anpflanzung in Atriumgärten mit ihren ständig wechselnden Lichtverhältnissen. Viele der aufgeführten Arten ertragen auch den Kronendruck und die Wurzelkonkurrenz lichtstehender Bäume.

Die folgende Tabelle umfaßt überwiegend Sträucher; sie können für die ganze Zeit ihres Daseins im Halbschatten oder Schatten wachsen. Die meisten Bäume sind dagegen nur in der Jugend mehr oder weniger schattenverträglich.

Schattenverträgliche Laub- und Nadelgehölze

Art	Wuchshöhe (m)	Schatten	Halbschatten	Sonne	unter hohen Bäumen
Laubgehölze					
Abelia-Arten	1–2,5		×	×	
Acer campestre	10–15	×	×	×	
– carpinifolium	8–10		×	×	
– circinatum	6–8	×	×	×	×
– ginnala	5–6	×	×	×	
Aesculus parviflora	3–4	×	×		×
Amelanchier laevis	8–13	×	×	×	
– lamarckii	6–10	×	×	×	
Aralia elata	2–3			×	×
Aucuba japonica	2–2,5	×	×		×
Berberis buxifolia 'Nana'★	0,5		×	×	
– candidula★	0,5	×	×	×	
– × frikartii★	1,5	×	×		

★ = immergrün oder wintergrün

Schattenverträgliche Laub- und Nadelgehölze (Fortsetzung)

Art	Wuchshöhe (m)	Schatten	Halbschatten	Sonne	unter hohen Bäumen
Berberis gagnepainii var. *lanceifolia*★	2	×	×	×	×
– *hookeri*★	1	×	×		×
– × *hybridogagnepainii*★	2,5	×	×	×	×
– *julianae*★	2,5	×	×	×	×
– × *ottawensis* 'Superba'	1,5–2		×	×	
– × *rubrostilla*	1–1,5		×	×	
– × *stenophylla*★	1,5–2	×	×		
– *thunbergii*	1	×	×	×	×
– *verruculosa*★	1,5	×	×		
Buglossoides purpureocaerulea	0,3	×	×	×	×
Buxus sempervirens★	6–7	×	×	×	×
Calycanthus-Arten	2–3		×	×	
Camellia japonica★	2–4		×		
Carpinus betulus	15–20	×	×	×	
Chionanthus virginicus	3–4		×		×
Clematis-Arten	2–10		×		
Clethra-Arten	3–5		×		×
Colutea arborescens	3–4	×	×	×	
Comptonia peregrina	1		×		
Cornus alba	2–3	×	×	×	×
– *florida*	4–5		×		
– *kousa*	5–7		×		
– *mas*	5–6	×	×	×	
– *sanguinea*	3–4	×	×	×	
– *sericea*	2–2,5	×	×	×	
Corylopsis-Arten	2–4		×		×
Corylus avellana	4–5	×	×	×	
Cotoneaster bullatus	2–3	×	×	×	
– *congestus*★	0,5		×	×	
– *conspicuus*★	1–2		×		
– *dammeri*-Sorten★	0,1–1		×	×	
– *franchetii*★	1–2		×		
– *microphyllus*★	1		×	×	
– *salicifolius* var. *floccosus*★	3–4	×	×	×	
– Watereri-Hybriden★	3–7	×	×	×	
Daphne blagayana★	0,3	×	×		
– *mezereum*	1–1,5	×	×		×
Diervilla-Arten	1–1,5	×	×	×	
Elaeagnus × *ebbingei*★	2–3		×		
– *pungens*★	2–4		×		
Eleutherococcus sieboldianus	2–3	×	×	×	
Empetrum nigrum★	0,3		×	×	
Enkianthus campanulatus	2–3		×		×
Euonymus-Arten	2–5	×	×	×	
– *fortunei*-Sorten★	0,2–1	×	×		×
Fothergilla-Arten	1–3		×		
× *Gaulnettya wisleyensis*★	1	×	×		
Gaultheria procumbens★	0,2		×		
– *shallon*★	0,6	×	×		×
Hamamelis-Arten	2–5	×	×		×
Hebe-Arten★	0,2–0,7		×	×	
Hedera-Arten★	10–20	×	×		×
Holodiscus discolor	2–3		×	×	
Hydrangea anomala ssp. *petiolaris*	5–10	×	×		
Hypericum calycinum★	0,4	×	×	×	×
– andere Arten	0,8–1,5		×	×	
Ilex × *altaclarensis*★	2–5	×	×		
– *aquifolium*★	4–6	×	×		×

Schattenverträgliche Laub- und Nadelgehölze (Fortsetzung)

Art	Wuchshöhe (m)	Schatten	Halbschatten	Sonne	unter hohen Bäumen
Ilex ciliospinosa★	3–4		×		
– *crenata*★	1–2	×	×		×
– × *meserveae*★	4–6	×	×	×	×
– *pernyi*★	4–7	×	×	×	
– *verticillata*	2–3	×	×	×	
Kalmia-Arten★	0,5–2	×	×		×
Kerria japonica	1–2	×	×	×	×
Kolkwitzia amabilis	1,5–2		×	×	
Leucothoë walteri★	1–2	×	×		×
Ligustrum obtusifolium var. *regelianum*	2	×	×	×	×
– *ovalifolium*★	4–5	×	×		×
– *vulgare*	4–5	×	×	×	×
Lonicera, sommergrüne Arten	1–5	×	×	×	×
– immergrüne Arten★	0,3–4	×	×		×
Mahonia aquifolium★	1	×	×	×	×
– *bealei*★	2–4	×	×		
– *japonica*★	2–3	×	×		
– × *wagneri*★	2,5	×	×		
Menziesia-Arten	0,5–2		×		
Oplopanax horridus	2		×		
Osmanthus × *burkwoodii*★	2	×	×		
– *decorus*★	2–3	×	×		
– *heterophyllus*★	3–5	×	×	×	×
Pachysandra terminalis★	0,3	×	×		×
Parrotia persica	4–10	×	×		×
Parrotiopsis jacquemontiana	2–3	×	×		×
Paxistima canbyi★	0,3	×	×	×	×
Physocarpus-Arten	3	×	×	×	×
Pieris-Arten★	2–3	×	×		×
Prunus laurocerasus★	2–4	×	×		×
– *lusitanica*★	3–4	×	×		
Pyracantha-Sorten★	2–4		×	×	
Rhododendron-Arten und -Sorten★	0,5–4	×	×		×
Rhodotypos scandens	2	×	×	×	×
Ribes-Arten	2–3	×	×	×	×
Rubus odoratus	2	×	×	×	×
– *spectabilis*	1–2		×	×	×
Sambucus-Arten	4–6	×	×	×	×
Sarcococca-Arten★	0,5	×	×		
Skimmia-Arten★	0,5–1	×	×		×
Sorbaria-Arten	2–3	×	×	×	×
Staphylea-Arten	3–4		×	×	×
Stephanandra-Arten	1–2	×	×	×	×
Stranvaesia davidiana★	3–4	×	×		×
Symphoricarpos-Arten	1–2	×	×	×	×
Syringa-Arten	0,5–6		×	×	
Viburnum buddleifolium★	2		×	×	
– × *burkwoodii*★	2	×	×		×
– × *carlcephalum*	1,5–2	×	×		×
– *davidii*★	0,5	×	×		×
– *farreri*	2–3	×	×	×	×
– *lantana*	4–5	×	×	×	
– *opulus*	2–4	×	×	×	
– *plicatum*	2–3	×	×	×	
– 'Pragense'★	2–3	×	×	×	×
– *rhytidophyllum*★	2–4	×	×		×
– *utile*★	1–2	×	×		
Vinca major★	0,3	×	×		

Art	Wuchshöhe (m)	Schatten	Halbschatten	Sonne	unter hohen Bäumen
*Vinca minor***	0,2	×	×		
Zenobia pulverulenta	0,5–1	×	×		×
Nadelgehölze					
Abies-Arten und -Sorten	1–30		×		
Chamaecyparis-Arten und -Sorten	0,5–50		×	×	
Cryptomeria japonica	10–20	×	×		
× *Cupressocyparis*-Formen	15–30	×	×		
Juniperus chinensis 'Pfitzeriana'	2–4	×	×	×	×
– *horizontalis*-Formen	0,2–0,3		×	×	
Microbiota decussata	0,30		×	×	×
Picea abies	30–40		×		
– *omorika*	20–30		×	×	
– *orientalis*	20–25		×	×	
Pseudotsuga menziesii	20–50		×		
Taxus-Arten und -Sorten	1–20	×	×	×	×
Thuja occidentalis-Sorten	1–20		×	×	
– *plicata*	20–30	×	×		
Thujopsis dolabrata	10–15	×	×		
Tsuga-Arten und -Sorten	1–30	×	×		

Der Heidegarten

Der Heidegarten ist ein beliebtes und immer wiederkehrendes Motiv unserer Gärten, auch wenn er oft nur in bescheidenen Ausmaßen und Andeutungen zu sehen ist. Die »Heide« ist ein pflanzengeographischer bzw. ökologischer Begriff und umschreibt eine Vegetationsform, die sich als Folge von Waldzerstörungen durch den Menschen auf nährstoffarmen Böden im Einflußbereich des Seeklimas entwickelt hat. Sie erhält sich in der Natur nur dann, wenn durch ständige Beweidung der aufkommende Baumwuchs in Grenzen gehalten und das Heidekraut kurz geschoren wird. In Mitteleuropa ist die Lüneburger Heide am bekanntesten. Sie erstreckte sich früher fast von Hamburg bis Hannover, ist heute aber nur noch in Resten vorhanden. Wesentlicher Bestandteil der Heide ist das Heidekraut (*Calluna vulgaris*), das im geschlossenen Bestand weite Flächen überzieht und im Herbst sein schönstes Kleid anlegt. Geprägt werden die Heidelandschaften darüber hinaus durch einzelnstehende Birken und Kiefern und von oft abenteuerlich geformten Wacholdern. Als Begleitgehölze kennt die Heide vor allem die Bibernellrose (*Rosa pimpinellifolia*), die Hundsrose (*Rosa canina*), die von den Menschen eingebrachte, windunempfindliche *Pinus mugo*, die Glockenheide (*Erica tetralix*), an sumpfigen Stellen *Andromeda polifolia* und *Ledum palustre*, *Empetrum nigrum* auf besonders mageren Standorten, *Arctostaphylos uva-ursi*, *Vaccinium myrtillus* und *V. vitis-idaea*, den Besenginster (*Cytisus scoparius*), den Sandginster (*Genista pilosa*), *Genista anglica* und *Ulex europaeus* in westlichen Heidegebieten, und die Stechpalme (*Ilex aquifolium*). Gräser (Borstgras, Sandsegge, Schafschwingel, Wollgras und Schillergras) und Stauden (Sandthymian, Mauerpfeffer, Glockenblume, Heidenelke, Habichtskraut, Grasnelke und Königskerze) vervollständigen die Pflanzengesellschaft »Heide«.

Im Garten möchten wir die Heide noch abwechslungsreicher gestalten und suchen nach Gehölzen mit heidegartengemäßem Charakter und gleichen ökologischen Ansprüchen. Für die Anlage eines Heidegartens im Hausgarten ist es keineswegs notwendig, sich auf Gehölze zu beschränken, die pflanzensoziologisch zur Vegetationsform »Heide« gehören.

An Nadelgehölzen können wir neben Säulenwacholder und Gemeiner Kiefer nahezu alle zwergigen Formen unserer Koniferen verwenden, besonders wenn sie etwas locker oder bizarr wachsen, über den Boden kriechen und graublau oder graugrün gefärbt sind. Im allgemeinen sind die Formen von Kiefer und Wacholder leichter einzugliedern als die von Fichte, Lebensbaum und Scheinzypresse (Zwergkoniferen siehe Tabelle Seite 89). An hochwachsenden Koniferen bietet sich neben der heimischen Kiefer und deren blaunadeliger Säulenform die schlanke *Picea omorika* oder die schwachwüchsige *Pinus parviflora* an. Die für den Heidegarten brauchbaren sommer- und immergrünen Laubgehölze werden in der Tabelle Seite 137 vorgestellt.

Ansprüche der Pflanzen. Die Pflanzen des Heidegarten stellen an den Boden bestimmte Anforderungen. Er muß leicht, durchlässig, kalkfrei und nährstoffarm sein. Zu schwere Böden verbessert man durch die Beigabe von scharfem Sand, Rindenkompost und Torf. Sehr wertvoll ist auch eine Mischung aus kleingehäckseltem Reisig, das im Verhältnis 1 : 6 mit Torf und Lauberde gemischt und dann in die oberen Bodenschichten eingearbeitet wird. Durch die Zufuhr von Schwefelblume läßt sich der Kalkgehalt eines Bodens deutlich senken; das Calciumcarbonat wird dabei in unlösliche Gipsverbindungen umgewandelt. Nach Erfahrungen aus dem Botanischen Garten Tübingen sind für die Herabsetzung des pH-Wertes eines sandig-lehmigen Bodens die nachstehend genannten Mengen an Schwefelblume erforderlich, die in die oberen Bodenschichten eingearbeitet werden.

Senkung von pH 6,0 auf pH 5,0 : 0,8 kg/m² Schwefelblume
Senkung von pH 7,0 auf pH 5,0 : 1,4 kg/m² Schwefelblume
Senkung von pH 8,0 auf pH 5,0 : 1,9 kg/m² Schwefelblume

Durch die Zufuhr von 20 kg Schwefelblume auf 1,5 m³ Boden (Mischung aus Rasen- und Landerde) mit einem pH-Wert von 6,0 bis 6,5 ließ sich in Tübingen der pH-Wert innerhalb von 5 Wochen auf 4,8 bis 5,0 herabsetzen.

Auf mineralischen Böden sollte der pH-Wert nicht unter 5,0 gesenkt werden, da sonst schädliche Aluminiumverbindungen auftreten (Feßler 1975).

Eine der wichtigsten Pflegemaßnahmen besteht im jährlichen Rückschnitt des Heidekrautes (*Calluna vulgaris* und sommerblühende *Erica*-Arten). Man muß im Garten die Arbeit der Heidschnucken nachahmen und die Heide im Frühjahr so weit zurücknehmen, daß Teile des vorjährigen Holzes stehenbleiben. Der Heidegarten braucht einen sonnigen Platz und soll möglichst großflächig angelegt werden.

Kleingehölze für den Steingarten

Der Steingarten ist in der heutigen Gartengestaltung nicht gerade beliebt. Die Abneigung der Garten- und Landschaftsarchitekten ist verständlich, denn immer wieder bietet sich in Hausgärten derselbe Anblick: da hat man an Terrassenböschungen oder anderen Hangflächen auffallend gefärbte, kleinere oder größere Steine möglichst gleichmäßig über die ganze Fläche verteilt, dazwischen einige wenige Gehölze und Stauden aus Nachbars Garten wahllos durcheinander gepflanzt, und das Ganze nennt sich dann Steingarten. Der Steingarten soll hier als alpine Anlage verstanden werden, für deren Gestaltung unsere botanischen Gärten ausgezeichnete Beispiele liefern.

Mit Kleingehölzen (Gehölzen, deren Wuchshöhe 1 m kaum übersteigt) lassen sich im Hausgarten darüber hinaus alle Böschungen und Hänge bepflanzen, etwa unterhalb von Terrassen, auf Trocken- und Stützmauern, neben Treppen oder an Einfahrten zu Kellergaragen. Sie eignen sich häufig auch als Vorstrauch und bieten sich für die Bepflanzung schmaler Rabatten, Atriumgärten und Vorgärten an. Man mischt sie mit möglichst niedrigen Stauden oder unterpflanzt sie mit teppichbildenden Bodendeckern wie z.B. *Cotoneaster dammeri* und *Gaultheria procumbens*. Für den skizzierten Verwendungsbereich greift man häufig zunächst einmal auf die Zwergformen verschiedener Koniferen zurück und pflanzt die buschigen Gartenformen von Kiefer und Fichte, Lebensbaum und Scheinzypresse und die kriechenden Mutanten einiger Wacholder. Für den Steingarten brauchbare Zwergkoniferen sind in der Tabelle Seite 89 zusammengestellt worden. Aus dem großen Sortiment der Blütensträucher lassen sich eine ganze Reihe von Arten und Formen namhaft machen, deren Höhe 1 m kaum übersteigt, die aber trotzdem als Einzelstrauch und nicht als Bodendecker behandelt werden wollen (siehe Tabelle Seite 137).

Troggärten, Schalen und Kübel

Mit Gehölzen bepflanzte Tröge, Schalen und Kübel sieht man nicht nur im öffentlichen Grün, sondern auch im Hausgarten. Im städtischen Grün nennt man sie »Mobile Gärten« und gestaltet mit ihnen in zunehmendem Maße Plätze, breite Bürgersteige und Einkaufsstraßen oder hält mit ihnen den Verkehr von bestimmten Straßen fern. Im Garten setzt sich mit ihnen die Tradition der Balkonkästen fort und erweitert deren Möglichkeiten. Mit Gehölzen und Stauden bepflanzte Kübel bieten gegenüber den traditionell mit Sommerblumen besetzten Schalen einige Vorteile. Die Dauerbepflanzung kann bei richtiger Pflanzenwahl viele Jahre halten, ist daher billiger, weniger arbeitsaufwendig und zu jeder Jahreszeit attraktiv. Geeignete sommer- und immergrüne Laubgehölze sind in der Liste Seite 137 zu finden, Zwergkoniferen auf Seite 89.

Bepflanzung einer runden, flachen Schale mit Korea-Tanne, Zwergkiefer, Mahonien und Efeu

Im flachen Steintrog geben Säuleneibe, Blaustrahlhafer und zwergige Wacholder den Rahmen für zusätzliche Kleinstauden

In der dickbauchigen Tonschale gesellen sich zur aufrechtwachsenden *Pinus parviflora* eine flachwachsende Tanne und hängender Efeu

Der Steintrog beherbergt neben strauchigen Eiben, Kiefern, Hemlocktannen eine Fülle verschiedener Stauden

Pflanzkübel lassen sich im Garten fast überall aufstellen: in Innenhöfen, auf Terrassen, Balkonen und Dachgärten, auf Treppenwangen und in Senkgärten, überall dort, wo man sich im Garten häufig aufhält oder oft vorbeikommt. Sie können für Pflanzenliebhaber die Artenzahl in kleinen Gärten erheblich erweitern und sind an Reihenhäusern und in engen Siedlungen nicht selten unentbehrlich. Die einschlägige Industrie bietet heute eine Fülle von Formen und Materialien an. Wir kennen Kübel und Schalen aus Waschbeton, Keramik, Eternit oder Holz und können aus genormten Betonelementen (z.B. Karlsruher Gartenstein) erhöhte Pflanzenbeete jeder Form herstellen. Besonders wertvoll und begehrt sind alte Futter- oder Schmiedetröge, die aus Sand- oder Kalksteinblöcken gehauen sind. Sie sind rustikal und fügen sich leicht in jeden Garten ein.

Für alle Arten von Gefäßen gelten die gleichen Pflanzvorbereitungen. Vor dem Bepflanzen ist zunächst für einen ausreichenden Wasserabzug zu sorgen. Im Boden der gekauften Gefäße sind Abzugslöcher vorgesehen, die mit Maschendraht oder hohl liegenden, flachen Steinen abgedeckt werden. Der Boden wird dann mit großem Kies oder Schotter bedeckt, etwa bis zu ein Fünftel der gesamten Substrathöhe.

Das Pflanzensubstrat muß den extremen Bedingungen des begrenzten Wurzelraumes genügen. Es muß durchlässig und porös sein, damit eine gute Durchlüftung gewährleistet ist und gleichzeitig Vernässung und zu starke Eisbildung im Winter unterbunden werden. Ein hoher Anteil an anorganischer Substanz soll das Schrumpfen des Substrates verhindern; Tonmineralien fördern das Pufferungs- und Speicherungsvermögen des Bodens.

Simon (1976) empfiehlt als Grundsubstanz einer Trogerde Bimskies, Blähton oder Lavagrus, die 50% der Mischung ausmachen sollen. Hinzu kommt Bentonit als hochwertiges Tonmineral und Vermiculite als Nährstoff-, Luft- und Wasserspeicher. Die restlichen 40% des Substrates bestehen aus gutem Weißtorf. Für die Verbesserung der Bodenstruktur, die leichte Benetzbarkeit und die Wiederbenetzbarkeit des Torfes hat sich das organische Kolloid Alginure bewährt, das zu etwa 85% aus Kohlenhydraten und zu 15% aus leicht löslichen Mineralien als Spurenelementen bestehen soll. Schließlich werden dem Substrat hochwertige Mineraldünger mit gesteuerter Nährstoffabgabe beigemischt.

1 m³ einer universellen Trogerde besteht demnach aus:

2 Ballen Torf
0,5 m³ Bimskies, Lavagrus oder Blähton
15 kg Bentonit
16,5 kg Vermiculite
1 kg Alginure-Bodengranulat
1–3 kg Plantosan, Osmocote oder Triabon

Einige dieser Komponenten sind durchaus austauschbar: der Kies kann durch scharfen Sand, der Vorratsdünger durch gedüngte Torfsubstrate ersetzt werden. Eine einfachere Mischung besteht nach Carl (1978) aus:

2 Ballen TKS I
1 Schubkarre (80 l) Betonsand
25 kg Bentonit

Will man *Rhododendron* und andere Ericaceen oder sonstige Humuspflanzen in Trögen kultivieren, werden diesem Grundsubstrat bis zu einem Anteil von 50% Torf oder Rhodohum beigemischt.

Für die Dauerbepflanzung eignen sich nahezu alle Gehölze, die nicht allzu schnellwüchsig sind, besonders diejenigen, die an extremen Standorten in Trocken- und Steppengebieten, im Gebirge oder in arktischen Bereichen leben. Alle zwergigen Laub- und Nadelgehölze halten sich selbst in kleineren Gefäßen und Balkonkästen erstaunlich gut, im Gegensatz zu immergrünen Laubgehölzen, die nur in genügend großen Pflanzkübeln (1 × 1 × 0,5 m) ohne Ausfälle überwintern. Ausnahmen machen hier offenbar die immergrünen Vertreter der Ericaceen, die auch in kleineren Gefäßen zu halten sind.

Angaben zu Pflanzenzusammenstellungen sind bei der Vielzahl möglicher Kombinationen etwas kritisch. Man muß sich nach der Größe der Gefäße richten und kann sich ruhig vom eigenen Geschmack und der Neigung zu bestimmten Pflanzen leiten lassen. Entscheidend für die Wirkung ist die Ausgewogenheit in den Proportionen, die nicht nur zur Zeit der Bepflanzung vorhanden sein muß, sondern sich auch später erhalten soll. Dies ist nur mit langsam und gleichmäßig wachsenden Gehölzarten zu erreichen. Neben vertikalen Pflanzenformen, etwa den Säulenformen von *Taxus*, *Juniperus* und Kiefern müssen horizontale Pflanzentypen verwendet werden: flachwachsende Wacholder und Kiefern, buschige *Ilex*, Rhododendren und Azaleen bieten sich hier an. Die kriechenden Formen von *Cotoneaster* und die kleinblättrigen Efeuformen können als Bodendecker und überhängende Wuchsform beigefügt werden. Ideale Bodendecker und Blütengehölze zugleich sind die *Erica*- und *Calluna*-Arten und -Sorten. Attraktiv sind immer wieder alle lockeren und aufgelösten Wuchsformen, für die *Cotoneaster salicifolius* var. *floccosus* oder *Acer palmatum*-Formen das beste Beispiel liefern. Niedrige Blumenzwiebeln und Stauden erhöhen die Gesamtwirkung ganz beträchtlich.

Die Häufigkeit des Gießens richtet sich nach der Wetterlage und darf auch im Winter nicht vergessen werden, wenn die Pflanzen nicht vertrocknen sollen. Im Winter empfiehlt sich eine Abdeckung empfindlicher Pflanzen mit Nadelholzreisig, da auch sonst winterharte Pflanzen unter andauerndem Frost leiden können, der ja auch von den Seiten in die Gefäße eindringt.

Sommer- und immergrüne Laubgehölze für Heide-, Stein- und Troggärten

Art	Wuchshöhe (m)	Heidegärten	Steingärten	Troggärten	Bemerkungen
Amorpha canescens	1	×	×	×	graulaubiger, sommerblühender, sehr trockenresistenter Strauch
Andromeda polifolia★	0,2	×	×		für frische, sandig-humose Böden in halbschattiger Lage
Arctostaphylos uva-ursi★	0,2	×	×		bildet nur auf sandigen und durchlässigen Böden dichte Teppiche
Artemisia abrotanum	1		×		aromatischer, graulaubiger Strauch
– *absinthium*	1		×		wie *A. abrotanum* eine alte Heilpflanze

Nadelgehölze für Heide- und Steingärten siehe Zwergkoniferen Seite 89   ★ = immergrün

Sommer- und immergrüne Laubgehölze für Heide-, Stein- und Troggärten (Fortsetzung)

Art	Wuchshöhe (m)	Heidegärten	Steingärten	Troggärten	Bemerkungen
Berberis buxifolia 'Nana'★	0,3	×	×	×	von den immergrünen *Berberis*-Arten eignen sich
– *candidula*★	0,5	×	×	×	nur die kleinbleibenden für Stein- und Troggär-
– × *frikartii*★	1–1,5	×			ten; in Heidegärten sind alle sehr willkommen
– *gagnepainii* var. *lanceifolia*★	2	×			
– *hookeri*★	1	×	×	×	
– × *hybridogagnepainii*★	2,5	×			
– *julianae*★	2–4	×			
– × *stenophylla*★	1,5–2	×			
– *thunbergii*					die zwergigen Formen von *B. thunbergii* sind ideale Kleinsträucher für alle Verwendungsbereiche
– – 'Atropurpurea Nana'	0,3	×	×	×	
– – 'Bagatelle'	0,3	×	×	×	
– – 'Green Carpet'	0,3	×	×	×	
– – 'Kobold'	0,3	×	×	×	
– *verruculosa*★	1,5	×	×	×	
– *wilsoniae*	1	×		×	gilt als eine der schönsten sommergrünen Arten
Betula × *fennica*	3–4	×			die drei niedrigen *Betula*-Arten finden
– *humilis*	1–2	×			auch in kleineren Heidegärten Platz, in
– *nana*	0,5	×	×		größeren sind die Formen der Sandbirke
– *pendula* 'Dalecarlica'	10	×			unentbehrlich
– – 'Fastigiata'	10	×			
– – 'Gracilis'	5	×	×		
– – 'Tristis'	10	×			
– – 'Trost Dwarf'	1–2	×			
– – 'Youngii'	5	×			
Bruckenthalia spiculifolia★	0,2	×	×		der immergrüne Heidestrauch stellt die gleichen Ansprüche wie *Erica carnea*
Buglossoides purpurocaerulea	0,3		×	×	dekorativer Bodendecker, auch hübsche Einzelpflanze mit blauen Blüten
Calluna vulgaris-Sorten★	0,2–0,4	×			auf leichten und sauren, nährstoffarmen Böden Hauptbestandteil des Heidegartens
Caragana arborescens 'Lorbergii'	1–2	×	×	×	robuste und trockenresistente, z. T. etwas
– *aurantiaca*	1–2	×	×	×	sparrig wachsende Gehölze für alle Ver-
– *jubata*	1–1,5	×	×	×	wendungsbereiche
Caryopteris × *clandonensis*	1	×	×	×	graulaubig, sommerblühend und gegen
– *incana*	1	×	×	×	Trockenheit sehr unempfindlich, also vielseitig zu verwenden
Cassiope-Arten★	0,3	×	×		für halbschattige und kühle Standorte
Ceanothus americanus	1		×		beide sind trockenresistent, aber frostempfindlich,
– Hybriden	1		×		benötigen Winterschutz im Wurzelbereich
Ceratostigma plumbaginoides	0,3	×	×		reich verzweigter Halbstrauch, sehr dichte Teppiche bildend, ist mit seinen blauen Blüten im Spätsommer auch als Einzelpflanze schön
– *willmottianum*	0,5–1	×	×		etwas empfindlicher als *C. plumbaginoides*
Chamaedaphne calyculata★	0,5	×			für halbschattige Lagen und humose, kalkfreie Böden
Choenomeles japonica	1		×		verträgt recht gut sonnige Standorte
Cistus × *hybridus*★	0,5	×	×		unter den Zistrosen des mediterranen Raumes die
– *laurifolius*★	1	×	×		härtesten, bei uns nur für wintermilde Gebiete
Clematis alpina	1–2		×		schwachwachsende Kletterpflanzen, die gern
– *integrifolia*	0,8–1		×		große Steine oder niedrige Gehölze überspinnen
– *tangutica*	3		×		
Cornus canadensis	0,2	×			weiße Hochblätter, sehr dekorativ, für sandig-humose, kalkfreie Böden

Sommer- und immergrüne Laubgehölze für Heide-, Stein- und Troggärten (Fortsetzung)

Art	Wuchshöhe (m)	Heidegärten	Steingärten	Troggärten	Bemerkungen
Cotoneaster adpressus	0,3	×	×	×	von den immergrünen *Cotoneaster*-Arten sind vor
– – 'Little Gem'	,2	×	×	×	allem die schwächer wachsenden Formen von *C.*
– *congestus*★	0,5	×	×	×	*dammeri* als Bodendecker wichtig, die stärker
– *conspicuus* 'Decorus'★	0,5	×	×	×	wachsenden als »Hängepflanzen«. Wenn ihre lan-
– *dammeri*-Sorten★	0,2–1	×	×	×	gen Triebe von Balkon- oder Terrassengärten her-
– *horizontalis*	0,5	×	×		abhängen können, wirken auch so alltägliche For-
– – 'Saxatilis'	0,3	×	×	×	men sehr dekorativ. Die eleganten und hochwach-
– *microphyllus*★	1	×	×	×	senden *C. salicifolius* und *C.*-Wateri-Hybriden
– *praecox*	0,5	×	×		sind als Raumbildner fast unentbehrlich
– *salicifolius* var. *floccosus*★	3–4	×		×	
– Wateri-Hybriden★	3–7	×			
Cytisus × *beanii*	0,4	×	×	×	trockenresistent sind neben einigen kaum erhält-
– *decumbens*	0,2	×	×	×	lichen Arten nur *C. decumbens* und *C. purpureus*,
– × *kewensis*	0,3	×	×	×	alle aber sind dekorative, vielseitig zu verwen-
– *nigricans*	0,5–2	×			dende Blütensträucher
– × *praecox*	1,5–3	×			
– *purgans*	0,2–1	×			
– *purpureus*	0,5	×	×	×	
– *ratisbonensis*	0,5	×			
– *scoparius*-Sorten	2–3	×			
– – 'Prostrata'	0,2	×	×	×	
– *supinus*	0,2–0,5	×			
Daboecia cantabrica★	0,4	×			stellt wie alle Ericaceen hohe Ansprüche an den Standort
Daphne alpina	0,3		×	×	alle zwergigen *Daphne*-Arten sind etwas heikel und benötigen eine sachkundige Pflege
– *blagayana*★	0,3	×	×	×	
– × *burkwoodii*	1–1,5	×			
– *cneorum*	0,3		×	×	
– *genkwa*	1		×		
– *giraldii*	0,5		×		
– *laureola*★	0,5–1	×	×		
Deutzia gracilis	0,6		×		hübsch blühender Kleinstrauch
Dryas octopetala	0,1	×	×	×	auf durchlässigen Böden dankbare Bodendecker
– × *suendermannii*	0,1	×	×	×	
Elsholtzia stauntonii	1	×	×		empfindlicher, aber sehr hübsch blühender Klein- strauch für trockene und sonnige Standorte
Empetrum nigrum★	0,1	×		×	verträgt trockene und sonnige Standorte auf kalk- freien Böden recht gut
Erica arborea var. *alpina*★	1	×			*E. carnea* und ihre Sorten können auf etwas
– *carnea*-Sorten★	0,3	×			schwereren und leicht alkalischen Böden im Hei-
– *ciliaris*★	0,3	×	×	×	degarten das eigentliche Heidekraut ersetzen,
– *cinerea*★	0,4	×			immer aber ergänzen; alle anderen Arten sind in
× *darleyensis*★	0,4	×			bezug auf Standort und Frosthärte wesentlich
– *erigena*★	0,6	×			empfindlicher; sie werden nur an günstigen
– *mackaiana*★	0,3	×			Standorten großflächig gepflanzt
– × *stuartii*★	0,3	×			
– *tetralix*★	0,3	×			
– *vagans*★	0,3	×			
– × *williamsii*★	0,3	×			
Euonymus fortunei-Sorten★	0,1–1		×	×	ideale Bodendecker für große und kleine Flächen auf halb- bis tiefschattigen Standorten
– *nana* var. *turkestanica*	0,5	×	×	×	immergrüner, sehr trockenresistenter Kleinstrauch
Forsythia viridissima – – 'Bronxensis'	0,3		×		sehr hübsche kleine Form

Sommer- und immergrüne Laubgehölze für Heide-, Stein- und Troggärten (Fortsetzung)

Art	Wuchshöhe (m)	Heide- gärten	Stein- gärten	Trog- gärten	Bemerkungen
Fuchsia magellanica	1–3		×		nur für schattige und geschützte Standorte
Gaultheria itoana★	0,3	×	×		alle verlangen einen sauren, humosen Boden und
– miqueliana★	0,3	×	×		halbschattige Standorte
– procumbens★	0,2	×	×		
– shallon★	0,6	×	×		
Genista anglica	0,5	×			sämtliche *Genista*-Arten sind trockenresistent und
– hispanica	0,5	×	×	×	sollten nur auf nährstoffarme, durchlässige Böden
– horrida	0,4	×	×	×	gepflanzt werden; in kalten Wintern kontinentaler
– lydia	0,5	×	×	×	Klimabereiche leiden sie nicht selten
– pilosa	0,3	×	×	×	
– radiata	0,8	×	×	×	
– sagittalis	0,2	×	×	×	
– sylvestris	0,2	×	×	×	
– tinctoria	1	×			
– – 'Plena'	0,3	×	×	×	
Hebe buxifolia★	0,5–1	×	×		recht hübsche, aber sehr frostempfindliche Zwerg-
– loganioides★	0,3	×	×		sträucher für geschützte, halbschattige Standorte
– ochracea★	0,5	×	×		
– pinquifolia★	0,8	×	×		
Hedera helix-Sorten★	0,2–1		×	×	die aufrechtwachsenden Formen ('Arborescens' und 'Conglomerata') sind in allen hier angesprochenen Bereichen zu verwenden, die kriechenden Formen sind in Troggärten willkommene Hängepflanzen; alle benötigen halbschattige oder schattige Plätze und kühle, frische Böden
Hypericum androsaemum	1	×	×		vertragen allesamt vollsonnige Standorte ziemlich
– calycinum★	0,4	×	×		gut, *H. calycinum* auch den vollen Schatten; frie-
– errectum	0,2–0,6	×	×		ren in trengen Wintern gelegentlich zurück
– forrestii	1	×	×		
– 'Hidcote'★	1,5	×	×		
– hircinum★	0,5–1	×	×		
– hookerianum★	1	×	×		
– × inodorum★	1	×	×		
– kalmianum★	0,5–0,7	×	×		
– koutchense★	1	×	×		
– × moserianum★	0,4	×	×		
– prolificum★	1	×	×		
Ilex crenata-Sorten★	1–2	×	×	×	dekorative kleine Sträucher für halbschattige und schattige Standorte
Indigofera heterantha	1	×	×	×	trockenresistenter, aber frostempfindlicher Strauch
Kalmia angustifolia★	1	×	×		für sonnige bis halbschattige Standorte und fri-
– latifolia★	1,5–2	×			sche, kalkfreie Humusböden
Lavandula angustifolia	0,5	×	×	×	eines der wenigen dürreresistenten immergrünen Laubgehölze, wertvoll auch wegen der blauen, sommerlichen Blüte
Ledum palustre★	1	×			nur für frische, kalkfreie Humusböden
Leiophyllum buxifolium★	0,3		×	×	sehr zierlicher Kleinstrauch für den erfahrenen Liebhaber
Lespedeza thunbergii	2		×		elegant mit weit überhängenden Zweigen, Spät-sommerblüher, frostempfindlich
Leucothoë walteri★	2	×			immergrüner Strauch für halbschattige Lagen auf frischen und humosen, kalkfreien Böden
Linnaea borealis	0,15		×		hochalpiner Zwergstrauch für Liebhaber

Sommer- und immergrüne Laubgehölze für Heide-, Stein- und Troggärten (Fortsetzung)

Art	Wuchshöhe (m)	Heide-gärten	Stein-gärten	Trog-gärten	Bemerkungen
Loiseleuria procumbens★	0,3		×		ebenfalls ein seltener, hochalpiner Zwergstrauch
Lonicera nitida★	1		×	×	beide sind immergrüne, als Einzelpflanze wie als
– *pileata*★	0,3		×	×	Bodendecker verwendbare Kleinsträucher
Moltkia petraea	0,3		×	×	sommerblühender Halbstrauch aus den Gebirgen Südosteuropas
Myrica gale	0,5–1,5	×			braucht feuchte, saure Humusböden
– *pensylvanica*	1,5	×			wächst gern auf trockenen und sandigen Böden
Ononis fruticosa	1		×		braucht durchlässige Böden und sonnige, geschützte Standorte
Paxistima canbyi★	0,3	×	×	×	sehr wertvoller, immergrüner Zwergstrauch für Einzel- und Gruppenpflanzung, geringe Standortansprüche
Pernettya mucronata★	0,5	×			wie alle Ericaceen anspruchsvoll an den Standort
Perovskia abrotanoides	1	×	×	×	graulaubige, sommerblühende Halbsträucher, die
– *atriplicifolia*	1,5	×	×	×	auch sehr trockene Standorte ertragen
Phyllodoce caerulea★	0,2	×	×		Standortansprüche wie andere Ericaceen
Pieris floribunda★	2	×			*P. floribunda* wächst auch auf frischen, nährstoff-
– *japonica* mit zahlreichen Sorten★	2–3	×			armen Sandböden, *P. japonica* verlangt dagegen *Rhododendron*-Standorte
Potentilla fruticosa-Sorten	0,5–1,5	×		×	bekannte, anspruchslose Sträucher mit sehr langer Blütezeit, besonders trockenresistent sind nur die graulaubigen Sorten, etwa 'Primrose Beauty' oder *P. f.* var. *mandschurica*
Prunus laurocerasus-Sorten★	2–4			×	die immergrünen Sträucher eignen sich nur für große Kübel, der Boden muß frisch und kühl bleiben
Prunus pumila var. *depressa*	0,3	×	×	×	trockenresistente, z. T. knorrige Sträucher, besonders schön blüht *P. tenella* 'Firehill'
– *tenella*	1–1,5	×			
– *calostrotum* var. *keleticum*★	0,2	×	×		
Rhododendron camtschaticum	0,2	×	×		halbschattige Stellen im Heidegarten können
– *chryseum*★	0,5	×	×		ideale Standorte für kleinbleibende *Rhododendron*-
– *fastigiatum*★	0,5	×	×		Arten und -Hybriden sein. Auch in größeren An-
– *ferrugineum*★	1	×	×		lagen lassen sich nur niedrige *Rhododendron*-Arten
– *forrestii* var. *repens*★	0,2	×	×		verwenden. Alle wollen einen humosen und kalk-
– *haematodes*★	0,5	×	×		freien, frischen und kühlen Boden in halbschatti-
– *hirsutum*★	0,8	×	×		ger Lage.
– Impeditum-Hybriden★	0,4	×	×		Wenn *Rhododendron*-Arten und -Sorten für die
– Japanische Azaleen★	0,5–1	×	×		Bepflanzung größerer Kübel verwendet werden,
– *keiskei*★	0,9	×	×		ist der Bodenpflege besondere Aufmerksamkeit zu
– *kiusianum*★	0,6–0,8	×	×		schenken. Das gilt auch für alle anderen Ericaceen
– 'Lavandula'★	0,8–1	×	×		
– 'Praecox'★	1–1,5	×	×		
– *racemosum*★	0,8	×	×		
– *radicans*★	0,1	×	×		
– 'Radistrotum'★	0,3	×	×		
– 'Ramapo'★	0,6	×	×		
– Repens-Hybriden★	0,5	×	×		
– *reticulatum*	1–1,5	×	×		
– *russatum*★	0,8	×	×		
– *yakushimanum* mit zahlreichen Sorten★	0,5–1	×	×		
– *yedoense*★	0,5–1	×	×		
Rhodothamnus chamaecistus★	0,2–0,4		×		subalpiner, in Kultur etwas heikler Zwergstrauch

Sommer- und immergrüne Laubgehölze für Heide-, Stein- und Troggärten (Fortsetzung)

Art	Wuchshöhe (m)	Heide-gärten	Stein-gärten	Trog-gärten	Bemerkungen
Rosa canina	3	×			die meisten der hier genannten Wildrosen lassen
– *foetida*	1,5–2	×			sich nur in großräumigen Heidegärten verwenden
– *glauca*	3	×			
– *hugonis*	2–2,5	×			
– *moyesii*	2–3	×			
– *nitida*	0,5	×		×	
– *pimpinellifolia*	1	×			
– *rubiginosa*	2–3	×			
Ruta graveolens	0,5		×		Halbstrauch mit blaugrünen, streng aromatisch duftenden Blättern
Salix bockii	1–3	×	×		viele Zwergweiden sind reizvolle Kleinsträucher
– × *boydii*	0,5		×	×	für Steingärten und Tröge; die graulaubigen
– *glauca*	1	×	×	×	Arten passen auch in den Heidegarten. Nur *S. repens* ssp. *argentea* und *S. r.* ssp. *rosmarinifolia* ver-
– × *grahamii*	0,2	×	×		tragen trockene Standorte, alle anderen wollen ge-
– *hastata*	1	×	×	×	nügend frische und kühle Böden. Die meisten
– *helvetica*	0,5	×	×	×	Zwergweiden, vor allem *S. helvetica* und *S. serpyl-*
– *herbacea*	0,15		×	×	*lifolia*, halten sich in Trögen erstaunlich gut, wenn
– *lanata*	0,5	×	×	×	sich das Substrat in kleinen, dünnwandigen Gefä-
– *myrsinites*	0,4		×	×	ßen nicht zu stark erwärmt
– – var. *jacquiniana*	0,2		×	×	
– *purpurea* 'Gracilis'	1–1,5	×			
– *repens* ssp. *argentea*	0,3–1	×			
– – ssp. *rosmarinifolia*	0,5	×			
– *reticulata*	0,2		×	×	
– *retusa*	0,3		×		
– *serpillifolia*	0,1		×	×	
– × *simulatrix*	0,2		×	×	
– *subopposita*	0,3	×	×		
– *waldsteiniana*	0,5		×	×	
Santolina chamaecyparissus	0,5		×	×	gelbblühender Halbstrauch für warme und sonnige Plätze auf durchlässigen Böden, nicht zuverlässig winterhart
*Sarcococca humilis**★*	0,4		×		immergrüner Zwergstrauch mit unauffälligen, aber stark duftenden Blüten; nur für geschützte Standorte
Skimmia × *foremanii**★*	0,5		×		dekorative, immergrüne Sträucher mit ziemlich
– *japonica**★*	1		×		hohen Standortansprüchen
– *reevesiana**★*	0,5		×		
Sorbus cashmiriana	7–10	×			die relativ schwach wachsenden *Sorbus*-Arten las-
– *prattii*	5–7	×			sen sich sehr gut in großräumigen Heidegärten
– *reducta*	0,5	×			unterbringen, für Stein- und Troggärten bietet
– *rehderiana* 'Josef Rock'	7–10	×	×	×	sich die reizende *S. reducta* an
– *serotina*	7–9	×			
– *vilmorinii*	3–6	×			
Spiraea albiflora	0,5	×	×		die niedrigen *Spiraea*-Arten und -Formen lassen
– *betulifolia*	0,5–1	×	×		sich sehr vielseitig verwenden, alle stellen nur sehr
– *bullata*	0,5	×	×	×	geringe Standortansprüche
– Bumalda-Hybriden	0,5–1	×		×	
– *decumbens*	0,4	×	×	×	
– *japonica* 'Alpina'	0,3	×	×	×	
– – 'Little Princess'	0,4	×	×	×	
– – 'Shirobana'	0,5	×	×		
Syringa afghanica	1		×	×	aparter, sparriger Steppenstrauch
– *meyeri* 'Palibin'	0,5–1	×	×	×	niedriger, Strauch, blüht schon als junge Pflanze

Sommer- und immergrüne Laubgehölze für Heide-, Stein- und Troggärten (Fortsetzung)

Art	Wuchshöhe (m)	Heide-gärten	Stein-gärten	Trog-gärten	Bemerkungen
Teucrium chamaedrys★	0,25	×	×	×	immergrüner Halbstrauch, der trockene und sonnige Plätze auf kalkhaltigen Böden bevorzugt
Ulex europaeus	1–2	×			typischer Vertreter maritimer Heidelandschaften, in kontinentalem Klima nicht ganz winterhart
Vaccinium corymbosum	1–2	×			alle Arten verdienen nur in großräumigen Heidegärten einen Platz; der Boden muß leicht, frisch und kalkfrei sein
– macrocarpon★	0,1	×			
– myrtillus	0,5	×			
– oxycoccus★	0,1	×	×		
– uliginosum	0,2–0,9	×			
– vitis-idaea★	0,3	×			
Viburnum davidii★	0,5		×		aparter, immergrüner Strauch für geschützte Lagen
Yucca filamentosa★	1,5–3	×			in genügend großen Heidegärten fast unentbehrlich für trockene, durchlässige Böden und sonnige Lagen
Zenobia pulverulenta	0,5–1	×			paßt mit den blaubereiften Blättern gut in größere Heidegärten auf sandig-humose, kalkfreie Böden

Nadelgehölze für Pflanztröge

Die im folgenden behandelte Auswahl von Nadelgehölzen, vor allem von Zwergkoniferen, wird sich als Trogbepflanzung stets bewähren. Ihre besondere Eignung wird durch ihren Habitus begründet, durch ihr meist geringeres Wachstum und durch die Tatsache, daß sie den extremen Standortbedingungen in Pflanztrögen besser gewachsen sind als andere Arten und Gartenformen.

Die meisten der genannten Arten und Gartenformen gehören zum Standardsortiment nahezu jeder Baumschule. Darüber hinaus sind auch noch andere Gartenformen brauchbare Troggehölze, etwa die hübsche Cedrus libani 'Sargentii', die zahlreichen Formen von Chamaecyparis obtusa, Juniperus communis ssp. alpina und die neuen Sorten von Juniperus horizontalis, die unregelmäßig strauchig wachsende Picea pungens 'Glauca Procumbens', Pinus mugo, P. pumila und zahlreiche Zwergformen der Schwarzkiefer (P. nigra) und der Waldkiefer (P. slyvestris).

Immergrüne Nadelgehölze sind für die Trogbepflanzung sehr begehrt und wertvoll, bringen sie doch vor allem im Winter belebendes Grün in den sonst winterkahlen Garten, auf Terrassen und Balkone.

Auch bei der Trogbepflanzung mit Nadelgehölzen gilt, daß man die Pflanzgefäße nicht mit Koniferen allein dicht bepflanzen darf, wenn die Pflanzen nach wenigen Jahren nicht unter Platzmangel leiden sollen. Eine Mischbepflanzung mit alpinen Stauden oder niedrigbleibenden Sommerblumen wirkt außerdem in der Regel lockerer und freundlicher als die ausschließliche Verwendung von Nadelgehölzen. Zu Fragen des Pflanzsubstrates und der Pflege wird auf das Kapitel »Troggärten, Schalen und Kübel« verwiesen.

Nadelgehölze für die Trogbepflanzung

Art	Wuchshöhe (m)			Bemerkungen
	bis 0,5	0,5–1	1–2	
Abies balsamea 'Nana'	×			kugeliger Wuchs, dichtstehende, waagerecht ausgebreitete Äste, sehr kurze, dunkelgrüne Nadeln
– cephalonica 'Meyer's Dwarf'	×			ziemlich trockenresistente Zwergtanne mit breitem, unregelmäßigem Wuchs
– concolor 'Compacta'			×	unregelmäßig strauchig, auffallend durch die großen, silberblauen Nadeln
– – 'Piggelmee'	×			Zwergform mit graublauen Nadeln
– lasiocarpa 'Compacta'			×	breit-kegelförmiger, geschlossener Habitus, schöne, silberblaue Benadelung
– procera 'Blaue Hexe'	×			wächst von allen Formen der Art am schwächsten
– – 'Glauca Prostrata'		×		wächst unregelmäßig buschig und ist blaugrün benadelt
Cedrus deodara 'Golden Horizon'		×		wächst breit und flach und hat gelbliche Nadeln, ist aber frostempfindlich

Nadelgehölze für die Trogbepflanzung (Fortsetzung)

Art	Wuchshöhe (m)			Bemerkungen
	bis 0,5	0,5–1	1–2	
Chamaecyparis lawsoniana 'Rijnhof'		×		mit den flach ausgebreiteten Ästen und den überhängenden Zweigspitzen eine der elegantesten Zwergformen der Art
– *obtusa* 'Coraliformis'	×			interessante Form mit leicht monströsem Wuchs und bläulichgrünen, glänzenden Nadeln
– – 'Nana Gracilis'			×	weit verbreitet und eine der schönsten aller Zwergkoniferen, erreicht erst in vielen Jahren die angegebene Höhe
– – 'Rigid Dwarf'		×		straff aufrecht wachsende Zwergform, die besonders dekorativ ist
– *pisifera* 'Filifera Nana'		×		dichtbuschig mit fadenförmigen, allseits überhängenden Zweigspitzen und grünen Nadeln
– – 'Golden Mop'		×		im Wuchs wie 'Filifera Nana', aber mit beständig goldgelben Nadeln
– – 'Nana'	×			kugelige bis kissenförmige Zwergkonifere mit sehr dichten, fächerförmigen Zweiglein und blaugrünen Nadeln
Juniperus chinensis 'Blaauw'			×	mit straff-aufrechten Ästen trichter- oder säulenförmig, graublaue, schuppenförmige Nadeln
– – 'Plumosa Aurea'	×			mit ansteigenden Ästen unregelmäßig strauchig, Nadeln vor allem im Frühjahr schön goldgelb
– *communis* 'Blue Alps'		×		wächst aufrecht, buschig und dicht verzweigt, die Nadeln sind silbergrau
– – 'Compressa'	×			sehr langsam wachsende, spindelförmig-schmale Säulenform
– – 'Nana Aurea'	×			mit waagerecht abstehenden Ästen breitbuschig wachsend, besonders im Austrieb mit auffallend goldgelben Nadeln
– – 'Repanda'	×			mit flach dem Boden aufliegenden Trieben runde Polster bildend, Nadeln oberseits silbrig gestreift
– – 'Suecica Nana'			×	schwachwachsende Form des Schwedischen Säulenwacholders
– *horizontalis* 'Blue Chip'	×			Sorte mit flach ausgebreiteten Trieben und silberblauer Benadelung
– – 'Emerald Spreader'	×			dicht und gleichmäßig wachsende Form mit smaragdgrünen Nadeln
– – 'Glauca'	×			eine der wichtigsten flachwachsenden Wacholderformen; in Trögen gepflanzt, hängen die Zweige senkrecht herab; die stahlblauen Nadeln verfärben sich im Winter nicht
– *squamata* 'Blue Carpet'	×			ganz flach wachsend und dicht verzweigt, schöne blaugraue Benadelung
– – 'Blue Sprider'	×			Wuchs flach-kugelig, dicht verzweigt, die Benadelung ist blaugrün
– – 'Blue Star'	×			sehr dichte, halbkugelige Zwergform mit auffallend blauweißen Nadeln, für den Trog der schönste strauchige Wacholder
Larix decidua 'Kornik'		×		locker und nahezu kugelig wachsende Form mit frischgrünen Nadeln
– *kaempferi* 'Wolterdingen'	×			Zweige fast waagerecht abstehend. Nadeln graugrün und leicht gedreht. Beide Lärchen-Zwergformen brauchen ausreichend frischen Boden

Nadelgehölze für die Trogbepflanzung (Fortsetzung)

Art	Wuchshöhe (m)			Bemerkungen
	bis 0,5	0,5–1	1–2	
Microbiota decussata	×			eine noch wenig verbreitete Zwergkonifere aus Ostasien, die sich im Trog ganz ausgezeichnet hält, sie läßt ihre fächerförmigen Zweige locker überhängen
Picea abies 'Echiniformis'	×			nur diese Formen bleiben so klein, daß sie für viele Jahre im Trog Platz finden; andere Sorten eignen sich nur für größere Gefäße, sie sind außerdem ziemlich steif und gleichförmig aufgebaut. Alle Fichten bleiben im Trog nur bei hoher Luftfeuchtigkeit und frischem Boden gesund
– – 'Little Gem'	×			
– – 'Mariae-Orffiae'	×			
– *glauca* 'Echiniformis'	×			sehr hübsche, flach-kugelig oder kissenförmig wachsende Form mit blaugrünen Nadeln
– × *mariorika* 'Machala'	×			Wuchs ausgebreitet bis flach-kugelig, Nadeln auf der Unterseite silbrigweiß bis graublau
– *omorika* 'Minima'	×			sehr schwachwachsende, kurztriebige Form
– – 'Nana'			×	sehr dicht und breit-kegelförmig wachsend, im Alter wohl über 3 m hoch, aber sehr langsam wachsend, findet deshalb auch für viele Jahre in kleineren Trögen ausreichend Platz
– – 'Pimoco'	×			ebenfalls eine sehr schwachwachsende, kurztriebige Form
– – 'Treblitzsch'	×			kurztriebige und kurznadelige Zwergform
– *pungens* 'Glauca Globosa'		×		sehr schöne, dichte, flach-kugelige Form mit weißblauen Nadeln
– – 'Glauca Procumbens'	×			unregelmäßig strauchig, breit-niedergestreckt, silberblaue Benadelung
Pinus cembra			×	die sonst baumförmige Zirbelkiefer wächst im Trog so langsam, daß sie für viele Jahre auch in kleinen Trögen zu halten ist
– *heldreichii* 'Smidtii'	×			Zwergform der jugoslawischen Schlangenhautkiefer, eine besonders schöne, schwachwüchsige Kiefer
– *mugo* ssp. *pumilio*		×		die schwachwachsenden Formen der Bergkiefer sind bei der Trogbepflanzung nahezu unentbehrlich; im Gegensatz zu vielen anderen Zwergkoniferen lassen sie sich auch leicht zurückschneiden
– – 'Gnom'			×	
– – 'Humpy'	×			
– – 'Krauskopf'	×		×	
– – 'Laurin'				
– – 'Mops'	×		×	
– – 'Minimops'				
– *nigra* 'Helga'	×			schönste aller Schwarzkiefern-Zwergformen, auch alle übrigen Formen sind brauchbar; alle vertragen trockene und sonnige Standorte besser als die Formen von *P. mugo*
– *parviflora*-Sorten			×	diese japanischen Kiefern werden normalerweise 10–15 m hoch, sind im Trog aber so schwachwüchsig, daß sie in großen Trögen für viele Jahre einen ausreichenden Platz finden
– *pumila*-Sorten			×	das asiatische Pendant der in Europa verbreiteten Bergkiefer besticht durch einen gefälligen, lockeren Habitus und durch auffallend blaue Nadeln
– *strobus* 'Krügers Liliput'	×			beide Formen bleiben, im Gegensatz zu der alten Form 'Radiata', wirklich zwergig und sind deshalb für eine Trogbepflanzung gut geeignet
– – 'Minima'	×			

Nadelgehölze für die Trogbepflanzung (Fortsetzung)

Art	Wuchshöhe (m)			Bemerkungen
	bis 0,5	0,5–1	1–2	
– *sylvestris* 'Argentea Compacta'			×	alle Zwergformen der heimischen Waldkiefer eignen sich hervorragend für die Trogbepflanzung
– – 'Beuvronensis'	×		×	
– – 'Globosa Viridis'				
– – 'Watereri'			×	
– *uncinata* 'Grüne Welle'	×			besonders zwergig wachsende Formen der sonst baumförmig wachsenden Hakenkiefer
– – 'Ofenpass'	×			
– – 'Paradekissen'				
Taxus baccata 'Amersfoort'		×		sehr schwach-wachsend, sieht mit den eigenartigen Nadeln fast wie ein *Podocarpus* aus
– – 'Fastigiata'			×	alle Fastigiata-Formen sind als junge Pflanzen sehr gut auch für die Bepflanzung kleinerer Tröge geeignet. Sie wachsen im Trog viel langsamer als im Freiland, überragen deshalb auch lange nicht den ihnen zugedachten Raum
– – 'Repandens'	×			Zweige niederliegend und weit ausgebreitet auf Dauer nur für größere Tröge geeignet
– *cuspidata* 'Nana'		×		zwergige Form der besonders frostharten Japanischen Eibe
Thuja occidentalis-Formen			×	die meisten Zwergformen des Abendländischen Lebensbaumes werden mindestens 1–2 m hoch, sind also nur für größere Tröge geeignet, Bodentrockenheit vertragen alle nicht besonders gut
Tsuga canadensis 'Jeddeloh'	×			sehr zierliche, feinzweigige Zwergkonifere, braucht aber einen ausreichend frischen Boden

Dachgärten

In unserer immer dichter besiedelten Umwelt wird die Notwendigkeit zur Bepflanzung bebauter Flächen kaum mehr bestritten. Würde man in verstärktem Maße Dächer und Flächen über Tiefgaragen, Leitungskanälen und Unterführungen begrünen, könnten unser Städte etwas menschenfreundlicher sein. Im Hausgarten treten uns solche Fragen kaum entgegen. Denkbar ist immerhin, daß auch im privaten Wohnungsbau die Dachflächen von Tiefgaragen begrünt werden und sei es nur in Form schmaler Bankbeete. Die Entwicklung von Terrassen- und Hügelhäusern fordert die Anlage von Dachgärten geradezu heraus. Immer häufiger werden auf Terrassen und Balkonen Brüstungströge eingebaut und dauerhaft bepflanzt.

Für das Gelingen einer derartigen Anlage ist neben der richtigen Pflanzenwahl vor allem die Ent- und Bewässerung und die Isolierung der Dachfläche von entscheidender Bedeutung. Die Höhe des Substrates tritt demgegenüber in den Hintergrund, ihre Mächtigkeit kann wesentlich geringer sein als gemeinhin angenommen wird.

Seit langem gibt es zahlreiche industriell gefertigte Systeme für den Aufbau eines Dachgartens. So unterschiedlich sie sich in ihrer Form auch darstellen, sie folgen im Aufbau und in der Abfolge der einzelnen Schichten in der Regel einem bewährten System, das in der folgenden Zeichnung dargestellt ist. Die Mächtigkeit des Pflanzensubstrates kann geringer sein als wohl häufig angenommen wird. Untersuchungen von Duhme (1972) ergaben, daß selbst bei nur 20 cm Erdüberdeckung und Baumhöhen von mehr als 10 m keine Windwurfgefahr bestand, vorausgesetzt, die Bäume waren

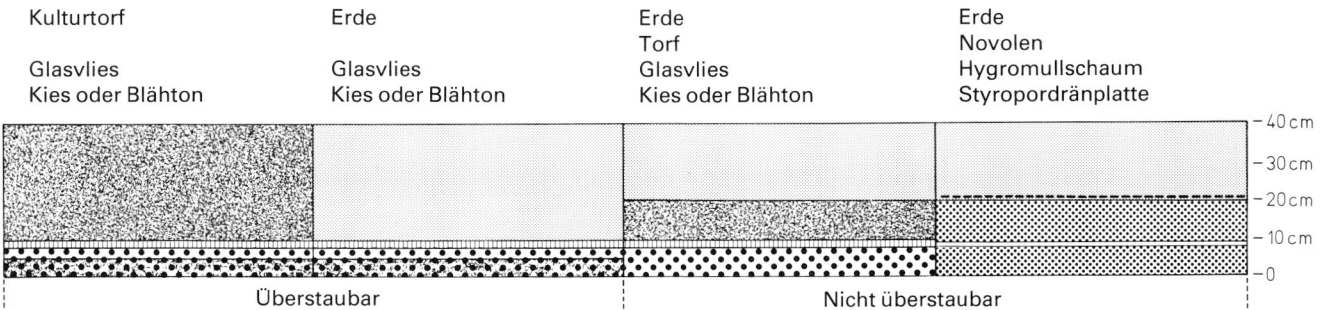

Profile für Pflanzenstandorte auf Bauwerken, insbesondere für Dachgärten im engeren Sinne

genügend eingewurzelt. Bei geringer Substrathöhe ist der rechtzeitigen Bewässerung und der zusätzlichen Düngung besondere Aufmerksamkeit zu widmen. Die auf Seite 137 beschriebenen Substratmischungen sind auch für die Anlage von Dach- und Terrassengärten brauchbar.

Die Auswahl der »Dachgartenpflanzen« muß in erster Linie nach ästhetischen Gesichtspunkten erfolgen. Oft muß für den meist kleinen Raum eine wohlüberlegte Pflanzenzusammenstellung erfolgen, die sich den jeweiligen baulichen und kleinklimatischen Bedingungen anzupassen hat und für die man kaum Rezepte anbieten kann. Besondere Beachtung verdienen die Wuchshöhen der Pflanzen. Auf hohen Dächern und unter beschränkten Platzverhältnissen muß auf allzugroße Bäume verzichtet werden.

Da von einem derartigen Garten eine möglichst ganzjährige Schmuckwirkung erwartet wird, sind immergrüne Gehölze hier oft am richtigen Platz. Die ausschließliche Verwendung trockenresistenter Gehölze, die in der Regel in den Steppen- und Wüstengebieten, teilweise auch in den Hartlaubzonen der nördlichen Hemisphäre verbreitet sind, ist wohl nur für überbaute Flächen in öffentlichen Anlagen notwendig.

Im privaten Dach-, Terrassen- oder Troggarten läßt man den Pflanzen im allgemeinen eine bessere Pflege angedeihen. Deshalb werden in unserer Liste auch solche Gehölze vorgestellt, die zwar nicht das Prädikat »trockenresistent« verdienen, mit denen aber trotzdem recht gute Erfahrungen bei der Bepflanzung von Dach- und Terrassengärten gemacht worden sind.

Die folgende Zusammenstellung umfaßt nur die für die Begrünung überbauter Flächen geeigneten Bäume (Koniferen und Laubgehölze) und höheren Sträucher. Brauchbare Kleingehölze wurden schon in den Listen Seite 89 und 137 vorgestellt.

Bäume und Sträucher für Dachgärten und andere überbaute Flächen

Art	Wuchshöhe (m)	Bemerkungen
Sommergrüne Bäume		
Acer campestre	10–15	in Mitteleuropa häufig auf trockenen, südlich exponierten Kalkböden verbreitet
– × *neglectum* 'Annae'	8–12	sehr anpassungsfähiger und robuster, Hitze vertragender Kleinbaum mit goldgelber Herbstfärbung
– *negundo*	10–15	verträgt bei hinreichender Bodenfeuchtigkeit große Hitze
– *platanoides*	20–30	von Nordeuropa bis weit in die russische Steppe verbreitet
Ailanthus altissima	20–25	besonders dürreresistent, an vielen Stellen in Südeuropa verwildert
Celtis occidentalis	20–30	in den Prärien des mittleren Nordamerika verbreitet, in besonders hohem Maße dürreresistent
Corylus colurna	15–20	im sommerwarmen Südosteuropa heimisch, ein sehr strahlungsfester Baum
Fraxinus angustifolia	15–20	verträgt weit mehr Trockenheit als *F. excelsior*
– *ornus*	10–20	stockt im südöstlichen Europa u.a. in trockenen und heißen Karstgebieten
– *pennsylvanica*	15–20	in den Prärien des mittleren Nordamerika heimisch; wird u.a. zur Aufforstung in der russischen Steppe verwendet
Gleditsia triacanthos	15–20	sehr trockenresistenter Baum, in Trockengebieten des Balkans häufig gepflanzt
Gymnocladus dioicus	20–25	in den sommerwarmen Laubwäldern des atlantischen Nordamerika heimisch, verträgt durchaus trockene Standorte
Maackia amurensis	10–15	sehr anspruchsloser Baum, wird unter anderem in der Ukraine zur Aufforstung verwendet
Ostrya carpinifolia	10–20	gedeiht in Südosteuropa auch auf trockenen Kalkböden
Platanus × *hispanica*	20–30	sehr strahlungsfester Baum, erträgt Hitze und Trockenheit
Populus alba	20–30	in Auenwäldern wie auf trockenen, steppenartigen Standorten; besonders trockenresistent ist die Form 'Nivea'
– *canescens*	20–30	ebenso unempfindlich wie *P. alba*
– *simonii*	12–15	stammt aus sommertrockenen Regionen Nordchinas, hat sich stellenweise auch als Stadtstraßenbaum bewährt
– *tremula*	20–30	Pioniergehölz zur Begrünung von Halden und Kippen, Dünen und Kahlschlägen
Quercus cerris	20–30	stockt in Südeuropa und Kleinasien auf trockenen Kalkböden
– *frainetto*	20–30	ebenfalls in Südosteuropa verbreitet, unempfindlich gegen Trockenheit
– *macrocarpa*	20–25	dringt im mittleren Nordamerika bis weit in die große Prärie vor
– *pubescens*	12–15	in Südosteuropa und an trockenen und warmen Standorten im Rhein-Mosel-Gebiet verbreitet
– *robur*	30–40	gedeiht in Mitteleuropa auch auf trockenen Sandböden, sehr strahlungsfester Baum
– *rubra*	20–25	in den Standortansprüchen noch bescheidener als *Q. robur*
Robinia luxurians	8–10	im südöstlichen Nordamerika verbreitet, verträgt Trockenheit und Sonne
– *pseudoacacia*	20–25	trockenresistenter, anspruchsloser Baum, hat in Ungarn auf extremen Standorten teilweise die heimische Vegetation verdrängt
Sophora japonica	20–25	hat sich bei Anbauversuchen in Trockengebieten als Straßenbaum (Bulgarien) und zur Aufforstung von Flugsandböden (Ukraine) bewährt, verlangt warme Standorte
Sorbus domestica	10–20	in Südeuropa und in Süddeutschland seit Jahrhunderten als Fruchtbaum kultiviert, bevorzugt warme, kalkreiche Standorte
– *intermedia*	10–20	übertrifft in der Anspruchslosigkeit die heimische *S. aucuparia* bei weitem

Bäume und Sträucher für Dachgärten und andere überbaute Flächen (Fortsetzung)

Art	Wuchshöhe (m)	Bemerkungen
– torminalis	10–15	stockt in Mitteleuropa, auf der Krim und in Kleinasien auf warmen und trockenen Standorten
Tilia tomentosa	20–30	besiedelt sommertrockene Gebiete in Südeuropa und Kleinasien, ist unter anderem ein sehr wertvoller Stadtstraßenbaum
Ulmus pumila var. arborea	20–25	gilt als der am besten dürreangepaßte Baum der asiatischen Steppen, gegen die Ulmenkrankheit weitgehend resistent
Nadelgehölze und Gingko		
Abies concolor	25–40	stockt im südwestlichen Nordamerika in der Vegetationszone der Trocken-Koniferen-Gehölze; die am wenigsten empfindliche aller Tannen
– koreana	5–15	besonders als veredelte Pflanze sehr klein bleibend und früh fruchtend, deshalb gern auch für die Kübelbepflanzung verwendet
– pinsapo	15–20	in Südspanien verbreitet, gegen Trockenheit unempfindlich; die blaunadeligen Formen sind frosthärter als die grünnadeligen
Calocedrus decurrens	20–30	im südwestlichen Nordamerika mit Abies concolor und Pinus ponderosa vergesellschaftet und vorzüglich an Trockenheit angepaßt, in Spanien für Aufforstung verwendet
Ginkgo biloba	20–30	bekannter, strahlungsfester Baum, der sich auch im Stadtklima bewährt hat
Juniperus virginiana	10–20	kommt von Kanada bis Florida auf Kalkfelsen und Sanddünen vor
Picea pungens	20–30	Gebirgsbaum der westlichen USA, verträgt von allen Fichten am besten trockene Luft
Pinus aristata	8–10	interessante Kiefer mit hoher Trockenresistenz, auch für die Kübelbepflanzung geeignet
– flexilis	10–25	von den baumförmigen Kiefern vertragen trockene Standorte am besten: die in
– heldreichii	10–20	Südosteuropa verbreiteten P. nigra und P. heldreichii, die in Mitteleuropa heimische
– jeffreyi	20–30	P. sylvestris und die nordamerikanischen P. jeffreyi, P. ponderosa und P. rigida. Mit
– mugo	1–2	Ausnahme der beiden letztgenannten sind alle wichtige und schöne Garten- und
– nigra	20–30	Parkbäume, die auch mit den extremen Standorten auf überbauten Flächen zurechtkommen
– peuce	15–20	
– ponderosa	20–30	
– rigida	10–15	
– sylvestris	10–30	
Tsuga mertensiana 'Glauca'	10–12	sehr dekorative, schwachwüchsige Hemlocktanne, auch für die Bepflanzung großer Kübel geeignet
Sommergrüne Sträucher		
Acer ginnala	5–6	anspruchsloser und anpassungsfähiger Großstrauch mit dreilappigen, im Herbst orangerot gefärbten Blättern
– japonicum	2–4	sehr dekorativ und anspruchsvoll; geschützter, halbschattiger Platz, lockerer, frischer Humusboden
– monspessulanum	6–8	kommt in Südeuropa und im Rhein-Main-Gebiet stets auf warmen, trockenen und kalkhaltigen Standorten vor
– palmatum	2–4	wie A. japonicum auf Dachgärten nur dann brauchbar, wenn die hohen Standortansprüche befriedigt werden
– tataricum	6–8	sehr robust, anspruchslos
Amelanchier laevis	8–13	Sträucher mit breiter ökologischer Amplitude, vertragen auch schlechtere Böden
– lamarckii	6–10	verschiedenster Herkunft und offene, sonnige Standorte
Buddleja alternifolia	3–4	eleganter, trockenresistenter asiatischer Steppenstrauch
– davidii-Sorten	3–4	vertragen ebenfalls trockene und sonnige Standorte
Cercis canadensis	3–5	trocken- und hitzebeständige, aber frostempfindliche Sträucher, am besten an geschützter Stelle vor einer Südwand
– siliquastrum	3–5	
Choenomeles-Arten	1–2	attraktive Frühblüher, die sonnige Standorte vertragen
Colutea arborescens	3–4	nicht sonderlich schön, aber äußerst anspruchslos und trockenresistent
Cornus mas	5–6	heimischer Strauch, der gern auf sonnigen, trockenen Hängen und kalkreichen Böden wächst
Coronilla emerus	1–2	im mediterranen Raum auf trockenen Kalkböden verbreitet
Corylopsis-Arten	1–3	sehr hübsche, aber nicht ganz unempfindliche Vorfrühlingsblüher, die einen geschützten Standort verlangen
Corylus avellana 'Tortuosa'	3–4	mit dem eigenartigen Wuchs für den Liebhaber skurriler Formen unentbehrlich
Cotinus coggygria	4–5	besiedelt u.a. die trockenen Karstgebiete im nördlichen Jugoslawien

Bäume und Sträucher für Dachgärten und andere überbaute Flächen (Fortsetzung)

Art	Wuchshöhe (m)	Bemerkungen
Cotoneaster bullatus	2–3	robuste und dekorative Arten; trockenresistent sind allerdings nur die in den asiati-
– *dielsianus*	2	schen Steppengebieten verbreiteten *C. integerrimus, C. lucidus, C. multiflorus, C.*
– *divaricatus*	2	*nebrodensis, C. pannosus, C. racemiflorus* und *C. uniflorus*. Bis auf wenige Ausnah-
– *multiflorus*	3–4	men werden sie nicht angeboten
Crataegus laciniata	8–10	alle Arten sind anpassungsfähige und anspruchslose, hitzeverträgliche und stadt-
– × *lavallei*	5–7	klimafeste Großsträucher
– *pedicellata*	4–6	
– *persimilis* 'McLeod'	5–6	
– *pinnatifida* var. *major*	4–6	
– *punctata*	6–8	
Elaeagnus angustifolia	5–7	vom Mittelmeer bis in die Wüste Gobi verbreitet, besonders dürreresistent
– *commutata*	1–3	Ausläufer treibender Strauch, in den Prärien des mittleren Nordamerika verbreitet
Euonymus alata	2–3	häufig gepflanzte, dekorative Sträucher, die aber keineswegs trockenresistent sind
– *planipes*	3–5	
Forsythia ovata	1–2	kleinbleibende, sehr frostharte Art
Halimodendron halodendron	5–7	gedeiht am besten auf leichten, durchlässigen Sandböden
Hamamelis × *intermedia*	3–4	bekannte, frühblühende Sträucher mit ziemlich hohen Standortansprüchen
– *japonica*	4–5	
– *mollis*	4–5	
Hippophaë rhamnoides	4–6	die geringen Standortansprüche des Sanddorns sind allgemein bekannt
Koelreuteria paniculata	5–10	liebt Trockenheit und Wärme, blüht nur an entsprechenden Standorten
Kolkwitzia amabilis	1–2	eleganter Blütenstrauch mit geringen Standortansprüchen
Laburnum-Arten	5–6	anspruchslos, kalkhold, sehr attraktiv
Lonicera korolkowii	2–3	in den Steppen und Wüsten Turkestans und Südrußlands verbreitete Arten, deren
– *tatarica*	3–4	Gartenformen durchaus ansehnlich sind
Lycium barbarum	2–4	in Südeuropa heimisch, siedelt sich gern auf Trümmerschutt und in den Fugen alter Mauern an
Malus-Hybriden und -Sorten		die meisten vertragen ein hohes Maß an Trockenheit
Nothofagus antarctica	5–6	dekorativer Solitärstrauch mit eigenwilligem Habitus, nur für geschützte Standorte
Prunus cerasifera	4–8	dürreresistent sind *P. fenzliana* und *P. tenella*; vorbehaltlos zu empfehlen ist nur die
– × *cistena*	2–3	letztgenannte, *P. fenzliana* ist zu frostempfindlich
– *fenzliana*	2	Sehr robust und anspruchslos sind die rotlaubigen *P. cerasifera*-Sorten und *P.* ×
– 'Hally Jolivette'	3–5	*cistena*. P. 'Hally Jolivette' und *P. subhirtella* 'Pendula' sind ausnehmend schöne,
– *subhirtella* 'Pendula'	2–3	locker und elegant wachsende kleine Bäume für große Hochbeete
– *tenella*	1–2	schwach Ausläufer treibend
Pyrus salicifolia	6–8	graulaubige, trockenresistente Art
Salix × *erythroflexuosa*	5–10	beide sind mit ihren gedrehten Zweigen unentbehrlich wie die Korkenzieherhasel
– × *matsudana* 'Tortuosa'	8–10	
Shepherdia argentea	4–6	dorniger Steppenstrauch aus Nordamerika, silbrige Blätter und rote Früchte
Sorbaria aitchisonii	2–3	Steppen- und Wüstenstrauch aus Kaschmir und Afghanistan
Spiraea-Arten und -Sorten	0,2–4	alle sind sehr anspruchslose Blütensträucher für vollsonnige Plätze
Syringa vulgaris-Sorten	5–7	trockenresistente Sträucher
Tamarix chinensis	4–5	alle sind in südeuropäischen Steppenlandschaften verbreitet und in hohem Maße
– *parviflora*	4–5	dürreresistent
– *tetranda*	3–4	
Viburnum × *bodnantense*	2–3	von den *Viburnum*-Arten gehört nur *V. lantana* zu den trockenresistenten Sträu-
– × *carlcephalum*	1,5–2	chern. Aber auch die anderen Arten stellen keine hohen Standortansprüche; inter-
– *carlesii*	2–3	essant macht sie die sehr frühe oder reiche Blüte. Besonders attraktiv ist die immer-
– *farreri*	2–3	grüne 'Pragense'
– *lantana*	4–5	
– 'Pragense'	2–3	
Xanthoceras sorbifolium	2	viel zu wenig bekannter, wärmebedürftiger Strauch aus dem westlichen China, der mit großen, weißen Blütentrauben überrascht

Laubgehölze für den Schnitt

Der Gartenfreund will seine Gehölze nicht nur im Garten blühen sehen, sondern mit ihnen auch sein Heim schmücken. Zum Schnitt eignen sich, außer den ganz typischen Schnittblumen unter den Gehölzen, den Rosen, noch eine ganze Anzahl anderer Arten (siehe nachfolgende Liste).

Da sind zunächst einmal alle die Arten, die sehr früh blühen und die sich daher auch im Zimmer recht gut treiben lassen, z.B. die Forsythien und die Mandelbäumchen *(Prunus triloba)*, die Arten und Sorten der Japanischen Zierkirsche *(Prunus serrulata)* und der Schneekirsche *(Prunus subhirtella)*, aber auch die Blutjohannisbeere und die Zieräpfel. Für sie gilt, daß sie um so williger und schneller aufblühen, je mehr Frost sie draußen mitbekamen, je eher sie also ihre Winterruhe überwunden haben. Forsythien oder auch die reizenden kleinen *Abeliophyllum* kommen, nach den ersten strengen Frösten im Januar geschnitten, in 8–10 Tagen zur Blüte. Genauso problemlos sind natürlich die heimischen Vorfrühlingsblüher, die Kornelkirsche *(Cornus mas)*, die Haselnuß *(Corylus avellana)* und einige frühblühende Weidenarten: *Salix caprea, S. × smithiana, S. daphnoides* und *S. acutifolia* 'Pendulina'. Sehr früh zur Blüte bringen lassen sich auch *Jasminum nudiflorum* und alle *Hamamelis*-Arten, von denen man allerdings nur schneiden sollte, wenn man über genügend große Sträucher verfügt. Allgemein bekannt sind die »Barbarazweige« (Barbara, 4. Dezember, 306 verstorbene Märtyrerin, Schutzheilige der Bauleute und Artilleristen), Anfang Dezember geschnittene Kirschzweige, die im warmen Zimmer um Weihnachten zur Blüte kommen. Dazu lassen sich natürlich auch die Zweige anderer Obstarten, Apfel, Pfirsich und Aprikose, verwenden. Sie blühen nur dann befriedigend auf, wenn sie vor dem Schnitt Frühfröste erlebt haben. Treibgehölze kommen nach Bosse (1975) besser zur Blüte, wenn man je Liter Wasser 15 g Chrysal und 10–15 g Zucker zusetzt, denn die Reserven der Pflanzen reichen zur völligen Blütenentfaltung nur selten aus. Der Zusatz von Zucker und Frischhaltemitteln führt darüber hinaus zu größeren und besser gefärbten Blüten.

Ist das Blühen im Herbst zu Ende, findet man in vielen Arten mit ihrem farbigen Herbstlaub einen ausgezeichneten, wenn auch oft nur kurzlebigen Vasenschmuck. Schon vorher können buntlaubige Gehölze Dekorationsaufgaben erfüllen. Vasenschmuck liefern auch eine Fülle fruchttragender Gehölze, die im Herbst eine reiche Auswahl und eine breite Farbskala bieten. Als schmückendes Beiwerk ist eine ganze Anzahl von Gehölzen denkbar, etwa die kleinblättrigen und immergrünen *Berberis-, Cotoneaster-* und *Gaultheria*-Arten, die im Winter oft prächtig gefärbten Mahonien-Blätter, immergrüne *Pieris-, Prunus-, Pyracantha-* und *Viburnum*-Arten.

Einen eigenartigen und höchst dekorativen Schmuck liefern einige ganz »verrückt« wachsende Arten: Die Korkenzieherhasel *(Corylus avellana* 'Tortuosa') mit ihren durcheinander gewundenen Zweigen oder die Chinesische Korkenzieherweide *(Salix matsudana* 'Tortuosa') und *Salix × erythroflexuosa* mit ihren gedrehten Zweigen. In Blumengebinden macht sich auch die Drachenweide *(Salix sachalinensis* 'Sekka', als »*Salix* 'Setsuka'« besser bekannt) recht gut. Ihre Zweigenden sind häufig verbändert, gelegentlich bis 5 cm breit und dicht mit kleinen, silbrigen Kätzchen besetzt.

Bei allen Schnittblumen spielt die Haltbarkeit in unseren Wohnungen eine große Rolle. Wenn wir bei den Gehölzen auch nicht

Laubgehölze für den Schnitt

Art	Bemerkungen
Abeliophyllum distichum	sehr früh blühender Strauch mit zierlichen, duftenden weißen Blüten
Alnus incana 'Aurea'	kupferrote männliche Kätzchen, sehr hübsch, läßt sich ab Anfang Dezember treiben
Amelanchier lamarckii	läßt sich sehr gut treiben
Buddleja alternifolia	zierliche, duftende Blütenrispen an eleganten Zweigen
– *davidii*-Sorten	dekorative, farbenprächtige, streng duftende Blütenrispen
Callicarpa bodinieri var. *giraldii*	die kleinen, rötlichvioletten Früchte haften sehr lange an den Zweigen
Calycanthus fertilis	schon wenige Blüten können einen ganzen Raum mit ihrem Duft erfüllen
Caryopteris-Arten	Sommerblüher, blaue Blüten über grauem Laub
Celastrus orbiculatus	sehr lange haftende, scharlachrote Früchte mit orangegelben Samenmänteln
Choenomeles-Hybriden	frühblühende Sträucher, Blüten in verschiedenen, kräftigen Rosa- und Rottönen, einige Sorten blühen weiß
Clematis-Arten	neben den Blüten sind vor allem die fedrigen Fruchtstände ein hübscher Vasenschmuck
Cornus florida und *C. kousa*	große, dekorative »Blüten«; dem Strauch immer nur wenige Zweige entnehmen
– *mas*	heimischer Vorfrühlingsblüher, der sich gut vortreiben läßt
– *officinalis*	blüht etwa 14 Tage früher als der heimische Hartriegel und läßt sich ab Anfang Dezember ebenfalls vortreiben
Corylopsis-Arten	zarte gelbe Blüten im zeitigen Frühjahr, nicht vor Mitte Januar vortreiben
Corylus avellana	bekannter heimischer Strauch mit langen Blütenkätzchen im Vorfrühling
– – 'Contorta'	die gewundenen Zweige sind für Gestecke sehr begehrt
Cotoneaster-Arten	die immergrünen, kleinblättrigen Arten und Sorten können hübsches Beiwerk sein; viele Arten liefern dekorative Fruchtzweige
Cytisus-Arten	zierliche, dicht mit Blüten besetzte Zweige; die Blüten duften streng
Deutzia-Arten	die meisten Arten und Sorten liefern reich mit Blüten besetzte, lange Zweige
Elaeagnus-Arten	graurindige, dornige Zweige mit gelben, roten oder silbrigen, fleischigen Früchten
Euonymus-Arten	viele liefern hübsche Fruchtzweige; die mit Korkleisten besetzten Zweige von *E. alata* sind besonders dekorativ
Exocharda-Arten	große weiße Blüten im Mai
Forsythia-Arten und -Sorten	geradezu klassische Schnittblumen unter den frühblühenden Gehölzen; sie lassen sich als »Barbarazweige« vortreiben

Laubgehölze für den Schnitt (Fortsetzung)

Art	Bemerkungen
Hamamelis-Arten	die reizvollen Blüten öffnen sich häufig schon im Winter. Die rotblühenden Sorten kommen eigentlich nur in der Vase richtig zur Geltung. Die Sträucher nur vorsichtig schneiden
Hippophaë rhamnoides	große Fruchtzweige bekommt man heute in fast allen Blumengeschäften
Hydrangea paniculata 'Grandiflora'	die Blütenrispen der Gartenhortensien sind auch als »Trockenblumen« noch recht ansehnlich
Hypericum-Arten	die hochwachsenden Arten geben mit ihren endständigen Blüten gute Schnittblumen ab; *H. androsaemum* liefert schon im Sommer hübsche Fruchtzweige
Ilex-Arten	dekorative Fruchtzweige sind vor allem von *I. aquifolium* und der sommergrünen *I. verticillata* zu erwarten
Jasminum nudiflorum	blüht häufig schon im Dezember oder Januar auf und läßt sich leicht vortreiben
Kolkwitzia amabilis	reichblühend, den Weigelien ähnlich, aber viel anmutiger
Lavandula angustifolia	läßt sich gut als duftende Trockenblume verwenden
Lonicera-Arten	die Fruchtzweige vieler Arten sind sehr hübsch
Mahonia aquifolium	im Herbst färben sich die immergrünen Blätter häufig ganz bunt
Malus-Arten	von fast allen Arten kann man große Blüten- und Fruchtzweige für Bodenvasen schneiden
Myrica gale	angetriebene Zweige von männlichen Pflanzen werden im Januar–Februar heute fast überall angeboten
Parrotia persica	die kleinen, aber zahlreichen, karminroten Staubgefäße über den samtbraunen Hochblättern kommen nur in der Vase richtig zur Geltung; blüht schon im März
Pernettya mucronata	kleine Zweige mit myrtenähnlichen Blättern und weißen, rosa oder roten Früchten
Philadelphus-Arten	die meisten liefern lange Zweige mit weißen, duftenden Blüten
Pieris-Arten	mit den zierlichen, immergrünen Blättern ein hübsches Beiwerk
Poncirus trifoliata	dicke, grüne Zweige mit kräftigen Dornen – ein dekorativer winterlicher Schmuck
Prunus 'Accolade'	läßt sich gut vortreiben
– *avium*	liefert »die« Barbarazweige
– × *blireana*	
– *cerasifera* 'Woodii'	
– *dulcis* 'Dürkheimer Prachtmandel'	nach Untersuchungen der Lehr- und Versuchsanstalt für Gartenbau in Friesdorf lassen sich
– – 'Friesdorf 1'	die hier aufgeführten Arten und Sorten gut treiben
– *fenzliana*	
– *persica* 'Dianthiflora'	
– *serrulata* 'Fudansakura'	
– *subhirtella*-Sorten	frühblühende Zierkirschen, die sich recht gut treiben lassen
– *tenella*	zierliche Art, deren Zweige sich nicht treiben lassen; nur aus dem Freiland als knospige Triebe schneiden
– *triloba*	eine der am häufigsten verwendeten Arten für die gewerbliche Treiberei
Pyracantha-Sorten	liefern mit ihren kräftig leuchtenden Beeren sehr wertvolle Fruchtzweige
Rhododendron-Hybriden	die großblumigen Sorten wirken besonders hübsch, wenn die einzelnen Blütenstände in weitbauchigen Glasgefäßen schwimmen
Ribes sanguineum-Sorten	häufig zusammen mit Forsythien verwendet
Rhus typhina	Zweige mit großen, karminroten bis rotbraunen Fruchtständen
Rosa-Arten	über den Wert der Gartenrosen als Schnittblumen braucht man nichts zu sagen. Viele Strauchrosen und Wildarten liefern einen ausdrucksvollen Fruchtschmuck
Salix acutifolia 'Pendulina'	frühblühende Weide mit graublau bereiften Zweigen
– *caprea* 'Mas'	Sorten, die besonders früh und auffallend blühen
– – 'Silberglanz'	
– *daphnoides*	bekannte Kätzchenweide, die sich, wie alle frühblühenden Arten, gut vortreiben läßt
– × *erythroflexuosa*	»Korkenzieherweide«, besticht durch goldgelb gefärbte Zweige
– *matsudana* 'Tortuosa'	Drachenweide mit verbänderten, oft bis 5 cm breiten und leicht gedrehten Zweigen
– *sachalinensis* 'Sekka'	bekannte Korkenzieherweide mit gedrehten, grünlichbraunen Zweigen
– × *smithiana*	bekannte, dekorative Kätzchenweide
Sorbus-Arten und -Sorten	nahezu alle liefern Zweige mit schweren Fruchtständen für große Vasen
Spiraea-Arten und -Sorten	zum Schnitt eignen sich vor allem die frühblühenden Spiersträucher mit ihren zierlichen Blüten; keine Art vor Mitte Januar vortreiben
Syringa-Arten und -Sorten	hauptsächlich die Sorten unseres Gartenflieders gehören seit alters her zu den klassischen Schnittblumen
Viburnum-Arten	von *V.* × *bodnantense* und *V. farreri* lassen sich schon im Winter stark duftende Blüten schneiden; andere Arten liefern bemerkenswerte Fruchtzweige
Weigela-Arten und -Sorten	bekannte und weit verbreitete Blütensträucher

mit so großen Schwierigkeiten zu rechnen haben wie bei manchen Sommerblumen oder Blumenzwiebeln, so müssen doch die üblichen Regeln beachtet werden. Am besten schneidet man am späten Abend oder in den frühen Morgenstunden, entfernt sofort die überflüssigen Blätter und bringt die Zweige gleich in die Vase. Ist ein Transport nicht zu vermeiden, muß man für den Verdunstungsschutz sorgen: die Blütenzweige werden in Kunststoffolien (nicht in Zeitungspapier) gewickelt und müssen kühl gehalten werden. Vor dem Einstellen in die Vase werden bei allen verholzenden Pflanzen die Stielenden mit einem schrägen Schnitt nachgeschnitten. Die Leitungsbahnen werden dadurch freigelegt, und der Wassertransport wird erleichtert. Auch ein Anschneiden unter Wasser kann Schnittblumen länger frisch halten. Die Leitungsbahnen werden dann nicht von eindringenden Luftblasen verstopft, der Wassertransport nicht unterbrochen. Sauberkeit und Desinfektion sind die Voraussetzungen für eine möglichst lange Haltbarkeit. Bakterien und Pilze, die Zersetzung und Fäulnis bringen, müssen an der Ausbreitung gehindert werden. Die Industrie liefert heute chemische Spezialpräparate, mit denen die Haltbarmachung leichter geworden ist. Das Nachfüllen des verdunsteten Wassers und das Kühlstellen bei Nacht muß man aber immer noch empfehlen.

Zum Frischhalten von Schnittblumen liegen inzwischen zahlreiche Untersuchungen vor, die Carow (1978) zusammengestellt hat. In schlagwortartigen Sätzen nennt er unter anderem folgende Maßnahmen zur Verhinderung vorzeitigen Welkens:

1. Schnitt im turgeszenten Zustand, am Abend oder in den frühen Morgenstunden, während der Ernte Extrembedingungen vermeiden.
2. Schnell, aber vorsichtig sortieren und aufbereiten.
3. Kühl lagern.
4. Möglichst kurze Transportwege, auch während des Transportes die Temperatur niedrig halten.
5. Nach »trockenem« Transport die Stiele vor dem Einstellen im Wasser unbedingt nachschneiden.
6. Täglicher Wasserwechsel ist nur in Extremsituationen und in Verbindung mit Nachschneiden von Vorteil.
7. Wasserzusätze unmittelbar nach dem Schnitt anwenden. Blumenfrischhaltemittel können die Haltbarkeit verdoppeln und verdreifachen! Sie sollen unter anderem eine Veränderung der Atmungsrate herbeiführen, die Transpiration vermindern, die

aktive Leitbahn-Blockade bremsen, die Ausbreitung von Mikroorganismen hemmen, einen günstigen Hormonspiegel erhalten und die Äthylenbildung hemmen.

Bienenweidegehölze

Die Honigbiene ernährt sich ausschließlich von pflanzlichen Rohstoffen. Ihren Bedarf an Kohlenhydraten deckt sie unter anderem durch Nektar und Honigtau, der Blütenstaub liefert Eiweiß, Vitamine, Fett- und Mineralstoffe. Die bedecktsamigen Pflanzen liefern Nektar und Pollen, die nacktsamigen in erster Linie Honigtau, aber auch Pollen. Unter den zahllosen Pflanzenarten, die von den Bienen beflogen werden und als Bienenweide gelten, sind nur wenige als Haupttrachtarten anzusehen. Nur sie liefern Nektar und Pollen in nennenswertem Umfang. Obwohl die Honigernte wesentlich von den Großtrachtverhältnissen einer Gegend und der richtigen Standortwahl für den Bienenstand abhängt, lassen sich trachtarme Zeiten im Frühjahr und Herbst durch die Anpflanzung geeigneter Trachtspender überbrücken. Die nachfolgende Tabelle kann nur die wichtigsten Baum- und Straucharten nennen (alle krautigen Pflanzen müssen unberücksichtigt bleiben) und angeben, in welchem Umfang und zu welcher Zeit sie als Lieferanten für Nektar, Pollen und Honigtau interessant sind.

Industriefeste Gehölze

In unseren Ballungszentren oder in der Nähe von Industrieanlagen beobachtet man seit langem das schlechte Gedeihen oder gar das Sterben vieler Pflanzen. Sie sind häufig an Luftverunreinigungen oder deren Folgen zu Grunde gegangen. Diese Immissionsschäden werden durch gas- und dampfförmige (z.B. Schwefeldioxid und Fluorverbindungen), durch rauch- und nebelförmige (z.B. Schwefelsäure und Smog) und durch staub- und aschenförmige (z.B. Kalk-, Basalt- und Metallstaub und Aschen) Luftverunreinigungen verursacht. Sie entstammen jeweils zur Hälfte industriellen Quellen bzw. werden durch den Hausbrand, durch Automotoren und

Bienenweidegehölze

Art	Nektartracht	Pollentracht	genutzter Honigtau	Blütezeit
Abies-Arten		mittel	×	6
Acer-Arten	sehr gut	mittel	×	3–6
Actinidia arguta	mittel	gering		6
Aesculus × carnea	mäßig	gut	×	4–6
– hippocastanum	gut	mittel	×	5–6
Ailanthus altissima	gut	mittel	×	7
Alnus-Arten		gut	×	2–3
Amelanchier lamarckii	mittel	gering		4–5
Amorpha fruticosa	gering	gering		6–8
Aralia elata	gut	gut		8
Aronia melanocarpa	mittel	mittel		5
Berberis thunbergii	mittel	mittel		5
Betula-Arten		mittel	×	4–5
Buxus sempervirens	gering	gut		4–5
Calluna vulgaris	sehr gut	gering		6–10
Caragana arborescens	mittel	gering		5
Caryopteris-Arten	sehr gut	sehr gut		8–9
Castanea sativa	sehr gut	gut	×	6–7

Bienenweidegehölze (Fortsetzung)

Art	Nektartracht	Pollentracht	genutzter Honigtau	Blütezeit
Catalpa bignonioides	gut	gut		7
Celastrus orbiculatus	mittel	mittel		5–6
Choenomeles japonica	mäßig	gut		4–5
Colutea arborescens	gut	gut		6–7
Cornus alba	mittel	gering		5–6
– *mas*	gut	mittel		3–4
– *sanguinea*	mittel	gering		4–5
Corylus avellana	gut	mittel		2–3
Cotoneaster-Arten	gut	gut		5
Crataegus-Arten	mittel	mittel		5–6
Elaeagnus-Arten	gut	gering	×	5–6
Erica-Arten	gut	gering		2–3 und 6–9
Euodia-Arten	sehr gut	sehr gut		7–9
Fagus sylvatica		gut	×	4–5
Fraxinus-Arten	gering	mittel-gut	×	4–6
Gleditsia triacanthos	sehr gut	gering		5–7
Hedera helix	gut	gering		9–10
Hydrangea paniculata	mittel	gut		8
Hypericum densiflorum	gut	gut		7–9
Koelreuteria paniculata	gut	gering		7–8
Larix-Arten		gering	×	3–4
Ligustrum vulgare	mittel	gering		6–7
Lonicera-Arten	mäßig	mäßig		5–6
Lycium barbarum	mäßig	mäßig		6–9
Mahonia aquifolium	mäßig	mäßig	×	3–4
Malus, alle einfachblühenden Arten, Formen und Sorten	sehr gut	sehr gut		4–5
Parthenocissus quinquefolia	gering	mittel		7–8
Phellodendron amurense	mäßig	mäßig		6–7
Physocarpus opulifolius	mittel	mittel		6
Picea-Arten		mittel	×	5–6
Pinus-Arten		mittel	×	5–6
Populus-Arten		gut	×	3–4
Potentilla fruticosa	mäßig	mäßig		6–9
Prunus avium und *P. cerasus*	sehr gut	sehr gut		4
Prunus, alle übrigen einfachblühenden Arten, Formen und Sorten	mittel–gut	mittel–gut		3–4
Ptelea trifoliata	gut	gut		6
Pyracantha coccinea	mäßig	mäßig		6–7
Pyrus-Arten	mittel	gut		4–5
Quercus-Arten		gut	×	4–6
Rhamnus catharticus	mittel	gering		5–6
– *frangula*	gut	mittel		5–6
Rhododendron ferrugineum und *R. hirsutum*	gut	mittel		5–6
Rhus typhina	gut	gering		6–7
Ribes-Arten	mittel–gut	gering		3–5
Robinia pseudoacacia	sehr gut	mittel		6
Rubus-Arten	gut–sehr gut	gut		5–7
Salix-Arten	sehr gut	sehr gut		3–4
Sophora japonica	gut	mittel		8
Sorbus-Arten	mittel	mittel	×	5
Symphoricarpos-Arten	gut	gering		6–7
Tamarix-Arten	gering	gering		6–8
Tilia-Arten	gut	gering	×	6–7
Ulmus-Arten		mäßig	×	3–4
Vaccinium-Arten	mittel	gering		5–6
Vitis vinifera	gering	gering		6–7

Industriefeste sommergrüne Laubgehölze

Art	Punktbewertung nach Ranft 1971	Art	Punktbewertung nach Ranft 1971	Art	Punktbewertung nach Ranft 1971
Acer campestre	8,1	Deutzia scabra	12,8	Rhodotypos scandens	17,0
– ginnala	17,7	Eleagnus angustifolia	9,9	Rhus typhina	7,4
– negundo	17,2	– commutata	16,9	Ribes alpinum	7,7
– palmatum	11,7	Euonymus europaea	16,5	– aureum	10,7
– rubrum	14,3	Fagus sylvatica	12,7	– sanguineum 'Atrorubens'	9,5
Aesculus hippocastamum	12,3	Forsythia × intermedia	12,2	Robinia pseudoacacia	13,5
– parviflora	18,3	Fraxinus excelsior	10,7	Rosa canina	10,5
Ailanthus altissima	14,7	Genista tinctoria	14,3	– glauca	8,3
Alnus glutinosa	11,3	Gleditsia triacanthos	19,3	– rubiginosa	11,0
– incana	11,5	Halesia diptera	11,0	– rugosa	12,3
Amorpha fruticosa	14,0	Halimodendron halodendron	17,0	Rubus fruticosus	11,0
Berberis thunbergii	11,7	Hamamelis japonica	10,7	– idaeus	6,4
Betula pendula	9,7	Hippophaë rhamnoides	11,0	Salix caprea	9,4
Buddleja alternifolia	8,7	Hydrangea paniculata	7,0	– fragilis	5,2
– davidii	9,0	Juglans regia	9,3	– pentandra	5,2
Calycanthus floridus	15,7	Kerria japonica	9,5	– purpurea	4,8
Caragana arborescens	8,0	Kolkwitzia amabilis	7,7	– viminalis	6,7
Castanea sativa	16,3	Laburnum anagyroides	10,7	Sambucus nigra	14,0
Catalpa bignonioides	17,0	Ligustrum vulgare	17,9	– racemosa	14,2
– speciosa	16,5	Liriodendron tulipifera	14,5	Sophora japonica	20,0
Celastrus orbiculatus	20,0	Lonicera tatarica	16,7	Sorbus aria	16,3
Celtis australis	18,2	Lycium barbarum	8,1	– aucuparia	11,3
Cercidiphyllum japonicum	13,0	Magnolia hypoleuca	14,3	Spiraea × arguta	7,0
Choenomeles japonica	6,7	Parthenocissus quinquefolia	9,7	– Bumalda-Hybride 'Anthony Waterer'	18,3
Clematis montana 'Rubens'	6,7	Philadelphus coronarius	12,4	– menziesii	10,0
Colutea arborescens	8,7	Physocarpus opulifolius	7,1	– × vanhouttei	8,5
Cornus alba	9,2	Platanus × hispanica	20,0	Staphylea pinnata	18,7
– mas	13,3	Polygomon aubertii	8,3	Symphoricarpos albus	14,3
– sanguinea	10,0	Potentilla fruticosa	6,8	– orbiculatus	14,2
– sericea	7,2	Prunus avium	13,0	Syringa reticulata	11,7
Corylus avellana	12,0	– cerasifera	15,9	– vulgaris	10,0
– – 'Atropurpurea'	8,3	– – 'Pissardii'	13,7	– – 'Edward Harding'	6,8
– colurna	7,0	– mahaleb	13,8	Tamarix chinensis	16,0
Cotinus coggyria	9,0	– padus	14,3	– tetrandra	13,0
Cotoneaster bullatus	7,0	– serotina	16,5	Tilia cordata	6,5
– dielsianus	8,9	– serrulata	13,0	– tomentosa	8,7
– divaricatus	7,7	– spinosa	14,3	Ulmus glabra	10,7
Crataegus laevigata	9,7	– virginiana	19,3	Viburnum lantana	9,0
– monogyna	9,6	Ptelea trifoliata	18,0	– opulus	14,5
Cytisus × praecox	8,8	Quercus rubra	14,1	Vitis vinifera 'Perrantraube'	8,7
– scoparius	8,8	Rhamnus catharticus	8,0	– – 'Roter Gutedel'	6,7
Daphne mezereum	15,0	Rhododendron japonicum	11,0	Weigela florida	13,3

Außerdem gelten nach allgemeinen Erfahrungen auch folgende Arten als rauchhart:

Acer platanoides	– horizontalis	Liquidambar styraciflua	– tremula
– pseudoplatanus	Crataegus × lavallei	Lonicera ledebourii	Quercus coccinea
– saccharinum	Crataegus persimilis 'McLeod'	– maackii	– palustris
Actinidia arguta	Euonymus alata	Magnolia acuminata	Sorbus intermedia
Aesculus × carnea	– planipes	Magnolia kobus	– latifolia
Carpinus betulus	Fraxinus ornus	– × soulangiana	Stephanandra incisa
Choenomeles-Arten	Hamamelis mollis	Nyssa sylvatica	Tilia petiolaris
Cotoneaster adpressus	– vernalis	Populus nigra	Viburnum plicatum f. tomentosum

andere Gas-, Rauch- und Staubquellen hervorgerufen. Sie werden in der Regel jedoch kaum Schäden hervorrufen, da sie über große Räume verteilt sind, während sich die Industrieanlagen meist auf engem Raum drängen. Schäden entstehen bei den festen Emissionsstoffen (Staub, Ruß und Flugasche) vor allem durch die Verringerung des einfallenden Sonnenlichtes, die Verschmutzung der Blattoberfläche und die Verstopfung der Spaltöffnungen, die zu Störungen der Lebensfunktionen führen. Die gasförmigen Stoffe können Ätzschäden in den Geweben hervorrufen sowie Photosynthese und Assimilation beeinträchtigen. All dies führt zu verminderter Stoffproduktion und hat eine Schwächung der Organismen gegenüber Schädlingen, Krankheiten und Klimaeinflüssen zur Folge.

In den Immissionsgebieten kann man nun eine recht unterschiedliche Verträglichkeit der einzelnen Gehölze feststellen. Wenn man auch, bedingt durch die zahlreichen Arten der gas-, rauch- und staubförmigen Luftverschmutzung und deren mögliche Kombinationen, kaum von »völlig industriefesten« oder »absolut rauchharten« Gehölzen sprechen kann, zeigen sich einzelne Gehölze recht widerstandsfähig gegen bestimmte Immissionen. In der Regel können laubabwerfende Gehölze Immissionsschäden leichter überwinden als immergrüne Pflanzen. Sie sind nur in der Vegetationszeit den Schadeinflüssen ausgesetzt und können jährlich ihre geschädigten Blätter erneuern. Pflanzen mit harten und glatten Blättern sind im allgemeinen weniger empfindlich als Pflanzen mit großer und weicher Epidermis. Schäden treten vor allem im Frühjahr und Sommer an jungen Blättern auf. Es zeigen sich dann die typischen Verbrennungsschäden, die sich in vertrockneten, an den Rändern sich aufrollenden und fleckig werdenden Blättern ausdrücken. Nach einer Havarie hört das Wachstum oft völlig auf, und der Blattfall beginnt schon Anfang September, viel früher als allgemein üblich. Recht empfindlich zeigen sich fast alle Nadelgehölze. Ihre Blätter assimilieren auch in milden Wintern und geben so fast ganzjährig den Weg für Schadstoffe frei. sie erneuern ihre Laubmasse nur über einen Zeitraum von mehreren Jahren, und die Assimilationsleistung der mit Schadstoffen angereicherten Blätter sinkt beträchtlich. Als Folge zeigt sich bei Fichten und Tannen ein frühzeitiger Blattfall, sie bekommen eine gelichtete, fuchsrote Krone. Bei den Kiefern dagegen assimilieren auch die schon stark geschädigten Blätter und bleiben daher noch lange am Baum haften, wodurch sich die relative Rauchhärte der Kiefern erklärt. Die laubabwerfenden Nadelholzarten *(Larix, Metasequoia, Pseudolarix* und *Taxodium)* verhalten sich im allgemeinen wie die Laubgehölze und wenig gefährdet. Die Vertreter der Gattungen *Chamaecyparis, Juniperus, Thuja* und *Taxus* sind in ihrer Rauchhärte etwa den Kiefern vergleichbar. Demgegenüber haben sich die immergrünen Laubgehölze als erstaunlich resistent gezeigt. Ihre recht hohe Widerstandsfähigkeit erklärt sich nach Steinhübel (1967) durch die ledrige und glatte Konsistenz der Blätter, die ein Eindringen und Haften der Schadstoffe erschwert und durch die Fähigkeit der immergrünen Laubgehölze, die Tätigkeit ihres Chlorophyllapparates über lange Zeiträume stillegen zu können. Nach der Wiederherstellung günstigerer Bedingungen wird dann die unterbrochene Assimilaton fortgesetzt. Zeitweise auftretende Immissionen werden so überbrückt.

Für den Grad der Widerstandsfähigkeit spielen auch der gute Ernährungszustand der Gehölze und zusagende Umweltbedingungen (Boden, Klima, Lage) eine entscheidende Rolle. Die Auswahl standortgerechter Gehölze, sorgfältige Düngung und Bodenpflege und ein aufbauender und verjüngender Rückschnitt können die Überlebenschancen der Gehölze unter extremen Bedingungen wesentlich verbessern.

Die Angaben über »industriefeste Gehölze« basieren in der Regel auf jahrzehntelangen empirischen Beobachtungen im rheinisch-

Industriefeste immergrüne Gehölze

Art	Punktbewertung nach Ranft 1971	Beurteilung nach Krüssmann 1970
Immergrüne Laubgehölze		
Berberis buxifolia		gut–sehr gut
– *gagnepainii*	14,0	gut–sehr gut
– *julianae*		gut–sehr gut
– *verruculosa*	15,5	
Buxus sempervirens	18,6	
Calluna vulgaris-Sorten		gut–sehr gut
Cotoneaster conspicuus		gut–sehr gut
– *dammeri*	7,5	gut–sehr gut
– *henryanus*		gut
– *microphyllus*		gut–schlecht
– *salicifolius* var. *floccosus*		gut–sehr gut
– *wardii*		gut–sehr gut
– Watereri-Hybriden		gut–sehr gut
Elaeagnus × *ebbingei*		gut
Erica carnea-Sorten	17,0	
– *erigena*	17,7	gut–sehr gut
– *vagans*-Sorten		gut–sehr gut
Euonymus fortunei-Sorten		gut–sehr gut
Gaultheria procumbens		gut–sehr gut
– *shallon*		gut–sehr gut
Hedera colchica		gut–sehr gut
– *helix*	15,7	gut–sehr gut
Hypericum calycinum	(4,5)?	gut–sehr gut
Ilex aquifolium	14,5	gut–sehr gut
– *crenata*		gut–sehr gut
– *glabra*		gut
– *pernyi*		gut
Kalmia angustifolia		gut
– *latifolia*		gut–schlecht
Leucothoë walteri		gut–sehr gut
Lonicera nitida		gut–sehr gut
– *pileata*		gut–sehr gut
Mahonia aquifolium	13,3	gut–sehr gut
– *bealeii*		gut
– *japonica*		gut
– *repens*		gut–sehr gut
Osmanthus × *burkwoodii*		gut
– *decorus*		gut
– *heterophyllus*		gut–sehr gut
Pachysandra terminalis		gut–sehr gut
Pernettya mucronata		gut–schlecht
Pieris floribunda	14,7	gut–sehr gut
– *japonica*		gut–sehr gut
Prunus laurocerasus-Sorten		gut–sehr gut
Pyracantha coccinea	12,5	gut–sehr gut
Quercus × *turneri* 'Pseudoturneri'		gut
Rhododendron catawbiense	15,0	
– *fortunei*		gut
– *laetevirens*		gut
– *minus*		gut–sehr gut
– 'Praecox'		gut–sehr gut
– Williamsianum-Hybride		gut–sehr gut
Sarcococca ruscifolia		gut
Skimmia japonica		gut

Industriefeste immergrüne Gehölze (Fortsetzung)

Art	Punktbewertung nach Ranft 1971	Beurteilung nach Krüssmann 1970
Stranvaesia davidiana		gut
Viburnum buddleifolium		gut–schlecht
– *rhytidophyllum*	10,7	gut–sehr gut
– *utile*		gut–schlecht
Vinca minor		gut–sehr gut
Zenobia pulverulenta		gut–sehr gut
Nadelgehölze und Ginkgo		
Abies concolor	6,3	
Cedrus atlantica 'Glauca'		gut–sehr gut
Chamaeyparis-Arten		recht widerstandsfähig
– *lawsoniana*	12,0	
– *pisifera*	19,9	
Cryptomeria japonica	17,0	
Ginkgo biloba	14,0	gut
Juniperus-Arten		nahezu alle gut–sehr gut
– *chinensis* 'Pfitzeriana'	13,5	ausgezeichnet bewährt
– *communis* 'Hibernica'	9,5	
– *sabina*	18,0	
– – 'Tamariscifolia'	15,0	
– *squamata* 'Meyeri'	17,1	
– *virginiana*	18,5	
Larix decidua	4,8	
– *kaempferi*	7,1	gut–sehr gut
Metasequoia glyptostroboides	16,3	
Picea abies	5,1	völlig ungeeignet
– *breweriana*		gut gedeihend
– *omorika*	6,7	gut–sehr gut
– *orientalis*		gut in weniger rauchigen Gebieten meist gut––sehr gut
– *pungens* 'Glauca'	10,3	
Pinus cembra	14,7	gut–schlecht
– *densiflora*		gut
– *jeffreyi*	6,7	
– *mugo*	6,7	gut–sehr gut
– *nigra*	7,0	gut–sehr gut
– *parviflora*	(17,3)?	gut
– *peuce*	13,3	
– *ponderosa*	5,0	
– *pumila*		gut–sehr gut
– *rigida*	4,7	
– *sylvestris*	4,3	im allgemeinen gut
– *wallichiana*	6,5	gut
Pseudotsuga menziesii		im allgemeinen schlecht
Sciadopitys verticillata		im allgemeinen gut––schlecht

Industriefeste immergrüne Gehölze (Fortsetzung)

Art	Punktbewertung nach Ranft 1971	Beurteilung nach Krüssmann 1970
Sequoiadendron giganteum		gut in weniger rauchigen Lagen
Taxodium distichum	15,5	
Taxus baccata	16,0	sehr gut
Thuja occidentalis	17,7	gut
– *orientalis*	19,3	gut
– *plicata*	14,0	gut
Thujopsis dolabrata		im allgemeinen gut
Tsuga canadensis		gut in weniger rauchigen Lagen
– *diversifolia*	16,8	

westfälischen Industriegebiet, wobei die Arten als »rauchhart« gelten, die sich unter den gegebenen schlechten Bedingungen zu behaupten vermögen.

Nach Ranft (1971) wurden an der Fakultät für Forstwirtschaft in Tharandt (bei Dresden) über 200 Gehölzarten in einem Kamintest mit jeweils mehreren Begasungsdurchgängen von 40–100 Stunden über 3 Jahre mit Schwefeldioxid, dem am weitesten verbreiteten Schadstoff, behandelt. Die SO_2-Konzentration entsprach dabei Verhältnissen, wie sie bei Havarien oder bei ungünstigen Wetterlagen in der Umgebung bestimmter Industriegebiete gegeben sind.

Die untersuchten Arten wurden nach einem Punktsystem bewertet und in Rangfolgegruppen zusammengefaßt (siehe Tabelle »Industriefeste Gehölze«).

Punktbewertung nach Ranft 1971
Punkte: 4,3– 5,1 = sehr empfindlich
5,2– 7,1 = empfindlich
7,2–13,8 = mittlere Rauchhärte
14,0–17,7 = rauchhart
17,8–20,0 = verhältnismäßig sehr rauchhart

Bäume und Sträucher in Gärten am Mittelmeer

In der folgenden Übersicht werden sommer- und immergrüne Laubgehölze zusammengefaßt, die in Mitteleuropa in der Regel nicht frosthart sind, in klimatisch günstigen Regionen aber häufig als Gartengehölze gepflanzt werden. Zu diesen Regionen gehören der gesamte mediterrane Raum, aber auch wintermilde französische Landschaften wie Anjou oder die Bretagne, die Côtes du Nord, das Loire- und Rhônetal oder geschützte Lagen in innerstädtischen Bereichen sowie der ganze südenglische Raum. Es sind Bäume oder Sträucher, die ihre natürliche Heimat am Mittelmeer haben, aber auch Arten, die aus anderen klimatisch bevorzugten Regionen stammen, aus Neuseeland oder Australien, aus Mittelamerika oder dem südlichen Nordamerika oder aus dem südöstlichen Asien. Mittelmeerurlauber kennen viele dieser Arten längst als Freiland-Gartengehölze. Nördlich der Alpen sind nicht wenige von ihnen mehr oder weniger häufig kultivierte Kübelpflanzen, die im Sommer im Freien aufgestellt und im Winter unter Glas gehalten werden.

Nicht allein die in dieser Liste vorgestellten Gehölze werden am Mittelmeer als Gartengehölze gehalten; hinzu kommen zahlreiche Arten, die wir auch in Mitteleuropa kultivieren. So kommt die überreiche Fülle an Gehölzarten zusammen, mit denen Gärten am Mittelmeer oft ausgestattet sind.

Zu den zahlreichen Laubgehölzen gesellen sich noch relativ wenige Nadelgehölze, die am Mittelmeer häufige Gartenpflanzen sind, den Wintern nördlich der Alpen aber nicht standhalten: *Araucaria bildwillii* und *A. heterophylla*, zahlreiche *Cupressus*-Arten, *Juniperus oxycedrus* und *J. phoenicea*, *Pinus halepensis*, *P. pinaster*, *P. pinea* und *P. radiata*, *Podocarpus macrophyllus* und *P. neriifolius*, *Torreya californica* und *T. grandis*.

Bäume und Sträucher in mediterranen Gärten

Art	Wuchshöhe (m)	immergrün	sommergrün	Blütenfarbe	Blütezeit
Abelia × grandiflora	2	(w)		weißrosa	7–10
– *schumannii*	1,5	(w)		rosa	7–9
Abutilon megapotamicum	1,5		–	gelb und rot	5–8
– *pictum*	1,5		–	blaßrot	9–11
– *vitifolium*	2		–	lavendelblau	5
Acacia dealbata	15–30		–	gelb	1–4
– *farnesiana*	6		–	goldgelb	2–4
– *longifolia*	4–6		–	hellgelb	3
– *retinoides*	6		–	hellgelb	2–9
Acca sellowiana (F)	3–5	–		weißlich mit roter Mitte	
Agave americana	5–8	–		grün	6–8
Albizia julibrissin	5–10		–	hellrosa	7–8
Arbutus unedo	5	–		weiß bis hellrosa	10–12
Arundo donax	4–5		–	rötlich bis weiß	9
Atriplex halimus	2	(w)		grünlich	6–9
Baccharis halimifolia	3		–	weiß	6–8
– *patagonica*	2–3	–		gelblichweiß	5–6
Bougainvillea × buttiana ↑	10	–		purpurrot, rot, orange, gelb	2–10
– *glabra* ↑	10	–		violett, Sorten auch mit anderen Farben	2–10
– *spectabilis* ↑	10	–		purpurrot	3–6
Buddleja fallowiana	2		–	lavendelblau	8–9
– *globosa*	2–5	(w)		gelb	6
– *lindleyana*	2		–	purpurviolett	6
– × *weyeriana*	2–5		–	violett	6–10
Caesalpinia gilesii	4–6		–	goldgelb mit roten Staubgefäßen	6–8
Calliandra haematocephala	2–4	–		karminrot	2–3
– *tweedii*	2–4	–		rot	2–3
Callistemon citrinus	3	–		dunkel scharlachrot	6–8
– *rigidus*	2,5	–		dunkelrot	3–6
– *viminalis*	4–6	–		rot	3–6
Camellia japonica	7–10	–		zahlreiche Sorten mit weißen, rosa oder roten Blüten	1–4
– *sasanqua*	3–5	–		weiß mit gelben Staubgefäßen	10–12
Cantua buxifolia	1	–		gelb und purpurn	4–5
– *pyrifolia*	2–4	–		gelb und weiß	3
Cassia didymobotrya	2–4		–	goldgelb	3–8
Ceanothus arboreus	3–5	–		blaßgrau	5–7
– *gloriosus*	0,3	–		tiefblau oder purpurrot	4–5
– *impressus*	1	–		tiefblau	3–4
– *sorediatus*	2	–		hell- oder dunkelblau	5
– *thyrsiflorus*	2–4	–		hellblau	5–6
Ceratonia siliqua (F)	6	–		★	
Cestrum aurantiacum	2	(w)		orange	6–9
– *elegans*	3	–		purpurrot	4–5
– *fasciculatum*	3	–		dunkel karminrosa	4–5
– *parqui*	2–3		–	gelblichgrün	6–7
Chamaerops humilis	3–5	–		gelblich	5
Choisya ternata	1	–		weiß	4–5
Cinnamomum camphora	20–30	–			

Bäume und Sträucher in mediterranen Gärten (Fortsetzung)

Art	Wuchshöhe (m)	immergrün	sommergrün	Blütenfarbe	Blütezeit
Cistus albidus	1	–		rosalila	6
– *clusii*	0,2	–		weiß und gelb	6–7
– *creticus*	0,3–1	–		rosarot	4–6
– *ladanifer*	1,5	–		weiß mit rotbraunem Basalfleck	4–6
– *monspeliensis*	1	–		weiß	6–7
– *parviflorus*	1	–		reinrosa	4–5
– × *purpureus*	0,5–1	–		rosa	4–6
– *salviifolius*	0,5	–		weiß	6
Citrus-Arten (F)	2–7	–		weiß	oft ganzjährig
Cordyline australis	10–12	–		weiß	3–5
Corokia cotoneaster	2	–		gelb	5–6
– × *virgata*	2	–		gelb	5
Correa alba	2	–		weißlich	4–9
– *backhousiana*	2–4	–		grünlichweiß	4–5
– *decumbens*	1–2	–		rot	4–5
– *reflexa*	2–4	–		leuchtendrot	4–5
Cycas circinalis	2–3	–			
– *revoluta*	2–3	–			
Cytisus battandieri	3–5		–	goldgelb	5–6
Danaë racemosa	1	–		weiß	6–7
Datura arborea	3–5		–	weiß oder cremeweiß	7–9
– *aurea*	3–5		–	weiß, goldgelb bis apricotfarben	7–9
– *sanguinea*	3–5		–	rot, orange oder gelb	1–3
– *versicolor*	3–5		–	weiß bis pfirsichfarben oder rosa	7–9
Drimys winteri	3–5	–		elfenbeinweiß	5–6
Edgeworthia chrysantha	1		–	goldgelb	3
Embothrium coccineum	5–10	–		scharlachrot	5–6
Ensete ventricosum	3–6	–		dunkelrot	
Erica arborea	3–5	–		grauweiß	3–4
– *australis*	1,5	–		rosarot	4–5
– *erigena*	0,5–0,7	–		rosarot	3–5
– *multiflora*	2–2,5	–		leuchtendrosa	11–2
– *terminalis*	1–2,5	–		rosarot	7–9
Eriobotrya japonica (F)	5–7	–		weiß	9
Erythrina crista-galli	3–5	–		kirschrot	3–5
Escallonia rubra	2–4	–		rot	7–8
– *virgata*	1		–	weiß	6–8
– Hybriden	1–2,5	–		weiß, rosa, rot	7–9
Eucalyptus-Arten	20–30	–		weißlich	6–12
Fabiana imbricata	1	–		weiß	5–6
× *Fatshedera lizei*	2–3	–		hellgrün	9–11
Fatsia japonica	2–5	–		gelblichweiß	10–11
Ficus carica	4–10		–		
– *elastica*	5–10	–		ohne Schmuckwert	
– *pumila* ↑	4–6	–			
Fortunella margarita (F)	1,5	–			
Frementodendron					
– *californicum*	1,5–4	–		zitronengelb	5–6
Garrya elliptica	4	–		grünlichbräunlich	1–3
Grevillea rosmarinifolia	1,5–2		–	tief rosarot	7–8
– *juniperina*	2		–	schwefelgelb	5–6
Griselina litoralis	5	–			
– *lucida*	2,5	–			
Halimium halimifolium	1	–		goldgelb	6
– *ocymoides*	0,5–0,7	–		goldgelb	6
– *umbellatum*	0,4			weiß, an der Basis gelb	
– × *Halimocistus*-Hybriden	0,3–0,5	–		weiß	5

158

Bäume und Sträucher in mediterranen Gärten (Fortsetzung)

Art	Wuchshöhe (m)	immergrün	sommergrün	Blütenfarbe	Blütezeit
Hebe-Arten	0,5–1,5	–		weiß	6–7
– Hybriden	0,5–1,5	–		weiß, blau, violett, purpurrot, rot	6–9
Hedysarum multijugum	1,5		–	purpurrot	5–9
Hibiscus mutabilis	2–4		–	am Morgen weiß, abends tiefrot	
– *paramutabilis*	4–5		–	weiß mit roten Basalflecken	6
– *rosasinensis*	3–5		–	weiß, rosa, rot, gelb, orange	3–10
– *schizopetalus*	2–4		–	rot, orangerot	3–10
Iochroma coccineum			–	scharlachrot	6–8
– *cyaneum*			–	blau bis purpurn	6–8
– *fuchsioides*	1		–	orangerot	6–8
– *grandiflorum*			–	purpurn	6–8
Jacaranda mimosifolia	15–20		–	blau bis blauviolett	3–4
Jasminum beesianum ↑	1,5		–	dunkelrosa	5
– *fruticans*	1–2	– bis (w)		gelb	6–9
– *mesnyi* ↑	2	–		gelb	3–4
– *officinale* ↑	10		–	weiß	6–9
Kennedia nigricans ↑	2–4		–	purpurviolett	4
Lagerstroemia indica	5–7		–	purpurrot, rosa oder weiß	7–9
Lantana camara-Sorten	0,6–1	–		gelb, orange, rosa	7–10
Laurus nobilis	7–15	–		grünlichgelb	3
Lavatera arborea	3		–	blaß purpurrot	5–9
– *olbida*	2		–	rosa bis purpurrot	3–6
Leptospermum scoparium	2–4	–		weiß	5–6
Ligustrum japonicum	3–6	–		weiß	6–9
– *lucidum*	8–10	–		weiß	8–9
– *sinense*	4	–		weißlich	6
Loropetalum chinense	2–3	–		weiß	2–4
Lupinus arboreus	1		–	schwefelgelb	5–9
Magnolia campbellii	10–20		–	karminrosa	3
Medicago arborea	1–2	–		gelb	5–9
Melaleuca decussata	3–6	–		lila	6
– *hypericifolia*	2–4	–		hochrot	5–10
– *wilsonii*	2	–		rot	6–7
Melia azedarach	10–15		–	lila mit gelben Staubgefäßen	3–4
Myrtus communis	3–5	–		weiß	7–8
Nandina domestica	0,5	–		weiß	5–6
Nerium oleander	2–4	–		weiß, rosa, rot, orange	6–10
Olea europaea (F)	5–6	–		gelblichweiß	6–8
Olearia × *haastii*	1–2	–		gelb	7–8
– *macrodonta*	1,5–5	–		weiß und rötlich	7
– *traversii*	2–4	–		weiß	7
Opuntia ficus-indica (F)	3–4	–		schwefelgelb	6–8
Osmanthus fragrans	3–5	–		weiß	5–8
– *serrulatus*	2–4	–		weiß	3–4
Osteomeles schweriniae	2–3	(w)		weiß	5–6
– *subrotundata*	2		–	weiß	6
Paliurus spina-christi	2–4		–	gelblichgrün	5–7
Passiflora coerulea ↑	2–4		–	blau und weiß	6–9
Persea americana (F)	5–10	–		gelblichgrün	3–4
Phlomis fruticosa	1		–	dunkelgelb	6–7
Phoenix canariensis	15–18	–			
Phormium aequalis	0,6–1,5	–		gelb bis rötlichbraun	7–8
– *tenax*	1,5–4,5	–		trübrot	7–8
Phylia ericoides	0,3–0,9	–		weißwollig	
– *plumosa*	2	–		bräunlichweiß	
Pistacia lentiscus	4–6	–			
– *terebinthus*	5–9		–		
– *vera* (F)	4–5		–		5–6

Bäume und Sträucher in mediterranen Gärten (Fortsetzung)

Art	Wuchshöhe (m)	immergrün	sommergrün	Blütenfarbe	Blütezeit
Pittosporum tenuifolium	3–6	–		purpurbraun	4–5
– tobira	2–3	–		rahmweiß	4–5
Plumbago auriculata	2–3		–	hellblau	5–10
Polygala myrtifolia	1,5	–		purpurn	
– virgata	2	(w)		purpurrosa	
Punica granatum (F)	3–5	–		scharlachrot	5–6
Quercus ilex	15–20	–			
– suber	15–20	–			
Ribes speciosum	2–4	–		purpurrot	4–5
Rosmarinus officinalis	0,5–1	–		blaßblau bis weißlich	5
Ruscus aculeatus	0,6–0,8	–		weiß	3–4
Schinus molle	10–15	–			
Senecio greyi	2	–		goldgelb	7–8
– monroi	0,5–1,5	–		hellgelb	6
– reinoldii	2	–		gelblich	6
Solandra grandiflora ↑	4–5	–		grünlichweiß	3–4
– guttata ↑	4–5	–		ockergelb	3–4
– maxima ↑	4–5	–		goldgelb	3–4
Solanum crispum ↑	3–4		–	lilablau	6–9
– jasminoides ↑	2–4		–	weißlichblau	6–8
Sophora tetraptera	3–5	– bis (w)		goldgelb	5
Spartium junceum	1–3	–		goldgelb	5–9
Tecomaria capensis ↑	2–4	–		zinnoberrot	8–10
Trachelospermum jasminoides ↑	3–5	–		reinweiß	7
Trachycarpus fortunei	10–12	–		gelb	5
Vitex agnus-castus	1–6		–	hellviolett	9–10
Yucca aloifolia	3–6	–		weiß	3–6
– elephantipes	10–12	–		weiß	7–8
– gloriosa	2–3	–		weiß	7–9
Ziziphus jujuba (F)	6–9		–	gelb	4–5

(w) = Bäume oder Sträucher sind wintergrün
(F) = Arten mit eßbaren Früchten
↑ = Zeichen für Kletterpflanze
★ = keine Angaben: Blüten unansehnlich und ohne Schmuckwert

PFLANZUNG

Neben der Auswahl der für einen gegebenen Standort geeigneten Bäume und Sträucher, wobei neben dem persönlichen Geschmack die Eigenschaften und Standortansprüche berücksichtigt werden müssen, ist eine optimale Behandlung der Gehölze vor und während des Pflanzens für das spätere Gedeihen von nicht zu unterschätzender Bedeutung. Dazu gehören z.B. die pflegliche Behandlung während des Transportes von der Baumschule zum Pflanzplatz, der Schutz der Wurzeln vor Austrocknung, die Vorbereitung des Pflanzplatzes, die richtige Pflanztiefe und die Nachbehandlung frisch gepflanzter Gehölze. Neben dem Umgang mit den Gehölzen beim Pflanzen ist aber auch die innere und äußere Qualität von entscheidender Bedeutung.

Einkauf und Pflanzzeit

Bevor wir Bäume und Sträucher in unseren Gärten pflanzen können, müssen wir zunächst einmal eingekauft haben. Das setzt entweder das Studium mehr oder weniger umfangreicher Kataloge oder den Besuch einer Baumschule oder eines Gartencenters am Wohnort voraus. Geschmack und persönliche Neigung entscheiden über die Einkaufsquelle.

Welchen Weg man auch wählt, man sollte daran denken, daß man mit Ausnahme von Containerpflanzen Bäume und Sträucher nicht während des ganzen Jahres pflanzen kann. Nur zur Zeit der Vegetationsruhe, also vom Herbst bis zum Frühjahr, lassen sich unsere Gehölze ohne große Schwierigkeiten verpflanzen. Diese Tatsache drängt das Geschäft der Baumschulen auf wenige Monate zusammen. Viele Betriebe haben daher seit langem die Selbstbedienung eingeführt, die ein ungestörtes Informieren und Aussuchen ermöglicht und Wartezeiten abbaut.

Die Frage nach der besten Pflanzzeit – Herbst oder Frühjahr – wird immer wieder diskutiert. Die Baumschulen plädieren aus begreiflichen Gründen für die Herbstpflanzung. Sie ist nur dann der Frühjahrspflanzung überlegen, wenn so rechtzeitig gepflanzt wird, daß die Gehölze noch vor Eintritt strenger Fröste neue Wurzeln bilden können. Notwendig ist eine Wurzelbildung besonders für im Herbst gepflanzte Koniferen und immergrüne Laubgehölze, die daher nach Möglichkeit schon in den frühen Herbstmonaten gepflanzt werden sollten.

Die Herbstpflanzung ist insoweit der Frühjahrspflanzung vorzuziehen, als man im Herbst noch über vollständige Sortimente verfügen kann, die sich im Frühjahr schon stark gelichtet haben können. Ansonsten kann man alle Gehölze auch ebensogut im Frühjahr pflanzen. Man umgeht hier, besonders bei empfindlichen Arten, das Risiko der Auswinterung, muß allerdings gründlicher und häufiger gießen. Ein rechtzeitiges Bemühen um die gewünschten Pflanzen ist im Frühjahr ratsam, damit man nicht von einer allzu stürmischen, frühlingshaften Witterung überrascht wird, die zu einem raschen Austreiben führt und ein Verpflanzen sehr risikoreich oder gar unmöglich macht.

Den Schwierigkeiten einer nur begrenzten Pflanzzeit mit all ihren unangenehmen Begleiterscheinungen suchen die Baumschulen seit Jahren durch die Verwendung von Containern zu begegnen.

Containerpflanzen werden in mehr oder weniger großen Behältern kultiviert und können dann während des ganzen Jahres gepflanzt werden. Ein Vorteil für den Verkäufer, aber auch für den Kunden. Er kann sich z.B. sommergrüne Laubgehölze oder Rosen in belaubtem oder gar blühendem Zustand aussuchen und ist nicht auf Beschreibungen und Abbildungen angewiesen.

Qualität und Größe

Über den Preis einer Baumschulpflanze entscheidet die Pflanzenart, deren Qualität und Größe. Daß die einzelnen Arten mit ihren so großen Unterschieden in bezug auf die Wuchsgeschwindigkeit und den Schwierigkeitsgrad bei der Vermehrung beträchtliche Preisunterschiede bei gleicher Größe aufweisen, versteht auch der Laie bald. Schwerer zu verstehen sind die Preisunterschiede bei scheinbar gleichgroßen Pflanzen. Hier spielt die Qualität eine entscheidende Rolle. Eine für Hecken gezogene Hainbuche kann z.B. bei gleicher Wuchshöhe etwa 6,00 DM, aber auch 18,00 DM oder 36,00 DM kosten. Im ersten Fall stammt sie »aus engem Stand« und ist nur einmal verpflanzt, auf einer bestimmten Flächeneinheit lassen sich in der Baumschule also recht viele Pflanzen unterbringen, die dazu auch noch einen geringen Arbeitsaufwand erfahren. Im zweiten Fall handelt es sich um mehrfach verpflanzte Sträucher aus »weitem Stand«, die im dritten Fall noch zusätzlich mit einem Erdballen versehen sind. Die »billigere Hainbuche« ist nicht mit »schlechter Qualität« gleichzusetzen, sie ist nur weniger gut »garniert« (= verzweigt), und man benötigt mehr Pflanzen je laufenden Meter Hecke. In den gestaffelten Preisen spiegelt sich der unterschiedlich hohe Arbeitsaufwand, der größere Platzbedarf und die längere Kulturzeit wider.

Über die Qualität deutscher Baumschulpflanzen und die sachgerechte Sortierung der Gehölze in verschiedene Größen kann man im allgemeinen nicht klagen. Seit vielen Jahren arbeiten unsere Baumschulen nach einschlägigen Vorschriften ihres Verbandes (Bund deutscher Baumschulen), die zu einheitlichen Sortierungen und zu einer festen Verankerung des Qualitätsbegriffes geführt haben. Viele Baumschulen führen ein vom Bund deutscher Baumschulen verliehenes Gütezeichen, das sie zu anerkannten Qualitätsbaumschulen stempelt und ihnen das Recht verleiht, ein Deutsches Markenetikett für Baumschulpflanzen zu führen.

Zum Qualitätsbegriff gehört auch die Sortenechtheit, die in der Regel beim Kauf am wenigsten zu kontrollieren ist. Hier ist der Einkauf wirkliche Vertrauenssache, und selbst wenn man die Ersatzlieferung für eine gewünschte Sorte ausschließt, erhält man bei einer Fehllieferung später in der Regel Ersatz nur in Höhe des Rechnungsbetrages.

Der Gartenbesitzer muß sich beim Einkauf über die Größe der zu kaufenden Pflanze klar werden. Kauft er recht kleine Pflanzen, bekommt er sie zwar billig, wartet dann aber oft lange auf die beabsichtigte Wirkung. Mit großen Solitärpflanzen läßt sich sofort ein nahezu fertiger Garten erstellen. Außerdem entgeht man der Gefahr des zu dichten Pflanzens, dem man bei der Verwendung kleiner Gehölze häufig unterliegt.

Ankunft der Pflanzen

Viele unserer Baumschulpflanzen werden auch heute noch über den Katalog bestellt und kommen dann eines Tages per Post, Bahn oder Lkw beim Besteller an. Vorher hat der Kunde vielleicht schon die in den Katalogen gegebenen Hinweise für die Behandlung ankommender Pflanzen gelesen. Diese Anregungen sind wirklich sehr wichtig und entscheiden oft über Erfolg oder Mißerfolg beim Anwachsen. In allen Kulturhinweisen ist die Rede davon, daß die Pflanzenwurzeln beim Transport austrocknen können und daher notfalls mehrere Stunden in ein Gefäß mit Wasser zu stellen sind. Besonders wichtig ist dies im Frühjahr bei Rosen, die aus dem Kühlhaus kamen, bei Koniferen und Rhododendren. Letztere stellt man mit dem Ballen so lange ins Wasser, bis keine Luftblasen mehr aus dem Ballen aufsteigen, ein Zeichen für die volle Wassersättigung des Ballens. Nicht auszuschließen ist die Ankunft der Pflanzen bei Frostwetter. Selbst stärkerer Frost schadet verpackten Gehölzen selten, wenn man sie in ihrer Verpackung in einem frostfreien, aber ungeheizten Raum langsam auftauen läßt und sie erst dann pflanzt oder einschlägt.

Nach dem Auspacken stellt man die Pflanzen also für eine bestimmte Zeit ins Wasser und bringt sie anschließend in den Einschlag, wenn man sie noch nicht sofort pflanzen kann. Unter dem Einschlagen versteht man das Eingraben der Pflanzenwurzeln in die Erde, das anschließende Festtreten des Erdreiches und das gründliche Wässern der eingeschlagenen Pflanzen. So behandelt, können die Gehölze Wochen oder Monate, auch über Winter, auf das Pflanzen an den endgültigen Standort warten. Zu beachten ist bei immergrünen Laubgehölzen und bei Koniferen lediglich, daß die immergrünen Teile auch im Einschlag Luft und Licht benötigen, sollen sie nicht absterben und verfaulen. Bei längerdauerndem Einschlag empfiehlt sich ein Abdecken des Wurzelbereiches mit Stroh, Koniferenreisig, trockenem Laub oder ähnlichem Material.

Vorbereiten des Bodens zur Pflanzung

In vielen Kultur- und Pflanzanleitungen findet man noch immer genaue Angaben über Breite, Länge und Tiefe von Baumgruben, die getrennte Lagerung der ausgehobenen Erdschichten und die Verbesserung der Pflanzerde. Viel sinnvoller wären ständige Hinweise auf die Notwendigkeit einer großflächigen Bodenbearbeitung bei gleichzeitiger Lockerung der tieferen Bodenschichten. Besondere Bedeutung kommt dieser Methode nach Baumaßnahmen zu, die immer starke Bodenverdichtungen hinterlassen. Auch bei der Neuanlage eines Hausgartens sollte man sich um eine großflächige Bodenlockerung bemühen. Man wird in der Regel kaum tiefer als 20–30 cm pflügen können, kann dann zusätzlich aber einen Untergrundlockerer einsetzen, der den Boden bis auf 50–60 cm Tiefe lockert. Überall dort, wo ein entsprechender Maschineneinsatz nicht möglich ist, wird man, zumindest im Baubereich, auf das altbekannte Rigolen nicht verzichten können. Dabei wird der Boden zwei Spatenstiche tief umgegraben, wobei die Bodenschichten in ihrer ursprünglichen Schichtung verbleiben. Heute wird nahezu jeder Boden zum Schluß mit Hackfräsen bearbeitet, nachdem man vorher bodenverbessernde Mittel eingebracht hat. In gut vorbereitetem Boden richtet sich die Größe des Pflanzloches nur nach dem Umfang der Wurzeln, eine große Baumgrube ist überflüssig. Auch bei Nach- oder Neupflanzung in alten Gärten mit gesundem Boden ist das Ausheben einer großen Baumgrube überflüssig. Will man trotzdem nicht auf sie verzichten, darf man sie nicht zu tief machen, die Mächtigkeit des Mutterbodens ist zu beachten und

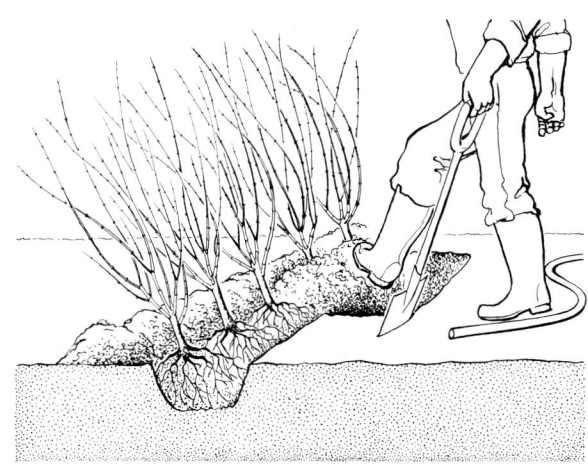

Im Einschlag werden die Pflanzen locker in Reihen nebeneinander gestellt und bis zum Wurzelhals eingegraben; die Erde wird fest angetreten, dann gründlich gewässert

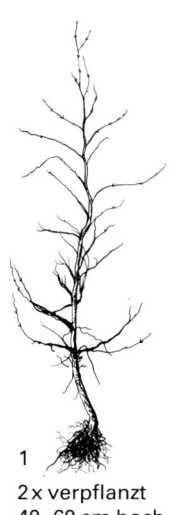
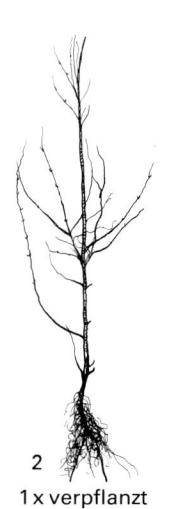

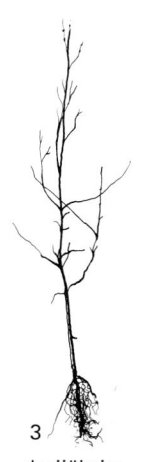

Qualität und Größe von Baumschulpflanzen

1–3 *Carpinus betulus*
4–6 *Berberis thunbergii*

1
2 × verpflanzt
40–60 cm hoch

2
1 × verpflanzt
für Hecken gezogen
40–70 cm hoch

3
dreijährig
60–80 cm hoch

4
2 × verpflanzt
40–60 cm hoch

5
1 × verpflanzte
leichte Sträucher
40–70 cm hoch

6
dreijährig, verpflanzt
30–50 cm hoch

nicht zu sehr mit stark verbesserter Pflanzerde füllen. Zwar würden die Gehölze darin zunächst einmal kräftig und freudig wachsen, später aber nur ungern den Bereich der Baumgrube verlassen, wodurch ein Topfeffekt mit all seinen nachteiligen Folgen (gehemmtes Wachstum, Empfindlichkeit gegenüber Trockenperioden und Wind) entstehen würde.

Gleichzeitig mit der Bodenbearbeitung sollte eine Bodenverbesserung vorgenommen werden. Eine gute Humusgrundlage erreicht man durch Gaben von etwa 5–10 dt verrottetem Stallmist, 3–5 Ballen Düngertorf oder der gleichen Menge Rindenhumus je 100 m². Ratsam ist eine Vorratsdüngung mit Mineraldüngern, die die schwerlöslichen Nährstoffe (Kali und Phosphorsäure) in tiefere Schichten bringt. Die Höhe der Nährstoffgaben sollte sich am Ergebnis einer Bodenuntersuchung orientieren. Läßt sich eine solche nicht beibringen, können folgende Zahlen als Anhaltspunkt dienen. Je 100 m² verabreicht man: 7–10 kg schwefelsaures Kali, 30–50 kg Thomasmehl, 10–15 kg kohlensauren Kalk auf leichten oder höchstens 8 kg Branntkalk auf schweren Böden. Bei allen Düngemaßnahmen ist darauf zu achten, daß kein Dünger direkt an die Pflanzenwurzeln kommt, das gilt auch für Stalldung.

Langfristige Bodenverbesserungen werden nicht nur durch Torf oder Rindenhumus erreicht, sondern auch durch die Zufuhr weniger bekannter natürlicher und künstlicher Materialien. Fast immer geht es dabei um eine nachhaltige Bodenlockerung, um die Beseitigung stauender Nässe auf schweren bindigen Böden oder um die Verhinderung der Auslaugung und Verwehung sandiger Böden. Bewährt haben sich die nachstehend genannten Stoffe.

Agrosil, ein saures Silikatkolloid, besitzt wie Alginure ein hohes Sorptionsvermögen; es erhöht die Pufferkraft des Bodens.

Alginure wird aus Meerestang gewonnen und ist ein organisches Kolloidmaterial in hochkonzentrierter Form, das eine verbessernde und stabilisierende Wirkung auf die Bildung von Ton-Humus-Komplexen und damit auf die Bodenstruktur hat. Es lockert schwere Lehm- und Tonböden und verhindert Bodenverschlämmungen. Leichte Sandböden werden gebunden, das Wasserhaltevermögen verbessert und Pflanzennährstoffe gespeichert. Darüber hinaus fördert es die Wasser- und Nährstoffaufnahmefähigkeit der Wurzeln verpflanzter Gehölze.

Von Alginure Bodengranulat werden auf guten Böden pro Quadratmeter 5–20 g, auf Böden mit Mängeln 20–35 g und auf schlechten Böden 35–65 g gegeben. Das Mittel wird flach eingearbeitet und kann auch in bestehenden Pflanzungen verwendet werden.

Bentonit: Calcium-Bentonit ist ein Verwitterungsprodukt vulkanischer Glastuffe; es enthält einen großen Anteil des wertvollen Tonminerals Ca-Montmorillonit, besitzt damit ein sehr hohes Basenaustauschvermögen und verhindert so die Auswaschung von Nährstoffen. Bentonit dient vor allem als Zusatz für Kultursubstrate. Durch Bentonitzusatz läßt sich die Salzkonzentration in der Bodenlösung deutlich verringern.

Bimskies besitzt ähnliche bodenphysikalische Eigenschaften wie Lavalit und kann durch seine lockere, poröse Struktur schwere Böden dauerhaft lockern. Das Material zersetzt sich sehr langsam und gibt dabei Mikronährstoffe an die Pflanzen ab. Für Trogerden

Pflanzung von Laubgehölzen

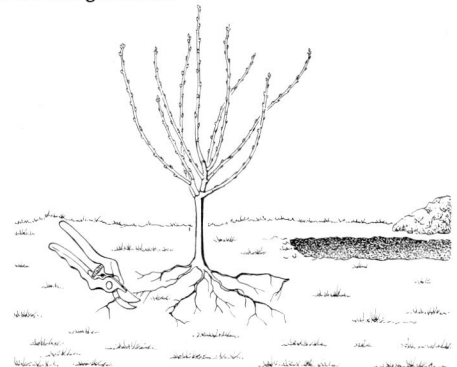

1. Beschädigte Wurzeln bis ins gesunde Holz mit Messer oder scharfer Schere so zurückschneiden, daß die Schnittfläche nach unten zeigt

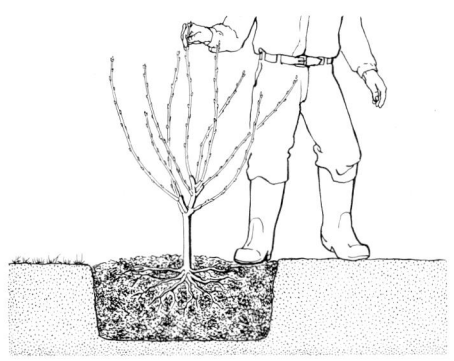

3. Erde rings um die Wurzelkrone fest antreten

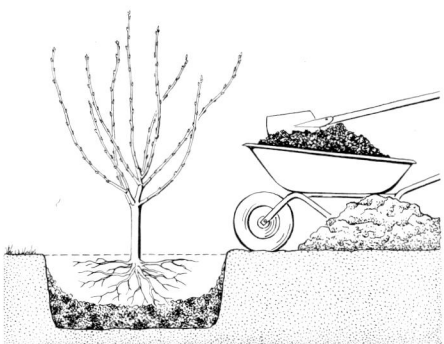

2. Pflanzplatz großflächig lockern oder Grube ausheben, Aushub mit Kompost oder Torf verbessern und teilweise wieder einfüllen, den Baum so stellen, daß er nach dem Absacken der lockeren Erde so hoch steht wie vorher in der Baumschule, beim Einfüllen der Erde darauf achten, daß zwischen den Wurzeln keine Hohlräume entstehen

4. Baum anpfählen und angießen, dabei das Wasser nicht durch eine Düse ausbringen, sondern bei geringem Druck mit vollem Strahl langsam ausfließen lassen, Baumscheibe mit organischem Material abdecken und eine flache Mulde herstellen, damit Gieß- und Regenwasser an die Wurzeln geleitet wird

163

Pflanzen von Koniferen

1. Pflanzgrube mindestens in doppelter Größe des Ballendurchmessers anlegen, die Knoten des Ballenleinens lösen, das Ballenleinen nicht entfernen, den Bodenaushub mit Torf oder Kompost mischen

2. Die Erde so antreten, daß der Ballen nicht beschädigt wird

3. Beim Angießen und beim Abdecken der Baumscheibe so verfahren, wie bei "Pflanzung von Laubgehölzen" beschrieben.
Das Anbinden der Koniferen ist in der Zeichnung "Anpfählen von Laub- und Nadelgehölzen" beschrieben worden

ist ein Zusatz von Bimskies, Blähton oder Lavagrus nahezu unerläßlich.

Hygromull ist ein organischer Harzschaum (Kondensationsprodukt aus Harnstoff und Formaldehyd), der im Boden langsam abgebaut wird und dabei als langsam fließende Nährstoffquelle wirkt. Hygromull kann hohe Wassermengen speichern und ist deshalb besonders für die Verbesserung leichter Böden und als Zusatz zu Substratmischungen geeignet. Je 100 m² werden 1–2 m³ eingearbeitet. Hygromull wird häufig zusammen mit dem geschlossenporigen Styromull verwendet.

Lavalit ist ein Lavagesteinsgrus, der nicht nur der physikalischen Bodenlockerung dient. Sein Gehalt an Grund- und Nährstoffen

macht ihn zu einer langsam fließenden Nährstoffquelle. Lavalit kann wie Blähton und Bimskies dem Boden in alpinen Anlagen vor der Pflanzung nässeempfindlicher Stauden und Kleingehölze beigemischt werden. Auf kleinen Flächen ist Lavalit ein ausgezeichnetes Material zur Bodenabdeckung.

Porit ist ein aufgeschäumtes Eruptivmaterial, das überschüssige Feuchtigkeit aufnimmt und bei Bedarf leicht wieder abgibt; je 100 m² werden 4–6 m³ in den Boden eingearbeitet.

Der Pflanzvorgang und die Nachbehandlung der Gehölze

Vor dem Pflanzen werden die beim Roden der Gehölze beschädigten Hauptwurzeln bis ins gesunde, gelblichweiße Holz zurückgeschnitten. Die Gehölze dürfen mit entblößten Wurzeln nicht zu lange der Luft ausgesetzt sein, denn die Wurzeln müssen feucht in die Erde kommen und werden notfalls vorher mehrere Stunden ins Wasser gestellt oder überbraust. Das Pflanzloch füllt man mit möglichst fein gekrümelter, mit feuchtem Torf oder Rindenhumus vermischter Erde. Gleichzeitig wird das Gehölz leicht gerüttelt, damit die Erde auch zwischen die Wurzeln gelangt. Anschließend tritt man die Erde rings um die Wurzelkrone fest. Danach soll das Gehölz so hoch stehen wie vorher in der Baumschule, eher einige Zentimeter höher als tiefer. Die entsprechende Höhe ist am Wurzelhals an der unterschiedlichen Färbung meist deutlich zu erkennen. Tiefer als vorher pflanzt man nur Pappeln und Weiden und veredelte Rosen, deren Veredlungsstelle knapp unterhalb der Bodenoberfläche stehen soll.

Bei allen mit Ballen gelieferten Gehölzen beläßt man das Ballenleinen am Wurzelballen und löst lediglich die Knoten am Wurzelhals. Angetreten wird so vorsichtig, daß der Ballen nicht zerfällt.

In der letzten Phase des Pflanzvorganges wird das Gehölz kräftig angegossen (eingeschlämmt), und zwar nicht mit Brause oder Gartensprenger, sondern mit vollem, langsam fließendem Strahl aus Kanne oder Schlauch. Die Erde soll durchgenäßt sein, die letzten Hohlräume zwischen der Wurzelkrone füllen und sich setzen. Die Wurzeln erhalten so einen guten Bodenschluß und vertrocknen nicht. Ein Angießen mit der Brause oder dem Gartensprenger führt meist nur zu einem Anfeuchten im oberen Bereich und erreicht die Wurzeln nur selten. Anschließend wird die Wurzelscheibe mit organischem Material abgedeckt. Der Wurzelbereich bleibt so feucht, und man erspart sich, besonders bei der Frühjahrspflanzung, das ständige Wässern, das entweder erfolglos bleibt, da nur oberflächlich gesprengt wird oder zu nassem und damit kaltem Boden führt und eine zügige Wurzelbildung verhindert. Neben ausreichender Feuchtigkeit sind ja auch eine bestimmte Bodentemperatur und eine gute Durchlüftung erforderlich, ehe eine Wurzelneubildung erfolgen kann.

Beim Pflanzen von Solitärgehölzen ist die Anlage eines Gießrandes erforderlich, der bei einer notwendig werdenden Bewässerung eine ausreichende Staumenge an Wasser aufnehmen kann. Da bei Solitärgehölzen der Ballen stets kleiner ist als der Durchmesser der Kronentraufe, sind regelmäßige Bewässerungen so lange notwendig, bis die neu gebildeten Wurzeln die Kronentraufe erreicht haben.

Bleibt zum Schluß das Anbinden der Gehölze an einen Baumpfahl. Man schlägt ihn am besten schräg zum Stamm ein. So werden einmal die Wurzeln nicht verletzt, zum anderen steht der Pfahl im trockenen und festeren Boden wesentlich sicherer. Angebunden wird mit Kokosstricken oder fertigen Baumbändern, von denen verschiedene Fabrikate auf dem Markt sind. Der Baum wird so befestigt, daß sich der Stamm nicht am Pfahl wund reiben kann.

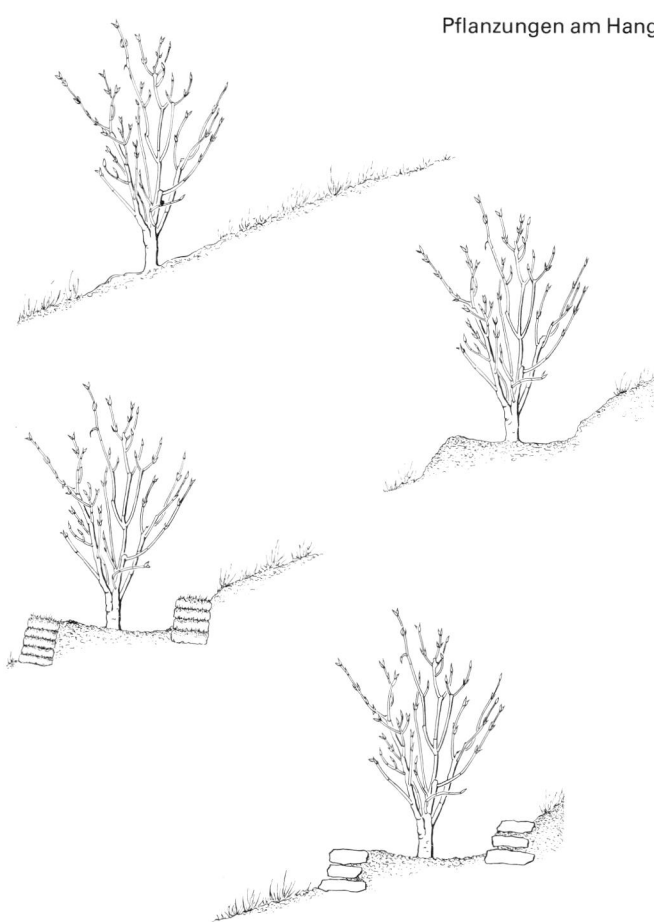

Pflanzungen am Hang

sen, wie z.B. Ginster, Buddlejen und Feuerdorn. Etwas komplizierter ist ein Verpflanzen größerer Gehölze, die schon viele Jahre im Garten gestanden haben. Hier muß man die Technik der Baumschulen nachahmen, die ihre Gehölze ja regelmäßig verpflanzen, um einen kompakten und festen Wurzelballen zu erhalten. Zunächst einmal wird während der Vegetationsruhe der zu verpflanzende Baum oder Strauch umgraben, d.h. die Erde wird etwa in Spatenstichbreite rings um den Stamm in einem der Größe des Gehölzes entsprechenden Abstand ausgehoben, so daß ein genügend großer Ballen stehenbleibt. Dieser darf andererseits auch nicht zu groß sein, der Baum soll sich ja später auch noch transpor-

Umpflanzen im eigenen Garten

Werden beim Pflanzen an einem Hang nicht besondere Vorkehrungen getroffen, treten bei der Wasserversorgung der Gehölze Schwierigkeiten auf, denn Gieß- und Regenwasser werden schnell ablaufen und häufig die Wurzeln nicht erreichen.
Durch einfache Geländemodellierungen und durch das Aufsetzen von Rasensoden oder Steinen muß ein ebener Pflanzplatz angelegt werden, sollen Gehölze sicher anwachsen und später zufriedenstellend gedeihen

Hat man eine größere Baumgrube ausgehoben, bindet man den Baum zunächst so locker an, daß er der sich setzenden Erde folgen kann und sich nicht aufhängt. Besondere Aufmerksamkeit ist großen Solitärpflanzen zu schenken. Sie müssen windfest verankert werden, da sonst die neuen Wurzeln immer wieder abreißen würden. Man erstellt ein stabiles Baumgerüst aus drei bis vier, durch Querlatten miteinander verbundenen, langen Pfählen oder schlägt drei kürzere Pfähle im Dreieck um den Stamm ein und spannt Drähte zwischen Stamm und den Pfählen. Der Stamm wird durch einen Gummimantel (Autoschläuche, Fahrraddecken) vor Beschädigungen geschützt.

Umpflanzen innerhalb des Gartens

Häufig genug mag das Umpflanzen notwendig werden. Sei es, daß man zunächst zu eng gepflanzt hat oder daß die bisherige Anordnung nicht mehr gefällt. Bei jüngeren Gehölzen treten in der Regel keine Schwierigkeiten auf, wenn man von einigen Arten absieht, die sich schon nach wenigen Standjahren kaum mehr verpflanzen las-

Größere Bäume und Sträucher lassen sich häufig nicht ohne mehrjährige Vorbereitung verpflanzen, sofern man nicht Großbaumverpflanzmaschinen einsetzt.
Im ersten Jahr wird in einem entsprechendem Abstand rings um den Stamm ein spatenbreiter Graben gezogen, dabei sollen möglichst auch die Wurzeln unterhalb des Ballens durchstochen werden. Der Graben wird danach mit einem humosen, lockeren Substrat gefüllt. Im Laufe des nächsten oder der beiden nächsten Jahre werden zahlreiche Wurzeln in dieses Substrat hineinwachsen. Sie geben dem Ballen Halt und garantieren ein sicheres Anwachsen am neuen Platz. Der neue Ballen wird selbstverständlich etwa um die Grabenbreite größer sein als der zunächst gestochene Ballen, der auch aus diesem Grund nicht zu groß angelegt werden darf. Auch nach dem ersten Umstechen muß der Baum windfest verankert und ausreichend mit Wasser versorgt werden

Stammschutz

Beim Verpflanzen von Solitärbäumen werden die Stämme durch einen Verband aus Sachleinenstreifen, die vorher in Lehmbrei getaucht waren, vor Verletzungen, zu starker Wasserverdunstung und dem Eintrocknen der Rinde geschützt.

Das Umwickeln der Stämme mit einer Stroh- oder Schilfmanschette dient dem gleichen Zweck, kann in rauhen Lagen die Stämme empfindlicher Baumarten aber auch vor Frostschäden (Frostplatten und -risse) bewahren

Anpfählen

1. Größere Sträucher und kleinere Bäume werden an einem senkrecht stehenden Pfahl angebunden. Der Pfahl muß bis ins feste Erdreich getrieben werden, er soll nicht bis in die Krone hineinreichen
2. Bei Koniferen sollte man den Baumpfahl schräg, zur Hauptwindrichtung hin, in den Boden schlagen, damit der Ballen nicht beschädigt wird
3. Jüngere Hochstämme werden in der gleichen Weise, gelegentlich aber auch mit 2 Baumbändern angebunden, wie unter 1. beschrieben

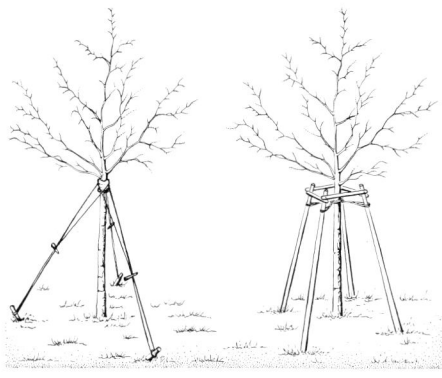

4. Stärkere Solitärgehölze werden entweder mit 3 Drähten an kurzen, schräg stehenden Pfählen angebunden oder mit 4 leicht schräg stehenden und am Kopfende miteinander verbundenen Pfählen windfest verankert. Bei der Drahtverankerung werden die Stämme durch eine stabile Gummimanschette geschützt. Nicht selten führt man den Draht auch durch kurze Stücke eines weichen Gartenschlauches, bevor man ihn um den Stamm legt

tieren lassen, und die Wurzelkrone muß das Gewicht der Erdlast tragen können. Beim Umgraben müssen auch die Pfahlwurzeln durchstochen werden. Anschließend versieht man den Ballen mit einem enganliegenden Korsett aus Maschendraht und schüttet den Graben mit sehr lockerer, torfmulldurchsetzter Erde wieder zu. Das Gehölz muß wie ein verpflanzter Baum gegen Winddruck gesichert und in Trockenperioden bewässert werden. In den nächsten zwei bis drei Jahren bilden sich in dem lockeren Substrat viele neue Wurzeln, die dem vorher von Faserwurzeln nur wenig durchzogenen Ballen genügende Festigkeit geben und die Voraussetzung für ein erfolgreiches Verpflanzen sind. Nun wird außerhalb des alten Grabens ein neuer gezogen, der Ballen freigelegt und notfalls noch einmal mit Draht und Ballenleinen eingebunden. Dem Transport an den neuen Standort steht nichts mehr im Wege. Für ein Verpflanzen großer Bäume werden in zunehmendem Maße von Baumschulen und Firmen des Garten- und Landschaftsbaues Großbaum-Verpflanzgeräte eingesetzt; für das sichere Verpflanzen wertvoller Bäume lohnt sich ihr Einsatz.

Als dritte Möglichkeit muß das Verpflanzen von größeren Gehölzen mit sogenannten Frostballen angesprochen werden. In längeren Frostperioden mit ausreichend tiefen Temperaturen (-10 bis -15 °C) bereitet man den Ballen in der üblichen Weise vor, läßt ihn dann gefrieren und kann ihn später, notfalls mit schweren Geräten, transportieren. Auch Ballen nicht vorbereiteter Gehölze zerbrechen dabei nicht; den Gehölzen schadet ein Durchfrieren des Ballens nicht.

Schattieren, Verdunstungsschutz und Wuchsstoffbehandlung

Bei Baumpflanzungen in extremen Lagen oder zu ungünstigen Zeiten sind schützende Maßnahmen oft nicht zu umgehen. Koniferen und immergrüne Laubgehölze sind in entsprechenden Lagen für einen Windschutz, der gleichzeitig auch Schatten spendet, sehr dankbar. Geeignet sind Sichtschutzmatten aus Schilf oder leichte Lattengerüste, die so zu verankern sind, daß sie auch bei stärkeren Winden nicht über dem Baum zusammenbrechen. Schatten und Windschutz verhindern Sonnenbrandschäden an empfindlichen Pflanzenarten, die aus günstigeren, vor allem luftfeuchteren Klimabereichen in rauhere Lagen verpflanzt werden. Gleichzeitig wird ein Verdunstungsschutz erzielt, der die Gefahr des Vertrocknens mildert. Besonders bei großen Bäumen entscheidet ein ausreichender Verdunstungsschutz oft über Erfolg oder Mißerfolg beim Verpflanzen. Daher begegnet man in Neuanlagen immer wieder Bäumen, deren Stämme mit in Lehmbrei getauchter Sackleinwand (Ballenleinen) umwickelt sind. Dieser Schutzmantel verbleibt für die erste Vegetationsperiode am Stamm. Weniger augenfällig ist die Behandlung mit Verdunstungsschutzmitteln wie Vita-Plastik, Alginure Verdunstungsschutzspray oder Dunstol. Vita-Plastik ist ein Kunststoff, der durch ein neutrales Lösungsmittel flüssig gehalten und mit Wasser im Verhältnis 1 : 4 verdünnt wird. Nach der Verarbeitung verdunsten Lösungsmittel und Wasser, und die Blätter, Nadeln und Zweige werden von einem geschlossenen Kunststoffmantel umgeben. Dieser verhindert weitgehend die Verdunstung, läßt aber den Gasaustausch bei der Atmung zu. Mit Verdunstungsschutzmitteln behandelte Gehölze können bei entsprechender Sorgfalt und günstigen Bedingungen auch während der Vegetationszeit verpflanzt werden, wenn dies, bedingt etwa durch Baumaßnahmen, einmal notwendig werden sollte. Die geschilderten Eigenschaften von Vita-Plastik machen es auch zu einem brauchbaren Mittel zur Verhinderung von Winterschäden, die ja oft als Folge zu hoher Wasserabgaben auftreten. Rechtzeitig zu Anfang des Winters aufgebracht, reduziert es stark die Verdunstung der immergrünen Pflanzen und mindert die Gefahr von Vertrocknungsschäden.

Den üblichen Schutzmaßnahmen beim Pflanzen von Gehölzen läßt sich noch eine weitere, unterstützende Maßnahme hinzugesellen: die Anwendung von Wuchsstoffen. Obwohl Wuchsstoffe in den Pflanzen nur in geringen Mengen vorhanden sind, wirken sie entscheidend auf die physiologischen Prozesse in den Pflanzen ein. Wuchsstoffe werden heute auf vielen Gebieten der pflanzlichen Produktion eingesetzt; an dieser Stelle interessiert vor allem ihre Anwendung beim Verpflanzen von Gehölzen. Sie sollen den Wiederaufbau des Wurzelsystems beschleunigen, die Fähigkeit zum Anwachsen fördern und das spätere Wachstum beschleunigen.

Das Wurzelsystem eines Baumes übertrifft dessen Kronenumfang um das Eineinhalb- bis Zweifache. Beim Verpflanzen bleibt ein großer Teil dieser Wurzelmasse im Boden, besonders die feinen Saug- und Leitwurzeln, die Wasser und Nährstoffe transportieren. Ein erfolgreiches Anwachsen hängt in großem Maße von der schnellen Wiederherstellung des Wurzelsystems ab. Bei der Be-handlung der Wurzeln mit wuchsfördernden Mitteln, etwa dem Alginure Wurzel-Dip, verstärkt sich der Zustrom von Reservestoffen zu den Wurzeln; die Bildung saugender Seitenwurzeln wird beschleunigt. Die Zuwachsrate des Wurzelsystems erhöhte sich in den Versuchen von Wersilow (1949) um das Drei- und Mehrfache gegenüber unbehandelten Vergleichspflanzen. Darüber hinaus zeigte sich, daß die Behandlung der Wurzeln mit Wuchsstoffen auch Entwicklung und Wachstum der Bäume in den nächsten Jahren deutlich positiv beeinflußte.

Die Ausbringung der Wuchsstoffe richtet sich nach der Größe der Pflanzen. Kleine, ballenlose Pflanzen werden in einen mit Wuchsstoff vermischten, dünnflüssigen Lehmbrei getaucht. Bei starken Ballenpflanzen mit großen Wurzelschnittstellen verstreicht man diese sofort nach dem Roden und unmittelbar vor dem Pflanzen mit einer dickflüssigen Paste aus Lehmbrei und Torf, in die die wäßrige Wuchsstofflösung eingemischt wurde. Kleinere Ballenpflanzen werden nach dem Pflanzen mit einer Wuchsstofflösung begossen. Das Einschlämmungswasser soll im Verhältnis 100 : 1 mit Alginure Wurzel-Dip angereichert werden.

BODENPFLEGE, DÜNGUNG, BEWÄSSERUNG UND UNKRAUTBEKÄMPFUNG

Von der richtigen Bodenpflege hängt nicht nur im Gartenbau und in der Landwirtschaft der Kulturerfolg ab. Auch Wachstum und Gesundheit der Gehölze im Hausgarten werden von der Bodenpflege stark beeinflußt. Unter dem allgemeinen Begriff Bodenpflege verstehen wir alle Kulturmaßnahmen – Bodenbearbeitung, Düngung, Unkrautbekämpfung und Bewässerung –, die auf den Boden und damit auf die Pflanze einwirken.

Bodengare

Das Ziel jeder Bodenpflege ist die Schaffung und Erhaltung der Krümelstruktur, die in der Praxis als Bodengare bezeichnet wird. Als gar gilt ein mürber, elastischer Boden, dessen kolloide Ton- und Humusteilchen sich infolge der Ausflockung durch Calciumionen mit gröberen Bodenteilchen zu Krümeln verbinden und der dadurch einen günstigen Luft- und Wasserhaushalt besitzt, erste Voraussetzung für ein gesundes Bakterien- und Pflanzenleben. Als erstrebenswert gilt ein Verhältnis zwischen Bodensubstanz und Hohlraumvolumen von 50 : 50. Das Hohlraumvolumen sollte je zur Hälfte mit Wasser und Luft gefüllt sein, das Verhältnis ist aber fast immer zugunsten des Wassers verschoben. Beeinflußt wird die Bodengare vor allem durch Kalk und Humus, die Beschattung des Bodens, die Tätigkeit der Mikroorganismen und durch die Einwirkung des Frostes. Kalk und Humus verleihen, in Verbindung mit der Tätigkeit der Mikroorganismen, den Bodenkrümeln die notwendige Stabilität. Überragende Bedeutung kommt einem ständigen Bewuchs und dauernder Beschattung des Bodens zu. Die mechanische Bodenbearbeitung soll eine krümelige Struktur und damit die Voraussetzungen für eine Bodengare schaffen. Sie ist in diesem Zusammenhang nur bei der Vorbereitung der Pflanzflächen von Bedeutung, in Gehölzpflanzungen sollte sie unterbleiben.

Torf, Rindenhumus, Kompost und Gründüngung

Die ausreichende Versorgung der Böden mit Humus nannten wir eine der wichtigsten Voraussetzungen für einen tätigen, gesunden Boden. Früher wurden vor allem Stallmist und Torf für die Anreicherung des Bodens mit Humusstoffen eingesetzt. Jahrzehntelang hat man dann überwiegend Torf verwendet. Er ist für die Herstellung von Kultursubstraten im Erwerbsgartenbau immer noch nahezu unentbehrlich. Im Hausgarten könnte er weitgehend durch Rindenhumus ersetzt werden. Eine Ausnahme macht dabei etwa die Errichtung von Pflanzstellen für Rhododendron und andere Ericaceen. Ein Verzicht auf Torf trägt zur Erhaltung der wenigen noch vorhandenen Hochmoore bei. Rindenhumus wird dagegen aus sonst als Abfallprodukt behandelter Baumrinde (nicht selten unter Zusatz anderer organischer Abfallprodukte) hergestellt. Gut aufbereiteter Rindenhumus ist als Bodenverbesserungsmittel mindestens

so wertvoll wie Torf, er wird im Boden sogar weniger rasch abgebaut als dieser. Rindenhumus und Torf erhöhen die wasserhaltende Kraft leichter Böden, lockern schwere und bindige Böden, schützen den Boden vor Verschlämmungen und zu starkem Austrocknen, dienen als Zusatz zu Komposterden und, vermischt mit Mineraldüngern, als Kultursubstrat in Schalen und Kübeln. Trotzdem sollten wir den Kompost nicht vergessen. Er gilt als wertvollstes Bodenverbesserungsmittel und kann allein einen Boden gesund machen. Vielfältig angebotene Kompostsilos lassen die Kompostbereitung auch im kleinen Hausgarten ohne Belästigungen und großem Platzverlust zu. Vor allem zersetzen sich darin alle organischen Materialien schneller als im althergebrachten Komposthaufen. Kompost läßt sich so vielseitig verwenden wie der Torf.

Ganz anders in der Handhabung stellt sich die Gründüngung dar. In der Landwirtschaft und im Gartenbau ist sie ein gebräuchliches Mittel der Bodenverbesserung, im Hausgarten wird viel zu wenig mit ihr gearbeitet. Sie kann die Bodengare sehr wesentlich beeinflussen, da sie den Boden beschattet, ihn tief lockert und erhebliche Massen an organischer Substanz einbringt. Unter Gründüngung verstehen wir den Anbau einjähriger Pflanzen, die häufig zur Familie der Schmetterlingsblütler gehören. Sie haben gegenüber anderen Pflanzenarten den Vorteil, daß durch die Tätigkeit ihrer Knöllchenbakterien der Luftstickstoff im Boden festgelegt wird. Die Erträge an Grünmasse können bis zu 400 dt/ha erreichen, bis zu 200 kg/ha Reinstickstoff werden z.B. von Lupinen erbracht. Die große Zahl an Gründüngungspflanzen erlaubt ihren Einsatz auf allen Bodenarten. Was man unter den gegebenen Bedingungen anbauen soll, erfährt man beim örtlichen Samenfachhandel. Natürlich wird man im Hausgarten die Gründüngung nicht so handhaben wie in der Landwirtschaft. Vielmehr kann sie hier als Mittel der Bodenvorbereitung dienen, insbesondere auf durch Baumaßnahmen verdichteten Böden. Vielfach bleibt der Garten nach der Fertigstellung des Hauses noch eine geraume Weile liegen, weil die Mittel zu seiner Einrichtung erschöpft sind oder weil andere Arbeiten vordringlich sind. Diese Zeit ließe sich durch den Anbau von Gründüngungspflanzen überbrücken, man würde nicht nur den Boden begrünen, sondern auch einen wesentlichen Beitrag für ein befriedigendes Gedeihen der Gehölze leisten. In vielen Fällen täte man sogar gut daran, auf die Anlage des Gartens im ersten Jahr zu verzichten, um die Möglichkeit für den Anbau von Gründüngungspflanzen zu schaffen.

Mulchen

Mulchen ist die Bezeichnung für das Aufbringen einer mehr oder weniger dicken Schicht organischen Materials auf den Boden. Es ist nicht nur im Obstbau üblich und im Laubwald in seiner idealsten Ausbildung zu beobachten, sondern auch im Hausgarten zwischen Gehölzpflanzungen dringend anzuraten. Das Mulchen fördert die Bodengare und damit das gesunde Wachstum der Gehölze. Es verhindert weitgehend den Unkrautwuchs und spart damit Arbeit. Vor allem aber unterbindet es das herbstliche Graben zwischen den Gehölzpflanzungen. Leider ist diese unsinnige Praxis der herbstlichen Gartenarbeit immer noch nicht überwunden: Alles Laub wird sorgfältig zusammengekratzt, dann wird in Stauden-, Rosen- und Gehölzpflanzungen möglichst tief gegraben. Daß dabei viele Wurzeln zerstört und die Pflanzen schwer geschädigt werden, scheint der eifrige Gärtner nicht zu begreifen. Ebenso unsinnig ist das ständige Harken zwischen den Gehölzen. Eine solche Pflanzung macht zwar einen »sauberen« Eindruck, die Bodenstruktur wird aber völlig zerstört. Viel sinnvoller wäre also, das Laub zwischen den Gehölzen liegen zu lassen und zusätzliches organisches Material oder Kompost einzubringen. Hierzu eignet sich neben Laub auch Rasenschnitt, Torf, Rindenkompost, verrotteter Mist, lang gehäckseltes Stroh oder Hobelspäne und Sägemehl. Die organische Masse zersetzt sich langsam zu Humus, schafft gute Bedingungen für Kleinlebewesen und führt zu gesundem Wachstum. Bei diesen Empfehlungen sollen die Schwierigkeiten der Materialbeschaffung nicht verschwiegen werden, denn für einen Jungbaum werden im Obstbau etwa 25 kg, für einen ausgewachsenen Baum etwa 100 kg lufttrockene organische Masse benötigt. Die Zahlen lassen sich auch auf den Hausgarten übertragen. Viele Hobbygärtner können sich mit dem Gedanken an eine »unordentliche« Bodenabdeckung nicht anfreunden, hinweisen muß man auch auf die erhöhte Gefahr der Schädigung durch Feld- und Wühlmäuse. Als erstklassiger »Ersatz« für eine Mulchdecke sei daher auf die Verwendung von Bodendeckern hingewiesen. Hier kommt der immergrünen *Pachysandra terminalis* besondere Bedeutung zu. Sie erzielt in physikalischer Hinsicht die Wirkung einer Mulchdecke, ist immergrün und daher immer »ordentlich anzusehen«, wächst auch im Schatten (wenn genügend gewässert wird) und schluckt alles herabfallende Laub.

Organische Düngemittel

Von Düngetorf, Kompost, Gründüngung und Mulchen wurde schon in den vorigen Kapiteln gesprochen. Neben dem Düngetorf ist eine Reihe von Humusdüngern auf Torfbasis im Handel, vor allem das Supermanural, dem neben verschiedenen Nährstoffen auch Spurenelemente beigegeben sind. Supermanural, TKS und ähnliche Torfdünger sind teurer als Düngetorf, der bei gleichzeitiger Verabreichung von Mineraldüngern (z.B. 50–100 g Volldünger/m²) die gleiche Wirkung zeigt. Mindestens in Verbindung mit Gehölzpflanzungen kann man auf derartige Torfdünger verzichten. Interessant ist jedoch die Verwendung des Humuskonzentrates Humobil auch im Hausgarten. Auf sterilen oder durch Baumaßnahmen verdichteten Böden erzielt man damit recht gute Wirkungen. Die Pflanzerde wird im Verhältnis 30:1 mit Humobil gemischt, das nicht pur an die Wurzeln kommen darf. Nach dem Pflanzen deckt man im darauffolgenden Frühjahr oder Herbst die Erde zwischen den Bäumen und Sträuchern 2–4 cm stark mit Humobil ab.

Andere organische Düngemittel, z.B. Blutmehl, Hornmehl, Knochenmehl oder Peru-Guano, sind bei Baumpflanzungen überflüssig. Da sie im Verhältnis zu ihrer Wirkung recht teuer sind, scheint ihr Einsatz nur bei wertvollen Spezialkulturen oder als Beigabe zu Kulturerden sinnvoll. Da ihre Nährstoffe nur sehr langsam fließen, sollte man sie nach Ende Mai nicht mehr anwenden.

Mineralische Düngung

Für den Aufbau und die Ernährung der Pflanze sind insgesamt etwa 18 Elemente notwendig. Zunächst Kohlenstoff, Wasserstoff und Sauerstoff, die das Grundgerüst der organischen Substanz bilden. Die übrigen Nährstoffe, Stickstoff, Phosphor, Schwefel, Kalium, Magnesium, Calcium, Eisen, Bor, Mangan, Kupfer und Zink, daneben auch Aluminium, Natrium, Chlor und Silicium, entnimmt die Pflanze als gelöste Mineralsalze dem Boden.

Bei der Düngung werden insbesondere die drei wichtigsten Nährstoffe der Pflanze, nämlich Stickstoff, Kali und Phosphorsäure, berücksichtigt. Hinzu kommen Kalk und Magnesium, während alle anderen nur in Spuren vorhanden sein müssen.

Stickstoff gehört zu den wichtigsten Düngemitteln. Er fördert das Pflanzenwachstum und verleiht den Blättern eine dunkelgrüne Farbe. Stickstoffdünger sind, wie Kalidünger, leicht löslich und werden daher rasch ausgewaschen. Sie sollten deshalb nur zu Zeiten erhöhten Bedarfs, mit Beginn der Vegetationszeit, gegeben werden.

Kalidüngesalze werden bergmännisch aus Kalisalzlagerstätten gewonnen. Die Salzgesteine werden heute fast ausschließlich zu höherprozentigen Düngesalzen aufgearbeitet. Da die Pflanzen große Mengen Kali benötigen, ist eine jährliche Düngung notwendig. Kali fördert die Standfestigkeit und Blühwilligkeit der Pflanze und die Haltbarkeit der Früchte.

Bei den gebräuchlichen **Phosphatdüngern** handelt es sich vorwiegend um verschieden schnell lösliche Kalkphosphate mit unterschiedlichen Beimengungen. Im Boden wird die Phosphorsäure häufig in schwer lösliche Verbindungen überführt und steht für die Pflanze dann nicht mehr zur Verfügung. Eine regelmäßige Gabe von Phosphordüngern ist daher notwendig, obwohl Phosphorsäure in kleineren Mengen gebraucht wird als Stickstoff und Kali. Wie dieser trägt die Phosphorsäure zur Blühwilligkeit der Gehölze und zur Festigkeit und besseren Ausfärbung der Früchte bei.

Kalk ist viel mehr ein Bodendünger als ein Nährstoff für die Pflanze. Er wird vornehmlich als kohlensaurer Kalk, Branntkalk oder Löschkalk gegeben. Form und Menge richten sich nach der Bodenart und der Versorgung des Bodens. Kalk dient der Lockerung und Durchlüftung des Bodens, er fördert die Krümelstruktur und bindet überflüssige Säuren in leichten Böden. Auf leichten Böden wird kohlensaurer Kalk bevorzugt, auf schweren Böden sind Branntkalk und Löschkalk zweckmäßiger. Da die meisten unserer Kulturpflanzen bei neutraler Bodenreaktion am besten gedeihen, sind regelmäßige Kalkgaben auf allen Böden mit saurer Reaktion notwendig. Kalk wird in der Regel im Turnus von 3 Jahren gegeben. Die Aufwandmenge sollte sich am Ergebnis einer Bodenanalyse orientieren. Als mittlere Gaben gelten bei kohlensaurem Kalk etwa 25 kg, bei Branntkalk und Löschkalk 10–15 kg je 100 m².

Magnesium gilt heute als fünfter Kernnährstoff, der vor allem der Löslichkeit der Phosphate im Boden dient und für die Chlorophyllbildung in der Pflanze unentbehrlich ist. Mangel an Magnesium führt daher zu chloroseähnlichen, hellgrünen Blattverfärbungen, verursacht verfrühten Blattfall und kleine, vorzeitig abfallende Früchte. Magnesiummangel wird häufig durch zu starke Kalidüngung verursacht. Viele Düngemittel enthalten Magnesium, besonders das als Patentkali bekannte Kalimagnesia.

Alle anderen Elemente sind zwar unentbehrliche Pflanzennährstoffe, üben aber schon in außerordentlich geringen Mengen eine günstige Wirkung aus. In bestimmten Düngemitteln sind diese Spurenelemente in ausreichender Menge enthalten. Treten ungewöhnliche Mangelerscheinungen auf, so ist eine Ergänzung der Spurenelemente im Boden nur nach einer Boden- und Blattanalyse vorzunehmen.

Höhe und Zeitpunkt der mineralischen Düngung sollten sich nach dem Zeitpunkt der Nährstoffaufnahme durch die Pflanzen und nach der Höhe des Nährstoffentzuges richten. Bisher liegen zu diesem Fragenkomplex für Garten und Park aber keine oder zu geringe Meßwerte vor. Wir sind also auf Meß- und Erfahrungswerte aus anderen, vergleichbaren Bereichen angewiesen. Der Nährstoffbedarf von Garten- und Parkbäumen ist sicher nicht höher als der von Waldbeständen, die pro Jahr und Hektar einen Nährstoffbedarf von 40–80 kg Stickstoff, 10–20 kg Phosphor und 30–60 kg Kali haben (Gussone, Rehfuß, Ulrich 1972). Das entspricht etwa einer Menge von 35–70 g/m² Nitrophoska blau spezial. Grundsätzlich gilt, daß nicht mehr als notwendig gedüngt wird. Nicht aufgenommene Nährstoffe, vor allem Nitrate und Phosphate, werden ausgewaschen und belasten Grundwasser, Flüße und Seen.

Die auf Seite 110 genannten Institute führen nicht nur physikalische, sondern auch chemische Bodenanalysen durch. Sie stellen dabei die Menge der pflanzenverfügbaren Nährstoffe fest und machen Angaben zum Umfang der notwendigen Nährstoffgaben.

Da die Nährstoffaufnahme der Bäume dem Triebwachstum vorauseilt und der Nährstoffbedarf beim Austrieb besonders groß ist, sollen etwa zwei Drittel der Gesamtdüngermenge so rechtzeitig gegeben werden, daß die Nährstoffe noch vor Vegetationsbeginn in den Wurzelbereich gelangen. Eine zweite Bedarfsspitze tritt etwa im Juni–Juli auf, zur Zeit der Blütenknospenbildung der Frühjahrsblüher. Später darf die restliche Düngermenge nicht mehr verabreicht werden, da sich besonders der Stickstoff bei trockener Witterung oft zu spät löst und durch die zu späte Aufnahme negative Auswirkungen auf die Frosthärte der Gehölze haben kann.

Bewässerung

Im Erwerbsgartenbau ist die Notwendigkeit einer zusätzlichen Bewässerung auch im Freiland unbestritten. Auch im Hausgarten ist sie bei sommerlichen Trockenperioden oder nach einem trockenen Herbst oft notwendig. Die meisten fest eingewurzelten Gehölze kommen zwar längere Zeit auch ohne zusätzliche Bewässerung aus, verlieren dann aber oft ihr frischgrünes Aussehen. Bei immergrünen Laubgehölzen entscheidet eine Bewässerung im Herbst nicht selten über ihre Frosthärte im darauffolgenden Winter. Frisch gepflanzte Gehölze benötigen im ersten Vegetationsjahr in der Regel eine zusätzliche Bewässerung.

Wir haben bisher von der Bewässerung und nicht vom Gießen gesprochen. Ein oberflächliches, täglich wiederholtes Gießen mag auf Gemüsebeeten angebracht sein, reicht aber zur Versorgung von Gehölzen nicht aus. In geschlossenen Pflanzungen sollte man großflächig mit Regnern arbeiten, an einzeln stehenden Gehölzen das Wasser langsam aus dem Schlauch in einen flachen Graben laufen lassen. In beiden Fällen muß so viel Wasser gegeben werden, daß auch die tieferen Bodenschichten ausreichend durchfeuchtet werden. Dazu sind nicht selten 40–50 l Wasser/m² erforderlich, die dann aber für eine längere Zeit vorhalten. Bei hohen Sommertemperaturen sollte man am Abend oder am frühen Morgen beregnen oder bewässern. Den Pflanzen erspart man dabei einen Schock, und der Boden verkrustet weniger. Richtige Bodenpflege vermindert ohnedies den durch die Verdunstung eintretenden Wasserverlust. Richtige Bodenpflege bedeutet ständiges Auflockern der oberen Bodenschicht, um die Kapillarröhrchen zu unterbrechen oder wiederholtes Aufbringen von organischem Material, das den Boden locker, kühl und feucht hält.

Unkrautbekämpfung

Im Erwerbsgartenbau und in der Landwirtschaft ist die Anwendung von Herbiziden erfreulicherweise rückläufig. Im Hausgarten sollten wir auf das Ausbringen chemischer Mittel zur Bekämpfung von Unkräutern grundsätzlich verzichten und wieder zur mechanischen Unkrautbekämpfung zurückkehren. Auch damit wird ein Beitrag zur Entlastung unserer Umwelt geleistet.

GEHÖLZSCHNITT

Sieht man sich im ausgehenden Winter unsere Gärten und Parkanlagen an, muß man sich immer wieder über den unsachgemäßen Schnitt an vielen Ziergehölzen wundern und ärgern. Es scheint, als ob sich viele Gärtner aus purer Langeweile über die Gehölze hermachten und diese in sinnloser Weise zurechtstutzten. Alle Triebe werden bis auf kurze Stummel zurückgenommen, jeder Strauch wird in ein Schema gepreßt, ungeachtet seiner Wuchsform und seiner Blüheigenschaften, kein Zweig darf überhängen oder »aus der Reihe tanzen«. Daß man dabei nicht nur in vielen Fällen die Blüten für das kommende Jahr wegschneidet, sondern das Gehölz zu einem verstärkten Neutrieb zwingt, der im kommenden Jahr wieder einen starken Rückschnitt herausfordert, scheinen selbst fachlich gebildete Gärtner oft nicht zu verstehen. Mit ständigem starkem Rückschnitt läßt sich die Wuchshöhe eines Gehölzes nicht in Grenzen halten, denn je stärker ein Trieb zurückgenommen wird, desto stärker wird sein neuer Austrieb und umgekehrt. Unterläßt man das Schneiden nach wenigen Jahren des Aufbauschnittes, dann stellt sich bei vielen Gehölzen sehr bald die »generative Phase« ein, Baum und Strauch beginnen zu blühen und stellen von Natur aus ihr unbändiges vegetatives Wachstum ein, und besonders die Sträucher erreichen wenigstens annähernd ihre Maximalhöhe. Wird also ein Gehölz an einem bestimmten Platz zu hoch, hat man die falsche Art gepflanzt. Man kann diesen Fehler nur durch die Pflanzung eines neuen, besser geeigneten Gehölzes revidieren. Besonders häufig werden Reihenpflanzungen sogenannter Decksträucher jährlich grausam verstümmelt, man hätte hier besser eine echte Hecke gepflanzt, an der man seiner Liebe zum Schnitt und zur akkuraten, streng ausgerichteten Form besser frönen kann.

Die Aufgabe des Gehölzschnittes kann also nicht in der Wachstumsbegrenzung von Baum und Strauch liegen, sondern soll deren Aufbau fördern und der Erhaltung ihrer natürlichen Formen dienen. Er soll sie gesund erhalten, sie im Kampf ums Dasein unterstützen und notfalls durch einen Verjüngungsschnitt ihre Lebensgeister neu erwecken. Sachgemäßer Schnitt kann verwahrloste und durch äußere Einflüsse beschädigte Gehölze wieder in Form bringen, schließlich dient der Schnitt auch zur Formung von Hecken und anderen Kunstformen.

Technik des Gehölzschnitts

1. Für den Rückschnitt benutzt man scharfe und sachgerechte Werkzeuge. Am besten eignen sich zweischneidige Gartenscheren mit Muttersicherung. Bei ihnen lösen sich die beiden Scherenhälften nicht, die Triebe werden also nicht gequetscht.
2. Beim Rückschnitt darauf achten, daß der Schnitt möglichst dicht über einer Knospe ausgeführt wird und dabei die kleinstmögliche Wunde entsteht. Der Schnitt wird nahezu im rechten Winkel zum Trieb angelegt.
3. Beim Auslichten, dem Entfernen ganzer Zweige und auch stärkerer Äste wird dicht an der Ansatzstelle geschnitten, auch auf die Gefahr hin, daß die nun ovale Wunde größer wird als bei einem Schnitt »auf Astring«, d.h. nahezu in einem rechten Winkel zum Zweig oder Ast. Bei dicht am Stamm liegenden Wunden werden

alle Wundränder gleichmäßig gut mit Wasser und Nährstoffen versorgt, sie liegen im Saftstrom. Bei der früher üblichen Schnittführung bleibt am unteren Wundrand ein zu starker Rest des Astes stehen, der dann nur mangelhaft versorgt werden kann.
4. Will man bei der Entfernung stärkerer Äste verhindern, daß der von oben angesägte Ast sich durch sein Eigengewicht vorzeitig neigt und dabei fast mit Sicherheit eine Rindenzunge abreißt, ist eine besondere Schnittechnik zu beachten. Man schneidet zunächst in 20–30 cm Entfernung vom Stamm den Ast von unten möglichst tief an. Dann wird von oben dicht neben dem ersten Schnitt zum Stamm hin geschnitten, der Ast bricht dann an beiden Schnittflächen glatt ab. Erst danach schneidet man dicht am Stamm ab.

Technik des Schneidens

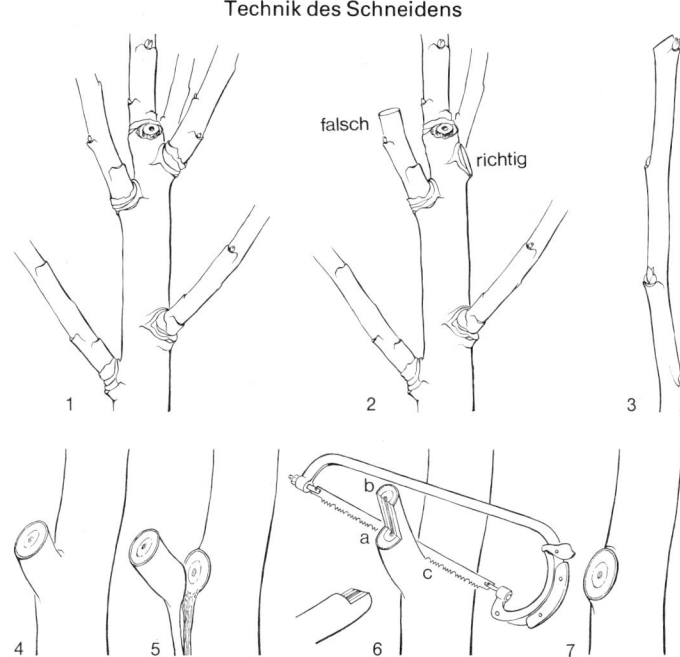

1 = Stamm- und Astverlängerung mit Leit-, Konkurrenz- und Seitentrieb

2 = Falsches und richtiges Entfernen von Seitenzweigen; hier wird auf Astring geschnitten, es soll kein sogenannter Zapfen stehenbleiben

3 = Rückschnitt eines einjährigen Triebes (Prunus). Der Schnitt liegt dicht und schräg über einem Auge. Bei vielen Arten ist ein derart exakter Schnitt über einem Auge nicht erforderlich

4 = Bei der Entfernung von Zweigen und Ästen dürfen keine Stümpfe stehenbleiben

5 = Eine Rindenzunge reißt mit dem sich neigenden Ast aus dem Stamm aus und hinterläßt nur schlecht heilende Wunden

6 = Richtige Schnittfolge an starken Ästen zur Vermeidung von Rißwunden

7 = Ein sachgerechter Schnitt hinterläßt eine glatte Wunde mit ovalem Querschnitt, der Schnitt soll möglichst dicht am Stamm liegen

5. Bei größeren Wunden ist eine Wundpflege unerläßlich. Sie soll den Heilungsprozeß erleichtern und Schädlingen und Krankheiten den Eintritt in das Holz verwehren. Man verstreicht die Wunde mit einem guten, möglichst dauerelastischen Baumwachs.

6. Fast alle Schnittmaßnahmen werden in der Zeit der Vegetationsruhe durchgeführt, am besten im zeitigen Frühjahr, nachdem die strengsten Fröste vorbei sind und der Saftstrom noch nicht eingesetzt hat. An sehr früh blühenden Sträuchern, die ihre Blütenknospen im Jahr vor der Blüte entwickeln, kann der Schnitt unmittelbar nach der Blüte durchgeführt werden, Blühverluste werden dann vermieden. Dies gilt z.B. für die frühblühenden *Spiraea*-Arten, für Forsythien-, *Cytisus*- und *Syringa*-Arten, für *Ribes sanguineum*, aber auch für viele *Hydrangea*-Arten.

Schnitt nach der Pflanzung

Baum und Strauch verlieren beim Verpflanzen einen Teil ihrer Wurzeln und sind am neuen Standort häufig nicht in der Lage, ihre oberirdischen Teile in vollem Umfang zu ernähren oder mit Wasser zu versorgen. Dies gilt insbesondere für alle sommergrünen Ziergehölze, die ohne Ballen geliefert werden. Man muß das Gleichgewicht zwischen ober- und unterirdischen Pflanzenteilen wiederherstellen und einen Teil der Triebe entfernen. Bei Sträuchern wird man die schwächeren und ältesten Triebe an ihrer Basis entfernen und die verbleibenden Langtriebe um ein Drittel oder ein Viertel ihrer Länge einkürzen. Dadurch bringt man die Knospen am unteren Triebende zum Austreiben, das Ergebnis wird eine buschige, von unten an verzweigte Pflanze sein. Wenig geschnitten werden alle Sträucher, die sich mit einer geringen Anzahl dicker Triebe aufbauen. Hierher gehören etwa Vertreter der Gattungen *Aralia*, *Catalpa*, *Juglans*, *Pterocarya* und *Rhus*. Das gleiche gilt für Gehölze, die sich aus stark entwickelten Endknospen weiterentwickeln wie *Aesculus*- und *Sorbus*-Arten. Einige spätblühende Straucharten sollte man bis auf fingerlange Zapfen zurücknehmen, sie wachsen so besser an: *Buddleja*, *Caryopteris*, *Hypericum*, *Hibiscus* und *Hydrangea paniculata*.

Alle mit Ballen gelieferten Sträucher werden nicht zurückgeschnitten. Bei ihnen ist einmal ein Ausgleich zwischen Wurzeln und oberirdischen Pflanzenteilen nicht so notwendig, zum anderen handelt es sich in der Regel um langsamwachsende, wertvolle Arten oder um Solitärgehölze, bei denen man durch einen Rückschnitt leicht ihren ausgeglichenen Habitus stören oder gar vernichten könnte. Man entfernt nur abgebrochene oder beschädigte Triebe. Diese Empfehlungen gelten sowohl für entsprechende sommergrüne Arten, wie etwa *Acer palmatum*, *Cornus florida* und *C. kousa*, *Corylopsis*-Arten, *Cotinus coggygria*, *Daphne mezereum*, *Fothergilla*-Arten oder *Hamamelis mollis*, alle Magnolien und Baumpäonien und ähnliche Arten als auch für alle immergrünen Laubgehölze.

Auch den Bäumen gibt man Starthilfe durch einen leichten Rückschnitt ihrer Krone. In jungen, wenig verzweigten Kronen entfernt man zunächst alle schwachen und überflüssigen Triebe. Die verbleibenden drei bis vier Triebe, aus denen sich die Krone aufbauen soll, werden um etwa ein Drittel oder die Hälfte ihrer Länge zurückgenommen. Dabei werden alle Triebe auf die gleiche Höhe, nicht Länge der einzelnen Triebe, so zurückgeschnitten, daß ihre letzte Knospe nach außen zeigt. Der Mitteltrieb bleibt etwa 10–15 cm länger. Durch einen Schnitt der Seitenzweige auf die gleiche Ebene (Höhe) schafft man die Voraussetzungen zu einem gleichmäßig starken Neutrieb und damit zu regelmäßig geformten Kronen. Mehrjährige Baumkronen, deren Seitenzweige nicht selten über ein längeres Stammstück verteilt sind, werden in ähnlicher

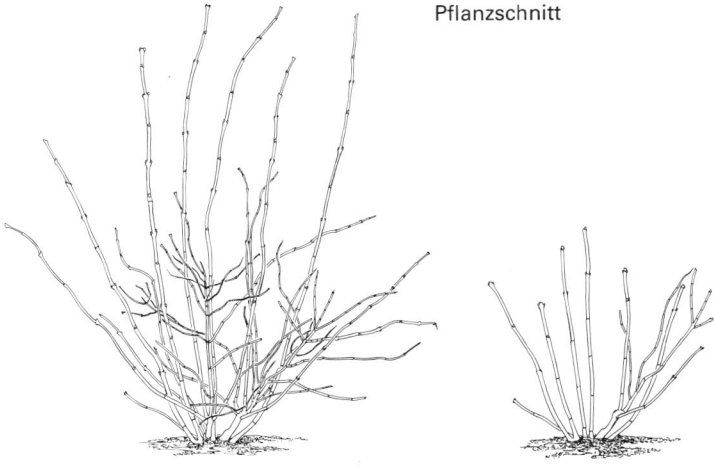

Pflanzschnitt

Bei nahezu allen wurzelnackten, zwei- oder dreijährigen Sträuchern werden nach dem Pflanzen die schwächeren und älteren Triebe ganz entfernt, die restlichen um ein Drittel oder die Hälfte ihrer Trieblänge eingekürzt (Cornus stolonifera)

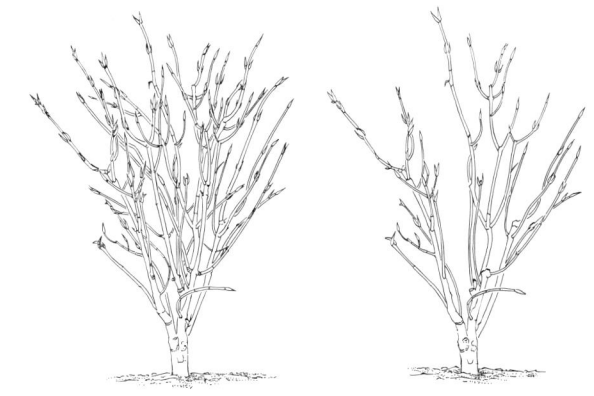

Sträucher mit großen Endknospen (Euonymus planipes) werden beim Pflanzen nur ausgelichtet

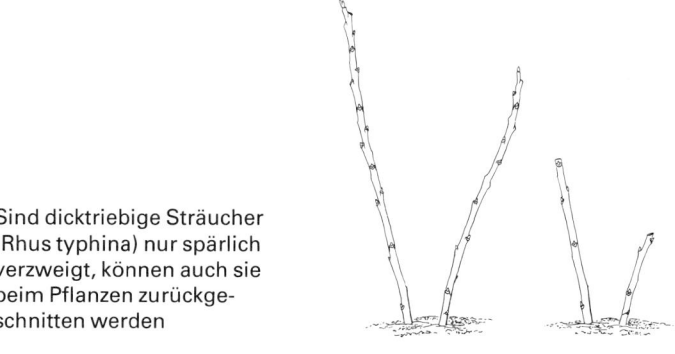

Sind dicktriebige Sträucher (Rhus typhina) nur spärlich verzweigt, können auch sie beim Pflanzen zurückgeschnitten werden

Weise behandelt. Auch hier entfernt man schlecht stehende, nach innen wachsende und überzählige Triebe und nimmt die Verlängerungstriebe an Seitenästen und am Leittrieb etwas weniger stark zurück als an jungen Kronen. Die baumartigen Vertreter folgender Gattungen bleiben besser ungeschnitten, sie bauen sich nach einem Rückschnitt nur mangelhaft wieder auf: *Acer*, *Ailanthus*, *Betula*, *Catalpa*, *Juglans*, *Magnolia*, *Quercus*, *Tilia* und natürlich alle Koniferen. An Bäumen mit Ballen und an allen Solitärgehölzen, die ja auch immer mit Ballen geliefert werden, wird nur geschnitten, so-

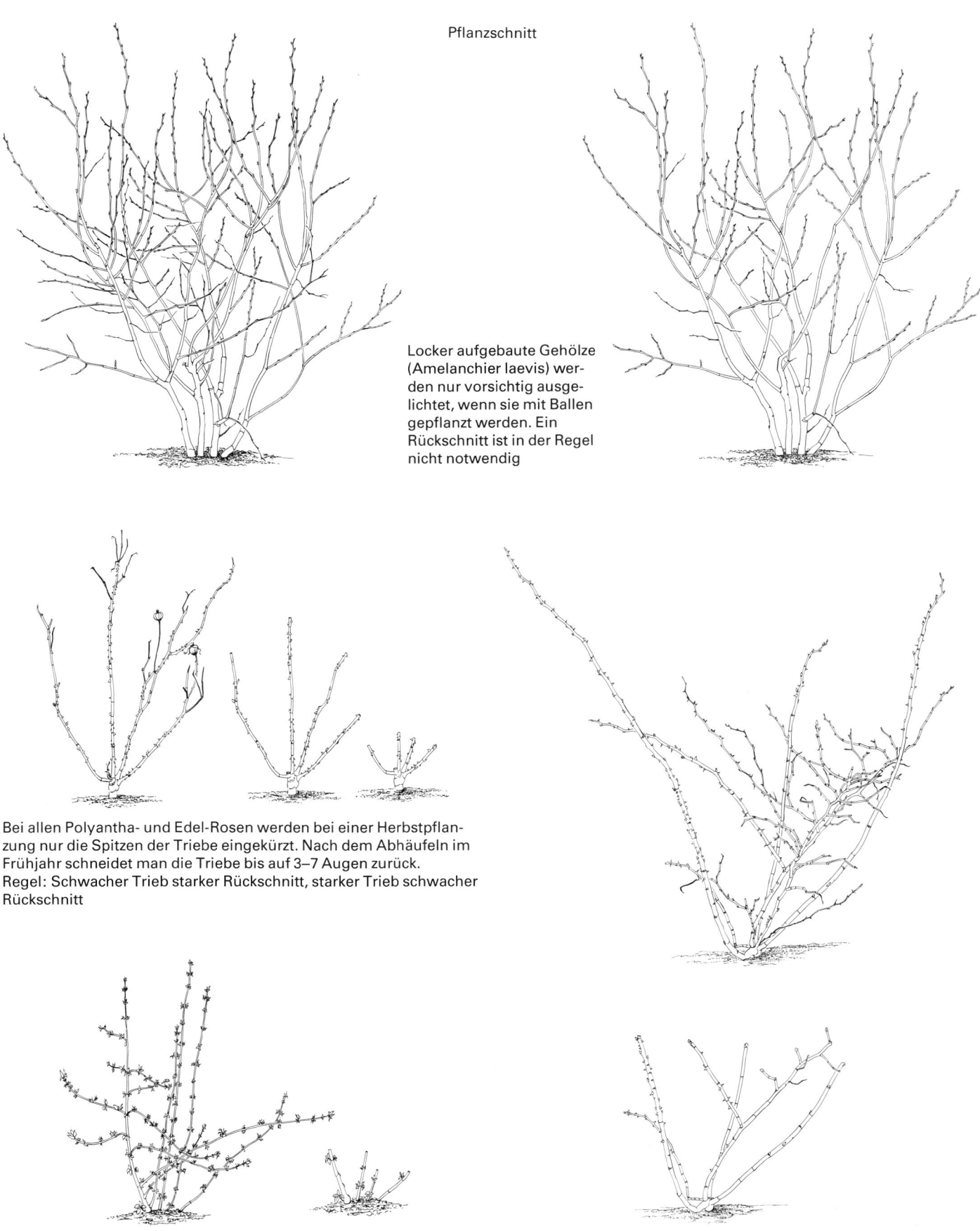

Locker aufgebaute Gehölze (Amelanchier laevis) werden nur vorsichtig ausgelichtet, wenn sie mit Ballen gepflanzt werden. Ein Rückschnitt ist in der Regel nicht notwendig

Bei allen Polyantha- und Edel-Rosen werden bei einer Herbstpflanzung nur die Spitzen der Triebe eingekürzt. Nach dem Abhäufeln im Frühjahr schneidet man die Triebe bis auf 3–7 Augen zurück.
Regel: Schwacher Trieb starker Rückschnitt, starker Trieb schwacher Rückschnitt

Alle Sommer- und Herbstblüher (Buddleja davidii) schneidet man im Frühjahr nach der Pflanzung ganz kurz zurück

Der Pflanzschnitt der Wild- und Park-Rosen gleicht dem der meisten Ziersträucher weit es gilt, abgebrochene, beschädigte oder zu dicht stehende Triebe zu entfernen.

Werden Baumarten, die erst am endgültigen Standort zu Hochstämmen erzogen werden sollen, als ballenlose Heister geliefert, behandelt man diese zunächst wie sommergrüne Sträucher, schneidet also alle Seitentriebe und die Stammverlängerung, den Leittrieb, zurück. Dabei bilden etwa *Aesculus* und *Sorbus* Ausnahmen von der Regel. In späteren Jahren wird aus dem Heister ein Baum, indem nach und nach die unteren Seitenäste entfernt werden.

Heckenpflanzen erfahren je nach Alter eine unterschiedliche Behandlung. Junge Heckenpflanzen, etwa von Liguster, Hainbuche,

Weißdorn und ähnlichen sommergrünen Arten, schneidet man so kurz über dem Boden zurück, daß mit dem Neuaustrieb eine dichte Verzweigung bis zum Boden erreicht wird. An älteren, in der Baumschule speziell für Hecken gezogenen, »garnierten« Pflanzen schneidet man die Seitenzweige und die Stammverlängerung nach dem Pflanzen bis auf eine einheitliche Höhe zurück. Dabei soll der Rückschnitt nur wenig über der Basis der letztjährigen Triebe angelegt werden. Nadelgehölze sollen auch als junge Heckenpflanzen bis zum Boden gut beastet sein, ein sehr scharfer Rückschnitt ist also nicht erforderlich, er bewegt sich bei jungen und älteren Pflanzen im Bereich des letztjährigen Zuwachses.

Pflanzschnitt

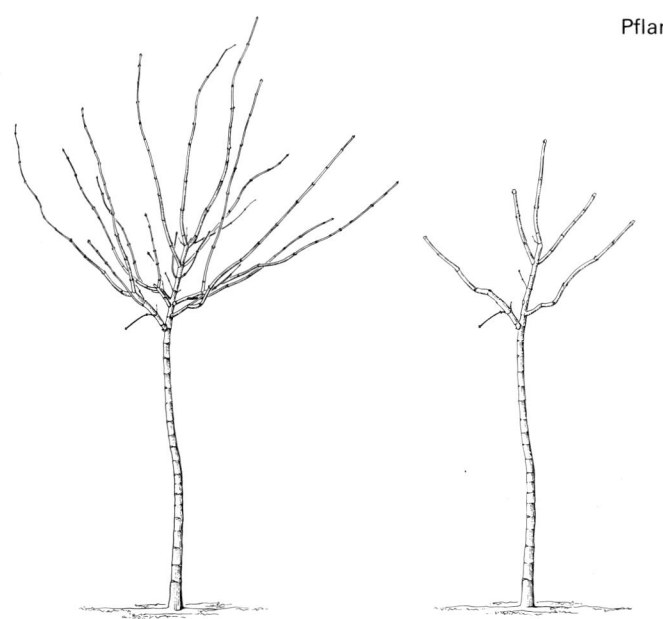

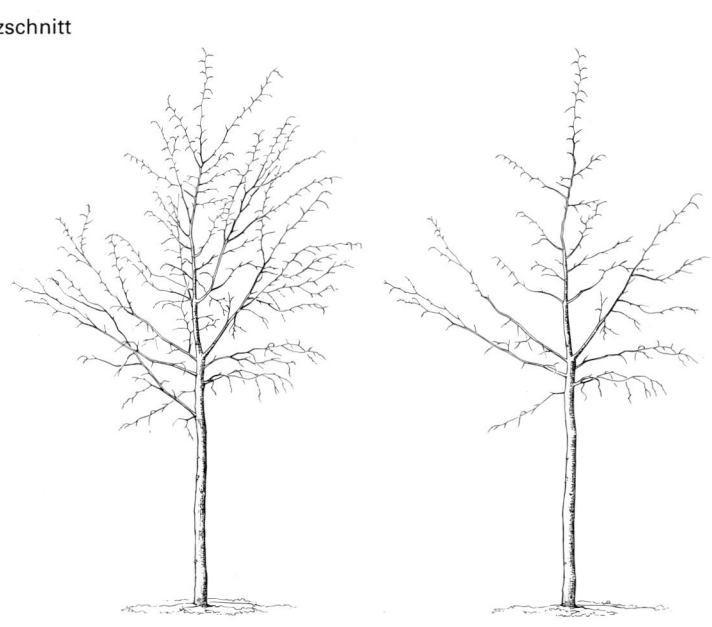

Acer pseudoplatanus. Werden in der Baumschule die Kronen von Alleebäumen angeschnitten, ist nach dem Pflanzen ein starker Eingriff notwendig. An jungen Kronen werden die verbleibenden Triebe in der Regel zurückgeschnitten

Tilia platyphyllos. Bäume mit sehr dichten Kronen müssen nach dem Pflanzen unter Umständen stark ausgelichtet werden

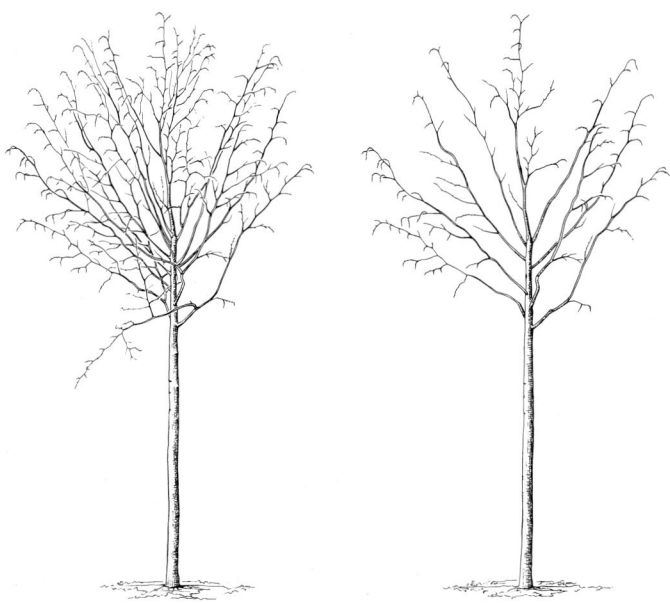

Acer pseudoplatanus, Pflanzschnitt. An mehrjährigen, natürlich entwickelten Kronen ist kein starker Eingriff erforderlich

Tilia platyphyllos. Die natürlich aufgebaute, mehrjährige Krone wird nach dem Pflanzen nur etwas ausgelichtet

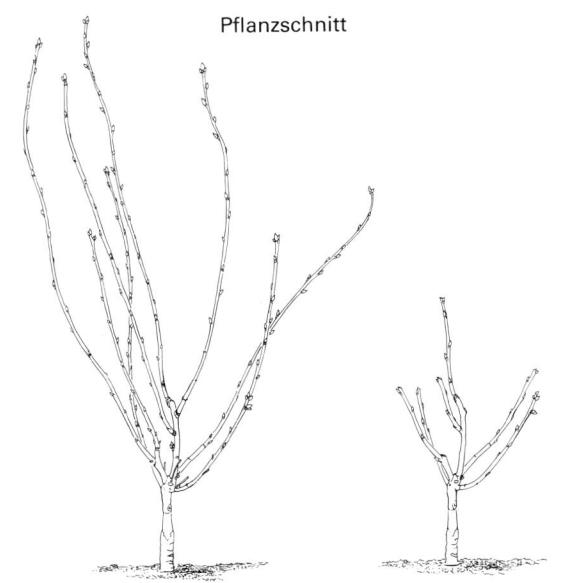

Der Pflanzschnitt bei Zier-Kirschen (Prunus serrulata 'Kanzan') und Zier-Äpfeln ist dem im Obstbau üblichen Schnitt ähnlich: Die Seitentriebe werden bis auf eine Ebene zurückgeschnitten, der Mitteltrieb bleibt 20 bis 30 cm länger

Aufbauschnitt

Ein Aufbauschnitt, wie wir ihn bei der Erziehung unserer Obstgehölze kennen, ist nur bei wenigen Zierbäumen notwendig, bei allen Sträuchern ist er entbehrlich. Durch den Aufbauschnitt soll bei den Bäumen ein tragfähiges Kronengerüst erzielt werden. Fast alle Baumarten bilden ohne unseren korrigierenden Eingriff eine tragfähige und vor allem natürliche Krone. Ausnahmen machen eigentlich nur die veredelten Arten und Sorten der japanischen Zierkirschen, der Zieräpfel und Zierbirnen. Ohne aufbauenden Schnitt in den ersten Jahren würden sie nicht selten sehr dichte Kronen entwickeln. Wir schneiden also in den ersten 3–4 Jahren nach der Pflanzung am Leittrieb und an den 3–4 Hauptästen die letztjährigen Triebe um etwa ein Viertel ihrer Länge zurück, nehmen die verbleibenden, schwächeren Seitentriebe ebenfalls leicht zurück, entfernen alle nach innen wachsenden Triebe und die »Konkurrenztriebe« der Stamm- und Astverlängerungen. Unter Konkurrenztrieb verstehen wir den oder die Triebe, die den Art- und Stamm-

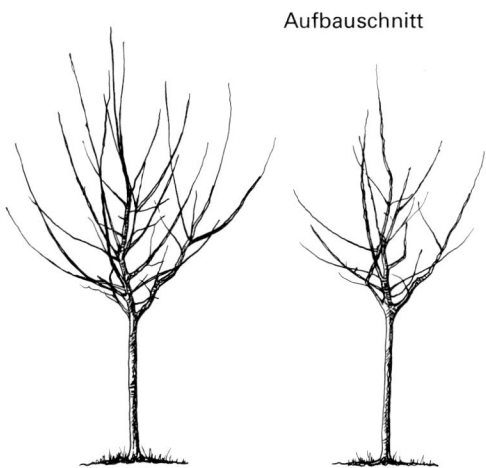

Aufbauschnitt

Dreijährige Krone eines Zierapfels vor und nach dem Aufbauschnitt

verlängerungen am nächsten stehen und mit diesen einen meist sehr spitzen Winkel bilden, der zu leicht brechenden Zwieseln führt. Je älter der Zierbaum wird, um so weniger schneiden wir zurück, wir lichten dann nur noch aus. Auch hier gilt, daß starker Rückschnitt stets starkes vegetatives Wachstum zur Folge hat. Blütenknospen können sich aber oft nur an Kurztrieben entwickeln, die nahezu ausschließlich an 2- bis mehrjährigem Holz entstehen. Nach 3–4 Jahren ist der Aufbauschnitt beendet, eventuell notwendige Maßnahmen zählen dann schon zum Erhaltungsschnitt. Dieser erschöpft sich in der Regel in einem vorsichtigen Auslichten der Krone, damit sich auch im Innern Kurztriebe und damit Blüten entwickeln können. Regelmäßig geschnitten werden unter den *Prunus*-Arten nur *P. triloba*, *P. tenella* und *P. mume*. Sie entwickeln ihre Blüten im Spätsommer an den diesjährigen Trieben, auch an Langtrieben. Unmittelbar nach der Blüte im zeitigen Frühjahr werden die Langtriebe stark zurückgeschnitten. Die Bäume und Sträucher werden im nächsten Frühjahr sehr reich blühen. Nur mäßig schneiden soll man alle Zierkirschen, besonders dort, wo eine Neigung zu Gummifluß besteht. Bei allen anderen Arten von Parkbäumen beschränkt sich der Aufbauschnitt auf die Erziehung eines durchgehenden Mittelstammes. Man fördert den Leittrieb, indem man die nächstfolgenden Triebe entfernt und die Seitentriebe ein wenig einkürzt. Angestrebt wird die Bildung einer natürlichen, arttypischen Krone, die schon möglichst nahe dem Erdboden beginnt.

Erhaltungsschnitt an Sträuchern

Der Begriff Erhaltungsschnitt soll, von wenigen Ausnahmen abgesehen, nicht jährlich sich wiederholende Schnittmaßnahmen an Sträuchern kennzeichnen, die diese grausam verstümmeln und zu uniformieren trachten. Der Erhaltungsschnitt soll vielmehr nur regulierend und erhaltend eingreifen und dabei die natürliche Wuchsform des Strauches und seine Art der Blütenknospenbildung berücksichtigen und unterstützen. Zunächst muß man sich von dem Gedanken freimachen, daß durch Schnittmaßnahmen etwa ein breit- oder überhängend wachsendes Gehölz zu einem aufrechtstehenden Strauch zu formen sei. Man muß die Gehölze sich frei entfalten lassen, nur dann entwickeln sie ihre volle Schönheit.

Für die Form des Erhaltungsschnittes ist in erster Linie die Wuchsform eines Gehölzes maßgebend; sie wird durch die arttypischen Symmetrieverhältnisse geprägt. Die Art und Weise der Blütenknospenbildung ist von geringerer Bedeutung, etwa in der Form, daß sich ein Schnitt an sehr früh blühenden Gehölzen auch unmittelbar nach der Blüte durchführen läßt und daß im Sommer und Herbst blühende Gehölze in der Regel im Frühjahr scharf zurückgeschnitten werden.

Kriterien für den Schnitt. Die für den Aufbau von Bäumen und Sträuchern maßgebenden Symmetrieverhältnisse wurden schon auf Seite 71 besprochen. Danach können wir die strauchförmigen Gehölze in bezug auf die Art und Weise des Erhaltungsschnittes in mehrere Gruppen einteilen. Die Einteilung beschränkt sich allerdings nicht auf die Symmetrieverhältnisse, sondern bezieht auch andere Kriterien mit ein:

1. Sträucher, die sich basiton und/oder mesoton verzweigen,
2. Sträucher, die durch das nahezu völlige Fehlen einer basitonen oder mesotonen Verzweigung gekennzeichnet sind,
3. end- oder achselständig an diesjährigen Trieben blühende Gehölze,
4. den Obstgehölzen verwandte Straucharten,
5. immergrüne und wintergrüne Laubgehölze,
6. Schling- und Klettergehölze,
7. Zwerggehölze.

Die individuelle Zugehörigkeit zu diesen Schnittgruppen entscheidet über das Vorgehen beim Schnitt (siehe auch Liste Seite 182). Zur Definition der einzelnen Gruppen:

Schnittgruppen

1. Sträucher mit basitoner und/oder mesotoner Verzweigung.

Die akrotone Verzweigung und die Bildung eines Stammes sind die Voraussetzungen für den baumförmigen Wuchs eines Gehölzes. Für den strauchförmigen Wuchs ist nach Rauh (1939) die basitone Verzweigung charakteristisch. Der Primärsproß bleibt schwach, stellt nicht selten nach 1–2 Jahren sein Wachstum ein und beginnt in seinem oberen Teil abzusterben. Schon bald bilden sich aus den basalen Knospen in Bodennähe neue Sprosse, die oft innerhalb eines Jahres den Primärsproß an Länge überflügeln, ihm damit Nährstoffe streitig machen und ihn immer mehr zur Seite drängen. Die Bildung solcher Schößlinge wiederholt sich jährlich, die Sträucher verjüngen sich dadurch fortlaufend selbst. Die Anzahl und Stärke der Schößlinge ist artspezifisch und schwankt in sehr weiten Grenzen, in engeren Grenzen auch innerhalb der gleichen Art.

Obwohl die Basitonie im allgemeinen als Voraussetzung für den strauchigen Wuchs gilt, lassen sich hinsichtlich der Bildung junger Schößlinge zwei Gruppen von Sträuchern unterscheiden:

a) Sträucher, deren basitone Schößlinge sich akroton verzweigen und

b) Sträucher, deren basitone Schößlinge sich unter mesotoner Förderung verzweigen.

Zum Verständnis dieser Symmetrieverhältnisse muß man immer auch einen einzelnen Trieb betrachten und nicht nur den Strauch in seiner Gesamtheit.

Zur Gruppe a) zählt Rauh u. a. *Corylus avellana*, *Ribes uva-crispa*, *Euonymus europaea*, *Daphne striata* und (sommergrüne) *Rhododendron*-Arten. Bei allen Arten dieser Gruppe wachsen die einzelnen Triebe mehr oder weniger aufrecht; sie verzweigen sich im wesentlichen im oberen Bereich. Gleichzeitig entstehen, wie oben beschrieben, jährlich kräftige Schößlinge aus basalen Knospen.

Für den Schnitt bedeutet dies, daß beim Erhaltungsschnitt die älteren, nicht mehr voll blühfähigen Triebe immer bis zum Boden zurückgenommen werden, um den jungen Schößlingen Platz für ihre Entwicklung zu geben. Nur dann, wenn für sie genügend Raum vorhanden ist, können sie sich artspezifisch verzweigen und schließlich in optimaler Weise zur Blüte kommen. Das heißt, daß ein Erhaltungsschnitt in ziemlich kurzen Abständen (höchstens 2–3 Jahre) durchgeführt werden muß. Daß man immer nur einen Teil der jeweils ältesten Triebe entfernt, versteht sich wohl von selbst. Sie sind leicht an der stärkeren Verzweigung und an der dunkleren Rinde zu erkennen.

Basiton veranlagte Gehölze haben die Fähigkeit, endogene Adventivknospen (= Zukömmlingsknospen) zu bilden. Sie sind außerdem mit sogenannten schlafenden Augen (Proventivknospen) ausgestattet. Dies eröffnet die Möglichkeit, bei einem Verjüngungsschnitt ältere Äste bis auf kurze Stümpfe zurückzunehmen.

Die Gruppe b) umfaßt Arten, deren älteste Triebe sich an der Spitze bald mehr oder weniger stark neigen und flache Bögen bilden. An der Oberseite der Bögen entwickeln sich dann junge Schößlinge, wobei die kräftigsten im Bereich der stärksten Krümmung stehen. Gleichzeitig entstehen aber auch aus der Basis neue Schößlinge. Insgesamt entwickeln sich an Sträuchern dieser Gruppe jährlich eine größere Zahl junger Triebe als bei Arten, die der Gruppe a) angehören. Alle Schößlinge verhalten sich bald wie

Alterungsprozeß von Forsythien

An den Zweigen der Forsythie (Art mit mesotoner Verzweigung) sollen die verschiedenen Altersstufen verdeutlicht werden. Die Darstellung läßt sich auf viele andere Straucharten übertragen
1 = Einjähriger Jungtrieb ohne seitliche Verzweigung und ohne Blütenknospenansatz
2 = Der Johannistrieb läßt am Ende des einjährigen Triebes gelegentlich eine Seitenverzweigung entstehen
3 = Aus dem einjährigen Trieb entwickelt sich im zweiten Jahr eine seitliche Verzweigung, die neben Blattknospen auch Blütenknospen entwickelt; sie entfalten sich im Frühjahr des dritten Jahres. Die im Winter in den Blumengeschäften angebotenen Forsythienzweige entstammen dieser Altersstufe

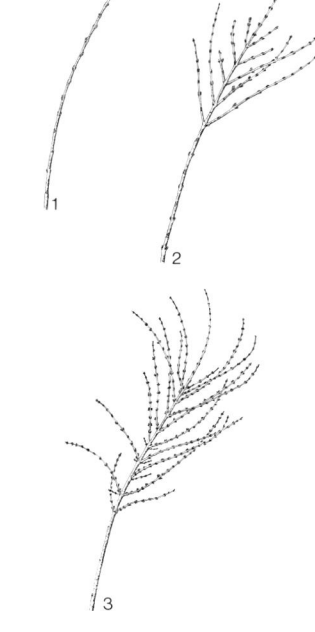

Im dritten Jahr hat sich unser Trieb weiter verzweigt und in der Regel ein wenig geneigt. Er entwickelt nun die Hauptmasse seiner Blüten

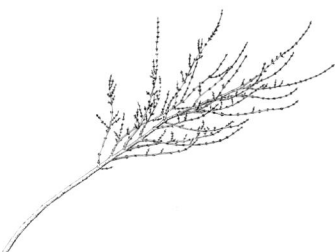

Am vierjährigen Zweig beginnt bereits der Vergreisungsprozeß. Seine zahlreichen schwachen Triebe werden nur noch dürftig blühen. Der gesamte Zweig wird sich seitwärts überneigen und an seinem Scheitelpunkt kräftige Triebe entwickeln. Zu diesem Zeitpunkt soll der Erhaltungsschnitt einsetzen, der das jeweils älteste Holz des Strauches entfernt, entweder dicht am Boden oder bis auf die starken Jungtriebe am Scheitelpunkt der älteren Zweige

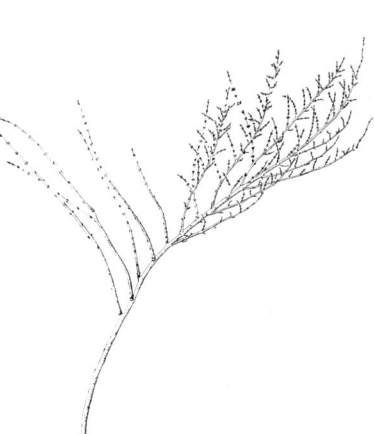

die älteren Triebe; auch sie neigen sich nach kurzer Zeit und lassen so einen etagenförmigen Aufbau des Strauches entstehen.

Diese Art der Verzweigung ist sehr weit verbreitet und unter anderem bei *Berberis*, *Philadelphus*, *Forsythia*, Park- und Wildrosen und bei *Ribes aureum* zu finden. Für den Schnitt ergibt sich aus einer derartigen Verhaltensweise gegenüber den Arten der Gruppe a) nur eine grundlegende Abweichung: beim Erhaltungs- und

Die Haselnuß (Corylus avellana) ist ein typischer Vertreter von Straucharten der Gruppe 1a. Beim Auslichtungsschnitt werden jeweils einige der alten Äste bis zum Boden herausgenommen

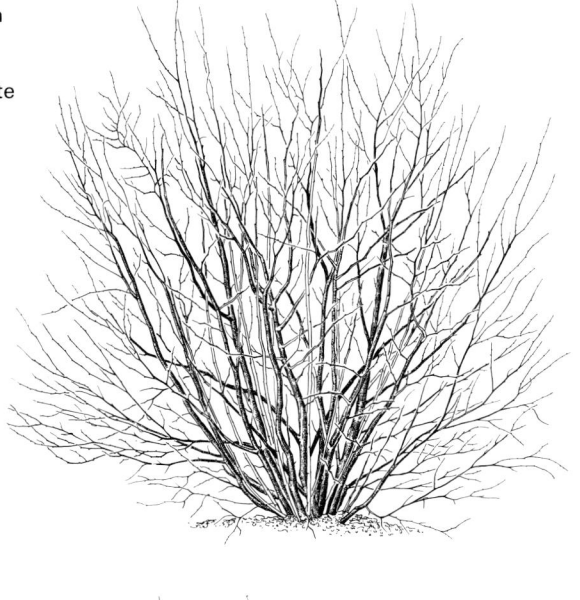

Die Forsythie (Forsythia × intermedia 'Beatrix Farrand') steht als Beispiel für den Erhaltungsschnitt an Sträuchern der Gruppe 1b. Mit Ausnahme der später dargestellten Arten, die eine Sonderbehandlung erfahren, werden nahezu alle Straucharten ähnlich behandelt

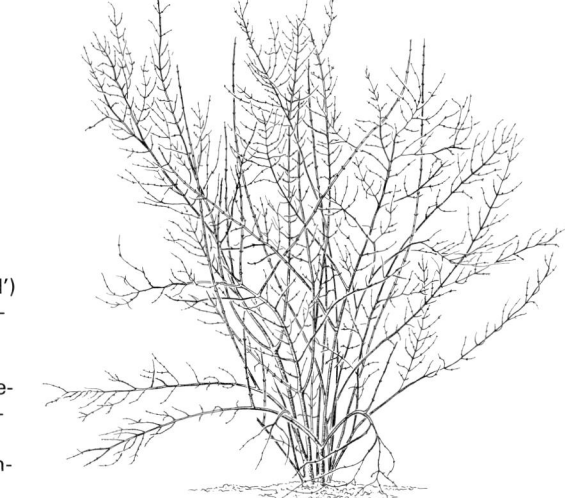
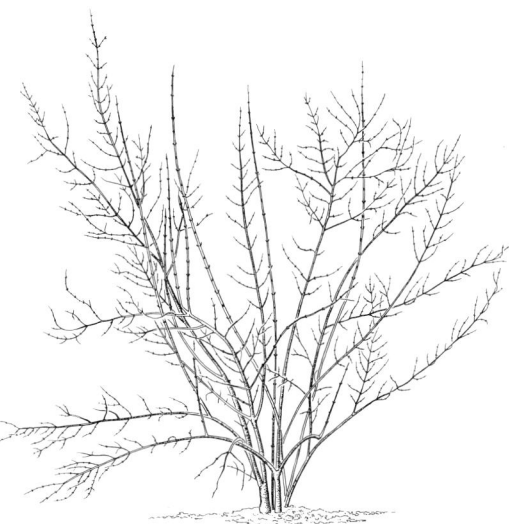

Der Erhaltungsschnitt an Park-Rosen besteht im wesentlichen in einem kontinuierlichen Auslichten und in der Förderung der basitonen und mesotonen Verjüngung (Schnittgruppe 1b)

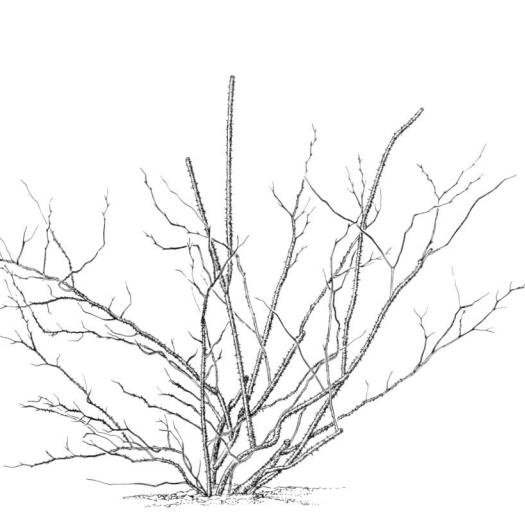

177

Verjüngungsschnitt müssen die älteren Triebe nicht bis zum Boden zurückgenommen werden; man kann sie auch bis auf einem im Bogen stehenden Trieb zurückschneiden.

Da bei den Sträuchern beider Gruppen fortlaufend neue Triebe gebildet werden, ist ein ständiger Erhaltungsschnitt (besser Auslichtungsschnitt) notwendig. Sonst entwickeln sich viele Sträucher zu dichten, undurchdringlichen und »unordentlichen« Gestalten, die durch schwachen Zuwachs und spärliche Blüte, z. T. auch durch einen hohen Anteil alten und abgestorbenen Holzes gekennzeichnet sind. Der Erhaltungsschnitt muß schon wenige Jahre nach der Pflanzung einsetzen. Läßt man die Sträucher lange Jahre ungeschnitten wachsen, ist man schließlich zu einem Verjüngungsschnitt gezwungen. Bei schwachwachsenden und wenig verzweigten Straucharten ist ein Auslichten natürlich nicht in jedem zweiten oder dritten Jahr erforderlich.

Der Erhaltungsschnitt beschränkt sich in der Regel nicht allein auf das Auslichten. Schwache und wenig verzweigte Jungtriebe können um ein Drittel oder ein Viertel ihrer Länge eingekürzt werden. Das gilt auch für andere, etwa zu weit herausragende Triebe oder für die abgeblühten Triebe von *Cytisus* oder anderer, sehr früh blühender Arten. Ein solcher Rückschnitt darf aber nie zu einem gedankenlosen Schematismus führen, d. h., es dürfen immer nur dann wenige Triebe zurückgeschnitten werden, wenn dies für einen arttypischen Aufbau des Strauches von Nutzen ist.

Ein regelmäßiger Rückschnitt ist nur dann notwendig, wenn etwa von Forsythien, Mandelbäumchen oder Kätzchenweiden lange Blütenzweige für den Schnitt erzogen werden sollen. Geschnitten wird dann unmittelbar nach Beendigung der Blüte. Das Auslichten kann man bei anderen frühblühenden Gehölzen auch zu diesem Zeitpunkt vornehmen; man zieht in der Regel aber einen Schnitt im Nachwinter vor.

2. Sträucher fast ohne basitone oder mesotone Verzweigung. Diese Gruppe von Sträuchern zeichnet sich durch das nahezu völlige Fehlen einer basitonen oder mesotonen Verzweigung aus. Hier führen offenbar eine frühzeitige Hemmung der Spitzentriebförderung und die gleichzeitige Förderung von Trieben zweiter und dritter Ordnung zu strauchförmigem Wuchs. Kennzeichnend für diese Gruppe von Sträuchern sind *Hamamelis*, *Laburnum*, strauchförmige Ahornarten, *Exochorda*, *Photinia*, *Cotinus* und immergrüne *Rhododendron*. Die meisten werden nie so dicht wie die Sträucher der oben behandelten Gruppen. Ein Erhaltungsschnitt im oben beschriebenen Sinne ist daher nicht notwendig, aber auch nicht möglich. Da an der Basis offenbar kaum schlafende Augen vorhanden sind und Adventivknospen kaum angelegt werden, muß auch ein Verjüngungsschnitt auf Schwierigkeiten stoßen. Aus praktischen Erfahrungen wissen wir tatsächlich, daß die meisten Arten dieser Gruppe (mit Ausnahme der Rhododendren) nach einem starken Rückschnitt ins mehrjährige Holz nur sehr widerwillig neue Triebe entwickeln. Oft bleibt ein erhoffter Austrieb völlig aus. Arten dieser Gruppe muß man also recht vorzeitig schneiden, sie haben zu viele Mühe, den Verlust an Zweigen und Ästen zu ersetzen. Der Schnitt beschränkt sich in der Regel auf ein sparsames Auslichten zu dicht stehender, kranker oder abgestorbener Zweige.

Aus praktischen Gründen werden in diese »Schnittgruppe« alle sommergrünen Gehölze (mit Ausnahme der Zwerggehölze) zusammengefaßt, bei denen in der Regel ebenfalls kein Erhaltungsschnitt notwendig ist. Zu diesen Arten gehören etwa *Aesculus parviflora*, *Aralia*-Arten, *Hydrangea aspera* ssp. *sargentiana* und *Rhus typhina*, alle Sträucher, die sich mit relativ wenigen dicken und nur schwach verzweigten Trieben aufbauen.

Ausläufer treibende Arten – *Aesculus*, *Aralia*, *Rhus* – sind durch Schnittmaßnahmen in ihrem Ausbreitungsdrang nicht zu bremsen.

Acer palmatum. Eine kleine Gruppe von Sträuchern (Schnittgruppe 2) verjüngt sich weder basiton noch mesoton, sie verhalten sich wie baumförmige Gehölzarten. Auslichten ist in der Regel überflüssig

Wo genügend Platz ist, sollte man sie ungehindert wachsen lassen, sonst bleibt nur das jährlich sich wiederholende Ausgraben der Ausläufer.

3. End- oder achselständig an diesjährigen Trieben blühend. Diese Gruppe besteht aus Sträuchern, deren Knospen am Ende der Vegetationszeit noch undifferenziert sind. Aus ihnen erwächst im kommenden Jahr zunächst nur ein laubtragender Sproß, der im gleichen Jahr in der Regel mit einer Blüte oder einem Blütenstand abschließt bzw. in den Blattachseln fortlaufend Blüten entfaltet.

Alle Arten dieser Gruppe, vorwiegend sommer- und herbstblühende Sträucher, werden recht einheitlich behandelt; der Schnitt ist wenig kompliziert, er besteht im wesentlichen aus einem scharfen Rückschnitt.

Hydrangea paniculata gilt als Beispiel für alle Arten, die im Nachwinter bis auf fingerlange Zapfen zurückgeschnitten werden. Die gleiche Behandlung erfahren etwa *Buddleja davidii*, *Caryopteris*, *Ceanothus*, *Hypericum* und die *Spiraea*-Bumalda-Hybriden. Bei

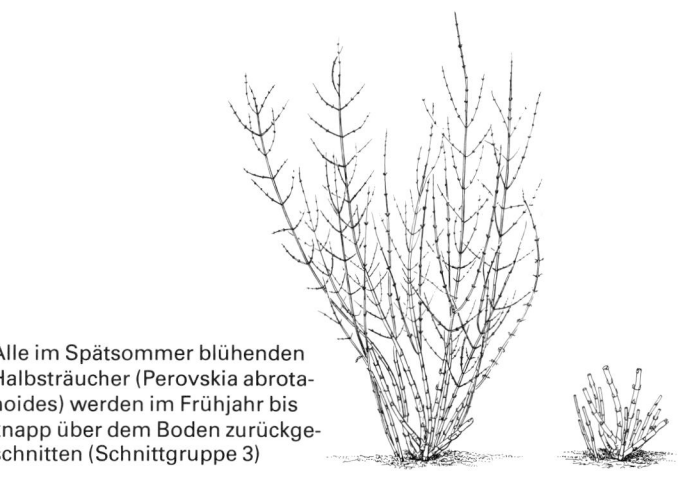

Alle im Spätsommer blühenden Halbsträucher (Perovskia abrotanoides) werden im Frühjahr bis knapp über dem Boden zurückgeschnitten (Schnittgruppe 3)

Die Gartenhortensie (Hydrangea paniculata) blüht dann am besten, wenn ihre Triebe jährlich bis auf kurze Zapfen zurückgeschnitten werden (Schnittgruppe 3)

einigen Arten dieser Gruppe frieren selbst in normalen Wintern fast regelmäßig die letztjährlichen Triebe mehr oder weniger stark zurück. Sie bauen sich jährlich aus basalen Trieben neu auf und blühen noch im gleichen Jahr.

Wir schneiden also im späten Frühjahr alle Triebe bis auf kurze Stummel zurück, nach Frostschäden notfalls auch bis ins alte Holz, nachdem wir die schützende Laubdecke, die wir im Herbst aufbrachten, entfernt haben. Geschnitten wird auch dann, wenn die Triebe einmal nicht gelitten haben. *Amorpha canescens, Elsholtzia, Fuchsia, Indigofera* und *Perovskia* verlangen es geradezu. *Calluna vulgaris* schneidet man jährlich so zurück, daß kurze Enden der letztjährigen Triebe stehen bleiben. Zu dieser Gruppe gehören auch alle Beet- und Hochstammrosen, deren Schnitt im lexikalischen Teil ausführlich behandelt wird.

Aus praktischen Gründen wird in diese Gruppe auch *Prunus tenella* eingereiht. Sie blüht im zeitigen Frühjahr und sollte sofort nach Beendigung der Blüte scharf zurückgeschnitten werden. Man fördert dadurch den Blütenreichtum (Blüten werden auf der ganzen Länge der jungen Triebe angesetzt) und verhindert ein durch *Monilia* verursachtes Zweigsterben.

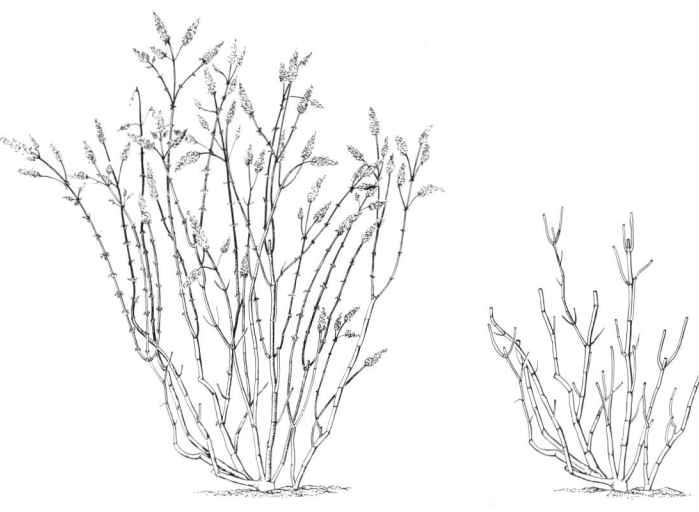

Auch die Triebe der Buddleja davidii-Sorten werden jährlich kurz zurückgeschnitten. Wird der Strauch nach einigen Jahren zu groß oder unansehnlich, ist auch eine Rücknahme bis ins alte Holz möglich (Schnittgruppe 3)

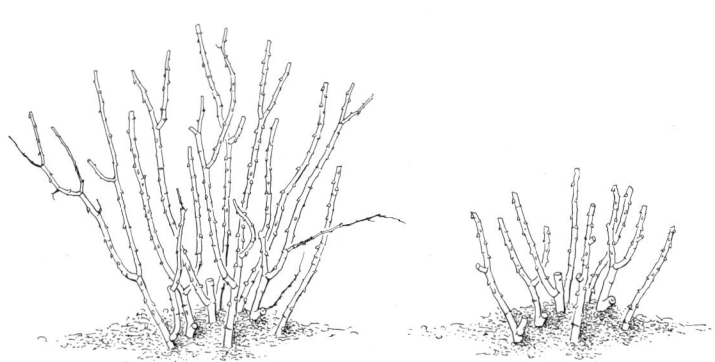

Schon im Herbst werden die weichen Spitzen der Busch-Rosen eingekürzt. Im Frühjahr entfernt man überflüssige, schwache und beschädigte Triebe und schneidet die übrigen zurück (Schnittgruppe 3)

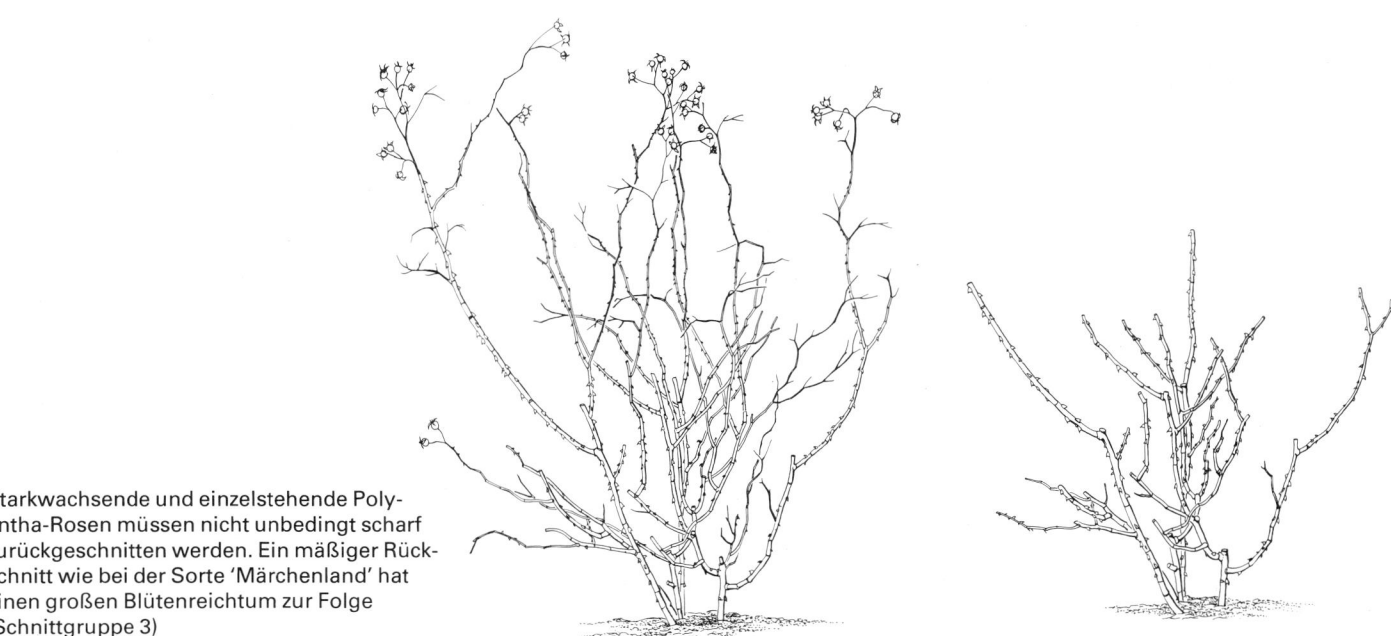

Starkwachsende und einzelstehende Poly-antha-Rosen müssen nicht unbedingt scharf zurückgeschnitten werden. Ein mäßiger Rückschnitt wie bei der Sorte 'Märchenland' hat einen großen Blütenreichtum zur Folge (Schnittgruppe 3)

Werden Zierkirschen (Prunus spec.) oder
Zieräpfel einige Jahre nach dem
Aufbauschnitt zu dicht, können sie
vorsichtig ausgelichtet werden
(Schnittgruppe 4)

4. Den Obstgehölzen verwandte Straucharten. Hierzu gehören die Arten der Gattungen *Crataegus, Cydonia, Malus, Prunus* und *Pyrus.* Für die meisten gilt, daß sie zunächst den oben erwähnten Aufbauschnitt erfahren. Nach Beendigung der Aufbauphase werden sie nur noch vorsichtig ausgelichtet. Sie blühen bei einem maßvollen, kontinuierlichen Auslichtungsschnitt über viele Jahre hin voll. Vergreisen sie dann, ist ein Verjüngungsschnitt in aller Regel möglich, häufig aber nicht sehr sinnvoll, weil danach ein komplizierter Wiederaufbau der Krone notwendig ist.

Ein regelmäßiger, scharfer Rückschnitt ist nur erforderlich, wenn von *Prunus triloba, P.tenella* und *P.glandulosa* lange Blütenzweige gewonnen werden sollen.

Einige wurzelecht gezogene Arten der Gattung *Prunus* werden wie die Sträucher der Gruppe 1 behandelt. Die zwergigen Arten werden nie geschnitten. Bei *Crataegus*-Arten ist ein Aufbauschnitt in aller Regel nicht notwendig: Schnittmaßnahmen beschränken sich auf das Auslichten zu dicht gewachsener Kronen. Zu Kugeln geformte Rotdornkronen sollten der Vergangenheit angehören.

5. Immer- und wintergrüne Laubgehölze. Arten dieser Gruppe bauen sich in aller Regel so optimal auf, daß, mit Ausnahme eines jugendlichen Rückschnittes, der aber schon von den Baumschulen besorgt wird, keinerlei Schnitt erforderlich ist. Nach Beschädigungen vertragen nahezu alle aber auch einen starken Rückschnitt bis ins alte Holz, ausgenommen die *Cotoneaster*-Arten.

6. Schling- und Klettergehölze. Die einzelnen Arten werden recht unterschiedlich behandelt. Bei *Actinidia, Akebia, Ampelopsis, Aristolochia, Celastrus, Lonicera, Parthenocissus* und *Periploca* sind Auslichten und Rückschnitt nur dann notwendig, wenn sie über den ihnen zugedachten Raum hinauswachsen. *Hedera, Hydrangea, Schisandra* und *Schizophragma* wachsen nur mäßig stark, ein Rückschnitt sollte nur in Notfällen vorgenommen werden. Der Schlingknöterich, *Polygonum aubertii,* und *P.baldschuanicum,* wächst dagegen so unbändig, daß er einen jährlichen Rückschnitt

verträgt; er ist aber überflüssig, wenn genügend Platz vorhanden ist.

Über den Schnitt der verschiedenen *Clematis*-Arten wird im lexikalischen Teil gesprochen. Bei *Campsis* und *Wisteria* werden nach einigen Jahren des Aufbaues im Nachwinter alle einjährigen Seitentriebe auf 2–3 Knospen zurückgeschnitten, wobei das kurze Blühholz sorgfältig geschont wird. Kletterrosen können wie die Strauchrosen behandelt, also nur kontinuierlich ausgelichtet werden. Es ist aber auch ein Formschnitt denkbar, der dem von *Wisteria* und *Campsis* ähnlich ist.

7. Zwerggehölze. Die aufrechtwachsenden, sommer- und immergrünen Zwerggehölze bedürfen nur dann des Schnittes, wenn sie

Wie Viburnum rhytidophyllum benötigen auch andere immergrüne
Laubgehölze in der Regel keinerlei Schnitt (Schnittgruppe 5)

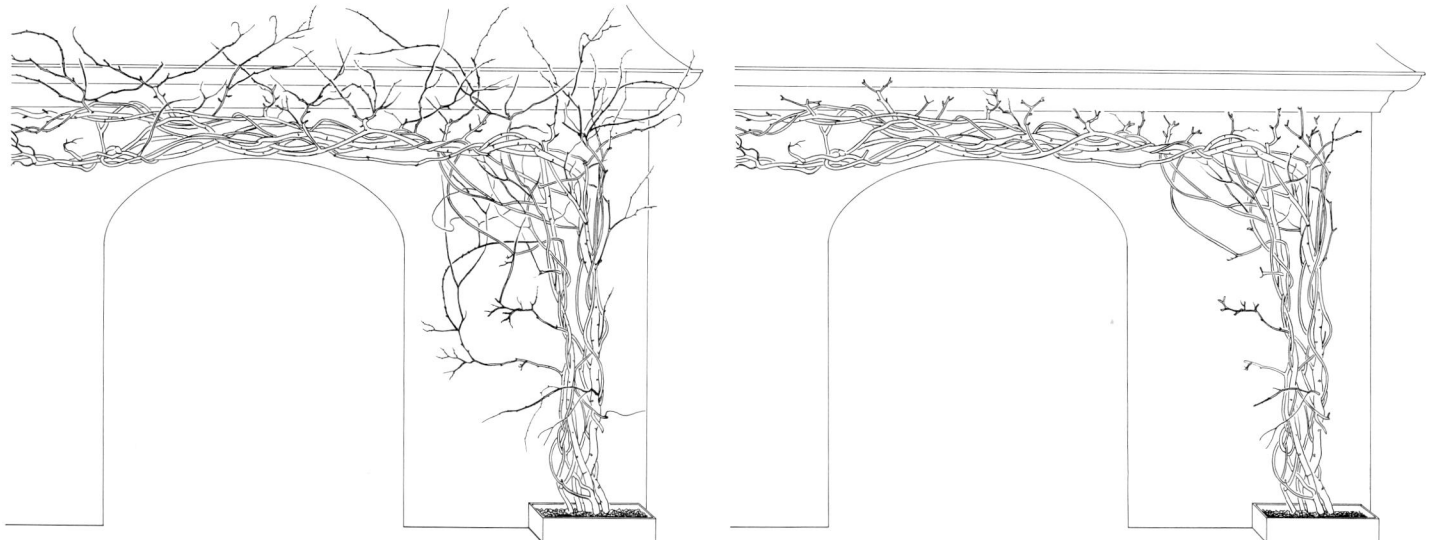

durch Frost und andere Ursachen beschädigt worden sind. Mit Ausnahme von *Calluna*, der ein jährlicher Rückschnitt gut bekommt, gilt dies auch für die anderen niedrigen Ericaceen. Die zwergigen Arten und Formen der Gattung *Spiraea* – *S.decumbens, S.*-Bumalda-Hybriden und die Sorten von *S.japonica* – werden wie die Arten der Gruppe 3 behandelt, jährlich also bis zum Boden zurückgeschnitten. Das gleiche gilt für alle sommer- und herbstblühenden Zwerggehölze. Die kriechenden und flachwachsenden Arten, die wir nicht selten als Bodendecker verwenden, werden nur dann geschnitten, wenn sie über den vorgesehenen Platz hinauswachsen.

Praktische Hinweise zu notwendigen Schnittmaßnahmen werden außerdem im lexikalischen Teil jeweils in der zusammenfassenden Besprechung der Gattungen gemacht.

Schnitt von Kletterpflanzen. Glyzinen (Wisteria) blühen besonders reich, wenn die letztjährigen Langtriebe im Frühjahr bis auf kurze Stummel zurückgeschnitten werden. Das kurze Blühholz bleibt ungeschnitten. In gleicher Weise werden jährlich die langen Triebe von Campsis radicans zurückgeschnitten (Schnittgruppe 6)

Der Schnitt der Kletterrosen unterscheidet sich nicht wesentlich von dem der Parkrosen. Nicht selten werden allerdings, wie hier dargestellt, die Seitentriebe jährlich bis auf wenige Augen eingekürzt (Schnittgruppe 6)

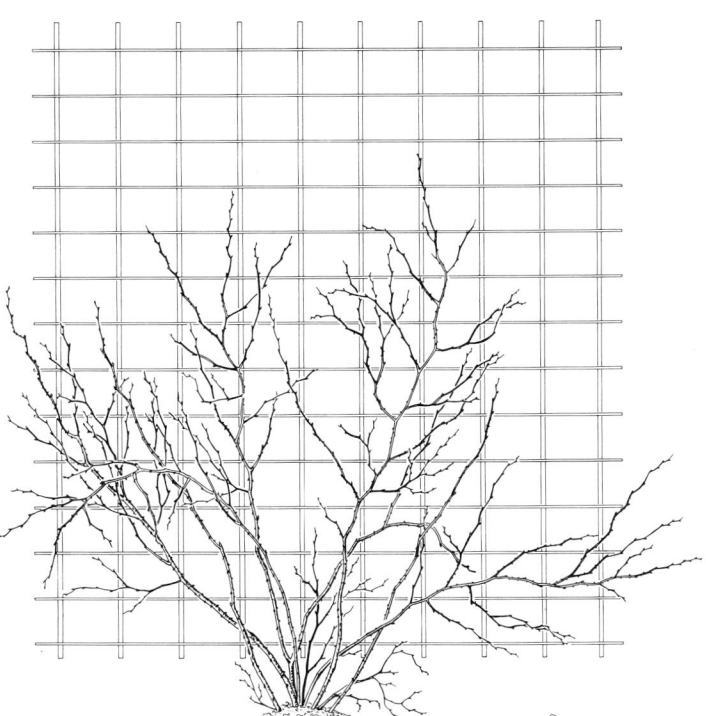

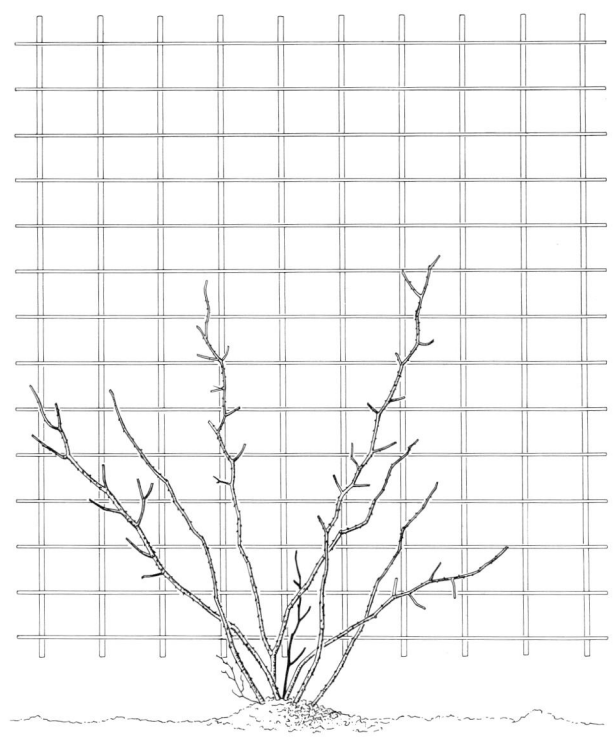

Kleinsträucher wie die im Sommer blühenden Spiraea-Bumalda-Hybriden werden jährlich ganz kurz zurückgeschnitten (Schnittgruppe 7)

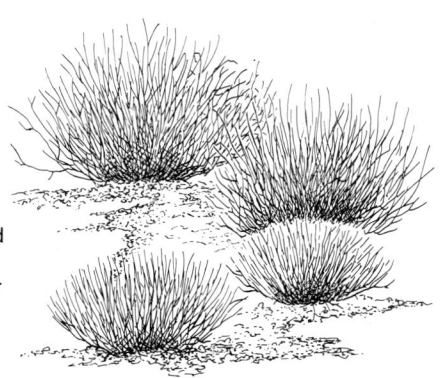

Der jährliche Rückschnitt von Calluna vulgaris wird im Frühjahr so tief angesetzt, daß am Grunde der letztjährigen Triebe noch Blätter stehen bleiben (Schnittgruppe 7)

Erhaltungsschnitt an Ziersträuchern, entsprechend ihrer Gruppenzugehörigkeit

Gattung, Art	Schnitt-gruppe	Gattung, Art	Schnitt-gruppe
Abelia	1	*Cassia*	2
Abeliophyllum distichum	1	*Cassiope*	7
Abutilon	2	*Ceanothus*	3
Acca	5	– immergrüne Arten	5
Acer, strauchförmige Arten	2	*Celastrus*	6
Actinidia	6	*Cephalanthus occidentalis*	1
Aesculus parviflora	2	*Ceratonia*	2
Akebia	6	*Ceratostigma plumbaginoides*	7
Alangium	2	*Cercis*	2
Albizia	2	*Cestrum*	5
Alnus viridis	1	*Chamaedaphne calyculata*	5
Amelanchier	2	*Chimonanthus praecox*	2
Amorpha canescens	3	*Chionanthus*	2
– *fruticosa*	1	*Choenomeles*	1
Ampelopsis	6	*Choisya*	5
Andromeda	5	*Cistus*	5
Aralia	2	*Citrus*	5
Arbutus	5	*Clematis*	6
Arctostaphylos	7	*Clerodendrum trichotomum*	2
Aristolochia	6	*Clethra*	2
Aronia	1	*Colutea*	1
Atriplex	5	*Comptonia peregrina*	2
Aucuba japonica	5	*Cornus alternifolia*	2
Baccharis	1	– *canadensis*	7
Berberis, sommergrüne Arten	1	– *controversa*	2
– immergrüne Arten	5	– *florida*	2
Betula, strauchförmige Arten	2	– *kousa*	2
Bougainvillea	6	– *nuttallii*	2
Broussonetia papyrifera	2	– andere Arten	1
Bruckenthalia spiculifolia	7	*Corokia*	5
Buddleja alternifolia	2	*Coronilla emerus*	1
– *davidii*-Sorten	3	*Correa*	5
Buxus sempervirens	5	*Corylopsis*	2
Caesalpinia	2	*Corylus*	1
Calliandra	5	*Cotinus*	2
Callicarpa	1	*Cotoneaster*, sommergrüne Arten	1
Callistemon	5	– immergrüne Arten	5
Calluna vulgaris	3	– zwergige Arten und Formen	7
Calycanthus	1	*Crataegus*	4
Camellia	5	*Cydonia oblonga*	4
Campsis	6	*Cytisus*, zwergige Arten	7
Cantua	5	– andere Arten	1
Caragana	1	*Daboecia cantabrica*	7
Caryopteris	3	*Danaë*	5

Erhaltungsschnitt an Ziersträuchern, entsprechend ihrer Gruppenzugehörigkeit (Fortsetzung)

Gattung, Art	Schnitt-gruppe	Gattung, Art	Schnitt-gruppe
Daphne	7	*Itea virginica*	1
Datura	3	*Jasminum nudiflorum*	6
Decaisnea fargesii	2	*Kalmia*	5
Deutzia	1	*Kalopanax*	2
Diervilla	1	*Kennedia*	6
Dipelta floribunda	1	*Kerria japonica*	1
Dirca palustris	2	*Koelreuteria paniculata*	2
Disanthus cercidifolius	2	*Kolkwitzia amabilis*	1
Dryas	7	*Laburnum*	2
Drymis	5	*Lagerstroemia*	3
Elaeagnus, sommergrüne Arten	1	*Laurus*	5
– immergrüne Arten	5	*Lavandula angustifolia*	7
Eleutherococcus	1	*Lavatera*	3
Elsholtzia stauntonii	3	*Ledum*	5
Empetrum nigrum	5	*Leiophyllum*	7
Enkianthus	2	*Leptospermum*	5
Erica	7	*Lespedeza*	3
Erythrina	5	*Leucothoë*	5
Escallonia	3	*Leycesteria formosa*	3
Euonymus, sommergrüne Arten	1	*Ligustrum*	1
– immergrüne Arten	5	– immergrüne Arten	5
Exochorda	2	*Linnaea borealis*	7
Fabiana	5	*Loiseleuria procumbens*	7
× *Fatshedera*	5	*Lonicera*, meiste Arten	1
Fatsia	5	– kletternde Arten	6
Ficus carica	2	– *nitida*	5
– *elastica*	5	– *pileata*	5
– *pumila*	6	*Loropetalum*	5
Forsythia	1	*Lupinus arboreus*	7
Fortunella	5	*Lycium barbarum*	1
Fothergilla	2	*Lyonia ligustrina*	1
Frementodendron	5	*Magnolia*	2
Fuchsia magellanica	3	× *Mahoberberis neubertii*	5
Garrya	5	*Mahonia*	5
× *Gaulnettya wisleyensis*	5	*Malus*	4
Gaultheria	7	*Medicago*	5
Genista	7	*Melaleuca*	5
Grevillea	2	*Menziesia*	2
Griselina	5	*Mespilus germanica*	4
Halesia	2	*Moltkia petraea*	7
× *Halimocistus*	7	*Myrica*	1
Halimodendron halodendron	1	*Myrtus*	5
Halimium	5	*Nandina*	5
Hamamelis	2	*Neillia*	1
Hebe	7	*Nerium*	5
Hedera	6	*Neviusia alabamensis*	1
Hedysarum	3	*Nothofagus antarctica*	2
Hibiscus	3	*Olearia*	5
Hippophaë	2	*Oplopanax horridus*	2
Holodiscus discolor	1	*Osmanthus*	5
Hydrangea, meiste Arten	2	*Osteomeles*	5
– *anomala* ssp. *petiolaris*	6	*Oxydendrum arboreum*	2
– *paniculata*	3	*Pachysandra terminalis*	7
Hypericum	3	*Paeonia*	2
Ilex, immergrüne Arten	5	*Paliurus*	1
– sommergrüne Arten	2	*Parrotia persica*	2
Indigofera	3	*Parrotiopsis jacquemontiana*	2
Iochroma	1	*Parthenocissus*	6

Erhaltungsschnitt an Ziersträuchern, entsprechend ihrer Gruppenzugehörigkeit (Fortsetzung)

Gattung, Art	Schnitt-gruppe	Gattung, Art	Schnitt-gruppe
Passiflora	6	*Sarcococca*	7
Paxistima canbyi	7	*Schisandra chinensis*	6
Periploca	6	*Schizophragma hydrangeoides*	6
Pernettya mucronata	7	*Senecio*	5
Perovskia	3	*Shepherdia argentea*	2
Petteria ramentacea	2	*Sibiraea laevigata*	2
Philadelphus	1	*Sinofranchetia chinensis*	6
Phillyrea	1	*Skimmia*	5
Phlomis	7	*Solandra*	6
Photinia	2	*Solanum*	6
Phylia	5	*Sorbaria*	1
Phyllodoce	7	*Sorbus*, strauchförmige Arten	2
Physocarpus	1	*Spartium*	5
Pieris	5	*Spiraea*, meiste Arten	1
Pistacia	1	– Bumalda-Hybriden	3
Pittosporum	5	– *decumbens*	3
Plumbago	6	– *japonica*	3
Polygala	5	*Stachyurus*	2
Polygonum	6	*Staphylea*	2
Poncirus trifoliata	2	*Stephanandra*	1
Potentilla fruticosa	1	*Stewartia*	2
Prunus, strauchförmige Arten	4	*Stranvaesia davidiana*	2
– *laurocerasus*	5	*Styrax*	2
– *lusitanica*	5	*Symphoricarpos*	1
– *pumila* var. *depressa*	7	*Symplocos paniculata*	2
– *tenella*	3	*Syringa*	1
Ptelea trifoliata	2	*Tamarix*	2
Pterostyrax	2	*Tecomaria*	6
Punica	5	*Teucrium chamaedrys*	3
Pyracantha	5	*Trachelospermum*	6
Pyrus	4	*Trochodendron aralioides*	2
Rhamnus	2	*Ulex*	2
Rhododendron, immergrüne Arten	5	*Vaccinium*, sommergrüne Arten	2
– sommergrüne Arten	1	– immergrüne Arten	5
Rhodothamnus chamaecistus	7	*Viburnum betulifolium*	1
Rhodotypos scandens	1	– *lantana*	1
Rhus	2	– *lentago*	1
Ribes	1	– *opulus*	1
Robinia, strauchförmige Arten	2	– *sargentii*	1
Rosa, alle strauchförmigen Arten	1	– *sieboldii*	1
– alle Beet- und Hochstammrosen	3	– immergrüne Arten	5
– Kletterrosen	6	– andere Arten	2
Rosmarinus	5	*Vinca*	7
Rubus, alle strauchförmigen Arten	1	*Vitex*	3
– alle kletternden Arten	6	*Vitis*	6
Ruscus	5	*Weigela*	1
Ruta	5	*Wisteria*	6
Salix, strauchförmige Arten	1	*Xanthoceras sorbifolium*	2
– zwergige Arten	7	*Xanthorhiza*	7
Sambucus	1	*Zanthoxylum simulans*	2
Santolina chamaecyparissus	3	*Zenobia pulverulenta*	5

Erhaltungsschnitt bei Bäumen

Hier bleibt dem Gärtner nur wenig zu tun. Nach einigen Jahren eines Aufbauschnittes, bei dem man den Leittrieb und einige Hauptseitentriebe in ihrer Entwicklung gefördert und alle nach innen und zu dicht stehenden Triebe entfernt hat, läßt man nun den Baum sich möglichst frei entfalten. Er soll seinen arttypischen Habitus entwickeln. Im Abstand von 2–3 Jahren kann man die Kronen kontrollieren und dabei nach innen wachsende und sich reibende Äste entfernen. Gleichzeitig beseitigt man sich bildende Zwiesel, die bei Arten mit sprödem Holz später leicht zu Astbrüchen führen. Geschehen diese Maßnahmen frühzeitig, braucht man nur geringe Holzmengen zu entfernen und hinterläßt nur kleine, schnell heilende Wunden.

Ein korrigierender Eingriff ist gelegentlich bei besonderen Wuchsformen notwendig, wenn z.B. einer der Äste einer Säuleneiche plötzlich aus der Krone herauswächst und dadurch deren Bild zerstört. Ähnliches kann an allen anderen Säulenformen und auch an Hängeformen passieren. Bei Baumarten mit panaschierten, weiß- oder gelbbunt gefleckten Blättern schlägt ein Ast gelegentlich in die Stammform zurück. Da er in seinen grünen Blättern über mehr Chlorophyll verfügt, entwickelt er sich stärker als die übrige Krone, die schließlich durch eine ungenügende Versorgung mit Wasser und Nährstoffen erheblich leidet. In allen Fällen werden störende Äste oder Astpartien rechtzeitig entfernt. Keinen Eingriff verlangen die ständigen Rückmutationen an einigen geschlitztblättrigen Gartenformen, besonders an *Carpinus betulus* 'Quercifolia'. An ihnen entwickeln sich im kommenden Jahr wiederum Zweige mit geschlitzten Blättern.

Verjüngungsschnitt

In jeder Hinsicht gut versorgte Gehölze – ausreichender Platz zur freien Entfaltung, ständiger Erhaltungsschnitt an entsprechenden Arten und sachgerechte Bodenpflege – kommen zeit ihres Lebens ohne Verjüngungsschnitt aus.

Leider stehen viele Sträucher zu eng oder werden jahrelang nicht gepflegt und verkahlen dann von unten her. Will man sie wieder zu ansehnlichen Sträuchern formen, bleibt nur ein Neuaufbau von der Basis her. Dies setzt ein radikales Abwerfen aller Äste bis auf ziemlich kurze Stümpfe voraus. Möglich ist dies allerdings nur bei »basiton«-veranlagten Sträuchern, solchen Arten also, die sich aus schlafenden Augen an der Strauchbasis erneuern können. Gefahrlos kann man alle Arten kappen, bei denen man von der Basis her sich

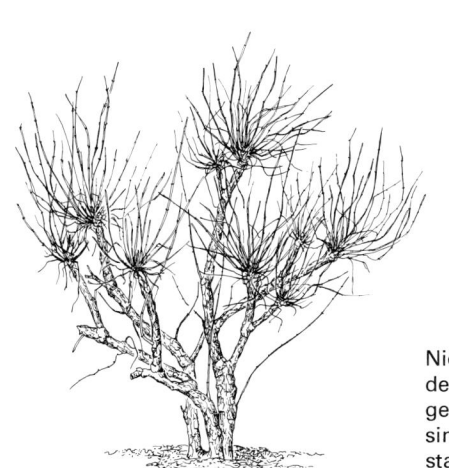

Nicht selten sieht man in den Gärten sinnlos zurechtgestutzte Sträucher, Blüten sind an solch traurigen Gestalten kaum zu erwarten

Verjüngungsschnitt

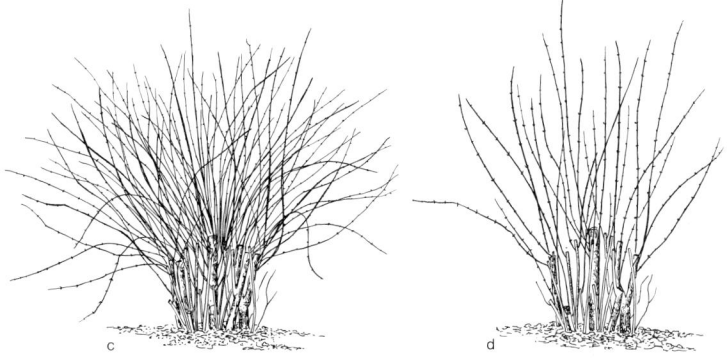

Verwahrloste Sträucher können verjüngt und neu aufgebaut werden. Alle Äste werden auf 30 bis 50 cm Höhe zurückgeschnitten. Es werden sich viele neue Triebe entwickeln, von denen im zweiten Jahr etwa zwei Drittel ganz entfernt werden

entwickelnde Jungtriebe beobachten kann, wie etwa bei *Berberis, Buddleja, Corylus, Deutzia, Forsythia, Kerria, Philadelphus, Ribes* und anderen.

Wir schneiden zunächst also alle Äste auf 30–50 cm Höhe über dem Erdboden ab und lassen davon anschließend so viele stehen, wie für den Neuaufbau notwendig sind. Besonders die im Innern des Strauches und die zu dicht stehenden entfernt man ganz. Im nächsten Jahr werden viele starke Triebe hervorbrechen, von denen im kommenden Winter ein Teil entfernt werden muß. Die restlichen kürzt man in unterschiedlicher Höhe ein, läßt aber etwa ein Drittel ungeschnitten. Man erreicht so eine gute Verzweigung von der Basis her. In den nächsten Jahren ist ein Auslichten der zahlreich erscheinenden Triebe notwendig, bei einigen Trieben auch ein leichter Rückschnitt, bis sich das starke vegetative Wachstum beruhigt und der Strauch wieder zu blühen beginnt.

Notwendig wird ein Verjüngungsschnitt gelegentlich auch bei Rhododendren, die bei engem Stand von unten her gern verkahlen,

In der Regel entwikkeln Rhododendron unterhalb der endständigen Blüten mehrere Neutriebe. Entstehen nur ein oder zwei Triebe, schneidet man diese ganz kurz zurück und erreicht dadurch eine bessere Verzweigung

Bäume rechtzeitig durch junge ersetzen. Auf die Dauer erreicht man dadurch mehr, auch in bezug auf die Assimilationsleistung und die Wohlfahrtswirkung, die heute in aller Munde sind. Auch das heute noch häufig praktizierte jährliche Kappen von Baumkronen ist entschieden zu verurteilen. Geschieht dies aus formalistischen Gründen, hängt man leider immer noch veralteten Gestaltungsprinzipien nach, die bestenfalls noch in historischen Gärten oder Kurpromenaden ihre Berechtigung haben. Geschieht es, weil der Baum seinen ihm zugedachten Raum sprengt, hat man die falsche Art gewählt, sollte den vorhandenen Baum lieber entfernen und durch eine geeignete Baumart ersetzen.

oder bei anderen immergrünen Sträuchern nach Frostschäden oder Schneebruch. Fast alle lassen sich, wie oben geschildert, von der Basis her neu aufbauen.

In allen Fällen sind bei so radikalem Vorgehen stützende Maßnahmen notwendig. Sie bestehen in einer ausreichenden Wasser- und Nährstoffversorgung und in einer sinnvollen Bodenpflege, die man am besten durch ein Abdecken mit organischen Materialien erreicht.

Läßt sich eine so radikale und wenigstens vorübergehend unschöne Verjüngungskur bei Sträuchern noch vertreten, bei Bäumen ist sie einfach unmöglich. Auch wenn einige Arten willig wieder durchtreiben, ihre Schönheit ist für den Rest ihres Lebens dahin, wenn man sie nicht einem komplizierten Neuaufbau unterwirft. Trotzdem läßt sich bei vielen Arten ein verstärkt auftretender Astbruch an den früheren Schnittstellen kaum vermeiden. Wir sollten solche Maßnahmen dem Obstbau überlassen, in Garten und Park aber überalterte und durch Katastrophen weitgehend beschädigte

Bleiben durchtreibende Unterlagen unbeachtet, können sie in wenigen Jahren veredelte Gehölze völlig unterdrücken (Corylus avellana 'Tortuosa')

Durchtreibende Unterlagen

Besonderes Augenmerk muß man bei veredelten Pflanzen der eventuell durchtreibenden Unterlage widmen. Viele Rosen, Zierkirschen und Zieräpfel, Flieder, Mandelbäumchen, Zaubernüsse und viele Gartenformen von Bäumen und Sträuchern wachsen auf fremder Unterlage. Unterlage und die auf ihr wachsende Art sind nicht immer so nahe verwandt, daß sie voll miteinander harmonieren, das Durchtreiben der Unterlage ist die Folge. Diese Wildtriebe, an den anders gestalteten oder gefärbten Blättern meist leicht zu erkennen, sind sofort zu entfernen, will man ihr Überhandnehmen verhindern. Da die Triebe an ihrer Basis abgeschnitten werden müssen, häufig aber aus dem Boden kommen, muß man zunächst den Wurzelhals freimachen. Je schärfer sie am Stamm abgeschnitten sind, um so weniger werden sie wieder durchtreiben. Kontrolliert man seine veredelten Gehölze ständig, wird man von unliebsamen Überraschungen verschont.

Korrekturschnitt an Nadelbäumen

Bevor einige mögliche Schnittmaßnahmen an Nadelgehölzen besprochen werden, soll ausdrücklich darauf hingewiesen werden, daß an baumförmigen Nadelgehölzen in der Regel jeder Schnitt überflüssig ist, oft sogar störend wirkt. Leider werden regelmäßige Schnittmaßnahmen in einigen populären Gehölzbüchern neueren Datums propagiert. Diese ins Deutsche übersetzten Bücher sind fast alle in den USA entstanden; dort werden nahezu alle Nadelgehölze einem regelmäßigen, strengen Rückschnitt unterworfen, der sie zu seelenlosen, uniformen Gestalten degradiert. Mit Ausnahme von regelmäßigem Rückschnitt an Hecken oder an Kugeln, Säulen und Kegeln in barocken Gartenanlagen sind solch rigorose Schnitt-

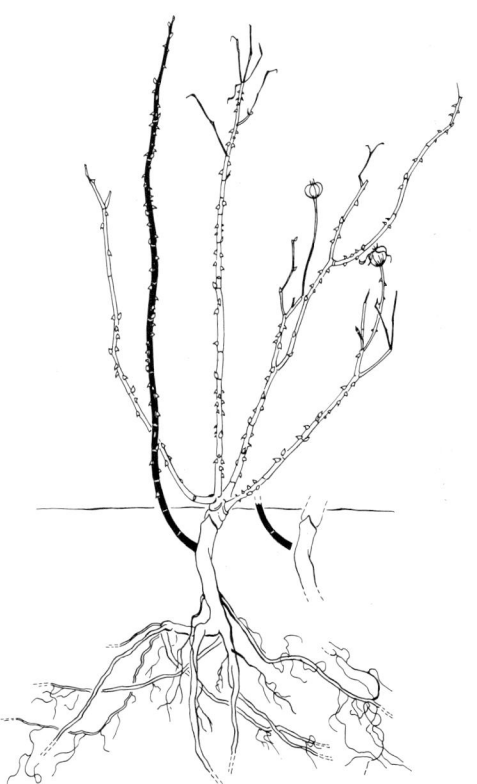

Durchtreibende Unterlagen müssen an der Entstehungsstelle entfernt werden

maßnahmen heute in Mitteleuropa weitgehend verpönt; wir bevorzugen natürlich gewachsene Nadelgehölze und sollten deshalb mit Schnittmaßnahmen zurückhaltend sein.

Nur wenige Nadelbäume sind in der Lage, so wie die Laubgehölze an älteren Zweigen und Ästen schlafende Augen zu »mobilisieren«. Sie können deshalb keine durch Rückschnitt verlorenen Triebteile ersetzen. Schneidet man zum Beispiel von baumförmigen Koniferen (Kiefer, Tanne, Fichte) innerhalb einer geschlossenen Krone die Spitze eines Astes ab, wird sein Längenwachstum aufhören, der Ast wird schließlich absterben und eine Lücke hinterlassen. Ausnahmen von dieser Regel machen die Eibe *(Taxus baccata)*, die Sicheltanne *(Cryptomeria japonica)* und die Küstensequoie *(Sequioa sempervirens)*. Sie können den Verlust ihrer Kronenäste überwinden und sich auch aus älterem Holz regenerieren.

Bei allen baumförmigen Arten und Gartenformen ist dann ein korrigierender Schnitt notwendig, wenn der Wuchs vom Normalen abweicht. Eine unerwünschte Zwieselbildung, die später leicht zu einem Kronenbruch führen kann, läßt sich mühelos durch das Entfernen eines Triebes korrgieren. Wenn Kiefern, Tannen und Fichten in ihrer Jugend besonders stark wachsen, können sie sehr lange Jahrestriebe entwickeln; eine locker stehende seitliche Verzweigung ist die Folge. In der Baumschule arbeitet man diesem meist unbefriedigenden Aufbau durch wiederholtes Umpflanzen, das ein gebremstes Längenwachstum zur Folge hat, entgegen. Ein kompakte-

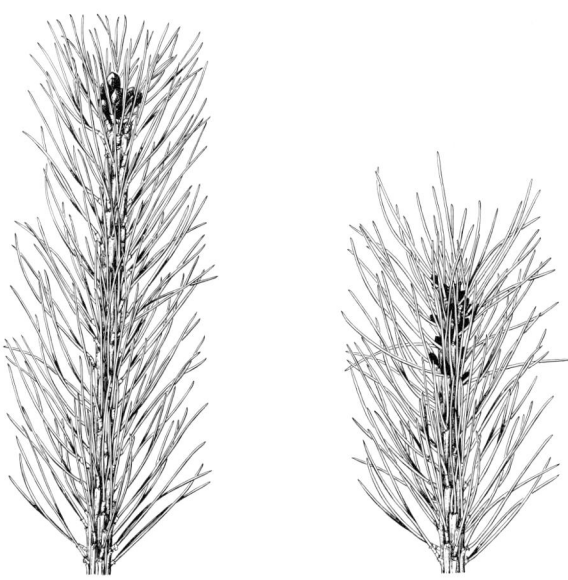

Rückschnitt der Triebe bei der Bergkiefer (Pinus mugo). Links: Ein normal entwickelter Kiefernzweig schließt nach dem Streckungswachstum mit einer Endknospe ab, die von einem Kranz von Seitenknospen umgeben ist. Rechts: An einem zurückgeschnittenen Zweig entwickelt sich unterhalb der Schnittstelle aus den Kurztrieben eine mehr oder weniger große Zahl von sogenannten Scheidenknospen, die über einen längeren Zweigabschnitt verteilt sind

rer Wuchs läßt sich aber durch einen Rückschnitt der diesjährigen Triebe erreichen. Tannen und Fichten besitzen auf der ganzen Länge ihrer Triebe deutlich sichtbare Knospen, von denen eine (oder auch mehrere) nach einem rechtzeitigen Rückschnitt (Juni–Juli) die Zweigverlängerung übernimmt. Entwickeln sich mehrere Konkurrenztriebe, müssen sie bis auf einen entfernt werden. Bei den Kiefern befinden sich voll entwickelte Knospen nur am Triebende. Jades Nadelbüschel stellt einen Kurztrieb dar, dessen Knospen zunächst unsichtbar sind und in der Regel auch nicht entwickelt werden. Schneidet man die diesjährigen Triebe im Juni zurück, entwickeln sich auf dem verbleibenden Triebstück viele sogenannte Scheidenknospen, die im nächsten Jahr eine reiche und dichtstehende Verzweigung garantieren.

Ein regelmäßiger Rückschnitt der diesjährigen Triebe ist bei Zwergkiefern *(Pinus mugo)* durchaus denkbar und dann sinnvoll, wenn bei flächiger Bepflanzung kompakte und niedrige Büsche erzogen werden sollen.

Ein Schnitt kann an Nadelhölzern natürlich auch nach einem strengen Frost oder einer anderen Katastrophe notwendig sein. Beschädigte oder abgestorbene Zweige und Äste werden so zurückgeschnitten, daß der natürliche Aufbau möglichst wenig gestört wird.

Bricht die Spitze eines baumförmig wachsenden Nadelgehölzes aus, richtet sich in der Regel ein Seitentrieb des obersten stehengebliebenen Astquirls auf und entwickelt sich zur Stammverlängerung. Dauert dieser Vorgang zu lange, kann man durch Aufbinden nachhelfen. Entsteht aus schlafenden Knospen eine größere Anzahl von Spitzentrieben, müssen auch hier die Konkurrenztriebe rechtzeitig bis zur Ansatzstelle entfernt werden.

Unbedenklich schneiden lassen sich wohl alle kriechenden und unregelmäßig breit wachsenden Strauchformen. Man kürzt natürlich nicht alle Triebspitzen gleichmäßig ein, sondern nimmt die längsten Spitzen bis auf Triebe geringerer Ordnung zurück. Auch

Außer Taxus baccata läßt sich unter den Koniferen wohl nur der Lebensbaum (Thuja occidentalis) einen solch starken Rückschnitt gefallen

bei einem stärkeren Eingriff soll die natürliche Wuchsform weitgehend erhalten bleiben. Das Schneiden von Nadelgehölzen verlangt also Fingerspitzengefühl und auch ein wenig Erfahrung, die sich nach einiger Zeit einstellt.

Heckenschnitt

Auf Seite 172 wurde über den Rückschnitt nach der Pflanzung gesprochen, auch über den an Heckenpflanzen. Entscheidend für das Aussehen einer Hecke in späteren Jahren ist ihre Behandlung in den ersten Standjahren. Hat man sich aus Kostengründen für junge, also kleine Heckenpflanzen entschieden, muß man der Versuchung widerstehen, möglichst schnell zu einer möglichst hohen Sicht- oder Windschutzhecke zu kommen. Nimmt man vom jährlichen Zuwachs zu wenig fort, so wird sich an den verbleibenden Trieben keine ausreichend starke Verzweigung einstellen, eine sparrige, durchsichtige Hecke ist die Folge. Der jährliche Zuwachs an Höhe und Breite muß also so weit zurückgenommen werden, daß möglichst viele der verbleibenden Knospen zum Austreiben angeregt werden, wodurch dann eine vieltriebige, dichte Hecke entsteht. Die Stärke des Rückschnittes läßt sich nicht in Zentimetern angeben. Sie richtet sich nach der Art der Hecke und ist nur durch persönliche Beobachtung zu ermitteln. Gleiches gilt natürlich auch, wenn man eine schon nahezu fertige Hecke aus größeren, garnierten Pflanzen erstellt hat.

Den Hauptschnitt an einer Hecke legt man bei sommergrünen Arten in die Zeit der Vegetationsruhe. Hier kann man eine Hecke formen und notfalls auch einmal bis ins ältere Holz zurückschneiden. In der Vegetationszeit schneidet man mindestens ein zweites Mal. In der Regel nicht vor Ende Juli, um die Vogelbrut nicht zu stören.

Immergrüne Hecken bedürfen selten eines zweiten Schnittes im Sommer. Den »Winterschnitt« führt man am besten erst kurz vor dem Austrieb oder im Spätherbst aus.

Immer wieder sieht man falsch geschnittene Hecken. Falsch insofern, als man ihre Seitenwände senkrecht schneidet. In jeder Hecke werden die oberen Partien besser mit Wasser und Nährstoffen ver-

Nur aus baumförmig wachsenden Arten lassen sich "fertige" Hecken erstellen. Unter den sommergrünen Arten werden nur Carpinus betulus, Acer campestre und Fagus sylvatica als gut verzweigte Heister angeboten

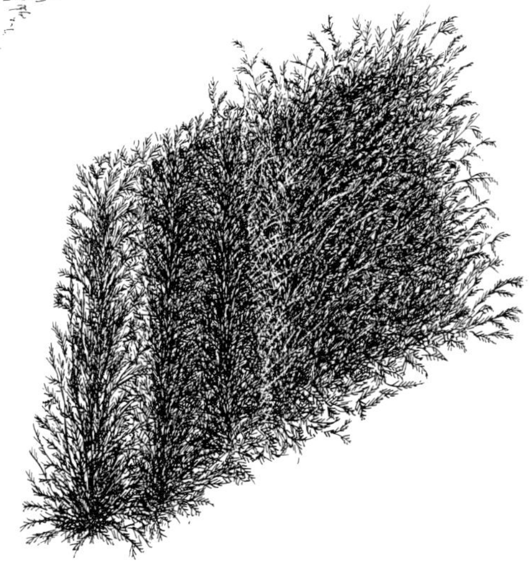

Die enge Pflanzung von größeren Taxus baccata ergibt ebenfalls eine "fertige" Hecke

Heckenprofile

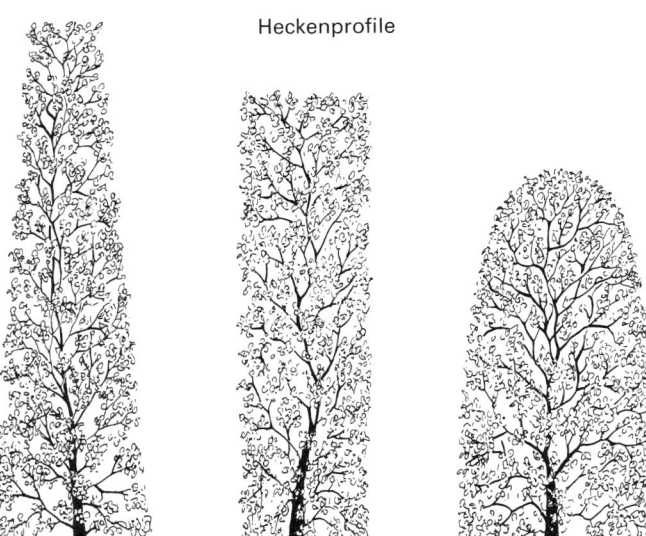

Hohe Hecken werden häufig recht schmal gehalten und mit senkrechten oder schrägen Seitenwänden geschnitten. Niedrige Hecken aus Liguster sind oft breit und leicht gewölbt. Koniferenhecken sollten immer mit schrägen Seitenwänden geschnitten werden

Alle strauchartigen, sommergrünen Heckenpflanzen müssen nach dem Pflanzen wie diese Ligustrum vulgare ganz kurz zurückgeschnitten werden

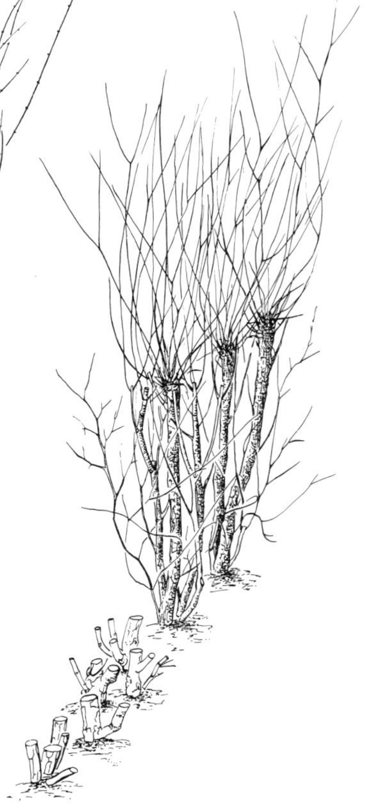

Vernachlässigte Hecken lassen sich in der Regel durch einen radikalen Rückschnitt von unten her neu aufbauen

Ein notwendig werdender Auslichtungsschnitt an alten oder zu schweren Kronen muß so angelegt werden, daß die Kronenform nicht zerstört wird. In der Hauptsache werden die nach unten gerichteten Äste entfernt (Quercus robur)

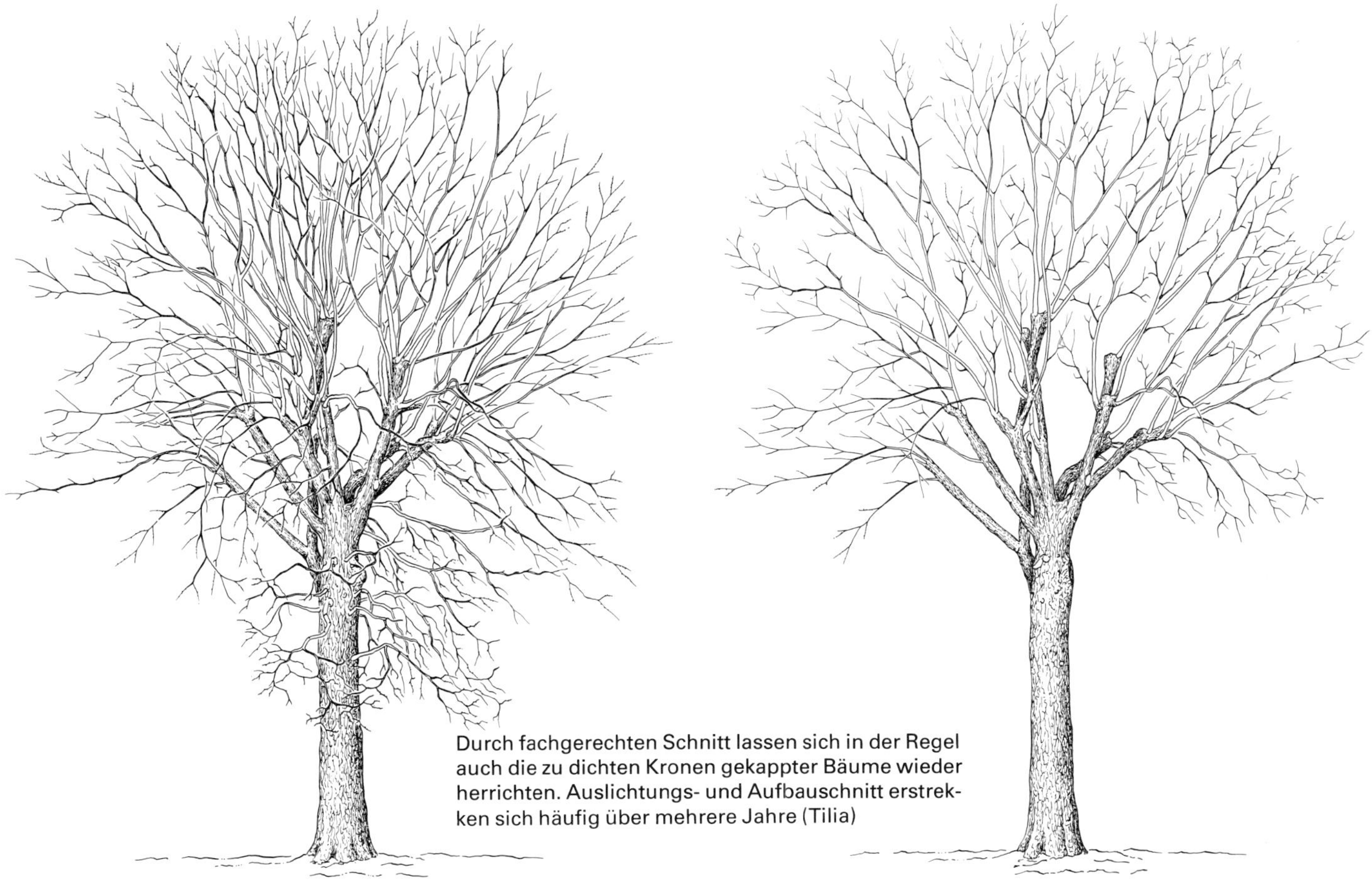

Durch fachgerechten Schnitt lassen sich in der Regel auch die zu dichten Kronen gekappter Bäume wieder herrichten. Auslichtungs- und Aufbauschnitt erstrekken sich häufig über mehrere Jahre (Tilia)

sorgt als die bodennahen Blätter. Durch einen senkrechten Schnitt der Seitenwände unterstützt man dieses Bestreben, in der Folge verkahlt bei den meisten Arten die Hecke unten, wird oben immer breiter und fällt dann nicht selten auseinander. Wenige Arten, etwa Buche und Hainbuche, verkahlen auch dann nicht von unten her, wenn ihre Seiten senkrecht geschnitten werden, allerdings nur unter der Voraussetzung, daß sie regelmäßig geschnitten werden und völlig frei stehen. Schneidet man dagegen die Hecke zu einer Trapezform, bei der sich die seitlichen Flächen nach oben immer mehr zueinander neigen, kommen auch die unteren Partien in einen besseren Lichtgenuß und sind eher in der Lage, mit dem Wachstum in den oberen Partien Schritt zu halten, sie verkahlen unten viel seltener.

Wird eine Hecke nach vielen Jahren zu hoch oder ist sie in den unteren Partien kahl geworden, läßt sie sich fast immer auch bis weit ins alte Holz zurücknehmen und neu aufbauen. Mindestens alle zu Hecken verwendeten Laubholz-Arten sind ja recht regenerationsfähige Baum- oder Straucharten. Unter den Koniferen läßt sich wohl nur der *Taxus* einen rigorosen Rückschnitt gefallen.

Zur Technik des Heckenschnittes braucht man heute nicht mehr viel zu sagen. Es sind ausgezeichnete elektrisch oder mit Benzinmotoren getriebene Heckenscheren auf dem Markt, deren Einsatz sich natürlich erst bei einer gewissen Heckenlänge »lohnt«. Will man an langen Hecken gerade Schnittflächen erzielen, muß man in jedem Fall wohl eine Schnur spannen. Ob man seine Hecken mit geraden oder abgerundeten Kanten erzielt, ist eine reine Geschmacksfrage.

Wundbehandlung

Jeder Schnitt am Baum und Strauch schädigt das Gewebe und hinterläßt Wunden. Sind sie nur klein, werden die Gehölze schnell mit ihnen fertig, indem sie die Wundfläche von den Rändern her durch verstärkte Gewebebildungen überwallen. Jede Überwallung beginnt mit einer Kallusbildung aus dem teilungsfähigen Kambiumgewebe heraus. Wir verstehen darunter die Gewebebewucherungen, die an Wundrändern entstehen und die sich schließlich, wie die übrige Rinde, stark differenzieren. Ziel der Wundpflege ist also die Förderung der Kallusbildung, besonders an größeren Wunden, nicht zuletzt, um Schädlinge und Krankheiten am Eintritt in den Holzkörper zu hindern.

Erste Voraussetzung für eine rasche Wundheilung ist die richtige Schnittführung. Werden Zweige und Äste an ihrer Basis entfernt, läßt man unter keinen Umständen längere oder kürzere Zapfen stehen. In der Regel werden auch stärkere Äste so dicht am Stamm abgeschnitten, daß die Wunde eine länglich-ovale Form annimmt. Beim Verjüngungsschnitt an Sträuchern entfernt man einen stärkeren Ast dicht oberhalb eines schwächeren und läßt auch hier keine freien Aststümpfe stehen. Jede Wunde soll möglichst kleingehalten

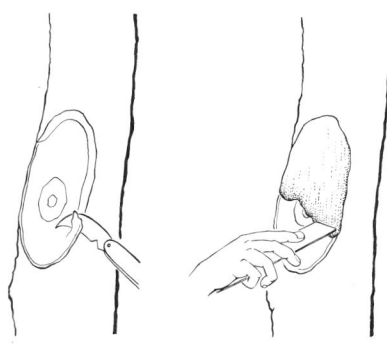

Besonders bei großen Wunden ist eine Wundbehandlung unerläßlich. Die von der Säge zerfranste Rinde wird glattgeschnitten, die gesamte Wunde mit Baumwachs oder anderen Wundverschlußmitteln (Lac-Balsam) verschlossen

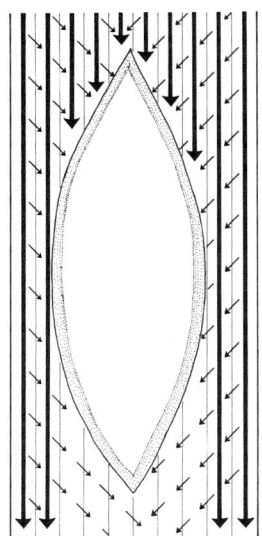 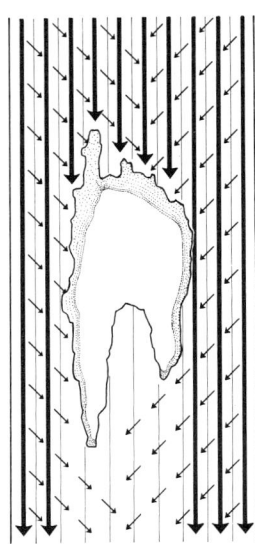

Wundversorgung (nach Siewniak 1976, abgeändert). Bei Laubgehölzen bestehen auch tangentiale und radiale Verbindungen zwischen den Siebröhren (durch Pfeile angedeutet), die Assimilate können auch quer zur Stammachse geführt werden. Nur durch eine elliptische Wundform in Längsrichtung des Stammes ist eine optimale Versorgung der Wundränder mit Assimilaten und damit eine rasche Kallusbildung gewährleistet. Bei ungeformten Wunden entstehen nicht selten Zonen, die vom Assimilatstrom abgeschnitten und deshalb unterernährt sind. Solche Rindenpartien sterben ab, ein Wundverschluß ist nicht möglich

werden und mindestens an ihren Rändern glatte Schnittflächen aufweisen. Aus glatt durchtrenntem Gewebe bildet sich leichter Kallus als aus zerfaserten Zellen. Jede Sägewunde muß an ihren Rändern daher mit einem scharfen Messer nachgeschnitten werden. Zerfaserte und abgesplitterte Äste werden, wenn irgend möglich, bis ins unbeschädigte Holz zurückgenommen. Sind an Stämmen und Ästen Rißwunden entstanden, schneidet man mindestens deren Ränder so glatt wie möglich. Stammwunden, gleich welcher Größe, werden vor allem bei Laubbäumen so erweitert, daß ihre Ränder ein spitzes Oval ergeben (siehe Abbildung Seite 190). Nur dann wird jede Stelle des Wundrandes von dem tangentialen und radialen Saftstrom erreicht. Eine ausreichende Versorgung mit Assimilaten ist die Voraussetzung für die Kallusbildung.

Unterstützt wird der Heilungsprozeß durch einen guten, dauerhaften Wundverschluß. Nach Untersuchungen an der Lehr- und Versuchsanstalt für Gartenbau in Kassel wurden in bezug auf ihre Wetterbeständigkeit folgende Wundbehandlungsmittel als gut befunden: ASU, Novaril Rot, Negal, Tervanol, Baum-Wundplast (Schacht), Baum-Wundplast (Nenninger) und Bayleton. Die Mittel Drawipas, Lac Balsam und Santar SM können als zufriedenstellend bezeichnet werden. Eine besonders gute Kallusbildung konnte bei Anwendung von Bayleton, Drawipas, Baum-Wundplast und ASU festgestellt werden.

Baumchirurgie

Baumchirurgie ist in unserer umweltbewußten Zeit zu einem Modewort geworden. Baumchirurgische Eingriffe können vernünftig und notwendig sein, verlieren aber ihren Sinn, wenn man jeden alten Baum zu retten versucht – auch Bäumen ist nur eine begrenzte Lebenszeit gegeben.

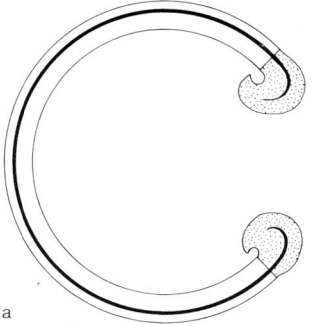 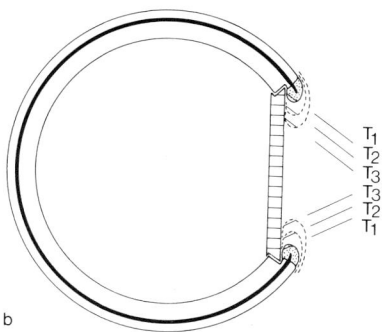 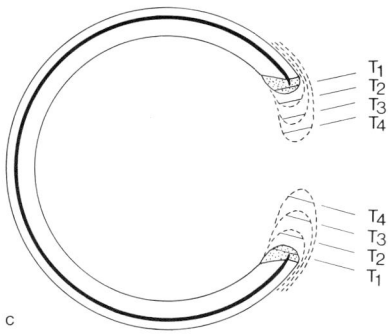

a   b   c

Wundverschluß bei hohlen Bäumen (nach Siewniak 1976, verändert)   a = Bleibt eine derartige Stammwunde unbehandelt, biegt die Überwallung tief in die Aushöhlung des Stammes ein, ein Zuwachsen der Wunde ist nicht zu erwarten   b = Durch den Einbau von sogenannten Scheinplomben wird eine steife Unterlage als Ersatz für das ausgefallene Holz geschaffen. Sie setzt dem anwachsenden Kallus den notwendigen Druck entgegen. Die zielgerichtete Entwicklung der Kallusbildung führt zu einem vollständigen Wundverschluß und zur Wiederherstellung der "Ringkraft". Das traumatische Anschneiden des Kallus (siehe Schnittebenen T_1 bis T_3) soll die Wuchsrichtung zusätzlich beeinflussen   c = Nach Siewniak läßt sich die Wuchsrichtung der Kalluswucherung allein auch durch ein entsprechendes Anschneiden des Kallus steuern. T_1 bis T_4 deuten die Schnittebenen der traumatischen Reizung an. Die Schnittebenen werden anders ausgerichtet als bei b

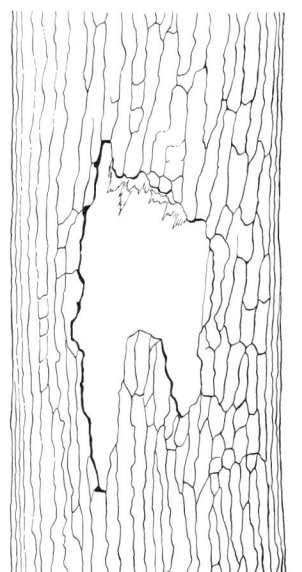 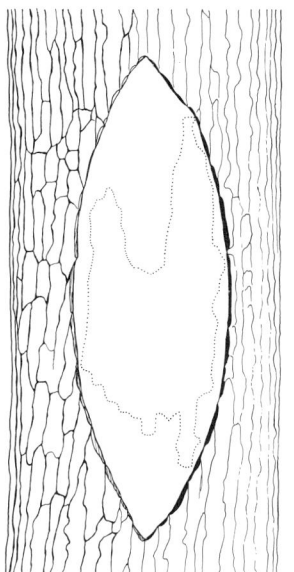 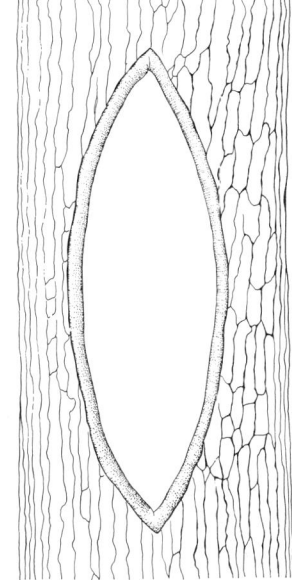

Behandlung von Stammwunden. Auch sehr große Stammwunden können ohne Bedenken zu einer elliptischen Form erweitert werden. Sie verheilen dann in der Regel schneller und vollkommener als kleinere, aber unregelmäßige, ungeformte Wunden

Man umschreibt mit der Bezeichnung »Baumchirurgie« alle Maßnahmen, die zur Erhaltung und Restaurierung alter, wertvoller oder in Baubereichen und an Straßen gefährdeter Bäume notwendig sind. Baumchirurgische Maßnahmen schließen die Verbesserung der Lebensvoraussetzungen der Bäume, also ihre Ernährung und die Behandlung ihres oft zerstörten Wurzelbereiches, ebenso ein wie Schnittmaßnahmen zur Wiederherstellung eines ausgewogenen Verhältnisses zwischen Wurzel und Krone, die Behandlung großer Wunden bis hin zu technischen Vorkehrungen. Diese umfassen das Anbringen von Drahtseilankern (nicht Eisenbändern) zur Sicherung gefährdeter Kronen, das Anbringen von Gewindestäben zur Verhinderung von Astspaltungen oder von Stammrissen in der Nähe großer Wunden oder Blitzschäden, das Anbringen von Teleskopstützen zur Erhöhung der Standfestigkeit alter Bäume oder das Einbringen von luftdurchlässigen Kiesschichten, die eine Auffüllung des Wurzelbereiches ermöglichen. Viele dieser Arbeiten können nur von einem ausgebildeten Fachmann sachgerecht durchge-

führt werden. Ihre nähere Erläuterung können wir uns hier sparen – dafür sollen einige Zeichnungen häufigere baumchirurgische Maßnahmen zeigen.

In Garten und Park beginnt die Baumchirurgie mit vorbeugenden und heilenden Maßnahmen, deren Ziel es ist, den Baum gesund zu erhalten. Sie beginnen mit der richtigen Artenwahl für einen gegebenen Standort, setzen sich fort in sachgerechter Bodenpflege, abgewogener Schädlingsbekämpfung, rechtzeitigem und maßvollem Schnitt und hören mit einer sorgfältigen Wundpflege auf.

KRANKHEITEN UND SCHÄDLINGE AN ZIERGEHÖLZEN

Im Gartenbau, in der Landwirtschaft und im Forst hat der Pflanzenschutz erhebliche wirtschaftliche Bedeutung. Nur die planmäßige und nachhaltige Bekämpfung von Schädlingen und Krankheiten hält Ernteverluste in Grenzen. Bei unseren Gartengehölzen betreiben wir Pflanzenschutz aus hygienischen und ästhetischen Gründen. Die Schadenschwelle, bei der ein Einsatz chemischer Mittel notwendig wird, kann in der Regel wesentlich höher angesetzt werden als im Erwerbsgartenbau. Von wenigen Ausnahmen abgesehen, kann daher auf eine regelmäßige und vorbeugende Schädlingsbekämpfung verzichtet werden. Vielmehr sind zunächst alle physikalischen, biologischen und pflanzenhygienischen Maßnahmen zu beachten, bevor zu chemischen Mitteln gegriffen wird. Sachgerechte Bodenbearbeitung und Düngung, richtige Pflanzen- und Standortwahl, zweckmäßige Pflanzabstände und fachgerechter Schnitt sind die Voraussetzungen für gesunde Pflanzen, die sich gegen den Angriff von Schadorganismen widerstandsfähiger zeigen als nicht optimal versorgte Pflanzen. Andererseits gibt es Gehölzarten, die von Natur aus so robust sind, daß sie praktisch kaum von Krankheiten und Schädlingen befallen werden.

Ursachen der Schäden an unseren Gartengehölzen

In den folgenden Zusammenstellungen* sind zahlreiche Schädlinge und Krankheiten der Ziergehölze aufgeführt. Die große Zahl der Schadursachen soll nicht erschrecken, es sind eben mögliche Fälle, die aber längst nicht immer und überall auftreten. Man soll sich nicht dazu verleiten lassen, ständig mit der Spritze durch den Garten zu laufen, um seine Pflanzen vor allen möglichen Schäden zu schützen. In der Regel beginnt man im Hausgarten mit der Bekämpfung eines Schädlings erst dann, wenn er sich an den Gehölzen zeigt. Ausgenommen sind die Erreger, die fast mit Sicherheit zu erwarten sind und nur vorbeugend bekämpft werden können wie etwa die Rote Spinne an Zwergfichten, Sternrußtau und Mehltau an Rosen. Auch der Schutz vor Wildverbiß oder andere, örtlich sich ständig wiederholende Schäden, gehören zu den Fällen, auf die man sich gezielt vorbereitet.

Vor und bei der Anwendung von Schädlingsbekämpfungsmitteln sind einige Punkte zu beachten:

1. Routinespritzungen nach einem bestimmten Spritzkalender werden heute auch im Erwerbsgartenbau nicht mehr vorbehaltlos empfohlen und sind im Hausgarten völlig überflüssig.
2. Alle gezielten Pflanzenschutzmaßnahmen setzen eine genaue Kenntnis der Schadorganismen, ihrer Lebensweise und Bekämpfungsmöglichkeiten voraus. Da diese von einem Hobby-

gärtner meist nicht erwartet werden kann, sei auf die Beratungstätigkeit der Pflanzenschutzämter hingewiesen.
3. Der vieldiskutierten biologischen bzw. integrierten Schädlingsbekämpfung kann man im Hausgarten unter anderem durch den Schutz und die Förderung der insektenvertilgenden Vögel (Winterfütterung, Bereitstellung von Nistgelegenheiten) und durch den überlegten und die nutzbringenden Insekten schonenden Einsatz chemischer Mittel nahekommen.
4. Soweit vorhanden, werden Mittel ausgebracht, die nützliche Insekten nicht schädigen. Die Verordnung zum Schutz der Bienen schreibt bei Spritzungen in die Blüte bienenungefährliche Mittel vor.
5. Die aufgebrachte Mittelmenge soll nur so hoch sein, daß sie gerade ausreicht, den störenden Schaderreger zu vernichten.
6. Alle Vorsichtsmaßnahmen zum Schutz des Anwenders und der Umwelt sind genau zu beachten. Dazu gehört insbesondere die richtige Dosierung und Ansetzung der Spritzbrühe nach Vorschrift, das Tragen geeigneter Schutzkleidung bei bestimmten Mittelgruppen und die sichere Aufbewahrung der Mittel.
7. Präparate nur in dicht verschlossenen Originalpackungen, möglichst weit entfernt von Lebensmitteln, an einem kühlen, frostfreien Ort lagern.
8. Beim Herstellen von Spritzbrühen nur für diesen Zweck bestimmte Behälter verwenden und diese nach Gebrauch sofort gründlich waschen. Die angesetzte Spritzbrühe nicht unbeaufsichtigt lassen.
9. Bei der Arbeit mit Pflanzenschutzmitteln nicht essen, trinken oder rauchen. Vor, während und unmittelbar nach der Anwendung keinen Alkohol trinken. Hautkontakte mit Pflanzenschutzmitteln meiden, Spritzer sofort gründlich mit Wasser abspülen. Durchnäßte Arbeitskleidung sofort wechseln.
10. Reste von Spritzbrühe und die Spülflüssigkeit nach dem Reinigen der Geräte nicht in Gewässer, Entwässerungsgräben und Abflüsse laufen lassen.
11. Reste von Pflanzenschutzmitteln und leere Packungen ordnungsgemäß entsorgen.
12. Bei ersten Anzeichen von Unwohlsein einen Arzt anrufen oder aufsuchen.

Bei den auf den folgenden Seiten genannten Präparaten zur Bekämpfung von Krankheiten und Schädlingen handelt es sich um Präparate, die von der Biologischen Bundesanstalt für Land- und Forstwirtschaft geprüft und für bestimmte Verwendungsbereiche zugelassen worden sind (Stand Frühjahr 1991). Es werden nur solche Präparate genannt, die in gartengerechten Kleinpackungen angeboten werden.

Krankheiten und Schädigungen unserer Ziergehölze können sehr verschiedene Ursachen haben. Neben den Einflüssen der unbelebten Umwelt sind es vor allem Pilze, Bakterien, Viren und tierische Schädlinge, die Höhere Pflanzen befallen und in ihrer Entwicklung beeinträchtigen können.

---

* unter Mitarbeit von Heinrich Lösing, Pinneberg

Pilzerkrankungen (Mykosen)

Von den pflanzlichen Schadorganismen haben die Pilze die weitaus größte Bedeutung. Es sind in der Regel kleine, wenig auffällige Organismen, die in und auf der Pflanze leben und ihr die für ihr Wachstum notwendigen Nährstoffe entziehen. Mit ihren Hyphen – das sind mikroskopisch feine, meist verzweigte Pilzfäden, die in ihrer Gesamtheit als Myzel bezeichnet werden – durchziehen sie das Gewebe ihres Wirtes und verursachen dadurch Schäden. Äußere Zeichen eines Pilzbefalls sind vor allem Blattflecken und -verfärbungen, welkende, faulende und absterbende Pflanzenteile.

Nach einer bestimmten Entwicklungsstufe bilden die Pilze Sporen als Fortpflanzungsorgane aus, meist winzige, vielgestaltige Gebilde, die durch Wind, Wasser, Mensch und Tier verbreitet werden können. Von vielen Pilzarten kennen wir zwei Sporenformen: die Sommersporen, die während der Vegetationszeit den Pilz auf die benachbarten Pflanzenteile verbreiten, und die dickwandigen Wintersporen, die im Frühjahr für eine Neuinfektion sorgen und die häufig auf artfremden Pflanzen (Zwischenwirt) überwintern. Pilzliche Parasiten sind nicht in allen Stadien ihres Entwicklungsganges mit Erfolg zu bekämpfen. Im Obstbau richtet man sich deshalb nach bestimmten Spritzterminen. Im Hausgarten kommt nur eine vorbeugende Bekämpfung in Frage. Der schon angesiedelte Pilz läßt sich nur selten wieder völlig vertreiben, immerhin dämmen bestimmte Mittel seine Ausdehnung ein. Da fast alle Pilzsporen erst nach oder bei Regen, Nebel oder Tau keimen, ist bei feuchtem Frühjahrswetter am ehesten mit Infektionen zu rechnen. Siehe hierzu auch Übersicht Seite 195.

Bakteriosen

Bakterien sind winzige, kugelige, längliche oder spiralig geformte Lebewesen. Als Schadorganismen an Pflanzen treten vorwiegend einzellige, stäbchenförmige, etwa ein Tausendstel Millimeter lange Bakterien auf, die sich durch Querteilung vermehren. Bakterien dringen vor allem durch Verwundungen, aber auch durch die Spaltöffnungen in die Wirtspflanzen ein. Übertragen werden sie vorwiegend durch Wasser, aber auch durch Wind, Insekten und den Menschen.

Durch Bakterien verursachte Erkrankungen zeigen sich in sehr verschiedenen Krankheitsbildern, als Naß- oder Weichfäule, in Flecken auf Blättern, Trieben und Früchten, in krebsartigen Wucherungen an Stamm und Wurzeln oder in Form gefäßparasitärer Welkekrankheiten. Eine der gefährlichsten und auffälligsten Bakterienkrankheiten ist der Feuerbrand, der vor allem Obstgehölze und Ziergehölze aus der Familie der Rosengewächse befällt.

Virosen

Die Natur der Viren ist uns noch nicht lange bekannt. Im Elektronenmikroskop erkennt man ihre Form: Kügelchen, Stäbchen oder Fädchen. Viren haben keinen eigenen Stoffwechsel, sie können sich nur in der lebenden Zelle auf Kosten des Eiweißstoffwechsels der befallenen Pflanze vermehren. Viren können sehr verschiedene Krankheitsbilder hervorrufen. Am häufigsten und auffälligsten sind Störungen des Blattgrüns, es kommt zu einer Marmorierung der Blätter. Sie kann bei einigen Pflanzenarten durch vegetative Vermehrung fixiert werden und bedingt gelegentlich den Zierwert bestimmter Gartenformen.

Oft kommt es zu Blattdeformationen, weil die gesunden Teile der Blätter rascher wachsen als die kranken. Die Übertragung von Viren kann durch Insekten (z.B. Blattläuse, Wanzen, Zikaden und Blasenfüße) oder durch Nematoden im Boden erfolgen, aber auch durch Saatgut oder durch das Berühren von kranken und gesunden Pflanzenteilen, z.B. durch Schnittwerkzeuge bei der vegetativen Vermehrung. Eine gezielte Bekämpfung von Virosen durch Pflanzenschutzmittel ist in der Praxis zur Zeit noch nicht möglich. Uns bleiben nur vorbeugende Maßnahmen wie die Verwendung von virusfreiem Vermehrungsmaterial und die Bekämpfung der Virusüberträger (Vektoren).

Tierische Schädlinge

Unter den tierischen Schädlingen stehen die Insekten an Artenzahl und in ihrer Bedeutung weitaus im Vordergrund. Außerdem können Nematoden und Spinnmilben als Schaderreger auftreten. Eine Reihe von Insekten sind wertvolle Nützlinge, etwa Marienkäfer, Florfliegen, Schwebfliegen, Schlupfwespen, räuberische Gallmücken, Raubmilben, Wanzen, Spinnen und Ohrwürmer. Über den Bau und die Entwicklung der Insekten wollen wir hier nicht sprechen, entscheidend für die Bekämpfung ist die Art ihrer Ernährung. Wir unterscheiden beißende und saugende Insekten. Die erste Gruppe wird vornehmlich mit Fraßgiften bekämpft, der zweiten läßt sich mit Berührungsgiften (Kontaktgiften) beikommen. Beide Gruppen sind heute auch mit systemischen Insektiziden zu bekämpfen (z.B. Parathion, Malathion); diese werden über Wurzel und Blatt aufgenommen und gelangen so in die Leitungsbahnen.

Gelegentlich können einige Säugetiere und Vögel recht lästig werden. Schutznetze leisten dann gute Dienste.

Gegen alle tierischen Schädlinge soll nur dann vorgegangen werden, wenn tatsächlich Befall vorliegt und eine Verwechslung mit ungefährlichen oder gar nützlichen Insekten ausgeschlossen ist. Nur bei regelmäßig zu erwartendem Befall durch bestimmte Insekten empfiehlt sich eine vorbeugende Bekämpfung mit Austriebsspritzmitteln (z.B. Folidol-Öl) kurz vor dem Aufbrechen der Knospen.

Nicht immer müssen gleich besonders giftige Mittel eingesetzt werden, die zugleich ja auch Mensch und Haustier gefährden können. Oft helfen schon Mittel, die auf pflanzlicher Basis aufgebaut (z.B. Pyrethrine) und daher leichter zu handhaben sind.

Schäden durch unbelebte Umwelteinflüsse

Die Schäden durch unbelebte Umwelteinflüsse an unseren Gartengehölzen können vom Boden und vom Klima ausgehen sowie durch Chemikalien hervorgerufen werden.

Den Boden können wir durch sachgerechte Bearbeitung und ausreichende und harmonische Versorgung mit Humus und Nährstoffen recht gut beeinflussen und Mangelschäden bzw. Ernährungsstörungen weitgehend verhindern. Durch die Wahl der richtigen Pflanzenart für die gegebenen Bodenverhältnisse beugen wir ebenfalls möglichen Wachstumsdepressionen vor.

Meteorologischen Einflüssen wie Kälte und Hitze, Dürreperioden und Hagelschauern sind wir häufig schutzlos ausgeliefert. Im Garten können wir kleinklimatische Vorteile geschickt ausnutzen, empfindlichere Pflanzen im Winter mit einer Laubdecke und mit Nadelholzreisig schützen, die Wirkung von Spätfrösten durch Schutzgewebe mildern, Dürrezeiten durch rechtzeitige Bewässerung überbrücken und für stark exponierte Standorte in Sonnen- oder Schattenlagen entsprechende Pflanzen wählen.

Schäden an Pflanzen durch Staub und chemische Einflüsse, durch Emissionen von Fabriken, Autos und Hausbrand also, gehören heute leider in vielen Gebieten zum täglichen Ärger des Gärtners. Hier bleibt nur der vorbeugende Schutz durch die Verwendung rauchharter Arten in gefährdeten Gebieten. Mit Salzschäden, zumindest am straßennahen Grün, werden wir auch an unseren Gartengehölzen zu rechnen haben, wenn Straßen und Gehwege weiterhin mit Abraumsalzen von Schnee und Eis freigehalten werden.

Nicht artgebundene Krankheiten und Schädlinge

Bevor die wichtigsten Schaderreger an den einzelnen Gehölzgattungen behandelt werden, wollen wir zunächst Krankheiten und Schädlinge besprechen, die allgemeine Bedeutung haben und eine mehr oder weniger große Zahl von Gehölzarten schädigen können.

Säugetiere und Vögel

Hase, Kaninchen
Schadbild: Stämme und Äste sind geschält, Zweige abgefressen.
Bekämpfung: Einzäunen von Jungpflanzen. Einsatz von Wildverbißmitteln wie AAprotekt (unverdünnt streichen), Cunitex oder HaTe 4 (Angaben zur Sommer- und Winterbehandlung der Hersteller beachten).

Feldmaus (*Microtus arvalis*)
Schadbild: Rinde an Stämmen und Zweigen sind in Bodennähe, besonders am Wurzelhals, benagt, vor allem wenn Trockenheit herrscht und in Pflanzungen mit starkem Bewuchs von Wildkräutern. Mauselöcher sind, im Gegensatz zu Wühlmauslöchern, immer offen.
Bekämpfung: Freihalten der Anlagen von Wildwuchs, kein Abdecken der Baumscheiben mit Laub oder Reisig. Vom Herbst bis zum Frühjahr Auslegen von frischem Giftgetreide in die Löcher, 6–10 Körner je Loch, oder Lepit-Feldmausköder.

Erdmaus (*Microtus agrestis*)
Schadbild: An der Rinde erkennt man mehr oder weniger waagerechte Zahnspuren. Junge Äste können bis in 2 m Höhe geschält werden. Stämmchen sind bis 2 cm Durchmesser dicht oberhalb des Bodens abgefressen. Schäden entstehen vor allem an Weichholzarten wie Ahorn, Esche, Eberesche, Hainbuche, Rot- und Grauerle, Weide und Lärche.
Bekämpfung: Im Spätherbst und zeitigen Frühjahr durch Auslegen von Ködermitteln wie Arrex-E-Köder, Arrex-M-Köder oder Lepit-Forstpellets.

Große Wühlmaus, Schermaus (*Arvicola terrestris*)
Schadbild: Flach unter der Erdoberfläche verlaufende Gänge. An den Wurzeln deutliche Spuren von Nagezähnen. Hauptwurzel oft rübenartig benagt.
Bekämpfung: In gefährdeten Lagen Wurzeln der Bäume vor dem Pflanzen durch verzinktes Drahtgeflecht (0,75 Zoll) schützen. Aufstellen von Zangenfallen in die Gänge. Anwendung von Begasungsmitteln wie Arrex-Patronen, Phostoxin WM, Polytanol, Nendo Phosphat S oder Neudo-Phosphid. Die Verwendung von Ködern wie Quiritox ist ebenfalls möglich. Vor der Einleitung von Bekämpfungsmaßnahmen muß man prüfen, ob die Gänge »befahren« werden. Bewohnte Gänge werden nach dem Öffnen in kurzer Zeit wieder geschlossen.

Rötelmaus (*Clethrionomys glareolus*)
Schadbild: An der Rinde junger Gehölze zeigen sich platz- und streifenweise Fraßschäden, oder es kommt zur völligen Entrindung ganzer Zweige, meist von Oktober bis April. Stark gefährdet sind Ahorn, Buche, Esche, Faulbaum, Linde, Schwarzer Holunder und Schwarzkiefer (Fraß an den Spitzenknospen).
Bekämpfung: Auslegen von Ködermitteln wie Arrex-E-Köder, Arrex-M-Köder-Klein oder Lepit-Forstpellets in die Erdbaue.

Maulwurf (*Talpa europaea*)
Schadbild: Maulwurfshaufen, Fraßgänge. Keine Fraßschäden an den Wurzeln.
Bekämpfung: Der Maulwurf ist durch die Bundesartenschutzverordnung geschützt. Bei Einzelauftreten erfolgt die Vertreibung durch Einsatz von Vergrämungsmitteln in den Gängen: Compo Talpigram oder Wühlmaus-Ex Maulwurf-Vergrämungsmittel. Eine Bekämpfung wird von der Naturschutzbehörde nur dann genehmigt, wenn schwerwiegende Schäden zu verhindern sind.

Vögel (*Aves*)
Schadbild: Blütenknospen von Forsythie, Pfirsich, Apfel, Birne u.a. werden oft in größeren Mengen von Sperlingen und Gimpeln zerstört.
Bekämpfung: Anbringen von Vogelschutznetzen. In Notfällen sind Spritzungen mit Mesurol oder AAprotekt möglich.

Bakterielle Erkrankungen und Pilzkrankheiten

Feuerbrand (*Erwinia amylovora*)
Schadbild: Das Bakterium dringt über Blüten, Rindenrisse und andere Verletzungen in die Leitungsbahnen ein. Es wird durch Wasserspritzer übertragen oder durch Tiere, den Menschen oder den Transport kranker Pflanzen verschleppt. Die Blüten verfärben sich schwarz. Das Rindengewebe färbt sich braunschwarz, bei feuchtem Wetter tritt an dieser Stelle häufig ein gelblicher Schleimtropfen aus. Die Triebe sterben oberhalb der Befallsstelle ab und sind häufig hakenförmig geknickt. Wichtige Wirtspflanzen sind *Cotoneaster, Crataegus, Cydonia, Malus, Pyracantha, Pyrus, Sorbus* und *Stranvaesia*.
Bekämpfung: Mit chemischen Präparaten derzeit nicht möglich. Kranke Triebe bis mindestens 40 cm unterhalb der Befallsstelle zurückschneiden (hat nicht immer dauerhaften Erfolg). Stark befallene Pflanzen roden und möglichst sofort verbrennen. Mit vorbeugenden Spritzungen von Kupferpräparaten (z.B. Kupferkalk-Atempo, Grünkupfer, Cupravit, Funguran u.a.) kann die weitere Ausbreitung eingedämmt werden. Das Auftreten der Krankheit ist meldepflichtig.

Fliederseuche (*Pseudomonas syringae*)
Schadbild: Auf den Blättern verschiedener *Prunus*-Arten, auf *Forsythia* und *Syringa* entstehen zunächst durchscheinende, später braune Flecken mit durchscheinendem Rand. Die Blätter können verkrüppeln. An jungen Trieben werden braune bis schwarze, eingesunkene Stellen sichtbar. Die Triebe und Blütenstiele knicken nach der Braunfärbung ab. Die Bakterienkrankheit tritt besonders bei feucht-warmer Witterung auf.
Bekämpfung: Mit chemischen Mitteln nicht möglich. Kranke Triebe bis mindestens 30 cm unterhalb der Befallsstelle abschneiden. Stark befallene Pflanzen roden und verbrennen. Die weitere Ausbreitung kann durch mehrmalige Anwendung von Kupferspritzmitteln verhindert werden.

Blattfleckenkrankheiten

Schadbild: Pilzarten verursachen auf den Blättern unregelmäßig geformte oder auch runde, graue oder bräunliche Flecken, zum Teil mit rötlichem Rand, die sich über die ganze Blattspreite ausdehnen können. Bei starkem Befall kann es zu vorzeitigem Blattfall kommen.

Bekämpfung: Bei Sichtbarwerden der ersten Symptome sind mehrfache Spritzungen mit einem der unten genannten Präparate nötig.

Grauschimmel (*Botrytis cinerea*)

Schadbild: An Laubgehölzen welken bei feuchtem Wetter Blätter, Triebe und Blüten. An Nadelgehölzen welken junge Triebe unter brauner Verfärbung, sie hängen schlaff herab. Der Grauschimmel kann bei anhaltend feuchtem und kühlem Wetter jede Pflanze befallen, besonders anfällig sind etwa *Calluna*, *Cercis*, *Rosa*, *Tamarix* und *Vitis*.

Bekämpfung: Wiederholte Spritzungen in Abständen von 7–14 Tagen mit einem der unten genannten Präparate.

Echter Mehltau (*Erysiphaceae*)

Schadbild: Vom Frühjahr bis zum Sommer tritt weißer, mehlartiger Belag auf Blättern, Triebspitzen und Zweigen auf. Blätter und Triebe sind häufig verkrüppelt, es kommt zu frühzeitigem Blattfall. Wirtspflanzen sind u.a. *Acer*, *Crataegus*, *Euonymus*, *Mahonia*, *Malus*, *Quercus* und *Rosa*.

Bekämpfung: Rückschnitt der befallenen Triebe. Falls erforderlich, wird ab Befallsbeginn mit einem der unten genannten Präparate gespritzt.

Falscher Mehltau (*Pseudonospora* u.a.)

Schadbild: Schmutzigweißer Pilzbelag auf der Blattunterseite. Befallene Blatteile werden zunächst braun und sterben dann ab. Bei starkem Befall schrumpfen die Blätter unter Grau- oder Braunfärbung und fallen dann ab. Die Pilzentwicklung wird durch anhaltende Feuchtigkeit besonders gefördert.

Bekämpfung: Mehrfache Spritzungen in Abständen von 5–14 Tagen, spätestens beim Sichtbarwerden der ersten Symptome, mit einem der auf Seite 196 genannten Präparate.

Schorf (*Venturia inaequalis* u.a.)

Schadbild: Auf den Blättern bilden sich zunächst olivgrüne, später braun werdende Flecken, an den Jungtrieben entstehen schorfige Flecken.

Bekämpfung: Bei länger anhaltender Feuchtigkeit erfolgt die Hauptinfektion beim Apfel im April–Mai durch die Ascosporen der Hauptfruchtform *Venturia inaequalis*; der Sporenflug kann sich bis in die zweite Junihälfte hinziehen. Ab Februar werden an überwinterten Myzelresten Sporen der Nebenfruchtform *Spilocaea*

Mittel zur Bekämpfung von Pilzkrankheiten

Wirkstoff bzw. Präparat	Anwendung	Bemerkungen*
Blattfleckenkrankheiten		
Kupferoxychlorid Kupferkalk-Atempo	0,1–0,5 %, wiederholte Anwendungen im Abstand von 10–14 Tagen	B 4, K 230, 261
Mancozeb Dithane Ultra	0,2 %, wiederholte Anwendungen im Abstand von 8–14 Tagen	Xi, B 4, K 230, 261
Maneb Maneb-Spritzpulver Maneb 80	0,2 %, wiederholte Anwendungen im Abstand von 10–14 Tagen	B 4, K 230, 261
Metiram Phytox-Super Polyram-Combi	0,2 %, wiederholte Anwendungen im Abstand von 10–14 Tagen	Xi, B 4, K 230, 261
Triforin Saprol Tarsol Basforine	0,15 %, wiederholte Anwendungen im Abstand von 7–10 Tagen	Xi, B 4, tsy 230, 261
Grauschimmel		
Dichlofluanid Euparen	vorbeugend 0,25 %, bei Befall 0,5 %, wiederholte Anwendungen im Abstand von 8–10 Tagen	Xi, B 4, tsy, 230, 261
Iprodion Rovral	0,1 %, wiederholte Anwendungen im Abstand von 7–14 Tagen	B 4, tsy 230, 261
Vinclozolin Ronilan	0,1 %, wiederholte Anwendungen im Abstand von 10–14 Tagen	Xi, B 4, K
Echter Mehltau		
Bitertanol Baymat Rosenspritzmittel Baymat Rosenspray Baymat Spray	0,125 %, wiederholte Anwendungen ab Befallsbeginn im Abstand von 8–14 Tagen	B 4, tsy, 230, 264
Fenarimol Saprol F Pflanzen-Paral gegen Pilzkrankheiten	0,03 %, wiederholte Anwendungen ab Befallsbeginn im Abstand von 10–14 Tagen	B 4, tsy, 230, 261
Lecithin BioBlatt Mehltaumittel	0,15 %, wiederholte Anwendungen in Abständen von 7 Tagen ab Befallsbeginn	B 4
Imazalil Rosen EC 2000	0,1 %, wiederholte Spritzungen in Abständen von 7–10 Tagen ab Befallsbeginn	Xn, B 4, 264, sy
Reynontria-Extract Milsana	1 %, wiederholte Anwendungen in Abständen von 7–10 Tagen vorbeugend vom Austrieb an	
Schwefel Netz-Schwefelit	0,25 %, wiederholte Anwendungen ab Befallsbeginn im Abstand von 6–8 Tagen	B 4, K
Triforin Saprol	0,15 %, wiederholte Anwendungen ab Befallsbeginn im Abstand von 7–14 Tagen	Xi, B 4, tsy, 230, 261

* Erklärung der Abkürzungen auf Seite 196

Wirkstoff bzw. Präparat	Anwendung	Bemerkungen*
Falscher Mehltau		
Kupferoxychlorid z.B. Kupferkalk-Atempo	0,3 %, wiederholte vorbeugende Anwendungen im Abstand von 10–14 Tagen	B 4, K 230, 261
Mancozeb Dithane Ultra	0,2 %, wiederholte vorbeugende Anwendungen im Abstand von 8–14 Tagen	Xi, B 4, K 230, 261
Maneb Maneb-Spritzpulver Maneb 80	0,2 %, wiederholte vorbeugende Anwendungen im Abstand von 10–14 Tagen	Xi, B 4, K 230, 261
Metiram Phytox Super Polyram Combi	0,2 %, wiederholte vorbeugende Anwendungen im Abstand von 10–14 Tagen	Xi, B 4, K 230, 261
Schorf		
Bitertanol Baycor-Spritzpulver	0,05 %, max. 12 Anwendungen im Abstand von 7–14 Tagen	B 4, 230, 264, tsy auch gegen Apfelmehltau wirksam
Dichlofluanid Euparen	0,15 %, max. 12 Anwendungen im Abstand von 10 Tagen	Xi, B 4, 230, 261, tsy befallsmindernde Wirkung gegen Echten Mehltau und Spinnmilben
Fenarimol Elital Rubigan Saprol F	0,03 %, max. 12 Anwendungen im Abstand von 8–14 Tagen	Xn, B 4, 230, 261, tsy auch gegen Apfelmehltau wirksam
Mancozeb Dithane Ultra	0,2 % max. 12 Anwendungen im Abstand von 8–14 Tagen	Xi, B 4, 230, 261, K befallsmindernde Wirkung gegen Spinnmilben
Metiram Phytox-Super Polyram-Combi	0,2 % vor der Blüte, 0,15 % nach der Blüte, max. 14 Anwendungen im Abstand von 10–14 Tagen	Xi, B 4, 230, 261, K
Propineb Antracol	0,15 %, max. 12 Anwendungen im Abstand von 10–14 Tagen	B 4, 230, 261, K
Netzschwefel Netzschwefel Netz-Schwefelit	0,7 % vor der Blüte, 0,5 % während der Blüte, 0,4 % nach der Blüte, max. 14 Anwendungen im Abstand von 6–8 Tagen	B 4, K auch gegen Apfelmehltau wirksam

Wirkstoff bzw. Präparat	Anwendung	Bemerkungen*
Thiram Pomarsol forte Thianosan M	0,2 %, max. 12 Anwendungen im Abstand von 6–14 Tagen	Xi, B 4, 230, K
Triforin Saprol	0,125 %, max. 12 Anwendungen im Abstand von 8–14 Tagen	Xi, B 4, 230, 261, tsy auch gegen Apfelmehltau wirksam

Zeichenerklärung

Gefahrensymbole	T +	=	sehr giftig
	T	=	giftig
	C	=	ätzend
	Xn	=	mindergiftig
	Xi	=	reizend
Bienenschutz	B1	=	bienengefährlich
	B2	=	bienengefährlich, ausgenommen bei Anwendung nach dem täglichen Bienenflug bis 23 Uhr
	B3	=	Bienen werden aufgrund der durch die Zulassung festgelegten Anwendung des Mittels nicht gefährdet
	B4	=	nicht bienengefährlich
Trinkwasserschutz	W	=	Keine Anwendung, Aufbewahrung oder sonstiger Umgang mit Präparat oder Behandlungsflüssigkeit in Zuflußbereichen (Einzugsgebieten) von Grund- und Quellwassergewinnungsanlagen bzw. Trinkwassertalsperren. Die regionalen Wasserwirtschaftsämter bzw. die Regierungspräsidien der Bundesländer verfügen über Unterlagen zur Lage von Wasserschutzgebieten und Heilquellenschutzgebieten.
Kennzeichnungsauflagen der Biologischen Bundesanstalt für Pflanzenschutz BBA (Auszug)	230		Keine Anwendung auf stärker geneigten Flächen, von denen eindeutig die Gefahr einer Abschwemmung in Gewässer – insbesondere durch Regen oder Bewässerung – gegeben ist. In jedem Fall ist eine Anwendung in unmittelbarer Nähe von Gewässern auszuschließen
	261		Das Mittel ist fischgiftig
	263		Das Mittel ist giftig für Fischnährtiere
	264		Das Mittel ist giftig für Fische und Fischnährtiere
Allgemeine Abkürzungen	K	=	Kontaktgift
	F	=	Fraßgift
	A	=	Atemgift
	sy	=	systemisch
	tsy	=	teilsystemisch, d.h. das Pflanzenschutzmittel dringt in das Pflanzengewebe ein, wird jedoch darin nicht transportiert.

pomi gebildet, die sich vorwiegend innerhalb der Baumkrone durch Wasserspritzer verbreiten.

Bekämpfung: Sie hat einzusetzen, wenn die Primärblätter sichtbar werden (bei *Malus* noch vor dem Mausohrstadium). Dazu sind die auf Seite 196 genannten Mittel geeignet.

Rotpustelkrankheit *(Nectria cinnabarina)*

Schadbild: Triebe oder ganze, meist jüngere Pflanzen sterben ab. Auf der abgestorbenen Rinde bilden sich orangerote Pusteln.

Bekämpfung: Der Pilz ist ein »Schwächeparasit«, er kann nur über Verletzungen in die Rinde eindringen. Deshalb sollte man Gehölze unter optimalen Bedingungen kultivieren und Verletzungen vermeiden. Nach Schnittmaßnahmen werden Wunden mit einem Wundverschlußmittel versorgt (siehe unter Bleiglanz). Abgestorbene Triebe tief (40–50 cm) bis ins gesunde Holz zurückschneiden und verbrennen.

Bleiglanz *(Chondrostereum purpureum)*

Schadbild: Die Blätter zeigen häufig schon im Frühjahr nach dem Austrieb einen bleiartig-metallischen Glanz, verursacht durch das Stoffwechselprodukt Phytolysin des Pilzes. Im Juni–August zeigen sich mehr oder weniger ausgedehnte braune Nekrosen auf den befallenen Blättern. Zuerst sterben einzelne Äste ab, später dann der ganze Baum.

Bekämpfung: Befallene Triebe werden bis ins gesunde Holz zurückgeschnitten. Junge Bäume und Sträucher werden beseitigt, bevor sich die Fruchtkörper des Pilzes (violette Krusten auf abgestorbenen Trieben und Stammteilen) gebildet haben. Bei größeren Bäumen sollte man befallene Rindenteile möglichst entfernen. Schnittmaßnahmen sollten möglichst im Juli–August durchgeführt werden, denn zu dieser Zeit ist eine Infektionsgefahr am geringsten. Wunden werden mit Wundverschlußmitteln wie Baumwachs Pomona, Bayleton-Rindenverschluß, Lac Balsam, Maywax Baumwachs, Negal, Novaril rot, Trimona Baumwachs oder Tervanol F u. a. behandelt.

Mittel zur Bekämpfung von Thripsen

Wirkstoff bzw. Präparat	Anwendung	Bemerkungen*
Cypermethrin Ripcord 10	0,1 %, 0,05 %	B 1, F, K, 230, 261
Deltamethrin Decis	0,05 %	Xn, B 2, F, K, 230, 264
Endosulfan Beosit 35 flüssig Thiodan 35 flüssig	0,1 %	T, B 4, F, K, 230, 264
Etrimfios Ekamet	0,1 %	W, B 1, F, K, 230, 264
Oxydemetonmethyl Metasystox R	0,1 %	T, B 1, sy, F, K, 230, 261
Parathion E 605 forte Parathion forte	0,035 %	T, B 1, A, F, K, 230, 264
Propoxur Unden flüssig	0,15 %	Xn, W, B 1, 230, 264

Im Gegensatz zum parasitär verursachten Bleiglanz treten die ähnlich erscheinenden Symptome beim physiologisch bedingten Bleiglanz erst ab Juli–August auf. Nekrosen werden in diesen Fällen nicht gebildet. Im nächsten Jahr verschwinden die Symptome oft wieder.

Welkekrankheiten *(Verticillium albo-atrum, V. dahliae)*

Schadbild: Zunächst beginnen an einzelnen Ästen, später unter Umständen auch an der ganzen Pflanze die Blätter zu welken, sie färben sich graugrün oder gelb. Der Pilz dringt über Verletzungen in die Leitungsbahnen ein, die sich beim Durchschneiden des Holzkörpers braun verfärbt zeigen.

Bekämpfung: Kranke Pflanzen sofort entfernen und vernichten. Ein Abschneiden befallener Äste verzögert meist nur das Absterben der ganzen Pflanze.

Monilia *(Monilia laxa, M. frutigena)*

Schadbild: An den Lang- und Kurztrieben verschiedener *Prunus*-Arten verwelken Blüten und junge Blätter, oft werden ganze Zweige welk. Die abgestorbenen Organe bleiben lange hängen. Später bilden sich an der Rinde graue Sporenlager.

Bekämpfung: Befallene Zweige werden entfernt und verbrannt. Fruchtmumien werden vernichtet. Ab Blühbeginn kann man vorbeugend spritzen mit Ronilan (0,1 %), Sumisclex (0,1 %), Saprol (0,15 %) oder Baycor-Spritzpulver (0,15 %).

Nematoden

Blattälchen *(Aphelenchoides ritzemabosi, A. fragarieae)*

Schadbild: An Blättern anfangs gelbgrüne, später braun und nekrotisch werdende Flecken, die meist durch größere Blattrippen scharf begrenzt sind. Älchen wandern vom Boden in einem Wasserfilm an der Pflanze empor, der Befall beginnt deshalb im allgemeinen im unteren Bereich der Pflanze.

Bekämpfung: Eine chemische Bekämpfung ist mit E 605 forte oder Parathion forte (jeweils 0,1 %) möglich.

Stengelälchen *(Ditylenchus dipsaci)*

Schadbild: Die Blätter sind mehr oder weniger verkrüppelt, an den Stengeln treten Verdickungen und z. T. verbräunte Stellen auf. Die Pflanzen zeigen häufig einen gedrungenen Wuchs.

Bekämpfung: Wie bei Blattälchen.

Wandernde Wurzelnematoden

Endoparasiten (*Pratylenchus*-Arten) leben im Boden und dringen von hier aus in die Wurzel ein. Sie stechen die Wurzelzellen an und saugen den Zellsaft aus. Schon wenige Tiere können die Wurzeln stark schädigen.

Ektoparasiten (*Paratylenchus-, Trichodorus-, Rotylenchus-* und *Tylenchorhynchus*-Arten) leben ebenfalls im Boden, dringen aber nicht in die Pflanzen ein, sondern stechen nur die äußeren Wurzelzellen an. Nur eine wesentlich höhere Befallsdichte führt zu vergleichbaren Schäden.

Schadbild: Besonders die feinen Saugwurzeln sind verbräunt und abgestorben, auch an älteren Wurzeln mehr oder weniger ausgedehnte verbräunte Stellen. Die Wunden an den Wurzeln sind oft Eintrittspforten für verschiedene Schwächeparasiten unter den Pilzen.

Bekämpfung: Zur biologischen Bekämpfung wandernder Wurzelnematoden, vor allem der Gattung *Pratylenchus,* hat sich eine einjährige Kultur auf Freiflächen oder die Unterpflanzung in stehenden Kulturen von *Tagetes erecta* oder *T. patula* bewährt.

Insekten und Milben

Fransenflügler, Thripse *(Thysanoptera, Thripide)*
Taeniothrips laricivorus, Lärchenblasenfuß
Thrips fuscipennis, Rosenblasenfuß (auch an zahlreichen anderen Pflanzen)
Thrips tabaci, an zahlreichen Pflanzen, 2–3 Generationen jährlich
Frankliniella spec., *F.occidentalis* bisher nur an Zierpflanzen und Gemüse unter Glas
Heliothrys haemorrhoidalis, Gewächshausblasenfuß, bis zu 12 Generationen jährlich
Schadbild: An Blättern und Nadeln sitzen längliche, gelbe Larven oder schwarze Insekten. Es entstehen kleine Flecken, die zu größeren, silberartigen Flecken zusammenfließen können. Durch die Saugtätigkeit kommt es an jungen Pflanzenteilen zur Verkrüppelung von Knospen, Blättern und Blüten. Bei warmer, mäßig feuchter Witterung kann es zu Massenvermehrungen kommen.

Bekämpfung: Wiederholte Spritzungen in Abständen von 8–10 Tagen mit einem der auf Seite 197 genannten Präparate.

Blattläuse, Baumläuse
Aphididae, Röhrenläuse
Adelgidae, Fichtenläuse (am Hauptwirt Fichte stets gallenbildend)
Callaphididae, Zierläuse
Chaitophoridae, Borstenläuse
Phylloxeridae, Zierläuse
Thelaxidae, Maskenläuse
Lachnidae, Baumläuse
Eriosomatidae, Blasenläuse
Schadbild: Grüne, rosa, bräunliche, graue oder schwarze Blattläuse verschiedener Arten saugen an den Blättern, Trieben, Blüten und Früchten zahlreicher Gehölzarten. Die Blätter können gekräuselt, die Nadeln verbräunt sein. An den Trieben treten Wachstumsdepressionen auf. Auf den Blattausscheidungen (Honigtau) siedeln

Mittel zur Bekämpfung von Blatt-, Baum-, Schild- und Mottenschildläusen

Wirkstoff bzw. Präparat	Anwendung	Wirkung gegen Blatt-, Baumläuse	Schildläuse	Mottenschildläuse	Bemerkungen*
Cypermethrin Cymbush Ripcord 10	0,1 %	×		×	B2, K, F 230, 264
Deltamethrin Decis flüssig	0,05 %	×		×	Xn, B2, K, 230, 264
Dimethoat Perfekthion Roxion	0,15 %	×	×		Xn, B1, 230, 261
Kali-Seife Neudosan Neudosan A F	2 % unverdünnt	×	×		B 4, K
Mineralöl Para-Sommer Promanal	2 %, Anwendung bis zum Beginn des Austriebes		×		B 4, 230, h
Paraffinöl Elefant-Sommeröl	2 %		×		B4
Paraffinöl + Parathion Folidol-Öl Eftol-Öl	0,5 % vor Austrieb der Gehölze im Frühjahr	×	×		T +, B1, 230
Parathion E 605 forte	0,05 %	×	×	×	T, B1, K, F tsy, 230, 264
Piperonylbutoxid + Pyrethrine Spruzit flüssig Spruzit Staub	0,01 % 2,5 g/m²	×			B4, 261, 230, K
Pirimicarb Pirimor Granulat	0,05 %	×			Xn, B4, 230, 263 Nützlingsschonend
Propoxur Unden flüssig	0,15 %	×	× ausgenommen San-José-Schildlaus	×	Xn, B1, W, 230, 261, 264

* Erklärung der Abkürzungen siehe Seite 196

sich häufig Schwärzepilze an, die die Assimilation beeinträchtigen können.

Bekämpfung: Vor dem Austrieb ist eine Bekämpfung mit Austriebsspritzmitteln wie Folidol-Öl (0,5 %) oder Promanal-Weißöl (2–3 %) möglich. Dabei werden gleichzeitig auch andere überwinternde Schädlinge wie Spinnmilben, Raupen und Blasenfüße erfaßt. Nach dem Austrieb können Blattläuse mit einem der auf Seite 198 genannten Präparate bekämpft werden.

Schildläuse

Diaspidiae, Deckel- oder Austernschildlaus
Lecaniidae, Napfschildläuse
Pseudococcidae, Woll- oder Schmierläuse
Asterolecaniidae, Pockenläuse
Schadbild: Vorwiegend auf Zweigen und Ästen sitzen kommaförmige oder runde, flache oder gewölbte, unbewegliche Schildchen, unter denen sich die jungen Läuse entwickeln, die schließlich auf andere Pflanzenteile überwandern. Die Schildchen der Wolläuse sind häufig an Wachsausscheidungen in Form von Puder oder wollig gekräuselten Fäden zu erkennen.
Bekämpfung: Vor dem Austrieb mit Folidol-Öl (0,5 %) spritzen. Während der Vegetationszeit erfolgt die Bekämpfung mit einem der auf Seite 198 genannten Präparate.

Mottenschildläuse, Weiße Fliege

Trialeurodes vaporariorum, vorwiegend unter Glas
Bemisia tabaci, unter Glas
Dialeurodes chittendeni, besonders an *Rhododendron*
Schadbild: Auf der Blattunterseite sitzen 1–2 mm große, weißbepuderte, hüpfend-fliegende Insekten und ihre schildlaus-ähnlichen Larven. Die Blätter sind durch die Saugtätigkeit gelblich gesprenkelt, sie können unter Graufärbung absterben. Es kommt zu einer starken Ausscheidung von Honigtau und zur Ansiedlung von Schwärzepilzen.
Bekämpfung: 4–5 Spritzungen in Abständen von 3–4 Tagen mit einem der in der folgenden Tabelle genannten Präparate. Die Blattunterseiten sind gut zu benetzen, vor allem dann, wenn Kontakt- oder teilsystemische Mittel verwendet werden. Systemische Mittel, die von den Pflanzen aufgenommen werden, sollten bevorzugt werden.

Freifressende Schmetterlingsraupen

Cossidae, Holzbohrer
Geometridae, Spanner
Lasiocampidae, Glucken, Wollraupenspinner
Lymantriidae, Träg- oder Wollspinner
Sphingidae, Schwärmer
Schadbild: Fraß von Nachtfalterraupen an Blättern, Nadeln und Blüten.
Bekämpfung: Sie ist bei Raupen im Jugendstadium am wirkungsvollsten. Ab Befallsbeginn können Mittel zur Bekämpfung freifressender Raupen eingesetzt werden, siehe Tabelle Seite 200.

Wickler *(Tortricidae)*

Raupen unscheinbarer Kleinschmetterlinge, die an eingerollten oder zusammengesponnenen Blättern bzw. in Früchten leben, beim Fruchtschalenwickler mit zwei Generationen im Jahr.

Fruchtschalenwickler *(Adoxophyes orana)*

Schadbild: Die Raupen werden bis 2 cm groß und sind anfangs gelblichgrün, später olivgrün mit kleinen, gelben Warzen. Die überwinterten Raupen der zweiten Generation fressen im April an austreibenden Knospen und Blättern, sie spinnen danach Knospen

und Blätter zusammen und befressen die Blätter der Triebspitzen. Die Fraßschäden durch die Raupen der ersten, ab Juni erscheinenden Generation sowie der Raupen der zweiten, im August–September auftretenden Generation sind im allgemeinen unbedeutend.
Bekämpfung: Ab August bzw. ab April wiederholte Spritzungen mit einem gegen minierende Schmetterlingsraupen geeigneten Mittel.

Heckenwickler *(Archis rosana)*

Schadbild: Mitte April–Anfang Mai erscheinen grüngraue Raupen mit kastanienbrauner Kopfkapsel. Die Jungraupen bilden lockere Gespinste an Triebspitzen und Blütenbüscheln, sie verursachen bis zur ihrer Verpuppung Anfang Juni loch- und buchtenförmige Fraßstellen an den Blättern, die zigarrenförmig zusammengerollt werden.
Bekämpfung: Ab Mitte April mehrfache Spritzungen mit einem gegen minierende Schmetterlingsraupen wirksamen Mittel, siehe Tabelle Seite 200.

Roter Knospenwickler *(Spilonota ocellana)*

Schadbild: Ab Mitte Juli erscheinen rotbraune bis fleischfarbene Raupen, die zunächst in einem Gespinst auf der Blattunterseite leben und die Blätter häufig skelettieren. Sie überwintern in einem Gespinst auf der Rinde, bohren sich im zeitigen Frühjahr in die Knospen ein und zerstören sie durch ihre Fraßtätigkeit. Später leben sie in büschelig zusammengesponnenen Blättern oder in Blattrollen.
Bekämpfung: Ab Mitte Mai wiederholte Spritzungen mit einem gegen minierende Schmetterlingsraupen wirksamen Mittel. Siehe Tabelle Seite 200.

Minierende Schmetterlingsraupen

Coleophoridae, Sack- oder Futteralmotten
Gracilariidae, Miniermotten
Tortricidae, Wickler
Yponomeutidae, Gespinstmotten
Schadbild: Unmittelbar nach dem Schlüpfen beginnen die jungen Raupen mit ihrem Fraß an den Knospen und minieren oft von der Triebspitze aus in Blättern und Nadeln. Später leben die Raupen in großer Zahl unter einer dichten Gespinstdecke oder in sackförmigen Gebilden und verursachen Kahlfraß. Danach wandern sie weiter, bilden neue Gespinste und verursachen wiederum Kahlfraß. Die Raupen der Miniermotten rollen die Blätter oft tütenförmig zusammen. Die sehr beweglichen Raupen spinnen sich bei Störungen sofort ab.
Bekämpfung: Vorhandene Raupennester werden entfernt und vernichtet. Präparate zur Bekämpfung minierender Schmetterlingsraupen setzt man ein, bevor die jungen Raupen mit ihrem Minierfraß beginnen bzw. bevor die älteren Raupen sich eingesponnen haben. Siehe Tabelle Seite 200.

Blätter und Nadeln fressende Käfer

Chrysomelidae, Blattkäfer
Curculionidae, Rüsselkäfer (siehe unter Rüsselkäfer)
Scarabeidae, Blatthornkäfer
Schadbild: Die Käfer und deren Larven fressen an Blättern, Nadeln und Blüten.
Bekämpfung: Wiederholte Spritzungen in Abständen von 8–14 Tagen mit einem der Präparate, die zur Bekämpfung von Käfern geeignet sind, siehe Tabelle Seite 200.

Rüsselkäfer (besonders Dickmaulrüßler)

Schadbild: Die Käfer fressen an Blättern (Blattränder sägezahnartig gekerbt), Nadeln und Trieben, die cremeweißen, beinlosen Larven fressen an Wurzeln und am Wurzelhals. Stark befallene Pflanzen welken trotz ausreichender Bodenfeuchte und sterben ab, sie lassen sich meist leicht aus dem Boden herausziehen. Der Befall tritt oft nur an einzelnen Pflanzen auf oder nestartig in Beständen.

Otiorrhynchus sulcatus, Gefurchter Dickmaulrüßler. Die Käfer erscheinen ab Ende Mai (unter Glas ganzjährig). Die Eiablage erfolgt ab Mitte Juli bis Anfang September (unter Glas bis November), die Larven schlüpfen ab Anfang August (unter Glas ganzjährig).

Otiorrhynchus ovatus, Kleiner schwarzer Rüsselkäfer. Die Käfer erscheinen ab Ende Mai. Die Eiablage erfolgt im Juli–August. Die Larven treten von Ende Juli bis Anfang August auf.

Otiorrhynchus niger, Schwarzer Rüsselkäfer. Die Jungkäfer treten ab September, ältere von Mai bis August auf. Die Eiablage erfolgt im Juni–Juli. Die Larven sind ab August bis Juli des folgenden Jahres aktiv.

Otiorrhynchus singularis, Gescheckter Dickmaulrüßler. Die Entwicklung verläuft ähnlich wie bei *O. sulcatus* und *O. ovatus*.

Bekämpfung: Durch Einsatz von Insektiziden mit Wirkstoffen gegen blatt- und nadelfressende Käfer (siehe unten); gegen die erwachsenen Käfer zur Zeit des Reifungsfraßes, und zwar vor oder spätestens zum Zeitpunkt der Eiablage (siehe oben). Gegen die Larven kann Curaterr-Granulat (10 g/m²) gestreut werden. Das Präparat soll sofort eingearbeitet oder eingeregnet werden. Der Erfolg ist abhängig von Bodenart, Humusgehalt und Größe der Pflanzen.

In Topf- oder Containerkulturen können zur Larvenbekämpfung auch insektenpathogene Nematoden *(Heterorhabditis)* eingesetzt werden. Dazu muß das Substrat ausreichend feucht sein und eine Temperatur von mindestens 12 °C aufweisen. Die Nematoden können von folgenden Firmen bezogen werden:

Fa. Koppert B.V.
Biologische Gewasbescherming
Veilingweg 64
NL-2651 BE Berkel en Rodenrijs
Tel. 0031-1891-4044

W. Neudorff GmbH
Abt. Nutzorganismen
Postfach 1209
3254 Emmerthal
Tel. 05155-63263

Dipl. Ing. Sautter und Stepper
Rosenstraße 19
7403 Ammerbuch 5
Tel. 07032-75501

In der Schweiz wird ein entsprechendes Präparat mit dem Namen »Otinem« vertrieben von:
Fa. Dr. R. Maag AG
CH-8157 Dielsdorf
Schweiz

Mittel zur Bekämpfung von Raupen, Käfern und Engerlingen

Wirkstoff bzw. Präparat	Anwendung	Bekämpfung von freifressenden Raupen	minierenden Raupen	Käfern	Engerlingen	Bemerkungen*
Bacillus thuringiensis Neudorff's Raupenspritzmittel	0,1 %	× Ausnahme: Eulenraupen Wollspinner Trägspinner				B4, W, F
Cypermethrin Cymbush Ripcord 10	0,05 % 0,1 %	× ×	× ×			Xn, B1, 230, 261 K, F
Deltamethrin Decis flüssig	0,03 – 0,05 %	×	×	×		Xn, B1, 230, 264 K, F
Dimethoat Perfekthion	0,1 %	×				Xn, B1, W 230, 264, K, F, sy
Endosulfan Beosit 35 flüssig Thiodan 35 flüssig	0,1 %	×	×	×		T, B4, 230, 264 K, F
Parathion E605 forte Parathion forte Parathion P-O-X konzentriert	0,035 % –0,05	×	×	×	×	T, B1, 230, 264 A, K, F
Propoxur Unden flüssig	0,2 %	×	×			Xn, B1, W 230, 264, K

* Erklärung der Abkürzungen siehe Seite 196

Engerlinge

Als Engerlinge bezeichnet man die Larven von Mai-, Juni-, Rosen- und Gartenlaubkäfer, die zur Familie der Blatthornkäfer *(Scarabeidae)* gehören.

Schadbild: Junge Pflanzen welken, die Wurzeln sind z.T. abgefressen oder entrindet durch dicke, stark gekrümmte, weiße bis gelbliche Larven mit verdicktem Hinterende, braunem Kopf und drei braunen Beinpaaren an der Brustpartie.

Melolontha hippocastani, Waldmaikäfer, und *M.melolontha,* Feldmaikäfer: Die Eiablage erfolgt von Mai–Juli. Die Larven schlüpfen ab Juli und verpuppen sich im August des zweiten, dritten oder vierten Jahres. Die Fraßzeit der Larven dauert von Mai–September. Ab August sind die Käfer voll entwickelt, sie fliegen Ende April bis Ende Mai des folgenden Jahres, sobald die Lufttemperatur 20 °C überschritten hat.

Amphimallon solstitiale, Junikäfer: Die Eiablage erfolgt im Juli. Larven gibt es ab August, die Verpuppung erfolgt im Mai des nächsten oder übernächsten Jahres. Die Käfer fliegen von Juni–Juli.

Phyllopertha horticola, Gartenlaubkäfer, Kleiner Rosenkäfer: Die Eiablage erfolgt von Juli–August. Larven treten ab Juli auf, die Verpuppung findet im Mai des folgenden Jahres statt. Die Käfer fliegen von Juni bis August.

Bekämpfung: Soweit notwendig, ist eine wirksame Bekämpfung in der Regel nur bei jüngeren Larvenstadien erfolgreich (Maikäfer ab Juli, Junikäfer im Mai, Gartenlaubkäfer ab Juli). Die Bekämpfung wird oft erschwert, weil sich die Larven in größere Bodentiefen (20–60 cm beim Maikäfer) zurückziehen. Auf befallenen und gefährdeten Flächen können Präparate eingesetzt werden, die zur Bekämpfung von Engerlingen geeignet sind (siehe Tabelle).

In befallsgefährdeten Gebieten dürfte eine Bekämpfung der Käfer zur Zeit der Eiablage einfacher und mit besserem Erfolg durchführbar sein. Flugzeiten der Käfer: Maikäfer Ende April bis Ende Mai, Junikäfer Juni bis Juli, Gartenlaubkäfer Juni bis August. Geeignete Präparate stehen unter »Mittel zur Bekämpfung von Raupen, Käfern und Engerlingen« in der Tabelle Seite 200.

Wanzen *(Heteroptera)*
Miridae, Blattwanzen
Tingidae, Gitter- oder Netzwanzen
Schadbild für Blattwanzen: Grüne Insekten, die auf der Oberseite der Brustpartie ein dreihöckeriges Schild tragen, saugen an Blättern, Blüten und jungen Trieben. Die Blätter weisen oft kleine Löcher und Verkrüppelungen auf. Die Blüten öffnen sich nicht oder sind mißgebildet. Auch die Triebspitzen können deformiert sein.
Bekämpfung: Gegen Junglarven im Frühjahr wiederholte Spritzungen in Abständen von 8–10 Tagen mit Mitteln wie E 605 forte, Parathion forte, Parathion P-O-X konzentriert (alle 0,035%) oder Unden flüssig (0,2%).

Spinnmilben *(Tetranychidae)*
Schadbild: Gelblichweiße oder rötliche, etwa 0,5 mm große, spinnenartige Tierchen mit 4 Beinpaaren (bei Larven nur 3 Beinpaare) saugen an Blättern und Nadeln, die sich gelbbraun bis braun verfärben und schließlich vertrocknen. Kleine, helle Sprenkelungen auf Laubblättern sind erste Befallsanzeichen. Bei starkem Befall sind Nadeln und Blattunterseiten mit einem feinen Spinnengeflecht überzogen. Wärme und niedrige Luftfeuchtigkeit fördern den Befall. Stets treten mehrere Generationen im Jahr auf.
Bekämpfung: Falls notwendig, wiederholte Behandlungen, etwa mit Pentac (0,1%) oder Shell Torque (0,05%). Außer diesen

Spezialpräparaten ist auch die Anwendung von Beosit flüssig (0,1%), Metasystox R (0,1%), Perfekthion (0,1%), Roxion (0,1%) oder Spruzit flüssig (0,1%) möglich.

Krankheiten und Schädlinge an Laubgehölzen

Acer, Ahorn

Ahornrunzelschorf, Teerflecken *(Rhytisma acerinum, R.punctatum,* nur an *Acer pseudoplatanus)*
Schadbild: Im Juni–Juli zeigen sich auf der Blattoberseite gelbliche, später tiefschwarze Flecken. Infektionsfähige Ascosporen der Hauptfruchtform entwickeln sich auf dem Fallaub und infizieren die jungen Blätter im Frühjahr über die Spaltöffnungen.
Bekämpfung: Das Fallaub verbrennen. Der Einsatz chemischer Mittel ist in der Regel nicht notwendig.

Ahornmehltau *(Uncinula bicornis, U.tulasnei, Phyllactinia guttata)*
Schadbild: Weißer, mehliger Belag auf der Blattoberseite und an jungen Trieben.
Bekämpfung: Ab Befallsbeginn u.a. mit Nimrod (0,04%), Saprol (0,1%) oder Baymat flüssig (0,125%) (siehe auch Übersicht Seite 195, Mittel gegen Echten Mehltau). Eine Bekämpfung ist in der Regel aber nicht erforderlich.

Rotpustelkrankheit *(Nectria cinnabarina)*
Schadbild: Astpartien oder ganze Pflanzen sterben ab. Auf befallenen Ästen und Stämmen sind orangerote Fruchtkörper zu sehen.
Bekämpfung: Nach Schnittmaßnahmen werden größere Wunden mit einem Wundverschlußmittel wie Bayleton-Rindenwundverschluß, Novaril Rot, Negal oder Lac Balsam behandelt. Vor dem Austrieb kann vorbeugend mit Kupferoxychlorid (z.B. BASF-Grünkupfer, Cupravit oder Vitigran conc., alle 0,5%) gespritzt werden.

Welke *(Verticillium alboatrum, V.dahliae)*
Schadbild: Die Blätter eines Zweiges oder eines ganzen Astes welken zu Beginn des Frühsommers schlagartig. Das Holz stirbt ab, die Leitbündel sind braun verfärbt. Der Pilz gelangt über Verletzungen in die Wurzel und wächst in den Leitungsbahnen aufwärts.
Bekämpfung: Kranke Pflanzen werden sofort entfernt und vernichtet.

Zweigsterben *(Stigmina hartigiana)*
Schadbild: Die Knospen treiben nicht aus, junge Zweige sterben ab.
Bekämpfung: Rückschnitt befallener Triebe bis ins gesunde Holz.

Zikaden *(Typhlocyba rosae* und andere Arten)
Schadbild: Auf den Blattunterseiten sitzen kleine, bis 3 mm große, hellgrüne, geflügelte Insekten, die bei Störung hüpfend auffliegen, sowie ihre gelblichen Larven. Durch ihre Saugtätigkeit entstehen auf den Blättern gelbliche oder weiße Sprenkelungen.
Bekämpfung: Nur bei Massenauftreten mit Insektiziden gegen Blattläuse, siehe Seite 198.

Gallmilben *(Eriophyes macrochelus* und *Arctaris macrorrhynchus)*
Schadbild: Durch Speichelausscheidungen entstehen zunächst hellgrüne, später rote oder braune Gallen auf den Blättern. *Eriophyes megalonis* verursacht an *Acer pseudoplatanus* auf der Blattunterseite hellbraune, »haarige« Gallen und auf der Oberseite grüne, gelbe oder rotbraune Aufwölbungen.

Bekämpfung: Sie ist in der Regel nicht notwendig. Eine chemische Bekämpfung ist durch den Einsatz von Beosit 35 flüssig (0,15 %) oder Thiodan 35 flüssig (0,15 %) möglich, wenn sofort nach dem Öffnen der Knospen in Abständen von 10–14 Tagen mehrfach gespritzt wird.

Aesculus, Roßkastanie

Blattfleckenkrankheit *(Guignardia aesculi* und *Asteromella aesculicola)*
Schadbild: Auf Blättern und Blattstielen große, dunkel-rotbraune Flecken mit gelber Randzone. Bei starkem Befall welken die Blätter, rollen sich tütenförmig ein und fallen vorzeitig ab. Der Pilz überwintert auf abgefallenen Blättern.
Bekämpfung: Das Fallaub entfernen. Zum Zeitpunkt der Blattentfaltung oder spätestens bei Auftreten der ersten Symptome mit Mitteln wie Dithane Ultra (0,2 %), Polyram-Combi (0,2 %) oder Kupferspritzmittel behandeln.

Außerdem treten an *Aesculus* auf: Rotpustelkrankheit und Welke, siehe unter *Acer.*

Alnus, Erle

Zweigsterben *(Ditopella ditopa)*
Schadbild: An vier- bis zehnjährigen Erlen sterben die Zweigspitzen ab, die Rinde ist rotbraun verfärbt.
Bekämpfung: Rückschnitt der kranken Zweige.

Erlenblattfloh *(Psylla alni)*
Schadbild: Von Juni–Oktober saugen in den Blattachseln der Triebspitzen mit Wachsflocken bedeckte Larven. An den Blättern sitzen später Blattflöhe, die helle Sprenkelungen verursachen.
Bekämpfung: Nur bei Massenauftreten ist eine Behandlung mit Insektiziden wie Decis flüssig (0,03 %), Perfekthion (0,1 %), Roxion (0,1 %), Unden (0,15 %) oder Spruzit flüssig (0,1 %) erforderlich.

Blauer Erlenblattkäfer *(Agelastica alni)*
Schadbild: 6–8 mm lange, metallisch blaue, glänzende Käfer fressen im Sommer Löcher in die Blätter, ihre schwarzen Larven skelettieren die Blätter im Frühjahr. Die Hauptschäden entstehen durch den Reifungsfraß der Käfer im Sommer.
Bekämpfung: Nur bei Massenauftreten mit Mitteln wie gegen den Erlenblattfloh.

Erlenrüßler *(Cryptorrhynchus lapathi)*
Schadbild: Die Triebspitzen welken unterhalb der durch Stichfraß verursachten Löcher, angebracht durch plumpe, 6–9 mm große, schwarze bis dunkelbraune Käfer mit weißem Hinterende. Die Hauptschäden entstehen durch die Larven, sie dringen ab Mai in die Rinde ein und fressen unter der Rinde längsverlaufende Gänge, in denen sie überwintern. Im Frühjahr tritt auch Fraß im Splintholz auf.
Bekämpfung: Befallene Zweige werden entfernt. Ab Mai erfolgen zur Bekämpfung der jungen Larven und der überwinterten Käfer 2–3 Spritzungen in Abständen von 8–10 Tagen mit Insektiziden wie Ambush (0,01 %), Beosit 35 flüssig (0,1 %), E 605 forte (0,035 %), Ekamet (0,1 %) oder Tamaron (0,15 %).

Außerdem treten an *Alnus* auf: Kräuselkrankheit (Bekämpfung nur in Baumschulen notwendig), Gallmilben (siehe unter *Acer),* Echter Mehltau und Blattläuse.

Amelanchier, Felsenbirne

Ringfleckenmosaik (Apple chlorotic leaf spot virus)
Schadbild: Auf den Blättern hellgrüne bis gelbe, später purpurrot werdende Linien- und Ringmuster. Bei starkem Befall kommt es zu Wachstumshemmungen.
Bekämpfung: Kranke Pflanzen werden entfernt oder vernichtet. Außerdem tritt an *Amelanchier* Echter Mehltau auf.

Aristolochia, Pfeifenblume

Aristolochia-Mosaik (Cucumber mosaic virus)
Schadbild: Auf den Blättern hellgrüne bis gelbe Wellenlinien und Flecken, gelegentlich auch Gelbfärbung größerer Blattpartien.
Bekämpfung: Kranke Pflanzen vernichten.

Außerdem treten an *Aristolochia* auf: Wurzelfäule und Spinnmilben.

Berberis, Berberitze, Sauerdorn

Getreideschwarzrost *(Puccinia graminis)*
Schadbild: Auf der Blattunterseite befinden sich rostbraune Pusteln, die Aecidienlager des wirtswechselnden, an Getreide wirtschaftlich wichtigen Schwarzrostes. Tritt vor allem an *Berberis vulgaris,* aber auch an einigen anderen Arten auf.
Bekämpfung: Nicht notwendig.

Außerdem treten an *Berberis* auf: Echter Mehltau, Wurzelfäule, Blattläuse, Schildläuse und Blattwespen.

Betula, Birke

Birkenrost *(Melampsoridium betulinum)*
Schadbild: Auf der Blattoberseite sind gelbe Flecken, auf der Unterseite orangerote Pusteln. Die Blätter vergilben vorzeitig und fallen ab.
Bekämpfung: Nur bei starkem Befall wiederholte Spritzungen in Abständen von 10 Tagen mit Baymat Rosenspritzmittel (0,125 %), Dithane Ultra (0,2 %), Polyram-Combi (0,2 %) oder Saprol (0,15 %).

Hexenbesen *(Taphrina turgida, T. betulina)*
Schadbild: Dichte, besenartige Verzweigungen in der Krone.
Bekämpfung: Durch Abschneiden des Tragastes.

Außerdem treten an *Betula* auf: Zweigsterben (Absterbeerscheinungen an Trieben junger Pflanzen, der Pilz ist ein Schwächeparasit, deshalb für optimale Kulturbedingungen sorgen), Blattroller und andere Rüsselkäfer, Raupen des Mondflecks und Blattläuse.

Buddleja, Schmetterlingsstrauch

Schmalblättrigkeit und Mosaik (Cucumber mosaic virus)
Schadbild: Blätter mit lichtgrünen, dunkelgrünen oder gelblichen, band-, ring- oder fleckenförmigen Zeichnungen, Blätter gelegentlich auch sehr schmal oder andersartig mißgestaltet.
Bekämpfung: Vernichten der befallenen Pflanzen.

Außerdem treten an *Buddleja* auf: Blattälchen, Blattläuse und Spinnmilben.

Buxus, Buchsbaum

Buchsbaumgallmücke (*Monarthropalpus buxi*)
Schadbild: Blätter auf der Oberseite, entlang der Mittelrippe mit gelbgrünen, unscharf begrenzten, rundlich-ovalen Flecken, auf der Blattunterseite beulige Gallen, in denen zuerst weiß, später orangegelb gefärbte Larven überwintern.
Bekämpfung: Rückschnitt befallener Pflanzenteile oder ab Juni Spritzungen mit E 605 forte (0,035 %), Perfekthion (0,1 %), Roxion (0,1 %) oder Spruzit flüssig (0,1 %).

Buchsbaumblattfloh (*Psylla buxi*)
Schadbild: Die Blätter wölben sich an der Triebspitze löffelartig auf, verursacht durch Larven mit weißen, wachsartigen Überzügen und 4 mm große, grünliche Blattflöhe.
Bekämpfung: Die Larven erscheinen im April–Mai, sie können vor dem Blattaustrieb mit Folidol-Öl (0,5 %) und Promanal (3 %), nach dem Austrieb z. B. mit E 605 forte (0,035 %) und Spruzit flüssig (0,1 %) bekämpft werden.

Triebspitzenmilbe (*Eriophyes unguiculatus*)
Schadbild: Die Endknospen sind vergrößert und zu einer 4 mm großen, kugeligen, grau behaarten Galle umgebildet. An den Blättern sind kleine, blasige Auftreibungen. Die Triebspitzen sterben ab.
Bekämpfung: Im Mai durch zwei Spritzungen im Abstand von zwei Wochen mit Beosit 35 flüssig (0,15 %) oder Thiodan 35 flüssig (0,15 %).

Außerdem treten an *Buxus* auf: Schildläuse und Spinnmilben.

Calluna, Besenheide

Triebsterben (*Glomerella cingulata*)
Schadbild: Die Triebspitzen werden zunächst fahlgrün, später sterben sie ab.
Bekämpfung: Falls erforderlich, vom Beginn des Befalls an wiederholte Spritzungen in Abständen von etwa 14 Tagen mit Antracol (0,2 %), Polyram-Combi (0,2 %) oder Saprol (0,15 %) durchführen.

Stengelgrundfäule (*Cylindrocladium scoparium*)
Schadbild: Die Blätter werden zunächst fahlgrün, später braun. Der Bodenpilz dringt über Verletzungen in den Stammgrund ein und zerstört das Rindengewebe. Die Infektion erfolgt meist schon während der Jungpflanzenanzucht, wird aber oft erst viel später sichtbar.
Bekämpfung: Befallene Pflanzen entfernen und vernichten.

Heidekäfer (*Lochmaea suturalis*)
Schadbild: Ab März werden Blätter und junge Triebe von den überwinterten Käfern angefressen, die jungen Käfer fressen ab Ende September.
Bekämpfung: Vom Beginn des Befalls an Spritzungen z. B. mit E 605 forte (0,035 %), Decis flüssig (0,03 %) oder Spruzit flüssig (0,1 %).

Außerdem treten an *Calluna* auf: Grauschimmel, Wurzelfäule, Echter Mehltau, Rost, Dickmaulrüßler, Spinnmilben, Blattälchen.

Carpinus, Hainbuche

Goldafter (*Euproctis chrysorrhoea*)
Schadbild: Bräunlich behaarte Raupen mit zwei rotbraunen Rückenlinien und hellen Seitenstreifen fressen ab Juli an den Blättern.

Die Blätter sind im Herbst an den Triebspitzen zu einem Nest zusammengesponnen, in dem Hunderte kleiner Raupen überwintern.
Bekämpfung: Die Nester herausschneiden und vernichten. Junge Raupen vor dem Einspinnen, bzw. nach dem Verlassen des Winternestes im April, mit Insektiziden wie Neudorff's Raupenspritzmittel (0,15 %) oder Spruzit flüssig (0,1 %) bekämpfen (siehe auch Mittel gegen freifressende Schmetterlingsraupen Seite 200).

Außerdem treten an *Carpinus* auf: Raupen anderer Schmetterlingsarten, Blattläuse, Spinnmilben, Gallmilben und Rotpustelkrankheit.

Choenomeles, Scheinquitte

Gelbfleckenkrankheit (Quince yellow blotch virus)
Schadbild: Blätter älterer Pflanzen mit hell- oder gelbgrünen Linien-, Band-, Eichenblatt- oder Ringzeichnungen.
Bekämpfung: Befallene Pflanzen vernichten.

Blattfleckenkrankheit (*Diplocarpon maculatum = Entomosporium mespili*)
Schadbild: Die Blätter zeigen zunächst kleine schwarze Flecken, frühzeitiger Blattfall.
Bekämpfung: Bei starkem Befall Spritzungen in Abständen von 10–14 Tagen unter anderem mit Baymat Rosenspritzmittel (0,125 %) oder Saprol (0,15 %).

Außerdem treten an *Choenomeles* auf: Feuerbrand, Echter Mehltau, Blattläuse, Blattwespen und Schildläuse.

Clematis, Waldrebe

Clematis-Sterben (*Coniothyrium clematidis-rectae*)
Schadbild: Die Pflanzen welken plötzlich und sterben ab. Am Stengelgrund treten verbräunte Stellen auf. Plötzliche Welke- und Absterbeerscheinungen können auch physiologisch bedingt sein durch Staunässe und Wassermangel.
Bekämpfung: Man muß für optimale Kulturbedingungen sorgen und bei Trockenheit häufig wässern. Im Sommer mehrfache Gießbehandlungen mit Du Pont Benomyl (0,1 %) oder Derosal (0,1 %).

Ascochyta-Stengel- und Blattfleckenkrankheit (*Asochyta clematidina*)
Schadbild: Auf Blättern und Stengeln treten braune oder dunklere, später zusammenfließende und die Stengel umfassende Flecken auf. Pflanzenteile welken und sterben oberhalb der Befallsstelle ab.
Bekämpfung: Ab Befallsbeginn Spritzungen mit Antracol (0,2 %), Polyram-Combi (0,2 %) oder Saprol (0,15 %).

Außerdem treten an *Clematis* auf: Echter Mehltau, Grauschimmel, Blattläuse, Thrips, Spinnmilben.

Cornus, Hartriegel

Kommaschildlaus (*Lepidosaphes ulmi*)
siehe Schildläuse Seite 198.

Corylus, Haselnuß

Knospengallmilbe, Rundknospen (*Phytoptus avellanae*)
Schadbild: Die Knospen schwellen im Frühjahr kugelig an und treiben nicht aus, in ihnen überwintern die Gallmilben.

Bekämpfung: Alle Triebe mit befallenen Knospen zurückschneiden. Ab April, wenn die Milben die Knospen verlassen, 2–3 Spritzungen in Abständen von 10–14 Tagen mit Besoit 35 flüssig (0,15%), Thiodan 35 flüssig (0,15%) oder Hortex Neu.

Cotinus, Perückenstrauch

Welke (*Verticillium alboatrum*)
Schadbild: An heißen Tagen im Frühsommer kommt es zum plötzlichen Welken und Absterben von Zweigen, Ästen oder auch ganzen Pflanzen. Der Pilz dringt über die Wurzel in die Pflanze ein und wandert die Leitbündel aufwärts.
Bekämpfung: Kranke Pflanzenteile sofort entfernen, notfalls Pflanze roden.

Cotoneaster, Felsenmispel

Feuerbrand (*Erwinia amylovora*)
Besonders gefährdet sind: *C.salicifolius*-Sorten, *C.*-Watereri-Hybriden, *C.bullatus*, *C.multiflorus* und *C.dammeri* 'Coral Beauty'.
Schadbild und Bekämpfung siehe Seite 194.

Außerdem treten an *Cotoneaster* auf: Gespinstmotten, Blattwespen, Blattläuse, Schildläuse, freifressende Schmetterlingsraupen, Spinnmilben.

Crataegus, Weißdorn, Rotdorn

Feuerbrand (*Erwinia amylovora*)
Schadbild und Bekämpfung siehe Seite 194.

Blattfallkrankheit (*Diplocarpon maculatum*)
Schadbild: Auf den Blättern entstehen kleine, braune Flecken, es kommt zu vorzeitigem Blattfall.
Bekämpfung: Ab Befallsbeginn durch wiederholte Spritzungen in Abständen von 10 Tagen mit Fungiziden wie Baymat flüssig (0,15%), Tecto Fl (0,1%) oder Saprol (0,15%). Bei starkem Befall wiederholte Spritzungen in Abständen von 10–14 Tagen z.B. mit Antracol (0,2%), Baymat Rosenspritzmittel (0,125%) oder Saprol (0,25%).

Weißdornrost (*Gymnosporangium clavariaeforme*, wirtswechselnd mit *Juniperus communis*; *G.confusum*, wirtswechselnd mit *Juniperus sabina* und *J.virginiana*)
Schadbild und Bekämpfung siehe Seite 215.

Echter Mehltau (*Podosphaera clavariiforme* an *Crataegus laevigata* und *C.monogyna*; *Phyllactina mespili* an *Crataegus coccinea*, *C.laevigata* und *C.monogyna*)
Schadbild und Bekämpfung siehe Seite 195.

Gespinstmotte (*Yponomento malinellus*)
Schadbild: Im Mai–Juni fressen gelblichweiße, schwarz gefleckte Raupen im Schutz weißer Gespinste an Blättern, die stark skelettiert werden.
Bekämpfung: Einsammeln der Gespinstnester im Winter. Im zeitigen Frühjahr Austriebsspritzung mit Folidol-Öl (0,5%) oder Pomarol (3%). Nach dem Austrieb, wenn die Raupen die Gespinste verlassen haben oder wenn eine neue Generation im Herbst geschlüpft ist, mit Insektiziden wie z.B. Compo Insektenmittel (0,1%), Roxion (0,1%), Spruzit flüssig (0,1%) oder Decis flüssig (0,03%) behandeln.

Ringelspinner (*Malacosoma neustria*)
Schadbild: Die Eier werden zur Überwinterung rings um dünne Zweige abgelegt. Raupen mit blauen und braunen Längsstreifen, die zunächst gesellig in Gespinsten, später einzeln leben, fressen an den Blättern.
Bekämpfung: Austriebsspritzung nach dem Schlüpfen der Räupchen mit Folidol-Öl (0,5%), Promanal (3%). Nach dem Austrieb unter anderem mit Perfekthion (0,1%), Roxion (0,1%), Unden (0,1%) oder Decis flüssig (0,03%). Raupennester ausschneiden oder Raupen absammeln.

Weißdorngallmücke (*Dasyneura crataegi*)
Schadbild: Gekräuselte Blätter stehen büschelig an den Triebspitzen, darauf kleine, stiftförmige, rötlichen Gallen, in denen sich orangerote Larven befinden.
Bekämpfung: Beim Austrieb der Blätter zweimal im Abstand von 10 Tagen mit Beosit 35 flüssig (0,15%) oder Thiodan 35 flüssig (0,15%) spritzen.

Außerdem treten an *Crataegus* auf: Kleiner Frostspanner (siehe unter *Malus*), Goldafter (siehe unter *Carpinus*), Blattwespenlarven, Blutläuse (siehe unter *Malus*), Spinnmilben.

Cytisus, Geißklee

Blatt- und Stengelfleckenkrankheit (*Pleiochaeta setosa*)
Schadbild: Auf den Blättern zunächst kleine, später größere, braunschwarze Flecken, die schließlich auch auf Blattstiele und Triebe übergreifen. Die Pflanzen kümmern und können absterben.
Bekämpfung: Im Frühjahr mehrfach vorbeugend in Abständen von 10–14 Tagen z.B. mit Polyram-Combi (0,2%), Dithane Ultra (0,2%) oder Antracol (0,2%) spritzen.

Außerdem treten an *Cytisus* auf: Rost, Falscher Mehltau, Blattläuse, Thrips, Miniermotten, Spinnmilben, Viruskrankheiten.

Daphne, Seidelbast

Seidelbastmosaik (Cucumber mosaic, Alfalfa mosaic virus u.a.)
Schadbild: Auf den Blättern treten gelbliche, halbring- oder ringförmige, oft vorgewölbte Flecken auf. Die Blätter vergilben und fallen vorzeitig ab. Die Blütenbildung ist gehemmt, der Austrieb im nächsten Jahr erfolgt ungleichmäßig. Die Pflanzen können absterben.
Bekämpfung: Kranke Pflanzen werden entfernt und vernichtet.

Blattfallkrankheit (*Marssonina daphnes*)
Schadbild: Auf Blättern und Blattstielen bilden sich etwa 1 mm große, schwielenartige Flecken, besonders im basalen Teil der Blattspreite. Daraus entwickeln sich bei feuchtem Wetter wurstförmige, weiße Sporenlagen.
Bekämpfung: Ab Befallsbeginn unter anderem mit Dithane Ultra (0,2%), Polyram-Combi (0,2%) oder Delan flüssig (0,2%) spritzen.

Außerdem treten an *Daphne* auf: Spinnmilben, Blattwanzen.

Erica, Heide

Wurzelfäule, Erikasterben (*Phytophthora cinnamomi*)
Schadbild: Fäulnis an Wurzeln und Stengelgrund. Die Blätter verfärben sich zunächst stumpfgrün, sie werden später braun und vertrocknen. Die Pflanzen sterben ab.
Bekämpfung: Kranke Pflanzen entfernen und vernichten.

Außerdem treten an *Erica* auf: Echter Mehltau, Grauschimmel, Rost, Blattläuse, Dickmaulrüßler, Spinnmilben.

Euonymus, Pfaffenhütchen

Gespinstmotte *(Yponomeuta cognatellus)*
Schadbild: Etwa 2 cm lange, gelbliche, schwarz punktierte Raupen fressen unter starken, häufig zeltartigen Gespinsten die Sträucher kahl. Die jungen Raupen überwintern.
Bekämpfung: Die Raupennester ausschneiden und verbrennen. Ab Befallsbeginn mit Insektiziden wie Perfekthion (0,1 %), Roxion (0,1 %), Spruzit flüssig (0,1 %) oder Decis flüssig (0,03 %) spritzen.

Außerdem treten an *Euonymus* auf: Echter Mehltau, Blattläuse, Spinnmilben.

Fagus, Buche

Buchenblatt-Baumlaus *(Phyllaphis fagi)*
Schadbild: Von Mai bis Juni saugen grüngelbe, von bläulich-weißer Wachswolle bedeckte Blattläuse an Blattunterseiten und jungen Trieben.
Bekämpfung: Bei starkem Auftreten spritzen mit Insektiziden wie Pirimor Granulat (0,05 %) oder Unden flüssig (0,15 %).

Buchenwollschildlaus *(Cryptococcus fagi)*
Schadbild: Die Stämme sind dicht von etwa 1 mm langen, fast runden, wolliges Wachs ausscheidenden Schildläusen besiedelt.
Bekämpfung siehe Buchenblatt-Baumlaus.

Buchenspringrüßler *(Rhynchaenus fagi)*
Schadbild: Im Frühjahr Lochfraß an jungen Blättern durch 2–3 mm große, schwarze Rüsselkäfer. Die im Mai schlüpfenden Larven minieren im Blatt.
Bekämpfung: Sobald im Mai die ersten Fraßschäden sichtbar werden, kann unter anderem mit Perfekthion (0,1 %), Roxion (0,1 %) oder Unden (0,15 %) in Abständen von 10–14 Tagen ein- bis zweimal gespritzt werden.

Außerdem treten an *Fagus* auf: Rotpustelkrankheit, Blattläuse, Gallmücken, Engerlinge von Mai- und Junikäfern.

Forsythia, Goldglöckchen

Gelbnetzkrankheit (Stamm des Arabis mosaic virus)
Schadbild: Haupt- und Seitennerven der Blätter sind völlig oder partiell leuchtend goldgelb bis weiß gefärbt, gelegentlich auch zwischen den Nerven chlorotische Flecken, Bogen- und Ringmuster. Die Symptome sind besonders im Frühjahr gut sichtbar.
Bekämpfung: Stark befallene Pflanzen roden und vernichten.

Bakterienkrebs *(Corynebacterium fascians)*
Schadbild: An Trieben älterer Pflanzen treten bis zu mehrere Zentimeter große Geschwülste mit rauher, rissiger Oberfläche auf.
Bekämpfung: Rückschnitt befallener Zweige bis ins gesunde Holz.

Triebfäule, Bakterienseuche *(Pseudomonas syringae)*
Schadbild: Die Blätter haben kleine, braune, heller gerandete Flecken, bei starkem Befall werden die Blätter kraus und schwarz, selbst Blattstiele und Zweige.
Bekämpfung: Das Bakterium dringt durch Verletzungen ein, deshalb sollte man Forsythien nicht in frost- oder windexponierte Lagen pflanzen. Befallene Triebe bis ins gesunde Holz zurückschneiden.

Welkekrankheit **(Verticillium dahliae** und andere *Verticillium*-Arten)
Schadbild: Während der Blüte welken plötzlich einzelne Zweige, beim Durchschneiden erscheinen die Gefäße gebräunt.
Bekämpfung: Kranke Pflanzen roden und verbrennen.

Außerdem treten an *Forsythia* auf: Spinnmilben, Blattwanzen.

Fraxinus, Esche

Eschenblattfloh *(Psyllopsis fraxini)*
Schadbild: Die Blattränder sind blasig aufgetrieben und eingerollt, gelb oder braun verfärbt, darin sitzen die mit weißer Wachswolle bedeckten Larven. Flugzeit ist Juni–August, die Überwinterung erfolgt als Ei an der Rinde.
Bekämpfung: Bei starkem Auftreten mit Austriebsspritzmitteln wie Promanal (3 %), Folidol-Öl (0,5 %) oder Eftol-Öl (0,5 %) spritzen. Nach dem Austrieb können unter anderem Compo Insektenmittel (0,1 %), Decis flüssig (0,03 %), Spruzit flüssig (0,1 %) oder Unden (0,15 %) eingesetzt werden.

Außerdem treten an *Fraxinus* auf: Gallmilben, Fliedermotte (siehe unter *Syringa*), Weidenbohrer (siehe unter *Salix*), Schildläuse.

Gaultheria, Scheinbeere

Triebsterben *(Glomerella cingulata)*
Schadbild: Vor allem auf jüngeren Trieben und Blättern treten rötlichbraune Flecken auf. Die Triebe sterben oberhalb der Befallsstelle ab.
Bekämpfung: Durch wiederholte Spritzungen in Abständen von 10–14 Tagen mit Antracol (0,2 %) oder Polyram-Combi (0,2 %).

Genista, Ginster

Blattfleckenkrankheit *(Pleiochaeta setosa)*
Schadbild: Auf den Blättern und jungen Trieben erscheinen kleine, braunschwarze Flecken, vorzeitiger Blattfall. Bei starkem Befall können die Pflanzen erheblich geschwächt werden und absterben.
Bekämpfung: Im Frühjahr wiederholt vorbeugend behandeln, z.B. mit Antracol (0,2 %), Dithane Ultra (0,2 %) oder Polyram-Combi (0,2 %).

Außerdem treten an *Genista* auf: Blattläuse, Spinnmilben.

Gleditsia, Gleditschie

Blattgallmücke *(Dasyneura gleditsiae)*
Schadbild: Die jungen Blätter sind schotenartig verdickt, darin sitzen rote Larven.
Bekämpfung: Bei starkem Befall etwa Mitte Mai, wenn die Larven schlüpfen, spätestens aber bei Befallsbeginn in Abständen von 3–4 Tagen z.B. mit E 605 forte (0,035 %), Perfekthion (0,1 %), Roxion (0,1 %) oder Unden (0,1 %) spritzen.

Hedera, Efeu

Bakterienbrand *(Xanthomonas hederae)*
Schadbild: Kleine, scharf begrenzte, glasig durchscheinende Flecken auf den Blättern, die sich vergrößern, ausbreiten und schwarz

werden. An den Trieben sind dunkelbraune bis schwarze, aufreißende Stellen, die darüberliegenden Triebteile sterben ab.
Bekämpfung: Durch Abschneiden und Vernichten der kranken Pflanzenteile. Bei Bedarf Kupferspritzmittel, z.B. Kupferkalk-Atempo (0,3 %), einsetzen.

Blattfleckenkrankheit (*Phyllosticta hedericola* und *Gloeosporium paradoxum*)
Schadbild: Auf den Blättern erscheinen runde, konzentrische, erst braune, später mehr hellgraue, oft purpur gerandete Flecken, die später herausfallen; Blattfall.
Bekämpfung: Mehrfach spritzen mit Kupferpräparaten wie Cupravit OB 21 (0,4 %), Dithane Ultra (0,2 %), Polyram-Combi (0,2 %) oder Saprol (0,15 %).

Außerdem treten an *Hedera* auf: Spinnmilben, Läuse (Schwarze Efeulaus), Schildläuse.

Hibiscus, Eibisch

An *Hibiscus* können auftreten: Spinnmilben, Blattläuse, Mottenschildlaus (Weiße Fliege) und Grauschimmel.

Hydrangea, Hortensie

Hortensienmosaik (Tobacco rattle virus) an *Hydrangea arborescens* und *H. aspera*
Schadbild: Die Blätter zeigen an einem Teil der Triebe ein Grünmosaik, außerdem Verbeulungen und Deformationen. An anderen Trieben haben die Blätter ein leuchtendgelbes, feinfleckiges Mosaik. Die meisten Blätter sind ohne Symptome. Das Virus wird durch Preßsaft übertragen.
Bekämpfung: Kranke Pflanzen entfernen und vernichten.

Hortensienringfleckigkeit (Hydrangea ringspot virus) an *H. macrophylla*
Schadbild: An älteren Blättern treten hellgrüne oder gelbe Flecken, Ringe oder Bänder auf. Jüngere Blätter sind an den Triebspitzen oft gekräuselt, asymmetrisch, gelegentlich gerollt. An den Trieben treten Nekrosen auf. Bei starkem Befall ist die Anzahl der Blüten im Blütenstand reduziert. Die meisten Sorten sind tolerant, sie zeigen also, obwohl sie infiziert sind, keine Symptome.
Bekämpfung: Wie beim Hortensienmosaik.

Außerdem treten an *Hydrangea* auf: Blattfleckenkrankheiten, Echter Mehltau, Blattläuse, Spinnmilben, Dickmaulrüßler.

Ilex, Stechpalme

Ilex-Minierfliege (*Phytomyza ilicis*)
Schadbild: In den Blättern sind unregelmäßig geformte Fraßgänge. Die Blätter vergilben und fallen schon im Spätsommer ab. Die Fliegen schlüpfen ab Mitte Mai.
Bekämpfung: Ab Mitte Mai mehrmals in Abständen von 8–10 Tagen unter anderem mit E 605 forte (0,035 %), Perfekthion (0,1 %), Roxion (0,1 %) oder Unden (0,1 %) spritzen.

Triebspitzenwickler (*Rhopobota naevana*)
Schadbild: Die Raupen fressen in zusammengesponnenen Triebspitzen die Knospen aus.
Bekämpfung: Wie bei der Minierfliege.

Außerdem treten an *Ilex* Schildläuse auf.

Juglans, Walnuß

Blattfleckenkrankheit (*Gnomonia leptostyla* = *Marssonina juglandis*)
Schadbild: Auf Blättern und grünen Früchten treten unregelmäßig geformte, braune Flecken auf mit winzigen schwarzen Pünktchen darauf (Sporenbehälter); Blattfall.
Bekämpfung: Abgefallenes Laub regelmäßig entfernen und verbrennen. Im Sommer mehrmals in Abständen von 10–14 Tagen unter anderem mit Dithane Ultra (0,2 %), Polyram-Combi (0,2 %) oder Saprol (0,15 %) spritzen.

Bakterienbrand (*Pseudomonas juglandis*)
Schadbild: Auf den Blättern entstehen zunächst wäßrig durchscheinende, später braun werdende Flecken. Auf grünen Früchten treten ebenfalls braunschwarze Flecken auf. Auch Walnußschale und Kern werden von einer Braunfäule erfaßt.
Bekämpfung: Mit chemischen Mitteln ist keine Bekämpfung möglich. Befallene Blätter und Früchte sind sorgfältig zu entfernen.

Kalmia, Lorbeerrose

An *Kalmia* können Spinnmilben und Wurzelfäule auftreten.

Laburnum, Goldregen

Goldregenmosaik
Schadbild: An den Blättern sind die Adern und das angrenzende Gewebe hellgrün bis gelb verfärbt. Gelegentlich treten auch hellgelbe Stippen oder eichenblattähnliche Muster auf.
Bekämpfung: Kranke Pflanzen entfernen und vernichten.

Außerdem treten an *Laburnum* auf: Falscher und Echter Mehltau, Blattläuse, Minierfliegen und Thrips.

Ligustrum, Liguster

Buntblättrigkeit (unbekanntes Virus)
Schadbild: Blätter zeigen im Frühjahr unregelmäßig verteilte, kleine oder größere Ringe, Wellenlinien und Bänder. Befallene Blätter fallen leicht ab. Im Sommer gebildete Blätter sind ohne Symptome.
Bekämpfung: Mit chemischen Mitteln ist keine Bekämpfung möglich. Kranke Pflanzen werden vernichtet.

Ligusterschwärmer (*Sphinx ligustri*)
Schadbild: Im Sommer fressen an den Blättern bis 12 mm lange, hellgrüne Raupen mit weißen und violetten Schrägstreifen an der Seite und einem Horn am Hinterende.
Bekämpfung: Die Raupen treten meist nur in geringer Zahl auf, die Schäden bleiben deshalb gering. Außerdem sollte der Ligusterschwärmer, ein schöner Nachtfalter, geschont werden.

Ligustermotte (*Coriscium cucullipennellum*)
Schadbild: An den Triebspitzen sind die Blätter tütenförmig zusammengesponnen, darin fressen die Raupen. Zwei Generationen im Jahr.
Bekämpfung: Befallene Pflanzenteile entfernen und vernichten oder bei Massenauftreten im Mai–Juni und August–September Spritzungen z.B. mit Decis flüssig (0,03 %), Roxion (0,1 %) oder Unden (0,1 %).

Außerdem treten an *Ligustrum* auf: Fliedermotte (siehe bei *Syringa*), Blattläuse und Thirps.

Lonicera, Geißblatt

Kalkfleckenkrankheit *(Herpobasidium deformans)*
Schadbild: Auf den Blattoberseiten zeigen sich graugrüne Verfärbungen, auf den Unterseiten dicke, kalkartig aussehende Sporenlager. Die Blattränder sind nach unten gebogen, die Blätter vertrocknen, bleiben aber bis zum Herbst an den Pflanzen hängen.
Bekämpfung: Ab Befallsbeginn durch Spritzungen in Abständen von 10–14 Tagen z. B. mit Kupferspritzmitteln wie Dithane Ultra (0,2 %), Polyram-Combi (0,2 %) oder Delan flüssig (0,2 %).

Außerdem treten an *Lonicera* auf: Viruskrankheiten, Echter Mehltau, Blattläuse, Wolläuse, Minierfliegen.

Magnolia, Magnolie

Bakterienfleckenkrankheit *(Pseudomonas syringae)*
Schadbild: Auf den Blättern zeigen sich eckige, schwarze Flecken, besonders im Spätsommer und Herbst.
Bekämpfung: Befallene Pflanzenteile abschneiden und vernichten. Verhindern der weiteren Ausbreitung durch mehrfache Behandlung mit Kupferspritzmitteln in Abständen von 8–10 Tagen, etwa mit Kupferkalk-Atempo (0,3 %).

Außerdem treten an *Magnolia* Spinnmilben auf.

Mahonia, Mahonie

Blattfleckenkrankheit *(Phyllosticta mahoniae)*
Schadbild: Auf der Blattoberseite sind braune, rundliche Flecken.
Bekämpfung: Ab Befallsbeginn durch wiederholte Spritzungen in Abständen von 8–14 Tagen z. B. mit Dithane Ultra (0,2 %), Maneb Spritzpulver (0,2 %), Polyram-Combi (0,2 %) oder Baymat Rosenspritzmittel (0,125 %).

Rost *(Cuminsiella mirabilissima)*
Schadbild: Auf der Blattoberseite rote Flecken, auf der Unterseite im Frühjahr gelbliche, später braune, stäubende Sporenlager.
Bekämpfung: Siehe Rosenroste, Seite 211.
Außerdem tritt an *Mahonia* Echter Mehltau auf.

Malus, Apfel

Feuerbrand *(Erwinia amylovora)*
siehe Seite 194.

Obstbaumkrebs *(Nectria galligena* syn. *Cylindrocarpon heteroneuma)*
Schadbild: An Stamm und Ästen sind große, krebsartige, offene Wunden oder knollenartige Wucherungen zu sehen.
Bekämpfung: Die Krebsstellen sorgfältig ausschneiden und die Schnittstellen mit einem Wundverschlußmittel versorgen. Der Pilz dringt nur über Wunden ein. Spritzungen sind deshalb nur sinnvoll zur Zeit des Blattfalles und gegen Ende des Winters bei häufigem Wechsel von milder Witterung und starkem Frost: 2–3 Behandlungen z. B. mit Cupravit Ob 21, Funguran oder Vitigran conc. (alle 0,2 %).

Schorf *(Venturia inaequalis* syn. *Spilocaea pomi)*
Schadbild: Auf den Blättern bilden sich im Frühjahr zunächst olivgrüne, später braune bis dunkle Flecken. Die Blätter sterben ab. An den Früchten sind ebenfalls Flecken.
Bekämpfung: 2–3 Spritzungen mit Beginn des Austriebs (wenn die Primärblätter sichtbar werden) mit einem der in der Tabelle genannten Mittel.

Wirkstoffe und Präparate zur Bekämpfung des Apfelschorfes

Wirkstoff bzw. Präparat	Anwendung	Bemerkungen
Bitertanol Baycor-Spritzpulver	0,05 %, max. 12 Anwendungen in Abständen von 4–14 Tagen	B 4, giftig für Fische und Fischnährtiere, auch gegen Apfelmehltau wirksam
Dichlofluanid Euparen	0,15 %, max. 12 Anwendungen im Abstand von 10 Tagen	B 4, fischgiftig, befallsmindernde Wirkung gegen Echten Mehltau und Spinnmilben
Manozeb Dithane Ultra	0,2 %, max. 14 Anwendungen in Abständen von 8–14 Tagen	B 4, fischgiftig, befallsmindernde Wirkung gegen Spinnmilben
Fenarimol Saprol F	0,03 %, max. 14 Anwendungen in Abständen von 8–14 Tagen	B 4, fischgiftig, auch gegen Apfelmehltau wirksam
Probineb Antracol	0,15 %, max. 12 Anwendungen in Abständen von 10–14 Tagen	B 4, fischgiftig
Netzschwefel Cosan 10 Netzschwefel 80	0,7 % vor der Blüte, 0,5 % während der Blüte, 0,4 % nach der Blüte, max. 14 Anwendungen in Abständen von 6–8 Tagen	B 4, auch gegen Apfelmehltau wirksam
Triforin Saprol	0,125 %, max. 12 Anwendungen in Abständen von 8–14 Tagen	B 4, fischgiftig, auch gegen Apfelmehltau wirksam

Kleiner Frostspanner *(Operophthera brumata)*
Schadbild: Fraß an frisch ausgetriebenen Blättern durch grüne oder gelbliche Spannerraupen mit weißlichen Längsstreifen an den Seiten. Bei Massenauftreten kann es zu Kalkfraß kommen.
Bekämpfung: Sie erfolgt kurz vor dem Austrieb mit Folidol-Öl (0,5 %), oder Attraco 7-E Wacker (1 %). Nach dem Austrieb können unter anderem Ekamet (0,1 %), Decis flüssig (0,03 %) oder andere Mittel gegen freifressende Schmetterlingsraupen eingesetzt werden.

Wickler
Laspeyresia pomonella, Apfelwickler
Adoxophyes orana, Fruchtschalenwickler
Pandemis heparana, Rotbrauner Schalenwickler
Archips rosana, Heckenwickler
Spilonota ocellana, Roter Knospenwickler
Hedya nubiferana, Grüner Knospenwickler
Schadbild: Es handelt sich um die Larven unscheinbarer Kleinschmetterlinge, die in eingerollten oder zusammengesponnenen

Blüten- und Blattbüscheln leben. An den Früchten entstehen z.T. starke Fraßschäden.

Bekämpfung: Ab Befallsbeginn z.B. mit Gusathion MS (0,2 %), Decis flüssig (0,03 %), Ambush (0,01 %) oder Nexion stark (0,1 %) spritzen.

Apfelbaumgespinstmotte *(Yponomeuta malinellus)*
Schadbild: Im Schutz von weißen Gespinsten leben graugelbe, schwarz gefleckte, behaarte Raupen, die die Blätter im Mai–Juni stark skelettieren.

Bekämpfung: Vor dem Austrieb durch eine Spritzung mit Folidol-Öl (0,5 %). Nach dem Austrieb, wenn die Raupen ihre Gespinste verlassen oder wenn im Herbst eine neue Generation geschlüpft ist, z.B. mit Gusathion MS (0,2 %), Nexion-stark (0,1 %) oder Decis flüssig (0,03 %) spritzen.

Apfelblattsauer *(Psylla mali)*
Schadbild: Kleine, plattgedrückte, blattlausähnliche, blaßgelbe bis grünliche Larven saugen an den sich entfaltenden Blatt- und Blütenknospen. Junge Blätter, Triebe und Blütenknospen sind weiß gesprenkelt, die Blätter gekräuselt und später welk. Blütenknospen bleiben geschlossen und hängen fast das ganze Jahr vertrocknet an den Zweigen.

Bekämpfung: Vor dem Austrieb mit Folidol-Öl (0,5 %) spritzen, später, zur Blütezeit, mit bienenungefährlichen Präparaten wie Beosit 35 flüssig (0,1 %), Thiodan 35 flüssig (0,1 %) oder Pirimor Granulat (0,05 %).

Blutlaus *(Eriosoma lanigerum)*
Schadbild: An Rindenverletzungen von Trieben und Stämmen sitzen braunrote Läuse mit reichlicher weißer Wachswolle. Durch die Saugtätigkeit wird das Kallusgewebe zu einem tumorartigen Wachstum angeregt, die Wundränder verheilen nicht, oberhalb der Wunden sterben die Triebe häufig ab.

Bekämpfung: Vor dem Austrieb (im Mausohrstadium) mit Folidol-Öl (0,5 %) spritzen. Ab Mai, wenn die Jungläuse sich ansiedeln, unter anderem mit Dursban-Spritzpulver (0,2 %), Ekamet (0,1 %), Nexion stark (0,1 %), E 605 forte (0,05 %), Salut (0,15 %), Hostaquick (0,1 %) oder Unden flüssig (0,2 %) spritzen.

Außerdem treten an *Malus* auf: Echter Mehltau, Blattläuse, Blattwespen, Miniermotten, Spinnmilben.

Osmanthus, Duftblüte

Fliedermotte siehe unter *Syringa*.

Pachysandra

Blattfleckenkrankheit *(Pseudonectria pachysandricola* syn. *Volutella pachysandricola)*
Schadbild: Auf den Blättern entstehen zunächst braune Flecken, das Blattgewebe wird später hell und brüchig.

Bekämpfung: Kranke Pflanzen möglichst sofort entfernen und vernichten. Spätestens ab Befallsbeginn vorbeugende Spritzungen unter anderem mit Dithane Ultra (0,2 %), Maneb-Spritzpulver (0,2 %) oder Polyram-Combi (0,2 %) durchführen.

Platanus, Platane

Blattfleckenkrankheit *(Apiognomonia veneta* = *Gloeosporium platani* syn. *G. nervisequum)*
Schadbild: An Blättern (und Blattstielen) treten vorwiegend im Frühsommer entlang der Hauptnerven unregelmäßige braune Flecken auf. Die Zweigrinde ist rissig. Blätter und junge Zweige sterben ab.

Bekämpfung: In Garten und Park in der Regel nicht notwendig. Die Krankheit tritt vor allem bei feuchter Witterung im Frühjahr auf.

Platanen-Netzwanze *(Corythuca ciliata)*
Schadbild: Auf der Blattoberseite, meist ausgehend vom Blattstiel, entstehen entlang der Haupt- und Seitenadern helle Punkte. Die Blätter können absterben.

Bekämpfung: Der aus Nordamerika nach Italien eingeschleppte Schädling ist inzwischen bis nach Jugoslawien und in das Grenzgebiet Basel–Lörrach vorgedrungen. Funde müssen dem Pflanzenschutzdienst gemeldet werden.

Populus, Pappel

Pappelmosaik (Poplar mosaic virus)
Schadbild: Auf den Blättern hellgrüne bis gelbliche Flecken verschiedener Größe, häufig entlang der Adern. Die Blätter vergilben und fallen vorzeitig ab.

Bekämpfung: Kranke Pflanzen vernichten.

Bakterienkrebs *(Pseudonomas populi)*
Schadbild: An den Trieben sinkt die Rinde stellenweise ein. An kranken Stellen tritt bei feuchtem Wetter Schleim aus. Im Verlauf mehrerer Jahre entstehen durch verhinderte Wundheilung unregelmäßig geformte Krebswunden.

Bekämpfung: Kranke Pflanzen vernichten, Verletzungen der Rinde vermeiden. Weitere Ausbreitung kann durch Einsatz von Kupferspritzmitteln, z.B. Kupferkalk-Atempo (0,3 %), verhindert werden. Verwendung wenig anfälliger Sorten.

Rindenbrand *(Crytodiaporthe populae* syn. *Discosporium populorum* syn. *Dothichiza populea)*
Schadbild: Auf der Rinde bilden sich dunkelgraue oder braune, eingesunkene Stellen. Die Rinde reißt längs oder stammumfassend auf, der Holzkörper ist oft sichtbar. Zweige und Stämme können oberhalb der Wunden absterben. Der Pilz dringt über frische Wunden in die Rinde ein. Als besonders anfällig gelten *Populus canadensis*-Hybriden, eine geringere Anfälligkeit besitzen *P. alba*, *P.* × *cancescens* und *P. tremula*. *P. balsamifera* wird praktisch nie befallen.

Bekämpfung: Man sollte für optimale Wachstumsbedingungen sorgen, denn geschwächte Pflanzen werden leichter befallen. Verwendung resistenter Sorten.

Pappelrost *(Melampsora-Arten)*
Schadbild: Im Hochsommer entstehen auf der Blattunterseite orangegelbe Sporenlager. Die Blätter vergilben und fallen vorzeitig ab.

Bekämpfung: Nur bei Jungbäumen sinnvoll, z.B. mit Baymat Rosenspritzmittel (0,125 %) oder Saprol (0,15 %).

Blattfleckenkrankheiten *(Drepanopeziza-Arten* = *Marssonina-Arten)*
Schadbild: Auf den Blättern sind kleine, runde, olivgrüne bis braune Flecken zu sehen, bald mit weißlichem Konidienbelag. Bei starkem Befall kommt es zu vorzeitigem Blattfall. Äste oder ganze Bäume können absterben.

Bekämpfung: Verwendung resistenter Sorten. Laub im Winter verbrennen. Spritzungen sind nur an Jungbäumen zweckmäßig, z.B. mit Polyram-Combi (0,2 %).

Kleiner Pappelbock *(Saperda populnea)*
Schadbild: An einjährigen Trieben und dünnen Ästen sitzen gallenartige Anschwellungen. Die darin lebende Käferlarve frißt einen

kurzen Zentralgang bis in die Markröhre; sie verpuppt sich im dritten Jahr. Schwere Störungen, bis zur Vernichtung von frisch gepflanzten Bäumen sind möglich.
Bekämpfung: Vorbeugende Spritzungen vor Ende Mai gegen die Käfer, z.B. mit Dipterex SL (0,15%). Befallene Zweige werden verbrannt.

Großer Pappelbock *(Saperda carcharia)*
Schadbild: An jungen Stämmen findet man in Bodennähe ausgefressene Löcher, davon ausgehend stammaufwärts im Holz ovale, bis fingerstarke Fraßgänge, in denen die bis 40 mm langen Larven sitzen. Am Eingangsloch liegt der Auswurf grober Nagespäne. Die Bäume kümmern.
Bekämpfung: Stark befallene Bäume fällen.

Erlenrüßler siehe unter *Alnus.*

Pappelspinner, Weidenspinner *(Leucoma salicis)*
Schadbild: An den Blättern fressen im April–Mai 3–4 mm große, schwarzbehaarte Raupen mit rotbraun behaarten Warzen und einer Reihe weißer bis gelber, schildförmiger Flecken auf dem Rücken. Nur Blattstiel und Hauptnerven bleiben bestehen.
Bekämpfung: Bei Massenauftreten Behandlung mit Neudorff's Raupenspritzmittel (0,15%), Spruzit flüssig (0,1%) oder anderen Mitteln gegen freifressende Raupen.

Pappeltriebwickler *(Gypsonoma aceriana)*
Schadbild: Ab Juli minieren gelbbraune Raupen im Blatt, sie überwintern in einer Knospe und fressen im Frühjahr in der Knospe und im Trieb, der in der Regel abstirbt. Ein Befall ist an den mit braunen Kotkrümeln durchsetzten Gespinsten zu erkennen, die an den befallenen Zweigen hängen.
Bekämpfung: Durch Einkürzen befallener Triebe. Ab Juli kann man gegen die jungen Raupen spritzen, falls notwendig auch zur Zeit des Knospenaufbruches. Präparate siehe unter Pappelspinner.

Weidenbohrer *(Cossus cossus)* siehe unter *Salix.*
Außerdem treten an *Populus* auf: Echter Mehltau, Blattläuse, Spinnmilben.

Potentilla, Fingerstrauch

Echter Mehltau siehe Seite 195.
Außerdem treten an *Potentilla* Spinnmilben auf.

Prunus, Kirsche, Pflaume, Pfirsich, Mandel, Aprikose

Viruskrankheiten (mehrere Virus-Arten)
Schadbild: Die Blätter zeigen hellgrüne oder gelbliche Ring- oder Bandzeichnungen, gelbliche Verfärbung der Adern oder braune, nekrotische Flecken und Linien. Die Blätter sind oft schmaler als sonst. Das Triebwachstum kann gestört sein. Es treten teilweise verbuschte Triebe auf. Die Ausbreitung erfolgt oft durch Samen oder Pollen. Eine Übertragung ist durch Blattläuse, freilebende Wurzelnematoden oder durch Veredlungen möglich.
Bekämpfung: Bei starkem Befall die Pflanzen roden und vernichten. Die »Verordnung zur Bekämpfung von Viruskrankheiten im Obstbau« schreibt vor, daß veredelte *Prunus*-Arten gewerbsmäßig nur noch von virusfreien bzw. virusgetesteten Pflanzen vermehrt werden dürfen.

Gummifluß (ausgelöst durch verschiedene Ursachen)
Schadbild: An Wunden, die durch Schnitt, Frostrisse oder auf andere Weise entstehen, findet keine Kallusbildung statt, es tritt vielmehr Gummifluß auf. Zerstörtes Gewebe bleibt als »Fremdkörper« in der sich vergrößernden Wunde.
Bekämpfung: Früh erkannte Schadstellen vom Frühjahr bis zum Hochsommer ausschneiden und mit Wundverschlußmitteln versorgen. Die Krankheit läßt sich aber nicht immer unterdrücken. Wichtiger sind vorbeugende Maßnahmen durch optimale Standortwahl.

Triebsterben, Spitzendürre *(Monilinia laxa, M.fructigena)*
Schadbild: An *Prunus cerasus* und *P.triloba* verwelken die Blüten, und die Triebspitzen sterben plötzlich ab. Die Blüten bleiben lange vertrocknet an den Zweigen hängen.
Bekämpfung: 2–3 Spritzungen in Abständen von 7 Tagen, während der Blüte z.B. mit Baycor Spritzpulver (0,15%), Saprol (0,15%) oder Ronilan (0,1%).

Schrotschußkrankheit *(Stigmia carpophila* syn. *Clastorosporium carpophilum)*
Schadbild: Auf den Blättern treten kleine, runde, braune Flecken auf. Das befallene Gewebe fällt später heraus.
Bekämpfung: Ab Ende der Blüte, spätestens bei Befallsbeginn durch 2–3 Spritzungen in Abständen von 8–10 Tagen z.B. mit Delan flüssig (0,2), Antracol (0,15%) oder Saprol (0,15%).

Sprühfleckenkrankheit *(Blumeriella jaapii* syn. *Phloeosporella padi)*
Schadbild: Auf den Blättern entstehen zunächst rotviolette, dunkelbraune, unscharf begrenzte Flecken, die oft ineinander übergehen. Die Blätter vergilben und fallen vorzeitig ab.
Bekämpfung: Wie bei der Schrotschußkrankheit.

Kräuselkrankheit *(Taphrina deformans)*
Schadbild: Sie tritt nur an Pfirsich auf. Die Blätter zeigen beim Austrieb rote, erhabene Flecken, die sich zu großen, hellgrünen bis rötlichen, blasigen Deformationen entwickeln. Die Blätter kräuseln sich, verbräunen und fallen bald ab.
Bekämpfung: Beim Schwellen der Knospen durch eine Spritzung z.B. mit Kupferspritzmitteln wie Kupferkalk-Atempo (0,5%). Eine weitere Spritzung erfolgt 10 Tage nach dem Austrieb z.B. mit Euparen (0,15%) oder Delan flüssig (0,2%).

Bakterienbrand *(Pseudomonas syringae)*
siehe unter Fliederseuche, Seite 213.
Außerdem treten an Zierkirschen und Zierpflaumen auf: Bleiglanz, Thrips, Blattläuse, Schildläuse, Blattwespen, Wickler, Gallmilben.

Pyracantha, Feuerdorn

Schorf *(Spilocaea pyracanthae)*
Schadbild: An Blättern, jungen Trieben, Blüten und Früchten olivbraune bis schwarze Flecken. Bei starkem Befall kommt es zu Blattverlust.
Bekämpfung: Wird in der Regel nur bei der Anzucht in der Baumschule durchgeführt. Die einzelnen Sorten sind unterschiedlich anfällig.

Außerdem treten an *Pyracantha* auf: Feuerbrand, Blattläuse, Blattwespen, Miniermotten.

Pyrus, Birne

Birnenblattsauger *(Psylla pirisuga, P.piri)*
Schadbild: Im Frühjahr werden die zitronengelben Eier an ausgetriebenen Knospen und jungen Blättern abgelegt. Grüne oder gelb-

liche, blattlausähnliche Larven saugen unter starker Honigtau-Ausscheidung an Blättern, Trieben und Früchten. Die befallenen Organe verkrüppeln. Oft folgt eine starke Ansiedlung von Rußtaupilzen.

Bekämpfung: Vor dem Austrieb durch eine Spritzung mit Folidol-Öl (0,5 %). Zur Blütezeit mit bienenungefährlichen Mitteln wie Folidol-Öl (0,5 %), Beosit 35 flüssig (0,1 %), Thiodan 35 flüssig (0,1 %), Promanal (3 %) oder Spurit flüssig (0,1 %) spritzen.

Außerdem treten an *Pyrus* auf: Feuerbrand, Rost, Schorf, Blattläuse, Gallmilben, Wicklerraupen.

Quercus, Eiche

Eichenmehltau *(Microsphaera alphitoides)*
Schadbild: Blätter und junge Triebe sind mit weißlichem Pilzmyzel überzogen.
Bekämpfung: In Garten und Park nur selten notwendig. Bei starkem Befall mit Mitteln gegen Echten Mehltau, siehe Seite 195.

Eichenwickler *(Tortrix viridana)*
Schadbild: An frisch ausgetriebenen Blättern und Knospen fressen grüne Raupen mit schwarzbraunem Kopf. Die Blätter sind durch Gespinste zusammengerollt. Kahlfraß ist möglich.
Bekämpfung: Nur bei Massenauftreten ab Befallsbeginn mit Mitteln gegen freifressende Raupen, siehe Tabelle Seite 200.

Blattläuse (*Phylloxera*-Arten)
Schadbild: Zunächst treten auf der Unterseite, später auch auf der Oberseite der Blätter zahlreiche gelbe, gelegentlich dunkler gerandete Flecken auf. Der Rand der jungen Maiblätter ist meist schalen- oder muschelförmig nach unten gebogen. Auf der Blattunterseite saugen kleine, grünlichgelbe Blattläuse.
Bekämpfung: Bei starkem Befall durch mehrfache Spritzungen z.B. mit Metasystox R (0,1 %), Ekamet (0,1 %), Roxion (0,1 %) oder Promor Granulat (0,05 %).

Linsengallen *(Neuroterus*-Arten) und andere, meist durch Gallwespen verursachte Gallen.
Schadbild: Auf den Blattoberseiten oder -unterseiten der Blätter entstehen unterschiedlich geformte und gefärbte »Gallen«.
Bekämpfung: Nicht erforderlich.

Außerdem treten an *Quercus* auf: Blattkäfer, Frostspanner-Raupen und andere Raupenarten, Schildläuse, Maikäfer.

Rhododendron, Alpenrose

Zweigsterben, Triebfäule *(Phytophthora*-Arten)
Schadbild: Die Blätter verlieren ihren Glanz und werden fahlgrün, später braun. Auch die Endknospen werden braun. Die Zweige welken und sterben ab.
Bekämpfung: Befallene Triebe bis ins gesunde Holz zurückschneiden. Ab Befallsbeginn sind wiederholte Spritzungen in Abständen von 10–14 Tagen mit Aliette (0,25 %) hilfreich.

Blattfleckenkrankheiten (*Colletotrichum gloeosporioides, Cercospora handeli* und *Pestalotia*-Arten)
Schadbild: Auf den Blättern entstehen meist braune, runde oder unregelmäßig geformte Flecken, die zu Blattfall führen können.
Bekämpfung: Ab Mitte Juni, wenn sich die jungen Blätter entwickeln durch 2–3 vorbeugende Spritzungen in Abständen von 10–14 Tagen unter anderem mit Dithane Ultra, Polyram-Combi oder Phytox Super (alle 0,2 %).

Ohrläppchenkrankheit *(Exobasidium rhododendri, E.vaccinii)*
Schadbild: Die Blätter der Triebspitzen schwellen gallenartig an, die fleischigen Verdickungen sind zunächst rötlich oder gelblich-grün gefärbt, später mit weißer Bereifung (Sporenbildung). Von *E.rhododendri* werden *Rhododendron ferrugineum* und *R.hirsutum*, von *E.vaccinii* werden *R.catawbiense, R.ferrugineum, R.micranthum, R.maximum, R.obtusum* und *R.ponticum* einschließlich der jeweiligen Hybriden befallen.
Bekämpfung: Die Gallen absammeln und vernichten, bevor die Sporenbildung einsetzt. Ab Mitte Mai unter anderem mit Delan flüssig, Dithane Ultra oder Polyram-Combi (alle 0,2 %) spritzen.

Alpenrosenrost *(Chrysomyxa rhododendri)*
Schadbild: Auf Blättern und Trieben der heimischen Alpenrosen *(R.ferrugineum* und *R.hirsutum)*, selten auch bei großblumigen, immergrünen Hybriden, bilden sich auf den Blattoberseiten kleine, rotbraune Flecken, auf den Unterseiten gelbbraune, stäubende Pusteln. Der Pilz ist wirtswechselnd mit *Picea*-Arten, auf denen er einen Nadelrost verursacht.
Bekämpfung: Ab Befallsbeginn unter anderem mit Baymat Rosenspritzmittel (0,125 %), Dithane Ultra (0,2 %) oder Polyram-Combi (0,2 %) spritzen.

Knospensterben *(Pycnostysanus azaleae)*
Schadbild: Die geschlossenen Blütenknospen werden braun und vertrocknen. Auf den abgestorbenen Knospen bilden sich die kleinen, säulenförmigen Fruchtkörper des Pilzes. Eine wichtige Voraussetzung für eine Infektion ist das Auftreten von Zikaden *(Graphocephala fennahi* und *G.coccinea)*, die bei der Eiablage am Knospengrund Verletzungen hinterlassen, in die der Pilz eindringen kann.
Bekämpfung: Befallene Knospen werden herausgeschnitten und vernichtet. Beim Auftreten der Zikaden (ab Ende Juli) helfen 2–3 Spritzungen in Abständen von 10 Tagen z.B. mit E 605 forte (0,035 %), Perfekthion (0,1 %), Spruzit flüssig (0,1 %) oder Unden (0,1 %).

Rhododendronhautwanze *(Stephanitis rhododendri)*
Schadbild: Im Frühjahr und Sommer sind die Blätter oberseits hell gesprenkelt, die Unterseite hat dunkle, lackartige Kotflecken. Verursacht wird das durch 3–4 mm große Insekten mit glasklaren Flügeln und dunkel gefärbte, flügellose Larven. Die Blattränder rollen sich nach unten, die Blätter vertrocknen und fallen ab.
Bekämpfung: Ab Befallsbeginn mehrfach in Abständen von 10 Tagen unter anderem mit Mitteln wie gegen das Knospensterben spritzen.

Weichhautmilben *(Tarsonemus*-Arten)
Schadbild: An den Triebspitzen sind die Blätter kleiner als normal, gerollt und verkrüppelt.
Bekämpfung: Bei Befallsbeginn mit Thiodan 35 (0,2 %) oder Beosit 35 flüssig (0,2 %) spritzen.

Mottenschildlaus, Weiße Fliege *(Dialeurodes chittendeni)*
Schadbild: Die Blätter sind gelblich gesprenkelt, oft durch klebrige Kotausscheidung verschmutzt, darauf kommt es zu Rußtaubildung. Auf der Blattunterseite sitzen 2 mm große, weiße, hüpfend-fliegende Insekten und ihre schildlausähnlichen Larven.
Bekämpfung siehe Rhododendronhautwanze.

Azaleengallmilbe *(Phyllocoptes azaleae)*
Schadbild: Die Blätter sommergrüner *Rhododendron*-Arten bleiben klein, sie sind zusammengerollt und gelblich verfärbt.
Bekämpfung: Beim Auftreten der ersten Schadsymptome durch mehrmalige Spritzungen in Abständen von 8–10 Tagen mit Beosit 35 flüssig oder Thiodan 35 flüssig (beide 0,15 %).

Milben (*Brevipalpus obovatus*)
Schadbild: Auf der Blattunterseite sommergrüner *Rhododendron*-Arten entstehen durch die Saugtätigkeit roter Milben schorfige Flecken. Die Blätter werden braun und fallen vorzeitig ab.
Bekämpfung: Ab Befallsbeginn durch mehrfache Spritzungen in Abständen von 8–10 Tagen z.B. mit Pentac (0,1 %) oder Shell Torque (0,05 %).

Außerdem treten an *Rhododendron* auf: Dickmaulrüßler, Blattläuse, Schildläuse, Blattwanzen, Grauschimmel und Wurzelfäule (vor allem bei Jungpflanzen).

Ribes, Johannisbeere, Stachelbeere

Ringfleckigkeit (Raspberry ringspot virus)
Schadbild: Auf den Blättern sind hellgrüne bis gelbe Ringe, Linien, Bänder und unregelmäßige Flecken zu sehen. Die Übertragung erfolgt durch Pfropfung, Preßsaft und Nematoden. Befallen werden *Ribes sanguineum, R.rubrum* und *R.uva-crispa.*
Bekämpfung: Stark befallene Pflanzen werden vernichtet.

Arabismosaik (Arabis mosaic virus)
Schadbild: Im Frühjahr erscheinen auf den Blättern hellgrüne Ringe, Bänder und Sprenkelungen, die mit fortschreitender Vegetationsentwicklung maskiert werden. Die Übertragung erfolgt durch Preßsaft und Nematoden. Befallen werden *Ribes nigrum, R.rubrum, R.uva-crispa* sowie zahlreiche Zierpflanzen, Gehölze, Gemüsearten und Wildpflanzen.
Bekämpfung: Stark befallene Pflanzen sind zu vernichten.

Blattfallkrankheit (*Deepanozezia ribis* syn. *Gloeosporidiella ribis*)
Schadbild: Auf den Blättern erscheinen zahlreiche rundliche, braune Flecke, die Blätter vergilben und fallen vorzeitig ab. Besonders gefährdet sind *Ribes sanguineum* und *R.aureum.*
Bekämpfung: Ab Mitte Mai durch 3–4 Spritzungen in Abständen von 7–14 Tagen z.B. mit Euparen (0,2 %), Celan flüssig (0,2 %) oder Saprol (0,15 %).

Säulenrost (*Cronartium ribicola*)
Schadbild: Auf der Blattunterseite bilden sich zunächst kleine, hellgelbe Pusteln (Uredosporenlager). Im Spätsommer entwickeln sich säulenförmige, bräunlichgelbe Teleutosporenlager, an diesen entstehen im Herbst die Basidosporen, die die Nadeln fünfnadeliger Kiefern infizieren.
Bekämpfung: Bei stärkerem Befall ab Mitte Mai durch 2–3 Spritzungen in Abständen von 10–14 Tagen unter anderem mit Polyram-Combi, Phytox Super (0,2 %) oder Saprol (0,15 %).

Echter Mehltau
Sphaerotheca mors-uvae an *Ribes alpinum, R.aureum, R.rubrum, R.nigrum* und *R.fasciculatum.*
Microsphaera grossulariae an *Ribes alpinum, R.uva-crispa, R.rubrum* und *R.nigrum.*
Phyllactina guttata an *Ribes uva-crispa, R.rubrum, R.nigrum* und zahlreichen anderen Gehölzarten.
Schadbild: Blätter und junge Triebe sind dicht mit einem weißen, später braunen, filzartigen Belag bedeckt.
Bekämpfung: Im Winter durch Rückschnitt der befallenen Triebe. Wenn die Früchte geerntet werden sollen, helfen vom Zeitpunkt der Blüte an 2–3 Spritzungen in Abständen von 10–14 Tagen mit Morestan (0,03 %) oder Saprol (0,15 %).

Johannisbeergallmilbe, Rundknospen (*Cecidophyosis ribis*)
Schadbild: Die Blattknospen sind im Frühjahr stark kugelig angeschwollen, sie treiben nicht aus. In den Knospen befinden sich zahlreiche 0,2 mm lange, spindelförmige Gallmilben.

Bekämpfung: Die Milben verlassen die Rundknospen Ende März –Anfang April (wenn die Blütentrauben sichtbar werden). Zu diesem Zeitpunkt nützen 1–2 Spritzungen mit Beosit 35 flüssig oder Thiodan 35 flüssig (beide 0,15 %). Da die Wartezeit bei diesen Mitteln 60 Tage beträgt, dürfen die Früchte nicht geerntet werden!

Johannisbeergallmücke (*Dysineura tetensi*)
Schadbild: Die jungen Blätter sind verdreht und deformiert, häufig durchlöchert, sie entfalten sich nicht und vertrocknen. In den aufgerollten Blättern sitzen weiße Larven.
Bekämpfung: Vom Beginn des Befalls an durch mehrfache Spritzungen mit E 605 forte, Parathion forte oder Parathion P-O-X konzentriert (alle 0,035 %).

Stachelbeerspanner (*Abraxas grossulariata*)
Schadbild: Schwach behaarte Raupen, die oberseits weiß mit schwarzen Flecken, unterseits gelb gefärbt sind, fressen im Frühjahr an Knospen und sich entfaltenden Blättern.
Bekämpfung: Vor dem Austrieb mit Folidol-Öl (0,5 %) spritzen, nach dem Austrieb unter anderem mit Gusathion MS (0,2 %), Nexion-stark (0,1 %) oder Decis flüssig (0,03 %).

Außerdem treten an *Ribes* Blattläuse und Spinnmilben auf.

Rosa, Rose

Rosenmosaik (Prunus necrotic ringspot virus, verschiedene Stämme)
Schadbild: Auf den Blättern erscheinen gelbliche bis hellgrüne Bänder, Wellenlinien oder Ringe, bzw. hellgelbe Verfärbungen in Form von Flecken und Bändern entlang der Haupt- und Seitennerven. Die Ausbildung der Symptome ist abhängig vom Virusstamm, von Rosenart und -sorte, vom Standort und von der Jahreszeit. Wachstum und Blütenertrag werden nachteilig beeinflußt.
Bekämpfung: Bei starkem Befall die Pflanzen entfernen und vernichten.

Adernmosaik (Strawberry latent ringspot virus)
Schadbild: Auf den Blättern erscheint ab Mitte Mai bis Anfang Juni eine mehr oder weniger deutliche Adernscheckung. Die Blättchen sind kleiner und schmaler als sonst üblich. Wuchsminderung.
Bekämpfung: Bei starkem Befall müssen die Pflanzen gerodet und vernichtet werden.

Echter Mehltau (*Sphaerotheca pannosa*)
Schadbild: Auf Blättern, Trieben und Knospen bildet sich ein weißer Belag.
Bekämpfung: Vorbeugend durch Verwendung widerstandsfähiger Sorten und bedarfsgerechte Stickstoffdüngung. Ab Befallsbeginn, etwa Anfang Juni, wiederholte Spritzungen in Abständen von 8–10 Tagen mit Baymat Rosenspritzmittel (0,125 %), Euparen (0,5 %), Saprol oder Saprol F (0,03 %). Mittel gegen Echten Mehltau siehe Seite 195.

Sternrußtau (*Diplocarpon rosae* syn. *Marssonina rosae*)
Schadbild: Auf der Blattoberseite erscheinen braune bis schwarzviolette, runde Flecken mit gefranstem Rand. Bald kommt es zur Blattvergilbung und Blattfall.
Bekämpfung: Vorbeugend durch Verwendung widerstandsfähiger Sorten. Chemische Bekämpfung siehe unter Mittel gegen Echten Mehltau, Seite 195.

Rosenrost (*Phragmidium mucronatum, P.tuberculatum*)
Schadbild: Auf den Blättern bilden sich kleine, gelblichrote Flecken, auf der Unterseite sind stecknadelkopfgroße, zunächst gelbe, später braune Sporenlager zu sehen.

Bekämpfung: Vorbeugend durch Verwendung widerstandsfähiger Sorten. Spätestens ab Befallsbeginn wiederholt mit Baymat flüssig (0,125 %), Euparen (0,5 %) oder Saprol (0,1 %) spritzen.

Rosenzikade *(Typhlocyba rosae)*

Schadbild: Die Blätter sind auf der Oberseite weißlichgelb gescheckt, vorzeitiger Blattfall tritt ein. Auf der Unterseite sitzen 3 mm lange, blattlausähnliche Larven oder geflügelte, springende Zikaden.

Bekämpfung: Bei Massenauftreten im Mai durch wiederholte Spritzungen in Abständen von acht Tagen z.B. mit E 605 forte (0,035 %), Ekamet (0,1 %), Perfekthion (0,1 %), Roxion (0,1 %) oder Spruzit flüssig (0,1 %).

Rosenblattrollwespe *(Blennocampa pusilla)*

Schadbild: Ab Mai rollen sich die Blättchen nach unten ein, in der Röhre fressen 8–9 mm lange, hellgrüne, raupenähnliche Larven.

Bekämpfung: Die befallenen Blätter entfernen. Chemische Bekämpfung wie bei Rosenzikade.

Rosengallwespe *(Diplolepis rosae* syn. *Rhodites rosae)*

Schadbild: Bildung von moosähnlichen, grünen, oft rötlichgelben, kugeligen Wucherungen, vor allem an Wildrosen.

Bekämpfung: Befallene Triebe entfernen und verbrennen.

Außerdem treten an *Rosa* auf: Welkekrankheit, Grauschimmel, Falscher Mehltau, Dickmaulrüßler, Blattläuse, Schildläuse, Weiße Fliege, Wicklerraupen, Blattwespen.

Rubus, Himbeere, Brombeere

Himbeermosaik (verschiedene Virusarten und -stämme)

Schadbild: Die Symptome reichen von schwachen Vergilbungen des Blattgewebes bis zu starken Adernvergilbungen und Flecken an oft verdrehten und gekräuselten Blättern, breiten, gelbgrünen Bändern entlang der Haupt- und Seitenadern und eingesunkenen, scharf begrenzten chlorotischen Flecken.

Bekämpfung: Kranke Pflanzen entfernen und vernichten.

Rutensterben *(Didymella applanata* syn. *Phoma* spec.)

Schadbild: An vorjährigen Ruten entstehen im Sommer violette Flecken, an denen die Rinde abstirbt und aufplatzt. Die Ruten sterben ab.

Bekämpfung: Abgetragene Fruchtruten entfernen, Rindenverletzungen vermeiden, nur mäßige Stickstoffdüngung.

Himbeerrutengallmücke *(Thomasiniana theobaldi)*

Schadbild: Ab Ende Mai fressen orangerote Larven an der Rinde.

Bekämpfung: Im Garten in der Regel nicht erforderlich.

Phytophthora-Wurzelfäule *(Phytophthora fragariae var. rubi)*

Schadbild: Befallene Jungtriebe und Fruchtruten sterben im Sommer ab, am Wurzelhals ist das Gewebe bräunlich verfärbt.

Bekämpfung: Vorbeugend durch Auswahl wenig anfälliger Fruchtsorten und durch Vermeidung nasser Standorte. Befallene Pflanzen sorgfältig entfernen und vernichten.

Außerdem treten an *Rubus* Blattläuse und Spinnmilben auf.

Salix, Weide

Rutenbrenner *(Glomerella miyabeana)*

Schadbild: An Blättern und einjährigen Trieben erscheinen runde bis ovale, dunkle Flecken. Die Triebspitzen welken und vertrocknen unter Schwarzfärbung.

Bekämpfung: Rückschnitt befallener Sproßteile, eventuell Behandlung mit Kupferkalk.

Weidenschorf *(Venturia saliciperda* syn. *Pollaccia saliciperda)*

Schadbild: Auf den Blättern bilden sich dunkelbraune, unregelmäßige Flecken, auf den Trieben schwarze, nekrotische Stellen. Es kommt zu vorzeitigem Blattfall, die Triebe sterben ab.

Bekämpfung: Im Garten in der Regel nicht erforderlich.

Weidenrost (verschiedene wirtswechselnde und nicht wirtswechselnde *Melampsora*-Arten)

Schadbild: Ab Juli erscheinen auf der Blattoberseite massenhaft gelbe Flecken, auf der Unterseite bilden sich zunächst gelbe, später bräunliche, stäubende Sporenlager.

Bekämpfung: Nur bei starkem Auftreten erforderlich, dann Spritzungen mit Baymat Rosenspritzmittel (0,125 %), Euparen (0,5 %), Polyram-Combi (0,2 %) oder Saprol (0,1 %).

Weidenbohrer *(Cossus cossus)*

Schadbild: Ab August schlüpfen etwa 1 cm große, fleischfarbene Raupen, die zunächst unter der Rinde, später auch in Gängen mit flachem Querschnitt im Holz von Stämmen, Ästen und dicken Zweigen fressen. Nach zweimaliger Überwinterung werden die Raupen bis zu 10 cm groß. Befallen werden vor allem Bäume mit Rindenverletzungen.

Bekämpfung: Verletzungen vermeiden und Wunden sofort mit Wundwachs verstreichen. Befallene Pflanzenteile entfernen und vernichten.

Weidenholzgallmücke *(Rhapdophaga saliciperda)*

Schadbild: An ein- und mehrjährigen Trieben sitzen flache Gallen mit zahlreichen, von orangefarbenen Larven besetzten Kammern. Die Rinde über den Gallen zerreißt, zerfasert und stirbt ab. Das freigelegte Holz ist wabenartig durchlöchert.

Bekämpfung: Befallene Pflanzenteile entfernen und vernichten. Weitere Maßnahmen sind in der Regel nicht erforderlich.

Weidenschaumzikade *(Aphrophora salicina)*

Schadbild: Von Mai bis Juli ist an den Trieben ein schaumartiges Sekret zu sehen. Es umschließt Zikadenlarven, die bis in den Splint gehende Einstiche verursachen.

Bekämpfung: Befallene Zweige sollte man abschneiden und vernichten. Bei Massenbefall schaffen Spritzungen mit Insektiziden gegen saugende Insekten Abhilfe (siehe Seite 198).

Außerdem treten an *Salix* auf: Erlenrüßler (siehe unter *Alnus*), Blattkäfer, Blattwespen, Gallmücken, Schildläuse.

Sambucus, Holunder

An *Sambucus* kommen vor: Virosen, Blattfleckenkrankheit, Blattläuse, Spinnmilben.

Sorbus, Eberesche

An *Sorbus* kommen vor: Feuerbrand, Krebs (siehe unter *Malus*), Rotpustelkrankheit, Blattläuse, Spinnmilben, Blattwespen, Gallmilben.

Spiraea, Spierstrauch

An *Spiraea* treten gelegentlich auf: Echter Mehltau, Blattläuse, Blattwespen.

Stranvaesia, Lorbeermispel

Stranvaesia gehört zu den Wirtspflanzen des Feuerbrandes.

Syringa, Flieder

Virosen (verschiedene Virus-Arten)
Schadbild: Auf den Blättern hellgrüne oder gelbliche Linien-, Band- oder Ringmuster.
Bekämpfung: Kranke Pflanzen vernichten.

Fliederseuche *(Pseudomonas syringae)*
Schadbild: Auf der Rinde junger Triebe bilden sich streifenförmige, zunächst braune, später schwarze Flecken. Die Triebe knicken unter Schwarzfärbung. Auf den Blättern sind zunächst glasig durchscheinende Flecken, die später bräunlich werden und eintrocknen. Der Befall wird durch Frostrisse und feuchte Witterung gefördert.
Bekämpfung: Kranke Pflanzenteile bis ins gesunde Holz zurückschneiden und vernichten. Für rechtzeitige Holzausreife sorgen.

Zweig- und Knospenkrankheit *(Phytophthora syringae)*
Schadbild: Die Blütenknospen sterben unter Braunfärbung ab. Die Rinde unterhalb der Knospe wird braun und schrumpft ein. Die Triebspitzen sterben ab.
Bekämpfung: Kranke Pflanzenteile herausschneiden und vernichten sowie für rechtzeitige Holzausreife sorgen. Vor dem Austrieb helfen 1–2 Spritzungen mit den Mitteln, die bei der Fliederseuche angegeben sind.

Fliedermotte *(Gracilaria syringella)*
Schadbild: Die Blätter zeigen zunächst helle, später braune, blasig vertrocknende Minen, die daraus schlüpfenden Raupen wandern auf andere Blätter, die von den Spitzen nach unten zusammengerollt werden. In den Blattrollen sitzen meist mehrere Raupen, die die untere Blatthälfte benagen.
Bekämpfung: Befallene Pflanzenteile entfernen und vernichten. Nur bei starkem Befall Spritzungen z.B. mit Decis (0,03 %), Perfekthion (0,1 %), Roxion (0,1 %), Spruzit flüssig (0,1 %) oder Unden (0,1 %).

Außerdem treten an *Syringa* auf: Welke, Echter Mehltau, Thrips, Blattläuse, Blattwespen, freifressende Raupen.

Tamarix, Tamariske

Sie kann bei anhaltender Feuchtigkeit von Grauschimmel befallen werden.

Tilia, Linde

Rindenfleckenkrankheit *(Pyrenochaeta pubescens)*
Schadbild: An Stämmen, Ästen und Zweigen junger Bäume sind runde bis ovale, erst rötliche, später dunkle, eingesunkene Flecken zu sehen.
Bekämpfung: Befallene Triebe sollte man entfernen und vernichten sowie Schadstellen an Stamm und Ästen herausschneiden und mit Wundverschlußmitteln versorgen.

Blattfleckenkrankheit *(Apiognomonia errabunda = Gloeosporium tiliae)*
Schadbild: Auf Blättern und Blattstielen treten runde oder unregelmäßige, scharf umgrenzte, 4–8 mm breite, oft zusammenfließende Flecken auf. Bei starkem Befall kommt es zu vorzeitigem Blattfall.
Bekämpfung: In Garten und Park in der Regel nicht erforderlich.

Spinnmilben *(Eotetranychus tiliarum)*
Schadbild: Die Blätter verfärben sich im Sommer bronzefarben, vertrocknen und fallen vorzeitig ab. Auf der Blattunterseite sitzen zahlreiche etwa 4 mm große, grünlichgelbe Milben unter einem weißen Gespinst.
Bekämpfung: In Garten und Park in der Regel nicht erforderlich. Bei Massenauftreten siehe Mittel zur Bekämpfung von Spinnmilben, Seite 201.

Kleine Lindenblattwespe *(Caliroa annulipes)*
Schadbild: Im Mai verursachen 5–6 mm große, nacktschneckenartige Larven Fensterfraß an der Blattunterseite. Die Fraßstellen verbrennen.
Bekämpfung: Nur bei starkem Befall Spritzungen mit E 605 forte (0,03 %), Perfekthion (0,1 %), Roxion (0,1 %), Spruzit flüssig (0,1 %) oder Unden (0,1 %).

Mondfleck, Mondvogel *(Phalera bucephala)*
Schadbild: Von Juli bis Herbst werden einzelne Zweige oder ganze Jungbäume von graugelben, gesellig lebenden Raupen kahlgefressen.
Bekämpfung: Bei starkem Befall mit Insektiziden gegen Raupen, siehe Seite 200 spritzen.

Außerdem treten an *Tilia* auf: Welke, Rotpustelkrankheit, Gallmilben, Blattläuse, Blattwespen.

Ulmus, Ulme

Ulmensterben *(Ceratocystis ulmi* syn. *Graphium ulmi)*
Schadbild: Blätter vergilben und fallen vorzeitig ab. Äste sterben ab. Der Pilz tritt in zwei Stämmen auf. Ein besonders virulenter Stamm von *C. ulmi* kann ganze Bäume innerhalb einer Vegetationsperiode abtöten. Bei dem anderen Stamm verläuft die Krankheit schleppender, befallene Bäume können noch mehrere Jahre am Leben bleiben.
Der Pilz wird hauptsächlich durch mehrere Ulmensplintkäfer-Arten *(Scolytus scolytus, S. multistriatus* und *S. laevis)* übertragen. Die Käfer fressen im Splintholz, nehmen von befallenen Bäumen Pilzsporen auf und übertragen sie beim Reifungsfraß in die Leitungsbahnen gesunder Bäume.
Bekämpfung: Vorbeugend die gering anfälligen Ulmensorten 'Sapporo Gold', 'Recerta' und 'Regal' anbauen.

Außerdem treten an *Ulmus* auf: Welke, Rotpustelkrankheit, Blattläuse, Weichhautmilben, Zikaden, Schildläuse, Blutläuse.

Vaccinium, Heidelbeere, Preiselbeere

Ohrläppchenkrankheit *(Exobasidium vaxinii)*
siehe unter *Rhododendron.*

Viburnum, Schneeball

Virosen (Schneeballmosaik = Alfalfa mosaic virus und Schneeballscheckung = Cucumber mosaic virus)
Schadbild: Auf den Blättern von *V. opulus* bilden sich grünliche, gelbliche bis weißliche Scheckungen bzw. diffuse chlorotische bis schwach gelbliche Flecken und Bögen.
Bekämpfung: Bei starkem Befall die Pflanzen entfernen und vernichten.

Blattfleckenkrankheit *(Poma viburni, Ascochyta viburni)*
Schadbild: Auf den Blättern bilden sich braune, purpurn umrandete Flecken. Vorzeitiger Blattfall tritt auf. Besonders anfällig ist *Viburnum carlesii.*

Bekämpfung: Nur selten erforderlich. Nur bei starkem Befall Behandlungen mit Antracol (0,2 %), Polyram-Combi (0,2 %) oder Saprol (0,15 %).

Schneeball-Blattkäfer *(Galerucella viburni)*
Schadbild: Im Frühsommer fressen gelbgrüne, 5–6 mm große Larven an der Blattunterseite. Später tritt Lochfraß durch 4,5–6,5 mm große, hellgelbe, längliche Käfer auf.
Bekämpfung: Bei starkem Befall Spritzungen z.B. mit E 605 forte (0,035 %), Perfekthion (0,1 %), Spruzit flüssig (0,1 %) oder Unden (0,1 %).

Außerdem treten an *Viburnum* Blattläuse, Blattwanzen und Spinnmilben auf.

Vinca, Immergrün

Blattscheckung (Cucumber mosaic virus)
Schadbild: Auf den Blättern ist eine ausgeprägte streifige Scheckung zu sehen. Die Internodien sind verkürzt, die Blüten oft verkleinert. Besonders häufig an *Vinca minor.*
Bekämpfung: Kranke Pflanzen entfernen und vernichten.

Triebsterben *(Phoma cylindrospora)*
Schadbild: An den Trieben sieht man scharf abgegrenzte, schwärzliche Stellen, darüber wird der Trieb welk und stirbt ab.
Bekämpfung: Nicht zu eng pflanzen und Vernässung vermeiden. Ab Ende Juni in Abständen von 10–14 Tagen mehrfach unter anderem mit Dithane Ultra (0,2 %), Polyram-Combi (0,2 %) oder Saprol (0,15 %) spritzen.

Außerdem tritt an *Vinca* Rost auf.

Vitis, Rebe

An *Vitis* können Echter und Falscher Mehltau sowie Milben auftreten.

Wisteria, Wisterie

Adernmosaik (Wisteria vein mosaic virus)
Schadbild: Entlang der Blattadern tritt eine unregelmäßig verteilte, hellgelbe Färbung auf, es kommt zur Aufhellung der schwächeren Adern, diffuser Fleckung und Scheckung der Blattspreite. Gelegentlich entstehen auch Ring- und Linienmuster. Mit fortschreitender Vegetation werden die Farbveränderungen abgeschwächt.
Bekämpfung: Stark befallene Pflanzen roden und vernichten.

Außerdem treten an *Wisteria* Spinnmilben auf.

Krankheiten und Schädlinge an Nadelgehölzen

Abies, Tanne

Tannentriebläuse *(Dreyfusia merkeri, D. nüsslini)*
Schadbild: An Rinde, Jungtrieben und Nadeln saugen wachsausscheidende Läuse und verursachen Verkrümmungen und Gelbfärbungen. Die Nadeln rollen sich ein, die Triebe können vertrocknen. Befallene Triebe sind klebrig, die Rinde erscheint z.T. weiß verkrustet.

Bekämpfung: Vor dem Austrieb durch eine Spritzung mit Folidol-Öl (0,5 %). Nach dem Austrieb kann z.B. mit Ekamet (0,1 %), Folidol-Öl (0,5 %), Promanal (3 %) oder Unden (0,15 %) gespritzt werden.

Weißtannentrieblaus *(Mindarus abietinus)*
Schadbild: An Jungtrieben verschiedener Tannenarten saugen gelblichgrüne bis graue Blattläuse. Nadeln und Triebe verkrüppeln, sie können absterben.
Bekämpfung: Wie bei der Tannentrieblaus.

Außerdem treten an *Abies* Grauschimmel (an Triebspitzen) und die Einschnürungskrankheit (siehe bei *Chamaecyparis*) auf.

Chamaecyparis, Scheinzypresse

Einschnürungskrankheit *(Pestalotia funera)*
Schadbild: In Zweigen und Stämmchen entstehen dunkel gefärbte, eingesunkene Stellen, an denen die Rinde abstirbt; später bilden sich darauf kleine schwarze Pusteln. Oberhalb der Einsenkung schwillt der Zweig an und stirbt ab.
Bekämpfung: Kranke Teile herausschneiden und verbrennen.

Wurzel- und Stammfäule *(Phytophthora cinnamomi)*
Schadbild: An den Wurzeln und am Stammgrund jüngerer Pflanzen tritt eine Braunfäule auf. Nadeln und Schuppenblätter werden fahl, später braun, sie vertrocknen. Die Pflanzen können absterben.
Bekämpfung: Befallene Pflanzen roden und vernichten, nasse Standorte meiden.

Triebsterben *(Kabatina thujae)*
Schadbild: Einjährige Triebe sind im Frühjahr zunächst graugrün verfärbt, später braun. Die Rinde an der Basis der Triebe ist zunächst bräunlich, später graubraun verfärbt. Die Triebe sterben ab. Häufig sind auch nur einzelne Schuppenblätter befallen.
Bekämpfung: Die Pflanzen optimal ernähren und notfalls ab Spätsommer mehrmals in Abständen von 10–14 Tagen mit Antracol (0,2 %) oder Polyram-Combi (beide 0,2 %) spritzen.

Außerdem treten an *Chamaecyparis* die Thujaminiermotte (siehe unter *Thuja*), Spinnmilben und Schildläuse auf.

× Cupressocyparis, Bastardzypresse

Triebsterben *(Kabatina thujae)* siehe unter *Chamaecyparis.*

Juniperus, Wacholder

Triebsterben *(Kabatina juniperi, Phomis juniperovora)*
Schadbild: Beim Auftreten von *K. juniperi* verfärben sich im Frühjahr die Nadeln einjähriger Triebe zunächst graugrün, später braun. Die Rinde ist an der Basis der Triebe graubraun verfärbt, die Triebe sterben oberhalb der Befallsstelle ab. Häufig sind nur einzelne Nadeln befallen. Im Gegensatz zu *K. juniperi* befällt *P. juniperovora* offenbar nur zwei- bis vierjährige Pflanzen. Die Nadeln befallener Triebe werden zunächst braun, später gelbbraun bis grau. Meist werden nur die Spitzentriebe befallen; breitet sich der Befall aus, so stirbt in der Regel die ganze Pflanze. Hier tritt der Pilz bisher nur an *Juniperus virginiana* auf, in den USA befällt er aber nicht nur zahlreiche *Juniperus*-Arten, sondern auch andere Nadelholzarten.
Bekämpfung: Kranke Triebe oder Pflanzen entfernen und vernichten. Verletzungen sind zu vermeiden.

Einschnürungskrankheit (*Pestalotia hartigi, P.funera*)
siehe unter *Chamaecyparis.*

Rostpilze

Gymnosporangium sabinae, wirtswechselnd mit Birne (Gitterrost der Birne)
– *cornutum*, wirtswechselnd mit *Amelanchier* und *Sorbus*
– *tremuloides*, wirtswechselnd mit *Malus, Sorbus, Cydonia*
– *clavariaeforme*, wirtswechselnd mit *Aronia, Cotoneaster, Crataegus, Sorbus, Amelanchier, Cydonia, Mespilus, Malus, Pyrus*
– *confusum*, wirtswechselnd mit *Crataegus, Cydonia, Cotoneaster, Sorbus, Mespilus, Pyrus*
Schadbild: Die Zweige schwellen spindelförmig an und sterben schließlich ab. Auf der Rinde sitzen bei Feuchtigkeit gallertartig weiche, bei Trockenheit feste, orangegelbe Pilzkörper, die im Sommer Basidosporen erzeugen, die, vom Wind verbreitet, ihre Zwischenwirte infizieren.
Bekämpfung: Befallene Triebe herausschneiden und verbrennen. Mehrere Behandlungen mit Baymat flüssig (0,15 %), Dithane Ultra (0,2 %), Antracol (0,2 %) oder Saprol (0,15 %).

Wacholdergespinstmotte (*Dichomeris marginella*)

Schadbild: In den Nadeln minieren ab August hellbraune oder grüne Raupen. Sie verlassen später die Nadeln und überwintern in Gespinsten. Im Frühjahr fressen hellbraune, mit Streifen gezeichnete Raupen an den Nadeln.
Bekämpfung: Bei starkem Befall Spritzungen mit E 605 forte (0,035 %), Perfekthion (0,1 %), Roxion (0,1 %) oder Unden (0,1 %).

Nadelholzspinnmilbe (*Oligonychus ununguis*)

Schadbild: Nadeln und Schuppen zeigen helle, fleckenartige Saugstellen, später mit grauer bis rötlichbrauner Verfärbung. Zahlreiche feine, weiße Spinnfäden mit Milben, Larven und Larvenhüllen sind zu beobachten.
Bekämpfung: Vor dem Austrieb mit Folidol-Öl (0,5 %) oder Promanal (3 %), nach dem Austrieb mit Mitteln gegen Spinnmilben, siehe Seite 201 spritzen.

Napfschildläuse (*Lecanidae*)

Schadbild: Nadeln und Zweige vergilben und sterben ab. Das Wachstum ist gehemmt. Auf Rinde, Trieben und Nadeln sitzen verschieden geformte und gefärbte Schildläuse, oft in krustenartiger Dichte und stark Honigtau ausscheidend. Die Junglarven wandern auf andere Zweige bzw. Pflanzen über.
Bekämpfung: Etwa eine Woche vor dem Austrieb mit Folidol-Öl (0,5 %) spritzen, nach dem Austrieb mit einem gegen Schildläuse wirksamen Mittel (siehe Seite 198).

Außerdem treten an *Juniperus* Baumläuse (*Cinara juniperi*, große Läuse mit auffallend langem Rüssel) auf.

Larix, Lärche

Lärchenschütte (*Meria laricis*)

Schadbild: Im Frühsommer treten an jungen Lärchen gelbliche bis braune Verfärbungen der Nadeln auf, vorwiegend an *Larix decidua.* Es kommt zu vorzeitigem Nadelfall. Bei starkem Befall können Sämlinge und einjährige Pflanzen absterben.
Bekämpfung: Meist nur während der Anzucht erforderlich. Die Japanische Lärche wird seltener und schwächer befallen als die Europäische Lärche.

Lärchenkrebs (*Trichoscyphella willkommii = Dasycypha willkommii*)

Schadbild: An Stamm und Ästen von *Larix decidua* bilden sich nekrotische Stellen, die ein krebsartiges Aussehen annehmen können. Befallene Jungtriebe sterben ab.
Bekämpfung: Lärchen nicht auf zu feuchte Böden pflanzen, notfalls die nicht anfällige Japanische Lärche, *L.kaempferi*, pflanzen.

Lärchenblasenfuß, Wipfelsterben (*Taeniothrips laricivorus*)

Schadbild: Von Mai bis September saugen 1 mm lange, lebhafte Blasenfüße und ihre gelben Larven an Triebspitzen und Nadeln von Langtrieben. Triebspitzen und Endknospen verkümmern und sterben zum Teil ab. Die Weibchen der zweiten Generation, die sich ab Juli entwickelt, überwintern an Fichten oder anderen immergrünen Nadelgehölzen.
Bekämpfung: Pflanzung nur auf zusagenden, nicht zu feuchten Standorten.

Lärchenminiermotte (*Coleophora laricella*)

Schadbild: Ab Anfang Juni schlüpfen rotbraune Räupchen, die sich in die Nadeln einbohren und in ihnen minieren. Noch im Herbst erfolgt Fraß an den Nadeln, ab Anfang April erneuter Fraß an den Nadeln der Kurztriebe.
Bekämpfung: Nur bei starkem Auftreten z.B. mit Decis (0,03 %), E 605 forte (0,035 %), Ekamet, Perfekthion, Roxion oder Unden (jeweils 0,1 %) spritzen.

Fichtengallenläuse

Sacchiphantes viridis, Grüne Fichtengallenlaus, wirtswechselnd mit Fichte
Sacchiphantes segregis, Lärchennadellaus
Adelges laricis, Kleine Fichtengallenlaus, wirtswechselnd mit Fichte
Cholodkovskya viridana, Lärchentrieblaus
Schadbild: An Stämmen, Ästen und Nadeln sitzen mit weißer Wachswolle bedeckte Läuse. Die Nadeln werden durch die Saugtätigkeit geknickt.
Bekämpfung: Vor dem Austrieb mit Folidol-Öl (0,5 %) oder Promanal (3 %) spritzen. Nach dem Austrieb 1–2 Spritzungen unter anderem mit Mitteln wie bei der Lärchenminiermotte.

Picea, Fichte

Knospensterben (*Cucurbitaria piceae* syn. *Gemmamyces piceae*)

Schadbild: Die Endknospen von *Picea pungens* 'Glauca' sind abnorm verdickt und treiben nicht bzw. unvollständig aus, die Triebe sind dann mehr oder weniger stark verkrümmt. An den toten Knospen stehen später zahlreiche kleine, kugelige Fruchtkörper. Die Seitenknospen treiben verstärkt aus, es kommt zu unregelmäßigen, buschigen Verzweigungen.
Das durch Pilze verursachte Knospensterben kann leicht mit dem »Steckenbleiben« von Knospen verwechselt werden, das vor allem bei *Picea pungens* auftritt und dessen Ursache noch nicht eindeutig geklärt ist.
Bekämpfung: Befallene Triebe herausschneiden und verbrennen. Notfalls ab Befallsbeginn wiederholt in Abständen von 10–14 Tagen z.B. mit Dithane Ultra (0,2 %), Polyram-Combi (0,2 %) oder Phytox Super (0,2 %) spritzen.

Fichtenröhrenlaus, Sitkalaus (*Liosomaphis abietina*)

Schadbild: Die Altnadeln werden zuerst gelblich, später, je nach Fichtenart, graubraun oder grauviolett, sie fallen ab. Auf den Nadelunterseiten sitzen ab Ende März grüne Läuse mit roten Augen. Befallen werden vor allem *Pica sitchensis* und *P.pungens* 'Glauca'. Zur Befallskontrolle Zweige von inneren, der Sonne abgewandten Partien über einem Papierblatt (Din A 4) abklopfen.

Sind mehr als sechs Läuse zu finden, ist eine Bekämpfung im Frühjahr unbedingt erforderlich.

Bekämpfung: Vor dem Austrieb erfolgt eine Spritzung mit Folidol-Öl (0,5 %) oder Promanal (3 %), nach dem Austrieb bei Bedarf weitere Spritzungen z.B. mit Unden, Ekamet, Perfekthion, Roxion oder Spruzit flüssig (jeweils 0,1 %).

Fichtennestwickler *(Epinotia tedella)*

Schadbild: Im Juli erscheinen gelbbraune bis grünliche Raupen mit zwei braunroten Rückenstreifen, die nacheinander in 10–15 Nadeln minieren, diese werden zu einem Nest zusammengesponnen.

Bekämpfung: Bei starkem Befall ab Juni–Juli wiederholt mit Decis (0,3 %), Ekamet (0,1 %), Perfekthion (0,1 %) oder Unden (0,1 %) spritzen.

Kleiner Fichtennadelmarkwickler *(Epinotia pygmaea)*

Schadbild: An den jungen Trieben bleiben die Knospenkappen lange sitzen, darunter fressen grüne, schwarzköpfige Raupen an den Nadeln, höhlen diese aus und spinnen sie zusammen.

Bekämpfung siehe Fichtennestwickler.

Kleine Fichtenblattwespe *(Pristiphora abietina)*

Schadbild: Im Mai schlüpfen grüne, bis 13 mm lange Larven, die die Nadeln bis auf kurze Stümpfe abfressen.

Bekämpfung: Im Garten in der Regel nicht erforderlich.

Fichtenrindenwickler *(Laspeyresia pactolana)*

Schadbild: Ab Juni nagen blaßrötliche Raupen mit hellbraunem Kopf und Nackenschild 2–4 cm lange, unregelmäßige Gänge zwischen Rinde und Splintholz. Ab Mitte September verraten austretendes Harz und Kot den Larvenfraß. Befallen werden vor allem Fichten, die durch Umwelteinflüsse geschwächt sind.

Bekämpfung siehe Fichtennestwickler.

Nadelholzspinnmilbe *(Olygonychus ununguis)*

Schadbild: Die Nadeln zeigen zunächst gelbe, fleckige Saugstellen, sie verfärben sich später graubraun und sterben ab. Zwischen zahlreichen Gespinsten sitzen Spinnmilben, Larven und gelbe Sommereier. Die Ablage der roten Wintereier erfolgt in Rindenritzen. Die Schäden können an *Picea glauca* 'Conica' beträchtlich sein, befallen werden aber auch *P. mariana, P. pungens, P. abies* und andere Arten.

Bekämpfung siehe *Juniperus.*

Omorikasterben, Nadelbräune

Schadbild: An den Zweigspitzen von *Picea omorika*, aber auch an zwei- bis dreijährigen Trieben stehen zahlreiche gelbe, später gelbliche, dann verbräunte und abgestorbene Nadeln. Es tritt Nadelfall auf.

Bekämpfung: Für optimale Standortbedingungen sorgen, nicht auf saure oder staunasse Böden pflanzen. Der optimale pH-Bereich liegt bei Werten von 5,5–6,5. Vorsicht mit kalihaltigen Düngemitteln, denn bei hohem Kaligehalt kann Magnesium nicht in ausreichenden Mengen aufgenommen werden. Erkrankte Pflanzen werden mit 250–500 g Kieserit je Pflanze gedüngt.

Außerdem treten an *Picea* Rüsselkäfer und Fichtengallenläuse (siehe bei *Larix*) auf.

Pinus, Kiefer

Weymouthkiefernblasenrost *(Cronartium ribicola* syn. *Peridermium strobi)*

Schadbild: Im Frühjahr erscheinen auf der Rinde von Stamm und Trieben eng begrenzte, leicht blasig aufgetriebene Stellen. Etwa ab Juni entstehen an diesen Stellen orangegelbe Sporenlager. Befallene Seitenäste sterben meist bald ab, früher oder später stirbt der ganze Baum. Befallen wird vor allem *Pinus strobus,* aber auch andere fünfnadelige Kiefern wie *P. monticola.* Weniger anfällig sind *P. cembra* und *P. peuce.* Sommerwirt des Pilzes sind Schwarze Johannisbeere und andere *Ribes*-Arten, bei denen der Befall den Säulenrost an den Blattunterseiten hervorruft.

Bekämpfung: Kranke Triebe oder Bäume entfernen und verbrennen. Eine chemische Bekämpfung ist nicht möglich.

Kiefernrindenblasenrost, Kienzopf *(Cronatium flaccidum* syn. *Peridermium pini)*

Schadbild: An Zweigen und Ästen von *Pinus sylvestris* und *P. mugo* entstehen zunächst gelbrote, später verblassende, balsenartige Sporenlager. An der Befallsstelle erfolgt eine Anreicherung mit Harz. Der Pilz kann Jahrzehnte lang in der Pflanze leben, es kommt zu Drehwuchs und Mißbildungen, schließlich auch zum Absterben.

Bekämpfung: Befallsstellen ausschneiden und mit Wundverschlußmitteln behandeln.

Kieferdrehrost *(Melampsora pinitorqua)*

Schadbild: An ein- bis zehnjährigen *Pinus sylvestris,* aber auch an *P. mugo, P. nigra* und *P. strobus* sind im Mai–Juni die Jungtriebe zunächst nach unten gekrümmt, sie wachsen dann wieder aufrecht, so daß S-förmige Bögen entstehen. Auf der Rinde bilden sich bis 3 cm große, hellgelbe Flecken, die im Juni aufplatzen und gelbe Rostsporen entlassen.

Bekämpfung: Befallene Pflanzenteile werden herausgeschnitten und verbrannt.

Kiefernschütte *(Lophodermium seditiosum)*

Schadbild: Nach feuchten Sommern bilden sich auf den Nadeln kleine, gelbliche Flecken, die später größer und bräunlich werden. Im Frühjahr werden die Nadeln braunrot und fallen ab. Anfällig ist vor allem *Pinus sylvestris,* infiziert werden aber auch *P. cembra, P. mugo* und *P. nigra.*

Bekämpfung: Der Grad der Schädigung nimmt mit zunehmendem Alter ab, so daß Bäume ab dem zehnten Lebensjahr in der Regel der Gefahr entwachsen sind.

Kiefernwollaus *(Pineus pini)*

Schadbild: Im Winter findet man in dichte weiße Wachsfäden eingehüllte Läuse auf der Rinde der jüngsten Zweige, auf den Maitrieben leben ähnliche Stadien der gleichen Art. Durch die Saugtätigkeit kommt es zu vorzeitigem Nadelfall und Wachstumshemmungen.

Bekämpfung: Vor dem Austrieb, im März–April, durch eine Spritzung mit Folidol-Öl (0,5 %) oder Promanal (3 %). Nach dem Austrieb durch weitere Spritzungen z.B. mit Ekamet (0,1 %), Metasystox R (0,1 %), Perfekthion (0,1 %), Roxion (0,1 %) oder Unden (0,1 %).

Strobenrindenlaus *(Pineus strobi)*

Schadbild: An jungen Trieben, Ästen und Stämmen ist ein dichter Besatz mit weißwolligen Läusen festzustellen. Es kommt zu Nadelvergilbung, Kümmerwuchs, z.T. zum Absterben der Bäume. Befallen werden vor allem *Pinus strobus* und *P. cembra.*

Bekämpfung: Wie bei der Kiefernwollaus.

Kiefernknospentriebwickler *(Rhyacionia buoliana)*

Schadbild: Im Juli schlüpfen rotbraune Raupen, durchbohren die Nadelscheide und fressen an den basalen Teilen der Nadeln, die vergilben. Im Spätsommer und Herbst bohren sich die Raupen in die Knospen ein und höhlen sie aus. Ein zwischen den Endknospen angelegtes Gespinst wird durch Harzaustritt zu einem Gehäuse, in

dessen Schutz die Raupen überwintern. Im April des nächsten Jahres werden neue Knospen befallen.
Bekämpfung: Im Sommer befallene Triebe herausschneiden und verbrennen. Notfalls zur Zeit des Falterfluges, Ende Juni bis Anfang Juli, in Abständen von 10–14 Tagen z.B. mit Decis flüssig (0,03 %), Ekamet (0,1 %) oder Unden (0,1 %) spritzen.

Kieferntriebwickler *(Rhyacionia duplana)*
Schadbild: Im Frühjahr minieren gelbbraune bis rosa Raupen in Jungtrieben von der Spitze bis zur Basis. Die Triebe knicken und verwelken. Eine Raupe kann mehrere Triebe zerstören. Die Falter fliegen von März–April, die Raupen erscheinen im Mai.
Bekämpfung: Ab Mai durch mehrfache Spritzungen mit Mitteln, wie sie beim Kiefernknospentriebwickler angegeben sind.

Kiefernharzgallenwickler *(Petrova resinella)*
Schadbild: Die gelbbraunen Raupen erscheinen ab Juni, sie legen unterhalb eines Knospenquirles ein dünnes Gespinst an und benagen die Rinde. Das Gespinst wird durch Harz und Exkremente verdichtet. Später fressen die Raupen einen Längsgang bis in das Mark des Triebes.
Bekämpfung: Wie beim Kiefernknospentriebwickler.

Kiefernbuschhornblattwespe *(Diprion pini)*
Schadbild: Die gelbgrünen, raupenähnlichen Larven mit braunem Kopf erscheinen in der ersten Generation im Juni–Juli, in der zweiten Generation von August bis März des nächsten Jahres. Sie fressen die Nadeln zunächst bis zur Mittelrippe, später bis auf die Scheide ab.
Bekämpfung: Ab Juni mehrmals spritzen, z.B. mit Gusathion MS (0,2 %), Decis flüssig (0,03 %), E 605 forte (0,035 %) oder Unden flüssig (0,2 %).

Pseudotsuga, Douglasie

Rostige Douglasienschütte *(Rhabdocline pseudotsugae)*
Schadbild: Die Nadeln zeigen im Sommer gelbgrüne, später rostrote Flecken, im Frühjahr mit braunen Marmorierungen. Ab Mai fallen die alten Nadeln ab. Die Infektion der Nadeln durch Ascosporenflug erfolgt im Mai. Blaunadelige Formen werden stärker befallen als grünnadelige.
Bekämpfung: Anpflanzung grünnadeliger Formen. Ein Einsatz von Fungiziden im Mai–Juni, z.B. Dithane Ultra (0,2 %), Maneb Spritzpulver (0,2 %), Polyram-Combi (0,2 %) oder Saprol (0,15 %), ist ratsam.

Rußige Douglasienschütte *(Phaeocryptopus gaeumannii)*
Schadbild: Im Sommer nach dem Jahr der Infektion sind die Nadeln gelbgrün marmoriert, später braunfleckig. Nach dem dritten Jahr (bei starkem Befall auch schon früher) kommt es zum totalen Fall der erkrankten Nadeln. Die Fruchtkörper sind als rußfarbige Streifen auf der Unterseite der Nadeln sichtbar. Alle Douglasienrassen werden gleich stark befallen.
Bekämpfung: Im Garten in der Regel nicht erforderlich.

Douglasienwollaus *(Gilletteella cooleyi)*
Schadbild: Im Frühjahr sitzen auf den Nadeln zahlreiche, in weiße Wachswolle gehüllte Läuse. Die Nadeln krümmen sich und können abfallen. Der Neutrieb ist oft gehemmt und vergilbt.
Bekämpfung: Ab Befallsbeginn z.B. mit Unden flüssig (0,15 %), Metasystox R (0,1 %), Beosit 35 flüssig (0,1 %), Thiodan 35 flüssig (0,1 %) oder Ekamet (0,1 %) spritzen.

Taxus, Eibe

Eibennapfschildlaus *(Eulecanium crudum)*
Schadbild: Auf der Unterseite von Nadeln und Trieben saugen große, buckelartig aufgewölbte, rotbraune Schildläuse und ihre Larven. Bei starkem Befall können junge Triebspitzen absterben. Die Larven schlüpfen im Juli und bleiben bis zum nächsten Frühjahr beweglich.
Bekämpfung: Vor dem Austrieb mit Folidol-Öl (0,5 %) oder Promanal (3 %). Mitte Juli gegen die sich frei bewegenden Larven z.B. mit E 605 forte (0,035 %), Ekamet (0,1 %) Unden oder Thiodan 35 flüssig (0,15 %) spritzen.

Knospengallmilbe *(Eriophyes psilapsis)*
Schadbild: Die kugelig verdickten Knospen treiben im Frühjahr nicht aus, junge Triebe und Nadeln sind verkrüppelt.
Bekämpfung: Zur Zeit des Austriebes durch mehrmalige Spritzungen mit Beosit 35 flüssig (0,15 %) oder Thiodan 35 flüssig (0,15 %).

Thuja, Lebensbaum

Triebsterben *(Kabatina thujae)*
Schadbild: Im Frühsommer verfärben sich einjährige Triebe oder Triebteile zunächst fahlgrün, später über gelbbraun zu graubraun. An der Basis der einjährigen Triebe ist das Rindengewebe verbräunt und eingesunken. Sobald das Rindengewebe rings um den Trieb zerstört ist, stirbt dieser ab.
Bekämpfung: Befallene Pflanzenteile entfernen und vernichten. Vom Spätsommer an mehrmals in Abständen von 10–14 Tagen mit Antracol (0,2 %) oder Polyram-Combi (0,2 %) spritzen.

Nadelbräune, Triebsterben *(Didymascella thujina)*
Schadbild: Ab April sind einzelne Schuppen der jungen Triebe ganz oder teilweise gelb verfärbt. In kurzer Zeit verfärben sich die Schuppen dunkel- bis rotbraun, meist fallen die über den infizierten Schuppen stehenden Triebteile bald ab. Bei starkem Befall können die Pflanzen mehr oder weniger stark verkahlen. Der Befall ist in der Regel in Bodennähe am stärksten.
Bekämpfung: Wie beim Triebsterben.

Thujaminiermotte *(Argyresthia thuiella)*
Schadbild: Die grünlichen Räupchen beginnen ab August mit einem Minierfraß in den Blattschuppen, die sich gelb verfärben und schließlich braun werden. Die bis 3 mm großen Raupen überwintern in den Minen und verpuppen sich gegen Anfang Juni des nächsten Jahres.
Bekämpfung: Zur Zeit des Falterfluges, Ende Juni bis Mitte Juli oder Anfang August, wenn die Raupen schlüpfen, mehrmals spritzen mit Decis (0,03 %), Ekamet (0,1 %), Perfekthion (0,1 %) oder Roxion (0,1 %).

Zypressenblattlaus *(Cupressobium juniperinum)*
Schadbild: Durch die Saugtätigkeit großer Blattläuse werden die Blattschuppen zunächst gelb, dann braun, bevor sie abfallen.
Bekämpfung: Bei starkem Befall durch Spritzungen unter anderem mit Decis (0,3 %), Ekamet (0,1 %), Pirimor Granulat (0,05 %) oder Spruzit flüssig (0,1 %).

Napfschildlaus *(Eulecanium fletcheri)*
Schadbild: An den jungen Trieben sitzen kleine, braune, höckerartige Schildläuse.
Bekämpfung: Ab Ende Juni zwei- bis dreimal mit einem Mittel gegen Schildläuse (siehe Seite 198) spritzen.

LEXIKON DER LAUBGEHÖLZE

Acer shirasawanum 'Aureum'

Abelia R.Br., Caprifoliaceae
Abelie

Die Gattung umfaßt etwa 30 sommergrüne oder immergrüne Sträucher mit gegenständigen, kurzgestielten, einfachen Blättern und glockigen oder röhrenförmigen, 5lappigen, schwach zygomorphen Blüten, die einzeln oder zu mehreren, achsel- oder endständig an kurzen Seitenzweigen stehen und mitunter zu Rispen vereint sind. Die Blüten sind klein, 2–3 cm lang, aber meist sehr zahlreich. An der einsamigen, lederartigen Frucht bleiben die purpurnen Kelchblätter erhalten.

Abelia ist vorwiegend in Mittel- und Ostasien verbreitet, nur wenige Arten sind den mitteleuropäischen Wintern einigermaßen gewachsen. Auch die folgenden Arten sind nicht überall ausreichend frosthart. Warme, sonnige und geschützte Plätze sind daher auszusuchen, sollen die Abelien zufriedenstellend gedeihen. Ein durchlässiger Boden fördert das Ausreifen der Triebe im Herbst und mindert die Gefahr der winterlichen Frostschäden, die auch durch leichten Winterschutz in Grenzen gehalten werden. Ein Zurückfrieren schadet nicht, die Pflanzen treiben wieder aus und blühen oft noch im gleichen Jahr. Der Schnitt beschränkt sich auf ein Auslichten und den Rückschnitt beschädigter Triebe im Frühjahr.

'Edward Goucher' (*A. × grandiflora × A. schumannii*) ist ein wintergrüner Strauch, der in Wuchs und Aussehen zwischen den Eltern steht. Die lavendelrosa, im Schlund orange gefärbten Blüten sind etwas größer als bei *A. × grandiflora*, sie erscheinen von Juli bis September.
Zone 8a.

A. engleriana (Graebn.) Rehd. ist ein sommergrüner, in Mittel- und Westchina heimischer, etwa mannshoher Strauch mit ausladendem Wuchs. Im Juni–Juli öffnen sich entlang der vorjährigen Zweige glockige, purpurrosa Blüten. *A. engleriana* ist etwas härter als die meisten anderen Arten der Gattung.
Nh-4, Zone 7b.

A. × grandiflora (Rovelli ex André) Rehd. ist ein halbimmergrüner, schwachwachsender Strauch, der etwas über mannshoch wird. An bogig überhängenden Zweigen trägt er kleine, sehr wirkungsvolle, dunkelgrüne und stark glänzende Blätter, die sich im Herbst bronzebraun bis purpurn färben. Vom Juli bis zum Oktober erscheinen 2 cm lange, trichterförmige, weißrosa, duftende Blüten an diesjährigen Zweigen.
Zone 8a.

Abelia 'Edward Goucher'

'Francis Mason' ist ein interessanter Strauch mit ziemlich kleinen, gelben, hellgrünen oder gelben, in der Mitte hellgrün gefleckten Blättern. Blüten von Juli bis September, rosaweiß. Die gelben Blätter sind sehr sonnenbeständig, selbst in warmen Klimazonen.

A. schumannii (Graebn.) Rehd. wird in deutschen Baumschulen nicht geführt, hat sich an verschiedenen Stellen aber als recht hart erwiesen. Die kräftiger rosa gefärbten Blüten machen die Art durchaus wertvoll. Ihre Blüten stehen vom Juni bis zum September in den Blattachseln kurzer Seitenzweige. Auch diese Art ist halbimmergrün und wird nur etwa 1,5 m hoch.
Nhm-4, Zone 8a.

Abeliophyllum Nakai, Oleaceae
Schneeforsythie

Abeliophyllum ist eine monotypische Gattung, ihr gehört also nur 1 Art an. Der sommergrüne Strauch trägt gegenständige, ungeteilte Blätter und erinnert mit seinen 4spaltigen Blüten an eine Forsythie, mit der er nahe verwandt ist. Die Blüten sitzen paarweise am vorjährigen Holz.

A. distichum Nakai. Obwohl die Schneeforsythie als besonderer Leckerbissen gilt und schon nahezu 40 Jahre in Europa bekannt ist, finden wir sie nur in wenigen Gärten. In seiner koreanischen Heimat wird der Strauch knapp 2 m hoch, er hat lang zugespitzte, eiförmige, ganzrandige Blätter. Im März stehen viele kleine Blüten an den zierlichen Zweigen und machen die Art zu einem der besten Vorfrühlingsblüher. Die nur 15 mm breiten, weißen Blüten duften stark nach Mandeln. Abgeschnittene Zweige lassen sich in der Vase leicht zum Blühen bringen. In den letzten Jahren hat sich die Art an vielen Stellen Deutschlands als frosthart erwiesen. An den Boden stellt sie keine Ansprüche, sie wächst im Halbschatten genauso gut wie in voller Sonne. Die Schnittmaßnahmen beschränken sich auf ein Auslichten älterer Sträucher. Ein problemloser Strauch also, den möglichst viele Baumschulen schnell in ihr Sortiment aufnehmen sollten.
Nh-4, Zone 7a.

Abutilon Mill., Malvaceae
Schönmalve

Mit rund 100 Arten ist die Gattung in tropischen und subtropischen Regionen der Erde verbreitet. Es sind überwiegend Sträucher mit wechselständigen, meist herzförmigen Blättern. Die Blüten stehen einzeln in den Blattachseln oder zu wenigen in Rispen, sie sind meist gelb gefärbt. Ihre 5 Blütenblätter sind von einem glockigen,

5spaltigen Kelch umgeben. Die Staubblätter sind mit dem Griffel zu einer Säule vereint. Die Frucht besteht aus Teilfrüchtchen mit jeweils zwei oder mehr Samen. Nur wenige der bekannten Arten sind gärtnerisch von Bedeutung. Sie können in Mitteleuropa nur als Kalthauspflanzen in Kübeln gehalten werden, sind aber im mediterranen Raum oder in den milderen Teilen Englands beliebte Gartengehölze.

A.megapotamicum (Spreng.) St.-Hil. et Naud. Knapp mannshoher Strauch mit zahlreichen dünnen, langen, überhängenden Zweigen. Die Blätter sind länglich-eiförmig, an der Basis herzförmig und oft mit zwei größeren Lappen versehen. Von Mai bis August entwickeln sich in den Blattachseln einzelne, an langen, dünnen Stielen hängende Blüten. Sie sind 1–2 cm lang und haben mimosengelbe Kronblätter, die an der Basis von dem aufgeblasenen, 5kantigen, blutroten Kelch umgeben sind. Die weit herausragenden Staubfädenbündel sind dunkel rotviolett gefärbt. Die Art ist mit ihren eigenartigen Blüten ein höchst dekorativer Strauch.
Ah-5, Zone 9.
'Variegatum'. Kulturform mit gelb gefleckten Blättern.

Abutilon megapotamicum

A.pictum (Gill. ex Hook. et Arn.) Walp. (= *A.striatum*). In Brasilien heimischer Strauch mit langgestielten, 3- bis 5lappigen, grob gesägten Blättern. Vom Spätsommer bis zum Winter entwickeln sich zierliche Blüten einzeln in den Blattachseln, sie haben einen breit-glockigen Kelch und aufrechtstehende, blaßrot gefärbte Kronblätter, die dreimal so lang wie der Kelch sind.
Ah-5, Zone 9.
'Thompsonii'. Form mit mehr oder weniger stark goldgelb gefleckten Blättern.

Acacia saligna

A.vitifolium (Cav.) K.B. Presl. Hoher, sommergrüner Strauch mit weich behaarten Trieben und Blättern. Die Blätter sind 10–15 cm lang, 3- oder 5lappig, die Lappen lang zugespitzt und grob gezähnt. Die Blüten erscheinen im Mai zu 3–4 in endständigen Doldentrauben, sie sind breit-glockig bis fast radförmig und lavendelblau gefärbt. Heimisch in Chile.
Ah-5, Zone 9.
'Album'. Form mit weißen Blüten.

Acacia Mill., Leguminosae
Akazie

Von den 750–800 Arten der Gattung sind weit über die Hälfte in Australien heimisch, sie treten hier vor allem im ausgedehnten Buschwald des Landesinneren auf. Einen weiteren Verbreitungsschwerpunkt bilden die Tropen und Subtropen Afrikas. Sie sind in den Halbwüsten und Trockensavannen oft die einzigen Bäume und deshalb von großer wirtschaftlicher Bedeutung.
Es sind immergrüne oder sommergrüne, oft bewehrte Bäume mit wechselständigen, meist doppelt gefiederten Blättern, die in der Regel sehr zahlreiche kleine Blättchen besitzen. Die Blätter sind oft bis auf den Blattstiel reduziert, der dann meist verbreitert, stark abgeflacht und als Phyllodium blattähnlich ausgebildet ist. Die Blüten erscheinen in zahlreichen, meist gelben, runden oder walzigen Ähren. Als »Mimosen« werden sie nicht selten als Schnittblumen angeboten. Die Früchte sind verschieden geformte, häutige, ledrige oder holzige Hülsen.
Einige *Acacia*-Arten sind im mediterranen Raum beliebte Blütengehölze. Die meisten können aber nur in ständig frostfreien Gebieten gepflanzt werden. Nur *A.dealbata*, *A.longifolia* und *A.melanoxylon* überstehen leichte Fröste ohne allzugroße Schäden. Alle Arten brauchen einen windgeschützten Platz, sie können sonst stark unter Windbruch leiden.

A.dealbata Link, Silberakazie. In ihrer australischen Heimat ein bis 30 m hoher, in Kultur niedrigerer, immergrüner Baum mit kantigen, dicht und fein silbrig behaarten Trieben. Blätter 7–12 cm lang, doppelt gefiedert, mit 15–20 Fiedern erster Ordnung, fein silbrig behaart. Blüten gelb, in kugeligen Köpfchen, duftend, zu großen Rispen vereint. Vom Winter bis zum zeitigen Frühjahr blühend. *A. dealbata* gilt als härteste Art, sie ist die bekannteste »Mimose« an der Riviera.
Ah-7, Zone 8b.

A.farnesiana (L.) Willd. (= *A.floribunda*). Strauch oder kleiner bis 6 m hoher Baum mit braunen Zweigen und dünnen, bis 2,5 cm langen Dornen. Blätter doppelt gefiedert, die 5–8 Fiederpaare mit je

15–20 Paaren linealischer Blättchen. Blüten im Februar–April, goldgelb, duftend, in kugeligen, bis 1,2 cm breiten Köpfchen, zu 2–3 in den Blattachseln. Heimisch von Texas bis Südkalifornien und von Mexiko bis Südargentinien. Wird vor allem an der französischen Riviera gepflanzt. Aus den Blüten wird ein Duftstoff gewonnen.
Ms-1, Zone 8b

A. longifolia (Andr.) Willd. Baum- oder strauchartig wachsend, die Triebe kantig und kahl. Blätter zu lederartigen, verkehrt-eiförmig-lanzettlichen, 8–15 cm langen, gelblichgrünen Phyllodien umgebildet. Blüten im März, hellgelb, in 3–5 cm langen, zylindrischen Ähren in den Blattachseln. Heimisch in Australien. Eine sehr kalktolerante Art, die stellenweise als Veredlungsunterlage verwendet wird. Wird in Kalifornien häufig als Straßenbaum gepflanzt.
Ah-7, Zone 9.

A. retinodes Schlechtend. Bis 6 m hoher Baum mit kantigen Trieben und lanzettlichen, ziemlich dünnen, etwas gebogenen, 7–15 cm langen Phyllodien. Blüten duftend, vom Februar bis zum Herbst, hellgelb, in kleinen, kugeligen Köpfchen, die zu 6–12 in kurzen, achselständigen Trauben zusammenstehen. Heimisch in Südaustralien. Wegen ihrer ununterbrochenen Blüte in Frankreich »Mimose der vier Jahreszeiten« (Mimose des quatre saisons).
Ah-7, Zone 9.

A. saligna (Labill.) H. L. Wendl. stammt aus Westaustralien und entwickelt sich zu einem kleinen Baum mit kantigen, überhängenden Zweigen. Die Blätter sind zu lanzettlichen bis linealisch-lanzettlichen, bis 30 cm langen Phyllodien reduziert. Im Frühjahr entfalten sich die überaus zahlreichen gelben, runden Blütenköpfe in großen, endständigen Trauben oder in den Blattachseln der Zweige auf einer Länge von 30–90 cm. Ein prachtvoller, wärmebedürftiger Blütenbaum.
Ah-7, Zone 9.

Acanthopanax siehe *Eleutherococcus*

Acca Berg., Myrtaceae

Zu den Myrtengewächsen gehören einige wichtige tropische Früchte, etwa die Guave, *Psidium guajava*, oder der Rosenapfel, *Syzygium jambos*. Auch die bekannteste Art dieser Gattung *A. sellowiana*, liefert eßbare Früchte. Die immergrünen Sträucher oder kleinen Bäume haben gegenständige, punk-

tierte Blätter. Die Blüten erscheinen einzeln in den untersten Blattachseln der neuen Jahrestriebe. Sie habe je 4 Kelch- und Kronblätter und zahlreiche Staubfäden. Die Frucht ist eine Beere.

A. sellowiana (O. C. Berg) Burret wird in den Gärten am Mittelmeer nicht nur als Fruchtbaum, sondern auch als Zierstrauch gehalten. An dem immergrünen Strauch sind Triebe, Knospen und Blattunterseiten kurz weißfilzig. Auf der Oberseite sind die elliptisch bis eiförmigen, 3–8 cm langen Blätter glänzend dunkelgrün. In den 3–4 cm breiten Blüten sind die 4 Blütenblätter breit-elliptisch und löffelförmig, zuletzt zurückgeschlagen und weißlich mit roter Mitte. Die sehr zahlreichen Staubfäden sind bis 2,5 cm lang. Die Frucht ist eine eiförmige, gelbgrüne, bis 5 cm lange Beere, deren Geruch und Geschmack sehr unterschiedlich beschrieben wird. Im Innern der Frucht befindet sich ein geleeartiges Fleisch mit weichen Kernen, die man mitessen kann. Die Früchte werden vorwiegend roh gegessen.
A. sellowiana, auch als *Feijoa sellowiana* bezeichnet, hat ihre ursprüngliche Heimat in Südbrasilien, Uruguay und Argentinien. Sie wird unter anderem in Südfrankreich, Algerien und Kalifornien angebaut.
Ah-5, Zone 9.

Acer buergerianum

Acer L., Aceraceae
Ahorn

Mit rund 150 Arten und einer Fülle von Gartenformen sind die Ahorne eine recht umfangreiche Gattung meist sommergrüner Bäume in der nördlich gemäßigten Zone und in den Gebirgen der Tropen. Die formenreiche Gattung schließt so mächtige Bäume wie den in den mitteleuropäischen Gebirgen heimischen Bergahorn ebenso ein wie den zierlichen japanischen Fächerahorn, den regelmäßig geformten Kugelahorn, die locker aufgebauten Schlangenhautahorne oder den malerisch gewachsenen amerikanischen Rotahorn.
Genauso vielgestaltig sind die Blätter, die in verschiedenen Formen gelappt, ungeteilt, gezähnt oder ganzrandig und 3- bis 7zählig gefiedert sein können. Vom farbenprächtigen Austrieb, gelb- und weißbunten oder roten Farben im Sommer bis zu oft glühenden Herbstfarben finden wir in dieser Gattung alle Möglichkeiten der Laubfärbung vereint. Interessante Rindenfärbungen kommen vor, bei den grünweiß gestreiften Schlangenhautahornen, bei *A. griseum* mit seiner zimtbraunen Rinde oder den ornamentalen Stammzeichnungen des Bergahorns.
Unterschiedlich geformt und zum Teil von hohem dekorativen Wert sind die Blüten,

die in endständigen Rispen, Trauben oder Doldentrauben zusammenstehen. Die Blüten können zwittrig oder eingeschlechtlich, ein- oder zweihäusig verteilt, insekten- oder windblütig sein. Die heimischen Arten gelten als mäßig bis sehr gute Nektar- und Pollenspender. Die Früchte sind aus 2 einsamigen Flügelfrüchten zusammengesetzt. Auch ihnen ist gelegentlich ein beachtlicher Zierwert eigen, etwa bei den zahlreichen, rostroten Früchten von *A.davidii* oder den hochroten Früchten von *A.ginnala*.

Viele der unten genannten Arten sind ausgesprochene Parkbäume, sie werden für den Hausgarten zu groß. Man muß hier auf die kleinbleibenden Arten zurückgreifen, auf die japanischen Fächerahorne, die Schlangenhautahorne oder auf *A.circinatum, A. sieboldianum, A.carpinifolium* und *A.ginnala*. Fast alle sind anspruchslos an Boden und Klima und kommen mit extremen Böden zurecht. Anspruchsvoll sind nur *A. davidii, A.japonicum, A.palmatum* und *A.rubrum*, sie wachsen nicht gerne auf kalkhaltigen Böden. Schnittmaßnahmen sind im Garten bei keiner Art notwendig. Man läßt besonders die strauchigen Formen ungehindert wachsen, und wo stärkerwachsende Arten zu groß werden, hat man falsch gewählt. Bei den baumförmigen Arten ist zwar ein Aufbau- und Erziehungsschnitt notwendig, den aber die Baumschulen in der Regel schon erledigt haben.

A.buergerianum Miq., stammt aus den Bergwäldern Japans. In seiner Heimat wird er ein hoher Baum, der allenthalben als Straßenbaum verwendet wird. Bei uns erreicht er wohl kaum mehr als 5 m Höhe. Er ist in der Jugend frostempfindlich, im Alter aber selbst in Mittelpolen ausreichend frosthart. Bemerkenswert sind seine eigenartigen 3lappigen und 3nervigen Blätter mit ganzrandigen, zugespitzten Lappen. An Langtrieben sind die Blätter tiefer eingeschnitten als an Blütentrieben. Die dunkelgrünen, unterseits blaugrünen Blätter sind im Austrieb bronzefarben und im Herbst auffallend rot bis gelb. Eine hübsche, kleinkronige Art, die mehr erprobt werden sollte.
Nhg-4, Zone 6b.

A.campestre L. Der in Mitteleuropa heimische Feldahorn oder Maßholder ist seit sehr alten Zeiten in Kultur. Der kleine, bis 15 m hohe Baum ist mit einer dichten, etwas unregelmäßigen Krone ausgestattet, an seinen Trieben sind oft Korkleisten zu beobachten. Der Feldahorn ist ein Baum für die freie Landschaft, der extrem trockene, kalkhaltige Standorte verträgt und zur Begrünung von Ödland zu verwenden ist.

Acer capillipes

Seine hohe Schnittverträglichkeit macht ihn zu einer brauchbaren, starkwachsenden Heckenpflanze. Die 3- bis 5lappigen Blätter färben sich im Herbst leuchtendgelb.
N-3, Zone 5a.
'Elsrijk'. Die holländische Selektion gilt mit ihrem breit-kegelförmigen, dichten Wuchs als ausgezeichneter, kleinkroniger Straßenbaum.
'Postelense'. Im Austrieb sind die Blätter goldgelb, später grüngelb, bleibt nur an sonnigen Standorten gut gefärbt.
'Royal Ruby' ist eine 1985 benannte Selektion, deren Blätter zunächst purpurrot, später stumpf dunkelgrün sind.

A.capillipes Maxim. ist in den Bergwäldern Japans beheimatet. Der lockerkronige Baum wird bis 12 m hoch, seine 3lappigen Blätter sind oberseits dunkelgrün, unten etwas heller und fast immer rot geadert. Blattaustrieb und Herbstfärbung sind ebenso rot wie die jungen Triebe, die sich später grün färben. An Zweigen, Stamm und Ästen ist die grüne Rinde mit weißen Streifen durchsetzt. *A.capillipes* ist einer der prächtigsten Schlangenhautahorne.
Nhg-4, Zone 6b.

A.cappadocicum Gled. Der Kolchische Spitzahorn ist ein mittelgroßer Parkbaum, an dem besonders die dekorativen Blätter auffallen. Sie sind glänzendgrün, im Herbst goldgelb, 5- bis 7lappig, bis 14 cm breit und ganzrandig. Die einzelnen Lappen sind 3eckig und lang zugespitzt. Die Art ist im Kaukasus und von Kleinasien bis zum Himalaja verbreitet.
Nhg-4, Zone 6b.
'Aureum'. Blätter im Frühjahr und Herbst gelb, sonst gelbgrün.

'Rubrum' ist ein beliebter Baum mit tiefrotem Austrieb. Die Blätter vergrünen später und scheinen dann bläulich. Der Johannistrieb ist wieder rot.

A.carpinifolium Sieb. et Zucc., Hainbuchenblättriger Ahorn. Bis 10 m Höhe erreicht die strauchförmige Art, an der die hainbuchenähnlichen Blätter auffallen. Sie ist in den subalpinen Wäldern Japans verbreitet und wird als kostbare Heckenpflanze empfohlen, an der das Laub auch noch im Winter haftet.
Nhg-4, Zone 6b.

A.circinatum Pursh wächst an den Ufern nordamerikanischer Flüsse im lichten Schatten großer Bäume. Der Weinblattahorn verlangt auch in unseren Gärten geradezu nach einem halbschattigen Platz, benötigt aber nicht unbedingt einen feuchten Standort. Die Art entwickelt sich zu einem vielstämmigen Großstrauch mit grünlichen, weiß bereiften Zweigen und sehr hübschen, 7- bis 9lappigen, bis 12 cm breiten Blättern, die als Vorlage für das Rangabzeichen des Majors und Oberstleutnants der US-Armee dienten. Gleichzeitig mit den Blättern erscheinen recht große, überraschend farbenprächtige Blüten mit purpurnem Kelch und weißlichen Blütenblättern. Bemerkenswert ist die intensive rote Herbstfärbung, die an die des Wilden Weines erinnert.
N-1, Zone 5b.

A.cissifolium (Sieb. et Zucc.) K. Koch. Der Cissusblättrige Ahorn entwickelt sich zu einem kleinen Baum oder Strauch mit einer Maximalhöhe von 10–12 m. Er ist in den Bergwäldern Japans beheimatet und fällt durch seine 3zähligen Blätter auf, die sich im Herbst orangerot färben. Die kleinen, gelblichen, aufrechtstehenden Blüten erscheinen im April; sie haben keinen besonderen Schmuckwert.
Nhg-4, Zone 6b.

A.davidii Franch. ist wohl der schönste aller Schlangenhautahorne. Er ist in den Bergen Mittelchinas verbreitet und wächst dort auf kalkfreien Böden. Sein gelegentlich fast kreideweißer Stamm ist von hervorragender Wirkung, die gelblichen Blütentrauben und die braunroten Fruchtstände haben hohen dekorativen Wert. Die Blätter sind meist völlig ungelappt, bis 15 cm lang, sie färben sich im Herbst gelb und rot.
Nhg-4, Zone 6b.

A.forrestii Diels. Der 7–12 m hohe Baum stammt aus den chinesischen Provinzen Hubei und Sichuan. Er hat 3lappige, 7–8,5 cm lange, oben dunkelgrüne, unten

Acer griseum **Acer grosseri**

bläuliche Blätter. Die Blattlappen sind lang geschwänzt. Mit den Blättern erscheinen die braungrünen Blüten in einfachen, 6–7 cm langen Trauben.
Nhg-4, Zone 6b.

'Alice' entwickelt sich zu einem 4 bis 5 m hohen Baum, dessen blaugrüne Rinde weißlich gestreift ist. Die jungen Zweige sind auffallend karminrot. An jungen Zweigen sind die Blätter 3lappig, sonst schwach 5lappig. Mit Ausnahme der Nerven sind die jungen Blätter rosarot bis rosa mit weißlicher Tönung gefärbt. Eine auffallende, wüchsige Sorte.

A.ginnala Maxim. In unseren Gärten weit verbreitet ist *A.ginnala*, der Amurahorn, auch als Mongolischer Steppenahorn bezeichnet, ein wichtiger Vertreter der nordostasiatischen Gehölzflora. Der breitkronige kleine Baum oder Strauch erreicht etwa 6 m Höhe und trägt 3lappige Blätter, bei denen der Mittellappen deutlich länger ist als die Seitenlappen. Die glänzendgrünen Blätter färben sich im Herbst leuchtendrot und -gelb, die parallel zueinanderstehenden Fruchtflügel intensiv rot. *A.ginnala* ist absolut frosthart, kommt mit nahezu jedem Boden zurecht und verträgt auch industrielle Abgase recht gut. Ein viel-

seitig, auch für den kleineren Garten geeigneter Solitärstrauch.
N-4, Zone 4.

A.griseum (Franch.) Pax. Der Zimtahorn wird unter den Arten mit 3zähligen Blättern als schönste angesehen. Nicht nur wegen der oberseits dunkelgrünen Blätter, die sich im Herbst purpurrot färben, sondern besonders des interessanten Stammes wegen, dessen zimtbraune Rinde sich abrollt und beim Anfassen abfärbt.
Nh-4, Zone 6b.

A.grosseri Pax verdient als weiterer Schlangenhautahorn erwähnt zu werden. Der kleine Baum trägt 3eckig-eiförmige, mitunter 3lappige Blätter mit herzförmiger Basis. Die prächtige, leuchtendrote Herbstfärbung, der schöne Fruchtbehang – eine Fülle bis 7 cm langer, rostroter Trauben – und der von weißen Streifen durchzogene Stamm zeichnen diesen chinesischen Ahorn besonders aus. Interessant ist die regelmäßige Form der Lentizellen, die auch an stärkeren Stämmen noch deutlich sichtbar sind.
Nhg-4, Zone 6b.

A.heldreichii Orph. ex Boiss. Der Griechische Bergahorn ist in den Bergwäldern

des Balkan verbreitet, ein relativ schwachwüchsiger, bis 15 m hoher Baum mit dekorativen Blättern. Sie sind 5lappig, ziemlich groß, sehr dünn und fast bis zum Grunde eingeschnitten. Sie färben sich im Herbst goldgelb, sonst sind sie glänzend dunkelgrün.
Nhg-3, Zone 6a.

A.henryi Pax stammt aus den mittelchinesischen Provinzen Hubei und Sichuan, ein bis 10 m hoher Baum mit 3zähligen Blättern. Die Blättchen sind 5–10 cm lang und lang zugespitzt. Im Mai, vor den Blättern, erscheinen die Blüten in schlanken Trauben, aus ihnen entwickeln sich spitzwinkelig gespreizte, anfangs rote Früchte. Auch das Herbstlaub färbt sich rot. Zierlicher, noch wenig verbreiteter Ahorn.
Nh-4, Zone 6b.

A.japonicum Thunb. Thunbergs Fächerahorn ist für den Garten besonders wichtig. Der zierliche kleine Baum trägt an feinen Zweigen rundliche Blätter, die mit 7–11 lang ausgezogenen, spitzen Lappen versehen sind. Im April–Mai fallen am noch unbelaubten Strauch die großen Blüten mit ihren dunkelroten Kelchblättern und den mehr oder weniger stark rosa gefärbten

Kronblättern auf, die in langgestielten Büscheln hängen. Trotz ihrer großen Schönheit wird die in den Bergwäldern Nordjapans verbreitete Art nur in botanischen Gärten gehalten. Für die Gartenkultur zieht man Gartenformen vor.
Nhg-4, Zone 6b.

'Aconitifolium' ist eine nur mittelstark wachsende Form mit 10–15 cm breiten und mit 9–11 fiederschnittigen Lappen tief gespaltenen Blättern. Er wird nur selten über 3 m hoch. Die frischgrünen Blätter färben sich im Herbst brennendrot. Der dekorative Wuchs und das feine Laub machen diesen Ahorn zu einem idealen Solitärstrauch. 'Aureum' gehört nach Auffassung holländischer Dendrologen nicht zu *A. japonicum*, sondern zu *A. shirasavanum*.
'Vitifolium'. Im Wuchs wie die Art, Blätter aber viel tiefer gelappt, im Herbst karminrot gefärbt.

A. lobelii Ten. Der Kalabrische Spitzahorn ist im südlichen Italien, in den Bergwäldern am Golf von Neapel, verbreitet. Der 15–18 m hohe Baum fällt durch seinen straff-aufrechten, nahezu säulenförmigen Wuchs auf; er wirkt aber keineswegs so steif wie viele andere säulenförmige Varietäten. Die Blätter sind dem des Spitzahorns ähnlich, die Zweige sind aber in der Jugend bereift und später weiß gestreift. *A. lobelii* könnte mit seinem aufstrebenden Wuchs u.a. ein guter Straßenbaum sein, seine natürliche Verbreitung deutet auf eine ausreichend hohe Strahlungsfestigkeit hin.
NGh-3, Zone 6b.

A. macrophyllum Pursh. Kein anderer Ahorn hat ein so ausgeprägtes, schönes Blatt wie der Oregon-Ahorn, der von Alaska bis Südkalifornien verbreitet ist. Gelegentlich wird ihm Frostempfindlichkeit nachgesagt, aber wohl zu Unrecht, denn er hat in ziemlich ungünstigen Lagen schon Jahrzehnte ausgehalten. Die Blätter dieser Art sind 5lappig und können bis 30 cm breit werden. Die Lappen sind mit sehr regelmäßigen großen Zähnen versehen. Das Blatt ist glänzend dunkelgrün, es färbt sich im Herbst orange. Mit 20 cm Länge besitzt dieser Ahorn wohl die längsten Blütenstände aller Ahornarten. Die Einzelblüten sind gelb gefärbt und duften angenehm. Der etwa 15 m hohe Baum verdient eine weite Verbreitung.
Nm-1, Zone 7b.

A. maximowiczianum Miq. (= *A. nikoense*). Der hohe Gartenwert des Nikkoahorns liegt vor allem in seiner prachtvollen, scharlachroten Herbstfärbung begründet. Wie viele andere kleinwüchsige Arten

(Höhe 12–15 m) ist auch diese in den Bergwäldern Japans beheimatet. *A. maximowiczianum* hat 3zählige Blätter, die oberseits sattgrün, unterseits graugrün und zerstreut behaart sind.
Nhg-4, Zone 6b.

A. monspessulanum L. Der Französische Ahorn, auch Burgenahorn genannt, ist ein Charakterbaum trockener, felsiger Hänge im Mittelmeergebiet, kommt aber auch im Rhein-, Main-, Mosel- und Nahetal häufig vor. Im Mainfränkischen fehlt er an fast keiner Burgruine. Der kleine Baum (6–8 m hoch) verdient mit seinem etwas sparrigen Aufbau, den dunkelgrünen, 3lappigen, derb-ledrigen Blättern, der goldgelben Herbstfärbung und den oft rot gefärbten Früchten durchaus mehr Beachtung. Bemerkenswert sind die hohe Trockenresistenz und der langsame Wuchs, gute Eigenschaften für eine Pflanzung in großen Schalen oder Kübeln.
Ns-3, Zone 6a.

A. × neglectum Lange *(A. campestre × A. lobelii)*. In der Regel wird die Form 'Annae' angeboten, deren 5lappige, lang zugespitzte Blätter im Austrieb dunkelrot sind und die sich im Laufe des Sommers

Acer negundo 'Odessanum'

olivgrün verfärben. Die Form wächst nur schwach und bildet breit ausladende, malerische Solitärbäume.
Zone 6a.

A. negundo L. ist fast über das gesamte Gebiet der Vereinigten Staaten von Nordamerika verbreitet. Er wird zu einem breitkronigen, bis 15 m hohen, meist mehrstämmigen, sehr frostresistenten Baum (häufigster Baum in westsibirischen Städten), der an grünen Zweigen 3- bis 5zählig gefiederte Blätter trägt. Diese sehen den Eschenblättern sehr ähnlich und brachten ihm den deutschen Namen Eschenahorn ein. Der Baum wächst in seiner Jugend sehr rasch, ist aber etwas windempfindlich, und seine Zweige und Äste brechen gern ab. Bei der Kronenerziehung an jungen Bäumen achtet man darauf, daß sich keine spitzwinkligen Astgabelungen ergeben, die besonders leicht ausbrechen. *A. negundo* hat eine lange Liste von meist weiß- oder gelbbunten Blattmutationen hervorgebracht. Man findet sie gelegentlich noch in Parkanlagen, aus den Baumschulkatalogen sind sie bis auf wenige verschwunden.
N-1/2, Zone 4.
Angeboten werden etwa:
'Auratum'. Kräftig wachsend, mit grünen,

Acer palmatum 'Herbstfeuer'

Acer palmatum 'Sango-kaku'

unbereiften Zweigen. Blätter goldgelb, im Herbst etwas heller werdend.

'Aureovariegatum'. Zweige bereift. Blätter dunkelgrün mit goldgelben Flecken.

'Flamingo'. Blätter weiß gerandet und gefleckt. An Langtrieben sind die jungen Blätter hellrosa gefärbt. Zweige blauweiß bereift. Eine sehr lebhaft gefärbte Sorte.

'Odessanum' wird nur etwa 7 m hoch und trägt an dicht weißlich behaarten Zweigen goldgelbe Bätter, die in voller Sonne am besten zur Geltung kommen.

'Variegatum' gilt mit ihren sehr unregelmäßig weißgerandeten Blättern als schönste der weißbunten Formen.

A.opalus Mill. Der Italienische oder Schneeballblättrige Ahorn entwickelt sich zu einem 8–12 m hohen, rund- und dichtkronigen Baum. Die Lappen der großen, 3- bis 5lappigen Blätter sind nur wenig eingeschnitten und vorn abgerundet bis stumpf 3eckig. Im Austrieb sind die Blätter rötlich, im Herbst schön orangerot gefärbt. Die in Südwesteuropa heimische Art verträgt Trockenheit, Hitze und kalkhaltige Böden, ein schöner Solitärbaum für warme Standorte.

Nhw-3, Zone 6b.

A.palmatum Thunb. ex Murr. Echter Fächerahorn, bekannter und verbreiteter als *A.japonicum*. Die in Korea und Japan heimische Art ist wohl der am schwächsten wachsende aller Ahorne, er wird bei uns auch im hohen Alter kaum über 8 m hoch; in der Regel begnügt er sich mit 3–4 m, die meisten Sorten bleiben noch niedriger. An dünnen, lebhaft roten Zweigen sitzen bis tief unter die Mitte eingeschnittene, 5- bis 11lappige, frischgrüne Blätter, die sich im Herbst karminrot färben. Die kleinen, purpurroten Blüten entwickeln sich erst im Juni und fallen darum kaum auf.

Japanische Fächerahorne sind kostbare Gehölze, die nur langsam wachsen und bestens vorbreitete Böden verlangen. Der Boden soll leicht und tiefgründig und möglichst etwas sauer sein. Pralle Sonne mögen sie nicht, ein leichter Schatten höherer Gehölze sagt ihnen am besten zu. Natürlich dürfen so wertvolle und dekorative Gehölze nicht zwischen anderen untergehen. Die Fächerahorne verlangen nach einem bevorzugten Standort im Steingarten, am Rande des Wasserbeckens oder in unmittelbarer Nähe der Terrasse. Im Alter sind sie frosthart, in der Jugend sollte man leichten Winterschutz geben. Nicht selten verwendet man sie auch in Pflanztrögen oder Kübeln.

Nh-4, Zone 6b.

Die große Sortenfülle von *A.palmatum* wird von D.M. van Gelderen, dem Inhaber der Baumschule C. Esveld, Boskoop (sie unterhält ein umfangreiches Aceretum und kultiviert das größte Ahorn-Sortiment in Europa), in sieben Gruppen gegliedert, die sich an Blattformen und Wuchs orientieren. Seiner Ansicht nach sind die hier genannten Sorten besonders empfehlenswert.

1. Palmatum-Gruppe. Sie umfaßt Sorten, die in Blattschnitt und Habitus weitgehend der natürlichen Art entsprechen. Die meisten Sorten haben 5- bis 7lappige Blätter, sie wachsen aufrecht und sind relativ starkwüchsig.

2. Amoenum-Gruppe. *Acer palmatum* var. *amoenum* ist als Gebirgsbaum auf allen japanischen Hauptinseln verbreitet. Sorten dieser Gruppe haben die gleiche Wuchsform wie die der Palmatum-Gruppe. Die Blätter sind 7- bis 9lappig, wie bei *Acer palmatum* geformt, mit 6–10 cm Breite aber etwas größer als diese.

3. Matsumurae-Gruppe. *Acer palmatum* var. *matsumurae* kommt im gleichen Gebiet vor wie die vorige Varietät. Die Sorten dieser Gruppe werden in der Regel breiter als hoch, einige Sorten zeichnen sich durch kaskadenartig herabhängende Zweige aus. Die Blätter sind meist 5-, aber auch 7- bis 9lappig, 5–8 cm breit und bis zur Mitte geteilt.

4. Dissectum-Gruppe. In Wuchs und Blattform heben sich die Sorten dieser Gruppe sehr deutlich von allen anderen ab.

Sie besitzen 5- bis 7-, gelegentlich auch 9lappige Blätter, die fast bis zur Blattbasis geteilt und deren Lappen fiederschnittig oder eingeschnitten gesägt sind. Durch stets bogenförmig abwärts geneigte Triebe und gedrehte Äste entwickeln sich halbkugelige, gedrungene, oft pilzförmige Büsche, die in der Regel breiter als hoch sind.

5. Linearilobum-Gruppe. Die seit 1867 bekannte Sorte 'Linearilobum' ist der Typ dieser Gruppe. Ihre mittelgroßen Blätter sind fast bis zur Basis geteilt, die 5 bis 7 Lappen sind ganz schmal-linealisch, fadenförmig zugespitzt und gelegentlich bis fast zur Mittelrippe reduziert. Die drei hier aufgeführten Sorten wachsen viel schwächer als 'Linearilobum'.

6. Zwerg- und Bonsai-Formen. In dieser Gruppe sind schwachwachsende, vieltriebige und kompaktwachsende, oft kleinblättrige Sorten zusammengefaßt. Sie eignen sich besonders gut für kleinere Steingärten und für die Bonsai-Kultur, obwohl dafür auch andere Sorten verwendet werden können.

7. Sorten, die keiner anderen Gruppe zugeordnet werden können. D.M. van Gelderen hat hier einige Sorten mit sehr unterschiedlichem Charakter eingruppiert. Neben der aufrechtwachsenden 'Seiryu' mit ihren wie bei 'Dissectum' gestalteten Blättern auch zwei Sorten, deren Blattränder eingerollt oder gekrümmt sind.

Sorten von Acer palmatum

	Blattfarbe grün (gelb)	rot oder rotbraun	abweichend	Wuchs	besondere Eigenschaften
1. Palmatum-Gruppe					
'Aoyagi'	×			breit-trichterförmig, bis 3 m	Zweige glänzend gelbgrün
'Atropurpureum'		×		aufrecht, 6–8 m	eine der am häufigsten gepflanzten rotblättrigen Sorten
'Atropurpureum Superbum'		×		aufrecht, 6–8 m	Blätter tiefer rot gefärbt und im Sommer besser die Farbe haltend
'Aureum'	×			buschig, kaum über 3 m	Blätter beständig goldgelb
var. *coreanum*	×			aufrecht, 6–8 m	geographische Form aus S-Korea, Herbstfärbung intensiv karmin, lange anhaltend
'Butterfly'			×	aufrecht, 3–4 m	Blätter cremefarben panaschiert
'Katsura'	×			mäßig stark, bis 4 m	Blätter im Austrieb leuchtend gelborange, Herbstfärbung kräftiggelb mit orangefarbenem Ton
'Herbstfeuer'	×			kräftig, fast rundkronig, breiter als hoch, 4–5 m hoch	regelmäßige und weithin auffallende, flammendrote Herbstfärbung
'Koreanum'	×			aufrecht, mehrere Meter	Herbstfärbung intensiv karminrot, Blätter lange haftend
'Matsugae'			×	3–4 m	Blätter sehr verschieden geformt und mit mehr oder weniger breitem, weißem bis cremefarbenem Rand, der im Frühjahr und Herbst tiefrosa getönt ist
'Nuresagi'		×		aufrecht, 5–6 m	Blätter bis zum Spätsommer tief und glänzend dunkelpurpurrot, im Herbst tiefgrün marmoriert
'Orido-nishiki'			×	aufrecht, rundkronig, 5–6 m	Blätter teilweise verformt, tiefgrün mit großen, weiß bis tiefrosa gefärbten Panaschierungen, die oft die ganze Blattfläche einnehmen
'Sango-kaku'	×			aufrecht, 6–7 m	Zweige besonders im Winter leuchtend korallenrot, Herbstfärbung goldgelb bis hellrot
'Shishio Improved'			×	dicht und fein verzweigt, 3–4 m	im Austrieb flammend geraniumrot, die am meisten rote Farbe bei allen *Acer palmatum*-Formen
'Tsuma-gaki'			×	rundkronig, bis 2 m	Blätter gelbgrün, an den Spitzen rötlich, im Herbst rot
'Ukegumo'			×	schwach, kurztriebig, im Alter 1–2 m	Blätter cremeweiß bis rosa panaschiert

Sorten von Acer palmatum (Fortsetzung)

	Blattfarbe grün (gelb)	rot oder rotbraun	abweichend	Wuchs	besondere Eigenschaften
2. Amoenum-Gruppe					
'Bloodgood'		×		schmal-aufrecht, 4–6 m	Blätter beständig dunkelbraunrot
'Elegans'	×			breit-aufrecht, 4–6 m	Blätter im Johannistrieb rosa, Herbstfärbung orange bis gelb
'Masukagami'			×	schlank, bis 4 m	Blätter an der Basis grün, obere Blattspreite weißlich-grün bis tiefrosa
'Moonfire'	×			straff-aufrecht, 4–5 m	Blätter beständig purpur- bis schwarzrot
'O-kagami'		×		aufrecht, bis 4 m	junge Blätter purpurrot, später mit schwarzrotem Schimmer, im Herbst scharlachrot
'Osakazuki'	×			stark, 5–6 m hoch, 3–4 m breit	im Herbst orangefarben mit Karmin, hat eine der auffallendsten Herbstfärbungen
'Samidare'	×			breitkronig, bis 4 m	Herbstfärbung goldgrün bis purpurn
'Shojo'		×		breitkronig, bis 3 m	bis zum Spätsommer tief purpurrot, im Herbst mehr karminrot
'Utsu-semi'	×			rundkronig, 3 m hoch und breit	Herbstfärbung intensiv karminrot bis purpurn
'Yezo-nishiki'		×		aufrecht, 6–7 m	Blätter zunächst glänzend rötlichpurpurn, im Herbst intensiv karminrot und scharlachrot
3. Matsumurae-Gruppe					
'Aka-shigitatsu-sawa'			×	ziemlich schlank, bis 3 m	Grundfarbe der Blätter hellgrün, zwischen den Nerven rosarot
'Beni-kagami'		×		breitkronig, 2–4 m	Blätter orange- bis purpurrot mit grünlichem Unterton
'Burgundy Lace'		×		dicht verzweigt, 4 m hoch und breit	Blätter zunächst burgunderrot, später bronzerot bis grünlich
'Inazuma'			×	aufrecht, rundkronig, 3–4 m	Blätter zunächst tiefpurpur, später mit tiefgrünem Ton, spektakuläre Herbstfärbung
'Ki-hachijo'	×			rundkronig, bis 4 m	Herbstfärbung goldgelb mit rosa bis hellorangefarbenen und roten Tönen
'Matsukaze'			×	kaskadenartig überhängende Zweige, 4 m	Blätter bronze- bis purpurrot, mit grünen Adern, im Sommer grün, im Herbst leuchtend karminrot
'Nicholsonii'	×			mittelstark, vieltriebig, 2–3 m	ständig wechselnde Blattfarbe, im Austrieb lachsrot, im Sommer tiefgrün, im Herbst schön rot, gehört zu den besten Sorten
'Omurayama'	×			breitkronig mit kaskadenartig überhängenden Zweigen, 3–5 m hoch und breit	Herbstfärbung intensiv goldgelb und karminrot
'Sherwood Flame'		×		rundkronig, 4 m	Blätter rötlich purpurn bis burgunderrot, Farbe wird besser gehalten als bei den meisten anderen Sorten
'Trompenburg'		×		2–4 m	Blätter dunkelweinrot, im Sommer blauschimmernd, Blattränder nach unten gebogen

Sorten von Acer palmatum (Fortsetzung)

	Blattfarbe grün (gelb)	rot oder rotbraun	abwei- chend	Wuchs	besondere Eigenschaften
4. Dissectum-Gruppe					
'Crimson Queen'		×		2 m	Blätter gleichmäßig dunkelbraunrot, im Herbst hochglänzend scharlachrot getönt, Wuchs zierlicher als 'Dissectum Garnet'
'Dissectum'	×			2–3 m	Typ dieser Gruppe, 1805 von Thunberg in Japan entdeckt und als *Acer dissectum* beschrieben, nicht selten als 'Dissectum Viride' bezeichnet
'Dissectum Flavescens'	×			2–3 m	junge Blätter gelbgrün, Johannistrieb gelbgrün bis orange, Zweige stärker abwärts gebogen als bei 'Dissectum'
'Dissectum Garnet'		×		3–4 m	Blattfarbe beständig sehr dunkelbraunrot, beste der rotlaubigen 'Dissectum'-Sorten
'Dissectum Variegatum'			×	2–3 m	Grundfarbe der Blätter grün, teilweise rosa, später weiß gefleckt, gefärbte Teile der Lappen gekrümmt
'Filigree'	×			2–3 m	Blätter hell- bis gelbgrün, im Herbst leuchtend goldgelb
'Goshiki-shidare'			×	1–2 m	Blätter gekräuselt, Blattfarbe variiert von tiefgrün bis dunkelrot, teilweise mit helleren Panaschierungen
'Ornatum'		×		2–3 m	Blätter zunächst braunrot, später grünlichbraun, im Herbst flammend rot und gelb, auch als 'Dissectum Ornatum' bekannt
'Tamukeyama'		×		2–3 m	Blätter im Austrieb tief karminrot, später tief purpurrot, im Herbst glänzend scharlachrot

Acer palmatum 'Dissectum'

Acer palmatum 'Dissectum Garnet'

Sorten von Acer palmatum (Fortsetzung)

	Blattfarbe grün (gelb)	rot oder rotbraun	abweichend	Wuchs	besondere Eigenschaften
5. Linearilobum-Gruppe					
'Atrolineare'		×		aufrecht, reich verzweigt, bis 3 m	Blätter im Austrieb tief schwarzrot, mit dem aufrechten Wuchs abweichend von den sonst meist rundkronigen Formen dieser Gruppe
'Linearilobum'	×			aufrecht, 4–7 m	Blätter mittelgroß, frischgrün, mit ganz schmalen, fadenförmigen Lappen
'Red Pygmy'		×		zwergig, in 10 Jahren 70 cm hoch	Blätter dunkelbraunrot, später mehr braungrün, im folgenden Jahr wieder mit normal gelappten Blättern
'Shime-no-uchi'		×		aufrecht, reich verzweigt, 1–2 m	Blätter zunächst tiefrot bis purpurrot, im Sommer rötlichgrün bis bronze, im Herbst dominieren karminrote Töne
'Villa Taranto'	×			sehr dicht verzweigt, bis 2 m	Blätter gelb- bis gelbgrün, an den Johannistrieben Blattlappen breiter und feuerrot gefärbt, sehr dicht verzweigt
6. Zwerg- und Bonsai-Sorten					
'Beni-komachi'		×		zwergig, 1–2 m	im Austrieb rot, später etwas vergrünend, im Herbst scharlachrot
'Kamagata'	×			zwergig, dicht verzweigt, 1–2 m	im Austrieb mit rosa oder roter Tönung, später glänzend hellgrün, im Herbst leuchtendgelb und orange mit rotem Ton, Blattränder aufwärts gebogen
'Kotohime'	×			zwergig, bes. für Bonsai geeignet, bis 1 m	Blätter bes. klein, im Austrieb rosa bis orangerot, später hellgrün, im Herbst hellorange
'Kuruijishi'	×			schwach aufrecht, bis 2 m hoch	Blätter tiefgrün, im Herbst schön gelb
'Mikawa-yatsubusa'	×			sehr langsam, kompakt, kurztriebig	Blätter am Rand rot, sehr dicht stehend
'Tamahime'	×			zwergig, bis 1 m	Blätter sattgrün, im Herbst rot, karminrot und gelb
7. Sorten, die keiner anderen Gruppe zugeordnet werden können					
'Hagoromo'	×			kurzzweigig, dicht, 4–6 m	Blätter eigenartig geformt, tief gelappt, auch Lappen tief eingeschnitten, leicht gekrümmt und gebogen
'Okushimo'	×			aufrecht, schmalvasenförmig, 4–6 m	Herbstfärbung intensiv goldgelb, Blattrand stark eingerollt und deshalb sehr schmal
'Seiryu'		×		aufrecht, bis 6 m	5lappig, Lappen fiederschnittig wie bei 'Dissectum'-Sorten, tiefgrün, an der Spitze mit rötlichem Anflug, im Herbst goldgelb mit dunkelroter Schattierung
'Shishigashira'	×			ziemlich schwach, dicht verzweigt, im Alter 2–3 m	Blätter 7lappig, bis zur Basis eingeschnitten, Ränder aufwärts gebogen, Blätter sehr dicht, an kurzen Trieben, sattgrün, im Herbst goldgelb mit Rosa und Rot

Acer pensylvanicum

A. pensylvanicum L. Der Amerikanische Streifenahorn gehört mit seinen blendendweißen Rindenstreifen ebenfalls zu den Schlangenhautahornen. Er stammt aus dem östlichen Nordamerika und wächst dort häufig in der Nähe von Gewässern, ein Hinweis für den von ihm bevorzugten Standort, der darüber hinaus etwas schattig sein darf. Seine sehr großen Blätter sind an der Spitze in 3 kurze, scharf zugespitzte Lappen ausgezogen, sie färben sich im Herbst reingelb. Der meist mehrstämmige Baum wird rund 10 m hoch und ist während des Austriebes und in der Herbstfärbung ausgesprochen dekorativ.
Nhk-2, Zoucba.

A. platanoides L. Der heimische Spitzahorn ist im größten Teil Europas, besonders in der nördlichen Hälfte, verbreitet und kommt vereinzelt oder horstweise in Laubwäldern, besonders in Eichen- und Buchenwäldern, vor. Er wird zu einem bis 20 m hohen Baum mit dichter, eiförmiger Krone und braunem bis schwärzlichem Stamm mit feinen, aber tiefen Rissen. Seine Blüten erscheinen vor Ausbruch des Laubes in aufrechten, gelblichgrünen Doldentrauben. Die Blätter sind langgestielt, enthalten Milchsaft und sind bis gegen die Mitte in 5 scharf zugespitzte Lappen geteilt. Der Spitzahorn gedeiht auf allen nährstoffreichen Böden und ist ein ausgezeichneter Straßen- und Parkbaum. Von *A. platanoides* sind sehr viele Gartenformen bekannt, von denen besonders einige rotlaubige Formen in großen Mengen herangezogen werden.
N-3, Zone 4.
'Charles F. Irish'. Starkwachsender Baum mit großer, runder Krone. Blätter kleiner

als bei der Art, hellgrün. Hat sich in den USA und Holland als Straßenbaum bewährt.
'Cleveland'. Mäßig hoher Baum mit regelmäßiger, geschlossener Krone. Kronenbreite 4–5 m. Blätter im Austrieb hellrot marmoriert. Eine der besten amerikanischen Sorten. Für Anpflanzungen im städtischen Straßenraum geeignet.
'Columnare'. Mäßig hoher Baum mit dichter, säulenförmiger Krone. Blätter dunkelgrün, im Austrieb leicht gerötet. Für den städtischen Straßenraum bedingt geeignet.
'Crimson King' gilt als die schönste rotlaubige Form. Sie besitzt eine konstant schwarzrote Belaubung, die in ausgereiftem Zustand matt glänzt.
'Drummondii' zeichnet sich durch einen sehr breiten, regelmäßigen, weißen Blattrand aus, sie sei stellvertretend für alle weiß- und gelbbunten Formen genannt, die

heute kaum mehr von Bedeutung sind.
'Emerald Queen'. Eine amerikanische Selektion mit ausgesprochen kegelförmiger Krone, eine wüchsige, gesunde Sorte, die als idealer, schmalkroniger Straßenbaum empfohlen wird.
'Faassens Black' ist im Austrieb leuchtendrot, die Blätter werden später glänzend schwarzrot, der Blattrand ist leicht nach oben gekrümmt. Auch die Blütenstände sind, mit Ausnahme der gelbgrünen Kronblätter, rot.
'Globosum'. Der Kugelahorn gehört ebenfalls zum Standardsortiment deutscher Baumschulen. Die Form entwickelt ohne jeglichen Schnitt dichte, regelmäßige, breitkugelige Formen. Der Baum wächst nur langsam und erreicht wohl nur eine Höhe um 7 m.
'Olmstedt'. Langsam wachsender Baum mit säulenförmiger bis schmal-kegelförmiger

Acer platanoides 'Palmatifidum'

Krone. Kronenbreite 3–3,5 m. Blätter im Austrieb bronzefarben, später grün. Resistent gegen Hitze und Trockenheit.

'Palmatifidum' ist ein starkwüchsiger Baum mit hin und her gewundenen, in der Jugend gelbgrünen, später gelbbraunen Zweigen und bis zur Basis eingeschnittenen Blättern, die Lappen sind tiefgezähnt.

'Reitenbachii' treibt zunächst grünlich aus. Im Laufe des Sommers werden die Blätter schwärzlichrot und behalten diese Farbe bis zum Herbst.

'Royal Red'. Starkwachsende Sorte aus den USA. Blätter schön tief purpurfarben-braunrot.

'Schwedleri' ist eine der ältesten rotblättrigen Formen. Sie ist im Austrieb blutrot, später verliert sich die kräftige Farbe etwas, die Blätter sind dann dunkel rotgrün bis olivgrün.

'Summershade'. Mittelgroßer Baum mit breit-ovaler, lockerer Krone und derben, dunkelgrünen Blättern, eignet sich gut als Stadtstraßenbaum.

A.pseudoplatanus L. Der Bergahorn kann 40 m Höhe erreichen und ist damit der mächtigste unserer mitteleuropäischen Ahorne. Er ist in voralpinen und montanen Laub- und Nadelwäldern verbreitet und stockt dort auf feuchten, tiefgründigen Böden. Er verträgt fließendes Grundwasser, aber keine stauende Nässe. Seine tiefreichenden Wurzeln machen ihn besonders geeignet für die Befestigung von Bachufern und Hängen. In der freien Landschaft sind einzelstehende Bäume oft mächtig und malerisch gewachsen, sie können eine Landschaft prägen. Die Blätter des Berg-

Acer pseudoplatanus

Acer rubrum

ahorns werden bis 20 cm lang und breit. Die Spreite ist in 5 eiförmige, stumpf gesägte Lappen geteilt. Im April–Mai schmückt sich der Baum mit einer Fülle hängender, gelblichgrüner Blütenrispen und später mit großen, vollen Fruchtständen. Der Bergahorn variiert sehr stark, so daß viele abweichende Formen ausgelesen und in Kultur genommen werden konnten. Nh/BGh-3, Zone 4.

Zur Zeit werden von unseren Baumschulen eine ganze Reihe dieser Formen angeboten:

'Atropurpureum'. Starkwachsender Baum mit breit-kegelförmiger Krone. Blätter dunkelgrün, unterseits violettblau.

'Brilliantissimum'. Eine schwachwüchsige, nur 2–3 m hohe Form, die häufig hochstämmig veredelt wird; Blätter oberseits zuerst goldgelb, später hellgelb gefleckt und rosa überlaufen.

'Erectum'. Aufrechtwachsende Form mit steil nach oben gerichteten Ästen und normalen Blättern, für den innerstädtischen Straßenbereich bedingt geeignet.

'Leopoldii' hat im Austrieb kupfrigrosa Blätter, die später mit hell- und weißgelben Flecken überzogen sind.

'Negenia'. Eine holländische Selektion, die sich durch hohe Standfestigkeit, starken Wuchs, eine breit-kegelförmige Krone, große, tiefgrüne Blätter und geringen Samenansatz auszeichnet, in Holland ein häufiger und bewährter Straßenbaum.

'Prinz Handjery'. Schwachwachsende, häufig nur strauchige Form, im Austrieb mit ziegelroten Blättern, die allmählich vergrünen und dann dicht graugelb bestäubt sind.

'Rotterdam'. Zunächst schmalkronig, im Alter Krone stumpfkegelig und dicht. Empfindlich gegen Hitze und Bodentrockenheit. Für den innerstädtischen Bereich bedingt geeignet.

'Simon Louis 'Frères' bleibt oft nur strauchig, da durch die großen, weißen, blasig aufgetriebenen Flecken auf den Blättern nur geringe Chlorophyllmengen vorhanden sind.

'Worleei' zeichnet sich durch völlig gelbe Blätter aus. Die Färbung bleibt bis zum Sommer beständig und vergrünt dann langsam.

A.rubrum L. Der Rotahorn wird in seinem natürlichen Verbreitungsgebiet, an Flußufern und in Niederungen im östlichen Nordamerika zu einem stattlichen, bis 40 m hohen Baum. Bei uns bleibt er wesentlich kleiner und entwickelt eine lockere Krone.

An lebhaft roten Trieben sitzen 3lappige, dunkelgrüne Blätter, die sich im Herbst scharlachrot und gelb verfärben. Der Rotahorn ist ein wesentliches Element der überschwenglichen herbstlichen Farbenpracht in den östlichen Laubwäldern der USA. Er ist ein hervorragender Parkbaum für feuchte, anmoorige Lagen, der zwar auch noch auf trockenen Standorten gedeiht, aber keinen Kalk verträgt. N-2, Zone 4.

'Red Sunset'. Etwa 7–10 m hoher Baum mit breiter, lockerer Krone. Das mittelgroße Laub färbt sich im Herbst einheitlich leuchtend orangerot.

'Schlesingeri' ist eine Form, deren Blätter sich im Herbst sicher und regelmäßig rot verfärben; nicht alle Sämlingspflanzen tun dies auch.

A. rufinerve Sieb. et Zucc. Der Rostnervige Ahorn hat 3lappige Blätter, die bis 12 cm lang und deren Nervenwinkel auf der Unterseite dicht behaart sind. In den Bergwäldern Japans wächst er in Höhen bis 2500 m. Die dunkelgrünen Blätter zeigen eine sehr variable, überwiegend karminrote Herbstfärbung. Auffallend sind die zahlreichen, rostrot behaarten Blütentrauben. Die Unterbrechung der weißen Längsstreifen an den grünen Ästen und Stämmen durch große, regelmäßige Lentizellen gibt dem Baum besonders im Winter eine besondere Note. Mit nur 10 m Höhe eignet sich dieser Schlangenhautahorn auch für die Anpflanzung in kleinen Gärten. Nhg-4, Zone 6b.

A. saccharinum L. Der in Nordamerika heimische Silberahorn ist ein prachtvoller Parkbaum, der aber leider recht windbrüchig ist und nicht gerade an öffentlichen Wegen und Straßen stehen sollte. Seine zierlichen, 5lappigen Blüten sind auf der Unterseite silberweiß, sie färben sich im Herbst glänzendgelb. Der Silberahorn ist ein raschwüchsiger, bis 20 m hoher Baum für windgeschützte Stellen und feuchte Böden in Parkanlagen. Nh-2, Zone 5b.

Mit ihren häufig geschlitzten Blättern wirken einige Gartenformen noch zierlicher als die Art.

'Asplenifolium'. Großer Baum, Wuchs ziemlich aufrecht. Äste weniger stark überhängend als bei 'Laciniatum Wieri'. Blätter sehr tief eingeschnitten.

'Born's Graciosum'. Starkwüchsige, besonders winterharte Form, deren Blätter fast bis zur Basis gelappt sind; die einzelnen Lappen sind nur 1–2 cm breit und sehr unregelmäßig grob gezähnt oder ein zweites Mal gelappt.

Acer tegmentosum

'Elegant'. Mäßig hoher Baum mit nur wenig überhängenden Ästen. Blätter ziemlich klein, nur bis zur Hälfte eingeschnitten. Wird in Holland sehr geschätzt.

'Laciniatum Wieri' (= 'Wieri'). Eleganter Baum mit lockerer Krone und stark überhängenden Zweigen. Blätter groß, tief eingeschnitten, die Lappen lang, schmal und scharf gesägt.

'Pyramidale'. Breit-säulenförmiger Wuchs; die Blätter sind etwas tiefer eingeschnitten als bei der Art und an den Rändern leicht nach oben gekrümmt.

A. saccharum Marsh. Der Zuckerahorn gilt als wertvollster nordamerikanischer Hartholzbaum. Bis zur Einführung der Zuckerrübe diente er in den USA und in Kanada der Zuckergewinnung. Ein Baum kann jährlich 50–150 l Zuckersaft liefern, aus dem 12–35 kg Zucker gewonnen werden können. Der in der Jugend langsam wachsende Baum bekommt im Alter eine weit ausladende, rundliche Krone. Seine 3- bis 5lappigen, oben stumpfgrünen und unterseits grauweißen Blätter färben sich im Herbst lebhaft orange und rot. Nh-2, Zone 5b.

'Green Mountain'. Gilt in den USA als guter Straßenbaum. Die Sorte ist windfest und widerstandsfähig gegen Hitze und Strahlung.

A. shirasawanum Koidz. Gehört wie *A. palmatum*, *A. japonicum* und *A. sieboldianum* zur Gruppe der Japanischen Fächerahorne. Ein kleiner Baum mit meist 11lappigen Blättern. Blüten in aufrechten Büscheln, blaßgelb bis weiß. Die 2 cm langen Früchte stehen über dem Laub. Nhg-4, Zone 6b.

'Aureum'. Die im allgemeinen zu *A. japonicum* gestellte Form gehört nach Auffassung holländischer Dendrologen zu *A. shirasawanum*, denn Blüten und Früchte stehen, im Gegensatz zu *A. japonicum*, aufrecht und über dem Laub. 'Aureum' wächst nur langsam und gedrungen. Die Blätter treiben leuchtendgelb aus, sie bleiben auch während des Sommers konstant gelb. Die Blätter sind gegen starke Sonneneinstrahlung empfindlich, deshalb braucht 'Aureum' einen leicht beschatteten Platz.

A. sieboldianum Miq. Siebolds Fächerahorn ist ein kleiner japanischer Ahorn mit rundlichen, 7- bis 9lappigen, scharf gesägten Blättern, die schon im August mit ihrer dunkelroten, herbstlichen Verfärbung beginnen. Ein sehr zierlicher, hübscher Ahorn für kleine Gärten. Nhg-4, Zone 5b.

A. tataricum L. Von Südosteuropa bis Armenien ist der Tatarische Steppenahorn verbreitet. Seine ungelappten, eiförmigen Blätter färben sich im Herbst hellrot. Aus grünlichweißen Blüten entwickeln sich viele Früchte mit dekorativen, roten Flügeln. Ein harter Ahorn für Schutzpflanzungen oder große Gärten. Ns-3, Zone 4.

A. tegmentosum Maxim. gehört mit seinen blau bereiften und weiß gestreiften Zweigen und Ästen auch zu den Schlangenhautahornen, die alle einigermaßen kleinkronig bleiben und daher auch in weniger großen Gärten einen Platz finden. Fast alle wachsen locker und etwas unregelmäßig, sie wirken dadurch immer sehr dekorativ. Ihre interessant ausgebildeten Stämme kommen im Winter besonders deutlich zur Geltung. Nhg-4, Zone 5b.

Actinidia Lindl., Actinidiaceae Strahlengriffel

Die Gattung *Actinidia* umfaßt windende, sommergrüne Sträucher mit einfachen, wechselständigen, meist langgestielten Blättern und weißen, gelben oder rötlichen Blüten in achselständigen Scheindolden. Die Blüten sind zwittrig oder eingeschlechtlich (teilweise zweihäusig verteilt). Die eingeschlechtlichen Blüten haben zwar funktionsfähige Staubblätter, aber nur einen reduzierten Fruchtknoten. Eine Fruchtbildung ist in der Regel nur dann zu erwarten, wenn Pflanzen mit Blüten dieser beiden Formen benachbart sind. Die runden oder länglichen Beerenfrüchte sind teilweise eßbar, der Vitamin-C-Gehalt soll 13mal

Actinidia chinensis 'Hayward'   Actinidia kolomikta

höher sein als der der Zitronen. Von den 40 ostasiatischen Arten sind wohl nur 3 in der Gartenkultur verbreitet.

A.arguta (Sieb. et Zucc.) Planch. ex Miq. kennen wir als bis 7 m hoch windenden Kletterstrauch. Seine papierdünnen, sattgrünen Blätter mit ihren hübschen roten Blattstielen fallen erst spät im Herbst ab. Der Strauch empfiehlt sich daher besonders als lange wirkender Sichtschutz an Pergolen und Lauben. Die achselständigen Blüten erscheinen im Mai, sie duften, sind weiß und verhältnismäßig unscheinbar. Die grüngelben, stachelbeerartigen Früchte sind süßsauer und eßbar. Der in Japan und China heimische Schlinger wächst in jedem Gartenboden. In einigen Baumschulen sind männliche und weibliche Pflanzen als vegetativ vermehrte Klone zu haben. Die in Rußland von Mitschurin wegen ihrer Früchte selektierten Sorten, die sich durch guten Geschmack und hohe Fruchtbarkeit auszeichnen, sind für uns ohne Bedeutung. Nhw-4, Zone 5 b.

A.chinensis Planch. gilt als schönste Art der Gattung, sie ist in China verbreitet und wächst noch stärker als *A.arguta*. An der braunrot-filzigen Behaarung der jungen Zweige ist sie leicht von anderen Arten zu unterscheiden. Interessant ist die unterschiedliche Gestaltung der Blätter, die dünn oder auch dicklich, an unfruchtbaren Zweigen eiförmig bis elliptisch und an fruchtbaren Zweigen rundlich sein können. Nicht nur die Triebe sind filzig behaart, auch die großen Blätter sind unterseits dicht mit weißlichen Haaren besetzt. Im Juni entwickeln sich orangegelbe Blüten und im Herbst 3 cm breite, gelbgrüne Früchte, die sehr süß und eßbar sind. *A.chinensis* liefert die vitaminreichen Kiwi-Früchte, allerdings nur in geschützten Lagen der Weinbaugebiete. Auch hier muß man neben weiblichen Pflanzen ein männliches Exemplar setzen, wenn man Früchte ernten will. Nhw-4, Zone 6b.

'Abbott'. Früchte gleichmäßig geformt, etwas länglich, kleiner als bei 'Hayward', Fruchtreife 14 Tage früher als bei 'Hayward', benötigt im Garten keinen so großen Standraum wie 'Hayward'.

'Hayward'. Weltweit am häufigsten kultivierte Sorte, hat hohe Wärmeansprüche und kann erst im November abgeerntet werden. Der Platzbedarf je Pflanze beträgt 4 m.

'Starella'. Selektion aus der Schweiz, wächst schwächer, reift eine Woche früher und hat geringere Wärmeansprüche als 'Hayward', ist deshalb für den Hausgarten besser geeignet als diese.

A.kolomikta (Rupr. et Maxim.) Maxim. fällt zuerst durch ihre Blätter auf. Besonders intensiv bei den männlichen, aber auch bei fruchtenden Pflanzen, ist ein Teil der Blätter in der oberen Hälfte zunächst ohne Blattgrün. Sie erscheinen dadurch weißlich, später sind sie hell- und dunkelrosa bis violett gefärbt. In Ostasien ist dieser so fremd anmutende Strauch weit verbreitet. Er blüht im Juni mit recht großen, weißen Blüten. Auch die Früchte dieser Art sind süß und eßbar. Während die beiden anderen Arten genügend große Klettergerüste (Pergolen, Lauben, Mauern oder Bäume) zur vollen Entfaltung benötigen, kommt die schwachwachsende *A.kolomikta* mit einer etwa 2 m hohen Pyramide aus, die auch frei im Garten aufgestellt werden kann. Nh-4, Zone 5b.

Aesculus L., Hippocastanaceae Roßkastanie

Mit Ausnahme weniger strauchiger Arten (nur eine davon ist für unsere Gärten von Bedeutung) umfaßt die Gattung sommergrüne Bäume, die durch handförmig geteilte, mit 4–9 Blättchen ausgestattete, langgestielte Blätter gekennzeichnet ist. Ihre weißen, roten oder gelben Blüten sind in oft großen, aufrechten und dichten, endständigen Rispen vereint. Die oft schwach zygomorphen, zwittrigen oder eingeschlechtlichen (durch die Reduktion der

Frucht- oder Staubblätter) Blüten haben 5 meist glockige oder röhrenförmige Kelchblätter und 4–5 genagelte Blütenblätter. Häufig ist auf der Unterlippe ein Saftmal ausgebildet, das bei *A. hippocastanum* bei Blühbeginn, während der Nektarproduktion, gelb, später rot ist. Die gelbe Färbung, die gleichzeitig mit einem bestimmten Geruch verbunden ist, dient den Bienen und Hummeln zur Orientierung. Die Frucht ist eine ledrige, gelegentlich stachelige Kapsel, die großen Samen sind mit einem breiten Nabelfleck versehen. 13 Arten sind in Nordamerika, Südosteuropa und Ostasien verbreitet.

Die genannten Roßkastanien sind absolut winterharte, raschwachsende Bäume und Sträucher für den Park und den großen Garten, die tiefgründige, frische Böden bevorzugen und in keiner Weise heikel sind.

A. × carnea Hayne *(A. hippocastanum × A. pavia)*. Die Rotblühende Roßkastanie ist wohl eine der schönsten Arten, ihre Blüten entfalten sich in 15–20 cm langen Rispen in der zweiten Maihälfte. Die Blüten der Hybride sind fleischrosa bis rot. Der Baum erreicht Höhen von 15–20 m.
Zone 5b.
'Briotii' wird häufiger kultiviert als der Typ. Der Baum wächst etwas schwächer, die Blütenstände sind größer, über 20 cm lang, die Blüten sind leuchtend blutrot gefärbt. Früchte werden nur selten ausgebildet.

A. flava Soland. (= *A. octandra*). Die Gelbe Pavie ist im östlichen Nordamerika beheimatet und entwickelt sich zu einem bis 20 m hohen Baum mit breit ausladender,

runder Krone. Ihre dunkelgrünen Blätter sind in der Jugend unterseits oft bräunlich behaart, im Herbst färben sie sich tiefgelb, fallen aber sehr frühzeitig ab. Die hellgrüngelben Blüten erscheinen im Mai–Juni, sie tragen braunrote bis purpurne Saftmale.
Nhg-2, Zone 5b.

A. glabra Willd. Die Ohio-Roßkastanie ist ein schwachwachsender, in Nordamerika heimischer Baum mit rotbraunem Blattaustrieb, zartgelben Blüten, orangefarbenem Herbstlaub und für den Menschen giftigen Früchten.
Nhw-2, Zone 6a.

A. hippocastanum L. Die allen bekannte Gemeine Roßkastanie trat gegen Ende des 16. Jahrhunderts von Wien aus ihren Siegeszug durch Europa an. Wir betrachten sie heute oft als einheimischen Baum, das natürliche Verbreitungsgebiet liegt jedoch in den Gebirgen Griechenlands, Albaniens und Bulgariens. Die Gemeine Roßkastanie ist ein feuchtigkeitsliebender, raschwüchsiger Parkbaum, der nur in absolutem Freistand seine volle Schönheit erreicht. Dort entwickelt er mächtige, länglich-runde Kronen, die sich im Mai mit einer Fülle weißer Blütenkerzen schmücken. Von besonderem Reiz ist der dick braunwollige Austrieb der jungen Blätter aus den großen, harzigen Winterknospen. Lange Zweige sind im Vorfrühling ein schöner Schmuck in großen Bodenvasen.
Nhg-3, Zone 4.
'Baumannii' ist mit den gefüllten, lange haltbaren, weißen Blüten ein beliebter Park- und Alleebaum, der keine Früchte ansetzt.

Aesculus parviflora

'Laciniata' trägt fast fadenförmige, tief eingeschnittene, nahezu rosettenartig stehende Blätter und ist eher kurios als schön.
'Pyramidalis' wächst schmal-aufrecht, Krone dicht mit steil ansteigenden Ästen, schwachwüchsig.

A. × mutabilis (Spach) Schelle. Die Hybride zwischen *A. pavia × A. sylvatica* wird gelegentlich in den beiden folgenden Sorten angeboten.
Zone 5b.
'Induta'. Langsamwüchsiger, im Alter aber großer Strauch, Blätter unten blaugrün und dicht zottig behaart, Blüten im Mai–Juni, rosa mit gelber Zeichnung, sehr reichblühend.
'Penduliflora'. Kleiner Baum oder großer Strauch, Blüten mit rötlichem Kelch und gelben Kronblättern in etwa 15 cm langen, lockeren, etwas hängenden Rispen.

A. × neglecta Lindl. *(A. flava × A. sylvatica)*. Die Hybride wird kaum kultiviert; sie hat keinen nennenswerten Schmuckwert.
Zone 5b.
'Erythroblasta' dagegen ist mit ihren leuchtend karminrosa gefärbten jungen Blättern, die später vergrünen, und den rötlichgelben Blüten im Mai–Juni ein überraschend schöner Baum, der bis 20 m Höhe erreichen kann.

A. parviflora Walt. ist als strauchige Art auch für kleinere Gärten von großer Bedeutung. In seiner nordamerikanischen Heimat wächst der bis 3 m hohe Strauch in lichten

Aesculus × carnea 'Briotii'

Wäldern oder an Waldrändern. Daran sollten wir bei der Standortwahl denken, auch daran, daß er nach vielen Jahren mehrere Meter im Durchmesser erreichen kann. Er treibt Ausläufer und bildet einen dichten runden Busch. Die 5- bis 7teiligen Blätter sind bis 20 cm lang, im Austrieb glänzend bronzebraun und im Herbst, wie fast alle Roßkastanien, gelb gefärbt. Über dem dichten, horizontal gestellten Laub erheben sich im Juli schlanke, kerzenförmige, bis 30 cm lange Blütenrispen. Ist die Blüte voll entfaltet, ragen die Staubfäden mit ihren purpurnen Staubbeuteln weit aus den weißlichrosa Blüten heraus und verleihen ihnen einen eigenartigen Reiz. Früchte findet man nur selten, sie sind wesentlich kleiner als die unserer Roßkastanien. Der Strauch wächst in unseren Gärten im lichten Schatten großer Bäume auf humosen, frischen Standorten. Nur dort entfaltet er sich richtig und breitet sich durch seine Ausläufer aus. Überall dort, wo an passenden Stellen genügend Platz vorhanden ist, sollte man ihn pflanzen, wir kennen kaum eine schönere, sommerblühende Strauchart.
Nhw-2, Zone 5b.

A.pavia L., Rote Pavie. Meist 1–4 m hoher Strauch, nur selten bis 12 m hoher Baum, mit 5- bis 7zähligen Blättern und 15–20 cm langen Blütenständen, dessen Blüten beim Typ rot, gelegentlich aber auch gelbrot oder gelb gefärbt sein können; im südöstlichen Nordamerika verbreitet.
Nhw-2, Zone 5b.
'Atrosanguinea'. Blüten dunkelrot, in 10–15 cm langen Rispen, Anfang Juni.

Agave L., Agavaceae

Die Agaven sind eine sehr umfangreiche, vielgestaltige Gattung, die mit rund 300 Arten in den südlichen Staaten Nordamerikas, Mexiko, Zentralamerika, den Westindischen Inseln und im nördlichen Südamerika verbreitet ist. Zur Gattung gehören wirtschaftlich wichtige Faserpflanzen wie die Sisalagave, *A.sisalana*, oder Arten, aus deren zuckerhaltigem Saft alkoholische Getränke wie Tequila oder Pulque gewonnen werden. Agaven sind rosettenbildende, überwiegend stammlose Pflanzen mit mehr oder weniger schwertförmigen, stark sukkulenten, fleischigen oder derben Blättern, die in eine scharfe Dornspitze auslaufen. Sie entwickeln einen endständigen, oft sehr großen Blütenschaft, an dem die fast trichterförmigen Blüten zerstreut oder in Büscheln und Trugdolden gehäuft stehen und einen ansehnlichen Strauß oder eine riesige Rispe bilden.

A.americana L., Amerikanische Agave (»Hundertjährige Aloe«). Die weithin bekannte Pflanze bildet sehr große Rosetten, in denen die stark sukkulenten, derben, lederartigen, graugrün bis hellgrau gefärbten Blätter eine Länge von mehr als 1,5 m erreichen können. Der Blütenstand erreicht Höhen von 5–8 m, es handelt sich um eine Rispe mit 25–30 Ästen, an denen bis 9 cm lange, grüne Blüten mit gelben Antheren zusammenstehen. Blütezeit ist Juni–August. Die ursprüngliche Heimat von *A.americana* ist nicht mehr feststellbar. Sie kam bereits 1561 nach Europa, ist lange im ganzen Mittelmeerraum verwildert und mit ihren riesigen Blütenständen zu einer Charakterpflanze dieses Raumes geworden. In Mitteleuropa wird sie nicht selten als Kübelpflanze gehalten und im Kalthaus überwintert.
Ms-1, Zone 9.

Ailanthus Desf., Simaroubaceae Götterbaum

Von den 10 Arten, die in Ostasien, Ostindien und Nordaustralien verbreitet sind, kennen wir in unseren Breiten nur 3. Alle sind große, ausgezeichnete Bäume für die Einzelstellung in Parkanlagen. Sie sind anspruchslos an den Boden und gedeihen noch auf extremen Sand- oder Kalkschotterböden. Absolute Frosthärte und hohe Unempfindlichkeit gegen Industrieabgase und schlechte Stadtluft erhöht ihren Gebrauchswert. Die Bäume sind durch sehr große, unpaarig gefiederte Blätter, kleine, unscheinbare, zwittrige oder eingeschlechtliche Blüten in endständigen, verzweigten Rispen und eschenartig geflügelte Früchte gekennzeichnet. Die 13–41 Blättchen sind nahe dem Grund mit einigen Zähnen versehen, die unterseits in großen Drüsen enden.

A.altissima (Mill.) Swingle. Der Götterbaum wächst zu einem oft mehrstämmigen, bis 25 m hohen Baum heran, dessen Rinde mit charakteristischen weißen Längsrissen gezeichnet ist. Die dicken rotbraunen Zweige tragen bis zu 60 cm lange, unpaarig gefiederte, besonders dekorative Blätter. Aus den unscheinbaren grünlichen Blüten entwickelt sich schon im Frühherbst ein leuchtender, rötlicher Fruchtschmuck. Anspruchsloser Park- und Straßenbaum, auch für den innerstädtischen Bereich. Heimisch in China, 1751 nach England eingeführt. Dank seiner Anspruchslosigkeit und reichen Fruchtbildung in weiten Teilen von Europa und Nordamerika eingebürgert.
Nw-4, Zone 6b.

Ailanthus altissima

Akebia Decne., Lardizabalaceae
Akebie

Zur Gattung *Akebia* gehören 5 Arten sommer- oder wintergrüner Schlingsträucher, die in Japan, China und Korea heimisch sind. Ihre wechselständigen Blätter sind mit 3–5 gestielten Blättchen fingerteilig. Männliche und weibliche Blüten sitzen nebeneinander in achselständigen Trauben, die weiblichen an der Spitze der Traube. Die gurkenähnlichen Früchte sind zunächst hellblau, dann violett gefärbt. Sie reifen nur in warmen Sommern, klaffen dann weit auseinander und lassen die schwarzen Samen im weißen Fruchtfleisch erkennen. Alle Arten sind feinlaubige, aber starkwachsende Schlinger, die keine Haftorgane besitzen und daher nur an Klettergerüsten emporwachsen können. An hellen Mauern und Wänden kommen die bräunlichvioletten Blüten besonders gut zur Geltung. Akebien sind bestenfalls in der Jugend ein wenig frostempfindlich. Später sind sie absolut winterhart und anspruchslos an Lage und Boden.

A.quinata (Houtt.) Decne. windet bis 10 m hoch und trägt an violettpurpurnen Zweigen 5teilige, derbe, langgestielte, meist sommergrüne, nur gelegentlich wintergrüne Blätter, die oberseits dunkelgrün und unten bläulich sind. Im April–Mai entwikkeln sich duftende, langgestielte, violettbraune weibliche und viel kleinere, mehr rosa gefärbte männliche Blüten.
Nhw-4, Zone 6b.

A.trifoliata (Thunb.) Koidz. erreicht nur 6 m Höhe, besitzt 3geteilte, am Rande wellige Blätter und kastanienbraune weibliche Blüten, die mit 2–2,5 cm Breite nur wenig kleiner sind als die von *A.quinata*. Auch hier sind die männlichen Blüten heller und kleiner. Früchte 7–15 cm lang, hellpurpurn. Das etwas gallertartige Fruchtmark wird in den Heimatländern roh gegessen, es schmeckt angenehm süß.
Nh-4, Zone 6b.

Alangium Lam., Alangiaceae

Mit 20 Arten ist die Gattung sommer- oder wintergrüner Bäume und Sträucher vorwiegend im tropischen Ostasien, Malaysia, Australien und Afrika beheimatet. Nur zwei Arten erreichen in ihrer Verbreitung nördlich gemäßigte Zonen.

A.platanifolium (Sieb. et Zucc.) Harms ist von Mittelchina bis Japan verbreitet. In den Bergwäldern auf Hokkaido kommt sie

Akebia quinata

zusammen mit *Cercidiphyllum japonicum* vor. Sie entwickelt sich bei uns zu einem großen Strauch, der durch seine großen, fast ahornartig gelappten Blätter auffällt. Die 3–5 (–7) Lappen sind länglich-eiförmig bis 3eckig und geschwänzt zugespitzt. Die weißen, duftenden Blüten sind 2–2,5 cm lang, sie sitzen im Juni–Juli in achselständigen Büscheln zusammen. Eine seltene Art für Liebhaber dendrologischer Kostbarkeiten. Hält in Mitteleuropa nur in warmen Zonen ohne Frostschäden aus.
Nh-4, Zone 7b.

Albizia Durazz., Leguminosae
Seidenbaum

Mit 100 bis 150 Arten ist die Gattung in den Tropen und Subtropen der Alten Welt verbreitet. Es handelt sich um sehr raschwachsende, laubabwerfende Bäume oder Sträucher mit doppelt gefiederten Blättern, die aus zahlreichen kleinen Blättchen zusammengesetzt sind und kleinen Blüten in gestielten Köpfchen. Die Früchte sind große, riemenförmige Hülsen.

A.julibrissin Durazz. ist von Abessinien über Iran bis Japan und Mittelchina ver-

breitet. Der kleine Baum entwickelt eine weit ausladende, flachgewölbte Krone. Die 20–30 cm langen Blätter sind aus 10 bis 25 Fiedern mit je 40–60 sichelförmig-länglichen, 6–10 mm langen Blättchen zusammengesetzt. Sie falten sich nachts in Schlafstellung zusammen. Im Juli–August entfalten sich die hellrosa Blüten mit ihren

Albizia julibrissin

zahlreichen, bis 4 cm langen Staubblättern an den Zweigenden.

T/M/Nm-3/4, Zone 8a.

'Ernest Wilson' entstand 1908 im Arnold Arboretum aus Samen, den E. H. Wilsonn in Korea gesammelt hatte. Die Sorte ist wesentlich frosthärter als die Art. Sie läßt sich in günstigen Klimazonen und an sonnigen, warmen Plätzen auch in Mitteleuropa mit Erfolg kultivieren.

Alnus Mill., Betulaceae
Erle

Die Erlen sind meist feuchtigkeitsliebende Bäume, von denen 35 Arten auf der nördlichen Halbkugel verbreitet sind. Nur *Alnus jorullensis* H.B.K. ist in den Hochgebirgen Südamerikas verbreitet. Kennzeichnend für die Gattung sind gestielte Winterknospen, sommergrüne, wechselständige Blätter und eingeschlechtliche Blüten. In den langen, männlichen Kätzchen sitzen auf jedem Tragblatt 3 Blüten. Die viel kürzeren, weiblichen Kätzchen tragen nur je 2 kelchlose Blüten, sie entwickeln sich bis zum Herbst zu holzigen Fruchtzapfen, die oft noch bis in die nächste Vegetationsperiode hängen bleiben.

Alnus glutinosa

Keine der etwa 35 Arten läßt sich als Blütenbaum für den Garten am Haus empfehlen, obwohl man den Blüten mancher Arten einen gewissen Reiz nicht absprechen kann. In weiträumigen Anlagen können die Erlen hervorragende Parkbäume für Fluß- und Teichufer sein. Die beiden baumförmigen einheimischen Arten sind in waldbaulicher und landespflegerischer Hinsicht von großer Bedeutung. Sie werden eingesetzt als Pioniergehölze für Ödlandflächen, Halden und Dünen, für die Autobahnbepflanzung, für Windschutzstreifen oder Hecken, für die Lebendverbauung von Bach- und Flußufern oder die Sicherung gegen Lawinengefahr. In intensiv genutzten ebenen Kulturlandschaften begegnet man gelegentlich sehr hohen, geschnittenen Hecken aus Schwarzerlen als Windschutzpflanzungen. Einige der hier nicht genannten Arten werden gelegentlich angeboten. Sie sind für den Sammler und Dendrologen interessant, für Garten und Park ohne Bedeutung.

A.cordata (Loisel.) Duby. Die italienische Erle ist ein bis 15 m hoher, trockenresistenter und hitzebeständiger Park- und Straßenbaum, der in Süditalien und Korsika heimisch und in Mitteleuropa ausreichend winterhart ist. Die Art trägt breit-eirundliche, glänzendgrüne, an *Pyrus* erinnernde Blätter. Sie gilt als eine der schönsten Erlen, man würde sie gerne häufiger in Parkanlagen sehen.

Nw-3, Zone 6b.

A.glutinosa (L.) Gaertn. Die einheimische Schwarzerle ist an Fluß- und Bachufern, in Sümpfen, feuchten Wäldern und Brüchen von der Ebene bis in die Voralpen weit verbreitet. Kaum ein anderer Baum verträgt so viel Bodennässe, längere Überflutungen jedoch übersteht auch die Schwarzerle nicht. In Verbindung mit Bodenbakterien vermag sie den Luftstickstoff des Bodens zu binden, sie gilt daher als hervorragendes Pioniergehölz mit hoher Rauchverträglichkeit. Man erkennt die Schwarzerle an ihrem schwarzbraunen Stamm, den klebrigen Zweigen und den verkehrt-eiförmigen bis rundlichen, an der Spitze oft ausgerandeten Blättern.

N-3, Zone 3.

'Aurea'. Schwächer wachsend als die Art. Rinde in der Jugend orangegelb. Blätter gelb, besonders im Austrieb.

'Imperialis'. Die Kaisererle ist ein schwachwüchsiger und feinzweigiger Baum mit tief eingeschnittenen Blättern. Die Blattlappen sind schmal, spitz und in der Regel ganzrandig.

'Laciniata' ist der 'Imperialis' sehr ähnlich; sie wächst aber robuster, und ihre Lappen sind nicht ganz so schmal.

A.incana (L.) Moench. Die Grau- oder Weißerle ist in mitteleuropäischen Auewäldern, an Ufern, auf Moränen und feuchtschattigen Berghängen bis in die Voralpen verbreitet. Im Gegensatz zur Schwarzerle ist sie kalkhold und vermag auch noch auf extrem trockenen Standorten zu gedeihen. Auch sie sammelt Stickstoff und ist ein ideales Pioniergehölz, nicht zuletzt auch durch ihre Eigenschaft, sich in starkem Maß durch Wurzelbrut zu vermehren. Sie ist mit etwa 20 m Maximalhöhe etwas kleiner als die Schwarzerle. Von ihr läßt sie sich durch kleinere, eirunde, oberseits dunkel graugrüne und auf der Unterseite weißlichgraue Blätter und ihren glatten, hellgrauen Stamm leicht unterscheiden.

Bh/Nhk-3, Zone 2.

'Aurea'. Die Blätter der Golderle sind nur während des Austriebes goldgelb. Die rotgelbe Rinde der Zweige und die kupferroten männlichen Kätzchen sind im Winter nicht zu übersehen.

'Laciniata' erinnert mit ihren schmal gelappten Blättern an *A.glutinosa* 'Laciniata', doch sind die Blätter etwas länger, schmaler und länger zugespitzt.

'Pendula'. Eine malerische, fast bizarre

Alnus × spaethii

Hängeform, deren Zweige in eleganten Bögen überhängen.

A. inokumae Murai et Kusaka wurde erst vor wenigen Jahren in Europa bekannt. Sie ist in Japan verbreitet und bildet wenigstens in der Jugend sehr raschwüchsige, schlanke und feinzweigige Bäume, an denen zuerst die dekorative Belaubung auffällt. Die Blätter sind etwa 6 cm lang und nahezu gleich breit, am Rande deutlich gelappt und gesägt, am oberen Ende spitz und an der Basis abgestutzt. Die einjährigen Winterzweige sind rund, dicht samtartig behaart, gelblichgrau mit wenigen Lentizellen, ältere Zweige sind kahl und dunkelgrau. Die Winterknospen sind dunkel braunrot und drüsig beschuppt. Schlank und bis 10 cm lang sind die männlichen, etwa 5 mm lang, walzenförmig und abwärts gerichtet die weiblichen Kätzchen.
Nh-4, Zone 6b.

A. maximowiczii Call. blüht auffallend hübsch. Große, aufrechtstehende, purpur- rote weibliche und braungelbe männliche Kätzchen erscheinen gleichzeitig mit den frischgrünen Blättern. In den Gebirgen Japans und Sachalins ist die Art sehr häufig, die zu einem Strauch oder kleinen Baum von knapp 10 m Höhe wird. Ihre breiteiförmigen Blätter sind dunkelgrün, dicht und fein gesägt. Sie treibt und blüht sehr spät.
Nh-4, Zone 6a.

A. × spaethii Call. (*A. japonica × A. subcordata*) Bei einer Sortimentsprüfung in Boskoop wurde diese Hybride mit 3 Sternen bewertet. Besonderes Merkmal: violetter Austrieb und lange, schmale, etwas ledrige Blätter. Ein wertvoller Park- und Straßenbaum, der bis 12 m hoch wird, auch auf trockenen Böden wächst und nicht windempfindlich ist.
Zone 6a.

A. viridis (Chaix) DC. Die Grünerle ist als dritte heimische Erle in den europäischen Gebirgen verbreitet. Der mehrstämmige, bis 2 m hohe, gelegentlich auch niederliegende Strauch ist in den Alpen oft mit Lärchen, Arven und den beiden *Rhododendron*-Arten vergesellschaftet und kann weite Flächen bedecken. Sie gilt als eine der härtesten Laubholzarten Europas. Ihre Blätter sind eiförmig bis elliptisch, an der Basis breit-keilförmig, oben zugespitzt und unregelmäßig scharf gesägt.
BGh-3, Zone 2.

Amelanchier Medik., Rosaceae
Felsenbirne

Die Gattung umfaßt etwa 25 recht schwierig zu unterscheidende Arten, die fast alle in Nordamerika verbreitet sind. Außerhalb der Vereinigten Staaten kennen wir nur eine Art in Ostasien und eine weitere in Europa. Die Felsenbirnen sind sommergrüne Sträucher mit ziemlich großen, oft spitzen und mehr oder weniger rot gefärbten Winterknospen, ungeteilten, wechselständigen, in der Knospenlage gefalteten und beim Austrieb unterseits meist dicht behaarten Blättern und weißen, 5zähligen Blüten in Trauben an den vorjährigen Zweigen. Die Frucht ist eine erbsengroße, beerenartige Apfelfrucht mit bleibenden Kelchblättern und 4–10 Kernen. Die Früchte sind blauschwarz bis dunkelrot; sie können süß und saftig, aber auch fad und trocken sein.

Die Felsenbirnen sind hochgeschätzte Großsträucher für die Einzelstellung in Garten und Park. Ihr ansprechender Habitus ist ebenso wertvoll wie die überreiche Blütenfülle, verbunden mit dem kupferroten Austrieb im zeitigen Frühjahr und der brennend gelbroten Herbstfärbung. Alle sind vollkommen winterhart, anspruchslos an den Boden und gedeihen in voller Sonne wie im lichten Schatten. Sie sind in der Regel frei von Krankheiten und verzichten gern auf jeden Schnitt.

A. asiatica (Sieb. et Zucc.) Endl. ex Walp. ist als einzige Art in Japan, China und Korea verbreitet. Sie besticht durch ihren starken, lockeren, oft ornamentalen Wuchs. Die rundlichen Blätter sind anfangs auf der Unterseite weißlich filzig, später kahl und im Herbst rötlichorange. 3 cm breite, weiße Einzelblüten sitzen in 3–6 cm langen, dicht wolligen Trauben zusammen.
N-4, Zone 6b.

A. laevis Wiegand gilt allgemein als die schönste aller Felsenbirnen. Sie unterscheidet sich von der folgenden Art durch größere, aber weniger zahlreiche Blüten. Blattaustrieb, Herbstfärbung und auch Habitus beider Arten stimmen weitgehend überein.

Sie blüht ungefähr 1–2 Wochen früher als die folgende Art, und ihre Früchte sind ebenso purpurschwarz, süß und saftig. Nhk-2, Zone 5b.

A.lamarckii F.G. Schroeder, Kupfer-Felsenbirne. Die Bezeichnung *A.lamarckii* für die früher *A.canadensis* genannte Art hat sich inzwischen durchgesetzt. Der deutsche Name bezieht sich auf die kupferrote Färbung der jungen Blätter zur Zeit des Austriebes, ein reizvoller Kontrast zu den weißen, ziemlich großen, mehr oder weniger aufrechten Trauben weißer Blüten im April–Mai. Die im östlichen Nordamerika heimische Kupfer-Felsenbirne entwickelt einen breitwüchsigen Strauch oder kleinen Baum, der in der Regel keine Ausläufer bildet. Sie ist in Mitteleuropa mindestens seit dem 18. Jahrhundert in Kultur und aus den Bauerngärten, wo sie früher als Obstgehölz gehalten wurde, stellenweise sehr stark verwildert. Die zunächst süßen und saftigen, später etwas mehligen Früchte wurden getrocknet und als Korinthenersatz verwendet.
N-2, Zone 5a.
'Ballerina'. Vegetativ vermehrte Sorte mit großen, silberweißen Blüten Ende April–Anfang Mai und zahlreichen großen, zur Reife purpurschwarzen, saftig-süßen Früchten.

A.ovalis Medik. Die Gemeine Felsenbirne soll als einzige, in Europa heimische Art erwähnt werden. Sie ist trockenresistent und kommt vereinzelt an sonnigen Abhängen der mittel- und südosteuropäischen Gebirge vor. Sie hat im Austrieb dicht weißfil-

Amelanchier lamarckii

Amelanchier ovalis

zige, später oft mehr oder weniger stark verkahlende, rundliche bis eiförmige Blätter, die sich Ende September auffallend orange-scharlachrot verfärben. Die kleinen, weißen, unangenehm riechenden Blüten erscheinen im April–Mai. Die eßbaren Früchte sind blauschwarz und bereift. Der ansehnliche, lockerwüchsige Strauch ist im Siedlungsbereich besonders gut für Anpflanzungen an Extremstandorten geeignet. Nsg-3, Zone 5a.

Amorpha L., Leguminosae
Bastardindigo

Die sommergrünen Sträucher und Halbsträucher der Gattung *Amorpha* sind von Nordamerika bis Mexiko verbreitet. Nur wenige der rund 20 Arten sind bei uns ausreichend winterhart, viele haben als Ziersträucher keine große Bedeutung. Alle Arten besitzen wechselständige, unpaarig gefiederte, mit zahlreichen Blättchen ausgestattete Blätter und kleine, oft blauviolette, eigenartig reduzierte Schmetterlingsblüten, denen Flügel und Schiffchen fehlen; sie bestehen also nur aus der Fahne, die die Staubblattröhre umfaßt. Dadurch werden die lebhaft gelb oder orange gefärbten Staubblätter gut sichtbar. Die Frucht ist eine sichelförmig gekrümmte Hülse.

A.canescens Pursh. Der Bleibusch ist in den trockenen Prärien des mittleren Nord-

amerika heimisch. Der feinzweigige, bestenfalls 70 cm hohe Halbstrauch sollte auch in unseren Gärten an trockenen, sonnigen Stellen stehen, etwa im Steingarten oder auf Trockenmauern. Dort kommen seine zierlichen, dicht grauweiß-filzigen Blätter und die blauen Blütentrauben im Spätsommer gut zur Geltung. Da die Triebe fast in jedem Winter zurückfrieren, ist ein regelmäßiger Rückschnitt im Frühjahr zu empfehlen.
Ns/Na-2, Zone 5a.

A.fruticosa L. wird zu einem sparrigen, bis 3 m hohen Strauch, auf den man im Garten verzichten kann. Die ersten Siedler in Nordamerika benutzten den Bastardindigo zum Blaufärben, als Ersatz für den echten Indigo (*Indigofera tinctoria* L.), einer in Ostindien heimischen Staude.
Ns-2, Zone 5a.

Ampelopsis Michx. emend.
Planch., Vitaceae
Scheinrebe

Die Gattung besteht aus sommergrünen, kletternden oder windenden Sträuchern, die mit verzweigten Ranken ausgestattet sind. Ihre Blätter sind wechselständig, einfach oder zusammengesetzt und meist lang gestielt. Die kleinen, 5zipfligen, grünlichen, unscheinbaren, zwittrigen Blüten sind zu langgestielten Trugdolden vereint. Von den

Amorpha canescens

Amelopsis megalophylla

rund 20 Arten, deren Verbreitungsgebiet in den gemäßigten und warmen Zonen von Nordamerika und Asien ist, kommen nur wenige für die Gartenkultur in Frage.

Die *Ampelopsis*-Arten sind in unseren Gärten nicht sehr häufig zu finden, obwohl ihr Laub recht dekorativ ist und die Früchte ein nur selten zu beobachtendes Farbspiel durchmachen. Ein Grund für das geringe Interesse, das man den Scheinreben entgegenbringt, mag die fehlende Herbstfärbung sein, die die nahe verwandten *Parthenocissus*-Arten so begehrenswert macht. Alle sind sehr robuste Kletterpflanzen, mit denen man in ganz kurzer Zeit Mauern und Wände, Veranden und Lauben bekleiden kann. Sie stellen an den Boden und die Lichtverhältnisse nur geringe Ansprüche und sind absolut winterhart.

A.aconitifolia Bunge ist in Nordchina und der Mongolei verbreitet. Blätter gefingert oder sehr tief 3- bis 5teilig, Mittellappen mehr oder weniger fiederteilig, die Blättchen oft tief zerschlitzt. Unreif sind die Früchte bläulich, später gelb, orange oder bräunlich, *A.aconitifolia* wächst nicht ganz so unbändig wie die folgende Scheinrebe. Ns-4, Zone 6b.

A.megalophylla Diels et Gilg. Aus China stammt diese bis 10 m hoch kletternde Art. Sie hat kahle, dicke Zweige mit großen Winterknospen und sehr langen Internodien. Die bis 50 cm langen Blätter sind doppelt,

die kleineren nur einfach gefiedert. Die Blättchen sind eiförmig, bis 10 cm lang, grob gekerbt, oben glänzendgrün, auf der Unterseite blaugrün. Aus unscheinbaren Blüten reifen im September–Oktober kreiselförmige, 8 mm dicke, anfangs purpurne, später schwarze Früchte.
Nw-4, Zone 6b.

Andromeda L., Ericaceae
Lavendelheide, Rosmarinheide

Die 2 Arten der Gattung sind in den kälteren Teilen der nördlichen Halbkugel zu finden. Es sind immergrüne Zwergsträucher mit kriechenden Ausläufern, schmalen Blättern und kleinen, kugelig-urnenförmigen Blüten in endständigen Trauben.

A.glaucophylla Link wird in europäischen Gärten nur selten kultiviert. Sie kommt auf Torfmooren im nördlichen Nordamerika vor und bildet dort niedrige, immergrüne Teppiche. Blätter unterseits dicht weißfilzig. Blüten weißlichrosa, im Mai–Juni.
Nh/PN-2, Zone 3.
'Latifolia'. Breitblättrige Selektion mit zartrosa Blüten und silbrigblauen Blättern.

A.polifolia L. Die echte Lavendelheide oder Rosmarinheide ist eine Charakterpflanze der Sphagnummoore und besonders häufig in Skandinavien und Lappland

zu finden. Der zierliche Strauch wird kaum über 20 cm hoch. Seine schmalen, ledrigen Blätter sind am Rande stark eingerollt, oberseits dunkelgrün und auf der Unterseite hellblaugrün. Kleine, hellrosa Blüten erscheinen zu 4–5 im Mai–Juni an den Triebenden. Die Rosmarinheide ist eine beliebte Moorbeetpflanze, die aber nur in ständig feuchten, genügend sauren Böden zufriedenstellend gedeiht.
Bh/PN-2/3/4, Zone 3.
'Compacta'. Wuchs gedrungen und geschlossen, dicht belaubt.
'Nikko'. Wird nur 15 cm hoch, Blüten hellrosa, reichblühend.

Andromeda glaucophylla 'Latifolia'

Aralia elata 'Varietata'

Aralia L., Araliaceae
Aralie

Die meisten der 35 Aralien sind krautige Pflanzen, nur wenige werden zu sparsam verzweigten Großsträuchern, die in der gemäßigten Zone der nördlichen Halbkugel und in Australien beheimatet sind. An dikken, bewehrten Zweigen tragen die Aralien oft einen Schopf sehr großer, 1- bis 3fach gefiederter Blätter und darüber weißliche, polygame, 5zählige Blüten in vielfach verzweigten, rispenartigen Dolden, im August–September. Die beerenartigen Steinfrüchte sind kugelig, recht klein und von einer fleischigen Außenwand umgeben. Aralien sind eigenartige, exotisch wirkende, sehr dekorative Großsträucher für die Einzelstellung in Garten und Park. Sie wachsen gern auf kräftigen Böden in voller Sonne. Ihre Frosthärte läßt in der Jugend zu wünschen übrig. Winterschutz ist daher ratsam. Frieren die Triebe junger Pflanzen in klimatisch weniger günstigen Gebieten gelegentlich bis zum Boden zurück, ist das nicht so tragisch, aus dem Wurzelstock treiben die Aralien schnell wieder aus.

A. chinensis L. Der Angelikabaum ist ein bis 5 m hoher, mittelchinesischer Strauch mit riesigen, bis 80 cm langen, 2- bis 3fach gefiederten, fast unbewehrten Blättern und dicken, etwas stacheligen Zweigen. Im Spätsommer entwickeln sich über den horizontal abstehenden Blättern die übergroßen, 2- bis 4fach verzweigten, rispenartigen Dolden, die bis 40 cm Höhe erreichen. Nhw-4, Zone 6 b.

A. elata (Miq.) Seem. wird sehr häufig kultiviert. Diese Art unterscheidet sich von *A. chinensis* insbesondere durch den etwas stärker bestachelten Stamm, die bewehrten, bis 1 m langen, unterseits bläulichen Blätter und den kräftigeren Wuchs. Der Blütenstand ist wie bei *A. chinensis* verzweigt, aber flacher, etwa 30–45 cm breit. Die japanische Aralie ist von Ostsibirien bis Japan verbreitet, ein ornamentaler Solitärstrauch. Nh-4, Zone 5 b.

'Aureovariegata'. Die Blättchen sind gelb gerandet.

'Silver Umbrella'. Neue holländische Sorte, sie ist wüchsiger und verzweigt sich besser als 'Variegata'. Die Blätter sind etwas schmaler weiß gerandet.

'Variegata' mit dem unregelmäßig breiten, weißen Rand. Dekorative, beliebte Form.

A.spinosa L. Die Herkuleskeule ist in Nordamerika an Flußufern und in feuchten Niederungen verbreitet und entwickelt besonders dicke, stark bewehrte Zweige und Äste. Blätter 40–80 cm lang und oberseits meist stachelig. Blüten klein und weiß, in 20–25 cm breiten, mehrfach verzweigte Dolden.
Nhw-2, Zone 5b.

Arbutus L., Ericaceae
Erdbeerbaum

Im Mittelmeergebiet, in Westeuropa, Kleinasien, Nord- und Mittelamerika sind rund 20 Arten der Gattung verbreitet. Es sind immergrüne Bäume oder Sträucher, deren Rinde abblättert und dann oft glatte, auffallend gefärbte Stämme hinterläßt. Die Blätter sind einfach und wechselständig. Die weißen, rötlichen oder grünlichen, krugförmigen Blüten stehen in endständigen, aufrechten oder hängenden Rispen zusammen. Die Frucht ist beerenartig, 5fächrig und vielsamig, sie hat mehliges Fleisch und ist außen glatt oder körnig-höckrig.
Alle Arten können in Mitteleuropa nur als Kübelpflanze gehalten werden. Sie sind nur in England oder südlich der Alpen ausreichend frosthart. Bis auf *A.unedo* brauchen alle Arten saure Böden.

A.unedo L. ist im Mittelmeergebiet eine häufige Pflanze der Macchie auf etwas feuchteren Böden. Ein immergrüner, bis etwa 5 m hoher Baum oder Strauch mit einer mattbraunen, rissigen Rinde. Blätter elliptisch-länglich, 5–10 cm lang, ledrig, dunkelgrün und stark glänzend. Blüten von Oktober bis Dezember, weiß bis hellrosa,

Arbutus unedo

Arcostaphylos uva-ursi

zu 15–30 in endständigen, mehr oder weniger übergebogenen bis 5 cm langen Rispen. Gleichzeitig mit den Blüten trägt der Strauch auch 2 cm dicke, kugelige, orange bis rot gefärbte, dicht warzige Früchte. Sie sind mit ihrem mehligen Fleisch zwar eßbar, schmecken aber fade.
Ms-3, Zone 9.
Andere Arten der Gattung, wie der Zyprische Erdbeerbaum, *A.andrachne*, mit seiner rotbraunen Rinde oder *A.menziesii* aus dem pazifischen Nordamerika mit seiner glatten, auffallend zimtbraunen Rinde, haben im mediterranen Raum als Gartengehölze keine Bedeutung.

Arctostaphylos Adans.
Ericaceae
Bärentraube

Mit der Bärentraube wird wieder eine Gattung zwergwüchsiger Heidekrautgewächse vorgestellt, von denen etwa 70 Arten in Nord- und Mittelamerika heimisch sind. Nur eine Art ist auf der gesamten nördlichen Halbkugel verbreitet. Es sind immergrüne Sträucher oder kleine Bäume mit wechselständigen, einfachen Blättern und glatter, rötlicher oder brauner Borke und dicht beblätterten Zweigen. Die krugförmigen Blüten stehen in Büscheln oder Trauben an den Zweigenden.

A.uva-ursi (L.) Spreng. Die Gemeine Bärentraube ist in fast ganz Europa, dem nördlichen Sibirien und dem borealen Nordamerika verbreitet. In den Alpen steigt sie bis über die Baumgrenze und bildet dort mehr oder weniger zusammenhängende Teppiche. Ihre niederliegenden, bis

100 cm langen Zweige bilden überall Wurzeln und sind dicht mit ledrigen, dunkelgrünen Blättern besetzt. Die weißen, nur 5–6 mm großen Blüten sind schon im Herbst weit vorgebildet und öffnen sich im April–Mai in endständigen, überhängenden Trauben. Die glänzenden, scharlachroten, erbsengroßen Früchte werden leider nicht regelmäßig ausgebildet.
Die Bärentraube ist ein hervorragender Bodendecker für den, der einmal etwas anderes als immer nur *Cotoneaster* sehen möchte. Auf zusagenden Standorten bildet sie dichte Teppiche, ideale Standorte findet sie auch im Steingarten oder auf der Oberkante von Mauern, über die sie ihre Zweige herabhängen lassen kann. Sie gedeiht am besten in sonnigen bis halbschattigen (in sommerwarmen Gebieten) Lagen auf lokkeren, durchlässigen Böden. Sie verträgt eine Anreicherung mit Humus, aber keine Bodenfeuchtigkeit und keine reinen Torfböden.
B-2/3/4, Zone 3.

Aristolochia L.
Aristolochiaceae
Pfeifenwinde

Von den rund 350 Arten der gemäßigten und tropischen Zonen der Erde sind nur wenige in unseren Breiten ausreichend winterhart und nur eine für die Gartenkultur geeignet. Die Gattung umfaßt windende und aufrechte Stauden und Sträucher, die oft bizarre, zygomorphe Blüten, nicht selten mit Aasgeruch, besitzen. Die Blütenhülle ist pfeifenartig gebogen, hat am Grunde eine bauchig erweiterte Röhre und einen tellerartig ausgebreiteten Saum. Die

Blüten sind damit zu Kesselfallenblumen ausgebildet, die den sie besuchenden Insekten erst nach einer Bestäubung ein Entkommen erlauben.

Neben der bei uns am häufigsten gepflanzten Art *A.macrophylla* sind auch *A.manshuriensis, A.moupinensis* und *A.tomentosa* in unserem Klima ausreichend frosthart.

A.macrophylla Lam. ist mit ihren bis 30 cm langen, nierenförmigen, dunkelgrünen Blättern eine fast tropisch anmutende Erscheinung unter unseren Schlinggewächsen. Sie ist im östlichen Nordamerika heimisch und braucht einen sonnigen, geschützten Standort. In ungünstigen Gebieten und windigen Lagen bleibt ihre Entwicklung hinter den Erwartungen zurück. Bei zusagendem Standort schafft sie Höhen

bis zu 10 m in relativ kurzer Zeit. Die Pfeifenwinde schmückt durch ihre großen Blätter, weniger durch die relativ kleinen, purpurbraunen, oft unangenehm riechenden Blüten, die dazu auch noch unter dem Laub versteckt sind. Die linkswindende Liane braucht entsprechende Klettergerüste, an denen sie sich hochwinden kann. Ihre große Blattmasse verdunstet im Sommer erhebliche Wassermengen, reichliches Wässern ist an sonnigen, trockenen Standorten wichtig. Nhw-2, Zone 5a.

Aronia Medik., Rosaceae
Apfelbeere

Nur 3 Arten umfaßt die Gattung, alle sind im östlichen Nordamerika verbreitet. Es

sind sommergrüne, locker aufgebaute Sträucher mit spitzen, auffallend weinroten Winterknospen, wechselständigen Blättern, weißen Blüten in 10- bis 20blütigen Schirmrispen und kleinen Apfelfrüchten mit bleibendem Kelch. Alle sind recht genügsame, völlig winterharte Sträucher für sonnige bis halbschattige Standorte und frische bis feuchte Böden.

A.arbutifolia (L.) Pers., Filzige Apfelbeere. Der etwa mannshohe Strauch gilt als schönste Art der Gattung. Zu diesem Urteil haben viele gute Eigenschaften beigetragen: die tiefgrünen, unterseits graufilzigen Blätter, die brennendrote Herbstfärbung, die rötlichweißen Blüten in dichten, graufilzigen Doldenrispen und die erbsengroßen, lebhaft roten, bis Dezember haftenden Früchte.
N-2, Zone 5b.

A.melanocarpa (Michx.) Elliott, Kahle Apfelbeere. Etwa 1 m hoher, schwach Ausläufer treibender Strauch mit glänzend tiefgrünen, unterseits kahlen Blättern, die sich im Herbst braunrot verfärben. Im Mai–Juni entfalten sich die reinweißen, etwas unangenehm riechenden Blüten. Die herbsüßlich schmeckenden Früchte sind 6–10 mm dick und glänzendschwarz. Sie fallen bald nach der Reife ab oder werden von Vögeln gefressen.
A.melanocarpa ist eine ausgesprochen robuste und kälteresistente Strauchart, die seit einigen Jahren in steigendem Umfang als Obstgehölz gepflanzt wird. Die Früchte werden ihres starken Färbevermögens wegen geschätzt. Sie werden vor allem industriell zu Färbesaft, Gelee, Wein, Likör und besonders zu Halbfabrikaten für die Süß- und Backwarenindustrie verarbeitet. Für den erwerbsmäßigen Anbau wird vor allem die großfrüchtige und reichtragende Sorte 'Nero' empfohlen. Auch die Sorte 'Serina' wird zur Fruchtgewinnung angebaut. Sie wächst etwas kräftiger als die Art und hat eine schöne, leuchtendrote Herbstfärbung.
N-2, Zone 5b.

A. prunifolia (Marsh.) Rehd. entwickelt sich zu einem aufrechten, bis 4 m hohen, sehr robusten, schwach Ausläufer treibenden Strauch mit tiefgrünen, im Herbst brennendrot gefärbten Blättern. Aus weißen Blüten im Mai entwickeln sich 8–10 mm dicke, dunkelrote oder schwarzpurpurne Früchte, die bis zum Dezember haften.
N-2, Zone 5b.

Aristolochia macrophylla

Aronia arbutifolia

Artemisia L., Compositae
Beifuß

Die überwiegende Zahl der etwa 400 Arten, die meist auf der nördlichen Halbkugel verbreitet sind, sind krautige Pflanzen. Nur wenige Arten sind Halbsträucher oder Sträucher, die meist stark aromatisch duften. Sie haben wechselständige Blätter mit mehr oder weniger stark aufgegliederter Spreite. Ziemlich unscheinbare Blüten sitzen in kleinen, aufrechten oder nickenden Köpfchen zusammen, die zu traubigen oder rispigen Ständen vereinigt sind. Alle Blüten sind röhrenförmig, die sonst bei Korbblütlern häufig vorkommenden Strahlenblüten fehlen. Die Früchte sind einsamige Schließfrüchte. Alle Arten sind trockenresistente, teilweise in Steppen heimische Pflanzen, die eher trockene, sehr durchlässige, kalkreiche Böden und sonnige Lagen brauchen.

A. abrotanum L. Die Erdbeerraute ist ein aufrechter, bis etwa 1 m hoher Halbstrauch. Seine 2–6 cm langen, unten grauhaarigen Blätter sind doppelt fiederspaltig und an den schmalen Zipfeln drüsig punktiert. Die zahlreichen gelben Blütenköpfe sind sehr klein, fast kugelig und zu beblätterten, seitenständigen, nickenden Trauben vereint. Die Blütezeit dauert von Juli bis Oktober. Die ganze Pflanze strömt einen erfrischenden, aromatischen, zitronenähnlichen Geruch aus. Ihre ursprüngliche Heimat ist nicht mehr zu ermitteln, sie ist in Vorder-

asien und Südeuropa nur aus der Kultur bekannt und vielfach verwildert. In Deutschland war die Pflanze wohl schon im 9. und 10. Jahrhundert allgemein verbreitet. Sie ist eine alte Pflanze der Bauerngärten, die als Kranzkraut und Heilpflanze sehr geschätzt war. Sie wurde gegen zahlreiche Krankheiten und gegen Ungeziefer eingesetzt.
Ms-3, Zone 6b.

A. absinthium L., Wermut. Bis 1 m hoher Halbstrauch mit aufrechten, reich beblätterten Trieben. Blätter 2- bis 3fach fiederteilig, beiderseits seidig behaart. Blüten im Juli–September, gelb, in zahlreichen, nikkenden, stark verzweigten Rispen vereint. *A. absinthium* ist in Trockengebieten von Europa, dem Mittelmeerraum und von Südsibirien bis Kaschmir weit verbreitet. Sie ist seit alters eine wichtige und vielseitig verwendete Heilpflanze. Mit ihrem bitteren Geschmack galt sie in der Antike als Symbol der Bitterkeit und Traurigkeit.
Ns/Ms-3, Zone 6b.

A. procera Willd., Hoher Beifuß. Knapp über 1 m hoher, zunächst aufrechter, später breit ausladender Strauch. Blätter 5–8 cm lang, meist 3fach fiederteilig, die Abschnitte fadenförmig, oben dunkelgrün und unten grauhaarig. Blüten im September–Oktober, gelbgrün, in zusammengesetzten, endständigen Ähren. Die ganze Pflanze duftet nur schwach. Heimisch von Südeuropa bis zum

Kaukasus und Sibirien. Wird auch in *A. abrotanum* einbezogen.
Ns/Na-3, Zone 6b.

Arundo L., Gramineae
Pfahlrohr

Die Gattung bambusähnlicher Gräser umfaßt 12 Arten, von denen die Mehrzahl im tropischen und subtropischen Asien verbreitet ist. Das heute im mediterranen Raum weit verbreitete *A. donax* stammt wahrscheinlich ursprünglich aus dem Orient und wird seit dem Altertum am Mittelmeer kultiviert.

A. donax L. Im Mittelmeergebiet findet man das Pfahlrohr überall an Ufern und sumpfigen Stellen wild, außerdem in Feldern und Gärten als Hecke oder zum Windschutz angepflanzt. Die langen, getrockneten Halme werden in vielfältiger Weise verwendet, für Schattendächer und Zäune oder als Stützen für Reben und Tomaten. Die üppig wachsenden Pflanzen erreichen Höhen von 5 m und Halmstärken von 4–6 cm. Die am Grunde verholzenden Halme entspringen einem fleischigen, fast knolligen Wurzelstock. Sie sind von unten an mit wechselständigen, flachen, 30–70 cm langen und 5–7 cm breiten, glatten, blaugrünen Blättern bekleidet. Im September entwickeln sich am Ende der Halme die Blütenstände, 30–50 cm lange, zunächst rötliche, später weiße Rispen.
Ms-3, Zone 8b.

Atriplex L., Chenopodiaceae
Strauchmelde

Die überwiegende Zahl der rund 200 Arten, die in der temperierten Zone und in den Subtropen vorkommen, sind Kräuter. Nur wenige Arten sind sommergrüne Sträucher oder Halbsträucher, die mehr oder weniger mit grauen Schuppen oder »Mehl« bedeckt sind. Die Blätter sind wechselständig, die Blüten eingeschlechtlich. Sie sind in Büscheln oder zu endständigen Ähren vereint. Im Mittelmeergebiet wird nur die folgende Art kultiviert.

A. halimus L. ist ein bis 2 m hoher, halbimmergrüner, stark verzweigter Strauch mit grauweiß beschuppten und stark bemehlten Ästen und Zweigen. Auch die 2–5 cm langen, eiförmigen oder rhombischen Blätter sind bläulich oder weißgrau bemehlt. Im Juli–September entwickeln sich grünliche Blüten in endständigen, bis 20 cm langen Rispen. *A. halimus* ist an den Küsten des

Mittelmeeres ein Strauch, der auf Dünen, im Strandgeröll und auf stark salzhaltigen Böden gedeiht. In der Gartenkultur ist er vor allem wertvoll für die Anlage von Hekken, ist mit seinem silbergrauen Mehlüberzug aber auch als Einzelpflanze für Steppengärten durchaus attraktiv.
Ms-3, Zone 9.

Aucuba Thunb., Cornaceae
Aukube

Von den 3 oder 4 Arten, die in China, Japan und dem westlichen Himalaja verbreitet sind, können wir nur *A.japonica* in wintermilden Gebieten kultivieren, die anderen Arten ertragen unsere Wintertemperaturen nicht. Wir haben es mit immergrünen, dicktriebigen und gabelig verzweigten Sträuchern zu tun, die mit gegenständigen, lederartigen Blättern, zweihäusigen, kleinen unscheinbaren Blüten in endständigen Rispen und mit beerenartigen, einsamigen Steinfrüchten ausgestattet sind.

A.japonica Thunb. ist in den immergrünen, wintermilden Zonen Japans, Koreas und Formosas verbreitet. Das deutet schon auf ihre geringe Winterhärte hin. Wir können den immergrünen, über mannshohen Strauch nur in milden Klimabereichen in halbschattigen oder schattigen Lagen mit Aussicht auf dauerhaften Erfolg kultivieren. In weniger günstigen Lagen ist ein Winterschutz, vor allem ein Schutz vor der Wintersonne, notwendig. In entsprechenden Lagen kann *A.japonica* mit ihren ledrigen,

Aucuba japonica 'Variegata'

bis 20 cm langen, schmal-ovalen bis elliptischen Blättern recht hübsch sein. Die rötlichen Blüten der männlichen Pflanzen stehen in 10 cm langen, aufrechten Rispen über dem Laub, bei weiblichen Pflanzen sind die Blüten noch unscheinbarer. Die elliptischen Früchte stehen meist zu mehreren in Büscheln, sie sind rot gefärbt. *A.japonica* verlangt einen lockeren und humosen, leicht sauren Boden. In ungünstigen Klimabereichen wird sie nicht selten als Kübelpflanze gehalten.
Mh-/Nh-4, Zone 8a.

'Crotonifolia'. Blätter sehr dicht und fein gelb punktiert. Weibliche Form.
'Picturata'. Blätter eilänglich, in der Mitte mit einem großen, gelben Fleck, umgeben von kleineren gelben Punkten.
'Rozannie'. Wuchs sehr kompakt, Blätter dunkelgrün, reichfruchtend, mit großen Beeren.
'Variegata'. Von den vielen Gartenformen wird diese wohl besonders häufig kultiviert, häufiger auch als die Art selbst. Ihre Blätter sind mit ungleich großen Flecken dicht gelb punktiert. Sie ist frosthärter als die Art.

Baccharis L., Compositae
Kreuzstrauch

Von den etwa 400 Arten, die vorwiegend in Nord- und Südamerika heimisch sind, gehören viele zu den Xerophyten, Pflanzen, die an trockene Standorte angepaßt sind und sich durch kleine, derbe Blätter mit dicker Kutikula auszeichnen. Es sind sommer- oder immergrüne Sträucher oder Stauden, deren Zweige oft etwas klebrig und mit Schülferhaaren überkrustet sind. Die Blätter sind wechselständig, einfach und meist grob gezähnt. Zweihäusig verteilte Blüten sitzen in kleinen, vielblütigen Köpfchen, die zu end- oder achselständigen Rispen vereint sind. Die Scheibenblüten sind weiß oder gelblich, Strahlenblüten fehlen. Die weiblichen Blüten sind mit einer fadenförmigen Krone ausgestattet, die männlichen sind röhren- oder glockenförmig. Die zusammengedrückten, meist 10rippigen Früchte tragen an der Spitze einen Pappus (= haarförmig entwickelter Kelch) mit langen, borstenartigen Haaren.
In Kultur brauchen *Baccharis*-Arten einen nährstoffarmen, durchlässigen Boden und eine sonnige Lage. Nur *B.halimifolia* ist in Mitteleuropa an klimatisch günstigen Standorten ausreichend frosthart, kann in kalten Wintern jedoch zurückfrieren und wird dann stark zurückgeschnitten. Zur Fruchtzeit sind die Sträucher dekorativer als zur Blütezeit. Sie sind vor allem deshalb wertvoll, weil sie auch in unmittelbarer Nähe der Küste noch gut gedeihen.

B.halimifolia L. kommt in Nord- und Mittelamerika vor allem auf Marschen und am Strand, in Küstennähe, vor. Ein bis 3 m hoher, etwas klebriger Strauch mit dicken, elliptischen bis breit verkehrt-eiförmigen, bis 6 cm langen Blättern. Von August bis Oktober bilden die weißen Blütenköpfchen am Ende kurzer Zweige einen endständigen, beblätterten Blütenstand.
Nw/M-2, Zone 7a.

B.patagonia Hook. et Arn. ist ein immergrüner, verzweigter, 2–3 m hoher Strauch mit kantigen, zunächst klebrigen Zweigen. Die Blätter sind 0,8–2 cm lang, verkehrteiförmig, oben dunkelgrün und beiderseits dicht schilfrig. Im Mai–Juni stehen die gelblichweißen Blütenköpfchen meist einzeln in den Blattachseln. *B.patagonica* ist in Patagonien, im Bereich der Magellanstraße heimisch und nur in südeuropäischen Gärten ausreichend frosthart.
Ah-5, Zone 9.

Berberis L., Berberidaceae
Berberitze, Sauerdorn

Etwa 450 Arten umfaßt die Gattung, die aus immergrünen und sommergrünen, dornigen Sträuchern besteht. Diese sind nicht nur über die nördliche Hemisphäre verbreitet, sondern auch in Südamerika zu finden. Die einfachen, wechselständigen, ganzrandigen, gezähnten oder grannig gezähnten Blätter sitzen an den Kurztrieben in Bü-

Berberis buxifolia 'Nana'

scheln und sind an den Langtrieben oft zu meist 3teiligen Dornen umgebildet. Fast alle Arten blühen im Mai oder Juni gelb, nur wenige orange. Die Blüten sitzen einzeln oder sind an Kurztrieben in Trauben, Doldentrauben oder Rispen angeordnet. Rot, schwarz oder blau bereift sind die Beerenfrüchte der Berberitzen, sie hängen oft noch im Winter am Strauch.

Einige Arten gelten als reizende Blütensträucher, andere überraschen durch eine bunte Herbstfärbung, wieder andere durch eigenwilligen Wuchs. Die immergrünen Arten können allein ihres winterlichen Blattschmuckes wegen empfohlen werden, der in seiner Wirkung häufig noch durch den Beerenschmuck ergänzt wird. Die zwergwüchsigen Arten eignen sich besonders gut für Steingärten, Grabbepflanzungen oder niedrige Einfassungshecken. Einige Arten vertragen den Schnitt ausgezeichnet und sind daher hervorragende Heckenpflanzen. Die sommergrünen Arten lassen sich nicht nur für die Einzelstellung, sondern auch für freiwachsende, undurchdringliche, wehrhafte Hecken verwenden.

Alle sommergrünen *Berberis*-Arten stellen an Standort und Boden keine besonderen Ansprüche. Sie lieben im allgemeinen vollsonnige Lagen und wachsen auf jedem normalen Gartenboden, auch an trockenen Stellen. Die wintergrünen Arten sind durchweg etwas frostempfindlicher, man sollte ihnen daher leicht schattige Plätze zur Verfügung stellen, den Boden im Winter mit Laub und die ganze Pflanze mit Fichtenreisig abdecken. Man vermeidet dadurch Sonnenbrandschäden und schützt die Pflanzen vor austrocknenden Winden, die ja sehr viel häufiger Winterschäden verursachen als tiefe Temperaturen.

Auf Schnittmaßnahmen kann man bei *Berberis* im allgemeinen verzichten. Besonders die wintergrünen Arten wollen sich ungehindert entfalten können. Die starkwachsenden sommergrünen Arten dürfen gelegentlich ausgelichtet werden. Nach unsachgemäßem, starkem Rückschnitt bilden sich viel neue Triebe, die später auseinanderbrechen.

B. aggregata Schneid. ist ein sommergrüner Strauch, der bei uns etwa 1,5 m hoch wird. Von Mai bis Juni stehen seine hellgelben Blüten in fast kugeligen, aufrechten Rispen zusammen. Noch lange, nachdem die Vögel benachbarte Berberitzen kahlgefressen haben, trägt diese westchinesische Art ihre zinnoberroten, bereiften Beeren. Sie wird für freiwachsende Hecken empfohlen.
N-4, Zone 5 b.

A. amurensis Rupr. Sommergrüner, bis 3,5 m hoher Strauch mit elliptischen bis länglich verkehrt-eiförmigen, unterseits bläulichen Blättern. Im Mai entfalten sich gelbe, 7–8 mm breite Blüten in 10–25 cm langen, hängenden Trauben. Die Früchte sind 10 mm lang, länglich und lebhaft rot gefärbt. Ein empfehlenswerter Blütenstrauch.
N-4, Zone 5 b.

B. aristata DC. gilt als eine der größten und zugleich schönsten sommergrünen Arten. Am etwa 3 m hohen Strauch hängen die Zweige zierlich über und tragen bedornte, auf der Unterseite oft weißliche Blätter. Mit 10 cm Länge erreichen die Trauben mit ihren gelben, außen geröteten Einzelblüten eine beachtliche Länge. Auch die rötlichen, bläulich bereiften Früchte sind recht groß. Die Art ist im westlichen Himalaja daheim.
N-4, Zone 6 a.

B. buxifolia Lam. ex Poir. ist eine der wenigen, bei uns winterharten Arten der südlichen Hemisphäre. Der Süden Chiles ist ihre Heimat. Die Art selbst wird in den Baumschulen kaum kultiviert.
Ak-5, Zone 7 a.
'Nana'. Immergrüner, rundlicher und sehr dichtbuschiger Zwergstrauch von 30–50 cm Höhe. Blüht meist erst nach mehreren Standjahren. Ist wesentlich härter als die Art und kann für Gruppenpflanzungen und Einfassungen empfohlen werden.

B. canadensis Mill. Ein sommergrüner, knapp 1,5 m hoher Strauch aus den südlichen Appalachen; mit dem eleganten Wuchs und der scharlachroten Herbstfärbung, die zunächst nur an einigen Zweigen beginnt und dann mit den noch grünen Blättern der restlichen Zweige ein kontrastreiches Bild ergibt, eine empfehlenswerte Art.
Ns-2, Zone 5 a.

B. candidula (Schneid.) Schneid. ist wohl die zierlichste der immergrünen Berberitzen. Ihr Laub ist an den Rändern eingerollt, dunkelgrün, stark glänzend und auf der Unterseite weiß. Der in der chinesischen Provinz Hubei verbreitete Strauch bildet geschlossene, rundliche Büsche, die kaum höher als 80 cm werden. Goldgelb sind die einzelstehenden Blüten, weißlich bereift die Früchte. Die Art ist ausreichend winterhart

Berberis darwinii

Berberis hookeri

und wird besonders gerne für die Grabbepflanzung und in Heide- und Steingärten verwendet.
Nhg-4, Zone 6b.
'Jytte'. Etwa 1 m hoch, dicht und kompakt wachsend. Blätter schmal-elliptisch, oberseits glänzend dunkelgrün, unterseits weiß. Blüten und Früchte wie bei der Art. Eine besonders winterharte Sorte.

B.darwinii Hook. Immergrüner, 1–2 m hoher, dichtbuschiger Strauch, der in Chile und Argentinien heimisch ist. Blätter derbledrig, verkehrt-eiförmig, spärlich gezähnt, glänzend dunkelgrün. Blüten im März – Juni, goldgelb bis orangegelb, außen rot getuscht, in 1–6 cm langen, hängenden Trauben. Früchte rundlich, blau bereift. Eine besonders schöne, aber frostempfindliche Art.
Ah-5, Zone 7b.
'Prostrata' wird nur 40–50 cm hoch, blüht sehr reich und ist deutlich frosthärter als die Art.

B.dictyophylla Franch. Ein sommergrüner, knapp mannshoher Strauch aus der chinesischen Provinz Yunnan mit roten, weiß bereiften Trieben und unterseits weiß bereiften Blättern, die sich im Herbst rot verfärben. Die großen, hellgelben Blüten stehen meist einzeln, die Früchte sind hellrot.
NGh-4, Zone 6b.

B.francisci-ferdinandi Schneid. stammt aus dem westlichen China, wird als sommergrüner Strauch bis 3 m hoch, läßt seine Zweige elegant überhängen und besticht durch seine sehr langen, schmalen Blüten-

trauben und durch große, scharlachrote Früchte.
N-4, Zone 6b.

B. × frikartii Schneid. ex van de Laar ist eine sehr wertvolle Hybride aus den beiden immergrünen Arten *B.candidula* und *B.verruculosa*. Sie wird 1–1,5 m hoch, ist dicht verzweigt und trägt derb-ledrige, glänzendgrüne, auf der Unterseite grauweiße Blätter. Einige Sorten haben eine recht große Bedeutung erlangt.
Zone 6b.
'Amstelveen' ist in ihrer Belaubung der *B.candidula* ähnlich, doch sind die Blätter etwas kürzer und flacher. Der Strauch wächst dicht und gedrungen, wird etwa 1 hoch, blüht im Mai–Juni reich und ist recht winterhart.
'Stäfa' gilt als Typ dieser Hybride, sie wurde in der Schweiz ausgelesen und gilt als besonders winterhart.
'Telstar' ist ebenfalls der *B.candidula* recht ähnlich, von 'Amstelveen' unterscheidet sie sich durch etwas höheren Wuchs und durch einen gröberen Aufbau.
'Verrucandi' ist ein 1 m hoher, immergrüner und frostharter Strauch mit dunkelgrüner Belaubung.

B.gagnepainii Schneid. Ein immergrüner Strauch aus Westchina, der bei uns nicht in Kultur ist.
Nhg-4, Zone 6b.
B.gagnepainii var. *lanceifolia* Ahrendt wird dagegen häufig gepflanzt, ein immergrüner, knapp mannshoher Strauch mit lanzettlichen Blättern, lockerem und gefälligem Aufbau, goldgelben Blüten im Mai–Juni und blauschwarzen, bereiften Früchten.

'Barmstedt'. Mit 70 cm Höhe im Wuchs niedriger als 'Klugowski', Blätter dunkelgrün und schwach glänzend.
'Haalboom'. Wüchsige, bis 1 m hohe Sorte mit aufstrebenden Zweigen. Blätter bis 4,5 cm lang, glänzend hellgrün, unterseits blauweiß.
'Klugowski'. Etwa 1,2 m hoher, dicht verzweigter Strauch mit zunächst aufrechten, später übergebogenen Zweigen. Blätter schmal-elliptisch, matt dunkelgrün, unterseits blaugrau. Eine besonders winterharte und industriefeste Sorte.

B.hookeri Lem. ist ebenfalls ein allgemein bekannter, immergrüner Strauch aus dem westlichen Himalaja, der kaum 1 m hoch wird. Glänzendgrün und auf der Unterseite weiß bereift sind seine Blätter, grünlichgelb die Blüten und schwärzlichpurpurn die Früchte.
NGh-4, Zone 6b.

B. × hybridogagnepainii Suring. wird als Gruppe von Hybriden definiert, die in ihren Merkmalen zwischen den Eltern (*B.gagnepainii* × *B.verruculosa*) stehen.
Zone 6b.
'Barmstedt'. Schwachwüchsige, mäßig stark verzweigte Sorte mit ziemlich kleinen, schmal-elliptischen, glänzend dunkelgrünen, unterseits blauweißen Blättern.
'Chenault' ist die am häufigsten kultivierte Form dieser Gruppe, ein bis 1 m hoher, immergrüner Strauch mit oberseits stark glänzenden, unterseits bläulich bereiften Blättern.

B. × interposita Ahrendt (*B.hookeri* × *B. verruculosa*). Steht *B.hookeri* nahe; sie

unterscheidet sich von ihr durch die kleineren, weniger deutlich genervten Blätter und die nur zu 1–2 beisammenstehenden Blüten.
Zone 7a.
'Wallich's Purple'. Etwa 1,5 m hohe, dicht verzweigte Sorte mit mehr oder weniger übergebogenen Zweigen. Blätter im Austrieb schön kupferrot getönt, später oben glänzendgrün, unten stumpf blaugrün. Eine sehr wertvolle Gartenform.

B. julianae Schneid. wird als repräsentative Art beschrieben, ein immergrüner, bis 2,5 m hoher Strauch aus dem westlichen China, mit derber, lederiger Belaubung, reingelben Blüten in großen Büscheln und blauschwarz bereiften Früchten. Sie ist wohl eine der schönsten und zugleich frosthärtesten der immergrünen Berberitzen und empfiehlt sich für die Einzelstellung, ist aber auch eine hervorragende Heckenpflanze.
Nhg-4, Zone 6a.

B. koreana Palib. Bis 1,5 m hohe, sommergrüne Art aus Korea. Blätter verkehrteiförmig bis elliptisch, mit grannenartigen Zähnen dicht gesägt, auf der Unterseite blaugrün, im Herbst auffallend tiefrot gefärbt. Blüten im Mai, gelb, 1 cm breit, in kurzen Trauben. Früchte rundlich, 7–8 mm dick, leuchtendrot. Eine robuste und besonders schöne, viel zu wenig beachtete Art, deren Früchte wirtschaftlich verwertbar sind.
Nh-4, Zone 5a.

B. linearifolia Phil. kam aus den chilenischen Anden in unsere Gärten. Der immergrüne Strauch wird etwa 1,5 m hoch, blüht auffallend reich mit fast 2 cm breiten, orangegelben Blüten und ist einigermaßen frosthart.
Ah-5, Zone 7b.
'Orange King' ist eine Selektion mit etwas stärkerem Wuchs, schmaleren und dunkleren Blättern und größeren, orangeroten, auffallenden Blüten.

B. × lologensis Sandw. *(B. darwinii × B. linearifolia)* kommt am Lolog-See (Argentinien) vor. Auch diese Hybride ist immergrün, trägt große, orangegelbe Blüten und gilt unter Kennern als besonders dekorativ. Von beiden Südamerikanern sind einige Selektionen bekannt, die sich oft nur durch geringe Abweichungen in der Blattgröße und der Blütenfarbe unterscheiden.
Zone 7b.
'Apricot Queen' unterscheidet sich durch strafferen Wuchs und orangefarbene Blüten.

'Highdown' blüht gelb; ihre Blätter sind schmaler und stärker glänzend, der Wuchs ist niedriger und breiter.
'Mystery Fire' wird bis 1,5 m hoch, hat glänzend dunkelgrüne Blätter und rein orangegelbe Blüten – eine wüchsige Sorte.

B. × media Grootend., eine halbimmergrüne Hybride zwischen *B. hybridogagnepainii* 'Chenault' und *B. thunbergii*. Der Strauch wächst locker und rundlich, wird nur knapp 1 m hoch und ist mit länglicheiförmigen, oberseits stark glänzenden Blättern sehr schön belaubt, Blüten wurden bisher kaum beobachtet.
Zone 6a.
'Parkjuwel'. Dichter, bis 1 m hoher Strauch. Blätter ziemlich groß, glänzend dunkelgrün, sehr lange haftend. Wertvolle, wintergrüne Sorte. Hat sich bei der Bepflanzung großer Pflanzgefäße bewährt.
'Red Jewel'. Unterscheidet sich von 'Parkjuwel' durch die zunächst bronzefarbenen bis braunroten Blätter, die später mehr oder weniger grün werden.

B. × ottawensis Schneid. Die Hybride zwischen *B. thunbergii* und *B. vulgaris* erinnert in ihrem Aufbau deutlich an *B. thunbergii*, doch ist der Wuchs viel kräftiger und

Berberis × ottawensis 'Superba'

lockerer, die Blüten stehen zu 5–10 beisammen, die von *B. thunbergii* meist nur zu 1–2.
Zone 5a.
'Red Tears'. Selektion mit großen, länglichen Früchten in bis 10 cm langen Trauben. Eine besonders schöne, wüchsige Sorte.
'Superba'. Der sehr starkwüchsige, bis 2 m hohe Strauch zeichnet sich durch tief rotbraune Blätter aus, zwischen denen die orangegelben, großen Blüten sehr gut zur Geltung kommen. Diese Sorte eignet sich als Solitärstrauch ebensogut wie für starkwachsende Hecken.

B. × rubrostilla Chitt. faßt aus *B. wilsoniae*-Kreuzungen hervorgegangene Sorten zusammen, sommergrüne oder halbimmergrüne, etwa 1 m hoch werdende, aufrechte Sträucher mit überhängenden, rotbraunen Zweigen und frischgrünen, auf der Unterseite blaugrünen Blättern. Winterhart und sehr reich fruchtend.
Zone 6a.
'Barbarossa'. Wintergrüner Strauch mit einem auffallend schönen Fruchtbehang, die Früchte sind länglich, bis 7 mm lang und scharlachrot.
'Buccaner'. Eine mäßig winterharte Sorte

Berberis × stenophylla 'Irwinii'

mit sehr zahlreichen großen, orangeroten Früchten.

'Carminea'. Ebenfalls nur mäßig winterhart, Früchte eiförmig, tiefrot, sehr zahlreich, Wuchs aufrecht.

'Crawleyensis'. Wird mit den hochroten, bis 1,7 cm langen, also recht großen Beeren als eine der schönsten Fruchtsorten unter den Berberitzen angesehen.

'Pirate King'. Ziemlich winterhart, Früchte rund, hellrot, Wuchs hoch und überhängend.

B. × stenophylla Lindl. *(B. darwinii × B. empetrifolia)* ist von besonders eigenwilliger Gestalt. Sehr locker im Aufbau, läßt die immergrüne Art ihre langen, dünnen Triebe in weiten Bögen überhängen. Zwischen den schmalen, kleinen Blättern fallen die goldgelben Blüten und die blauschwarzen Früchte deutlich auf. Leider ist diese eleganteste und schönste aller *Berberis*-Arten nicht überall ausreichend winterhart, sie muß vor scharfen Winden und winterlicher Sonne geschützt werden.
Zone 7a.

'Crawley Gem'. Etwa 50 cm hoher Strauch mit breitem und locker überhängendem Wuchs. Blätter breit und stumpfgrün. Blüten gelb, außen rot.

'Irwinii'. Bis 1,2 m hoch und dicht geschlossen wachsend. Blätter breit. Blüten orange.

B. thunbergii DC. ist als kleiner, dichtverzweigter, sommergrüner Strauch eine alte Bekannte in unseren Gärten. Am meisten beeindrucken an dieser Art die wundervolle, scharlachrote und orangefarbene Herbstfärbung und die lange haftenden, länglichen, glänzenden, roten Früchte. Sie und ihre Gartenformen werden sicher am häufigsten von allen *Berberis*-Arten gepflanzt. Sie sind als Solitärpflanzen, besonders aber für niedrige, geschnittene und freiwachsende Hecken sehr begehrt.
Nhw-4, Zone 4.

'Atropurpurea' besticht durch eine purpurrote bis rotbraune Belaubung, die sich im Spätherbst zu einem leuchtenden Karminrot verfärbt. Sie wird nahezu ausschließlich als Heckenpflanze verwendet. Da sie aus Samen gezogen wird, sind die Pflanzen in ihrer Blattfärbung oft etwas uneinheitlich. Man sollte beim Kauf auf eine gute Sortierung achten.

'Atropurpurea Nana' ist wohl die bekannteste Form für niedrige Einfassungshecken. Der Strauch wird höchstens 30 cm hoch, kann aber sehr viel breiter werden. Hübsch auch im Heidegarten und für Steingärten.

'Aurea'. Sehr langsam wachsende Form mit zitronengelben bis goldgelben Blättern, die nur an hellen Standorten ihre Farbe behalten.

'Bagatelle'. Besonders langsam wachsende Zwergform, vermutlich auch im Alter kaum

über 40 cm hoch; die kurzen Triebe stehen sehr dicht, im Austrieb sind die Blätter braunrot, später werden sie schwarzrot.

'Green Carpet'. Wuchs ausgebreitet und mit lang überhängenden Zweigen, bis 1 m hoch, Blätter grün, im Herbst orange bis rot gefärbt. Früchte glänzendrot.

'Green Ornament'. Bis 1,5 m hoher, aufrechter, dicktriebiger Strauch. Blätter im Austrieb bräunlich, später tiefgrün und im Herbst bräunlichgelb. Früchte leuchtendrot. Ist u.a. besonders gut für freiwachsende Hecken geeignet.

'Harlequin'. Blätter purpurrot mit cremeweißen Flecken.

'Helmond Pillar'. Mit straff aufstrebenden Zweigen fast säulenförmig schlank wachsender Strauch. Blätter dunkel purpurbraun, bis in den November haftend.

'Kobold'. Wuchs und Aufbau wie 'Bagatelle', Blätter aber dunkelgrün. 'Bagatelle' und 'Kobold' sind hübsche, echte Zwerge für Stein-, Trog- und Heidegärten und für die Grabbepflanzung. Für Einfassungshecken eignen sie sich nicht besonders gut, da ihre Triebe leicht brechen; für dieses Vorhaben eignet sich 'Atropurpurea Nana' viel besser.

'Pink Queen' gilt als schönste der rosafarbenen Sorten; die Blätter sind zunächst fast rot, später braun- und rosarot, dazu weiß und grau gefleckt und gestreift, im Herbst färben sie sich karminrot. Die Form wächst breit und wird knapp mannshoch.

'Red Chief'. Der über mannshohe Strauch wächst mit seinen ausgebreiteten und überhängenden Zweigen recht elegant, die Blätter sind purpur bis braunrot gefärbt.

'Red Pillar'. Bis 1,5 m hoher Strauch mit aufstrebenden Zweigen, im Aufbau breiter

Berberis thunbergii

Berberis thunbergii 'Aurea'

als 'Helmond Pillar'. Blätter purpurfarben-braunrot. Vor allem als Heckenstrauch zu verwenden.

'Rose Glow'. Etwas niedriger als 'Red Chief' und breit-aufrecht wachsend, die älteste Sorte mit eigenartig gefärbten Blättern: sie sind zunächst leuchtend rotbraun bis karminrosa, später werden sie dunkler und sind dann rosa, grau und weiß gefleckt.

B. verruculosa Hemsl. et Wils. hat eine gewisse Ähnlichkeit mit *B. candidula*. Blaugrün ist die Unterseite, glänzendgrün die Oberseite der immergrünen Blätter. Der aus China stammende Strauch wird knapp 1,5 m hoch, er blüht goldgelb, und seine schwarzen, blaubereiften Früchte sind etwas flaschenförmig. Eine häufig gepflanzte, weil altbewährte Art, die als frei gewachsene, niedrige Hecke besonders kostbar wirkt.
Nhg-4, Zone 6b.

B. vulgaris L. Der einheimische Sauerdorn soll nicht unerwähnt bleiben. Er wächst in Mittel- und Südosteuropa an sonnigen Stellen auf trockenen, steinigen Hügeln, in Gebüschen und Hecken, besonders gern auf Kalkböden. Seit ältester Zeit in Kultur und in der Volksheilkunde verwendet, ist sie heute kaum mehr in unseren Gärten zu finden. Schönere und bessere Arten aus fremden Ländern haben sie verdrängt. Die Gemeine Berberitze ist der Zwischenwirt für einen Schmarotzerpilz (*Puccinia graminis*), der auf Getreidearten den gefährlichen Schwarzrost erzeugt. Da auch andere laubabwerfende Arten als Zwischenwirte dienen können, pflanze man sie nicht gerade in unmittelbarer Nähe von Getreidefeldern. (Zwischenwirt nennt man Pflanzen, auf denen die Überwinterungsform eines Pilzes für mehrere Monate zu Gast ist.)
Ns-3, Zone 4.

B. wilsoniae Hemsl. et Wils. Sommergrüner, buschiger, nur 1 m hoher, in Westsichuan vorkommender, prachtvoller Strauch mit lanzettlichen, beiderseits graugrünen Blättern, die besonders lange haften und sich scharlachrot verfärben. Aus kleinen, hellgelben Blüten entwickeln sich kugelige, lachsrote Früchte.
Nhg-4, Zone 6a.

Betula L., Betulaceae
Birke

Die Gattung *Betula* umfaßt etwa 60 Arten einhäusiger Holzgewächse der nördlich gemäßigten und arktischen Zonen. Ihre gestielten Blätter sind im Umriß meist eiförmig und am Rande gesägt, gezähnt oder gelappt. Die langen, hängenden, männlichen Kätzchen sind schon im Herbst weit vorgebildet, die weiblichen sind wesentlich kürzer, stehen meist aufrecht und überwintern im Schutz der Knospen. Aus ihnen entwickeln sich die häutigen, 2flügeligen Nüßchen, die auf einem für die jeweilige Art charakteristisch gestalteten Tragblatt sitzen. Die beiden baumförmigen einheimischen Arten, Sand- und Moorbirke, sind seit Jahrhunderten geschätzte Park- und Straßenbäume. Gegen Ende des vergangenen Jahrhunderts traten auch die fremdländischen Arten stärker in Erscheinung. Ihre steigende Beliebtheit hält bis in die Gegenwart an, wo etwa *Betula nigra* mit ihrem in der Jugend recht bunten Stamm zu einem wahren »Modebaum« geworden ist.

An fast allen Arten werden übereinstimmend immer wieder gelobt: der feine, grazile Wuchs, die einmalige Wirkung im Rauhreif, der zartgrüne, geradezu als Frühlingssymbol geltende Austrieb, die gelbe Herbstfärbung und die oft blendendweißen Stämme.

Die Birke spielt in vielen Volkssagen und abergläubischen Gebräuchen eine große Rolle. Sie gehört zu den uralten Fruchtbarkeitssymbolen, die heute noch in zahlreichen Bräuchen weiterbestehen. Zu ihnen zählt etwa das Schmücken der Häuser mit Birkenzweigen zum Pfingstfest. Der Tanz auf dem Dorfplatz unter dem Maibaum symbolisiert den Geist des Frühlings und des Wachstums. Gegen Gicht und Rheuma sollte das bloße Berühren oder Schlagen mit den grünen Zweigen helfen. Das vertrocknete Laub der Pfingstzweige wurde zu Pulver zerstampft und dem Vieh unter das Futter gemischt, damit es gesund bliebe. Das Anbohren der Stämme zur Gewinnung des Saftes ist wohl auch heute leider noch nicht ausgestorben. Nicht nur abergläubische, auch praktische Verwendung bietet die Birke. Das Holz gilt als eines der besten Brennhölzer und diente zur Herstellung von Holzschuhen. In den nordischen Ländern deckte man mit der Rinde die Dächer und verarbeitete sie zu Matten, Körben und Gefäßen. Aus den Zweigen werden auch heute noch Besen gefertigt.

Birken sind überaus anspruchslose Holzgewächse, die mit fast jedem Boden vorliebnehmen, sehr tiefe Temperaturen ertragen, ziemlich rauchhart sind und lediglich hohe Lichtansprüche stellen. Als ausgesprochene Lichtholzart entwickeln sie sich nur im freien Stand zu ihrer vollen Schönheit. *Betula pendula* ist ein vorzügliches, anpassungsfähiges Pioniergehölz für die Begrünung trockener Rohböden, Schutthalden und Dünen. Alle Arten sind hervorragende Parkbäume, aber auch für größere Gärten geeignet. Allerdings verhindert ihr flaches, starkzehrendes Wurzelwerk in der Regel einen Unterwuchs.

In der Gartengestaltung arbeitet man heute gerne mit größeren, mehrstämmigen Exemplaren. Sie sollten nie ohne Ballen verpflanzt werden und, wenn irgend möglich, erst zu Beginn des neuen Austriebes. Langjährige Erfahrungen lehren, daß Birken dann besonders leicht anwachsen, während man sonst erhebliche Schwierigkeiten haben kann. Lassen sich andere, sommergrüne Gehölze oft schon Ende September oder im Oktober verpflanzen, sollte man Birken nicht vor Anfang November aus dem Boden nehmen, wenn sich eine Herbstpflanzung schon nicht vermeiden läßt.

B. albosinensis Burk. Die Chinesische Birke findet man nur selten echt in unseren

Betula albosinensis

Gärten. Aus Mittel- und Westchina kommt diese Art mit dem rotbraunen bis orangefarbenen Stamm. Die äußere Borkenschicht löst sich in hauchdünnen Fetzen ab. Darunter wird ein hellgelber Stamm sichtbar, der sich nach einiger Zeit mit einem bläulichweißen Hauch überzieht. Der Baum erreicht in unseren Breitengraden bestenfalls eine Höhe von 15–20 m.
Bgh/Nh-4, Zone 6a.

B. alleghaniensis Britt. Die Gelbbirke wächst im östlichen Nordamerika in feuchten, sumpfigen Lagen, in unseren Gärten aber auch an trockeneren Standorten. Ihr gelbbrauner bis glänzend-graubrauner Stamm erinnert stark an den von Vogelkirschen. Die Ringelborke rollt in feinen Streifen ab. Die jungen Zweige sind behaart. Die Rinde duftet beim Ankratzen aromatisch

Betula nigra

wie bei *B. lenta*, der Geschmack ist aber bitter. Die Gelbbirke beginnt als erste Art mit der herbstlichen Laubverfärbung. Wird in der Literatur häufig auch als *B. lutea* bezeichnet.
Nhk/Bh-2, Zone 4.

B. costata Trautv., Gerippte Birke. Bis 15 m hoher Baum mit dichter Krone, der aus Nordostchina und Korea stammt. Er trägt an zunächst behaarten und stark drüsigen Zweigen lang zugespitzte, derb-ledrige Blätter mit zahlreichen, stark rippenartigen Seitenadern. Die Borke ist zunächst hellgelb bis graugelb, sie rollt papierdünn ab. Im Alter wird die Borke schuppiger. Eine schöne, zierliche Birke.
Bh/Nhk-4, Zone 5b.

B. ermanii Cham. kam aus Nordostasien in unsere Gärten. Der gelblichweiße Stamm dieser Art bleibt bis ins hohe Alter völlig glatt. An jungen Pflanzen ist die Rinde oft schneeweiß. Die Art entwickelt imposante, große Bäume mit weitausladender Krone. Das Birkensortiment des Forstbotanischen Gartens in Hann. Münden umfaßt mehr als 50 Arten und Formen, *B. ermanii* ist die schönste Birke des ganzen Gartens.
Bh/Nhk-4, Zone 5a.

B. × fennica Doerfl. (*B. nana × B. pendula*) gehört mit etwa 5 m Höhe zu den Strauchbirken. Der Bastard kommt in Finnland zwischen den Eltern vor und bildet dort einen aufrechten, sehr dicht verzweigten Strauch mit graubrauner, leicht abkräuselnder Borke. Die Blätter erinnern an die der *B. nana*, sie sind nur wenig größer und unterseits drüsig punktiert. Ein sehr hüb-

scher Strauch für den Liebhaber seltener Pflanzen.
Zone 2.

B. humilis Schrank. Die von Mitteleuropa bis Nordasien verbreitete Strauchbirke ist mit ihrer Maximalhöhe von 2 m (häufig bleibt sie viel niedriger) ein hübscher Strauch für weitläufige, natürliche Heidepartien.
Bh-3, Zone 3.

B. jacquemontii Spach. Die Weißrindige Himalajabirke ist mit ihrem blendendweißen Stamm und der in großen Fetzen abrollenden Borke eine der schönsten Birken, über die wir verfügen. Eine Sortimentsprüfung in Holland brachte ihr die bestmögliche Note ein. Wird von einigen Autoren als *B. utilis* ssp. *jacquemontii* bezeichnet. Bei den in unseren Baumschulen als *B. utilis* bezeichneten Birken handelt es sich in der Regel um *B. jacquemontii*.
BGhm-4, Zone 6a.

B. × koehnei Schneid. (*B. papyrifera × B. pendula*). An *B. papyrifera* erinnern die dreieckigen bis eiförmigen Blätter dieser Birke. Sie entwickelt sich im Laufe der Jahre zu einem hohen Baum mit lockerer Krone und leicht überhängenden Zweigen. *B. × koehnei* trägt vom Stamm bis weit in die Kronenäste hinein eine blendendweiße Borke, sie ist deshalb besonders attraktiv und empfehlenswert.
Zone 4.

B. lenta L. Die nordamerikanische Zuckerbirke ist mit ihrer rotbraunen, stark rissigen, aber nicht abrollenden Borke recht hübsch; ein bis 25 m hoher Baum mit schmalem und regelmäßigem Wuchs. Die jungen Zweige sind purpurbraun und kahl, beim Ankratzen duftet die Rinde aromatisch, sie hat einen süßlichen Geschmack. Das Laub färbt sich früh goldgelb.
Nh-2, Zone 4.

B. maximowicziana Regel wird allgemein als eine der schönsten aller Birken gelobt. Dafür spricht ihr großes, fast lindenartig wirkendes Laub und die grauweiße, dünn abrollende Borke. Die japanische Art wächst rasch zu einem bis 30 m hohen Baum heran, der nur locker beastet ist.
Nhk-4, Zone 5b.

B. medwediewii Regel erinnert mit ihren dicken, steifen Trieben und den breit-elliptischen Blättern eher an eine Erle als an eine Birke. Die im Transkaukasus heimische Art ist mehr eigenartig als schön zu nennen.
BGh-3, Zone 4a.

Betula jacquemontii

B. nana L. Die Zwergbirke kommt auf Hochmooren, Moorwiesen und Torfbrüchen im nördlichen und arktischen Europa, den europäischen Hochgebirgen, im arktischen Asien und dem nördlichen und arktischen Nordamerika vor. Durch ihren niedergestreckten, kaum über 50 cm hohen Wuchs paßt sich die Zwergbirke den Witterungsbedingungen der nördlichen Breiten an. Mit ihren fast kreisrunden, bis 15 mm langen Blättern ist sie ein zierlicher Strauch für den Heide- und Steingarten.
PN/Bh-3, Zone 1.

B. nigra L. wird in den letzten Jahren immer häufiger angepflanzt. Die Gründe für die steigende Beliebtheit der Schwarzbirke sind ihre Neigung zur Bildung mehrerer Stämme, ihre zierlichen, dichtstehenden Zweige und ihr interessanter Stamm. Die Borke löst sich in mehreren Lagen ab, bleibt aber am Stamm hängen und rollt sich kraus auf. Die frei gewordenen Rindenpartien sind rotbraun. Später wird die Borke schwarzgrau. Ältere Bäume verlieren leider oft viel von ihrer jugendlichen Schönheit, sie bekommen dann eine schüttere Krone und einen nicht mehr sehr attraktiven Stamm. Obwohl die Art im östlichen Nordamerika bevorzugt an feuchten Stellen

wächst, gedeiht sie in unseren Gärten auch in trockeneren Lagen.
Nhw-2, Zone 5a.

B. papyrifera Marsh. Die nordamerikanische Papierbirke wird zu einem mächtigen Baum mit blendendweißer, sehr glatter, papierartig abblätternder Borke. Ihre intensive Herbstfärbung ist in ihrer Heimat wesentlicher Bestandteil des farbenprächtigen Altweibersommers im Osten der USA.
Bh-2, Zone 4.

B. pendula Roth. Die Sandbirke ist mit ihrem grazilen, im Alter oft überhängenden Wuchs, ihrem zunächst weißen, später rissigen, schwarzen Stamm einer der schönsten einheimischen Bäume, die seit alters für die Garten- und Parkgestaltung große Bedeutung hatten. Häufig gepflanzt werden auch einige ihrer Gartenformen.
Nk/Bh-3, Zone 2.
'Dalecarlica' ist eine sehr elegante Form mit tief geschlitzten, hängenden Blättern und überhängenden Zweigspitzen. Sie wird etwa 10 m hoch. Wird in Holland unter dem Sortennamen 'Crispa' geführt.
'Fastigiata' bildet straffe, schmale Säulenformen aus, deren Äste und Zweige in der Regel gedreht sind. Eine Säulenform, die

Betula pendula 'Youngii'

nicht so auffällig und sicher schöner ist als die weitverbreitete Pyramidenpappel.

'Golden Cloud'. Blätter im Austrieb mehr oder weniger gelb, später gelbgrün.

'Gracilis'. Wuchs baumartig, aber kaum mehr als 5 m hoch. Krone ohne Mitteltrieb. Äste in großen Bögen überhängend. Zweige dünn und schwanzartig gehäuft. Blätter tief gelappt und feiner als bei 'Dalecarlica'.

'Laciniata'. Weniger stark wachsend als die elegante 'Dalecarlica', geschützte Blätter aber ähnlich.

'Purpurea'. Schwächer wachsend als die Art, zeichnet sich durch dunkelrote Blätter aus, die bis zum Herbst hin ihre rote Farbe etwas verlieren.

'Tristis' ist eine hochwerdende »Trauerbirke« mit aufrechter Spitze und feinen, lang herunterhängenden Zweigen. Eine sehr elegante, dekorative Birke für den freien Stand.

'Trost Dwarf'. In Oregon Anfang der 80er Jahre aus einem Hexenbesen entstandene, schwachwüchsige Form mit sehr feinen, tief geschlitzten Blättern, die in ihrer Form an die Blätter von *Acer palmatum* 'Dissectum' erinnern.

'Youngii' bleibt viel niedriger als 'Tristis' und entwickelt unregelmäßige, stark hängende Kronen ohne Mitteltrieb. Wird meist hochstämmig veredelt und kann Höhen und Kronenbreiten von 4–5 m erreichen.

B. platyphylla Sukatsch. Die Mandschurische Birke ist in Korea und der Mandschurei verbreitet und besonders deswegen bemerkenswert, weil sie 2–3 Wochen früher als alle anderen Arten austreibt. BGh/Nhk-4, Zone 5 b.
B. platyphylla var. *japonica* (Miq.) Hara. wird vor allem ihrer weißen Borke wegen der Mandschurischen Birke vorgezogen.

B. pubescens Ehrh. Die heimische Moorbirke wird wegen ihres straffen, aufrechten, nie überhängenden Wuchses für die Gartenkultur nicht besonders geschätzt. Sie ist von Mitteleuropa bis Sibirien in Mooren, Sümpfen, Brüchen, Gebüschen und alpinen Nadelmischwäldern verbreitet. Sie kann als Pioniergehölz auf feucht-sauren Böden und als Straßenbaum in Moorgebieten verwendet werden. Die wenigen bekannten Gartenformen sind kaum mehr in Kultur. Bh/Nhk-3, Zone 1.

'Rubra'. In Finnland entstandene Form mit dunkelroten Blättern. Wächst etwas schwächer als die Art.

B. pumila L. ist das nordamerikanische Gegenstück der mitteleuropäischen *B. humilis*. Beide sind vielstämmige, niedrige Strauchbirken, die in Heidegärten einen passenden Standort finden mögen. Bh-2, Zone 3.

B. utilis D. Don. Im Gegensatz zur Population im westlichen Himalaja, die als *B. jacquemontii* (= *B. utilis* ssp. *jacquemontii*) bezeichnet wird, ist *B. utilis* (= *B. utilis* ssp. *utilis*) von Zentralnepal bis zur westchinesischen Provinz Yunnan verbreitet. Sie wächst in großen Höhen und bleibt oft strauchig. Die Rinde ist im allgemeinen rosa bis braun gefärbt. Die Blätter haben 20–28 Nerven, sind glänzend dunkelgrün und fein gesägt. In England und Holland sind einige Sorten benannt worden, die bisher aber kaum in Kultur sind. BGhm-4, Zone 7 b.

Bougainvillea Comm. ex Juss.
Nyctaginaceae
Drillingsblume

Aus Südamerika stammen die rund 18 Arten aus der Familie der Wunderblumengewächse. Es handelt sich um teilweise kletternde Sträucher, mit und ohne Dornen. Die Blätter sind wechselständig, eirundlich bis elliptisch-lanzettlich und ganzrandig. Die Blüten erscheinen in großen, end- oder achselständigen, an den Zweigenden gehäuften Ständen. Die mattgelben, röhrenförmigen, zu dritt stehenden Blüten (deshalb Drillingsblume) sind unscheinbar. Sie sind mit ihren Stielen aber jeweils in einem großen, ovalen, fein geädertem Hochblatt verankert. Die Blüten scheinen so von einem dreiblättrigen, farbenprächtigen Kelch umgeben.

Mit ihrer unglaublichen Blütenfülle und den weithin leuchtenden, spektakulär gefärbten »Blüten« gehören die Bougainvilleen zu den beliebtesten Klettersträuchern in tropischen, subtropischen und mediterranen Gärten. Sie gedeihen am besten an sonnigen Plätzen, sie bekleiden Fassaden, Arkaden und Mauern, wenn ihnen entsprechende Klettergerüste zur Verfügung stehen.

B. × buttiana Holtt. et Standl. (*B. peruviana* × *B. glabra*). Bei dieser Hybride handelt es sich um einen kletternden Strauch mit breit-eiförmigen, bis 11,5 cm langen Blättern. Die Hochblätter (Brakteen) sind pur-

purn, können bei den Sorten dieser Hybridgruppe aber auch ganz anders gefärbt sein.
Zone 9.
'Golden Glow'. Brakteen antimongelb.
'Louis Wathen'. Brakteen orangegelb bis mehr rötlich.
'Miss Luzon'. Brakteen scharlach- bis granatrot.
'Mrs. Butt'. Brakteen purpurn (stellt den Typ dieser Hybride dar).
'Mrs. McClean'. Brakteen aprikosenorange bis mehr rötlichorange.
'Pigeon Blood'. Brakteen dunkel braunrot.
'Scarlet Queen'. Brakteen amarantpurpurn.

B.glabra Choisy, Kahle Bougainvillee. Die bis 10 m hoch kletternde, strauchige Pflanze ist sparrig verzweigt und unterschiedlich stark bedornt. Ihre Blätter sind fast gleichmäßig elliptisch, bis 13 cm lang und beiderseits kahl oder spärlich behaart. Die kleinen, cremefarbenen Blüten sind von drei, meist intensiv violett gefärbten Hochblättern umgeben. Die Blütezeit kann von Februar bis Oktober dauern. Neben der aus Brasilien stammenden, im Mittelmeergebiet häufig gepflanzten Wildart sind auch zahlreiche Sorten mit mehr oder weniger stark abweichenden »Blütenfarben« bekannt.
T-5, Zone 9.

Bougainvillea spectabilis

B.spectabilis Willd. ist ein sehr stark wachsender Kletterstrauch, dessen Triebe mit großen, hakenförmigen Dornen versehen sind. Die Blätter sind eiförmig, bis 10 cm lang und auf beiden Seiten dicht filzig behaart. Die Brakteen sind bei der Wildart purpurn gefärbt, bei der Sorte 'Lateritia' ziegelrot und bei 'Thomasii' rosa. Die Blütezeit dauert von März bis Juni. Stammt wie *B.glabra* aus Brasilien und blüht ebenfalls überreich.
T-5, Zone 9.

Broussonetia L'Hérit. ex. Vent.
Moraceae
Papiermaulbeerbaum

Von den 7–8 Arten, die in Ostasien und Polynesien verbreitet sind, können wir nur *B.papyrifera* in Gebieten mit Weinbauklima verwenden. Alle Arten besitzen sehr große, wechselständige Blätter, die Milchsaft enthalten und sehr variabel gestaltet sind, sie können ganzrandig, aber auch 3- bis 5lappig sein. Die Blüten sind zweihäusig verteilt, die männlichen sitzen in hängenden Kätzchen beisammen, die weiblichen in einer krugförmigen Hülle. Die in kugeligen Köpfchen angeordneten Scheinfrüchte lassen die nahe Verwandtschaft mit den Maulbeerbäumen sichtbar werden.

B.papyrifera ist die erste Pflanze, die, etwa um 100 n.Chr., zur Papierherstellung genutzt wurde. Man schüttete die aufgeschwemmten Fasern auf ein feines Bambussieb; der zurückbleibende dünne Filz wurde mit Leim zusammengefügt und mit Kaurischnecken geglättet.

B.papyrifera (L.) Vent. erreicht an ihren heimatlichen Standorten in Japan und China Höhen bis zu 15 m, bei uns bleibt sie mit 3–5 m nur strauchig. Sie ist mit ihren sehr großen, vielgestaltigen Blättern und den dicken, steifen, grauroten Stämmen ein dekoratives Solitärgehölz für warme, windgeschützte Standorte. Der Boden soll tiefgründig, nahrhaft und kalkhaltig sein.
Nhw-4, Zone 7a.

Bruckenthalia Rchb., Ericaceae
Ährenheide

Bruckenthalia ist eine monotypische Gattung, die nahe mit *Erica* und *Calluna* verwandt ist. Sie unterscheidet sich von diesen durch die miteinander verwachsenen Kelchblätter und durch die an der Basis miteinander verwachsenen und der Krone angehefteten Staubblätter.

B.spiculifolia (Salisb.) Rchb. ist in Südosteuropa, vor allem in Rumänien verbreitet. Es ist ein immergrünes, 10–20 cm hohes, heideähnliches Zwergsträuchlein mit dünnen, aufrechten, dicht beblätterten Zweigen. Die kleinen, hellrosafarbenen Blütenglöckchen erscheinen im Juli–August in Ähren an den Triebspitzen. Die Ährenheide stellt die gleichen Ansprüche wie *Erica caruca* und ist wie diese in Heide- und Steingärten zu verwenden. Nur in extremen Lagen ist Winterschutz ratsam. Im Gegensatz zu *Calluna* schneidet man diese Ericaceae nicht zurück.
Nhg-3, Zone 6b.
'Balkan Rose' ist eine holländische Selektion, die sich von der Wildform durch ihre dunkelrosa Blüten deutlich unterscheidet.

Brugmansia siehe *Datura*

Buddleja L., Buddlejaceae
Buddleie, Schmetterlingsstrauch

Aus der rund 100 Arten umfassenden Gattung sommergrüner oder immergrüner, überwiegend in den Tropen verbreiteter Sträucher sind nur wenige dem mitteleuropäischen Winter gewachsen. Die Gattung ist durch meist 4kantige Triebe, in der Regel gegenständige (bei *B.alternifolia* wech-

255

Bruckenthallia spiculifolia

selständige), mit Sternhaaren bedeckte Blätter und stark duftende, radiäre oder zygomorphe Blüten mit aus der Kronröhre herausragenden Staubblättern gekennzeichnet.

Buddleien wollen einen sehr sonnigen, warmen Standort. Eine winterliche Bodendecke aus Laub verhindert ein zu tiefes Zurückfrieren. Bei den *B.davidii*-Sorten sollen die Langtriebe in jedem Frühjahr, nicht schon im Herbst, ziemlich stark zurückgeschnitten werden. Je mehr junge Triebe der Strauch entwickelt, um so größer ist der Blütenreichtum. Da Buddleien sich nicht gerade sehr leicht verpflanzen lassen, werden sie heute ausschließlich in Containern kultiviert. Eine Frühjahrspflanzung ist zu empfehlen. Im Herbst gepflanzte Sträucher können leicht der winterlichen Kälte zum Opfer fallen.

B.alternifolia Maxim. Das nordwestliche China bescherte uns diesen wunderschönen, starkwachsenden Strauch, der bis 4 m hoch werden kann. An langen, dünnen und weit ausgebreiteten Zweigen sitzen lanzettliche, dunkelgrüne, auf der Unterseite weißliche Blätter. Auf der ganzen Länge der peitschenförmig gebogenen Zweige öffnen sich im Juni dichte Büschel von purpurlila

Blüten. Kenner bezeichnen diese Buddleie als den schönsten aller Blütensträucher. Als solcher verlangt er natürlich nach einer Vorzugsbehandlung, er sollte seine Umgebung beherrschen. Niedrige Gehölze wie *Potentilla, Hypericum, Cotoneaster* und chinesische Parkrosen sind ihm gute Nachbarn. Ältere Sträucher bedürfen eines vorsichtigen Schnittes. Von innen heraus sind nach und nach die jeweils ältesten Äste zu entfernen, damit genügend Platz für neue Langtriebe entsteht, die ja die Grundlage für den Blütenreichtum des nächsten Jahres sind. Der starke Duft des Strauches wird nicht von allen als angenehm empfunden. Ns-4, Zone 6a.

B.davidii Franch. gebührt eigentlich der Name Schmetterlingsstrauch, denn er wird zur Blütezeit von Schmetterlingen geradezu belagert. Sie scheinen den Duft der Blüten, den wir als wenig angenehm empfinden, zu mögen. Auch dieser Strauch gehört der Gehölzflora Chinas an. Er kann bis zu 2 m lange Jahrestriebe entwickeln, die in unserem Klima häufig mehr oder weniger stark zurückfrieren. Dies ist jedoch kein Nachteil, da der Sommerflieder am diesjährigen Trieb blüht und ohnedies jährlich zurückgeschnitten werden muß. Der Strauch treibt also bis zum Sommer zunächst ein-

Buddleja alternifolia

mal lange Triebe, an deren Enden sich dann bis 20 cm lange, schlanke Blütenrispen entwickeln. Die oft 6 Wochen dauernde Blütezeit erklärt sich dadurch, daß auch die später entstehenden Seitenzweige Blüten tragen. Seit etwa 1920 haben sich viele Gärtner in aller Welt intensiv mit der Züchtung oder Selektion von Gartensorten befaßt. Die lila Blütenfarbe der Art wird heute durch weiße, rote und schwärzlichviolette Farbtöne erweitert.
N-4, Zone 6a.
Angeboten werden heute etwa folgende Sorten:
'African Queen'. Blüten dunkelviolett, in ziemlich kurzen Rispen.
'Black Knight'. Dunkelviolette Blüten, mittelstarker Wuchs.
'Broder Beauty'. Mittelhoch, stark verzweigt, zierliche violette Blüten in kräftigen Rispen, eine der besten neuen Sorten.
'Cardinal'. Eine Verbesserung von 'Royal Red', mit erheblich längeren Blütenrispen, stärkerem Wuchs und tief purpurroten Blüten.
'Empire Blue'. Mit ihren blauvioletten Blüten die blaueste Sorte, stark wachsend.
'Fascination' gilt als die beste der rosablühenden Sorten. Ihre Blütenrispen können gelegentlich bis 80 cm lang werden.
'Île de France' trägt dunkelviolette Blüten in langen Rispen, Wuchs aufrecht, mit überhängenden Zweigspitzen.
'Nanho Blue'. Blüten bläulich, in ziemlich langen Rispen, Wuchs breit und gedrungen.
'Nanho Purple'. Blüten purpurrot, Rispen bis 25 cm lang, Wuchs breit und etwa 1 m hoch.
'Orchid Beauty'. Rein malvenfarbene, gut geschlossene Rispen, Wuchs breit und niedrig.
'Peace' wird als besonders frosthart gerühmt und blüht mit weißen Rispen bis weit in den Herbst hinein. Wuchs kräftig.
'Pink Delight'. Blüten silbrig tiefrosa, Rispen bis 40 cm lang und gut geschlossen, Wuchs mittel bis stark mit ausgebreitet überhängenden Zweigen.
'Purple Prince'. Heute eine der besten Sorten; sie blüht tiefviolett, ihre Rispen sind im unteren Teil besonders dick.
'Royal Red' ist mit ihren purpurroten Blüten die am meisten rote Sorte des ganzen Sortimentes.
'Summer Beauty' hat rosarote Blüten und einen niedrigen, buschigen Wuchs.
'Tovelill'. Blüten violettblau, starkwachsend und besonders frosthart.
'Vardar Broder Beauty' bleibt weit niedriger als andere Sorten und blüht früher; ihre Blüten sind rosarot.
'White Profusion'. Reinweiße, lange und kräftige Rispen, beste weiße Sorte.

B. fallowiana Balf. f. et W.W.Sm. Sommergrüner, etwa mannshoher Strauch mit dicht weißfilzigen Zweigen. Die 10–15 cm langen, länglich-lanzettlichen Blätter sind zunächst ebenfalls weißwollig, später oben dunkelgrün und kahl und unten weißfilzig. Im August–September öffnen sich stark duftende, lavendelblaue Blüten in aufrechten, endständigen, 20–40 cm langen Rispen. Heimisch in der westchinesischen Provinz Yunnan. Im Mittelmeergebiet und in England ausreichend frosthart. Sollte, wie *B. davidii*, jährlich im Frühjahr zurückgeschnitten werden.
M/Nsg-4, Zone 8b.

B. globosa Hope. Ein halbimmergrüner, 2–5 m hoher Strauch mit gelblich lockerfilzigen Zweigen und 8–20 cm langen, etwas runzeligen, unterseits gelbfilzigen Blättern. Blüten im Juni, wohlriechend und schön gelb gefärbt, in etwa 2 cm breiten, kugeligen Köpfchen, die meist zu kleinen, endständigen Rispen vereinigt sind. Heimisch in Chile und Peru. Ebenfalls nur am Mittelmeer und in England ausreichend frosthart.
Ah-5, Zone 8b.

B. lindleyana Fort. Sommergrüner, etwa mannshoher Strauch mit kahlen, vierkantigen, schmal geflügelten, gelbbraunen Zwei-

gen. Blätter 5–10 cm lang, eiförmig. Blüten im Juli–August, purpurviolett, in aufrechten, 10–20 cm langen Rispen. Ein bemerkenswert schöner Strauch aus China, der in Mitteleuropa nicht ausreichend frosthart ist.
Ns/Mh-4, Zone 8a.

B. × weyeriana Weyer (*B. davidii* × *B. globosa*). Sommergrüner Strauch, der in seinem Aussehen an *B. globosa* erinnert. Er blüht von Juli bis Oktober mit graugelben bis grauen oder violetten Blüten in kugeligen Köpfchen, die zu dichten, endständigen Rispen vereint sind. Hält in günstigen Klimazonen und unter Winterschutz auch in Mitteleuropa aus.
Zone 7b.
'Sungold' ist eine in Holland gefundene Sorte mit orange gefärbten Blütenkugeln.

Buglossoides Moench
Boraginaceae
Steinsame

Rund 15 Arten von Kräutern, Stauden und Halbsträuchern sind im gemäßigten Klima der nördlichen Halbkugel verbreitet. Ihre trichter- oder glockenförmigen Blüten sind weiß, gelb, blau oder violett, sie stehen ein-

Buglossoides purpurocaerulea

zeln in den Blattachseln oder häufen sich am Triebende zu Ähren, Trauben oder Trugdolden. Hier interessiert uns nur 1 Art.

B.purpurocaerulea (L.) Johnst. Der Halbstrauch ist in den Bergwäldern Mitteleuropas, im Kaukasus und im Vorderen Orient in lichten Laubwäldern auf trockenen, sonnigen Standorten und auf neutralen bis alkalischen Böden verbreitet. Seine nichtblühenden Triebe wachsen kriechend und mit langen, sich an der Spitze bewurzelnden Ranken. Die Blütentriebe stehen aufrecht, werden bis 30 cm hoch und tragen im Juni Blüten, die sich zunächst hellpurpurn, dann azurblau färben. Der Steinsame ist ein ausgezeichneter Bodendecker für sonnige und halbschattige Plätze, der auch den Wurzeldruck von Bäumen und Sträuchern erträgt.
Nh-3, Zone 6b.

Buxus L., Buxaceae
Buchsbaum

In Ostasien, Westindien, Mittelamerika, Westeuropa und im Mittelmeergebiet sind rund 70 Arten der Gattung vertreten. Es sind immergrüne, kleine Bäume oder Sträucher mit kleinen, gegenständigen, lederartigen Blättern, unscheinbaren Blütenbüscheln, die in der Regel aus einer weiblichen Gipfelblüte und mehreren männlichen Blüten bestehen, und 3klappigen, ledrigen Fruchtkapseln.

B.microphylla Sieb. et Zucc. Der aus japanischen Gärten bekannte Kleinblättrige Buchsbaum ist etwas härter als *B.sempervirens*; er taucht vereinzelt in den Katalogen unserer Baumschulen auf. Der gedrungene, manchmal auch niederliegende, bis 1 m hoch wachsende Strauch trägt etwas kleinere Blätter als *B.sempervirens*, sie sind meist ei-lanzettlich und über der Mitte am breitesten.
Nhg-4, Zone 6a.
'Winter Beauty'. Bis 30 cm hohe, kompakte, sehr winterharte Form, deren Blätter auch im Winter gleichmäßig grün bleiben.

B.sempervirens L. Der Gewöhnliche Buchsbaum hat sein natürliches Verbreitungsgebiet in Mitteleuropa, Nordafrika, im Kaukasus und dem westlichen Himalaja. In Deutschland kommt er wild nur an der Mosel und in Baden vor. Er besiedelt warme, trockene Standorte auf Felsschutt, meist in Laubmischwäldern oder im Schutz lichter Gebüsche. *B.sempervirens* erreicht gelegentlich 6–8 m Höhe und ist ein wert-

volles, schattenvertragendes, immergrünes, besonders rauch- und rußfestes Untergehölz. Buchsbaum wird seit den ältesten Zeiten in unseren Gärten kultiviert. Als immergrüne Beeteinfassung in Bauerngärten und für die ornamentalen Figuren der Barockgärten wurde in der Regel die Form 'Suffruticosa' verwendet. Sie bildet niedrige, sehr dichte, aufrechtwachsende und feintriebige Sträucher, die in allen Teilen kleiner sind als die Art. Der Buchs spielt schon in den Klostergärten des Mittelalters als Beeteinfassung und als medizinische Pflanze eine Rolle. Seine wohl größte Bedeutung erwarb sich der Strauch in den barocken Gärten, deren wesentliche Bestandteile geschorene Hecken und kunstvoll geschnittene Figuren waren. Auch heute noch hat der Buchs als Beeteinfassung, als niedrige Hecke und als Untergehölz seinen Wert. Von den zahlreichen bekannten Formen werden in der Regel nur wenige in unseren Baumschulen angeboten.
Ns/Ms-3, Zone 6b.
'Bullata'. Bis etwa 1,2 m hohe Sorte mit breit-eiförmigen, blasig aufgetriebenen, dunkel blaugrünen Blättern.
'Faulkner'. Wuchs breit und flach, etwa 60 cm hoch, Blätter auch im Winter frischgrün.

Buxus sempervirens

'Handsworthensis' wächst stark, aufrecht und dichtbuschig, wird aber selten baumartig.
'Latifolia'. Starkwüchsiger, 4–5 m hoher Strauch mit dicken, tiefgrünen Blättern, besonders für Hinterpflanzungen an schattigen Standorten.
'Marginata'. Kräftig und straff-aufrecht wachsender Strauch, Blätter tiefgrün mit gelbem Saum.
'Rotundifolia'. Hoher, gelegentlich baumartiger Strauch. Blätter rund bis breit-oval, bläulichgrün. Sehr frosthart.
B.sempervirens var. *sempervirens* L. gilt als hoher, baumartig wachsender Typ.
'Suffruticosa' ist der schon oben erwähnte Einfassungsbuchsbaum, der auch im Alter kaum über 1 m hoch wird und daher auch als Untergehölz sehr wertvoll ist.
'Vardar Valley'. Niedrig und kompakt wachsende Form vom Balkan.

Caesalpinia L., Leguminosae

Nicht wenige der etwa 60 in den Tropen und Subtropen verbreiteten Arten sind als Blütensträucher von Bedeutung. Alle Arten sind sommergrüne Sträucher, von denen einige als Spreizklimmer mit Haken klet-

Caesalpinia gilliesii

tern. Die Blätter sind wechselständig und doppelt gefiedert. Die Blüten sind nicht, wie bei vielen anderen Schmetterlingsblütlern, schmetterlingsförmig, sie sind vielmehr mit einem 5zähligen Kelch und mit 5 genagelten, ziemlich gleichartig gestalteten Kronblättern ausgestattet. Ihren eigenartigen Reiz gewinnen die Blüten durch die weit herausragenden Staubgefäße, die oft anders gefärbt sind als die Blütenhülle. Die Früchte sind eiförmige bis lanzettliche, meist zusammengedrückte Hülsen.

C. gilliesii (Wall. ex Hook.) Benth. stammt aus Argentinien und wird in mediterranen Gärten recht häufig kultiviert. Die Art entwickelt sich zu einem breit ausladenden Strauch oder kleinen Baum mit einer schirmförmigen Krone. Die Blätter sind etwa 20 cm lang und haben 9–11 Fiedern, die jeweils aus zahlreichen Blättchen bestehen. Im Juli–August entfalten sich über dem Laub etwa 3,5 cm breite, tellerförmige, goldgelbe Blüten mit langen, scharlachroten Staubfäden. Die Blüten sind zu 30–40 in aufrechten, endständigen, etwa 30 cm langen Trauben vereint. Ein sehr attraktiver Blütenstrauch für durchlässige, lehmige Böden und sonnige Lagen.
T-5, Zone 9.

Calliandra Benth.,
Leguminosae
Puderquasten-Sträucher

Mit rund 100 immergrünen, meist strauchförmig wachsenden Arten ist die Gattung in Madagaskar und dem warmen Asien und Amerika verbreitet. Mit ihren wechselständigen, doppelt und paarig gefiederten Blättern wirken die oft etwas sparrig wachsenden Sträucher recht zierlich. Auffallend und sehr attraktiv sind aber nur die kugeligen oder halbkugeligen, 5–6 cm breiten, endständigen Blütenstände, die als duftige, quastenartige Köpfchen ausgebildet sind. In ihnen dominieren allein die zahlreichen langen, seidig behaarten, meist leuchtendrot gefärbten Staubblätter, Kelch und Blütenkrone fallen kaum auf. Die Früchte entwickeln sich zu meist flachen, lederartigen, an den Rändern verdickten Hülsen, die zur Reife aufspringen und sich einrollen. In tropischen und subtropischen Gärten sind *Calliandra*-Arten in zahlreichen Arten vertreten, einigen Arten begegnet man auch in mediterranen Gärten. Alle benötigen sonnige Standorte und eher trockene Böden.

Calliandra haematocephala

C. haematocephala Hassk. ist ein locker wachsender, mehrere Meter hoher Strauch, der schon als recht junge Pflanze blüht. Seine Blätter bestehen aus 2 Fiedern mit je 5–10 Paar 2–3 cm langen, länglich-lanzettlichen Blättchen. Die kugeligen Blütenköpfchen sind 5–7 cm breit, die Staubfäden 2,5–3 cm lang und leuchtend karminrot gefärbt. *C. haematocephala* gehört zu den am häufigsten kultivierten Arten, ihre ursprüngliche Heimat ist nicht bekannt. Zone 9.

C. tweedii Benth. stammt aus Südbrasilien, ein hoher Strauch oder kleiner Baum. Die Blätter sind mit 2–7 Fiedern ausgestattet, von denen jede zahlreiche, schmal-längliche, 6–8 mm lange, sich überlappende Blättchen trägt. Auch hier sind die 3 cm langen Staubfäden in den 5–7 cm breiten, halbkugeligen Blütenköpfen rot.
Ta-5, Zone 9.

Callicarpa L., Verbenaceae
Schönfrucht

Rund 140 Arten umfaßt die Gattung. Die meisten sind in den Tropen und Subtropen von Asien, Amerika und Australien zu Hause, nur wenige sind bei uns in Kultur. Die sommer- oder immergrünen Sträucher tragen gegenständige, gesägte Blätter, kleine Blüten in achselständigen Trugdolden und 3- bis 4 mm dicke, beerenartige Steinfrüchte. Der Name Schönfrucht deutet schon darauf hin, daß die Arten weniger als Blütensträucher, denn als Fruchtsträucher von Bedeutung sind. Kaum ein anderes Gehölz kann mit so aparten Früchten aufwarten. Es sind kleine, violett gefärbte Beeren, die in Büscheln am Grunde der diesjährigen Triebe stehen. Sie gleichen den von Kindern so geschätzten Liebesperlen und fallen besonders dann deutlich auf, wenn die Sträucher im Herbst ihr Laub verloren haben.

Den *Callicarpa*-Arten sollte man einen sonnigen, geschützten Platz und durchlässigen Boden geben, der die Sträucher im Herbst rechtzeitig den Trieb abschließen läßt. Leiden sie trotzdem, schneidet man im Frühjahr die zerstörten Triebe bis ins gesunde Holz zurück. Die Sträucher bilden nur dann willig neue Triebe, wenn kein Rückschnitt bis ins alte Holz erforderlich ist. Darüber hinaus erübrigt sich jeder Schnitt. In den ersten Jahren nach der Pflanzung ist eine Bodendecke ratsam. Bemerkenswert ist die gelbe bis violette Herbstfärbung und die Tatsache, daß sich die Früchte auch an abgeschnittenen Zweigen in der Vase sehr lange halten.

C.americana L. Die im südöstlichen Nordamerika heimische Art überrascht durch ihre großen, leuchtenden, violettroten Früchte. Sie wächst am heimatlichen Standort sowohl in feuchten Gebüschen als auch in trockenen, lichten Kiefernwäldern. Bisher haben unsere Baumschulen diese bemerkenswert schöne Art offenbar noch nicht entdeckt.
Nw-2, Zone 7b.

C.bodinieri Lév. Der mannshohe Strauch ist in Mittel- und Westchina verbreitet. Die im Juli–August sich öffnenden, lilafarbenen Blüten sind zwar recht hübsch, kommen aber zwischen dem Laub kaum zur Geltung. Dafür entschädigt uns der Strauch vom September an mit 3–4 mm großen, violetten Früchten.
Nw-4, Zone 6b.
C.bodinieri var. *giraldii* (Hesse ex Rehd.) Rehd. wird häufiger gepflanzt als die Art; sie unterscheidet sich nur durch dauernd behaarte und drüsige Blattunterseiten.
'Profusion' ist eine Selektion aus Sämlingen von *C.bodinieri* var. *giraldii*, die sich von dieser durch dunkelbraun gefärbte junge Blätter, zahlreichere Früchte und frühe Fruchtbarkeit unterscheidet.

C.dichotoma (Lour.) K. Koch, Purpur-Schönfrucht. Bis 1,5 m hoher Strauch, der in Korea, Ost- und Mittelchina heimisch ist. Die rosa Blüten erscheinen erst im August. Die Früchte sind 3–4 mm dick und violettlila. Im Herbst färben sich die Blätter zunächst gelb, später purpurviolett.
Nh-4, Zone 7b.

C.japonica Thunb. Die Japanische Schönfrucht blüht weißlich bis blaßlila und

Callicarpa americana

Callistemon viminalis

bildet später ebenfalls violette Früchte aus.
Nhw-4, Zone 7a.
'Leucocarpa' trägt weiße Früchte – ein hübscher Kontrast zu den violetten Früchten aller anderen Arten. Weißfrüchtige Formen treten in Aussaaten gelegentlich auf.

Callistemon R.Br., Myrtaceae
Zylinderputzer

In trockenen Savannen von Australien und Neukaledonien sind rund 25 Arten dieser Myrtengewächse verbreitet. Es sind immergrüne Sträucher, die in ihrer Heimat auch baumartig werden. Sie tragen wechselständige, ganzrandige, lanzettliche, linealische oder drehrunde Blätter mit Öl- oder Harzdrüsen, die zerrieben duften. Die Blüten sitzen dicht gedrängt in walzenförmigen Ähren rings um die Zweige. Oberhalb der Blütenzone setzt der Sproß seine Entwicklung fort. In den Achseln dicht aufeinanderfolgender Brakteen (Hochblätter) werden Einzelblüten hervorgebracht, die hell- oder tiefrote, langgestreckte Staubfäden entfalten, während Kelch und Krone unscheinbar bleiben. Die Früchte sind kleine, breit-schalenförmige, verholzende Kapseln. Sie entwickeln sich nur langsam und sind noch nicht ausgereift, wenn am Sproß darüber wiederum die Blütenentfaltung einsetzt. In der Regel sitzen mehrere Jahrgänge von Fruchtzonen an den Zweigen. Die *Callistemon*-Arten gehören zu den so-

genannten Pyrophythen, zu Pflanzen, die an Brände angepaßt sind. Ihre Früchte bleiben jahrelang geschlossen, sie öffnen sich erst, wenn ein Feuer darüber hinweggegangen ist. Die Samen finden durch die Verbrennung der trockenen, bodendeckenden organischen Masse ein günstiges Keimbett vor. In tropischen, subtropischen und mediterranen Zonen sind einige *Calistemon*-Arten beliebte Ziersträucher, die durch ihre ungewöhnliche Blütenpracht weithin auffallen. Sie gedeihen am besten in sonnigen Lagen und auf schweren, nahrhaften Böden. In Mitteleuropa können sie nur als Kübelpflanzen gehalten werden.

C.citrinus (Curt.) Stapf ist ein bis 3 m hoher Strauch mit aufrechten oder ausgebreiteten Trieben und lanzettlichen, bis 7 cm langen Blättern. Die Blüten erscheinen im Juni–August in 5–10 cm langen, lockeren Ähren, sie sind dunkel scharlachrot gefärbt. Heimisch in Australien.
Ah-7, Zone 9.

C.rigidus R.Br. Bis 2,5 m hoher Strauch, dessen Triebe in der Jugend fein behaart sind. Die Blätter sind linealisch bis lanzettlich, starr, scharf zugespitzt und bis 15 cm lang. Von März bis Juni entwickeln sich Blüten mit dunkelroten Staubfäden und dunkelbraunen Antheren in sehr dichten, 7–10 cm langen und 5 cm breiten Ähren. *C.rigidus* stammt aus Neusüdwales.
Ah-7, Zone 9.

C. viminalis Cheel. entwickelt sich in seiner australischen Heimat zu einem Baum mit überhängenden Zweigen und lineallänglichen Blättern. An den Spitzen der schlaff herabhängenden Zweige entwickeln sich zahlreiche lange Blütenähren mit roten Staubfäden und hellen Antheren. Eine besonders dekorative Art.
Ah-7, Zone 9.

Calluna Salisb., Ericaceae
Besenheide, Heidekraut

Die Gattung *Calluna* besteht aus nur einer Art, die wegen ihres gefärbten Kelches, der länger ist als die vierteilige Krone, von der Gattung *Erica* abgetrennt wurde. Die Farbwirkung der Blüten geht bei *Calluna* von den Kelchblättern, bei *Erica* von den Blütenblättern aus. Weitere Unterschiede bestehen auch in der Stellung der Laubblätter, *Calluna* besitzt kreuzweise gegenständige, dachziegelartig angeordnete Blätter, während bei *Erica* die Blätter zu 3–4 in Wirteln stehen.

C. vulgaris (L.) Hull ist ein immergrüner, 20 bis 100 cm hoher, reichverzweigter Zwergstrauch mit niederliegenden, wurzelnden Sprossen. Über 1–3 mm langen, nadelförmigen Blättern erblühen vom Juli bis zum September violettrosa Blüten von strohiger Konsistenz. Die Besenheide ist die Charakterpflanze der norddeutschen Moor- und Heidelandschaften. Sie bildet besonders in den atlantischen Gebieten mit ozeanischem Klima weite, zusammenhängende, fast reine Bestände, in die nur vereinzelt Birken und Kiefern und oft prachtvolle Wacholder eingestreut sind. Die Besenheide variiert sehr stark. Wir kennen ein ungewöhnlich großes Sortiment an Gartenformen, das fast alle Farbschattierungen aufweist.
Gegenwärtig sind auch neuere Sorten aus England und den Niederlanden sehr begehrt. Die wichtigsten Sorten sind in der Übersicht auf den nächsten Seiten zusammengefaßt.
Nh-3, Zone 6a.

Die Besenheide wächst auf ihren natürlichen Standorten in fast ganz Europa auf mageren, durchlässigen, nährstoffarmen Böden mit geringem Kalkgehalt. Wenn sie in unseren Gärten zufriedenstellend gedeihen soll, muß man über den richtigen Boden verfügen oder ihn entsprechend herrichten. Schwere Böden werden durch die Beigabe von Sand, Torf, Rindenkompost, Nadel- oder Lauberde locker und durchlässig gemacht.

Die optimale Bodenreaktion ist abhängig von der Bodenart. Für die Anlage eines Heidegartens sollten folgende pH-Werte angestrebt werden:

Sandboden	4,5 bis 5,0
Moorboden	4,0 bis 4,5
abgetorftes Moor	4,0 bis 5,0
sandiger Lehm	unter 5,0

Liegt der pH-Wert wesentlich höher, wird man nicht ohne Bodenaustausch oder sehr hohe Torfgaben auskommen. Als ideales Mittel zur Bodenverbesserung vor der Pflanzung hat sich Rhodohum erwiesen, ein auf die Bedürfnisse der Ericaceen abgestimmter Spezialdünger mit hohem Gehalt an organischer Substanz und mineralischen Nährstoffen (Stickstoff, Phosphor, Kali und verschiedene Spurenelemente), die eine zusätzliche Düngung überflüssig machen. Auf Sandböden ist nicht selten eine zusätzliche Magnesium-Düngung (ca. 3–5 g/m² Kieserit) erforderlich. Grundlage einer solchen Düngungsmaßnahme sollte eine Bodenuntersuchung sein. Zur Bodenverbesserung eignen sich auch Torfmischdünger (Manural oder TKS); sie versorgen den Boden gleichzeitig mit Nährstoffen.
In jungen, noch nicht zusammengewachsenen Heidepflanzungen streut man die offenen Boden regelmäßig mit Torf ab, dem man verschiedene organische Dünger (getrockneter Kuh- oder Hühnerdung, Blut- und Hornmehl oder Knochenspäne) beimischen kann. Mineralische Dünger werden nur sparsam verwendet. Insgesamt reicht eine Gabe von 30 g/m² eines Volldüngers mit langsam fließender Stickstoffquelle (z.B. Floranid-Nitrophoska) aus. Sie sollte vom Frühjahr bis zum Frühsommer bei feuchter Witterung in 2–3 Gaben verteilt werden.
C. vulgaris wächst wild in großen, zusammenhängenden Beständen, sie sollte auch im Garten nicht einzeln, sondern in größerer Anzahl verwendet werden.
Natürlich ist ein Heidegarten nicht ohne Begleitpflanzen denkbar. Im Kapitel »Der Heidegarten« (Seite 135) ist dieses Thema ausführlich behandelt worden.
Wo in den norddeutschen Heidegebieten die Heide besonders schön ist, wird sie von den Heidschnucken kurz gehalten. Wir müssen im Garten ständig schneiden, soll die Besenheide nicht sparrig und von unten her kahl werden. Schneidet man jährlich im Frühjahr zurück, bleiben die Schnittstellen im jungen Holz, die Pflanzen treiben leichter durch, und Kahlstellen werden vermieden.

Calluna vulgaris-Sorten

Die wichtigsten Sorten von Calluna vulgaris

Sorte	Blütenfarbe	Blütezeit (Monat)	besondere Laubfarbe	Wuchshöhe (cm)	Wuchscharakter
'Alba Erecta'	weiß, einfach	8–9		30–40	aufrecht
'Alba Plena'	reinweiß, gefüllt	8–9		40	breit-aufrecht, kugelig
'Alba Praecox'	weiß	6–9		40	breit-aufrecht, früheste weiße Sorte
'Alba Rigida'	weiß	6–9		20	flach-buschig, Triebe in horizontalen Schichten
'Allegretto'	tief purpurrot	8–10	Triebspitzen gelb	45	locker
'Allegro'	weinrot, z.Z. die röteste Sorte	8–9		40	aufrecht
'Alportii Praecox'	rot bis violett	7–8	graugrün behaart	40	schwachwachsend
'Annabel'	dunkelrosa, gefüllt	8–10		50	breit-aufrecht
'Annemarie'	purpurrot, gefüllt	9–11		50	breit-aufrecht
'Anthony Davis'	weiß	8–9	silbrig behaart	40	breit-aufrecht
'Aurea'	hellviolett	8–9	gelb, im Winter bräunlichrot	30	langsam wachsend
'Barbara Fleur'	fleischfarben	8–9		50	aufrecht
'Battle of Arnheim'	purpur	9–11	braungrün, bes. im Winter	60	aufrecht, kompakt
'Beechwood Crimson'	dunkel karminrot	8–9		50	bei gutem Schnitt lange Blütenstiele
'Beoley Crimson'	pupurrot	8–9		60	straff-aufrecht
'Beoley Silver'	lilarosa	8–9	silbriggrau	40	aufrecht
'Boskoop'	hell malvenlila	8–9	goldgelb, im Winter	40	breitansteigend
'Caerketton White'	weiß	6–8		25	breit-buschig, flach
'Carmen'	violettrot	8–9		40	breitaufrecht
'Con Brio'	purpurrot	8–9	frischgrün mit gelblichem Schimmer	50	breit-buschig, aufrecht
'Cottswood Gold'	weiß, blüht nur spärlich	8–9	intensiv zitronengelb, sehr farbintensiv	50	aufrecht
'County Wicklow'	hellrosa, gefüllt	8–9	im Winter braungrün	30	breit, kompakt
'Crimson Sunset'	purpurrot	8–9	gelb, im Winter rot	30	breit, kompakt
'Cuprea'	hellrosa	8–9	gelbgrün, im Winter rotbraun	40	aufrecht
'C.W. Nix'	lilarot	8–9		50	breitansteigend
'Darkness'	rein purpurrot	8–9		35	dicht, aufrecht
'Dark Star'	leuchtend rubinrot	8–10		20	schwach, leichter Winterschutz ratsam
'Dart's Gold'	weiß	8–9	goldgelb	20	breit
'Dart's Parrot'	weiß	8–9	gelbgrün, im Winter gelb	40	breit-aufrecht
'David Eason'	lila, Knospenblüher	9–11		40	breitausladend
'Dirry'	rötlichviolett	8–9	dunkelgrün	15	breit-kriechend
'Eckart Mießner'	violettrot	8–9		40	breit-aufrecht
'Elegantissima'	reinweiß	8–9	hellgrün	50	aufrecht
'Elegant Pearl'	weiß	8–9		50	breit-aufrecht
'Elsie Purnell'	silbrigrosa, gefüllt	8–9	graugrün	60	breitaufstrebend
'Finale'	purpur	10–12	braungrün	60	breit-aufrecht
'Firefly'	tief lilarosa, gefüllt	8–9	orange bis braungelb, im Winter tief orangerot	30	breit und kompakt
'Foxii Nana'	violettpurpur	7–9	im Winter bronze	20	halbkugelige Polster
'Goldcarmen'	rosaviolett	8–9	goldgelb, im Winter orange-rot	30	breit und kompakt
'Golden Carpet'	hell lilarosa	8–9	goldgelb, im Winter bronzebraun	10	kriechend, schwachwachsend
'Golden Feather'	violett, blühfaul	8–10	bronzegelb, im Winter orangebraun	30	breit, mit fedrigen Zweigen
'Gold Haze'	weiß	8–9	bleibend goldgelb	40	aufrecht, locker

Die wichtigsten Sorten von Calluna vulgaris (Fortsetzung)

Sorte	Blütenfarbe	Blütezeit (Monat)	besondere Laubfarbe	Wuchshöhe (cm)	Wuchscharakter
'Hammondii'	weiß	8	frischgrün	50	aufrecht
'Hatje's Herbstfeuer'	dunkelrosa, gefüllt, sehr groß	9–10		60	sparrig
'H.E. Beale'	rosa, gefüllt	9–10		60	sparrig-aufrecht, locker
'Heidesinfonie'	dunkelrosa	9–11		50	aufrecht, breitbuschig, locker
'Heidezwerg'	lila, blühfaul	8–9		15	Teppich bildend
'Jan Dekker'	lavendellila	8–10	silbrig graugrün	15	gedrungen, doch locker-buschig
'J.H. Hamilton'	lachsrosa, gefüllt	8–9	im Winter dunkel bronzegrün	30	ausgebreitet, gedrungen
'Jimmy Dyce'	lilarosa	8–10	im Winter mit rötlichem Schimmer	40	aufrecht, breitbuschig
'John F. Lett's'	rosalila	8–9	grüngelb bis goldgelb, im Winter orange bis rot		gedrungen, buschig, gesündeste gelblaubige Zwergsorte
'Kinlochruel'	weiß, gefüllt	8–9	dunkelgrün	30	aufrecht, schwachwachsend
'Long White'	reinweiß	9–10	frischgrün	70	aufrecht, locker
'Lyle's Late White'	weiß mit grausilbrigem Schimmer	9–10	zart graugrün	50	kräftig, buschig, aufrecht
'Marleen'	lilarot, Knospenblüher	9–11		40	aufrecht
'Monika'	rosa	9–11		50	aufrecht, breitbuschig, locker
'Mrs. Ronald Gray'	rein purpurlila	8–9		10	kriechend, rasenförmig
'Mullion'	dunkel malvenlila	8–9		30	dicht rasenförmig
'Nicco'	violettrot	8–9		40	breit-aufrecht
'Orange Queen'	malvenrosa	8–9	gelbgrün, im Winter gelb	50	breit-aufrecht
'Peter Sparkes'	tiefrosa, gefüllt	9–11		50	breitansteigend
'Radnor'	hellrosa, gefüllt	8		25	kompakt, ansteigende Zweige

Calluna vulgaris 'Golden Haze'

Calluna vulgaris 'Red Pimpernell'

Die wichtigsten Sorten von Calluna vulgaris (Fortsetzung)

Sorte	Blütenfarbe	Blütezeit (Monat)	besondere Laubfarbe	Wuchshöhe (cm)	Wuchscharakter
'Ralph Purnel'	rein purpurviolett	8–9	im Winter braungrün	25	ausgebreitet, ansteigende Zweige
'Red Favorite'	dunkel lachs-rosa, gefüllt	8–9		30	locker, breit-buschig
'Red Pimpernell'	lilarot	7–8		30	locker, breit-buschig, gut verzweigt
'Red Star'	rosarot, gefüllt, groß, röteste der gefüllten Sorten	9–10		50	breit-aufrecht
'Robert Chapman'	hellila	8	gelb, im Winter kräftig rot	40	breit-aufrecht
'Roma'	hellviolett	9–11		50	aufrecht, breitbuschig, locker
'Schurig's Sensation'	purpurrosa	9–10		60	breit-aufrecht
'Silver Cloud'	hellila	8	auffallend silbrig behaart	40	breit und locker
'Silver Knight'	hellila	8	silbrig behaart	40	aufrecht
'Silver Queen'	malvenlila	8–9	silbriggrau behaart	40	ausgebreitet, ansteigende Zweige
'Silver Rose'	lilarosa	8–9	stumpf graugrün	40	locker-aufrecht
'Sir John Charrington'	purpurrot	8–9	gelb, im Winter rötlich	30	aufrecht und kompakt
'Spring Cream'	weiß	8–9	frischgrün, Austrieb gelb	40	aufrecht
'Spring Torch'	hellila	8	braungrün, Austrieb rot	40	aufrecht
'Sunset'	lilarosa, blühfaul	8–9	bronzegelb, im Winter bronzerot	30	breit und flach
'Tenuis'	scharlachrot	6–9		20	locker und niedergestreckt
'Tib'	purpurviolett, gefüllt	7–8		30	aufrecht, schwacher Wuchs
'Visser's Fany'	blaßlila	8–10		50	aufrecht
'White Lawn'	weiß	8–9	hellgrün	10	kompakt, kriechend, an Böschungen hängend
'Wickwar Flame'	blaßrosa	8–9	goldgelb und orange, im Winter tieforange	45	breit-aufrecht

Calycanthus L., Calycanthaceae Gewürzstrauch, Nelkenpfeffer

Hierher gehören 3–4 im südöstlichen Nordamerika verbreitete Arten. Es handelt sich um etwa mannshohe, sommergrüne Sträucher mit aromatischer Rinde, gegenständigen, ganzrandigen Blättern, einzeln stehenden Blüten, endständig an kurzen Seitenzweigen und großen elliptischen Fruchtkapseln mit vielen braunen Samen. Die Blütenhülle der zwittrigen Blüten ist einfach, sie besteht aus zahlreichen schmalen, schraubig angeordneten Tepalen. Gewürzsträucher gedeihen in jedem gepflegten Gartenboden und sind in bezug auf den Standort nicht wählerisch. Man pflanze sie nicht gerade an exponierte Stellen, sie sind außerhalb der Blütezeit nicht sonderlich attraktiv. Man soll sie riechen, muß sie aber nicht sehen. Die Schnittmaßnahmen beschränken sich auf ein allmähliches Auslichten.

C. fertilis Walt. unterscheidet sich vom echten Gewürzstrauch durch auf der Oberseite rauhe und glänzend dunkelgrüne, unterseits blaugrüne Blätter. Blüten, Blätter und Triebe duften weniger stark. Die Blüten sind etwas heller, grünlich-purpurn bis rotbraun und 3,5–5 cm breit. An den Spitzen der Blütenblätter bilden sich oft bräunliche Nekrosen. Die Art entwickelt häufiger ihre elliptischen, wie Kiebitzeier gesprenkelten Fruchtkapseln aus, die für Rindvieh und Schafe giftig sind. Nhw-2, Zone 6b.

C. floridus L. Der echte Gewürzstrauch ist die für unsere Gärten wichtigste Art. Der etwa mannshohe Strauch entfaltet seine Reize besonders zur Blütezeit. Im Juni–Juli öffnen sich kleine, magnolienähnliche, 5 cm breite Blüten mit zahlreichen Blütenblättern, die eine seltene, dunkelrotbraune Farbe besitzen. Den Blüten entströmt, besonders an warmen Sommerabenden, ein betäubender, sehr angenehmer Duft, der sich über den ganzen Garten verbreiten kann. Man hat ihn oft mit Erdbeer- oder Honigkuchenduft umschrieben, wird ihm damit aber nicht gerecht, denn er ist durchaus artspezifisch und nicht mit anderen Düften zu vergleichen. Nicht nur die Blüten, auch die Triebe, Wurzeln und Blätter enthalten ätherische Öle, deren Duft besonders gut an getrockneter Rinde zur Geltung kommt. C. floridus hat ovale bis längliche Blätter, die auf der Unterseite graugrün und bleibend behaart sind. Nhw-2, Zone 6b.

Calycanthus floridus

Camellia L., Theaceae
Kamelie

Mit rund 80 Arten ist die Gattung immergrüner Bäume und Sträucher im tropischen und subtropischen Südostasien, in China, Japan und Indien verbreitet. Neben einigen Arten, die als Zierpflanzen stellenweise eine große Bedeutung haben, gehört zur Gattung *Camellia* auch der Teestrauch, *C.sinensis*, der in tropischen Regionen seit vielen Jahrhunderten als Kulturpflanze gehalten wird und dessen junge Blätter uns den grünen und schwarzen Tee liefern.

Die Gattung hat wechselständige, ungeteilte, ledrige Blätter. Die zwittrigen, achselständigen, meist einzeln stehenden Blüten können weiß, rosa, rot oder mehrfarbig sein. Sie haben 5 bleibende Kelchblätter, unmittelbar darunter oft noch zahlreiche dachziegelig stehende Hochblätter, 5–12 an der Basis leicht verwachsene Blütenblätter und zahlreiche Staubgefäße. Die Frucht ist eine flachspaltende, holzige Kapsel.

In Japan und China ist die Japanische Kamelie *C.japonica* heute eine der wichtigsten immergrünen Gartenpflanzen. Sie ist auch für uns die bedeutendste Art. Sie gehört aber wohl nicht zu den uralten, klassischen Gartenpflanzen Chinas. Ursprünglich war die Kamelie eher eine Nutz- als eine Zierpflanze. Aus den großen, ölreichen Samen der Ölkamelie *C.oleifera* stellte man unter anderem Speiseöl, Arzneimittel, Vaseline und Schmieröl her.

Erste Nachrichten von Kamelien erreichten Europa im Jahr 1700, erste Pflanzen kamen wenige Jahrzehnte später nach England, vor 1770 auch nach Deutschland. Zu Beginn des 19. Jahrhunderts hatten Kamelien als Topfpflanzen eine sehr große wirtschaftliche Bedeutung, die später aber wieder nachließ.

Die Freilandkultur von Kamelien wird in Europa vor allem im klimatisch bevorzugten Südengland, im Mittelmeergebiet und im Tessin betrieben. Anbauversuche in Mitteleuropa sind vergleichsweise jüngeren Datums.

In der Freilandkultur benötigen Kamelien unbedingt gut durchlässige und leicht saure, eher mineralische als stark humose Böden, optimal sind pH-Werte zwischen 4,5 und 5. Ihre Wärmeansprüche lassen eine erfolgreiche Kultur in Mitteleuropa nur in geschützten Lagen des Weinbauklimas oder in küstennahen Regionen zu. Auch dort benötigen sie leicht beschattete Plätze, die vor allem Schutz vor Wintersonne und Wind bieten. Eine Bodendecke aus Mulchmaterial hält den Boden im Sommer ausreichend feucht, im Winter verhindert sie ein zu tiefes Eindringen des Frostes in den Boden. Peter Fischer, der in Winst bei Hamburg mehr als 100 *C.japonica*-Sorten kultiviert, schützt seine Kamelien im Winter folgendermaßen: die Pflanzen werden mit einer Reetmatte umstellt, der Innenraum dann völlig mit frischem, trockenen Laub gefüllt, die Matte wird oben zeltförmig zugebunden. Die Temperatur soll innerhalb der Laubpackung auch bei strengem und anhaltendem Frost stets um 5 °C höher als im Freiland sein. Laub und Blütenknospen überstehen diese völlige Verdunkelung ohne Schaden.

C.japonica L. Die Japanische Kamelie entwickelt sich in ihrer Heimat, den immergrünen Lorbeerwäldern Japans und Koreas, zu einem 7–10 m hohen, dicht verzweigten Baum mit 5–8 cm langen, breitelliptischen oder eiförmigen, oberseits dunkelgrünen, stark glänzenden, ledrigen Blättern. Die schalenförmigen Blüten der Wildart sind rot, einfach und 3–4 cm breit, sie enthalten reichlich Nektar und öffnen sich von Januar bis April.
Mh-4, Zone 8b.
Bei uns werden nahezu ausschließlich Gartenformen kultiviert. Durch Züchtung und Auslese entstanden Tausende von Sorten mit mehr oder weniger stark gefüllten Blüten in allen Farben von Weiß über Rosa bis Tiefrot, auch mehrfarbige Blüten sind nicht selten. Sie werden kaum so hoch wie die Wildform. Über die Eignung bestimmter Sorten für die Freilandkultur unter mitteleuropäischen Klimabedingungen liegen bisher nur wenige Erfahrungen vor. Nach jahrzehntelanger Erprobung durch Peter Fischer sind die in der Tabelle genannten Sorten unter norddeutschen Standortbedingungen und bei entsprechendem Winterschutz relativ hart.

C.sasanqua Thunb. ex Murr. Ein immergrüner Strauch oder kleiner Baum, der in Südjapan, auf Kiushu und den Riukiu-In-

Sortenübersicht Camellia japonica

Sorte	Blütenfarbe	Blütengröße	Blütezeit	Wuchs
'Adolphe Audusson'	rot	groß, halbgefüllt	mittel	kräftig
'Alba Simplex'	weiß	mittel	spät	kräftig
'Alexander Hunter'	hellrot	mittel, halbgefüllt	mittel	kräftig
'Apollo'	rosarot	mittel, halbgefüllt	mittel	kompakt
'Barbara Woodroof'	perlmuttrosa	groß	früh–mittel	breit
'Blood of China'	dunkel lachsrot	mittel, päonienblütig	mittel	kompakt
'Bod Hope'	leuchtendrot	groß, halbgefüllt	mittel	kompakt, langsam
'Can Can'	hellrosa mit dunkleren Adern und Petalenrändern	mittel	früh–spät	langsam
'Cheryl Lynn'	zartrosa	groß, vollständig gefüllt	mittel	sparrig
'Contessa Larinia Maggi'	rosa-rot-weiß gestreift	mittel, gefüllt	früh–mittel	buschig
'Daikagura'	hell rosarot, weiß gefleckt	mittel, päonienblütig	früh–mittel	buschig
'Dear Jenny'	weiß	groß, halbgefüllt	früh–mittel	kompakt
'Desire'	hellrosa	mittel, vollständig gefüllt	mittel	kompakt

Sortenübersicht Camellia japonica (Fortsetzung)

Sorte	Blütenfarbe	Blütengröße	Blütezeit	Wuchs
'Donckelarii'	rot mit weißen Streifen und Flecken	mittel, halbgefüllt	mittel	kompakt
'Dr. Burnside'	rot	groß, päonienblütig	mittel	aufrecht
'Elegans'	kräftigrosa	groß, anemonenblütig	früh–mittel	breit
'Elegans Champagne'	weiß mit grünlichgelber Mitte	mittel	früh–mittel	breit
'Emmet Pfingstl'	unregelmäßig rot, weiß gefleckt	mittel, anemonenblütig	mittel	breit
'Eximea'	blutrot	mittel, vollständig gefüllt	mittel–spät	kräftig
'Fimbriata Alba'	weiß, Petalen gefranst	mittel, vollständig gefüllt	mittel	kompakt
'Flame'	feuerrot	mittel, halbgefüllt	mittel	langsam
'Frau Minna Seidel'	hellrosa	mittel, gefüllt	früh–spät	buschig
'General Georg Patton'	rosarot	mittel, gefüllt	früh–spät	kompakt
'Guilio Nuccio'	korallen-rosarot	sehr groß, halbgefüllt	mittel–spät	kräftig, breit
'Hagoroma'	hellrosa	mittel, halbgefüllt	mittel	etwas sparrig
'Haku-rakuten'	weiß	groß, päonienblütig	mittel	kräftig
'Hatsu-waraii'	reinrosa	einfach, sehr zahlreiche Staubgefäße	mittel–spät	locker
'Hawaii'	hellrosa	groß, anemonenblütig	früh–mittel	breit
'Hino-maru'	reinrot	mittel, einfach, zahlreiche Staubgefäße	mittel–spät	locker
'Lady Campbell'	hellrot	mittel, päonienblütig	mittel–spät	buschig
'Margaret Davis'	weiß bis cremeweiß mit rosaroten Linien und Petalenrandstreifen	mittel, päonienblütig	mittel	langsam
'Maroon Gold'	kastanienrot	mittel, päonienblütig, locker	mittel–spät	kompakt
'Mathotiana'	hellrot	groß, vollständig gefüllt	mittel–spät	breit
'Mathotiana Rubra'	blutrot	groß, vollständig gefüllt	mittel–spät	breit
'Matterhorn'	reinweiß	mittel, gefüllt	spät	dichtbuschig
'Morning Glow'	weiß	mittel, vollständig gefüllt	früh–mittel	kräftig
'Mrs. D. W. Davis'	weißlich rosa	sehr groß, halbgefüllt	mittel	stark, sparrig
'Nuccio's Cameo'	korallenrosa	mittel, vollständig gefüllt	früh–spät	kompakt
'Nuccio's Gem'	reinweiß	mittelgroß, vollständig gefüllt	früh–mittel	kompakt
'Noblissima'	cremeweiß	mittel, päonienblütig	früh–mittel	kräftig
'Prima Ballerina'	zartrosa	mittel, halbgefüllt	mittel–spät	buschig
'Rubra Simplex'	rot	mittel, einfach	mittel–spät	stark
'San Dimas'	leuchtendrot	groß, halbgefüllt	mittel	kompakt
'Scarlet Glory'	leuchtendrot	groß, halbgefüllt	mittel–spät	kräftig
'Shiro-botan'	weiß	mittel, halbgefüllt bis päonienblütig	mittel–spät	kräftig, buschig
'Silver Waves'	weiß	groß bis sehr groß, halbgefüllt	mittel	kompakt
'Snow Chan'	weiß	groß bis sehr groß, päonienblütig	früh–mittel	straff-aufrecht
'Tomorrow'	hellrot	groß, halbgefüllt bis päonienblütig	früh–mittel	locker, breit
'Tricolor'	weiß-rot gestreift	halbgefüllt	mittel	locker, buschig
'Yukumi Guruma'	weiß	mittelgroß, einfach, zahlreiche Staubgefäße	mittel–spät	locker

Erläuterungen

Blütengröße: mittel = Durchmesser 9–11 cm; groß = Durchmesser 11–12 cm; sehr groß = Durchmesser 12–16 cm

Blütenform: einfach = Blüten höchstens mit 8 Petalen, häufig zahlreiche goldgelbe Staubgefäße; halbgefüllt = Petalen in zwei oder mehr Kreisen, Staubgefäße sichtbar; anemonenblütig = Petalen in einem oder mehr Kreisen, die Staubgefäße normal oder kronblattartig umgewandelt (= petaloid); päonienblütig = Petalen locker bis unregelmäßig, die Mitte gefüllt mit Staubgefäßen, Petalen und Petaloiden; vollständig gefüllt = zahlreiche Petalen sind dachziegelartig angeordnet, Staubgefäße nie sichtbar

Blütezeit: sie ist stark abhängig von der geographischen Lage und vom Standort (z.B. bei Kultur unter Glas), sie kann deshalb nicht in Monaten angegeben werden.

Camellia sasanqua 'Sotchi'

Camellia japonica 'General Georg Patton'

seln heimisch ist. Seine Blätter sind elliptisch, 3–5 cm lang und derb ledrig. Von Oktober bis Dezember öffnen sich einfache, 4–7 cm breite Blüten mit 6–8 Petalen. Sie sind bei der Wildform weiß mit auffallenden gelben Staubgefäßen, sie haben einen feinen, herben Duft, halten aber meist nur wenige Tage. Durch seine spätherbstliche Blüte ein interessanter Strauch, der etwa die gleichen Standortansprüche stellt wie *C.japonica*. Neben der Wildform sind auch zahlreiche Sorten und Hybriden bekannt, vor allem in Japan. Sie blühen weiß wie die Wildform, aber auch rosa oder rot, sie können einfach, päonienblütig, halb- oder vollständig gefüllt sein.
Mh-4, Zone 9.

Campsis Lour., Bignoniaceae
Trompetenblume

Je eine nordamerikanische und ostasiatische Art bilden die Gattung *Campsis*. Beide sind mit Haftwurzeln ausgerüstete, sommergrüne Kletterpflanzen, die 8–10 m an Wänden und Mauern hochklettern. Ihre unpaarig gefiederten Blätter sind gegenständig, die in endständigen Rispen vereinten, 5lappigen Blüten groß und trompetenförmig. Über einem röhrig-glockenförmigen Kelch ist die Blütenkrone trichterförmig erweitert. Die Frucht ist eine 2klappig aufspringende Kapsel.
Campsis-Arten wollen einen vollsonnigen, warmen Standort an einer hohen, nach Süden gerichteten Mauer. Nur an windgeschützten Plätzen reicht die Kraft der Haftwurzeln aus, die Pflanze zu halten. Ein gelegentliches Anbinden der Haupttriebe verhindert, daß die Pflanze bei Sturm heruntergerissen wird. Der Boden soll nahrhaft, humos und frisch sein. Ihre Wurzeln lassen die Trompetenblumen gern von hohen Stauden oder Sommerblumen beschatten, der Boden darf sich nicht zu stark erhitzen.

Da die Blüten endständig am diesjährigen Holz gebildet werden, läßt sich *Campsis* einen jährlichen Rückschnitt gefallen.

C.grandiflora (Thunb.) K. Schum. kommt für mitteleuropäische Gärten in der Regel nicht in Frage – sie ist ziemlich frostempfindlich. Die chinesische Trompetenblume hat scharlach- bis karminrote, breit trichterförmig erweiterte, am Saum etwa 8 cm breite Blüten. Die Luftwurzeln sind schwach ausgebildet oder fehlen oft ganz.
Nhw-4, Zone 8a.

C.radicans (L.) Seem., gelegentlich Nordamerikanische Jasmintrompete genannt, gehört seit langem zu unseren wüchsigsten Schlingern, die mit ihren Haftwurzeln auch sehr hohe Wände rasch bekleiden können. Schon das gefiederte Laub wirkt recht dekorativ, viel mehr aber noch die orange, innen gelben und am Kronensaum scharlach-

Campsis grandiflora

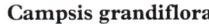

rot gefärbten Blüten, die ab Ende Juli über einen ganzen Monat hinweg blühen. Die bis 7 cm langen, am Saum etwa 3,5 cm breiten Blüten sitzen bis zu 12 in endständigen Büscheln an den diesjährigen Trieben. Die wenigen Gartenformen, die sich durch frühere Blüte oder abweichende Blütenfarbe unterscheiden, treten kaum in Erscheinung.
Nhw-2, Zone 6b.
'Flamenco' gilt mit ihren orangeroten Blüten und den dunkelgrünen Blättern als Bereicherung des Sortimentes. Blüht schon als junge Pflanze ziemlich reich.
'Flava' ('Yellow Trumpet') blüht orangegelb bis reingelb; das Grün der Blätter ist heller.

C. × tagliabuana (Vis.) Rehd. ist eine Hybride zwischen den beiden genannten Arten. Sie wächst fast strauchig, klettert nur wenig und sollte aufgebunden werden. Auch diese vielgepflanzte Hybride ist ein Spätsommerblüher, dessen Blüten außen orange, innen scharlachrot sind.
Zone 6b.
'Madame Galen' ist mit ihren auf der Außenseite orangefarbenen und innen scharlachroten Blüten von Bedeutung. Ihr Wert erhöht sich durch großen Blütenreichtum.

Cantua J. Juss. ex Lam.
Polemoniaceae

In den Anden von Ekuador, Peru und Bolivien sind 11 Arten dieser Gattung beheimatet. Es sind immergrüne Bäume oder Sträucher mit wechselständigen, einfachen, kurz-

gestielten Blättern. Die Blüten erscheinen meist in endständigen, vielblütigen Doldentrauben, seltener einzeln. Die Blüten sind mit einer röhrenförmigen Krone ausgestattet, die in 5 kurzen, eiförmigen Saumlappen endet und aus der Staubfäden herausragen. Die Frucht ist eine lederartige, vielsamige Kapsel. Im Mittelmeerraum lassen sich einige Arten in stets frostfreier Lage leicht kultivieren.

C.buxifolia J. Juss. ex Lam. ist ein zierlicher, bis etwa 1 m hoher Strauch mit etwa 2 cm langen oder auch etwas längeren, elliptischen bis lanzettlichen, ganzrandigen Blättern. Im April–Mai entfalten sich die etwa 6 cm langen, gelb gestreiften, am Saum purpurnen Blüten, die in 6- bis 8blütigen Doldentrauben von waagerecht abstehenden Zweigen herabhängen.
Ah-5, Zone 9.

C.pyrifolia Juss. ist ein Strauch oder kleiner Baum mit meist büschelig gestellten, 4–5 cm langen, elliptisch-länglichen Blättern. Im März stehen bis zu 15 Blüten in dichten, endständigen Trauben zusammen, die Blütenröhre ist gelb, die Saumlappen sind weiß gefärbt.
Ah-5, Zone 9.

Caragana Fabr., Leguminosae
Erbsenstrauch

Rund 80 Arten sind von Südrußland bis nach China, der Mandschurei und dem Himalaja verbreitet. Nur wenige der sommergrünen Sträucher mit ihren wechselständigen, paarig gefiederten Blättern, meist gelben Schmetterlingsblüten im Mai–Juni und walzenförmigen Hülsenfrüchten sind für unsere Gärten als recht harte, anspruchslose Hecken- und Sichtschutzgehölze geeignet. Alle Caraganen gedeihen und blühen am besten an vollsonnigen Standorten auf trockenen, kalkhaltigen Böden. Als stickstoffsammelnde Schmetterlingsblütler eignen sie sich gut für die Anpflanzung an Dünen und die Erstbegrünung schlechtester Standorte. Schnittmaßnahmen sind an Caraganen nicht erforderlich.

C.arborescens Lam. Der Gemeine Erbsenstrauch aus Sibirien und der Mandschurei ist kein besonders attraktiver Blütenstrauch. Zwar sind seine hellgelben Blüten recht hübsch, und die lange Blütezeit könnte für Pluspunkte sorgen, die Blüten sitzen aber doch nur sehr spärlich am Strauch und ergeben keine ansprechende Gesamtwirkung.
Ns/Na-3/4, Zone 3.

'Lorbergii' ist eine reizvolle Gartenform, deren federartig schmale Blättchen die Pflanze sehr grazil erscheinen lassen.
'Pendula' ist eine kleine, zierliche Hängeform, die immer hochstämmig veredelt wird.
'Walker'. Niedriger, kriechender Strauch, der meist hochstämmig veredelt wird und dann kleine Hängeformen bildet. Blätter wie bei 'Lorbergii' mit lineal-lanzettlichen, nur 5 mm breiten Blättchen.

C.aurantiaca Koehne. Der Orangeblütige Erbsenstrauch ist eine der schönsten Arten der Gattung. Er ist in den Bergtälern Mittelasiens verbreitet und wird zu einem knapp 1 m hohen Strauch mit zahlreichen langen und dünnen Zweigen. Orangegelb sind die zahlreichen, einzelnstehenden Blüten.
Na-3/4, Zone 5a.

Carpinus betulus

C.jubata (Pall.) Poir. wächst sehr unregelmäßig und verzweigt sich kaum. Die dicken Zweige sind dicht mit bleibenden, verdornten Blattspindeln besetzt. Ein Strauch für den Liebhaber bizarrer, eigenwilliger Formen. Er stammt aus den Wüsten- und Steppengebieten Ostasiens und eignet sich hervorragend für die Bepflanzung von Steppen- und Troggärten.
Na-3/4, Zone 3.

Carpinus L., Betulaceae
Weißbuche, Hainbuche

Von den rund 35 Arten der Gattung *Carpinus* finden wir in der Gartenkultur nur die in Mitteleuropa weitverbreitete Hainbuche. Auch fast alle anderen Arten sind sommergrüne Bäume mit glatter, weißgrauer Rinde und oft spannrückigen, drehwüchsigen

Stämmen. Die Blätter sind 2zeilig angeordnet. An den einhäusigen Pflanzen erscheinen die Blütenkätzchen mit dem Laub. Die männlichen, schlaff herabhängenden Kätzchen entwickeln sich aus seitenständigen Knospen vorjähriger Zweige, die kürzeren weiblichen endständig an jungen, beblätterten Langtrieben. Die Früchte sind kleine Nußfrüchte, die einem 3lappigen Blattorgan ansitzen und mit ihm abfallen.

C. betulus L. Die als Waldbaum und Heckenpflanze allgemein bekannte Hainbuche wird zu einem 25 m hohen Baum mit unregelmäßiger Krone, oft bis zum Boden beastetem, glatten Stamm und eilänglichen, scharf doppelt gesägten Blättern. Sie ist überall in Europa, im Kaukasus, in Kleinasien und Nordpersien zu finden. In Europa fehlt sie nur in Norwegen, den südöstlichen Steppengebieten und der Iberischen Halbinsel.
Wenn die Hainbuche als frei wachsendes Gehölz für den Garten auch zu entbehren ist, als Heckenpflanze ist sie es nicht. Keine andere Art kann sich da mit ihr vergleichen. Sie läßt sich willig in jede Form zwingen, man kann sie in nahezu jeder Größe pflanzen, sie behält ihr abgestorbenes Laub bis zum Frühjahr, ist frei von Krankheiten und anspruchslos an den Standort. Sie wächst fast auf jedem Boden, in voller Sonne wie im Schatten; hoher Grundwasserstand und kurzfristige Überschwemmungen werden vertragen. Die Hainbuche meidet lediglich heiße und trockene Südhänge und Böden mit stauender Nässe. Eine ebenso große Bedeutung wird der Hainbuche als Park- und Flurgehölz beigemessen. An Straßen und Autobahnen, für Windschutzstreifen und als Bodenbefestiger wird sie gern verwendet.
N-3, Zone 5b.
'Columnaris' bildet im Alter breit-eiförmige, dichtverzweigte Kronen mit abgerundetem Gipfel.
'Fastigiata' behält auch im Alter ihren regelmäßigen, kegelförmigen Wuchs. Die Krone ist stets mit einem Gipfeltrieb ausgestattet. Die Säulen-Hainbuche ist für die Verwendung im städtischen Straßenbereich geeignet, der Baum ist jedoch hitze- und strahlungsempfindlich.
'Pendula' sieht man leider nur selten in unseren Gärten. Die Äste stehen zunächst waagerecht ab und wachsen dann abwärts. Erwachsene Bäume sind recht malerische Gestalten, die, frei an großen Hängen stehend, besonders gut zur Geltung kommen.
'Quercifolia'. Die Blätter sind sehr schmal. Die Form neigt in starkem Maße zu Rückmutationen, besonders dann, wenn die Bäume aus Samen gezogen wurden. An

einem Zweig findet man dann neben geschlitzten ganz normal entwickelte Blätter.

C. orientalis Mill. In Südosteuropa und Kleinasien ist die Orient-Weißbuche verbreitet, ein bis 5 m hoher, zierlicher, stark verästelter Strauch mit kleinen, dunkelgrünen Blättern. Er wächst auf sehr trockenen, kalkhaltigen Standorten und ist deshalb ein anspruchsloser Strauch für extreme Plätze.
Ns-3, Zone 6b.

Carya Nutt., Juglandaceae
Hickorynuß

Mit etwa 25 Arten ist die Gattung im nordöstlichen Nordamerika und mit 3 Arten in China vertreten. Alle sind hohe, sommergrüne Bäume mit wechselständigen, unpaarig gefiederten Blättern. Die männlichen Blüten der einhäusigen Pflanzen sind zu hängenden Kätzchen, die weiblichen zu Ähren geordnet. Die Frucht ist eine in der Regel glatte, sonst den Walnüssen ähnliche Steinfrucht. Von den Walnußbäumen unterscheiden sich die *Carya*-Arten durch das in den Jungtrieben nicht gefächerte Mark und durch die glattschaligen Früchte. Man empfindet eine Lücke in den Angeboten der deutschen Baumschulen, wenn man vergeblich nach einer *Carya*-Art sucht. Dabei können sie wunderschöne Parkbäume mit dekorativem, im Herbst goldgelbem Laub und ausdrucksvollen Stämmen mit auffallenden Borkenausbildungen sein.
In den USA sind einige Hickories wertvolle Holzlieferanten, andere geschätzte Obstbäume. Die glattschaligen, aus Amerika stammenden Pecan-Nüsse werden auch bei uns allenthalben angeboten. Sie stammen von *C. illinoinensis*, dem wichtigsten Nußbaum Nordamerikas.
Man sollte sie bei uns nur auf gute, nahrhafte, kalkarme Böden pflanzen. In der Jugend mögen einige unter tiefen Temperaturen leiden, im Alter werden sie absolut frosthart.

C. cordiformis (Wangenh.) K. Koch. Die Bitternuß wächst in ihrer nordamerikanischen Heimat meist in Niederungen und an Flußufern, bei uns aber ausgezeichnet auch auf weniger feuchten Böden. Am sichersten erkennt man die Bitternuß an ihren gelbdrüsigen Winterknospen. Ihre Blätter sind meist 7zählig, sie färben sich im Herbst goldgelb. Am raschwüchsigen Baum blättert die Borke in dünnen Schuppen ab.
Nw-2, Zone 6b.

C. glabra (Mill.) Sweet ist in den östlichen USA ein Charakterbaum trockener, frucht-

barer Hänge. Ein dunkelgrauer, feinrissiger Stamm und meist 5zählige Blätter kennzeichnen die Schweinenuß, deren Früchte bitter und ungenießbar sind.
Nw-2, Zone 6b.

C. illinoinensis (Wangenh.) K. Koch. Der wichtigste Nußbaum Nordamerikas liefert die süßen, stark fetthaltigen, glattschaligen, etwa 3 cm langen, rotbraunen Pecan-Nüsse, die seit Jahren auch bei uns zu haben sind. In Amerika werden die Nüsse vorwiegend von Kultursorten geerntet, aber auch die Nüsse wilder Bäume sind schmackhaft. Die Pecan-Nuß ist der Nationalbaum von Texas. Er wird bis 30 m hoch, besitzt einen hellbraunen, tief und unregelmäßig gefurchten Stamm und 11- bis 17-zählige, im Herbst gelbbraun gefärbte Blätter. Die Früchte sitzen zu 3–10 in Ähren.
Ns-2, Zone 6b.

C. ovata (Mill.) K. Koch. Die Schindelborkige Hickorynuß (Shagbark-Hickory) ist in botanischen Sammlungen wohl noch am ehesten vertreten. Der ausdrucksvolle Stamm, dessen Borke sich in langen Streifen ablöst, der gesunde Wuchs und die prachtvolle, goldgelbe Herbstfärbung sollten ihn zu einem begehrten Parkbaum werden lassen. Der Baum wird in seiner nordamerikanischen Heimat vielfach genutzt: das Holz zum Bauen, für die Herstellung von Werkzeuggriffen und -stielen, für Skier und zum Räuchern, der Saft für die Zuckerbereitung, die Früchte werden kandiert.
Nw-2, Zone 6b.

C. tomentosa (Lam. ex Poir.) Nutt. soll das beste Hickory-Holz liefern. In seinen technischen Eigenschaften gleicht es dem Eschenholz, es ist hellfarbig und sehr elastisch. Man nimmt an, daß der Name Mokkernut von den ersten holländischen Einwanderern stammt, die aus dem harten Holz Schmiedehämmer gefertigt haben, die im Holländischen »Mocker« heißen.
Nw-2, Zone 6b.

Caryopteris Bunge,
Verbenaceae
Bartblume

In Ostasien sind 15 Arten der Gattung verbreitet. Die sommergrünen Sträucher oder Halbsträucher tragen gegenständige Blätter, in deren Achseln die kleinen Blüten in Scheindolden sitzen. In unseren Gärten wird kaum eine der natürlichen Arten gehalten, sondern nur einige Hybriden und Sorten, die, wie so oft, wertvoller sind als ihre Stammeltern.

Caryopteris × clandonensis 'Kew Blue'

Cassia didymobotrya

Bartblumen sind durch ihre späte Blüte und die bei Gehölzen recht seltene, blaue Blütenfarbe wertvoll. Man nimmt dabei die geringe Frosthärte in Kauf, die zu Schutzmaßnahmen zwingt. Trotzdem frieren die Triebe fast alljährlich zurück. Nach einem Rückschnitt im Frühjahr treiben die Pflanzen aber leicht wieder aus und blühen noch im gleichen Jahr am einjährigen Holz. Bartblumen bevorzugen einen sonnigen Standort und leichte Böden an Böschungen, in alpinen Anlagen oder Steppengärten.

C. × clandonensis Simmonds ex Rehd. entstand um 1930 in Westengland aus *C.incana* × *C.mongolica*. Der vieltriebige, bis 1 m hohe Strauch öffnet im August – September seine dunkelblauen Blütenbüschel in den Achseln glänzender, tiefgrüner Blätter.
Zone 6b.
'Athur Simmonds', der Originalklon dieser Hybride, ist nur wenig frosthart und deshalb in Mitteleuropa nicht in Kultur.
'Heavenly Blue' ist eine amerikanische Züchtung, ein etwa 1 m hoher, straff-aufrechter Strauch mit stumpfgrünen, unterseits graufilzigen Blättern, dunkelblauen Blüten und reichem Blütenansatz.
'Kew Blue'. Blüten dunkler als bei 'Heavenly Blue', ebenfalls sehr reichblühend.

C.incana (Thunb. ex Houtt.) Miq. ist in Japan und Ostchina heimisch. Sie entwickkelt sich zu einem etwa 1 m hohen Strauch mit graufilzigen Zweigen, Blättern und Blütenständen. Die violettblauen Blüten sitzen in dichten Trugdolden, sie öffnen sich im August–September.
N-4, Zone 7a.

Cassia L., Leguminosae
Cassie, Gewürzrinde

Die sehr umfangreiche und teilweise wirtschaftlich wichtige Gattung ist mit 500–600 Arten in tropischen und warm temperierten Zonen der Erde weit verbreitet.
Die Gattung umfaßt Bäume, Sträucher und Kräuter mit wechselständigen und paarig gefiederten Blättern. Ihre Blüten sind nicht schmetterlingsförmig, sondern regelmäßig mit je 5 Kelch- und Kronblättern sowie 5–10, häufig ungleichen Staubblättern ausgebildet. Die Früchte sind flache oder stielrunde, vielsamige Hülsen.
Die Gattung stellt eine Reihe schönblühender Ziersträucher und -bäume, die in tropischen und subtropischen Gärten häufig zu sehen sind. Im Mittelmeergebiet wird vor allem die strauchige *C.didymobotrya* gepflanzt.
Die in Sri Lanka und Indien heimische *C.fistula* ist vor allem ihrer Blätter wegen bekannt, als «Sennesblätter» sind sie in zahlreichen Abführtees enthalten. Die bis 50 cm langen, dunkelbraunen Fruchthülsen mit ihrem schwarzbraunen, süßen, klebrigen, zu Plättchen zusammengefügten Mark sind als Manna bekannt.

C.didymobotrya Fresen., heimisch im tropischen Afrika, ist ein locker aufgebauter Strauch oder kleiner, straff-aufrecht wachsender Baum mit 15–35 cm langen Blättern, die mit 4–18 Paar länglich-lanzettlichen, bis 6 cm langen Blättchen ausgestattet sind. Vom Frühjahr bis zum Sommer entfalten sich an den Triebenden, frei über dem tiefgrünen Laub, aus schwarzbraunen Blütenknospen die goldgelben Blüten in 15–30 cm langen, kandelaberartigen Trauben. Innerhalb des Blütenstandes öffnen sich die Blüten von unten nach oben. Zur Blütezeit ein sehr eindrucksvoller Strauch für freie, sonnige Standorte.
Ta-6, Zone 9.

Cassiope D. Don., Ericaceae
Schuppenheide

Die 12 Arten, die in der nördlichen kalten Zone und im Himalaja vorkommen, sind immergrüne, oft mattenförmig wachsende Zwergsträucher mit 4zeiligen und dachziegelig übereinander stehenden Blättern. Die breit-glockenförmigen Blüten stehen einzeln in den Blattachseln oder am Triebende. Schuppenheiden verlangen kühle und feuchte, torfreiche, sandig-steinige, saure Böden (ph 4 bis 4,5), möglichst kalkarmes Gießwasser und helle Standorte mit diffusem, wanderndem Schatten, wie von entfernt stehenden Bäumen und Sträuchern oder größeren Steinen im Alpinum und im Troggarten. Sie sind hübsche Gruppenpflanzen im Moorbeet und im Alpinum, etwa als Begleitpflanzen zu *Rhododendron*.

'Edinburgh', Sorte unbekannter Herkunft, die sich durch kräftigen, gesunden Wuchs, tiefgrüne Blätter und endständige, reinweiße, ziemlich große Blüten auszeichnet.
Zone 5a

C.lycopodioides (Pall.) D. Don ist eine raschwachsende, dichte Polster bildende Art, die in Nordasien, Japan und in Alaska beheimatet ist. Sie wird etwa 10 cm hoch

Cassiope 'Edinburgh'

und kann Polster von 80 cm Durchmesser bilden. Die Blütenglöckchen sind reinweiß, der Kelch ist rötlich.
PN-2/3/4, Zone 5a.

'Muirhead' gilt als eine der wichtigsten und schönsten Hybriden, die für die Gar-

tenkultur oft wichtiger sind als die Wildarten. Sie wächst dichtbuschig und aufrecht und blüht besonders reich.
Zone 5a

C. tetragona (L.) D. Don ist von Nordamerika über Nordskandinavien bis nach Sibirien verbreitet, wächst straff-aufrecht und wird knapp 30 cm hoch. Im April–Mai öffnen sich in den Achseln der ledrigen Blätter weiße, oft rosa getönte Blüten.
PN-1/2/3/4, Zone 5a.

Castanea Mill., Fagaceae
Kastanie

Die Gattung *Castanea* ist mit 12 Arten in der gemäßigten nördlichen Halbkugel vertreten. Es sind sommergrüne, einhäusige, meist hohe Bäume, seltener Sträucher mit rauher, netzartiger Borke. Die wechselständigen, meist grob gezähnten Blätter stehen an aufrechten Trieben schraubig, an abstehenden mehr oder weniger 2zeilig. Die weiblichen Blüten stehen einzeln oder zu 2–3 an einem eigenen Blütenstand oder an der Basis der männlichen Blütenstände. Sie fallen zur Blütezeit durch ihre gelblichweiß gefärbten Staubblätter auf. Die Blüten riechen intensiv nach Trimethylamin. Die Frucht ist eine glatte Nuß mit einer lederartigen Wand, die von einem stacheligen Fruchtbecher umgeben ist.

C. sativa Mill. kommt allein für unsere Parkanlagen in Frage. Die Edelkastanie wird zu einem stattlichen Baum, der in laublosem Zustand an Eichen erinnert. Sie benötigt für ein gutes Gedeihen eine lange Vegetationszeit, ist gegen Trockenperioden recht empfindlich, verlangt genügend hohe Luftfeuchtigkeit und gedeiht nicht auf Kalkböden. Zur Blütezeit im Juni prägt sie durch die gelblichweißen Staubblätter der männlichen Blüten, die reichlich Nektar produzieren, das Gesicht der Laubwälder im Mittelmeergebiet, von Kleinasien bis zum Kaspischen Meer und in den Kaukasusländern. Man nimmt an, daß die eigentliche Heimat der Kastanie in Kleinasien liegt. Etwa im 5. Jahrhundert v. Chr. soll sie von dort zunächst nach Griechenland und dann nach Süditalien und Spanien gekommen sein. In die Schweiz, an den Mittelrhein und in das nördliche Frankreich ist sie wohl von den Römern, zusammen mit dem Weinbau, eingeführt worden. Die Kastanie galt in den Mittelmeerländern als Nahrungsmittel, heute sind die gerösteten Ma-

Castanea sativa

ronen wohl nur noch eine Delikatesse. In einigen Baumschulen kann man Fruchtsorten kaufen, deren Anbau aber nur in klimatisch bevorzugten Gebieten sinnvoll ist.
In den USA wurden die Kastanien (*C.dentata*) von einem Pilz (*Endothia parasitica*) nahezu vollständig ausgerottet. Seit 1939 ist der Pilz auch in Europa bekannt. Besonders in der Schweiz bemüht man sich seit Jahren, durch Einkreuzung mit ostasiatischen Arten, resistente Hybriden zu züchten.
Nw-3, Zone 6b.

Catalpa Scop., Bignoniaceae Trompetenbaum

Die Gattung umfaßt 11, in Nordamerika, Kuba, Südwestchina und Tibet verbreitete Arten. Die sommergrünen Bäume treiben erst spät ihre gegenständigen oder in Quirlen zu dritt stehenden großen, oft 3lappigen Blätter mit mehr oder weniger auffälligem Geruch. Sie tragen meist auf der Unterseite in den Nervenwinkeln kleine Gruppen violetter Drüsen. Im Frühsommer entwickeln sich ansehnliche Blüten in großen, endständigen Rispen oder Trauben. Die Einzelblüten sind über schiefglockigen Kronröhren 2lippig, wobei die obere Lippe in 2 kleine, die untere in 3 größere gegliedert ist. Der an der Spitze 2lappige Griffel klappt beim Besuch einer Biene zusammen und sorgt so für die notwendige Fremdbefruchtung. Im Herbst schmücken sich die Bäume mit langen, 2klappigen, röhrenförmigen Kapseln, die zahlreiche, an beiden Enden behaarte Samen enthalten.
Trompetenbäume sind herrliche Blütenbäume für Parkanlagen und große Gärten. Ihrem Zierwert entsprechend sollten sie als Solitäre behandelt werden, sie entfalten ihre ganze Schönheit ohnedies nur in völligem Freistand. Sie bevorzugen frische, nährstoffreiche Böden und blühen um so schöner, je wärmer die Lage ist. In der Jugend entwickeln sie sich nur langsam, vor strengen Frösten sollte man sie in dieser Entwicklungsphase schützen. Im Alter sind sie in Mitteleuropa ausreichend frosthart.

C.bignonioides Walt. kommt in einem kleinen Gebiet in den südöstlichen Staaten von Nordamerika vor. Der in unseren Gärten häufigste Trompetenbaum wirkt durch seine bis 20 cm langen, herz-eiförmigen, unangenehm riechenden Blätter äußerst vornehm. Seine Blüten öffnen sich im Juni–Juli in 15–20 cm langen, vielblumigen und verzweigten, aufrechten Rispen. Die weißen Blütenkronen sind im Schlund gelb gestreift und mit purpurnen Flecken versehen. Bis 35 cm lange, an Vanille erinnernde

Catalpa bignonioides

Schoten sind neben dem gelblichen Herbstlaub ein beachtlicher Schmuck, der bis weit in den Winter hängen bleibt.
Nhw-2, Zone 6b.
'Aurea'. Blätter im Austrieb goldgelb, später mehr oder weniger stark vergrünend.
'Nana' wird meist hochstämmig veredelt und bildet dann eine kleine, dichte, fast flach-kugelige Krone. Blätter kleiner als bei der Art.

C.bungei C.A. Mey. Kleiner Baum aus Nordchina mit dreieckig-eiförmigen, lang zugespitzten, ganz kahlen Blättern und blaßrosa bis weißen, innen purpurn gefleckten Blüten in 3- bis 12blütigen Ständen. Wird oft mit *C.bignonioides* 'Nana' verwechselt.
Nhw-2, Zone 6b.

C. × erubescens Carr. Eine Hybride zwischen *C.bignonioides* und *C.ovata*, deren Blätter ähnlich wie die von *C.bignonioides* geformt, aber kleiner und im Austrieb purpurn gefärbt sind.
Zone 6b.
'Purpurea' ist durch ihre ziemlich kleinen, im Austrieb fast schwärzlichroten Blätter bemerkenswert; Blüten weiß, 3 cm lang.

C.fargesii Bur. ist schlanker und wird mit 20 m höher als die vorige Art. In den chinesischen Provinzen Hubei und Sichuan kommt sie wild vor. Ihre eiförmigen Blätter sind an der Spitze lang ausgezogen und bei jungen Pflanzen 3lappig. Die etwas kleine-

ren, rosa gefärbten Blüten sind braun und gelb gefleckt.
Nhw-4, Zone 6b.
C. fargesii f.*duclouxii* (Dode) Gimour zeichnet sich durch fast ledrige, vielgestaltige, unterseits rötlich gefleckte Blätter und violettpurpurne Blüten aus.

C.ovata G. Don stammt aus China und entwickelt sich zu einem bis 10 m hohen Baum mit breit ausladender Krone. Die meist deutlich 3- bis 5lappigen Blätter tragen in den Nervenwinkeln auffallend rote Drüsenflecken. In 10–25 cm langen Rispen stehen die kleinen, stumpfweißen Blüten, sie sind im Schlund mit violetten Punkten und 2 orangegelben, später rotbraunen Streifen versehen. Blütezeit Juli. *C.ovata* gehört zu den wenigen Baumarten, die man in den meist artenarmen Gärten Chinas häufiger sieht. Der Baum kann in Kultur ein beträchtliches Alter erreichen.
Nhg-4, Zone 6b.

C.speciosa (Warder ex Barney) Engelm. begegnet man weniger in den Gärten als in botanischen Sammlungen. Sie tritt als Waldbaum im südöstlichen Nordamerika auf und liefert wertvolles Nutzholz. Von Kennern wird sie der *C.bignonioides* vorgezogen, da sie härter und schöner ist. Ihre herz-eiförmigen, lang zugespitzten Blätter riechen beim Zerreiben nicht unangenehm wie bei *C.bignonioides*. Im Schlund der weißen, duftenden Blüten finden wir 2 gelbe Streifen und nur ganz kleine, purpurne Flecken. *C.speciosa* entwickelt nur wenige, bis 40 cm lange Früchte.
Nw-2, Zone 6b.

Ceanothus L., Rhamnaceae Säckelblume

Vorwiegend in den Küstengebieten des westlichen Nordamerika, in Mexiko und Guatemala sind etwa 55 Arten sommergrüner oder immergrüner, kleiner Sträucher vertreten. Kleine, 5zählige Blüten mit oft gefärbten Kelchblättern und kapuzenförmigen, genagelten Kronblättern sind zu Dolden, diese zu großen Ähren oder Rispen vereint. Die Frucht ist eine kapselartige, trockene Steinfrucht, die von dem bleibenden Blütenbecher umhüllt ist. Nur wenige der sommergrünen Arten finden in unseren Klimabereichen hinreichend günstige Bedingungen.
Säckelblumen benötigen warme, trockene Lagen und leichte, humose Böden. Vor Trockenmauern oder in Steingärten finden die wertvollen Sommerblüher ideale Plätze. Im Winter ist eine Bodendecke aus Laub

notwendig. Ein Zurückfrieren schadet allerdings nicht, denn die Pflanzen sollen ohnehin im Frühjahr zurückgeschnitten werden.

Die hier genannten immergrünen Arten sind nur unter sehr günstigen Klimabedingungen ausreichend frosthart.

C. americanus L. ist eine der härtesten Arten. Kaum 1 m hoch wird der Strauch, dessen weiße Blüten an den Enden oder in den Blattachseln diesjähriger Zweige entstehen. Die recht kleinen Einzelblüten sind zu ansehnlichen bis 40 cm langen Rispen vereint und überziehen vom Juli bis weit in den Herbst hinein den Strauch mit einer Fülle weißer Blüten. Im Spätsommer schmücken braunrote, zunächst fleischige, später trockene Früchte die Pflanzen.
Ns-2, Zone 6b.

C. arboreus Greene stammt aus Kalifornien, wird dort nicht selten baumartig und bis 9 m hoch, bildet aber auch oft einen runden Busch auf kurzem, dickem Stamm. Über 6 cm langen, dunkelgrünen, unterseits hellgrau-filzigen Blättern entwickeln sich im Mai–Juli kleine, blaßgraue Blüten in achselständigen, kegelförmigen, bis 10 cm langen Rispen.
Ms-1, Zone 9.
'Trewethin Blue' ist eine Selektion mit tiefblauen, zart duftenden Blüten in großen Ständen.

C. × delilianus Spach. (*C. americanus × C. coeruleus*). Sommergrüne Sträucher mit fein behaarten Zweigen, dunkelgrünen, unterseits behaarten oder filzigen Blättern und hell- bis dunkelblauen Blüten in großen, end- und achselständigen Rispen von Juli bis Oktober. Die folgenden Sorten sind auch in Mitteleuropa an geschützten Stellen ausreichend frosthart, eine schützende Bodendecke sollten aber auch sie erhalten. Wie bei vielen sommerblühenden Straucharten ist ein regelmäßiger Rückschnitt im Frühjahr möglich.
Zone 6b.
'Glorie de Versailles'. Starkwüchsig und reichblühend, Blüten dunkelblau, in großen Rispen.
'Henry Désfossé'. Wuchs mittelstark, Blüten dunkelblau, in großen Sträußen.
'Indigo'. Blüten indigoblau, dunkelste blaue Sorte, nicht sehr wüchsig und anspruchsvoll an den Standort.
'Topaze'. Blüten zart indigoblau, Wuchs besser als bei 'Indigo'.

C. gloriosus J.H. Howell. Immergrüner, niederliegender, kaum mehr als 30 cm hoher, aber sehr breitwüchsiger Strauch, der

in Küstenregionen Kaliforniens heimisch ist. Triebe dick und rotbraun, die Blätter tiefgrün, dick und lederartig. Im April–Mai öffnen sich tiefblaue oder purpurne Blütendolden auf kurzen, dicken Stielen. In Mitteleuropa nicht ausreichend frosthart, in südlichen Gärten aber nicht selten als Gartenpflanze verwendet.
Ms-1, Zone 9.

C. impressus Trel. Immergrüner, bis 1 m hoher, breit und dicht verzweigter Strauch mit kleinen, nur 6–12 mm langen, dunkelgrünen, durch stark vertiefte Nerven runzelig erscheinenden Blättern, deren Rand eingerollt ist. Blüten tiefblau, im März–April, in kleinen Büscheln. Schöner Strauch, der schon als junge Pflanze blüht. Wie *C. gloriosus* in Mitteleuropa nicht ausreichend frosthart. Heimisch in Kalifornien.
Ms-1, Zone 9.

C. × pallidus Lindl. (vermutlich *C. delilianus × C. ovatus*). Wie *C. × delilianus* ein sommergrüner, recht winterharter Strauch. Zu dieser Hybridgruppe werden die rosa- bis weißblühenden Gartenformen gestellt, von denen meist nur die beiden folgenden Sorten kultiviert werden:

Ceanothus impressus

'Marie Simon'. Niedriger Strauch mit rosa Blüten von Juli bis September an den jungen Trieben.
'Perle Rose'. Blüten erdbeerrosa, von Juli bis Oktober.
Zone 6b.

C. sorediatus Hook. et Arn. ist in Kalifornien heimisch und entwickelt sich zu einem bis 2 m hohen, dichtverzweigten Strauch mit sparrig abstehenden Ästen und ziemlich dornigen Zweigen. Die 3nervigen, elliptischen Blätter sind 2,5 cm lang, oben dunkelgrün und glänzend, unten mit langen, angedrückten Haaren besetzt. Blüten im Mai, hell oder dunkler blau, in kleinen, dichten Büscheln. Sehr reich und üppig blühende Art aus Kalifornien. Wie andere immergrüne Arten nur für mediterrane Gärten geeignet.
Ms-1, Zone 9.

C. thyrsiflorus Esch. stammt, wie andere hier behandelte immergrüne Arten, aus Kalifornien, wird dort zu einem kleinen Baum, bleibt in Europa aber strauchig. Die Blätter sind eiförmig, 3nervig und 2–4 cm lang. Die hellblauen Blüten erscheinen im Mai–Juni in rundlichen, gestielten, achselständi-

Celastrus orbiculatus

gen, 3–7 cm langen Rispen. Blüht sehr reich und gilt als eine der härtesten immergrünen Arten der Gattung.
Ms-1, Zone 9.

'Autumnal Blue'. Am Zustandekommen dieser Hybride ist unter anderem auch *C. thyriflorus* beteiligt. Ein immergrüner, bis 1,5 m hoher Strauch mit elliptischen, stark glänzenden, deutlich 3nervigen Blättern und zartblauen Blüten in großen Rispen im Spätsommer und Herbst. Gehört zu den härtesten immergrünen Formen.

Celastrus L., Celastraceae
Baumwürger

Die Gattung besteht aus sommergrünen, dickstämmigen Schlinggehölzen mit einfachen, wechselständigen Laubblättern und polygamen oder eingeschlechtlichen, in der Regel zweihäusig verteilten, kleinen, weißlichgrünen, unscheinbaren Blüten in achsel- oder endständigen Blütenständen. Die rundlichen Fruchtkapseln springen mit 3 Klappen auf. Jede dieser Klappen enthält 1–2, von einem karminroten Arillus umgebene Samen. Rund 35 Arten haben vorwiegend in Ost- und Südasien, aber auch in Amerika, Madagaskar und auf den Fidschi-

Inseln ihr natürliches Verbreitungsgebiet. Nur 2 Arten kennen wir in unseren Gärten. Baumwürger sind starkwachsende, robuste Schlinger, die in jedem Boden und jeder Sonnenlage gedeihen. Sie eignen sich vorzüglich für die Bekleidung von Wänden, Lauben und Pergolen. Gern läßt man sie in Bäume hineinklettern, darf dafür aber nicht junge, weichholzige Bäume aussuchen, an denen der Baumwürger seinem Namen gerecht werden kann. An *Celastrus* ist besonders der Fruchtschmuck bemerkenswert. Die Früchte reifen im frühen Herbst und hängen auch noch im Januar an den Zweigen. Genauso lange können sie sich in der Vase halten. Da *Celastrus* in der Regel zweihäusig ist, braucht man männliche und weibliche Pflanzen, will man sich der Früchte erfreuen. Die starken Schlinger lassen sich willig zurückschneiden, wenn sie zu üppig werden.

C. orbiculatus Thunb. ist die bekannteste Art. Sie ist in China, Sachalin und Japan zu Hause und wächst sich bei uns zu einem bis 12 m hohen Schlinggewächs aus. Neben den rundlichen bis breit-eiförmigen, mattgrünen Blättern, die sich im Herbst gelb färben, haben nur die Früchte hohen Schmuckwert. Weit leuchten die kräftigen

karminroten Farben der Samenmäntel in den gelben Fruchthüllen.
N-4, Zone 5a.

C. scandens L. ist in den östlichen USA verbreitet und wächst deutlich schwächer als ihre ostasiatische Schwester. Sie unterscheidet sich von ihr außerdem durch eirunde Blätter und endständige (bei *C. orbiculatus* achselständige) Blütenrispen. Früchte ebenfalls gelb und mit 1 cm Durchmesser etwas größer.
N-2, Zone 5a.

Celtis L., Ulmaceae
Zürgelbaum

Die Zürgelbäume gehören zu den Ulmengewächsen; es sind meist Bäume, nur selten Sträucher mit wechselständigen, asymmetrischen, am Grunde 3nervigen Blättern. Von den eingeschlechtlichen, gelegentlich auch zwittrigen, unscheinbaren Blüten sitzen die männlichen in kleinen Büscheln an der Basis der jungen Triebe, die weiblichen einzeln oder zu Paaren in den oberen Blattachseln. Aus ihnen entwickeln sich kleine, kugelige Steinfrüchte, die von einer dünnen Schicht süßen Fruchtfleisches, das bei einigen Arten eßbar ist, umgeben sind. Von den etwa 80 Arten gehören die meisten der tropischen Vegetation an, der Rest verteilt sich auf die nördlichen gemäßigten Zonen, nur 2 Arten sind in gutsortierten Baumschulen zu haben.
Die in unseren Breiten winterharten *Celtis*-Arten sind ausgezeichnete, of malerische Park- und Straßenbäume. Dank ihrer hohen Widerstandsfähigkeit gegen Krankheiten können sie als Ersatz für Ulmen dienen, denen sie habituell ähnlich sind. Sie gedeihen in jedem normalen Gartenboden in frischen und trockenen Lagen.

C. australis L. Der Südliche Zürgelbaum ist die einzige in Europa heimische Art. Sie ist über Südeuropa, Kleinasien und Nordafrika verbreitet, kommt dort vereinzelt an felsigen Hängen vor und ist als junge Pflanze in Mitteleuropa nicht überall frosthart. Der Südliche Zürgelbaum entwickelt sich zu einem bis 25 m hohen, trockenresistenten Baum mit breit ausladender Krone und fast buchenartig glattem Stamm. Seine elliptisch-länglichen, dunkelgrünen und rauhen Blätter sind an der Spitze geschwänzt und am Rande scharf gesägt. Weder die Blüten, noch die zunächst dunkelroten, später violettbraunen, wohlschmeckenden Früchte fallen auf. Hat sich als Stadtstraßenbaum bewährt.
Nsm-3, Zone 6b.

C.occidentalis L. Nordamerikanischer Zürgelbaum. Der in Nordamerika heimische, mittelgroße Baum mit breiter Krone, überhängenden Ästen und tief gefurchtem, wulstigem Stamm zeigt sich in Mitteleuropa wesentlich frosthärter und wüchsiger als *C.australis*. Seine lanzettlich-eiförmigen bis breit-eiförmigen, oben glänzendgrünen und glatten Blätter färben sich im Herbst goldgelb. Der raschwüchsige Baum gilt als harter, trockenresistenter und krankheitsfreier Straßenbaum, auch für den innerstädtischen Bereich; er entwickelt allerdings eine sehr breite Krone.
N-2, Zone 5a.

Cephalanthus L., Rubiaceae
Knopfbusch

In Asien, Afrika und Nordamerika sind 17 Arten sommergrüner oder immergrüner Sträucher oder kleiner Bäume mit gegenständig angeordneten Blättern verbreitet; in Kultur ist nur die in Nordamerika heimische *C.occidentalis*.

C.occidentalis L. Der Knopfbusch wächst zu einem etwa mannshohen, ziemlich unscheinbaren Strauch heran, der dann im Hochsommer (Juli–August) mit einer Fülle kleiner, zwittriger, 4zähliger, gelblichweißer Blüten in kugelrunden Köpfchen überrascht. Die 2–3 cm breiten Blütenbälle stehen über dem Laub und sind daher trotz ihrer unauffälligen Farbe nicht zu übersehen. Der Strauch wächst in seiner Heimat in feuchten, sumpfigen Auenwäldern, in halbschattigen und vollsonnigen Lagen. Er kann in unseren Parkanlagen also dort seinen Platz finden, wo andere Sträucher nur noch unbefriedigend gedeihen.
Nw-2, Zone 5b.

Cephalanthus occidentalis

Ceratonia L., Leguminosae
Johannisbrotbaum

Die Gattung umfaßt nur eine Art, die im östlichen Mittelmeergebiet an trockenen Hängen heimisch ist und die seit langem im ganzen Mittelmeergebiet angepflanzt wird.

C.siliqua L. Walnußähnlicher, kaum über 6 m hoher Baum mit sparrig verzweigten Ästen und breiter Krone. Die Blätter sind immergrün, ledrig, 10–20 cm lang und 2- bis 4paarig gefiedert, die verkehrt-eiförmigen, 4–5 cm langen Blättchen sind oberseits glänzend dunkelgrün, unten rostbraun behaart. Aus wenig ansehnlichen, eingeschlechtlichen Blüten, die vom Mai bis in den Spätherbst aufblühen, entwickeln sich 10–20 cm lange, etwa 3 cm breite, ledrige, zur Reife braunviolette, flache, oft hornartig gekrümmte Hülsen mit weichem, süßlichen, später verhärtendem Fruchtfleisch

Ceratostigma plumbaginoides

und zahlreichen flachen, glänzendbraunen Samen.
Die Fruchthülsen sind eßbar, sie werden als Johannisbrot gelegentlich noch heute angeboten. Früher waren sie stellenweise ein wichtiges Viehfutter. Der eingedickte Fruchtsaft war als »Kaftanhonig« bekannt. Die harten Samen wurden früher von Juwelieren, Gewürzhändlern und Apothekern als kleine Gewichte verwendet. Der aus dem Arabischen stammende Name Karat ist auf die betreffende Gewichtseinheit übergegangen.
In Kultur gedeiht der Baum auch auf sehr trockenen Böden, er bevorzugt sonnendurchwärmte, felsige Hänge mit sehr durchlässigen Böden.
Ms-3, Zone 9.

Ceratostigma Bunge
Plumbaginaceae
Hornnarbe

8 Arten niedriger, sommergrüner Sträucher und Halbsträucher sind in China, dem Himalaja und Mittelafrika verbreitet, die meisten sind bei uns nicht winterhart. Es sind meist Halbsträucher oder Stauden mit kantigen Trieben und wechselständigen, ungeteilten, ganzrandigen Blättern. Die 5zähligen, zwittrigen Blüten stehen in achsel- oder endständigen Büscheln zusammen. Sie haben eine tellerförmige Krone mit langer Röhre; die Griffel sind mit 5 hornartig gebogenen Narbenästen ausgestattet. Die Frucht ist eine vom Kelch umhüllte Kapsel.

C.plumbaginoides Bunge ist ein 20–30 cm hoher Halbstrauch, der sich durch unterirdische Ausläufer ausbreitet. Über dem sattgrünen, im Austrieb rötlichen und im Herbst rotbraunen Laub entfalten sich im September–Oktober tiefblaue Blüten in dichten, end- oder achselständigen Köpfchen. Die Hornnarbe ist ein ausgezeichneter, erst spät austreibender Bodendecker für sonnige bis halbschattige Standorte und sandig-lehmige Böden. Sie kommt mit dem geringsten Pflegeaufwand aus und bildet sehr dichte, gleichmäßig hohe Teppiche, die mit später Blüte und Laubfärbung ihren ganzen Reiz erst im Herbst entfalten. In kleinen oder größeren Gruppen ist sie eine hübsche Pflanze für Steingärten und Rabatten. In klimatisch ungünstigen Lagen und in strengen Wintern ist ein leichter Schutz ratsam. Die oberirdischen Pflanzenteile sterben über Winter meist ab, ein jährlicher

Rückschnitt bis zum Boden ist deshalb ratsam.
Ns/Na-4, Zone 6b.

C.willmottianum Stapf. Aus Westchina stammt dieser sommergrüne, aufrechte, 50–100 cm hohe, meist vieltriebige Strauch. Er hat kantige, meist rötliche und borstige Triebe und lanzettliche, 3–5 cm lange Blätter. Von August bis Oktober blühen nacheinander blaue Blüten mit rosa Kronröhre und lila Staubfäden auf. Sie sitzen end- und achselständig in Büscheln, die von einem steifen, lanzettlichen Hochblatt umgeben sind. *C.willmottianum* ist nicht ganz so winterhart wie *C.plumbaginoides*, friert deshalb häufiger zurück, treibt aber immer wieder gut aus.
Ng-4, Zone 7a.

Cercidiphyllum Sieb. et Zucc.
Cercidiphyllaceae
Katsurabaum

Die zwei in Ostasien heimischen Arten sind sommergrüne Bäume, deren Sproßsystem in Langtriebe und stark gestauchte Kurztriebe gegliedert ist. Die einfachen, handnervigen Blätter stehen an Langtrieben gegenständig, an Kurztrieben immer einzeln. *Cercidiphyllum* sind begeisternd schöne Bäume für den Park oder den großen Garten, die am besten in genügend frischen Böden, auch im Halbschatten gedeihen.

C.japonicum Sieb et Zucc. Nur wenige unserer großen Parkbäume sind so dekorativ wie der Katsurabaum, gelegentlich auch Kuchenbaum genannt, weil zur Zeit des herbstlichen Laubfalles der die Blattnarben

Cercidiphyllum japonicum

Cercis siliquastrum

verschließende Saft intensiv nach Hefekuchen riecht. *Cercidiphyllum* ist der größte laubabwerfende Baum Japans, er bewohnt in ganz Japan und China die Abhänge niedriger Hügel und erwählt sich einen feuchten Standort mit tiefgründigem Boden. Dort erreicht er oft Höhen bis zu 30 m und entwickelt ein Bündel von Stämmen. Die in Mitteleuropa ältesten Bäume erreichten bisher knapp 20 m Höhe und einen Kronendurchmesser von 15 m. Nicht nur der Habitus des herrlichen Parkbaumes, der auf jedem nicht zu trockenen Boden gedeiht, ist bemerkenswert, auch die Einzelheiten von Blatt und Blüte darf man sich gelegentlich näher betrachten. Das rundliche, an der Basis herzförmige Blatt hat eine typische Nervatur, die nur wenigen Gehölzarten eigen ist, alle Nerven gehen von der Blattbasis aus. Das im Herbst intensiv hellgelbe bis goldgelbe Laub treibt im Frühjahr mit einem feinen Bronzeton aus. Es entwickelt sich nicht nur an den jungen Trieben, sondern erscheint an kaum sichtbaren Kurztrieben auch an armdicken Ästen. Auch bei voller Belaubung bleibt das fein verzweigte Skelett des Baumes sichtbar. Die zweihäusig verteilten Blüten erscheinen vor den Blättern, sie sind sehr klein und besitzen keine Blütenhülle. Die weiblichen Blüten fallen durch ihre gekrümmten Griffel mit den langen, purpurroten Narbensäumen auf. Die 8–13 Staubblätter der männlichen Blüten besitzen rote Antheren.
Nh-4, Zone 5b.

'Pendulum'. Eine eigenwillige Form, bei der Äste und Zweige lang herabhängen.

C.magnificum (Nakai) Nakai ist ein kleinerer, in der Regel einstämmiger Baum mit größeren, an der Basis ausgeprägt herzförmigen Blättern und derberen Früchten. Diese japanische Art ist in unseren Gärten bei weitem nicht so häufig vertreten.
Nhg-4, Zone 6a.

Cercis L., Leguminosae
Judasbaum

Von Südeuropa bis Ostasien und in Nordamerika sind 7 Arten dieser Gattung verbreitet. Die sommergrünen Bäume oder Sträucher sind durch nierenförmige Blätter, büschel- und traubenförmige, oft dem alten Holz entspringende Blütenstände und flach zusammengedrückte, 2klappig aufspringende Fruchthülsen gekennzeichnet. Alle Arten sind recht wärmebedürftige Großsträucher, die nur in klimatisch günstigen Gebieten ihre volle Schönheit erlangen und regelmäßig zur Blüte kommen. Diese kann dann so überreich sein, daß man Stamm und Äste kaum mehr sieht. Kräftiger, nicht zu trockener, kalkhaltiger Boden und geschützte, warme Lagen (Mauerwinkel) sind Voraussetzungen für gutes Gedeihen.

C.canadensis L. Der Kanadische Judasbaum ist nicht in Kanada, sondern in Wäl-

dern und Flußtälern von New Jersey bis Florida verbreitet. Die mehr oder weniger nierenförmigen, vorn zugespitzten Blätter ähneln in ihrer Form und der Nervatur denen von *Cercidiphyllum*. Auffallend sind die hellpurpurnen Schmetterlingsblüten, die im zeitigen Frühjahr, noch vor dem Laubaustritt, in kleinen Büscheln an Zweigen und dicken Ästen entstehen. Man nennt diese Erscheinung, die an tropischen Baumarten häufiger zu beobachten ist, Kauliflorie = Stammblütigkeit.
Nw-2, Zone 6 b.
'Forest Pansy'. Amerikanische Sorte, deren Blätter im Austrieb glänzend purpurschwarz, später tief purpurrot sind.

C. chinensis Bunge. Entwickelt sich in seiner chinesischen Heimat zu einem kleinen Baum, bleibt bei uns aber strauchig. Die ziemlich lederartigen, glänzendgrünen, rundlichen Blätter sind an der Basis tief herzförmig, am Rand sind sie deutlich weiß knorpelig. Im Mai, vor der Laubentfaltung, erscheinen die 1,5–2 cm langen, violettroten Blüten, die zu 5–8 beisammen stehen. Wird in chinesischen Gärten sehr häufig angepflanzt und ist, mindestens in milden Klimazonen, auch bei uns ausreichend hart.
Nw-4, Zone 7 a.

C. siliquastrum L. Der Gemeine Judasbaum ist als Vertreter der südeuropäischen Florenwelt in unseren Gärten häufiger zu finden, obwohl er in der Jugend gelegentlich zurückfriert und insgesamt empfindlicher ist als *C. canadensis*. Mit 10 m erreicht er etwa die gleiche Höhe wie seine nordamerikanische Verwandte, beide erreichen diese Ausmaße in unseren Breiten aber nur in Ausnahmefällen. Auch bei *C. siliquastrum* erscheinen die purpurrosa Blüten gebüschelt vor dem Blattaustrieb aus 2jährigen und älteren Zweigen und Ästen. Die Blätter sind im Gegensatz zu denen von *C. canadensis* vorn abgerundet.
Ms/Nsm-3, Zone 7 a.

Cestrum L., Solanaceae
Hammerstrauch

In Westindien und im warm temperierten Amerika sind die rund 150 Arten immergrüner oder sommergrüner Sträucher verbreitet. Ihre Blätter sind wechselständig, ungeteilt und ganzrandig. Die 5zähligen, röhrenförmigen Blüten sind meist zu endoder achselständigen Trauben vereint. Die Frucht ist eine saftige Beere.
Die hier vorgestellten Arten können in Mitteleuropa nur als Kübelpflanzen gehalten werden, in wärmeren Teilen von Frankreich

und England sind sie aber ausreichend winterhart. Die schön blühenden Sträucher brauchen einen gepflegten, nahrhaften Boden und sonnige bis halbschattige Standorte.

C. aurantiacum Lindl. Der fast immergrüne Strauch wird etwa mannshoch, er trägt eiförmige, 5–9 cm lange Blätter und bis 2 cm lange, orangefarbene Blüten, die eine röhrigbauchige Blütenkrone mit einem 5teiligen, meist zurückgeschlagenen Kronsaum besitzen. Die in Guatemala heimische Art blüht den ganzen Sommer über.
Ms-1, Zone 9.

C. elegans (Brongn. ex Neum.) Schlechtend. Der immergrüne, bis 3 m hohe Strauch ist mit elegant überhängenden Zweigen locker aufgebaut. Seine Blätter sind lanzettlich, 7–10 cm lang und stumpfgrün. Den ganzen Sommer über entwickeln sich an den Zweigenden röhrenförmige, zum Saum hin etwas erweiterte und am Saum umgeschlagene, 2,5 cm lange, purpurrote Blüten in etwa 10 cm langen Rispen. Zur Hauptblüte im Frühjahr eine sehr auffallende Erscheinung. In weniger günstigen Lagen kann der Strauch mit seinen langen Trieben auch an Wandspalieren angeheftet werden. Heimisch in Mexiko. Wird gelegentlich auch als *C. purpureum* geführt.
Ms-1, Zone 9.

C. fasciculatum (Endl.) Miers wird oft mit *C. elegans* verwechselt, unterscheidet sich aber durch die mehr krugförmigen, dunkelkarminrosa, außen behaarten Blüten. Heimisch in Mexiko.
Ms-1, Zone 9.

C. parqui L'Hèrit. ist ein sommergrüner, 2,5–3 m hoher Strauch mit lanzettlichen, 5–12 cm langen Blättern und gelblichgrünen, vor allem nachts stark duftenden Blüten in 10–15 cm langen, endständigen Rispen. Blütezeit ist Juni–Juli. Heimisch in Chile.
Ah-5, Zone 9.

Chaenomeles siehe *Choenomeles*

Chamaedaphne Moench
Ericaceae
Zwerglorbeer, Torfgränke

Die Gattung besteht aus nur einer Art, die im nördlichen Teil der gemäßigten Zone zirkumpolar verbreitet ist. Es ist ein immergrüner, niedriger Strauch mit derben, ledrigen, auf der Unterseite weißlichgrauen

Blättern, einem endständigen Blütenstand aus nickenden, glockigen Blüten und kugeligen 5klappig aufspringenden Fruchtkapseln.

C. calyculata (L.) Moench ist eines der charakteristischen Gehölze der nördlichen Hochmoore. Er wächst dort im Teppich verschiedener *Sphagnum*-Arten und in Gesellschaft von *Betula nana*, *Andromeda polifolia*, *Ledum palustre* und *Vaccinium uliginosum*. Als hübsche Moorbeetpflanze ist der Zwerglorbeer, auch Lederblatt oder Torfränke genannt, seit langem in Kultur, er bevorzugt frische bis feuchte Standorte auf humosen, nährstoffarmen Böden. Bei ausreichend hoher Luftfeuchtigkeit verträgt er sonnige Standorte, in sommerwarmen Gebieten pflanzt man ihn am besten an halbschattige Plätze. Gute Lebensbedingungen findet er, einzeln oder in kleinen Gruppen, in der Nachbarschaft von *Rhododendron*.
P/NB-1/2/3/4/, Zone 3.
'Nana' ist in allen Teilen kleiner als die Art, sie wird nur 20–30 cm hoch; ihre Zweige sind etwas kürzer und stehen mehr waagerecht ab.

Chamaerops L., Palmae
Zwergpalme

Mit nur einer Art ist die Gattung im westlichen Mittelmeergebiet verbreitet. Sie ist, neben einem kleinen inselartigen Vorkommen von *Phoenix theophrastii* in der südlichen Türkei, die einzige Palmenart Europas. Sonst besiedeln Palmen mit 200 Gattungen und etwa 2675 Arten ausschließlich tropische und subtropische Regionen.

C. humilis L. wächst entweder einstämmig und wird dann etwa 3–5 m hoch oder sie bildet vom Boden aus mehrere kurze Stämme und bleibt dann wesentlich niedriger. Die Stämme sind dicht mit Blattscheidenresten bedeckt. Der Blattschopf am Ende der Stämme besteht aus fast kreisrunden, 50–60 cm langen, grau- oder bläulichgrünen Blättern, die bis zur Basis in zahlreiche schmale Blattsegmente geteilt sind. Der bis 100 cm lange Blattstiel ist scharf bedornt. Zwischen den Blattstielen brechen die gedrungenen, reich verzweigten, leuchtendgelben Blütenstände hervor, die von einem 2klappigen Hüllblatt umgeben sind. Die weiblichen Blüten umschließen drei dickfleischige Fruchtblätter, aus denen kugelige bis eiförmige, gelbe oder braune Beerenfrüchte hervorgehen.
An ihren natürlichen Standorten wächst die Zwergpalme an trockenen, intensiv besonnten Plätzen, sie bevorzugt kalkreiche Böden.

Sie wird in mediterranen Gärten sehr häufig kultiviert.
Ms-3, Zone 9.

Chimonanthus Lindl.
Calycanthaceae
Winterblüte

Nur eine der 4 in China verbreiteten Arten ist in europäischen Gärten bekannt. Es sind sommergrüne oder immergrüne Sträucher mit einfachen, ganzrandigen, gegenständigen Blättern und zwittrigen Blüten mit einfacher Blütenhülle. Die Früchte entwickeln sich zu Nüßchen, die von der eingetrockneten Blütenachse umgeben sind.

C. praecox (L.) Link ist ein sommergrüner Strauch, der 2–3 m hoch werden kann und bis 20 cm lange, glänzend hellgrüne Blätter trägt. An vorjährigen Trieben entwickeln sich bis 2,5 cm breite, abwärts geneigte Blüten. Der kurze Blütenstiel ist von braunen Schuppenblättern umhüllt, die äußeren Tepalen der Blüte sind fast durchscheinend hellgelb, die inneren kleiner und unregelmäßig braunrot gestreift bis gefleckt.
Die Winterblüte trägt ihren deutschen Namen zu Recht. Bei milder Witterung erscheinen die glockigen, stark duftenden Blüten schon im Dezember. Die Art ist nur für milde Gebiete zu empfehlen. Außerhalb des Weinbauklimas erfriert der Strauch zwar nicht gleich, kommt aber nur nach milden Wintern zur Blüte. Ein warmer, sonniger Platz sollte ihm zur Verfügung stehen. Da er langtriebig ist, läßt er sich gut als Spalier an Wänden ziehen.
Nhw-4, Zone 7a.

Chionanthus L., Oleaceae
Schneeflockenstrauch

Mit je 1 Art in Nordamerika und China ist diese Gattung noch weniger umfangreich als die vorige. Die sommergrünen Sträucher können an ihren Heimatstandorten gelegentlich baumförmig werden. Sie tragen gegenständige, einfache Blätter, zweihäusig verteilte, 4teilige Blüten mit 1,5–3 cm langen, reinweißen Kronblättern in lockeren, verzweigten Rispen an den Enden der vorjährigen Triebe und 1samige, blauschwarze Steinfrüchte. Beide Arten sind ausreichend frosthart, stellen an den Boden keine Ansprüche und gedeihen in voller Sonne wie im lichten Schatten. Sie sind hervorragende Solitärsträucher für Park und Garten.

C. retusus Lindl. et Paxt. Der Chinesische Schneeflockenstrauch wird außerhalb bota-

nischer Gärten wohl kaum angetroffen. Die Art stammt aus Nordchina und Formosa, wird etwa 3 m hoch und fällt besonders durch ihren glänzenden, wie poliert aussehenden, hellbraunen Stamm auf, an dem die Rinde in ganz dünnen Fetzen abrollt.
Nhw-4, Zone 6b.

C. virginicus L. Der Virginische Schneeflockenstrauch ist von Pennsylvania bis Florida und Texas verbreitet, wird dort unter günstigen Bedingungen baumförmig, erreicht bei uns aber wohl nur 4–5 m Höhe. Der breit ausladende Strauch wird wegen seiner weißen, bis 20 cm langen, überhängenden Blütenrispen geschätzt, die ihn zur Blütezeit im Juni in ein lockeres, duftiges Blütenmeer tauchen. Die großen, ei-länglichen Blätter färben sich im Herbst hellgelb.
Nw-2, Zone 5b.

Choenomeles Lindl., Rosaceae
Zierquitte, Scheinquitte

Die 3 ostasiatischen *Choenomeles*-Arten sind sommergrüne Sträucher mit mehr oder weniger dornigen Zweigen, wechselständigen Blättern, 5zähligen Blüten und

wohlriechenden Apfelfrüchten mit 5fächrigem Kernhaus.
Seit gegen Ende des 18. Jahrhunderts die ersten Zierquitten aus Japan und China nach Europa kamen, hat man sich schnell mit ihnen angefreundet und sie in die Gärten geholt. Dank intensiver Züchtung, die große Blüten und leuchtende Farben hervorbrachte, gehören sie heute zu den bekanntesten Ziersträuchern, denen man in fast jedem Garten begegnet.
Alle Scheinquitten sind anspruchslose Sträucher, die auf jedem Gartenboden gedeihen und sowohl vollsonnige als auch halbschattige Lagen vertragen. Gelegentlich wird empfohlen, die Sträucher als Spalier an Wänden zu ziehen, wo sie dann früher blühen und ihre Früchte besser ausreifen. Die Früchte lassen sich recht gut zu einer delikaten Quittenpaste, zu Gelee oder aromatischem Süßmost verarbeiten.
Da die Scheinquitten an kurzen, meist blattlosen Blütentrieben, die seitlich an älteren Langtrieben sitzen, blühen, zeigen erst ältere Pflanzen ihre volle Schönheit. Junge Sträucher verstecken ihre Blüten oft im Innern der Pflanzen.
Jeder Rückschnitt sollte unterbleiben, da er viele junge Triebe und damit eine Verminderung der Blütenzahl zur Folge hat.

Chionanthus virginicus

Bei überalterten Sträuchern lichtet man vorsichtig aus.

Die Scheinquitten lassen sich als Einzelsträucher, mit anderen Arten zusammen in Gruppen und ganz vorzüglich als freiwachsende Hecken verwenden. Man überlege sich aber vorher, daß sie dann mehr Platz benötigen als eine regelmäßig geschnittene Hecke. Scheinquitten vertragen zwar ebenfalls jeden Schnitt, doch nur auf Kosten der Blüte.

Erhält man in der Baumschule veredelte Pflanzen, dann achte man auf Bodentriebe, denn sie entstammen der weniger wertvollen Unterlage und überwachsen auf die Dauer die aufveredelte Sorte.

C.japonica (Thunb.) Lindl. ex Spach. Die Japanische Zierquitte ist ein niederliegender Strauch für die Einzelstellung, besonders aber für flächige Pflanzungen, der etwa 1 m Höhe und Breite erreicht und an dornigen Zweigen eiförmige Blätter trägt. Oft schon ab März erscheinen ziegelrote Blüten am vorjährigen Holz. Die Früchte sind 3-4 cm breit, gelb, meist orangefarben gepunktet, stark aromatisch und meist mit mehreren tiefen Furchen versehen. Sie bleiben bis weit in den Winter hängen, wenn sie nicht vorher von Vögeln gefressen wurden. Nh-4, Zone 5a.

Choenomeles 'Simonii'

'Sargentii' wird bis 75 cm hoch und breitet sich durch unterirdische Ausläufer aus, deshalb für Pflanzungen in größeren Gruppen gut geeignet. Blüten hellorange, ziemlich klein und rundlich.

C.speciosa (Sweet) Nakai. Die Chinesische Zierquitte unterscheidet sich von der japanischen Zierquitte durch etwas stärkeren Wuchs, schmalere und spitze, oberseits glänzende Blätter, rosa bis dunkelrote Blüten und längliche, bis über 7 cm lange, gelbgrüne, auf der Sonnenseite gerötete, etwas weniger stark duftende Früchte. Nh-4, Zone 5a.

Zu *C.speciosa* gehören die in der Tabelle aufgelisteten Sorten, alle werden deutlich höher als die Sorten von *C. × superba*.

C. × superba (Frahm) Rehd. ist eine Hybride zwischen den beiden genannten Arten, die im Wuchs *C.speciosa* und im Blatt *C.japonica* ähnelt. Von den genannten Zierquitten – die wenigen anderen Arten und Hybriden sind für die Gartenkultur nicht besonders interessant – ist eine Fülle von Gartenformen bekannt, von denen hier die behandelt werden sollen, die sich im Laufe der Zeit als besonders schön und zuverlässig herausgestellt haben. Von Hansen und Stahl (1976) werden als Blühpartner Zierkirschen und Prunkspieren empfohlen. Zone 5a.

Choisya H.B.K., Rutaceae Orangenblume

Die Gattung umfaßt 6 Arten immergrüner, aromatischer Sträucher mit gegenständigen, 3zähligen bis mehrfach fingerförmigen Blättern. Die Blättchen sind ganzrandig

Sorten von Choenomeles speciosa

Sorte	Blüte	Wuchs
'Diane'	apfelblütenrosa	ziemlich dicht, mit überhängenden Zweigen
'Exima'	reinrosa	stark, aufrecht
'Josef Arends'	dunkelrot, zahlreich	stark, aufrecht
'Josef Keller'	karminrot	stark, aufrecht, Zweige leicht überhängend
'Nivalis'	reinweiß	stark, aufrecht
'Rubra'	rot, rundlich, klein, meist im Innern der Pflanze	stark, aufrecht
'Simonii'	prächtig dunkelrot, halbgefüllt bis einfach	flach, kaum 1 m hoch
'Umbilicata'	kirschrosa, mittelgroß	stark, aufrecht

Sorten von Choenomeles × superba

Sorte	Blüte	Wuchs
'Andenken an Karl Ramcke'	leuchtend zinnoberrot, sehr zahlreich	breit, kaum über 1 m hoch
'Clementine'	orangerot, kugelig, sehr zahlreich	breitbuschig, etwa 1,5 m hoch
'Crimson and Gold'	dunkelrot, Staubblätter auffallend goldgelb	sehr breit, etwa 1 m hoch
'Elly Mossel'	feuerrot, groß	mittelhoch
'Etna'	scharlachrot, flach	mittelhoch
'Fascination'	tief scharlachrot, sehr groß, weit geöffnet	breit und mittelhoch
'Fire Dance'	signalrot, sehr groß, weit geöffnet, sehr zahlreich	mittelhoch, ausgebreitet
'Hollandia'	scharlachrot, groß, weit offen	mittelhoch, buschig
'Nicoline'	karminrot, groß, einfach bis halbgefüllt	sehr breit, bis 1 m hoch
'Pink Lady'	dunkelrosa	breit aufrecht
'Rowallane'	leuchtend scharlachrot, zahlreich	breit ausladend, fast kriechend
'Vesuvius'	scharlachrot, groß	mittelhoch
'Youki Gotin'	cremeweiß, gefüllt	mittelhoch

Choysia ternata

Cistus monspeliensis

und durchscheinend punktiert. Die ansehnlichen, 5zähligen Blüten sind in end- oder achselständigen, wenigblütigen Rispen zusammengefaßt. Die Frucht ist eine Kapsel, die zur Reife 2klappig aufspringt. Von den 6 im südlichen Nordamerika und in Mexiko heimischen Arten ist in Europa nur die in Mexiko heimische *C.ternata* in Kultur.

C.ternata H.B.K. ist ein dicht belaubter, kaum mehr als 1 hoher Strauch mit 3zähligen, ledrigen Blättern, deren Blättchen 3–7 cm lang, länglich bis verkehrt-eiförmig und oberseits glänzendgrün sind. Im April–Mai entwickeln sich an den Zweigspitzen weiße, duftende, 2,5–3 cm breite Blüten zu 3–6 in Trugdolden.
C.ternata ist mit ihren aromatischen Blättern und den stark nach Orangen duftenden Blüten in südlichen und englischen Gärten ein beliebter Zierstrauch, der an sonnigen und schattigen Plätzen wachsen kann und nicht selten als Hecke gepflanzt wird.
MG-1, Zone 8a.

Cinnamomum Schaeffer
Lauraceae
Zimtlorbeer

Mit insgesamt 250 Arten ist die Gattung in Ostasien und im indomalaiischen Raum vertreten. Die immergrünen Bäume oder Sträucher haben meist gegenständige, 3-

oder fiedernervige, sehr aromatische Blätter. Aus unscheinbaren Blüten entwickeln sich kleine, 1samige, von einem Becher umgebene Beeren.
Zur Gattung *Cinnamomum* gehören wirtschaftlich wichtige Arten wie der Ceylonzimt, *C.verum* oder der Chinesische Zimt, *C.aromaticum.* Zimt wird meist aus der aromatischen Rinde junger Triebe oder Stämme gewonnen. Am Mittelmeer wird die folgende Art häufiger kultiviert.

C.camphora (L.) J.S. Presl. Der Kampferbaum stammt aus China und Südjapan, er entwickelt sich oft zu mächtigen Bäumen mit knorrigem Stamm und weit ausladender Krone. Die beim Zerreiben stark nach Kampfer riechenden Blätter sind lederartig glatt, eiförmig-lanzettlich, glänzend hellgrün und auf der Unterseite matt blaugrün. Nicht selten treiben sie rötlich aus.
C.camphora ist einer der imposantesten Bäume in den Gärten des Mittelmeergebietes. Er kann mehrere hundert Jahre alt werden und genießt deshalb in China und Japan eine besondere Verehrung. Alle Teile des Baumes enthalten reichlich Kampferöl, das vorwiegend durch Dampfdestillation aus zerkleinertem Holz gewonnen wird. Kampfer wird aber längst synthetisch hergestellt. Das gewonnene Öl wird für technische Zwecke, aber auch in der Pharmazie verarbeitet.
Mh-4, Zone 9.

Cistus L., Cistaceae
Zistrose

Die mediterrane Gattung umfaßt 20 Arten, von denen die meisten im östlichen Mittelmeerraum verbreitet sind. Sie beherrschen stellenweise ganze Landstriche und nehmen häufig an der Zusammensetzung der Macchien teil, einer Pflanzengesellschaft 2–4 m hoher, trockenresistenter, aromatischer Sträucher.
Zistrosen sind immergrüne oder halbimmergrüne niedrige Sträucher mit zottig behaarten, aromatischen Zweigen, gegenständigen Blättern, großen, end- oder seitenständigen Blüten und 5- oder 10klappigen Fruchtkapseln. Die meisten Arten müssen in Mitteleuropa im Kalthaus überwintern. Nur wenige halten unter entsprechenden Bedingungen im Freien aus.
Zistrosen kommen nur für heiße, trockene Gebiete in Frage, wo sie in alpinen Anlagen und in Verbindung mit Trockenmauern, mit Vorliebe auf kalkarmen Unterlagen, ihnen zusagende Plätze finden. Auch an so günstigen Plätzen würden sie ohne Winterschutz den mitteleuropäischen Wintern erliegen. In mediterranen Gärten werden sie dagegen häufig als reichblühende Sträucher kultiviert.

C.albidus L. Die Weiße Zistrose gehört zu den im südwestlichen Mittelmeergebiet sehr häufig auftretenden Arten. Ein ge-

drungener, kaum mehr als 1 m hoher Strauch, der in allen Teilen dicht weiß behaart ist. Im Juni öffnen sich die hellrosalila, etwa 5–6 cm breiten Blüten, deren Blütenblätter an der Basis einen gelben Fleck haben. Gedeiht auf allen Bodenarten, bevorzugt aber felsigen Kalk.
Ms-3, Zone 9.

C. clusii Dun. gehört mit einer Höhe von nur 20 cm zu den Zwergen unter den Zistrosen. Eine sehr reichblühende Art mit dünnen Trieben, kleinen, am Saum eingerollten Blättchen und weißen, in der Mitte hellgelben, 2,5 cm breiten Blüten. Kommt an trockenen, felsigen Hängen auf Kalkböden vor.
Ms-3, Zone 9.

C. creticus L. (= *C. incanus* L.) entwickelt sich zu einem 30–100 cm hohen, aufrechten bis ausgebreiteten Strauch mit beiderseits mehr oder weniger dicht filzigen, graugrünen Blättern und 4–6 cm breiten, rosaroten Blüten. Kommt auf Kalk- und Silikatböden vor.
Ms-3, Zone 9

C. × hybridus Pourret *(C. populifolius × C. salvifolius)* ist eine Naturhybride, die weit härter ist als die meisten anderen Arten. Ihre weißen Blüten, die mit einem gelben Basalfleck versehen sind, erscheinen im Juni aus karminrosa Knospen.
Zone 7 b.
Ms-3, Zone 9.

C. ladanifer L. Die Lackzistrose ist ein etwa 1,5 m hoher Strauch mit klebrigen Zweigen und harzig-aromatischem Geruch. Die Blätter sind linealisch bis lanzettlich, 4–8 cm lang, oberseits dunkelgrün und glänzend, unten dicht weißfilzig. Die großen, 7–10 cm breiten, weißen Blüten fallen durch ihren großen, rotbraunen Basalfleck besonders auf. Gedeiht nur auf sauren Böden und ist in Kultur etwas empfindlich.
Ms-3, Zone 9.

C. laurifolius L. Die Lorbeerblättrige Zistrose gilt als bekannteste und härteste Art. Ihre Blüten sind ebenfalls weiß und gelb gefärbt und bis 7 cm breit, sie sitzen zu 3–8 zusammen, sind wohlriechend und nur von kurzer Lebensdauer. Über Wochen erscheinen aber ständig neue Blüten.
Ms-3, Zone 7 b.

C. monspeliensis L. Die Französische Zistrose ist ein reich verzweigter, bis 1 m hoher, aromatischer Strauch mit 4–8 cm langen, lanzettlichen, glänzend dunkelgrü-

Cistus creticus

nen, runzeligen, am Rand eingerollten Blättern. Im Juni–Juli sitzen weiße, 2,5 cm breite Blüten zu 3–10 in dichten, langgestielten Trugdolden. Kommt in seinen natürlichen Arealen auf saurem Untergrund vor.
Ms-3, Zone 9.

C. parviflorus Lam., Kleinblättrige Zistrose. Ein reich verzweigter, bis 1 m hoher Strauch, dessen junge Zweige dicht mit langen, weißen Haaren besetzt sind. Blätter nur 1–3 cm lang, beiderseits dicht graufilzig und oben graugrün gefärbt. Blüten reinrosa, 2,5 cm breit. Kommt meist in Küstennähe auf Kalkböden vor.
Ms-3, Zone 9.

C. × purpureus Lam. (*C. ladanifer × C. incanus*). Von *C. incanus* hat die Hybride ihre rosa Blüten, von *C. ladanifer* den dunkelroten Basalfleck am Grund der Blütenblätter und die großen, 5–7 cm breiten Blüten. Der Strauch erreicht Höhen von 50–100 cm, hat behaarte und harzige Triebe und 3–5 cm lange, graugrüne Blätter.
Zone 8 b.

C. salvifolius L., Salbeiblättrige Zistrose. Etwa 50 cm hoher, dichtbuschiger Strauch, dessen 2–4 cm langen, ei-länglichen, oben runzeligen Blätter beiderseits dicht behaart sind. Die Blüten erscheinen im Juni, sie sind 3–4 cm breit, weiß und am Grund gelb gefärbt. Eine weit verbreitete Art, die vorwiegend auf nährstoffarmen, kalkhaltigen Böden vorkommt.
Ms-3, Zone 9.

Citrus L., Rutaceae
Citrus

Zitrusgewächse werden am Mittelmeer nicht nur in Plantagen als Obstgehölze kul-

tiviert, sie werden mit ihrem immergrünen Laub, den duftenden Blüten und den gelben Früchten auch in Gärten als Zier- und Fruchtsträucher gehalten. Alle sind immergrüne, kleine, oft dichtkronige Bäume oder Sträucher mit glatten oder bedornten Zweigen. Die Blätter sind ledrig, einfach, dunkelgrün und durch eingelagerte Öldrüsen aromatisch. Die weißen, stark duftenden Blüten sind mit einem 3- bis 5spaltigen Kelch, 4–5 Kelchblättern, einem dicken Diskus aus 8–10 Nektardrüsen und 8–10 Staubblättern ausgestattet. Bei den Früchten handelt es sich um Beerenfrüchte besonderer Art: Die Schale besteht aus zwei Schichten, die äußere, die durch Carotine gelb oder orange gefärbt ist, wird Flavedo, die innere weiße Schicht Albedo genannt. Das saftige Fruchtfleisch ist in Segmente unterteilt. Diese sind von einer meist dünnen Haut umgeben, mit vielzelligen Saftschläuchen gefüllt und liegen mehr oder weniger fest aneinander.

Das Verbreitungsgebiet liegt in Südostasien, von Indien bis Japan und Indonesien. Die Ursprünge der einzelnen Arten, deren Abgrenzung teilweise recht unsicher ist, sind kaum noch nachweisbar. Zitrusfrüchte gehören zu den ältesten Obstarten. Sie wurden in China schon im 2. Jahrtausend v. Chr. kultiviert.

Einige Arten, darunter die Zitronat-Zitrone, *C. medica*, kamen bereits im Altertum ins Mittelmeergebiet. Zunächst wurden sie nur als Heilpflanzen genutzt. Seit 200 v. Chr. sind Zitrusbäume auch Zierpflanzen, die zunächst zum Schmuck römischer Villen in durchlöcherten Tonkrügen kultiviert wurden. Recht früh kamen Zitrusfrüchte auch über die Alpen. Der Heiligen Hildegard von Bingen (gest. 1179) waren sie bereits bekannt. Seit der Mitte des 16. Jahrhunderts waren in Kübeln gehaltene Zitrusbäume ein unentbehrlicher Bestandteil herrschaftlicher Gärten. Um sie im Winter vor Kälte zu schützen, wurden die Orangerien gebaut.

Am Mittelmeer werden vor allem folgende *Citrus*-Arten kultiviert. Auf die zahlreichen Sorten kann hier nicht eingegangen werden.

C. aurantium L. Die Pomeranze ist ein kleiner, rundkroniger, regelmäßig verzweigter, etwa 5 m hoher Baum, dessen Triebe mit langen, stumpfen, biegsamen Dornen ausgestattet sind. Die Blätter sind elliptisch, 7–10 cm lang, die Blattstiele sind breit geflügelt. Einzeln oder in achselständigen Büscheln sitzen die weißen, sehr wohlriechenden Blüten. Das Fruchtfleisch der kugeligen, 5–7 cm breiten Früchte ist bitter und ungenießbar. Die orange gefärbten Fruchtschalen werden zur Herstellung

Citrus aurantium

von Orangeat und für die Liköre Curaçao und Cointreau verwendet. Aus den Fruchtschalen der nahe verwandten Bergamotte, *C. aurantium* ssp. *bergamia*, wird in Süditalien Bergamottöl gewonnen. Ihren Ursprung hat die Pomeranze am Südabfall des Himalaja, sie ist seit langem in Florida und Georgia, in subtropischen und tropischen Regionen eingebürgert und wird am Mittelmeer nicht selten als Straßen- und Parkbaum gepflanzt.
Mh-4, Zone 9.

C. limon (L.) Burm., Zitrone. Kleiner, 2–7 m hoher Baum mit langen Ästen und kurzen, dicken, steifen Dornen. Blätter länglich-eiförmig. Während des ganzen Jahres erscheinen weiße Blüten einzeln oder in kleinen Büscheln in den Blattachseln. Früchte 7–15 cm lang, mit kurzer, breiter, aufgesetzter Spitze. Die Schale ist zitronengelb und drüsig punktiert, das Fruchtfleisch ist sauer. Die in Nordwestindien heimische Zitrone wird in zahlreichen Sorten unter anderem auch im Mittelmeergebiet in großem Umfang angebaut. Von allen Zitrusfrüchten nimmt sie in der Weltproduktion nach Orange und Mandarine die dritte Stelle ein, sie ist die wichtigste saure Zitrusfrucht.
Mh-4, Zone 9.

C. maxima (Burm.) Merr., Pampelmuse. Im Gegensatz zu allen anderen Arten der Gattung hat der kleine bis große, rundkronige, regelmäßig verzweigte Baum behaarte Zweige. Die Dornen sind nur schwach ausgebildet oder fehlen ganz. Blätter groß, 10–20 cm lang, eiförmig-elliptisch, dunkelgrün und beiderseits behaart, der Stiel breit geflügelt. Aus kleinen weißen, einzeln oder in kleinen Büscheln sitzenden Blüten entwickeln sich sehr große, bis 25 cm breite

und 2–3 kg schwere, zitronengelbe Früchte mit sehr dicker, weicher Schale und mildsäuerlichem Fruchtfleisch. Die einzelnen Segmente lassen sich leicht trennen und schälen.
Mh-4, Zone 9.

C. medica L., Zitronat-Zitrone. Kleiner, 4–5 m hoher Baum mit langen Ästen und kurzen, dicken, steifen Dornen. Blätter länglich, 10–18 cm lang. Große, in der Knospe oft gerötete Blüten entwickeln sich meist in endständigen Rispen oder auch in achselständigen Büscheln. Die Früchte sind elliptisch-länglich und 15–30 cm lang. Sie haben eine sehr dicke, duftende, zitronengelbe Schale und weißes, saures Fruchtfleisch. Die dicken Schalen werden kandiert und kommen als Zitronat in den Handel. *C. medica* ist mit einigen Varietäten in Westasien und im Mittelmeergebiet, in Vorderindien sowie in Süd- und Ostasien verbreitet. Sie hat in Japan eine große mythologische Bedeutung, zusammen mit dem Pfirsich und dem samenreichen Granatapfel bildet sie die Gruppe der »drei Glücksfrüchte«.
Mh-4, Zone 9.
Zu *C. medica* gehört auch die Ethrog-Zitrone, *C. medica* var. *ethrog*. Sie spielt beim jüdischen Laubhüttenfest seit alters eine große Rolle. Bibelübersetzer gehen davon

aus, daß mit dem hebräischen »etz hadar« (»schöne Bäume«) die Ethrog-Zitrone, auch als Zedratzitrone bezeichnet, gemeint war, eine der vier Baumarten, die zum Bau der Laubhütte verwendet wurden.
C. medica var. *sacrodactylis* wird (Hoola van Nooten) Swingle wird als Fingerzitrone oder in China als »Buddhahand« bezeichnet. Ihre leuchtend hellgelben, 10 bis 25 cm langen Früchte sind am oberen Ende durch die ihrer Länge nach bis zur Hälfte getrennten Segmente fingerartig aufgespalten. Die »Finger« sind je nach Sorte faustartig gekrümmt oder fast völlig freistehend. Sie gleichen so wie zum Gebet gefalteten Händen oder der typischen Gebetshaltung der Buddhisten.

C. reticulata Blanco. Die Mandarine stammt aus Südostasien und den Philippinen, ein sehr dorniger Strauch oder kleiner Baum mit lanzettlichen, nur 3–4 cm langen Blättern. Die weißen Blüten sitzen zu 18–24 in achselständigen Büscheln. Die fast kugeligen Früchte sind oben und unten abgeplattet, klein bis mittelgroß und orange gefärbt. Die locker sitzende Schale läßt sich leicht schälen. Wird mit rund 500 Sorten vor allem in Ostasien, aber auch im Mittelmeerraum angebaut. Zu *C. reticulata* gehören auch die Clementinen und Tangerinen.
Mh-4, Zone 9.

Cladrastis kentukea

C.sinensis (L.) Pers., Orange, Apfelsine. Meist hohe Bäume mit wenigen oder ganz fehlenden Dornen. Die mittelgroßen Blätter sind kaum aromatisch. Die mittelgroßen, weißen Blüten duften sehr stark. Die Früchte sind kugelig bis länglich und orange gefärbt, sie haben ein süßes Fruchtfleisch. *C.sinensis* ist die bei weitem wichtigste Zitrusfrucht. Die Weltproduktion beträgt mehr als das Fünffache der Mandarinen und mehr als das Siebenfache der Zitronen. Die Hauptsortengruppen der mehr als 1000 Sorten sind neben der gewöhnlichen Orange die Nabel-, Blut- und Zuckerorangen. Wird heute weltweit angebaut, im Mittelmeergebiet vor allem in Spanien und Italien.
Mh-4, Zone 9.

Cladrastis Raf., Leguminosae
Gelbholz

Die 4 in Nordamerika und Ostasien verbreiteten *Cladrastis*-Arten gehören in die große Familie der Schmetterlingsblütler. So sind die sommergrünen Bäume auch durch wechselständige, unpaarig gefiederte Blätter mit wechselständigen, gestielten, ganzrandigen Blättchen, durch end- oder achselständige Blütentrauben und ledrige, flache Fruchthülsen gekennzeichnet.

C.kentukea (Dum.-Cours.) Rudd (= *C. lutea*). Das Amerikanische Gelbholz gehört mit seinen bis 40 cm langen, weißen, schwach duftenden Blütentrauben zu unseren schönsten Blütenbäumen. Der mittelgroße Baum, mit buchenähnlichem Stamm und robinienähnlichen Blättern, verzweigt sich oft vom Boden an, wird dann mehrstämmig und benötigt leider eine recht lange Zeit, ehe er mannbar wird, also zu blühen beginnt. Auch dann kann man nicht in jedem Jahr mit einer vollen Blüte rechnen. Die nachteiligen Eigenschaften vergißt man aber beim Anblick eines blühenden Baumes schnell. Das Gelbholz sollte in Parks und großen Gärten häufiger gepflanzt werden. Es benötigt nahrhaften Boden und ist nur in der Jugend etwas frostempfindlich.
Nhw-2, Zone 5b.

Clematis L., Ranunculaceae
Waldrebe

Etwa 250 *Clematis*-Arten bevölkern nahezu alle Gebiete der Erde. Darunter sind sowohl ausdauernde Stauden als auch kletternde Sträucher. Ihre gegenständigen Blätter können einfach, 3zählig oder unpaarig

Clematis montana 'Elizabeth'

gefiedert sein. Blattstiele und Blattspindel sind zu Ranken umgebildet. Sie führen Krümmungsbewegungen aus und winden sich dabei um alle erreichbaren, ausreichend dünnen Stützen. Im Herbst fallen nur die Blättchen, nicht aber die verholzenden Ranken ab. Die meist zwittrigen Blüten haben in der Regel 4 (selten 5, 6 oder 8) Blütenhüllblätter, die nicht in Kelch- und Kronblätter gegliedert sind und deshalb Tepalen genannt werden. Nur die Arten der *C.alpina*-Gruppe besitzen zwischen Blütenhüll- und Staubblättern noch kleine, kronblattartige Gebilde, die als Staminodien bezeichnet werden.

Die Blüten sind am häufigsten tellerförmig ausgebreitet. Einige Arten haben aber krug-, glocken- oder röhrenförmige Blüten. Mit ihren zu einem abstehend behaarten Schweif ausgewachsenen, bleibenden Griffeln können die nußartigen Früchte höchst dekorativ wirken. Von den rund 250 natürlichen Arten wurden nur wenige in unsere Gärten eingeführt.

Die Wildformen der Gattung *Clematis* sind robuste und widerstandsfähige Lianen, die

keiner übertriebenen Sorgfalt bedürfen. Sie wachsen am besten auf nahrhaften, frischen Böden und ziehen Lagen vor, bei denen der Wurzelbereich durch Stauden oder niedrige Gehölze beschattet wird.

Wesentlich größere Sorgfalt verlangen die großblumigen Hybriden. Auch sie lieben einen nahrhaften, kalkhaltigen, gut durchlässigen, aber genügend frischen Boden, der vor der Pflanzung mit Lauberde, altem Rinderdünger und Kalkmörtel verbessert werden kann. Ihr Wurzelbereich und die unteren Sproßpartien müssen unbedingt kühl und feucht gehalten werden, während die oberen Teile der Pflanze sich in voller Sonne am wohlsten fühlen. Dicke Steine, eine Laubdecke und Vorpflanzungen von Stauden, Sommerblumen und Kleingehölzen schaffen günstige Bedingungen, wobei auf die Wurzelkonkurrenz zu achten ist. Zu große Bodentrockenheit, die im Regenschatten von Mauern häufig auftritt, vermeidet man dadurch, daß man die Pflanzen in genügend großem Abstand von der Mauer pflanzt und ihre Triebe dorthin leitet. An nach Westen oder Osten gerichteten

Wänden oder Mauern gedeihen *Clematis* besser als an heißen, trockenen Südseiten.

Die aus der Baumschule bezogenen Pflanzen werden mindestens eine Handbreit tiefer gepflanzt, als sie vorher standen, ganz im Gegensatz zu fast allen anderen Gehölzen, bei denen die vorherige Pflanzhöhe beibehalten wird. *Clematis*-Hybriden sind nicht selten veredelt. Durch das Tieferpflanzen wird die aufveredelte Sorte zur Bildung eigener Wurzeln angeregt, dadurch von der Unterlage unabhängig und widerstandsfähiger. Die Frühjahrspflanzung ist der im Herbst vorzuziehen.

Im Frühjahr werden alle frisch gepflanzten *Clematis* bis auf die untersten Augen zurückgeschnitten.

Wässern, Düngen und Schneiden sind die wichtigsten Pflegemaßnahmen an *Clematis*. Im Sommer, vor allem in Trockenzeiten, ist regelmäßiges Wässern unerläßlich. Selbst im kühlen, regenreichen England werden zweimalige Wassergaben je Woche empfohlen. Um diese zu erleichtern, kann bei der Pflanzung ein durchlöchertes und mit Kieselsteinen gefülltes Kunststoff-Dränagerohr im Wurzelbereich eingegraben werden, das zur raschen Wasseraufnahme dient. Man vermeidet dadurch eine Oberflächenverdichtung, die bei häufigem Gießen auftreten kann. Gleichzeitig mit dem Gießwasser können die Pflanzen mit den notwendigen Nährstoffen versorgt werden. Je nach Bodenart und Alter der Pflanze sind dazu Düngermengen von 35 bis 70 g/m² je Jahr ausreichend.

Im Gegensatz zu den Großblumigen Hybriden, von denen viele regelmäßig zurückgeschnitten werden müssen (siehe Seite 287), kann ein regelmäßiger Schnitt bei den Wildarten unterbleiben, obwohl alle auch einen kräftigen Rückschnitt gut vertragen. Wenn notwendig, werden alle spätblühenden Arten im zeitigen Frühjahr, alle frühblühenden unmittelbar nach der Blüte zurückgeschnitten.

Die gefährlichste *Clematis*-Krankheit ist die gefürchtete Welkekrankheit, bei der einzelne Zweigpartien oder ganze Pflanzen in der Vegetationszeit über Nacht kollabieren und am nächsten Abend tot sein können. In der Regel sind großblumige Hybriden stärker gefährdet als Wildarten. Ursachen und Bekämpfungsmöglichkeiten dieser Krankheit werden auf Seite 203 behandelt.

C.alpina (L.) Mill. Die Alpenwaldrebe kommt in den Alpen und Voralpen zerstreut an Felsen, auf Schutthalden, in Gebüschen und an schattigen Stellen auf kalkhaltigem Untergrund vor. Der bis 1 m hohe Schlingstrauch überzieht in unseren Gärten gerne größere Felsbrocken im Alpinum

Clematis alpina

oder schlingt sich in und über niedrige Koniferen wie Wacholderarten und Krummholzkiefern. Für die Berankung von Klettergerüsten ist er nicht sonderlich gut geeignet, er wächst zu schwach. Im Mai–Juni erscheinen seine glockigen, violetten, 3–4 cm langen Blüten an den Enden kurzer Zweige.

Darf nur vorsichtig ausgelichtet oder nach der Blüte zurückgeschnitten werden.

BGh-3, Zone 5b.

'Frances Rivis'. Blüten besonders groß, tiefblau gefärbt.

'Pamela Jackman'. Blüten tief azurblau, Tepalen nur 1,5 cm breit.

'Ruby'. Blüten weinrot.

C.alpinia ssp. *sibirica* (L.) O. Kuntze. Blüten weiß, geographische Varietät, die von Nordnorwegen bis Ostsibirien verbreitet ist.

C. × durandii Durand. Die Hybride zwischen der kletternden *C.jackmanii* und der halbstrauchigen *C.integrifolia* entwickelt sich zu einem knapp mannshohen, nicht kletternden, sondern aufrechtwachsenden Halbstrauch. Über mehrere Monate, von Juni bis September, entstehen an den jungen Trieben große, dunkelviolettblaue Blüten mit meist 4 weit gespreizten und zurückgebogenen Tepalen.

Zone 6a.

C. 'Helios' ist eine aus Sämlingen der Orientalis-Gruppe selektierte Form. Sie wächst schwächer als *C.tangutica* und wird nur mäßig hoch. Sie blüht reich und sehr früh mit nickenden, weit offenen, 6–9 cm

breiten, reingelben Blüten. Tepalen 3,5–4,5 cm lang, 1,5–2 cm breit, an der Spitze leicht aufgebogen. Blütezeit von Mitte Mai bis Mitte Oktober. Wertvolle neue Sorte, die nur wenig Raum benötigt.

Zone 6a

C.integrifolia L. Die Ganzblättrige Waldrebe ist von Südosteuropa bis Westasien verbreitet; sie findet als niederliegender Halbstrauch in großen Steingärten einen idealen Platz. Die nickenden Blüten stehen einzeln an den Triebenden; sie sind lila bis blau gefärbt und blühen im Juli–August auf. Gegen Ende der Blütezeit wirkt der Strauch besonders hübsch, wenn sich gleichzeitig mit den Blüten die fedrigen, silbrigen Fruchtstände entwickeln.

Nh-3, Zone 6b.

C. × jackmanii T. Moore *(C. lanuginosa × C. viticella)* ist eine Hybride, die schon um die Mitte des 19. Jahrhunderts in England erzielt wurde und entscheidend an der Entstehung der Großblumigen Hybriden beteiligt war (siehe Seite 288).

Zone 6a.

C. × jouiniana Schneid. Die Hybride zwischen der chinesischen *C.heracleifolia* und der heimischen *C.vitalba* ist eine 3–5 m hohe, halbstrauchige Kletterpflanze mit 3- bis 5zähligen Blättern und zuerst weißlichen, später mehr lavendelblauen, 3 cm breiten Blüten in großen, end- oder achselständigen Rispen an diesjährigen Zweigen im August bis Oktober. Das Klettervermögen der reichblühenden Hybride ist begrenzt, man sollte sie deshalb so pflanzen, daß ihre Triebe dem Boden aufliegen oder über Sträucher und Baumstümpfe wachsen

Clematis integrifolia

können. Am Gehölzrand sind die Hybride und ihre starkwachsende Sorte 'Praecox' zuverlässige Bodendecker.
Zone 6a.

'Mrs. Robert Brydon'. Entstand 1935 in Amerika. Eine sehr reichblühende Sorte mit 3zähligen Blättern und blaßlila Blüten im August–September. Sie wird 0,5 (–2) m hoch, ist besonders starkwüchsig, wächst meist auf dem Boden lagernd und erreicht dann Durchmesser von etwa 3 m.

'Praecox'. Sehr starkwachsend, Blüten hyazinthenartig, hellblau, von August bis Oktober.

C. macropetala Ledeb., Großblütige Alpenwaldrebe. In Nordchina, der Mandschurei und in Sibirien hat diese nur 1 m hohe, kletternde Art ihr natürliches Verbreitungsgebiet – man muß kaum betonen, daß sie bei uns völlig winterhart ist. Sie gehört zu den frühblühenden Arten (Mai–Juni) und ist eine besonders schöne Steingartenpflanze, die man über große Steine oder niedrige Koniferen wachsen lassen kann. Ihre einzelnstehenden, nickenden und glockigen Blüten sind 5–10 cm breit, blau bis violettblau, und mit zahlreichen Staminodien ausgestattet.
Bh-4, Zone 6a.

'Blue Bird'. Blüten fast schwarzblau, sehr groß, wohl die dunkelste *Clematis*-Sorte.

'Markham's Pink'. Blüten kräftig purpurrosa mit lila Saum, Staminodien grünlichweiß.

'Rosy O'Grady'. Blüten halbgefüllt, rosa, bis 7 cm breit.

'White Swan'. Blüten reinweiß, dicht gefüllt, bis 12 cm breit.

C. maximowicziana Franch. et Sav., Rispenblütige Waldrebe. Ihr Gartenwert ist in der besonders späten Blüte, die erst im September beginnt, begründet. Die weißen, nach bitteren Mandeln duftenden Blüten sind 3 cm breit und stehen in vielblütigen Rispen zusammen. In Japan heimischer, robuster Schlinger, der an Klettergerüsten bis 10 m Höhe erreichen kann und als prachtvoller Herbstblüher mehr Beachtung verdient.
N-4, Zone 6b.

C. montana Buch.-Ham. ex DC. Die Bergwaldrebe oder Anemonenwaldrebe, in Mittel- und Westchina und dem Himalaja verbreitet, ist eine der härtesten und besonders reich blühenden Arten. Im Mai bedecken weiße, etwa 5 cm breite Blüten den bis 8 m hoch kletternden Strauch vollkommen. Man muß dieser Art große Flächen zur Verfügung stellen, sie kann in wenigen Jahren ganze Hauswände bedecken. Ein entsprechendes Klettergerüst ist dazu notwendig. Gern wird die Anemonenwaldrebe als Spalier an Zäunen und niedrigen Mauern gezogen. Die natürliche Art ist kaum zu haben, in der Regel werden einige Sorten angeboten.
Nhg-4, Zone 6a.

'Elizabeth' ist aus *C. montana* var. *rubens* entstanden, die Blüten sind etwas größer und etwas intensiver rosa gefärbt, sie ist in England sehr beliebt. Sie klettert 3–5 m hoch.

'Freda' ist eine in England entstandene Sorte mit 5–6 cm breiten, tief purpurrosa Blüten und 3zähligen purpurroten bis stumpf dunkelgrünen, unterseits graugrünen Blättern. Klettert bis 5 m hoch. Die reichblühende Sorte gilt als besonders wertvoll.

'Marjorie' ist eine starkwachsende, bis 5 m hohe englische Sorte mit 4,5–6 cm breiten, halbgefüllten, gelblichweißen Blüten. Die Blüten haben neben den 4 Tepalen noch 15–20 petaloide Staubblätter. Die Tepalen haben außen einen rosa Anflug. 'Marjorie' blüht reich und fällt mit ihren eigenartigen Blüten im Sortiment auf.

'Mayleen' hat 6,5–7 cm breite, silbrig lichtrosa Blüten mit zurückgeschlagenem, helleren Rand. Die Blätter sind dunkelgrün und glänzend, der Wuchs ist kräftig. 'Mayleen' ist bemerkenswert durch ihre großen Blüten und die schon an jungen Pflanzen einsetzende Blüte.

C. montana var. *rubens* O. Kuntze zeichnet sich durch im Austrieb purpurne Blätter und rosarote, mittelgroße Blüten aus.

'Superba'. Die Blüten sind weiß, aber etwas größer als bei der natürlichen Art.

'Tetrarosa'. In Holland behandelte man Sämlinge von *C. montana* var. *rubens* mit Kolchizin und erhielt diese starkwachsende, reichblühende Sorte, deren große Blüten lilarosa gefärbt sind. Die im Austrieb purpurnen Blätter sind tief eingeschnitten und am Rand stark gesägt.

C. orientalis L. Die Orientalische Waldrebe ist von Südosteuropa über die Krim, die Kaukasusländer und den Himalaja bis nach Nordchina und die Mandschurei verbreitet. Sie klettert 3–5 m hoch. Ihre bläulichgrünen Blätter sind 15–20 cm lang und einfach bis doppelt gefiedert. Im August–September erscheinen 3–5 cm breite, maisgelbe Blüten mit auffallend dicken, fleischigen Tepalen, die sich mehr oder weniger stark spreizen und schließlich zurückgebogen sind. Bemerkenswert schön sind die federigen Fruchtstände.
NG-4, Zone 6a.

'Bill MacKenzie'. Blüten zitronengelb, 2,5–5 cm breit, Juli–September.

'Bravo'. Blüten hellgelb, bis 5 cm breit, weit geöffnet, Juli–September, besonders reiche Ausbildung von Fruchtständen. Wohl die schönste Sorte.

'Burford Variety'. Blüten tiefgelb, bis 5 cm breit, Juli–Oktober.

'Corry'. Blüten goldgelb, bis 5 cm breit. Juli–September.

'Orange Peel'. Unter diesem Sortennamen ist eine *Clematis* im Handel, die sehr nahe mit *C. orientalis* verwandt, aber noch nicht endgültig benannt ist. Sie wurde erst 1947 von Ludolw, Sherriff und Elliott unter der Sammelnummer LSE 13372 aus Tibet eingeführt und in England zunächst als »Nr. 13372« verbreitet. Sie besticht durch besonders schöne, tiefgelbe, zuletzt orangegelbe Blüten, die sehr dickfleischige Blütenblätter und braune Staubblätter haben. Blüht wie alle anderen Sorten bis in den September–Oktober.

C. tangutica (Maxim.) Korsh. Die Mongolische Waldrebe kam aus der Mongolei in unsere Gärten. Ihre nickenden, bis 8 cm

Clematis tangutica

breiten, glockigen Blüten überraschen mit goldgelber Farbe. Nach der Hauptblüte im Juni erscheinen bis zum Herbst ständig vereinzelte Blüten. Besonders reizvoll sind die silbrigweißen Fruchtstände, mit denen sich die Pflanze im Herbst schmückt. Sie kann bis 5 m hoch klettern und ist sicher die wertvollste der gelb blühenden Arten.
Ns-4, Zone 5b.

'Aureolin'. Auslese aus Boskoop mit kräftiger gefärbten, größeren Blüten.

Clematis viticella

C. texensis Buckl. Die Texas-Waldrebe ist kostbar und selten. Sie hat, wie der Name sagt, in Texas ihr natürliches Verbreitungsgebiet. Die halbstrauchige oder staudige, bis 2 m hoch kletternde Pflanze trägt einzelne, nickende, krugförmige, scharlachrote Blüten. Die Art ist bei uns an geschützten Stellen durchaus hart, aber kaum im Handel.
Nw-2, Zone 6a.
C. texensis ist in England mit großblumigen Arten und Sorten gekreuzt worden. Die Hybriden werden oft unter dem Namen *C. × pseudococcinea* Schneid. *(C. jackmanii × C. texensis)* geführt. Alle haben noch ein wenig vom Charakter der Texas-Waldrebe, ihre Triebe verholzen aber stärker. Sie werden gut mannshoch und haben größere Blüten als *C. texensis*, die sich außerdem weiter öffnen. Ihre Blütezeit dauert von Juli bis Oktober. Die wichtigsten Sorten sind:
'Etoile Rose'. Blüten offen glockenförmig, kirschrosa mit silbrigem Rand.
'Pagoda'. Blüten rosa, glockenförmig, 2,5–5 cm breit.

C. vitalba L. Unsere heimische Waldrebe schlingt bis 10 m hoch in Bäume und über Sträucher, die sie nicht selten unter sich erstickt. Sie vermag sehr schnell große Flächen zu begrünen und läßt sich nur dort verwenden, wo genügend Platz zur Verfügung steht. Sowohl ihre weißen, schwach duftenden, in Rispen stehenden Blüten als auch ihre fedrigen Fruchtstände sind durchaus sehenswert.
N-3, Zone 5a.

C. viticella L. Die Italienische Waldrebe kommt in Südeuropa und Kleinasien vor und ist eine bis 4 m hoch kletternde, zier-liche Waldrebe, die mit purpurrosa oder violetten, flach ausgebreiteten Blüten im Juni ihre Hauptblütezeit erlebt, bis zum September dann noch nachblüht.
C. viticella ist seit dem 16. Jahrhundert in Kultur. Sie wurde im 19. Jahrhundert mit den neu eingeführten ostasiatischen Arten gekreuzt und ist so am Zustandekommen der Großblumigen Hybriden beteiligt.
Nw-3, Zone 5b.
In Spezialbetrieben werden gegenwärtig zahlreiche Sorten angeboten, von denen noch die meisten den zierlichen Charme der Wildart besitzen.
'Abundance'. Blüten weinrot mit etwas stärker gefärbten Nerven, 5 cm breit.
'Alba Luxurians'. Blüten weiß mit grünen, zurückgebogenen Spitzen, 9 cm breit.
'Kermesina'. Blüten tief weinrot, 5 cm breit, die am häufigsten gepflanzte Sorte.

Clematis 'Percy Picton'

'Minuet'. Blüten cremeweiß, hellviolett umrandet, 3–5 cm breit.
'Purpurea Plena Elegans'. Blüten kräftig rosarot, gefüllt, 4 cm breit.
'Rubra'. Blüten weinrot, 5 cm breit.

Hybriden
Neben den wenigen Arten sind vor allem die sogenannten Großblumigen *Clematis* für den Garten von Bedeutung. Wir verstehen darunter Hybriden, an deren Zustandekommen insgesamt nur wenige Arten beteiligt waren. Van de Laar hat die Großblumigen *Clematis*-Sorten 1985 aus Anlaß einer Sortimentsüberprüfung in Holland in sechs Gruppen eingeteilt. Ihre Benennung bezieht sich auf die am Zustandekommen der Sorten beteiligten Arten, nämlich die europäische *C. viticella*, die drei ostasiatischen *C. florida*, *C. patens* und *C. lanuginosa*, die

Clematis 'Huldine'

Clematis 'Ville de Lyon'

Hybride C. × jackmanii (sie wurde besonders häufig für Kreuzungen benutzt) und die in Texas heimische C.texensis. C.texensis ist mit ihren Sorten auf Seite 286 beschrieben worden. Mit ihren vergleichsweise kleinen Blüten, die noch den Charakter von Wildpflanzen haben, gehören sie eigentlich nicht zu den Großblumigen Hybriden im eigentlichen Sinn. Das gilt auch für einige Sorten von C.viticella, die ihrer Stammart recht ähnlich und eher durch Mutationen innerhalb der Art entstanden sind, im Gegensatz zu den Großblumigen Hybriden, an deren Zustandekommen C.viticella beteiligt ist.

Schnitt der Großblumigen Hybriden

Bei der Frage, ob eine bestimmte Sorte regelmäßig zurückgeschnitten werden muß oder nicht, entscheidet allein die Hauptblütezeit der jeweiligen Sorte. In der Regel werden die Großblumigen Hybriden in drei Gruppen eingeteilt.

Schnittgruppe 1

Die erste Gruppe umfaßt Sorten, deren Hauptblütezeit im Mai–Juni liegt und die mitunter bis zum September nachblühen. Sie legen ihre Blütenknospen im Sommer des Vorjahres an, und ihre Blüten entwickeln sich an kurzen Blütenstielen direkt aus Blattachselknospen der vorjährigen Triebe. Gegen Ende der Hauptblütezeit werden neue Triebe gebildet, an denen sich noch in geringerem Umfang Blüten entwickeln. Hierzu gehören Sorten aus der Gruppe der Florida- und Patens-Hybriden.

Bei Sorten dieser Gruppe beschränkt sich der regelmäßige Schnitt auf das Entfernen abgestorbener oder sehr schwacher Triebe unmittelbar nach Beendigung der Hauptblüte.

Nur dann, wenn mit zunehmendem Alter Triebwachstum und Blühfreudigkeit nachlassen, kann ein Teil der Triebe stärker zurückgeschnitten werden. Auch ein starker Rückschnitt der ganzen Pflanze ist möglich, wenn sich Kopflastigkeit eingestellt hat oder viele leere Stellen am Spalier vorhanden sind. In beiden Fällen schneidet man unmittelbar nach der Blüte, obwohl natürlich auch ein Schnitt im Nachwinter möglich ist.

Schnittgruppe 2

Wie die Sorten der ersten Gruppe entwickeln auch diese ihren Hauptflor im Frühsommer an kurzen Seitenzweigen der vorjährigen Triebe. Im Gegensatz zur ersten Gruppe werden hier gleich vom Frühjahr an neue Triebe gebildet, die das Blühen bis zum Herbst fortsetzen, naturgemäß in geringerem Umfang und meist mit kleineren Blüten als bei der Hauptblüte im Frühsommer. Diese Gruppe wird im wesentlichen aus den Sorten der Lanuginosa-Gruppe gebildet. Man kann die Sorten dieser Gruppe wie die der ersten Gruppe behandeln. Durch einen stärkeren Rückschnitt im Nachwinter läßt sich die Hauptblütezeit

Großblumige Clematis-Sorten (Gruppeneinteilung)

Gruppe	Blüten entstehen	Blütenverteilung	Blütezeit
Florida	an alten oder ausgereiften Trieben	meist einzeln und achselständig	(Mai–)Juli–September
Jackmanii	an jungen Trieben	über eine lange Zeit sehr zahlreiche Blüten	(Juli–)August–September
Lanuginosa	an kurzen Seitenzweigen alter und junger Triebe	über die ganze Pflanze verteilt einzelne, oft große Blüten	Juni–Juli, bis Oktober nachblühend
Patens	an alten oder ausgereiften Trieben	meist einzeln und endständig	(Mai–)Juni–September
Texensis	an jungen Trieben	über eine lange Zeit sehr zahlreiche Blüten	Juli–September
Viticella	an jungen Trieben	sehr zahlreiche Blüten, die in ziemlich kurzer Zeit verblüht sind	Juli–September(–Oktober)

Clematis: Großblumige Hybriden

Sorte	Blütenfarbe	Blütezeit (Monat)	Wuchs	Hybrid-gruppe	Schnitt-gruppe
'Barbara Jackman'	dunkelviolett, Mittelstreifen magentarot, 12–15 cm breit	5–6 und 8–9	hoch	Patens	1
'Bees Jubilee'	hellrosa mit tiefrotem Mittelfeld, 15–18 cm breit	5–6 und 8	mäßig hoch bis hoch	Patens	1
'Boskoop Beauty'	hellblau, violettpurpurn gestreift	5–6 und 9(–10)	niedrig bis mäßig hoch	Lanuginosa	2
'Capitane Thuilleaux'	hellrosa mit purpurrosa Mittelband, 10–16 cm breit	5–6 und 8	mäßig hoch bis hoch	Patens	1
'Comtesse de Bouchaud'	tiefrosa, 8–12 cm breit	7–9	hoch bis sehr hoch	Jackmanii	3
'Daniel Deronda'	tief violettblau, 15–18 cm breit	5–6 und 8	mäßig hoch	Patens	1
'Dorothy Walton'	hellpurpur bis hell violettrot, 11–14 cm breit	7–9	hoch	Jackmanii	3
'Dr. Ruppel'	weißrosa mit purpurrosa Mittelband, 15–18 cm breit	5–6 und 8	hoch	Patens	1
'Duchess of Edinburgh'	rahmweiß bis weiß, zunächst dicht gefüllt, 12–14 cm breit	5–6 und 8	mäßig hoch	Florida	1
'Ernest Markham'	samtig petunienrot, 11–15 cm breit	7–9(–10)	mäßig hoch	Jackmanii	3
'Étoile de Malicorne'	violettweiß mit violettpurpurnem Mittelband, 12–14 cm breit	6–7 und 9	mäßig hoch	Patens	1
'Étoile Violette'	dunkelpurpur, später blau-purpurrot, 6–10 cm breit	7–9(–10)	hoch bis sehr hoch	Viticella	3
'General Sikorski'	hell violettblau, 15–18 cm breit	6–9	mäßig hoch	Lanuginosa	2
'Gipsy Queen'	samtig dunkelpurpur mit rötlichen Adern	7–9	hoch bis sehr hoch	Jackmanii	3
'Guiding Star'	tief violettrot, 11–13 cm breit	6–10	hoch	Lanuginosa	2
'Hagley Hybrid'	tiefrosa, 10–14 cm breit	7–9	niedrig bis mäßig hoch	Jackmanii	3
'Haku-o-Okan'	intensiv violettblau, Staubgefäße auffallend hellgelb, 10–15 cm breit	5–6 und 8	mäßig hoch	Florida	1
'Henryi'	reinweiß, 15–18 cm breit	6–7 und 9	hoch	Lanuginosa	2
'Huldine'	perlmuttweiß, Rückseite lilarosa, 8–10 cm breit	7–9(–10)	hoch bis sehr hoch	Viticella	3
'Hybrida Sieboldii'	hellblau, 13–17 cm breit	6–7 und 9	mäßig hoch	Lanuginosa	2
'Jackmanii'	purpurblau, 10–15 cm breit	7–8	hoch bis sehr hoch	Jackmanii	3
'Jackmanii Alba'	bläulichweiß, 10–14 cm breit	6–8	mäßig hoch bis hoch	Jackmanii	3
'Jackmanii Superba'	tief purpurviolett mit schwachem roten Mittelstreifen, 8–13 cm breit	7–8	hoch bis sehr hoch	Jackmanii	3
'John Paul II'	hell purpurrosa, dunkler gestreift, 14–16 cm breit	7–9	hoch	Jackmanii	3
'Kathleen Dunford'	hellpurpurn mit rosa Schattierung, 14–16 cm breit	5–6 und 9	mäßig hoch bis hoch	Florida	1
'Lady Betty Balfour'	lebhaft pupurblau, später blau, 12–16 cm breit	8–10(–11)	hoch bis sehr hoch	Jackmanii	3
'Lady Northcliffe'	lavendelblau	6–8	niedrig, kompakt	Languinosa	2
'Lasurstern'	violettblau, 14–18 cm breit	8–9	mäßig hoch bis hoch	Patens	1
'Lawsoniana'	hell violettblau, 17–24 cm breit	6–9	hoch	Lanuginosa	2
'Lord Nevill'	violettblau, 13–18 cm breit	6–8	mäßig hoch	Patens	1
'Madame Baron Veillard'	lilarosa, im Verblühen hellrosa, 11–13 cm breit	9–10	hoch bis sehr hoch	Jackmanii	3
'Madame Jules Correvon'	tief weinrot, 8–12 cm breit	7–9(–10)	mäßig hoch bis hoch	Viticella	3
'Madame Le Coultre'	reinweiß, 14–17 cm breit	8–9	hoch	Lanuginosa	2

Clematis: Großblumige Hybriden (Fortsetzung)

Sorte	Blütenfarbe	Blütezeit (Monat)	Wuchs	Hybrid-gruppe	Schnitt-gruppe
'Margaret Hunt'	matt purpurrosa, später heller	6–9	hoch	Jackmanii	3
'Margot Koster'	purpurrot bis dunkelrot, im Verblühen stark ausbleichend, 8–10 cm breit	7–9(–10)	hoch bis sehr hoch	Viticella	3
'Miss Bateman'	reinweiß, 11–14 cm breit	5–6	mäßig hoch, ziemlich kompakt	Patens	1
'Mrs. Cholmondeley'	lavendelblau, Nerven dunkler, 15–20 cm breit	6–8(–9)	hoch bis sehr hoch	Lanuginosa	2
'Mrs. N. Thompson'	tiefviolett mit purpurroten Streifen, 13–15 cm breit	5–6 und 8	mäßig hoch	Patens	1
'Mrs. P. T. James'	hell violettblau, 10–13 cm breit	5–6 und 9	hoch	Lanuginosa	2
'Mrs. Spencer Castle'	heliotroprosa, 16–18 cm breit	6–7 und 9	mäßig hoch bis hoch	Jackmanii	1
'Nelly Moser'	hell rosalila mit rotem Mittelband, 15–18 cm breit	5–6 und 8–9	mäßg hoch bis hoch	Patens	1
'Niobe'	tiefrot bis dunkel purpurrot, später violettrot, 12–14 cm breit	6–8(–9)	mäßig hoch	Jackmanii	3
'Percy Picton'	rosapurpurn, 15–20 cm breit	5–6(–9)	niedrig	Patens	1
'Perle d'Azur'	himmelblau, zur Mitte mit rosalila Hauch, 10–14 cm breit	7–9(–10)	hoch bis sehr hoch	Jackmanii	3
'Prins Hendrik'	hell purpurblau, 18–22 cm breit	6–7(–9)	niedrig bis mäßig hoch	Lanuginosa	2
'Rouge Cardinal'	samtig dunkelrot bis tief purpurrot, 13–16 cm breit	6–9(–10)	mäßig hoch bis hoch	Jackmanii	3
'Sealand Gem'	lavendelblau mit dunkleren Streifen, 10–14 cm breit	6–8(–9)	mäßig hoch bis hoch	Lanuginosa	2
'Silver Moon'	sehr hell lavendelblau, 14–18 cm breit	6–9	mäßig hoch	Lanuginosa	2
'Star of India'	tief violettblau, Streifen violett rot, aber wenig auffallend, 10–14 cm breit	7–8	hoch bis sehr hoch	Jackmanii	3
'The President'	tief violettblau, am Rand dunkelblau, 14–18 cm breit	(5–)6–8 (–10)	mäßig hoch	Patens	1
'Twilight'	dunkel purpurrosa, 11–14 cm breit	6–7 und 9	mäßig hoch	Jackmanii	3
'Victoria'	purpurviolett, im Verblühen hellpurpurrot, 13–15 cm breit	6–9(–10)	hoch bis sehr hoch	Jackmanii	3
'Ville de Lyon'	dunkel purpurrot mit helleren Streifen, 8–10(–14) cm breit	7–9	hoch bis sehr hoch	Viticella	3
'Violet Charm'	purpurblau	6–8(–10)	niedrig bis mäßig hoch	Lanuginosa	2
'Voluceau'	petunienrot, 9–14 cm breit	7–10	hoch	Viticella	3
'Vyvyan Pennell'	purpurblau, auf der Rückseite rötlichviolett mit roten Streifen, zunächst dicht gefüllt, später einfach, 12–15 cm breit	6–8(–9)	mäßig hoch bis hoch	Florida	1
'W. E. Gladstone'	hell violettblau, 18–25 cm breit	5–8	mäßig hoch bis hoch	Lanuginosa	2
'William Kennett'	hell violettblau, 14–18 cm breit	6–8(–9)	hoch	Lanuginosa	2

vom Frühsommer in den Hochsommer verlegen. Dazu entfernt man alle abgestorbenen und schwachen Triebe und kürzt die restlichen bis auf 15–20 cm oberhalb gut entwickelter Blattknospen ein.

Schnittgruppe 3
Dieser Gruppe gehören Sorten an, die ihre Blüten im Sommer und Herbst ausschließlich an diesjährigen Trieben entfalten. Es handelt sich vor allem um Sorten der Jackmanii- und Viticella-Gruppe.

Im Nachwinter schneidet man alle vorjährigen Triebe bis knapp über ihrer Basis zurück, damit Platz für neue Triebe entsteht. Auch ein stärkeres Zurückschneiden bis ins alte Holz ist denkbar. Unterläßt man den Rückschnitt, bilden sich am Spalierende dichte Kissen mit wirr durcheinanderwachsenden und sich überlagernden Trieben, während der untere Teil der Pflanze kahl bleibt.
Die Angaben zum Rückschnitt beziehen sich vor allem auf Pflanzen, die am Spalier

oder an Pergolen gezogen werden. Wenn man wüchsige Sorten in Sträucher oder kleine Bäume wachsen läßt, ist ein jährlicher Rückschnitt nicht notwendig. Hier können zu dicht gewordene Pflanzen ausgelichtet werden, damit die Wirtspflanze nicht unter dem Gewicht der *Clematis* zusammenbricht oder unter einer zu starken Beschattung erstickt.
Zur Technik des Schnittes muß gesagt werden, daß man möglichst knapp über einem Blattpaar, der knotig verdickten Stelle, zu-

Clematis 'Lasurstern'

Clematis 'Nelly Moser'

Clematis 'The President'

rückschneidet. Der Zeitpunkt des Rückschnittes richtet sich nach der Witterung, man schneidet erst nach Beendigung der Winterfröste.

Die dünnen Triebe aller *Clematis*-Arten und -Sorten brechen leicht. Deshalb ist bei allen Schnittmaßnahmen ein vorsichtiges Hantieren angebracht, damit die verbleibenden Triebe nicht beschädigt werden.

Bei *Clematis* werden Schnittwunden, auch die stärkerer Stämme, im allgemeinen nicht mit Wundverschlußmitteln behandelt.

Clerodendrum L., Verbenaceae
Losbaum

Die Gattung ist mit rund 400 Arten in den Tropen und Subtropen weit verbreitet. Nur 2 Arten sind für unsere Klimabereiche im Freien zu verwenden, nur 1 Art finden wir in unseren Gärten. Die einfachen, gegenständigen Blätter der sommergrünen Sträucher riechen beim Zerreiben sehr unangenehm. Die duftenden Blüten sind röhrig und haben einen 5teiligen Saum, sie sitzen meist in endständigen Dolden zusammen. Bei der Fruchtreife bleibt der 5zipfelige Kelch erhalten und wird fleischig, auf ihm sitzt eine auffallend gefärbte, beerenartige Steinfrucht.

C. trichotomum Thunb. ist ein in Mitteleuropa nur mannshoher Strauch, der aus Japan und dem östlichen China nach Europa kam. Obwohl etwas empfindlich, ist er durch seine spätsommerliche Blüte und den sich anschließenden Fruchtschmuck recht interessant. Aus weißen Blüten mit rötlichem Kelch entstehen blauschwarze Früchte, deren Wirkung durch den fleischigen, roten Kelch wesentlich erhöht wird. Mh/Nh-4, Zone 7a.

C. trichotomum var. *fargesii* (Dode) Rehd. erwächst zu einem bis 3 m hohen, großblättrigen Strauch, der sich frosthärter erweist

als die Art. Im Spätsommer entwickeln sich spinnenartige, weiße Blüten an den Enden der Jahrestriebe. Höchst dekorativ und seltsam sind die kleinen hellblauen, von grünen Kelchblättern umgebenen Früchte. Der Losbaum gedeiht zufriedenstellend nur in warmen, sonnigen Lagen, in denen sein Holz genügend ausreifen kann. Auch dort ist eine winterliche Bodendecke ratsam. Ein Rückschnitt wird nur dann notwendig, wenn die oberirdischen Sprosse durch tiefe Temperaturen gelitten haben.

Clethra L., Clethraceae
Scheineller, Zimterle

Die Gattung *Clethra* umfaßt sommergrüne Sträucher oder auch immergrüne, in Mitteleuropa nicht winterharte Bäume mit

wechselständigen, ungeteilten, meist gesägten Blättern und sternhaarigen Zweigen. Ihre weißen Blüten mit 5zähligem, bleibendem Kelch und 5 Petalen sind zu Trauben oder Rispen vereint. Die Frucht ist eine 3klappige Kapsel, die zahlreiche, sehr feine Samen enthält. Von den etwa 68 Arten, teilweise in den Tropen und Subtropen verbreitet, sind nur wenige bei uns ausreichend winterhart und in Kultur.

Die 3 genannten Arten sind sommergrüne, winterharte, genügsame Großsträucher, die durch späte Blüte und auffallende Herbstfärbung einer weiteren Verbreitung wert wären. Die Scheinellern brauchen nicht unbedingt einen feuchten Boden, jeder normale Gartenboden sagt ihnen zu. Sie gedeihen noch gut im Schatten hoher Bäume, sind gesund und verlangen keine besonderen Schnittmaßnahmen.

Clerodendrum trichotomum var. fargesii

C. acuminata Michx. Die Bergzimterle ist in den nördlichen Appalachen verbreitet. Der bis 6 m hohe Strauch trägt eiförmig-längliche, lang-zugespitzte Blätter. Seine weißen Blüten stehen im Juli–August in endständigen, dicht behaarten Trauben. NGh-2, Zone 6b.

C. alnifolia L. Die Erlenblättrige Zimterle beginnt erst im August mit der Blüte, die sich dann bis in den September erstreckt. Die Heimat dieser Art sind die feuchten Wälder des südöstlichen Nordamerika, wo der Strauch an Stellen mit weniger hohem Wasserstand gedeiht. Die Art bleibt mit 3 m verhältnismäßig klein. Sie ist mit ver-

Clethra alnifolia 'Paniculata'

kehrt-eiförmigen, scharf gesägten Blättern ausgestattet und trägt weiße, duftende Blüten in aufrechten, behaarten Trauben. Nhw-2, Zone 6b.
'Paniculata'. Kräftig wachsende Sorte mit schönen, hellrosa Blüten in großen, vollen Ständen an den Zweigenden.
'Rosea'. Die Knospen sind rosa und die Blüten hellrosa gefärbt.

C. barbinervis Sieb. et. Zucc. Die Japanische Zimterle ist das ostasiatische Gegenstück der nordamerikanischen Arten; sie wird in ihrer japanischen Heimat bis 10 m hoch. Zwar wird diese Höhe bei uns nicht erreicht, sehr alte Sträucher können jedoch 5–6 m hoch werden. Die wohl schönste sommergrüne Art der Gattung ist mit sehr dekorativen, etwas rauhen, verkehrt-ei-rundlichen Blättern ausgestattet, die im Herbst eine gelbrote Farbe annehmen. Aus den rotbraunen Zweigen werden später glatte, harte Stämme, die ein farblich inter-

essantes Bild zeigen. Die äußere, kaffeebraune Borke blättert wie bei Platanen ab und hinterläßt gelb- bis hellbraune Borkenpartien, die später von einem leichten, bläulichweißen Schimmer überzogen werden. Von Juli bis September stehen die weißen Blüten in 10–15 cm langen, dichten Rispen über dem dunkelgrünen Laub. Nh-4, Zone 6b.

Colutea L., Leguminosae
Blasenstrauch

26 Arten sind von Südeuropa bis zum Himalaja verbreitet. Die sommergrünen Sträucher sind durch abfasernde Borke, unpaarig gefiederte, wechselständige Blätter, ganzrandige Blättchen, gelbe bis rotbraune Schmetterlingsblüten in langgestielten, seitenständigen, wenigblütigen Trauben und häutige, blasig aufgetriebene Hülsen gekennzeichnet.

C. arborescens L. In Südeuropa und Nordafrika kommt dieser anspruchslose, stark und etwas sparrig wachsende Strauch auf leichten, kalkhaltigen Böden vor. Vom Juni bis zum August erscheinen ständig einzelne, gelbe Blüten, nie erscheint der Strauch in Vollblüte und ist damit nicht sonderlich attraktiv. Als Angehöriger der Familie der Leguminosen vermag er Stickstoff zu sammeln und kommt noch auf trockensten und steinigsten, kalkreichen Böden fort, er bietet sich für die Erstbegrünung entsprechender Standorte an. Ns-3, Zone 6a.

C. × media Willd. *(C. arborescens × C. orientalis)* unterscheidet sich von *C. arborescens* durch die blaugrünen Blätter und die braunen oder tief orangefarbenen Blüten. Zone 6a.
'Copper Beauty'. Selektion mit sehr zahlreichen, braunroten Blüten.

C. orientalis Mill., Orientalischer Blasenstrauch. Bis 2 m hoher Strauch mit dicklichen, beiderseits hellblaugrünen Blättchen. Blüten orangefarben bis rötlichbraun, im Juni–September, zu 2–5 in Trauben. Heimisch im Kaukasus. Ns/Na-3, Zone 6a.

Comptonia L'Hérit. ex Ait.
Myricaceae
Farnmyrte

Die im östlichen Kanada und nordöstlichen Nordamerika heimische, monotypische Gattung ist sehr nahe mit dem Gagel-

strauch *(Myrica)* verwandt. Sie unterscheidet sich vor allem durch ihre linealischen, tief fiedrig gelappten, oberseits glänzend dunkelgrünen Blätter.

C. peregrina (L.) J.M. Coult. ist ein sehr hübscher, aber heikler und oft sehr kurzlebiger, Ausläufer bildender Strauch für den erfahrenen Pflanzenliebhaber. Die Farnmyrte braucht einen leichten, reichlich mit Torf durchsetzten, sauren Boden. Dort ist sie mit ihren zierlichen, farnartig eingeschnittenen langen Blättern ein sehr dekorativer, aromatisch duftender Kleinstrauch. Blüten und Früchte sind ohne besonderen Reiz. N-2, Zone 6a.

Cordyline Comm. ex Juss.
Agavaceae
Keulenlilie

Mit rund 15 Arten sind die Keulenlilien in Asien, Afrika und Australien verbreitet. Es sind tropische und subtropische Bäume, Sträucher und Halbsträucher mit schwertförmigen Blättern, die zu einer dichten Krone geordnet sind. Weiße Blüten mit einer 6teiligen Krone und 6 Staubblättern sind in verzweigten, endständigen Rispen vereinigt. Die Frucht ist eine fleischige, kugelige, 3samige Beere.

C. australis (G. Forst.) Hook. f. Die Australische Keulenlilie entwickelt sich zu einem 10–12 m hohen Baum mit einem stabilen, am Grunde stark verdickten Stamm, dessen Blätterkrone sich durch Gabelung der blühenden Zweige erweitert und an Umfang zunimmt. Die schwertförmigen, lederartig zähen, mit einer dicken, hellgrünen Mittelrippe ausgestatteten Blätter erreichen Längen von 80–120 cm. Von März–Mai entfalten sich schneeweiße, wohlriechende Blüten in großen, zusammengesetzten Rispen.
C. australis, die ihre ursprüngliche Heimat in Neuseeland hat, gilt als härteste Art der Gattung. Im Mittelmeergebiet und an der atlantischen Küste ist sie ausreichend hart. Sie wird dort gern und häufig gepflanzt. Bei uns ist sie gelegentlich als Kalthauspflanze zu sehen. Ah-8, Zone 9.

Cornus L., Cornaceae
Hartriegel, Kornelkirsche

Rund 45 Arten sommergrüner Sträucher umfaßt die Gattung, alle sind in der nördlichen Hemisphäre verbreitet. Ihre ganz-

Cornus canadensis

randigen, meist behaarten Blätter sind in der Regel gegenständig, nur bei *C.alternifolia* und *C.controversa* wechselständig. Die zwittrigen, 4zähligen, oft weißen Blüten sind nur klein und oft unscheinbar. Sie erscheinen entweder in endständigen Trugdolden oder in kopfigen Dolden und sind dann von 4 oder 6 Hochblättern umgeben. Die Frucht ist eine farbige, beerenartige Steinfrucht.

Die Gattung enthält eine Reihe wichtiger Ziersträucher mit recht unterschiedlichen Verwendungsmöglichkeiten. Blumenhartriegel nennt man einige Arten, deren unscheinbare Blüten von großen, blumenblattartigen Hochblättern (Brakteen) umgeben sind. *C.florida* und *C.kousa* sind die für uns wichtigsten Arten dieser Gruppe, sie gehören mit zum Schönsten aus dem Reich der Ziersträucher. Andere Arten, wie *C.mas* und *C.officinalis*, sind hübsche Vorfrühlingsblüher, deren gelbe Farbe zwar nicht mit der Pracht der Forsythien konkurrieren kann, die aber früher als diese blühen und uns mit *C.mas* auch in der freien Natur begegnen können. Besonders die einheimischen *C.mas* und *C.sanguinea* sind anspruchslose Gehölze für die freie Landschaft, als Deck- und Heckensträucher im Garten aber ebenso nützlich.

Einige Arten und deren Gartenformen, *C.alba* und *C.sericea* bestechen durch ihre bunte Rinde, die Farbe auch in den winterkahlen Garten bringen kann. Von *C.alba* sind einige weiß- und gelbpanaschierte Gartenformen bekannt.

Die Blumenhartriegel bringen eine beachtliche Herbstfärbung zustande, sie besitzen gleichzeitig den schönsten Fruchtschmuck aller *Cornus*-Arten. Schließlich dürfen die malerischen Wuchsformen von *C.contro-*

versa und *C.alternifolia* nicht unerwähnt bleiben. Auch nicht die staudigen *C.canadensis* und *C.suecica*, die bei zusagenden Bedingungen reizvolle Bodendecker sein können. Die meisten der hier nicht genannten *Cornus*-Arten sind nur in botanischen Sammlungen anzutreffen.

Alle sind in bezug auf Boden und Lage recht anspruchslos. Lediglich den Blumenhartriegeln ist etwas mehr Aufmerksamkeit zu schenken. Obwohl ihre Blütenpracht dazu anreizen mag, sie als Solitärsträucher zu verwenden, sollte man sie besser in Verbindung mit anderen Sträuchern pflanzen, die ihnen wenigstens zeitweise etwas Schatten gewähren. Bei so wertvollen Pflanzen lohnt sich auch eine Bodenverbesserung durch reichliche Humusgaben. Die Blumenhartriegel wachsen am liebsten auf leicht sauren Böden, sie sind bei trockener Witterung für Wassergaben sehr dankbar.

C.alba L. Der Tatarische Hartriegel ist ein Strauch, der bis 3 m hoch wird, in der Jugend rote, später grüne Triebe besitzt und dessen wertvollste Eigenschaft seine Anspruchslosigkeit in bezug auf Boden und Lage ist. Als industriefestes Windschutzgehölz wächst die Art auch noch in recht feuchten, schattigen Lagen. Verschiedene Mutanten sind für den Garten wichtiger als die Art.
Nhk/Bh-4, Zone 3.

Cornus controversa 'Variegata'

'Elegantissima' ist etwas für den Freund weißbunter Formen. Die Blätter sind regelmäßig und sehr breit weiß gerandet, im Herbst färben sie sich karminrot.
'Gouchaultii'. Blattrand im Austrieb rosa oder weiß, die Blattmitte ist zunächst rosa und grün, im Sommer ist das Grün der Blattspreite nur noch mit gelben Flecken durchsetzt; nicht so wirkungsvoll wie 'Spaethii', aber stärker wachsend.
'Kesselringii' besitzt fast schwarzrindige Triebe und im Austrieb dunkelbraune, später bläulichgrüne Blätter.
'Sibirica' ist durch ihre leuchtend scharlachrote Rinde nicht nur im Winter besonders wirkungsvoll. Zur Blütezeit im Mai ergeben die rote Rinde und die weiße Blüte in Verbindung mit dem beginnenden Austrieb ein ansprechendes Bild.
'Sibirica Variegata'. Mäßig stark wachsende Sorte mit leicht graugrünen, oft unregelmäßigen und etwas verkrüppelten Blättern mit schmalem weißen Saum.
'Spaethii' wird als farbenfreudiges, buntlaubiges Gehölz angeboten, dessen hitzebeständige Blätter im Austrieb bronzegelb, später breit goldgelb gerandet oder auch ganz goldgelb sind.

C.alternifolia L.f. Der Wechselblättrige Hartriegel gilt als besonders dekoratives Gehölz für die Einzelstellung in frischen bis feuchten Lagen. Der nordamerikanische

Hartriegel wird bis 6 m hoch, er baut sich in Etagen auf, besitzt eine glänzend purpurbraune Rinde und färbt seine Blätter im Herbst dunkelviolett.
Nh-2, Zone 6b.

C.canadensis L. wächst bis zum arktischen Nordamerika in feuchten und sauren Wald- und Moorböden. Sie wird als Staude nur etwa 20 cm hoch und bildet auf lockeren, humosen und sauren Böden einen dichten Teppich. Im Juni schmückt sich dieser hübsche Bodendecker mit einer Fülle kleiner, grünlichroter Blüten, die von je 4 großen, weißen Hochblättern umgeben sind.
Bh-2, Zone 2.

C.controversa Hemsl. Der Pagodenhartriegel baut sich ähnlich wie *C.alternifolia*, aber deutlicher etagenförmig mit weitgestellten Astquirlen auf, wird aber in der Regel baumförmig. Der in Japan und China heimische Kleinbaum ist in den Gärten viel häufiger vertreten als sein amerikanisches Pendant.
Nh-4, Zone 7a.
'Variegata' wird durch ihre weißgerandeten Blätter zu einem sehr lebhaften Gehölz. Beide sind hervorragende, kostbare Gehölze für die Einzelstellung an geschützten Plätzen.

'Eddies White Wonder'. Die Hybride zwischen *C.nuttallii* und *C.florida*, soll in unseren Baumschulen häufig unerkannt kultiviert und als *C.nuttallii* angeboten werden. Die Blätter sind denen von *C.nuttallii* recht ähnlich, sie färben sich im Herbst orange bis leuchtendrot. Der kleine Blütenstand ist von 4, gelegentlich auch von 5 oder 6 großen, fast kreisrunden und sich überlappenden, weißen Brakteen umgeben. Der kleine Baum wächst mit durchgehendem Stamm und waagrecht ausgebreiteten Ästen, er blüht sehr reich und ist ein bemerkenswert schönes Blütengehölz.
Zone 6b.

C.florida L. ist der eigentliche Blumenhartriegel, der in seiner nordamerikanischen Heimat zerstreut in lichten Wäldern vorkommt. Man sollte ihm auch in unseren Gärten einen ähnlichen Standort einräumen, ständige pralle Sonne verträgt er nicht. Am natürlichen Standort wird der Strauch bis 10 m hoch, bei uns erreicht er diese Höhe nicht. Seine verkehrt-eiförmigen Blätter färben sich im Herbst scharlach- bis violettrot. Unscheinbar und klein sind die Blütenstände, um so wirkungsvoller aber die sie umgebenden, bis 4 cm langen, weißen Hochblätter. Sie können zur Zeit

Cornus florida

der Vollblüte im Mai den Strauch unter sich völlig verschwinden lassen.
Nw-2, Zone 6b.
'Cherokee Chief'. Selektierte Form mit rosaroten bis weinroten Blüten. Wuchs schlank und ziemlich schwach. Die bekannteste der amerikanischen Sorten.
'Cherokee Princess'. Wuchs ziemlich schmal-aufrecht. Blüten weiß und groß. Gilt als eine der besten Sorten.
'Cloud Nine'. Gut wachsende und reichblühende Sorte mit reinweißen Blüten.

Cornus florida 'Rubra'

'Rainbow'. Blätter zweifarbig, gelb-grün, etwas weniger bunt gefärbt, aber robuster als 'First Lady'. Im Herbst besonders auffallend gefärbt: grün, gelb, weiß, rot und violett mit orangefarbenen Flammen.
C.florida f. *rubra* (West.) Schelle. Am natürlichen Standort, den Laubwäldern des östlichen und südöstlichen Nordamerika, kommen häufig Formen mit rosa und rot gefärbten Brakteen vor. Sie sind seit mehr als 200 Jahren in Kultur. Voll erblühte Sträucher mit gut gefärbten Brakteen können von überwältigender Wirkung sein.
'White Cloud'. Eine reichblühende Selektion mit bronzefarbener Belaubung und weißen Blüten.

C.kousa Hance. Der Japanische Blumenhartriegel ist das ostasiatische Gegenstück zum nordamerikanischen Blumenhartriegel. Die Art blüht etwa 14 Tage später und unterscheidet sich insbesondere durch die länglich-eiförmigen, lang zugespitzten, eleganter wirkenden Hochblätter und die mit nur 4–5 Paar Seitennerven (bei *C.florida* 5–7) ausgestatteten Blätter, die sich im Herbst scharlachrot verfärben. Häufiger als bei *C.florida* entwickelt die Art ihre erdbeerartigen, rosafarbenen Früchte. Sie wird etwa 4–5 m hoch und baut sich nicht selten mit fast waagerecht ausgebreiteten Ästen auf. In der Gartenkultur zeigt sie sich meist anspruchsloser und wüchsiger als *C. florida*.

Nh-4, Zone 6b.

'China Girl'. Selektion aus *C. kousa* var. *chinensis* mit besonders großen, rahmweißen Brakteen.

C. kousa var. *chinensis* Osborn wird in der Regel höher als der japanische Typ. Die Hochblätter sind meist länger und an der Basis breiter, sie überlappen sich.

'Gold Star'. Die dunkelgrünen Blätter sind in der Mitte auffallend goldgelb gefleckt.

'Milky Way'. Eine sehr schöne Sorte aus Amerika mit rahmweißen Blüten und sehr zahlreichen Früchten.

'Satomi'. Japanische Sorte mit schönen, rosaroten Brakteen. Wurde in Holland hoch bewertet. Blüht reich und wächst mittelstark.

'Schmetterling'. Gilt als großblumigste Sorte der *C. kousa* var. *chinensis*. Die sich an der Basis überlappenden Brakteen sind breit-eiförmig. Der Wuchs ist breit-aufrecht. Blüht schon als relativ junge Pflanze.

'Selektion Kordes'. Unterscheidet sich von der Wildart durch breitere Brakteen.

'Weiße Fontaine'. Bemerkenswert durch die besonders lange Blütezeit. Die Blüten haben einen Durchmesser von 8–12 cm, die sich nicht überlappenden Brakteen sind schmal-eiförmig. Blüht erst als größere Pflanze, kann bis 8 m hoch und breit werden und hat übergeigte Seitenäste.

'Wieting's Select'. Die Blüten sind vergleichsweise klein, dafür aber sehr zahlreich und lange haltbar. Bleibt ziemlich klein, wächst aufrecht, ist dicht verzweigt, beginnt früh zu blühen und hat eine schöne rote Herbstfärbung.

C. mas L. ist ein Vertreter unserer einheimischen Flora, der in trockenen Laubwäldern und Gebüschen zu finden ist. Bis 5 m Höhe erreicht der Strauch, dessen eiförmige Blätter dunkelgrün sind. Zeitig im Frühjahr öffnen sich an Kurztrieben goldgelbe Blütensterne in kleinen Dolden. Die länglichen, glänzendroten Früchte sind eßbar und lassen sich zu Süßmost verarbeiten. Die Kornelkirsche ist kein bemerkenswertes Blütengehölz, gilt jedoch als wichtiges Vogelschutzgehölz, das außerdem eine gute, sehr frühe Bienenweide ergibt. Da *C. mas* keine besonderen Bodenansprüche stellt und sehr schattenverträglich ist, wird der Strauch gerne als Untergehölz und zu Schutzpflanzungen verwendet, selbst für Hecken ist er dank seiner hohen Schnittverträglichkeit zu gebrauchen.

Nsw-3, Zone 5a.

Cornus nuttallii

'Jolico' ist eine in Österreich selektierte Sorte, deren Früchte deutlich größer sind als die der Wildart. Eine wertvolle Bereicherung des Wildobstsortimentes.

C. nuttallii Audub. wird allgemein als schönste Art der ganzen Gattung angesehen. Im westlichen Nordamerika ist der bis 12 m hohe Baum verbreitet, dessen halbkugelige Blütenstände im Mai von meist 6 gelblichweißen, bis 6 cm langen, im Verblühen rosa gefärbten Hochblättern umgeben sind. In Mitteleuropa erreicht der Strauch nur 3–5 m Höhe, er ist ausreichend winterhart.

Nm-1, Zone 7a.

'Ascona'. Wuchs breitbuschig. Blüht schon als junge Pflanze, fast immer mit vier großen, weißen Brakteen. Blätter im Herbst brennendrot und leuchtendgelb bis orange gefärbt.

'Gold Spot', amerikanische Selektion mit gelb panaschierten Blättern.

'Monarch'. Wächst baumförmig und blüht schon nach 6–8 Jahren überreich mit großen, weißen Brakteen, die meist zu sechst stehen. Gilt als beste Sorte dieser Art.

C. officinalis Sieb. et Zucc. Die Japanische Kornelkirsche ist ein Pendant zu *C. mas*. Sie entwickelt sich in ihrer Heimat zu baumförmigen Exemplaren, bleibt bei uns aber nur strauchig. Ihre ähnlich gestalteten Blätter haben, im Gegensatz zu denen von *C. mas*, markante, braune Achselbärte und eine bronzerote Herbstfärbung. Die Blüten sind ebenfalls gelb, aber etwas größer, sie erscheinen 1–2 Wochen früher. Der Stamm zeichnet sich durch eine braune Borke aus,

die in mehr oder weniger großen Platten abblättert.

N-4, Zone 5b.

C. sanguinea L. Der Rote Hartriegel ist ein Strauch unserer heimischen Laub- und Mischwälder. Man findet ihn in Auen, an Ufern und in Mooren ebenso wie an trockenen Hängen auf kalkreichen und kalkarmen Böden. Seine hohe Anspruchslosigkeit macht ihn zu einem idealen, vielseitig verwendbaren Strauch für Schutzpflanzungen aller Art.

N-3, Zone 4

C. sericea L. (= *C. stolonifera*), Weißer Hartriegel. Kaum über 2 m hoher Strauch aus dem östlichen Nordamerika mit ausgebreitet und überhängenden, oft wurzelnden Zweigen, die sonnenseits purpurrot gefärbt sind. Die Wildart hat als Gartengehölz keine Bedeutung.

Nhk/Ms-3, Zone 4.

'Flaviramea' wird dagegen häufig kultiviert. Sie fällt durch die hellgrüne Rinde ihrer Zweige auf, die besonders im Winter zur Geltung kommt. Wird gern zusammen mit *C. alba* 'Sibirica' gepflanzt.

'Kelsey's Dwarf' wächst mit sich bewurzelnden Trieben sehr breit und wird nur etwa 75 cm hoch. Ein guter Bodenbegrüner für große Flächen.

Corokia A. Cunn., Cornaceae
Korokie

Auf Neuseeland und den benachbarten Inseln sind 5 Arten dieser Gattung heimisch. Deren wissenschaftlicher Name bezieht sich auf den bei den Maoris gebräuchlichen Namen für die Pflanze. Die Gattung umfaßt kleine, immergrüne Sträucher mit oft schwarzer Rinde und gedrehten Zweigen, die zu einem eigenartig bizarren Wuchs führen. Die Blätter sind wechselständig oder gebüschelt, lederartig und unten von dichtstehenden Haaren weiß. Die Blüten sind klein und gelb, die Frucht ist eine kleine, längliche Steinfrucht mit bleibendem Kelch.

C. cotoneaster Raoul. Mit dem Namen Zickzackstrauch wird schon angedeutet, daß die Zweige des kleinen, zierlichen, in der Heimat bis 2 m hohen Strauches eigenartig im Zickzack wachsen, sie sind außerdem gedreht und stehen wirr durcheinander. Sie sind zunächst weißfilzig und später schwärzlich berindet. Die spatelförmigen Blätter sind bis 1 cm lang und unterseits seidenhaarig. Die gelben, sternförmigen Blüten sitzen im Mai–Juni einzeln in den

Achseln der Blätter oder endständig an Kurztrieben.

C.cotoneaster hält in Mitteleuropa im Freien nicht aus, ist aber in mediterranen Gärten und in den mildesten Gebieten Westeuropas ausreichend hart und mit seinem eigenartigen Wuchs ein Strauch für Liebhaber.
Ah-8, Zone 9.

C. × virgata Turill (*C.buddleioides × C.cotoneaster*). Auch bei *C. × virgata* sind die Zweige hin und her gebogen, sie wachsen aber nicht wirr durcheinander wie bei *C.cotoneaster*. Der etwa 2 m hohe, in der Jugend weißfilzige Strauch hat verkehrt-lanzettliche, etwas löffelförmige, bis 30 mm lange, oberseits glänzendgrüne, unterseits weiße Blätter. Im Mai sitzen die gelben Blüten meist zu dritt an den oberen Zweigenden. Die Früchte sind orangegelb und eiförmig.
Zone 9.

Coronilla L., Leguminosae
Kronwicke

In Mittel- und Südeuropa, dem Orient und Nordafrika sind etwa 20 Sträucher oder Stauden der Gattung verbreitet. Die Arten sind durch wechselständige, unpaarig gefiederte Blätter mit zahlreichen, kleinen, blaugrünen Blättchen gekennzeichnet. Ihre gelben Blüten stehen in langgestielten, achselständigen Dolden, aus ihnen entwickeln sich stielrunde oder 4kantige Hülsen.

C.emerus L. Der trockenresistente, von Mittel- und Südosteuropa bis Nordafrika verbreitete Strauch wird bis 2 m hoch, ist mit grünen, rutenförmigen Trieben ausgestattet und entfaltet im Mai–Juli braungestreifte, hellgelbe Blüten. Gut geeignet zur Begrünung trockenheißer Böschungen und als Unterwuchspflanze.
Nsm/Ms-3, Zone 6b.

Correa Andr., Rutaceae

Im temperierten Australien sind die 11 Arten immergrüner Sträucher dieser Gattung heimisch. Sie sind gekennzeichnet durch eine meist dichte, sternfilzige Behaarung und durch gegenständige, ganzrandige, mit Öldrüsen versehene und deshalb durchscheinend punktierte Blätter. Die ansehnlichen Blüten sind weiß, grün, gelb, oder rot gefärbt, sie entwickeln sich zu 1–3 hängend in den Blattachseln oder an Triebenden. Von anderen Gattungen der Familie unterscheiden sich die 4zähligen Blüten durch die bis auf die Spitze verwachsenen

Kronblätter, die dann eine lange Kronröhre bilden. Die 8 Staubblätter ragen aus der Blüte heraus.
Alle Arten können in Mitteleuropa nur im Kalthaus überwintert werden, in wärmeren Teilen Frankreichs oder Englands sind sie aber auch im Freien ausreichend hart.

C.alba Andr. Der bis 2 m hohe, steif-aufrechte Strauch stammt aus den Küstenregionen von Victoria, Tasmanien und Südaustralien. Seine jungen Triebe und die Unterseite der Blätter sind dichtfilzig und mit grauen oder braunen Sternhaaren bedeckt. Die Blätter sind lederartig, fast kreisrund und 1–3 cm lang. Fast das ganze Jahr hindurch erscheinen die auffallend kurzen, weißlichen Blüten mit ihren dicken, außen sternhaarigen Kronblättern. Die Hauptblütezeit erstreckt sich von April bis Juni. Der Strauch blüht nicht besonders reich, ist aber sehr wüchsig.
Ah-7, Zone 9.

C.backhousiana Hook. kam aus Tasmanien nach Europa, ein dichtverzweigter, in seiner Heimat bis 4 m hoher Strauch mit dünnen, graubraunen, dicht sternhaarigen Trieben und derb-ledrigen, breit-elliptischen, 1,5–3 cm langen, oberseits glänzenden, unterseits dicht rotbraun-filzigen Blättern. Im April–Mai erscheinen die 1–3 cm langen, grünlichweißen oder etwas gelblichen, 2,5 cm langen, außen ebenfalls sternhaarigen Blüten.
Ah-7, Zone 9.

C.decumbens F. v. Muell. ist ein niedriger Strauch mit filzigen Zweigen, schmal-länglichen, 1,5–3,5 cm langen, am Saum leicht eingerollten Blättern und 2,5 cm langen,

roten Blüten mit weit hervorragenden gelben Staubgefäßen; die Blüten stehen aufrecht an den Triebenden. Heimisch in Tasmanien.
Ah-7, Zone 9.

C.reflexa (Labill.) Vent. (= *C. speciosa*) blüht im Frühjahr, doch erscheinen einzelne Blüten das ganze Jahr hindurch. Sie entspringen einzeln den Blattachseln, sind 3–5 cm lang, röhrenförmig und leuchtendrot mit 4 grünlichen Spitzen.
Ah-7, Zone 9.

Corylopsis Sieb. et Zucc.
Hamamelidaceae
Scheinhasel

Die Scheinhaseln sind mit 20 Arten die umfangreichste Gattung innerhalb der Familie der *Hamamelidaceae*. Aber nur etwa 6 dieser Arten, die in China, den japanischen Inseln und dem Himalaja beheimatet sind, kennen wir in Europa. Von diesen sind im allgemeinen nur 2, *C.pauciflora* und *C.spicata*, in unseren Baumschulen zu haben. Als kleine bis mittelhohe Sträucher wachsen die Scheinhaseln im Unterholz der Laubwälder, sie vertragen in unseren Gärten also durchaus auch halbschattige Lagen. Ein Erkennungsmerkmal der Gattung sind die sommergrünen Blätter, die mit begrannten Zähnen versehen sind. Sie haben eine entfernte Ähnlichkeit mit den Blättern der Haselnüsse und von diesen ihren wenig glücklichen Namen, der immer wieder zu Verwechslungen führt.
Die Blüten stehen in hängenden Trauben oder Ähren in den Blattachseln. Sie sind hellgelb und von zarten, fast durchschei-

Corylopsis pauciflora

nenden Tragschuppen gleicher Farbe umgeben. Allen Arten ist ein feiner Blütenduft eigen. Die Blüten besitzen je 5 Blumen- und Staubblätter. Die Frucht ist eine 2fächrige Kapsel, die mit 2 Spitzen ausgestattet ist.

Ihre besondere Bedeutung für den Garten erhalten die Scheinhaseln durch ihre frühe Blüte, die vor der der Forsythien liegt und ungleich zarter und eleganter ist als die der etwas protzigen Forsythien. Diese frühe Blüte hat natürlich auch Nachteile. Die Blüten leiden oft unter Spätfrösten, sie werden durch Minustemperaturen sofort vernichtet. Diesen Nachteil kann man durch geschickte Standortwahl, etwa im Schutz hoher Bäume, etwas abmildern oder dadurch ausgleichen, daß man mehrere Arten pflanzt, die zu verschiedenen Zeiten blühen. So entgehen in der Regel wenigstens einige Sträucher den Spätfrösten. In kritischen Nächten kann man die Sträucher auch mit leichten Tüchern behängen und dadurch die Gefahr der Spätfröste mildern. An den Boden stellen die Scheinhaseln keine besonderen Ansprüche, sie wachsen in jedem guten Gartenboden. Ein Schnitt ist in der Regel nicht erforderlich.

C.glabrescens Franch. et Sav. ist in Japan beheimatet. Der vieltriebige Strauch wird bis 3 m hoch und baut sich trichterförmig auf. Recht klein sind die hellgelben Blüten, die zu 8–12 in 3–5 cm langen Trauben erscheinen. Die herz-eiförmigen Blätter sind buchtig gezähnt und bis 8 cm lang.
Nhg-4, Zone 6b.

C.pauciflora Sieb. et Zucc. kommt ebenfalls aus Japan und wird als am reichsten blühende Art angesehen. Der Strauch wird kaum 1,5 cm hoch, ist sehr dicht und feinzweigig. Nur 2–3 zartgelbe Blüten sind zu kurzen Ähren vereint. Da die Art aber Blüten in großer Fülle hervorbringt, ist diese Eigenschaft kein Nachteil. Die herz-eiförmigen Blätter sind im Austrieb rot gerandet, sie haben einen rötlichen Blattstiel und rötliche Nebenblätter.
Nhg-4, Zone 7a.

C.platypetala Rehd. et Wils. ist wohl nur in botanischen Gärten bekannt. Die chinesische Art wird 2–3 m hoch, besitzt violettrote, kahle Triebe und große, eiförmigrundliche Blätter. Ihre hellgelben Blüten, an denen die breiten, nierenförmigen Blütenblätter auffallen, hängen zwar in langen, aber wenig dekorativen Blütenständen.
Nhg-4, Zone 7a.

C.sinensis Hemsl. gilt bei uns zu Unrecht als frostempfindlich. Sie ist in Mittel- und

Westchina beheimatet und kann dort baumartig werden. Von großen, behaarten Tragblättern sind die zitronengelben Blüten umgeben, von denen sehr viele in recht großen Trauben vereint sind. Als wichtiges Erkennungsmerkmal gilt die gelbe Farbe der Staubgefäße. Die an der Basis herzförmigen Blätter sind auf der Unterseite blaugrün und weiß behaart.
Nhg-4, Zone 7a.

C.spicata Sieb. et Zucc. Wenn *C.pauciflora* fast verblüht ist, beginnt die etwa mannshohe Ähren-Scheinhasel zu blühen. Sie ist in den Bergwäldern um Nagasaki und in der chinesischen Provinz Jianxi verbreitet. Der Strauch wächst locker und etwas sparrig. Er trägt hellgelbe Blüten, deren Wirkung durch purpurfarbene Staubgefäße und große, hellgelbe Tragblätter erhöht wird. Die herzförmigen, unterseits blaugrünen Blätter entwickeln sich aus tiefroten Knospen, die einen wirkungsvollen Kontrast zu den hellen Blüten ergeben.
Nhg-4, Zone 7a.

C.veitchiana Bean ist in Mittelasien zu Hause. Sie wird in unseren Gärten etwa 2 m hoch und wächst etwas locker. An den primelgelben Blüten, die bis zu 12 in hän-

genden Trauben zusammensitzen, fallen die recht großen, zarten Tragblätter und die rotbraunen Staubgefäße auf. Die zunächst rötlichen Blätter bekommen später einen bläulichen Schimmer. Besonders interessant sind bei dieser Art die großen, lebhaft rot gefärbten, leider aber bald abfallenden Nebenblätter.
Nhg-4, Zone 7a.

C.wilmottiae Rehd. et Wils. scheint in den letzten Jahren eine etwas stärkere Verbreitung zu erfahren. Der in China beheimatete Strauch kann bis 4 m hoch werden. Bis zu 20 hell- bis grünlichgelbe Blüten sitzen in langen, hängenden Trauben beieinander. Aus bleichgrünen Knospen entwickeln sich eiförmige Blätter mit blaugrüner, behaarter Unterseite.
Nhg-4, Zone 7a.
'Spring Purple'. Selektion mit tiefpurpurn gefärbten jungen Blättern.

Corylus L., Betulaceae
Hasel

Von den 15 Arten, die in Europa, Nordamerika und Nordasien verbreitet sind, ist keine als Blütenstrauch von Bedeutung.

Corylus colurna

Corylus avellana 'Contorta'

Um so wertvoller sind einige Arten wegen ihrer eßbaren Früchte. Fast alle sind sommergrüne Sträucher mit wechselständigen, am Rande meist doppelt gesägten Blättern. Auf den einhäusigen Pflanzen überwintern die männlichen Blüten in kurzen Blütenständen frei, sie hängen später in langen Kätzchen schlaff nach unten. Die weiblichen Blüten sind bis auf die roten, fädigen Narben in den Knospen geborgen. Die Nußfrüchte werden von einer 2blättrigen, am oberen Ende in der Regel geschlitzten Hülle umgeben.

Haselnüsse sind im allgemeinen nicht auffällig für Krankheiten, sie stellen an den Boden nur geringe Ansprüche und wachsen gut auch in schattigen Lagen. Der Schnitt beschränkt sich auf ein Verjüngen durch Auslichten.

C. avellana L. Die Haselnuß ist einer der bekanntesten einheimischen Sträucher, der seine schon im Herbst weit vorgebildeten Kätzchen öffnet, sobald die Sonne im zeitigen Frühjahr etwas wärmer scheint. Will man die fadenförmigen, purpurroten, weiblichen Blüten finden, muß man schon genau hinsehen. Haselnüsse sind nicht gerade sehr schöne Blütensträucher, dagegen ein weitverbreitetes Fruchtgehölz. Die vielen Fruchtsorten können hier nicht erwähnt werden. Nur soviel sei gesagt: Wer Wert auf Früchte legt, sollte unbedingt mindestens 2 oder 3 Sträucher verschiedener Sorten pflanzen. Haselnüsse sind selbststeril, sie benötigen zur Befruchtung sortenfremden Pollen. Der Pollen eines anderen Strauches der gleichen Sorte genügt nicht. Im übrigen ist *C. avellana* ein industriefester, schattenverträglicher und windfester Strauch, der für Sichtschutzhecken und andere Schutzpflanzungen verwendet wird. Einige Mutationen können für den Garten interessant sein.

N-3, Zone 5a.

'Aurea' unterscheidet sich durch schwächeren Wuchs, orangefarbene Wintertriebe und im Austrieb gelbliche Blätter.

'Contorta', die Korkenzieherhasel, ändert so häufig und ohne erkennbaren Grund die Wuchsrichtung ihrer Zweige, daß oft genug korkenzieherähnliche Zweigstücke entstehen. So bizarr ein solcher Strauch auch sein mag, er übt doch während des ganzen Jahres seinen Reiz aus; besonders im Winter, wenn das bizarre Zweigwerk deutlich zur Geltung kommt oder von Schnee und Rauhreif überzogen ist. Ein einzelner Zweig in der Vase wirkt exotisch und fremdartig.

C. colurna L. hat als Straßenbaum eine große Bedeutung, auch im innerstädtischen Bereich. Die Türkische Baumhasel entwickelt hohe, schmalkronige Bäume, die trockenresistent, industriefest und frosthart sind. Sie wächst langsam, öffnet oft schon im Februar ihre langen Kätzchen, trägt ihre Früchte in großen, ballförmigen Büscheln und entwickelt einen grauweißen, rauhen und korkigen Stamm.

Nw-3/4, Zone 5b.

Cotinus coggygria

C. maxima Mill. Die Lambertnuß ist in Südosteuropa und Kleinasien verbreitet und wird in vielen Fruchtsorten seit langer Zeit angebaut.

Nw-3, Zone 5b.

'Purpurea' ist ein effektvolles Gehölz mit beständig schwarzroter Belaubung.

Andere Haselnußarten haben keinen Eingang in unsere Gärten gefunden, obwohl sie wie *C. × colurnoides* zu dekorativen Großsträuchern heranwachsen können oder wie *C. cornuta* und *C. sieboldiana* interessante Schnabelnüsse ausbilden.

Cotinus Mill., Anacardiaceae
Perückenstrauch

Die Gattung besteht aus nur 2 Arten, von denen eine in Nordamerika und die andere von Südeuropa bis nach Mittelasien verbreitet ist. Das besondere Erkennungsmerkmal der Sträucher sind die endständigen Fruchtrispen, deren Stiele mit langen, abstehenden Haaren besetzt sind. Die sommergrünen, hohen Sträucher besitzen gelbes Holz, starkriechenden Saft, langgestielte, einfache Blätter und kleine, unscheinbare, polygame oder eingeschlecht-

liche, gelblichgrüne Blüten. Perückensträucher sind eigenwillige Gehölze, die eine Sonderstellung verlangen. Als Solitärstrauch im Rasen oder vor Gehölzgruppen finden sie den ihnen gebührenden Platz. Je sonniger und wärmer der Standort ist, um so wohler fühlen sich die Sträucher und um so intensiver ist die herbstliche Färbung von Blatt und Fruchtstand. Beide Arten wachsen in jedem Gartenboden, ziehen aber kalkhaltige, trockene Standorte vor. Geschnitten werden die Sträucher nur, wenn sie zu groß werden. Man muß ihnen genügend Platz einräumen, sie können mehrere Meter im Durchmesser erreichen.

C. coggygria Scop. Mehrere bemerkenswerte Eigenschaften haben den Gemeinen Perückenstrauch, dessen Verbreitungsgebiet von Südeuropa bis zum Himalaja reicht, einen festen Platz in den Gärten verschafft. Zunächst seine Fruchtstände, die tatsächlich Perücken ähneln und ihm seinen Namen eintrugen. Aus unscheinbaren, kleinen, grünlichen, oft unfruchtbaren Blüten entwickeln sich etwa im Juli wuschelige Köpfe, die ihre duftige, fedrige Wirkung den Haaren der leicht getönten Fruchtstiele verdanken. Die frischgrünen, ovalen Blätter verwandeln sich im Herbst in orange- bis scharlachrote Farbtöne. Auf den trockenen Kalkböden der Hochflächen Istriens bedeckt der Perückenstrauch hektargroße Flä-

Cotoneaster praecox

chen. Er bleibt dort viel niedriger und kompakter, färbt sein Laub intensiver und bildet noch schönere Fruchtstände aus als in unseren Breiten.
Ns-3, Zone 6a.
'Purpureus' zeichnet sich durch karminrot behaarte Fruchtstände aus.
'Red Beauty'. Wuchs kräftig und ziemlich breit, Blätter groß und bis zum Laubfall dunkelrot.
'Royal Purple' besticht durch besonders intensive, schwarzrote Belaubung.
'Rubrifolius' treibt mit dunkelrot gefärbten Blättern aus, die sich im Laufe des Sommers aufhellen und im Herbst wie die der Art verfärben.

C. obovatus Raf. Der in Nordamerika verbreitete und mehr baumförmige Amerikanische Perückenstrauch ist bei uns kaum bekannt. Von Kennern wird er als besondere Schönheit, die Herbstfärbung seiner Blätter als unvergleichlich beschrieben.
Ns-2, Zone 6b.

Cotoneaster Medik., Rosaceae
Zwergmispel

Aus etwa 50 Arten und einer noch größeren Zahl an Gartenformen besteht diese Gattung, deren Vertreter über Europa, Nordafrika, Vorderasien, China, Sibirien und dem Himalaja verbreitet sind. Nur wenige sind auffallende Blütensträucher, viele dagegen prachtvolle Fruchtsträucher. Einige sind ausgesprochen elegante Solitärgehölze, andere brave Füllsträucher, manche lassen sich für frei wachsende Hecken verwenden. Verschiedene niedrige Arten bestechen durch ihren formalen Wuchs, andere sind ausgesprochene Bodendecker, die heute zu Hunderttausenden herangezogen werden. Als gemeinsame Merkmale gelten die wechselständigen, ungeteilten und ganzrandigen Blätter, die kleinen, 5zähligen Blüten und die kleinen, rot oder schwarz gefärbten Apfelfrüchte mit je 2–5 Samen. Die Blüten stehen zu vielen oder wenigen in Doppeltrauben oder -rispen, selten einzeln, am Ende beblätterter, seitlicher Kurztriebe.
Ihr unterschiedlicher Habitus und die damit zusammenhängende große Verwendungsmöglichkeit beschert den *Cotoneaster*-Arten eine weite Verbreitung in Garten und Parkanlagen. Sie wachsen auf jedem Gartenboden und lieben sonnige Standorte, obwohl sie durchaus auch im lichten Schatten hoher Bäume gedeihen. Die wintergrünen Arten sind etwas empfindlicher, sie verlangen windgeschützte Plätze und sollten in der Jugend im Winter einen Bodenschutz erhalten. Gelegentlich erfriert in strengen Wintern ihr Laub, die Sträucher selbst leiden nur selten unter tiefen Temperaturen.
Man sollte reichblühende *Cotoneaster*-Arten (*C. multiflorus*, *C. salicifolius*, *C. divaricatus* und andere) nicht gerade unter ein Schlafzimmerfenster pflanzen, wenn man eine empfindliche Nase hat und gerne bei offenen Fenstern schläft. Der Blütenduft der Zwergmispeln ist nicht gerade angenehm. In der Regel sollen alle Arten ungeschnitten bleiben. Ist ein Rückschnitt nicht zu vermeiden, schneide man auf einen tieferstehenden Seitenzweig. Zwergmispeln regenerieren sich nur ungern aus schlafenden Augen an der Astbasis.
Viele *Cotoneaster*-Arten leiden in bestimmten Gebieten besonders stark unter dem Feuerbrand. Da eine ganze Reihe von Arten und Sorten in der Garten- und Parkgestaltung nahezu unentbehrlich sind, wird gegenwärtig intensiv an der Züchtung und Auslese resistenter Sorten gearbeitet.

C. adpressus Bois. Die Spalier-Zwergmispel, in Westchina verbreitet, ist ein niederliegender Strauch, der kaum 25 cm hoch wird und dessen Triebe fächrig verzweigt sind. Für Steingärten und Grabbepflanzungen ein idealer, winterharter Zwerg.
Ng-4, Zone 5a.
'Little Gem', in allen Teilen wesentlich kleiner, wächst zu einem rundlichen, kissenförmigen Busch heran.

C. bullatus Bois. Die Runzelblättrige Zwergmispel wird bis 3 m hoch, wächst breit und locker und hat große, dunkelgrüne, etwas runzlige Blätter. Der westchinesische Strauch blüht im Mai–Juni sehr reich, seine Früchte sind kugelig und hellrot. Er ist einer der mächtigsten und härtesten Vertreter der Gattung und für die Einzelstellung oder hohe Sichtschutzhecken geeignet. Leider leidet er häufig unter Blattläusen.
Nh-4, Zone 5 b.

C. congestus Bak., Gedrungene Zwergmispel. Mit seinen niederliegenden Zweigen und den immergrünen Blättern ein besonders hübscher, völlig winterharter und schwachwüchsiger Zwerg, der auch in einem Jahrzehnt kaum über 40 cm Durchmesser erreicht. Seine mattgrünen Blätter nehmen eine rötliche Winterfärbung an; der Fruchtansatz ist häufig nur spärlich. Trotzdem ein empfehlenswerter Strauch für Stein- und Troggärten.
BG/PG-4, Zone 6 b.

'Cardinal'. Ursprünglich in einer Aussaat von *C. × watereri* 'Pendulus' gefunden. Erinnert im Wuchsverhalten an *C. dammeri*, wächst aber deutlich stärker und hat größere, leicht bläulichgrüne Blätter. Ein guter Ersatz für die durch Feuerbrand gefährdete *C. salicifolius* 'Herbstfeuer'.
Zone 6 b

C. conspicuus Marq. Die Bogen-Zwergmispel ist immergrün und nicht zuverlässig winterhart. Sie läßt ihre feinen Triebe, die kleine, dunkelgrüne Blätter tragen, in eleganten Bögen überhängen. Winzige, weiße Blüten sitzen zwar einzeln am Trieb, sind jedoch sehr zahlreich und ergeben so einen bemerkenswerten Blütenschmuck. Genauso zahlreich leuchten die großen, hellroten Früchte aus dem dunklen Laub.
BG/PG-4, Zone 6 b.
'Decorus' wächst mattenförmig oder mit kurzen, bogig abstehenden Trieben, ist besonders dicht belaubt, blüht und fruchtet überreich und ist ein eleganter Zwergstrauch, der an ungünstigen Standorten etwas Winterschutz nötig hat.

C. dammeri Schneid., Teppich-Zwergmispel. Ein immergrüner, kriechender Strauch, dessen Zweige so dicht dem Boden aufliegen, daß sie sich häufig bewurzeln. Überall dort, wo man größere und kleinere Flächen mit einer gleichmäßig hohen, immergrünen Bodendecke versehen will, läßt sich dieser *Cotoneaster* pflanzen. Er bedeckt den Raum zwischen locker stehenden Gehölzen und schafft dort einen neutralen

Untergrund. Er eignet sich vorzüglich für die dauerhafte Begrünung von Gräbern und wächst nicht zu stark, um nicht auch noch verschiedenen Blumenzwiebeln Raum zu lassen, deren Blüten sich auf dieser grünen Fläche hübsch ausmachen. Man muß nur darauf achten, daß die Blumenzwiebeln nicht zu dicht stehen, da ihr Laub sonst Kahlstellen in der *Cotoneaster*-Decke verursacht.
Nhg-4, Zone 5 b.
Die natürliche Art und ihre schwachwachsenden Formen eignen sich auch vorzüglich für die Bepflanzung von Schalen und Trögen. Seit einer Reihe von Jahren sind einige Selektionen auf dem Markt, die z. T. eine recht große Bedeutung erlangt haben.
In den Jahren 1981–1986 sind vom Bundessortenamt in Hannover in Verbindung mit dem Bund Deutscher Baumschulen niedrigwachsende *Cotoneaster*-Arten und deren Sorten gesichtet und bewertet worden. Mit »ausgezeichnet« wurden 'Coral Beauty', 'Eichholz' und 'Jürgl', mit »sehr gut« 'Skogholm' und mit »gut« 'Major' bewertet. Sorten wie 'Mooncreper' und 'Winterjuwel' wurden als »entbehrlich« eingestuft. 'Streib's Findling' und 'Queen of Carpet' gehörten nicht zu den gesichteten Sorten.
'Coral Beauty'. Eine Verbesserung von 'Skogholm'. Bleibt niedriger, fruchtet viel reicher (die Früchte sind orangerot), hält im Winter besser das Laub.
'Eichholz'. Ihre Wuchshöhe liegt zwischen den kriechenden Formen von *C. dammeri* und 'Skogholm'; sie läßt sich also auch auf kleineren Flächen einsetzen. Sie wird etwa 30 cm hoch, wächst rasch, wurzelt leicht an den Triebspitzen, deckt den Boden dicht ab und ist frosthärter als 'Coral Beauty' und 'Skogholm'.
'Holsteins Resi'. Von der Bundesforschungsanstalt in Ahrensburg selektierte, feuerbrandresistente Sorte, die in ihrem Erscheinungsbild *C. dammeri* var. *radicans* ähnelt. Die Sorte hat 3–4 cm lange Blätter, wird 20–25 cm hoch und bildet rasch einen dichten, geschlossenen Teppich.
'Jürgl' hat große Ähnlichkeit mit 'Skogholm', bleibt aber niedriger und fruchtet reich mit knapp 1 cm großen, hellroten Früchten.
'Major'. Eine weit verbreitete, kriechende Form, die sich von der natürlichen Art durch größere Blätter, kräftigeren Wuchs und bessere Winterhärte unterscheidet.
'Queen of Carpet'. Wächst etwas stärker und ist etwas großblättriger als 'Streib's Findling'.
C. dammeri var. *radicans* Dammer, eine in Westsichuan heimische Varietät mit ziemlich kleinen, oberseits glänzenden Blättern.
'Skogholm'. Der teils kriechende, teils bo-

gig wachsende Strauch kann über 1 m hoch werden und ist nur für große Flächen unter entsprechend hohen Sträuchern oder Bäumen geeignet.
Die Verwendung von 'Skogholm' hat einen so großen Umfang angenommen, daß die Sorte heute vielfach abgelehnt wird. Großen Wert hat sie aber immer noch für die Terrassen- und Balkonbepflanzung, wenn ausreichender Platz für die dicht und weit herabhängenden Triebe vorhanden ist.
'Streibs Findling'. Ganz schwach wachsende Form mit sehr kleinen Blättern, die sich hervorragend für die Bepflanzung kleiner Flächen eignet, für die Bepflanzung von Gräbern besser geeignet als *C. dammeri*.
'Thiensen'. Wie 'Holsteins Resi' von der Bundesforschungsanstalt in Ahrensburg selektierte feuerbrandresistente Sorte, die in ihrem Erscheinungsbild der Sorte 'Major' ähnlich ist. Sie hat 4–5 cm lange Blätter, einen kriechenden Wuchs und wird nur 10–15 cm hoch.

C. dielsianus E. Pritz. Der in Sichuan und Yunnan heimische Strauch wird etwas über mannshoch; er eignet sich mit seinem relativ dichten Wuchs und den bogig überhängenden Zweigen sehr gut für die Verwendung in ungeschnittenen Hecken. Seine zahlreichen, glänzendroten Früchte und die derbe, dunkelgrüne Belaubung machen ihn zu einer besonders wichtigen, sommergrünen *Cotoneaster*-Art.
Nhg-4, Zone 5 b.

C. divaricatus Rehd. et Wils. Die Sparrige Zwergmispel ist wohl eine der besten Fruchtarten. Der sommergrüne, aufrechtwachsende, fächerartig verzweigte Strauch aus China wird 2–3,50 m hoch. Er besitzt dunkelgrünes Laub, das sich im Herbst tief braunrot verfärbt. Im Juni öffnen sich an den bogig überhängenden Seitenzweigen eine Fülle von Doldentrauben, die aus je 2–4 kleinen, weißen Blüten bestehen. Die elliptischen, tiefroten Beeren verbleiben bis weit in den Oktober hinein am Strauch, der sich für die Einzelstellung ebensogut eignet wie für Hecken.
N-4, Zone 5 b.

C. franchetii Bois, ein Vertreter der südwestchinesischen Gehölzflora, fällt durch seinen eleganten Habitus auf. Am etwa mannshohen Strauch hängen die Zweige schön über. Nur in milden Gegenden ist die kleinblättrige Art, deren orangerote Früchte ebenfalls lange haften, immergrün.
Mhg-4, Zone 7 a.

'Hessei' wird als Bastard unbekannter Herkunft angeboten. Es ist ein sommergrüner,

Cotoneaster integerrimus

schwachwüchsiger Strauch, der sich unregelmäßig verzweigt und dessen Triebe bogig abstehen. Wird auch als *C.praecox* 'Hessei' angeboten.
Zone 5b

C.horizontalis Decne. Die Teppich-Zwergmispel ist als halbimmergrüner oder nur sommergrüner, kleiner Strauch altbekannt und weit verbreitet. An den waagerecht abstehenden Ästen sind die Seitenzweige so regelmäßig zweizeilig angeordnet, daß sie einer Fischgräte verblüffend ähnlich sind. Neben sehr hübschen, fast kreisrunden, kleinen Blättern, die sich im Herbst orange und scharlachrot verfärben, ist der überaus reiche Fruchtschmuck bemerkenswert. Man pflanzt diese Zwergmispel aus Westchina in Steingärten, an Hänge und besonders gern dicht an eine Wand, an der sich die flachen Triebe bis zu 2 m in die Höhe schieben.
Ng-4, Zone 6a.
'Robusta' ist in allen Teilen robuster und kräftiger und wohl auch etwas frosthärter als die Art, die in strengen Wintern empfindlich geschädigt werden kann. Mit ihrem gesunden Laub, den großen Früchten und der intensiven, roten Herbstfärbung ist sie eine ausgezeichnete Sorte.
'Saxatilis', eine schwachwüchsige Selektion, wirkt durch ihre noch regelmäßigere Verzweigung fast steif.

C.integerrimus Medik., Felsen-Zwergmispel. Sommergrüner, vieltriebiger, etwa 1 m hoher Strauch mit länglich-ovalen, frischgrünen, unterseits gelblichen, filzig behaarten Blättern, blaßrosa Blüten und leuchtend scharlachroten Früchten. Kommt in Europa vorwiegend an vollsonnigen, südexponierten, sommerwarmen und -trockenen Felshängen vor. Ein Zierstrauch für Extremstandorte.
Nsg-3, Zone 6a.

C.microphyllus Wall. ex Lindl. Kleinblättrige Zwergmispel. Ein sehr hübscher, niederliegender Strauch mit kleinen, immergrünen und glänzend dunkelgrünen Blättern. Leider sind die Art und ihre Gartenformen recht empfindlich und eigentlich nur für milde Gebiete zu empfehlen.
BG/PG-4, Zone 7a.
'Cochleatus'. Mit 30–40 cm Höhe etwas niedriger als die Art, die Zweige liegen dem Boden dicht auf oder sind bogig nach unten gekrümmt; die kleinen, spiralig angeordneten Blätter sind oberseits glänzend dunkelgrün und unterseits weiß behaart. Ein sehr hübscher, aber ebenfalls frostempfindlicher Zwergstrauch.

C.multiflorus Bunge empfiehlt sich als besonders reichfruchtende Art. 3–4 m Höhe erreicht der sommergrüne, aufrechtwachsende Strauch, der vom Kaukasus bis nach Ostasien verbreitet ist und wie kaum eine andere Art auffallend blüht. Bis zu 20 weißer Blüten stehen in aufrechten Doldenrispen zusammen.
Ns-3/4, Zone 5b.

Cotoneaster multiflorus

C.multiflorus var. *calocarpus* Rehd. et Wils. ist noch schöner als die Art, Blätter und Blüten sind größer und zahlreicher. In überreicher Fülle schmücken rote Früchte die oft weit überhängenden Zweige.

C.praecox (Bois et Berthault) Vilmorin-Andrieux, Nanshan-Zwergmispel. Gehört neben *C.horizontalis* wohl zu den am häufigsten gepflanzten kleinen Zwergmispeln, die sich für Steingärten, Böschungen und Gräber geradezu anbieten. Der sommergrüne, westchinesische Strauch wird nur 50 cm hoch, seine Zweige stehen oft bis zu 1 m weit und bogig ab. Die eirunden, dunkelgrünen, am Rande welligen Blätter verfärben sich im Herbst rot. Schon recht früh fallen die im Spätsommer reifenden, ziegelroten, bis 12 mm dicken Früchte ab.
Nsg-4, Zone 5b.
'Boer'. Unterscheidet sich durch den etwas mehr aufrechten Wuchs und die gleichmäßigere Verzweigung. Blätter weniger stark gewellt. Früchte sehr groß und zahlreich. Eine sehr wertvolle Sorte.

C.salicifolius Franch. var. **floccosus** Rehd. et Wils. darf wohl als eleganteste aller Arten bezeichnet werden. In weiten Bögen hängen die Zweige am mannshohen Strauch

malerisch über. Sehr dekorativ sind auch die schmal-lanzettlichen, meist immergrünen Blätter, recht ansehnlich die breiten Doldenrispen und überreich der Fruchtschmuck, der oft bis weit in den Winter hängenbleibt. Ein Solitärstrauch, wie man ihn sich besser gar nicht wünschen kann. Einige flachwachsende Formen sind bewährte, starkwachsende Bodendecker. Wird in einigen Regionen leider stark von Feuerbrand befallen. Nach einer Sichtung des Bundessortenamtes (siehe unter *C.dammeri*) wurden die Sorten 'Parkteppich' und 'Repens' mit »gut« bewertet, während 'Herbstfeuer' als »entbehrlich« gilt.
NGhm-4, Zone 6b.

'Gnom' ist ein niederliegender, mattenförmig wachsender, immergrüner Bodendecker, der durch seine länglichen Blätter sehr apart wirkt und sich wie *C.dammeri* verwenden läßt, aber etwas stärker wächst und höher wird.

'Parkteppich' wächst wesentlich stärker als 'Gnom', wird bis zu 1 m hoch, besitzt größere Blätter, fruchtet reicher und vermag schnell große Flächen zu begrünen.

'Repens'. In Holland hochbewertete Sorte, die sich mit ihrem breit-flächigen Wuchs und den großen, glänzend dunkelgrünen Blättern als ausgezeichneter, unempfindlicher Bodendecker erweist.

C.simonsii Bak. ist für frei wachsende Hecken besonders gut geeignet. Die sommergrüne bis wintergrüne Art wird auf günstigen Standorten bis 3 m hoch, wächst aufrecht und ist ein sparrig verzweigter Strauch.
MGh-4, Zone 6a.

C.sternianus (Turrill) Boom ist ein halbimmergrüner, fein verzweigter, bis 2,5 m hoher Strauch mit überhängenden Zweigen und derben, unterseits dicht zottig behaarten Blättern, ein wertvolles Fruchtgehölz für die Einzelstellung.
Mhg-4, Zone 7a.

C.tomentosus Lindl. Filzige Zwergmispel. Sommergrüner, mäßig verzweigter, langsam wachsender, bis etwa 1,5 m hoher Strauch mit graufilzig behaarten Jungtrieben. Blätter elliptisch, unterseits dicht graufilzig behaart. Blüten blaßrosa. Früchte rot. Heimisch in Südeuropa und dem südlichen Mitteleuropa. Ein Strauch für lockere Mischpflanzungen auf durchlässigen, kalkhaltigen Böden. Wird auch unter dem Namen *C.nebrodensis* geführt.
Ns-3, Zone 6a.

C.-Watereri-Hybriden nennt man eine Anzahl von Sorten hybriden Ursprungs, die aus Kreuzungen von *C.frigidus* mit *C.henryanus*, *C.rugosus* und *C.salicifolius* hervorgegangen sind. Es handelt sich um meist wintergrüne, starkwachsende Formen von recht unterschiedlichem Habitus, die sich in strengen Wintern wie sommergrüne Sträucher benehmen und nicht immer zuverlässig winterhart sind. (In den Baumschulen werden sie häufig als »*C.hybridus*« angeboten.)
Zone 7a.

'Cornubia' wird in milden Gebieten baumartig. An schräg aufwärtsstrebenden Zweigen trägt der Strauch schmale, stumpfgrüne Blätter und sehr viele, leuchtendrote, kugelige Früchte, die in Knäueln dicht beieinanderstehen und ebenfalls sehr lange hängenbleiben.

'Pendulus' wird häufig an Stäben gezogen und läßt dann die Seitenzweige fast senkrecht herabhängen. Unter normalen Bedingungen liegen Äste und Zweige dem Boden dicht auf. Als Bodendecker ist diese Form nicht sonderlich gut geeignet, da sie besonders stark wächst und sich nicht ausreichend verzweigt.

'Watereri' gilt als typischer Vertreter dieser Gruppe. Die Form wächst stark, hat überhängende Äste, längliche, stumpfgrüne, wenig runzelige Blätter und zahlreiche, hellrote, glänzende Früchte, die in breiten Fruchtständen zusammenstehen.

Crataegus L., Rosaceae
Weißdorn

Aus etwa 200 Arten, die allein in Nordamerika verbreitet sind, werden kaum mehr als ein Dutzend Arten und Formen in unseren Gärten kultiviert. Insgesamt ist die Gattung über Nordamerika, Europa und Asien verbreitet. Sie besteht aus sommergrünen Bäumen und Sträuchern, meist mit Kurztriebdornen und ungeteilten, gelappten oder fiederteiligen, wechselständigen Blättern. Die meist weißen, 5zähligen Blüten erscheinen im Mai oder Juni in Doldentrauben oder -rispen, selten einzeln, am Ende meist beblätterter Kurztriebe. Die apfelartigen Früchte sind rot, schwarz oder gelb gefärbt und von Kelchblättern gekrönt.

In ihrer Gesamtheit ist die Gattung gärtnerisch wenig bedeutungsvoll. Die wenigen kultivierten Arten und Formen aber sind meist kleine, reichblühende Parkbäume, die außerdem durch beachtlichen Fruchtschmuck und prachtvolle Herbstfärbung wirken. Die beiden einheimischen Arten werden bevorzugt als Hecken-, Flur- und

Crataegus monogyna

Vogelschutzgehölze verwendet. Beide sind bevorzugte Wirtspflanzen des Feuerbrandes. In gefährdeten Gebieten sollten sie deshalb nicht als Blütengehölze verwendet werden. *C.crus-galli* und *C. × lavallei* haben sich unter den ungünstigen klimatischen Bedingungen der Stadt als brauchbare Straßenbäume erwiesen, die auch in Kübeln und Containern gepflanzt werden können. Alle Weißdornarten sind recht anspruchslos an den Standort. Sie wachsen auf jedem tiefgründigen Gartenboden, besonders gern auf kalkhaltigen oder lehmigen Böden, die meisten werden auch mit großer Trockenheit fertig. In der Regel ziehen sie sonnige Lagen schattigen Standorten vor, obwohl sie auch dort zu gedeihen vermögen. Man muß dann allerdings auf kräftige Herbstfarben verzichten. Weißdorn muß nicht unbedingt in Haus- oder Sitzplatznähe stehen, die Blüten duften nicht gerade sehr angenehm.

C.crus-galli L. Der Hahnendorn aus dem östlichen Nordamerika wird zu einem bis 10 m hohen Baum mit breiter Krone. Seine starken Dornen werden bis 8 cm lang. Die glänzenden, lederartigen Blätter färben sich im Herbst orangerot. Aus großen, weißen Blüten entwickeln sich stumpfrote, lange haftende Früchte. Ein dekoratives Solitärgehölz für den großen Garten, für öffentliche Parkanlagen und die innerstädtische Straßenbepflanzung.
N-2, Zone 5a.

Crataegus crus-galli

C. × grignonensis Mouillef (*C.pubescens × C.species*). Der 5–6 m hohe, sparrige, fast dornenlose Strauch zeichnet sich vor allem durch sehr lange haftende Blätter aus, die oft erst im Januar abfallen.
Zone 6a.

C.laciniata Ucria, (= *C. orientalis*) ein von Südosteuropa bis Westasien verbreiteter Weißdorn, fällt durch seine dunkelgraugrünen, unterseits graufilzigen Blätter, die weißfilzigen Blütenstände und die dicken orangeroten Früchte auf. Sein etwas eigenwilliger, sparriger Wuchs macht ihn zu einem dekorativen Einzelgehölz.
Ns-3, Zone 5a.

C.laevigata (Poir.) DC. Der über ganz Europa und Nordafrika verbreitete Zweigriffelige Weißdorn wird in Garten und Park nahezu ausschließlich als Heckenpflanze verwendet. Von größerer gärtnerischer Bedeutung ist dagegen der echte Rotdorn.
N-3, Zone 5b.
'Paul's Scarlet' ist ein kleiner, wertvoller Blütenbaum mit gefüllten, roten Blüten, man sieht ihn häufig als Straßenbaum oder in Vorgärten. Er sollte nicht immer wieder zu Kugeln geschnitten werden, denn er kommt dann nur selten zur Blüte. Außerdem steht eine solche Behandlung dem heutigen Geschmack entgegen, der frei gewachsene Bäume und Sträucher unnatürlichen Kunstformen vorzieht.

C. × lavallei Hérincq ex Lavallée (*C.crus-galli × C.pubescens*) ist nur in der folgenden Form in Kultur.
Zone 5b.
'Carrierei'. Der bis 7 m hohe Baum besticht durch seine oberseits glänzend dunkelgrünen, ledrigen wie immergrün aussehenden, im Herbst bronzeroten, sehr lange haftenden Blätter, die großen, ebenfalls sehr lange haftenden, orangeroten, punktierten Früchte und die bis 2 cm breiten, weißen Blüten. Die 1870 im Botanischen Garten in Paris erzielte Hybride wird als einer der besten kleinkronigen Alleebäume gepriesen, die auch für den innerstädtischen Bereich brauchbar sind.

C.monogyna Jacq. emend. Lindm. Der in Mitteleuropa heimische Eingriffelige Weißdorn unterscheidet sich von der zweiten mitteleuropäischen Art (*C.laevigata*) durch tiefer gelappte Blätter, den einzelstehenden Griffel, 1samige Früchte und spätere Blüte. *C.monogyna* begegnet man in der Natur in Gebüschen und Laubwäldern, in Hecken und an Zäunen. Der hohe, oft baumartige Strauch wird heute für Schutzpflanzungen aller Art an Autobahnen und Bahndämmen, auf Halden und Rohböden verwendet. Als Heckenpflanze für den Garten kann man auf ihn verzichten, da er fast jährlich von vielen Schadinsekten (Raupen der Gespinstmotte und des Kleinen Frostspanners) heimgesucht und nicht selten völlig kahl gefressen wird.
Von der stattlichen Anzahl an Gartenformen findet man in den heutigen Angeboten fast nichts mehr. Einzig der gefülltblühende Rotdorn wird hier fälschlich als 'Kermesina Plena' angeboten, gehört botanisch aber zu *C.laevigata*.
N-3, Zone 5a.
'Globosa' ist eine langsam und gedrungen wachsende, dicht verzweigte, dornenlose Kugelform.
'Stricta'. Kleiner bis 6 m hoher Baum, mit dichtem, aufrechtem, säulenförmigen Wuchs. Ein Kleinbaum für hohe Hecken und engen Straßen.

C.pedicellata Sarg. findet man in den Katalogen auch unter dem Namen »C.coccinea«. Der aus Nordamerika stammende (seine natürliche Verbreitung in Nordamerika ist nicht bekannt) Scharlachdorn verdankt seinen Namen den großen, scharlachroten Früchten und dem gleichfarbigen Herbstlaub. In Skandinavien wird der baumartige Strauch als krankheitsfreie und absolut frostharte Heckenpflanze sehr geschätzt. Er ist als Solitärgehölz gleich wertvoll.
Zone 5a.

C. persimilis Sarg. **'McLeod'** (= *P.* × *prunifolia*). Der Pflaumenblättrige Weißdorn ist ein bis 6 m hoher, industriefester Strauch mit gesundem, glänzendem, dunkelgrünem Laub, das sich im Herbst flammend gelb und rot färbt. Die Früchte sind bis 1,2 cm dick und scharlachrot.
Zone 5a.

'Splendens' entwickelt sich zu einem kleinen Baum mit breiter Krone. Eignet sich wie *C.* × *lavallei* 'Carrierei' gut für eine Verwendung im städtischen Straßenraum, wächst stärker als diese.

C. pinnatifida Bunge var. **major** N. E. BR. wird in China wegen der großen, eßbaren Früchte angepflanzt. Bei uns ist der kleine Baum mit seinen derben, fiederlappigen Blättern und den bis 2,5 cm dicken, glänzend tiefroten Früchten eine recht interessante, aber nur selten angebotene Art.
N-4, Zone 6a.

C. punctata Jacq. stammt aus dem östlichen Nordamerika, besitzt unterseits zottig behaarte Blätter und stellt in der Form 'Aurea' die schönste gelbfrüchtige Sorte.
N-2, Zone 5a.

C. succulenta Schrad. ex Link. Im östlichen Nordamerika ist dieser bis 5 m hohe, sparrige Baum verbreitet, der vor allem durch seine zahlreichen und kräftigen, bis 7 cm langen Dornen auffällt; er blüht im Mai und trägt im Herbst glänzend scharlachrote, etwa 1 cm dicke Früchte.
N-2, Zone 5a.
C. succulenta var. *macracantha* (Lodd.) Eggl. ist ebenfalls im östlichen Nordamerika beheimatet und von der Art zu unterscheiden durch zahlreichere Dornen und etwas kleinere Früchte, die erst sehr spät mürbe werden.

Cycas L., Cycadaceae
Palmfarn, Cycas

Palmfarne sind Holzgewächse, die in ihrem äußeren Erscheinungsbild an Palmen oder Baumfarne erinnern, mit beiden aber nicht verwandt sind. Die neun rezenten Gattungen mit etwa 100 Arten gehören alle einer Familie an, den Cycadaceen.
Obwohl von baumförmigem Habitus, erreichen die Stämme der Palmfarne nur selten Höhen über 3 m. Oft sind ihre Stämme wesentlich kürzer. Die Blattkrone besteht bei den meisten Arten aus einfach gefiederten Wedeln, die eine beträchtliche Länge erreichen können und die in der Jugend, wie bei Farnen, schneckenartig eingerollt sind.

Cycas revoluta

Bei allen Palmfarnen sind die Blüten zweihäusig verteilt. Bei *Cycas* erscheinen die männlichen Blüten in mehr oder weniger großen, endständigen Zapfen, sie bestehen aus zahlreichen Staubblättern, die auf ihrer Unterseite zahlreiche Pollensäcke tragen. Die weiblichen Blüten erscheinen nicht in geschlossenen Zapfen, hier sind vielmehr zahlreiche Fruchtblätter um die Spitze des Stammes gedrängt, die später wieder Blätter bildet und dadurch die Fruchtblätter abspreizt. Die weiblichen Zapfen erreichen bei einigen Arten ein beträchtliches Gewicht. Die Früchte sind große Samen mit einer fleischigen Außenhaut, harter Mittelschicht und reichlich fleischig-mehligem Nährgewebe.
Palmfarne stellen eine altertümliche Gruppe von Pflanzen dar, die in vergangenen Erdepochen in großer Artenvielfalt auf der ganze Erde verbreitet war. Sie nehmen in systematischer Hinsicht eine Übergangsstellung zwischen den Nadelhölzern und den eigentlichen Blütenpflanzen ein.
Cycas-Arten enthalten in allen Teilen Gift. Samen und Stammark, das als Sago verwendet wird, sind erst nach einer Entgiftung durch Rösten oder Auslaugen eßbar. Den Gehalt an Giftstoffen macht man sich nutzbar, indem zum Beispiel die frischen Samen von *C. thouarsii* zu einem Rattengift verarbeitet werden. In Kambodscha werden die zerquetschten Samen von *C. circinalis* als Lähmungsgift zum Fischfang eingesetzt. Mit insgesamt 20 Arten ist die Gattung in Madagaskar, Süd- und Südostasien, Indomalesien, Australien und Polynesien verbreitet. Die beiden folgenden Arten werden am häufigsten als Zierpflanzen angebaut, auch in mediterranen Klimazonen.

C. circinalis L., Eingerollter Palmfarn. In Kultur erreicht die Art mit ihrem kurzen, dicken, dicht mit Schuppen und bleibenden Blattstielresten bedeckten Stamm Höhen von 2–3 m. Bis über 2 m lang werden die zunächst aufrechten, später zurückgebogenen Blattwedel, die auf jeder Seite 50–60 schmal-lanzettliche, sehr dicht stehende, bis 25 cm lange Fiedern tragen. Die weiblichen Blüten sind an ihren goldbraunen, im oberen Teil gefiederten oder gezähnten Fruchtblättern zu erkennen. Die männlichen Blüten stehen in 30–50 cm langen, imposanten Zapfen zusammen. Heimisch in Südindien und Westmalaysia, auf Ceylon, Formosa und den Philippinen.
T/Mh-4, Zone 9.

C. revoluta Thunb. Der Japanische Palmfarn stammt aus Südostasien und ist die widerstandsfähigste und deshalb am häufigsten kultivierte Art. Sie wird maximal 3 m hoch und hat einen dicken, walzenförmigen

Stamm, der von einem Schuppenpanzer umgeben ist. Die am Stammende gedrängt stehenden Wedel werden 50–200 cm lang, ihre Fiedern sind sehr dicht gestellt, am Rand zurückgerollt und zuletzt dornig. Die männlichen Blüten stehen in geschlossenen, konischen, grau behaarten Zapfen, die weiblichen, wie oben beschrieben, in den Achseln von Fruchtblättern. Der Fruchtstand zeigt sich oberhalb der Blätter mit zahlreichen großen, der Walnuß ähnlichen, orangeroten Samen, die von braunen, zerschlitzten Fruchtblättern überragt werden. Die Blätter von *C.revoluta* haben einen hohen Stickstoffgehalt. Sie werden auf den japanischen Riukiu-Inseln als Düngemittel für Feldfrüchte verwendet. Getrocknete Blätter, nicht selten gebleicht und wieder eingefärbt, werden als »Palmwedel« zu Kränzen verarbeitet oder für Sargdekorationen verwendet. Auf den südjapanischen Inseln werden sie in großen Mengen gesammelt und exportiert.
T/Mh-4, Zone 9.

Cydonia Mill., Rosaceae
Quitte

Die für uns wichtigste Art der Gattung, *C.oblonga*, hat ihr natürliches Areal in Transkaukasien, Iran, Turkestan und Südostarabien. Aus diesem Raum kommen auch einige andere wichtige Obstgehölze. Die zweite Art, *C.sinensis*, ist in China heimisch. Die Quitte ist eine uralte, vielseitig verwendete Kulturpflanze, die unter anderem in Südeuropa, Kleinasien und Nordafrika fest eingebürgert und verwildert ist. Sie ist ziemlich nahe mit den Scheinquitten verwandt. Beide unterscheiden sich in Bau

Cydonia oblonga

Cytisus decumbens

und Anordnung der Blüten, Früchte und Samen.

C.oblonga Mill. wird mit ihren großen, aromatisch duftenden, apfel- oder birnförmigen Früchten nicht nur als Fruchtgehölz, sondern auch als Zierstrauch verwendet. Der 5–6 m hohe Strauch wächst zwar ein wenig steif, die zartrosa Blüten, die gelbe Herbstfärbung und die gelben, filzigen Früchte sind aber nicht ohne Reiz. Die Sortenunterschiede der Quitte sollen hier nicht behandelt werden, die meisten Baumschulen bieten ohnedies kaum mehrere Sorten zur Auswahl an.
Ns-3, Zone 5a.

Cytisus L., Leguminosae
Geißklee, Ginster

Etwa 25–30 Arten sind in Mitteleuropa und im Mittelmeergebiet verbreitet. Viele dieser Arten, besonders die mediterranen, sind für unser Klima nicht ausreichend frosthart, andere nicht attraktiv genug. Alle sind sommergrüne oder immergrüne Sträucher mit meist 3zähligen, oft sehr kleinen Blättern. Die in der Regel gelben Blüten bestehen aus einem 2lippigen Kelch und einer ungleichen Blütenkrone, die in Fahne, 2 seitlichen Flügeln und einem aus 2 Blütenblättern bestehenden Schiffchen (= Kiel) gegliedert ist. Die flachen, länglichen Hülsen springen 2klappig auf. Ginster sind in allen Pflanzenteilen giftig.
Alle »Edelginster« (Sorten von *Cytisus scoparius* und *C. × dalimorei*) benötigen einen warmen, leichten, durchlässigen, kalkarmen Boden in vollsonnigen Lagen. An schattigen Standorten werden sie »hochbeinig«

und fallen bald um. Edelginster sind ziemlich kurzlebige Pflanzen, die in kalten Wintern außerdem leicht erfrieren. Ein Schutz durch Fichtenreisig ist besonders in schneearmen Wintern notwendig. Desgleichen ein Schutz vor Kaninchen, denen der Ginster besonders gut schmeckt. Ginster entwickeln, wie andere Leguminosen auch, nur wenige Faserwurzeln, sie lassen sich dadurch nur schwer verpflanzen. Man sollte in der Baumschule nur Pflanzen mit Topfballen kaufen.
Alle niedrigen Ginsterarten (*C.decumbens, C. × beanii, C.purpureus*) werden nicht geschnitten. Bei *C. × praecox, C.nigricans* und beim Edelginster schneidet man nach der Blüte einen Teil der Zweige zurück. Man erzielt dadurch kräftige, junge Triebe und im kommenden Jahr eine reiche Blüte.
Alle Ginster sind typische Heidegartenpflanzen, die sich ausgezeichnet mit Birken, Wacholder und Heidekraut vertragen. Man muß beim Pflanzen an die späteren Ausmaße denken. Einige Ginster werden fast 2 m hoch und können daher schnell benachbarte, kleinere Gehölze überwachsen.

C.battandieri Maire ist ein starkwüchsiger, aufrechter Strauch, der in milden Gebieten Höhen von 3–5 m erreichen kann. Die ganze Pflanze ist silbergrau behaart. Die Blätter sind 3zählig, die angenehm duftenden Blüten goldgelb. Sie stehen im Mai–Juni zu vielen in dichten, 5–15 cm langen, aufrechten Trauben. Die Pflanze sieht eher einem silbergrauen Goldregen mit aufrechten Blütentrauben ähnlich als einem Ginster. Heimisch im Atlasgebirge. In Mitteleuropa nicht ausreichend hart. In England und Südeuropa aber häufiger gepflanzt.
Ms-3, Zone 8b.

C. × beanii Nichols. *(C. ardoini × C. purgans)* ist eine in England entstandene Hybride, die einen bis 80 cm hohen, kriechenden oder niederliegenden Busch bildet. Im Mai blüht der völlig winterharte Strauch überreich mit großen, goldgelben Blüten. Zone 6a.

'Osiris'. Sehr reichblühende Zwergform, die aus Sämlingen von *C. × beanii* selektiert wurde. Wuchs etwas stärker aufrecht, wird nach einigen Jahren zu einem flach-ballförmigen Strauch, der sich als sehr winterhart erwiesen hat. Blüten im Mai, goldgelb.

C. decumbens (Durande) Spach ist von Albanien über Dalmatien und Mittelitalien bis Süd- und Mittelfrankreich verbreitet. Der etwa 20 cm hohe Strauch wächst gern an kalkhaltigen, trockenen Hängen und ist im Mai–Juni völlig mit gelben Blüten zugedeckt. Eine der schönsten Zwergarten für den Heidegarten oder alpine Anlagen. Nsm-3, Zone 5a.

C. × kewensis Bean *(C. ardoini × C. multiflorus)*, ein ebenso schöner Zwergstrauch für den Steingarten, wird knapp 30 cm hoch. Er trägt an langen, zierlich überhängenden Zweigen rahmweiße bis schwefelgelbe Blüten. In Aufbau und Blütenfarbe erinnert er an den Elfenbeinginster. Zone 6b.

C. multiflorus (Ait.) Sweet, Vielblütiger Ginster. In Spanien und Nordafrika hat der Vielblütige Ginster seine Heimat. Er entwickelt sich zu einem 2–3 m hohen Strauch mit rutenförmigen, in der Jugend behaar-

ten, gestreiften und fünfkantigen Zweigen. Die unteren Blätter sind 3zählig, an den oberen Zweigabschnitten einfach. Im Mai–Juni entfalten sich die reinweißen, seidig behaarten Blüten mit der 10–12 mm langen Fahne. Leider ist der überreich und schön blühende Strauch in Mitteleuropa etwas empfindlich, er braucht einen sonnigen, geschützten Platz. Ms/Nsm-3, Zone 7a.

'White Bouquet' unterscheidet sich von der Art durch einen deutlich niedrigeren Wuchs. Die gedrungenen Pflanzen bilden mit überhängenden Zweigen einen mehr oder weniger ballrunden Busch, der im Mai mit 10–12 mm langen, rahmweißen Blüten blüht.

C. nigricans L. Der Schwarze Ginster ist eine der wenigen natürlichen Ginsterarten, die gelegentlich in unseren Baumschulen zu haben sind. Der Schwarze Ginster ist ein in Mitteleuropa heimischer Strauch, der bis 2 m hoch werden kann. Durch rund 20 cm lange, endständige Blütentrauben wird eine enorme Reichblütigkeit erreicht. Ns-3, Zone 5b.

'Cyni' ist eine dänische Selektion, die sich von der Wildart vor allem durch einen kompakteren Wuchs unterscheidet. 'Cyni' blüht im Juni–August mit dunkelgelben Blüten in langen, endständigen Trauben.

C. × praecox Bean *(C. multiflorus × C. purgans)*. Der Elfenbeinginster ist die wichtigste Art für unsere Gärten. Besonders ihrer Winterhärte wegen fand diese Hybride weite Verbreitung. Der Strauch ist

buschig, sehr dicht und kann im Alter mannshoch werden. Er ist dann aber meist recht unansehnlich und sollte durch eine jüngere Pflanze ersetzt werden. Die grünen, etwas überhängenden, dünnen Rutenzweige sind ab Ende April dicht mit rahmweißen, unangenehm riechenden Schmetterlingsblüten bedeckt. Zur Blütezeit ist der sonst nicht gerade sehr reizvolle Strauch eine einzige Blütenpracht. Einige recht winterharte Gartenformen, meist in Holland gezüchtet, sind zu empfehlen. Zone 6b.

'Albus'. Wächst mit überhängenden Trieben etwas schwächer als der Typ. Im Mai erscheinen zahlreiche weiße Blüten.

'Allgold'. Wächst wie die Art, die Blüten sind aber reingelb; wird sehr häufig angeboten.

'Frisia'. Wuchs ziemlich hoch und breit. Fahne lilaweiß, außen karminrosa, Flügel braungelb, Kiel rahmweiß mit lila.

'Gold Speer'. Eine Form mit auffallend tiefgelber Farbe, zahlreichen Blüten und ziemlich schwachem Wuchs.

'Hollandia' gilt mit ihren kleinen, aber zahlreichen purpurroten, rahmweiß gesäumten Blüten und der großen Winterhärte als beste mehrfarbige Sorte.

'Zeelandia'. Sehr reich blühend mit kleinen, rahmweißen Blüten, die auf der Rückseite von Fahne und Flügel lila getönt sind.

C. purgans (L.) Boiss., Abführender Ginster. In Spanien, Südfrankreich und Nordafrika ist dieser dichte, aufrechte, 0,2–1 m hohe Strauch verbreitet. Am Ende steifaufrechter, rundlicher Zweige sitzen im April–Juni goldgelbe Blüten zu 1–2 in den Blattachseln. Ein etwas empfindlicher, sehr früh blühender Ginster. Ms/Nsm-3, Zone 7a.

C. purpureus Scop. Der Rosen- oder Purpurginster ist in Mittel- und Südosteuropa weit verbreitet. Er wird zu einem bis 60 cm hohen, niederliegend-aufrechten Strauch, dessen grüne, rutenförmige Zweige weit abstehen und im Juni–Juli dicht mit ziemlich großen, purpurroten Blüten bedeckt sind. Er ist wesentlich härter als der Besenginster. Ns-3, Zone 5a.

C. ratisbonensis Schaeffer, Regensburger Ginster. Bis 0,5 m hoher Zwergstrauch mit niederliegend-aufsteigendem Wuchs. Im Mai–Juni entfalten sich gelbe, rotbraun gefleckte Blüten, meist einzeln an Kurztrieben. Der Zwergstrauch kommt von Mitteleuropa bis Südostukraine, Kaukasus, Ural und Altai in Halbtrockenrasen und Zwergstrauchheiden vor. Er verträgt Hitze und

Cytisus nigricans

Trockenheit und ist ein hübscher Zwergstrauch für Heide-, Stein- und Steppengärten.
Ns-3, Zone 5a.

C. scoparius (L.) Link. Der Besenginster ist ein bekannter, bis 2 m hoher Strauch unserer heimischen Flora, dem wir oft in großen Mengen auf sandigen Böden, am Rande trockener Kiefern-, Birken- und Eichenwälder, an Straßenrändern und frisch angeschnittenen Böschungen finden. Mit seinen großen, goldgelben Blüten beherrscht er im Mai oft ganze Landschaften. Er ist vor allem im atlantischen, luftfeuchten Klima zu Hause, im Binnenland leidet er häufig unter der Winterkälte. Obwohl seit Jahrhunderten in Kultur, fand der Besenginster erst dann größere Beachtung, nachdem E. André in der Normandie eine Pflanze fand, deren Blüten tiefbraun und gelb gefärbt waren. Die Form wurde später 'Andreanus' genannt. Kurz darauf wurde diese mit *C. multiflorus* gekreuzt, woraus *C. × dalimorei* entstand. Durch intensive Züchtung und Selektion entstand dann, besonders in England, eine große Zahl von Gartenformen, die meist als *C. scoparius*-Hybriden oder als Edelginster angeboten werden.
Nm-3, Zone 6b.

Aus der Flut dieser Formen, die bei weitem nicht alle unser Klima vertragen, werden in unseren Baumschulen folgende angeboten:

'Andreanus Splendens' wird als wesentliche Verbesserung von 'Andreanus' angesehen, bei ihr sind Fahne und Flügel gelb, letztere mit braunem Fleck.
'Boskoop Ruby'. Ziemlich aufrecht wachsend, mäßig hoch. Blüten mittelgroß, besonders zahlreich, dunkelkarminrot.
'Burkwoodii' wächst gedrungen und gilt als beste »rote« Form, deren Fahnenaußenseiten dunkelkarminrot, die Innenseiten karminrosa, die goldgelb gerandeten Flügel braunrot gefärbt sind.
'Dorothy Walpole'. Bei dieser besonders wüchsigen Form sitzen die Blüten dicht gedrängt an den Trieben. Ihre Fahnenaußenseite ist samtigrot, rosaweiß die Innenseite und braunrot die Flügel.
'Dukat' zeichnet sich gegenüber anderen durch lang andauernde gelbe Blüte und zwergigen Wuchs aus; sie wird nur 50 cm hoch, wächst dicht und straff-aufrecht.
'Fascination' fällt durch ihre bis zu 5 cm breiten Triebverbänderungen und durch zahlreiche große, goldgelbe Blüten auf.
'Firefly' ist schon viele Jahre auf dem Markt und muß sich also bewährt haben. Leuchtendrot sind Kiel und Flügel, gelb ist die Fahne.

Cytisus scoparius 'Jeffsii'

'Fulgens' zeichnet sich durch sehr späte Blüte, geschlossenen Wuchs, braune Flügel und orangegelbe Fahnen aus.
'Golden Sunlight' wird als breit und schwach wachsend, großblumig und einfarbig gelb beschrieben.
'Goldfinch' ist eine vielfarbige Form mit goldgelbem Kiel, dunkelroten Flügeln und gelber, auf der Rückseite rosa Fahne.
'Jeffsii' ist eine schwachwachsende, außerordentlich reichblühende Sorte mit reingelben Blüten.
'Killiney Red' wird zu einem breiten, nur 1 m hohen Strauch, der rot blüht.
'Lena'. Eine Sorte mit orangefarbenen Blüten.
'Luna' ist unvorstellbar reichblühend, großblumig und reingelb.
'Maria Burkwood'. Wuchs kräftig und hoch. Fahne karminrot, Flügel kupferbraun.
'Moonlight'. Wuchs buschig und breit-aufrecht. Blüten sehr hellgelb.
'Newry Seedling' ist großblumig, die spätblühende Form besitzt hellgelbe Fahnen und rotbraune Flügel.
'Palette'. Wuchs kräftig und breit-aufrecht. Die Fahne ist gelb und weiß, außen hellkarminlila gefärbt, die Flügel samtrot und der Kiel gelb mit lila Ton.
'Prostratus' ist sehr breitwachsend, die Blüte ist groß und goldgelb mit einem purpurnen Fleck.

'Red Wings' wird mit ihren leuchtend karminroten Blüten und dem lilafarbenen Kiel als sehr wertvoll gepriesen.
'Roter Favorit'. Eine Sorte, die durch dunkelrote Blütenfarbe, starken, aufrechten Wuchs und gute Winterhärte auffällt.
'Windlesham Ruby'. Wuchs sehr kräftig, aufrecht und offen. Blüten karminrot.

C. supinus L., Kopfginster. 20–50 cm hoher, stark zottig behaarter Zwergstrauch mit zahlreichen, 2–2,5 cm großen, lebhaft gelben, oft braun gefleckten Blüten, die sich im Juni–August in Köpfen am Ende junger Triebe öffnen. Heimisch in Mittel-, Süd-, Südost- und Osteuropa sowie in Kleinasien in Halbtrockenrasen, Zwergstrauchheiden und an felsigen Hängen. Bevorzugt Kalk, gedeiht aber auch auf anderen Substraten und paßt gut in Heide-, Stein-, Steppen- und Dachgärten.
Ns-3, Zone 6a.

Daboecia D. Don, Ericaceae
Irische Heide

In den Heidegebieten der ozeanischen Küstenlandschaften von Irland bis Portugal und auf den Azoren ist je eine Art der immergrünen, zierlichen, heideartigen Sträucher vertreten. Ihre krugförmigen Blüten erscheinen an den Enden beblätterter

Zweige in aufrechten, traubigen Ständen. Die 4fächrige Fruchtkapsel enthält viele, rundliche Samen.

D.cantabrica (Huds.) K. Koch kann auch unsere kalten Winter ertragen, wenn sie durch eine Reisigdecke geschützt wird. Der kleine, immergrüne Strauch empfiehlt sich für Heide- und Steingärten. Er verlangt einen sauren, frischen Boden und einen geschützten Standort. Von Juli bis zum September erscheinen die eleganten, purpurfarbenen Blüten in 10–12 cm langen Trauben über den länglichen, am Rande eingerollten Blättern. Die Irische Heide ist wie *Erica carnea* im Heidegarten zu verwenden, wird aber wohl nie so großflächig gepflanzt wie die Schneeheide. Sie braucht Winterschutz und sollte in jedem Frühjahr zurückgeschnitten werden.
Nhm-3, Zone 7a.
'Alba Globosa'. Bis 50 cm hoch. Blüten groß, reinweiß, zahlreich.
'Atropurpurea'. Etwa 50 cm hoch. Blätter sehr dunkelgrün. Blüten intensiv purpur.
'Cinderella'. Blüten weiß mit zartrosa Tönung, Blätter dunkelgrün, Wuchs breit-aufrecht.
'Cupido'. Wuchs mittelstark, breit und flach. Über glänzendem, mittelgrünem

Daboecia cantabrica 'Alba'

Laub entwickeln sich von Juni bis Ende Oktober rosarote Blüten.
'Globosa Pink'. Wuchs breit bis niederliegend. Blüten groß und violettrosa.
'Praegerae' bietet mit ihren lachsrosa gefärbten Blüten zwar eine interessante Farbe, ist aber frostempfindlicher als andere Sorten.
'Snowdrift'. Sehr reichblühende Sorte mit hellgrünem Laub, leuchtendweißen Blüten und langer Blütezeit.

D. × scotica McClintock *(D.azorica × D. cantabrica)*. Die Hybride entstand Anfang der sechziger Jahre im Garten von William Buchanan in Bearsden, Schottland. Die Sorten dieser Hybridgruppe, von der vor allem die folgende Sorte in Kultur ist, sind meist von niedrigem, geschlossenem Wuchs. Blätter und Blüten sind kleiner als bei *D. cantabrica*, die Blütezeit der meisten Sorten beginnt etwas früher. Wertvoll sind die Sorten, weil sie meist winterhärter sind als die von *D.cantabrica*.
Zone 7a.
'William Buchanan' besticht durch eine lang anhaltende Blüte, die von Juni bis Oktober dauert. Die Sorte wird nur 20–30 cm hoch, hat glänzend dunkelgrüne Blätter und karminrosa Blüten.

Danaë Medik., Liliaceae
Traubendorn

Der Traubendorn, auch Alexandrinischer Lorbeer genannt, ist eine monotypische Gattung, die in den Wäldern des nördlichen Syrien, in Transkaukasien und in Persien heimisch ist.

D.racemosa (L.) Moench. ist mit dem Mäusedorn, *Ruscus*, nahe verwandt und hat wie dieser nur sehr kleine, schuppenartige Blätter. Die Funktion der Assimilation wird von lanzettlichen, 6–10 cm langen, glänzendgrünen, parallelnervigen Scheinblättern (Kladodien) übernommen. Der immergrüne, reich verzweigte Strauch erreicht mit übergebogenen Ästen eine Höhe von etwa 1 m. Die weißen, zwittrigen Blüten sind klein und unscheinbar, sie stehen im Juni–Juli in 5- bis 9blütigen, endständigen Trauben. Die Frucht ist eine ansehnliche, kugelige rote Beere.
In Mittelmeergärten wird *D.racemosa* als niedrige Heckenpflanze oder als robuster, schattenverträglicher Strauch eingesetzt.
Nhm-3, Zone 8b.

Daphne L., Thymelaeaceae
Seidelbast

Das Hauptverbreitungsgebiet der etwa 70 *Daphne*-Arten liegt in Asien. Mit wenigen Arten strahlt die Gattung bis nach Nord- und Mitteleuropa, in das Mittelmeergebiet und nach Nordafrika aus. Sie besteht aus sommer- oder immergrünen Sträuchern mit meist wechselständigen Blättern, stark duftenden Blüten mit einfacher Blütenhülle aus einer glockenförmigen oder zylindrischen Kelchröhre mit 4, mehr oder weniger stark spreizenden, kronblattartigen Zipfeln und weichfleischigen, gelegentlich ledrigen Steinfrüchten. Alle Pflanzenteile sind sehr giftig.
Alle *Daphne*-Arten sind kostbare, aber nicht ganz problemlose Pflanzen für den Heide- und Steingarten oder das Moorbeet. Alle Arten verlangen lockere, durchlässige, gut und dauerhaft dränierte Böden, bis auf *D. × burkwoodii* bevorzugen alle alkalische Böden. Die meisten Arten gedeihen am besten in sonnigen bis leicht beschatteten Lagen, schattige Pflanzplätze sind für die immergrünen *D.blagayana* und *D.laureola* notwendig.

D.alpina L., Alpenseidelbast. Bis 30 cm hoher, sommergrüner Strauch mit kurzbogig aufsteigenden Ästen. In den Achseln der oberen Blätter entfalten sich im Mai–Juni weiße, nach Vanille duftende Blüten

Daphne × burkwoodii 'Sommerset'

in 4- bis 6zähligen Köpfchen. *D. alpina* ist von den Pyrenäen bis Dalmatien auf nicht zu trockenen, kalkreichen Felslehnen zu Hause. Als Gartenpflanze zeigt sie sich sehr robust und langlebig.
Nhg-3, Zone 5a.

D. blagayana Freyer. Die Königsblume ist ein immergrüner, bis 30 cm hoher Zwergstrauch, der in Südosteuropa in der unteren Bergstufe, auf Kalk-, Dolomit- und Serpentinböden heimisch ist. Über lederartigen, glänzenden Blättern stehen im April–Mai gelblichweiße, stark duftende Blüten zu 10–20 in endständigen Köpfchen. Die Königsblume ist ein kleiner, reichblühender und winterharter Strauch für den Steingarten. Sie ist in Kultur etwas heikel, braucht halbschattige bis schattige Lagen und lockere, grobsteinige, kalkgesättigte Humusböden mit gutem Wasserabzug, die aber nie ganz trocken werden dürfen.
Nh-3, Zone 6a.

D. × burkwoodii Turrill entstammt einer Kreuzung aus *D. caucasica × D. cneorum* und wird zu einem knapp 1 m hohen, sommergrünen Strauch, der dichtbuschig wächst und schmale, dunkelgrüne Blätter trägt. Die Zweigenden verschwinden im Mai unter einer Unmenge stark duftender, blaßrosa Blüten.
Zone 6b.

'Sommerset' unterscheidet sich vom Typ durch gröberen Wuchs und dunklere Blütenfarbe. Leider ist dieser wunderschöne Strauch nicht gerade sehr langlebig. Wenn er etwas älter wird, bricht er sehr leicht auseinander und wächst dann nur noch kümmerlich weiter.

D. cneorum L. Der Rosmarin-Seidelbast ist sicher die bekannteste zwergige *Daphne*-Art. In seiner Heimat, den Bergen Mittel- und Südeuropas, wächst er auf steinigen, kalkhaltigen Böden an sonnigen Hängen. Nur wenn ihm im Garten gleiche Bedingungen geboten werden, wird er zufriedenstellend gedeihen. Er bildet dann dichte Polster aus braunen Zweiglein, die mit dunkelgrünen, unterseits bläulichen, immergrünen Blättern besetzt sind. Im April–Mai erscheinen die karminroten, angenehm duftenden Blüten dicht gedrängt in kleinen, endständigen Köpfchen.
Nhg-3, Zone 5a.
'Eximia' wird höher und ist wüchsiger als der Typ. Die Sorte blüht außerdem besonders reich. Die Blüten sind tiefrosa gefärbt.
'Major' wird ebenfalls etwas höher und breiter als die Art.
D. cneorum var. *verlotii* Meiss. ist in Südostfrankreich auf kalkreichen Magerwiesen verbreitet. Die Blätter sind schmaler und etwas länger als bei der Art, die Blütenstände lockerer.

D. genkwa Sieb. et Zucc. stammt aus China und Korea und ist eine bei uns nur selten anzutreffende, sommergrüne, bis 1 m hohe Art, die durch ihre blauvioletten Blüten bemerkenswert ist, sie öffnen sich im April–Mai zu 3–7 in achselständigen Büscheln. Gilt bei Kennern als schönste Art der Gattung.
Ns-4, Zone 7a.

D. giraldii Nitsche. Die in Nordwestchina heimische, sommergrüne, bis 50 cm hohe Art fällt im Mai durch ihre zahlreichen goldgelben, duftenden Blüten auf, die zu 3–8 in endständigen Köpfchen stehen. Die eiförmigen Früchte sind rot.
Nh-4, Zone 6b.

D. laureola L., Lorbeer-Seidelbast, ein immergrüner, aufrechter Strauch mit dunkelgrünen, glänzenden Blättern und blauschwarzen Früchten; ist nicht zuverlässig winterhart.
M/Nhw-3, Zone 7b.
D. laureola var. *philippi* (Gren.) Meissn. ist weit härter, verlangt aber ebenfalls einen geschützten, halbschattigen Standort, Winterschutz und kalkfreien, humosen Boden. Der niederliegende Strauch blüht im April–Mai mit gelblichgrünen, außen oft etwas violetten Blüten. Die blauschwarzen Früchte sind giftig.

D. mezereum L. Der Gemeine Seidelbast ist ein bekannter, bis etwa 1 m hoher Strauch, der in Europa und Kleinasien, im Kaukasus und Sibirien verbreitet ist. Sehr biegsam, kahl und dick sind seine Zweige, dünn, lebhaftgrün und auf der Unterseite bläulich seine Blätter. Lange vor dem Blattaustrieb sitzen die Zweige voll mit Büscheln karminroter, 4zipfliger, duftender Blüten. Aus diesen entwickeln sich im Laufe des Sommers leuchtendrote kugelige Beeren, deren Giftstoffe zu schweren Magen- und Darmerkrankungen führen. Die Beeren werden von den Vögeln oft schon vor der Reife, noch ehe sie rot werden, gefressen. Die noch grünen Früchte fallen aber zwischen dem Laub nicht auf und bieten daher den Kindern auch keinen Anreiz zum Naschen.
Der Seidelbast gehört zu den bekanntesten Vorfrühlingsblühern. Mancher Spaziergänger wird überrascht sein, wenn er im Februar oder März im noch winterkahlen Wald einem vollblühenden Seidelbast, der auch Kellerhals genannt wird, gegenübersteht. Er wächst in unseren Wäldern mit Vorliebe auf Kalkböden und möchte auch im Garten einen kalkhaltigen Boden nicht missen. Notfalls ist dieser mit altem Kalkmörtel zu durchsetzen, ansonsten soll er

locker, humusreich und frisch sein. Man sollte der Versuchung widerstehen, den Seidelbast im Wald auszugraben. Nicht allein weil er unter Naturschutz steht, sondern auch weil er nur kümmerlich weiterwachsen und bald eingehen würde. Seidelbast läßt sich von einem bestimmten Alter an nur noch schwer verpflanzen. Die Baumschulen kultivieren ihn daher heute vorwiegend in Töpfen oder Containern, er verliert dann beim Verpflanzen keine Wurzeln und wächst ohne Stockung weiter.
N-3, Zone 4.

D.mezereum f.*alba* (West.) Schelle kommt an natürlichen Standorten gelegentlich wild vor, sie fällt aus Samen einigermaßen echt. Blüten sind rahmweiß, Früchte hellgelb. 'Rubra Select' oder 'Ruby Glow' sind keine vegetativ vermehrten Klone, sondern nur eine Population von Pflanzen, aus denen diejenigen mit großen, dunkel gefärbten Blüten ständig ausgelesen werden.

D.odora Thunb. ex Murr. Immergrüner, in seiner südjapanischen und chinesischen Heimat bis 2 m hoher, aufrechter Strauch mit glatten Zweigen und länglich-lanzettlichen, gedrängt stehenden, glänzendgrünen Blättern. Blüten im Dezember–März, zu etwa 10 in endständigen, etwa 1,5 cm

breiten Köpfchen, sehr stark duftend. Die Blüten sind weiß, außen oft rötlich überlaufen und seidig behaart. Für entsprechende Klimabereiche eine sehr zu empfehlende Art.
Mh-4, Zone 8b.

Datura L., (*Brugmansia* Pers.)
Solanaceae
Stechapfel, Engelstrompete

Mit etwa 25 Arten ist die Gattung in den wärmeren Teilen der Erde verbreitet. Die hier behandelten Arten sind Sträucher oder kleine Bäume mit großen, wechselständigen, ungeteilten, ganzrandigen oder wellig gezähnten Blättern. Die großen, einzelnstehenden, meist nickenden Blüten sind überwiegend weiß, seltener auch gelb oder rot gefärbt. Sie haben eine trichterförmige Krone mit breitem Schlund und duften meist stark, vor allem am Abend. Die Frucht ist eine große, meist zweifächrige, glatte oder stachelige Kapsel. Alle Arten sind giftig.
In Mitteleuropa sind *Datura*-Arten beliebte Kübelpflanzen, die frostfrei überwintern müssen. In Mittelmeergärten sind sie häufig verwendete, auffallende Blütensträu-

cher. Sie brauchen einen nahrhaften Boden, eine regelmäßige Düngung während der Vegetationszeit, eine ausreichende Bodenfeuchtigkeit und einen windgeschützten Platz. In der Regel werden sie im Frühjahr kräftig zurückgeschnitten. Die verholzenden Arten der Gattung, die, im Gegensatz zu den krautigen Arten, glattwandige Früchte ausbilden, werden von amerikanischen Autoren in der Gattung *Brugmansia* zusammengefaßt.

D.arborea L. wächst in ihrer Heimat, den Andenregionen Ekuadors, Nordchiles und Boliviens zu einem Busch oder kleinen Baum heran. Sie wird relativ selten kultiviert und ist an der Länge ihrer Blütenkronen leicht zu erkennen. Mit nur 12–17 cm Länge sind die Blütenkronen die kürzesten von allen verholzenden *Datura*-Arten. Die Blüten sind weiß oder cremeweiß, trompetenförmig, zum Saum hin deutlich verbreitert und zwischen den 2–2,5 cm langen, zurückgebogenen Saumspitzen herzförmig eingebuchtet.
MG-5, Zone 9.

D.aurea (Lagerh.) Saff. hat von allen Engelstrompeten die imposantesten Blätter, sie können Längen von 60 cm erreichen. Die Blüten werden 18–25 cm lang, sie können weiß oder goldgelb bis apricotfarben sein. Der schmale basale Teil der Blütenkrone wird völlig durch den Kelch verdeckt, zum deutlich gewellten Blütensaum hin erweitert sich die Krone stark. Zwischen den 4–6 cm langen, spiralig zurückgebogenen Blütensaumspitzen ist der Saum herzförmig eingebuchtet. *D.aurea* stammt aus Nordkolumbien, Venezuela und Ekuador, sie wächst dort in Höhenlagen zwischen 2000 und 3000 m. Bei den Indianern war und ist sie eine wichtige Heilpflanze, die aber auch ihrer halluzinogenen Wirkung wegen geschätzt wird.
MG-5, Zone 9.

D. × candida (Pers.) Saff (*D.aurea* × *D. versicolor*). Neben den Wildarten und deren Sorten werden auch einige Hybridformen kultiviert. *D. × candida* hat weiße, 25–32 cm lange, mehr oder weniger hängende, trompetenförmige Blüten mit 3–5 cm langen Saumspitzen und einem einseitig geschlitzten Kelch. Eine Besonderheit innerhalb der *D. × candica*-Formen sind gefülltblühende Sorten wie die cremeweiße 'Plena', die mit einer doppelten Anzahl von Kronblättern ausgestattet sind. *D. × candida* ist, bedingt durch ihre Toleranz gegenüber den verschiedensten Umwelteinflüssen, besonders weit verbreitet, man findet sie von Nordchile über Peru, Ecuador und

Daphne cneorum

Datura sanguinea 'Flava'

Davidia involucrata

Decaisnea fargesii

Kolumbien bis weit nach Zentralamerika und Mexiko sowie auf den Karibischen Inseln. Zone 9.

D.sanguinea Ruiz. et Pav. hat, im Gegensatz zu anderen Arten, duftlose Blüten, die außerdem nicht weiß, sondern rot, orange, goldgelb oder gelb gefärbt sind. Schließlich unterscheidet sie sich auch durch ihren etwas aufgeblasenen Kelch von anderen Arten. Die Blüten werden 15–23 cm lang und sind röhrenförmig. Der zurückgebogene Blütensaum endet in 1–2 cm langen, gebogenen Saumspitzen. *D.sanguinea* ist von Ekuador bis Nordchile und Bolivien in Höhenlagen zwischen 2000 und 3000 m verbreitet. Sie war in ihrer Heimat nicht nur als Zierpflanze von Bedeutung, sie hatte als eine der heiligen Pflanzen der Priester des Sonnentempels von Sogamoza eine besondere Stellung. Ihr Pflanzensaft diente zur Herstellung von Tonga, eines stark bewußtseinsverändernden Getränkes, unter dessen Einfluß der Priester Rücksprache mit den Geistern der Ahnen hielt.
MG-5, Zone 9.

D.versicolor (Lagerh.) Saff. hat von allen *Datura*-Arten die längsten Blüten, sie werden 32–50 cm lang, außerdem blühen bei keiner anderen Art so viele Blüten gleichzeitig auf. Die trompetenförmigen, hängenden Blüten sind am Saum stark erweitert, die gebogenen Saumspitzen sind 4–6 cm lang. In der Knospe sind die Blüten grün bis grüngelb, sie färben sich während des Erblühens zunächst weiß, bevor sie ihre endgültige Farbe annehmen, die, je nach Sorte, apricot- oder pfirsichfarben, rosa oder weiß sein kann. *D.versicolor* wurde ihres hohen Zierwertes wegen schon früh in

Südamerika verbreitet, man findet sie deshalb heute nicht nur in ihrer ursprünglichen Heimat Ekuador, sondern auch in Südwestkolumbien und in Peru.
MG-5, Zone 9.

Davidia Baill., Davidiaceae
Taubenbaum

Die Gattung *Davidia* besteht nur aus einer, in Westchina beheimateten Art. Es handelt sich um einen sommergrünen Baum mit großen, roten, glänzenden Winterknospen, großen, langgestielten, wechselständigen, am Grunde herzförmigen, unterseits seidig behaarten Blättern und in dichten Köpfen stehenden, unscheinbaren Blüten ohne Blütenhülle, die von großen Hüllblättern umgeben sind. Die walnußartigen Früchte werden auch in unseren Breiten ausgebildet.

D.involucrata Baill. Der Taubenbaum gehört zu unseren schönsten und wertvollsten Blütenbäumen; in seiner westchinesischen Heimat wird er zu einem bis 20 m hohen Baum mit regelmäßiger, ovaler Krone und durchgehendem Stamm. Im Mai–Juni erscheinen zwittrige Blüten in gestreckten Köpfchen. In jedem Blütenstand ist eine weibliche Blüte von vielen männlichen umgeben. Die Blüten sind von 2 ungleich großen, kahnförmig gewölbten, bis 16 cm langen, hängenden, rahmweißen Hochblättern umgeben. Diese halten sich mehrere Wochen, fallen auch zwischen dem Laub deutlich auf und wirken wie exotische Vögel oder in den Baum geworfene Taschentücher. Der Taubenbaum ist bei uns ausreichend winterhart, er liebt einen nahrhaften,

nicht zu trockenen Boden und gedeiht sowohl in voller Sonne als auch im Halbschatten. Er hat nur einen Nachteil, man muß wohl an die 20 Jahre warten, ehe man sich an den ersten Blüten erfreuen kann.
Nhg-4, Zone 7a.
D.involucrata var. *vilmoriniana* (Dode) Wanger. unterscheidet sich vom Typ durch unterseits kahle, bläuliche oder gelblichgrüne Blätter und den fehlenden Ring am Fruchtstiel. Bei uns ist wohl nur diese Varietät in Kultur.

Decaisnea Hook. f. et Thoms.
Lardizabalaceae
Gurkenstrauch

Zwei Arten sommergrüner, dicktriebiger Sträucher mit wechselständigen, unpaarig gefiederten Blättern, in langen Rispen hängenden Blüten und wurstartigen, fleischigen, zur Reife aufplatzenden Balgfrüchten sind in Ostasien zu Hause.

D.fargesii Franch. ist nur in wenigen Gärten zu finden. Vielleicht liegt dies an dem etwas staksigen Wuchs (3–4 m), der durch die geringe Verzweigung der dicken Äste entsteht. Diese sind kahl, blau bereift, tragen auffallende Winterknospen und bis 80 cm lange Blätter. Aus unscheinbaren grünlichen Blüten im Juni entwickeln sich im Laufe des Sommers bis 10 cm lange, kobaltblaue, bereifte Früchte mit zahlreichen, schwarzglänzenden Samen. Sie kommen dann gut zur Geltung, wenn sich im Herbst das gelb verfärbende Laub vom Strauch löst. Der Gurkenstrauch oder Blauschotenbaum ist etwas für den Liebhaber skurriler Formen. Sein Habitus ist nicht gerade sehr

reizvoll, man pflanze ihn daher in Gehölzgruppen an einen etwas geschützten Platz.
Er gedeiht sehr gut auch im Schatten größerer Gehölze. Schnittmaßnahmen sind nur
nach Frostschäden notwendig.
Nhw-4, Zone 7a.

Deutzia Thunb., Saxifragaceae
Deutzie

Im Frühsommer beherrschen die Deutzien
mit ihrer Blütenfülle den Garten. Es sind
sommergrüne Sträucher mit hohlen Zweigen, gegenständigen, eirunden bis lanzettlichen Blättern und 1–2,5 cm breiten, 5zäh-
ligen, weißen, rosa oder purpurnen Blüten,
die bis zu 25 in Trauben, Rispen oder
Schirmrispen am Ende beblätterter Triebe
stehen. Die kugeligen Früchte sind 3- bis
5fächrig und zerfallen zuletzt in einzelne
Teile. Die meisten der etwa 50 Arten sind
in Ostasien verbreitet, einige auch in Mittelamerika. Für den Garten sind die Hybriden wichtiger als die Wildformen. Sie wurden alle von dem französischen Züchter
V. Lemoine zwischen 1885 und 1936 in den
Handel gebracht.
Deutzien sind reichblühende, anspruchslose Sträucher, die mit jedem Gartenboden

vorliebnehmen, wenn er nur im Sommer
genügend frisch ist. Auf trockenen Standorten welken die Sträucher schnell, lassen
ihre Blüten fallen und stellen ihr Wachstum
ein. Sofortiges, gründliches Wässern verhindert größeren Schaden. Obwohl alle Arten recht hübsche Blütensträucher sind, gehören die Deutzien zu den »billigen« Sträuchern. Sie sind leicht zu ziehen und werden
preiswert angeboten. Ihr Habitus läßt an
Eleganz zu wünschen übrig, außerhalb der
Blütezeit sind sie daher nicht besonders ansehnlich und gehören nicht in das bevorzugte Blickfeld des Gartens. Man kann die
niedrigen Arten zu japanischen Zierkirschen, die hohen zu Zierquitten und Weigelien stellen. Durch rechtzeitiges Herausnehmen der jeweils ältesten Äste erhält man die
Sträucher jung und blühwillig.

D.compacta Craib. Aus China stammt der
bis 1,5 m hohe, dichtbuschige Strauch. Er
hat breit-lanzettliche, 5–6 cm lange, stumpf
dunkelgrüne Blätter und im Juli aus rosa
Knospen reinweiße Blüten in dichten, etwa
5 cm breiten Ständen.
Nhg-4, Zone 6a.
'Lavender Time'. Die Blüten dieser hübschen Sorte sind zuerst lila, später werden
sie etwas heller.

Deutzia × rosea 'Grandiflora'

D.crenata Sieb. et Zucc. In Japan weit
verbreiteter, sehr variabler Strauch mit
3–6 cm langen, verkehrt-eiförmigen bis
breit-lanzettlichen Blättern und weißen
Blüten im Mai–Juni.
Nhw-4, Zone 5b.
'Nikko'. Sehr reichblühende Sorte mit rosa
Blüten.

D. × elegantissima (Lemoine) Rehd. (D.
purpurascens × D.sieboldiana) Bis 2 m hoher, aufrechter Strauch mit schlanken Zweigen und 2 cm breiten, weißen, rosa überhauchten Blüten im Juni, in vielblumigen,
lockeren Ständen.
Zone 6b.
'Rosalind' wird nur 1–1,5 m hoch und hat
dunkelkarminrosa Blüten.

D.gracilis Sieb. et Zucc. wird als Maiblu-
menstrauch bezeichnet und ist mit knapp
1 m Höhe die zierlichste Art der Gattung.
Der straff-aufrecht wachsende Strauch ist
mit seinen ansehnlichen, weißen Blütenrispen für niedrige Hecken geeignet.
Nhg-4, Zone 5b.

D. × hybrida Lemoine (*D.discolor × D.
longifolia*) ist mit ihren malvenfarbenen
Blüten und dem enormen Blütenreichtum
eine der wenigen Züchtungen, denen ein
natürlicher, lockerer Habitus verblieben ist.
Alle Sorten dieser Hybridgruppen blühen
im Juni und entwickeln sich zu knapp
mannshohen Sträuchern.
Zone 6b.
'Contraste'. Eine ältere Sorte mit großen,
malvenfarbenen Blüten, deren Petalen stark
gekräuselt sind; sie baut sich mit leicht
überhängenden Zweigen auf.
'Joconde'. Starkwachsender Strauch mit
blaßlila, innen fast weißen Blüten, Blütenblätter auf der Rückseite mit schmalen, purpurnen Streifen.
'Magicien' unterscheidet sich von 'Contraste' durch die dunkelrosa gefärbte Rückseite und die weißgesäumten Blütenblätter.
'Mont Rose' gilt als Typ dieser Hybride, ein
Strauch mit großen, malvenfarbenen, weit
geöffneten Blüten mit leicht gekräuselten
Petalen und gelben Staubgefäßen.
'Perle Rose'. Blüten malvenrosa, kleiner als
bei den anderen Sorten, aber zahlreicher
und lange blühend.

D. × kalmiiflora Lemoine (*D.parviflo-
ra × D.purpurascens*) wird in Katalogen als
schönste und wertvollste Form gepriesen.
Ihre weißlichrosa Blüten stehen in großen,
aufrechten Rispen. Gut 1 m hoch wird der
zierliche, lockere Strauch mit seinen übergebogenen Zweigen.
Zone 6b.

D. × lemoinei Lemoine ex Bois *(D.gracilis × D.parviflora)* ist ein kleiner, im Juni reichblühender Strauch mit weißen Blüten in aufrechten Rispen.
Zone 5b.
'Boule de Neige' entwickelt dichte, kugelige Blütenstände mit großen, rahmweißen Blüten.

D.longifolia Franch. Bis 1 m hoher, aufrechter Strauch aus der chinesischen Provinz Sichuan; die 2 cm breiten Blüten sind innen weiß, außen lebhaft purpurrot getönt.
Nhg-4, Zone 6a.
'Veitchii' blüht mit einfachen, purpurrosa Blüten und ist wohl die schönste der rosablühenden Sorten.

D. × magnifica (Lemoine) Rehd. *(D.scabra × D.vilmoriniae)* ist eine starkwachsende, aufrechte Hybride mit reinweißen, meist einfachen Blüten in dichten, rundlichen Doldenrispen.
Zone 6b.
'Erecta'. Milchigweiße, einfache Blüten in recht langen, aufrechten Rispen.
'Nancy'. Wertvolle, großblättrige Sorte mit reinweißen, gefüllten Blüten in 10 cm großen, aufrechten Ständen.

D.ningpoensis Rehd. stammt aus Ostchina und ist erst wenige Jahre bei uns in Kultur. Die Art wird im Alter bis 3 m hoch, wächst straff-aufrecht und trägt ihre weißen Blüten in schweren, bis 12 cm langen, hängenden Rispen.
Zone 6b.

D. × rosea (Lemoine) Rehd., *(D.gracilis × D.purpurascens)* wie *D. × magnifica* eine Kreuzung mit vielen Gartenformen, zeichnet sich durch innen weiße, außen gerötete, glockige Blüten aus, die im Juni in lockeren Rispen erscheinen. Die Sträucher werden bis 1,5 m hoch.
Zone 6a.
'Campanulata' wächst buschig mit aufstrebenden bis überhängenden Zweigen; die deutlich schalenförmigen, reinweißen Blüten sitzen in dichten, rundlichen Rispen.
'Carminea'. Der Strauch wird etwas breiter und trägt etwas kleinere Blüten, die innen weiß, außen karminrosa gefärbt sind.
'Grandiflora' hat mit 3 cm Durchmesser die größten Blüten, sie sind innen weiß, außen hellkarminrot und stehen in lockeren Rispen beisammen, die lang überhängenden Zweige sind auf der ganzen Länge mit Blüten bedeckt.

D.scabra Thunb. stammt aus Japan und ist ein straff-aufrecht wachsender, manchmal besenartiger, bis 3 m hoher Strauch,

der im Juni–Juli mit schmalen, weißen Rispen blüht.
Nhw-4, Zone 5b.
Von den reichlich vorhandenen Gartenformen werden etwa angeboten:
'Candidissima' mit reinweißen, dicht gefüllten Blüten.
'Codsall Pink'. Bis 3 m hoch und straff-aufrecht, etwas vasenförmig wachsend. Blüten malvenrosa, gefüllt, in aufrechten Rispen, sehr reichblühend.
'Pink Pompon'. Neuere Sorte mit karminrosa Blütenknospen und kräftigrosa gefärbten Blüten in dichten, halbkugeligen Doldentrauben.
'Plena'. Mit rosa gefüllten Blüten.
'Pride of Rochester'. Blüten weiß und gefüllt.

D.taiwanensis Schneid., auf der Insel Formosa verbreitet, eine etwa 1,5 m hohe Art mit schlanken Trieben und besonders lange haftenden Blättern. Ihre weißen Blüten stehen in schmalen, bis 15 cm langen, endständigen Rispen.
Nhw-4, Zone 6a.

Diervilla Mill., Caprifoliaceae

Die 3 *Diervilla*-Arten, die alle in Nordamerika verbreitet sind, sind sehr nahe mit den Weigelien verwandt. Sie unterscheiden sich von diesen durch Größe, Form und Anlage der Blüten; *Diervilla*-Blüten sind wesentlich kleiner als die der Weigelien, die Krone ist röhrenförmig und fast 2lippig, die der

Weigelien trichterförmig-glockig und nicht 2lippig. Die Blüten entwickeln sich erst im Hochsommer end- oder achselständig an den diesjährigen Zweigen, während die Weigelien an den kurzen Seitentrieben des Vorjahres blühen.
Die *Diervilla*-Arten sind wenig dekorative, sommergrüne, etwa 1 m hohe Sträucher, die bisher kaum beachtet wurden und für den Garten auch in Zukunft uninteressant sein werden. Für ingenieurbiologische Maßnahmen kann die anspruchslose *D.lonicera* aber große Bedeutung erlangen.

D.lonicera Mill. Der bis 1 m hohe, aufrechtwachsende, ausläufertreibende Strauch kommt in seiner nordamerikanischen Heimat auf trockenen, steinigen Böden vor. An stielrunden Zweigen trägt er länglich-lanzettliche bis eilängliche, 4–10 cm lange, deutlich gestielte Blätter und im Juni–Juli grünlichgelbe Blüten. Nach *Rosa rugosa* 'Repens Alba' erhielt er in den Untersuchungen von v. Finteln (1977) die beste Bewertung als Bodendecker im Straßenbegleitgrün.
N-2, Zone 5b.

Diospyros L., Ebenaceae
Dattelpflaume

Viele der 500 Arten der Gattung sind wirtschaftlich bedeutungsvolle sommer- oder immergrüne Bäume oder Sträucher. Die meisten der sogenannten Ebenhölzer aus Afrika, Indien und den Philippinen gehören

Diospyros kaki

Dipelta floribunda

zur Gattung *Diospyros*. *D.kaki* ist ein Fruchtbaum von weltwirtschaftlicher Bedeutung. Die Früchte anderer Arten (*D.lotus* und *D.virginiana*) sind ohne Vorbehandlung (Abbrühen) nicht genießbar; sie spielen für die menschliche Ernährung keine große Rolle.

Die in Japan und China heimische Kakipflaume wird nicht nur in Nordasien, sondern auch in Südeuropa, im südlichen Nordamerika und in den wärmeren Gebieten Rußlands als Fruchtbaum angebaut. Sie liefert tomatengroße Früchte, die auch bei uns angeboten werden. Die Kakipflaume stellt hohe Wärmeansprüche, sie reift daher in unserem Klima nie aus. Die beiden anderen Arten (vor allem *D.virginiana*) sind zwar wesentlich frosthärter, die Früchte benötigen zur Reife aber einen langen und warmen Sommer. Man sollte sie daher nur in trockenen, warmen Weinbaugebieten auf nahrhafte, tiefgründige Böden pflanzen.

D.kaki L. f., Kakipflaume. In Japan und China ist der bis 10 m hohe, rundkrone, sommergrüne Baum heimisch. Er hat ungeteilte, oval-elliptische, 10–20 cm lange, glänzend dunkelgrüne Blätter. Die Blüten sind gelblichweiß und bis 3 cm breit, die männlichen stehen in achselständigen Bü-

scheln, die weiblichen einzeln. Dekorativ sind die 3–7 cm breiten Beerenfrüchte, die von einem großen, 4teiligen Kelch gekrönt sind, ihre Farbe variiert von Goldgelb über Orangerot zu Tomatenrot. *D.kaki* ist eine alte ostasiatische Kulturpflanze mit zahlreichen Sorten, die heute in den Subtropen und Höhenlagen der Tropen weltweit kultiviert wird. Nicht selten ist sie auch in den Gärten des Mittelmeergebietes zu sehen. Die Früchte sind reich an Gerbstoffen und Zucker und erst in vollreifem Zustand wohlschmeckend. Getrocknete Früchte werden in Ostasien als Kakifeigen gegessen. M/Nw-4, Zone 9.

D.lotus L. Die Dattelpflaume ist in ihrer Heimat, dem südöstlichen Transkaukasien, ein 12–15 m hoher, sommergrüner Baum, der im Juni seine wenig auffallenden, gelblichen Blüten öffnet und im Herbst orangenförmige, gelbe oder rote, blau bereifte Früchte trägt. Nw-3/4, Zone 7b.

D.virginiana L. Die Persimone wird an ihren heimatlichen Standorten im östlichen Nordamerika bis zu 20 m hoch, ein ebenfalls sommergrüner Baum mit rundlicher Krone und leicht überhängenden Ästen. Auch hier besitzen nur die orangefarbenen, 2–3 cm großen Früchte einen bescheidenen Schmuckwert. Nw-2, Zone 7a.

Dipelta Maxim., Caprifoliaceae
Doppelschild

Die sommergrünen Sträucher sind in ihrem Habitus den Weigelien sehr ähnlich, tragen jedoch kleinere, deutlich 2lippige Blüten mit trichterförmig-glockiger Röhre, die zu 1–3 in Büscheln zusammensitzen. Von den 4 mittel- und westchinesischen Arten kennen wir nur *D.floribunda* in unseren Gärten.

D.floribunda Maxim., Doppelschild. Der deutsche Name dieses bis 4 m hohen Strauches rührt von den schildförmig verbreiterten Deckblättern der Fruchtkapseln her. Von den älteren Ästen des vieltriebigen Strauches löst sich die gelbbraune Rinde in langen Fasern ab. An den Triebenden und in den Blattachseln entwickeln sich im Mai nickende, duftende, von schildförmigen Hochblättern getragene, 3 cm lange Blüten mit röhrenförmig-glockiger Krone. Die Oberlippe der Blüten ist 2-, die Unterlippe 3lappig. Im Schlund tragen die rosa Blüten ein orangegelbes Mal, das bis zu den Lappen der Unterlippe reicht. Ein hübscher,

leider wenig bekannter Strauch, der die gleichen Ansprüche wie die Weigelien stellt und wie diese behandelt und verwendet wird. Nhw-4, Zone 6b.

Dirca L., Thymelaeaceae
Sumpflederholz, Bleiholz

Aus 2 nordamerikanischen Arten besteht die Gattung sommergrüner Sträucher. Sie zeichnet sich durch zähe, biegsame Zweige ohne Endknospe aus. Die Blätter stehen wechselständig. Die zwittrigen, unscheinbaren Blüten haben eine trichterförmige Kelchröhre, Kronblätter fehlen.

D.palustris L. Nur in wenigen botanischen Gärten ist dieses eigenartige, dem Seidelbast nahestehende Gehölz zu finden. Der Strauch wird bei uns etwa 1 m hoch, er stammt aus dem östlichen Nordamerika. Der deutsche Name bezieht sich auf die feuchten Heimatstandorte und auf die biegsamen, mit einer harten, lederartigen Rinde versehenen Zweige. Recht eigentümlich ist der Aufbau des Strauches. Es scheint, als seien die Zweige tütenartig ineinandergesteckt. Die hellgelben Blüten sind 6–8 mm lang, sie stehen zu 2–3 in achselständigen Büscheln am vorjährigen Holz. Der Strauch liebt feuchte Böden. Er ist nur für Liebhaber von Interesse. Nh-2, Zone 5b.

Disanthus Maxim.
Hamamelidaceae
Doppelblüte

Eine in Japan heimische, monotypische Gattung mit wechselständigen, handnervigen Blättern, kleinen Blüten in 2blütigen Köpfchen und 2zipfligen Fruchtkapseln.

D.cercidifolius Maxim. gehört in die Familie der Hamamelisgewächse, ist aber ungleich wertvoller als die Zaubernüsse. Nicht nur, weil der mannshohe, vieltriebige Strauch fast nie zu bekommen ist, sondern weil er seine Blätter im Herbst so unwahrscheinlich schön verfärbt, daß kein anderer Strauch neben ihm bestehen kann. Die eirundlichen, an der Basis herzförmigen Blätter sind oberseits glatt, bläulichgrün und im Umriß und der Nervatur wie die von *Cercidiphyllum* und *Cercis* gestaltet. Im frühen Herbst färbt sich das Laub zunächst grünlichgelb und nimmt dann eine leuchtende orangefarbene bis karminrote Farbe an. Die kleinen, sternförmigen und violettpurpurnen Blüten entwickeln sich erst im Oktober

Disanthus cercidifolius

und sind zwischen dem Laub kaum zu sehen. Die Doppelblüte ist ein hervorragendes Solitärgehölz, das halbschattige Standorte auf gepflegten, humosen Böden bevorzugt.
Nhw-4, Zone 7a.

Drimys J. R. et G. Forst.
Winteraceae

Die Familie der Winteraceen ist eine sehr alte Pflanzensippe, die fossil schon aus dem Tertiär bekannt ist. Bemerkenswert ist auch der anatomische Bau der Pflanzen, so fehlen zum Beispiel im Xylem die der Wasserleitung dienenden Tracheen, die sonst bei den bedecktsamigen Pflanzen allgemein verbreitet sind. Statt dessen sind Tracheiden ausgebildet, Strukturen, die vor allem bei den Gymnospermen verbreitet sind.
Die Gattung *Drimys* ist mit rund 70 Arten in Borneo, Neuguinea, Neukaledonien, Australien, Tasmanien, Neuseeland und Südamerika verbreitet. Sie stellt immergrüne Sträucher oder Bäume mit aromatischer Rinde und wechselständigen, durchscheinend punktierten, kahlen, ganzrandigen Blättern. Die Blüten entwickeln sich achsel- oder endständig, meist in Blütenständen. Sie sind deutlich in Kelch- und Kronblätter differenziert. Die Kelchblätter sind zu einer Knospenhülle verwachsen, die beim Aufblühen in mehrere Teile zerreißt und abfällt. Die 6 bis vielen Kronblätter sind ansehnlich, weiß oder gelblich bis rosa gefärbt und in 2 Kreisen angeordnet. Unbestimmt ist auch die Zahl der Staubblätter. Die sonst bei der Familie übliche Zwittrigkeit der Blüten erfährt bei *Drimys* eine Abwandlung, nur bei der in Amerika verbrei-

teten Sektion *Drimys* kommen zwittrige Blüten vor, bei der auf Asien, Tasmanien und Australien beschränkten Sektion *Tasmannia* sind die Blüten eingeschlechtlich und zweihäusig verteilt.
Von den zahlreichen Arten ist in Europa im allgemeinen nur *D.winteri* in Kultur, sie hält nur in den wärmeren Teilen Europas im Freien aus.

D.winteri J.R. et G. Forst. Der als Winterrinde bezeichnete Strauch, in seiner südamerikanischen Heimat, Mittelchile bis Feuerland, baumartig wachsend, trägt längliche, 12–20 cm lange, oben sattgrüne, un-

Drymis winteri 'Latifolia'

ten blaugrüne und fein punktierte Blätter. Im Mai–Juni erscheinen die etwa 4 cm breiten, wie Jasmin duftenden, sternförmigen, elfenbeinweißen Blüten zu 7–8 in langgestielten Dolden. Ein interessanter, in Blatt und Blüte sehr dekorativer Strauch. Der Baum galt den Ureinwohnern als heilig, seine Blüten fehlten auf keinem Indiofest.
Ah-5, Zone 9.

Dryas L., Rosaceae
Silberwurz

Mit 2 Arten ist der Silberwurz in den Bergen und arktischen Zonen der nördlichen Halbkugel verbreitet. Die immergrünen, kriechenden Zwergsträucher werden in der Praxis meist als Stauden behandelt und auch von Staudengärtnereien vertrieben. Sie wachsen breit und dicht mattenförmig und erheben über dunkelgrünem, unterseits weißfilzigem Laub auf langen Stielen stehende, 2–4 cm breite, meist 8zählige, weiße bis gelbliche Blüten, aus denen sich fedrige Früchte entwickeln. Die *Dryas*-Arten sind ausgesprochen alpine Pflanzen, die sich in entsprechenden Anlagen an sonnigen Stellen auf kalkhaltigen Böden wohl fühlen. Sie sind hervorragende, dichtschließende Bodendecker für kleinere Flächen.

D.octopetala L. ist zirkumpolar in den Hochgebirgen der nördlichen Halbkugel verbreitet und bildet dort dichte, rasenartige Polster. Ihr oberseits sattgrünes Laub ist auf der Unterseite silberweiß und filzig. In den Sommermonaten Juni bis August öffnen sich die weißen, weit ausgebreiteten Blüten.
PN/PG-2/3/4, Zone 1.

D. × suendermannii Sünderm. (*D.drummondii × D.octopetala*) unterscheidet sich von *D.octopetala* durch nickende, in der Knospe gelbliche, später weiße Blüten.
Zone 1.

Edgeworthia Meissn.
Thymelaeaceae

Nahe verwandt mit dem Seidelbast ist die Gattung *Edgeworthia*, die mit 3 Arten vom Himalaja bis Japan verbreitet ist. Es sind sommer- oder immergrüne Sträucher mit dicken, steifen Zweigen und wechselständigen, ganzrandigen, an den Zweigenden gedrängten Blättern. Die Blüten erscheinen in dichten, gestielten Köpfchen mit oder vor den Blättern. Den Blüten fehlen die Kronblätter, ihre Schmuckwirkung geht von dem röhrenförmigen, 4zipfeligen Kelch, den 8 Staubblättern und dem verlängerten Griffel aus.

E. papyrifera Sieb. et Zucc. Der etwa 1 m hohe und gleich breite, gleichmäßig gewölbte, dicht verzweigte Strauch hat zähe, dicke Zweige, die anfangs dicht seidig behaart sind. Hautartig dünn sind die schmal-länglichen, 7–12 cm langen, dunkelgrünen, anfangs beiderseits seidenhaarigen Blätter. Schon im März–April entfalten sich die innen goldgelben, außen weiß behaarten, angenehm duftenden Blüten, die zu 40–50 in endständigen Köpfchen zusammenstehen. In Japan und China ist der im zeitigen Frühjahr stets auffallende Strauch heimisch. In Europa ist er nur südlich der Alpen und in Südengland ausreichend hart. In seiner Heimat hat er auch eine wirtschaftliche Bedeutung: Seine Bastfasern werden zu einem besonders wertvollen Japanpapier und zur Herstellung von Banknoten verarbeitet.
Mh-4, Zone 8b.

Elaeagnus angustifolia

Elaeagnus L., Elaeagnaceae
Ölweide

Die Gattung umfaßt etwa 45 sommer- oder immergrüne Bäume und Sträucher mit oft verdornten Zweigen und einfachen, wechselständigen Blättern. Alle oberirdischen Pflanzenteile sind mehr oder weniger dicht mit Schuppen- oder Sternhaaren (Schülferhaaren) bekleidet. Die in der Regel kleinen,

Edgeworthia papyrifera

gelblichweißen, wohlriechenden, zwittrigen oder polygamen, 4zipfeligen Blüten stehen in den Achseln der Laubblätter und sind nicht besonders attraktiv. Die fleischigen Steinfrüchte dagegen können beachtliche Wirkungen erzielen.
Die sommergrünen Arten sind anspruchslos an Lage und Boden. Sie sind besonders dürreresistent und eignen sich daher vorzüglich für die Befestigung von Dünen und

sandigen Ödlandflächen. In strengen Wintern verlieren die immergrünen Arten gelegentlich ihre Blätter oder frieren mehr oder weniger stark zurück. Halbschattige, geschützte Standorte verhindern die schlimmsten Schäden. Immergrüne Arten werden nicht geschnitten, sommergrüne Arten kann man bei Bedarf auch einmal zurückschneiden, sonst werden sie nur ausgelichtet.
Ölweiden sind in der Lage, mit Luftstickstoff sammelnden Strahlenpilzen eine Symbiose einzugehen. Dadurch wird freier Luftstickstoff gebunden, umgewandelt und der Pflanze zugänglich gemacht.

E. angustifolia L. Die Schmalblättrige Ölweide ist vom Mittelmeergebiet bis Westasien verbreitet. Der bis 7 m hohe, eigenwillig und malerisch wachsende Strauch trägt lanzettliche, weißfilzige Blätter an mit silbrigen Schuppen besetzten Zweigen. Aus innen gelben, außen silbrigen Blüten entwickeln sich gelbe, olivenförmige, beschuppte, eßbare Früchte. Hohe Salzkonzentration im Boden, Bodentrockenheit und industrielle Abgase verträgt die Art recht gut, sie wird daher besonders für die Dünenbefestigung eingesetzt.
Na-3/4, Zone 4.

E. commutata Bernh. ex Rydb. Die Silber-Ölweide wird als sommergrüner Strauch 3–5 m hoch. Im Gegensatz zur vorigen Art treibt diese stark Ausläufer und ist damit ein idealer Strauch zur Befesti-

315

gung von Böschungen. An unbedornten Zweigen sitzen beiderseits silberglänzende Blätter und im Mai–Juni trichterförmige, stark duftende Blüten. Die Früchte sind trockenfleischig und silbrig. Der besonders schönlaubige, in allen Teilen silbrige Strauch ist ein typischer Vertreter des »grauen Gartens«, der mit Wildgräsern und graulaubigen Stauden dem Garten einen Steppencharakter verleihen kann.
Na/Ns/B-1/2, Zone 3.

E. × ebbingei Boom ex Doorenb. (*E.macrophylla × E.pungens*) ist ein wintergrüner, in milden Gegenden immergrüner Strauch, der etwa 3 m Höhe erreicht. Seine elliptischen Blätter sind oben glänzend dunkelgrün, auf der Unterseite silbergrau. Im Mai–Juni erscheinen kurzgestielte, weiße Blüten in den Blattachseln. Der Strauch wächst am besten auf mageren Böden. Wenn man veredelte Pflanzen erhält, muß man darauf achten, daß die Unterlage nicht durchtreibt und die aufveredelte Hybride überwächst.
Zone 7b.
'Coastal Gold'. Blätter mit gelber Mitte und schmalem grünen Rand.
'Gilt Edge'. Die großen, glänzendgrünen Blätter haben einen goldgelben Rand.

Elaeagnus pungens 'Maculata'

'Limelight'. Blätter in der Mitte mit unregelmäßig großem, gelbem Fleck, am Rand dunkelgrün.

E.macrophylla Thunb., Großblättrige Ölweide. Bis 3 m hoch wird dieser immergrüne Strauch mit seinen dornenlosen, abstehenden, silbrigen Zweigen. Die Blätter sind elliptisch, 6–8 cm lang, oben dunkelgrün und unten dicht silberschilfrig. Erst im September–Oktober erscheinen die silbrigen, nur 12 mm langen, sehr stark duftenden Blüten, die wie kleine Fuchsienblüten aussehen. Die rot beschuppten Früchte entwickeln sich erst im Mai des folgenden Jahres. Der Strauch stammt aus Japan und Korea, ist in Mitteleuropa nur an sehr günstigen Standorten ausreichend hart, wird aber in mediterranen Gärten häufiger kultiviert.
Mh-4, Zone 8b.

E.multiflora Thunb., Reichblütige Ölweide. Gilt als eine der wertvollsten, sommergrünen Arten. Sie ist in China und Japan verbreitet und schmückt sich im Mai mit zahlreichen Büscheln blaßgelber Blüten. Die länglichen, dunkelrotbraunen Früchte haben ein angenehm herbsaures Aroma und lassen sich wirtschaftlich ver-

werten. Der Strauch wird bis 3 m hoch, treibt keine Ausläufer und besitzt dornenlose, braunschuppige Winterzweige.
Nh-4, Zone 5b.

E.pungens Thunb., Dornige Ölweide. Der immergrüne Strauch bleibt bei uns viel niedriger als in seiner japanischen Heimat, wo er bis 4 m Höhe erreicht. Er ist mit seinen am Rande welligen, oberseits glänzend dunkelgrünen und auf der Unterseite stumpfsilbrigen Blättern ein wenig frostempfindlich und nur für milde Gebiete zu empfehlen. Die Art blüht erst im Oktober–November mit silberweißen, duftenden Blüten. Die Früchte sind zunächst braun, zur Vollreife rot.
Mh-4, Zone 7b.
'Maculata' ist mit ihren großen, gelb gezeichneten Blättern etwas für Liebhaber gelb panaschierter Gehölze.
E.pungens var. *reflexa* (C. Morr. et Decne.) Schneid. ist ein hoher, starkwachsender, langtriebiger, immergrüner Strauch mit rötlichbraunen, nur schwach bedornten Trieben. Die Blätter sind eiförmig-lanzettlich, am Saum nicht gewellt, oben glänzendgrün und unten dicht braunschuppig. Die aus Japan eingeführte Hybride wird in klimatisch günstigen Regionen nicht selten als Heckenpflanze verwendet.
'Simonii'. Stark verzweigter, dornenloser Strauch. Blätter größer als bei der Art, oberseits frischgrün, unterseits lebhaft silbrig und fast oder ganz ohne braune Schuppen.

E.umbellata Thunb., Doldige Ölweide. Kommt in China und Japan vor und ist ein sommergrüner Strauch, der breit wächst und 4 m Höhe erreicht. Seine oft dornigen Zweige sind gelbbraun oder silbrig, die elliptischen Blätter auf der Unterseite ebenfalls silbrig. Aus den duftenden, gelblichweißen Blüten werden im September–Oktober zuerst silbrigbraune, und dann später rote Früchte.
N-4, Zone 6b.

Eleutherococcus Maxim.
Araliaceae
Fingeraralie

In Ostasien und dem Himalaja sind rund 50 Arten dieser Gattung verbreitet. Es sind sommergrüne Sträucher oder kleine Bäume mit gegenständigen, handförmig gelappten Blättern und meist bewehrten Zweigen. Die unscheinbaren, grünlichen Blüten sind zu großen, endständigen Dolden oder Rispen vereint. Sie entwickeln sich zu schwarzen, rundlichen Beeren.

316

E. sieboldianus (Mak.) Koidz. ist wohl die einzige Art, die wir außerhalb der Botanischen Gärten kennen. Er ist ein bis 3 m hoher Strauch mit in der Regel 5zähligen, glänzendgrünen und kurzgestielten Blättern. Seine bogig überhängenden Zweige sind mit starken Stacheln besetzt. Diese Art ist zweihäusig, man braucht also weibliche und männliche Pflanzen, wenn man den Schmuck der schwarzen Früchte erleben will. Die Blüten sind zu grünlichweißen, kugeligen Dolden vereint, sie fallen im Juni–Juli zwischen dem Laub kaum auf. Die Art wird zur Anpflanzung natürlich gewachsener, stacheliger und undurchdringlicher Hecken empfohlen. Sie ist anspruchslos, gedeiht auf fast allen Böden, verträgt die volle Sonne wie den tiefen Schatten und gilt als industriefest.
N-4, Zone 6b.

Elsholtzia Willd., Labiatae
Kamm-Minze

Alle rund 35 Arten der Gattung sind Kräuter oder Halbsträucher, die vor allem in China und Indien verbreitet sind. Sie sind durch Lippenblüten gekennzeichnet, die in großen, dichten, endständigen Scheinähren zusammenstehen.

E. stauntonii Benth. ist ein bis 1 m hoher, aufrechter Halbstrauch aus Nordchina, der

Elsholtzia stauntonii

Embothrium coccineum

erst im September–Oktober an den Zweigenden seine hellpurpurnen bis karminrosa Lippenblüten in rispigen Scheinähren öffnet. Die extrem späte Blüte macht diesen kleinen Strauch so wertvoll. Er ist nicht ganz frosthart (auch die Blüte wird gelegentlich von den ersten Frühfrösten zerstört), man muß deshalb den Boden in Wurzelnähe gut mit Laub abdecken; die Triebe schneidet man ohnedies im Frühjahr bis zum Boden zurück. Die Kamm-Minze liebt sonnige Plätze in Stein- und Heidegärten; niedrige und halbhohe Wildstauden sind ihr gute Nachbarn. Der Boden darf mager und kalkhaltig sein.
N-4, Zone 7a.

Embothrium J.R. et G. Forst.
Proteaceae

In den Anden Südamerikas, in Chile und Australien sind 8 Arten der Gattung verbreitet. Es sind immergrüne Bäume oder Sträucher mit wechselständigen, einfachen, ledrigen Blättern und sehr ansehnlichen Blüten in dichten Rispen. An den Einzelblüten fällt die schmal-walzenförmige Kronröhre auf, die in 4 schmale, gedrehte Streifen aufgerissen ist. Die Frucht ist eine einfächrige, vielsamige, ledrige Kapsel mit bleibendem Griffel.

E. coccineum J.R. et G. Forst., Chilenischer Feuerstrauch. Aus Chile stammt die

ser immergrüne, in seiner Heimat (auch in England) bis 10 m hohe Strauch. Er hat 5–12 cm lange, längliche bis elliptische, tiefgrüne, glänzende Blätter. Von Mai bis Juli entfalten sich scharlachrote Blüten in 7–10 cm langen, dichten, end- oder achselständigen Trauben. E. coccineum gehört mit den auffallend gefärbten Blüten und der ungewöhnlich langen Blütezeit zu den prachtvollsten Gartengehölzen südlicher Breiten. Er hält nicht nur im Mittelmeergebiet, sondern auch in Südengland sehr gut im Freien aus. Gedeiht am besten an geschützten Standorten auf tiefgründigen, sehr gut drainierten, sauren Böden.
Ah-5, Zone 9.
E. coccineum var. *lanceolatum* Ruiz et Pav. ist eine sehr schmalblättrige, fast sommergrüne, frosthärtere Form mit zahlreichen, sehr dichtstehenden Blüten aus den chilenischen Anden.

Empetrum L., Empetraceae
Krähenbeere, Rauschbeere

Die Gattung umfaßt 2 Arten immergrüner, heideähnlicher Zwergsträucher mit nadelförmigen, wechselständigen oder scheinwirteligen Laubblättern. Die unscheinbaren Blüten stehen meist einzeln in den Achseln der Blätter. Die Frucht ist eine schwarzglänzende, kugelige Steinbeere.
Die für uns wichtigste Art, *E. nigrum*, läßt sich in zwei Unterarten gliedern.

E.nigrum ssp. *hermaphroditum* (Lange) Böcher hat meist zwittrige Blüten, wächst kräftiger und mehr aufrecht. Sie kommt in der Arktis und in den Alpen bis in Höhen von 3000 m an schneereichen, oft nordexponierten Hängen vor.

E.nigrum ssp. *nigrum* ist meist zweihäusig und kommt vor allem im Küstenbereich von Nord- und Ostsee auf dem Sand der Hinterdünen und Heiden sowie in Mooren vor, außerdem in den Mittelgebirgen. Sie bildet meist dichte, dicke Polster.

Die zweite Art der Gattung, *E.rubrum*, ist von den Südanden bis Feuerland und auf den Falklandinseln heimisch.

E.nigrum L. ist eine ausgezeichnete Art für den Heidegarten, die gern auf leichten, sandigen oder anmoorigen, sauren sowohl feuchten als auch etwas trockenen Böden wächst. Bei niederliegendem Wuchs erreichen die heideähnlichen, rasenbildenden Pflanzen eine Höhe von etwa 25 cm. Sie vertragen auch Standorte im Kronenbereich flachwurzelnder Bäume. Im Gegensatz zu *Calluna* ist bei ihnen kein regelmäßiger Rückschnitt erforderlich.
PN/B-1/2/3/4, Zone 2.
'Bernstein'. Form mit gelbgrünem Laub.
'Smaragd' unterscheidet sich von der Art durch den dichteren, besser bodendeckenden Wuchs und die wintergrünen Blätter.

Enkianthus Lour., Ericaceae
Prachtglocke

Von Ostasien bis zum Himalaja sind 10 Arten sommergrüner Sträucher mit quirlständigen Ästen, wechselständigen, an den Triebenden oft wirtelig gehäuften Blättern, endständigen Doldentrauben mit hängenden, glockigen oder krugförmigen Blüten und trockenen Fruchtkapseln verbreitet.
Enkianthus-Arten sind herrliche Sträucher, die gern auf leichten, humosen und frischen, sauren Böden wachsen und sich am besten im lichten Schatten höherer Bäume entwickeln. Obwohl alle Arten gleichermaßen schön, hart und wüchsig sind, finden wir in den Gärten nur *E.campanulatus*.

E.campanulatus (Miq.) Nichols. ist ein Vertreter der japanischen Gehölzflora. Der bis 3 m hohe, aufrechtwachsende Strauch trägt im Mai maiglöckchenartige, zierliche Blüten in großen, hängenden Doldentrauben. Die hellgelb bis hellrosa gefärbten, 5teiligen Blüten sind von rötlichen Adern durchzogen. Nach dem Höhepunkt der reichen Blüte schmückt sich der Strauch ein zweites Mal mit einer hochroten Laubfärbung im Herbst. Die Prachtglocke ist ein vorzügliches Solitärgehölz, das zusammen mit *Rhododendron* ebensogut gepflanzt werden kann wie im »Japangarten«.
Nhg-4, Zone 6b.
'Albiflorus'. Ist besonders reichblühend und unterscheidet sich von der Art durch weiße Blüten. Die Blätter färben sich im Herbst gelborange.

Ensete Horan., Musaceae
Zierbanane

Von der nahe verwandten Gattung *Musa*, zu der sie früher auch gerechnet wurde, unterscheidet sich die Gattung *Ensete* durch ihre einzelnstehenden Scheinstämme. Außerdem hat der Samen einen gebogenen, statt eines geraden Embryos. In Habitus und Aufbau gleichen sich beide Gattungen sonst sehr. Die Gattung *Ensete* ist mit 7 Arten im tropischen Afrika, in Madagaskar, Südchina, Südostasien und Indonesien verbreitet. In Kultur ist meist nur *E.ventricosum*.

Die Mehrzahl der *Musaceae* sind große, ausdauernde Kräuter, die oft aus einem knolligen Rhizom große Blätter treiben, deren zusammengerollte Blattscheiden einen Scheinstamm bilden. Blüten entwickeln sich in einem meist ansehnlichen Blütenstand. An einer mehr oder weniger langen Achse sitzen große, oft auffallend gefärbte Brakteen. In deren Achseln entwickeln sich die Blütenbüschel, innerhalb des Blütenstandes nach Geschlechtern getrennt.
Vertreter der Gattung *Musa*, der Bananen also, werden zwar gelegentlich auch als Zierpflanzen verwendet, ganz überwiegend aber zur Fruchtgewinnung, sie sollen deshalb hier nicht behandelt werden.

E.ventricosum (Welw.) E.E. Cheesm. stammt aus Süd-, Mittel- und Nordostafrika, wo sie in lichten Bergwäldern bis zu Höhen von 2500 m aufsteigt. Sie kann mit ihrem konischen Scheinstamm 10–13 m hoch werden und trägt dann bis 6 m lange und 1 m breite Blätter, in Europa kultiviert, bleibt sie aber wesentlich kleiner. Der kugelige Blütenstand fällt durch seine dunkelroten Brakteen auf. Die Früchte sind lederartig und trocken. In ihrer Heimat werden das stärkereiche Rhizom und der junge Stamm gegessen.
Th-6, Zone 9.

Empetrum nigrum 'Smaragd'

Enkianthus campanulatus

Erica L., Ericaceae
Heide

Die Gattung umfaßt über 500 Arten immergrüner Sträucher, die fast alle in Südafrika, im Winterregengebiet des Kaplandes, verbreitet sind. Einige Arten kommen auf den Gebirgen im tropischen Afrika vor, etwa ein Dutzend im mediterranen Gebiet, und rund 10 Arten sind im atlantischen Europa zu finden.

Kennzeichnend für die Gattung sind die kleinen, nadelförmigen, meist quirlständigen Blätter, die lebhaft gefärbten Blüten, die einzeln oder auch in vielblumigen Dolden oder Trauben stehen können. Ihr Kelch ist 4teilig, der Saum der glocken-, krug-, aufgeblasen röhrenförmigen oder zylindrischen Krone ist 4spaltig. Die Frucht ist eine 4klappige, vielsamige Kapsel.

Die in Mitteleuropa heimischen *Erica*-Arten sind beliebte Kleinsträucher für den Stein- und Heidegarten, für die Grabbepflanzung und als Vorstrauch vor Immergrünen und Koniferen. Man sollte sie im Heidegarten nie einzeln, sondern immer in möglichst großen, zusammenhängenden Gruppen einheitlicher Arten und Sorten pflanzen. Nur in geschlossenen Flächen kommen sie voll zur Geltung.

E. carnea ist eine der wenigen kalkholden Ericaceen, sie wächst in jedem gut vorbereiteten Gartenboden. Ein wenig heikler sind die vorwiegend in Westeuropa heimischen *E. ciliaris*, *E. cinerea*, *E. erigena*, *E. tetralix* und *E. vagans*. Sie sind in kontinentalem Klima nicht immer zuverlässig frosthart, man muß leichten Winterschutz geben. Außerdem verlangen sie einen leichten, anmoorigen Boden. Den Gartenboden ver-

bessert man durch die Beigabe von reichlich Torf, Rindenhumus oder Nadelstreu. Solange die Pflanzen noch keine geschlossene Fläche gebildet haben, deckt man den Boden zwischen den Pflanzen immer wieder mit Torf ab. Er bleibt dadurch locker und frisch. Für die Bodenvorbereitung und die Versorgung mit Nährstoffen gilt das bei

Erica cinerea 'Pallas', 'C.D. Eason' und 'Pallida'

Calluna Gesagte. Im Gegensatz zur Besenheide, der ein jährlicher scharfer Rückschnitt am besten bekommt, werden die *Erica*-Arten nur mäßig scharf geschnitten. Bei den kompakt wachsenden, winterblühenden Arten ist nur selten ein Schnitt notwendig. Wird die Pflanzung alt und stellenweise kahl, sollte man lieber an eine Neupflanzung denken. Bei den sommerblühenden Arten schneidet man die Triebe im Frühjahr bis kurz unterhalb der Blüten zurück, nie sollte man bis ins alte Holz schneiden. Auch wenn die verblühten und braun gewordenen Blüten der sommerblühenden Arten nicht jedermanns Geschmack sind, wartet man mit dem Rückschnitt besser bis zum Frühjahr.

E. arborea L. Die Baumheide ist im Mittelmeergebiet, in Portugal und auf den Kanarischen Inseln ein typisches Gehölz der immergrünen Macchie. Sie tritt aber auch im Unterholz der früher weit verbreiteten Steineichenwälder auf. Ein 3–5 m hoher, reich verzweigter Strauch mit rotbrauner Rinde. Im März-April sind grauweiße, duftende Blüten an kleinen Seitenzweigen zu großen, 2–40 cm langen, rispigen Ständen vereint. Aus dem Maserholz der Wurzeln werden die echten Bruyérepfeifen ge-

Erica arborea

Erica carnea 'Myretoun Ruby'

schnitzt. *E. arborea* ist im mediterranen Raum eine häufige Gartenpflanze, sie ist auch in England ausreichend hart.
M-3, Zone 8a.

E. arborea var. *alpina* Dieck ex Bean. Die kaum 1 m hoch werdende, in Westspanien heimische Varietät ist etwas frosthärter als die Art, die Blüten sind außerdem reiner weiß. Hält an klimatisch bevorzugten Stellen auch in Mitteleuropa aus.

'Alberts Gold' wird etwa 1 m hoch, wächst gedrungen und hat gelbliches Laub, gilt als härtester Klon der Art.

E. australis L., Spanische Heide. Im westlichen Mittelmeergebiet, in Spanien, Portugal und Nordafrika heimischer, bis 1,5 m hoher, reich verzweigter Strauch mit rosaroten Blüten in endständigen, doldigen Büscheln am vorjährigen Holz. Blütezeit April–Mai. Eine schöne, sehr reichblühende Art, die in Mitteleuropa nicht ausreichend frosthart ist.
Ms-3, Zone 8a.

E. carnea L. (= *E. herbacea*). Die allgemein bekannte Schneeheide ist ein Vertreter unserer Alpenflora. Der niederliegende, reich verästelte Zwergstrauch besiedelt bis zur Bergkiefernzone Geröll- und Felsböden an warmen, sonnigen Hängen. Kaum über 30 cm hoch wird der kleine Strauch, dessen Blüten im Herbst schon weit vorgebildet sind. Sie öffnen sich ab Dezember, oft ohne auf Witterungsunbilden Rücksicht zu nehmen oder darunter zu leiden. Für den Garten hat die Art mit ihren fleischfarbenen

Blüten weniger Bedeutung als die vielen Gartensorten.
Nhg/BGh-3, Zone 5b.

E. ciliaris L. Die Englische Heide wächst in den Küstengebieten von Nordirland bis Südwestmarokko in sandigen Heidegebieten und Torfmooren. Durch ihre großen, purpurrosa Blüten im August–September könnte sie eine Bereicherung unserer Heidegärten sein. Sie verträgt aber keinerlei Kalk im Boden und ist recht frostempfindlich.
Nhm/M-3, Zone 8a.

E. cinerea L. begegnet uns im atlantischen und mediterranen Europa in kalkfreien, trockenen Heidegebieten. Die Graue Heide wird 20–30 cm hoch und trägt an graubehaarten Zweigen zu dritt stehende, dunkelgrüne Blätter und an den Enden violettrosa Blüten in dichten, quirligen Trauben von Juni bis August. Obwohl die Graue Heide frosthärter ist als die Englische Heide, verlangt sie in kontinentalen Klimagebieten Winterschutz. Auf kalkhaltigen Böden ist sie kurzlebig. Von den vielen englischen Gartensorten sind nur wenige bei uns zu haben.
Nhm-3, Zone 6b.

E. × darleyensis Bean. Eine Hybride zwischen *E. carnea* und der in Südwestfrankreich und Nordspanien heimischen *E. erigena*. Fast alle Sorten dieser Gruppe (siehe Liste Seite 322) haben die Gesundheit von *E. carnea*, den oft aufstrebenden Wuchs und

die geringere Winterhärte von *E. erigena* geerbt. Alle Sorten haben eine sehr lange Blütezeit, die bei einigen Sorten vom November bis in den Mai reicht. Man schneidet die Pflanzen am besten nach der Blüte zurück. Bei Kahlfrösten und in windexponierten Lagen ist ein Winterschutz aus Fichtenreisig notwendig.

E. erigena R. Ross erinnert in der ganzen Erscheinung an *E. carnea*, ist aber von stärkerem, mehr aufrechtem, breitbuschigen Wuchs, wird selten aber höher als 50–75 cm. Blätter gröber als bei *E. carnea*. Die duftenden, rosaroten Blüten erscheinen im März bis Mai. *E. erigena* ist im westeuropäischen Küstengebiet, in Portugal, Nordwestspanien, Südwestfrankreich und in Westirland heimisch. Sie ist in englischen Gärten in zahlreichen Sorten vertreten und wird auch im mediterranen Gärten gepflanzt.
Nsm-3, Zone 8b.

E. mackaiana Babingt. Die in Irland gefundene Heideart ist inzwischen auch in deutschen Spezialbaumschulen zu haben. Der kleine, 15–40 cm hohe, im Alter breit wachsende Strauch gleicht einer *E. tetralix*. Von ihr unterscheidet er sich durch nicht eingerollte, oberseits dunkelgrüne, unterseits weiße Blätter und kompaktere, dunkler rosa gefärbte Einzelblüten.
Nhm-3, Zone 7b.

E. multiflora L., Vielblütige Heide. Vom westlichen Mittelmeer östlich bis Jugosla-

wien ist dieser vielästige, straff-aufrechte, über mannshohe Strauch in trockenen Macchien und lichten Wäldern, meist auf kalkreichem Boden, verbreitet. Er trägt von November bis Februar über dunkelgrünem Laub schmal-glockenförmige, leuchtendrosa Blüten in dichten, vielblütigen, meist endständigen Blütenständen. Die Vielblütige Heide ist nur in mediterranen Gärten ausreichend frosthart.
Ms-3, Zone 8b.

E. × stuartii Linton. Die bisher nicht genau definierte Hybride ist, wie *E. mackai-ana*, der *E. tetralix* sehr ähnlich. Sie blüht von Juni bis September mit deutlich zweifarbigen Blütenkronen, sie sind hellrosa und an den Spitzen dunkelrosa gefärbt. Die Sorten dieser Gruppe (siehe Seite 323) stellen etwa die gleichen Ansprüche wie *E. tetralix*, der Boden muß nur nicht ganz so feucht gehalten werden.
Zone 7b.

E. terminalis Salisb. ist ein aufrechter oder mehr oder weniger niederliegender, buschiger, 1–2,5 m hoher Strauch, der im westlichen Mittelmeergebiet auf kalkfreien, eher frischen Böden verbreitet ist. Von Juli bis September erscheinen rosarote, röhrig-krugförmige Blüten zu 4–8 in endständigen Dolden.
Ms-3, Zone 8b.

E. tetralix L. liebt im allgemeinen feuchtere Böden als die anderen *Erica*-Arten. Die Glockenheide kommt in West- und Nordeuropa in moorigen Heiden, auf Mooren und an schattigen, feuchten Waldstellen vor. Der 30–40 cm hohe Strauch trägt grauhaarige Zweige und Blätter. Von Juni bis September erscheinen bauchig-röhrige,

Die wichtigsten Erica-Sorten

Sorte	Blüte	Blütezeit (Monat)	besondere Laubfarbe	Wuchshöhe (cm)	Wuchscharakter
Erica carnea					
'Ann Sparkes'	rosa	3–4	gelborange bis golden, rotbronzene Blattränder	15	zierlich, schwachwüchsig
'Arend's Rosa'	hellrosa	2–5		25	stark, flach, locker
'Atrorubra'	karminrot	3–4	tiefgrün, etwas bläulich	20	ziemlich flach
'Aurea'	rosa	2–4	kupfer bis gelb	15	buschig und breit
'Cecilia M. Beale'	reinweiß	2–4	feintriebig, blaßgrün	20	gedrungen und dicht
'Challanger'	purpurrot	2–4	bronzegrün	20	Blüten roter als bei 'Vivellii'
'December Red'	rosa-hellrosa	1–2	tiefgrün	15	sehr gute Sorte, Blüte in kräftigen Ähren
'Foxhollow'	zartrosa	2–4	orange-gelbgrün, im Winter bronzegelb	20	
'Golden Starlet'	reinweiß	2–4	gelb bis gelbgrün	20	in voller Sonne im Winter hellgelb
'J. Backhouse'	hellrosa, groß	3–4	matt graugrün	20	kräftige, grobe Zweige, dichter Wuchs
'King George'	dunkel purpurrosa	12–3		20	sehr kompakt, reich und früh blühend
'Kramer's Weiße'	weiß	1–4	dunkelgrün	25	stark, flach, locker
'Lohse's Rubin'	rubinrosa	3–4	dunkelgrün	15	breit-aufrecht, schwach bis mittelstark
'Loughrigg'	intensiv purpurn	2–3	bläulichgrün, im Winter bronzefarben	20	kräftig aufrecht
'March Seedling'	dunkelrosa	3–4	dunkelgrün	25	kompakt, breit-aufrecht, starkwachsend, besonders gut für große Flächen geeignet
'Myretoun Ruby'	intensiv weinrot, groß	3–4	dunkelgrün	20	flach und ausgebreitet, eine der besten Neueinführungen
'Pink Spangles'	kräftig dunkelrosa, groß und zahlreich	2–4		25	kräftig, breit und locker
'Praecox Rubra'	hell purpurrot	11–3	dunkelgrün	20	breit und flach, gut bodendeckend, sehr wertvoll
'Ruby Glow'	rubinrot	2–5	dunkelgrün, im Herbst bronze	15	dicht, kräftig und breit
'Schneesturm'	reinweiß	2–4	frischgrün	25	breit-aufrecht, wüchsig
'Snow Queen'	reinweiß	2–4	frischgrün	15	breit gedrungen, ebenfalls sehr wertvoll
'Springwood Pink'	hellrosa	2–3		20	wie 'Springwood White'
'Springwood White'	reinweiß, groß	2–4	frischgrün	25	breit, mit liegenden Trieben
'Vivellii'	violettrot	2–4	im Winter dunkelbronze	20	zierlich, etwas schwachwüchsig; wichtige, viel gepflanzte Sorte

Die wichtigsten Erica-Sorten (Fortsetzung)

Sorte	Blüte	Blütezeit (Monat)	besondere Laubfarbe	Wuchshöhe (cm)	Wuchscharakter
'Winter Beauty'	intensiv rosa, braune Staubbeutel	1–3		20	sehr gedrungen, die in Europa wohl am häufigsten kultivierte Sorte
Erica cinerea 'Alba Major'	weiß, in langen Trauben	7–9	hellgrün	25	breit, Zweige mehr oder weniger überhängend
'Alba Minor'	weiß, groß, in kurzen Trauben	6–10		20	kompakt, breitbuschig
'Atrosanguinea'	leuchtendrosa, sehr auffallend	8–9		20	besonders schön und reichblühend
'C. D. Eason'	hell magentarot	6–9	dunkelgrün	35	dichtbuschig, eine der am häufigsten kultivierten Sorten
'Cevennes'	hellila	7–10		40	mittelstark, straff-aufrecht, locker
'C. G. Best'	kräftigrosa mit Lachston	6–10	mittelgrün, leicht grau getönt	30	breitbuschig, aufrecht, mit langen Trieben
'Golden Drop'	hellrosa, nur wenig blühend	6–10	gelbgrün, im Winter orange	15	kompakt, flach-breitbuschig
'Golden Sport'	violett, in kurzen Trauben	6–10	gelbgrün, im Winter mit orangefarbener Tönung	30	breitbuschig, mit straffen Trieben
'G. Osmond'	blaßlila	7–9		35	aufrecht
'Heidebrand'	tief rubinrot, sehr reich	6–8	dunkelgrün	25	kompakt und breitbuschig, Sorte mit dem dunkelsten Rot
'Katinka'	dunkelpurpur, in lockeren Trauben	6–10	dunkelgrün	30	aufrecht, mit lockerstehenden Trieben
'Pallas'	purpurrosa, sehr zahlreich, in lockeren Trauben	6–10	graugrün	35	breitbuschig, aufrecht, hat sich als recht winterhart erwiesen
'Pallida'	zartrosa	8–9		35	interessant wegen der Blütenfarbe
'Penaz'	dunkelrot, in mittellangen Trauben	8–9	dunkelgrün, glänzend	25	aufrecht, dichtbuschig
'Pink Ice'	hell karminrosa, in wenigblütigen Trauben	6–10	dunkelgrün, etwas bläulich	20	sehr kompakt
'P. S. Patrick'	lebhaft violettrot, in langen, schlanken Trauben	8–9		40	schlank, aufrecht
'Sandpit Hill'	reinrosa	7–9		35	breit-aufrecht, beste Sorte in dieser Blütenfarbe
'Stephen Davis'	leuchtend rosarot, in kurzen Trauben	6–10		35	dichtbuschig, mit kurzen, aufrechten Trieben
E. × darleyensis 'Darley Dale'	hell lilarosa, sehr zahlreich	11–3	dunkelgrün, oft auch graugrün	40	kräftig, breit-aufrecht, etwas locker
'George Rendall'	dunkelrosa	1–5	frischgrün, im Austrieb gelb oder rosa, im Winter mit roten Spitzen	35	buschig, kompakt
'Jack H. Brummage'	lilarosa	1–5	gelb, im Winter orange oder tief golden	30	buschig
'Kramer's Rote'	tief purpurrot	1–5	kräftiggrün	30	starkwüchsig, lange Blütezeit
'Margaret Porter'	dunkel lilarosa	1–5	leuchtendgrün, Spitzen im Austrieb cremefarben	25	flach und breit, bildet breite Polster
'White Perfektion'	reinweiß bis leicht cremeweiß	11–5	kräftiggrün	40	kräftig, buschig, braucht etwas Winterschutz

Die wichtigsten Erica-Sorten (Fortsetzung)

Sorte	Blüte	Blütezeit (Monat)	besondere Laubfarbe	Wuchshöhe (cm)	Wuchscharakter
Erica × stuartii					
'Connemara'	malvenrosa, klein, reichlich	6–10	dunkelgrün	20	kompakt, mit aufrechten Trieben
'Irish Lemon'	hellpurpurn, sehr reich	6–10	mittelgrün, vom Austrieb bis zum frühen Sommer hell zitronengelb	25	dicht, breit, geschlossen
'Irish Orange'	hellpurpurn	6–10	mittelgrün, im Austrieb leuchtend-orange	25	dicht, geschlossen
Erica tetralix					
'Alba'	weiß	6–10	mittel graugrün	30	aufrecht, buschig, gut verzweigt
'Alba Mollis'	reinweiß	6–9	silbergrau behaart	20	kompakt
'Ardy'	tief rosarot, nicht sehr großblumig, aber das auffallendste Rot unter den Sorten dieser Art	7–10	dunkel graugrün, relativ großblättrig	25	locker und etwas unregelmäßig breit
'Con Underwood'	dunkel lilarosa, mittelgroß	7–10	graugrün	30	lockerbuschig, große Horste bildend, eine der besten Glockenheiden
'Helma'	lilarosa	7–10	mittelgrün	30	aufrecht, dichtbuschig, reichblühend
'Hookstone Pink'	rein hellrosa	6–8	silberfarbig	40	zunächst locker, im Alter dichter
'Pink Star'	hell lilarosa, Blüten nach oben gerichtet	6–10	silbrig graugrün	25	locker, niedrig, breitwüchsig
'Silver Bells'	weißrosa mit silbrigem Schein	6–10	mittelgrün	20	zwergig und langsam wachsend
'Tina'	zartrosa	7–10	graugrün, leicht silbrig	25	buschig, kompakt
Erica vagans					
'Alba'	weiß, mit gelben Staubgefäßen	6–9	frischgrün	35	
'Birch Glow'	leuchtendrot	8–9	dunkelgrün	35	z.Z. die am intensivsten rote Sorte
'Diana Hornibrook'	rosarot	6–9	tiefgrün	30	dicht und ziemlich kompakt
'Holden Pink'	zart rosaweiß mit weinrotem Kronenrand	8–10	mittelgrün	30	locker und breitbuschig
'Lyonesse'	weiß, mit braungoldenen Staubgefäßen	7–10	leuchtendgrün	45	dichtbuschig, aufrecht
'Mrs. D. F. Maxwell'	tiefrosa, in bis zu 10 cm langen Trauben	8–10	dunkelgrün	45	locker, breitbuschig, sehr wüchsig
'Nana'	cremeweiß mit schokoladenbraunen Staubgefäßen	8–9	mittelgrün	20	dichtbuschig, kompakt, nicht sehr reichblühend
'St. Keverne'	lachsrosa, sehr reichblühend	8–10	kräftiggrün		buschig und gedrungen
'Valerie Proudley'	weiß, nur spärlich blühend	8–10	grüngelb, zum Winter leuchtendgelb	20	dichtbuschig, kompakt
Erica × watsoniana					
'Dawn'	lilarosa	7–10	dunkelgrün, im Austrieb gelb bis orange	20	breit- und dichtbuschig
'F. White'	zartrosa, oft fast weiß	7–11	graugrün	25	locker breitbuschig
'Truro'	purpurrosa	7–10	dunkelgrün, im Austrieb gelb oder orange	20	breitbuschig, dicht, stark verzweigt

blaßrosa Blüten in 5- bis 10blütigen, endständigen Doldentrauben. Die Sorten von *E. tetralix* sind in der Liste Seite 323 zu finden. Nhm-3, Zone 5a.

E. vagans L. Die Cornwallheide ist im Westen Europas, von Irland bis Portugal, verbreitet und deshalb unter mitteleuropäischen Klimabedingungen spät- und frühfrostgefährdet. Sie kommt dort nicht nur auf sauren Rohhumusböden, sondern auch auf kalkhaltigen Mineralböden vor. Der bis 30 cm hohe Strauch wächst breit und üppig. Seine rosa Blüten trägt er in dichten, walzenförmigen Trauben von Juli bis September.
M/Nhm-3, Zone 6b.

E. × watsonii (Benth.) Bean *(E. ciliaris × E. tetralix)*. Gruppe von Hybriden, die überwiegend in der »Großen Heide« zwischen Wareham und Studland auf der englischen Halbinsel Purbeck im südlichen Dorset gefunden wurden. Die erste, schon 1839 gefundene Hybride trägt heute den Sortennamen 'Truro'. Alle Sorten dieser Gruppe (siehe Liste Seite 323) benötigen einen sauren, humosen, stets frischen Boden. Sie zeichnen sich durch eine reiche, lang andauernde Blüte und einen farbigen Austrieb aus.
Zone 6b.

E. × williamsii Druce *(E. tetralix × E. vagans)* wurde um 1910 als Hybride in Cornwall gefunden. Ihr großer Vorzug ist die wochenlange Blüte, die Anfang Juli beginnt und sich bis in den November hinzieht. Über hellgrünem Laub stehen glockige, rosa Blüten in vielblumigen Dolden. Die

beiden bekannten Sorten ähneln im Wuchs *E. tetralix*, Laubfarbe, Blütenform und die Anordnung der Blüten erinnern dagegen an *E. vagans*. Beide Sorten wachsen gedrungen und sind gut verzweigt. Sie blühen gelegentlich reich, sind nicht selten aber auch etwas blühfaul. Sie wachsen am besten in einem kräftigen, sauren Torfboden, der nicht austrocknen darf.
Zone 7a.
'Gwavas'. Blüten von Juli bis November, blaßrosa, Laub dunkelgrün, Wuchs flach und locker, blühfaul.
'P.D. Williams'. Blüten von Juli bis November, lilarosa, Laub frischgrün, Wuchs kompakt und buschig, oft gute Blüte.

Eriobotrya Lindl., Ericaceae
Wollmispel

Mit etwa 10 Arten ist diese Gattung immergrüner Bäume oder Sträucher in Ostasien verbreitet. Sie tragen einfache, wechselständige Blätter und weiße, 5zählige Blüten in endständigen Rispen. Die Früchte sind Apfelfrüchte mit 1–2 großen Samen. Im allgemeinen ist nur die folgende Art bei uns in Kultur.

E. japonica (Thunb.) Lindl., Japanische Wollmispel. Der 5–7 m hohe Baum baut sich mit dicken, in der Jugend weißwolligen Zweigen auf. Seine sehr derben, 12–15 cm langen Blätter haben eine ausgeprägte Nervatur, sie sind oberseits tiefgrün und unterseits bräunlich-filzig. Aus den 1–2 cm breiten, weißen Blüten, die sich im September öffnen, entwickeln sich 3–4 cm lange, birnenförmige, gelbliche, wenig haltbare Ap-

felfrüchte, die im zeitigen Frühjahr reifen. Sie sind eßbar und haben ein festes, saftiges, angenehm süßsäuerliches Fruchtfleisch. Die Früchte werden in der Regel zur Vollreife frisch gegessen.
E. japonica ist innerhalb der Gattung die einzige Art mit eßbaren Früchten. Sie ist in Japan und China heimisch und wird heute weltweit in Höhenlagen der Tropen, Subtropen und im ganzen Mittelmeerraum als Fruchtbaum angepflanzt. Der Baum ist mit seinen großen Blättern und der Fülle gelber Früchte aber auch nicht ohne Zierwert. In Mitteleuropa wird er nicht selten als Kübelpflanze gehalten.
Mh-4, Zone 9.

Erythrina L., Leguminosae
Korallenbaum

Mit rund 100 Arten ist diese Gattung in warm-gemäßigten Zonen und in den Tropen der ganzen Welt verbreitet. Es sind meist sommer- oder immergrüne Bäume oder Sträucher, oft mit bedornten Zweigen und wechselständigen, 3teiligen Blättern. Die in der Regel leuchtend gefärbten Blüten sind groß und zu dichten Rispen vereinigt. Sie haben einen meist schief 2lippigen Kelch und eine breite oder schmale, oft genagelte Fahne, die Flügel fehlen oft. Die Frucht ist eine zwischen den Samen eingeschnürte Hülse. In tropischen und subtropischen Gärten sind verschiedene Arten von Korallenbäumen verbreitete und beliebte Blütengehölze. Im Mittelmeergebiet wird meist nur die folgende Art als Freilandpflanze gezogen.

E. crista-galli L. Der Korallenstrauch entwickelt sich im Freiland zu einem breit ausladenden Strauch oder kleinen Baum mit dickem Stamm. Seine Blüten entwickeln sich an jungen Trieben, er wird deshalb häufig regelmäßig im Frühjahr oder Winter zurückgeschnitten. Die Zweige sind mit kräftigen, flachen Dornen ausgestattet, sie tragen 3teilige Blätter mit länglich-lanzettlichen, 10–15 cm langen Blättchen, die in seiner brasilianischen Heimat während der Trockenzeit abgeworfen werden. Die Blüten sind kirschrot und etwa 5 cm lang, sie stehen dicht gedrängt in langen, endständigen Trauben. In den Einzelblüten dominiert die Fahne, die zu einem tellerartig vergrößerten Schauorgan entwickelt ist. *E. crista-galli* ist an warmen, durch Mauern geschützten Stellen und unter Winterschutz auch in England ausreichend hart. In Mitteleuropa wird sie sehr häufig als Kübelpflanze gezogen.
T-5, Zone 9.

Eriobotrya japonica

Erythrina crista-galli

Escallonia × 'Langleyensis'

Escallonia Mutis ex L. f.
Escalloniaceae

Alle Arten der Gattung, rund 60 sind beschrieben worden, kommen in Südamerika, vor allem in den Anden, vor. Mit Ausnahme der sommergrünen E.virgata sind alle immergrüne Sträucher oder kleine Bäume mit meist wechselständigen, einfachen Blättern und überwiegend zwittrigen Blüten, die in Trauben zusammenstehen.

Die meisten Arten und Hybriden sind in Mitteleuropa nicht ausreichend frosthart, in mediterranen Gärten und in England sind sie dagegen beliebte und weit verbreitete Ziersträucher, die einen leichten, humosen, durchlässigen, sauren Boden benötigen. Sie werden einzeln, in kleinen Gruppen oder als Hecken verwendet (in England gelten sie als besonders resistent gegen Seewinde). In Südeuropa pflanzt man sie auch auf Hochbeete oder in große Brüstungströge.

Von den zahlreichen Wildarten werden nur wenige kultiviert, im allgemeinen werden Hybriden bevorzugt, sie sind in großer Zahl in den Angeboten der Baumschulen zu finden.

E.rubra (Ruiz et Pav.) Pers. ist ein immergrüner, starkwüchsiger Strauch, der in seiner chilenischen Heimat und in klimatisch günstigen Lagen Höhen von 4 m erreichen kann. Im Juli–August erscheinen die roten Blüten in lockeren, 3–7 cm langen Rispen. Ah-5, Zone 9.
E.rubra var. *macranthera* (Hook. et Arn.) Reiche. Die starkwüchsige Varietät entwickelt sich zu einem rundlichen, dichten, oft seitwärts wuchernden Strauch von 1,5–4 m

Höhe. Die von Juni bis September sehr zahlreich erscheinenden Blüten sind hellkarminrot. Der Strauch hat sich in England an der atlantischen Küste als Heckenpflanze sehr gut bewährt.
'Pygmaea' ist eine sehr dichte, nur 30–50 cm hohe, sehr reichblühende Zwergform mit intensiv roten Blüten im Juni–August.

E.virgata (Ruiz et Pav.) Pers., Weiße Eskallonie. Sommergrüner, bis 1 m hoher,

Escallonia-Hybriden

Sorte	Blütenfarbe	Wuchs
'C. F. Ball'	karminrosa	bis 1,5 m, Zweige breit überhängend
'Crimson Spire'	leuchtendrot karminrot	straff-aufrecht, bis 2 m, besonders wertvoll für Hecken
'Donard Gem'	rosa, duftend	bis 1 m, reichblühend
'Donard Radiance'	tiefrosa	stark, 1–2 m, Blätter glänzend
'Donard Seedling'	zuerst rosa, später weiß, nach *Crataegus* riechend	stark, 1–2 m Zweige stark überhängend
'Edinensis'	rosa	stark, 1,5–2,5 m, Zweige lang übergebogen
'Ingramii'	tiefrosa	stark, bis 4 m, Blätter groß, sehr gut für Hecken geeignet
'Langleyensis'	karminrosa	stark, 1,5–2,5 m, Triebe bogig, härter als die meisten anderen Sorten
'Peach Blossom'	pfirsichrosa	mittel, bis 1 m
'Pride of Donard'	hellrot	dicht, aufrecht, 1,5–2 m, Blätter glänzend tiefgrün
'Slieve Donard'	groß, rosarot, im Verblühen dunkler	bis 1,5 m, Zweige lang übergebogen, recht hart

dicht und sparrig wachsender Strauch. Blüten reinweiß, in achselständigen Trauben im Juni–August. Heimisch in Chile. Gilt als härteste Art der Gattung.
Ah-5, Zone 8a.

Hybriden
Um die Züchtung gärtnerisch wertvoller Sorten hat sich vor allem die Slieve Donard Nursery, Newcastle, Nordirland bemüht. Sie werden längst den Wildarten vorgezogen. Wertvoll sind sie vor allem wegen ihrer langen Blütezeit, dem raschen Wuchs und der Resistenz gegen starke Winde von See. Am Zustandekommen der Sorten sind vor allem *E.virgata* und *E.rubra* beteiligt.

Eucalyptus L'Hérit., Myrtaceae
Eukalyptus

Mit Ausnahme von 2 Arten ist die Gattung mit ihren 500 bis 600 nur schwer zu unterscheidenden Arten ausschließlich in Australien verbreitet. *Eucalyptus*-Arten stellen dort 90 % der Baumvegetation des Landes. Sie werden heute weltweit in tropischen Gebirgen, den Subtropen und mediterranen Zonen angebaut. Es sind überwiegend hohe, raschwüchsige, immergrüne Bäume, oft mit glatten, schönen, mehrfarbigen Stämmen, an denen sich die Borke in langen Streifen löst.
Bei den Blättern zeigt sich eine deutliche Heterophyllie, Jugend- und Altersblätter sind meist sehr verschieden. Sie sind in der Jugend meist breit-eiförmig und gegenständig, im Alter meist wechselständig, häufig lederartig hart, sichelförmig und hängend, meist graugrün oder blaugrau gefärbt. Bei starker Sonneneinstrahlung drehen sie ihre Schmalseite in Richtung des größten Lichteinfalls – ein Beitrag zum Verdunstungsschutz. Den Blüten fehlen differenzierte Kelch- und Kronblätter, sie sind zu einer deckelartigen Haube verwachsen, die bei der Streckung der zahlreichen Staubblätter abgeworfen wird. Die Frucht ist eine holzige, 4fächrige, vielsamige Kapsel mit abspringendem Deckel.
Eucalyptusbäume enthalten in allen Teilen ätherische Öle, die in der Pharmazie und in der Kosmetikindustrie verarbeitet werden. *Eucalyptus*-Arten sind in Mitteleuropa nicht ausreichend frosthart, im Mittelmeergebiet gedeihen einige Arten dagegen sehr gut. Sie stellen an den Boden keine besonderen Ansprüche, sie gedeihen auch auf sehr trockenen Böden, einige Arten auch auf nassen, sumpfigen Standorten. Sie werden im Mittelmeergebiet nicht selten für Aufforstungen an extremen Standorten eingesetzt. Als »Fieberbaum«, der oft zur Trockenlegung von Sümpfen eingesetzt wurde, ist vor allem *E.globulus* von Bedeutung. Das hohe Transpirationsvermögen der raschwüchsigen *Eucalyptus*-Arten hat diese Vorhaben begünstigt.

E.camaldulensis Dehnh. Kräftig wachsender, bis 40 m hoher Baum mit hängenden Ästen und unregelmäßig abblätternder, heller Borke. Blätter lanzettlich, oft weißgrau-bläulich, Altersblätter länglich-lanzettlich, bis 22 cm lang und grün. Blüten mit zahlreichen gelbweißen Staubfäden, zu 5–10 in kleinen, achselständigen Dolden. Gedeiht in fast allen Lagen.
T/Ah-7, Zone 9.

E.dalrymplena Maiden. In seiner Heimat 30–35 m hoher Baum mit zunächst glatter Borke, die sich später in großen Stücken ablöst. Rinde zuerst rahmweiß, später lachsrosa bis hellbraun. Jugendblätter breit-eirund bis kreisrund, grün oder blaugrün, mehr oder weniger herzförmig, 4–6 cm lang. Altersblätter lanzettlich bis sichelförmig und 10–17 cm lang. Blüten mit weißen Staubgefäßen.
T/Ah-7, Zone 9.

E.globulus Labill., Blaugummibaum. 40–50 m hoher Baum mit grauer Borke an der Stammbasis. Darüber löst sich die Borke in langen Streifen von dem glatten Stamm. Junge Triebe kantig oder geflügelt. Jugendblätter eiförmig bis breit-lanzettlich, blaugrün und weißlich bereift, 7–15 cm lang. Altersblätter schmal-lanzettlich, etwas sichelförmig, 10–30 cm lang, hängend und grün. Blüten mit weißen Staubgefäßen, von

Eucalyptus viminalis

Juni bis November. *E.globulus* ist ein sehr raschwüchsiger Baum, von allen Arten wird er außerhalb seiner Heimat am häufigsten gepflanzt, er ist im Mittelmeergebiet ein wichtiger Forstbaum. Das für medizinische Zwecke in Mitteleuropa bekannte Eukalyptusöl stammt von *E.globulus*.
T/Ah-7, Zone 9.

E.gunnii Hook. f. In Europa etwa bis 25 m hoher Baum mit bläulichweißen Trieben, kreisrunden, 2–5 cm breiten, blaugrünen Jugendblättern und lanzettlichen, 10 cm langen, grünlichen Altersblättern. Blüten im Oktober–Dezember, mit gelblichweißen Staubblättern. Wird im Mittelmeergebiet und in England häufig als Zierbaum angepflanzt.
T/Ah-7, Zone 9.

E.niphophila Maiden et Blakely. Die relativ kälteresistente und sehr reichblühende Art zeichnet sich durch grüne Jugendblätter und silbrig bereifte Jungtriebe aus. Die Blüten sind weiß und bis 2,5 cm breit.
T/Ah-7, Zone 9.

E.viminalis Labill. In seiner Heimat bis 30 m hoher Baum, dessen gelbliche oder weißliche Rinde sich in langen Streifen löst. Die jungen Triebe sind dunkelrot und warzig. Jugendblätter eiförmig bis lanzettlich, dunkelgrün und 5–10 cm lang. Altersblätter 10–18 cm lang, lanzettlich und oft sichelförmig. Blüten mit gelblichweißen Staubblättern, 2,5 cm breit. *E.viminalis* gehört zu den im Mittelmeergebiet und in England besonders häufig gepflanzten Arten.
T/Ah-7, Zone 9.

Eucommia Oliv., Eucommiaceae
Guttaperchabaum

Die Familie stellt nur eine Gattung, die wiederum nur die folgende Art.

E.ulmoides Oliv. In der chinesischen Heimat ein bis 20 m hoher Baum, bei uns meist nur ein hoher Strauch, dessen Zweige ein gekammertes Mark haben. Die sommergrünen, wechselständigen Blätter sind elliptisch bis länglich-eiförmig. Aus unscheinbaren, zweihäusig verteilten Blüten ohne Perianth entwickeln sich 1samige, geflügelte, nicht aufspringende Früchte.
E.ulmoides ist der einzige winterharte Baum, der in Saftschläuchen, die in Blättern, Rinde, Mark und Früchten zu finden sind, eine guttaperchaähnliche Substanz enthält. Sie wird beim Zerreißen der Blätter als weiße Fäden sichtbar. In China wird

Euodia daniellii

diese Substanz schon lange zur Herstellung von Arzneidrogen, z.B. gegen Bluthochdruck, verwendet. Bei uns findet man den interessanten, aber wenig attraktiven Baum in der Regel nur in botanischen Gärten.
Nhw-4, Zone 6b.

Euodia J.R. et G. Forst.
Rutaceae
Stinkesche

Die Gattung umfaßt rund 45 nur schwer zu unterscheidende Arten, die in den tropischen und subtropischen Gebieten von Asien, Australien und Polynesien verbreitet sind. Es sind sommer- oder immergrüne Bäume oder Sträucher mit unangenehm riechenden, gegenständigen oder unpaarig gefiederten Blättern. Die grünlichweißen, eingeschlechtigen Blüten sitzen in großen, achsel- oder endständigen Doldentrauben oder Rispen. Die Blüten sind ungewöhnlich reich an Nektar. Die Früchte bestehen aus 2klappigen, ledrigen Kapseln, die zu 4–5 beisammenstehen und 1–2 Samen enthalten.
Die Stinkesche ist eine bisher nur wenig bekannte Baumgattung, die für den Imker von besonderem Wert ist. *Euodia* bringt in den Monaten Juli–August, zu einer sonst blütenarmen Zeit also, Blüten in riesigen Mengen hervor, die von den Bienen besonders gerne beflogen werden. Euodien stellen an den Boden keine besonderen Ansprüche, sie ziehen warme Lagen vor. Sie erreichen schon nach wenigen Jahren ihre Blühreife.

E. daniellii (Benn.) Hemsl. kam erst nach 1900 aus Nordchina und Korea nach Europa. Die Art entwickelt bis 9 m hohe Bäume mit breit-rundlicher Krone und grauer, glatter Borke. Aus 5–9 Blättchen bestehen die bis 30 cm langen, oberseits dunkelgrünen, unterseits helleren Blätter. Aus weißen Blüten in fein behaarten Doldentrauben entwickeln sich im Herbst auffallend rötliche Samenkapseln.
N-4, Zone 7a.

E. hupehensis Dode wird gelegentlich von den Baumschulen angeboten. Die Art ist ebenfalls in China verbreitet und wird dort zu einem bis 20 m hohen Baum, der der vorigen Art sehr ähnlich ist, wie diese fast 2 Monate lang blüht und so den Bienen einen reichgedeckten Tisch bietet.
Nw-4, Zone 7a.

Euonymus L., Celastraceae
Spindelstrauch

Mit über 170 Arten sind die Spindelsträucher eine umfangreiche Gattung, die vorwiegend in Nord- und Mittelamerika, in Asien und Europa verbreitet ist. Nur ein geringer Teil der Arten ist bei uns ausreichend frosthart, und noch weniger sind für den Garten von Bedeutung. Man kann keine der vielen Arten als »Blütenstrauch« ansprechen, sie sind dagegen hervorragende Fruchtsträucher und in ihrer herbstlichen Laubfärbung oft nicht zu übertreffen, einige niedrige, immergrüne Arten sind ausgezeichnete Bodendecker.
Mit Ausnahme von *Euonymus nanus* sind alle Arten mit gegenständigen, ungeteilten Blättern ausgestattet. Ihre Blüten sind unscheinbar, 4- bis 5zählig, und die Frucht ist eine 3- bis 5fächrige Kapsel. Jedes Fach enthält 1–2 Samen, die von einem fleischigen, rot oder orange, gelegentlich auch gelb gefärbten Samenmantel (Arillus) umgeben sind.
Alle sommergrünen *Euonymus*-Arten lieben einen nahrhaften Boden und sonnige Standorte. Sie gedeihen zwar auch im Schatten, man muß dann aber auf die Leuchtkraft ihrer Herbstfarben verzichten. Die immergrünen Arten vertragen durchaus schattige Standorte. *E. alatus*, *E. hamiltonianus* var. *yedoensis* und *E. planipes* sind hervorragende Solitärsträucher, die anderen verdienen keine Sonderstellung in kleinen Gärten.

E. alata (Thunb.) Sieb. Die erste Art im Alphabet ist gleichzeitig die schönste der Gattung. Der in Ostasien heimische Strauch wächst dicht und rundlich und erreicht im Alter eine Höhe um 3 m. Interessant sind die Zweige, die mit 4 breiten, dünnen, korkartigen Leisten versehen sind. Kaum ein anderer Strauch färbt sich im Herbst so leuchtendrot wie dieser. Leider blüht und fruchtet er nur spärlich.
Nh-4, Zone 4.

Euonymus alata

'Compacta' ist eine zwergige Form mit besonders gut ausgebildeten Korkleisten und intensiver Herbstfärbung.

E. bungeana Maxim. ist von Turkestan bis Nordchina verbreitet und entwickelt sich zu einem 3–4 m hohen Strauch mit schlanken, rundlichen Zweigen. Die sommergrünen, elliptischen, lebhaftgrünen Blätter färben sich im Herbst stumpfgelb. Relativ selten sind die tief eingeschnittenen, gelblich oder leicht rosa gefärbten Früchte mit ihren weißen bis rötlichen Samen und den orangefarbenen Samenmänteln zu sehen.
N-4, Zone 5a.

E. europaea L. Das Gemeine Pfaffenhütchen ist aus unseren Wäldern bekannt und wird seit Jahrhunderten in den Gärten kultiviert. Der Name kommt von der Ähnlichkeit der Früchte mit dem Birett, der Kopfbedeckung der katholischen Geistlichen. Der Strauch kann bis 5 m hoch werden und entwickelt aus gelblichgrünen Blüten rosa bis leuchtendrote Früchte. Das Gemeine Pfaffenhütchen wird nicht selten von den Raupen der Spindelbaum-Gespinstmotte befallen, die die Sträucher in wenigen Tagen kahlfressen können. Der zweite Austrieb bleibt dagegen meist verschont. Auch die Schwarze Bohnenlaus kann die Sträucher so stark befallen, daß die Zweige schwarz gefärbt und die Blätter stark eingerollt sind.
N-3, Zone 4.
Von den vielen Gartenformen sind von Bedeutung:
'Aldenhamensis' mit rosaroten, langgestielten Blüten,

Euonymus europaea

'Atrorubens', deren Arillus dunkelkarminrot ist, und
'Red Cascade', die sich durch reichen Fruchtbehang und opalrosa Früchte auszeichnet.

E. fortunei (Turcz.) Hand.-Mazz. ist ein immergrüner Strauch, der entweder mit langen Trieben über den Boden kriecht oder dank seiner Haftwurzeln an Bäumen, Mauern oder Steinen emporklettert. Die Art stammt aus China und ist mit sattgrünen, eiförmig-elliptischen, sehr veränderlichen Blättern ausgestattet. Die Art und ihre Gartenformen eignen sich vorzüglich für die Begrünung größerer und kleinerer Flächen, auch in sehr schattigen Lagen. Die altbekannte 'Vegetus' und die amerikanischen 'Emerald'-Sorten sind hervorragende Kübelpflanzen.
Nh/Mh-4, Zone 6b.
E. fortunei var. *radicans* (Sieb. ex Miq.) Rehd. ist eine in Nord- und Mitteljapan verbreitete, besonders harte und wertvolle Varietät. Sie unterscheidet sich von der Art durch etwas kleinere, kerbig gesägte, derbe Blätter und klettert wie diese gern an allen erreichbaren Gegenständen hoch.
Von den Gartenformen finden wir eine beachtliche Anzahl in den Baumschulkatalogen, ein Beweis für ihren hohen Gartenwert.
'Coloratus' besitzt etwas schmalere Blätter als die Art. Sie färben sich im Herbst tiefpurpurn. Die Form eignet sich besonders gut als Unterholz für schattige Lagen.
'Dart's Blanket'. Bis 50 cm hoch, Triebe niederliegend-aufsteigend. Blätter dunkelgrün, im Herbst braunrot bis hellrot verfärbt. Wertvoller Bodendecker für größere Flächen.
'Dart's Cardinal'. Breit-aufrecht wachsende 'Vegetus'-Form mit dicken, breit-elliptischen Blättern und gelbweißen Früchten.
'Dart's Carpet'. Sehr breit wachsender bis kriechender, etwa 30 cm hoher Strauch mit kleinen, matt dunkelgrünen Blättern, die sich im Winter bronze bis braunrot verfärben.
'Dart's Ideal'. Sehr flachwachsend, Blätter ziemlich klein, auffallend hellgrün.
'Emerald Charm'. Wuchs aufrecht, bis 1 m hoch, Blätter glänzendgrün, reich fruchtend.
'Emerald Gaiety'. Eine weißbunte, breit- und hochwachsende Sorte aus Amerika mit recht großen, graugrünen Blättern, die weiß gerandet sind. Die Blätter sind klarer und angenehmer gefärbt als die von 'Variegatus'.
'Emerald'n Gold' wächst zunächst wie 'Variegata', wird später aber bis 1,50 m hoch. Die Blätter sind breit goldgelb gerandet, sie färben sich im Winter rot.

'Gold Tip'. Kanadische Sorte mit niedrigem bis mäßig hohem Wuchs, Blätter ziemlich groß, grün, mit goldgelbem, später rahmweißem Rand.
'Minimus' ist als besonders zierliche und kleinblättrige Form gut zur Begrünung kleiner Flächen geeignet. Neben 'Kewensis' ist sie die niedrigste, nur 5–10 cm hohe Form der Gattung. Sie wächst auch in sehr schattigen Lagen.
'Sheridan Gold'. Wuchs breit-aufrecht und kompakt, bis 50 cm hoch. Blattgröße sehr variabel, in der Farbe dunkelgrün. Blätter vor allem im Sommer gelb, grüngelb oder gelb gefleckt.
'Silver Queen' wächst strauchig und wird im Alter 2–3 m hoch. Die bis 6 cm langen Blätter haben einen breiten Saum. Sie gilt als schönste weißbunte Form der Gattung.
'Sunshine'. Wuchs breit-aufrecht, mäßig hoch. Blätter ziemlich groß, graugrün, mit breitem goldgelbem, später etwas heller gefärbtem Rand.
'Sunspot'. Wuchs kriechend-aufsteigend, Zweige gelb. Blätter klein, stumpf dunkelgrün, in der Mitte mit auffallend gelbem Fleck.
'Variegatus' wächst wie *E. fortunei* var. *radicans* mit niederliegenden oder kletternden Trieben. Die Blätter sind etwas größer, in der Mitte graugrün und am Rand mit einem breiten weißen Band versehen, gelegentlich auch rötlich gefleckt. In den Baumschulen häufig als »Gracilis« angeboten.
'Vegetus' gilt als eine der schönsten Formen. Durch ihren breitbuschigen Wuchs eignet sie sich besonders für flächige Pflanzungen. An dicken, leicht brechenden Trieben sitzen elliptische bis rundliche, dicke Blätter. Sie fruchtet, im Gegensatz zu den anderen Formen, reichlich.

E. hamiltoniana Wall. ist im Habitus dem Gemeinen Pfaffenhütchen ähnlich, die Zweige sind aber rund, die Blätter derber und dicker. In der Regel werden nur einige geographische Varietäten angeboten.
N-4, Zone 5b.
E. hamiltoniana var. *maackii* (Rupr.) Kom. Von der Mandschurei bis Japan ist diese Varietät verbreitet, ein rundlicher, 3–5 m hoher Strauch mit gelblichen Blüten im Juni, rosa gefärbten Früchten (der Samenmantel ist orange, die Samen sind rot gefärbt) und einer hübschen Herbstfärbung.
E. hamiltoniana var. *yedonesis* (Koehne) Blakel. wird von den Baumschulen in der Regel als »E. yedoensis« angeboten. Sie preisen ihn als malerisch wachsenden Großstrauch an, der die größten Blüten der ganzen Gattung besitzt, aus denen sich im Herbst dekorative Früchte entwickeln, in denen sich die hell-

Euonymus fortunei 'Emerald'n Gold'

roten Samen deutlich von den orangefarbenen Samenmänteln abheben. Reicher Fruchtbehang und eine rotbraune Herbstfärbung machen den in Japan und Korea heimischen Strauch zu einem wertvollen Solitärgehölz.

E.japonica L. f. Japanischer Spindelstrauch. In ganz Japan, in Korea und China ist dieser immergrüne und sehr variable Strauch verbreitet. Er entwickelt sich in seiner Heimat zu einem hohen Strauch oder kleinen Baum, wird bei uns aber kaum über 2 m hoch. Die Zweige sind schwach 4kantig und dunkelgrün, die Blätter verkehrt-eiförmig bis länglich, 3–7 cm lang, derb-ledrig und glänzend dunkelgrün. Im Juni–Juli erscheinen kleine, grünlichweiße Blüten zu 5–12 in etwa 5 cm langen Trugdolden. Die

Früchte sind etwa 8 mm lang und rosa gefärbt, der Arillus orange und die Samen weiß.

Mh/Nhm-4, Zone 8b.

Nördlich der Alpen wird *E.japonica*, wie der Lorbeer, schon seit langem als Kübelpflanze für Dekorationszwecke gehalten. Im Mittelmeergebiet und in England ist er eine häufig verwendete und anspruchslose Gartenpflanze, die sowohl in voller Sonne wie auch im Schatten gedeiht. Neben der grünlaubigen Art sind zahlreiche Formen mit gelb und weiß gefleckten Blättern in Kultur.

'Albomarginatus'. Blätter groß, mattgrün, ganz schmal weiß gerandet.

'Aureus'. Blätter goldgelb, mit nur ganz schmalem dunkelgrünem Rand.

'Duc de Anjou'. Blätter am Rand dunkel-

grün, in der Mitte unregelmäßig hellgelb und hell graugrün gefleckt.

'Macrophyllus'. Blätter elliptisch, größer als beim Typ.

'Microphyllus Albovariegatus'. Blätter groß, breit weiß gerandet.

'Ovatus Aureus'. Blätter am Rand dunkelgrün, in der Mitte goldgelb.

E.latifolia (L.) Mill. ist in Europa, Kleinasien, Nordpersien und Nordwestafrika in krautreichen Laubmischwäldern verbreitet. Ein bis 5 m hoher, nur mäßig verzweigter Strauch mit großen, bis 2,5 cm langen, grünlichen bis rotbraunen, seidig glänzenden Winterknospen. Die breit-ovalen Blätter sind bis 14 cm lang. Ziemlich groß sind auch die breitgeflügelten karmin- bis purpurroten Früchte mit ihren weißen Samen

und den orangeroten Samenmänteln. Ein stets gesunder, dekorativer Strauch.
Nw-3, Zone 6a.

E.macroptera Rupr. gehört mit seinen stark geflügelten, rosa Früchten (die 4 Flügel sind fast 1 cm lang) und dem tiefroten Samenmantel zu den schönsten Fruchtgehölzen. Der breitwachsende, bis 2,5 m hohe Strauch ist in Nordostasien verbreitet.
Nh-4, Zone 6a.

E.nana M. B. var. **turcestanica** (Dieck) Krischt. ist ein kleiner, knapp 1 m hoher, vieltriebiger Spindelbusch mit rutenartigen Zweigen und schmalen, zuweilen quirlständigen Blättern. Gegenüber der Art, die von Osteuropa bis Westasien verbreitet ist, hat die Varietät den Vorteil, daß ihre Triebe nicht niederliegen, sondern straff-aufrecht wachsen.
Ns/Na-3/4, Zone 4.

E.phellomana Loes. ex Diels stammt aus Nord- und Westchina. Ihre 4kantigen Triebe sind mit breiten Korkleisten versehen. Bemerkenswert sind die zahlreichen rosa Früchte und die fast schwarzen Samen, die von einem roten Arillus umgeben sind.
N-4, Zone 6a.

E.planipes (Koehne) Koehne ist eine weitere, für den Garten besonders wertvolle *Euonymus*-Art, die nicht selten als 'E.sachalinensis' angeboten wird. Sie ist in Japan

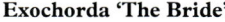

Exochorda 'The Bride'

und Korea zu Hause und entwickelt sich zu einem breit-aufrecht wachsenden, industriefesten, sehr zeitig austreibenden Strauch, der bis 5 m Höhe erreicht. Steht im Habitus *E.latifolia* sehr nahe und hat ähnlich lange, spitze Winterknospen. Die Art ist wertvoll durch ihren lockeren Habitus, ihre auffallenden, 2 cm breiten, karminroten, 5kantigen, aber kaum geflügelten, zahlreichen Früchte mit ihren an Fäden heraushängenden Samen, die gesunde Belaubung und die karminrote Herbstfärbung.
Nh-4, Zone 5b.

E.sanguinea Loes. ex Diels. Die bemerkenswert schöne Art aus China und Südosttibet wird leider nur selten angeboten. Der bis 5 m hohe Strauch fällt zunächst durch seine im Austrieb rötlichen, im Herbst braunrot gefärbten und lange haftenden Blätter auf. Auch die zahlreichen rötlichen Blüten und die stark geflügelten Früchte mit dem orangefarbenen Arillus und den schwarzen Samen sind von beachtlichem Zierwert.
N-4, Zone 6a.

E.verrucosa Scop. Der Warzige Spindelstrauch begegnet uns als dritte europäische Art. An ihr fallen die mit schwarzen Warzen dicht bedeckten Zweige und die blaßlila bis gelbe Herbstfärbung auf. Der reichverzweigte Strauch wird nur etwa mannshoch. Er entwickelt aus zarten Blüten abgeflacht-

birnenförmige, 4lappige, bleichrosa bis rötliche Früchte mit schwarzen Samen, die nur unvollständig von einem scharlachroten Arillus umgeben sind. *E.verrucosa* ist von Ost und Südosteuropa bis zur Wolga, zum Ural und zum Kaukasus verbreitet. Ein harter und anspruchsloser, schattenverträglicher Strauch.
Ns-3, Zone 5a.

Euptelea Sieb. et Zucc.
Eupteleaceae

Die Familie der Eupteleaceae besteht nur aus 1 Gattung mit 3 in Ostasien verbreiteten Arten. Es sind sommergrüne Bäume oder Sträucher mit großen, glänzendbraunen Knospen, wechselständigen Blättern und eigenartigen Blüten, bei denen Kelch- und Blütenblätter fehlen. Sie erscheinen vor den Blättern und sitzen mit zahlreichen Staubblättern in achselständigen Büscheln entlang der Zweige.
Beide Arten sind zwar ziemlich harte, aber nur selten gepflanzte Gehölze, die durchaus nicht ohne Reiz sind. Sie sind im Frühjahr attraktiv durch die zahlreichen Büschel rot gefärbter Antheren und den kupferfarbenen Austrieb, im Herbst durch ihre rote und gelbe Blattfärbung.

E.pleiosperma Hook. f. et Thoms. ist ein schmaler, vielstämmiger, 5–10 m hoher Baum mit straff-aufrechten Zweigen und scharf und unregelmäßig gezähnten, langgestielten, breit-eiförmigen Blättern, die sich im Herbst rot verfärben.
Nhg-4, Zone 7a.

E.polyandra Sieb. et Zucc. unterscheidet sich nur wenig, die Blätter sind fast kreisrund und mit viel längeren Zähnen (die längsten bis 15 mm) versehen. Auch bei dieser Art ist die gelbrote Herbstfärbung bemerkenswert.
Nhg-4, Zone 7a.

Exochorda Lindl., Rosaceae
Prunkspiere, Perlbusch

5 Arten umfaßt diese Gattung sommergrüner Sträucher. Alle sind von Mittelasien bis Korea verbreitet. Ihre wechselständigen Blätter sind eiförmig bis elliptisch-länglich, ganzrandig oder gesägt, glatt und oft bläulich bereift. Im Mai entwickeln sich an den Enden der vorjährigen Zweige große weiße Blüten, die zu 6–10 in schmalen Trauben stehen. Die 5rippigen, harten Fruchtkapseln schmücken bis zum Frühjahr die großen Sträucher. Alle Prunkspieren sind

auffallende, frühaustreibende Blütensträucher für große Gärten und Parkanlagen, die sich durchlässigen Boden und sonnige Lagen wünschen.

E.giraldii Hesse gilt als eine der besten Arten. Sie wird bis 3 m hoch und breit und überrascht durch einen rosafarbenen Austrieb. Die 2,5 cm breiten Blüten erscheinen Ende Mai. Heimisch in Nordostchina.
N-4, Zone 5b.
E.giraldii var. *wilsonii* (Rehd.) Rehd. beginnt schon Ende April mit einem noch reicheren Blütenflor, die Blüten sind bis 5 cm breit. Der mehr aufrecht wachsende Strauch trägt außerdem größere Blätter als die Art.

'Irish Pearl' entstand aus einer Kreuzung zwischen *E.racemosa* × *E.giraldii* var. *wilsonii*. Sie trägt an langen Blütentrieben je 8–10 reinweißer, fast sternförmiger, knapp 5 cm breiter Blüten.
Zone 5b.

E.korolkowii Lavallée. Der 4–6 m hohe Perlbusch aus Turkestan wächst straffer aufrecht als *E.racemosa*. Auch er treibt früh aus, blüht im Mai mit etwa 8 cm langen Blütentrauben nicht besonders reich, ist aber trockenresistent und die beste Art für kalkhaltige Böden.
Ns-3/4, Zone 6a.

E. × macrantha (Lemoine) Schneid. (*E. korolkowii* × *E.racemosa*) übertrifft, wie viele Hybriden, ihre Eltern. Sie hat die größten Einzelblüten in sehr dichten, aufrechten bis abstehenden, bis 10 cm langen Trauben, und sie blüht auch reicher als andere Arten.
Zone 5b.
'The Bride' wächst mit überhängenden Zweigen gedrungen, wird nur 1,5–2 m hoch und ist damit die einzige niedrigbleibende Prunkspiere. Sie blüht im Mai–Juni mit sehr großen Blüten besonders reich.

E.racemosa (Lindl.) Rehd. bleibt deutlich niedriger als *E.korolkowii* und wächst etwas sparriger. Die ostchinesische Art öffnet ihre bis 4 cm breiten, weißen Blüten in aufrechten Trauben wie alle anderen Arten im Mai.
N-4, Zone 5b.

Fabiana Ruiz et Pav.
Solanaceae

Mit ihren kleinen, immergrünen, dicht dachziegelig gedrängten Blättern erinnern die 25 Arten dieser Gattung deutlich an Heidekrautgewächse. Es sind meist kleine,

zierliche Sträucher mit einzelnstehenden, end- oder achselständigen Blüten. Diese sind eng trichterförmig gestaltet, nach oben allmählich erweitert und am Saum kurz 5lappig. Die ungleich langen Staubblätter sind in der Kronröhre eingeschlossen. Die Frucht ist eine vielsamige, an der Spitze 2klappige, vom Kelch eingeschlossene Kapsel. Von den 25 in Südamerika, in Bolivien, Brasilien und bis Patagonien, verbreiteten Arten wird nur *F.imbricata* in Europa kultiviert.

F.imbricata Ruiz et Pav. ist ein etwas mehr als 1 m hoher, aufrechter, dicht verzweigter Strauch, dessen Zweige dicht mit kurzen Seitentrieben besetzt sind. Die dunkelgrünen, 1–1,5 cm langen Blätter sind dicht dachziegelig gestellt. Im Mai–Juni erscheinen die 1,5 cm langen, weißen oder leicht rosa gefärbten Blüten einzeln an den Triebspitzen. Gedeiht am besten an sonnigen Stellen auf eher trockenen, gut dränierten, neutralen bis sauren Böden. Ist in der patagonischen Steppe Leitart der Fabiana-Heiden.
Ah-5, Zone 9.
'Prostrata'. Wuchs niederliegend. Blüten blaß malvenfarben getönt, härter als die Art und besonders gut für größere Steingärten oder Hochbeete geeignet.
'Violacea' unterscheidet sich von der Art durch lavendel-malvenfarbene Blüten.

Fagus L., Fabaceae
Buche

10 Arten großer, sommergrüner Bäume sind in der gemäßigten Zone der nördlichen Halbkugel verbreitet. Charakteristisch für alle Arten ist ihre glatte, helle Rinde. Die Bäume tragen wechselständige, gestielte, ganzrandige, am Rande gewellte oder fein gezähnte Blätter. An den einhäusigen Pflanzen sitzen die männlichen Blüten am jungen Holz in fast kugeligen, langgestielten Büscheln. Die weiblichen Blüten stehen oft einzeln und sind von einer ring- oder becherförmigen Hülle umgeben. Dieser Fruchtbecher verholzt später, springt 4klappig auf und enthält die 3kantigen, als Bucheckern bekannten Früchte.
Für unsere Gärten und Parkanlagen kommen in der Regel nur die in Mitteleuropa heimische Rotbuche und ihre Gartenformen in Betracht. In den Baumschul-Katalogen tauchen gelegentlich aber auch andere Arten auf. Fast alle werden zu großen Bäumen, die nur im Park ausreichenden Platz finden. Sie gehören auf weite Rasenflächen, damit ihr oft malerischer oder bizarrer Wuchs zur Geltung kommt.

Die Buche stellt an den Boden keine besonderen Ansprüche, sie wächst in ihren natürlichen Verbreitungsgebieten auf Kalk und Urgestein. Gegen Bodenverdichtungen, Veränderungen des Grundwasserstandes und Überschwemmungen ist sie in hohem Maße empfindlich, ebenso gegen ein plötzliches Freistellen bisher beschatteter Stämme. Durch direkte Sonneneinstrahlung entsteht ein Rindenbrand, der die Rinde vertrocknen, später aufreißen und abfallen läßt und den Fäulnispilzen Eingang in den Holzkörper verschafft. Durch ihre Schnittverträglichkeit ist sie als Heckenpflanze für hohe Heckenwände sehr wertvoll.

F.engleriana Seemen ist ein mittelhoher, oft von der Basis an mehrstämmiger, japanischer Baum mit unterseits auffallend blaugrünen Blättern.
Nh-4, Zone 6b.

F.grandifolia Ehrh. Die Amerikanische Buche unterscheidet sich von der Rotbuche unter anderem durch, wenigstens bei uns, schwächeren Wuchs und etwas längere, grob gezähnte, meist bläulichgrüne Blätter, die sich im Herbst goldgelb bis lederbraun verfärben.
Nh-2, Zone 4.

F.orientalis Lipsky. Die Orientbuche wächst in der Jugend wesentlich rascher als die Rotbuche. Sie baut sich mit einer hohen, kegelförmigen Krone auf und kann bis 40 m Höhe erreichen. Ihre ganzrandigen bis leicht wellig gebuchteten Blätter sind größer und derber als die der Rotbuche, sie färben sich im Herbst prachtvoll gelb. Ein schöner, großkroniger Parkbaum.
Nh-3, Zone 6a.

F.sylvatica L. Die Rotbuche ist in Mitteleuropa weit verbreitet. Ihr natürliches Areal reicht im Norden bis Schottland und Mittelnorwegen, im Osten bis zu einer Linie, die etwa von Königsberg südöstlich bis zur Krim verläuft. Im Süden finden wir sie nur in den Gebirgen, wo sie bis an die Baumgrenze geht. Im Südosten wird sie von der Orientbuche abgelöst. Besonders in den europäischen Mittelgebirgen bildet sie ausgedehnte Wälder, sie ist dort die forstlich wichtigste Laubholzart.
Die Rotbuche entwickelt sich zu einem aufrechten, bis 30 m hohen Baum mit geradem Stamm und dichter, domartig gewölbter Krone. Der graue bis weißgraue Stamm bleibt bis ins hohe Alter glatt. Das 2zeilig gestellte Laub färbt sich im Herbst gelb bis gelbbraun. Für Garten und Park sind häufig die durch Mutation entstandenen For-

Fagus sylvatica

Fagus sylvatica

blen, mehr oder weniger intensiv rot gefärbten Nachkommen sind seit Jahrzehnten
Formen mit beständig dunkelroten Blättern
ausgelesen und benannt worden ('Riversii',
'Purpurea Latifolia', 'Swat Magret' und
'Spaethiana'). Alle werden stets durch Veredlung vermehrt.

'Aurea Pendula' gedeiht als gelbblättrige
Hängebuche nur in halbschattigen Lagen.
Die Blätter dieser nur selten kultivierten,
aber hübschen Form sind empfindlich gegen zu starke Sonneneinstrahlung.

'Dawyck'. Die als 'Fastigiata' bekannte, von
Hesse 1913 eingeführte Säulenbuche wird
heute nach ihrem Fundort, dem schotti-
schen Landgut Dawyck, Peeblesshire, benannt. Sie wächst straff-säulenförmig und
wird bei einer Höhe von 25 m nur 3 m
breit. Durch Kreuzungen mit gelb- und
rotlaubigen Formen sind 1968 im Arboretum Trompenburg, Rotterdam, gelb- und
rotlaubige Säulenbuchen entstanden, die
inzwischen in England vermehrt werden.

'Dawyck Gold'. Die normal großen Blätter
sind im Frühjahr goldgelb, vergrünen im
Sommer und färben sich im Herbst wieder

men weit interessanter als die natürliche
Art. Es scheint reizvoll, einmal alle Mutationen dieser Art nebeneinanderzustellen.
Man würde dann nahezu alle bei Bäumen
möglichen Veränderungen in bezug auf den
Habitus, die Form und Farbe der Blätter
vor sich haben. Dabei sind Kombinationen
mehrer Abweichungen nicht ausgeschlossen. Kaum eine andere Baumart würde solche Möglichkeiten bieten, doch müssen wir
uns hier auf die wichtigsten Gartenformen
beschränken.

Nh-3, Zone 5b.

'Ansorgei'. Sehr schwachwüchsige Form
mit lanzettlichen, nahezu ganzrandigen,
1–2 cm breiten, ziemlich gleichmäßig dunkel braunrot gefärbten Blättern.

'Asplenifolia'. Die Farnbuche ist eine relativ schwachwachsende Form mit breit-kegelförmigem Wuchs, sehr dichtstehenden,
dünnen Zweigen und tief eingeschnittenen
Blättern, die oft eine extrem schmale Form
annehmen. Der insgesamt zierlich wirkende
Baum kann im Alter durchaus stattliche
Ausmaße erreichen.

'Atropunicea' war bis vor kurzer Zeit die
korrekte Bezeichnung für die »echte«, stets
durch Veredlung vermehrte Blutbuche, die
im Gegensatz zu den aus Samen vermehrten rotblättrigen Buchen beständig rote
Blätter hat. Sie sind im Austrieb schwarzrot
und werden später tief braunrot.

Heute werden die Sämlinge von rotblättrigen Buchen als *F. sylvatica* f. *purpurea* (Ait.)
Schneid. bezeichnet. Aus den sehr varia-

gelb; sie verbrennen auch bei vollsonnigem Stand nicht. Wuchs schlank-säulenförmig.

'Dawyck Purple'. Wuchs säulenförmig mit einwärts gerichteten Triebspitzen, Blätter purpurbraun.

'Laciniata' erreicht im Gegensatz zu 'Asplenifolia' die gleiche Höhe wie die Art. Die Form trägt sehr variabel gestaltete Blätter, die breit-lanzettlich oder lang-zugespitzt, fiederteilig oder ganz schmal und ganzrandig sein können, gelegentlich auch völlig normal sind.

'Pendula', die Trauer- oder besser Hängebuche, ist eine Form mit mehr oder weniger waagerecht abstehenden Ästen, von denen die Zweige bis zum Boden herabhängen können. Malerische Baumgestalten entstehen dadurch, daß oft einzelne Äste aus der gleichmäßig geformten Krone nahezu senkrecht in die Höhe wachsen, ehe sie nach mehreren Jahren ihre Zweige wieder herabhängen lassen.

'Purple Fountain'. Sämling von 'Purpurea Pendula', unterscheidet sich von dieser aber durch den schmalen, aufrechten Wuchs mit aufrechtwachsendem Gipfeltrieb und schlaff herabhängenden Ästen. Blätter rotbraun, Wuchs schwach, deshalb auch für kleinere Gärten geeignet.

'Purpurea Latifolia' gleicht im Wuchs der normalen Art, ihre ziemlich großen Blätter sind dunkel schwarzbraun.

'Purpurea Pendula' bleibt als rotlaubige Hänge-Blutbuche wesentlich schwächer als ihre grünlaubige Schwester. Sie wächst von Natur aus mit stark herabhängenden Zweigen und wird immer hochstämmig veredelt.

'Riversii' gilt mit ihren sehr großen, tief schwarzbraunen und glänzenden Blättern in Holland als wertvollste rotlaubige Form, ihre Blätter verfärben sich im Herbst nur wenig.

'Rohanii'. Wuchs kräftig und baumartig. Blätter kleiner als bei der Art und am Rand grob und tief eingeschnitten, im Gegensatz zur grünlaubigen 'Quercifolia' aber dunkelrot gefärbt.

'Spaethiana'. Mittelhoher Baum mit schmaler Krone, Blätter ziemlich klein, glänzend, tiefschwarzbraun (dunkelste aller Blutbuchen). Die Blätter behalten bis zum Spätherbst ihre Farbe, sie bleiben außerdem sehr lange haften. Treibt eine Woche später aus als die meisten anderen Buchen.

'Swat Magret'. In deutschen Baumschulen wird in der Regel diese Blutbuche kultiviert. Sie unterscheidet sich von 'Riversii' durch etwas früheren Austrieb und durch bessere Farbbeständigkeit der Blätter im Herbst.

'Tortuosa' wird als Gespenster- oder Schlangenbuche bezeichnet. In der Regel entwickelt sie niedrige, flach-kugelige Bäume, die im wirren Hin und Her ihrer Äste phantastische, höchst dekorative Baumgestalten formen können. Im Süntelgebirge (Solling) kommt sie vereinzelt spontan vor.

'Tortuosa Purpurea'. Vor einigen Jahren ist von Lange in Göttingen eine rotblättrige Form der Süntelbuche selektiert worden, die sich offenbar ähnlich aufbaut. Ihre Blätter sind im Austrieb gut gefärbt, im Sommer verblassen sie etwas.

'Zlatia'. Im Wuchs wie die Art, Blätter aber im Austrieb goldgelb und stark glänzend, später gelblichgrün. Eine Form, die vor allem im Frühjahr von besonderer Wirkung ist.

Fargesia Franchet, Gramineae

Mit 3 Arten ist die aus Zentralasien und dem Himalaja stammende Gattung in unseren Gärten vertreten, mit *F. murielae*, *F. nitida* und *F. spathacea*. Alle Arten werden auch mit dem Gattungsnamen *Sinarundinaria* geführt, *F. murielae* auch als *Thamnocalamus spathaceus*.

Die drei hier genannten Arten wachsen streng horstig und bilden nach wenigen Jahren dichte Büsche mit dünnen, feinlaubigen, biegsamen Halmen. Aus jedem Knoten wachsen zahlreiche dünne Zweige, die sich immer wieder verzweigen. *Fargesia*-Arten wachsen am besten in luftfeuchten, nicht zu heißen Klimazonen. Sie gehören zu den härtesten Bambusarten unserer Gärten.

F. murielae (Gamble) Yi stammt aus dem Himalaja und entwickelt sich zu einem dichten, bis 4 m hohen Horst. Die im Alter weit überhängenden Halme sind im Austrieb weiß bemehlt, später gelb mit Orange. Aus jedem Knoten bilden sich 10 und mehr dünne Zweige, die mit ihrem Gewicht die biegsamen Halme zum Überhängen bringen. Kann in Sonne oder Halbschatten als Solitär oder Hecke gepflanzt werden. Man gibt diesem eleganten Bambus am besten einen Platz, an dem er seine grazile Gestalt voll und ungehindert zur Geltung bringen kann.

Nh-4, Zone 6b.

F. nitida (Mitford) P.C. Keng stammt ebenfalls aus dem Himalaja. Auch dieser besonders harte Bambus wächst horstig und erreicht Höhen von 4 m, die zunächst weiß bemehlten, später aber dunkelgrünen oder rotbraunen Halme stehen aber aufrecht, die Anzahl der Halme je Knoten ist etwas geringer, die Blätter sind etwas kleiner. Sollte halbschattig gepflanzt werden, vor allem in Regionen mit trockenen, heißen Sommern.

Nh-4, Zone 6a.

F. spathacea Franchet wächst horstig und erreicht je nach Klon Höhen von 1,5–4 m, die Spitzen der außen stehenden Halme hängen weich über. An den grünen Halmen entstehen an jedem Knoten viele Zweige, die Blätter sind bis 10 cm lang. Wurde bisher als *Sinarundinaria murielae* geführt, bis blühende Pflanzen bestimmt werden konnten und dann zur Gattung *Fargesii* gestellt wurden. Zur Verwirrung um den gültigen Namen trägt auch bei, daß die Art in den vergangenen Jahren auch als *Thamnocalamus spathaceus* geführt wurde.

Nh-4, Zone 6a.

× **Fatshedera** A. Guill.
(Fatsia × Hedera)
Araliaceae

Bei Lizé Frères in Nantes wurden 1910 *Fatsia japonica* 'Moseri' und *Hedera hibernica* miteinander gekreuzt, daraus entstand die folgende Hybride:

F. lizei (hort. ex Cochet) Guill. ist ein immergrüner, aufrechter, schmaler Strauch mit dicken, warzigen, bis 2 m langen, meist unverzweigten Trieben, die in der Jugend rostbraun behaart sind. Die 10–25 cm breiten, lang gestielten, lederartigen Blätter sind meist 3- bis 5lappig und tiefgrün glänzend. Im Oktober–November erscheinen hellgrüne Blüten in 10–20 cm langen Dolden, die in endständigen Rispen vereint sind. Bei uns wird diese interessante Hybride nur als Zimmerpflanze kultiviert, südlich der Alpen und in England ist sie ausreichend hart und wird als dekorativer Blattstrauch oft an sehr schattige Stellen gepflanzt. An den Boden werden keine besonderen Ansprüche gestellt.

Zone 9.

Fatsia Decne. et Planch
Araliaceae
Zimmeraralie

Die Gattung umfaßt nur die folgende Art, die in Südjapan, auf den Riukiu-Inseln und in Südkorea weit verbreitet ist.

F. japonica (Thunb. ex Murr.) Decne. et Planch. ist ein 2–5 m hoher, meist aber viel breiterer Strauch mit dicken, meist unverzweigten Ästen. Die ledrigen, glänzendgrünen, in der Jugend braunfilzigen, später glatten Blätter sind 15–40 cm lang und 7-

Fatsia japonica

bis 9lappig. Im Oktober–November erscheinen gelblichweiße Blüten in 3–4 cm breiten Dolden, die zu großen, endständigen, verzweigten Rispen vereinigt sind. Die Früchte sind etwa 8 mm dick, fleischig und schwarz. *F.japonica* wird bei uns als großblättrige Dekorationspflanze in Kübeln gehalten, sie können im Sommer im Freien aufgestellt und im Winter bei 4–8 °C im Kalthaus überwintert werden. Im Süden werden sie wie × *Fatshedera* an halbschattigen Standorten als Gartengehölz kultiviert.
Mh-4, Zone 9.

Ficus L., Moraceae
Feige

Mit ihren rund 800, vorwiegend in Indomalesien und Polynesien verbreiteten Arten gehört die Gattung zu den recht umfangreichen Pflanzensippen. Sie umfaßt nicht nur so bekannte Arten wie den in unseren Wohnungen häufig kultivierten Gummibaum *Ficus elastica*, sondern auch andere Großbäume der Tropen, die oft durch ihre zahlreichen Luft- und Stützwurzeln auffallen. Dazu gehören auch so zierliche Kletterpflanzen wie die ebenfalls als Topfpflanze kultivierte *F.pumila*, verschiedene, als Würgerfeigen bezeichnete Arten, die hoch oben auf Bäumen keimen und dann ihren Wirt langsam aber sicher umbringen, schließlich auch unsere Eßfeige *F.carica*.
Ficus-Arten sind immer- oder sommergrüne, Milchsaft führende Bäume, Sträucher und Kletterpflanzen. Die Blätter sind in der Regel wechselständig und ungeteilt oder gelappt. Feigen haben eine eigenartigen Blütenbiologie, die folgendermaßen beschrieben wird (Urania-Pflanzenreich): »Feigen sind Sammelfruchtstände. Die junge abgeflachte Blütenstandsachse des doppelwicklig angelegten Blütenstandes verbreitert sich allseitig im Verlauf der Entwicklung, doch werden die Randbezirke nicht in dieses Wachstum einbezogen. Zudem ist die Wachstumsintensität auf der blütentragenden »Oberseite« geringer als auf der »Unterseite«, so daß die Blüten auf der Innenfläche einer krugförmigen Einsenkung gebildet werden. Der von dem Streckungswachstum ausgeschlossene Rand der Blütenstandsanlage umgrenzt nun an der gegenüberliegenden Seite der Ansatzstelle eine kleine Öffnung (Operculum), die durch Schuppenblätter oder sterile Blüten locker verschlossen wird. In unmittelbarer Nähe des Ausganges liegen die männlichen Blüten, weiter innen die weiblichen. Während der Reife färbt sich das Achsengewebe des Fruchtstandes rötlich oder gelblich, die ledrig bleibende Außenhaut umschließt einen an Zucker reichen Zellkomplex, der durch Verschleimung der pektinhaltigen Mittellamellen eine zähflüssige Konsistenz erhält.«
In Mitteleuropa ist in klimatisch günstigen Regionen und an geschützten Plätzen nur *F.carica* ausreichend frosthart, die beiden anderen genannten Arten gedeihen nur in stets frostfreien Regionen.

F.carica L. Der Feigenbaum ist ein sommergrüner, 10–15 m hoher, in Mitteleuropa aber oft viel niedrigerer Strauch oder Baum mit dicken, weichholzigen Trieben. Die Blätter sind langgestielt, 10–20 cm lang und tief 3- bis 5lappig. Der Feigenbaum ist mit seinen stattlichen Blättern nicht in erster Linie ein Zierstrauch, sondern ein wichtiger Fruchtstrauch, der in zahlreichen Sorten im Mittelmeergebiet, in Südafrika, Kalifornien und Australien angebaut wird. In einigen Ländern stellt die Feige einen wichtigen Bestandteil der täglichen Nahrung dar.
Der Feigenbaum gehört zu den uralten Kulturpflanzen der Menschen. Seine eigenartigen Befruchtungsverhältnisse, die notwendige Symbiose zwischen Feigenblüte und bestimmten Insekten, sind von Aristoteles schon etwa 350 v.Chr. beschrieben worden. Er wies daruf hin, daß Wespen, die aus den Caprifeigen (Primitiv-Formen der Kulturfeige) herauskriechen, unreife Fruchtstände in reife verwandeln können. Schon damals wurde die Bestäubung durch das Aufhängen von Zweigen der Caprifeige in Eßfeigen-Bäume gefördert.
Im Urania-Pflanzenreich wird zur Bestäubung der Feigen gesagt: »Die Bestäubung der Feigen, heute als Caprification bezeichnet, gehört zu den merkwürdigsten Eigentümlichkeiten im Pflanzenreich. Bei den meisten Sorten der Kulturfeigen entwickelt sich der Fruchtstand nur dann zu voller Reife, wenn er bestäubt wird. So auch bei der bekannten Smyrna-Feige. Die im Handel geschätzten Sorten haben aber nur weibliche Blüten, während dagegen der Blütenstand der Caprifeigen im oberen Teil männliche Blüten enthält. Die Bestäubung wird von der Wespe *Blastophaga grossorum*

Ficus carica

vorgenommen, die ihren Entwicklungszyklus in den weiblichen Blüten der Feige durchmacht. Die Fruchtknoten sind bei den Caprifreigen lang- oder kurzgrifflig, nur in den Samenanlagen letzterer Blüten (Gallblüten) vermögen die Feigenwespen Eier zwischen Integument und Nuzellus abzulegen. Beim Verlassen der Fruchtstandshöhle passieren die flugfähigen Insekten die Zone männlicher Blüten nahe der Öffnung des Feigenfruchtstandes und werden dabei von Pollenstaub überschüttet. Wenn sie nun einen Fruchtstand zur Eiablage suchen, gelangen die weiblichen Feigenwespen auch in die jungen Feigen der Kulturformen, deren Blüten langgriffelig sind. Hier kann die Eilegeröhre nicht bis zum Fruchtknoten vordringen, so daß die Eiablage unterbleibt. Der Aufenthalt ermöglicht aber die Pollenablage und sichert die Weiterentwicklung des Fruchtstandes. Dabei ist der Pollen über längere Zeit lebensfähig.«

Eine Fruchtentwicklung ist bei Feigen jedoch auch ohne Bestäubung möglich, allerdings werden dabei keine Samen gebildet. Samenlose Sorten ißt man in der Regel als Frischobst, Sorten mit Samen werden als Trockenobst angeboten. Als Trockenfeigen werden Smyrna-Feigen bevorzugt. Sie enthalten Samen, die der Frucht einen angenehmen Nußgeschmack verleihen. Feigen liefern dreimal jährlich Früchte. Frühjahrsfeigen werden noch vor dem Laubfall im Herbst angelegt, Sommer- und Herbstfeigen am diesjährigen Holz. Besonders wohlschmeckend sind die Frühjahrsfeigen, Sommerfeigen bringen die höchsten Erträge.

Die ursprüngliche Heimat des Feigenbaumes liegt in Vorderasien. Schon im Altertum war er im ganzen Mittelmeerraum verbreitet, wo auch heute noch mehr als 90 % der Weltproduktion erzeugt werden.
Ms-3, Zone 8 a.

F. elastica Roxb. In seiner Heimat – Osthimalaja bis Assam, Burma, Malaya und Java – entwickelt sich der Gummibaum zu hohen, meist vielstämmigen Bäumen, von denen oft zahlreiche Luftwurzeln herabhängen. Die ledrigen, immergrünen Blätter können an jungen Pflanzen bis zu 30 cm lang werden. Sie sind in der Jugend eingerollt und von großen, rosaroten Nebenblättern völlig eingehüllt. Von allen *Ficus*-Arten wird der Gummibaum am häufigsten als Topfpflanze kultiviert. Im Mittelmeergebiet kann er aber auch im Freien gepflanzt werden.
Th-4, Zone 9.

F. macrophylla Desf. ex Pers. entwickelt sich in seiner australischen Heimat zu

Forsythia × **intermedia**

einem großen, breitkronigen Baum mit dickem Stamm und gewaltigen Brettwurzeln. Seine ziemlich dicht stehenden, derbledrigen, eilänglichen Blätter sind 10–22 cm lang, an der Basis breit abgerundet und an der Spitze stumpf bis breit-zugespitzt. Auffallend sind die bis 15 cm langen, außen rostbraun behaarten Blatthüllen. Da der Baum weniger wärmebedürftig ist als *F. elastica*, wird er am Mittelmeer nicht selten kultiviert.
Th-5, Zone 8 b.

F. pumila L. ist eine immergrüne, mit Haftwurzeln kletternde Art, die sich mit ihren 2zeilig gestellten, sehr kurz gestielten, derb-ledrigen Blättern ganz eng an Mauern anlegt. Die eiförmigen, dunkelgrünen Blätter sind an Jungtrieben etwa 2–4 cm lang, werden an Fruchttrieben aber mit 5–10 cm Länge viel größer und sind dann mehr länglich-elliptisch. In Südfrankreich überall hart und als zierliche Kletterpflanze häufig gepflanzt. Heimisch in Japan, auf den Riukiu-Inseln, in Taiwan, China und Nordvietnam.
Mh-4, Zone 8 a.

Forsythia Vahl, Oleaceae
Forsythie, Goldglöckchen

Forsythien sind sommergrüne Sträucher mit hohlen Zweigen oder gekammertem Mark, gegenständigen, meist ungeteilten und am Rande gesägten und nahezu ganzrandigen Blättern. Vor den Blättern erscheinen achselständige, gelbe Blüten mit tief

4teiliger Krone. Die Frucht ist eine harte, 2klappige Kapsel. 5 Arten sind in Ostasien verbreitet, in Nordalbanien kommt die einzige europäische Art vor, sie ist für den Garten bedeutungslos.

Kaum eine andere Gehölzart ist so eng mit dem Einzug des Frühlings in den Garten verbunden wie diese. Obwohl sie schon in jedem Garten steht, wird sie auch in jeden neu gepflanzt, keiner möchte sie missen. Zur Blütezeit entfalten die sonst gar nicht so ansehnlichen Sträucher ihren Reiz und erdrücken mit ihrem kraftvollen Gelb alle zarteren Töne.

Alle Goldglöckchen sind anspruchslose Sträucher, die in jedem Gartenboden gedeihen, sonnige Stellen bevorzugen und regelmäßig jährlich blühen. Sie eignen sich vorzüglich zum Schnitt und für die erwerbsmäßige Treiberei. Ab Dezember kann man sie in der Vase leicht zum Blühen bringen, wenn sie zuvor einige Tage Frost erlebt haben. Schneidet man sie unsachgemäß zurück, so wachsen zunächst viele junge Triebe wie ein Besen in die Höhe, um dann später auseinanderzufallen. Die Sträucher sollen nur ausgelichtet werden, womit man nicht erst bei überalterten Pflanzen anfangen soll.

Gelegentlich sieht man Forsythien als geschnittene Hecke gezogen. Sie können dann zwar auch voll blühen, erreichen aber nie die Schönheit natürlich gewachsener Sträucher. Als frei wachsende Hecke läßt sich die Art natürlich ebensogut verwenden wie als einzelnstehender Strauch. Passende Partner sind neben der Blutjohannisbeere veredelte und wilde Flieder.

Einige hier nicht genannte Arten und Formen sind nur botanisch interessant und für den Garten nicht zu empfehlen. In den meisten Baumschulen werden ohnedies nur die Sorten von *F. × intermedia* angeboten, die in ihrer Schönheit und Zuverlässigkeit von anderen Arten und Formen nicht erreicht werden.

F. × intermedia Zab. wurde vor knapp 100 Jahren als Hybride zwischen *F.suspensa* und *F.viridissima* im Botanischen Garten in Göttingen gefunden. Durch Züchtung und Auslese entstanden aus ihr die besten unserer Gartensorten. Die meisten werden etwa 2–3 m hoch.
Zone 5b.

'Beatrix Farrand' produziert zwar weniger Blüten als ältere Sorten, sie sind jedoch wesentlich größer und von besonders leuchtender, chromgelber Farbe. Sie übertrifft in der Gesamtwirkung fast immer alle anderen Sorten.

'Goldzauber'. Eine mittelhohe, dünntriebige Sorte; die Blüten sind denen von 'Lynwood' ähnlich, aber dunkler gefärbt.

'Karl Sax'. Große, goldgelbe, im Schlund tieforange gezeichnete Blüten, erhielt in einem Sortenvergleich in Dänemark die beste Bewertung.

'Lynwood'. Die an 'Spectabilis' entstandene Mutation wächst steifer und aufrechter als diese, die Blüten sind größer und besser am Zweig verteilt.

'Melisa'. Buschig und kompakt wachsende Zwergform mit großen goldgelben Blüten im März–April.

'Minigold'. Ziemlich kompakter Strauch mit sehr vielen, großen, tiefgelben Blüten.

'Parkdekor'. Unterscheidet sich von 'Beatrix Farrand' durch den breiteren, mehr überhängenden Wuchs, Blüten besonders groß, tiefgelb. Eine reichblühende Sorte mit kräftigen Trieben.

'Spectabilis' ist als eine der ältesten Sorten auch heute noch begehrt und wird besonders häufig für Schnittzwecke angepflanzt. Dicht gedrängt stehen die dunkelgelben Blüten am Zweig.

'Spring Glory' gilt als schönste der hellgelben Sorten.

'Vitellina'. Dottergelbe Blüten, ziemlich klein, aber sehr zahlreich.

'Weekend'. Vieltriebige, aufrechtwachsende Sorte mit zahlreichen goldgelben Blüten im März. Wertvoll durch besonders frühen Blühtermin.

F.ovata Nakai verdient als besonders früher Blüher, dessen Blüten 2–3 Wochen vor den anderen Goldglöckchen erscheinen, größere Beachtung. Die Blüten dieser koreanischen Art sind nur recht klein, hellgelb

und sitzen einzeln an stielrunden Zweigen. Nh-4, Zone 5a.

'Robusta'. Breiter Wuchs, hübsche, dunkelgrüne Blätter, eine der besten frühblühenden Sorten, blüht etwas später als *F.ovata*.

'Tetragold'. Buschig wachsende, bis 1 m hohe Form, die mit großen, tiefgelben Blüten etwas früher blüht als die Art.

F.suspensa (Thunb.) Vahl. Die in Japan und China heimische Art besteht aus den beiden folgenden geographischen Rassen. Beide wurden vor rund 100 Jahren in Europa eingeführt, werden in ihrem Gartenwert aber von den Sorten der *F. × intermedia* übertroffen.
N-4, Zone 5b.

F.suspensa var. *fortunei* (Lindl.) Rehd. ist eine kräftig aufrechtwachsende, chinesische Unterart mit dunkelgelben Blüten, deren Zweige erst im Alter überhängen.

F.suspensa var. *sieboldii* Zab. ist eine der am längsten kultivierten Forsythien. Durch schon in der Jugend hängende Zweige besitzt diese nur aus japanischen Gärten bekannte Abart einen recht dekorativen Habitus, sie blüht aber nicht reich genug.

F.virdissima Lindl. stammt aus China und ist ein aufrechtwachsender Strauch, dessen dunkelgelbe Blüten erst sehr spät aufblühen und dessen Laub sich im Herbst violett verfärbt.
N-4, Zone 6b.

'Bronxensis' ist eine kaum mehr als 50 cm hohe Zwergform, die in der Regel nur spärlich blüht. Durch dauernde Auslese lassen sich aber durchaus reich und früh blühende Typen selektieren. Eine reich und regelmäßig blühende »Selektion Weber« (wird in Holland mit der Sortenbezeichnung 'Weber's Bronx' geführt) ist zur Zeit auf dem Markt, eine wertvolle Zwergforsythie für Pflanzkübel, Steingärten und niedrige Blütenhecken.

Fortunella Swingle, Rutaceae
Kumquat

Mit 4 Arten ist die kleine Gattung in Ostasien und Malaysia verbreitet. Alle sind immergrüne Bäume oder kleine Sträucher mit dornigen Zweigen und grünen Jungtrieben. Die Blätter sind wechselständig und einfach, der Stiel schmal geflügelt. Aus 5zähligen, weißen, duftenden Blüten mit dicken, wachsartigen Blütenblättern entwickeln sich kleine, orangenähnliche Früchte.
Kumquats sind in den Gärten am Mittelmeer, bei uns als Kübelpflanzen, zu beliebten Zierpflanzen geworden. Die hübschen, goldgelben Früchte bleiben monatelang an

den Zweigen hängen. Auch in Ostasien werden sie häufig als Kübelpflanzen gehalten und in tropischen Klimazonen als Dekorationspflanzen zum chinesischen Neujahrsfest aufgestellt.

F.margarita (Lour.) Swingle stammt aus Südostchina und ist wohl die am häufigsten kultivierte Art. Der kleine, dichtverzweigte Strauch wird nur etwa 1,5 m hoch, seine Triebe sind ohne Dornen. Die schmalelliptischen, 4–8 cm langen Blätter sind tiefgrün. Einzeln oder zu mehreren an den Triebenden entfalten sich die weißen, duftenden Blüten mit ihren zahlreichen Staubblättern. Die ebenfalls duftenden Früchte sind eiförmig, bis 4 cm lang und orange gefärbt. Sie können roh, mitsamt der Schale gegessen, kandiert, in Alkohol eingelegt oder zu Sirup und Marmelade verarbeitet werden.
Mh-4, Zone 9.

Fothergilla Murr.
Hamamelidaceae
Federbuschstrauch

Die Gattung umfaßt 4 Arten, die ausschließlich im atlantischen Nordamerika, in den Staaten Virginia, Carolina, Alabama, Georgia und Florida, beheimatet sind. Sommergrüne, wechselständige, in der Regel etwas schief gebaute Blätter kennzeichnen die Gattung, deren endständige Blüten keine Petalen besitzen. Die eigenartigen Blüten bestehen aus 15–24 nach oben keulenförmig verdickten und von den Antheren deutlich abgegrenzten Staubfäden. Die Frucht ist eine an der Spitze 2klappige Kapsel.

Fothergilla-Arten treffen wir in unseren Gärten noch viel zu selten an. Ihre Blüten sehen wie Federbüsche oder Lampenputzer aus und wirken auch ohne Blütenblätter sehr dekorativ. In günstigen Jahren öffnen sich die ersten Blüten schon im April, in der Regel liegt die Blützeit aber im Mai. Die Blüten duften nach Honig und halten sich wochenlang. Im Herbst erfreuen uns die Federbuschsträucher noch einmal, wenn sie ihr karminrotes oder glühend orangerotes Herbstkleid anlegen. In der Kultur bereiten sie keine Schwierigkeiten. Sie lieben humose, torfhaltige, frische Böden, aber keine stauende Nässe. Sie gedeihen am besten in sonniger oder halbschattiger Lage, lassen sich zwar auch im Schatten höherer Bäume pflanzen, doch muß man dann auf die Herbstfärbung verzichten. Obwohl ihre Heimat zwischen dem 30. und 40. Breitengrad liegt, das entspricht einer Lage zwischen Nordafrika und Neapel, sind sie bei uns völlig winterhart. Alle *Fothergilla*-Arten wachsen nur langsam und werden auch in kleinen Gärten nie lästig. Sie bauen sich, wie alle Vertreter der Familie der Zaubernußgewächse, auch ohne Schnitt gut auf.

F.gardenii Murr., Berg-Federbuschstrauch. Viele dünne, im Alter breit-ausladende Zweige besitzt der kaum 1 m hohe Strauch, der in Virginia und Georgia wild vorkommt. Die Blüten sind nur 3 cm lang und bilden eine gedrängte, gelblichweiße Ähre. Obwohl die Art sehr reich blüht, ist sie insgesamt weniger wirkungsvoll als ihre Schwester.
Nhw-2, Zone 7a.

F.major (Sims) Lodd. Der Große Federbuschstrauch ist die schönste und stattlichste Art. Sie ist in Nord- und Südcarolina, in Georgia und in den Bergwäldern Alabamas zu finden. Der Strauch wird 2–3 m hoch und hat einen breit-kegelförmigen bis fast kugeligen Wuchs. Die Blüten stehen in 4–8 cm langen, aus 20–24 weißen Einzelblüten zusammengesetzten Ähren an den Enden der vorjährigen Zweige über dem sich gerade entfaltenden Laub. Die auffallende, langandauernde Herbstfärbung ist bei dieser Art besonders prachtvoll, sie

Fothergilla major

erglüht in feurigen orangefarbenen und roten Farbtönen.
Nhw-2, Zone 7a.
Früher wurden die auf den Blattunterseiten mehr kahlen Pflanzen allgemein als *F.monticola* bezeichnet. Die Unterschiede sind jedoch so gering, daß einige Botaniker beide zu einer Art vereinigt haben, während andere bei der Trennung geblieben sind.

Franklinia Marsh.
Ternstroemiaceae

Monotypische, im östlichen Nordamerika heimische Gattung.

F.alatamaha Marsh. ist ein sommergrüner, in seiner Heimat 5–7 m hoher, bei uns viel niedrigerer Strauch mit glatter und dünner Rinde und in der Jugend dicht seidig behaarten Trieben. Die Blätter sind wechselständig, verkehrt-eiförmig bis länglich, oben glänzend frischgrün und unten behaart, sie färben sich im Herbst leuchtendrot. Erst im September–Oktober öffnen sich die zwittrigen, 5zähligen, 7–8 cm breiten, becherförmigen Blüten, die einzeln in den Blattachseln sitzen. Durch Herbstfärbung und späte Blüte ein besonders interessanter Strauch, der außerdem zu den ganz seltenen Raritäten gehört. Seit 1790 wurde er in seinem ehemaligen Verbreitungsgebiet, den Gebirgen von Georgia, nicht mehr wild gefunden. Er hat nur als Kulturpflanze überlebt. Im Garten braucht er geschützte Standorte und Bodenverhältnisse wie sie für Rhododendron geschaffen werden.
Nhw-2, Zone 7a.

Fraxinus L., Oleaceae
Esche

Die Gattung der Eschen ist mit etwa 70 Arten in den gemäßigteren Gebieten der nördlichen Halbkugel verbreitet. Sie umfaßt sommergrüne Bäume, nur selten Sträucher, mit meist dicken Winterknospen, gegenständigen, unpaarig gefiederten, vielfach gezähnten Blättern. In der Regel sind die Eschen zweihäusig. Man findet jedoch auf männlichen Bäumen weibliche Blüten und umgekehrt, daneben sind auch rein zwittrige Blüten bekannt. Bei den meisten Arten sind die Blüten recht klein und unscheinbar. Einige Blumeneschen dagegen schmücken sich mit einer durchaus ansehnlichen Blütenpracht. Die in dichten Rispen oder Trauben zusammenstehenden Früchte bestehen aus einsamigen, geflügelten Nüßchen.

Franklinia alatamaha

Für unsere Gärten und Parkanlagen wird neben der einheimischen Esche in der Regel nur die Blumen- oder Mannaesche gepflanzt. Erstere wird zu einem großen Baum, der vor allem forstliche Bedeutung hat und meist auf frischen und anmoorigen, tiefgründigen Böden, besonders in Auenwäldern vorkommt. Sie ist aber auch in der Lage, auf flachgründigen Kalkböden oder den trockenen Mergelböden der russischen Steppe zu gedeihen. Die Blumenesche bleibt wesentlich kleiner und entwickelt sich nicht selten strauchig. Beide sind nur für große Gärten oder Parkanlagen zu gebrauchen.
Seit einigen Jahren werden aber auch andere Arten wieder in verstärktem Maße angeboten; einige haben forstliche Bedeutung, andere sind wertvolle Park- und Straßenbäume.

F.americana L. Die Weißesche ist ein raschwachsender, in seiner Heimat bis 40 m hoher Baum, der in Kultur meist höher und stärker wird als die heimische Esche. Die unterseits weißlichen Blätter werden gut 30 cm lang, sie haben meist 7 lanzettliche oder elliptische, 5–18 cm lange Blättchen. Die Weißesche ist ein schöner, spätaustreibender Parkbaum für feuchte Standorte. Er verträgt lange Überschwemmungen, aber auch trockenere Böden, sofern sie lehmhaltig sind.
N-2, Zone 5a.
F.americana var. *micocarpa* A. Gray wird in Holland als »sehr gut« eingestuft. Ein bis 15 m hoher Baum, der zunächst eine kegelförmige, später eine dichte, regelmäßige, fast runde Krone bildet. Die dunkelgrünen

Fraxinus ornus

Blätter färben sich im Herbst violett und gelb.

F. angustifolia Vahl ist von der Atlantikküste Portugals bis Innerasien weit verbreitet. An natürlichen Standorten bis 20 m hoch, in Kultur nur bis 15 m hoher Baum mit fein verzweigter, dünntriebiger Krone und sehr grober, tief gefurchter Borke. Die Schmalblättrige Esche ist ein Baum, der trockene Standorte und hohe Sonneneinstrahlung verträgt und sich unter anderem als Straßenbaum für den städtischen Bereich eignen sollte.
Ns-3, Zone 6 b.
'Elegantissima' ist ein langsam wachsender, bis 8 m hoher Baum mit einer regelmäßigen rundlichen bis abgeflachten Krone und einer zierlichen Belaubung. Die meist 11 Blättchen sind schmal-lanzettlich und 4–6 cm lang, sie färben sich im Herbst zartgelb. Wird oft hochstämmig veredelt.
'Raywood' wird in Holland hoch bewertet und häufig als Straßenbaum gepflanzt, ein bis 15 m hoher Baum für trockene Standorte mit lockerer, dicht und zierlich belaub-

ter Krone; die zunächst dunkelgrünen Blätter färben sich im Herbst violettpurpurn.

F. excelsior L. Die Gemeine Esche ist ein allgemein bekannter heimischer Baum, der früher tief im religiösen Bewußtsein der Menschen verankert war. Er gehört zu den mächtigsten Vertretern der mitteleuropäischen Baumwelt und kann bis zu 40 m Höhe erreichen. Aus dicken schwarzen Winterknospen treiben die Blätter erst im späten Frühjahr aus. Neben ihrer forstlichen Bedeutung ist die Esche heute vor allem ein wichtiger Straßenbaum, der als salzverträglich gilt und auch auf den Mittelstreifen der Autobahnen gepflanzt wird.
N-3, Zone 4.
Neben der Art ist eine lange Reihe von Gartenformen bekannt, die Abweichungen im Habitus, in der Blattfärbung und -gestalt in der Rindenausbildung und der Wuchsleistung umfassen. Sie sind heute wieder von großer Bedeutung und werden in einem erstaunlich großen Umfang angeboten.
'Allgold'. 10–12 m hoher Baum mit einer 6–8 m breiten, aufrechten, unregelmäßigen

Krone. Blätter im Sommer grünlichgelb, im Herbst schön und auffallend gelb gefärbt. Die 1989 benannte Form wird in Holland als Verbesserung der alten 'Aurea' angesehen, die nicht mehr empfohlen wird.
'Altena'. 20-25 m hoher Baum mit geschlossener, regelmäßiger, 10–15 m breiter Krone und durchgehendem Stamm. Blätter mäßig groß, die 9–11 eiförmigen, zugespitzten Blättchen sind stumpfgrün. Eine spätaustreibende, wenig windempfindliche Sorte.
'Atlas'. 15–20 m hoher Baum mit regelmäßiger, geschlossener, bis 9 m breiter, ovaler Krone. Blätter mit 11–13 länglich-ovalen, dunkelgrünen Blättchen. Wie 'Altena' spätaustreibend und wenig windempfindlich.
'Aurea'. Schwachwüchsiger, bis 8 m hoher Baum mit gelben Trieben im Winter und sehr dichtstehenden Knospen; die Blätter färben sich im Herbst gelb.
'Diversifolia', Einblattesche. Gilt mit der schmal-eiförmigen Krone als sehr guter Straßenbaum. Er wird bis 15 m hoch und trägt Blätter, die meist nur aus dem vergrößerten Endblättchen bestehen.
'Eureka'. Großer, 20–25 m hoher Baum mit 12–15 m breiter, kegelförmiger, unregelmäßiger Krone. Blätter groß, die 9–13 Blättchen glänzend dunkelgrün. Wertvoll als Straßenbaum und in küstennahen, windexponierten Lagen.
'Geessnik'. Bis 18 m hoher Baum mit durchgehendem Stamm und bis 10 m breiter, dichter, regelmäßiger, ovaler Krone. Blätter mit 11 schmal-ovalen dunkelgrünen Blättern. Spätaustreibend, nicht für küstennahe Standorte geeignet.
'Jaspidea' unterscheidet sich von 'Aurea' durch viel stärkeren Wuchs (bis 20 m hoch) und durch die an jungen Bäumen beständig gelben Triebe. Die Blätter färben sich Ende September goldgelb.
'Nana', Kugelesche. Eine Zwergform, die meist hochstämmig veredelt wird und dann kleine, mehr oder weniger kugelige Kronen entwickelt. Sie ist für den städtischen Straßenraum »bedingt geeignet«.
'Pendula' ist die bekannte Lauben-Esche, die immer hochstämmig veredelt wird und ihre Zweige dann in weit überhängenden Bögen zur Erde neigt.
'Westhof's Glorie'. 20–22 m hoher Baum mit ovaler bis rundlicher, ziemlich geschlossener, 12–15 m breiter Krone und aufstrebenden Ästen. Blätter mit 9–11 schmal-eiförmigen zugespitzten, glänzend dunkelgrünen Blättchen. Eine sehr wertvolle und die gegenwärtig am häufigsten kultivierte Form der Gemeinen Esche.

F. ornus L. Die Manna- oder Blumenesche kommt in Südeuropa und Kleinasien auf trockenen Karst-Standorten vor. Dies charakterisiert die Standortansprüche der Art, die trockene, kalkhaltige Böden in sonnigen Lagen bevorzugt. Mit kaum mehr als 10 m Höhe bleibt die Blumenesche nur ein kleiner Parkbaum, der im Mai eine Fülle weißer, duftender Blüten in 10 cm langen und ebenso breiten Rispen hervorbringt. Da diese Esche an ihr zusagenden Standorten auch in Mitteleuropa ausreichend frosthart ist, kann man sie nur empfehlen. Seinen Namen bekam der Baum vom Manna, einem Saft, der leicht aus Rindenrissen fließt und dessen wesentlicher Bestandteil Mannit ist, ein süßschmeckender Alkohol. Im Mittelmeerraum betrieb man zur Gewinnung des Mannas früher ausgedehnte Plantagen, die heute aber im wesentlichen den wertvollen Zitrus-Kulturen gewichen sind.

Nsm-3, Zone 7a.

F. paxiana Lingelsh. ist in den höheren Lagen der chinesischen Provinzen Hubei und Sichuan verbreitet. Mit ihren über 20 cm breiten und 15 cm langen, weißen Blütenständen (über 1800 Einzelblüten) im Juni besitzt sie die auffallendsten Blüten der Gattung. Der kleine, in Kultur bis 10 m hohe, etwas steife Baum treibt sehr früh aus und ist daher spätfrostgefährdet.

N-4, Zone 7b.

F. pennsylvanica Marsh. Die Rot- oder Grünesche ist in den Flußtälern des atlantischen Nordamerika verbreitet, sie wird dort bis 20 m hoch, bleibt bei uns aber niedriger.

Nw-2, Zone 4.

'Zundert'. Die holländische Selektion zeichnet sich durch kräftigen Wuchs, eine breite, offene Krone und sehr große, dunkelgrüne, mattglänzende Blätter aus.

F. sieboldiana Bl. ist eine zierliche Blumenesche, deren etwa 10 cm lange und breite Blütenrispen aber kleiner sind als die von *F. ornus*. Die in Japan, Korea und China heimische Art wächst mit dünnen, aufstrebenden und dichtverzweigten Trieben langsam bis zu einer Gesamthöhe von 5 m heran.

Nhw-4, Zone 6b.

Fremontodendron Coville
Sterculiaceae

In Kalifornien und Nordmexiko ist die Gattung mit 3 Arten verbreitet. Es sind immergrüne Sträucher oder kleine Bäume mit wechselständigen, einfachen, meist dick ledrigen und sternhaarigen Blättern. Die großen, zwittrigen, ansehnlichen Blüten besitzen nur eine einfache Blütenhülle, in der die Kronblätter fehlen. Statt dessen übernehmen die kronblattartigen Kelchblätter die Funktion des Schauapparates. Die Frucht ist eine eiförmige, dichtborstige, 4- bis 5klappige Kapsel.

F. californicum (Torr.) Coville ist ein 1,5 bis 4 m hoher Strauch, dessen junge Zweige dicht braun sternhaarig sind. Die 5–10 cm langen, oberseits stumpfgrünen, unterseits rostfarben-filzigen Blätter sind ganzrandig bis leicht gelappt und nur an Langtrieben 5- bis 7lappig. Von Mai–Juni öffnen sich an den Zweigenden 2,5–3 cm breite, zitronengelbe, breit-schalenförmige Blüten. Die Art stammt, wie der wissenschaftliche Name andeutet, aus Kalifornien. *F. californicum* ist an günstigen Pflanzplätzen schon im Tessin ausreichend frosthart. Sie braucht in Kultur nährstoffarme, eher trockene Böden und vollsonnige Standorte, sie wird deshalb häufig unmittelbar an Mauern gepflanzt und dann auch als Spalier gezogen.

Ms-1, Zone 9.

'California Glory' ist eine Hybride aus *F. californicum* × *F. mexicanum*. Ein sehr starkwüchsiger und reich blühender Strauch mit flach-schalenförmigen, 4–6 cm breiten, zitronengelben Blüten, deren Blütenblätter im Verblühen außen gerötet sind. Besitzt die gleiche Winterhärte wie *F. californicum* und wird dieser als Gartenpflanze meist vorgezogen.

Fremontodendron californicum

Fuchsia L., Onagraceae
Fuchsie

Von den etwa 100 Fuchsien-Arten, die fast alle im tropischen Amerika heimisch sind, ist nur eine in Deutschland einigermaßen winterhart. Insgesamt besteht die Gattung aus sommergrünen, in besonders milden Gebieten auch wintergrünen Sträuchern mit gegenständigen oder quirligen Blättern. Die auffallenden Blüten stehen meist achselständig oder auch in Trauben und Rispen. Die Blüten haben einen verlängerten, gefärbten, meist röhrenförmigen Kelch und 4 Kronblätter. Die Frucht ist eine 4fächrige, weiche Beere.

Fuchsien gehören in milden Gegenden zu unseren schönsten Dauerblühern. Als niedrige Hecke gezogen, sind sie von unübertroffener Wirkung. Alle lieben einen geschützten, halbschattigen Platz und sollten in Waldlagen häufiger versucht werden. Sie sind gelegentlich auch dort recht widerstandsfähig, wo man es ihnen nicht zugetraut hätte. Im Winter vertragen sie keine große Nässe und müssen unbedingt mit trockenem Laub zugedeckt werden, nachdem man sie zuvor bis etwa 10 cm über den Boden abgeschnitten hat. Sie frieren ohnedies zurück und lassen sich so besser schützen.

F. magellanica Lam. Die Scharlachfuchsie ist ein Strauch, der in seiner südamerikani-

Fuchsia magellanica 'Gracilis' **Gaulnettya × wisleyensis**

schen Heimat bis 3 m hoch wird. Vom Juli bis in den September erscheinen ununterbrochen die achselständigen, nickenden Blüten mit ihren tiefroten Kelchblättern und den purpurnen Blumenblättern.
Ah-5, Zone 7b.
Als widerstandsfähigste Sorten gelten:
'Gracilis'. Wenn er sich frei entwickeln kann, wird der Strauch über mannshoch. An seinen Trieben öffnen sich von Juli bis Herbst unermüdlich sehr lange, grazile Blüten mit karminroten Röhren und Kelchblättern und purpurnen Blütenblättern.
'Riccartonii' unterscheidet sich durch leicht hängende Zweige und kürzere, langgestielte Blüten mit leuchtendroten Röhren und purpurvioletten Kelchblättern.

Garrya Dougl. ex Lindl., Garryaceae
Becherkätzchen

Nur am Mittelmeer und in England sind die rund 18 Arten dieser Gattung, die im westlichen Nordamerika heimisch sind, ausreichend frosthart. Es sind immergrüne, zweihäusige Sträucher mit einfachen, gegenständigen Blättern. Die Blüten sind in achselständigen, hängenden, oft verzweigten, kätzchenartigen Ständen zusammengefaßt. Die Frucht ist eine ledrige, kugelige, ziemlich trockene Beere.

G.elliptica Dougl. ex Lindl. Die in Europa am häufigsten kultivierte Art ist von Oregon bis Kalifornien verbreitet. Ein bis 4 m hoher Strauch mit zunächst dicht behaarten Zweigen und länglich-elliptischen, derb ledrigen, oberseits dunkelgrünen, unterseits zuerst dicht-wolligen Blättern. Attraktiv sind vor allem die männlichen Blütenkätzchen. Sie öffnen sich im Januar bis März, sind grünlich und bräunlich, bis 20 cm lang und stehen in büscheligen Trauben an den Triebenden. Der immergrüne Strauch ist vor allem seiner ungewöhnlichen Blütezeit wegen interessant und wertvoll, er stellt keine besonderen Standortansprüche, läßt sich aber nur als Containerpflanze problemlos verpflanzen.
Ms-1, Zone 9.

× Gaulnettya W. J. Marchant
Ericaceae

Hybriden zwischen den Gattungen *Gaultheria* und *Pernettya*, von denen vor allem die folgende Hybride in Kultur ist.

G. wisleyensis W.J. Marchant *(Gaultheria shallon × Pernettya mucronata)*. Immergrüner, dichter, bis 1 m hoher Strauch mit 4–6 cm langen, länglich-elliptischen Blättern. Im Juni blühen die Sträucher überreich mit an den Triebenden achselständi-

gen, weißen Blüten, die zu 6–15 in kurzen, drüsig behaarten Trauben stehen. Zahlreich sind auch die rotbraunen bis weinroten, 8 mm dicken Früchte. Ein auffallend blühender Kleinstrauch mit den Standortansprüchen und Verwendungsmöglichkeiten von *Gaultheria shallon*, aber nicht ganz so frosthart wie diese.
Zone 7a.
'Wisley Pearl' ist der Typ dieser Kreuzung mit den gleichen Merkmalen, er wurde 1929 in Wisley Gardens aufgefunden.

Gaultheria L., Ericaceae
Scheinbeere

Von den etwa 200 Arten, die in Nord- und Südamerika, Westindien, von Japan bis Tasmanien, Australien und Neuseeland verbreitet sind, kann man in unseren Baumschulen in der Regel nur eine Art *(G.procumbens)*, gelegentlich 3 oder 4 bekommen. Die kleinen, immergrünen Sträucher tragen kurzgestielte, wechselständige Blätter. Die in der Regel 5teiligen Blüten stehen einzeln oder in Trauben. Nach dem Verblühen vergrößert sich der Kelch, wird fleischig, umschließt die Fruchtkapsel und täuscht so eine Beere vor.
Gaultheria-Arten fühlen sich auf sandigem Heideboden in halbschattiger Lage am wohlsten. Einige der bei uns kultivierten

Gaultheria shallon

Arten sind Bodendecker unterschiedlicher Höhe, die als Unterpflanzung unter größeren Bäumen und Sträuchern, besonders aber in Verbindung mit *Rhododendron,* zu verwenden sind. Schwere, bindige Böden müssen vor dem Pflanzen durch Beigaben von Torfmull oder Nadelstreu entsprechend hergerichtet werden, wenn die Scheinbeeren zufriedenstellend wachsen sollen. Mit Ausnahme von *G.procumbens* sollte man allen Arten Winterschutz durch Abdecken mit Reisig geben.

G.itoana Hayata ist ein 10–15 cm hoher Zwergstrauch aus den japanischen Gebirgen, seine länglichen Blätter sind etwa 1 cm lang, die rosaweißen Blüten sitzen in 2 cm langen, endständigen Trauben. Die kugeligen, 6 mm dicken Früchte sind weiß. *G.itoana* wird am besten als Steingartenpflanze verwendet.
Bh/PG-4, Zone 6b

G.miqueliana Takeda stammt ebenfalls aus Japan, wird 20–30 cm hoch und läßt sich am besten als Zwergstrauch im Steingarten verwenden. Die eiförmigen Blätter werden bis 4 cm lang. Auffallend sind die bis 1 cm dicken, weißen Früchte.
Bh/PG-4, Zone 6b.

G.procumbens L. wächst in Nordamerika auf sandigen Waldlichtungen und ist in un-seren Gärten einer der wichtigsten Bodendecker. Der nur 15 cm hohe Zwergstrauch bildet auf zusagenden Standorten durch unterirdische Ausläufer nach wenigen Jahren eine dichte Bodendecke. Die glänzend dunkelgrünen, im Austrieb kupferfarbenen Blätter sind 1–3 cm lang und stehen an den Triebenden gehäuft. Von Juni bis August blüht die Art mit einzeln stehenden, weiß-hellrosa Blüten. Die kugeligen Früchte sind leuchtendrot. Da sie von den Vögeln nicht genommen werden, bleiben sie bis weit in den Winter hängen. *G.procumbens* eignet sich für die Begrünung kleiner und großer Flächen.
N-2, Zone 5b.

G.shallon Pursh kommt im Westen Nordamerikas von Alaska bis Kalifornien vor. Sie bildet in ihrer Heimat bis 1 m hohe, stark ausläufertreibende Sträucher mit derben, eirundlichen, bis 10 cm langen Blättern. Rötlichweiße Blüten sitzen zu vielen in überhängenden Trauben. Blauschwarz sind die im Herbst erscheinenden Früchte. *G.shallon* ist ein ausgezeichneter Bodenbegrüner in schattigen, feuchten Lagen unter genügend großen Gehölzen. Die Art erreicht bei uns nur selten ihre volle Größe. Man soll die Pflanzen gelegentlich etwas zurückschneiden, um einen kompakten Wuchs zu erhalten.
N-1, Zone 6b.

Genista L., Leguminosae
Ginster

Etwa 75 Arten sind in Mitteleuropa, dem Mittelmeergebiet und Westasien heimisch. Alle sind kleine Sträucher oder Halbsträucher, mit oder ohne Zweigdornen, mit einfachen, wechselständigen, gelegentlich auch fehlenden Laubblättern. Alle Arten tragen gelbe Blüten, deren Kelch in 3zähniger Unterlippe und 2zipfliger Oberlippe gegliedert ist. Die Frucht ist eine längliche, meist 2klappig aufspringende Hülse.

Die meisten *Genista*-Arten sind charakteristische Bestandteile der mediterranen Strauchvegetation und der Heiden im atlantischen Europa. Sie treten gesellig auf und bevorzugen magere, ungedüngte Böden, auf denen sie große Trockenperioden überstehen. Da sie im atlantischen Klimabereich heimisch sind, frieren sie in strengen Wintern gelegentlich zurück. Man entfernt dann im Frühjahr die abgestorbenen Teile.

Sonst benötigen Ginster, mit Ausnahme von *G.tinctoria,* keinen Schnitt. Ideale Standorte finden die Ginsterarten in Heidegärten, an Terrassen und in alpinen Anlagen. Da alle eine tiefreichende Pfahlwurzel entwickeln, lassen sie sich nur sehr schwer verpflanzen. Man sollte daher nur Pflanzen mit Topfballen setzen.

G.aetnensis (Raf. ex Biv.) DC. ist auf Sardinien und Sizlien heimisch und entwickelt sich zu einem hohen Strauch mit binsenartig dünnen, überhängenden, meist blattlosen Zweigen. Im Juni entwickeln sich die zahlreichen goldgelben Blüten in lockeren, endständigen Trauben. *G.aetnensis* gilt als eine der schönsten Arten der Gattung.
Ms-3, Zone 9.

G.anglica L., Englischer Ginster. Meist nicht mehr als 50 cm hoher, breitwüchsiger, dorniger Zwergstrauch, der im atlantischen Küstenbereich von Mitteleuropa bis zur iberischen Halbinsel in Zwergstrauchheiden und auf Weiden verbreitet ist. Im Mai–Juni erscheinen goldgelbe Blüten in kurzen, endständigen Trauben. Braucht frische, saure Böden und kühlfeuchte Standorte.
Nhm-3, Zone 7a.

G.cinerea (Vill.) DC. Die überreich blühende Art ist nur in mediterranen Gärten winterhart. Ein dichter, grauer, unbewehrter, aufrechter, 40–100 cm hoher Strauch mit oft etwas überhängenden Zweigen. Im Juni–Juli blühen gelbe Blüten in lockeren, endständigen Trauben auf. Heimisch im westlichen Mittelmeergebiet, kommt an

Genista lydia

sonnigen, trockenen Hängen und auf Kahlschlägen vor.
Ms-3, Zone 9.

G. hispanica L. Der Spanische Ginster findet sein natürliches Verbreitungsgebiet von Spanien bis Norditalien. Er ist eine der härtesten mediterranen Arten, die unter Winterschutz in Mitteleuropa aushalten. Er wird zu einem dichten, rundlichen, dornigen Strauch, der nur an den Blütentrieben winzige Blätter trägt. Im Juni–Juli erblühen goldgelbe Blüten zu 2–12 in endständigen, aufrechten Köpfchen. Wie alle Ginsterarten braucht er lockere, trockene Böden und vollsonnige Lagen.
Ms/Nsm-3, Zone 7a.

G. horrida (Vahl) DC. wächst mit starren und stechenden Trieben zu einem sehr dichten, kissenförmigen Strauch von 30–50 cm Höhe heran. Von Juli–September entfalten sich gelbe Blüten, die zu 1–3 in endständigen Köpfen stehen. Der in Südfrankreich und Spanien heimische Ginster benötigt einen sonnigen und trockenen Standort, nur dort kann er rechtzeitig ausreifen und normale Winter überstehen.
Ms/Nsm-3, Zone 8a.

G. lydia Boiss., Lydischer Ginster. Der bis 50 cm hohe, niederliegende Strauch ist im Balkan und in Syrien verbreitet. Am Ende der ansteigenden, graugrünen Triebe trägt dieser Ginster im Mai–Juni eine Fülle goldgelber Blüten. Gilt als eine der schönsten und dankbarsten unter den winterharten Arten. Eignet sich besonders gut für die Bepflanzung von Hochbeeten und Böschungskronen.
Ms-3, Zone 7a.

G. pilosa L. Der Sandginster ist im westlichen Europa von Südskandinavien bis zum Mittelmeergebiet auf trockenen und sonnigen, meist kalkarmen Standorten zu finden. Er wächst niederliegend mit kurzen, ansteigenden Trieben und wird nicht mehr als 30 cm hoch. Im Mai–Juni schmückt er sich mit einer Fülle von goldgelben Blüten.
N-3, Zone 6b.
'Goldilocks'. Wuchs kräftig und breitbuschig bis flach-kugelig, 40–60 cm hoch. Blüten im Mai–Juni, goldgelb, viel zahlreicher als bei der Art.

Genista pilosa 'Goldilocks'

'Vancouver Gold'. Die Zweige schmiegen sich dicht dem Boden an, wird deshalb nur 10–30 cm hoch. Über einen Zeitraum von 5–6 Wochen erscheinen sehr zahlreiche, goldgelbe Blüten.

G. radiata (L.) Scop. Der Strahlenginster kommt in den Südalpen und den südosteuropäischen Karstgebieten auf trockenen, flachgründigen Kalkböden vor. Er ist einer der langlebigsten Ginsterarten und kann im Alter mehrere Quadratmeter bedecken. Bis 80 cm wird er hoch und entwickelt an gegenständigen Zweigen 3zählige Blätter und bis zu 20 gelbe Blüten in endständigen Köpfchen.
Ns-3, Zone 6b.

G. sagittalis L. Der Flügelginster ist durch seine immergrünen, mit 2 breiten Flügeln ausgestatteten Triebe eine eigenartige Erscheinung. Die Flügelkanten ersetzen weitgehend die Blätter, die bis auf eine kleine Zahl reduziert sind. Der niederliegende, in Süd- und Mitteleuropa heimische Halbstrauch wird kaum 15 cm hoch, er wächst am liebsten auf mageren Heideböden. Am Ende richten sich die Triebe auf und tragen zahlreiche goldgelbe Blüten in kurzen Trauben.
Nh-3, Zone 6b.

G. sylvestris Scop. wächst an der adriatischen Küste auf flachgründigen, trockenen und mageren Geröll- und Felsböden als

ganz flacher, nur etwa 20 cm hoher, dichtverzweigter Strauch mit mehr oder weniger
dornigen, bogig ansteigenden Trieben. Im
Mai–Juni ist der Zwergstrauch dicht mit
hell- bis goldgelben Blüten bedeckt, die in
lockeren Trauben angeordnet sind.
Ms/Nsm-3, Zone 8a.

G.tinctoria L. Der Färberginster ist in
Europa und Westasien zu Hause. Er wächst
an seinen natürlichen Standorten sowohl
auf mageren Sandböden als auch auf Kalk-
böden. Am etwa 1 m hohen Strauch erblü-
hen von Juni–August goldgelbe Blüten in
bis 6 cm langen Trauben, die oft zu langen
Rispen vereint sind.
N-3, Zone 5a.
Von der sehr vielgestaltigen Art sind meh-
rere Varietäten und Formen bekannt:
'Plena' bleibt mit ihrem niederliegenden
Wuchs noch niedriger als 'Royal Gold', ihre
Blüten sind gefüllt und orangegelb.
'Royal Gold'. Niedriger, nur etwa 80 cm
hoher Strauch mit zahlreichen goldgelben
Blüten im Juli. Die Form blüht zur gleichen
Zeit wie die sommerblühenden *Erica*- und
die ersten *Calluna*-Arten, findet also im
Heidegarten einen idealen Platz.

Gleditsia L., Leguminosae
Gleditschie

In Nordamerika, Ost- und Mittelasien,
dem tropischen Afrika und Südamerika
sind 11 Arten sommergrüner, hoher Bäume
verbreitet. Sie sind gekennzeichnet durch
einfach oder doppelt gefiederte Blätter,
zahlreiche, oft verzweigte, starke Dornen an
Zweigen, Ästen und Stämmen, durch rispig
angeordnete Blütentrauben, die neben zwittrigen auch eingeschlechtige Blüten mit unscheinbarer Krone enthalten, und durch
flache, in sich gedrehte, lange Hülsen. Die
duftenden, honigreichen Blüten werden
von Bienen gern besucht.
Alle Arten besitzen ein sehr dauerhaftes
Holz und sind ausgezeichnete, schnellwüchsige, krankheitsresistente und industriefeste Parkbäume mit lockeren und lichten Kronen, die auf jedem Gartenboden
wachsen und auch mit sandigen Böden fertig werden. Sie sind trockenresistent und
strahlungsfest und deshalb sehr wichtige
Straßenbäume, die auch mit dem Stadtklima zurechtkommen. Da ihr Holz ziemlich brüchig ist, brauchen sie allerdings
windgeschützte Lagen.

G.triacanthos L. Die Amerikanische Gleditschie wird als einzige Art bei uns kultiviert. Sie stammt aus Nordamerika und
stockt dort in Auewäldern zusammen mit

Gleditsia triacanthos 'Sunburst'

Eichen und Ahornen. Der bis 20 m hohe
Baum entwickelt im freien Stand eine im
Alter schirmförmige Krone mit locker verteilten Ästen, die dicht mit glänzen rotbraunen Dornen besetzt sind. Am gleichen
Baum sitzen einfach und doppelt gefiederte
Blätter, die sich im Herbst goldgelb verfärben. Aus den unscheinbaren Blüten entwikkeln sich auffallende, bis 40 cm lange, glänzend dunkelgrüne, abgeflachte und in sich
gedrehte Hülsen, die bis weit in den Winter
am Baum hängenbleiben. Der falsche, aber
sich hartnäckig haltende Name Christusdorn ist schon deswegen irreführend, weil
die Art erst um 1700 aus Nordamerika eingeführt wurde und ihre Zweige daher auch
nicht zur Dornenkrone Jesu Christi gewun-
den werden konnten.
Nw-3, Zone 6a.
G.triacanthos f. *inermis* Willd. unterscheidet

sich von der Art durch das Fehlen der Dornen. Die gelegentlich in Aussaaten spontan
auftretende Varietät ist daher als Straßenbaum interessanter als die Art.
'Rubylace'. Kleiner Baum mit breit-aufrechtem Wuchs, junge Blätter braunrot,
später bronzegrün gefärbt.
'Shademaster'. Hoher, im Alter sehr breitkroniger Baum ohne Dornen, Blätter tiefgrün, Laubfall sehr spät. Für den städtischen Straßenraum geeignet.
'Skyline'. Mittelgroßer Baum mit gleichmäßiger, breit-kegelförmiger Krone, ohne
Dornen, Blätter dunkelgrün, im Herbst
goldgelb. Für den städtischen Straßenraum
gut geeignet.
'Sunburst'. Eine rasch und breit-kegelförmig wachsende, 9–12 m hohe Form, bei
der die Blätter an den Spitzen der jungen
Triebe goldgelb gefärbt sind.

Grevillea R. Br., Proteaceae

Wie viele Vertreter der Proteusgewächse warten auch die *Grevillea*-Arten mit auffallenden, attraktiven Blüten auf. Die oft recht großen Blütenstände werden durch lange Griffel geprägt, sie ragen zunächst in einem Bogen seitlich aus der Blütenröhre heraus und stellen sich später mit der keulig verdickten Narbe senkrecht auf. Mit insgesamt 190 Arten ist die Gattung in Ostmelanesien, auf den Neuen Hybriden, in Neukaledonien und in Australien verbreitet. Es sind immergrüne Bäume oder Sträucher mit wechselständigen, ungeteilten, gelappten oder fiederschnittigen Blättern und oft schön gefärbten Blüten in Trauben, Büscheln oder Dolden. Die Frucht ist eine 1- oder 2samige Balgfrucht.

Eine der wirtschaftlich wichtigsten Arten ist *G. robusta*, die Australische Silbereiche, die in tropischen und subtropischen Regionen oft als Zier- und Schattenbaum gepflanzt wird. Er liefert außerdem ein wertvolles Bau- und Möbelholz und ist in seiner Heimat, den Trockengebieten Australiens, ein wichtiger Brennholzlieferant. Am Mittelmeer und in englischen Gärten werden die beiden folgenden Arten nicht selten kultiviert.

G. juniperina R. Br. *(= G. sulphurea)* stammt aus Australien und wird kaum mehr als mannshoch. Die dicht gedrängt stehenden Blätter sind linealisch bis fast nadelförmig, bis 2,5 cm lang, am Rand eingerollt und unten seidig behaart. Im Mai–Juni blüht der Strauch mit schwefelgelben, seidig behaarten Blüten in endständigen Trauben.
Ah-7, Zone 9.

G. rosmarinifolia A. Cunn. wird nur etwa 1,5–2 m hoch und trägt an dünnen, dicht behaarten Zweigen lineal-lanzettliche, 3–5 cm lange, dunkel-graugrüne, unten seidig behaarte Blätter. Tief rosarote Blüten entwickeln sich im Sommer in 2,5–3 cm breiten, dichten, endständigen Büscheln. Heimisch in Australien.
Ah-7, Zone 9.

Griselina G. Forst., Cornaceae

In Neuseeland, Chile und Südostbrasilien sind die 6 Arten dieser Gattung verbreitet. Es sind immergrüne, meist strauchartige Pflanzen mit wechselständigen, ledrigen, an der Basis oft schiefen Blättern und kleinen, zweihäusig verteilten Blüten in kleinen, achselständigen Rispen. Die Frucht ist eine einsamige Beere. Die beiden folgenden, in Neuseeland heimischen, Arten werden am Mittelmeer, in England und in milden Regionen der Westküste gern gepflanzt. Sie sind mit ihren wenig ansehnlichen Blüten eher dekorative Blattpflanzen, die den salzigen Seewind gut vertragen.

G. littoralis (Raoul) Raoul ist ein etwa 5 m hoher Strauch mit oft hin und her gebogenen Zweigen. Die eiförmig bis elliptischen, 3–10 cm langen Blätter sind dick-ledrig, gelblichgrün und beiderseits glänzend. Ohne besonderen Zierwert sind die Blüten, die erst im Oktober–November in 5–7 cm langen Rispen erscheinen.
Ah-8, Zone 9.

G. lucida G. Forst. wächst steif-aufrecht und bleibt mit einer Höhe von 2,5 m niedriger als *G. litoralis*. Die Blätter sind schiefeiförmig, bis 15 cm lang, hell-gelbgrün, glänzend und sehr dick-ledrig.
Ah-8, Zone 9.

Gymnocladus Lam.
Leguminosae
Geweihbaum

Die Gattung ist nur mit jeweils einer Art in Nordamerika und China verbreitet. Beide sind hohe, sommergrüne Bäume mit riesigen, doppelt gefiederten Blättern, unscheinbaren, grünweißen, polygamen oder eingeschlechtlichen, meist zweihäusig verteilten Blüten in langen, schmalen Trauben und fleischig aufgeblasenen, bis 25 cm langen, dicken Hülsen.

G. dioicus (L.) K. Koch. Nur diese Art ist für unsere Klimabereiche interessant. Die aus China stammende Art *(G. chinensis)* hält den mitteleuropäischen Wintern nicht stand. Die Heimat von *G. dioicus* sind die Laubwälder des atlantischen Nordamerika, wo sie zu einem bis 25 m hohen Baum heranwächst, der durch seine dicken, knorrigen Äste und die sparsame Verzweigung sehr bizarr wirkt. Die Verzweigung erinnert tatsächlich an ein Geweih, und der Baum ist im laublosen Zustand mit keiner anderen Art zu verwechseln, er gibt sich in dieser Zeit besonders dekorativ. Im Sommer wirkt der langsam wachsende Parkbaum durch seine Blätter, die nicht selten bis zu 1 m Länge erreichen und die sich im Herbst goldgelb verfärben. Die braunen, breiten Fruchthülsen bleiben bis zum Frühjahr hängen.
Nw-2, Zone 6a.

Halesia Ellis ex L., Styracaceae
Schneeglöckchenbaum

Die Gattung umfaßt nur wenige Arten, von denen 6 im östlichen Nordamerika und in Ostasien verbreitet sind. In unseren Gärten kennen wir nur die nordamerikanischen Arten, die zu sommergrünen Bäumen oder hohen Sträuchern werden. Sie sind mit einfachen, wechselständigen Blättern ausgestattet. Ihre hängenden, glockenförmigen, weißen Blüten mit mehr oder weniger tief eingeschnittener, 4teiliger oder 4lappiger Krone sitzen in achselständigen Büscheln am alten Holz. Die Frucht ist eine bis 5 cm lange, 2- oder 4flügelige Steinfrucht, die bis zur nächsten Blüte hängenbleibt.

Die Schneeglöckchenbäume tragen ihren Namen zu Recht, gleicht doch die Einzelblüte deutlich einem Schneeglöckchen.

Halesia monticola

Beide Arten, die bei uns in der Regel nur strauchig bleiben, gehören zu den schönsten aller Blütensträucher. Man kann sie nur als Solitärsträucher behandeln und damit ihre Blütenpracht und den gefälligen Habitus voll zur Geltung bringen. Sie bevorzugen frische, tiefgründige Böden und vollsonnige Lagen. Sie sind absolut frosthart, frei von Krankheiten und Schädlingen, und es ist nicht zu verstehen, warum man sie so selten in den Gärten sieht.

H.carolina L. erreicht von beiden die geringere Höhe, die nur in Ausnahmefällen 6–8 m beträgt. An den breit abstehenden Zweigen entwickeln sich kurz vor dem Laubausbruch weiße Blüten, die an dünnen Stielen am vorjährigen Holz hängen und in kleinen Büscheln zusammenstehen. Im Herbst färben sich die Blätter gelb, und die 4flügeligen Früchte zieren auch im Winter den Baum.
Nhw-2, Zone 6a.

H.monticola (Rehd.) Sarg. unterscheidet sich von der vorigen Art insbesondere durch größere Blüten, die bis 2,5 cm lang sind. In ihrer Heimat wird die schöne Art zu einem bis 25 m hohen Baum, erreicht bei uns aber selten mehr als 6–8 m.
Nhw-2, Zone 6b.

× **Halimiocistus** Janchen
Cistaceae

Es handelt sich um eine Gruppe von Hybriden zwischen den beiden Gattungen *Halimium* und *Cistus*, von denen vor allem die folgende in Kultur ist.

'Ingwersenii' (*Halimium umbellatum × Cistus hirsutus*) ist ein immergrünes, etwa 30–50 cm hohes Sträuchlein mit weißwolligen Trieben und linealischen, 2–3 cm langen, behaarten Blättern. Im Mai sind die Pflanzen dicht bedeckt mit weißen, 2–2,5 cm breiten Büten, die in 15–30 cm breiten Rispen zusammenstehen. 'Ingwersenii' wurde 1929 als Naturhybride in Portugal gefunden. Sie ist nur im mediterranen Raum oder in Südengland ausreichend hart und stellt in Kultur die gleichen Ansprüche wie *Cistus*-Arten, braucht also sonnige Standorte und durchlässige Böden, etwa in Steingärten oder oberhalb von Trockenmauern.
Zone 9.

'Wintonensis' (*Cistus salvifolius × Halimium lasianthum*). Ein immergrüner, buschiger, 30–50 cm hoher, breitwüchsiger Strauch mit wolligen Trieben und ellip-tisch-lanzettlichen, 2–5 cm langen, wolligen Blättern. Die Blüten sind bis 5 cm breit, weiß mit gelber Mitte und karminbraunem Ring, sie öffnen sich jeweils erst am Nachmittag. Blütezeit ist Mai–Juni. Die Hybride wurde 1926 in der Baumschule Hillier, Winchester erzielt. Sie gilt als schönste, aber auch als empfindlichste Hybride dieser Gruppe.
Zone 9.

Halimium (Dun.) Spach
Cistaceae

Mit den *Cistus*-Arten sind die etwa 10 *Halimium*-Arten verwandt, die im Mittelmeergebiet und in Kleinasien heimisch sind. Es sind immergrüne Sträucher oder Halbsträucher, deren Blätter im unteren Bereich der Zweige gegenständig, nach oben hin wechselständig sind. Die gelben oder weißen Blüten stehen in trauben- oder doldenartigen Trugdolden zusammen. Die Frucht ist eine 3klappige Kapsel. In Kultur stellen *Halimium*-Arten die gleichen Standortansprüche wie die Arten der Gattung *Cistus*.

H.halimifolium (L.) Willk. et Lange. Die Gelbe Zistrose ist ein bis 1 m hoher Strauch mit schmal verkehrt-eiförmigen bis länglichen, 2–5 cm langen, grauen, sternhaarigen Blättern. Im Juni öffnen sich 3 cm breite, goldgelbe Blüten in langgestielten, wenigblütigen, aufrechten Trugdolden. Die 5 Blütenblätter sind am Grunde mit einem kleinen schwärzlichen Fleck gekennzeichnet. Heimisch im Mittelmeergebiet auf Sand und Dünen, in Macchien und Gariguen, stets in Nähe der Küste.
Ms-3, Zone 9.

H.ocymoides (Lam.) Willk. et Lange. Der 50–70 cm hohe Strauch besitzt schlanke, weißhaarige Triebe, schmal verkehrt-eiförmige bis längliche, 1,5–2,5 cm lange, zuerst weiß behaarte Blätter und goldgelbe Blüten in wenigblüigen, aufrechten, langgestielten Rispen, die zu 10–30 cm breiten Blütenständen vereint ist. Die 3eckigen Blütenblätter sind an der Basis mit einem großen, purpurnen Fleck versehen. Blütezeit ist ebenfalls der Juni. Heimisch in Portugal und Spanien.
Ms-3, Zone 9.

H.umbellatum (L.) Spach wird nur ewa 40 cm hoch und zeichnet sich durch behaarte und klebrige Triebe sowie linealische, 1–3 cm lange, oberseits hellgrüne, unterseits weißfilzige Bläter aus. Im Juni öffnen sich 2 cm breite Blüten in aufrech-ten, endständigen Büscheln. Die verkehrtherzförmigen Blütenblätter sind weiß und an der Basis gelb gefärbt. Heimisch im Mittelmeergebiet.
Ms-3, Zone 9.

Halimodendron Fisch. ex DC.
Leguminosae
Salzstrauch

Die Gattung besteht aus nur einer in Sibirien heimischen Art, die zu einem sommergrünen, dornigen Strauch erwächst, der den Caraganen ähnlich ist. Er trägt purpurrosa Schmetterlingsblüten in seitenständigen Trauben am alten Holz und entwickelt eiförmige bis längliche, etwas aufgeblasene Hülsenfrüchte.

H.halodendron (Pall.) Voss ist der Charakterstrauch der Salzsteppen von Transkaukasien und Turkestan, er wird bei uns auch mit salzhaltigen Böden an der Küste fertig. Im allgemeinen liebt er sandige, durchlässige Böden. Der mit graugrünen, paarig gefiederten Laubblättern, deren Spindeln und Nebenblätter teilweise verdornen, ausgestattete Strauch gehört an sonnige Stellen in den Heidegarten. Er blüht im Juni–Juli ausnehmend schön, wird bis zu 2 m hoch und bildet Ausläufer, sofern man wurzelechte Pflanzen verwendet hat. Auf *Caragana* veredelte Pflanzen machen meist Schwierigkeiten, da die Unterlage immer wieder durchwächst und den Strauch ersticken kann. Schnittmaßnahmen sind in der Regel nicht erforderlich.
Na-3, Zone 5b.

Hamamelis L., Hamamelidaceae
Zaubernuß

Die 6 Arten der Zaubernüsse sind in Nordamerika und Ostasien verbreitet. Es sind sommergrüne Sträucher mit wechselständigen, kurzgestielten, ungleichseitigen und am Rande buchtig gezähnten Blättern und in der Regel zwittrigen Blüten, die entweder vor dem Laubaustrieb oder nach dem Laubfall in achselständigen Büscheln erscheinen. Ihre 4 Blütenblätter sind bandförmig bis fädig und in der Knospe gerollt, sie sehen deshalb oft wie zerknittert aus. Die Frucht ist eine holzige Kapsel, die erst im Spätherbst reift, sich von der Spitze her unter deutlich vernehmbaren Knackgeräuschen öffnet und ihre 2 großen, schwarzen Samen mehrere Meter weit schleudert. Zaubernuß ist eine sehr treffende Bezeichnung für diese Gattung, deren Blätter eine gewisse Ähnlichkeit mit denen der Haselnuß haben, obwohl beide absolut nicht miteinander verwandt sind. Der Strauch scheint wirklich zaubern zu können. Bei günstigem Wetter öffnen sich seine Blüten schon im Januar. Werden diese dann von Schnee und Kälte überrascht, rollen sich die Blütenblätter ein. Sie öffnen sich wieder, sobald die Witterung dies zuläßt. Dieser Vorgang kann sich bei entsprechendem Wetter einige Male wiederholen, bevor die Blüten Schaden nehmen.

Alle Zaubernüsse sind kostbare Sträucher. Sie blühen nicht nur zu einer ungewöhnlichen Zeit, man muß für sie auch einen nicht geringen Preis zahlen. Dieser erklärt sich durch das langsame Jugendwachstum und durch die Tatsache, daß in der Regel veredelte Pflanzen angeboten werden. Nur sie bieten die Gewähr für blühwillige und großblumige Pflanzen. Jede Pflanzenart hat eine bestimmte Variationsbreite, die sich bei den *Hamamelis* unter anderem durch unterschiedliche Blütengröße ausdrücken kann.

Hat man nun so eine relativ kleine Pflanze aus der Baumschule in der Hand, sollte man sich vor dem Pflanzen die spätere Größe vor Augen halten und gleich den richtigen Pflanzabstand wählen. Ein Verpflanzen vertragen ältere Zaubernüsse nur schlecht, und ein Rückschnitt aus Platzmangel sollte an so wertvollen Sträuchern unterbleiben. Stellt man die Zaubernüsse vor einen dunklen Hintergrund aus Koniferen, kommen ihre zarten Blüten besonders gut zur Geltung. Natürlich sollte der Strauch dort stehen, wo man sich auch zur Winterszeit im Garten bewegt. Er stellt an den Boden keine besonderen Ansprüche. Bleibt noch zu erwähnen, daß alle Arten ausreichend frosthart sind, ihr Laub im Herbst leuchtendgelb bis scharlachrot verfärben und gegen Rauch recht unempfindlich sind.

Sie haben nur eine etwas unangenehme Eigenschaft: Ihr trockenes Laub haftet häufig bis in das Frühjahr hinein an den Zweigen und verdeckt so einen Teil der Blüten. Nach Erfahrungen aus dem Botanischen Garten Köln kann man die Sträucher durch eine zusätzliche Kalidüngung zu einem rechtzeitigen Blattabwurf anregen. In Köln wurden dazu im Turnus von 2 Jahren zusätzlich zur normalen Düngung 50 g/m² 40%iges Kali verabreicht.

H. × intermedia Rehd. Sehr variable Hybride zwischen *H.japonica* und *H.mollis*, die uns einige bemerkenswert schöne Sorten beschert hat.
Zone 6b.
In deutschen Baumschulen werden zur Zeit folgende Sorgen am häufigsten vermehrt:
'Arnold Promise'. Mittelgroßer, etwa 3 m

Hamamelis × intermedia 'Orange Beauty'

hoher Strauch, Blüten mittelgroß, in dichten Büscheln, schwefelgelb, der Kelch innen rötlichgrün.
'Barmstedt Gold'. Wuchs kräftig und aufrecht, Blüten besonders groß und intensiv goldgelb, im Kelch purpurrot gefärbt. Petalen nach innen gebogen, nicht gedreht.
'Diane'. Karminrote, mittelgroße bis große Blüten in dichten Büscheln, gilt als eine der besten roten Sorten.
'Feuerzauber'. Blüten von kupferoranger Farbe, die mit Rot überlegt ist. Die Petalen sind gedreht und länger als die von 'Ruby Glow'.
'Hiltingbury' ist vor allem der prachtvollen Herbstfärbung wegen von Bedeutung. Die blaß kupferroten, mit Rot überhauchten Blüten sind weniger schön.
'Jelena'. Blüten sehr früh in dichten, großen Büscheln; sie sind gelb mit kupfrigem Anflug. Die Petalen sind besonders lang und gedreht, der Kelch ist innen dunkel weinrot gefärbt, bemerkenswert schöne Herbstfärbung, eine sehr wertvolle Sorte.
'Orange Beauty'. Blüten mittelgroß, tief goldgelb bis orangegelb, Kelch zunächst grünlichbraun, später braunrot.
'Primavera'. Aufrecht und wüchsig, Blüten mittelgroß, in dichten Büscheln, primelgelb, im Kelch violett gefärbt.

'Ruby Glow'. Blüten mittelgroß, kupfrig, mit Rot überlegt, Kelch innen weinrot, ältere Sorte, die von 'Feuerzauber' übertroffen wird.
'Westerstede'. Wuchs stark und aufrecht, gleichmäßige Verzweigung. Blüten mittelgroß, hellgelb, blüht sehr reich und ziemlich spät.

H.japonica Sieb. et Zucc. präsentiert sich kaum weniger schön als ihre chinesische Schwester. Die Art bleibt mit 3 m Höhe wesentlich kleiner. Ihre Blätter sind breiteiförmig, auf der Unterseite hellgrün und an der Basis unsymmetrisch. Aus rötlichen bis braunroten Kelchblättern erheben sich gelbe, bis 2 cm lange, etwas gewellte Blütenblätter. Man muß die Blüten aller *Hamamelis* schon einmal aus der Nähe betrachten, will man ihre etwas bizarre Form und den feinen Duft vernehmen. Die Art stammt aus den Bergwäldern Japans, ist also ein Strauch, der recht gut den leichten Schatten hoher Bäume verträgt.
Nh-4, Zone 6b.
Von *H.japonica* sind einige Varietäten bekannt:
H.japonica var. *arborea* (Mast.) Gumbleton wird höher als die Art, Blätter und Blüten sind ebenfalls größer.

H.japonica var. *flavo-purpurascens* (Mak.) Rehd. zeichnet sich durch an der Basis mehr oder weniger gerötete Blütenblätter aus, die einem innen tiefroten Kelch entspringen. Leider haben diese roten Blüten nur eine geringe Leuchtkraft und daher auch keine Fernwirkung. Ihr Zauber entfaltet sich erst in der Vase, zusammen mit den gelben Blüten ihrer Stammform.
'Zuccariniana' trägt besonders helle, zitronengelbe Blüten. Blüht erst Ende März.

H.mollis Oliv. ist in den chinesischen Provinzen Hubei und Jiangxi verbreitet. Der Strauch kann bei uns 5 m hoch und sicher noch etwas breiter werden. Er unterscheidet sich von der Japanischen Zaubernuß durch größere, an der Basis herzförmige, eirundliche Blätter, die an der Oberseite metallisch glänzen und unterseits dicht filzig sind. Die wohlriechenden Blüten (Januar–März) sind goldgelb; ihre 4 fadenförmigen Blüttenblätter entspringen einem außen braunfilzigen, innen purpurnen Kelch.
Nhw-4, Zone 6b.
Von *H.mollis* werden schon lange großblumige und blühwillige Typen vegetativ vermehrt, aber auch die Sorten gewinnen an Bedeutung:
'Brevipetala'. Die orangegelben Blüten sind zwar klein, stehen aber in dichten Büscheln beisammen und blühen sehr zeitig auf.
'Lichtmeßzauber' besticht durch besonders große, goldgelbe Blüten.
'Pallida' blüht mit schwefelgelben, gewellten Petalen und einem innen weinroten Kelch. Eine sehr ansprechende Form mit breit ausladendem Wuchs und duftenden Blüten.

H.vernalis Sarg. Der bis 2 m hohe, Ausläufer treibende Strauch hat seine Heimat in den USA. Er hat verkehrt-eilängliche Blätter und im Februar–März gelbe, mehr oder weniger orangerote, getönte, fein duftende Blüten.
Nw-2, Zone 6a.
'Sandra' ist eine in England selektierte Sorte, die durch ihre im Austrieb violettpurpurn überlaufenen, im Herbst intensiv orangefarben, scharlachrot und rot gefärbten Blätter auffällt.

H.virginiana L. spielt in den Laubmischwäldern ihrer nordamerikanischen Heimat etwa die Rolle, die bei uns der Haselnuß zukommt. Der bis 5 m hohe Strauch blüht mit hellgelben Blüten kurz vor oder gleichzeitig mit dem Laubfall. Die Blüten sind dann nur wenig auffallend. Einige Typen aber blühen erst nach dem Laubfall und sind dann sehr aparte Sträucher, die durch ihre ungewöhnliche Blütezeit überraschen.

Rinde und Blätter der virginischen Zaubernuß werden in der Medizin und Pharmazie verwendet.
Nh-2, Zone 5b.

Hebe Comm. ex Juss.
Scrophulariaceae
Strauchveronika

Die Gattung ist mit 100–150 Arten fast ausschließlich in Neuseeland verbreitet. Sie wachsen dort zu immergrünen Sträuchern oder Bäumen heran, deren sehr dicht stehende, gegenständige Blätter schuppenförmig, lanzettlich, rundlich oder eiförmig sind. Die weißen, rosa, roten oder violetten Blüten erscheinen in achselständigen Trauben oder Köpfchen; sie sind bei den in Mitteleuropa harten Arten im allgemeinen unscheinbar. Die dickwandige Fruchtkapsel ist am Rücken zusammengedrückt.
Im mitteleuropäischen Klimabereich bleiben die Strauchveroniken wesentlich kleiner als in ihrer Heimat. Sie verlangen neben einem sehr geschützten, warmen und sonnigen Standort ausreichend Winterschutz. Ihre Verwendung beschränkt sich auf den Stein- und Heidegarten, wo sie allein durch ihren eigenartigen, oft fremd wirkenden Habitus auffallen. Sie sind aber auch für die

Bepflanzung von Schalen und Trögen oder für die Grabgestaltung sehr gut zu gebrauchen.

H.albicans (Petrie) Cock. An dichtstehenden, ausgebreiteten, dicken Zweigen trägt der 30–50 cm hohe, aber viel breitere Strauch dicke, blaugrüne, bis 3 cm lange Blätter, die abstehen oder dachziegelig angeordnet sind. Die Blüten sind weiß.
Ah-8, Zone 8b.

H.brachysiphon Summerh. ist ein rundlicher, in milden Klimazonen bis 1,5 m hoher, sehr breitwüchsiger Busch mit schmaleiförmigen bis länglichen, 12–25 mm langen Blättern. Weiße Blüten öffnen sich im Juli in bis 5 cm langen Trauben.
Ah-8, Zone 8b.

H.buchananii (Hook, f.) Cock. et Allan wächst dicht gedrungen, wird bis 25 cm hoch und trägt an steifen Trieben sehr dicht stehende, dicke, ledrige, 3–6 mm lange, blaugrüne Blätter.
Ah-8, Zone 8a.

H.buxifolia (Benth.) Cock. et Allan. Der maximal 50–100 cm hohe Strauch fällt durch seine Belaubung auf. Die kleinen, oberseits glänzendgrünen, unterseits hellen

Hebe 'Midsummer Beauty'

und ganz fein punktierten Blätter sitzen in 4 Reihen an den Zweigen übereinander. Der Strauch blüht im Juni–Juli mit weißen Ähren.
Ah-8, Zone 8a.

H. cupressoides (Hook. f.) Andersen unterscheidet sich von vielen anderen Arten durch die blaß blaulila Blüten mit rotbraunen Antheren, die im Juni–Juli in 3–8 cm langen Köpfchen an den Triebenden erscheinen. Ein aufrechter, bis 50 cm hoher, zypressenartig aussehender, sehr dicht und fein verzweigter Strauch mit schuppenförmigen, etwa 1,6 mm langen Blättern.
Ah-8, Zone 8a.

H. loganioides (J. Armstr.) Wall. gehört mit einer Wuchshöhe von 20–30 cm und den winzigen, 3–4 mm langen, dunkelgrünen Blättern zu den zierlichsten Arten.
Ah-8, Zone 8a.

H. ochracea Ashvin. Die bekannteste und härteste Art wurde neu benannt, früher hieß sie *H. armstrongii* und wird so wohl auch noch eine Weile in den Katalogen geführt. Der Strauch wird kaum 50 cm hoch und ist an seinen schuppenförmigen, goldbraun gefärbten Blättern sofort zu erkennen.
Ahg-8, Zone 7b.

H. pinguifolia (Hook. f.) Cock. et Allan ist ein dicktriebiger, knapp 1 m hoher Strauch. Die rundlichen, dick-ledrigen Blätter sind blaugrün; sie hinterlassen nach dem Abfallen zahlreiche deutliche Narben. Die weißen Blüten sitzen in kleinen Ähren an den Zweigspitzen.
Ahg-8, Zone 7b.
'Pagei'. Blätter intensiver blau gefärbt, eine schöne, ausgesprochen winterharte Sorte.

H. traversii (Hook. f.) Cock. et Allan erreicht in ihrer Heimat Höhen von 2 m. Die dicht gedrängt stehenden Blätter sind etwa 2,5 cm lang und elliptisch-länglich. Die Blüten sind weiß, sie stehen im Juli in 3–6 cm langen Trauben über dem Laub.
Ah-8, Zone 8b.

Hybriden

Neben den natürlichen Arten werden in mediterranen, englischen und irländischen Gärten auch eine Reihe von Gartenformen kultiviert, die aus gezielten Züchtungen hervorgegangen sind. Die Züchtung begann bereits um 1856 in Schottland bei Isaac Anderson-Henry. Später wurden vor allem bei Victor Lemoine, Nancy, in England und Schottland weitere Züchtungen vorgenommen.

Die folgenden Sorten sind auch deswegen wertvoll, weil sie sehr widerstandsfähig gegen Seewinde sind.
Zone 9.
'Alicia Amherst'. Bis 1,5 m hoher Strauch mit elliptischen bis mehr eiförmigen, lederartigen, dunkelgrünen Blättern und sehr großen, dunkelvioletten Blüten in 7–8 cm langen Trauben.
'Andersonii'. Breitwüchsige, knapp mannshohe Sorte mit elliptischen, 7–11 cm großen, dunkelgrünen, glänzenden Blättern und violetten, im Verblühen fast weißen Blüten in schlanken, 10–14 cm langen Trauben.
'Andersonii Variegata'. Blätter graugrün, am Rand elfenbeinweiß.
'Autumn Glory' wird 50 cm hoch und ist locker verzweigt. Blätter breit-elliptisch, bis 3 cm lang, in der Jugend fein rot gesäumt, später glänzendgrün mit blaugrünem Anflug. Blüten tief purpurblau, mit weißer Kronröhre in kleinen, dichten, zusammengesetzten Trauben. Hat vom Juli an eine sehr lange Blütezeit.
'Blue Gem'. Kleiner, kompakter Strauch mit leuchtendblauen Blüten. In England sehr populär und eine der widerstandsfähigsten Sorten gegen salzhaltige Seewinde.
'Bowles Hybrid'. Kaum über 50 cm hoher Strauch mit schmal-elliptischen, blaßgrünen, etwas glänzenden, bis 2,5 cm langen Blättern. Blüten blaß purpurlavendelfarben in 7–10 cm langen Blütenständen.
'Carl Teschner'. Niederliegender, bis 30 cm hoher Strauch. Blätter tiefgrün, elliptisch und 1 cm lang. Blüten violett, in 3–4 cm langen Trauben.
'Great Orme'. Kompakter, bis 1 m hoher Strauch. Blätter lanzettlich, bis 7,5 cm lang. Blüten leuchtend blaßrot, in schmalen Ständen.
'La Séduisante'. Kleiner Strauch mit großen Trauben aus leuchtend karminroten Blüten. Eine besonders attraktive Hybride.
'Midsummer Beauty'. Etwa 1 m hoher Strauch. Blätter länglich-ellipitisch, bis 10 cm lang. Blüten purpurlila, in ziemlich dichten, bis 12 cm langen Trauben. Eine sehr reichblühende Form, die vom Juli bis zum Herbst blüht.

Hedera L., Araliaceae
Efeu

Mit 15 Arten kommt der Efeu in Europa, Nordafrika und Asien vor. Alle Arten sind immergrüne, mit kurzen Haftwurzeln kletternde Sträucher, deren Blätter eine deutliche Heterophyllie zeigen. Die unteren Blätter, an nicht fruchtenden Zweigen, sind gelappt, die Blätter der Fruchttriebe sind

Hebe pinguifolia

ganzrandig, meist lang gestielt, zarter und matter. Die grünlichgelben, zwittrigen Blüten sind zu halbkugeligen Dolden vereint. Die Frucht ist eine 3- oder 5samige, gelbe oder schwarze Beere.
Bei uns werden nur *H. helix*, *H. hibernica*, *H. pastuchovii* und *H. colchica* samt ihren zahlreichen Sorten gepflanzt.
Alle sind ausgezeichnete Kletterpflanzen, die aus eigener Kraft recht schnell Mauern und Wände begrünen können. Nicht weniger geeignet sind sie als Bodendecker für halbschattige und schattige Lagen in humosen, nahrhaften und frischen Böden. Häufig sieht man in Parkanlagen Bäume dicht mit Efeu berankt. Efeu schadet ausreichend großen, gesunden Bäumen in der Regel nicht. Die Efeutriebe erreichen meist nicht die Kronenperipherie der Bäume. Sie stellen schon vorher ihr vegetatives Wachstum ein, lösen sich von der Unterlage und beginnen zu blühen und zu fruchten. Sie hindern so den Baum nicht an seiner Assimilationsleistung. Nicht nur als Bodendecker und Kletterpflanze läßt sich der Efeu verwenden, sondern auch als lebende »Sichtschutzmatte«. Man pflanzt ihn dazu in entsprechende Holz- oder Eternitkästen und läßt ihn an Gerüsten oder Gittern emporklettern. Ständiger Rückschnitt und sachge-

mäße Düngung lassen den Efeu dann auch auf begrenztem Wurzelraum wachsen.

H. canariensis Willd. Auf den Kanarischen Inseln, den Azoren und Madeira, in Portugal, Südspanien und Norwestafrika ist dieser starkwachsende Efeu verbreitet. Er hat 10–20 cm lange und bis 12 cm breite, 3- bis 5lappige Blätter, die an Alterstrieben kleiner, eiförmig und meist ungelappt sind. Die Blätter sind im Sommer glänzendgrün, im Winter oft tief bronzefarben mit grünen Nerven. Kommt auch mit bodentrockenen Standorten zurecht und wird deshalb in mediterranen Gärten recht häufig gepflanzt.
Ms-3, Zone 9.
'Variegata'. Blätter groß, im Zentrum graugrün bis blaugrün, am Rand breit gelblichweiß. Triebe und Blattstiele dunkel weinrot. Wird gelegentlich auch als 'Glorie de Marengo' oder 'Souvenir de Marengo' bezeichnet.

H. colchica (K. Koch) K. Koch. Der Kolchische Efeu ist in Südosteuropa, Kleinasien und dem Kaukasus verbreitet. Er wächst stärker als unser einheimischer Efeu und entwickelt bis 20 cm lange, eiförmig-elliptische, meist ungelappte Blätter, die gerieben leicht nach Sellerie riechen. Die Art ist weniger hart als *H. helix* und eignet sich daher nur in milden Gebieten zur Wandbegrünung und als Bodendecker.
Nwm-3, Zone 7a.
'Dentata' unterscheidet sich von der Art durch dünne, heller, etwas weniger glänzende Blätter und größere Winterhärte.
'Dentata Variegata'. Die graugrünen Blätter sind am Rand rahmweiß, eine sehr schöne, lebhafte Form.
'Sulphur Heart'. Blätter in der Mitte goldgelb bis hellgelb panaschiert, im Schatten färbt sich der Mittelfleck nur grüngelb bis hellgrün.

H. helix L. ist der allen bekannte Efeu, der bis in die subalpine Zone in steinigen Wäldern, an alten Bäumen, Felsen und Mauern weit verbreitet ist. Er bevorzugt frische Böden und atlantische Klimabereiche, klettert bis 30 m hoch, trägt an den jungen Trieben 3- bis 5lappige und an den Fruchttrieben rhombische, ganzrandige Blätter, ist industriefest und als Bodendecker ebensogut zu verwenden wie als Kletterpflanze.
H. helix ist in mancher Hinsicht ein interessanter Vertreter unserer heimischen Flora. Er ist der einzige mitteleuropäische Wurzelkletterer, bei dem es zu einer Arbeitsteilung in Haft- und Nährwurzeln gekommen ist, und darüber hinaus die einzige immergrüne, mitteleuropäische Liane. Der Efeu

blüht im September–Oktober, zu einer recht ungewöhnlichen Zeit also, und bringt seine schwarzen Beeren erst im folgenden Jahr zur Reife. Die Heterophyllie der Laubblätter wurde schon erwähnt.
In den letzten Jahren ist eine große Zahl interessanter Formen auf den Markt gekommen. Viele von ihnen sind vermutlich so frostempfindlich, daß sie nur als Topfpflanzen kultiviert werden können. Einige dieser neuen Formen aber sind auch im Freiland zu gebrauchen und mit ihren von der Normalform abweichenden Blättern sehr dekorativ.
N/M-3, Zone 6a.
'Arborescens' ist eine durch vegetative Vermehrung konstant gehaltene Altersform, die nicht klettert, sondern sich zu einem rundlichen, etagenförmigen Strauch entwickelt, der regelmäßig blüht und fruchtet. Ein immergrünes Gehölz, das auch schattige Standorte unter Bäumen verträgt.
'Conglomerata'. Knapp 1 m hohe Zwergform; zunächst stehen die Triebe aufrecht, drehen sich aber bald, fallen dann um und liegen dem Boden auf. Ihre kleinen, stumpfgrünen Blätter sind am Rande stark gewellt und an der Basis tief herzförmig.
'Deltoidea'. Kriechende Form mit hübschen, eiförmigen, am Grunde tief herzförmigen, ungeteilten Blättern; die beiden Basislappen überdecken sich. Auf den stumpf dunkelgrünen Blättern fallen die graugrünen Nerven deutlich auf.
'Digitata' besitzt 5- bis 7lappige Blätter mit grauweißen Nerven und grünen, dicht mit grauen Sternhaaren besetzten Trieben. Die Form wächst aufrecht und erreicht knapp 50 cm Höhe.

Hedera colchica 'Dentata Variegata'

'Erecta' (= 'Conglomerata Erecta') unterscheidet sich von 'Conglomerata' durch ihre nicht gedrehten, beständig aufrechten Triebe, die geringere Höhe (30–50 cm) und die deutlich 2zeilig gestellten Blätter. Ein besonders niedriger, zierlicher Efeu, der in den Baumschulen häufig als »Minima« angeboten wird.
'Goldheart'. Wüchsige, langtriebige Form mit ungleich großen, fast dreieckigen, dunkelgrünen Blättern, deren Mitte goldgelb gefärbt ist. Die Sorte ist offenbar frosthärter als andere buntlaubige Formen.
'Ovata' unterscheidet sich von 'Deltoidea' durch die sich nicht überlappenden Basislappen. Sie ist mit ihren ungeteilten, elliptisch-eirunden Blättern genauso interessant wie diese.
'Plattensee' zeichnet sich durch große, frischgrüne Blätter, eine gute Verzweigung und besondere Winterhärte aus.
'Prof. Friedrich Tobler'. Wüchsige Sorte, deren kurzgestielte, 3- bis 5lappige Blätter fast bis zum Grund eingeschnitten sind. Die langen Triebe sind dicht mit Blättern besetzt. Vor allem für Ampel- und Schalenbepflanzung geeignet.
'Remscheid'. Selektion mit großen, dunkelgrünen Blättern und auffallend heller Nervatur, ebenfalls winterhart. Wird auch unter dem Namen 'Woerneri' vertrieben.
'Sagittifolia' wirkt durch ihre kleinen, 3- bis 5lappigen Blätter, deren Lappen mehr oder weniger pfeilförmig sind, recht zierlich und dekorativ.
'Woerneri' siehe unter 'Remscheid'.

H. hibernica hort. ex Kirchner. Schon vor 1938 in Irland gefunden und häufig als

Hedera helix

H.helix 'Hibernica' benannt. Raschwachsender Efeu mit dicht grau-sternhaarigen Trieben und 5lappigen, 5–12 cm breiten, stumpf dunkelgrünen Blättern mit hellgrünen Nerven. Wird bei uns als Kletterpflanze und Bodendecker besonders häufig gepflanzt.
N/M-3, Zone 6b.

H.pastuchovii G.N. Woron. ist im Westkaukasus und im Iran heimisch. Sie hat schmal ovale, 4–6 cm lange, spitze bis langzugespitzte, ganzrandige, leicht muschelförmig aufgewölbte, glänzend dunkelgrüne, etwas ledrige Blätter, die an der Basis schwach herzförmig sind. Eine interessante Pflanze für Liebhaber, die gegenwärtig von einigen Baumschulen angeboten wird.
Nwm-3, Zone 7a.

Hedysarum L., Leguminosae
Süßklee

Der überwiegende Teil der rund 80 Arten, die vor allem im eurasiatischen Raum verbreitet sind, sind Kräuter und Stauden. Sie sind durch wechselständige, unpaarig gefiederte Blätter mit ganzrandigen, oft durchsichtig punktierten Blättchen ausgezeichnet. Die Blüten erscheinen in achselständigen Trauben, sie haben einen glockenförmigen Kelch mit 5 fast gleichlangen Zähnen, eine verkehrt-eiförmige, kaum genagelte Fahne, sehr kurze Flügel und einen schief gestutzten Kiel. Die Frucht ist eine flache Gliederhülse.

H.multijugum Maxim. ist ein sommergrüner, locker und sparrig verzweigter, bis 1,5 m hoher Strauch mit dünnen, graugelben, hin und her gebogenen Zweigen. Die Blätter besitzen 17–35 graugrüne, 8–15 mm lange Blättchen. Von Mai–September produziert der Strauch purpurne, bis 2 cm lange Blüten in lockeren, bis 20 cm langen, aufrechten Trauben. Der Strauch stammt aus den Trockengebieten der Mongolei, er braucht in Kultur einen eher trockenen, durchlässigen Boden und sonnige Standorte.
Na-4, Zone 6b.

Helianthemum Mill., Cistaceae
Sonnenröschen

In Europa, im Mittelmeergebiet, in Zentralasien und Persien sind etwa 100 Arten verbreitet. Es sind immergrüne oder halbimmergrüne Zwergsträucher oder Kräuter mit gegenständigen, einfachen Blättern. Ihre ansehnlichen, 5zähligen Blüten werden

Helianthemum 'Sudbury Gem'

in endständigen, traubenartigen Wickeln angelegt.
Die Blüten aller Sonnenröschen halten, wie bei allen Vertretern der Zistrosengewächse, nur kurze Zeit, die gefüllten etwas länger als die einfachen. Da sich aber täglich neue Knospen öffnen, hält die Massenblüte über Wochen an.
Alle Arten und auch die zahlreichen Sorten brauchen sonnige, trockene Plätze und leichte, durchlässige Böden. Sie eignen sich besonders gut für Anpflanzungen in Steingärten und Trockenmauern, an sonnigen Hängen oder für Randpflanzungen an Terrassen und Plattenwegen.
Die Pflanzen halten dann am besten aus, wenn man sie nicht zu lang werden läßt. Unmittelbar nach der Hauptblüte im August werden sie zurückgeschnitten. Sie treiben dann willig wieder durch, härten ab und kommen so am besten durch den Winter. Empfindliche Sorten sollten im Spätherbst mit Nadelholzreisig locker abgedeckt werden. *Helianthemum* sind Flachwurzler, die bei Wintersonne und gefrorenem Boden rasch unter Frosttrocknis leiden können.

H.appeninum (L.) Mill. Der etwa 40 cm hohe, niederliegend-aufgerichtete Halbstrauch ist in Süd- und Westeuropa, nördlich bis Mitteldeutschland, im Mittelmeergebiet und Persien verbreitet. Er hat elliptisch-längliche, am Rand meist umgerollte, grau- bis weißfilzige Blätter und Stengel. Von Mai–August erscheinen die etwa 3 cm breiten, weißen, am Grunde gelb gefärbten Blätter in einfachen Trauben. *H.apenninum* ist eine stark wachsende, unempfindliche Gruppenpflanze.
Ns/Ms-3, Zone 6b.

H.canum (L.) Baumg. in Mittel-, West- und Südeuropa, in Kleinasien, Armenien und Nordafrika verbeitet, ein bis 15 cm hoher, niederliegender, an der Basis reich verzweigter Zwergstrauch. Er trägt lineal- bis eilanzettliche, unten stets weißfilzige Blätter und im Mai–Juni an aufrechten Stielen dunkelgelbe, etwa 1,2 cm breite Blüten zu 3–15 in einfachen Trauben. *H.canum* eignet sich besonders gut für Ansiedlungen in Fugen und Geröll im Steingarten oder in den Fugen von Plattenwegen.
Ns/Ms-3, Zone 6b.

H.nummularium (L.) Mill. non Grosser. Fast in ganz Europa, im Atlas, in Kleinasien, Armenien und im Kaukasus ist der 10–50 cm hohe Halbstrauch verbreitet. Er baut sich mit niederliegend-ansteigenden bis aufrechten Trieben auf und hat linealische bis länglich-ovale, unten mehr oder weniger graufilzige Blätter. Von Mai–September werden die gelben, etwa 2,5 cm breiten Blüten zu 2–15 in gestreckten Wik-

Empfehlenswerte Helianthemum-Sorten

Sorte	Blüte	graulaubig	Höhe in cm	Bemerkungen
'Album Simplex'	weiß, gefüllt	×	50	
'Apricot'	aprikosenfarben	×	30	
'Ben Alder'	leuchtend orangerot		20	
'Ben Heckla'	braunorange, mit Auge		30	
'Blutströpfchen'	blutrot		20	
'Braungold'	hellbraun, Mitte goldgelb		15	sehr robust
'Bronzeteppich'	bronzebraun			niedrige Polster bildend
'Cerise Queen'	kirschrot, halbgefüllt		20	
'Chocolate Blotch'	braun, Mitte gelb	×	30	
'Eisbär'	reinweiß	×	20	
'Fire Dragon'	hell ziegelrot	×	15	
'Fire Patt'	kupferbraunrot	×	20	
'Frau M. Bachthaler'	karminrot	×	20	
'Frei'	leuchtend dunkelrot		20	
'Gelber Findling'	gelb		10	bodendeckend
'Gelbe Perle'	zitronengelb, gefüllt			
'Gloriosa'	karminrot		35	
'Golden Queen'	goldgelb		15	sehr wertvoll
'Goldkitzel'	goldgelb, gefüllt		15	bodendeckend
'Goldkugel'	gelb, gefüllt		15	bodendeckend
'Jack Scott'	orangerot		15	
'Lawrensons Pink'	lachsrosa, Mitte heller		20	
'Luise Reuss'	hellbraun mit dunkler Zone		20	sehr robust und winterhart
'Orange Queen'	orangerot	×	15	
'Pink Double'	hell lachsrosa, gefüllt		30	
'Praecox'	kanariengelb	×	20	
'Professor Mattern'	kupfergelb-bräunlichrosa		40	
'Red Orient'	tiefrot		20	
'Rhodanthe Carneum'	dunkelrosa		20	
'Rosa Königin'	rosa	×	30	
'Rose of Leeswood'	karminrosa, gefüllt		20	
'Rubin'	dunkelrot		30	
'Ruth'	hellrot	×		kompakt
'Snowball'	weiß, gefüllt		15	
'Snow Queen'	weiß	×	15	
'Sterntaler'	goldgelb		15	
'Sudbury Gem'	rosa			Wuchs dicht
'Supreme'	leuchtend dunkelpurpur, Auge dunkler	×	35	
'The Bride'	weiß, Mitte gelb	×		
'Watergate Orange'	orangegelb		20	
'Wisley Pink'	kräftig rosa	×		
'Wisley Primrose'	primelgelb	×	30	

keln angelegt. Die robuste Art läßt sich für alle Verwendungsbereiche der Gattung verwenden. In Kultur ist häufig die besonders großblumige *H. nummularium* ssp. *grandiflorus*.
N/Ms-3, Zone 5a.

H. oelandicum (L.) DC. ssp. **alpestre** (Jacq.) Breistr. In den Pyrenäen, den Alpen und Karpaten, im Balkan und in Kleinasien ist die dichtrasig wachsende, kaum 10 cm hohe Polsterpflanze verbreitet. Über den lanzettlichen, am Rande eingerollten, bei-

derseits grünen Blättern entfalten sich von Juni–August die gelben, etwa 1,5 cm breiten Blüten zu 2–6 in Wickeln. Eine harte und wüchsige Polsterpflanze für alle Verwendungsbereiche der Gattung.
Ng/PG-3, Zone 5a.

Hybriden
In den Gärten werden statt der natürlichen Arten häufig Hybriden kultiviert, die in der Hauptsache aus Kreuzungen zwischen *H. nummularium* und *H. apenninum* hervorgegangen sind. Sie zeichnen sich vor allem

durch ihre Fülle großer Blüten mit satten Farben in Weiß, Gelb, Rosa, Karminrot und Rot aus. Die Blüten können einfach oder gefüllt sein. Siehe obige Sortenübersicht.

Hibiscus L., Malvaceae
Eibisch

Rund 300 tropische und subtropische Arten kennt diese Gattung, nur *H. syriacus* läßt sich mit Erfolg in unseren Gärten anbauen.

In südeuropäischen Gärten sind außer *H.syriacus* aber auch andere Arten frosthart.

Die Gattung umfaßt sommergrüne und immergrüne Sträucher und Kräuter mit wechselständigen und gelappten Blättern. Die großen Blüten sitzen meist einzeln in den Blattachseln junger Triebe. Ihre breit-glokkige Krone besteht aus je 5 Blüten- und Kelchblättern. Die Frucht ist eine 5lappig aufspringende, vielsamige Kapsel.

H.mutabilis L. ist ein sommergrüner Strauch mit breit-eiförmigen bis rundlichen, 10–20 cm breiten, 3- bis 5lappigen, am Grunde herförmigen, dunkelgrünen, behaarten Blättern. In den Blattachseln entwickeln sich 7–10 cm breite Blüten mit weit ausgebreiteter Krone in dichten Büscheln. Im Laufe des Tages verfärben sich die Blüten von Weiß am Morgen über Rosa bis Tiefrot am Abend. Heimisch in subtropischen Zonen Südchinas, in mediterranen Gärten ausreichend hart.
Mh-4, Zone 9.

H.paramutabilis Bailey entwickelt sich in seiner südchinesichen Heimat zu einem 4–5 m hohen Strauch mit rundlichen, 3lappigen Blättern. Die 8–10 cm breiten Blüten sind breit-becherförmig, die Blütenblätter weiß mit einem roten Basalfleck. Ein schöner, überreich blühender Strauch, der mindestens im Mittelmeergebiet ausreichend frosthart ist. Blütezeit ist Juni.
Mh-4, Zone 9.

H.rosa-sinensis L. Der Chinesische Roseneibisch ist bei uns als Topfpflanze gut bekannt. Ursprünglich wohl in China heimisch, wird er seit langem in allen tropischen Ländern als dekorativer Zierstrauch kultiviert, er ist schon in mediterranen Gärten ausreichend frosthart. In der Freilandkultur entwickelt er sich zu seinem locker verzweigten Strauch oder kleinen, sommergrünen Baum mit 6–10 cm langen, eiförmig bis elliptischen, in der oberen Hälfte weitgehend grob und stumpf oder scharf gezähnten, dünnen, glänzendgrünen Blättern. Die 10–15 cm breiten Blüten mit den weit ausgebreiteten Blütenblättern und der weit herausragenden Staubblattsäule sind bei der Wildart rosarot, bei den zahlreichen Kultursorten aber auch rot, weiß, gelb oder orange und einfach oder mehr oder weniger gefüllt. *H.rosa-sinensis* ist Staatsblume von Hawaii und Malaysia. Er hat vor allem in seiner ostasiatischen Heimat eine hohe mythologische Bedeutung, er gehört z.B. in hinduistischen Tempeln zu den häufigsten Blumenopfergaben.
Mh-4, Zone 9.

H.schizopetalus (Mast.) Hook. f. ist im tropischen Afrika heimisch und wird, wie *H.rosa-sinensis*, in den gleichen Regionen als Zierstrauch gepflanzt. Die roten oder orangeroten Blüten hängen an langen Stielen herab, sie fallen durch ihre zurückgebogenen, wie wild gekrausten Blütenblätter und die sehr weit hervorragende Staubblattsäule auf.
T-6, Zone 9.

H.syriacus L. Der Straucheibisch ist in Indien und China zu Hause. In milden Gebieten wächst er bei uns zu einem bis 2 m hohen, straff-aufrechten Strauch heran, mit chrysanthemenähnlichen Blättern und, bei der typischen Art, violetten Blüten. Die spätsommerliche Blütezeit macht den Straucheibisch zu einem prachtvollen Solitärstrauch, den ein Hauch von Tropenzauber umgibt. Je ungünstiger das Klima, desto geschützter muß sein Standort sein (warme Haus- und Mauerecken, Südhänge) und um so notwendiger ist eine schützende Bodendecke. Besonders junge Pflanzen sollte man in Fichtenreisig oder Stroh einpacken, die beide vor zu starker Sonneneinstrahlung schützen sollen. Eine Bodendecke aus Laub ist unentbehrlich. Geschnitten wird nur im Frühjahr, um die frostgeschädigten Triebe zu entfernen. Auch nach dem Pflanzen sollen die Triebe nicht zurückgeschnitten werden.

Der Straucheibisch wächst auf jedem normalen, durchlässigen Gartenboden. Auf dichten, schweren Böden mit stauender Nässe versagt er; seine Triebe reifen nicht aus und erfrieren dann nicht selten.

Sehr viele, zum Teil mehr als 200 Jahre alte Sorten können eine reiche Farbskala in unsere Gärten bringen, die vom reinen Weiß über Rosa bis zum tiefen Violett reicht. Als Partner empfehlen Hansen und Stahl (1976) gelbblühende *Hypericum* und die gelbfruchtende *Pyracantha* 'Soleil d'Or'.
Nw-4, Zone 7a.

Aus der großen Sortenfülle werden in unseren Baumschulen gegenwärtig folgende Sorten angeboten:

'Adrens'. Dicht gefüllt, purpur bis violett, mit weinrotem Mittelfleck.

'Blue Bird'. Einfach, blauviolett, mit tief magentarotem (roterübenfarbigem) Mittelfleck, Blüten sehr groß, gilt als beste »blaue« Sorte.

'Coelestis'. Einfach, etwas trichterförmig, pastellviolett (helles blauviolett) mit tief magentarotem Mittelfleck.

'Duc de Brabant'. Halbgefüllt, dunkelrosa mit kleinem, dunkel- bis weinroten (bordeauxrot) Mittelfleck.

'Hamabo'. Einfach, rosa mit dunkelrotem Mittelfleck.

Hibiscus syriacus 'Hamabo'

'Helena'. Einfach, rosaweiß mit großem dunkelrotem Mittelfleck, Blüten sehr groß.

'Jeanne d'Arc'. Dichtgefüllt, cremeweiß.

'Lady Stanley'. Gefüllt, nelkenähnlich, zartrosa mit dunkelrotem Mittelfleck.

'Monstrosus'. Einfach, im Aufblühen zartrosa, später weiß mit dunkel- bis weinrotem, großem, sehr langstrahlig auslaufendem Mittelfleck.

'Pink Flirt'. Einfach, sehr großblumig, purpurrosa mit dunkelrotem bis bordeauxrotem Mittelfleck, mittelstark wachsend.

'Pink Giant'. Einfach, rosa, mit dunkelrotem Mittelfleck, der einen silbergrau-roten Rand hat, groß-, reich- und frühblühend.

'Red Heart'. Einfach, sehr großblumig, weiß mit kleinem, dunkel- bis weinroten Rand.

'Rubis'. Einfach, rotlila bis lila (mauve) mit dunkelrotem Mittelfleck.

'Russian Violet'. Einfach, graumagentarot (dunkel-malvenlila) mit dunkel- bis weinrotem Mittelfleck.

'Souvenir de Charles Breton'. Halbgefüllt, lila mit blaurotem bis rubinfarbenem Mittelfleck, im Verblühen blauer werdend.

'Speciosus'. Gefüllt, nelkenähnlich, weiß mit dunkel- bis weinrotem Mittelfleck.

'William R. Smith'. Einfach, Blütenblätter krepppartig gewellt, reinweiß, sehr groß und weit geöffnet, gilt als beste weiße Sorte.

'Woodbridge'. Einfach, rotlila mit relativ kleinem, dunkelroten Mittelfleck.

'Totus Albus'. Einfach, weiß, Blütenblätter glatt.

'Roseus Plenus'. Dunkel violettrosa, dicht gefüllt, im Verblühen nicht verblassend.

'Rubis'. Rot, einfach, kleinblumig und kurztriebig.

'Russian Violet'. Wuchs kräftig, Blüten einfach, malvenlila, sehr zahlreich.

'Speciosus'. Reinweiß mit dunkelroten Flecken in der Mitte, gefüllt.

'Totus Albus'. Reinweiß, einfach.

'William R. Smith'. Reinweiß, einfach, sehr groß und weit geöffnet, gilt als beste weiße Sorte.

'Woodbridge'. Starkwüchsig, Blüten rubinrot, einfach, sehr großblumig.

Hippophaë L., Elaeagnaceae
Sanddorn

Die Gattung umfaßt nur 3 in Europa und Asien verbreitete Arten. Es sind dornige, sommergrüne Sträucher mit wechselständigen, schmal-länglichen bis linealischen Blättern. Den zweihäusigen Pflanzen sind unscheinbare Blüten mit einfacher Blütenhülle eigen, die, zu kurzen Ähren oder Trauben vereint, in den Blattachseln der vorjährigen Triebe sitzen. Die beerenartigen Früchte enthalten harte, eiförmige Samen.

H. rhamnoides L. Der Sanddorn kommt in seinen mitteleuropäischen und asiatischen Verbreitungsgebieten in großen Herden auf feuchten und trockenen Sand- und Kiesböden der Meeresküsten und an den Ufern der Gebirgsflüsse und Seen vor. Er ist ein anspruchsloser Strauch, dem als Pionier- und Flurgehölz eine große Bedeutung zukommt. Er ist aber nicht nur dort, sondern auch im Garten gut zu verwenden. Er erreicht eine Höhe von etwa 7 m, treibt Ausläufer und sieht mit seinen schmalen, silberschilfrigen Blättern und den verdornten Zweigen wie ein Steppenstrauch aus. In den ausgedehnten asiatischen Vorkommen wächst er auch in Grassteppen.

Für den Garten wird der Sanddorn besonders seines herbstlichen Fruchtschmuckes wegen wertvoll. Die Früchte reifen schon im August–September und bleiben bis weit in den Winter an den Sträuchern hängen. Mit einem Vitamin-C-Gehalt zwischen 500 und 900 mg% besitzen die Beeren des Sanddorns die höchsten Vitamin-C-Werte aller bei uns kultivierbaren Fruchtsträucher. Die Beeren lassen sich zu Saft und Süßmost, Mus, Marmelade und Gelee verarbeiten. Da der Sanddorn eine zweihäusige Pflanze ist, muß man neben weiblichen auch immer einige männliche Pflanzen setzen, damit ein ausreichender Fruchtansatz erfolgt. Man pflanzt den Sanddorn so, daß sein hohes Lichtbedürfnis befriedigt wird und seine Ausläufer nicht lästig werden.

Ns/Na-3/4, Zone 4.

'Friesdorfer Orange' ist ein weiblicher Klon, der sich leicht vegetativ vermehren

Hippophaë rhamnoides

läßt, buschig wächst und reich fruchtet.

In der ehemaligen DDR werden in Plantagen verschiedene Sanddornsorten für die Verarbeitung zu Getränken und anderen Produkten angebaut. Neben 3 weiblichen Sorten – 'Frugana', 'Hergo' und 'Leicora' – gibt es auch die männliche Sorte 'Pollmix', die als Pollenspender dient.

Holodiscus discolor

Alle Sorten sind von der Zuchtstation des VEB Saatzucht Baumschulen, Berlin aus Wildpopulationen ausgelesen worden. Sie werden vegetativ vermehrt. Sie sind nicht nur reichtragende Obstsorten, sondern auch wertvolle Schmucksträucher.

'Frugana'. Besonders früh reifende Sorte (ab Mitte August) mit mittelgroßen Früchten, hoher Ertragspotenz und guten Verarbeitungseigenschaften.

'Hergo'. Mittelfrüh reifende Sorte, Früchte mittelgroß und dünnwandig, deshalb gut zu verarbeiten. Die Früchte verblassen nach den ersten Frösten rasch, die Sorte ist deshalb für Schmuckzwecke nicht zu empfehlen.

'Leicora'. Wurde in Berlin als erste weibliche Sorte ausgelesen, sie wird inzwischen auch bei uns angeboten. Die Früchte sind sehr groß, der Fruchtbesatz ist in der Regel sehr dicht. Die Früchte reifen mittelspät, ab Mitte September.

'Pollmix'. Um in Obstplantagen eine gute Befruchtung zu gewährleisten, ist die Anwesenheit geeigneter Pollenspender notwendig. In den ostdeutschen Obstplantagen werden 2 Klone von 'Pollmix' mit einem Anteil von 10% gepflanzt. Bei weniger umfangreichen Anpflanzungen ist ein höherer Prozentsatz notwendig.

Holodiscus (K. Koch) Maxim.
Rosaceae
Kaskadenstrauch

Mit 8 nahe verwandten Arten ist die Gattung im westlichen Nordamerika verbreitet. Die hohen, sommergrünen Sträucher sind mit wechselständigen, fiederlappigen Blättern, kleinen Blüten mit auffallend lang behaarten Fruchtblättern in großen Rispen und meist 1samigen, nicht aufspringenden Schließfrüchten ausgestattet.

H.discolor (Pursh) Maxim. Dieser hübsche, mehr als 2 m hohe Strauch ist viel zu wenig bekannt. Durch seine übergroßen, gelblichweißen Blütenrispen, die sich im Juli an den Enden überhängender Zweige entwickeln, wirkt er sehr dekorativ. Der Kaskadenstrauch – seine Blütenfülle wirkt wie schäumende Kaskaden – ist als eleganter Einzelstrauch ebensogut zu verwenden wie als Gruppenstrauch. Er gedeiht an sonnigen bis halbschattigen Standorten und bevorzugt frische Böden.
N-1, Zone 5b.

Hovenia Thunb., Rhamnaceae
Japanischer Rosinenbaum

Mit 5 Arten sommergrüner Bäume und Sträucher ist die Gattung *Hovenia* in Ost- und Südasien verbreitet. Nur *H.dulcis* wird in Europa gelegentlich angepflanzt.

H.dulcis Thunb. ist in Japan, Korea und China beheimatet. Als Kulturpflanze ist die Art in ganz Ostasien verbreitet. Nicht nur ihr Obst wird geschätzt, sondern auch das Holz, das als Japanisches Mahagoni zu Möbeln und Musikinstrumenten verarbeitet wird.
Der sommergrüne Kleinbaum trägt an behaarten Zweigen wechselständige, breit-eiförmige bis elliptische, 10–15 cm lange, zugespitzte, am Grunde abgerundete oder herzförmige, grob gesägte Blätter. Die 5zähligen, nur 7 mm breiten, grünlichweißen Blüten sind unscheinbar, sie stehen in reichblütigen Trugdolden zusammen und erscheinen im Juni–August. Aus ihnen entwickeln sich etwa 7 mm dicke, zur Reife gelblichbraune, beerenartige Früchte.
Es sind aber nicht die Früchte, die als Obst gegessen werden, sondern die zur Fruchtreife fleischig gewordenen, wurmartig gekrümmten Blütenstandsachsen. Sie sind süß, duften angenehm, sind aber wohl nicht jedermanns Geschmack.
Bei uns ist *H.dulcis* etwas für den Liebhaber seltener Gehölzarten. In günstigen Klimazonen, etwa im milden Westen, entwickeln sich die Fruchtstandsachsen vollständig.
Nh-4, Zone 6b.

Hydrangea L., Saxifragaceae
Hortensie

Die Gattung besteht aus 80 Arten, die im subtropischen und gemäßigten Ost- und Südostasien und von Nordamerika bis zu den Anden Südamerikas zu finden sind. Die sommer- und immergrünen Sträucher oder Kletterpflanzen sind gekennzeichnet durch einfache oder gelappte, gegenständige Blätter und durch eigenartige Blütenverhältnisse. Die inneren Blüten der oft riesigen, endständigen Rispen sind nur sehr klein, aber vollständig ausgebildet, sie besitzen also Staub- und Fruchtblätter und sind fertil. Der äußere Kranz besteht aus unvollständigen, sterilen Blüten, deren Kelchblätter stark vergrößert und kronblattartig gefärbt sind. Die Blütenblätter sind stark reduziert oder fehlen ganz. Dieser »Schauapparat« soll die Insekten anlokken. Viele gefüllt-blühende Formen bestehen nur aus sterilen Blüten. Die Frucht ist eine bei uns nur selten ausgebildete, 2- bis 5fächerige Kapsel mit feinen, oft geflügelten Samen.
Die Gattung hat uns eine Reihe hervorragender Blütensträucher beschert. Einige Arten sind darüber hinaus dekorative Blattpflanzen, andere recht interessante Schlinggewächse. Hortensien lieben sonnige oder halbschattige, windgeschützte Lagen und nahrhafte, genügend frische, humose Böden. Der sommerliche Wasserbedarf ist recht hoch.
Die unterschiedlichen Farbangaben bei den Sorten von *H.macrophylla* beruhen auf dem Umstand, daß sich die Blütenfarbe nach der Bodenreaktion richtet. Ist der Boden alkalisch, werden die Blüten rosa oder rot, auf sauren Böden sind sie blau.
H.aspera, *H.heteromalla*, *H.macrophylla* und *H.quercifolia* werden so wenig wie möglich geschnitten, da man bei winterlichem Schnitt die schon im Spätsommer vorgebildeten Blütenknospen an den 1jährigen Trieben mit abschneiden würde. *H.macrophylla* und ihre Sorten können nach Frostschäden bis zum Boden zurückgenommen werden, blühen dann aber erst im nächsten Jahr wieder. *H.arborescens* läßt sich ebenfalls bis zum Boden zurückschneiden, wenn die alten Triebe sich zu neigen beginnen. Bei *H.paniculata* 'Grandiflora' schneidet man im zeitigen Frühjahr alle starken Triebe bis auf wenige Augen zurück und entfernt alle schwachen ganz; wir können dann eine besonders schöne Blüte erwarten.

H.anomala D. Don ssp. **petiolaris** (Sieb et Zucc.) McClintock. Die Kletterhortensie ist in Japan, Korea und Formosa heimisch; mit ihren Haftwurzeln kann sie bis über 10 m hoch klettern. Sie klettert nicht nur an Baumstämmen hoch, sondern auch an rauhen Mauern, Hauswänden, Felsen und Gerüsten. Ebensogut läßt sie sich freistehend heranziehen. Sie entwickelt dann einen bis

Hydrangea anomala ssp. petiolaris

2 m hohen, rundlichen Busch. An rotbraunen Trieben trägt der völlig frostharte Strauch frühaustreibende, an der Basis oft herzförmige, glänzendgrüne Blätter. Im Juni–Juli entwickeln sich an den Triebenden große, mehrarmige, flache, 15–25 cm breite Blütenstände mit sterilen Randblüten, die weiß gefärbt sind. Die breit-eiförmigen bis rundlichen Blätter färben sich im Herbst schön gelb.
Nhg-4, Zone 5b.

H.arborescens L. ist ein bis 3 m hoher, aufrechter Strauch aus den östlichen USA mit weißen Blüten in 5–10 cm breiten, rundlichen, verzweigten Ständen, die von Juli bis August aufblühen.
N-2, Zone 5b.
'Anabella'. Eine amerikanische Sorte mit ungewöhnlich großen, weißen Blütenbällen, sie erreichen Durchmesser von 20–25 cm. Von Juli–September blüht 'Anabella' überreich.
'Grandiflora'. Auf den leichten Böden in Norddeutschland häufig gepflanzte »Gartenhortensie«. Mit den knapp 20 cm breiten, grünlichweißen Blütenständen wirkt sie häufig etwas protzig, durch den jährlich durchgeführten Rückschnitt auch etwas steif. Die Blüten erscheinen allerdings erst im Spätsommer (Juli–September) und über einen langen Zeitraum.
'Sterilis' sollte mit ihrer überreichen Blütenfülle mehr Beachtung finden. Die halbkugeligen Blütenstände sind mit 15–20 cm Durchmesser noch etwas größer als die von 'Grandiflora', außerdem sind sie reinweiß.

H.aspera D. Don. Die Rauhe Hortensie ist eine sehr variable Sippe, zu der eine Gruppe von Arten gehört, die auch als Samthortensien bezeichnet werden. Neben *H.aspera* werden hierzu auch *H.sargentiana* und *H.strigosa* gestellt. Sie erhalten nicht von allen Autoren den Rang selbständiger Arten, sondern werden oft als Subspecies zu *H.aspera* gestellt.
Alle stammen aus Ostasien und sind eigenwillige, nur sparsam verzweigte Sträucher mit dicken, bleibend dicht behaarten Zweigen, großen Blättern von einer samtartigen Beschaffenheit und flachen, 10–30 cm breiten Blütenständen. Die samtige Behaarung von Zweigen, Blattstielen und Blättern wird durch eine dichte, aus angepreßten Haaren bestehende Bekleidung bewirkt. Die fertilen Innenblüten können rosa, violett oder blau, selten weiß gefärbt sein, die sterilen Außenblüten sind weiß bis rosa.
Alle sind wertvolle Blütensträucher von eigenartigem Reiz, die durch große Blätter und späte Blüte (Juli–September) auffallen. Sie wachsen am besten an hellen Plätzen

Hydrangea arborescens 'Anabella'

mit Schutz vor Wind und der Mittagssonne auf frischen, aber gut dränierten Böden. Im Alter sind alle ausreichend hart, in der Jugend ist Winterschutz angebracht. In der Gartenkultur von Bedeutung sind vor allem die 3 folgenden Formen.
'Macrophylla'. Sparsam verzweigter, etwas staksig wirkender Strauch von über 3 m Höhe. Blätter oval bis eiförmig, bis 25 cm lang, oberseits dunkelgrün mit kurzen Haaren, unterseits graufilzig. Blüten im Juli–August in bis 25 cm breiten, flach-kugeligen Ständen. Fertile Blüten blaßlila, die Randblüten weiß. Wird vor allem in Holland mit diesem Namen, sonst oft als *H.aspera* ssp. *strigosa* bezeichnet und darf nicht mit *H.aspera* ssp. *macrophylla* verwechselt werden.
'Mauvette'. Holländische Sorte, die etwa 2 m Höhe erreicht. Die fertilen Innenblüten sind malvenfarben. Unterscheidet sich von 'Macrophylla' auch durch kleinere Blätter und kleinere Blütenstände.
H.aspera ssp. *sargentiana* (Rehd.) McClintock. Ebenfalls sparsam verzweigter, bis 3 m hoher Strauch, der sich durch kurze Ausläufer langsam ausbreitet. Die rötlich austreibenden Blätter sind breit-eiförmig bis länglich-eiförmig, 15–35 cm lang, oberseits samtig behaart und unterseits, ebenso wie die jungen Zweige, mit dicklichen, borstig-rauhen, anfangs rosaroten Zottenhaaren bedeckt. Blüten im Juli–August in bis 25 breiten, flachen Doldenrispen mit rosalila Innen- und weißen Randblüten. Wohl die am häufigsten gepflanzte Samthortensie.
Nh-4, Zone 6b.

H.heteromalla D. Don. Ein vom Himalaja bis China verbreiteter Strauch, der bei uns etwa 3 m hoch wird. Er trägt im Juli 10–30 cm breite, flach gewölbte Blütenstände mit weißen Innenblüten und weißen oder im Erblühen rosa gefärbten Außenblüten.
Nhg-4, Zone 5b.

H.involucrata Sieb. ist ein 1–2 m hoher Strauch, der nicht selten auch niedriger bleibt. Triebe und Blätter sind dicht behaart. Der Blütenstand dieser japanischen Art, die von Juli–September blüht, wird bis 15 cm breit und ist gekennzeichnet durch weiße Innen- und meist weißliche, selten rosa oder bläuliche Randblüten. Heimisch in Japan.
Nhg-4, Zone 7a.

H.macrophylla (Thunb. ex Murr.) Ser. Die Gartenhortensie ist eine im Himalaja, in Südchina und Japan heimische Art, ein 1–3 m hoher Strauch mit sehr unterschiedlich großen Blättern. Er blüht im Juni–Juli mit flachen, 10–20 cm breiten Doldenrispen, in denen die fruchtbaren Blüten weiß oder blau gefärbt sind.
Nh-4, Zone 6b.
Zu *H.macrophylla* gehören unsere Topfhortensien, die häufig auch in die Gärten gepflanzt werden und mindestens in den wintermilden Gebieten Deutschlands frosthart sind.
'Alpenglühen'. Blütenstand flach-kugelig bis rundlich, bis 18 cm breit. Blüten alle steril, rot.
'Bouquet Rose' zeichnet sich durch ballför-

mige rosa Blütenstände aus, die von Juni bis zum September erscheinen. Gilt als besonders frosthart.

'Masja'. Blütenstand kugelig, sehr groß, Blüten alle steril, rosa.

'Tovelit'. Blüten tiefrosa bis rosarot, Blütenstand flach-kugelig, 15–20 cm breit.

Auch eine Gruppe von Gartenformen wird zu *H. macrophylla* gestellt, die in England »Lacecap-Hortensis« (= Spitzenhäubchen) genannt werden. Alle besitzen flache Blütenstände mit einem Kranz steriler Randblüten, die fast immer anders gefärbt sind als die fertilen Innenblüten. Sie sind ausnehmend hübsch, aber nicht ganz frosthart; sie brauchen also einen halbschattigen Platz und eine schützende Bodendecke.

'Blue Wave' umgibt die blauen Innenblüten mit rosa, lila oder enzianblau gefärbten Außenblüten; sie ist in England eine der häufigsten Sorten.

'Lanarth White'. Randblüten reinweiß, Innenblüten blau, Blütenstände schirmförmig.

'Mariesii'. In den halbkugelig gewölbten Blütenständen sind die fruchtbaren Blüten von einem doppelten Kranz rosaroter bis hellblauer Außenblüten umgeben.

'Rosalba'. Die 6–7 Randblüten färben sich im Verblühen von Weiß zu Karminrosa, die Innenblüten sind rosa oder blau.

'Teller's White'. Fruchtbare Blüen cremeweiß, Randblüten weiß, Blütenstand flach, Belaubung mattgrün.

'White Wave' besticht durch den starken Kontrast zwischen den 8 großen, reinweißen Randblüten und den blauen Innenblüten.

H. macrophylla ssp. **serrata** (Thunb.) Mak. ist in den Bergwäldern Japans und Koreas verbreitet, ein etwa 1 m hoher, dünntriebiger Strauch. Die 4–8 cm breiten, flachen oder gewölbten Doldenrispen sind viel kleiner als die von *H. macrophylla*. Auch von *H. macrophylla* ssp. *serrata* sind einige Gartenformen zu haben.
Nh-4, Zone 7a.

'Acuminata' besitzt relativ wenige, sterile Außenblüten; sie sind rosa gefärbt und stehen in deutlichem Kontrast zu den stahlblauen Innenblüten.

'Benikagu' ist eine aus Japan nach Holland importierte Sorte mit flachen Blütenschirmen. Die sterilen Randblüten sind 2,5 bis 4 cm breit, außen rosarot und innen weißlich gefärbt, die fertilen Blüten sind hellblau.

'Bluebird'. Kleiner, wüchsiger Strauch mit gewölbtem Blütenstand, großen, rötlichpurpurnen, auf sauren Böden hellblauen Randblüten und blauen Innenblüten.

'Grayswood'. Bis 1,5 m hoher, im Alter

Hydrangea macrophylla 'Bluebird'

breit auseinanderfallender Strauch mit schirmförmigen Blütenständen. Die fruchtbaren Blüten sind rosa oder blau, die sterilen Randblüten zuerst weiß und oft etwas gerötet, bald aber karminrot. Die Farbe hält oft bis zum Frost.

'Imperatice Eugenie'. Etwa 1,5 m hoher Strauch mit schirmförmigen, 4–8 cm breiten Blütenständen. Die Innenblüten sind blau, die Randblüten rosa gefärbt.

'Preziosa'. Gut 1 m hoher Strauch mit flach-ballförmigen Blütenständen. Die vielen sterilen Blüten sind tiefrosa, im Herbst purpurrot gefärbt. Sehr reichblühend und frosthart.

'Rosalba'. Knapp 1 m hoch, schirmförmige Blütenstände mit zunächst weißen, bald teilweise karminrosa gefärbten Randblüten und rosa oder blauen, fertilen Innenblüten.

H. paniculata Sieb. et Zucc. ist ein in China und Japan heimischer Strauch, der auch bei uns 2–3 m hoch werden kann, durch ständigen Rückschnitt meist aber niedriger gehalten wird. Die Art gedeiht auch in schattigen Lagen sehr gut, sie entfaltet im August ihre kegelförmigen, bis 25 cm langen Rispen an den Zweigenden. Fruchtbare und unfruchtbare Blüten sind über die ganze Rispe verteilt, sie sind zunächst weiß und verfärben sich im Verblühen rosa. Abgeschnittene Blüten halten in trockenem Zustand noch lange ihre Farbe. N-4, Zone 5a.

'Grandiflora', »die« Gartenhortensie, ist wichtiger als die Art. Ihre bis 30 cm langen Rispen, die fast ausschließlich aus sterilen Blüten bestehen, wirken etwas protzig, sie

verfärben sich im Verblühen wie bei der Art von Weiß zu Rosa.

'Kyushu'. Japanische Sorte, großer, aufrechter Strauch mit zahlreichen, schlankkegelförmigen, rahmweißen Blütenständen, Hauptblüte im September–Oktober.

'Praecox' ist wie die Wildart, blüht jedoch schon Anfang Juli, hat kleinere Rispen und längere und schmalere Randblüten.

H. quercifolia Bartr. Die Eichenblättrige Hortensie ist bei uns kaum bekannt. Etwa im Juli öffnen sich die straußförmigen Blütenrispen mit zahlreichen weißen, fruchtbaren und gleichfalls weißen, später roten Randblüten. Die in Amerika beheimatete Art wird bei uns kaum 1 m hoch. Ihre großen, 5lappigen, unterseits graufilzigen Blätter färben sich im Herbst intensiv rot. Obwohl die Art nicht so blühwillig wie andere ist, verdient sie eine größere Verbreitung, allein der eigenartigen Blattform und der prachtvollen Herbstfärbung wegen.
Nhw-4, Zone 7a.

Hypericum L., Guttiferae
Johanniskraut

Von den rund 400 Arten, die in den gemäßigten und subtropischen Gebieten der nördlichen Halbkugel verbreitet sind, sind die meisten Stauden, nur wenige strauchig und für unsere Gärten geeignet. Typisch für die Gattung sind gegenständige, zuweilen quirlige, kurzgestielte oder sitzende Blätter, die oft durch Öldrüsen durchscheinend oder schwarz punktiert sind. Die Blüten entfalten sich in endständigen, zusammengesetzten Trugdolden oder Rispen. Sie bestehen meist aus je 5 Kron- und Kelchblättern und sehr vielen Staubblättern. Die Frucht ist eine 3- bis 5lappige Kapsel mit lederartigen Wänden, seltener einer Beere. Alle genannten *Hypericum*-Arten zeichnen sich durch enorme Blühwilligkeit aus. Ihre großen, tellerförmigen, gelben Blüten erhalten durch die vielen Staubgefäße, die die Blütenblätter weit überragen, einen besonderen Reiz.

Alle Arten lieben einen leichten, humosen Boden und gedeihen auch in sonnigen und leicht schattigen Lagen. Bei entsprechender Pflanzung eignen sie sich gut als Bodendekker, mit Ausnahme von *H.calycinum* allerdings nur für größere Flächen. Mit den höheren Arten lassen sich hübsche, niedrige Hecken pflanzen, natürlich können alle auch als kleine Vorsträucher verwendet werden. Insgesamt sind die genannten Arten nicht absolut frosthart. Es passiert immer wieder, daß in strengen, schneelosen Wintern Blattschäden auftreten oder die Triebspitzen erfrieren Nach Frostschäden schneidet man die Triebe zurück, sonst läßt man die immergrünen und die größeren, strauchigen Arten am besten in Ruhe.

Hypericum calycinum

H.androsaemum L., Mannsblut. Der halbimmergrüne, knapp 1 m hohe Strauch ist von West- und Südeuropa bis Kleinasien weit verbreitet. Interessant ist er vor allem durch seine zahlreichen kugeligen Früchte, die zunächst rotbraun, später glänzendschwarz sind. Sie färben sich schon im frühen Herbst; gleichzeitig blühen dann immer noch die kleinen goldgelben Blüten auf.

Nm/M-3, Zone 6b.

Die sehr variable *H.androsaemum* wird gegenwärtig in verschiedenen vegetativ vermehrten Sorten angeboten:

'Autumn Blaze'. Wuchs straff-aufrecht, bis 1 m hoch. Triebe stabil, mit zwei seitlichen Leisten. Blätter breit-eirund, 4–6 cm lang, dunkelgrün, im Herbst purpurn gefärbt. Blüten tiefgelb, 2,5 cm breit. Früchte breiteiförmig, 10–13 mm lang, zuerst braunrot, später schwarz. Eine wertvolle Auslese mit gesundem Wuchs und reichem Fruchtschmuck. Fruchtzweige eignen sich besonders gut als Beiwerk in Blumensträußen.

'Orange Flair'. Wuchs breit-aufrecht, etwa 75 cm hoch. Blätter eiförmig, lang zugespitzt, 4–6 cm lang, hellgrün. Blüten goldgelb, etwa 2,5 cm breit. Früchte 10–12 mm lang, eirund, zuerst hell-, später

dunkelrot und glänzend, zur Reife schwarz. Eine Selektion mit besonders schönen Früchten.

'Red Glory'. Wuchs breit-aufrecht, bis 1 m hoch. Blätter 5–7 cm lang, eiförmig, lang zugespitzt, dunkel blaugrün. Blüten etwa 3 cm breit, goldgelb, Staubblätter besonders lang. Früchte 10–13 mm lang, dunkelrot bis tief purpurrot, mattglänzend, zur Reife schwarz. Wertvolle, langtriebige, gegen Rost wenig anfällige Sorte.

H.calycinum L. Der immergrüne, bis 30 cm hohe Strauch, der von Südosteuropa bis Kleinasien verbreitet ist, treibt sehr viele Ausläufer und ist dadurch zu einem geschätzten Bodendecker geworden. Er verlangt allerdings geschützte Lagen, wächst dann in der Sonne genausogut wie im Schatten. In weniger milden Gebieten frieren die oberirdischen Triebe häufig zurück, aus den Wurzeln treiben jedoch genügend neue Triebe, die alten schneidet man nach Frostschäden vor dem Austrieb bis zum Boden zurück. Die immergrünen Blätter sind tiefgrün und ledrig, über ihnen stehen vom Juli bis September bis 7 cm breite, goldgelbe Blüten, deren gebündelte Staubblätter rötliche Antheren tragen.

Nm-3, Zone 6b.

H.densiflorum Pursh ist ein immergrüner, aufrechter, etwa 1 m hoher Strauch mit 2kantigen Trieben und 1–5 cm langen, lineal-lanzettlichen Blättern, die am Rand eingerollt sind. Von Juli bis September erscheinen 1–1,5 cm breite, goldgelbe Blüten in dichten, vielblütigen Trugdolden. Die im südöstlichen Nordamerika heimische, trockenresistente Art braucht einen sonnigen Standort.

Nw-2, Zone 6b.

'Goldball'. Diese Züchtung aus der ehemaligen DDR wird etwa 70 cm hoch, ihre kleinen Blüten sind mit zahlreichen, auffallend weit hervorragenden, goldgelben Staubgefäßen ausgestattet.

H.erectum Thunb. 20–60 cm hoher, halbimmergrüner Strauch mit breit-lanzettlichen, 2–6 cm langen Blättern und 1,5–2 cm breiten, gelben Blüten im Juli–August. Ein sehr variabler Zwergstrauch, der auf allen japanischen Inseln in lichten Bergwäldern weit verbreitet ist.

Nh-4, Zone 6b.

'Gemo'. Dänische Selektion, die sich durch größere, goldgelbe Blüten und durch große Winterhärte auszeichnet.

H.forrestii (Chitt.) N. Robson. Die als *H.patulum* var. *forrestii* bekannte Varietät wird heute als selbständige Art geführt. Der

357

in Ostasien weit verbreitete, etwa 1 m hohe Strauch ist wesentlich frosthärter als *H.patulum*, das als reine Art in den Gärten nicht gepflanzt werden sollte. Unermüdlich produziert der kleine Strauch vom Juli bis in den September dunkelgelbe Blüten, die in Büscheln an den Zweigenden sitzen. Die noch unreifen Fruchtkapseln erhöhen mit ihrer rötlichen Farbe den Wert dieser Art, die als eine der schönsten aller Johannissträucher angesehen wird.
N-4, Zone 6b.

'Hidcote'. Die Herkunft der früher zu *H.hookerianum* gestellten Hybride ist noch nicht geklärt. Gleichwohl, sie ist eine weitverbreitete Form mit 5–7 cm breiten, tellerförmigen, goldgelben Blüten, die von Juli–Oktober in unermüdlicher Folge aufblühen. Sie wird bis 1,5 m hoch und gern auf großen Flächen als Bodendecker gepflanzt, ist aber natürlich auch als Einzelstrauch recht hübsch.
Zone 6b.

H.hircinum L. Ein halbimmergrüner, 50–100 cm hoher Strauch aus dem nördlichen Mittelmeergebiet. Die 3–6 cm langen Blätter riechen gerieben bocksartig. Im Juli–September entfalten sich 3 cm breite, gelbe Blüten, die an den Zweigenden in größeren Ständen vereint sind.
Ms-3, Zone 7a.

'Loke'. Dänische Selektion, ein bis 90 cm hoher Strauch mit großen Blättern, goldgelben Blüten und auffallend rotbraunen Früchten im Herbst.

H.hookerianum Wight et Arn. ist ein einigermaßen immergrüner Strauch von etwa 1 m Höhe, der aus Südindien und Westchina kommt. Über dunkel bläulichgrünen Bättern leuchten von August–Oktober gelbe, tellerförmige, 5 cm breite Blüten in endständigen Trugdolden.
N-4, Zone 7a.

H.inodorum Mill. Halbimmergrüner, bis 1 m hoher Strauch mit 2kantigen Trieben und breit-elliptischen Blättern, die gerieben aromatisch duften. Von Juli–September erscheinen goldgelbe, 2,5–3 cm breite Blüten in vielblütigen, end- oder achselständigen Trugdolden. Die zuletzt zurückgeschlagenen Kelchblätter bleiben bis zur Fruchtreife hängen. Die Früchte sind dunkelbraun bis rötlich und weniger fleischig als die von *H.androsaemum*. Eine in Holland hoch bewertete Art, die in Iran, im Kaukasus und auf Madeira heimisch ist.
Nh-3/Ms-3, Zone 6b.

'Elstead' ist eine hoch bewertete Auslese, die frosthärter ist, kompakter wächst und

besonders schöne, scharlachrote Früchte hat. Im Hochsommer trägt der Strauch gleichzeitig Blüten und Früchte.
'Rheingold'. Selektion mit besonders schönen Blüten und Früchten, außerdem wenig anfällig gegen Rost.

H.kalmianum L. Ein immergrüner, 50–70 cm hoher Strauch mit 4kantigen Zweigen und meist 2kantigen Seitentrieben. Die 2,5–5 cm langen, lineal-länglichen Blätter sind oberseits blaugrün und unterseits bläulich. Im August öffnen sich die 1,5–2,5 cm breiten, goldgelben Blüten zu dritt in end- oder achselständigen Trugdolden. *H.kalmianum* ist im östlichen Nordamerika und in Kanada heimisch.
N-2, Zone 5b.

'Sonnenbraut'. Züchtung aus der ehemaligen DDR, ein etwa 1 m hoher, dichter Strauch mit 4 cm breiten Blüten, aus denen zahlreiche Staubgefäße weit herausragen.

H.kouytchense Lév. begegnet uns in den Katalogen einiger Baumschulen unter dem jetzt inkorrekten Namen »*Hypericum patulum* 'Sungold'«. Der nicht ganz winterharte, sommergrüne Strauch trägt oval-elliptische, 3–7 cm lange, unterseits bläuliche und durchscheinend punktierte Blätter. Von Juni–Oktober erscheint an den Triebenden eine Fülle 4–6 cm breiter, goldgelber Blüten, die in der Regel zu dritt stehen.
Nh-4, Zone 6b.

H. × moserianum André (*H.calycinum* × *H.patulum*) ist als kleiner, halbimmergrüner Strauch sehr wertvoll. Auch er kann als Bodendecker an geschützten Plätzen verwendet werden, wird 40 cm hoch und sollte jährlich einen Rückschnitt erfahen.

Idesia polycarpa

ren. Um so zahlreicher erscheinen dann vom Juli bis zum Oktober an den Trieben den die goldgelben, 5–6 cm breiten Blüten, deren rötliche Staubgefäße auffallen.
Zone 7a.

H.prolificum L. ist im südöstlichen Nordamerika heimisch, ein immergrüner, aufrechter, dichtbuschiger Strauch von etwa 1 m Höhe. Von Juli–September trägt der Strauch über dünnen, glänzenden, 4–7 cm langen, schmal-länglichen, durchscheinend punktierten Blättern 2 cm breite, hellgelbe Blüten, die in vielblütigen, end- oder achselständigen Rispen zusammenstehen.
Nw-2, Zone 6b.

Idesia Maxim., Flacourtiaceae
Orangenkirsche

Die Gattung besteht aus nur einer, in Japan und China heimischen Art. Es ist ein sommergrüner Baum mit wechselständigen, langgestielten, ungeteilten Blättern, zweihäusig oder polygam verteilten Blüten und traubenartigen, hängenden, beerenartigen Früchten.

I.polycarpa Maxim. wirkt zunächst durch ihre großen, herzförmigen Blätter, die auf der Oberseite tiefgrün, unterseits blaugrün und den Blättern der Großblattpappel (*Populus lasiocarpa*) ähnlich sind. Der Baum erreicht in seiner Heimat eine Höhe von 15 m, entwickelt weit ausgebreitete Äste und eine glatte, grauweiße Rinde. Aus unscheinbaren, grünlichen, 10–25 cm langen, hängenden, endständigen Blütenrispen entstehen im Herbst an den weiblichen Pflanzen korallenrote, 7–8 mm dicke Beeren, die in dichten Ständen von den Zweigen hängen und auch noch im Winter den Baum zieren.
Da *Idesia* häufig zweihäusig ist, sollte man immer mehrere Pflanzen setzen, wenn man Wert auf die dekorativen Früchte legt.
Nhw/Mh-4, Zone 7a.

Ilex L., Aquifoliaceae
Stechpalme

Die Gattung *Ilex* kommt mit rund 400 Arten hauptsächlich in den tropischen und subtropischen Zonen beider Erdhälften vor. Einige Arten sind aber auch in der nördlich gemäßigten Zone verbreitet, in Mitteleuropa, dem atlantischen Nordamerika, Japan, Zentral- und Ostasien. Die Gattung umfaßt meist immergrüne, selten sommergrüne Sträucher oder kleine Bäume mit wechselständigen, häufig ledrigen und mit dornigen Zähnen versehenen Blättern. Von der Anlage her sind die Blüten zwittrig, durch Fehlschlagen des einen Geschlechtes aber oft eingeschlechtig und meist zweihäusig verteilt. Die weißlichen Blüten sitzen einzeln oder in kleinen, trugdoldigen Blütenständen in den Achseln der Blätter. Die Frucht ist eine beerenartige Steinfrucht.

Wie allen immergrünen Laubholzarten gibt man auch den Stechpalmen einen ausgesuchten Standort, der durch leichte Beschattung, möglichst hohe Luftfeuchtigkeit, Schutz vor direkter Wintersonne und austrocknenden Winden gekennzeichnet ist. An den Boden stellen sie keine besonderen Ansprüche, er kann sandig, anmoorig, lehmig und auch kalkhaltig sein. Von den hier behandelten Arten braucht nur *I. verticillata* saure Böden. Man muß allerdings für eine genügend hohe Winterfeuchtigkeit sorgen, die man notfalls durch reichlich Wassergaben im Herbst erreicht.

Alle *Ilex*-Arten sind keine Blütensträucher im landläufigen Sinne. Sie sind allein durch ihre immergrünen, glänzenden Blätter und durch ihre Früchte für den Garten wertvoll. Bei der Anpflanzung muß man berücksichtigen, daß *Ilex* zu den zweihäusigen Pflanzen zählt, die nur dann fruchten, wenn neben den weiblichen auch einige männliche stehen.

Die Baumschulen sollten neben fruchtenden Pflanzen auch definierte männliche Pflanzen anbieten, wie dies bei *I. verticillata* gelegentlich schon geschieht. In der neuen *I. × meserveae* 'Blue Prince' steht uns ein sehr guter Pollenspender (auch für *I. aquifolium*-Sorten) zur Verfügung.

Die hohe Schattenverträglichkeit aller *Ilex*-Arten macht diese zu einem idealen Untergehölz in weiträumigen Parkanlagen. Sie lassen sich aber im Hausgarten an entsprechenden Standorten ebensogut verwenden. Bei zusagendem Klima läßt sich *I. aquifolium* zu herrlichen Hecken formen.

I. × altaclarensis (Loud.) Dallim. Diese stattliche *Ilex*-Hybride (*I. aquifolium × I. perado*) zeigt sich in allen Teilen größer als *I. aquifolium*. Ihre bis 10 cm langen Blätter sind am Rande nicht gewellt, sondern mehr oder weniger ganzrandig und nur schwach gezähnt. Einige ihrer Sorten sind auch bei uns zu haben. Alle wachsen langsam und sind nicht ganz so frosthart wie *I. aquifolium*, sie benötigen daher geschützte, halbschattige Plätze. Zone 7b.

'Belgica Aurea' ist ein etwa 3 m hoher Strauch mit eiförmigen Blättern, die einen unregelmäßig breiten, goldgelben Rand be-

Ilex aquifolium 'Rubricaulis Aurea'

sitzen. Raschwachsend und ziemlich winterhart.

'Camelliifolia' besticht durch regelmäßigen, kegelförmigen Wuchs, tiefgrüne, längliche Blätter, die im Austrieb etwas bräunlich sind, durch hohe Fruchtbarkeit und große rote Früchte.

'Golden King'. In Holland und England häufig gepflanzt. Wohl die schönste gelbbunte *Ilex*-Form, aber leider etwas empfindlich.

I. aquifolium L. Unsere heimische Stechpalme oder Stechhülse ist der einzige immergrüne Laubbaum Mitteleuropas, der vorwiegend in den atlantischen und subatlantischen Zonen zu finden ist. Er kann 10–12 m Höhe erreichen, wächst gleichmäßig kegelförmig und ist mit glänzend dunkelgrünen, stachelig gezähnten Blättern ausgestattet, deren glatte Oberfläche zu einer hohen Industriefestigkeit beiträgt. Von hohem Zierwert sind die bis weit in den Winter haftenden leuchtendroten Beeren. Die hohe Variabilität von *I. aquifolium* hat zur Selektion vieler Gartenformen geführt, von denen zur Zeit erstaunlich viele angeboten werden.

Nhm-3, Zone 7a.

'Alaska'. Eine relativ winterharte, schmalaufrecht wachsende Form mit stark glänzenden Blättern, die wesentlich kleiner sind als die der Art.

'Amber'. Breit-aufrechter, 5–6 m hoher Strauch. Blätter wenig gezähnt, ziemlich flach, 5–6 cm lang. Früchte orangegelb, ziemlich groß und recht zahlreich, sie reifen recht spät, bleiben lange haften und werden erst spät von Vögeln gefressen.

'Argenteomarginata'. Weithin bekannte, weißbunte *Ilex* mit breit-eiförmigen, weiß gerandeten Blättern und gutem Fruchtansatz.

'Atlas'. Männliche Form mit straff-aufrechtem Wuchs, besonders gut für Hecken geeignet, wird 5–6 m hoch. Blätter regelmäßig scharf gezähnt.

'Aureomarginata'. Gruppenname für eine Reihe sehr ähnlicher, gelbbunter Formen mit scharf gezähnten und am Rand welligen Blättern.

'Bella' wächst geschlossen aufrecht, ist dicht und zierlich belaubt. Der braunrote Austrieb bildet einen wirkungsvollen Kontrast zu den frischgrünen, glänzenden Blättern.

'Ferox' bietet durch die dicht stachelig gezähnte Blattspreite ein eigenartiges Bild. Die recht kleinen Blätter sind am Rand teilweise nach unten gebogen. Die Rinde junger Triebe ist purpurfarben.

'Ferox Argentea'. Schwächer wachsend als 'Ferox', Blätter mit breitem weißem Rand, interessante, recht winterharte Form.

'Golden van Tol'. Aus einer Mutation an der bekannten 'J.C. van Tol' gewonnene, sehr wertvolle Form mit mattglänzenden, regelmäßig goldgelb gerandeten Blättern.

'Handsworth New Silver'. Blätter länglich, Randzähne sehr gleichmäßig und weiß, Spreite grün mit graugrünen Flecken und ziemlich regelmäßigem weißen Rand.

'Harpune'. Mutation von 'Alaska' mit schmal-lanzettlichen, sehr lang zugespitzten, stachelig gezähnten bis ganzrandigen Blättern. Raschwüchsiger als 'Myrtifolia' und sehr winterhart.

'J.C. van Tol' ist die wohl am häufigsten kultivierte Form. Sie wächst mit waagerecht-abstehenden Ästen recht breit und fruchtet überreich.

'Madame Briot' fällt durch ganz unterschiedlich breit goldgelb gerandete Blätter auf, zum Teil sind diese völlig gelb; eine bewährte, winterharte Sorte.

'Myrtifolia'. Mit den nur 2–3 cm langen, glänzendgrünen, am Rande fein gezähnten Blättern ein kleiner, sehr dichter Strauch.

'Pyramidalis' gilt als eine der schönsten Formen. Sie wächst kegelförmig, die Blätter sind weniger gezähnt, der Fruchtansatz ist reichlich.

'Pyramidalis Aureomarginata'. Im Wuchs etwas kompakter als 'Pyramidalis'. Blätter mit schmalem gelbem Saum, reich fruchtend.

'Rubricaulis Aurea' ist mit ihren nur ganz schmal gesäumten, rundlichen, ziemlich großen Blättern nicht so attraktiv wie andere gelbbunte Sorten, dafür aber winterhärter als die meisten anderen. Sie fruchtet sehr reich, die Beeren sind orangerot.

'Siberia'. Breit-aufrechter, hoher Strauch mit sehr variablen Blättern und zahlreichen hellroten Früchten. 'Siberia' ist durch die außerordentlich große Winterhärte von besonderem Wert.

'Silver Queen' gilt mit ihren graugrün marmorierten und weiß gesäumten Blättern als schönste weißbunte Sorte, ist gleichzeitig aber auch ziemlich empfindlich.

I.ciliospinosa Loes. Aus den Bergwäldern im westlichen Sichuan stammt diese immergrüne Art. Sie kann 3–4 m hoch werden und fällt durch ihre kleinen, mattgrünen Blätter auf, die am Rand mit feinen, fast wimperförmigen Zähnen ausgestattet sind. Nhg-4, Zone 7b.

I.crenata Thunb. ist in Japan verbreitet und wird zu einem bis 2,5 cm hohen, spar-

rigen und dicht verzweigten Strauch, der sich im Garten vielfältig verwenden läßt. Die schwachwachsenden Formen sind brauchbare Kleinsträucher für den Heide-, Stein- und Troggarten. Seine immergrünen Blätter sind nur 2–3 cm lang und glänzend dunkelgrün.
Nh/Mh-4, Zone 7a.

'Convexa' fällt durch ihre außerordentlich hohe Schattenverträglichkeit und große Frosthärte auf. Die Blätter dieser Varietät, die nur etwa 1,5 m hoch wird und breit wächst, sind blasig gewölbt.

'Golden Gem.' Zwergige Form mit niedrigem und breit-ausladendem Wuchs; die kleinen Blätter sind zunächst fast alle goldgelb, vergrünen später aber. Ein hübscher, aber etwas empfindlicher Strauch.

'Green Lacruste'. In den USA sehr weit verbreitete, frostharte Sorte mit glänzendgrünen Blättern und dichtem, breitem Wuchs.

'Hetzii'. Eine Form mit hellgrünen, teilweise konvex geformten Blättern, die größer sind als die von 'Convexa'.

'Latifolia'. Aufrechtwachsend, etwa 1,5 m hoch, Blätter größer als bei den anderen Formen, glänzend dunkelgrün, ein sehr robuster, winterharter Strauch.

'Microphylla' wächst wesentlich schwächer als die Art, ihre hellgrünen Blätter sind nur etwa 1 cm lang.

'Rotundifolia' entwickelt üppige, zuverläs-sig winterharte Formen mit dunkelgrüner Belaubung.

'Stokes' ist sehr winterhart und deshalb wertvoll, auch wenn der kleine, gedrungene Strauch etwas steif wirkt.

'Tiny Tim'. Schwach und kompakt wachsend, Blätter klein, sehr dichtstehend und mattgrün.

I. × meserveae wurde von Mrs. Kathleen Meserve in New York durch Kreuzungen zwischen *I.aquifolium* und *I.rugosa* erzielt. Die ersten Sorten ('Blue Boy' und 'Blue Girl') wurden 1964 bekannt. 1972 kam die männliche Sorte 'Blue Prince' auf den Markt, ein Jahr später die beiden weiblichen Formen 'Blue Angel' und 'Blue Princess'. Diese 3 Sorten sind inzwischen auch in deutschen Baumschulen zu haben.
Zone 6b.

Die neuen Hybriden – »Blaue Ilex« – überraschen durch dunkle, bläulichpurpurne Triebe und immergrüne, oberseits tief dunkelgrüne, glänzende Blätter, die unterseits deutlich heller gefärbt sind. Insgesamt erinnern sie an die Blätter von *I.aquifolium*, sind aber etwas kleiner. Man sagt den Sorten von *I. × meserveae* besondere Winterhärte und große Fruchtbarkeit nach. Tatsächlich haben sie die tiefen Temperaturen im Januar 1979 unbeschädigt überstanden, während *Ilex aquifolium*-Sorten am gleichen Standort stark gelitten haben. Es

Ilex × meserveae 'Blue Princess'

scheint allerdings, als ob sich die Früchte nur nach einem warmen und trockenen Herbst rechtzeitig färbten, bei kühler Witterung bleiben sie grün – offenbar ein Erbteil von *I. rugosa*, deren Früchte sich ebenfalls nur schlecht färben.

Trotz dieser negativen Eigenschaft sind die Sorten eine Bereicherung des *Ilex*-Sortimentes. Mit ihrem sehr dunklen Aussehen sind sie recht dekorativ. Ihre hohe Regenerationsfähigkeit macht sie zu wertvollen Heckenpflanzen.

'Blue Angel' wächst kräftig, aufrecht und kompakt. Die 3–5 cm langen, besonders dicken Blätter sind dunkler als die der folgenden Sorten; sie sind am Rande stark gewellt und auf jeder Seite mit 8–12 abstehenden, dornigen Zähnen versehen. Die bläulichpurpurne Farbe der Triebe setzt sich über den Blattstiel bis in die Mittelrippe fort. Die Früchte sind tiefrot, glänzend und ungewöhnlich groß.

'Blue Prince' entwickelt einen kompakten, breit-kegelförmigen Habitus. Die 4–6 cm langen, ovalen Blätter sind nur ganz leicht gewellt und mit je 6–8 Zähnen auch nur leicht gebuchtet. 'Blue Prince' ist eine männliche Form, die reichlich Pollen produziert und ihren hohen Wert als Pollenspender für andere *Ilex*-Arten schon unter Beweis gestellt hat.

'Blue Princess'. Mit vielen, dicht beblätterten Zweigen wächst die Sorte breit-aufrecht. Die mit je 8–12 dornigen Zähnen versehenen Blätter sind etwas stärker gewellt als die von 'Blue Prince'. Die Sorte gilt als außerordentlich fruchtbar, ihre glänzenden Beeren werden in großen, auffallenden Büscheln angelegt.

I. pernyi Franch. wirkt besonders durch ihre fast 4eckigen, immergrünen, beiderseits mit 2–3 Zähnen versehenen, dunkelgrünen Blätter und die großen, rundlichen Früchte. Die Art wächst in ihrer chinesischen Heimat baumförmig, bleibt bei uns aber nur strauchig. Sie ist bei starkem Frost schutzbedürftig.
Mh-4, Zone 7a.

I. verticillata (L.) A. Gray ist ein laubabwerfender, sehr veränderlicher Strauch aus dem atlantischen Nordamerika. Er wird mit sparrig-abstehenden Zweigen bis 3 m hoch und ist durch seine hochroten, dicken Früchte ein wertvoller Fruchtstrauch, der aber nur dann fruchtet, wenn männliche und weibliche Pflanzen nebeneinander stehen. In guten Baumschulen werden definierte, vegetativ vermehrte Pflanzen angeboten. Wird zur Gewinnung von Fruchtzweigen in großem Umfang angebaut.
Nh-2, Zone 4.

Indigofera heterantha

'Oosterwijk' ist eine vegetativ vermehrte weibliche Sorte mit reichem, leuchtendrotem Fruchtschmuck, sofern eine Bestäubung gesichert ist.

Indigofera L., Leguminosae
Indigostrauch

Von den rund 700 Arten der Tropen und Subtropen sind bei uns nur wenige ausreichend frosthart. Alle Arten tragen wechselständige, unpaarig gefiederte, seltener 3zählige oder einfache Blätter mit sehr kleinen Blättchen. Die roten oder purpurnen Schmetterlingsblüten sitzen in achselständigen Trauben. Verschieden gestaltet sind die mehrsamigen Fruchthülsen.

I. heterantha Wall. ex Brandis (= *I. gerardiana*) stammt aus dem Himalaja. Der bis 1 m hohe, trockenresistente Strauch friert häufig bis zum Boden zurück, treibt dann aber willig durch und überrascht in den Hochsommermonaten durch eine wahre Fülle purpurrosa gefärbter Blüten in bis 15 cm langen, aufrechten Trauben. Die zierlichen Sträucher sind wichtige Sommerblüher für sonnige Stellen auf durchlässigen Böden, die ein rechtzeitiges Ausreifen der Triebe gewährleisten.
NGs-4, Zone 7b.

I. kirilowii Maxim. ex Palib. stammt aus Korea, der Mandschurei und Nordchina. Der sommergrüne Strauch wird nur 1 m hoch. Er öffnet seine 2 cm langen, rosa Blüten im Juni–Juli in dichten, bis zu 12 cm langen, blattachselständigen Trauben. Verhält sich in Kultur wie *I. heterantha*.
N-4, Zone 6b.

Indocalamus Nakai, Gramineae
Bambus

Die Gattung ist mit etwa 20 Arten in China und Malaysia verbreitet. Sie bilden mit dünnen, grünen Halmen lockere Bestände. An den einzeln abstehenden Zweigen sind die Blätter groß und derb. Da keine sehr langen Ausläufer gebildet werden und die Arten gern halbschattig stehen, eignen sie sich gut für Unterpflanzungen.

I. tesselatus (Munro) P.C. Keng. Die in China heimische Art, die auch unter dem Namen *Sasa tesselata* bekannt ist, wird etwa 1 m hoch und bildet lockere Büsche. Ihre dünnen grünen Halme werden durch das Gewicht der sehr großen, matt glänzenden, dunkelgrünen Blätter heruntergebogen. Verträgt halbschattige bis schattige Standorte und eignet sich für Unterpflanzungen von hohen Bäumen und Sträuchern. *I. tesselatus* hat unter allen Bambusarten die größten Blätter und ist so eine unverwechselbare Erscheinung.
Nh-4, Zone 6b.

Iochroma Benth., Solanaceae
Veilchenstrauch

Das Verbreitungsgebiet der 25 Arten sommergrüner Sträucher oder kleiner Bäume liegt hauptsächlich im tropischen Südamerika. Alle Arten haben wechselständige, ganzrandige, oft große und meist filzige Blätter. Ihre Blüten sind röhren- oder schmal-trichterförmig, am Saum mit 5 kleinen Lappen etwas ausgestellt oder zurückgeschlagen. Der röhrige oder glockige Kelch ist zur Fruchtreife stark vergrößert und umgibt dann eine runde, innen breiige Beere mit zahlreichen Samen.

Iochroma-Arten sind in Mitteleuropa meist nur in Gewächshäusern Botanischer Gärten zu sehen. Im Mittelmeergebiet werden einige Arten als schöne und reichblühende Ziersträucher gehalten.

I.coccineum Scheidw. ist ein Strauch mit weich behaarten Jungtrieben und 7–12 cm langen, länglich-eiförmigen, lang zugespitzten, am Rand wellig gesägten Blättern. Im Juni–August entfalten sich die 4–8 cm langen, scharlachroten Blüten in dichten, vielblütigen, hängenden Büscheln am Ende der Triebe. Heimisch in Mittelamerika.
Ts-5, Zone 9.

I.cyaneum (Lindl.) M.L. Green, in Kolumbien heimisch, fällt durch tiefblaue bis purpurfarbene Blüten auf, die gehäuft an den Triebenden erscheinen.
Ts-5, Zone 9.

I.fuchsioides (H.B.K.) Miers. Aus den chilenischen Anden stammt dieser kahle, meterhohe Strauch, dessen 3,5–5 cm lange, orangerote Blüten im Schlund gelb gefärbt sind, die hängenden Blüten sind zu achselständigen Büscheln vereint.
Ah-5, Zone 9.

I.grandiflorum Benth. Mit 6–8 cm Länge sind die hängenden, leuchtend purpurfarbenen Blüten hier besonders groß. Auch *I.grandiflorum* ist in den Anden Perus und Ekuadors heimisch.
Ah-5, Zone 9.

Itea virginica

Itea L., Saxifragaceae
Rosmarinweide

Etwa 15 Arten sind in Nordostasien, eine ist im atlantischen Nordamerika verbreitet. Es handelt sich um immergrüne oder sommergrüne Bäume und Sträucher mit unterbrochenem Mark, wechselständigen, einfachen Blättern, kleinen Blüten in Trauben oder Ähren und vielsamigen Fruchtkapseln.

I.virginica L. ist außerhalb botanischer Gärten wohl kaum bekannt. Der sommergrüne, dichtbuschige, nur 1 m hohe Strauch wächst im östlichen Nordamerika in feuchten Wäldern, aber an lichten, etwas trockeneren Stellen. Im Garten bevorzugt er humose, saure Böden, die er mit rutenförmigen Bodentrieben durchzieht, ohne so stark zu wuchern, daß er lästig würde. Im Juni–Juli entwickeln sich an den Zweigen und in den Blattachseln zahlreiche kätzchenförmige Ähren mit kleinen, 5zähligen, weißen, duftenden Blüten. Die leuchtendrote Herbstfärbung könnte neben der reichen Blüte ein Grund für die stärkere Verwendung der Rosmarinweide sein.
Nhw-2, Zone 6a.

Jacaranda Juss., Bignoniaceae

Mit rund 50 Arten ist die Gattung im tropischen Amerika, in Mittelamerika und auf den Antillen verbreitet. Es sind immer- oder wintergrüne Bäume mit gegenständigen, doppelt gefiederten Blättern und zahl-

reichen, zierlichen Blättchen. Die in end- oder achselständigen Rispen erscheinenden Blüten sind meist blau oder violett. Die Frucht ist eine längliche, eiförmige bis kreisrunde, aufspringende Kapsel mit zahlreichen geflügelten Samen. In Europa ist nur die folgende Art von Bedeutung.

J.mimosifolia D. Don. Die Jacaranda ist ein 15–20 m hoher, laubabwerfender Baum mit breiter, lockerer Krone. Sie wird häufig als Straßenbaum gepflanzt, dann nicht selten immer wieder gekappt und hat dann lang aufstrebende, wenig verzweigte Äste. Die doppelt gefiederten Blätter wirken mit ihren kleinen Blättchen farnartig zart. Kurz vor oder mit dem Blattaustrieb ist der Baum überschüttet mit einer Fülle glockenförmiger, bis 5 cm breiter, leuchtendblauer bis blauvioletter Blüten, die in großen, rispigen Blütenständen zusammengefaßt sind. Mit seiner ungewöhnlichen Blütenfarbe ist der Baum in subtropischen Gärten und auch im südlichen Europa sehr beliebt. Er braucht warme, sonnige Standorte und stellt an den Boden keine besondern Ansprüche. Die ursprüngliche Heimat sind savannenähnliche Pflanzengesellschaften im nordwestlichen Argentinien.
Ah-5, Zone 9.

Jamesia Torr. et A. Gray
Saxifragaceae
Jamesie

Monotypische Gattung, die in Nevada, Arizona und Neumexiko heimisch ist.

J.americana Torr. et A. Gray ist ein sommergrüner, kaum mehr als 1 m hoher Strauch mit anfangs dicht weißwolligen, markigen Zweigen, deren Rinde vom zweiten Jahr an abblättert. Die Blätter sind gegenständig, bis 9 cm lang, eiförmig bis elliptisch, scharf gesägt, oberseits tiefgrün und runzelig, unterseits dicht grau- bis weißwollig, im Herbst färben sie sich leuchtendrot. Mitte Juni entfalten sich an den Zweigenden weiße, duftende, bis 1,5 cm breite Blüten zu kurzen Trauben, Schirmtrauben oder Rispen. *J.americana* ist ein selten gepflanzter, aber durchaus attraktiver, harter und anspruchsloser Gebirgsstrauch, der sonnige Lagen liebt.
Ng-1, Zone 6a.

Jasminum L., Oleaceae
Jasmin

Rund 300 Arten bevölkern die Tropen und Subtropen in Asien, Australien, Afrika und

Jacaranda mimosifolia

Südamerika. Die aufrechten oder windenden, sommergrünen oder immergrünen Sträucher besitzen gelegentlich kantige und grünrindige Zweige. Ihre Blätter sind gegen- oder wechselständig, gefiedert, 3teilig oder einfach. Gelbe, rote oder weiße, meistens duftende Blüten sitzen meist in end- oder achselständigen Trugdolden, nur selten einzeln entlang der Triebe. Die Gattung entwickelt meist schwarze Beerenfrüchte mit 1–2 Samen.

J.beesianum Forrest et Diels. Aus dem westlichen China stammt dieser sommergrüne, bis 1,5 m hohe, schwach windende Strauch. Er hat sehr dünne, gerillte Zweige und gegenständige, einfache, eiförmig-lanzettliche, 2,5–5 cm lange Blätter, die beiderseits stumpfgrün und spärlich behaart sind. Im Mai öffnen sich duftende, 1,5 cm breite Blüten, die hell- bis dunkelrosa gefärbt sind und zu 1–3 beisammenstehen. Blüht nicht sehr reich, hat aber für die Gattung eine ungewöhnliche Blütenfarbe. Dekorativ sind die glänzendschwarzen Früchte, die bis in den Winter an den Zweigen haften.
NGh-4, Zone 8b.

J.fruticans L. Mit grünen, kantigen, rutenförmigen und gestreiften Zweigen ist dieser immergrüne bis wintergrüne, aufrechte Strauch ausgestattet. Seine wechselständigen Blätter sind meist 3zählig, die Blättchen 8–20 cm lang. Von Juni–September öffnen sich gelbe, duftlose Blüten, die zu 2–5 an den Enden kurzer Seitenzweige sitzen. *J.fruticans* ist in Südeuropa, Nordafrika und Westasien heimisch.
Ms-3, Zone 8b.

J.mesnyi Hance. Der Primeljasmin ist ein in südchinesischen Gärten häufig gepflanzter, sehr reichblühender, immergrüner Strauch. Er wird bis 2 m hoch und breit und läßt, etwa oberhalb von Stützmauern gepflanzt, seine Zweige weit herabhängen. Seine Zweige sind 4kantig und glatt, die Blätter gegenständig und 3zählig, die Blätt-

chen länglich-lanzettlich und bis 7 cm lang. Im März–April entfalten sich gelbe, bis 5 cm breite Blüten mit 6–10 Kronabschnitten einzeln in den Blattachseln. *J.mesnyi* ist in Westchina heimisch. Sie erinnert in ihrer Tracht etwas an *J.nudiflorum*, ist aber weitaus attraktiver. Sie gilt als schönste der gelbblühenden Arten, ist aber nur in südlichen Gärten ausreichend hart.
Mh-4, Zone 9.

J.nudiflorum Lindl. Aus China kommt der Winterjasmin, an dessen schlanken, grasgrünen Zweigen sehr kleine, 3zählige, tiefgrüne Blätter sitzen. Nichtduftende Blüten stehen entlang der vorjährigen Triebe. Ihre Blütenblätter sind gelb und an der Außenseite oft etwas rötlich. Die 6teilige Blumenkrone ist etwa 2,5 cm breit. Er gilt als einer der schönsten Winterblüher. Mit den ersten Blüten kann man schon im Dezember rechnen. Sie werden zwar häufig durch die Januarkälte vernichtet, neue Blüten erscheinen dann aber bei entsprechender Witterung im Februar oder März. Der Strauch selbst und auch die Blütenknospen sind ausreichend winterhart. Seine rutenförmigen Zweige sind so dünn, daß sich der Strauch nicht selber tragen kann, er braucht als Spreizklimmer ein Gerüst oder andere Sträucher als Stütze. Man zieht ihn deshalb am besten an Gerüsten oder läßt ihn über Mauern, Geländer oder Treppenaufgänge herabhängen. Bindet man ihn an, erreicht er am Spalier 2–3 m Höhe. Ein gelegentlicher Rückschnitt älterer Pflanzen ist zu empfehlen. Man regt dadurch das Wachstum an und erhält lange Triebe, die im kommenden

Jasminum nudiflorum

Jahr voll mit Blüten besetzt sind, die sich für die Vase eignen. Natürlich gehört diese Art an einen geschützten Platz.
N-4, Zone 7a.

J.officinale L., Echter Jasmin. Von Persien bis zum Himalaja erstreckt sich das ursprüngliche Verbreitungsgebiet des Echten Jasmin, er ist in Südeuropa längst eingebürgert. Der sommergrüne Strauch kann, an Spalieren angeheftet, bis 10 m hoch klettern. Seine Zweige sind 4kantig, grün und dünn, die Blätter gegenständig und 5- bis 7fiedrig. Weiße, stark duftende Blüten öffnen sich von Juni–September zu 2–10 in endständigen Trugdolden. Die Blüten-Krone ist fast 2,5 cm breit, der Saum 4- bis 5lappig.
N/Mn-4, Zone 8b.

J. × stephanense Lemoine *(J.beesianum × J.officinale)*. Ein sommergrüner, stark kletternder, 3–5 m hoher Strauch mit dünnen, etwas kantigen Zweigen. Die Blätter sind teils einfach, teils 3- bis 5zählig gefiedert, die Blättchen sind stumpfgrün. Die ziemlich kleinen, hellrosa Blüten, die sich im Juni–Juli öffnen, kommen unter dem Laub kaum zur Geltung. An schützende Mauern gepflanzt, ist diese Hybride auch in Mitteleuropa ausreichend frosthart.
Zone 7a.

Juglans L., Juglandaceae
Walnußbaum

Zur Gattung gehören etwa 15 Arten sommergrüner Bäume, die in den gemäßigten Zonen der nördlichen Halbkugel vorkommen. Die Arten der Gattung sind gekennzeichnet durch baumartigen Wuchs, rissige Borke, mit gefächertem Mark ausgestattete Jungtriebe, fast nackte Knospen und wechselständige, unpaarig gefiederte, große Blätter. Die männlichen Blüten der einhäusigen Pflanzen sitzen in langen, hängenden Kätzchen zusammen, die weiblichen in nur wenigblütigen Ähren oder Knäueln. Die fleischige Außenschicht der Früchte umschließt eine harte, mehr oder weniger gefurchte Innenschale und die eßbaren, sehr fetthaltigen Samen.
Alle Walnußarten sind nicht nur stattliche Parkbäume, sondern auch weit verbreitete Fruchtbäume und wertvolle Holzlieferanten. Sie gedeihen am besten auf tiefgründigen und nahrhaften, kalkhaltigen Böden in genügend warmen Lagen. In unseren Parkanlagen werden nur selten Arten wie die Herzfrüchtige Walnuß, *J.ailantifolia* var. *cordiformis*, die Butternuß, *J.cinerea*, die Felsennuß, *J.microcarpa*, oder die Man-

dschurische Walnuß, *J.mandshurica*, gehalten. Nur die Schwarznuß, *J.nigra*, und die Walnuß, *J.regia*, sind häufiger anzutreffen, und nur sie sind auch in den Angeboten unserer Baumschulen zu finden.

J.nigra L. Die Schwarznuß ist sicher einer unserer imposantesten Parkbäume, in den Laubwäldern des östlichen Nordamerika kann er bis 50 m Höhe erreichen. Der Baum besitzt eine tiefrissige Borke, bis 60 cm lange Blätter und kugelrunde Früchte mit sehr dicker Schale. *J.nigra* ist in seiner Heimat nicht nur ein geschätzter Parkbaum, von dem verschiedene Fruchtsorten gehandelt werden, sondern ein wertvoller Holzlieferant.
Nw-2, Zone 5b.

J.regia L. Die Heimat des Walnußbaumes ist vermutlich im Orient zu suchen. Nach Deutschland wurde er durch Karl den Großen eingeführt. Er ist als Frucht- und Holzlieferant gleich wertvoll. Der besseren Fruchtqualität wegen sind eine Reihe von Sorten gezüchtet und ausgelesen worden. Als Parkbaum ist er mit seiner silbergrauen Rinde und den glatten, nahezu ganzrandigen Blättern leicht von anderen *Juglans*-Arten zu unterscheiden. In den sommerwar-

Juglans ailantifolia

men Gebieten Mittel- und Südosteuropas ist die Walnuß ein häufig gepflanzter Hofbaum.
Nw-3, Zone 6a.

Kalmia L., Ericaceae
Lorbeerrose

Mit 8 Arten sind die Lorbeerrosen in Nordamerika und Kuba verbreitet. An den meist immergrünen, mit wechselständigen, gegenständigen oder quirligen Blättern ausgestatteten Sträuchern fallen besonders die

Kalmia angustifolia 'Rubra'

breit-glockigen bis schlüsselförmigen Blüten mit den taschenförmigen Ausweitungen der Blütenblätter auf, in denen die Staubbeutel bis zum Aufspringen eingebettet sind. Die Frucht ist eine 5klappige, vielsamige Kapsel.

Kalmien gehören zu den schönsten immergrünen Sträuchern, sie sind völlig winterhart und in bezug auf den Boden nicht so anspruchsvoll wie viele Rhododendren. Sie sind zwar kalkfeindlich, gedeihen sonst aber sowohl auf trockenen Böden wie auf feuchten. Am liebsten stehen sie im Halbschatten größerer Bäume, wachsen bei genügend feuchten Böden und ausreichender Luftfeuchtigkeit aber auch in voller Sonne.

K. angustifolia L. ist im östlichen Nordamerika eine der häufigsten Pflanzen der Sümpfe und Torfmoore, sie wächst in unseren Gärten natürlich am liebsten auf ähnlichen Standorten, verträgt aber keine stauende Nässe. Der immergrüne Strauch wird knapp 1 m hoch, wächst straff-aufrecht, trägt bis 4 cm lange, lanzettliche Blätter und blüht im Juni–Juli am Ende der vorjährigen Triebe mit purpurroten Blüten. Bh/Nhk-2, Zone 5b.

'Purpurflor'. Aus 'Rubra' ausgelesene, bis 60 cm hohe Form mit sehr zahlreichen purpurroten bis dunkelpurpurnen Blüten.

'Rubra'. Mit dunkelpurpurnen Blüten und etwas breiteren Blättern die bekannteste Gartenform, die fast häufiger angeboten wird als die Art.

K. latifolia L. Der Berglorbeer wächst in den Appalachen als Unterholz in Eichen- und Kieferwäldern auf steinigen, trockenen, sauren Böden. Er erreicht dort bis 12 m Höhe, bleibt bei uns mit 2–3 m aber wesentlich kleiner. Als schönste Art der Gattung trägt er im Mai–Juni seine bis 2,5 cm breiten, rosa bis weißen Einzelblüten mit den wesentlich dunkleren Staubgefäßen in großen Doldentrauben an den Triebenden. Die bis 10 cm langen, oberseits dunkelgrünen Blätter sind wesentlich breiter als die von *K. angustifolia*.
Nh-2, Zone 5b.

In Amerika sind in den letzten Jahren zahlreiche Sorten ausgelesen worden, die auch bei uns stellenweise zu bekommen sind.

'Bullseye'. Blüten purpur-zimtfarben, im Innern pigmentiert, Blattaustrieb bronzerötlich.

'Carousel'. Blüten weit offen, innen lebhaft sternartig gezeichnet, am Blütensaum weiß, auf weißem Grund ein schmales, tief purpurrot-zimtfarbenes Band – eine äußerst reizvolle Färbung.

'Freckles'. Blüten hellrosa, im Innern mit kleinen, purpur-zimtfarbenen Flecken.

'Heart of Fire'. Blüten in der Knospe hellrot, aufgeblüht zartrosa bis weißlich rosa.

'Nancy'. Blüten in der Knospe leuchtendrot, später innen und außen schön gleichmäßig hellrot, im Zentrum mit dunkelrotem Ring.

'Nipmuck'. Blüten in der Knospe rot, später rosarot, innen weiß.

'Olympic Fire'. Blüten in der Knospe glühendrot, später pink.

'Olympic Wedding'. Blüten in der Knospe rosigweiß und an den Spitzen rötlich, offene Blüte hellrosa, innen mit einem kastanienbraunen Band, im Zentrum sternartig weinrot beringt. Blätter im Austrieb rötlichbraun.

'Ostbo Red'. Blüten glühendrot, im Innern hellrosa bis rosigweiß, langsam aufblühend und sehr lange haltend – eine außergewöhnlich schöne Sorte.

'Pink Charm'. Blüten in der Knospe leuchtend hellrot, später gleichmäßig dunkelrosa, mit großen Blütenständen sehr reich blühend.

'Pink Star'. Blüten reinrosa.

'Pink Surprise'. Blüten sehr groß, rosarot, erst Anfang bis Mitte Juni blühend.

'Quinnipiac'. Blüten in der Knospe intensiv rot, innen rosarot.

'Sarah'. Blüten in der Knospe sattrosa, später rosarot, im Innern gezeichnet. Blütenstiele und Austrieb purpurrot – gilt als eine der besten roten Sorten.

'Yankee Doddle'. Blüten in der Knospe leuchtendrot, später hellrosa.

K. polifolia Wangenh. ist als dritte in unseren Gärten bekannte Art ein Vertreter der kalten Torfmoore im nördlichen Nordamerika. Sie wird nur etwa 50 cm hoch und trägt im Mai–Juni über lanzettlichen, lederartigen, auf der Unterseite bläulichen, am Rande eingerollten Blättern purpurrosa Blüten.
Bh-2, Zone 3.

Kalopanax Miq., Araliaceae
Baum-Kraftwurz

Die Gattung besteht aus nur einer, in Ostasien heimischen Art. Der sommergrüne, sparsam verzweigte Baum zeichnet sich durch dicke, mit kurzen, breiten Stacheln besetzte Triebe aus. Gelblichgrüne, zwittrige Blüten stehen im August in 20–30 cm breiten, flachen, endständigen Doppeldolden zusammen. Aus ihnen entwickeln sich blauschwarze, 4 mm dicke, kugelige Früchte.

K. septemlobus (Thunb. ex Murr.) Koidz. gilt in erster Linie als dekorative Blatt-

Kalopanax septemlobus

pflanze, die durch ihre sparsame Verzweigung, die großen, bis 25 cm breiten, 5- bis 7lappigen Blätter und die starke Bestachelung einen exotischen Eindruck hinterläßt. Die in Ostasien weitverbreitete Art ist völlig winterhart und in ihrer Blattgestalt äußerst variabel. Sie braucht frische, gepflegte, nahrhafte Böden.
Nh-4, Zone 5b.

K. septemlobus var. *maximowiczii* (van Houtte) Hara. Sie gehört mit ihren bis unter die Blattmitte eingeschnittenen Blättern zu unseren ornamentalsten Gehölzen.

Art und Varietät wachsen recht langsam, sie sind deshalb auch für den kleineren Garten geeignet und verlangen nach einer Sonderstellung als Solitärgehölz.

Kennedia Vent., Leguminosae

Holzige Kletterpflanzen oder Kräuter stellt diese Gattung, die mit 15 Arten ausschließlich in Australien heimisch ist. Die wechselständigen Blätter sind in der Regel mit 3, selten nur mit 1 Blättchen ausgestattet. Paarweise, in Büscheln oder Trauben erscheinen die Schmetterlingsblüten mit der meist kreisrunden Fahne, den sichelförmigen Flügeln und dem einwärts gekrümmten Schiffchen.

In Mitteleuropa sind *Kennedia*-Arten sehr selten kultivierte Kalthauspflanzen, im Mittelmeergebiet sind sie aber ausreichend hart. Sie sind vor allem ihrer fast schwarzen Blüten wegen bemerkenswert.

K. nigricans Lindl. ist eine halbstrauchige, starkwachsende, mehr oder weniger stark

behaarte Liane. Die meist zu dritt stehenden, 5–7 cm langen Blättchen sind breit-eiförmig bis rautenförmig und an der Basis herzförmig. Im April öffnen sich die dunkel purpurvioletten bis fast schwarzen Blüten, deren Fahne einen grünen Fleck trägt, in 5–7 cm langen, achselständigen Trauben. Heimisch in Westaustralien.
Ta-7, Zone 9.

Kerria DC., Rosaceae
Kerrie

Auch diese Gattung kennt nur eine, in China und Japan verbreitete Art. Der sommergrüne Strauch ist kenntlich an seinen grünen, rutenförmigen Trieben mit weißem Mark, wechselständigen, eiförmigen, doppelt gesägten Blättern, den 5zähligen Blüten und den 1samigen, trockenen Steinfrüchten.

K. japonica (L.) DC. ist ein knapp mannshoher Strauch mit kurzen, unterirdischen Ausläufern und glänzendgrünen Zweigen und goldgelben, 3 cm breiten Blüten, die einzeln oder zu wenigen meist am Ende beblätterter Kurztriebe stehen. Nach der Hauptblütezeit im April–Mai erlebt man im Herbst noch eine zweite Blüte.
Nhg-4, Zone 5b.
'Pleniflora'. Gartenform, deren gefüllte, ranunkelartige Blüten ihr den Namen Ranunkelstrauch eingebracht haben. Noch immer sieht man diese chinesische Art und ihre

Kerria japonica 'Pleniflora'

Koelreuteria paniculata

Sorte häufig in den Vorgärten, obwohl man sich dort elegantere Gehölze vorstellen kann. Man kann den Kerrien allenfalls einen Platz zwischen anderen Sträuchern gönnen, wo sie sehr genügsam sind, auch in tiefem Schatten noch zurechtkommen und sich durch Wurzelausläufer langsam ausbreiten. Ältere Triebe, die nach einigen Jahren absterben, müssen entfernt werden, ebenso die gelegentlich zurückfrierenden Zweigspitzen.

Koelreuteria Laxm.
Sapindaceae
Blasenbaum

Von den 8 ostasiatischen Arten kennen wir nur *K. paniculata* in unseren Gärten. Die sommergrünen Sträucher oder Bäume sind mit wechselständigen, einfach oder doppelt gefiederten Blättern, kleinen gelben Blüten in großen, endständigen Rispen und mit aufgeblasenen Fruchtkapseln ausgestattet.
Der Blasenbaum ist ein ausgesprochener Solitärstrauch, der, bedingt durch seinen langsamen Wuchs, auch für kleinere Gärten geeignet ist. Er ist zwar fast überall in Deutschland ausreichend winterhart, blüht aber nur dann zufriedenstellend, wenn ihm eine geschützte und genügend warme Lage zur Verfügung steht. An den Boden stellen die Koelreuterien keine besonderen An-

sprüche, sie gedeihen noch auf sehr leichten Böden und vertragen viel Trockenheit.

K. paniculata Laxm. ist in Nordchina und Korea verbreitet. Bei uns wird der Blasenbaum zu einem 5–8 m hohen, baumartigen Strauch mit sehr großen, gefiederten Blättern. Trotz ihrer Größe wirken die Blätter ebenso zierlich wie die kleinen gelben Blüten, die von Juli–September in lockeren, bis 35 cm langen, aufrechten Rispen den Strauch schmücken. Schon kurz nach der Blüte entwickeln sich die papierdünnen Blasenfrüchte mit ihren harten schwarzen Samen, die neben der herbstlichen Gelbfärbung des Laubes hohen Schmuckwert besitzen.
Nw-4, Zone 7a.

Kolkwitzia Graebn.
Caprifoliaceae
Kolkwitzie

Als einzige Art ihrer Gattung ist die Kolkwitzie ein sommergrüner Strauch mit gegenständigen, kurzgestielten, breit-eiförmigen, bis 7 cm langen Blättern, zygomorphen, glockenförmigen, 5zipfeligen Blüten, die in großen, endständigen Doldentrauben an den Seitenzweigen vereint sind und borstig behaarten, trockenen Fruchtkapseln. Obwohl die Kolkwitzie seit der Jahrhundertwende in Europa bekannt ist, sich durch völlige Winterhärte und geringe Standortansprüche auszeichnet, ist sie in unseren Gärten immer noch ein viel zu seltener Gast. Kolkwitzien wollen nur vorsichtig ausgelichtet werden, ein zu starker Eingriff zerstört den eleganten Habitus.

K.amabilis Graebn. Die Kolkwitzie ist sicher einer der schönsten Blütensträucher des späten Frühjahrs. Aus dem westlichen China kam dieser Strauch, der mit den Weigelien verwandt ist und gut 2 m hoch wird. Er wächst locker und grazil und entfaltet im Mai–Juni an überhängenden Zweigen eine Fülle glockiger, rosaweißer Blüten mit gelborangem Schlund. Recht hübsch sind die Früchte, an denen der braunbehaarte Kelch hängen bleibt, dekorativ auch die gegenständigen, an der Basis breiten, scharf zugespitzten Blätter und im Winter die Triebe mit ihrer abfasernden Rinde. Nhg-4, Zone 5b.
‘Pink Cloud’. Blüten reinrosa, sehr reichblühend.
‘Rosea’. Im Wuchs graziler als die Art, Blüten stärker gerötet.

Laburnum Fabr., Leguminosae Goldregen

Nur 3, von Südeuropa bis Westasien verbreitete Arten umfaßt die Gattung, die aus sommergrünen Sträuchern oder kleinen Bäumen besteht. Charakteristisch sind ihre glatte, grüne Rinde und die 3zähligen, langgestielten Blätter. Sehr stattliche gelbe Schmetterlingsblüten sind in meist großen, achselständig an Kurztrieben hängenden Trauben zusammengefaßt. Die flache, am Rande verdickte Hülse springt 2klappig auf. Die beiden in unseren Gärten kultivierten Arten und besonders der aus ihnen entstandene Bastard sind wunderschöne und immer wieder gepflanzte Großsträucher, die im späten Frühjahr mehrere Wochen lang blühen. Sie sind im mitteleuropäischen Klima absolut frosthart und stellen an den Boden keine besonderen Ansprüche. Gegen Schnittmaßnahmen sind sie recht empfindlich, sie bauen sich auch ohne Rückschnitt gut auf. Früchte und junge Rinde sind sehr giftig, allerdings nicht für Hasen und Kaninchen, denen die Rinde anscheinend besonders gut schmeckt. Hansen und Stahl (1976) empfehlen als Partner: *Mespilus germanica, Staphylea, Sorbus aria, Cotinus coggygria* und *Prunus mahaleb*. Gleichzeitig mit dem Goldregen blüht der Rotdorn, der ebenfalls ein vorzüglicher Blühpartner ist. Der Goldregen ist in den letzten Jahren wegen einiger Vergiftungsfälle stark in Verruf

Kolkwitzia amabilis

geraten. Er gehört zu einer Gruppe von Gehölzen, die man nicht an Kinderspielplätzen pflanzen sollte.

L.alpinum (Mill.) Bercht. et J.S. Presl. Der Alpengoldregen wächst in Südeuropa an felsigen Hängen, aber in ziemlich feuchten Lagen. Er ist mit 8–10 m Höhe die starkwüchsigste Art. Von dem häufiger gepflanzten Gemeinen Goldregen unterscheidet er sich durch meist ganz kahle Blätter und 15–40 cm lange Blütentrauben, in denen die Einzelblüten dicht gedrängt stehen. Nhg-3, Zone 5b.

L.anagyroides Medik. Der Gemeine Goldregen findet sein natürliches Verbreitungsgebiet von Südeuropa bis nach Süddeutschland, darüber hinaus ist er bis Südschweden stellenweise verwildert. Er ist kalkhold, aber nicht an Kalkboden gebunden. Der trockenresistente Strauch wird 5–6 m hoch und trägt an langen, graugrünen Zweigen 3–8 cm lange, oberseits dunkelgrüne und auf der Unterseite graugrüne und behaarte Blätter. Etwa 10–30 Blüten sitzen in lockeren, bis 30 cm langen Trauben zusammen. *L.anagyroides* blüht im Mai–Juni, etwa 14 Tage früher als der Alpengoldregen. Ng-3, Zone 5b.

L. × watereri (Kirchn.) Dipp. entstand Mitte des vorigen Jahrhunderts aus den oben genannten Arten. Obwohl die duftenden, lebhaft gelben Blüten dieser Hybride in besonders langen und dichten Trauben

Laburnum anagyroides

Lagerstroemia indica

Lantana-Camara-Hybride 'Letkis'

stehen, hat sie keine große Bedeutung erlangt.
Zone 6a.

'Vossii'. Der heute für die Gartenkultur wichtigste Goldregen entwickelt schlanke, starkwüchsige, deutlich trichterförmig aufgebaute Sträucher mit sehr lang gestielten, oberseits dunkelgrünen Blättern und riesigen, bis 50 cm langen Trauben mittelgroßer, goldgelber Blüten.

Lagerstroemia L., Lythraceae
Lagerstroemie

Von den etwa 50 Arten der Gattung, die sommer- und immergrüne Sträucher und Bäume umfaßt und in Süd- und Ostasien bis Australien verbreitet ist, ist in den Gärten Südeuropas nur die folgende Art in Kultur.

L.indica L. Die Indische Lagerstroemie ist ein sommergrüner Kleinbaum von 5–7 m Höhe. An Stamm und älteren Ästen ist die Rinde ganz glatt und rosabraun gefärbt. Da sich die Blüten am Ende der diesjährigen Triebe entwickeln, wird die Krone meist regelmäßig zurückgeschnitten, sie baut sich dann mit langen, emporstrebenden Ästen fast besenartig auf. Die Blätter sind gegenständig, elliptisch-länglich und 3–5 cm lang. Die sehr ansehnlichen Blüten sind rosa, weiß oder purpurn gefärbt, sie sitzen in 15–20 cm langen, endständigen Rispen

zusammen und sind mit 6 lang genagelten, am Rande gekrausten Blütenblättern und zahlreichen Staubblättern ausgestattet. Mehrere Wochen lang, vom Juli–September, hält die reiche Blüte an. Das natürliche Areal liegt in China und Korea. Die Lagerstroemie wird aber seit langem in allen tropischen, subtropischen und mediterranen Ländern als Ziergehölz kultiviert. Nördlich der Alpen ist sie eine beliebte, leicht zu kultivierende Kübelpflanze.
Nhw-4, Zone 9.

Lantana L., Verbenaceae
Wandelröschen

Mit rund 150 krautigen oder immergrünen, strauchigen Arten ist die Gattung im tropischen Amerika, in Westindien sowie im tropischen und südlichen Afrika verbreitet. In der Gartenkultur ist nur eine Art von Bedeutung. Die Pflanzen tragen gegenständige oder zu dritt gestellte Blätter von eigenartigem Geruch und kleine, zu dichten Köpfchen vereinte, blattachselständige Blüten mit dünner Kronröhre. Die Frucht ist eine beerenartige Steinfrucht.

L.camara L. ist ein starkwüchsiger, sparriger, in seiner Heimat, die vom tropischen Amerika nördlich bis Texas und South Carolina reicht, bis 3 m hoher Strauch mit stacheligen oder unbewehrten Zweigen. Die eilänglichen, etwas runzelig und rauhen, am

Rand kerbig gesägten Blätter sind 4–6 cm lang. Während des ganzen Sommers erscheinen zahlreiche Blüten in zunächst flachen, später ährenartig verlängerten Ständen. Die Blütenfarbe ist je nach Sorte und Dauer der Blüte sehr verschieden: orangefarbene Blüten wechseln zu Gelb und später zu Dunkelkarmin, andere etwa von Rosafarben zu Feuerrot, Orange, Lila oder Violett. Diese Wandlung der Farben – daher der Name Wandelröschen – ist dieser Art und ihren Sorten besonders eigen.
In Mitteleuropa kennen wir Wandelröschen als Kalthauspflanzen, die oft an Kronenbäumchen gezogen werden. In den Gärten am Mittelmeer ist *L. camara* ausreichend hart, sie wird hier unter anderem auch als Beet- und Heckenpflanze gezogen.
T/Ms-1, Zone 9.
Aus *L. camara* sind, vermutlich auch durch Kreuzung mit anderen Arten (*L. urticaefolia* und *L. montevidensis*) die sogenannten Camara-Hybriden entstanden. Sie sind bei uns als Beet- und Kübelpflanzen weit verbreitet.
Sorten mit wechselnden Blütenfarben sind:
'Arlequin'. Dunkelrosa mit Gelb.
'Letkis'. Dunkelrosa mit Gelb.
'Professor Raoux'. Scharlachrot mit Orangefarben.
'Schloß Ortenburg'. Ziegelrot mit Lachsgelb.
Einfarbig bleiben:
'Goldsonne'. Zitronengelb.
'Naide'. Weiß mit gelbem Auge.

Laurus L., Lauraceae
Lorbeer

Nur 2 Arten umfaßt die Gattung, neben der unten beschriebenen Art auch die auf den Kanaren und Azoren heimische *L.azorica*, die in der Gartenkultur aber keine besondere Rolle spielt.

L.nobilis L. Der Lorbeer ist ein immergrüner, aromatischer, dicht belaubter, kegelförmig wachsender Baum oder Strauch von etwa 7–15 m Höhe. Die wechselständigen, 5–10 cm langen, schmal-elliptischen, steifen Blätter sind am Rand gewellt und oben glänzend dunkelgrün, sie riechen beim Zerreiben aromatisch. Die zwittrigen oder zweihäusig verteilten Blüten sind klein, grünlichgelb gefärbt und wenig ansehnlich, sie sitzen im März in kleinen, achselständigen Büscheln. Aus ihnen entwickeln sich glänzendschwarze Beeren.
L.nobilis ist ursprünglich in Kleinasien heimisch, aber schon seit langer Zeit im ganzen Mittelmeergebiet und auf dem Balkan verwildert. Als Gartenpflanze ist er anspruchslos an Boden und Belichtung, er gedeiht sowohl an sonnigen wie an schattigen Standorten.
Der Lorbeer ist aber nicht nur als Gartenpflanze von Bedeutung, die ätherischen Öle in Blättern und Früchten werden als Speisegewürz und als Heilmittel genutzt. Aus den Früchten läßt sich das fette Lorbeeröl pressen, das für Salben, in Seifen und zur Likörherstellung verwendet wird. Beeren, Blätter und Öl setzte man bereits im Altertum als Heilmittel ein. Schließlich spielt der Lorbeer auch in der Mythologie eine große Rolle. Im Altertum war er bei

Laurus nobilis

den Griechen dem Apollo geweiht. Erst bei den Römern gilt der Lorbeerkranz als Zeichen des Sieges.
Ms-3, Zone 9.

Lavandula L., Labiatae
Lavendel

Von den Kanaren durch das Mittelmeergebiet bis Vorderindien sind 28 Arten verbreitet. Die Stauden, Halbsträucher oder Sträucher sind mit dicht behaarten, aromatischen, an den Rändern stark eingerollten Laubblättern ausgestattet. Ihre blauen oder violetten Einzelblüten sind zu 10- bis 14blütigen Scheinwirteln vereint, die zu langen, endständigen, unterbrochenen Scheinähren zusammengesetzt sind. Die Früchte bestehen aus 4 dünnschaligen Nüßchen.
Der Lavendel ist von seiner Erscheinungsform und seinen Ansprüchen her ein Strauch für den Stein-, Heide- oder Steppengarten, der auch auf trockenen Kalkböden und in Troggärten gedeiht. Er eignet sich ebenso vorzüglich für kleine Einfassungshecken und als Partner zu Rosen. Da er erst im Hochsommer an den neuen Jahrestrieben blüht, kann man ihn ihm Frühjahr ohne nachteilige Folgen für die Blüte zurückschneiden.

L.angustifolia Mill. Der Echte Lavendel ist durch seine schmalen, immergrünen,

Lavandula angustifolia 'Hidecote Blue'

grau behaarten und dicht gedrängt stehenden Blätter ein hübscher Kleinstrauch, dessen blaue Blüten im Hochsommer, Juli–August, über dem Laub stehen. Einige Selektionen zeichnen sich durch niedrigeren Wuchs, reichere Blüte und silbergraues Laub aus.
Ms-3, Zone 7a.
'Dwarf Blue'. Kompakt und niedrig wachsend, Blüten violett, Blätter grün.
'Hidecote'. Großblumige, besonders farbkräftige Sorte mit tief blauvioletten Blüten in dichten Ständen, Blätter grau.
'Munstead'. Breitwüchsige Sorte mit großen, locker angeordneten, blauvioletten Blüten, Blätter graugrün. Neben 'Hidecote' die wichtigste Sorte.
'Rosea'. Liebhabersorte mit hellrosa bis lilarosa Blüten in lockeren Ständen, Blätter grün.

L. × intermedia Lois. Hybride zwischen *L.angustifolia* und *L.latifolia* mit relativ breiten Blättern, bisweilen verzweigten Blütenständen und später Blüte.
Zone 7a.
'Grappenhall'. Wuchs kräftig und hoch, Blüten hellviolett, Blütenstände verzweigt und ziemlich locker.

L.latifolia Medik. Der Breitblättrige Lavendel wird auch als Großer Speik bezeichnet. Er ist ein bis 80 cm hoher, aromatischer, weißfilziger Strauch mit länglichen bis schmal-elliptischen, 2–5 cm langen

Lavatera olbia 'Rosea'　　　　　　　　**Leptospermum scoparium**

Blättern. Sie sind am Rand etwas umgerollt und zunächst dicht weißfilzig, später weniger filzig und graugrün. Die violetten, etwa 1 cm langen Blüten erscheinen von Juni bis September in endständigen Ähren. *L.latifolia* (= *L.spica*) ist im Mittelmeergebiet und in Portugal an trockenen, sonnigen Hängen verbreitet.
Ms-3, Zone 9.

Lavatera L., Malvaceae
Strauchmalve

Unter den rund 25 Arten der Gattung, die überwiegend im Mittelmeergebiet, außerdem auf den Kanarischen Inseln, in Australien und Mittelasien verbreitet sind, befinden sich nur wenige verholzende Arten. Sie sind gekennzeichnet durch behaarte oder filzige Triebe, wechselständige, gelappte Blätter und achselständig und einzeln stehende oder endständig und traubig angeordnete Blüten.
Die verholzenden Arten der Gattung können in Mitteleuropa nur als Kalthauspflanzen gehalten werden, die im Sommer ausgepflanzt werden können. In den Gärten des Mittelmeerraumes sind sie mit ihren großen, breit-trichterförmigen Blüten auffallende Blütensträucher für sonnige Plätze und durchlässige Böden.

L.arborea L. Die Baummalve ist ein sommergrüner, bis 3 m hoher Strauch von baumartigem Wuchs. Die dicken Triebe sind in der Jugend filzig behaart. Auch die

5- bis 7lappigen, bis 20 cm langen und breiten, an der Basis herzförmigen Blätter sind beiderseits dicht und weich behaart. Die Blüten erscheinen von Mai–September, sie sind bis 5 cm breit, blaß purpurrot, dunkler geadert und am Grunde schwarzviolett. Ein sehr reichblühender Strauch, der im Mittelmeergebiet und an den Küsten Westeuropas verbreitet ist.
Ms-3, Zone 9.

L.olbida L. Die Südfranzösische Strauchmalve besiedelt im westlichen Mittelmeerraum küstennahe Sand- und Kalkfelsen. Sie ist ein ausdauernder, bis 2 m hoher, vom Grunde an stark verzweigter Strauch mit weich graufilzigen Blättern. Sie sind im unteren Berich der Zweige meist 5-, weiter oben 3lappig. Mit 1,5–3 cm Breite sind die rosa bis purpurn gefärbten Blüten etwas kleiner als bei *L.arborea*, außerdem sind die Blütenblätter deutlich schmaler. Die Blütezeit dauert von März–Juni. Ebenfalls ein reichblühender und bemerkenswert schöner Blütenstrauch.
Ms-3, Zone 9.
'Rosea'. Blüten rosa gefärbt. Wird der Wildform meist vorgezogen.

Ledum L., Ericaceae
Porst

Die 10 Arten der Gattung sind alle im borealen Nordamerika heimisch, von dort strahlt das Verbreitungsgebiet einiger Arten bis nach Nord- und Ostasien und nach Mit-

teleuropa aus. Alle bilden immergrüne, dicht verzweigte Sträucher mit sehr aromatischen, wechselständigen, ganzrandigen Blättern, die am Rande eingerollt und unterseits filzig sind. Im Mai–Juni stehen weiße Blüten in dichten Dolden über dem Laub, später die länglichen, 5fächerigen Fruchtkapseln.
Der Porst ist an seinen natürlichen Standorten ein Bewohner der Hochmoore. Er flieht auch im Garten kalkhaltigen Boden und verträgt keine Trockenheit. Man pflanzt ihn also auf feuchte, moorige Böden in voller Sonne oder im lichten Schatten.

L.groenlandicum Oed. Bis 1 m hoher, aufrechter Strauch mit braunfilzigen Trieben und elliptischen, unterseits dicht rostbraun-filzigen Blättern. Im Mai–Juni öffnen sich weiße Blüten in 5 cm breiten Ständen. Im nördlichen Nordamerika und in Grönland besiedelt der Strauch Sümpfe und kalte Torfmoore.
B/PN-3, Zone 1.
'Compactum'. Bis 45 cm hohe, kompakt wachsende, reichblühende Auslese mit weißen Blüten im Mai–Juni. Braucht wie die Art feuchte, anmoorige Böden und ist eine hübsche Moorbeet- und Teichrandpflanze.

L.palustre L. Der Sumpfporst unterscheidet sich nur in wenigen Details (Anzahl der Staubblätter, mehr oder weniger gutes Hervortreten der Blattmittelrippe) von *L.groenlandicum*, wird von einigen Botanikern deshalb auch als Subspezies dieser Art angesehen. Der Sumpfporst ist von Nord-

deutschland bis Nordeuropa und Nordasien verbreitet.
B/PN-3, Zone 1.

Leiophyllum Hedw. f., Ericaceae
Sandmyrte

Mit seinen schmalen, immergrünen, ledrigen Blättern erinnert dieser kleine Zwergstrauch, die einzige Art seiner Gattung, durchaus an eine Myrte. Die Art trägt ihre kleinen Blüten in endständigen, doldigen Sträußen und entwickelt 2- bis 5klappige, vielsamige Früchte. Der winterharte Zwergstrauch gehört im Heide- oder Steingarten auf einen leichten, kalkfreien Boden.

L. buxifolium (Bergius) Elliott wird leider in den meisten Baumschulen nicht geführt, ist aber ein reizender kleiner Zwergstrauch, der im Garten durchaus zu ziehen und gar nicht so heikel ist. Der bestenfalls 30 cm hohe Strauch schmückt sich im Mai–Juni über glänzend dunkelgrünen, 4–10 mm langen Blättern mit einer Fülle weißer bis hellrosa Blütenköpfchen. In freien Hochlagen der Appalachen überzieht er große, flache Felsen mit einem dichten Polster.
Nh-2, Zone 6b.

Ledum palustre

Leptospermum J.R. et
G. Forst., Myrtaceae
Südseemyrte

Nicht wenige Gehölze, die in Mittelmeergärten als fremdländische Arten gehalten werden, stammen aus Australien und Neuseeland, auch die Gattung *Leptospermum* ist in diesem Raum mit etwa 50 Arten vertreten. Es sind immergrüne, feinzweigige Sträucher oder kleine Bäume mit kleinen, wechselständigen und ganzrandigen Blättern. Die Blüten sind weiß, rosa oder rot, sie sitzen einzeln oder auch zu 2–3 entständig an kurzen Seitenzweigen. Bis 2,5 cm breit werden die Blüten, sie sind mit 5 abgespreizt stehenden Blütenblättern, 5lappigen Kelchblättern und zahlreichen Staubblättern ausgestattet. Die Frucht ist eine harte, lange haftende, holzige Kapsel.
Bei uns sind *Leptospermum*-Arten nur Kalthauspflanzen, am Mittelmeer wird die folgende Art häufiger als Ziergehölz kultiviert. Sie braucht einen sonnigen Pflanzplatz und einen nahrhaften, humosen, leichten Boden.

L. scoparium J.R. et G. Forst. ist ein dichtbuschiger, dunkelgrüner Strauch mit braunroten Zweigen, der in seiner neuseeländischen Heimat in ausgedehnten Beständen auftritt. Die kleinen, myrtenähnlichen Blätter sind 8–12 mm lang und durchsichtig drüsig punktiert, beim Zerreiben riechen sie aromatisch. Im Mai–Juni entfalten sich einzeln in den Blattachseln weiße, 12 mm breite Blüten.
Ah-8, Zone 9.
Von *L. scoparium* gibt es zahlreiche Gartenformen, von denen in französischen Baumschulen etwa folgende angeboten werden:
'Autumn Glory'. Blüten rosa.
'Chapmani'. Blüten rot, Blätter dunkelgrün.
'Leonard Wilson'. Blüten weiß, gefüllt.
'Nichollsii'. Blüten karminrot, Blätter bronzepurpurn.
'Ruby Glow'. Blüten rot, gefüllt.
'Winter Cheer'. Blüten rosa.

Lespedeza Michx., Leguminosae
Buschklee

Etwa 100 Arten sommergrüner Kräuter, Halbsträucher und Sträucher sind im atlantischen Nordamerika, in Ost- und Südasien und Australien verbreitet. Die meist seidig behaarten Pflanzen sind mit wechselständigen, in der Regel 3zähligen Blättern versehen. Ihre roten, violetten oder weißen Blüten stehen in oft großen Trauben oder Köpfchen zusammen. Die kurzen Fruchthülsen sind stets 1samig.

L. bicolor Turcz. kommt aus China und der Mandschurei; sie friert viel seltener zurück als *L. thunbergii*. Mit dem knapp mannshohen, aufrechten Wuchs und den violettroten oder purpurrosa Blüten, die sich vom August an in 3–6 cm langen, endständigen Trauben öffnen, ist dieser Buschklee aber auch nicht so elegant wie *L. thunbergii*.
N-4, Zone 6b.

L. thunbergii (DC.) Nakai ist die für den Garten wichtigste Art. Sie ist durch ihre spätsommerliche Blüte wertvoll, obwohl sie recht empfindlich ist und häufig bis zum Boden zurückfriert. Purpurrosa Blüten sind zu 8–20 cm langen Trauben vereint, die am Ende der diesjährigen Triebe auf einer Länge von 60–80 cm dicht zusammenstehen.
Der grazile Strauch stammt aus Japan. Er gehört mit seinen lang überhängenden Zweigen an Böschungen oder in den Steingarten auf leichte, trockene Böden und an sonnige Stellen, die eine frühere Blüte und ein besseres Ausreifen der Triebe gewährleisten. Jährlicher Rückschnitt im Frühjahr ist notwendig, um die erfrorenen Triebe zu

Leucothoë walteri   **Leycesteria formosa**

entfernen und um eine bessere Blüte anzuregen.
Nh-4, Zone 7a.

Leucothoë D. Don., Ericaceae
Traubenheide

Etwa 44 Arten sommer- oder immergrüner
Sträucher sind in Nord- und Südamerika,
in Madagaskar, dem Himalaja und Japan
verbreitet. Über wechselständigen Blättern
stehen die röhren- oder eiförmigen Blüten
in achsel- oder endständigen Trauben. Die
Frucht ist eine 5fächerige Kapsel, gefüllt
mit zahlreichen kleinen Samen.
Die Traubenheide wächst am liebsten im
lichten Schatten hoher Bäume auf humosen, frischen Böden. Sie ist ein idealer, industriefester Schattenstrauch für den Wald-
park und dank ihrer Ausläufer für die Anpflanzung an Böschungen und Teichufern
bestens geeignet.

L.walteri (Willd.) Melvin ist unter den
Namen *L.fontanesiana* oder *L.catesbaei* besser bekannt. Der immergrüne Strauch
zeichnet sich durch bogig überhängende
Zweige, glänzend dunkelgrüne, im Herbst
und Winter rote oder rotbraune Blätter aus.
Die Art ist im südöstlichen Nordamerika
heimisch, erreicht bei uns knapp 1 m Höhe
und wuchert ein wenig durch unterirdische
Ausläufer. Im April–Mai öffnen sich die
weißen, 8 mm langen Blüten, die in achsel-
ständigen Trauben an den Triebenden ge-
häuft stehen.
Nhg-2, Zone 6b.
Neben der Wildform sind einige Auslesen
und Hybridformen in Kultur:
'Carinella'. Wuchs breit und kompakt,
Triebe weitbogig überhängend, Blätter bei
sonnigem Stand im Herbst an den
Triebspitzen rötlichbronze.
'Kobold'. Wuchs breit und kompakt,
Triebe aufrecht bis überhängend. Blätter im
Spätherbst kupfrig-rötlich.
'Lovita'. Im Wuchs etwa wie 'kobold', Blätter im Spätherbst tief rot- bis kastanienbraun.
'Rainbow'. Blätter leicht rosa marmoriert
und weiß gepunktet. Im Wuchs etwas
schwächer als die Art.
'Scarletta'. Hybride zwischen *L.axilaris*
und *L.walteri*. Ein bis 30 cm hoher und
80–100 cm breiter, immergrüner, sehr winterharter Strauch. Blätter schmal-lanzettlich und lang zugespitzt, im Austrieb scharlachrot, später grün, bei sonnigem Stand im
Herbst auffallend hell- bis bronzerot –
schönste der neuen amerikanischen Sorten.

Leycesteria Wall., Caprifoliaceae

Die 6 im Himalaja und in Westchina heimischen, sommergrünen Arten bleiben alle
strauchig. Sie sind gekennzeichnet durch
hohle Triebe und recht eigenartige Blüten,
die in nickenden Ähren zusammenstehen
und von großen, gefärbten Deckblättern
umgeben sind. Auch die vielsamigen Beerenfrüchte sind nicht ohne Reiz.

L.formosa Wall. ist die einzige Art, die in
milden Gebieten im Freien aushält. Der
knapp mannshohe Strauch friert zwar häufig zurück (bleibt dann natürlich kleiner),
treibt aber immer wieder durch und kommt
dann auch noch zur Blüte. Man muß ihm
allerdings einen geschützten Platz zuweisen
und den Wurzelbereich abdecken; die Bodenansprüche sind sehr gering. Der von der
Basis an vieltriebige, aus Südwestchina und
dem Himalaja stammende Strauch ist zur
Blütezeit sehr dekorativ. Im August–September erscheinen an kahlen, grünen, bereiften Zweigen end- oder seitenständig
3–10 cm lange, überhängende Blütenähren.
Sie sind aus 1,5–2 cm langen, weißlich bis
purpurnen, trichterförmigen und am
Grunde bauchig erweiterten Kronröhren
zusammengesetzt, die in den Achseln bleibender, 1,5–3,5 cm langer, purpurvioletter
Tragblätter stehen. Ab September reifen
die ersten Beeren, sie haften bis zum Eintritt strenger Fröste. Blüten- und Fruchtzweige halten sich in der Vase mindestens
2 Wochen.
MG-4, Zone 7a.

Ligustrum L., Oleaceae
Liguster, Rainweide

Die Gattung bewohnt mit 40–50 Arten
vorwiegend das östliche Asien und den Malaiischen Archipel und ist mit 1 Art in Europa vertreten. Die immer- oder sommergrünen Sträucher tragen gegenständige, ungeteilte Laubblätter, rispige, endständige
Blütenstände aus weißen oder gelblichen,
zwittrigen Einzelblüten und kugelige bis
längliche, meist schwarze Beerenfrüchte.
Die Liguster-Arten sind dank ihrer hohen
chnittverträglichkeit in erster Linie Hek-
kenpflanzen für niedrige und halbhohe
Hecken. Da sie leicht aus Steckholz zu ziehen sind, werden sie billig angeboten oder
auch vom Gartenliebhaber selber herangezogen. Darüber hinaus sind sie im Garten
wohl nur als Deckstrauch zu verwenden,
Blätter und Blüten sind bei den meisten Ar-

ten zu wenig dekorativ. *L.vulgare* ist ein industriefestes und vielseitig verwendbares Flurgehölz. Alle Arten stellen sehr wenig Ansprüche an die Bodenbeschaffenheit und vertragen auch tiefen Schatten.

L.delavayanum Hariot ist ein immergrüner, bis 2 m hoher, breit verzweigter Strauch, der in Südwestchina und Burma heimisch ist. Er hat eiförmig-elliptische, 1–3 cm lange, glänzendgrüne Blätter und im Juni weiße Blüten in 3–5 cm langen, walzenförmigen Rispen. Ist in Mitteleuropa nicht ausreichend winterhart, wird jedoch nicht selten als Kübelpflanze gehalten. Mh-4, Zone 8b.

L. × ibolium Coe ex Rehd. *(L.obtusifolium × L.ovalifolium)*. Der halbimmergrüne Strauch unterscheidet sich von dem ähnlichen *L.ovalifolium* durch behaarte Triebe, Blattunterseiten und Blütenstände; wie *L. ovalifolium* eine wertvolle und nicht selten verwendete Heckenpflanze, ist aber winterhärter als *L.ovalifolium*. Zone 6b.

L.japonicum Thunb. Aus Japan und Korea stammt der Japanische Liguster, ein in seiner Heimat 3–6 m hoher Strauch mit immergrünen, lederartigen, breit-eiförmigen, 4–10 cm langen, oberseits schwarzgrün glänzenden Blättern. Von Juli–September entwickeln sich weiße Blüten in 8–15 cm langen, kegelförmigen Rispen. *L.japonicum* ist mit seinen glänzendgrünen Blättern in ausreichend milden Zonen ein dekorativer Strauch für Hecken und Sichtschutzpflanzungen. Mh-4, Zone 8a.
'Variegatum'. Blätter weißbunt gerandet und gefleckt.

L.lucidum Ait. f. Entwickelt sich in seiner ostasiatischen Heimat, in China und Korea, zu einem bis 10 m hohen Baum. Diese Höhe wird auch in südeuropäischen Gärten erreicht. Die immergrünen Blätter sind eiförmig, lang zugespitzt und 6–12 cm lang. Im August–September erscheinen weiße Blüten in 10–20 cm langen und ebenso breiten Rispen. *L.lucidum* ist mit den großen Blättern und dem kräftigen Wuchs die stattlichste und schönste unter den immergrünen Arten. Die Art wird nicht selten baumförmig gezogen und in Südeuropa als kleinkroniger Straßenbaum verwendet. Die Art ist in China Wirtspflanze der Wachsschildlaus, *Coccus pelae*. Die Tiere werden aber meist auf *Fraxinus chinensis* gehalten. im August– September werden die mit Läusen besetzten Zweige abgeschnitten. Aus der Rinde und den jungen Zweigen ge-

Ligustrum ovalifolium 'Aureum'   Unten: Ligustrum obtusifolium var. regelianum

winnt man durch Kochen das weiße China-
wachs, das früher einen wichtigen Handelsartikel darstellte.
Mh-4, Zone 8a.

L.obtusifolium Sieb. et Zucc. var. **regelianum** (Koehne) Rehd. stammt aus Japan
und ist eine der wenigen Arten, deren Blütenschmuck bemerkenswert ist. An den horizontal abstehenden Zweigen entfalten sich
im Juni–Juli zahlreiche Blüten in kurzen,
dichten, weißen Rispen. Der bis etwa 2 m
hohe Strauch eignet sich für dichte, breite
Hecken und für flächige Pflanzungen.
Nh-4, Zone 6a.

L.ovalifolium Hassk. ist eine in Japan heimische, in milden Gebieten wintergrüne
Art, die wohl ausschließlich als Hek-
kenpflanze Verwendung findet. Unter ungünstigen Bedingungen leidet die mit breiten, dunkelgrünen Blättern ausgestattete
Art häufig unter der Winterkälte.
Nhw-4, Zone 7a.
'Aureum' ist mit ihren goldgelb gerandeten
oder auch ganz gelben Blättern ein Strauch,
der offenbar wieder in Mode kommt.

L.quihoui Carr. Der sommergrüne,
mannshohe, sparrig wachsende chinesische
Strauch ist zwar nicht absolut frosthart,
aber wegen seiner Blüten sehr wertvoll. Sie
erscheinen in großer Zahl erst im September in lockeren, 20 cm langen, duftenden
weißen Rispen. Auch die schwarzpurpur-
nen Früchte sind von beachtlichem
Schmuckwert.
Nhm-4, Zone 7a.

L.sinense Lour. Der Chinesische Liguster
ist ein sommergrüner, bis 4 m hoher, buschiger Strauch mit dicht graugelb behaarten Zweigen. Die 3–7 cm langen elllipti-
schen bis elliptisch-länglichen Blätter sind
oberseits stumpfgrün. Mit seiner reichen
Blüte im Juli ist die Art auch als Blütenstrauch wertvoll. Die duftenden Blüten sind
weißlich, sie stehen in 6–10 cm langen
Rispen zusammen. Die Früchte sind blauschwarz. Heimisch in China.
N-4, Zone 7a.
L.sinense var. *stauntonii* (A.DC.) Rehd. ist
in Mittelchina heimisch und unterscheidet
sich von der Art durch niedrigeren, sparrigen Wuchs und breitere, lockerere Blütenstände.

L. × vikaryi Rehd. (*L.ovalifolium* 'Aureum' × *L.vulgare*) ist mit den goldgelben
Blättern *L.ovalifolium* 'Aureum' recht ähnlich, aber ein nur sommergrüner Strauch,
der breit, gedrungen und sparrig wächst.
Zone 6a.

L.vulgare L. wird als heimische Rainweide
bis 5 m hoch, ist eine absolut frostharte,
sehr schattenverträgliche Heckenpflanze
und als Flurgehölz in der freien Landschaft
unentbehrlich.
N-3, Zone 5a.
'Atrovirens' wird mit straffem, aufrechtem
Wuchs und den auch noch im Winter haftenden, tiefgrünen Blättern gerne als Hek-
kenpflanze verwendet. Offenbar sind eine
Reihe von Typen mit recht unterschiedlichen Eigenschaften (geringere Frosthärte,
früher Laubfall) vorhanden.
'Atrovirens Compact' wächst langsam und
gedrungen und eignet sich deshalb gut für
niedrige Hecken und großflächige Pflanzungen.
'Atrovirens Select' ist ein in Dänemark aus-
gelesener, frosthart Klon mit sehr gesundem, dunkelgrünem Laub, das teilweise
über Winter an den Pflanzen bleibt.
'Lodense' wird kaum höher als 50 cm und
empfiehlt sich für niedrige Hecken.

Linnaea L., Caprifoliaceae
Moosglöckchen

Monotypische Gattung, eine sehr variable
Art, die in den kühleren Gebieten der nördlichen Halbkugel zirkumpolar verbreitet ist.

L.borealis L. Etwa 15 cm hoher Spalierstrauch mit sehr feinen, fadenförmigen, behaarten, kriechenden Stengeln und kurzen,
3–7 cm langen, aufrechtstehenden, blütentragenden Sprossen. Die gegenständigen,

Liquidambar styraciflua

eiförmig-rundlichen Blätter sind 10–
14 mm lang. Im Juli–September erscheinen
die trichterförmig-glockigen, 7–10 mm langen, nickenden, hellrosa gefärbten und
meist dunkler geaderten, paarweise stehenden Blüten.
L.borealis ist in den Alpen ein ausgesprochener Begleiter moosreicher Lärchen-,
Arven- und Fichtenwälder. In arktischen
Regionen kommt sie vorwiegend in der
Tundra und in Zwergstrauchheiden vor.
Der reizende Zwergstrauch, die Wappenblume Linnés, ist in Kultur leider nicht
leicht zu halten. Er braucht stets frische,
moosige oder stark humose, mit Nadelstreu
oder Torf angereicherte, kalkfreie Böden
und ausreichend kühle Lagen im lichten
Schatten von Nadelgehölzen. Im Winter ist
ein Schutz durch Nadelholzreisig ratsam.
B-1/2/3/4, Zone 2.

Liquidambar L.
Hamamelidaceae
Amberbaum

Die Familie der Hamamelisgewächse hat
uns nicht nur kostbare Sträucher, sondern
auch prachtvolle Parkbäume beschert.
4 Arten kennt die Gattung, eine ist davon in
Nordamerika, eine in Kleinasien und 2 sind
in China verbreitet. Alle sind hohe, sommergrüne Bäume, die an ihren Zweigen oft
Korkleisten ausbilden, wechselständige,
handförmig gelappte, langgestielte Bätter
tragen und die mit unscheinbaren Blüten
in getrenntgeschlechtlichen Blütenständen

Liquidambar styraciflua

(die Pflanzen sind einhäusig) und kugeligen, vielkapseligen Fruchtköpfchen aufwarten.

Für die mitteleuropäischen Klimabereiche kommt nur *L.styraciflua* in Frage, der als mächtiger Parkbaum auf weite Rasenflächen gestellt werden soll, wo er sowohl mit frischen als auch mit trockenen Böden vorlieb nimmt.

L.styraciflua L. erreicht in seinem natürlichen Verbreitungsgebiet, den südöstlichen USA, bis 45 cm Höhe. In der Jugend entwickelt der raschwüchsige, lichtbedürftige, industriefeste und im Alter völlig frostharte Baum eine spitz-kegelförmige, später eine schirmförmige Krone. An rotbraunen Zweigen entwickeln sich häufig Korkleisten. Die meist 5- bis 7lappigen, glänzend dunkelgrünen Blätter färben sich im Herbst von Karminrot bis Gelb, von Grün bis Violett. Diese überaus prachtvolle Herbstfärbung, der gesunde Wuchs und die Anspruchslosigkeit an den Standort machen den Amberbaum zu einem idealen Parkbaum.
Nw-2, Zone 6a.
'Worplesdon'. Sorte mit einheitlicher leuchtend orangefarbener Herbstfärbung.

Liriodendron L., Magnoliaceae
Tulpenbaum

Auch diese Gattung umfaßt nur eine geringe Zahl sommergrüner Bäume, von denen je eine Art in Nordamerika und China

Liriodendron tulipifera

verbreitet ist. Die Bäume sind durch eigenartig gestaltete, meist 4- bis 6lappige, an der Spitze abgestutzte Blätter gekennzeichnet. Die durchaus ansehnlichen, tulpenförmigen Blüten, die meist nur wegen der Höhe der Bäume unentdeckt bleiben, stehen einzeln an den Triebenden. Die zapfenartige Frucht ist aus 1samigen Schließfrüchten zusammengesetzt.

Der Tulpenbaum ist einer unserer mächtigsten und besonders raschwüchsigen Parkbäume für frische, tiefgründige Böden. Er ist auch als Straßenbaum geschätzt. In der Jugend liebt er den Schutz benachbarter Gehölze, später ist er unbedingt frei zu stellen und dann ganz frosthart. Man sollte ihn im Frühjahr pflanzen, da seine fleischigen Wurzeln leicht faulen, sie dürfen vor dem Pflanzen nicht austrocknen.

L.tulipifera L. ist in den USA ein wichtiger Forstbaum, der dort 40–60 m Höhe erreicht. Bei uns schafft er wohl nur 25 m und entwickelt eine große, lockere Krone. Eigenartig geformt sind die im Umriß 4eckigen, langgestielten, oben lebhaft grünen, unterseits bläulichen Blätter, deren goldgelbe Herbstfärbung besonders prachtvoll ist. Im Mai–Juni entfalten sich die tulpenähnlichen, 4–5 cm breiten, grünlichweißen Blüten, deren Petalen auf der Innenseite goldgelb gebändert sind und deren breite Staubfäden deutlich auffallen.
Nhw-2, Zone 6a.
'Aureomarginatum'. Im Wuchs schwächer als die Art, Blätter gelbbunt gerandet.
'Fastigiatum' könnte mit dem geschlosse-

Loiseleuria procumbens

nen, straff-kegelförmigen Wuchs ein wertvoller, schmalkroniger Park- und Straßenbaum sein, der bisher aber noch kaum angeboten wird.

Loiseleuria Desv., Ericaceae
Gemsheide, Alpenheide

Monotypische Gattung mit sehr kleinen, breit-glockigen Blüten in 2- bis 5blütigen Schirmtrauben und 2- bis 3fächrigen, vielsamigen Fruchtkapseln.

L.procumbens (L.) Desv. ist ein niederliegender, teppichbildender, bis 30 cm hoher, langsamwachsender Spalierstrauch mit sehr dünnen Zweigen. Die immergrünen, ledrigen, gegenständigen, gedrängt stehenden Blätter sind 4–8 mm lang. Rosa oder weiß gefärbte, 5 mm lange Blüten öffnen sich im Juni–Juli.
Die Gemsheide ist eine Hochgebirgspflanze, deren Verbreitung sich über Mittel- und Nordeuropa, Nordasien und Nordamerika sowie den Tundren der Arktis erstreckt. Sie kommt dort als Pionierpflanze auf Moränen, Blockschutt und Felsen und in Zwergstrauchheiden vor, oft in windexponierten, schneefreien Lagen. Sie besiedelt flachgründige, sandig-kiesige, stark saure Steinböden. In Kultur ist sie nur schwer zu halten, sie benötigt sonnige Lagen im Alpinum und kalkfreie Heideböden auf durchlässigem Untergrund.
PN/PG-1/2/3/4, Zone 1.

Lonicera L., Caprifoliaceae
Heckenkirsche, Geißblatt

Die sehr umfangreiche Gattung, von der etwa 200 Arten über die ganze nördliche Halbkugel verbreitet sind, besteht aus sommer- und immergrünen, aufrechtwachsenden Sträuchern und rechtswindenden Lianen. Ihre gegenständigen Blätter sind meist kurz gestielt und in der Regel ungeteilt. Die Blüten der aufrechtwachsenden Arten stehen paarweise nebeneinander auf einem Stiel. Sie sind stets mit 2 größeren Tragblättern (Vorblätter 1. Ordnung) und fast immer mit 2 Vorblättern 2. Ordnung ausgestattet, die oft paarweise miteinander verwachsen sind. Bei den mehrsamigen Beerenfrüchten wiederholt sich dieses Nebeneinander, oft sind beide zu einer Frucht zusammengewachsen. Bei den windenden Arten sitzen die röhrenförmigen, 2lippigen Blüten meist in 6blütigen Quirlen, die an den Sproßenden kopfig, ähren- oder rispenartig angeordnet sind.

Entsprechend der unterschiedlichen Gestalt der Sträucher ergibt sich innerhalb der Gattung eine breite Skala der Verwendbarkeit. Einige der sommergrünen Sträucher sind ausgesprochene Deck- und Füllsträucher oder für die freie Landschaft von Bedeutung, nur wenige sind bemerkenswerte Blütensträucher. *L.nitida* und *L.pileata* sind als niedrigbleibende, immergrüne Arten ausgezeichnete Bodendecker. Mehrere Arten lassen sich als Schlinger verwenden, deren gemeinsames Merkmal ihr auffallend starker Duft ist. Man muß ihnen an Pergolen, Mauern, Bögen und Zäunen durch Drähte oder Gerüste eine entsprechende Kletterhilfe geben.

Alle *Lonicera*-Arten stellen an den Boden überhaupt keine Ansprüche, sie sind darüber hinaus in hohem Maße schattenverträglich. In der Nähe von Kirschenplantagen verwende man sie am besten nicht, da auch auf ihnen die gefährliche Kirschfruchtfliege lebt. An älteren Sträuchern muß man durch Auslichten rechtzeitige Verjüngungskuren durchführen.

L.alpigena L., Alpen-Heckenkirsche. Sommergrüner, straff-aufrechter, 1,5–2 m hoher Strauch. Blätter elliptisch bis verkehrt-eiförmig. Blüten im April–Mai, paarweise, gelbgrün, außen trübrot. Die Doppelbeeren 12–13 mm breit und glänzendrot. Heimisch in Mittel- und Südeuropa, in den Gebirgen von Bosnien bis zu den Pyrenäen. Liebt kühle und halbschattige bis schattige Lagen. Kann für Unter- und Mischpflanzungen verwendet werden, hält jahrzehntelang im Wurzelfilz großer Bäume aus. Nhg/BGh-3, Zone 5 a.

L. × americana (Mill.) K. Koch *(L.caprifolium × L.etrusca)*. Sommergrüner, mittelhoch windender, mit *L.caprifolium* nahe verwandter Strauch. Die obersten Blattpaare sind auch hier scheibenförmig verwachsen. Im Juni–August stehen die gelben, duftenden, außen mehr oder weniger stark geröteten Blüten oft in 25 cm langen und 20 cm breiten Rispen zusammen. Ein Kletterstrauch, der besonders durch den Kontrast zwischen den dunkelgrünen Blättern und den hellen Blüten wirkt. Zone 7a.

L. × brownii (Regel) Carr. *(L.hirsuta × L.sempervirens)* ist ein sommergrüner, bis 3 m hoch windender Strauch mit elliptischen, unterseits bläulichen Blättern und orange-scharlachroten, mehr oder weniger 2lippigen Blüten von Mai–August. In den Baumschulen sind verschiedene Sorten zu haben, deren Blüten auffallend rot und scharlachrot gefärbt sind. Zone 6a.

'Dropmore Scarlet'. Bis 3 m hohe, Kletterpflanze mit unterseits bläulichen Blättern und glänzenden, orange-scharlachroten Blüten vom Juni bis zum Herbst.

'Fuchsioides'. Ebenfalls mit scharlachroten Blüten, aber nur schlecht wachsend; das gilt auch für (die hier nicht besprochene) 'Punicea'.

L.caerulea L. Die Blaue Heckenkirsche ist eine sehr veränderliche und von Nordosteuropa bis zum Kaukasus und Nordasien weitverbreitete Art, die sparrige, dicht verzweigte, mannshohe Sträucher mit rotbrauner, abblätternder Rinde entwickelt.

Lonicera × brownii 'Dropmore Scarlet'

Sie besitzt frischgrüne, eiförmige Blätter, gelblichweiße, röhrenförmige Blüten im April–Mai und 1 cm dicke, fleischige, blau bereifte, eßbare Früchte. Durch ihren dichten Wuchs bietet sie sich als Flurgehölz, freiwachsende Hecke und Mischpflanzung an. *L. caerulea* verträgt Halbschatten und nährstoffarme, auch saure Sand- und Lehmböden.
B/BG-3/4, Zone 3

L.caprifolium L. Das in den mitteleuropäischen Wäldern verbreitete Jelängerjelieber ist ein sommergrüner, mittelhoch schlingender Strauch mit elliptischen, bis 10 cm langen, oben dunkelgrünen, unterseits blaugrünen Blättern und gelblichweißen, außen oft geröteten, stark duftenden Blüten, die zu sechst dem zu einer Scheibe verwachsenen obersten Blattpaar aufsitzen. Schon im September färben sich die kugeligen Früchte korallenrot. *L.caprifolium* und *L.periclymenum* sind an Nachtschmetterlinge angepaßt, ihre Blüten duften deshalb am Abend besonders stark.
Nsm/Ms-3, Zone 5a.

L. × heckrottii hort. ex Rehd. *(L. × americana × L.sempervirens)* gehört zu unseren wertvollsten, sommergrünen, mittelstark windenden Schlinggewächsen. Der Strauch zeichnet sich durch innen gelbe, außen rötliche, stark duftende Blüten aus, die von Juni–September in ununterbrochener Folge erscheinen.
Zone 6a.

'Goldflame'. Ziemlich hoch wachsend, junge Zweige dunkel purpurrot, in voller Sonne tief purpurrot. Blätter dunkelgrün, auf der Unterseite blauweiß bereift. Blüten zu 15–30 in gedrungenen Ständen, karminrot, später lilarot, Blütezeit von Juni–Oktober. Wertvolle Sorte, die weitaus besser gedeiht als *L. × heckrottii*.

L.henryi Hemsl. stammt aus der chinesischen Provinz Hubei und ist ein harter, immergrüner, stark windender Strauch, der an stark behaarten Trieben lanzettliche, dunkelgrüne Blätter trägt. Von Juni–August erscheinen wenig auffallende, rötliche oder gelbrote Blüten paarweise in den Achseln oder am Ende der Triebe. Die meist reichlich angesetzten Früchte sind schwarz.
Nhg-4, Zone 6b.

L.japonica Thunb. ist ein halbimmergrüner, sehr starkwachsender, bis 6 m hoch windender Strauch aus Japan, Korea und China, der sich in den Laubwäldern des östlichen Nordamerika als Waldbodenpflanze eingebürgert hat. Die weißen, rosa überlaufenen, quirlig stehenden Röh-

renblüten öffnen sich im Juni–Juli und strömen besonders in der Nacht einen starken Duft aus.
N/M-4, Zone 6b.

'Aureoreticulata' ist mit goldgelb netznervigen Blättern zwar ein hübscher, aber frostempfindlicher und schwachwachsender Schlinger.

'Halliana'. Eine starkwachsende Form, die in Gärten gern verwildert und sich in den Untersuchungen von v. Finteln (1977) als Bodendecker gut bewährt hat.

L. korolkowii Stapf, eine in Turkestan beheimatete, trockenresistente Art, die bis 3 m hoch und breit werden kann. In den Achseln graugrüner Blätter erscheinen im Juni in großer Zahl weißlichrosa Blüten, aus denen im Herbst hellrote Früchte werden.
Ns/Na-3, Zone 5a.

'Aurora' ist ein eleganter, bis 2,5 m hoher Strauch mit zierlich überhängenden Zweigen und lebhaft rosafarbenen, etwas größeren Blüten, die sich ebenso wie die orangeroten Früchte klar von dem graugrünen Laub abheben.

L. korolkowii var. *zabelii* (Rehd.) Rehd. Bis 2 m hoher, aufrechter Strauch, Blätter eiförmig und 3–3,5 cm lang. Blütenkrone etwa 1,2 cm lang, weiß mit rosa Anflug oder rosa. Anspruchslose und robuste, vielseitig zu verwendende Heckenkirsche aus der Buchara.

L. ledebourii Eschsch. ist in Kalifornien zu Hause und wird zu einem robusten, sommergrünen, bis 2 m hohen Strauch mit dicklichen, dunkelgrünen, glänzenden Blättern und kleinen, tiefgelben Blüten, die von roten Deckblättern umgeben sind. Die Deckblätter, die dem sonst nur wenig ansehnlichen Gruppenstrauch einen gewissen Reiz verleihen, breiten sich in einer Ebene aus, vergrößern sich und werden zu einem flachen Teller, auf dem je eine erbsengroße, schwarze, glänzende Frucht liegt.
NG-1, Zone 5a.

L. maackii (Rupr.) Maxim. blüht wie die vorige im Juni. Bis 5 m Höhe erreicht dieser sommergrüne, asiatische Strauch, dessen schirmförmige, leicht nach unten geneigten Zweige zur Blütezeit dicht mit weißen, wohlriechenden Blüten besetzt sind, die sich im Verblühen gelb verfärben. Dunkelrot sind die Früchte der Art, die ab August erscheinen und noch haften, lange nachdem das Laub schon gefallen ist. Der dekorative Wuchs, die reiche Blüte und der auffallende Fruchtschmuck machen die Art zu einem beachtlichen Solitärstrauch.
N-4, Zone 3.

Lonicera × tellmanniana

L. nigra L., Schwarze Heckenkirsche, Sommergrüner, bis 1,5 m hoher, im Alter locker übergeneigter Strauch mit frühem Austrieb. Blüten paarweise im Mai–Juni, weißlich bis trübrosa, Früchte 1 cm breit, kugelig, schwarzglänzend. Heimisch in Süd- und Mitteleuropa von den Pyrenäen bis zu den Karpaten und Bulgarien. Kann für Mischpflanzungen und im Unterwuchs verwendet werden, verträgt Halbschatten bis Schatten und bevorzugt kühle Lagen.
BGh-3, Zone 5a.

L. nitida Wils. ist ein immergrüner Strauch, der in seiner westchinesischen Heimat 2 m Höhe erreicht, bei uns in der Regel aber nur 1 m hoch wird. An regelmäßig kreuzgegenständigen, dichtstehenden Zweigen trägt er eiförmig-längliche, dunkelgrüne, 6–12 mm lange Blätter, bis 10 mm lange, rahmweiße Blüten und unauffällige, purpurne Früchte.
NGh/Mh-4, Zone 7a.

'Baggensen's Gold'. Blätter gelb, im Sommer mehr gelbgrün.

'Elegant', die mit waagerecht-abstehenden oder überhängenden Zweigen und 2zeilig angeordneten Blättern aufwartet und sich hervorragend für Unterpflanzungen und kleine Hecken eignet, ist etwas frosthärter als der Typ und daher eher zu empfehlen. Auch die Form friert gelegentlich bis zum Boden zurück, treibt aber immer wieder gut durch.

'Hohenheimer Findling' wächst sparrig-aufrecht und baut einen dichten Bestand auf, verkahlt im Winter nur wenig und treibt nach Frostschäden von der Basis gut aus. Gilt nach Untersuchungen des Arbeitskreises Gehölzsichtung als »gute« Sorte. 'Maigrün' wurde vom Arbeitskreis als »sehr gut« eingestuft. Die Sorte baut sich mit bogig überhängenden Trieben kompakt auf, bildet dichte Bestände, treibt nach Frostschäden von der Basis stark durch und verliert im Winter keine Blätter.

L.periclymenum L. Das Waldgeißblatt ist ein Vertreter unserer heimischen Lianen. Es windet 3–4 m hoch und unterscheidet sich von *L.caprifolium* insbesondere dadurch, daß die oberen Blattpaare nicht miteinander verwachsen sind. Die gelblichweißen, außerordentlich stark duftenden Blüten sind außen rot überlaufen und sitzen von Juni–August in gestielten Köpfchen, die aus 3–5 aufeinandersitzenden Quirlen bestehen. Die Kronröhren sind sehr schlank und außen klebrig. Die runden Früchte sind hochrot.
N-3, Zone 5b.
'Belgica Select'. Reichblühende Selektion mit gelblichweißen, außen tiefpurpurfarbenen Blüten und zahlreichen großen roten Beeren.
'Serotina'. Ziemlich starkwachsende Sorte mit dünnen Zweigen. Blüten zu 15–30 in dichten Blütenständen, reinweiß, im Verblühen gelb, außen lilarot, in der Knospe dunkel purpurrot. Hauptblütezeit im Juni–Juli, bis Oktober nachblühend. Eine der schönsten und am häufigsten gepflanzten kletternden *Lonicera*-Formen.

L.pileata Oliv. wird als niederliegender oder breitwachsender, immergrüner Strauch kaum höher als 30 cm. An dünnen, behaarten Zweigen stehen die länglich-lanzettlichen, 12–25 mm langen, tiefgrün glänzenden Blätter 2zeilig. Die in Westchina heimische Art ist ein im hohen Maße schattenverträglicher, industriefester Strauch, der sich hervorragend für die Bodenbedeckung auf großen Flächen eignet.
Nhg-4, Zone 6b.

L. × purpusii Rehd. (*L.fragantissima × L.standishii*). Der wintergrüne, aufrechtwachsende und ungefähr mannshohe Strauch ist als Winterblüher interessant. Zwar haben die kleinen rahmweißen Blüten keine Fernwirkung, sie öffnen sich aber bei entsprechender Witterung schon im Dezember und verbreiten einen sehr starken Duft.
Zone 6b.

L.tatarica L. Die Tatarische Heckenkirsche ist vom südlichen Rußland bis zum Altai und bis Turkestan verbreitet, ein sommergrüner, bis 4 m hoher, dichtbuschiger, robuster und anspruchsloser Strauch, der als Deckstrauch, in Mischpflanzungen oder als Unterholz verwendet werden kann. Aus dunkelroten bis weißen Blüten im April–Juni entwickeln sich blutrote Beeren.
Ns/Na-3, Zone 3.
'Arnold Red'. Amerikanische Sorte mit großen dunkelroten Blüten und dicken, tiefroten Früchten.
'Hack's Red' blüht mit tief purpurrosa Blüten viel auffallender als die Art.

L. × tellmanniana Magyar ex Späth. (*L.sempervirens × L.tragophylla*), sommergrüner, kräftig wachsender Schlinger mit tiefgrünen, unterseits weiß bereiften Blättern und tief goldgelben, großen, leuchtenden Blüten im Mai. Eine sehr schöne, reichblühende Liane.
Zone 7a.

L.xylosteum L. Die Gemeine Heckenkirsche kommt von Europa bis Asien vor und wird vorwiegend als sehr anpassungsfähiger Strauch für Schutzpflanzungen aller Art, für freigewachsene oder geschnittene Hecken verwendet. Der 1–2 m hohe Strauch blüht im Mai mit weißlichen, im Verblühen gelblichen, süßlich duftenden Blüten. Ab Juli färben sich die sehr zahlreichen Früchte rot, zur Vollreife sind die dunkelrot, sie sitzen paarweise zusammen und sind giftig.
N-3, Zone 3.
'Clavey's Dwarf' ist eine langsam wachsende, sehr dichte, fast kugelige Form mit bläulichgrüner Belaubung, die ohne Schnitt dichte Hecken bildet, sehr hart und schattenverträglich ist. Wird auch für flächige Pflanzungen im Straßenbegleitgrün eingesetzt.
'Compacta'. Ebenfalls gedrungen und sehr dichtwachsende Sorte mit dem gleichen Verwendungsbereich wie 'Claveys Dwarf'.
'Hedge King'. Amerikanische Selektion mit gedrungenem, straff-aufrechtem Wuchs, eignet sich besonders gut für schmale Hecken.

Loropetalum R. Br. ex Rchb.
Hamamelidaceae
Riemenblume

Nur 3 Arten umfaßt diese Zaubernußverwandte, die vom östlichen Himalaja bis zum südlichen China verbreitet sind. Die immergrünen Sträucher unterscheiden sich von *Hamamelis* unter anderem durch ihre weißlichen Blüten, die zu 5–8 in Köpfchen vereinigt sind. Die Frucht ist eine holzige, 2spitzige Kapsel.

L.chinense (R. Br.) Oliv. ist wohl die einzige bei uns kultivierte Art. Sie stammt aus Südostchina und entwickelt sich zu einem zierlichen, reichverzweigten, sternhaarigen Strauch. Die immergrünen Blätter sind dünn, eiförmig, etwas unsymmetrisch, 2–4 cm lang, ganzrandig, oberseits sattgrün und unterseits mehr grauweiß. Besonders auffallend sind die Blüten mit ihren 4 schmalen, riemen- oder bandförmigen, bis 18 mm langen Kronblättern, die weiß bis gelblichweiß gefärbt sind. Die Blüten ste-

Loropetalum chinense

hen in Köpfen seitlich an Kurztrieben, sie erscheinen schon im Februar, März oder April.

L.chinense ist in Mitteleuropa wohl nirgendwo ausreichend frosthart, südlich der Alpen kann sie aber schon im Freien gehalten werden. Sie ist ein ganz zauberhafter Vorfrühlingsblüher.
Mh-4, Zone 8a.

Lupinus L., Leguminosae
Lupine

Die überwiegende Zahl der etwa 200 Arten, die vorwiegend im westlichen Nordamerika und im Mittelmeergebiet verbreitet sind, sind krautige Pflanzen mit wechselständigen, handförmig geteilten Blättern. Die Schmetterlingsblüten sind zu Trauben, oft aber auch in Quirlen geordnet. Die Frucht ist eine an beiden Nähten aufspringende Hülse.

L.arboreus Sims. Von den wenigen verholzenden Arten wird wohl nur diese in den Gärten des mediterranen Raumes kultiviert. Sie stammt aus Kalifornien und entwickelt sich zu einem etwa 1 m hohen, buschigen, am Grunde verholzenden Strauch mit 7 bis 11zähligen Blättern. Von Mai–September erscheinen die schwefelgelben Blüten in endständigen, bis 25 cm langen Trauben. Eine sehr dekorative Art, die leichte, durchlässige, trockene Böden und vollsonnige Lagen braucht.
Ms-1, Zone 8b.

Lycium L., Solanaceae
Bocksdorn

80–90 Arten sind über die gemäßigten und subtropischen Zonen der Erde verbreitet. Es sind sommergrüne Sträucher mit meist dornigen Zweigen, einfachen, wechselständigen oder büschelig angeordneten Blättern, trichterförmigen, achselständigen Blüten und meist roten Fruchtbeeren.

L.barbarum L. Der Gemeine Bocksdorn kommt von Süd- und Mitteleuropa bis Westasien vor. Der bis 3 m hohe Strauch trägt an bogig überhängenden, oft dornigen Zweigen graugrüne, lanzettliche Blätter und vom Juni bis zum September purpurlila, etwa 1,5 cm lange Blüten, später scharlachrote Früchte. Der Bocksdorn wird dadurch wertvoll, daß er auch noch auf trockensten und sandigsten Böden gedeiht und für die Befestigung von Böschungen und Dünen eingesetzt werden kann.
Ns-4, Zone 5a.

Lupinus arboreus

Lyonia Nutt., Ericaceae
Lyonie

Die mit *Pieris* nahe verwandte Gattung *Lyonia* umfaßt rund 33 Arten, die in Ostasien, dem Himalaja, in Nordamerika und auf den Antillen heimisch sind. Die sommer- oder immergrünen Sträucher sind mit wechselständigen, meist ganzrandigen Blättern, krugförmigen oder glockigen Blüten in Trauben oder Rispen und mit verdickten Nähten versehenen Fruchtkapseln ausgerüstet. Die winterharten *Lyonia*-Arten sind recht hübsche Moorbeetpflanzen, die am besten auf frischen, sauren Böden wachsen.

L.ligustrina (L.) DC. kam aus dem pazifischen Nordamerika in unsere Gärten, wo sie zu einem etwa 2 m hohen, sommergrünen, reichverzweigten Strauch wird, der seine weißlichen, rundlich-urnenförmigen, 3–4 mm langen Blüten im Mai–Juni in 8–15 cm langen, endständigen Trauben oder Doppeltrauben entfaltet.
N-2, Zone 5a.

Maackia Rupr. et Maxim.
Leguminosae
Asiatisches Gelbholz

Die 10 ostasiatischen Arten der Gattung sind nahe mit *Cladrastis* verwandt, weichen aber in einigen Merkmalen von ihr ab: Die Blütentrauben stehen aufrecht (bei *Cladra-* *stis* hängen sie), die Blättchen der unpaarig gefiederten Blätter sind nicht deutlich wechselständig, sondern fast gegenständig, die Knospen sind frei und nicht wie bei *Cladrastis* vom Blattstiel umgeben.

M.amurensis (Rupr. et Maxim.) K. Koch ist die einzige Art, die wir kultivieren. Ihr natürliches Areal reicht von Nordchina über die Mandschurei nach Nordjapan. Sie wird dort zu einem etwa 15 m hohen Waldbaum mit ziemlich breiter, lichter Krone. Der Baum blüht im Hochsommer mit gelblichweißen Schmetterlingsblüten, die in 10–15 cm langen Trauben an den Triebenden stehen. *M.amurensis* ist absolut frosthart und anspruchslos an Boden und Belichtung.
N-4, Zone 5b.

Maclura Nutt., Moraceae
Osagedorn

Die sommergrünen Bäume oder Sträucher führen in ihren Zellen, wie viele andere Vertreter der Maulbeerbaumgewächse, Milchsaft. Die Zweige sind mit achselständigen Dornen ausgestattet. Die wechselständigen Blätter sind einfach und ganzrandig, die Blüten zweihäusig verteilt. Die männlichen Blüten erscheinen in kurzen Ähren oder Trauben, die weiblichen in dichten Köpfchen. Aus ihnen entwickeln sich Früchte, die zu einer großen, kugeligen, runzeligen Sammelfrucht vereint sind. Mit 12 Arten ist die Gattung pantropisch und in Nordamerika verbreitet. In Europa ist nur die folgende Art in Kultur, sie ist in Nordamerika, von Kansas bis Texas, verbreitet.

M. pomifera (Raf.) Schneid. Die Milchorange ist ein kleiner, raschwüchsiger Baum mit lockerer Krone, dornigen Zweigen und eiförmigen bis länglich-lanzettlichen, 4–10 cm langen Blättern. Sie sind oberseits dunkelgrün, unterseits blaßgrün und auf den Adern behaart. Die 5–10 cm breite Frucht ist orangenartig und gelbgrün gefärbt. Ein sehr selten gepflanzter Kleinbaum, der nur in wärmeren Lagen ausreichend hart ist. Er braucht sonnige Standorte und stellt an den Boden keine Ansprüche. Im Mittelmeergebiet wird er nicht selten als undurchdringliche Hecke gepflanzt. Nsm-2, Zone 7a.

Magnolia L., Magnoliaceae
Magnolie

Die Gattung ist mit etwa 80 Arten im tropischen Asien, in Ostasien, dem Himalaja und dem atlantischen Nordamerika verbreitet. Sie umfaßt sommergrüne oder immergrüne Bäume und Sträucher mit großen, von einer Schuppe umhüllten Winterknospen und wechselständigen, ungeteilten und ganzrandigen Blättern. Große, dekorative Blüten sind in der Knospe meist von 2 großen, stark behaarten Schuppen eingehüllt. Sie stehen einzeln an den Enden der Triebe, haben 3 oft kronblattartige Kelchblätter und 6(–15) Kronblätter, die zusammen als Tepalen bezeichnet werden. Die meist holzige, zapfenähnliche Frucht wirkt durch ihre an langen Fäden heraushängenden und von einem Arillus umhüllten Samen recht eigenartig.

Einige Magnolien gehören sicher zu unseren begehrtesten Gartengehölzen, die zur Blütezeit mit ihren auffallenden Blüten den Garten beherrschen. Am bekanntesten sind die ostasiatischen Arten und ihre Bastarde, *Magnolia kobus*, *M. stellata* und *M. × soulangiana* beherrschen das Feld. Nur gelegentlich findet man in den Katalogen so hübsche Arten wie *M. sieboldii*, *M. salicifolia* oder *M. denudata*. Vergebens sucht man in der Regel nach *M. tripetala* oder gar *M. fraseri*.

Die meisten der ostasiatischen Arten unterscheiden sich von ihren amerikanischen Verwandten durch schwächeren Wuchs – sie bleiben in der Regel strauchig – und durch auffallendere, meist vor den Blättern erscheinenden Blüten.

In ihrer chinesischen Heimat sind Magnolien alte Kulturpflanzen. *M. denudata* wurde schon in der Tang-Dynastie (618–908) als Tempelbaum geschätzt. Magnolien standen ursprünglich nur dem Kaiser zu, er verschenkte sie als besondere Auszeichnung. Sie sind den Chinesen Sinnbild weiblicher Reinheit, Schönheit und Süße. Magnolien dienten von alters her auch medizinischen Zwecken. Ein Extrakt aus der Rinde von *M. officinalis* liefert eine Medizin mit stark belebender Wirkung. Die Rinde wird gegenwärtig weltweit exportiert.

Mit dem Buddhismus kamen Magnolien im 7. Jahrhundert auch nach Japan. Sie fanden rasch Eingang in die Gartenkultur, in Literatur und Malerei.

Die amerikanischen Arten dagegen bilden mehr oder weniger große Bäume, deren Blüten zum Teil weniger ansehnlich sind. Trotzdem lassen sich einige Arten durchaus als wertvolle Parkbäume, wie *M. acuminata*, andere als prachtvolle Blütenbäume, so *M. tripetala* und *M. fraseri*, empfehlen. Ihrem Wert entsprechend behandelt und verwendet man die Magnolien mit der notwendigen Umsicht.

Magnolien wachsen am besten auf gut gepflegten, humosen und nahrhaften, frischen und unverdichteten Gartenböden. Sie sind Flachwurzler und vertragen im Wurzelbereich keine tiefe Bodenbearbeitung und keinen tief eindringenden Bodenfrost; deshalb empfiehlt sich eine Mulchdecke im Wurzelbereich. Die meisten Magnolien bevorzugen eine schwach saure Bodenreaktion. Von den ostasiatischen Arten vertragen nur *Magnolia kobus*, *M. salicifolia*, *M. sinensis* und *M. wilsonii* schwach alkalische Böden. Auf hohen Kalkgehalt reagieren Magnolien oft mit Blattchlorosen.

Magnolia cordata

Alle Magnolien lieben helle und gleichzeitig geschützte Plätze, sie ertragen allenfalls leicht beschattete Lagen. Die hier behandelten Arten, Hybriden und Sorten sind ausreichend frosthart, mindestens als erwachsene Pflanzen. Frostgefährdete Lagen sind als Pflanzplatz trotzdem ungeeignet. Bei frühblühenden Arten werden die Blüten gelegentlich durch Spätfröste zerstört, die Pflanzen selbst aber leiden nicht darunter.

Ein Schnitt ist bei Magnolien in der Regel überflüssig; muß man schneiden, sollte man dies im Sommer tun. Erfahrene Magnolienkultivateure empfehlen, alle baumförmigen Arten einstämmig zu ziehen; die Pflanzen wachsen dann kräftiger und leiden weniger unter Schneebruch.

Magnolien bleiben fast immer frei von Krankheiten und Schädlingen. Weil alle in der Regel recht alt werden, lohnt sich auch der oft nicht gerade niedrige Einkaufspreis.

M. acuminata (L.) L. Die Gurkenmagnolie wächst zu einem stattlichen Baum heran, der in seiner Heimat, dem östlichen Nordamerika, bis zu 25 m hoch wird. In der Regel entwickelt die Art kegelförmige Kronen und Stämme mit zunächst glatter, später rissiger Borke. Die elliptischen Blätter werden bis zu 20 cm lang, das Laub färbt sich im Herbst zu einem satten Olivbraun. Ende Mai erscheinen die grünlichgelben, daher wenig ansehnlichen Blüten, aus denen sich die gurkenförmigen Fruchtzapfen bilden; meist sind nicht alle Samen entwickelt, wodurch die Früchte ungleichmäßig und höckerig werden.

Nh-2, Zone 5b.

In wenigen Spezialbaumschulen sind von *M. acuminata* neuerdings auch einige Sorten zu haben, die sich durch größere und besser gelb gefärbte Blüten von der Art unterscheiden.

M.campbellii Hook f. et Thoms. Die in Ostnepal und im Himalaja heimische Art (*M.campbellii* ssp. *campbellii*) gehört zu den schönsten baumförmigen Magnolien, leider kann sie nur in mildesten Zonen gepflanzt werden. In ihrer Heimat können die Bäume 10 bis 30 m hoch werden. Sie tragen elliptische, 15–25 cm lange Blätter. Die zunächst becherförmigen, später ausgebreiteten Blüten sind dann 15–25 cm breit. Ihre 10–12 fleischigen Kronblätter sind außen dunkler oder heller karminrosa, selten auch weiß, innen heller gefärbt als außen. Aus großen, eiförmigen Knospen entfalten sich die Blüten schon im März.
Mh/NGhm-4, Zone 8b.
M.campbellii ssp. *mollicomata* (W.W. Sm) Johnstone. Diese Unterart ist in Oberburma, Südosttibet und Westyünan verbreitet. Im Gegensatz zu *M.campbellii* ssp. *campbellii*, die erst nach etwa 20–25 Jahren zu blühen beginnt, setzt die Blüte hier schon nach etwa 7–8 Jahren ein. Die Blüten sind ähnlich geformt, nur etwas kleiner, sie blühen etwa 10 Tage früher auf.
In England und im Tessin werden von beiden Unterarten eine Reihe von Sorten gezogen.
Zu *M.campbellii* ssp. *campellii* gehören:
'Betty Jessel'. Blüten auffallend purpurfarben.
'Darjeling'. Blüten tief dunkelrosa.
'Chyverthon'. Blüten weiß.
'Eric Walter'. Blüten rosa, reichblühend.
'Ethel Hillier'. Blüten sehr groß, weiß, an der Basis außen zartrosa überlaufen.
'Kew's Surprise'. Blüten groß, außen dunkelrosa.
'Landicla'. Blüten rosa, sehr groß.
Zu *M.campbellii* ssp. *mollicomata* gehören:
'Lanarth'. Blüten tiefpurpurn.
'Maharanee'. Blüten weiß.
'Princess Margaret'. Blüten außen purpurrot, innen cremeweiß, purpurn überhaucht.
'Sidbury'. Blüten tiefrosa.
'Treve Holman'. Blüten tiefrosa, purpurrot überhaucht.

M.cordata Michx. ist im östlichen Nordamerika verbreitet und bleibt mit 7 m Höhe kleiner. Auch Blätter und Blüten sind kleiner, erstere sind eiförmig bis elliptisch und an der Basis nicht herzförmig wie der Name »Herzblättrige Magnolie« vermuten läßt. Gegenüber *M.acuminata* sind die Blüten dekorativer. Sie stehen auf dicken Stielen, sind becherförmig, hellgelb, duften schwach und blühen im Mai–Juni.
Nhw-2, Zone 6b.

M.denudata Desr. ist in Ost- und Südchina weit verbreitet und bei uns als einer der Eltern von *M. × soulangiana* bekannter als in ihrer eigenen Art. Dabei ist sie mit ihren großen, schneeweißen und schon im April–Mai aufblühenden, glockenförmigen Blüten von besonderer Zartheit. Sie wird zu einem bis 4 m hohen, reichverzweigten und breitausladenden kleinen Baum.
Nhw-4, Zone 6b.

M.fraseri Walt. kann als eine der schönsten nordamerikanischen Magnolien bezeichnet werden. Die sehr großen Blüten können an Pracht auch mit ostasiatischen Arten konkurrieren. Bei den glockigen, hellgelben Blüten stehen die Blütenblätter zunächst aufrecht, später breiten sie sich aus. Die Blüten erreichen dann einen Durchmesser von 20–25 cm. An ihren Blättern ist die im Mai–Juni blühende Art leicht zu erkennen. Sie hat am Grunde deutlich herzförmige Blätter, die im übrigen spatelförmig und bis 30 cm lang sind. Der zapfenartige Fruchtstand färbt sich im Herbst rosa.
Nhg-2, Zone 6b.

M.grandiflora L. Die immergrüne Art aus dem südöstlichen Nordamerika ist Urlaubern sicher schon im Mittelmeergebiet aufgefallen. Der stattliche Baum trägt oberseits glänzend dunkelgrüne, auf der Unterseite dicht mit rostbraunem Filz bedeckte Blätter. Von Mai–August öffnen sich ständig große, 20–30 cm breite, schalenförmige, rahmweiße und duftende Blüten. *M.grandiflora* hält in Deutschland wohl nur auf der Insel Mainau aus.
Mh/Nh-2, Zone 8a.
'Galissonieri'. Aus französischen Anzuchten wird diese über 100 Jahre alte Form auch bei uns angeboten. Sie soll bedeutend frosthärter sein und ist in geschützten Lagen der Weinbaugebiete oder im milden Westen sicher einen Versuch wert.

M.hypoleuca Sieb. et Zucc. wird in Japan zu einem 30 m hohen Baum, bleibt bei uns aber viel kleiner. Verkehrt-eiförmige, bis 40 cm lange, an den Zweigenden schirmförmig ausgebreitete Blätter und bis 15 cm breite, weiße, duftende Blüten sind die hervorstechenden Merkmale dieses Japaners.
Nhg-4, Zone 6a.

M. × kewensis hort. (*M.salicifolia* × *M.kobus*). Kleiner Baum mit schmal-kegelförmigem Wuchs. Blätter schmal, verkehrt-eiförmig bis elliptisch, oberseits leicht glänzend, unterseits bläulichgrün. Vor den Blättern entfalten sich weiße, stark duftende Blüten mit 6–7 Tepalen.

Magnolia grandiflora

'Wada's Memory'. Wächst aufrecht, dicht und gedrungen, die weißen, bis 16 cm breiten, gut duftenden Blüten sind nickend. Von den 6 Tepalen sind meist 3 stark gespreizt. Die Blüten öffnen sich im April–Mai, auch schon an jungen Pflanzen sehr reichlich.

M.kobus DC. Die Kobushi-Magnolie ist eine robuste, in Japan heimische Art, die bei uns 8–10 m hoch werden kann. Vor dem Blattaustrieb erscheinen die aufrechtstehenden, weißen, an der Außenseite mitunter geröteten Blüten, aus denen sich im Herbst walzenförmige rote Früchte entwickeln. Die Art wird heute in zwei geographische Rassen getrennt.
Nh-4, Zone 6a.
M.kobus var. *borealis* Sarg. ist eine sehr starkwüchsige Varietät, die als Waldbaum in ihrer japanischen Heimat (Nordhonshu und Hokkaido) bis 25 m Höhe erreicht und für unsere Gärten durch ihre schon in der frühen Jugend einsetzende Blüte wertvoll ist.
M.kobus var. *kobus* ist der Typ der Art. Sie ist von Zentralhonshu bis nach Südjapan verbreitet, wächst etwas weniger stark und ist in der Jugend ausgesprochen blühfaul.

M.liliiflora Desr. Die Purpurmagnolie ist in China heimisch und wird in Japan besonders gern kultiviert. Der Strauch wächst nur schwach und entfaltet gleichzeitig mit den Blättern seine großen, glockigen, innen meist weißen und außen purpurnen Blüten.
Nhw-4, Zone 6b.
'Nigra', in den Baumschulkatalogen oft zu *M. × soulangiana* gestellt, schmückt sich im Mai–Juni mit besonders großen, innen hell-, außen dunkelpurpurnen Blüten.

Magnolia liliiflora 'Nigra'

De Vos- und Kosar-Hybriden

An dieser Stelle können auch einige triploide Hybriden von *M.liliiflora* und *M.stellata* vorgestellt werden. Verschiedene Sorten dieser beiden Arten wurden 1955 und 1956 von F. de Vos und W.F. Kosar im National Arboretum in Washington D.C., gekreuzt, um spätblühende Sorten zu erzielen, deren Blüten dann der Gefahr von Nachtfrösten entgehen sollen. Sie werden als 2–3 m hohe Sträucher mit rundlicher oder kegelförmiger Krone beschrieben. Ihre Blüten sind in Größe, Färbung, Duft und Blütenreichtum den Eltern überlegen. Bei allen Sorten, die bei uns im Mai blühen, macht sich das Erbe der purpurnen Blütenfarbe von *M.liliiflora* bemerkbar. Bisher sind diese Sorten nur in Spezialbaumschulen zu haben, etwa bei Otto Eisenhut in San Nazzaro (Schweiz). Zu den de-Vos-Hybri-

den gehören die Sorten 'Ann', 'Judy', 'Randy', 'Ricki', zu den Kosar-Hybriden die Sorten 'Betty', 'Jane', 'Pinkie' und 'Susan'. 'Ann'. Mit 5–10 cm Durchmesser sind die vasenförmigen Blüten ziemlich klein; sie haben 6–8 schmale Tepalen, die innen und außen purpurrot gefärbt sind.

'Betty' hat große, bis 20 cm breite Blüten mit 12–19 sehr schmalen Tepalen, von denen die äußeren abgespreizt werden; sie sind innen weiß, außen purpurrot und zur Basis hin tiefer getönt.

'Jane'. Die 9–10 cm breiten, becherförmigen Blüten öffnen sich spät und duften sehr stark; die 8–10 Tepalen sind innen weiß und außen purpurrot.

'Judy' blüht mittelfrüh mit 5–8 cm breiten Blüten, deren 10 Tepalen innen rahmweiß und außen purpurrot, zur Spitze hin heller gefärbt sind.

'Pinkie'. Becherförmig und 12–18 cm breit sind die in der Knospe dicken Blüten mit ihren 9–10 breiten Tepalen, die innen weiß, außen purpurrot und zur Spitze hin heller gefärbt sind; die Sorte blüht spät.

'Randy' gehört zu den mittel- bis spätblühenden Sorten dieser Gruppe. Sie wächst aufrecht bis säulenförmig; ihre Blüten sind becherförmig und 7–12 cm breit; sie haben schmale, innen weiße, außen purpurrot gefärbte Tepalen.

'Ricki'. Ihre Blüten sind innen weiß bis rötlich, außen purpurrot. Sie blühen mittelfrüh auf, die Knospen sind schlank, die 10–15 Tepalen gedreht.

'Susan' fällt unter den Sorten dieser Gruppe besonders auf. Sie blüht schon als junge Pflanze sehr reich und hat eine lange Blütezeit. Innen sind die Tepalen der 10–15 cm breiten, duftenden Blüten purpur- bis rosarot, außen purpurrot gefärbt; die Blütenfarbe bleicht mit dem Verblühen etwas aus.

Gresham-Hybriden

Mit *M. liliiflora* hat auch D. Todd Gresham in Kalifornien gearbeitet. Er kreuzte sie mit *M. × veitchii* (*M. campbellii × M. denudata*), um etwas von der einmaligen Schönheit der nicht winterharten *M. campbellii* auf winterharte Hybriden zu übertragen. Die erzielten Sorten werden zusammen mit anderen Kombinationen – *M. × soulangiana* 'Lennei Alba' × *M. × veitchii* 'Rubra' und *M. globosa × M. wilsonii* – als Gresham-Hybriden bezeichnet. Seit einigen Jahren sind verschiedene davon bei uns in Kultur. Sie haben auch die extrem tiefen Temperaturen des Winters 1984/85 gut überstanden.

'Heaven Scent'. Kräftig wachsender, aufrechter Kleinbaum mit dunkelgrünen Blättern und schön geformten Blüten; die 9 derben Tepalen sind rosa gefärbt und bleiben bei geöffneter Blüte gleichmäßig kranzförmig stehen.

'Manchu Fan'. Großblättriger Kleinbaum mit aufstrebender Kronenform und weißen Blüten von Mitte April bis Anfang Mai. 'Manchu Fan' beginnt früh zu blühen und ist eine der schönsten unter den großblumigen weißen Magnolien.

'Peppermint Stick'. Weiß, mit violetter Basis und purpurnen Mittelstreifen sind die großen, langen Tepalen dieser Sorte gefärbt, die sich beim Aufblühen vasenförmig öffnen.

'Raspberry Ice'. Die glockenförmigen, weißen Blüten haben 12 Tepalen, deren Basis die Farbe von Himbeereis hat; die Blüten sind größer als die der meisten anderen Frühlings-Magnolien. Der Wuchs ist breitbuschig.

'Royal Crown' hat 12 große, außen rotviolette, innen marmorweiße Tepalen. Voll geöffnet sind die Blüten 20–30 cm breit.

Pickard-Hybriden

Der englische Magnolienzüchter A. A. Pikard, Canterbury, hat bei seinen Züchtungen unter anderem auch mit der weiter unten beschriebenen 'Picture' gearbeitet. Als eine der ersten Sorten erschien 1968 'Sundew'. Pickard fand in der F$_2$-Generation von 'Picture'-Nachkommen auch eine reinweiß blühende Pflanze. Aus Sämlingen dieser Pflanze hat er insgesamt 12 weiß, rosa und weinrot blühende Pflanzen ausgelesen und mit Namen von Edelsteinen belegt. Dazu gehören unter anderem 'Garnet' (tief weinrot), 'Opal' (weiß mit purpur Basis), 'Ruby' (tief purpurrot) und 'Snow Queen' (reinweiß).

'Sundew'. Mit dieser Sorte liegen schon einige Jahre Kulturerfahrungen vor. Sie wird beschrieben als stark- und aufrechtwachsende, reichblühende Sorte mit kugeligen, 20–22 cm breiten Blüten mit 9 gleichgroßen, rosa gefärbten Tepalen. Wertvoll sind die 3 Wochen dauernde Blütezeit und die Tatsache, daß schon junge Pflanzen Blütenknospen ansetzen.

M. × loebneri Kache entstand um 1920 als Hybride zwischen *M. kobus* und *M. stellata*. Sie vereinigt die Vorzüge beider Arten in sich, indem sie die Härte und Wuchsfreudigkeit von *M. kobus*, der sie in ihrem gesamten Erscheinungsbild recht ähnlich ist, mit der Blühfreudigkeit von *M. stellata* verbindet. Mit einer Maximalhöhe von 6–8 m könnte sie »die« frühblühende Magnolie für den kleinen Garten sein.
Zone 6b.

'Leonard Messel'. Die Blüten bestehen aus etwa 12 Tepalen, die außen rosa und innen weiß gefärbt sind. Die Blüte bleibt zunächst kelchförmig geschlossen, öffnet sich später aber ganz weit.

'Merril' unterscheidet sich mit ihren gefüllten Blüten (15 Tepalen) von *M. stellata* durch größere Blüten (doppelt so breite und längere Tepalen) und etwas stärkeren Wuchs.

'Neil McEacharn'. Sehr reichblühende englische Sorte mit weißen, zartlila angehauchten Blüten, sie besitzen 8 Tepalen und blühen Ende April bis Anfang Mai auf. Die Sorte wächst baumartig und erreicht Höhen bis 12 m.

'Snowdrift' ist eine reinweiße, frühblühende Sorte mit 12 Tepalen, Blüten und Blätter sind etwas größer als bei *M. × loebneri*.

M. macrophylla Michx. In eng begrenzten Arealen wächst *M. macrophylla* im östlichen Nordamerika (Kentucky und Arkansas) in lichten Laubwäldern an trockenen Mittel- und Oberhängen; sie meidet offenbar die feuchteren Tallagen, mindestens im Cumberland State Park in Kentucky. Mit ihren großen, 30–80 cm langen, schirmartig angeordneten Blättern ist sie hervorragend an einen Standort in der Unter- und Mittelschicht des Laubwaldes angepaßt.
Im Wald verzweigen sich die Pflanzen oft erst in Mannshöhe, bis dahin tragen sie nur einen Blattschopf; im Freistand entwickelt sich *M. macrophylla* zu einem mehrstämmigen, 6–10 m hohen Baum mit wenig verzweigten, dicken Ästen und Trieben – mit ihren riesigen Blättern eine wahrhaft exotische Erscheinung. Die schalenförmigen, 20–30 cm breiten Blüten entfalten sich im Juni. *M. macrophylla* dürfte härter sein als allgemein angenommen; sie verlangt allerdings einen völlig vor Wind geschützten, halbschattigen Standort in sommerwarmen Gebieten.
Nhw-2, Zone 7b.

M. sieboldii K. Koch ist ebenfalls in Japan zu Hause und entwickelt bei uns einen dünntriebigen, kaum über 3 m hohen Strauch mit breit-elliptischen Blättern und becherförmigen, 7–10 cm breiten Blüten im Juni–Juli. Von den 9 Tepalen sind die 3 äußeren rosa überlaufen, die inneren alabasterweiß. An den duftenden, nickenden Blüten fallen die karminroten Staubgefäße deutlich auf. *M. sieboldii* ist frosthärter als die ähnlichen *M. sieboldii* ssp. *sinensis* und *M. wilsonii*.
Nhg-4, Zone 6b.
M. sieboldii ssp. *sinensis* (Rehd. et Wils.) Spongberg stammt aus dem Westen der chinesischen Provinz Sichuan. Sie gehört zu den Arten mit schalenförmigen, nickenden Blüten, die an zarte Porzellanschalen erinnern. Von der nahe verwandten *M. sieboldii* unterscheidet sie sich durch etwas größere, stärker nickende Blüten.

M. × soulangiana Soul.-Bod. (*M. denudata × M. liliiflora*). Die bekannteste und verbreitetste aller Magnolien wird immer noch mit dem falschen Namen »Tulpenbaum« belegt. Die Hybride wird zu einem breiten, 3–4 m hohen Strauch, der ein beträchtliches Alter erreichen kann. In reicher Fülle erscheinen vor den Blättern große, glockige Blüten, die in der Regel innen weiß und außen mehr oder weniger gerötet sind. Von den vielen Gartenformen haben einige eine weite Verbreitung erfahren.
Zone 6b.
M. × soulangiana, die Tulpenmagnolie, wurde um 1820 von Etienne Soulange-Bodin in Frankreich gezüchtet, sie ist heute für viele Menschen der Inbegriff für Magnolien überhaupt. Zu dieser Hybridgruppe gehören zahlreiche, zum Teil weit verbreitete Sorten.

'Alba Superba' gehört zu den ältesten Sorten dieser Gruppe; vermutlich ist sie einer von 10 Sämlingen aus der ersten Kreuzung von Soulange-Bodin. 'Alba Superba', gelegentlich auch als 'Alba' bezeichnet, ist ein aufrechter, in der Jugend langsamwachsender, im Alter bis 5 m hoher Strauch mit großen weißen, duftenden Blüten Anfang April. Die Außenseite der Tepalen ist im unteren Drittel leicht rosa gefärbt.

'Alexandrina'. Aufrechter, starkwüchsiger Strauch mit großen, bis 18 cm breiten Blüten, deren 9 Tepalen innen reinweiß, außen zartrosa und an der Basis dunkler gefärbt sind; sehr wertvolle Sorte mit fast 3 Wochen Blütezeit von Anfang bis Ende April.

Magnolia × loebneri 'Merril'

'Brozzoni' besitzt wohl die größten Blüten dieser Hybridgruppen. Sie sind – voll geöffnet – bis 25 cm breit. Die 9 Tepalen sind innen und außen weiß, nur an der Basis außen zartrosa getönt. Diese Sorte wird in 20 Jahren 3–4 m hoch und 2 m breit. Sie blüht sehr lange, von Anfang April bis Anfang Mai.

'Burgundy' ist eine amerikanische Züchtung mit einer kräftigen rosa Blütenfarbe, wie sie sonst bei keiner anderen Magnolie vorkommt. Die Blüten sind sehr widerstandsfähig gegen schlechtes Wetter. Die Sorte entwickelt sich zu einem breiten Busch oder kleinen Baum und ist in voller Blüte ein wundervoller Anblick.

'Lennei' mit ihren breiten, kugeligen Blüten und den 10–15 cm langen, bis 10 cm breiten Tepalen ist eine besonders auffallende Sorte, deren Tepalen innen weiß und außen dunkelpurpur gefärbt sind. Auch sie blüht erst Ende April bis Anfang Mai (einzelne Blüten erscheinen oft schon im Herbst), wird bis 3 m hoch und kann deutlich breiter werden. Nachteilig ist ihr breiter Wuchs; nicht selten liegen die Äste auf dem Boden auf.

'Lennei Alba'. Die Blüten sind ähnlich wie bei 'Lennei' geformt, aber rahmweiß. Die Sorte blüht nicht in jedem Jahr zuverlässig.

'Picture' ist eine in Japan entstandene Sorte, deren Abstammung nicht ganz geklärt ist. Sie wächst stark und aufrecht. Die Blüten werden mit ihren vor dem Verblühen weit ausgebreiteten Tepalen 25–30 cm breit. Die Blüten erscheinen schon an jungen Pflanzen, sie blühen von Ende April bis Anfang Mai auf, sind in der Grundfarbe weiß und außen vor allem an der Basis, tief weinrot schattiert und gestreift. Eine prachtvolle Sorte, die seit einigen Jahren gelegentlich angeboten wird.

'Rustica Rubra'. Breit und stark wachsend, wird die Sorte bis 7 m hoch, mit Blüten etwa wie bei 'Lennei', aber etwas kleiner, mehr rosarot und etwas zeitiger blühend. Eine sehr wertvolle Sorte, die schon als junge Pflanze blüht.

'Speciosa' gehört zu den spätblühenden Sorten. Ihre duftenden Blüten werden bis 15 cm breit; sie sind weiß, außen rosa gestreift; ihre Tepalen sind in halber Höhe nach außen gebogen.

'Verbania'. Eine spätblühende Sorte mit becherförmigen Blütenschalen aus 9 Tepalen, die an den Außenseiten gleichmäßig rosa gefärbt sind.

M.stellata (Sieb. et Zucc.) Maxim. ist als Sternmagnolie ein Zwerg unter den Ma-

gnolien. Der langsamwüchsige Strauch aus Zentraljapan wird kaum 3 m hoch. Schon im März, lange vor dem Blattaustrieb, öffnen sich die weißen, duftenden Blüten, die im Gegensatz zu den 6 Tepalen bei *M.kobus* mit 12–15 Tepalen ausgestattet sind. Die Art blüht überreich und ebenfalls schon als junge Pflanze.
Nhg-4, Zone 6a.

Sie ist sicher eine der reizvollsten aller Magnolien. Als Begleitpflanzen für diesen attraktiven Frühblüher empfiehlt Boerner (1985) einen Teppich aus gleichzeitig blühenden *Erica carnea* 'Winter Beauty', die kleinblättrigen und immergrünen *Rhododendron × praecox* und *R.mucronulatum*, *Pieris japonica*, Kriechwacholder und Zwergfichten. Dazu die Frühlingsblüher unter den Stauden und Blumenzwiebeln, wie *Primula rosea* und *P.denticulata*, *Crocus tommasinianus*, *Chionodoxa*, *Sanguinaria* und ähnliche Arten.

Neben der natürlichen Art sind einige Sorten und eine Hybride besonders wertvoll:
'Centennial'. Eine Sorte mit besonders großen Blüten (bis 14 cm Durchmesser) von reinem Weiß, sie hat mit 28–32 Tepalen doppelt so viele Blütenblätter wie die natürliche Art.

'Chrysanthemiflora' ist vor allem ihrer gefüllten Blüten wegen interessant, die 32 Tepalen besitzen. Die Blüten sind rosarot gefärbt und im geöffneten Zustand chrysanthemenähnlich. Die japanische Sorte wächst zu einem breiten Busch heran.

'George Henry Kern'. Am Zustandekommen dieser Sorte ist *M.stellata* als Mutter beteiligt, als Vater vermutete man zunächst *M. × soulangiana*, nach Ansicht von Grootendorst (1980) ist dies aber wohl *M.liliiflora*. 'George Henry Kern' bildet aufrechte, stark verzweigte, reichblühende Kleinbäume mit offenen, innen weißen, außen lilaroten Blüten; ihre 8–10 Tepalen sind 8 cm lang und 3 cm breit, oft gebogen und gedreht; die Blüte setzt Ende April ein, während des ganzen Sommers öffnen sich immer wieder einzelne Blüten.

'Massey'. Sehr reichblühende, schwachwachsende, nur etwa 1,3 m hohe Sorte. Die weißen, hell- bis zartrosa angehauchten Blüten haben 25–30 Tepalen, sie öffnen sich Ende April bis Anfang Mai.

'Norman Gould'. Polyploide Kulturform amerikanischer Herkunft mit weißen Blüten, breiteren Blütenblättern, sehr kompaktem Wuchs und verhältnismäßig kurzen, breiten Blättern. Die Blüten haben 8 Tepalen, sie öffnen sich Ende April bis Anfang Mai. Wird stellenweise auch zu *M. × loebneri* gestellt.

'Rosea'. Rosablühende Formen der Sternmagnolie sind offenbar häufiger entstan-

Magnolia × **soulangiana**

den. Die Außenseite der Tepalen ist in der Blütenknopse rosa, die Farbe hält sich aber nur kurze Zeit.

'Royal Star' wächst stärker und robuster als die natürliche Art; ihre reinweißen Blüten sind mit 18–25 Tepalen dicht gefüllt, sie blühen auch etwas später auf.

'Rubra' wird in Holland nicht besonders gut bewertet. Die purpurrosa Blüten seien nur klein, der Wuchs schwach und die Blätter gelblichgrün gefärbt. Vermutlich gibt es aber auch von der Sorte 'Rubra' verschiedene Klone.

'Waterlily' ist in der Knospe rosa, aufgeblüht weiß. Ihre 14–18 Tepalen sind etwas länger und schmaler, der Wuchs kräftiger als beim Typ. Die Sorte ist vor 1939 in den USA entstanden.

M.tripetala (L.) L. erhielt ihren Namen Schirmmagnolie durch die besonders großen, bis 60 cm langen Blätter, die an den Triebenden schirmförmig ausgebreitet sind. Nach den Blättern erscheinen rahmweiße, bis 25 cm breite, etwas unangenehm duftende Blüten mit spitzen Blütenblättern. Die bis 10 cm langen, roten Fruchtzapfen dieser amerikanischen Art sind auffallend hübsch.
Nhw-2, Zone 6b.

M.wilsonii Rehd. Bis 5 m hoher, aus China stammender Strauch mit oval-länglichen, unterseits blaugrau und seidig-filzig behaarten Blättern. Blüten wie bei *M.sieboldii* und *M.sinensis* hängend. Die duftenden Blüten sind 10–12 cm breit, schalenförmig und weiß. Eine seltene Art, die am besten im Halbschatten wächst.
Nhg-4, Zone 7a.

× **Mahoberberis** Schneid.
Berberidaceae

Die Gattungshybride zwischen *Berberis* und *Mahonia* umfaßt winter- und immergrüne Sträucher ohne Blüten, die sich von *Berberis* durch die unbedornten Zweige, von *Mahonia* durch die einfachen, gelegentlich 3zähligen Blätter unterscheiden.

M.neubertii (Baum. ex Lem.) Schneid. *(Berberis vulgaris × Mahonia aquifolium).* Die am häufigsten anzutreffende Form dieser Gruppe ist ein immergrüner oder nur wintergrüner, bis 1 m hoher, lockerer Strauch mit steif-aufrechten Trieben. Die Blätter sind an Langtrieben einfach, derb ledrig und am Rand mit je 5–7 Zähnen stark gebuchtet, an Kurztrieben sind die

Blätter teils einfach und teils 3zählig. Ein Strauch für Liebhaber und Sammler mit den Standortansprüchen der Mahonien. Zone 6b.

Mahonia Nutt., Berberidaceae
Mahonie

Von den etwa 70 Arten sind weit über die Hälfte in Asien, die übrigen in Nord- und Mittelamerika verbreitet. Die immergrünen Sträucher sind mit wechselständigen, unpaarig gefiederten, am Rande oft stachelspitzigen Blättern ausgestattet. Die Blüten sitzen, zu Rispen oder Trauben vereint, an den Triebenden, die Beerenfrüchte sind meist blau und bereift.

Nur wenige Arten finden in der Gartenkultur Verwendung. Besonders *Mahonia aquifolium* ist ein kleiner, immergrüner Strauch, der dank seiner hohen Schattenverträglichkeit für großflächige Unterpflanzungen vorzüglich geeignet ist. Er läßt sich hervorragend schneiden und so relativ niedrig halten. Auch wenn der Rückschnitt erst nach der Blüte, also im recht späten Frühjahr vorgenommen wird, treiben die Sträucher willig durch und blühen auch im nächsten Frühjahr wieder reichlich. Auch die anderen Mahonien-Arten, die recht dekorative Blattpflanzen sind, bevorzugen einen schattigen Standort auf humosen Böden.

M.aquifolium (Pursh) Nutt. ist im westlichen Nordamerika von British Columbia bis Nordkalifornien verbreitet und wird als aufrechtwachsender, sehr variabler Strauch etwas mehr als 1 m hoch. Seine immergrünen, 5- bis 11zähligen, am Rande gezähnten Blätter sind im Winter meist etwas gerötet. Im April–Mai öffnen sich gelbe Blüten in rispigen, aufrechten Blütenständen. Sie sind durchaus dekorativ, genau wie die dunklen, blaubereiften Beeren. *M.aquifolium* sollte man möglichst nicht einzeln, sondern in kleinen oder größeren Gruppen als Vorstrauch oder Unterpflanzung oder als niedrige Hecke pflanzen.
N-1, Zone 5b.

'Apollo'. Vegetativ vermehrte, schwach und kompakt wachsende Sorte mit glänzend dunkelgrünen Blättern und zahlreichen goldgelben Blüten in großen Trauben. Wertvoller Gruppenstrauch, der auch zur Flächenbegrünung geeignet ist.

'Atropurpurea'. Über 1 m hohe, vieltriebige Sorte mit gelben Büten in zahlreichen kleinen Trauben. Die Blätter färben sich im Winter lebhaft rotbraun.

'Orangee Flame'. Amerikanische Sorte, die sich vieltriebig aufbaut und etwa 60 cm hoch wird. Die Blätter sind im Austrieb

Mahonia aquifolium

gelbgrün, später leuchtend bronzeorange und im Winter weinrot. Die gelben Blüten öffnen sich im März–April.

'Smaragd'. Sehr winterharte, etwa 70 cm hohe, breitwüchsige Form mit beständig glänzendgrünen Blättern und goldgelben Blüten in großen, dichten Ständen. Wird wenig von Mehltau befallen.

'Undulata'. Sehr stark und knapp mannshoch wachsende Sorte, Blätter groß, dunkelgrün und stark glänzend, am Rand auffallend gewellt, Blüten tiefgelb, sehr zahlreich. In Holland beliebt und dort sehr winterhart.

M. bealii (Fort.) Carr. stammt aus China und ist eine der schönsten bei uns winterharten Arten. Sie wird in milden Gegenden bis 2 m hoch und trägt an spärlich verzweigten, dicken Trieben 30–40 cm lange, dekorative Blätter und im Februar–Mai hellgelbe, duftende Blüten in 8–20 cm langen, aufgerichteten bis überhängenden Trauben. Sie verlangt einen halbschattigen, besonders vor Wintersonne geschützten Standort und lockeren, humosen Boden. Nhw-4, Zone 7a.

M. japonica (Thunb. ex Murr.) DC. ist in Japan heimisch und der vorigen sehr ähnlich. Sie unterscheidet sich durch etwas schwächeren Wuchs und die am Grunde weniger schiefen, sich selten überdeckenden Blättchen, die unterseits auffallend gelbgrün sind. Die schwefelgelben Blüten stehen in 10–2c cm langen, sehr lockeren, mehr oder weniger nickenden Blüten zusammen. Blüht zur gleichen Zeit wie *M. bealii*.
Nhw-4, Zone 7a.

'Hivernant' (= 'Hiemalis'). In Holland hoch bewertete Sorte mit großen, nicht vergilbenden Blättern und bis 35 cm langen, gelben Blütenständen im März–April.

M. × media Brickel (*M. japonica × M. lomariifolia*). Mittelhohe bis hohe Sträucher, Blätter mit zahlreichen Blättchen, Blüten im Spätherbst und Winter in Büscheln von lockeren Trauben.
Zone 7b.

'Charity'. Stark und aufrecht wachsend, bis 2 m hoch. Blätter 40–60 cm lang, mit 17–23, stumpf graugrünen Blättchen. Blüten hellgelb, in schmalen, bis 30 cm langen, aufrecht abstehenden Trauben, die zu Büscheln vereint sind. Blüht in milden Gebieten im Januar–Februar. Schöner Blatt- und Blütenstrauch für milde Klimazonen und geschützte Lagen.

'Winter Sun'. Etwas schwächer wachsend als 'Charity'. Blätter 30–40 cm lang mit 17–23 stumpf graugrünen Blättchen. Blüten hellgelb, endständig, in 25–30 cm langen, fast aufrechten Trauben. Blüht etwas später als 'Charity' und hat schönere Blütenstände.

M. repens (Lindl.) G. Don. Im westlichen Nordamerika heimischer, 30–60 cm hoher, kriechender, ausläufertreibender Strauch. Die Blättchen der meist 5teiligen, 10–20 cm langen Blätter haben am Rand borstenartige Zähne; die goldgelben Blüten erscheinen im Mai an den Triebenden – ein interessanter Bodendecker, der auch den Kronendruck großer Bäume erträgt.
N-1, Zone 6a.

M. × wagneri (Jouin) Rehd. Die vor über 100 Jahren in Frankreich erzielte Hybride (*M. aquifolium × M. pinnata*) wird mit mehr als 2 m Höhe wesentlich größer als *M. aquifolium*. In der Belaubung ist sie der bekannten Mahonie ähnlich, die Blätter sind jedoch fast ungestielt. Sie blüht etwas später (Mai) mit kleinen Blütentrauben auf der ganzen Zweiglänge.
Zone 7a.

'Pinnacle' (= 'Pinnata') ist bei uns in einigen Baumschulen zu haben, ein knapp

Mahonia bealii

mannshoher Strauch mit bläulich graugrünen Blättern, die im Austrieb kupfrigbraun sind. Die zahlreichen reingelben Blüten öffnen sich im April–Mai. Die Blütenstände fallen nach dem Verblühen ab, Früchte können deshalb nicht angesetzt werden.

'Vicaryi'. Wuchs breit-aufrecht, vieltriebig, bis 1 m hoch. Blätter ziemlich klein, stumpf bläulich graugrün, ein Teil der Blätter verfärbt sich im Herbst rot, im Winter mehr bronze. Blüten im März–April, wenig zahlreich, gelb, in kleinen, dichten Trauben. In Holland gut bewertet, weil wenig anfällig für Mehltau.

Malus Mill., Rosaceae
Apfel

Rund 35 Arten und eine kaum mehr zu übersehende Zahl von Gartenformen kennt die Gattung, deren natürliche Arten in Europa, Asien und Nordamerika heimisch sind. Es sind sommergrüne Bäume und Sträucher, deren Seitenzweige mitunter verdornen und die wechselständige, am Rande meist gesägte Blätter tragen. Aus oft farbigen, in Doldentrauben stehenden, 5zähligen Blüten entwickeln sich die bekannten Apfelfrüchte.

Zieräpfel sind begehrte und wertvolle Gartengehölze, die zweimal jährlich auf sich aufmerksam machen: einmal zur Blütezeit im Mai und dann wieder zur Zeit der Fruchtreife im Herbst. In beiden Fällen sind sie in ihrer Wirkung oft unübertroffen. Das Farbspiel ihrer Blüten reicht von Weiß über Rosa zu den verschiedensten Tönen von Rot. Häufig erlebt man dieses Farbspiel an einer Pflanze, weil deren Blüte von der Knospe bis zur offenen Blüte immer weiter verblaßt.

Die herbstliche Fruchtfarbe kann ebenfalls recht unterschiedlich sein, sie reicht von Gelb bis Rot mit allen Übergängen. Die Größe der Früchte, die sich ab September zu färben beginnen und oft bis weit in den Winter hängenbleiben, variiert sehr stark. Die kleinsten erreichen kaum mehr als Erbsengröße, andere werden fast so groß wie Kulturäpfel und lassen sich dann im Haushalt recht gut verwenden.

Die Zieräpfel (auch Kirschäpfel, in England »crab apple« genannt) werden heute von den Baumschulen in der Regel als kurzstämmige, veredelte Büsche angeboten. Dies kommt ihrem Wuchscharakter sehr entgegen und führt dazu, daß die Pflanzen nicht allzu hoch werden. Ihre Wuchshöhe schwankt je nach Art und Sorte zwischen 3 und 10 m. Die Blütezeit der einzelnen Pflanze dauert etwa 10 Tage, die aller Zieräpfel um 4 Wochen. Zieräpfel wachsen in jedem Gartenboden und unter allen klimatischen Bedingungen, unter denen auch unsere Kulturäpfel gedeihen. Nur in der Jugend ist ein Aufbauschnitt notwendig, der darin besteht, daß man die letzten Jahrestriebe um etwa ein Drittel zurücknimmt und das nach innen wachsende Holz entfernt. In späteren Jahren ist nur vorsichtiges Auslichten erlaubt. Die große Zahl an Kulturformen, es sollen etwa 400 sein, zwingt zu einer scharfen Auslese der wirklich besten Sorten und Arten, die hier unter anderem nach den Ergebnissen der Sortimentsprüfungen im Botanischen Garten in Dortmund und der Prüfstation in Boskoop wiedergegeben werden. Wir werden hier zunächst die kulturwürdigen Hybriden und Wildarten, dann die Gartenformen vorstellen, weil letztere durch vielfache Kreuzungen den einzelnen Arten oft nicht mehr eindeutig zugeordnet werden können.

M. × atrosanguinea (Späth) Schneid. *(M. halliana × M. toringo)* ist ein bis 10 m hoher Strauch mit überhängenden Zweigen und einfachen, karminrosa Blüten aus scharlachroten Knospen. Reiche Blüte, gesunde Belaubung und kleine, nur wenig zierende Früchte sind zu erwähnen.
Zone 6a.

M. baccata (L.) Moench var. **mandshurica** (Maxim.) Schneid. fällt durch die frühe, schon im April einsetzende Blüte im gesamten *Malus*-Sortiment auf. Reinweiß und duftend sind die 4 cm breiten Blüten, die Früchte leuchten hochrot.
N/Bh-4, Zone 3.

M. floribunda Sieb. et Van Houtte wurde 1862 aus Japan eingeführt und ist immer noch eine der besten Arten. Sie entwickelt einen bis 4 m hohen Strauch mit breit-gewölbter Krone und überhängenden Zweigen. In der Knospe sind die überaus zahlreich erscheinenden Blüten tief karminrot, im Aufblühen rosa und bei geöffneter Blüte innen weiß. Die erbsengroßen Früchte sind gelb gefärbt.
Nh-4, Zone 5a.

M. halliana Koehne. Kleiner, bis 5 m hoher Baum oder Strauch mit lockerer, ausladender Krone. Blätter im Austrieb rötlich, später glänzend dunkelgrün und ledrig. Blüten im Mai, in der Knospe tiefrot, später dunkelrosa, 3–4 cm breit, Früchte 6–8 mm dick, rotbraun, sehr spät im Herbst reifend. In Japan und China nur aus der Kultur bekannt.
Zone 5b.

M. ioensis (A. Wood) Britt. Der kleine, lockerkronige Baum aus dem mittleren Nordamerika ist in zweifacher Hinsicht bemerkenswert: Seine großen, weißen, rosa überhauchten Blüten duften nach Veilchen, und die unterseits gelbgrünfilzigen Blätter färben sich im Herbst herrlich dunkelrot und gelb. Die etwa 3 cm dicken Früchte sind wachsartig, grün und gelegentlich etwas kantig.
Ns-2, Zone 3.

M. × magdeburgensis Hartwig *(M. sylvestris × M. spectabilis)* ist eine bis 8 m hohe, aufrechtwachsende Hybride, deren leuchtendrote Blütenknospen sich im Mai

Malus floribunda

zu halbgefüllten rosa oder lilarosa Blüten öffnen, die kugeligen Früchte sind gelbrot. Zone 6a.

M. × micromalus Makino kam ebenfalls aus Japan in die europäischen Gärten. An dunkel braunroten Zweigen des sehr breitwachsenden, bis 4 m hohen Strauches stehen große rosa, nicht verblassende Blüten zu mehreren beisammen. Ist wenig schorfanfällig und wertvoll durch reiche Blüte. Zone 6a.

M. × moerlandsii Doorenbos *(M. × purpurea* 'Lemoinei' × *M. toringo)*. Hochwachsende, reichblühende Sträucher mit braungrünen, glänzenden, teilweise gelappten Blättern, Blüten dunkelrot bis rosa, Früchte kugelig, 1–1,5 cm breit, purpurn. Schorfanfällig. Zone 6a.

M. × purpurea (Barbier) Rehd. *(M. atrosanguinea × M. sieversii* 'Niedzwetzkyana'). Großer, kräftigwachsender Strauch oder kleiner Baum, Zweige mit schwarzroter Rinde, Blätter zuerst braunrot, später dunkelgrün und glänzend, Blüten 3–4 cm breit, purpurrot aufblühend, bald verblassend. Früchte kugelig, 1,5–2,5 cm dick, purpurrot. Zone 6a.

M. toringo (Sieb.) Sieb. ex de Vriese (= *M. sieboldii)*. Bis 4 m hoher Strauch mit breitabstehenden und überhängenden, schwarzbraunen Zweigen. Blätter besonders an Langtrieben 3- (bis 5-)lappig, im Herbst rot und gelb gefärbt. Blüten im Mai, 2 cm breit, hellrosa, zuletzt ganz weiß. Früchte kugelig, erbsengroß, rot bis gelbbraun, bis zum Dezember haftend. Wertvolle, weitgehend schorffreie, japanische Art. Gehört zu den wertvollsten Wildarten. Nh-4, Zone 5b.
M. toringo var. *sargentii* (Rehd.) Schneid. (= *M. sargentii)*. Etwa 2 m hoher, sehr dichter Strauch mit waagerecht ausgebreiteten Ästen und oft dornigen Zweigen. Blätter meist 3lappig, im Herbst orangegelb gefärbt. Blüten im Mai, entlang der ganzen Zweige, in der Knospe weiß oder nur ganz zart rosa, später weiß. Früchte kugelig, 6–8 mm dick, dunkelrot, oft bis zum Frühjahr haftend. Heimisch in Nordjapan und auf den Kurilen. Obwohl oft alternierend, eine schöne und wertvolle Wildart.

M. trilobata (Labill.) Schneid. Die in deutschen und holländischen Baumschulen kultivierten Pflanzen entwickeln sich zu fast säulenförmigen, bis 8 m hohen Kleinbäumen. Blätter tief 3lappig, glänzend dunkel-

Malus purpurea 'Eleyi'

grün, im Herbst prachtvoll rot. Blüten weiß, 3,5 cm breit. Früchte 12–16 mm dick, rot. Heimisch in Westasien. Wertvoller, trockenresistenter Kleinbaum. Na-3, Zone 5a.

M. tschonoskii (Maxim.) Schneid. wird von den Baumschulen zu Unrecht vernachlässigt, ist er doch mit seiner orangeroten Herbstfärbung einer der schönsten aller Zieräpfel. Die Art ist in Japan heimisch und wird zu einem bis 12 m hohen, kegelförmigen Baum, der in der Jugend weißfilzige Blätter, bis 3 cm breite, weiße Blüten und kugelige, gelbgrüne, rotbackige Früchte trägt. Nh-4, Zone 6b.

Zierapfel-Sorten

Seit dem Ende des vorigen Jahrhunderts befassen sich viele europäische und amerikanische Gärtner mit der Züchtung und Auslese von Zieräpfeln. Sie übertreffen in ihrem Gartenwert häufig die Eltern und werden daher allgemein bevorzugt. Selbst von den Wildarten werden oft selektierte Typen vegetativ vermehrt. Aus dem großen Heer von Sorten werden hier die genannt, die bei vergleichenden Sortimentsprüfungen ihren Gartenwert unter Beweis gestellt

haben. Hinter dem Sortennamen ist, soweit bekannt, in Klammern die Abstammung angegeben. Zone 6a.
'Adams'. Bis 6 m hoher Baum oder Strauch. Blätter hellgrün, bronzefarben austreibend. Blüten 4–5 cm breit, rosarot, sehr zahlreich. Früchte 17–25 mm dick, karminrot. Neue amerikanische Sorte, die nahezu schorffrei ist.
'Aldenhamensis' *(M. × purpurea)*. Strauch oder bis 4,5 m hoher Baum mit breitausladender Krone. Blätter zuerst purpurfarben, später bronzegrün. Blüten 4–4,5 cm breit, mit 5–10 Blütenblättern, halbgefüllt, purpurrot, auch in der Knospe. Früchte abgeplattet, 15–20 mm dick, bräunlich-purpurn, ohne besonderen Zierwert. Schorfanfällig.
'Butterball' (Sämling von *M. × zumi* 'Calocarpa'). 4–5 m hoher, breitkroniger Baum mit abstehend überhängenden Zweigen. Blüten 3–4 cm breit, weiß mit rosa Anflug, in der Knospe rosa. Früchte 20–25 mm dick, gelb, mit auffallendem Glanz. Früchte bleiben nicht so lange hängen, wie bei 'Golden Hornet'. Bekommt keinen Mehltau und ist ziemlich schorfresistent.
'Cheal's Weeping'. Meist hoch veredelte Hängeform mit kräftigen Zweigen. Blüten

groß, hellrot. Früchte rundlich, 20 mm dick, dunkelrot, nicht zahlreich. Schorfanfällig.

'Eleyi' *(M. × purpurea)*. Bis 6 m hoher Baum mit dichtverzweigter, rundlich-abgeplatteter Krone. Blätter im Austrieb purpurn, später bronzefarben. Blüten 3–3,5 cm breit, hell weinrot, sehr zahlreich. Früchte eiförmig bis kugelrund, 18–20 mm dick, tiefrot, an langen Stielen.

'Evereste'. Großer, kegelförmiger Baum. Blätter dunkelgrün, häufig gelappt. Blüten etwa 5 cm breit, in der Knospe rosa, später weiß, zahlreich. Früchte 20–25 mm dick, orange bis orangegelb.

'Fuji'. Bis 8 m hoher, sehr breitkroniger Baum. Blüten grünlichweiß, anemonenartig gefüllt. Früchte 12 mm dick, orangerot. Eigenartige Liebhabersorte.

'Gorgeous' *(M. toringo × M. halliana)*. Wuchs steif-aufrecht mit dichter Krone. Blüten 4 cm breit, in der Knospe tiefrosa, später weiß. Früchte 20–25 mm dick, rund, glänzendrot, bis Ende November haftend.

'Gracilis' *(M. baccata)*. Hängeform mit dünnen Zweigen. Blätter ziemlich klein, schmal, glänzendgrün. Blüten 3–3,5 cm breit, weiß, in der Knospe hellrosa, zahlreich. Früchte rund, 10–13 mm dick, rahmgelb mit orangefarbener Backe, spät reifend und bis Oktober–November haftend. Eine schorf- und mehltaufreie Sorte.

'Hillieri'. Bis 6 m hoher Strauch mit dünnen, teilweise hängenden Zweigen. Blüten 3 cm breit, in der Knospe rot, später rosa, zahlreich. Früchte rund, 10–12 mm dick, gelb mit rot. Wird, obwohl schorfanfällig, immer noch kultiviert. Dient im Erwerbsobstbau stellenweise als Bestäuber.

'Hopa' *(M. baccata × M. sieversii* 'Niedzwetzkyana')*: 4–5 m hoher, lockerkroniger Baum. Blätter zunächst hellpurpurfarben, später fast grün. Blüten 3–3,5 cm breit, dunkel lilarosa oder hell lilarot. Früchte 18–20 mm dick, hellrot.

'John Downie'. Starkwachsender, aufrechter, 4–5 m hoher Baum. Blätter tiefgrün und glänzend. Blüten bis 4 cm breit, in der Knospe rosa, später weiß mit rosa Anflug. Früchte 25–30 mm dick, eiförmig, auf gelbem Untergrund hell orangerot, sehr zahlreich. Sehr winterharte, mäßig schorfanfällige Sorte, deren Früchte sich besonders gut wirtschaftlich verwerten lassen.

'Liset' *(M. × moerlandsii)*. Bis 6 m hoher, kompakter, rundkroniger Baum. Blätter glänzend purpurfarben. Blüten 3–4 cm breit, in der Knospe rot, später purpurrot, sich nicht verfärbend, zahlreich. Früchte 12–15 mm dick, glänzend dunkelpurpur, zahlreich. Mäßig schorfanfällig. Einer der besten rotblühenden Zieräpfel mit purpurfarbenen Blättern.

'Makamik' *(M. baccata × M. sieversii* 'Niedzwetzkyana')*. Bis 4,5 m hoher Baum mit rundlicher Krone. Blätter im Austrieb purpurrot, später dunkelgrün. Blüten 4–4,5 cm breit, dunkel lilarosa mit einem kleinen weißen Stern in der Mitte. Früchte 20–24 cm dick, hellrot, sehr dekorativ. Wenig schorfanfällig und sehr winterhart.

'Mary Potter' *(M. × atrosanguinea × M. toringo* 'Rosea')*. Bis 3 m hoher, breiter Strauch mit überhängenden Zweigen. Blüten 3–3,5 cm breit, weiß, in der Knospe rosa, zahlreich. Früchte 10–12 mm dick, tiefrot, zahlreich, bis zum November haftend. Schorfempfindliche Liebhabersorte.

'Neville Copeman' (Sämling von *M.* 'Eleyi')*. 4–5 m hoher, aufrechter, später breitkroniger Baum. Blätter im Austrieb purpurn bis bronzebraun, später grün. Blüten 2,5 cm breit, purpurlilarosa, in der Knospe rot, zahlreich. Früchte 10–35 mm dick, purpurrot auf gelbem Grund. Wenig schorfanfällig.

'Niedzwetzkyana' *(M. sieversii)*. Bis 4 m hoher, aufrechter Strauch mit ausgebreiteten Zweigen. Blätter im Austrieb schön rot, später mehr bronzebraun, zuletzt nur noch die Nerven gerötet. Blüten zu 4–7 in Büscheln, 4,5 cm breit, dunkelrot, die Blütenblätter weiß genagelt. Früchte 5–6 mm dick, außen dunkelrot, innen ebenfalls mehr oder weniger gerötet. Obwohl sie nicht sehr reich blüht, wird diese Sorte immer noch häufig kultiviert.

'Professor Sprenger' *(M. × zumi)*. 5–6 m hoher, breit-kegelförmiger Baum. Blätter stumpfgrün, mit tiefliegenden Nerven, im Herbst goldgelb. Blüten 3 cm breit, rein-

Malus 'John Downie'

weiß, in der Knospe rosa, sehr zahlreich. Früchte eiförmig, 15–18 mm dick, im September orangegelb, später tieforange, bis Dezember haftend. Schorf- und mehltaufrei. Wertvoll durch reiche Blüte und lange haftenden Fruchtschmuck.

'Profusion' *(M. toringa × M.* 'Lemoine')*. 5–6 m hoher Baum mit eiförmiger Krone. Blätter purpurbronze, später dunkelgrün mit roten Nerven, an Langtrieben oft 3lappig. Blüten 4 cm breit, dunkelrot, lilarot verblühend, sehr zahlreich, zu 5 in Büscheln. Früchte 10–12 mm dick, dunkelpurpur, im Oktober rubinrot.

'Radiant' (Sämling von *M.* 'Hopa')*. Bis 6 m hoher, breit-aufrechter Baum. Blätter zunächst dunkelbronzerot, später grün. Blüten 2,5 cm breit, rosarot mit auffallend gelben Staubgefäßen, in der Knospe tiefrot, zahlreich. Früchte hagebuttenförmig, kirschrot, ziemlich klein. Schöne, reichblühende, nahezu schorf- und mehltaufreie Sorte.

'Red Jade' (Sämling von *M.* 'Exzellenz Thiel')*. Hängeform mit dünnen Zweigen. Blüten 4–5 cm breit, in der Knospe lachsrosa, später weiß mit rosa Anflug. Früchte eiförmig, 10 × 15 mm lang, glänzendrot, bis in den Winter haftend. Kaum schorfanfällig. Wird am besten hochgezogen und ist wertvoll durch den guten Kontrast zwischen Blatt und Blüte und den lange haftenden Fruchtschmuck.

'Red Sentinel'. Baum mit aufrechter, eiförmiger Krone. Blüten 3 cm breit, weiß, in der Knospe hellrosa. Früchte rundlich, 18–20(–25) cm breit, hell glänzendrot, zu 5–6 in Büscheln, bis Dezember–Januar haftend. Schorffreie Sorte, die in Holland vor allem des Fruchtschmuckes wegen hoch bewertet worden ist.

'Red Splendor'. Baum mit aufrecht-ausgebreiteter, dichter Krone und leicht überhängenden Zweigen. Blätter dunkel rötlichgrün mit auffallend roten Nerven, im Herbst rötlichpurpurn gefärbt. Blüten 2,5 cm breit, karminrot bis zartrosa, in der Knospe karminrot. Früchte länglich, 15–17 mm breit, hellrot, zu 3–4 in Büscheln. Wenig schorfanfällig.

'Royal Beauty'. Hängeform mit ziemlich dünnen, breit überhängenden Zweigen. Blätter bronzebraunrot. Blüten 3–3,5 cm breit, purpurrot, in der Knospe dunkelrot, zu 5(–7) in Büscheln. Früchte rund, 5–10 mm dick, kirschrot, wenig zahlreich. Neue, schorfresistente Sorte aus Amerika.

'Royalty'. 3–4 m hoher, kompakter Baum. Blätter dunkel rotbraun, glänzend, lange haftend. Blüten 4–4,5 cm breit, karminrot, in der Knospe stumpf schwärzlichrot. Früchte länglich, 15 mm lang, dunkelrot, kaum auffallend. Wenig schorfanfällig.

Melia azedarach

'Rudolph'. Aufrechter Baum. Blätter bronzerot, später dunkel bronzegrün. Blüten 4,5 cm breit, rosarot, in der Knospe auffallend karminrot, zahlreich. Früchte länglich, 15 × 18 mm, orangegelb, zahlreich, lange haftend. Wertvoll durch reichen Fruchtschmuck, große Winterhärte und geringe Schorfanfälligkeit.

'Snowcloud'. (M. 'Almey' × M. 'Katherine'). Aufrechter Strauch oder kleiner Baum. Blätter zunächst bronzefarben, später dunkelgrün. Blüten 4 cm breit, halbgefüllt bis gefüllt, reinweiß, in der Knospe hellrosa, zahlreich. Früchte meist nur wenige. Schorfanfällig. Interessant durch reiche Blüte und lange Blütezeit.

'Street Parade' (M.baccata). Bis 6 m hoher Baum mit schmal-eiförmiger Krone. Blüten 4–5 cm breit, reinweiß, in der Knospe lachsrosa, zahlreich. Früchte 15 mm dick, glänzend purpurrot. Wertvoll vor allem durch die schmale Krone.

'Teobel'. Aufrechter Strauch. Blüten 3 cm breit, gefüllt, reinweiß, in der Knospe ballförmig und weiß mit rosa Anflug, zahlreich. Fruchtansatz nur gering.

'Tina' (M.toringo). Nur 2 m hoher, dichter Strauch mit waagerecht ausgebreiteten Ästen. Blätter meist 3lappig, im Herbst gelb gefärbt. Blüten weiß, in der Knospe rot,

sehr reichblühend. Gilt als eine der besten unter den kleinwüchsigen Zieräpfeln.

Medicago L., Leguminosae
Schneckenklee

Unter den etwa 50 Arten, die in Europa, Asien und Afrika verbreitet sind, kommen nur wenige verholzende Arten vor. Die meisten Arten sind krautige Pflanzen, nicht wenige von ihnen sind wichtige Futterpflanzen. Ihre Blätter sind klein und 3zählig. Auch die Blüten sind klein, purpurn oder gelb gefärbt und in Köpfen oder kurzen Trauben angeordnet. Die Frucht ist eine spiralig eingerollte Hülse.

M.arborea L. ist ein in Südosteuropa heimischer, immergrüner, 1–2 m hoher, dicht belaubter Strauch mit hartem, schwarzem Holz. Die Blätter sind 2,5–3 cm lang und unterseits seidig behaart. Von Mai bis September entwickeln sich gelbe Blüten in kurzen, achselständigen Trauben. Wird in Südeuropa nicht selten als Zierstrauch an sonnigen Stellen kultiviert. Die Bodenansprüche sind, wie bei vielen Leguminosen, gering.
Ms-3, Zone 9.

Melaleuca L., Myrtaceae
Myrtenheide

Nahezu ausschließlich auf Australien und Tasmanien beschränkt sich die Verbreitung der rund 100 Arten der Gattung. Nur die baumförmige, oft waldbildende M.leucadendron ist auch im malesischen Gebiet bis zu den Philippinen verbreitet. Die Gattung stellt überwiegend immergrüne, aromatisch duftende Sträucher, selten Bäume, mit heidekrautartig feiner Belaubung. Die lanzettlichen oder linealischen, flachen oder fast drehrunden Blätter sind meist wechselständig angeordnet, bei vielen Arten sind sie auf der Unterseite mit Öldrüsen versehen. Die stets sitzenden Blüten erscheinen in walzenförmigen Ähren oder in kugeligen bis eiförmigen Köpfchen. Die zahlreichen Staubblätter sind zu 5, den Kronblättern gegenüberstehenden Bündeln verwachsen. Die den Ästen dicht aufsitzenden Fruchtkapseln sind von der verholzenden Blütenröhre umgeben.

In Mitteleuropa sind Melaleuca-Arten nur Kalthauspflanzen, im Mittelmeergebiet und in anderen klimatisch bevorzugten Regionen sind sie mit ihrem eigenartigen Habitus und den zierenden Blüten interessante Sträucher für vollsonnige Plätze und saure Böden. Da sie sehr windresistent sind, vertragen sie auch küstennahe Standorte.

M.decussata R. Br. ex Ait. f. Der in seiner Heimat bis 6 m hohe Strauch trägt sehr dicht stehende, 6–12 mm lange Blätter und lila Blüten in 2,5 cm langen, walzenförmigen Ähren oder in kugeligen, 12–15 mm breiten Köpfen. Die zu 10–15 gebündelten Staubblätter sind purpurn gefärbt. Blütezeit ist Juni. Heimisch in Südaustralien.
T/Ah-7, Zone 9.

M.hypericifolia (Salisb.) Sm. bildet locker verzweigte Sträucher mit schlanken, bräunlichen Zweigen, die dicht mit gegenständigen, länglichen bis lanzettlichen, 2–4 cm langen Blättern besetzt sind. Die Blüten erscheinen von Mai–Oktober in dichten, 3,5–7 cm langen und 3–5 cm breiten, hochroten Ähren. Die zu 10–15 gebündelten Staubblätter sind 2 cm lang und rot. Heimisch in den australischen Distrikten Queensland und Neusüdwales.
T/Ah-7, Zone 9.

M.wilsonii F. v. Muell. ist ein eleganter, bis 2 m hoher Strauch mit gegenständigen, dachziegelartig an den Zweigen stehenden, 6–12 mm langen, steifen Blättern. Im Juni–Juli entwickeln sich die rot gefärbten Blüten einzeln oder in kleinen Büscheln entlang der Triebe. Die zu 10–20 gebündelten,

12 mm langen Staubblätter sind rot oder rosa. Heimisch in Westaustralien.
T/Ah-7, Zone 9.

Melia L., Meliaceae
Zedrachbaum

In Südostasien und Australien sind 9 Arten dieser Gattung verbreitet. Es sind sommergrüne oder halbimmergrüne Bäume mit wechselständigen, doppelt gefiederten Blättern und kleinen, 5- bis 6teiligen, zwittrigen Blüten in großen, achselständigen Rispen. Die Frucht ist eine von einer fleischigen Hülle umgebene Steinfrucht.

M.azedarach L. Der Indische Zedrachbaum hat seine ursprüngliche Heimat im südlichen Himalaja. Der sommergrüne, etwa 15 m hohe, raschwüchsige Baum wurde aber schon vor Jahrhunderten in Persien, auf Ceylon und im Gebiet des heutigen Malaysia als Tempelbaum gepflanzt. Er findet auch in mediterranen Gärten ausreichend gute Lebensbedingungen. Seine Blätter sind 25–35 cm lang, die Blättchen dunkelgrün, eiförmig bis elliptisch, scharf und unregelmäßig eingeschnitten. Im März–April erscheinen die 2 cm breiten Blüten in lockeren, 20–25 cm langen Rispen. Ihre Krone ist lila, Filamentröhre und Griffel sind violett und die Staubgefäße gelb gefärbt. Auffallend sind die kugeligen, 1,5 cm breiten, hellgelben Früchte, die oft noch bis zur Blütezeit des folgenden Jahres hängenbleiben. Ein sehr dekorativer, anspruchsloser Blütenbaum, der auch mit Namen wie Persischer Flieder, Paradiesbaum oder Paternosterbaum belegt wird. In diesen Namen kommt zum Ausdruck, daß die Blüten angenehm nach Flieder duften und die harten Steinkerne zu Perlenketten und Rosenkränzen verarbeitet werden.
MG-4, Zone 9.

Menispermum, L.
Menispermaceae,
Mondsame

Nur 3 Arten umfaßt die Gattung, die im temperierten Ostasien, dem atlantischen Nordamerika und in Mexiko verbreitet ist. Es sind sommergrüne Sträucher mit linkswindenden Trieben und wechselständigen, langgestielten, schildförmigen, 3- bis 4lappigen Blättern. Die zweihäusigen Pflanzen tragen ihre kleinen, grünlichgelben, unscheinbaren Blüten im Mai–Juni in achselständigen Trauben oder Rispen. Nach einer Bestäubung reifen an den weiblichen Pflan-

zen im Oktober–November 8–10 mm dicke, rundliche, blauschwarze Steinfrüchte. Die beiden winterharten Arten sind selten gepflanzte, anspruchslose Kletterpflanzen, die sich gut zur Berankung von Lauben, Zäunen oder Mauern eignen. Auf nicht zu trockenen Böden gedeihen sie an sonnigen und schattigen Plätzen gleich gut. Beide werden 3–4 m hoch.

M.canadense L. Die in Nordamerika heimische Art hat fein behaarte Jungtriebe und eirundliche, 10–20 cm lange, einfache oder seicht stumpflappige Blätter. Der Stiel ist nahe dem Blattrand angeheftet. Die Blüten sitzen in lockeren, 2–6 cm langen Rispen. Die bläulichschwarzen Früchte sind 8 mm dick, sie wirken wie kleine Weintrauben.
N-2, Zone 5b.

M.dauricum DC. Die in Ostasien heimische Art ist seltener in Kultur als ihre nordamerikanische Schwester. Sie zeichnet sich durch kahle Jungtriebe und meist ausgeschweift gelappte Blätter aus, deren Stiel deutlich schildförmig angeheftet ist. Die Blüten sitzen hier in kleinen, doldenähnlichen Rispen, die schwarzen, 1 cm dicken Früchte in kleinen Büscheln.
N-4, Zone 5b.

Menziesia Sm., Ericaceae
Menziesie

Die Gattung umfaßt etwa 10 in Nordamerika und Ostasien verbreitete sommergrüne Sträucher, die nahe mit *Rhododendron* ver-

Menziesia ciliicalyx var. rubra

wandt sind. Sie haben wechselständige, ganzrandige, 2–5 cm lange Blätter, die oft an den Zweigenden dicht zusammenstehen. Die Blüten sind 4- bis 5zählig und glockig, röhren- oder krugförmig, sie sitzen zu mehreren in Büscheln an den Enden vorjähriger Triebe. Die Frucht ist eine 4- bis 5klappige, lederartige Kapsel.
Menziesia-Arten sind vergleichsweise seltene, aber sehr reizvolle Blütensträucher aus der großen Familie der Heidekrautgewächse. Sie sind alle ausreichend frosthart und stellen die gleichen Standortansprüche wie Rhododendron, brauchen also frische, humose, kalkfreie Böden und leicht beschattete Plätze.

M.ciliicalyx (Miq.) Maxim. Aus Japan stammt dieser 30–60 cm hohe Strauch, dessen Blätter am Rand und auf der Mittelrippe borstig behaart sind. Die röhren- bis krugförmigen, rosa bis rot gefärbten Blüten, die im Mai–Juni in hängenden Büscheln sitzen, fallen durch ihren lila Reifüberzug besonders auf. *M.ciliicalyx* blüht in Kultur reicher als die beiden folgenden Arten.
Nhg-4, Zone 6a.
M.ciliicalyx var. *purpurea* Mak. gilt mit ihren bläulichen Blütenknospen und den purpurrosa Blüten als schönste der ganzen Gattung.

M.ferruginea Sm. Der mehr oder weniger aufrechte, etwa 1 m hohe Strauch kommt in den ausgedehnten Nadelwäldern des pazifischen Nordamerika vor. Er hat elliptische, oberseits rotbraun behaarte, drü-

sig gewimperte Blätter und zylindrische, 9–12 mm lange, mattweiß mit Rosa gefärbte Blüten, die ebenfalls im Mai–Juni erscheinen.
N-1, Zone 6a.

M.pilosa (Michx.) Juss. ist ein azaleenartiger, 1–2 m hoher Strauch mit elliptischen, unterseits bläulichen Blättern. Die hängenden, glockigen Blüten sind 6–7 mm lang, gelblichweiß und rötlich gesäumt. *M.pilosa* ist in den Gebirgswäldern des östlichen Nordamerika heimisch.
Nhg-2, Zone 6a.

Mespilus L., Rosaceae
Mispel

Die monotypische Gattung ist in Vorderasien, Süd- und Südosteuropa verbreitet. Der baumartige Strauch trägt ungeteilte, wchselständige Blätter, ansehnliche weiße, 3–4 cm breite, doppelt 5zählige Blüten mit langen, lineal-lanzettlichen Kelchblättern, die bis zur Fruchtreife bleiben, und ziemlich große Früchte, die erst nach einer Frosteinwirkung oder nach längerem Liegen teigig werden und dann eßbar sind.

M.germanica L. Die Mistel war einst ein geschätzter Obstbaum. Im Mittelalter wurde sie häufig angepflanzt und ist als Gartenflüchtling auch in Deutschland stellenweise verwildert. Obwohl sie als Obstbaum keine Bedeutung mehr hat, sollten wir sie nicht ganz vergessen – in Bauerngärten könnte sie durchaus einen Platz finden. Mit ihrer ausladenden Krone (sie wird nur

Mespilus germanica

2–3 m hoch, aber wohl 5 m breit), den großen Blüten und dem gesunden, im Herbst braunroten bis gelben Laub und den braunen Früchten ist sie nicht ganz ohne Reiz.
Nsm-3, Zone 5b.

Moltkia Lehm., Boraginaceae

In Südeuropa und Asien sind 6 Arten kleiner Halbsträucher und Stauden verbreitet. Sie sind mit *Lithospermum* nahe verwandt und blühen wie diese mit blauen oder purpurnen, trichterförmigen Blüten in vielblütigen Wickeln.

M.petraea (Tratt.) Griseb. ist als Felsenbewohner in den Gebirgen Griechenlands und Montenegros zu Hause. Der 20–30 cm hohe Halbstrauch ist mit dünnen, aufrechten Trieben sehr dicht verzweigt, die Triebe verholzen an der Basis. Mit seinen sehr schmalen, kleinen, seidig behaarten Blättern und den zahlreichen blauen Blüten ist er ein reizvoller Sommerblüher, dem man im Stein- oder Troggarten (am besten in Gesteinsritzen) einen sonnigen Platz mit gutem Wasserabzug zuweist.
Nsg-3, Zone 7a.

Morus L., Moraceae
Maulbeerbaum

Die Gattung ist mit 10 Arten in den wärmeren und gemäßigteren Breiten der nördlichen Halbkugel verbreitet. Es sind sommergrüne, Milchsaft führende Bäume oder Sträucher mit sehr vielgestaltigen, wechselständigen Blättern. Die ein- oder zweihäusig verteilten Blüten sind bei beiden Geschlechtern an hängenden, walzen- oder ährenförmigen Blütenständen vereint. Aus den weiblichen entwickelt sich ein brombeerartiger Sammelfruchtstand, in dem die Einzelfrüchte von den fleischig gewordenen Blütenhüllblättern umgeben sind. Die Früchte sind eßbar. Aber nicht der Früchte wegen ist der Maulbeerbaum von großer Bedeutung, vielmehr dient das Laub des Weißen Maulbeerbaumes als Futter in der Seidenraupenzucht. Seit über 2700 Jahren ist die Seidengewinnung in China nachgewiesen. Bald breitete sie sich auch auf andere ostasiatische Länder aus und wurde schließlich jahrhundertelang auch in Europa betrieben. Heute wird Naturseide in China, Indien und Japan immer noch in großem Umfang gewonnen. Die Reste einstiger Maulbeerkulturen dienen in südlichen Ländern als Windschutzhecken oder liefern Futter für Schafe und Ziegen.

M.alba L. Der Weiße Maulbeerbaum ist in China verbreitet. Er entwickelt sich zu einem etwa 15 m hohen Baum mit einer sparrigen runden Krone. Seine 6–12 cm langen, breit-eiförmigen, oberseits hellgrünen und ziemlich glatten Blätter sind grob gezähnt und sehr verschieden gelappt. Die Blüten sind unscheinbar, die Früchte weiß, rot oder schwarzrot; sie schmecken süß, sind aber sehr fade. In warmen, sonnigen Lagen ist der Maulbeerbaum ein attraktiver Parkbaum. In alten Parkanlagen findet man ihn gelegentlich als Hecke oder Laubengang.
Nw-4, Zone 5b.

M.kagayamae Koidz. ist ein kleiner, ziemlich langsam wachsender japanischer Baum mit 12–15 cm langen, oval-länglichen, meist tief gelappten, etwas rauhen Blättern, die sich im Herbst prachtvoll gelb verfärben. Die Blätter dienen in Ostasien zur Fütterung von Seidenraupen.
Nh-4, Zone 6a.

M.nigra L. Der Schwarze Maulbeerbaum hat seine ursprüngliche Heimat in Nordpersien. Er unterscheidet sich von *M.alba* durch behaarte Zweige und etwas größere Blätter, die oberseits dunkelgrün und rauh, unterseits heller und behaart sind. Die tiefroten Früchte schmecken süß und würzig. Im Weinbauklima ist der Schwarze Maulbeerbaum völlig frosthart. Im südlichen Europa findet man an alten Klöstern nicht selten Bäume, die viele hundert Jahre alt sind.
Nsm-3, Zone 6b.

Myrica L., Myricaceae
Gagel

In den gemäßigten und subtropischen Zonen der Nord- und Südhalbkugel sind insgesamt etwa 35 Arten vertreten. Die sommer- oder immergrünen Bäume und Sträucher sind gekennzeichnet durch aromatische, mit Harzdrüsen versehene Blätter, ein- oder zweihäusig verteilte Blüten und kleine, kugelige, oft mit Wachs überzogene Früchte.
Nur 2 Arten sind in unseren Klimabereichen brauchbar. Man pflanzt sie wegen ihrer aromatischen Belaubung, ihrer grauweißen Früchte und zur Gewinnung von »Schnittblumen«.

M.gale L. Der im westlichen und nördlichen Europa auf sauren, nassen Standorten vorkommende Gagelstrauch wird zu einem vielästigen, aromatischen, bis 1,5 m hohen Strauch mit auffallend dunkelbrau-

Moltkia petraea

nen Ästen, sommergrünen, länglich-lanzettlichen Blättern, ährenartigen Blütenständen und mit goldgelben Harzdrüsen
bedeckten kleinen Früchten. Der Gagelstrauch gedeiht als ausgesprochene Moorbeetpflanze auch im Garten nur auf entsprechenden Standorten. Dekorativ gibt er
sich besonders im Winter mit seinen auffallenden Früchten und im Frühjahr, vor dem
Laubausbruch, im Schmuck seiner kleinen,
männlichen Blütenähren. Sie bieten mit ihren braunen und bewimperten, nach innen
weißlichen Tragblättern und mit den gelben
Staubgefäßen einen hübschen Anblick. In
der Vase entwickeln sie sich schon im Januar, man findet daher in Blumengeschäften um diese Zeit nicht selten Gebinde aus
Zweigen des Gagelstrauches.
Nhk/Bh-1/2/3/4, Zone 2.

M.pensylvanica Loisel. besiedelt an der
Nordküste der USA trockene und sandige
Standorte, gedeiht in unseren Gärten aber
auch auf anmoorigen Böden. Seine grau behaarten, drüsigen Triebe und die bis zum
Frühjahr haftenden, 3–5 mm dicken, mit
einem grauweißen Wachsüberzug bedeckten Früchte liefern im Winter einen begehrten Vasenschmuck.
Nh-2, Zone 3.

Myrtus L., Myrtaceae
Myrte

Eine Art dieser rund 100 Arten umfassenden Gattung, *M.communis*, ist im Mittelmeergebiet weit verbreitet. Alle Arten sind
immergrüne Sträucher, selten Bäume, mit
gegenständigen, aromatisch duftenden
Blättern und meist einzeln in Blattachseln
stehenden Blüten. Sie sind überwiegend
weiß gefärbt, haben eine kreiselförmige
Kelchröhre und je (4–)5 Kelch- und Kronblätter sowie zahlreiche Staubgefäße. Die
Frucht ist eine kugelige bis eiförmige, meist
schwarze Beere mit bleibendem Kelch.

M.communis L. Die Gemeine Myrte ist
eine Charakterpflanze des Mittelmeerraumes, sie kommt dort zusammen mit *Spartium junceum*, *Euphorbia dendroides* und
Rosmarinus officinalis vor, die auf sonnigen,
steinigen Abhängen duftende Gesträppe
bilden. Die Wildform erreicht Höhen von
3–5 m, sie hat eirunde oder lanzettliche, bis
5 cm lange, glatte und lederartig glänzende,
durchscheinend punktierte Blätter, die gerieben würzig duften. Im Juli–August entwickeln sich viele weiße, 2 cm breite Blüten, stets einzeln in den Blattachseln.
Ms-3, Zone 9.

M.communis var. *tarentina* L. Die Zweige
dieser Varietät stellen die allgemein bekannte Brautmyrte, deren Blätter wesentlich kleiner und zierlicher sind als die der
Normalform. Die kurzzweigige, gedrungen
wachsende Form hat bis 2 cm lange schmal-
eiförmige Blätter, die in 4 Reihen kreuzweise gegenständig angeordnet sind.
Als Freilandpflanze bevorzugen Myrten frische, humose Böden und leicht beschattete
Lagen. In Mitteleuropa werden Myrten
ausschließlich als Kübelpflanzen gehalten.
Sie sind ein fast unverzichtbarer Hochzeits-
schmuck der Braut. Zu kultischen Zwecken
wurde die Myrte schon im ägyptischen,
persischen, griechischen und römischen Altertum gehalten. In der griechischen und
römischen Mythologie war die Myrte als
heilige Pflanze der Aphrodite oder der Ve-
nus geweiht. Myrten galten als Symbol der
Jungfräulichkeit, Jugend und Schönheit.

Nandina Thunb., Berberidaceae

Mit den Mahonien und Berberitzen ist
diese monotypische Gattung verwandt. Sie
ist in China heimisch, wird aber seit langer
Zeit in japanischen Gärten kultiviert. In Japan dienen die Fruchtzweige im Winter
zum Schmuck der Wohnungen und Altäre.

N.domestica Thunb. ex Murr. ist ein immergrüner, vielstämmiger, meist unver-
zweigter Strauch. Die wechselständigen,
30–50 cm langen und breiten, doppelt bis
dreifach gefiederten Blätter sind an den
Sproßenden rosettig genähert. Die sitzenden Blättchen sind 3–7 cm lang, ledrig, el-

Nandina domestica

liptisch-lanzettlich und frischgrün, im Herbst färben sie sich purpurn. Im Juni–Juli öffnen sich 6 mm breite, weiße Blüten, die in aufrechten, 20–35 cm langen Rispen zusammenstehen. Einen höheren Schmuckwert als die Blüten haben die hochroten, 6–8 mm dicken Früchte, die sehr lange haften.

N.domestica ist in Mitteleuropa nur an sehr günstigen Standorten ausreichend frosthart, am Mittelmeer und in England ist sie dagegen ein häufig gepflanzter Zierstrauch, der einen gepflegten, humosen, feuchten Boden und einen sonnigen, windgeschützten Platz benötigt.

Mh/Nhw-4, Zone 8a.

'Purpurea' ist eine schwächer wachsende, gedrungene Form, deren Blätter beständig gerötet und im Herbst intensiv rot gefärbt sind.

Neillia D. Don, Rosaceae
Traubenspiere

Die von Korea bis zum Himalaja verbreitete Gattung umfaßt 13 Arten sommergrüner Sträucher mit überhängenden Zweigen und einfachen, eiförmigen, doppelt gesägten oder gelappten Blättern. Form und

Neillia thibetica

Nerium oleander

Farbe der in der Regel weißlichen bis rötlichen Blüten werden besonders durch den glockigen bis röhrenförmigen Blütenboden bestimmt, an dessen oberem Ende Kelch- und Kronblätter als kleine Anhängsel sitzen.

Alle Arten sind keine bemerkenswert schönen Blütensträucher, eher anspruchslose Gruppen- oder Heckensträucher, die allerdings etwas frostempfindlicher sind als etwa *Spiraea*- oder *Physocarpus*-Arten. Alle Arten blühen im Mai–Juni.

M.affinis Hemsl. ist ein mannshoher Strauch mit eiförmigen, lang zugespitzten Blättern und glockigen, rosa gefärbten Blüten in 3–8 cm langen Trauben. Die westchinesische Art wird verhältnismäßig häufig angeboten, ist aber keineswegs die schönste der Gattung.

Nh-4, Zone 6b.

M.sinensis Oliv. bleibt niedriger als *N.affinis*, wächst aber etwas breiter und hat die größten, ebenfalls rosa gefärbten Einzelblüten (Kelchröhre 1–1,2 cm lang), die zu 10–20 in nickenden Trauben zusammenstehen. An den braun gefärbten, älteren Trieben blättert die Rinde ab. Heimisch in Mittel- und Westchina.

N-4, Zone 6b.

M.thibetica Franch. Etwas über mannshoher Strauch mit eiförmigen, lang zugespitzten Blättern und rosa Blüten in 4–8 cm langen, dichten Ähren im Juni. Heimisch im Himalaja und Westchina.

Nh-4, Zone 7a.

Nerium L., Apocynaceae
Oleander

Vom Mittelmeergebiet bis Japan sind die 3 Arten der Gattung verbreitet. Es sind immergrüne, aufrechte Sträucher, deren schmale, ledrige Blätter meist in Quirlen zu dritt stehen. Die Blüten haben eine trichterförmige Krone mit tief 5teiligem Saum, der radförmig ausgebreitet und in der Knospe gedreht ist. Die Frucht ist eine längliche Balgkapsel, die Samen sind dicht zottig behaart. Oleander ist in allen Teilen giftig.

N.oleander L. Der Gemeine Oleander ist ein allgemein bekannter, aufrechter, buschiger, 2–4 m hoher Strauch. Er wird in Mitteleuropa häufig als Kübelpflanze gehalten, ist in den Gärten am Mittelmeer aber eine beliebte Freilandpflanze. Der Strauch hat lineal-lanzettliche, bis 15 cm lange, immergrüne, ledrige Blätter, die zu dritt in Quirlen oder gegenständig angeordnet sind.

Von Juni–Oktober werden in endständigen Doldentrauben Blüten hervorgebracht, sie sind rosa oder weiß gefärbt und bei der Wildform etwa 3 cm breit. Bei Kulturformen kommen aber auch größere und mehr oder weniger stark gefüllte Blüten vor, die nicht nur weiß und rosa, sondern auch in verschiedenen Tönen rot, orangerötlich oder gelb gefärbt sein können.

Der Oleander ist im ganzen Mittelmeergebiet und im Orient verbreitet. Er begleitet Wasserläufe, die zeitweise austrocknen, und bildet dort, wo der Boden auch in Trockenzeiten eine gewisse Feuchtigkeit behält, ausgedehnte Bestände. Oleander gehört zu den alten Kulturpflanzen der Menschen, er wird schon bei den alten römischen Autoren erwähnt. In Kultur braucht er vollsonnige Standorte, nur dort blüht er zufriedenstellend.

Von den zahlreichen Gartenformen werden folgende Sorten häufig angeboten:
'Géant des Battailles'. Blüten dunkelrot.
'Hardy Red'. Blüten rot, einfach.
'Italia'. Blüten lebhaftrot.
'Madame Allen'. Blüten rosa.
'Magali'. Blüten rosa, einfach.
'Minouche'. Blüten lebhaftrosa.
'Professeur Granel'. Blüten rot, gefüllt.
'Rosée du Ventoux'. Blüten magentarot.

Nyssa sylvatica

'Souvenir des Îles Canaries'. Blüten gelblich.
'Splendens Giganteum'. Blüten rosa, gefüllt.
'Tito Poggi'. Blüten aprikosenfarben.

Neviusia A. Gray, Rosaceae
Schneelocke

Die Schneelocke ist eine monotypische Gattung, deren einzige Art in Nordamerika heimisch ist. Sie hat wechselständige, eiförmige, doppelt gesägte bis seicht fiedrig gelappte Blätter. Die zwittrigen Blüten erscheinen zu 3–8 in Trauben oder Dolden am Ende von Kurztrieben. Den 1,5–2,5 cm breiten Blüten fehlen die Kronblätter. Ihr Erscheinungsbild wird von zahlreichen langen, weißlichen Staubblättern bestimmt, die den grünen, kleinen Laubblättern ähnlichen Kelchblättern aufsitzen.

N. alabamensis A. Gray ist ein Strauch für den Liebhaber eigenartiger Blütenformen. Im Juni stehen zahlreiche weiße Staubfäden mit gelben Antheren dicht gedrängt über grünen Kelchblättern. Die Schneelocke bildet reichlich Ausläufer, wird nur knapp mannshoch und gedeiht in jedem Gartenboden an sonnigen Plätzen.
Nhw-4, Zone 6b.

Nothofagus Bl., Fagaceae
Südbuche, Scheinbuche

Aus nur wenigen Gehölzgattungen der südlichen Hemisphäre finden wir brauchbare und winterharte Gehölze für die mitteleuropäischen Gärten. *Nothofagus* ist mit 35 Arten im antarktischen Südamerika, Australien und Neuseeland verbreitet, und mindestens eine Art ist unter entsprechenden Bedingungen in unseren Gärten ausreichend hart. Die immer- oder sommergrünen Bäume unterscheiden sich von den Buchen der nördlichen Hemisphäre durch wesentlich kleinere Blätter, die dicht gedrängt stehen und kurzgestielt sind. Auch die Südbuchen sind eingeschlechtig und entwickeln eine bucheckernartige Frucht. Für den Garten steht nur eine Art zur Diskussion, die auf Böden mit gutem Wasserabzug gehört, damit ihre Triebe rechtzeitig ausreifen können. Ein sonniger, geschützter Platz, eine winterliche Bodendecke, Schutz vor Wintersonne sind in weniger günstigen Gebieten Voraussetzung für ein Überleben und Gedeihen dieses Südamerikaners.

N. antarctica (G. Forst.) Oerst. wird in seiner Heimat, die von Feuerland bis Chile reicht, zu einem bis 35 m hohen Baum. In Deutschland kennen wir bisher wohl kaum Exemplare über 10 m Höhe. Der eigenwillige, bizarre Wuchs und die kleinen, 2–3 cm langen, am Rande fein gewellten und unregelmäßig gekerbten Blätter, die auffallend 2zeilig und ziemlich dicht gedrängt an den Zweigen sitzen, macht diese Südbuche zu einem ganz aparten Gehölze, das durch seine fast schwarze Rinde mit den weißen Lentizellenbändern auch in der Winterzeit sehr reizvoll in Erscheinung tritt.
A-5, Zone 7a.

Nyssa L., Nyssaceae
Tupelobaum

Nyssa ist eine in unseren Gärten kaum bekannte Gehölzgattung, die mit 10 Arten in Nordamerika und mit 2 Arten in Asien verbreitet ist. Die sommergrünen Bäume sind mit wechselständigen Blättern, unscheinbaren, grünlichen, zweihäusig verteilten oder polygamen Blüten und mit länglichen Steinfrüchten ausgestattet.

Nur *N. sylvatica* ist für uns interessant. Sie wächst auf jedem gepflegten tiefgründigen, leicht sauren Gartenboden und ist ein hervorragender Parkbaum, der bei der Anzucht aber so große Schwierigkeiten macht, daß er kaum zu kultivieren ist. Er läßt sich zwar aus Samen heranziehen, dann aber so schlecht verpflanzen, daß viele Pflanzen wieder eingehen, wenn sie nicht mit gut durchwurzelten Topfballen gepflanzt werden.

N. sylvatica Marsh. hat im östlichen Nordamerika ein weites Verbreitungsgebiet und wächst dort sowohl auf versumpften Böden als auch auf sehr trockenen Hängen. Sie wird bis 30 cm hoch, und ihr gerader Stamm zeichnet sich durch eine dunkelgraue und tiefgefurchte Borke aus. Im oberen Kronendrittel streben die Äste nach oben, die mittleren stehen horizontal, während die unteren Äste bis zum Boden hängen können. Die prachtvolle, zunächst gelbe, später scharlachrote Herbstfärbung, der dekorative Habitus und die ausdrucksvolle Borkenbildung machen *N. sylvatica* zu einem besonders wertvollen Parkbaum, der industriefest und resistent gegen Krankheiten und Schädlinge ist.
Nw-2, Zone 6b.

Olea L., Oleaceae
Ölbaum

Von den 20 Arten, die im Mittelmeergebiet, in Nord- und Südafrika, im tropischen und mittleren Asien, in Australien, Neuseeland und Polynesien heimisch sind, wird in Europa nur die folgende Art kultiviert. Es sind immergrüne, dornige oder unbewehrte Bäume mit gegenständigen, ganzrandigen Blättern und zwittrigen oder zweihäusig verteilten und polygamen, unscheinbaren Blüten, aus denen meist einsamige Steinfrüchte hervorgehen.

O. europaea L. Der Ölbaum ist ein immergrüner, kaum mehr als 5–6 m hoher, langsam wachsender und sehr alt werdender Baum. Bei Kulturpflanzen ist der Stamm meist kurz, krumm und mehr oder weniger stark mit Wunden behaftet. Die Blätter sind silbergrau und derb-ledrig, die duftenden Blüten gelblichweiß, sie erscheinen im Juni–August. Die kugeligen bis pflaumenförmigen, zur Reife blauschwarzen Früchte sind als Oliven allgemein bekannt.
Der Ölbaum ist eine Charakterpflanze der Mittelmeerregion, der an vielen Orten bis in Höhen von etwa 600 m mit seinem silbergrauen Laub das Bild ganzer Landschaften prägt. Er wird oft an sonnigen, ziemlich trockenen, vorwiegend kalkreichen Hängen kultiviert. Seine Verbreitung reicht vom Mittelmeerraum bis zur Südküste der Krim und zum Südabfall des Kaukasus, südwärts bis Marokko, Algerien und Tunesien, nordwärts bis Südwestfrankreich. Er wird außerdem in vielen tropischen und subtropischen Ländern zur Ölgewinnung angebaut. Seit uralten Zeiten ist der Ölbaum eine der wichtigsten Kulturpflanzen der Menschen, gleichzeitig mit Abstand der langlebigste, »tausendjährige« Bäume sind nicht selten zu finden.
Ms-3, Zone 9.

Olearia Moench., Compositae
Duftstrauch

Aus immergrünen Sträuchern oder kleinen Bäumen besteht diese Gattung, die mit rund 100 Arten in Neuseeland, Australien und Neuguinea verbreitet ist. Die Blätter sind überwiegend wechselständig, ganzrandig oder gezähnt und unterseits meist filzig. Die Blütenköpfe erscheinen einzeln, in Doldentrauben oder Rispen, sie sind mit meist weißen, aber auch rötlichen bis blauen, schmal-zungenförmigen Strahlenblüten und kurzen, röhrigen Scheibenblüten ausgestattet.
In mediterranen, oberitalienischen und englischen Gärten sind Olearien beliebte Blütensträucher, die durch ihre schöne, immergrüne Belaubung und durch reiche Blüte auffallen. Sie gedeihen am besten auf sandig-humosen, nahrhaften Böden. In Mitteleuropa werden sie als Kübelpflanzen

Oplopanax horridus

gehalten, die im Sommer ausreichend mit Wasser und Nährstoffen versorgt werden müssen.

O. × haastii Hook. f. *(O. avicenniifolia × O. moschata)* gilt zwar als härteste Hybride, gedeiht im Freien aber trotzdem nur in ständig frostfreien Zonen. Der buschige, rundliche Strauch erreicht Höhen von 1–2 m. Seine Triebe sind grauweiß filzig, die dicht gedrängt stehenden Blätter länglich bis elliptisch, ganzrandig, bis 25 mm lang, dick, ledrig, oberseits glänzend dunkelgrün und unterseits weißfilzig. Im Juli–August erscheinen die gelben, 8 mm breiten Blüten in den Achseln der oberen Blätter, sie bilden eine flache, 5–7 cm breite Trugdolde. Heimisch in Neuseeland.
Ah-8, Zone 9.

O. macrodonta Bak. stammt ebenfalls aus Neuseeland und ist ein meist überreich blühender, 1,5–5 m hoher Strauch mit kantigen Jungtrieben und sich in Streifen ablösender Rinde. Die 5–10 cm langen, eiförmigen, am Rande welligen und scharf gezähnten, oben dunkelgrünen und glänzenden, unten silberweiß filzigen Blätter duften gerieben nach Moschus. Die bis 12 mm breiten Blüten haben weiße Strahlen- und rötliche Scheibenblüten. Sie entwickeln sich im Juli in 7–15 cm breiten, verzweigten Büscheln an den Enden der vorjährigen Triebe.
Ah-8, Zone 9.

O. traversii Hook. f. entwickelt sich in seiner neuseeländischen Heimat zu einem kleinen Baum, bleibt in Europa aber meist nur strauchig. Junge Triebe, Blattunterseiten und Blütenstandsachsen sich dicht angedrückt seidenhaarig. Die Blätter sind oval-länglich bis breit-eiförmig und 3–6 cm lang. Den kleinen weißen Blüten, die im Juni in bis 5 cm langen, achselständigen Rispen erscheinen, fehlen die Strahlenblüten.
Ah-8, Zone 9.

Ononis L., Leguminosae
Hauhechel

Überwiegend im Mittelmeergebiet und von Europa bis Westasien sind rund 75 Arten verbreitet. Es sind Kräuter, Stauden oder sommergrüne Sträucher, teilweise mit dornigen Zweigen. Die wechselständigen Blätter sind meist 3zählig, selten gefiedert. In achsel- oder endständigen Trauben sind die Schmetterlingsblüten angeordnet. Die Frucht ist eine 2- bis mehrsamige Hülse.

O. fruticosa L. Die Strauchige Hauhechel ist ein bis 1 m hoher, reich verzweigter, unbedornter Strauch mit zunächst fein behaarten, später grauen Zweigen. Die Blätter sind 3zählig, die Blättchen länglich-lanzettlich, 2–3 cm lang, derb und graugrün. In den Blattachseln der oberen Blätter entwickeln sich im Juni–August rosa gefärbte,

1–2 cm lange Blüten, die zu 2–3 in drüsig behaarten Trauben stehen. *O.fruticosa* ist im Atlas, in den spanischen Gebirgen, den Pyrenäen und Südwestalpen auf kalkreichen Böden, auf Felsen und in lichten Wäldern verbreitet. Sie wird am besten in Steingärten oder auf Steinbeeten kultiviert, braucht durchlässige Böden und sonnige Standorte.
Ms-3, Zone 7b.

Oplopanax Miq., Araliaceae
Igelkraftwurz

Die 3 in Ostasien und dem westlichen Nordamerika heimischen Sträucher fallen durch ihre dicht mit borstigen Stacheln besetzten Zweige und große, handförmig geteilte, wechselständige Blätter auf. Wie bei *Aralia* stehen ihre gelblichweißen Blüten in langen Doppeltrauben über dem Laub.

O.horridus (Sm.) Miq. Viele Vertreter der *Araliaceae* sind durch große, dekorative Blätter gekennzeichnet, der Igelkraftwurz macht da keine Ausnahme. Seine 5- bis 7fach gelappten Blätter sind fast kreisrund und bis 25 cm breit. Die einzelnen Lappen sind wiederum eingeschnitten gelappt und am Rande scharf gesägt. Den dicht bestachelten Blattnerven, Blattstielen und Blütenstandsachsen verdankt die Gattung ihren deutschen Namen. An ihren heimatlichen Standorten (Alaska bis Kalifornien) werden die dicktriebigen Sträucher bis 4 m hoch, bei uns wohl kaum mehr als mannshoch. Sie blühen im Juli–August mit weißen Blütenrispen und schmücken sich im Herbst noch einmal mit scharlachroten Früchten. *O.horridus* ist eine ausgesprochene Waldpflanze. Sie zeigt nur an halbschattigen Standorten und auf frischen, kühlen und humosen Böden ein befriedigendes Wachstum.
N-1, Zone 6a.

Opuntia Mill., Cactaceae
Opuntie, Feigenkaktus

In mitteleuropäischen Gärten sind Kakteen als Freilandpflanze eine nahezu unbekannte Gattung. In den Gärten am Mittelmeer sind Opuntien dagegen eine alltägliche Erscheinung. Es sind meist strauchartige, verzweigte Pflanzen mit gegliederter Hauptachse und scheibenförmig verbreiterten, glatten oder höckerigen Gliedern. Sie übernehmen die Funktion der Assimilation für die sehr kleinen, bald abfallenden Blätter. Die kurzröhrigen, breit-trichterförmigen Blüten sind meist gelb oder rot, sie sind mit zahlreichen Staubgefäßen, einem kräftigen Griffel und einer grünen Narbe ausgestattet. Die Früchte entwickeln sich zu vielsamigen Beeren.

Mit 87 Gattungen und rund 2000 Arten sind die Kakteen eine besonders umfangreiche Pflanzenfamilie, die, mit Ausnahme der Gattung *Rhipsalis*, ausschließlich im Amerika heimisch ist. Kakteen besiedeln in Nord-, Mittel- und Südamerika überwiegend Halbwüsten, sie haben sich durch die Ausbildung verdickter Sprosse, die als Wasserspeicher dienen und durch die Reduktion der Laubblätter ihren regenarmen Standorten angepaßt.

O.ficus-indica (L.) Mill. Die ursprüngliche Heimat der Feigenopuntie ist nicht mehr genau zu ermitteln, sie wurde vom tropischen Amerika aus schon früh weit verbreitet und ist längst in vielen Ländern eingebürgert. Nach Europa kam sie durch spanische Seeleute schon im 16. Jahrhundert. Die sukkulenten Sträucher erreichen mit ihren scheibenförmigen, 20–40 cm langen, meist stark bestachelten Sprossen Höhen von 3–4 m. Aus glänzend schwefelgelben, 7–10 cm breiten, schalenförmigen Blüten, die einzeln am Rand der Sproßglieder stehen, entwickeln sich vielsamige, birnenförmige, 5–9 cm lange, eßbare Beeren, die grün, rötlich, lachsfarben, gelb oder braun sein können. In den Gärten am Mittelmeer wird der Feigenkaktus nicht selten als undurchdringliche Hecke gepflanzt. Ursprünglich ist er vermutlich vor allem seiner eßbaren Früchte wegen angebaut worden, die frisch oder getrocknet verzehrt werden können. Eine weitere Art, *O.tuna*, ist ebenfalls im ganzen Mittelmeerraum, in Südafrika und Australien verwildert und stellenweise zu einem lästigen Unkraut geworden. Ursprünglich war sie für eine beabsichtigte Züchtung von Koschenilleläusen (Schildläuse, die in ihrer Körperflüssigkeit einen roten Farbstoff enthalten) eingeführt worden.
Zone 9.

Osmanthus Lour., Oleaceae
Duftblüte

Die weitaus meisten der 15 *Osmanthus*-Arten, die in Ost- und Südasien, in Polynesien und Nordamerika vorkommen, sind unter unseren Klimabedingungen nicht winterhart. Die immergrünen Sträucher und Bäume sind kenntlich an ihren gegenständigen, derb-ledrigen, am Rande oft scharf gezähnten Blättern, den meist weißen, duftenden, 4zähligen Blüten und den ovalen, blauen Steinfrüchten.

O. × burkwoodii (Burkw. et Skipw.) P.S. Green (*O.decorus × O.delavayi*). Der etwa mannshohe, breitwüchsige, locker aufgebaute, immergrüne Strauch hat gegenständige, 2–4 cm lange, ledrige, dunkelgrüne, mehr oder weniger stark gesägte Blätter. Im April–Mai öffnen sich milchigweiße, duftende Blüten, die zu 7 in achselständigen Büscheln stehen. Schöner Strauch, der etwas frosthärter ist als *O.heterophyllus*. Wird nicht selten auch als × *Osmarea burkwoodii* beschrieben.
Zone 7a.

O.decorus (Boiss et Bal.) Kasalp. Immergrüner, 2–3 m hoher, buschiger Strauch mit 7–12 cm langen, länglich-lanzettlichen, glänzend dunkelgrünen Blättern. Im Mai öffnen sich zahlreiche, 6–7 mm lange, weiße Blüten in kleinen Büscheln. Die im Kaukasus heimische Art ist eine dekorative Blattpflanze für halbschattige bis schattige, geschützte Standorte. Wird oft auch als *Phillyrea vilmoriniana* beschrieben.
Nhm-3, Zone 6b.

O.fragrans Lour. stammt aus Japan, China und dem Himalaja und ist ein Strauch oder kleiner Baum mit länglich-lanzettlichen bis elliptischen, 6–10 cm langen, derb-ledrigen Blättern und weißen, sehr stark duftenden Blüten, die von Juni–August einzeln oder zu wenigen in Büscheln erscheinen. Ist in Mitteleuropa nicht ausreichend winterhart, kann aber schon in Oberitalien und der Südschweiz im Freien gehalten werden.
Mh-4, Zone 8b.

O.heterophyllus (G. Don) P.S. Green gleicht in seinem Erscheinungsbild einem *Ilex*, unterscheidet sich von den Stechpalmen aber durch gegenständige Blätter. Die Art stammt aus Japan und entfaltet erst im September–Oktober ihre weißen, duftenden Blüten in achselständigen Büscheln. Die Duftblüte kann wie *Ilex* verwendet werden, ist aber deutlich frostempfindlicher als viele *Ilex*-Arten.
Mh/Nhw-4, Zone 7a.

O.serrulatus Rehd. entwickelt sich zu einem locker aufgebauten, 2–4 m hohen Strauch mit eiförmig-lanzettlichen, 5–10 cm langen, glänzendgrünen Blättern, die sich vor dem Laubfall im Frühjahr oft hochrot färben. Schon im März–April erscheinen die weißen, stark duftenden Blüten in Büscheln zu 4–9. *O.serrulatus* ist in Südchina heimisch, sie ist in Mitteleuropa nur in klimatisch günstigen Regionen und an geschützten Standorten ausreichend hart.
Mh-4, Zone 8a.

Osteomeles Lindl., Rosaceae
Steinapfel

In Ostasien, Polynesien und Mittelamerika sind 15 Arten dieser Gattung beheimatet. Es sind sommer- oder wintergrüne Sträucher mit kleinen, wechselständigen, fein gefiederten Blättern und weißen, 5zähligen Blüten in kleinen, endständigen Doldentrauben. Die Frucht ist ein kleiner Apfel mit bleibendem Kelch und 5 Steinen.
In Mitteleuropa wird *O.schweriniae* als schöne Topf- und Kübelpflanze gehalten. In Südfrankreich und wärmeren Regionen Englands sind einige *Osteomeles*-Arten Freilandpflanzen für sonnige Standorte und durchlässige Böden.

O.schweriniae Schneid. Aus dem westlichen China stammt dieser sommer- oder wintergrüne, in milden Gebieten bis 3 m hohe Strauch. An dünnen, zierlich überhängenden Zweigen trägt er 3–7 cm lange, grau behaarte Blätter mit 15–31 elliptischen, 4–12 mm langen Blättchen. Aus 1,5 cm breiten weißen Blüten im Frühjahr entwickeln sich blauschwarze, erbsengroße, lange haftende Früchte.
Mh-4, Zone 9.

O.subrotunda K. Koch ist ein kleiner, langsamwachsender Strauch mit gedrehten, in der Jugend behaarten Zweigen und farnähnlichen, mit 9–17 kleinen Blättchen gefiederten Blättern, die unterseits dünn be-

haart sind. Die Blüten erscheinen im Juni, sie sind weiß, 1 cm breit und stehen in lokkeren, 2,5–3 cm breiten Doldentrauben zusammen. Die kleinen Früchte sind rötlich. Heimisch im östlichen China.
Mh-4, Zone 9.

Ostrya Scop., Betulaceae
Hopfenbuche

Mit 10 Arten sommergrüner, hainbuchenähnlicher Bäume ist die Gattung in Europa, Asien und Nordamerika verbreitet. Von den Hainbuchen unterscheiden sie sich durch die meist doppelt gesägten Blätter und die schon im Herbst vorgebildeten männlichen Blütenkätzchen. Sie stehen meist zu 3–5 am Ende von Langtrieben und entfalten sich mit dem Laubausbruch. Die weiblichen Blüten sind zu einem zapfenförmigen Blütenstand vereint. Jede Einzelblüte und später die Früchte sind von einer sackartigen Hülle umgeben.
Die Hopfenbuchen sind ansehnliche Parkbäume, deren Ansprüche an Boden und Lage denkbar gering sind.

O.carpinifolia Scop. kommt in Südeuropa und Kleinasien an trockenen, sommerwarmen Hängen, an Waldrändern und in Laubmischwäldern auf meist kalkreichen, mäßig nährstoffreichen, lehmigen Böden vor und wird zu einem lockerkronigen, etwa 10 m hohen Baum mit zunächst weiß-

grauer, später dunkel gefärbter Borke, der besonders im Herbst auffällt, wenn seine Krone mit hellen, hopfenähnlichen Fruchtständen überladen ist.
Nw-3, Zone 6b.

Oxydendrum DC., Ericaceae
Sauerbaum

Die monotypische Gattung ist als eine der wenigen baumförmigen Ericaceen in den Wäldern des atlantischen Nordamerika verbreitet. Der sommergrüne Baum, bei uns bleibt die Art nur strauchig, ist mit wechselständigen Blättern, endständigen Doppeltrauben und 5fächrigen Fruchtkapseln ausgestattet.

O.arboreum (L.) DC. gehört zu den Gehölzen, die erstaunlicherweise nahezu unbekannt sind, obwohl sie durchaus hart und gartenwürdig sind. Der Schmuckwert der Art ist zunächst durch die bis 20 cm langen, derben Blätter begründet, die im Austrieb bronzegrün, im Sommer hellgrün mit grauweißer Unterseite und im Herbst scharlachrot sind. Die 15–20 cm langen, weißen Blütenstände erscheinen von Juni–August und sind ebenfalls von beachtlichem Zierwert. Die Art wächst bei uns recht langsam, bedarf keines Schnittes und verlangt kalkfreien, frischen Boden.
Nhw-2, Zone 6a.

Pachysandra Michx., Buxaceae

Von den 3 in Ostasien und im östlichen Nordamerika heimischen Arten kennen wir nur eine in unseren Gärten. Alle sind immergrüne oder nur wintergrüne, kriechende Sträucher mit fleischigen, kaum verholzenden, ansteigenden Trieben. Grob gezähnte Blätter sind an den Triebenden gehäuft, darüber entwickeln sich kleine, weiße Blüten in aufrechten Ähren. In ihnen sitzen die weiblichen Blüten an der Basis, die männlichen an der Spitze.

P.terminalis Sieb. et Zucc. ist ein in Japan heimischer, sich unterirdisch stark ausdehnender Halbstrauch mit immergrünen, an der Spitze grob gezähnten Blättern, 3–5 cm langen, weißen Blütenähren im April und gehörnten, eiförmigen Früchten.
Unter zusagenden Bedingungen – halbschattige Lage und nicht zu trockener Boden – ist *P.terminalis* der wertvollste aller Bodendecker unter Bäumen und Sträuchern. Seine aufrechten, bis etwa 20 cm langen Triebe schließen sich mit ihren immergrünen Blättern zu einem dicht ge-

Oxydendrum arboreum

schlossenen Teppich zusammen, der zu jeder Jahreszeit ein ansprechendes Bild bietet. Die flachstreichenden Wurzeln sind keine Konkurrenz für Baum und Strauch, bieten ihnen eher Schutz vor zu starker Sonneneinstrahlung und zu tiefen Temperaturen. Die dichte Laubdecke »schluckt« alles herabfallende Laub und bringt damit nicht nur eine erhebliche Arbeitsersparnis, sondern trägt zur ständigen Bodenverbesserung bei. Ein weiterer Vorteil ist ihre Langlebigkeit, sie kann Jahrzehnte alt werden und bleibt dabei, ohne jeden Pflegeaufwand, immer schön. Soll *P.terminalis* zufriedenstellend gedeihen, ist vor der Pflanzung eine sorgfältige Bodenlockerung und Anreicherung des Bodens mit Torf oder Lauberde unbedingt erforderlich.
Nhw-4, Zone 5b.

'Green Carpet'. Die schwachwüchsige, zierliche Auslese kann mit ihrem kleinen Laub und dem gedrungenen Wuchs den Anwendungsbereich von *Pachysandra* wesentlich erweitern. Sie wird nur 15 cm hoch und deswegen auch Kleingehölzen nicht lästig. Gegen direkte Sonneneinstrahlung ist sie allerdings empfindlich, sie ist also noch stärker auf ein schützendes Kronendach angewiesen als die Art.

'Variegata' kann mit ihren weißbunten Blättern als Bodendecker tiefe Schattenlagen etwas aufhellen und freundlicher gestalten.

Paeonia L., Paeoniaceae
Pfingstrose, Päonie

Von den 33 Arten der Gattung zählen nur wenige zu den Gehölzen, und von diesen sind nur 3 Arten mit ihren Gartenformen von gärtnerischer Bedeutung. Die strauchigen Arten sind ausschließlich in Westchina, die anderen in Europa, Asien und dem westlichen Nordamerika verbreitet. Insgesamt sind die Arten geprägt durch dicke Triebe, große Winterknospen, sehr große, wechselständige und fiederschnittige Blätter, einzelnstehende, endständige Blüten und aufspringende Balgfrüchte.

P.delavayi Franch. In ihrer südwestchinesischen Heimat wird der Ausläufer bildende Strauch bis 6 m hoch, in unseren Gärten nur 2–3 m. Die bis 30 cm langen Blätter sind doppelt 3zählig und unterseits blaugrün. Im Mai entfalten sich an den Triebenden schöne, becherförmige, nickende, 5–7 cm breite dunkelkarminrote Blüten, meist zu mehreren beisammen, mit gelben Staubgefäßen. *P.delavayi* ist robust und unempfindlich, sie wächst auf jedem nahrhaften, durchlässigen Gartenboden.
NGh-4, Zone 5b.

Paeonia lutea

P.lutea Delav. ex Franch. Die Gelbe Strauchpäonie ist ebenfalls in Südwestchina heimisch. Sie bildet keine Ausläufer und erreicht nur eine Höhe von etwa 1 m. Über großen, doppelt 3zähligen Blättern entstehen im Mai an den Triebenden meist einzelnstehende, becherförmige, nickende, 6–10 cm breite, gelbe Blüten. Die Art läßt sich leicht kultivieren, benötigt in kalten Lagen aber Winterschutz.
NGh-4, Zone 6b.

P.lutea var. *ludlowii* Stern et Taylor stammt aus Südosttibet und unterscheidet sich von der Art durch höheren Wuchs und größere, tiefgelbe, mehr aufrechtstehende Blüten.
Aus Kreuzungen zwischen *P.lutea* und *P.lutea* var. *ludlowii* sind eine Anzahl von Sorten mit gelben, orangefarbenen und roten Blüten hervorgegangen, die bisher aber kaum im Handel sind.

P.suffruticosa Andr. Liebhaber der Strauchpäonie rühmen sie als aristokratische Gestalt unter unseren Blütengehölzen und betonen, daß ihren Blüten an Größe, Schönheit und Eleganz kein anderer Strauch auch nur nahe käme. Etwas nüchterner betrachtet, ist sie ein aufrechter, sommergrüner Strauch, der im hohen Alter gelegentlich 2 m hoch werden kann. Er wächst etwas sparrig und trägt an dicken Trieben doppelt gefiederte Blätter. Während die Stammform Ende Mai oder Anfang Juni etwa 15 cm breite Blüten trägt,

können die der Gartenformen wesentlich größer sein. Die Blüten sind rosa bis weiß, jedes Blütenblatt ist mit einem dunkelviolettroten, rotgerandeten Basalfleck versehen. Die Art ist in China, Tibet und Bhutan beheimatet, kam schon im 6. Jahrhundert nach Japan und wurde dort weiterentwickelt.

Die jahrhundertealte Kulturgeschichte der Strauchpäonie begann in China. Zunächst war sie »nur« eine geschätzte Medizinalpflanze, aber schon in der Jin-Dynastie (265–420) wurde sie als Zierpflanze in die Gärten der Kaiser geholt. Sie wurde die favorisierte Blume der chinesischen Kaiserin. Später entwickelte sich unter den Reichen eine wahre Päoniensucht, die nur mit der Tulpomanie in Holland zu vergleichen ist. Päonien fanden naturgemäß auch Eingang in Kunst und Literatur. In der Tang-Zeit (618–906) wurde sie zum Symbol für die Blume schlechthin. Im Volksmund ist die Päonie eine berückende junge Frau, auch ein Symbol für das weibliche Geschlecht. Auf chinesischen Rollbildern findet man die Päonie oft zusammen mit Lotus, Pflaume und Chrysantheme, sie symbolisiert dabei den Frühling. Sie kann, zusammen mit Pfirsichblüten, Chrysanthemen und Pflaumenblüten, aber auch für Sommer stehen, so wie in der japanischen Dichtung, in der die Päonie die Hauptblüte des Sommers ist. Baumpäonien wollen einen warmen, geschützten Platz und nährstoffreiche, durch-

Europäische Päonien-Sorten

Sorte	Blüte	Anmerkung
'Athlète'	hellrosa, innen dunkler	starkwüchsig, sehr großblumig
'Baronne d'Alés'	leuchtendrosa, Mitte dunkler	gedrungen wachsend
'Beauty de Twickel'	karmesinrot, Mitte dunkler	starkwachsend, Blüten besonders groß
'Bijou de Chusan'	reinweiß, dicht gefüllt	eine der besten weißen Sorten
'Blanche de His'	zartrosa, innen dunkler	
'Comtesse de Tuder'	lachsrosa, gut gefüllt	riesige Blüten
'Fragrans Maxima'	zart lachsrosa, schön geformt	dichter Wuchs
'Großherzog von Baden'	karmesin mit Rosa, leicht gefüllt	Wuchs sehr niedrig, schon 1844 aus Japan eingeführt
'Heiderose'	gleichmäßig altrosa, gefüllt	
'Illinois'	karminrosa, Mitte dunkler	gutwüchsig
'Jeanne d'Arc'	hellrosa, Mitte dunkler	
'Joseph Rock'	einfach, anfangs zartrosa, in Weiß übergehend, Petalen an der Basis mit einem großen, gefransten, kastanienbraunen Fleck	sehr wüchsig und gut blühend, 1936 von Joseph Rock aus China eingeführt
'Jules Pirlot'	dunkelrosa, gefüllt	Blüten klein
'Lactea'	milch- bis cremeweiß, stark gefüllt	reichblühend, niedrig im Wuchs
'La Ville de St. Denis'	zartrosa, in der Mitte karmesinrot schattiert	Blüten sehr groß, etwas nickend
'Louise Mouchelet'	hellrosa, am Grund dunkler	großblumig
'Madame Laffay'	an der Basis karmesinrot, am Rand rosa	Blüten dichtgefüllt, außergewöhnlich groß
'Madame Thibault'	rosa, halbgefüllt	starkwüchsig
'Mademoiselle Marie Closon'	zartrosa, Mitte dunkler	Blüten einfach, schalenförmig, Petalen fein gekräuselt
'Mme Stuart Low'	lachsrosa, breit silbrig gesäumt, Staubgefäße gelb	halbgefüllt
'Negricans'	dunkel karmesinrot	Blüten einfach, groß, Wuchs robust
'Reine de Portugal'	purpurrot, gefüllt	Blätter mit schöner Herbstfärbung
'Reine Elisabeth'	lachsrosa bis kräftigrosa	sehr großblumig, eine der schönsten Sorten, aber schlecht zu vermehren
'Robert Fortune'	hellrosa, zum Zentrum hin dunkler	Blüten sehr groß, halbgefüllt
'Souvenir d'Etienne Mechin'	dunkel- bis lachsrosa	dichtgefüllt, mittelfrüh
'Traum' (Klose)	leuchtend hellrosa, im Zentrum dunkler	
'Traum' (Gräfin von Zeppelin)	weiß, gefüllt	Blätter im Herbst lachsfarben
'Ville de St. Denis'	blaß lilafarben, nach innen dunkler werdend	dichtgefüllt, schlechte Blütenhaltung
'Wyoming'	zart fleischfarben	Blüten sehr groß

Paeonia suffruticosa 'Mme Stuart Low'

lässige Böden. Sie sind sehr anspruchsvoll und müssen im Herbst rechtzeitig zu wachsen aufhören, damit ihre Triebe genügend ausreifen können. Besonders jungen Pflanzen sollte man im Winter einen Bodenschutz gönnen und auch ihre Triebe schützen. Zu beachten ist auch, daß Baumpäonien sehr früh austreiben und gelegentlich unter Spätfrösten leiden.

Des frühen Austriebes wegen sollte man im Herbst oder im sehr zeitigen Frühjahr pflanzen. Man setze die Pflanzen etwas tiefer, als sie vorher standen. Alle Pflanzen definierter Sorten sind veredelt, stehen also auf fremder Wurzel. Sie wachsen später um so besser, je mehr eigene Wurzeln sich über der Veredlungsstelle bilden konnten. Baumpäonien wachsen sehr langsam, man braucht viel Geduld, und ehe die Pflanzen zu blühen beginnen, vergehen meist einige Jahre. Dafür können sie aber ein sehr hohes Alter erreichen.

Sämlingspflanzen der Strauchpäonie sind dagegen weitaus wüchsiger und unempfindlicher. Sie bauen sich in wenigen Jahren zu einem ansehnlichen Busch auf, der bald und reichlich blüht. Auch ihre großen, einfachen, meist hellen Blüten mit dem auffallenden dunklen Auge sind durchaus attraktiv. Ein Rückschnitt verbietet sich bei so kostbaren Pflanzen von selbst, nur ein Entfernen abgestorbener Zweigspitzen im Frühjahr ist erlaubt.

Ng-4, Zone 5 b.

P.suffruticosa-Hybriden

Im Jahre 1844 brachte Siebold 42 japanische Sorten nach Europa, belegte sie mit

Japanische Päonien-Sorten

Sorte (deutsche Übersetzung)	Blüte
'Choraku' (Eigenname)	leuchtendrosa, gefüllt
'Fuso-no-tsukasa' (Japanischer Gott)	weiß, dichtgefüllt, Petalen unregelmäßig stehend
'Gessekai' (Mondwelt)	reinweiß, glitzernd, sehr groß
'Godaishu' (Ehrwürdige Kugelige)	reinweiß mit einem gelben Zentrum, sehr groß, halb- bis vollgefüllt
'Hana-daigin' (Minister der Blumen)	violettpurpur, halbgefüllt, groß
'Hana-kisoi' (Hoher Priester des Gartens)	zart muschelrosa, im Zentrum dunkler, halbgefüllte Blüten aus dicken Knospen
'Hinode-no-seki' (Die Erhabenheit der Landschaft im Morgenschimmer)	scharlachrot, im Verblühen heller werdend
'Hino-tobira' (Sonnenlauf)	scharlachrot, vollgefüllt
'Hodai' (Regierungszeit des chinesischen Kaisers Ho)	karminrot, sehr dicht gefüllt
'Howzan' (Schatz des Berges)	rosa, elegant
'Ikuho-mon' (Tor von Ikuho)	cremeweiß bis weiß, halbgefüllt, gut duftend
'Jitsugetsu-nishiki (Herrliches Brokat)	leuchtend scharlachrot, dunkel schattiert, vollgefüllt
'Kamada-nishiki' (Brokat von Kamada)	purpurrot, halbgefüllt
'Kenrai-mon' (Die Pforte Kenrai)	tiefpurpurn mit Karmin, Petalen lang und schmal, aufwärtsgebogen
'Kikoku' (Bewegte Chrysantheme)	kräftig scharlachrot, halbgefüllt
'Kumagai' (Eigenname)	dunkelrosa, gefüllt
'Miyo-no-hikare' (Zierde der Regierung)	kräftig krebsrot, halbgefüllt
'Momo-yama' (Die Berge der Pfirsichgärten)	zartrosa, halbgefüllt, großblumig
'Muehnsai' (Kleine Wiederkehr)	fliederrosa
'Nishiki-no-tsuya' (Brokatschönheit)	scharlachrot, an der Basis karmesinrot, fast gefüllt
'Renkaku' (Kranichflug)	reinweiß, dichtgefüllt
'Rimpo' (Der Vogel Rimpo)	leuchtend purpur, dicht gefüllt, sehr großblumig, sehr spät, starkwüchsig
'Saigyo-sakura' (Kirschblüte des Poeten)	hellrosa, sehr gut duftend, vollgefüllt
'Sakura-jishi' (Der Löwe in den Pfirsichgärten)	rosa, im Verblühen dunkler werdend, groß, halbgefüllt
'Senyo-mon' (Tor des Lobes)	leuchtend karmesinrot, gefüllt, langgestielt
'Shintenchi' (Neuer Himmel und Erde)	kirschrosa, dichtgefüllt, groß
'Taisho-no-hikare' (Ruhm der Taisho-Dynastie)	karmesin- bis scharlachrot, groß, schalenförmig
'Taiyo' (Die Sonne)	brillantrot mit einem seidigen, kastanienroten Glanz überzogen, halbgefüllt, sehr reichblühend
'Tama-fuyo' (Mit Juwelen geschmückter Lotus)	rosarot, groß, gefüllt
'Tama-sudare' (Juwelenschirm)	weiß, dichtgefüllt, groß
'Yachiyo-tsubaki' (Ewige Kamelie)	korallenrosa, halb- bis vollgefüllt, Petalen an den Rändern heller gefärbt und gekräuselt
'Yae-sakura' (Mehrfach gefüllte Kirschblüte)	zart kirschblütenrosa, groß
'Yo-meimon' (Die herrlichste Pforte Japans)	scharlachrot

französischen Namen und brachte sie in den Handel. Später befaßten sich französische, deutsche und amerikanische Züchter mit der Art und brachten eine Flut von Sorten auf den Markt.

In den letzten Jahren scheinen die Strauchpäonien wieder etwas an Beliebtheit zu gewinnen. Einige Baumschulen und Staudengärtnereien bieten beachtliche Sortimente an. Die Blüten vieler stark gefüllter, französischer Sorten wirken zu künstlich, sie sind zu schwer und hängen oft über. Die einfachen oder nur halbgefüllten japanischen Sorten sind leichter und eleganter, sie werden unter exotisch klingenden Namen angeboten. Besonders schön sind die gelbblühenden Sorten.

Paliurus Mill., Rhamnaceae
Christusdorn

Von den sechs Arten, mit denen die Gattung von Südeuropa und Kleinasien bis Ostasien, China, Japan und Korea verbreitet ist, kommt im Mittelmeergebiet als Wild- und Kulturpflanze nur *P.spina-christi* vor.

Alle sind dornige Bäume oder Sträucher mit wechselständigen, meist 2zeilig gestellten Blättern und unscheinbaren, kleinen gelblichen Blüten in achselständigen Trugdolden. Die flachen, trockenen Früchte sind von einem großen, horizontalen Flügelsaum umgeben, der aus dem Grunde des Griffels entsteht.

Man nennt die Früchte von *P.spina-christi* Judaspfennig.

P.spina-christi Mill. ist ein sommergrüner, vielästiger, dorniger, bis 4 m hoher Strauch. Die Blätter sind eiförmig bis rundlich, 2–4 cm lang und dunkelgrün. Aus gelblichgrünen Blüten im Mai–Juni entwickeln sich 2–3 cm breite, zur Reife trockene und gelblichbraune, recht dekorative, unverwechselbare Früchte. *P.spina-christi* ist von Südeuropa bis Transkaukasien auf trockenen, steinigen Böden verbreitet, der Strauch bildet gelegentlich undurchdringliche Gebüsche. Als Kulturpflanze wird sie zur Anlage von Hecken verwendet.
Ms-3, Zone 8b.

Parrotia C.A. Mey.
Hamamelidaceae
Parrotie

In Nordpersien und am Südufer des Kaspisees ist *P.persica* als einziger Vertreter der Gattung beheimatet. Der sommergrüne Baum oder Strauch ist durch eine abblätternde Schuppenborke, wechselständige, ganzrandige Blätter, petalenlose Blüten und durch holzige, gehörnte Fruchtkapseln gekennzeichnet.

P.persica (DC.) C.A. Mey. bildet dekorative, bis 10 m hohe, ausladende Sträucher und besitzt mehrere bemerkenswerte Eigenschaften. Zunächst fällt die Art durch gesunde, dunkelgrüne Belaubung auf. Im Austrieb sind die Blätter rot gerandet, im Herbst färben sie sich zuerst gelb, später scharlachrot. Die Herbstfärbung beginnt schon Mitte September an einzelnen Ästen und setzt sich dann über Wochen fort. An älteren Ästen blättert die Rinde in Schuppen ab, wodurch platanenähnliche Stammbilder entstehen. Die Blüte der Parrotie gibt diesem Strauch einen besonderen Reiz. Bei milder Witterung öffnen sich die samtartigen, tiefbraunen Hochblätter schon im Januar und entlassen karminrote Staubgefäße in großer Zahl. In jedem Blütenstand sitzen mehrere Blüten in kopfigen Ähren, jede mit etwa 20 Staubfäden ausgestattet, die zur Zeit der Hochblüte weit aus der Blüte herausragen. *P.persica* nimmt mit jedem frischen Gartenboden vorlieb und ist ein Solitärgehölz ersten Ranges.
Nhw-3, Zone 6a.

Parrotiopsis (Niedenzu)
Schneid., Hamamelidaceae
Scheinparrotie

Wie bei *Parrotia* haben wir auch hier eine monotypische Gattung vor uns, die im Himalaja zu Hause ist und sich zu einem sommergrünen Baum oder Strauch entwickelt, der rundliche, scharf gesägte Blätter trägt. Auch den Blüten dieser Gattung, die von großen, weißen Hochblättern umgeben sind, fehlen die Blütenblätter. Die Frucht ist eine aufspringende Kapsel.

P.jacquemontiana (Decne.) Rehd. bleibt bei uns ein 2–3 m hoher Strauch, der im Sommer durch seine glänzenden, hellgrünen Blätter und später durch die goldgelbe Herbstfärbung auffällt. Im Mai erscheinen die eigenartigen Blüten in endständigen, weißlichgelben Blütenköpfchen, die von 4–6 rundlichen, auf der Oberseite weißen und unten braunschilfrigen Hochblättern

Parrotia persica

getragen werden. Die Scheinparrotie liebt frische, nahrhafte Böden und eine sonnige, geschützte Lage, sie ist viel zu wenig bekannt.
NG-4, Zone 6b.

Parthenocissus Planch.
Vitaceae
Jungfernrebe

Von den etwa 15 Arten der Gattung kommen die für uns wichtigen Arten in Nordamerika und Ostasien vor. Es sind in der Regel sommergrüne Klettersträucher, deren mehr oder weniger reich verzweigte Ranken mit Haftscheiben ausgerüstet sind. Zweige mit Lentizellen und weißem Mark, langgestielte, gelappte oder fingerförmig gegliederte Blätter, unscheinbare Blüten in zusammengesetzten Trugdolden und dunkelblaue oder blauschwarze Beeren sind weitere Gattungsmerkmale.

Die hier behandelten Jungfernreben sind häufig gepflanzte Klettersträucher. Dank ihrer Haftwurzeln eignen sie sich hervorragend zur schnellen Bekleidung von Mauern und Wänden, die weniger gut haftenden Arten für die Berankung von Pergolen und Lauben. Höchster Schmuckwert kommt ihren rotglühenden Herbstfarben zu.

Sie sind anspruchslos an Lage und Boden, färben aber an sonnigen Stellen ihr Laub im Herbst besser aus als im Schatten. Alle Jungfernreben sind sehr robuste, industriefeste und schnell wachsende Kletterpflanzen, denen genügend Platz zur Verfügung stehen muß. An zu niedrigen Hauswänden erobern sie nach wenigen Jahren das Dach und verstopfen Dachrinnen und Abflüsse.

Man muß sie vorher durch Schnitt im Zaum halten und kann unbedenklich bis ins alte Holz zurückschneiden, falls eine solche Maßnahme notwendig wird.

P.quinquefolia (L.) Planch. Der Wilde Wein klettert in den Wäldern seiner nordamerikanischen Heimat an Bäumen und Felsen hoch empor, fühlt sich aber an Pergolen, Lauben und Bäumen sicherer als an steilen Wänden, die von anderen Arten besser überwunden werden. Man erkennt die Art an ihren rötlichen Jungtrieben und den 5zähligen, glänzend dunkelgrünen, bis 10 cm langen und auf der Unterseite bläulichen Blättern, die sich im Herbst von Rot bis Purpur färben.
N-2, Zone 5a.
P.quinquefolia var. *engelmannii* (Koehne et Graebn.) Rehd. unterscheidet sich von der Art durch zierlichere Blätter, die sich im Herbst dunkelrot färben, und durch die besser ausgebildeten Haftscheiben, die dieser Form erlauben, mehr als 10 m hohe, glatte Wände und Mauern zu erklimmen.

P.tricuspidata (Sieb. et Zucc.) Planch. ist in Japan, China und Korea daheim und als eigentlicher Selbstklimmer mit seinen kurzen, verzweigten, fest haftenden Ranken in der Lage, glatte Wände schnell zu überwinden. Die langgestielten, bis 20 cm breiten Blätter sind mit 3 grobgesägten Lappen und mit herzförmiger Basis ausgestattet, sie färben sich im Herbst von Organgegelb bis Scharlachrot.
N-4, Zone 6a.
'Green Spring'. Blätter bis 25 cm lang, frischgrün und stark glänzend. Alte, immer noch sehr wertvolle Form.
'Lowii'. Blätter nur 2–4 cm lang, einfach

Parthenocissus tricuspidata

Parthenocissus tricuspidata

oder 3zählig. Im Austrieb rötlich, im Herbst tiefrot. Erhielt wie 'Green Spring' in Holland die bestmögliche Bewertung.
'Veitchii' wird als Jugendform angesehen, die sich durch zierlichere, eiförmige, ungelappte bis 3zählige Blätter von der Art unterscheidet, sonst aber gleichgute Eigenschaften hat.
In Holland sind Auslesen wie 'Veitchii Boskoop' oder 'Veitchii Robusta' in Kultur. Die letztere ist sehr starkwüchsig und hat oft 3zählige, 10–20 cm breite Blätter, die stärker glänzen als die gewöhnliche 'Veitchii' und sich im Herbst orange und scharlachrot verfärben. 'Veitchii Boskoop' unterscheidet sich durch kleinere, weniger stark glänzende Blätter. Sie wird in Holland besonders stark vermehrt.

Passiflora L., Passifloraceae
Passionsblume

Mit rund 500 Arten tritt die Gattung überwiegend im tropischen Amerika auf. Einige Arten kommen auch in Asien und Australien, eine auf Madagaskar vor. Es sind überwiegend krautige oder verholzende Lianen, die mit Ranken klettern. Die wechselständigen Blätter sind meistens 3- bis 5lappig. Die Blüten stehen meist einzeln in den Blattachseln. Sie sind in der Regel sehr auffallend und bestehen aus je 5 Kelch- und Kronblättern. Zwischen ihnen und den auf halber Höhe sitzenden 5 Staubblättern ist ein ein- bis mehrfacher, meist auffällig gezeichneter Strahlenkranz (Korona) aus mehr oder weniger dicken Fäden eingefügt. An der Spitze der Säule sitzen 3 Griffeläste mit dicken Narben. Der Blütenrand ist zu einem Nektarbehälter ausgebildet. Die

Passiflora caerulea

Frucht ist eine sehr unterschiedlich große, bei einigen Arten eßbare, innen meist saftige Beere.
In Mitteleuropa können alle Arten nur als Topfpflanzen gehalten werden. Nur die härteste Art der Gattung, *P.coerulea*, hält an sehr günstigen Standorten und unter Winterschutz milderen Wintern stand. Sie ist aber in südeuropäischen Gärten häufig als Freilandpflanze anzutreffen.

P.caerulea L. Die Blaue Passionsblume stammt aus Mittelamerika und dem westlichen Südamerika. Sie ist ein kräftig wachsender, in mildem Klima mehr oder weniger immergrüner Kletterstrauch, mit breitherzförmigen, 5- bis 7lappigen, 10–15 cm langen Blättern. Die meist einzeln stehenden Blüten stehen an langen dünnen Trieben in den Achseln junger Zweige, sie sind 7–10 cm breit und duften leicht. Ihre Blütenblätter sind weiß bis rosa, der Strahlenkranz an der Basis rot, in der Mitte weiß und in der oberen Hälfte blau gefärbt. Die orange gefärbte Frucht wird hühnereigroß.
Ah-5, Zone 8b.

Paulownia Sieb. et Zucc.
Scrophulariaceae
Paulownie, Blauglockenbaum

In Ostasien sind 6 Arten sommergrüner, hoher Bäume bekannt. Sie sind geprägt durch sehr dicke, hohe Triebe, gegenständige, sehr große, herz-eiförmige Blätter, an den Enden der vorjährigen Triebe erscheinende lange, kegelförmige, rispenartige Blütenstände und eiförmige, ledrige Kapseln mit sehr kleinen, geflügelten Samen.

Paulownia tomentosa

Die bei *P. tomentosa* 5–6 cm langen, 5lappigen Blüten haben eine trichterförmige, schwach 2lippige Krone, in der die Unterlippe 3-, die Oberlippe 2lappig ist.

P. tomentosa (Thunb. ex Murr.) Steud. ist nur für milde Klimagebiete zu empfehlen. Außerhalb des Weinbauklimas erreicht der Baum nie seine volle Schönheit. Diese ist vor allem in seinen riesigen, bis 40 cm langen Blütenständen begründet, deren fingerhutähnliche, violette, innen gelbgestreifte, duftende Blüten sich im Mai, noch vor der Laubentfaltung, öffnen. Der üppig belaubte Baum erreicht 12–15 m Höhe, er verlangt einen nahrhaften, durchlässigen Boden. In entsprechend milden Gebieten ist die Paulownie ein imposanter Solitärbaum.
Nm-4, Zone 7b.

Paxistima Raf., Celastraceae

Alle 5 nordamerikanischen Arten sind immergrüne Zwergsträucher mit 4kantigen, fein warzigen Zweigen, kleinen, sehr dicht stehenden, gegenständigen Blättern und unscheinbaren, 4zähligen, zwittrigen, grünlichen oder rötlichen Blüten.

P. canbyi A. Gray kommt in den Gebirgen Virginias auf trockenen Kalkfelsen vor, verträgt in Kultur aber keinen stark alkalischen Boden. Der nur 25 cm hohe Strauch wächst mit niederliegenden, wurzelnden Trieben und bildet Wurzelausläufer. Er ist deshalb nicht nur ein hübscher, immergrüner Zwergstrauch für Stein- und Troggärten, sondern auch ein ausgezeichneter, dichtschließender Bodendecker für kleine Flächen, auch auf Friedhöfen. Er wächst am besten im Halbschatten und kommt auch mit schwereren Böden zurecht, wenn man diese ausreichend mit Torf versorgt. Ein idealer Begleiter für kleine Laub- und Nadelgehölze, der die Palette relativ schwachwüchsiger Bodendecker erweitern könnte. Bis jetzt haben nur wenige Baumschulen dieses Kleinod entdeckt.
Nhw-2, Zone 5b.

Periploca L., Asclepiadaceae
Baumschlinge

Etwa 15 Arten der Gattung sind in Asien, Südeuropa und Westafrika verbreitet. Es sind linkswindende, sommergrüne, kahle Sträucher, die einen giftigen Milchsaft führen. Die Blätter sind gegenständig und ganzrandig. Die 5zähligen, zwittrigen Blüten haben eine 5zipflige, radförmige Krone, die innen bräunlichviolett und außen grünlich gefärbt ist. Die Frucht ist eine 10–15 cm lange, walzenförmige Balgfrucht.
Die beiden genannten Arten sind eigenartige Lianen, die rasch alte Bäume, Zäune oder Mauern begrünen können. Beide brauchen sonnige, warme Lagen.

P. graeca L., Griechische Baumschlinge. Die in Südeuropa und Kleinasien verbreitete Liane kann Höhen von 15 m erreichen. Ihre elliptisch-lanzettlichen, 2,5–5 cm breiten, dunkelgrünen, glänzenden Blätter bleiben bis in den Spätherbst grün. Im Juni–Juli öffnen sich die etwa 2,5 cm breiten Blüten zu 8–12 in langgestielten, lockeren Trugdolden.
Nsm-3, Zone 6a.

P. sepium Bunge stammt aus Nordchina, wird nur etwa 10 m hoch, hat zartere Sprosse und kleinere Blätter, die sich im Herbst gelb verfärben. Die Blüten unterscheiden sich durch zurückgerollte Kronenzipfel, sie sind außerdem etwas kleiner und sitzen nur zu wenigen in Trugdolden zusammen. Blütezeit ist ebenfalls Juni–Juli. Die Chinesische Baumschlinge ist etwas weniger hart als ihre südosteuropäische Schwester. Sie friert gelegentlich bis zum Boden zurück, treibt aber sicher wieder aus und blüht noch im gleichen Jahr.
Ns-4, Zone 6b.

Pernettya Gaudich., Ericaceae
Torfmyrte

Die meisten der 20 Arten sind von Mexiko bis zum antarktischen Südamerika verbreitet. Die kleinen, immergrünen Sträucher tragen wechselständige, elliptische Blätter, einzelnstehende Blüten und kugelige Beerenfrüchte. Die bei uns kultivierte Art und ihre Formen sind auf frischen, sandig-humosen, kalkfreien Böden und in geschützten, halbschattigen Lagen reizvolle Zwerg-

Pernettya mucronata

sträucher für die Einzelstellung oder für flächige Pflanzungen, sie bilden auf geeigneten Standorten reichlich Ausläufer. In klimatisch ungünstigen Lagen ist Winterschutz notwendig.

P. mucronata (L. f.) Gaudich. ex Spreng ist in Südamerika und auf Feuerland verbreitet und wird zu einem bis 50 cm hohen, dichtverzweigten Strauch, der im Sommer durch seine ledrigen, glänzend dunkelgrünen, stachelspitzigen Blätter ziert. Aus den kleinen, krugförmigen, rosa angehauchten, weißen Blüten enwickeln sich im Herbst große, leuchtende, fleischige Früchte, die sehr dekorativ sind. *P. mucronata* ist eine zweihäusige Pflanze; Früchte sind also nur zu erwarten, wenn neben weiblichen Pflanzen mindestens auch eine männliche gestellt wird. In guten Baumschulen werden beide Formen angeboten. An Wildpflanzen sind die Früchte rot; verschiedene Gartenformen tragen weiße, rosa oder violett gefärbte Früchte.
Ah/Ps-5, Zone 7a.

Perovskia Karel., Labiatae

Die Gattung ist mit 7 Arten von Westasien bis zum Himalaja und Tibet verbreitet und umfaßt sommergrüne Halbsträucher und Sträucher mit aromatischen, gegenständigen, gesägten bis fiederschnittigen Blättern. Kleine, blauviolette Blüten mit röhrigglockigem Kelch stehen in langen und schmalen, unterbrochenen Ähren, die zu langen, endständigen, rispenartigen Blütenständen zusammengestellt sind.

Als trockenresistente Steppensträucher bevorzugen alle *Perovskia*-Arten vollsonnige Standorte auf durchlässigen, basenreichen, mineralischen Verwitterungsböden. Passende Standorte finden sie in Stein-, Heide- und Steppengärten, auf Mauerkronen oder Hochbeeten.

Wie viele andere sommerblühende Sträucher werden auch bei den *Perovskia*-Arten die Triebe im Frühjahr kurz zurückgeschnitten. Die Sträucher behalten dadurch ihren aufrechten Wuchs bei, außerdem blühen sie reicher.

P. abrotanoides Karel. In Steppen und Trocken-Sommerwäldern des vorderasiatischen Florengebietes ist der Silberstrauch bis zum westlichen Himalaja weit verbreitet. Mit seinen zahlreichen aufrechten, bei fehlendem Rückschnitt später niederliegend-ansteigenden Zweigen wird er bis 80 cm hoch. Seine dicht mit hellen Drüsen besetzten, kurzhaarigen Blätter sind fiederschnittig bis doppelt fiederschnittig. Im August–September entwickeln sich an den Enden der diesjährigen Triebe lila Blüten in langen Ständen. Mit seinem rhizomartigen Ausläufern besitzt dieser attraktive und völlig harte Sommerblüher einen mäßigen Ausbreitungsdrang.
Na-3/4, Zone 6b.

P. atriplicifolia Benth. besiedelt von Afghanistan bis Westtibet ähnliche Standorte wie *P. abrotanoides*. In seiner Heimat erreicht der Strauch Höhen von 1,5 m, bleibt bei uns aber durch ständiges Zurückfrieren und jährlichen Rückschnitt viel niedriger. Die silber-sternhaarigen Zweige tragen oval-lanzettliche, ungleichmäßig grob gesägte Blätter und im August–September violettblaue Blüten in bis 50 cm langen Ständen.
P. atriplicifolia wird in gleicher Weise verwendet und stellt die gleichen Ansprüche wie ihre Schwester, ist aber frostempfindlicher und benötigt im Winter eine schützende Bodendecke.
NGs/NGa-4, Zone 7a.

'Hybrida' (*P. abrotanoides* × *P. atriplicifolia*) steht in ihren Blattmerkmalen zwischen den Eltern, die Blätter sind eiförmig und einfach bis doppelt fiederschnittig. Die Blütentriebe werden bis 80 cm lang. Wurde im Sichtungsgarten Weihenstephan als »sehr wichtige Wildpflanze« eingestuft, die beiden vorher genannten Arten als »entbehrlich«.

Perovskia abrotanoides

Persea Mill., Lauraceae

Von den rund 150 Arten der Gattung, die überwiegend in tropischen Regionen verbreitet sind, hat eine Art als Obstgehölz eine sehr große Bedeutung. Kennzeichnend für die Gattung sind wechselständige, immergrüne, einfache, derb-ledrige Blätter, kleine, 6zählige Blüten in Rispen und meist große, kugelige oder mehr eiförmige, fleischige Früchte mit einem großen Kern.

P. americana Mill., Avocado. Der immergrüne, in Kultur meist weniger als 10 m hohe Baum hat elliptisch-lanzettliche, 8–20 cm lange, dunkelgrüne, derb-ledrige Blätter mit plastischer Nervatur. Kleine, gelblichgrüne Blüten entfalten sich in vielblütigen, endständigen Rispen. Man unterscheidet blütenbiologisch zwei Typen: Beim Typ A sind die Narben am Vormittag zur Empfängnis bereit, während sich die Staubgefäße am Nachmittag des folgenden Tages öffnen; beim Typ B können die Narben am Nachmittag Pollen empfangen, die Staubgefäße öffnen sich am Vormittag des folgenden Tages. Zur Fruchtgewinnung müssen beide Typen nebeneinander gepflanzt werden. Die Früchte sind meist birnenförmige Steinfrüchte mit einer glatten Außenhaut und zur Reife butterweichem, cremefarbenem bis gelbgrünem Fruchtfleisch von nußartigem Geschmack.
Bedingt durch Wohlgeschmack, hohen Pro-

tein- und Ölgehalt ist die Avocado eine der wertvollsten tropischen Obstarten. Sie stammt ursprünglich aus dem tropischen Amerika, wird heute aber in allen tropischen und subtropischen Ländern angebaut, auch in Italien, Südfrankreich und Spanien.
T-5, Zone 9.

Petteria K.B. Presl
Leguminosae
Petterie

Monotypische Gattung, die nahe mit *Laburnum* verwandt ist.

P.ramentacea (Sieber) K.B. Presl. In Jugoslawien und Albanien ist dieser sommergrüne Strauch auf steinigen Gebirgshängen an sonnigen Standorten verbreitet. Er entwickelt sich zu einem etwa 2 m hohen, weit ausladenden Strauch mit 3zähligen Blättern, deren verkehrt-eiförmige Blättchen fast sitzen. Im Mai–Juni öffnen sich 2 cm lange, goldgelbe, duftende Blüten, deren Fahne bis zum Grund gespalten ist, in 4–7 cm langen, achselständigen, 10- bis 20blütigen, aufrechten Trauben. Die Petterie ist in warmen, sonnigen Lagen und auf durchlässigen Böden ein schöner, reichblühender Strauch.
Nsm-3, Zone 6b.

Phellodendron Rupr., Rutaceae
Korkbaum

Mit rund 10 Arten ist die Gattung im subtropischen und gemäßigten Ostasien verbreitet. Sie umfaßt hohe, zweihäusige, sommergrüne Bäume mit korkiger Borke, gegenständigen, unpaarig gefiederten, durchscheinend punktierten Blättern, endständigen Blütenrispen aus kleinen, unscheinbaren, grünlichgelben Blüten und kugeligen, erbsengroßen, schwarzen Steinfrüchten. Die 5 in mitteleuropäischen Gärten bekannten Arten sind mittelgroße Parkbäume von malerischem Wuchs. Sie entwickeln in der Regel kurze Stämme, sind oft mehrstämmig und bilden eine flach gewölbte, schirmförmige Krone. Alle Arten gedeihen in jedem Gartenboden, ziehen freie Lagen vor und sind fast immer frei von Krankheiten und Schädlingen.

P.amurense Rupr. hat in China und der Mandschurei sein natürliches Verbreitungsgebiet und wird in unseren Gärten zu einem bis 15 m hohen Baum, den im Sommer seine bis 25 cm langen, gefiederten, Blätter schmücken, sie riechen gerieben streng ter-

Persea americana

pentinartig. Eine goldgelbe Herbstfärbung und stark nach Terpentin riechende Früchte, die daher nicht von Vögeln genommen werden, machen auch im Herbst auf die Art aufmerksam. Im Winter kommt die dicke, korkige, tief gefurchte, graue Borke zur Geltung.
N-4, Zone 5b.

Philadelphus L., Saxifragaceae
Pfeifenstrauch, Falscher Jasmin

Neben dem Flieder, den Forsythien, Deutzien und Spiräen gehört der Falsche Jasmin wohl zu den häufigsten Gehölzarten unse-

Phellodendron amurense

rer Gärten. Wie bei anderen Gattungen sind auch hier nicht die rund 75 Wildarten, die von Osteuropa bis zum Kaukasus, im Himalaja und Ostasien, in Mittel- und Nordamerika verbreitet sind, in der Gartenkultur zu finden, sondern im wesentlichen die durch Züchtung und Auslese entstandenen Gartenformen. Die wenigen Wildarten in unseren Gärten sind wohl auch auf große Blüten und hohe Blühwilligkeit ausgelesene Klone, die mit den echten Wildarten nicht mehr viel zu tun haben.
Diese sind meist sommergrüne, aufrechte Sträucher mit gegenständigen Blättern und markerfüllten Zweigen, einzeln oder zu wenigen in Trauben, Rispen oder Schirmrispen am Ende beblätterter Zweige stehenden, duftenden Blüten und 4klappigen Fruchtkapseln. Alle Arten blühen weiß, die Wildarten meist einfach mit je 4 Kelch- und Blütenblättern. Bei vielen Gartenformen hat sich die Zahl der Blütenblätter auf Kosten der Staubgefäße erhöht, sie sind gefüllt. Die Blütezeit aller Arten erstreckt sich über die Monate Juni und Juli.
Philadelphus-Arten sind anspruchslose, hübsche Blütensträucher, die in jedem Gartenboden fortkommen. Sie gedeihen auch an halbschattigen Stellen, entwickeln sich aber in voller Sonne besser und blühen reicher. Unsachgemäßer Rückschnitt führt leicht zu besenartigem Wuchs. Man be-

schränkt sich daher besser auf ein Auslichten. Einige aufrechtwachsende Arten und Formen lassen sich für reizvolle Blütenhekken verwenden, die man aber nicht ständig schneiden darf, will man auf Blüten nicht verzichten. *Philadelphus × virginalis* gilt als besonders industriefest, ist also unempfindlich gegen Rauch und Abgase, zu vermuten ist, daß auch andere Formen im gleichen Maße unempfindlich sind.

P.caucasicus Koehne gehört mit 3 m Höhe zu den mittelstark wachsenden Arten. Sie ist von Südosteuropa bis zum Kaukasus verbreitet, wächst gedrungen und trägt rahmweiße, einfache, stark duftende Blüten. Die Art ist besonders unempfindlich gegen trockene Standorte.
Nhw-3, Zone 6a.
'Aureus' kann mit den gelben Blättern nur Liebhabern buntblättriger Gehölze empfohlen werden.

P.coronarius L. Der ziemlich steife, aufrechte Strauch wird 3 m hoch. Rahmweiße, sehr stark duftende Blüten erscheinen Ende Mai bis Anfang Juni in Trauben. Ein robuster Gruppenstrauch für die Gehölzrabatte oder die Blütenhecke.
Nw-3, Zone 5a.

P.inodorus L. var. **grandiflorus** (Willd.) A. Gray. Die hochwachsende Art aus dem südöstlichen Nordamerika ist in unseren Gärten besonders durch diese Varietät vertreten. Diese bildet einen rundlichen Busch mit feinen, übergebogenen Zweigen und zunächst glockigen, später scheibenförmig ausgebreiteten, großen, reinweißen Blüten.
Nhw-2, Zone 5a.

P.microphyllus A. Gray, ein schwachwachsender, zierlicher Strauch aus dem südwestlichen Nordamerika, hat sein Erbgut an viele schwachwachsende Gartenformen weitergegeben. Die reinweißen, glokkigen Blüten duften stark.
Ns-1, Zone 6a.

Hybriden und Gartenformen

Die Art- bzw. Hybridzugehörigkeit ist, soweit bekannt, in Klammern angegeben.
'Albâtre' *(P. × virginalis)* wächst nicht ganz so steif und wirkt dadurch etwas zierlicher; die duftenden Blüten sind halbgefüllt und reinweiß.
'Beauclerk' ist eine sehr stark und reich blühende Sorte mit großen, einfachen bis halbgefüllten, weißen Blüten im Mai. Der Blütensaum ist gekräuselt, die Basis der Blütenblätter rötlich.
'Belle Étoile' ist besonders ihrer Blüten wegen bemerkenswert, die sich durch ihre am

Philadelphus inododrus var. grandiflorus

Grunde purpurne Farbe aus dem übrigen Sortiment herausheben. Sie sind darüber hinaus einfach, sehr groß und stark duftend. 'Belle Étoile' wächst aufrecht, gedrungen und blüht reich.
'Bouquet Blanc' *(P. × cymosus)* ist ein bis 2 m hoher Strauch mit überhängenden Zweigen, kleinen Blättern und gefüllten, milchigweißen Blüten in recht großen Rispen. Nicht besonders stark duftend, aber reich blühend.
'Dame Blanche' *(P. × lemoinei)* besticht durch niedrigen, zierlichen Wuchs, Reichblütigkeit und kleine, teilweise gefüllte, scheibenförmige, stark duftende Blüten.
'Erectus' *(P. × lemoinei)* wird wie die vorige etwa 2 m hoch, wächst straff-aufrecht und dicht und eignet sich als Heckenpflanze. Die wohlriechenden Blüten sind einfach, etwa 3 cm breit und reinweiß.
'Manteau d'Hermine' *(P. × lemoinei)* trägt rahmweise, gefüllte, aber duftlose Blüten an überhängenden Zweigen.
'Mont Blanc'. *(P. × polyanthus)*. Bis 1 m hoch und straff-aufrecht wachsend, Blüten reinweiß, zu 3–5 oder einzeln.
'Rosace' *(P. × cymosus)*. Wuchs aufrecht, sehr dicht und dünn verzweigt, Blüten etwa 5 cm breit, die Krone flach-tellerförmig ausgebreitet, meist einfach, aber mit einigen staminoiden Petalen in der Mitte, rahmweiß.

'Schneesturm' *(P. × virginalis)* ist nur mittelgroß und sehr reichblühend mit reinweißen, gut gefüllten Blüten.
'Silberregen' *(P. × lemoinei)* ist zwar sehr kleinblumig, blüht aber reich mit einfachen Blüten, denen man einen Erdbeerduft nachsagt.
'Virginal' *(P. × virginalis)*. Straff-aufrecht wachsend, bis über mannshoch, Blüten in Trauben, gefüllt, reinweiß, stark duftend, Einzelblüte 4–5 cm breit, gilt als eine der wichtigsten Sorten.

Phillyrea L., Oleaceae
Steinweide

Mit 4 Arten immergrüner Sträucher ist die Gattung vom Mittelmeergebiet bis Kleinasien verbreitet. Mit ihren immergrünen, lederartigen Blättern sind sie zum Teil typische Vertreter der Macchie. Ihre weißen, duftenden, 4teiligen Blüten entstehen in kurzen, achselständigen Trauben an vorjährigen Trieben. Die Frucht ist eine etwa erbsengroße Steinfrucht.
Beide Arten sind im Mittelmeergebiet heimisch, in Mitteleuropa sind sie nur in sehr milden Klimazonen ausreichend frosthart. Außerhalb von Weinbaugebieten ist Winterschutz notwendig. Sie brauchen durchlässige Böden und vertragen Kalk.

P.angustifolia L., Schmalblättrige Steinweide. Bis 3 m hoher, sparriger Strauch mit
derben, linealischen, 3–6 cm langen Blättern. Im Mai–Juni öffnen sich grünlichweiße, duftende Blüten in achselständigen
Büscheln.
Ms-3, Zone 8a.

P.latifolia L., Breitblättrige Steinweide.
Bis 5 m hoher, sparriger Strauch mit sehr
variablen, oval-elliptischen, glänzend dunkelgrünen Blättern. Blüten im Mai, gelblich, in kurzen, achselständigen Büscheln.
Ms-3, Zone 8a.

Phlomis L., Labiatae
Brandkraut

Überwiegend staudige Pflanzen umfaßt
diese Gattung, die mit rund 100 Arten vom
Mittelmeer bis nach China verbreitet ist.
Alle fallen durch ihre flockige Behaarung
auf. Sie haben gegenständige, runzelige und
dicht behaarte Blätter. Die 2lippigen, gelb,
weiß oder purpurn gefärbten Blüten sitzen
in dichten Scheinquirlen zusammen. Die
Oberlippe ist helmförmig gekielt, die
Unterlippe 3teilig. Die Früchte sind 3kan-
tige Nüßchen.
Von den wenigen verholzenden Arten wird
in der Regel nur die folgende kultiviert.

P.fruticosa L. Die Strauchnessel besiedelt
im östlichen und zentralen Mittelmeergebiet trockene und steinige Plätze. Der etwa
1 m hohe, immergrüne, steife, ausgebreitet
verzweigte, dicht graugelb-wollige Strauch
hat oval-längliche, 5–10 cm lange, stark
runzelige Blätter, die auf der Oberseite blaß

Phlomis fruticosa

Phoenix canariensis

graugrün und weichhaarig, unterseits graufilzig sind. Im Juni–Juli erscheinen dunkelgelbe Blüten in vielblütigen Scheinquirlen.
In der 2–3 cm langen Blütenkrone ist die
helmartige Oberlippe zur 3lappigen, ausgebreiteten Unterlippe herabgebogen. Der
vor allem durch seine starke Behaarung auffallende Blütenstrauch braucht warme, sonnige Plätze und nährstoffarme, kalkhaltige
Böden.
Ms-3, Zone 8a.

Phoenix L., Palmae
Dattelpalme

Zur Gattung *Phoenix* gehören die bekanntesten und wohl am häufigsten kultivierten
Palmen. Das Areal der insgesamt 17 Arten
reicht von den Kanarischen Inseln über
Afrika, einschließlich Madagaskar, Kreta,
den mittleren Osten und Indien bis nach
Hongkong, Taiwan, den Philippinen und
der Malaiischen Halbinsel. Die wirtschaftlich wichtigste Art ist die Echte Dattelpalme, *P.dactylifera*.
Die Gattung umfaßt überwiegend mittelhohe bis hohe Bäume mit der für alle Palmen typischen, schopfartigen Blätterkrone.
Die oft großen Fiederblätter sind aus zahl-

reichen Blättchen zusammengesetzt. Die
Pflanzen sind zweihäusig. Die in der Jugend von einem starken Hüllblatt umgebenen Blütenstände entstehen zwischen den
Blattstielen. Die männlichen Blüten stehen
dicht gedrängt an einer Blütenstandsachse,
die weiblichen Blütenstände sind stark verzweigt. Die Früchte sind mehr oder weniger fleischige Beeren.

P.canariensis hort. ex Chabaud. Die
Kanarische Dattelpalme ist ein Endemit der
Kanarischen Inseln, seit langem wird sie im
ganzen Mittelmeerraum kultiviert. Sie entwickelt sich zu einer kompakten Fieder-
palme mit gedrungenem, 15–18 m hohem
Stamm, der durch Blattnarben gemustert
ist. Die Krone wird aus bis zu 100 bogig
überhängenden Blättern gebildet, die
5–6 m lang sind. Aus den weiblichen Blüten entwickeln sich zahlreiche eiförmige,
dicht gedrängt stehende Beeren, die, im Gegensatz zu den Früchten der Echten Dattelpalme, nicht eßbar sind. Die Kanarische
Dattelpalme gehört zu den am häufigsten
kultivierten Palmen in den wärmeren Zonen der Erde. Sie prägt auch am Mittelmeer
nicht selten das Bild ganzer Städte und
Landstriche.
Ms-3, Zone 9.

Phormium J.R. et G. Forst.
Agavaceae
Neuseeländischer Flachs

Mit nur 2 Arten ist die Gattung in Neuseeland heimisch. Es sind immergrüne, horstartig wachsende Pflanzen mit grundständigen, bis 3 m langen, 2zeilig stehenden, schwertförmigen Blättern und fleischigen, faserhaltigen Wurzeln. Die 3zähligen Blüten sind nicht in Kelch und Krone gegliedert. Die Blütenhülle ist nur am Grunde zu einer kreiselförmigen Röhre verwachsen, sonst ist sie frei und locker zusammengeneigt. Die Blüten entwickeln sich in großen Rispen auf einem hohen, blattlosen Schaft. Die Bastfasern der Blätter gehören zu den stärksten im ganzen Pflanzenreich. Da sie vom Seewasser kaum angegriffen werden, wurden sie vor allem für Taue, Bindematerial und grobe Gewebe verarbeitet. Die sehr bitterschmeckenden Wurzeln wurden in Neuseeland auch medizinisch gegen Skorbut und Syphilis eingesetzt.
Beide Arten werden im Mittelmeergebiet häufig als Zierpflanzen verwendet, sie sind durch ihre rispigen Blätter besonders eindrucksvoll. Sie stellen an den Boden keine besonderen Ansprüche.

P. aequalis Harv. ex Hiern (= *P. colensoi*) Die in den Gebirgen Neuseelands heimische Art hat nur Blattlängen von 60–150 cm und bleibt damit niedriger als die zweite Art. Die Blätter sind bis 5 cm breit, hellgrün bis gelblichgrün und meist ziemlich schlaff. Der Blütenschaft erreicht bestenfalls Mannshöhe. Die Blüten sind bis 3 cm lang, außen gelb bis rötlichbraun, die inneren Blütenblätter grün bis grünlichgelb. *P. aequalis* ist etwas frosthärter als *P. tenax*.
Ah-8, Zone 29.
'Tricolor'. Blätter sehr schlaff überhängend, zum Rand hin mit mehreren rahmweißen Streifen, in der Mitte grün und am Rand rot. Die äußeren Blütenblätter goldgelb bis goldbraun, die inneren rahmgelb mit grünem Mittelstreifen.
'Variegatum'. Blätter mit 1–2 gelbgrünen oder rahmweißen Randstreifen, aber ohne roten Rand.

P. tenax J.R. et G. Forst. ist mit ihren 1–3 m langen und bis 12 cm breiten Blättern eine sehr stattliche Art. Die sehr starren, lederartigen Blätter sind oberseits gelblichgrün bis dunkelgrün und unterseits oft bläulich, sie sind an der Mittelrippe und am Rand in der Regel mit einer roten oder orangefarbenen Linie gezeichnet. Der Blütenschaft erreicht Höhen von 1,4–4,5 m. Er trägt zahlreiche, bis 5 cm lange, meist trübrote bis rotbraune Blüten.
Ah-8, Zone 9.
Auch von *P. tenax* werden am Mittelmeer einige Gartenformen kultiviert:
'Purpureum'. Blätter bronzepurpurn.
'Tricolor'. Blätter rosa und rot gestreift.
'Variegatum'. Blätter gelb und grün gestreift.
'Veitchii'. Blätter mit einem breiten schwefelgelben Band über der Blattmitte.

Photinia Lindl., Rosaceae
Glanzmispel

Von den 60 Arten in Süd- und Ostasien kommen für unsere Klimabereiche nur ganz wenige der sommergrünen Arten in Frage. Sie entwickeln sich zu großen Sträuchern mit einfachen, wechselständigen Blättern, meist weißen, an *Crataegus* erinnernden Blüten in endständigen Doldenrispen und kleine, apfelartigen Früchten. *Photinia*-Arten sind für größere Gärten und Parks prachtvolle Solitärgehölze, die nahrhaften und nicht zu schweren Boden in sonniger oder halbschattiger Lage verlangen.

P. × fraseri Dress. (*P. glabra* × *P. serrulata*). Die Hybride entwickelt sich zu einem immergrünen, großen Strauch mit elliptischen 7–9 cm langen, fein gesägten, glänzend frischgrünen Blättern. Weiße Blüten stehen in 10–12 cm breiten Schirmrispen zusammen.
Zone 9.
'Red Robin' zeichnet sich durch die in der Jugend leuchtendroten, später glänzendgrünen Blätter aus. Eine in Neuseeland entstandene Sorte, die am Mittelmeer inzwischen sehr populär geworden ist. Wird bis 3 m hoch.
'Robusta' hat ebenfalls im Austrieb kupferrote Blätter, die später grün und dick-ledrig werden. Bleibt etwas niedriger als 'Red Robin'.

P. glabra (Thunb.) Maxim. Von Nord- bis Südjapan ist dieser immergrüne, etwa 3 m hohe Strauch verbreitet. Seine elliptischen bis länglich-verkehrteiförmigen, bis 8 cm langen Blätter sind im Austrieb rot. Im Mai–Juni öffnen sich weiße Blüten in 5–10 cm breiten Ständen. Die kugeligen, bis 5 mm dicken Früchte sind zur Reife schwarz.
Nh/Mh-4, Zone 9.

P. serrulata Lind. erreicht in ihrer südchinesischen Heimat Höhen von 5–12 m, bleibt hier aber meist strauchig. Die immer-

Photinia × fraseri 'Red Robin'

grünen Blätter sind schmal, verkehrt-eiförmig bis länglich, 10–18 cm lang und oberseits glänzendgrün. Im Juni–Juli öffnen sich 6–8 mm breite, weiße Blüten, die zu vielen in 15–18 cm breiten Ripsen stehen. Die rundlichen Früchte sind 5–6 mm dick und rot.
Mh-4, Zone 9.

P.villosa (Thunb.) DC. ist in Japan, Korea und China verbreitet, erreicht bei uns etwa 5 m Höhe und fällt besonders im Herbst durch eine orangescharlachrote Herbstfärbung auf. Sonst sind die Blätter des breitausladenden Strauches dunkelgrün und fast lederartig. Im Juni erscheinen die weißen Blüten in 3–5 cm breiten Doldentrauben, im Herbst die hochrot gefärbten, bis weit in den Winter haftenden Früchte.
N-4, Zone 5b.

Phylica L., Rhamnaceae
Kapmyrte

Rund 150 immergrüne, dicht verzweigte, erika- oder myrtenähnliche Sträucher umfaßt die Gattung. Die meisten Arten haben ihre Heimat in Südafrika, einige in Madagaskar und andere auf den der afrikanischen Küste vorgelagerten Inseln. Die Sträucher tragen wechselständige, dicht behaarte, am Rand umgebogene Blätter. Ihre 5zähligen Blüten stehen in Köpfen, Ähren oder Trauben zusammen. Den Blüten fehlen meist die Kronblätter oder sie sind zu borsten- oder fadenartigen Gebilden reduziert.
Einige *Phylica*-Arten sind in Mitteleuropa seltene Kalthauspflanzen, in Südfrankreich und den wärmsten Teilen Englands werden sie als hübsche, eigenartige Freilandpflanzen kultiviert. Sie gedeihen am besten an sonnigen Plätzen, an den Boden werden keine besonderen Ansprüche gestellt.

P.ericoides L. Nur 30–90 cm hoch wird der Strauch, dessen flaumig behaarte Triebe alle aufrecht wachsen. Die heideartigen, 6–12 mm langen Blätter stehen sehr dicht. Die Blütenköpfe sind nur etwa 6 mm dick, sie sind von einer dichten, weißwolligen Hülle umgeben und stehen einzeln oder in Büscheln in den Blattachseln oder an den Triebenden. Blütezeit ist Dezember–März. Heimisch in der Kapprovinz Südafrikas.
Ta-6, Zone 9.

P.plumosa L. wächst mit lang-behaarten Trieben ebenfalls straff-aufrecht, erreicht aber eine Höhe von 2 m. Die Blätter sind 2–3 cm lang, lineal-lanzettlich und auf der Unterseite filzig-wollig. Die Blüten sitzen an den Triebenden in 2–3 cm langen und

ebenso breiten Ähren, sie sind von einer dichten Hülle aus federartigen, bräunlichweißen Hochblättern umgeben. Eine sehr dekorative Art aus dem südlichen Afrika.
Ta-6, Zone 9.

Phyllodoce Salisb., Ericaceae
Blauheide

In alpinen und arktischen Gebieten der nördlichen Halbkugel sind etwa 7 Arten immergrüner, heideartiger Sträucher verbreitet. Ihre wechselständigen, linealischen Blätter sind gekrümmt, fein gesägt, drüsig oder borstig. Bei nahezu allen Arten stehen die krug- oder glockenförmigen Blüten und die 5fächrigen, kugeligen Fruchtkapseln an den Triebenden. In Spezialbaumschulen werden gelegentlich auch andere als die beiden genannten Arten angeboten.

P.caerulea (L.) Babingt. Der kleine, heideähnliche Strauch erreicht nur etwa 15 cm Höhe, blüht im Mai–Juni mit recht großen, purpurnen Blüten und ist ein reizvoller Strauch für den Steingarten. Sein Standort soll halbschattig, der Boden locker, humos und kalkfrei sein.
PN/PG-3, Zone 2.

P.empetriformis (Sm.) D. Don ist von British Columbia bis Kalifornien verbreitet, ein kleiner, breitwachsender, 15–20 cm hoher Zwergstrauch mit dichten, beblätterten Zweigen und 7–9 mm langen, breit-

Phyllodoce caerulea

glockigen, purpurrosa Blüten im Mai–Juni. Stellt die gleichen Ansprüche wie *P.caerulea*.
PG-1, Zone 2.

Phyllostachys Sieb. et Zucc.
Gramineae
Bambus

Etwa 60 *Phyllostachys*-Arten sind in Ostasien und dem Himalaja verbreitet. Die meisten entwickeln hochwachsende Sträucher (die wirtschaftlich besonders wichtige *Phyllostachys bambusoides* kann 15–20 m hoch werden) mit kriechendem Wurzelstock. Die an einer Seite abgeflachten oder gefurchten Stämme sind mit kurzen, hohen Internodien ausgestattet. An jedem Knoten entstehen unterhalb der Abflachung 2–3 verzweigte Seitentriebe. Bei jungen Halmen ist die Längsrinne (Sulcus) an der ganzen Halmlänge zu beobachten, bei älteren Halmen nur noch oberhalb der Nodien. Die Halme sind bei vielen Arten sehr lebhaft gefärbt.
Alle Bambus-Arten sind monokarpe Pflanzen; sie blühen nur einmal im Leben und sterben dann ab. Blüten werden aber nur sehr selten und in großen Zeitabständen angelegt. Die letzte Massenblüte von *Phyllostachys bambusoides* ist 1853 beobachtet worden (Urania-Pflanzenreich 1976). Eigenartigerweise blühen alle Pflanzen einer Art zur gleichen Zeit; der Grund für derartige Massenblüten ist bisher noch völlig un-

bekannt. Das Fehlen von Blüten hat große Schwierigkeiten bei der Klassifizierung und damit bei der Benennung der Arten zur Folge, was nicht selten zu Verständigungsschwierigkeiten führt.

Phyllostachys-Arten sind sehr vital, einige auch relativ kälteresistent. Die meisten Arten eignen sich gut als Solitärpflanzen. In kontinentalen Klimabereichen verholzen die Halme besser und rascher als in ozeanisch beeinflußten Zonen, die Pflanzen wachsen straffer aufrecht. Sie wollen im Sommer warm und in voller Sonne stehen, brauchen dann natürlich viel Wasser, im Winter sollte der Pflanzplatz möglichst beschattet sein.

P. aurea (Carr.) Carr. ex A. et C. Riv. mit dicht stehenden Halmen und kurzen Ausläufern bis 4 m hoch werdend. Die grünen Halme sind in der Sonne leuchtendgelb, die basalen Internodien sind gestaucht und verdickt, die Blätter maigrün gefärbt. Für Hecken und Einzelstand geeignet. Heimisch in China.
Mh/Nhw-4, Zone 8a.

P. aureosulcata McClure kann 5–10 m hoch werden, hat lockerstehende Halme und bildet lange Ausläufer. In der Jugend sind die Halme mattgrün, später ganz gelb und manchmal stark zickzackförmig. Die kleinen Blätter stehen locker an den Halmen. Eine imposante Art für die Anlage von Hainen und Windschutzpflanzungen. Heimisch in China.
Mh/Nhw-4, Zone 6b.

P. bambusoides Sieb. et Zucc. stammt ebenfalls aus China, kann 6–10 m hoch werden und breitet sich in klimatisch günstigen Regionen durch Ausläufer aus. Die Halme sind glänzend dunkelgrün, glatt und nicht bemehlt, die Blätter groß und sehr variabel. Schöne Art für die Anlage eines Bambushaines.
Mh/Nhw-4, Zone 8a.

'Castilloni' unterscheidet sich von der Art durch ihre leuchtendgelben, grün gestreiften Halme. Einige Blätter sind mit einzelnen weißen Streifen gezeichnet. Bemerkenswert bunt ist auch der Austrieb durch die rosa oder orangerot gefärbten Blattscheiden.

P. bissetii McClure stammt aus der chinesischen Provinz Sichuan und gilt als eine Art mit guter Härte und hohem Schmuckwert. Sie wird mit zur Spitze hin leicht überhängenden Halmen bis 7 m hoch, bildet wenig Ausläufer und eignet sich zur Anlage von Hainen und Hecken.
Mh/Nhw-4, Zone 6b.

Phyllostachys viriglaucescens

P. flexuosa A. et C. Riv. Die in China heimische Art kann Höhen von 10 m erreichen, sie wächst ziemlich aufrecht bis weich überhängend. Ihre Halme sind grün, später gelb und mit schwarzen Flecken besetzt, die mit den Jahren immer größer werden. Ein in Halm und Zweigen eleganter Bambus, der sich durch Ausläufer ausbreitet und besonders für die Anlage von Hainen und Gebüschen geeignet ist.
Mh/Nhw-4, Zone 7b.

P. heterocycla (Carr.) Mitf. f. **pubescens** (Houzeau de Lehaie) Muroi in Sugumoto. Aus China stammt die bis 8 m hohe Art, die sich nur bei viel Wärme durch Ausläufer ausbreitet und sich dann zu kleinen Wäldchen auswachsen kann. Die Halme sind graugrün und samtig weich behaart, die Blätter klein bis ziemlich groß. In ihren tropischen Anbauländern ist die Art einer der wichtigsten Lieferanten für eßbare Bambussprosse.
Mh/Nhw-4, Zone 8a.

P. nidularia Munro treibt sehr früh aus und liefert sehr schmackhafte Sprosse. Wird 3–8 m hoch und breitet sich durch kurze Ausläufer aus. Die Blätter sind groß und hellgrün. Wird unter anderem für die Ver-

wendung als Kübelpflanze für Dekorationen empfohlen. Heimisch in China.
Mh/Nhw-4, Zone 8a.

P. nigra (Lodd. ex Lindl.) Munro. Wird bei überhängendem Wuchs bis 2,5 m hoch und bildet wenige kurze Ausläufer. Die Halme sind nach dem Austrieb grün, sie verfärben sich in den ersten beiden Jahren über braun gepunktet nach rotbraun bis glänzendschwarz, die Blätter sind hellgrün. Braucht warmen, sonnigen Standort. Heimisch in China.
Mh/Nhw-4, Zone 8a.

P. nigra f. *boryana* (Mitford) Makinio kann bis 15 m hoch werden und breitet sich durch kurze Ausläufer aus. Die aufrechten Halme sind nicht schwarz, sondern braun gefleckt, eine sehr dekorative chinesische Form.

P. nigra f. *henois* (Mitford) Muroi kann die gleiche Höhe erreichen wie *P. nigra* f. *boryana*, wächst aber meist horstig, Ausläufer werden nur an ausreichend warmen Standorten gebildet. Die Halme sind grün bis gelb, bei hoher Sommerwärme bemehlt.

P. propinqua McClure hat ihre Heimat in der chinesischen Provinz Jiangxi, eine bis 12 m hohe, kaum Ausläufer bildende Art

mit dunkelgrünen Blättern, leuchtend dunkelgrünen Halmen und schöner Zweighaltung.
Mh/Nhw-4, Zone 6b.

P.viriglaucescens (Carr.) A. et C. Riv. Wird mit weit überhängenden Halmen bis 6 m hoch und bildet teilweise lange Ausläufer. Halme mit sehr erhabenen Knoten, bei Scheidenfall bläulich benebelt. Die härteste Art der Gattung wird am besten in hainartigen Beständen gepflanzt. Heimisch in China.
Nhw-4, Zone 6b.

Physocarpus (Cambess.) Maxim., Rosaceae Blasenspiere

So prachtvolle Blütensträucher die Familie der Rosengewächse umfaßt, so wenig attraktiv sind die etwa 10 Arten der Gattung *Physocarpus*, die überwiegend in Nordamerika beheimatet sind. Die hohen, sommergrünen Sträucher sind mit einer auffallenden Streifenborke, wechselständigen, einfachen, handnervigen und 3- bis 5lappigen Blättern, weißen Blüten in vielblütigen Schirmrispen am Ende beblätterter Kurztriebe und an beiden Nähten aufplatzenden Balgfrüchten ausgestattet.
Alle Arten sind keine Blütensträucher im landläufigen Sinne, sondern anspruchslose, industriefeste Decksträucher, die sich auch für die Unterpflanzung auf Böden mit stagnierender Nässe eignen.

P.capitatus (Pursh) O. Kuntze. Aufrechter, 1–3 m hoher, oft breit überhängender Strauch aus dem westlichen Nordamerika. Die Blätter sind 3- bis 5lappig und unregelmäßig doppelt gesägt. Im April–Juni erscheinen die weißen bis leicht rosa gefärbten Blüten zu vielen in 5–7 cm breiten, halbkugeligen Schirmtrauben.
Ns-1, Zone 5b.
'Tilden Park'. Eine aus Amerika stammende Selektion, die nur 40 cm hoch, aber wesentlich breiter wird und als Bodendecker für große Flächen verwendet werden kann.

P.intermedius (Rydb.) Schneid. Der trockenresistente Strauch erreicht knapp Mannshöhe und trägt an meist kahlen Trieben eirundliche, bis 6 cm lange Blätter. In der Regel wird die in Nordamerika weit verbreitete *P.intermedius* f. *parvifolius* Rehd. angeboten, die etwas niedriger bleibt und dichter wächst. Ihre Blüten sind etwas kleiner als die der Art.
Ns/Na-1/2, Zone 5b.

P.monogynus (Torr.) Coult. Kaum 1 m hoher Strauch aus den mittleren USA. Blätter breit-eiförmig bis nierenförmig, 2–4 cm lang, tief 3- bis 5lappig. Blüten Ende Mai bis Anfang Juni, 1 cm breit, weiß, oft rosa überlaufen, zu wenigen in kleinen Doldenrispen. Wird oft unter dem Namen *P.opulifolius* 'Nanus' angeboten.
Ns-1/2, Zone 5b.

P.opulifolius (L.) Maxim. wird über 3 m hoch und breit. An den Ästen blättert die braune Rinde stark ab, die an der Basis herzförmigen Blätter sind gelegentlich 5lappig. Oft sind die bis 1 cm breiten Blüten, die in breiten Doldentrauben im Juni erscheinen, blaßrosa gefärbt. Heimisch im mittleren und östlichen Nordamerika.
N-2, Zone 4.
'Dart's Gold'. Holländische Selektion mit hellgelben Blättern. Bleibt niedriger als die alte 'Lutescens'.

Pieris D. Don, Ericaeae Lavendelheice

Die 10 in Nordamerika, in Ostasien und dem Himalaja verbreiteten *Pieris*-Arten sind unter ihrem alten Gattungsnamen »*Andromeda*« besser bekannt. Die immergrünen Sträucher tragen wechselständige, einfache Blätter, ihre kleinen, krugförmigen Blüten in endständigen Rispen und 5fächrige, rundliche Fruchtkapseln.
Die *Pieris*-Arten gehören ohne Zweifel zu den schönsten und dankbarsten immergrünen Laubholzarten, die auf dem richtigen Standort viele Jahrzehnte aushalten und jährlich schöner werden können. Ein halbschattiger Standort unter hohen Bäumen auf humosen, kalkfreien und genügend frischen Böden bietet beste Voraussetzungen für ein gutes Gedeihen. Ein ausreichender Windschutz im Winter ist besonders für *P.japonica* wichtig, damit die schon im Herbst weit vorgebildeten Blütenknospen nicht leiden. Rückschnitt oder Auslichten ist nicht erforderlich.

P.floribunda (Pursh ex Sims) Benth. et Hook. f. ist in den Gebirgswäldern des südöstlichen Nordamerika heimisch, kann bis 2 m Höhe erreichen, wächst aufrecht und ist mit 4–8 cm langen, am Rande gesägten, mattgrünen Blättern ausgestattet. Im April öffnen sich an den Enden der vorjährigen Triebe weißliche, krugförmige Blüten in aufrechten Rispen.
Nhg-2, Zone 5b.

P.japonica (Thunb. ex Murr.) D. Don ex G. Don stammt aus Japan und ist insge-

samt weit attraktiver als die amerikanische Schwester. Die Art entwickelt dichte, rundliche, bis 3 m hohe Büsche mit lanzettlichen, dunkelgrünen, beiderseits glänzenden Blättern. Sie sitzen gehäuft an den Zweigenden und nehmen im Austrieb eine bronzefarbene Tönung an. Schon im Herbst sind die Blütenstände, aus denen sich dann ab Februar maiglöckchenartige, zart duftende Blüten entfalten, deutlich sichtbar. Überaus reich mit hängenden, bis 12 cm langen Rispen besetzt, ist der Strauch wochenlang Blickfang des Gartens.
Nhm/Mh-4, Zone 6b.
'Chaconne'. Niedrig und kompakt wachsend. Aus bronzefarbenen Blütenknospen weiß aufblühend, sehr reich blühend.
'Cupido'. Ziemlich kompakt und niedrig wachsend. Blüten in aufrechten, stark verzweigten Ständen, rahmweiß. Ende April bis Anfang Mai. Blütenknospen im Winter tief braunrot. Sehr reich blühend.
'Debutante'. Wuchs breit, niedrig und kompakt, Blüten in aufrechten, verzweigten Ständen, reinweiß, Ende März bis Anfang April. Sehr schöne, reichblühende Selektion.
'Flamingo'. Wächst mäßig hoch und hat sehr zahlreiche dunkelrosa Blüten, schon an jungen Pflanzen.
'Flaming Silver' ist mit ihren im Austrieb gleichmäßig rot gefärbten, später gelblichweiß gerandeten Blättern eine auffallende Erscheinung. Die Blüten sind cremeweiß.
'Forest Flame'. Blätter im Austrieb rosarot bis leuchtend karminrot. Im Austrieb farbenprächtiger als die meisten anderen farbig austreibenden Sorten, aber frostempfindlicher als diese.
'Havila'. Sport von 'Forest Flame'. Wuchs kompakt, bis 1 m hoch. Blätter im Austrieb schön hellrot (ohne weißen Rand), sie färben sich über lachsrosa, gelblich und hellgrün schließlich zu matt dunkelgrün mit unregelmäßigem, ziemlich breitem, rahmweißem Rand. Blüten rahmweiß, in überhängenden Ständen.
'Mountain Fire'. Bei kompaktem Wuchs bis 1,5 m hoch. Blätter im Austrieb glänzend kastanienbraun bis braunrot, später glänzend dunkelgrün. Blüten weiß, wenig zahlreich.
'Nana Variegata'. Zwergig wachsende Form von 'Variegata'.
'Nocturne'. Kompakt und sehr niedrig wachsend, auffallend durch die dichte, tiefgrüne Belaubung. Blüten weiß, wenig zahlreich.
'Prelude'. Wuchs niedrig. Blüten weiß und sehr zahlreich. Wird von der holländischen Baumschule C. Esveld als ihre beste Neuzüchtung beschrieben.
'Purity'. Wuchs breit und ziemlich kom-

Pieris japonica 'Flaming Silver'

pakt, 40–60 cm hoch. Blätter hellgrün. Blüten sehr zahlreich, groß und reinweiß, erst im Mai blühend.
'Red Mill'. Starkwüchsig, bis 1,6 m hoch. Blätter im Austrieb leuchtend braunrot, später glänzend dunkelgrün. Blüten rahmweiß, Anfang April, wenig zahlreich. Eine der winterhärtesten unter den rot austreibenden Sorten.
'Rondo'. Ähnlich 'Nocturne', aber noch flacher wachsend.
'Rosalinda'. Wuchs dicht, bis 1,2 m hoch und breit. Blüten in der Knospe tief braunrot, aufgeblüht hellrosa, sehr zahlreich, im März–April.
'Sarabande'. Wuchs niedrig, Blüten weiß und sehr zahlreich, zweitbeste Neuzüchtung der Baumschule C. Esveld.
'Select'. Breit und kompakt wachsend. Blüten in der Knospe braunrot, aufgeblüht reinweiß. Sehr reich blühend.
'Splendens'. Selektion der Baumschule H. Hachmann mit robustem, gesundem Wuchs, weißen Blüten und intensiv rotbraunem Austrieb.
'Stöckmann'. Von der Baumschule Stöckmann selektierte, etwa 1,2 m hoch werdende Sorte mit auffallend glänzender, sattgrüner Belaubung und sehr zahlreichen weißen Blütenrispen.

'Valley Rose'. Bei langsamem Wuchs etwa 1,2 m hoch werdend. Blüten hell- bis zartrosa, Blütenknospen im Winter tief braunrot. Blätter im Austrieb rötlichgrün.
'Variegata'. Wuchs niedriger als die Art, Blätter schmaler und weiß gerandet.
'White Cascade'. Wüchsige, bis 1,5 m hoch werdende Sorte. Blüten reinweiß, im April–Mai in sehr zahlreichen, ungewöhnlich großen, stark hängenden Ständen.

Pistacia L., Anacardiaceae
Pistazie

Im Mittelmeergebiet, Ostasien, Texas und Mexiko kommen insgesamt 10 Arten dieser Gattung vor. Es sind sommer- oder immergrüne Bäume mit wechselständigen, einfachen, 3zähligen, paarig oder unpaarig gefiederten Blättern. Die zweihäusig verteilten, wenig ansehnlichen Blüten stehen in seitenständigen Rispen. Die Steinfrüchte enthalten ölhaltige Samen.
Einige der im Mittelmeergebiet und im Vorderen Orient heimischen Arten haben eine wirtschaftliche Bedeutung. Ihrer ölhaltigen Samen wegen wurden sie von den orientalischen Völkern bereits im Altertum sehr geschätzt. Das gilt besonders für die

auch im Mittelmeergebiet kultivierte Echte Pistazie, *P. vera*. Der als Pistazienmandel oder Alepponuß bezeichnete Same wird geröstet und gesalzen gegessen. Sein Embryo besitzt ungewöhnlicherweise grüne Keimblätter. Der Mastixstrauch, *P. lentiscus*, liefert ein Harz, das zu Spezialkitt oder Klebemittel für Wundverbände verarbeitet wird. Die Blätter enthalten Farb- und Gerbstoffe. Schließlich wird aus den besonders ölreichen Samen von *P. terebinthus* das Echte Terebinthenöl gewonnen.

P. lentiscus L. Der Mastixstrauch ist ein immergrüner, 4–6 m hoher, dicht verzweigter Strauch, dessen warzige Triebe unangenehm riechen. Die Blätter sind mit 8–10 schmal-länglichen, 2–4 cm langen Blättchen paarig gefiedert. Die pfefferkorngroßen Früchte sind zunächst rot, zur Reife schwarz. Kommt in den Macchien des Mittelmeergebietes auf allen Bodenarten vor. Ms-3, Zone 9.

P. terebinthus L. ist ein sommergrüner, bis 9 m hoher Strauch, dessen Zweige duften. Die Blätter sind mit 7–9, länglich-lanzettlichen, 3–6 cm langen Blättchen unpaarig gefiedert. Aus grünlichen Blüten in 5–15 cm langen Rispen entwickeln sich bräunliche Früchte. Kommt im Mittelmeergebiet und in Portugal in den gleichen Pflanzengesellschaften vor wie *P. lentiscus*. Ms-3, Zone 9.

P. vera L. Die Echte Pistazie ist in Kleinasien, Syrien und Mesopotamien heimisch, wird im östlichen Mittelmeergebiet aber häufig angebaut. Ein sommergrüner, kaum über 5 m hoher Baum mit langgestielten, unpaarig gefiederten Blättern. Blättchen meist zu dritt, oval, bis 10 cm lang und beiderseits behaart. Die sehr kleinen, bräunlichen Blüten sitzen in 7–10 cm langen, aufrechten Rispen. Die Früchte sind etwa haselnußgroß, ihr harter Steinkern öffnet sich bei der Reife von allein, so daß die Samengewinnung sehr erleichtert wird. Ms-3, Zone 9.

Pittosporum Banks ex Soland.
Pittosporaceae
Klebsame

Die Bezeichnung Klebsame trägt die Gattung und die ganze Familie, weil die Samen in eine klebrige Masse (Pulpa) eingebettet sind. Mit etwa 150 Arten ist die Gattung in Neuseeland, Südafrika, dem subtropischen Asien, in Australien und auf den pazifischen Inseln verbreitet. Es sind immergrüne Bäume oder Sträucher mit wechselständi-

Pittosporum tobira

verkehrt-eiförmige, 3–10 cm lange, derb-ledrige, glänzend tiefgrüne Blätter. Im April–Mai entwickeln sich die 2,5 cm breiten, rahmweißen, später gelb werdenden Blüten zu mehreren in endständigen Büscheln. Die Blüten strömen einen starken Honigduft aus. Ein sehr reichblühender, am Mittelmeer häufig gepflanzter Strauch. Mh-4, Zone 9.

Platanus L., Platanaceae
Platane

Die Gattung ist mit 6 Arten in Nordamerika und mit 1 Art von Südosteuropa bis Indien verbreitet. Bekanntestes Merkmal der sommergrünen Bäume ist die sich in Platten ablösende Rinde, die den Stämmen eine ganz eigene Note verleiht. Die wechselständigen, ahornähnlichen Blätter sind meist 3- bis 7lappig. Die unscheinbaren Blüten sind in Köpfchen vereint, die an langen Stielen herabhängen. Männliche und weibliche Blüten sind sich sehr ähnlich. Die sich später entwickelnden, kugeligen Fruchtstände sitzen allein oder zu mehreren an einem gemeinsamen Stiel. Platanen erreichen mit 30–40 m Höhe und ihren breit-ausladenden Kronen stattliche Ausmaße und mit mehreren 100 Jahren ein beträchtliches Alter. Sie gehören mit zu den beliebtesten Parkbäumen und sind dank ihrer hohen Widerstandsfähigkeit gegen die Rückstrahlungen des Straßenpflasters, gegen trocken-heiße Stadtluft und Industrieabgase hervorragende Straßenbäume. Sie gedeihen in jedem Kulturboden und fühlen sich in warmen, sonnigen Lagen am wohlsten. *P. × hispanica* wird im Frühjahr oft

Platanus × hispanica

gen bis fast quirligen, meist ganzrandigen Blättern. Ihre zwittrigen, 5zähligen Blüten sind in Doldenrispen oder einfachen Dolden vereint, sie können aber auch einzeln stehen, sie duften oft angenehm. Die Früchte sind Beeren oder Kapseln, sie fallen besonders auf, wenn die Klappen der Kapseln auseinanderspreizen und ihre gelbe oder rote Innenseite und die ebenfalls gefärbte Pulpa mit den darin eingebetteten schwarzen Samen zeigen.

Von den zahlreichen Arten sind die beiden folgenden in den Gärten am Mittelmeer zu weitverbreiteten Ziersträuchern geworden. Sie sind sehr schattenverträglich, stellen an den Boden keine besonderen Ansprüche und werden oft als Hecke gepflanzt. Ihre Blüten fallen durch den intensiven Honigduft auf.

P.tenuifolium Soland ex Gaert. stammt aus Neuseeland und wird dort zu einem kleinen, sehr dicht beasteten Baum. Die Blätter sind verkehrt-eiförmig bis länglich oder elliptisch, 3–7 cm lang, am Rand wellig und matt glänzend. Die duftenden Blüten stehen meist zu zweit in den Blattachseln, sie sind purpurbraun gefärbt.
Ah-8, Zone 9.
'Irene Petersen'. Blätter am Rand stark wellig, die jungen Blätter oft ganz weiß und grün gesprenkelt oder punktiert.
'Silver Queen'. Blätter silbriggrau.
'Variegatum'. Blätter nicht gewellt, graugrün, mit schmalem weißem Rand.
'Warnham Gold'. Blätter zunächst grünlichgelb, später goldgelb.

P.tobira (Thunb. ex Murr.) Ait. f. stammt aus subtropischen Gebieten Südchinas und Japans. Der steife, aufrechte Strauch hat

von einem Pilz (*Gloeosporium nervisequum*) befallen, der längs der Hauptnerven unregelmäßige braune Flecken entstehen läßt, die zu vorzeitigem Blattfall führen können. Da der Pilz an dem am Boden liegenden Laub überwintert, sollte man dieses einsammeln und verbrennen. Gelegentlich werden auch wiederholte Kupferspritzungen zu Beginn des Austriebes empfohlen, ein schwieriges Unterfangen an großen Bäumen.

P. × hispanica Münchh. (*P. occidentalis × P. orientalis; P. × acerifolia, P. × hybrida*) wird als Hybride zwischen der orientalischen und der amerikanischen Platane angesehen und übertrifft beide Eltern in bezug auf ihre Anpassungsfähigkeit an weniger warme Standorte. *P. × hispanica* erreicht bis 30 m Höhe und entwickelt breitausladende, runde Kronen, deren Äste sich im freien Stand bis zum Boden senken können. Ihre 3- bis 5lappigen Blätter werden bis 25 cm breit, sind glänzend dunkelgrün und färben sich im Herbst gelbbraun. Besonders interessant wird der Baum durch seine Borke, die sich in großen Platten vom Stamm löst.
Zone 6a.
'Pyramidalis'. Wuchs zunächst schmal-kegelförmig, im Alter breiter werdend, aber untere Äste nicht hängend. Blätter oft auch 3lappig und breiter als lang.
'Tremonia' ist eine ganz schmale, kegelförmige und raschwachsende Sorte, die seit 1951 im Botanischen Garten Dortmund steht. Sie kann als Park- und Straßenbaum große Bedeutung erlangen.

P. occidentalis L. ist einer der mächtigsten Bäume der Flußauen im südöstlichen Nordamerika – bis 40 m Höhe kann er erreichen. Obwohl die Art bei uns ausreichend hart ist und ideal für die Bepflanzung von Fluß- und Teichufern sein könnte, ist sie in Deutschland nur selten anzutreffen. Sie unterscheidet sich von *P. × hispanica* durch die Form ihrer Blätter und die Zahl der Fruchtstände. Bei den im allgemeinen 3lappigen Blättern ist die Blattbasis breiter als der Mittellappen lang ist (bei *P. × hispanica* ist der Mittellappen der 3- bis 5lappigen Blätter annähernd so lang wie die Blattbreite, bei *P. orientalis* ist der Mittellappen viel länger als die Basisbreite der Blätter). *P. occidentalis* trägt in der Regel nur einen Fruchtstand je Stiel. Am Stamm blättert die Borke in kleinen Platten ab.
Nw-2, Zone 6b.

P. orientalis L. Die von Südosteuropa bis Kleinasien verbreitete Platane ist bei uns gar nicht so selten. Sie unterscheidet sich

von *P. × hispanica* durch die 5- bis 7lappigen Blätter, deren Mittellappen länger als ihre Basisbreite ist, durch fast bis zur Blattmitte reichende Buchten und durch die meist größere Zahl (2–4, *P. × hispanica* 1–3) an Fruchtständen. *P. orientalis* ist ein sehr hitzebeständiger, mächtiger Parkbaum. In seinem natürlichen Verbreitungsgebiet kommen gelegentlich uralte, riesige Exemplare vor.
Nw/Ms-3, Zone 6b.
P. orientalis f. *digitata* (Gord.) Janko. Mit ihren sehr tief eingeschnittenen Blättern ist diese geographische Varietät (Zypern und Kaukasus) ein sehr dekorativ belaubter Parkbaum.

Pleioblastus Nakai, Gramineae Bambus

Die Gattung umfaßt etwa 20 Arten, die in China und Japan heimisch sind und die sich in Wuchs und Aussehen stark unterscheiden. Gemeinsame Merkmale der in 3 Sektionen aufgeteilten Gattung sind: stets mehrere Zweige an jedem Knoten der grünen oder rötlichen Halme und eine ledrige Halmscheide mit einer ausgeprägten Spitze, die lange am Halm haftet.
Alle *Pleioblastus*-Arten treiben an zusagenden Standorten sehr lange und kräftige Ausläufer, die für eine rasche Ausbreitung der Pflanzen sorgen. Da *Pleioblastus* lichten Halbschatten mag, eignen sich die Arten gut für Unterpflanzungen auf genügend großen Plätzen.

P. pygmaeus (Miq.) Nakai ist eine bis 40 cm hohe, wuchernde Art mit kleinen, blaugrünen Blättern, die zum Teil im Herbst weißtrocken werden. Verträgt Sonne und Halbschatten und sollte als Bodendecker nur in Verbindung mit Gehölzen oder starkwachsenden Stauden verwendet werden. Heimisch in Japan.
Nh-4, Zone 6b.

P. simonii (Carr.) Nakai stammt ebenfalls aus Japan, treibt aber nur wenig Ausläufer und entwickelt sich mit aufrechten Halmen zu einem bis 4 m hohen Strauch, der ebenfalls Sonne und Halbschatten verträgt.
Nhw-4, Zone 7a.

P. viridistriatus (Sieb.) Mak. Die ursprüngliche Heimat dieser 2 m hohen, Ausläufer treibenden Art ist nicht bekannt. Sie zeichnet sich durch schöne, bis 20 cm lange, beiderseits samtig behaarte Blätter aus, sie sind im Frühjahr gelb mit einigen grünen Streifen und werden im Sommer grün. Verträgt halbschattige bis vollschat-

tige Standorte und läßt sich deshalb unter hohen Gehölzen ansiedeln. Ist auch unter dem Namen *Arundinaria auricoma* bekannt. Zone 7a.

Plumbago L., Plumbagaceae Bleiwurz

Von den etwa 12 strauchigen oder staudigen Arten der Gattung, die in tropischen und subtropischen Regionen der Erde verbreitet sind, ist in Europa nur die folgende Art stärker verbreitet. Alle Arten sind mit wechselständigen, ganzrandigen Blättern ausgestattet. Ihre 5zähligen, tellerförmig ausgebreiteten Blüten mit enger Röhre entfalten sie in kleinen Trauben oder Ähren an den Triebenden. Die Früchte sind 5klappig aufspringende Kapseln.

P. auriculata Lam. (= *P. capensis*) ist ein 2–3 m hoher, stark verzweigter, niederliegender oder kletternder Strauch mit langen, kantigen, gestreiften Zweigen. Die 5–6 cm langen, hellgrünen Blätter sind unterseits mit zahlreichen kleinen, weißen Schuppen besetzt. Vom Mai bis Oktober produziert der Strauch unentwegt zahlreiche hellblaue Stieltellerblüten in kurzen, endständigen Ähren. *P. auriculata* stammt aus dem südafrikanischen Kapland. Als ununterbrochen blühende Zierpflanze ist sie nicht nur am Mittelmeer, sondern auch in den Gärten der Tropen und Subtropen weit verbreitet. In Mitteleuropa wird sie nicht selten als Kronenbäumchen in Kübeln oder als Topfpflanze gezogen.
AG-6, Zone 9.

Polygala L., Polygalaceae Kreuzblume

Etwa 500 krautige, halbstrauchige und strauchige Arten umfaßt die weltweit verbreitete Gattung. Die Pflanzen tragen meist wechselständige, seltener gegen- oder quirlständige Blätter. Die Blüten erscheinen in end- oder achselständigen Trauben, Ähren oder Rispen. Die schmetterlingsförmigen Blüten sind doppelt 5zählig. Von den Kelchblättern sind die inneren meist geflügelt und kronblattartig. Die drei Kronblätter sind unterschiedlich gestaltet, das vordere ist stets schiffchenartig und hat gefranste Anhängsel, die auch als Kamm bezeichnet werden, die zwei seitlichen sind schwach entwickelt oder fehlen ganz. Die Frucht ist eine zweisamige Kapsel.

P. chamaebuxus L. Die Buchsblättrige Kreuzblume hat ihre Verbreitung überwie-

gend in den Alpen, wo sie auf meist sonnigen und ziemlich trockenen, mineralischen oder humosen, mageren Böden, vorzugsweise auf kalkreichen Gesteinen wächst. Der immergrüne, niederliegende und sich durch unterirdische Ausläufer ausbreitende Strauch trägt 1–2,5 cm lange, ledrige, elliptische bis lanzettliche, am Rand etwas umgerollte Blätter. Von April–Juni erscheinen die 1,2–1,5 cm langen Blüten zu 1–2 in den Blattachseln. Ihre geflügelten Kelchblätter sind cremefarben, das Schiffchen an der Spitze gelb oder violett gefärbt. In Kultur gedeiht *P.chamaebuxus* am besten in geschützten Lagen im Alpinum oder auf Steinbeeten, auf steinigem, durchlässigen Untergrund in kalkhaltiger, sandig-lehmiger Erde.
Nhg-3, Zone 5 b.

P.myrtifolia L. ist ein immergrüner, bis 1,5 m hoher Strauch mit gegenständigen, graugrünen, etwa 15 mm langen Blättern. Die 9 mm langen Blüten erscheinen vom Frühling bis zum Sommer endständig in Doppeltrauben, die grünlichen Kelchflügel sind oben purpurrot gefärbt und geadert, das Schiffchen ist grünlich, die seitlichen Kronblätter sind blaß rosenrot gefärbt. *P.myrtifolia* ist in der Kapregion Südafrikas heimisch, an der Riviera seit langem in Kultur und dort inzwischen verwildert. Diese und andere südafrikanische Arten sind in nördlichen Breiten der lange anhaltenden Blütezeit wegen wertvolle Kalthauspflanzen.
Ta-6, Zone 9.
P.myrtifolia var. *grandiflora* (Lodd.) Hook. Diese Varietät wird bis 2 m hoch, hat länglich-lanzettliche, 3,5–4,5 cm lange Blätter und große, 12–15 mm lange Blüten mit hell purpurroten, dunkler geaderten Kelchflügeln und blaßrotem, dunkler geadertem Schiffchen, die seitlichen Kronblätter sind weiß.

P.virgata Thunb. ist ein bis 2 m hoher Strauch mit schlanken, rutenförmigen Ästen und zerstreut stehenden, teilweise abfallenden, bis 2,5 cm langen, länglichkeilförmigen bis mehr linealischen Blättern. Die Blüten erscheinen vom Frühling bis zum Sommer, sie sind groß, purpurrosa gefärbt und stehen in vielblütigen, endständigen Trauben.
Ta-6, Zone 9.
P.virgata var. *speciosa* (Sims) Harv. Häufiger als die Art wird diese Varietät kultiviert. Sie blüht von April–Juni mit purpurvioletten Blüten in bis zu 15 cm langen Trauben und ist damit attraktiver als die Art. Wie *P.myrtifolia* in den Kapregionen Südafrikas heimisch.

Polygonum L., Polygonaceae
Knöterich

Die rund 300 *Polygonum*-Arten sind zwar kosmopolitisch verbreitet, kommen aber in einigen Entwicklungszentren in größerer Zahl vor, etwa in Ost- und Südwestasien, in Nordamerika und im Mittelmeergebiet. Die meisten von ihnen sind einjährige oder ausdauernde Kräuter, nur wenige zählen zu den Gehölzen. Die beiden bei uns bekannten, holzigen Arten sind windende Sträucher. Der deutsche Name deutet auf ein auffallendes Familienmerkmal hin: die knotig gegliederten Stengel. Eine andere Eigentümlichkeit sind die tütenförmig verwachsenen Nebenblätter. Die eingeschlechtigen oder zwittrigen Blüten sind meist zu achsel- oder endständigen Rispen oder Ährentrauben vereint. Die Nußfrüchte sind scharf 3kantig und von einer glänzenden Schale umgeben.
Beide Schlingknöterricharten bevorzugen halbschattige Lagen, vertragen aber auch sonnige Standorte; sie wachsen auf jedem frischen Gartenboden. Trockene Böden sagen ihnen nicht zu, sie gedeihen aber in der trockenen Großstadtluft. Ihr unbändiger Wuchs läßt sie in wenigen Jahren über Zäune, Lauben und Dächer wachsen. Sie sind nur dann zu empfehlen, wenn sie sich ihrer Wuchskraft entsprechend »austoben« können. Werden sie für den zur Verfügung stehenden Raum zu groß, kann man sie bedenkenlos sehr scharf zurückschneiden, nicht selten wird sogar ein jährlicher kräftiger Rückschnitt empfohlen. Sie blühen dann noch im gleichen Jahr, da die Blüten erst im Spätsommer an den Enden junger Triebe angelegt werden. Eine besonders reiche Blüte ist an Trieben zu erwarten, die von hohen Mauern herabhängen können.

P.aubertii L. Henry. Der Schlingknöterich gehört zu unseren besonders raschwüchsigen Lianen. Kein anderer ausdauernder Kletterstrauch kann in einem Jahr an Drähten oder anderen Klettergerüsten mehrere Meter hoch wachsen. Von September bis zum Eintritt des ersten Frostes ist der in Westchina heimische Strauch mit einer Fülle weißer oder grünlichweißer Blüten bedeckt. Sie stehen in schmalen, aufrechten Rispen zusammen. Auch die Blätter sind recht hübsch, sie sind frischgrün, eiförmig bis eilänglich, 4–9 cm lang, am Rande gewellt und am Grunde spießförmig.
Nhg-4, Zone 5 b.

P.baldschuanicum Regel. Die in der Bucharei heimische Art unterscheidet sich von *P.aubertii* vor allem durch ihre Blüten. Sie

sind zunächst weiß, färben sich allmählich aber rötlich. Die Blüte setzt schon im Juli ein und hält bis in den späten Herbst hinein an.
Ns-3/4, Zone 5 b.

Poncirus Raf., Rutaceae
Bitterorange

In Nordchina und Korea kommt diese monotypische Gattung vor, ein sommergrüner, dorniger Strauch mit 3zähligen, durchscheinend punktierten Blättern mit geflügelten Blattstielen und ledrigen, dunkelgrünen Blättchen, achselständigen, weißen Blüten und kleinen, behaarten Zitronenfrüchten.

P.trifoliata (L.) Raf. kommt nur für warme, geschützte Lagen in milden Gebieten in Frage. Dort aber sollte man die Bitterorange häufiger pflanzen, ist sie doch mit ihren stark abgeflachten, dunkelgrünen, mit glänzenden Trieben und den starken, abgeflachten grünen Dornen eine recht exotische, eigenartige Erscheinung. Der Strauch blüht im April–Mai, noch vor dem Blattaustrieb, mit 3–5 cm breiten, weißen, duftenden Blüten, aus denen sich dann die gelbgrünen, 3–5 cm breiten, ungenießbaren Zitronen entwickeln. Die Bitterorange ist nur in milden Klimazonen oder an sehr geschützten Plätzen ausreichend frosthart.
Nhw/Mh-4, Zone 7 b.

Populus L., Salicaceae
Pappel

Den etwa 35 Pappelarten und ihren Kulturformen, die in Europa, Nordafrika, Asien und Nordamerika verbreitet sind, kommt eher eine forstliche als eine gärtnerische Bedeutung zu. Die sommergrünen, meist sehr hohen und raschwüchsigen Bäume sind mit wechselständigen, meist langgestielten, 3eckigen, eiförmigen bis rhombischen Blättern und oft harzigen Winterknospen ausgestattet. Die in hängenden Kätzchen angeordneten Blüten der zweihäusigen Pflanzen erscheinen vor dem Blattaustrieb. Noch vor der vollen Laubentfaltung reifen die 2- bis 4lappigen Fruchtkapseln, die sehr viele, mit langen seidigen Haaren ausgerüstete Samen enthalten.
In der Gartenkultur kommen Pappeln nur für den Park in Frage. Dort, wo man gelegentlich die Pyramidenpappel in Hausgärten als Heckenpflanze sieht, ist sie völlig deplaziert, da man sie kaum in den gewünschten Abmessungen halten kann. Für den Park gibt es einige recht dekorative Pap-

Poncirus trifoliata

peln, die sich entweder durch besonders große Blätter oder extrem frühen Austrieb auszeichnen. In der freien Landschaft sind sie vielseitig zu verwenden: als Wind- und Küstenschutzpflanzung, zur Befestigung von Halden und Hängen, Schotter- und Kiesflächen. Als Straßenbäume sind einige Arten nur bedingt geeignet, da ihre flachen Wurzeln gerne die Straßendecke anheben oder auf ihrer Suche nach Wasser in Dränage- und Abwasserrohre eindringen. Außerdem kann ihr sehr weiches, brüchiges Holz den Verkehr gefährden. Mit Ausnahme der Silber- und Pyramidenpappel, die auch mit weniger guten Böden vorliebnehmen, verlangen alle Pappeln beste, tiefgründige Böden und sind gegen stagnierende Nässe und große Trockenheit sehr empfindlich. Pappeln darf man 20–30 cm tiefer pflanzen, als sie vorher standen.

P.alba L. Die von Mitteleuropa bis Mittelasien verbreitete Silberpappel wird zu einem bis 30 m hohen Baum mit breiter, rundlicher Krone und grauweißer, lange glattbleibender Rinde. Durch ihr ausgeprägtes Wurzelsystem und die starke Ausläuferbildung ist sie hervorragend als Windschutzgehölz und für die Dünenbefestigung geeignet.
Ns/Na-3, Zone 4.

'Nivea', die sich durch kreideweiße Blattstiele und Blattunterseiten auszeichnet, ist ein hübscher Parkbaum, aber auch ein brauchbarer, trockenresistenter Alleebaum.

P.balsamifera L. Die Balsampappel ist ein besonders früh austreibender, dekorativer Parkbaum aus Nordamerika, dessen junge Blätter einen deutlich wahrnehmbaren Duft ausstrahlen.
B-1/2, Zone 3.

P. × berolinensis (K. Koch) Dipp. (*P.laurifolia* × *P.nigra* 'Italica') erhielt ihren breitsäulenförmigen Wuchs von einem ihrer Elternpaare, der Pyramidenpappel. Im Gegensatz zu dieser verliert sie nur selten ihre unteren Äste und eignet sich daher hervorragend für dichte Windschutzpflanzungen und als Alleebaum, kann allerdings durch Wurzelausläufer lästig werden.
Zone 4.

P.-Canadensis-Hybriden sind als Hochleistungspappeln von großer forstlicher Bedeutung. Als Garten- und Parkbaum können sie hier übergangen werden.
Zone 5a

P.canescens (Ait.) Sm. Die heimische Graupappel hat nicht nur im Forst hohe

Bedeutung, sondern ist auch ein hervorragendes Flurgehölz, das dank seiner hohen Anpassungsfähigkeit auch als Pioniergehölz verwendet wird.
N-3, Zone 5a.

P.koreana Rehd. ist besonders durch ihren extrem frühen Austrieb, der schon Anfang April beginnt, interessant. Ihre jungen, olivgrünen Blätter duften wie die anderer Balsampappeln im Austrieb weithin.
Nh-4, Zone 6a.

P.lasiocarpa Oliv. stammt aus China und ist mit ihren bis 30 cm langen, herz-eiförmigen, auf der Oberseite glänzend graugrünen Blättern eine dekorative Großblattpappel. Sie wächst nur langsam, erreicht kaum mehr als 10 m Höhe und ist ein Parkbaum für die Einzelstellung.
Nhw-4, Zone 6a.

P.nigra L. **'Italica'**. Die Pyramidenpappel ist mit ihrem straff-aufrechten Wuchs allgemein bekannt und als Alleebaum hochgeschätzt. Sie befriedigt aber nur auf besten Böden. In Norddeutschland versagt sie häufig, indem sie früh von unten aufkahlt und sich in ihrer Krone viele trockene Äste bilden.
Zone 5b.

P.simonii Carr., in Nordchina heimisch, ist ebenfalls eine sehr früh austreibende, recht kleinbleibende Pappel, deren kleine Blätter absolut gesund sind und die sich in Industriegebieten bewährt hat. *P.simonii* ist für die Straßenbepflanzung bedingt geeignet. Sie ist schnellwüchsig, treibt früh aus und verträgt hohe Kältegrade, ist aber ein relativ kurzlebiger Baum.
Ns-4, Zone 4.
'Fastigiata'. Mit einer spitzwinkligen Aststellung wächst die Form zu einem kleinen Baum mit fast säulenförmiger Krone heran, für die Straßenbepflanzung sicher noch besser geeignet als die Art.

P.tremula L. darf als heimische Zitterpappel hier nicht übergangen werden. Ihr forstlicher Wert ist ihrer Bedeutung als Pioniergehölz gleichzusetzen. Ihre hohe Anpassungsfähigkeit und die geringe Anfälligkeit gegen Industrieabgase machen sie zu einem idealen Gehölz für eine vielseitige Verwendung in der freien Landschaft.
B/Nk-3, Zone 1.
'Erecta' ist in Schweden schon seit über 100 Jahren als straff-aufrechter, schmalsäulenförmiger Baum bekannt.

P.wilsonii Schneid. gehört mit ihren bis 20 cm langen, breit-herzförmigen, oberseits blaugrünen Blättern zu den in unsern Gärten nur mäßig hoch werdenden, dekorativen Großblattpappeln, denen man auch im großen Garten einen Platz einräumen kann. Nhw-4, Zone 6b.

Potentilla L., Rosaceae
Fingerkraut

Annähernd 500 staudige *Potentilla*-Arten sind in den gemäßigten und kalten Klimazonen der nördlichen Halbkugel verbreitet. Uns interessiert hier nur eine der ganz wenigen strauchigen Arten. Alle niedrigen, sommergrünen Stauden oder Sträucher zeichnen sich durch wechselständige, 3- bis vielzählig gefingerte oder gefiederte Blätter aus. Ihre zwittrigen, 5zähligen Blüten stehen in Rispen oder viel- bis wenigblütigen, rispenartigen Blütenständen und sind bei den holzigen Arten gelb oder weiß. Die zahlreichen Früchte sind nußartig und sehr klein.

Die holzigen *Potentilla*-Arten lassen sich vielseitig verwenden. Als niedrigbleibende Dauerblüher – fast alle Sorten blühen von Juni bis zum Herbst – finden sie ihren Platz im Steingarten, als niedrige Blütenhecke, als Vorstrauch und als flächige Pflanzung in weitläufigen Anlagen. Sie wachsen in jedem durchlässigen Gartenboden und stehen am liebsten an sonnigen Plätzen. Trockenresistent sind nur die graulaubigen Arten, vor allem 'Primrose Beauty'. Ein jährlicher Rückschnitt hat einen reichen Flor und große Blüten zur Folge.

P. fruticosa L. hat ein sehr großes Verbreitungsgebiet, das die ganze nördliche Halbkugel umfaßt. Dabei wurden geographische Rassen und Abarten entwickelt, deren Kombination die vielen Gartenformen hervorgebracht hat. Die Art selbst wird zu einem bis 1,5 m hohen Strauch, der dicht bezweigt ist, 3zählige Blätter trägt und mit reingelben, 2–3 cm breiten Blüten von Mai–August blüht.
B-1/2/3/4, Zone 2.

Die zahlreichen *Potentilla*-Sorten sind zwischen 1980 und 1985 vom Bundessortenamt in Hannover in Zusammenarbeit mit dem »Arbeitskreis für Gehölzsichtung« des Bundes deutscher Baumschulen gesichtet und bewertet worden. Bis auf wenige Sorten, ('Farreri' und 'Red Ace') werden hier nur die positiv bewerteten Sorten behandelt, außerdem einige Neuheiten wie 'Falkenburg', 'Goldstern', 'Princess' und 'Royal Flush', die erst nach Abschluß der Bewertung in den Handel kamen.

'Abbotswood'. Mit den großen, reinweißen Blüten die zur Zeit beste weiße Sorte.

'Elizabeth' (= 'Arbuscula'). Die ursprünglich im Himalaya heimische Form wird zu einem niederliegenden, unregelmäßig wachsenden, 50–80 cm hohen Strauch mit grünen, unterseits weißbehaarten Blättern und bis 4 cm großen, schalenförmigen, gelben Blüten, die bis in den Herbst hinein erscheinen. Die Form ist gesund, blüht reich und wird als eine der besten Fingersträucher bezeichnet.

'Falkenburg' wächst kompakt und gedrungen und überrascht mit cremeweißen Blüten.

'Farreri' ist eine schon ältere Sorte, aber immer noch begehrenswert. An ihr fallen der zierliche Wuchs, die kleinen Blätter und die lebhaft goldgelben, überreich erscheinenden Blüten auf.

'Floppy Disk'. Feintriebige, kompakt wachsende Sorte mit kleinen, hellgrünen Blättern und rosaroten Blüten.

'Golden Dwarf'. Schwachwachsende, breitbuschige Sorte mit kleinen, hellgrünen Blättern und zahlreichen kleinen, hellgelben Blüten.

'Goldfinger' verdient weite Beachtung, vor allem wegen des feingliedrigen, dunkelgrünen Laubes und der überaus reichen, sattgelben Blüte, eine starkwachsende, aufrechte Sorte, die auf der Bundessortensichtung die höchstmögliche Bewertung erhielt.

'Goldstar' wird bis 80 cm hoch, hat eine frischgrüne Blaubung und tief goldgelbe, 4–5 cm breite Blüten. Sie hat mit die größten Blüten im Sortiment und blüht besonders lange.

'Goldstern' wächst niedrig und ausgebreitet, das Laub ist dunkelgrün, die intensiv goldgelben Blüten erscheinen in überreicher Fülle von Mai bis in den Herbst.

'Goldteppich'. Niedriger und flacher als 'Elizabeth', blüht sehr reich mit 3–4 cm breiten, goldgelben Blüten. Eine wertvolle, weil mehltaufreie Sorte.

'Hachmann's Gigant' ist im Wuchs wie 'Elizabeth', hat aber 4–5 cm breite, tief goldgelbe Blüten und blüht wesentlich reicher als 'Elizabeth' – eine bewährte Sorte mit schönen, großen Blättern.

'Klondyke' bleibt sehr niedrig und ist wegen des dichten Wuchses besonders gut für niedrige Hecken geeignet.

'Kobold' wächst dicht und gedrungen, die mittelgroßen Blüten sind goldgelb, sie erscheinen von Juni–September in großer Fülle, gehört zu den sehr guten Sorten.

'Longacre' wird als bester Bodendecker des ganzen Sortiments beschrieben. Die Sorte wächst breit und kissenförmig und blüht während des ganzen Sommers mit sehr großen, zartgelben Blüten.

'Pretty Polly'. Feintriebiger, breitbuschig und dichtwachsender Strauch mit kleinen Blättern und mittelgroßen hellrosa Blüten.

'Princess'. Fällt mit den von Mai–November erscheinenden rosa Blüten, die in den Sommermonaten aufhellen, ebenfalls im sonst weitgehend gelbblühenden Sortiment auf.

'Primrose Beauty' wird von unseren Baumschulen leider noch immer vernachlässigt, ist aber mit ihren flach ausgebreiteten Ästen, dem silbergrauen Laub und der hellgelben Blüte eine hochinteressante Form, die mehr Trockenheit verträgt als andere Sorten.

'Red Ace' hat als wirklich rote Sorte Aufsehen erregt. Die Blütenblätter sind innen leuchtendrot, außen goldgelb. Blütengröße und Beständigkeit der roten Farbe lassen aber sehr zu wünschen übrig. 'Red Ace' ist feinlaubig, zierlich und schwachwachsend.

Potentilla fruticosa 'Goldteppich'

'Royal Flush'. Schwachwachsende, feintriebige amerikanische Sorte mit anfangs roten, später dunkelrosa Blüten.

'Snowflake'. Sehr wüchsiger, aufrechter Strauch mit sehr großen, dunkelgrünen Blättern und kleinen, weißen Blüten.

'Sommerflor'. Aufrecht, aber gedrungen wachsende Sorte mit großen, goldgelben Blüten, die über einen langen Zeitraum erscheinen. Erreichte wie 'Goldfinger' auf der Bundessortensichtung die höchstmögliche Bewertung.

'Tangerine' bringt durch ihre orangefarbenen Blüten einen neuen Farbton in das *Potentilla*-Sortiment.

'Tilford Cream'. Hoch, breit und dicht wachsende Sorte mit frischgrünen Blättern und großen, cremeweißen Blüten.

P. fruticosa var. *mandshurica* Maxim. ist besonders der weißen Blüten wegen zu erwähnen. Die in der Mandschurei heimische Form wird nur 30–40 cm hoch und ist eine hervorragende Zwergform für den Steingarten. Wird auch unter dem Sortennamen 'Manchu' geführt.

Prunus L., Rosaceae
Pflaume, Kirsche, Pfirsich, Mandel, Aprikose

Mit rund 200 Arten in den gemäßigten Zonen der nördlichen Halbkugel umfaßt die Gattung nicht nur die allen bekannten Steinobst-Arten, sondern auch eine Vielzahl herrlicher Ziergehölze. Gemeinsame Merkmale sind die meist sommergrünen, selten immergrünen, wechselständigen, einfachen Blätter, die 5zähligen, einzelnstehenden oder in Büscheln und Trauben zusammengefaßten Blüten, die meist an seitlichen Kurztrieben stehen, und die meist einsamigen Steinfrüchte.

Sehen wir einmal von den Fruchtarten und -sorten ab, beschert uns die Gattung *Prunus* eine unendliche Fülle von Ziergehölzen mit sehr verschiedenem Charakter. Gern wird die Gattung, unabhängig von der botanischen Einteilung, in Gruppen eingeteilt, die sich an der Wuchsform orientieren. Man erfährt dabei, daß unter den Zierkirschen durchaus auch sehr klein bleibende Formen zu nennen sind, was besagen will, daß sich auch der kleine Garten Zierkirschen leisten kann.

Als Inbegriff aller Zierkirschen werden die zu *P. serrulata* gehörenden japanischen Sorten und Formen betrachtet, die in Japan seit vielen 100 Jahren kultiviert werden.

In Japan sind Kirschen, Sakura genannt, nicht nur unentbehrliche Blütenbäume, die in keinem klassischen Garten oder Park fehlen, sie bedeuten den Menschen viel mehr.

Prunus serrulata 'Kanzan'

Kirschen sind, wie der Fujijama, nationales Symbol und seit dem vergangenen Jahrhundert Nationalblume des Landes. Schon viel länger ist die Kirschblüte das Sinnbild japanischer Geisteshaltung, ihre Blüten prunken nicht mit starken Farben, sind vielmehr hell und schlicht. Weil sie ohne zu zögern lautlos und rein fallen, noch bevor sie verwelken, sieht der Japaner in ihnen ein Symbol japanischer Mannestugend und des Samurai-Geistes: Auch ein Samurai mußte klaglos sein Leben hingeben.

Nach wie vor ist in Japan die Kirschblüte von großer Bedeutung. Sie wird im ganzen Land sehnsüchtig erwartet und dann in einem der zahlreichen Sakura-Haine mit Tanz, Musik und eigener Dichtung festlich begangen.

Gegenstand der Verehrung ist vor allem die Wilde Bergkirsche, *P. serrulata* var. *spontanea*. Man findet sie, zusammen mit der Hängeform der Higan-Kirschen *P. subhirtella* 'Pendula' heute überall im Land, an schintoistischen Schreinen und buddhistischen Tempeln, in Gärten, auf Dorf- und Stadtplätzen. Die Bäume können ein mehrhundertjähriges Alter erreichen und werden dann hoch verehrt.

Neben den Wildformen standen auch Gartenformen früh hoch im Kurs. Die Sorte 'Fugenzo' soll in Japan schon vor mehr als 1000 Jahren in Kultur gewesen sein.

In Europa kennen wir Japanische Zierkirschen seit 1822, als *P. serrulata* in einer gefülltblühenden Kulturform aus kantonesischen Gärten nach England kam. Sie können auch unsere Gärten und Parkanlagen bereichern und insgesamt über viele Wochen hinweg blühen. Mit *P. yedoensis* und *P. subhirtella* beginnt die Kirschblüte schon Mitte März – wenn man die bereits im Herbst blühenden *P. subhirtella* 'Autumnalis' nicht berücksichtigt – und endet mit *P. serrulata* 'Shirofugen' Anfang Juni.

Neben den Blütenbäumen müssen noch einige andere Arten hier erwähnt werden. An erster Stelle *P. serrula*, die sich durch ihre spiegelblanke, mahagonibraune Rinde von den anderen Kirschen abhebt. Dann *P. laurocerasus*, der immergrüne »Kirschlorbeer«, der richtiger Lorbeerkirsche genannt werden müßte und sich durch seine immergrünen Blätter so deutlich von den anderen Arten der Gattung unterscheidet, daß man sich die Zusammengehörigkeit immer wieder bewußt machen muß. *P. sargentii* ist allein durch seine leuchtend orangerote Herbstfärbung zu einem Gartengehölz geworden und einige rotlaubige Formen eben dieser Blattfarbe wegen.

Nicht alle »Zierkirschen« sind in Wirklichkeit Kirschen, obwohl deren Anzahl überwiegt. Manche gehören zu den Kirschpflaumen, andere zu den Mandeln oder den Pfirsichen. Einige Wildformen sind ob ihres dichten, sparrigen Wuchses und ihres weitverzweigten Wurzelsystems für die Landschaftsgestaltung wichtig.

Viele Zierkirschen lassen sich in der Vase ohne weiteres zum Blühen bringen, einige Arten wie *P. triloba* sind auch ausgesprochene Treibgehölze für die Erwerbsgärtnerei.

Im allgemeinen sind die Zierkirschen nicht sehr anspruchsvoll an Lage und Boden. Sie gedeihen auf jedem normalen Gartenboden und versagen eigentlich nur auf zu schweren, kalten und nassen Böden. Die Zierkirschen sind in Mitteleuropa ausreichend frosthart, Zierpfirsiche und Ziermandeln dagegen nicht. Sie verlangen einen sonnigen, warmen Platz in milden Gebieten. Eine relativ geringe Lebensdauer muß man auch den japanischen Zierkirschen nachsagen, sie werden kaum älter als 20 oder 25 Jahre. Die immergrünen Lorbeerkirschen wollen in leichtem Schatten stehen und meiden gern, im Gegensatz zu allen anderen Arten, kalkhaltige Böden.

Bei der Pflanzung werden alle sommergrünen Arten der Gattung im 1jährigen Holz um etwa zwei Drittel ihrer Trieblänge zurückgeschnitten. Später beschränkt sich das Schneiden bei den starkwachsenden japanischen Zierkirschen auf das Herausnehmen kranker und störender Äste. Gelegentlich wird ein Zurücknehmen bis weit ins alte Holz bei beginnender Vergreisung empfohlen, eine Maßnahme, deren Erfolg zweifelhaft erscheint und die nur unter erheblichem Aufwand zu einer gesunden und formschönen neuen Krone führt. Rechtzeitige Neupflanzung führt in der Regel schneller zum Ziel.

Bei Zierpfirsichen und Ziermandeln, zu denen auch *P. triloba* gehört, schneidet man nach der Blüte die letztjährigen Triebe kurz zurück, wenn in erster Linie lange Blütentriebe für den Schnitt erzielt werden sollen. Man erreicht dadurch einen kräftigen Neutrieb, der Voraussetzung für eine reiche Blüte im kommenden Jahr ist. Außerdem hält man durch diesen Schnitt die Zweigspitzendürre in Grenzen. Sonst lichtet man nur vorsichtig aus. Die Gruppe der Zierpflaumen und Zieraprikosen, deren bekanntester Vertreter die Blütenpflaumen sind, bedürfen im allgemeinen keines Schnittes, ebensowenig wie die Gruppe der Traubenkirschen. Schließlich ist bei den immergrünen Lorbeerkirschen in der Regel jede Schnittmaßnahme überflüssig, auch wenn sie von den Pflanzen gut vertragen

wird und nach Frostschäden gelegentlich notwendig ist.

'Accolade' *(P. sargentii × P. subhirtella)*. Die in England entstandene Hybride entwickelt sich zu einem 5–8 m hohen, sehr breitkronigen Baum mit leicht bogig überhängender Bezweigung und leuchtend rötlichgelber Herbstfärbung. Vor dem Blattaustrieb ist der Baum überladen mit 4 cm breiten, halbgefüllten, fuchsienrosa gefärbten Blüten, die zu dritt in hängenden Büscheln sitzen. Gehört zu den auffallendsten Erscheinungen unter den Zierkirschen.
Zone 6a.

P. × amygdalopersica (West.) Rehd. *(P. dulcis × P. persica)* Mandel und Pfirsich waren am Zustandekommen dieses kleinen Blütenbaumes beteiligt. Die lanzettlichen Blätter sind ähnlich denen der Mandel, doch schärfer gesägt. Im März öffnen sich die 4–5 cm breiten, gefüllten, hellrosa Blüten, deren offene Mitte dunkler gefärbt ist. Die Hybride wird in der Regel mit der Sortenbezeichnung 'Pollardii' angeboten, sie stellt den Typ dieser Kreuzung dar. Ein sehr reizvoller, meist hoch veredelter kleiner Blütenbaum mit den Standortansprüchen des Zierpfirsichs.
Zone 6b.

P. avium (L.) L. Die Süß- oder Vogelkirsche kommt von Europa bis Westsibirien auf kalkhaltigen Böden vor und ist als Blütenbaum für große Gärten und Parks interessant. Verwendung findet sie auch in der freien Landschaft, in Windschutz- oder Autobahnrandpflanzungen, wo sie auch trockene, kalkhaltige Böden verträgt.
N-3, Zone 5a.
'Plena' schmückt sich überreich mit rosettenartig gefüllten, schneeweißen Blüten und ist nicht nur als kleinkroniger Alleebaum, sondern auch für Park und Garten wertvoll.

P. × blireana André *(P. cerasifera 'Atropurpurea' × P. mume)*. Breitbuschig, Zweige leicht überhängend; mit den rotbraunen Blättern und den rosa Blüten ein auffallender Strauch, der, wie alle rotlaubigen Gehölze, mit Vorsicht zu verwenden ist.
Zone 6a.

P. cerasifera Ehrh. Die Kirschpflaume oder Myrobalane ist als natürliche Art nur als Vogel- und Windschutzgehölz von Bedeutung. Zusammen mit der gleichzeitig blühenden Forsythie sind vor allem die rotblättrigen Sorten beliebte Vorgartengehölze. Die Zweige lassen sich als »Barbarazweige« gut treiben.
Ns-3, Zone 5a.

'Atropurpurea'. Die Blutpflaume wird in den Baumschulen nicht selten als »Pissardii« geführt. Die am häufigsten kultivierte Sorte der Kirschpflaume entwickelt sich zu einem 4–8 m hohen, kleinkronigen Baum mit trüb purpurroten Blättern und einer Fülle weißer, innen leicht rosa gefärbter Blüten vor dem Austrieb.
'Nigra' fällt während des ganzen Sommers durch ihre schwarzrote Belaubung auf. Im April–Mai schmückt sich der robuste, bis 7 m hohe Strauch mit einfachen, rosafarbenen Blüten. Dank seines straffen, aufrechten Wuchses läßt er sich als Heckenwand verwenden.
'Trailblazer' (= 'Hollywood') wächst kräftig aufrecht, hat braunrote Blätter und hellrosa Blüten im April–Mai. Die 4–5 cm langen, rot gefärbten Früchte sind eßbar.

P. cerasus L., Sauerkirsche, Weichselkirsche. Etwa 5 m hoher Baum mit lockerer Krone und dünnen, oft überhängenden Zweigen. Aus 2 cm breiten, weißen Blüten, die mit dem Laubausbruch erscheinen, entstehen schwarzrote, kugelige, saure Früchte. Die Sauerkirsche, aus der unsere Fruchtsorten entstanden sind, stammt aus Westasien, sie kam mit den Römern nach Mitteleuropa. Als Ziergehölz wird meist nur die folgende Sorte kultiviert.
Ns-3, Zone 5b.
'Plena'. Blüten weiß, halbgefüllt.
'Semperflorens' ist eine interessante, sehr alte, schon vor 1623 bekannte Form, die als Allerheiligenkirsche bezeichnet wird. Sie blüht und fruchtet vom Mai bis zum Herbst.

P. × cistena (Hansen) Koehne *(P. cerasifera 'Atropurpurea' × P. pumila)*. Mit seinen dunkel braunroten Blättern erinnert der Strauch an die Blutpflaume, bleibt aber mit knapp 2,5 m Höhe viel niedriger. Er blüht im Mai mit einfachen weißen Blüten und ist eine trockenresistente Hybride mit auffallender Belaubung.
Zone 4.

P. dulcis (Mill.) D. A. Webb, Mandelbaum. Aufrechter, breitkroniger, bis 10 m hoher Baum mit kahlen, bereiften Zweigen und linealischen, beiderseits kahlen Blättern. Im März–April öffnen sich weiße bis hellrosa Blüten, meist zu 2 an unbeblätterten Kurztrieben. Die Frucht ist länglich, abgeflacht, hat eine ledrig-pelzige Außenschicht und einen 2 cm langen, braunschaligen Samen, den wir als Mandel kennen. Bei der Wildform, *P. dulcis* var. *amara*, enthalten die bitter schmeckenden Samen ein giftiges Blausäureglykosid. Die Samen der Süßen Mandel, *P. dulcis* var. *dulcis*, werden für

Prunus 'Accolade'

Backwaren und für die Herstellung von Marzipan verarbeitet. Die Mandel stammt aus dem westasiatischen Raum, seit alters ist sie im ganzen Mittelmeerraum eingebürgert. An der Bergstraße und in der Vorderpfalz wird sie häufig angepflanzt, sie ist hier ein bemerkenswert schöner Blütenbaum, der auch regelmäßig fruchtet. Ein regelmäßiger Rückschnitt der Bäume fördert den Blütenansatz.
Nsm-3, Zone 7a.

P.fenzliana Fritsch stammt aus dem Kaukasus und entfaltet schon im März, in milden Gegenden auch früher, weiße, etwa 3 cm breite Blüten. Sicher sind schönere

und härtere *Prunus*-Arten bekannt, immerhin ist die kaukasische Wildmandel aber als sehr früher Blüher wertvoll, dessen Blüten erstaunlicherweise einige Kältegrade ohne Schaden überstehen. Der sehr dichte und stark verdornte Strauch ist mit der Mandel verwandt, wird 2–3 m hoch und ist sehr dürreresistent.
Na-3, Zone 7a.

P.fruticosa Pall. Die von Mittel- und Südosteuropa bis Westsibirien verbreitete Steppenkirsche ist ein kaum mehr als 1 m hoher, sich durch Wurzelsprosse ausbreitender Strauch. Er wird meist hochstämmig veredelt und entwickelt dann eine kleine,

dicht verzweigte, rundliche Krone. Der Baum trägt an dünnen Trieben 3–5 cm lange, elliptische bis verkehrt-eiförmige, derbe, glänzend dunkelgrüne Blätter und im April–Mai etwa 1,5 cm breite, weiße Blüten, die zu 2–4 in oft etwas schirmtraubigen Ständen angeordnet sind. Die zur Reife dunkelroten, kugeligen Früchte sind 7–9 mm dick.
Ns/Na-3, Zone 6a.

P.glandulosa Thunb. ex Murr. ist ein kleiner Strauch aus Japan und China, der Ende April seine einfachen, weißen oder hellrosa Blüten öffnet. Die Art hat als Ziergehölz keine Bedeutung; die beiden Gartenformen dagegen sind reizvolle, schwachwachsende Blütensträucher.

N-4, Zone 5a.

'Alboplena' überrascht im Mai mit reinweißen, dicht gefüllten Blüten. Sie eignet sich hervorragend für die Treiberei und sollte wie *P.triloba* unmittelbar nach der Blüte zurückgeschnitten werden.

'Sinensis' unterscheidet sich durch rosa gefärbte Blüten.

'Hally Jolifette' *(P.subhirtella × P.yedoensis).* Bis etwa 3 m hoher, mit dünnen Trieben fein und dicht verzweigter Strauch oder kleiner Baum mit kleinen, eiförmigen, scharf gesägten Blättern. Im April–Mai öffnen sich über einen Zeitraum von 2–3 Wochen nacheinander sehr zahlreiche kleine, gefüllte weiße Blüten mit rosa Mitte. Besonders schöne, frühblühende Sorte, die sich besonders gut für kleine Gärten eignet. Die sehr dichte Krone muß hin und wieder ausgelichtet werden.

Zone 6b.

P. × hillieri Hillier *(P.incisa × P.sargentii).* Die Hybride überrascht mit einer sehr reichen Blüte und einer prachtvollen roten Herbstfärbung. Der kleine, bis 5 m hohe, dicht verzweigte Strauch blüht mit einfachen weißen, rosa angehauchten Blüten schon vor dem Blattaustrieb.

Zone 6b.

'Spire' gilt als Typ dieser Kreuzung. Sie hat sich in England in 25 Jahren zu einem 5 m hohen und 2 m breiten Strauch mit aufrechten Ästen entwickelt, der einfache, mandelrosa Blüten trägt.

P.incisa Thunb. stammt aus den Gebirgen des südlichen Japan und entwickelt sich zu einem breitausladenden, bis 5 m hohen Strauch mit einer überreichen Blüte im März–April. Die weißen, nickenden Blüten sitzen zu 2–3 in Büscheln, die eirunden Früchte färben sich purpurschwarz.

Nsm-3, Zone 6a.

'February Pink' blüht mit rosa Blüten schon im Februar auf. Die Sorte wächst aufrecht, dicht geschlossen und wird 5–7 m hoch.

'Mikinori'. Breit-aufrecht wachsende, mäßig hohe, reichblühende japanische Sorte mit etwa 2 cm breiten, halbgefüllten, in der Knospe hellrosa, später jedoch heller werdenden Blüten. Blütezeit von Anfang bis Mitte April.

P.kurilensis Miyabe. ist als schwachwachsender, erst im Alter wenige Meter hoch werdender Baum besonders für kleine Gärten geeignet. Schon als ganz junge Pflanze beginnt die Kurilenkirsche mit weißlichrosa Blüten zu blühen, die zu 1–3 in sitzenden Dolden zusammenstehen.

Nh-4, Zone 6b.

'Brillant'. Die Züchtung der ehemaligen VEB Saatzucht-Baumschulen Dresden ist bemerkenswert, weil sie schon als junge Pflanze überreich blüht; die milchweißen Blüten öffnen sich Ende März bis Anfang April; der Strauch wird nur bis 2 m hoch. Sie gehört zu den schönsten Zierkirschen-Neuzüchtungen der letzten Jahre.

'Ruby'. Ebenfalls schwachwachsende Form mit karminroter Herbstfärbung. Die Blüten sind zunächst lilarosa, später heller.

'Kursar' *(P.kurilensis × P.sargentii).* Wuchs kräftig, 3–5 m hoch werdend, Blätter 9–12 cm lang, elliptisch und lang zugespitzt. Blüten einfach, rosa, zu 3–4 in Büscheln, Ende April aufblühend. Sehr schöne, reichblühende Form mit kräftig gefärbten Blüten.

Zone 6a.

P.laurocerasus L. Die Lorbeerkirsche ist in Südosteuropa, in Kleinasien und dem Balkan verbreitet und erreicht in milden Gebieten 2–4 m Höhe. Unter mitteleuropäischen Klimabedingungen werden die immergrünen Sträucher allerdings kaum mehr als 2 m hoch. In waldartigen Anlagen sind sie als Unterpflanzung gut zu verwenden. Sie vertragen schattige Lagen unter hohen Bäumen und kommen auch noch auf schmalen Rabatten an der Nordseite von Gebäuden vor. Nicht selten werden sie zur Grabgestaltung und für niedrige Hecken verwendet, die kleinblättrigen Formen auch zur Bepflanzung von Dachgärten und Trögen. Recht dekorativ geben sie sich im Mai mit ihren aufrechtstehenden weißen Dolentrauben. Die schwarzroten Früchte sind giftig. Der Strauch gehört nicht in die Nähe von Kinderspielplätzen. Die kleinblättrigen, auf dem Balkan heimischen Formen sind weit frosthärter als die großblättrigen Formen aus dem Kaukasus.

Nhm-3, Zone 7a.

'Barmstedt'. Selektion aus 'Otto Luyken' mit aufrechtem Wuchs und dunkelgrüner, glänzender Belaubung.

'Caucasica' gilt als härteste aller großblättrigen Formen; sie wächst straff-aufrecht, die Blätter können bis 15 cm lang und 8 cm breit werden.

'Cherry Brandy'. Wuchs sehr breit und flach, bei einer Höhe von 60 cm etwa 3 m breit, Blätter dunkelgrün, im Austrieb schwach bronzefarben. Blüten im Mai, in großen Rispen, oft mit einer Nachblüte im September–Oktober. Sehr winterhart und besonders gut für flächige Pflanzungen geeignet.

'Herbergii' ist als recht winterharte Selektion bekannt, die lorbeerartige Blätter trägt, reich blüht und dicht pyramidal wächst.

'Holstein'. Breitwachsende Sorte mit breitelliptischen, dunkelgrünen Blättern.

'Low'n Green'. Flachwachsende, etwa 0,8 m hohe und 1,5 m breite Sorte mit elliptischen, bis 10 cm langen Blättern und reicher Blüte.

'Mischeana'. Sehr breit und flach wachsend, die Äste fast horizontal gestellt. Blätter breit-elliptisch, im Austrieb bräunlich, später glänzend dunkelgrün. Hauptblüte im August-September, mit bis zu 25 cm langen Trauben. Nur mäßig winterhart.

'Mount Vernon'. Flach, breit und kompakt wachsende, nur 30 cm hohe Zwergform mit glänzend dunkelgrünen Blättern.

'Otto Luyken' gilt als eine der wertvollsten Sorten. Sie wächst breit, ist im Austrieb frischgrün, während die alten Blätter dunkelgrün und lorbeerartig sind, ist dicht belaubt und erstaunlich winterhart.

'Reynvaanii'. Wuchs aufrecht und dicht, etwa mannshoch, Blätter stumpfgrün, an den Triebspitzen nach oben gerichtet und etwas kahnartig gefaltet. Blüht relativ wenig und ist besonders gut für Hecken geeignet.

'Schipkaensis Macrophylla' wird als winterharte und industriefeste Selektion gepriesen. Sie wächst rasch und locker, erreicht bis 3 m Höhe und gehört zum Standardsortiment deutscher Baumschulen.

'Van Nes'. Wuchs breit und dicht, etwa mannshoch. Blätter schwach glänzend und intensiv dunkelgrün. Blüten in sehr langen, zahlreichen Trauben im August–September. Sehr winterharte Gebirgsform aus dem Kaukasus.

'Zabeliana' ist mit ihren schmalen, fast weidenähnlichen Blättern und dem fast horizontalen Wuchs eine besonders gesunde, recht frostharte und industriefeste Form.

P.lusitanica L. Die Portugiesische Lorbeerkirsche gehört als mediterrane Art zu den sehr frostempfindlichen Gehölzen. Man kann sie nur für günstige Lagen im Weinbauklima empfehlen. Dort kann sie mit ihren glänzendgrünen Blättern und den langen weißen Blütentrauben im Juni sehr dekorativ sein. Sie verträgt vollsonnige Standorte, aber auch den Schatten hochkroniger Bäume. Sie wird in der Heimat bis 20 m hoch, erreicht diese Höhe bei uns aber nie. Fast alle mediterranen Gehölze besitzen ein hohes Regenerationsvermögen, auch *P.lusitanica* treibt nach Frostschäden schnell wieder aus. Einige ihrer Gartenformen sind härter als die Art.

Mh-3, Zone 7b.

'Angustifolia'. Die Blätter sind kleiner und schmaler als bei der Art.

'Pyramidalis' ist eine straff-aufrecht und geschlossen wachsende Form, die sich sonst nicht von der Art unterscheidet.

P. maackii Rupr. Die Amur-Traubenkirsche stammt aus Korea und der Mandschurei und ist ihrer wundervollen Rinde wegen bemerkenswert. Am glänzend bräunlichgelben Stamm und an den Ästen rollen die älteren Rindenlagen in Fetzen ab. Der Baum wird bis 10 m hoch und blüht mit kleinen weißen Blüten am alten Holz. Wenn die Rinde glänzen und ihr typisches Bild zeigen soll, muß man für einen flotten Wuchs sorgen, notfalls durch zusätzliche Düngung. Von *P. maackii* werden vegetativ vermehrte Auslesen – 'Amber Beauty' und 'Mahagony Luster' – angeboten, die sich beide durch besonders auffallend gefärbte Stämme auszeichnen.
Nhk/Bh-4, Zone 4.

P. mahaleb L. Die heimische Steinweichsel kommt als Flurgehölz in trockenen und kalkhaltigen Lagen und als Unterlage für Sauerkirschen zum Einsatz. Für den Garten bietet sie nichts Besonderes, ist aber ein harter, trockenresistenter und industriefester Strauch für die freie Landschaft. Die Steinweichsel kann auf sehr trockenen und heißen Kalkböden bedeihen.
Ns-3, Zone 5a.

P. mume Sieb. et Zucc. Die Japanische Aprikose ist vor allem in Südchina und wohl auch in den Bergen der japanischen Insel Kiushu heimisch. Es ist ein rundkroniger, bis 10 m hoher Baum, der an unsere Fruchtaprikosen erinnert, sich aber durch die dünnen, grünbleibenden Triebe unterscheidet. Im März–April erscheinen die etwa 3 cm breiten, einfachen oder gefüllten, weiß bis dunkelrosa gefärbten, stark duftenden Blüten entlang der vorjährigen Zweige. Die 2–3 cm dicken Früchte werden in Japan in Essig oder Salz eingelegt und als Beilage gereicht.
In unseren Breitengraden ist *P. mume* als Baum ausreichend frosthart. Auch die im Herbst schon weit entwickelten Blütenknospen überstehen normale Winter (kurzfristig bis −18 °C) ohne Schäden. Die Bäume können sehr klein gehalten werden, denn man schneidet die Zweige am besten regelmäßig unmittelbar nach der Blüte stark zurück; so werden sie auch in Japan behandelt. Die Bäume blühen dann im folgenden Jahr wieder überreich.
P. mume, in Japan Ume genannt, hat dort mindestens eine ebensogroße Bedeutung wie die Kirsche. Nach dem alten japanischen Kalender öffnet die Ume ihre Blüten schon im Winter, sie wird auch dieser

Widerstandskraft wegen bewundert. Verehrungswürdig sind Umebäume, weil sie sehr alt werden können und bis ins hohe Alter blühen, trotz aller Unbilden der frühen Blütezeit. Umebäume begegnen uns in Japan und China nicht nur an Tempeln und Schreinen, sondern nahezu überall auf Rollbildern. Die Pflaumenblütenmalerei (in Kunst und Literatur wird *P. mume* stets als Pflaume bezeichnet) hat sich nahezu zu einer eigenständigen Malform entwickelt, in der stets zarte, helle Blüten mit einem dunklen, knorrigen Stamm in einem spannungsvollen Kontrast stehen. Von den zahlreichen japanischen Sorten wird bei uns kultiviert: 'Beni-shidon'. Blüten einfach, etwa 2,5 cm breit, in der Knospe dunkelrosa, später intensiv rosa, stark duftend und reichblühend.
Nw-4, Zone 7a.

'Okame' (*P. campanulata* × *P. incisa*). Zierlicher, schmal-aufrechter, kleinblättriger, bis 3 m hoher Strauch. Im März–April, lange vor der Blattentfaltung, öffnen sich zahlreiche tief karminrosa Blüten, die zu 3 in gestielten Büscheln dicht an den Zweigen sitzen. Eine sehr wertvolle, reichblühende Hybride.

P. padus L. Die Traubenkirsche ist ebenfalls in Mitteleuropa heimisch und kommt vor allem an Flußufern, in feuchten Gebüschen und Wäldern vor. Sie wird heute verwendet für die Autobahnbepflanzung, für die Hang- und Böschungsbefestigung, zur Ödlandbegrünung und als Wind- und Bodenschutzgehölz. Die Traubenkirsche ist industriefest und verträgt auch schattige Standorte. Für Garten und Park sind die Formen 'Albertii' und 'Watereri' zu empfehlen, die sich beide mit sehr großen, dichten Blütentrauben schmücken.
Bh/Nhk-3/4, Zone 3.
'Colorata' ist eine interessante Sorte, deren Blätter im Austrieb kupfrigpurpur sind, sie werden später trübgrün, behalten aber purpurne Nerven und eine gerötete Blattunterseite. Die Blüten sind in der Knospe karmin, aufgeblüht rosa.

'Pandora' (*P. subhirtella* 'Rosa' × *P. yedoensis*). Aufrechtwachsender, fast säulenförmig-schlanker Kleinbaum mit locker gestellten, leicht überhängenden Zweigen und kleinen, eiförmig-elliptischen Blättern. Weiß mit rosa Anflug sind die einfachen, mittelgroßen Blüten gefärbt, die im April in überreicher Fülle aufblühen.
Zone 6b.

P. persica (L.) Batsch ist als Pfirsichbaum vor allem durch seine vielen Fruchtsorten bekannt.
Ns-4, Zone 6b.
'Klara Mayer' ist ein mittelstark wachsender Strauch mit gefüllten, etwa 4 cm breiten, rosaroten Blüten im April. Er kann nur

Prunus mume 'Beni-shidon'

für warme Klimabereiche empfohlen werden und verträgt sonnige, trockene Standorte.

'Pink Peachy' ist eine aus Japan importierte, zwergig wachsende Form mit sehr dicht stehenden, einfachen bis halbgefüllten, reinrosa Blüten. Die Früchte sind eßbar.

'Red Pady'. Ebenfalls eine zwergig wachsende Form mit mehr oder weniger halbgefüllten, roten Blüten.

'Rubin'. Etwa 3 m hoher Strauch mit kleinen, rosigweißen Blüten im Mai und schmal-elliptischen Blättern, die sich von Juni–September purpurrötlich verfärben.

'White Peachy'. Im Unterschied zu 'Pink Peachy' reinweiß blühend, sonst mit den gleichen Eigenschaften.

P. pumila L. Die Sandkirsche ist im nordöstlichen Nordamerika verbreitet. In unseren Gärten entwickelt sie sich zu einem etwa 1 m hohen Strauch mit dünnen Trieben, unterseits grauweißen, im Herbst lebhaft roten Blättern und weißen Blüten am vorjährigen Holz. Die Sandkirsche läßt sich recht gut auch in großen, flächigen Pflanzungen verwenden.
N-1/2, Zone 5a.

P. pumila var. *depressa* (Pursh) Bean unterscheidet sich durch den ganz flachen, niedergestreckten Wuchs. Ein hübscher, mit kleinen weißen Blüten sehr reich blühender Zwerg für sonnige Plätze im Steingarten, auf Trockenmauern und in Troggärten.

P. sargentii Rehd. wird als eine der schönsten ostasiatischen Wildkirschen bezeichnet, die aber wegen ihrer Größe – der Baum kann bis 18 m hoch werden – nur für Parkanlagen und größere Gärten zu gebrauchen ist. Kurz vor den im Austrieb rötlichen Blättern öffnen sich die rosafarbenen, fast 4 cm breiten Blüten. Im Herbst färben sich die großen Blätter hochrot bis karminrot. Keine andere Zierkirsche kann mit einer so prachtvollen Herbstfärbung aufwarten.
Nhk/Bh-4, Zone 6a.

P. × schmidtii Rehd. *(P. avium × P. canescens)*. Die Hybride entwickelt sich zu einem schmal-aufrechten, bis 12 m hohen und 4 m breiten Baum. Er fällt durch seine braune Spiegelborke auf, die mit zahlreichen breiten, rauhen Lentizellenbändern gezeichnet ist. Die im April–Mai erscheinenden Blüten sind weiß.
Zone 5b.

P. serotina Ehrh. Die Spätblühende Traubenkirsche ist in Nordamerika heimisch und erreicht dort bis 35 m Höhe. Der schattenverträgliche, industriefeste, schmalkronige Baum gilt als bodenverbesserndes

Prunus serotina

Pioniergehölz auf sandigen und steinigen Böden. Sein glänzend dunkelgrünes Laub bleibt bis Ende November am Baum haften. Die weißen, walzenförmigen Blütentrauben erscheinen im Mai–Juni, bald danach die zahlreichen, zunächst roten, bei der Vollreife schwarzen Früchte. Die trockenresistente Art findet vielseitige Verwendung, vor allem in der freien Landschaft, für den Wind- und Vogelschutz, an Straßen und Autobahnen und zur Dünenbefestigung in meeresnahen Gebieten.
N-2, Zone 4.

P. serrula Franch. ist eine besonders eigenartige Erscheinung innerhalb der Gattung *Prunus*. Die glänzende, mahagonirote, spiegelglatte Rinde mit den hellen Lentizellenbändern und den eingerollten älteren Rindenteilen verleihen diesem chinesischen Gehölz eine ganz besondere Note. Oft wächst die Art mehrtriebig und erreicht bis 7 m Höhe. Sie trägt stumpfgrüne, lang zugespitzte Blätter und im April–Mai 2 cm breite, weiße Blüten.
NGh-4, Zone 6b.

P. serrulata Lindl. ist eine in China heimische Wildkirsche, die in verschiedene geographische Varietäten – China, Korea und Japan – unterteilt wird und zu der die Masse der Japanischen Zierkirschen gehört. Alle bevorzugen mittelschwere, kalkreiche Böden mit gutem Wasserabzug, gedeihen aber auch auf Sandböden. Sie sind völlig frosthart, aber nicht sonderlich industriefest. Die Japanischen Blütenkirschen sind hervorragende Blütenbäume für Garten und Park. Im Garten eignen sie sich nur für die Einzelstellung, im Park ist natürlich auch eine Gruppenpflanzung denkbar.

Nicht selten werden sie auch als Allee- oder Straßenbaum verwendet, eignen sich dazu aber wegen ihrer kurzen Lebensdauer nicht besonders gut. Das Angebot umfaßt eine Reihe attraktiver Sorten; leider wird immer noch allzu häufig die etwas steif wachsende und pompös blühende 'Kanzan' gepflanzt.
Bk-4, Zone 6a.

'Amanogawa' fällt durch ihren straff-säulenförmigen, schlanken Wuchs auf. Erst Ende April erscheinen sehr dicht stehende, hellrosa, halbgefüllte, leicht duftende Blüten. Sie wird nur etwa 4–5 m hoch und ist eine besonders erfreuliche Erscheinung unter den streng säulenförmigen Bäumen.

'Ansano' trägt mit etwa 100 Blütenblättern sehr dicht gefüllte, lilarosa Blüten, wächst kräftig und straff-aufrecht und ist dicht bezweigt.

'Hokusai' treibt mit bräunlichbronze gefärbten Blättern aus, die später grün werden und sich im Herbst lachsbraun bis orangerot verfärben. Die hellrosa Blüten sind mittelspät, halbgefüllt und ziemlich groß, 'Hokusai' wird bei einer Höhe von 6 m etwa 10 m breit.

'Jo-nioi'. Ein mittelgroßer, raschwüchsiger Baum mit goldbraunem Austrieb und reinweißen Blüten, die nach Mandeln duften; eine besonders reichblühende Form.

Prunus serrula

'Kanzan' wird in vielen Baumschulen wohl immer noch als 'Hisakura' angeboten. Im Gegensatz zu Japan ist sie in Europa weit verbreitet. Sie besticht durch Frosthärte, starken Wuchs und sehr große, gut gefüllte, dunkelrosa Blüten, die zu 2–5 in Büscheln zusammenstehen.

'Kiku-shidare-sakura' ist die bei uns häufigste Hängekirsche, die 4–6 m Höhe erreicht, deren Triebe teils dicht am Stamm und teilweise in weiten Bögen überhängen und die mit dichtgefüllten, halbkugeligen, zartrosa Blüten aufwartet.

'Miyako'. Eine in Sortimentsprüfungen gut bewertete Sorte, die kupferrot austreibt, weiße, gefüllte Blüten trägt und eine breite, abgeflachte Krone entwickelt.

'Pink Perfektion' wächst stark und entwickelt eine vasenförmige Krone. Die 4,5 cm breiten, gut gefüllten Blüten sind mit ihren gefransten Blütenblättern in der Knospe rosarot, später reinrosa, sie öffnen sich im Mai. Sehr schöne, reichblühende Sorte.

'Shimidsu-sakura'. Ein kleiner, maximal 4 m hoher Strauch, der mit reinweißen, langgestielten Blüten überreich blüht.

'Shiro-fugen'. Die besonders späte, langandauernde und gefüllte Blüte ist in der Knospe rosa, im Aufblühen reinweiß, später wieder purpurrosa. Sie hängen in lockeren Trauben herab und kontrastieren wundervoll zum kupferroten Austrieb. Die Sorte wird bis 9 m hoch.

'Shirotae', Fudjijama-Kirsche. Kleiner Baum mit waagerecht ausgebreiteten, überhängenden Ästen und bronzegrünem Austrieb. Die tief gesägten Blätter färben sich im Herbst goldgelb. An jungen Pflanzen sind die reinweißen, etwa 5,5 cm breiten Blüten einfach, an älteren Pflanzen etwas kleiner und dann oft halbgefüllt, sie sitzen zu 2–3 in hängenden Büscheln.

'Taihaku' wächst kräftig, ist im Austrieb kupferrot und blüht mit einfachen, bis 6 cm breiten, schneeweißen Blüten.

'Taki-nioi'. Breitkroniger Baum mit kleinen, lockerstehenden weißen Blüten.

'Ukon' ist durch die gelblichen bis grünlichgelben, halbgefüllten Blüten bemerkenswert, die an alten Pflanzen in erstaunlich reichem Maße erscheinen.

'Washi-no-o' hat sich in den letzten Jahren als besonders schöne Blütenkirsche empfohlen. Sie wächst mittelstark und fällt durch ihren weitausladenden, leicht überhängenden Wuchs auf. Die Blüte ist einfach, reinweiß und bis 4 cm breit.

P. spinosa L. Die Schlehe ist ein sparrig verzweigter, dorniger Strauch, der in Europa, Kleinasien und Nordafrika heimisch ist. Lange vor dem Austrieb schmückt er sich mit zahlreichen kleinen, weißen Blüten

Prunus serrulata 'Shimidsu-sakura'

und im Herbst mit schwarzblauen, wirtschaftlich verwertbaren Früchten. Die Schlehe ist ein besonders wertvolles Pionier- und Flurgehölz für alle kalkreichen Böden.
N-3, Zone 5a.

P. subhirtella Miq. ist in Japan seit langem in Kultur (der Ursprung ist unbekannt), ein bis 18 m hoher Baum, dessen purpurrote Blüten sich im April noch vor den Blättern in überreicher Fülle öffnen. Als Art ist sie in unseren Gärten nahezu unbekannt, dafür sind einige ihrer Formen um so wertvoller. Alle P. subhirtella-Formen eignen sich durch ihre geringe Größe auch für den kleinen Garten. Die sehr frühen Sorten lassen sich mühelos zu Weihnachten in der Vase treiben. Sie müssen nicht unbedingt in der Nähe des Hauses stehen, denn wenn sie blühen, sieht man sie auch von weitem, und in der übrigen Jahreszeit sehen sie nicht gerade sehr reizvoll aus, was aber auch für fast alle übrigen Arten und Sorten der Gattung zutrifft.
Zone 6b.

'Autumnalis' beginnt oft schon nach der ersten Frostperiode im Winter zu blühen. Die Art erinnert in ihrem Habitus an eine Sauerkirsche, ist jedoch feiner verzweigt und wird etwa 5 m hoch. Irgendwann zwischen November und April schmückt sich der Strauch bei geeignetem Wetter so voll mit Blüten, daß eine beachtliche Fernwirkung erzielt wird. Die Blüten sind weiß, halbgefüllt und recht groß. Bei Frost werden sie sofort zerstört, die Blütenknospe dagegen nicht, so daß im allgemeinen nie die gesamte Blüte vernichtet wird.

'Fukubana' wird, bedingt durch ihren leicht überhängenden Wuchs, als schönste aller P. subhirtella-Formen bezeichnet. Anfang April öffnen sich am 4–6 m hohen Baum gefüllte rosa Blüten mit gekrausten Blütenblättern.

'Pendula'. An hängenden Zweigen entfalten sich ganz schwach rosa getönte Blüten in überreicher Fülle.

'Pendula Rubra'. In zierlichen Bögen hängen die Zweige über, sie gleichen mit ihren einfachen rosaroten Blüten schäumenden Kaskaden.

P. tenella Batsch. Die Zwergmandel ist ein dünnzweigiger, aufrechter, bis 1 m hoher, durch Wurzelsprosse sich ausbreitender Strauch, dessen natürliche Verbreitung vom östlichen Mitteleuropa bis Ostsibirien reicht. Gleichzeitig mit den elliptischen, glänzendgrünen Blättern erscheinen sehr zahlreiche, hellrosa bis rosarote, bis 3 cm breite, sitzende Blüten.
Ns/Na-3, Zone 5a.

'Firehill', eine Auslese mit intensiver roten, dichtergestellten Blüten. Sie ist wie die Art nicht nur ein sehr hübscher Zierstrauch, sondern ein hervorragender Schnittblumenlieferant. Bei beiden ist die Ausläuferbildung nur so schwach, daß sie im Garten nicht lästig werden. Da sie als Steppensträucher in hohem Maße trockenresistent sind, eignen sie sich auch für die Bepflanzung von Dachgärten und Trögen.

P. triloba Lindl. ist als Mandelbäumchen weithin bekannt und als einer der schönsten Frühlingsblüher allgemein geschätzt. Auf der ganzen Länge der dunkelbraunen, vorjährigen Triebe entfalten sich im März–April dicht rosettenartig gefüllte, rosafarbene Blüten. Das Mandelbäumchen wird bei uns kaum über 2 m hoch und ist ein

Prunus tenella 'Firehill'

ideales Gehölz für die Einzelstellung, aber auch für die Zweigtreiberei. Pflanzt man wurzelechte Sträucher, umgeht man die Nachteile veredelter Pflanzen, die darin bestehen, daß die Unterlage durchtreibt und bald das ganze Mandelbäumchen unterdrückt, wenn die Triebe nicht rechtzeitig entfernt werden. Als geeignete Blühpartner empfehlen Hansen und Stahl (1976) niedrige *Spiraea*-Arten und frühblühende Stauden. Notwendige Schnittmaßnahmen sind schon im Vorspann zur Gattung *Prunus* besprochen worden.
Zone 5a.

'Cherubino'. Aus der einfach blühenden *P. triloba* f. *simplex* ausgelesene Form, die sehr reich und 14 Tage früher als *P. triloba* blüht.

'Rosenmund' unterscheidet sich von dem bisher überall vermehrten Mandelbäumchen durch stärkeren Wuchs, einen früheren Blühtermin und durch deutlich dunkler gefärbte Blüten, sie wird als eine wesentliche Verbesserung angesehen.

P. virginiana L. Im westlichen Nordamerika ist die Virginische Traubenkirsche heimisch. Der Baum oder Strauch breitet sich unterirdisch stark aus. Mit seinen weißen, 6–8 cm langen Blütentrauben im Mai–Juni hat er nur einen geringen Zierwert; er ist wohl kaum in Kultur.
Bh/N-2, Zone 4.

'Shubert' ist eine durchaus dekorative Zierkirsche mit zunächst grünen, bald braunen, zuletzt tiefbraun gefärbten Blättern und weit-glockigen, weißen Blüten im Mai–Juni.

P. yedoensis Matsum. ist eine Art unbekannten Ursprungs und wird von vielen übereinstimmend als eine der schönsten Zierkirschen bezeichnet. Zu diesem Prädikat hat ihr der überreiche, zarte Flor einfacher, im Aufblühen rosa überhauchter, später reinweißer Blüten verholfen, der schon Ende März einsetzt. Der Baum wird bis 12 m hoch und färbt sein frischgrünes Laub im Herbst goldgelb und ziegelrot.
Bk/Bm-4, Zone 6a.

'Moerheimii' wird zu einem 4 m hohen, etagenförmig aufgebauten Strauch, dessen Zweige überhängen und der mit einfachen, weißen Blüten im April sehr reich blüht.

Pseudosasa Mak., Gramineae

Die 6 ostasiatischen Arten entwickeln, im Gegensatz zu *Phyllostachys*, drehrunde Halme, deren Knoten kaum hervortreten. An jedem Knoten entsteht ein Seitenzweig. *Pseudosasa*-Arten breiten sich im allgemeinen durch Ausläufer stark aus, es scheint aber, als ob ein kühleres Klima die Ausläuferbildung hemmt.

P. japonica (Sieb. et Zucc. ex Steud.) Mak. ist in Japan natürlich verbreitet und wird dort bis 6 m hoch; bei uns begnügt sich die Art mit 2–3 m Höhe. Aus dem kriechenden Wurzelstock entwickeln sich Ausläufer, deren Ausbreitung man aber recht gut durch mechanische Bodenbearbeitung in Grenzen halten kann, weil sich die jungen Ausläuferspitzen leicht abbrechen lassen. *Pseudosasa* eignet sich gut für die Anlage von Sichtschutzhecken, die sich schmal halten lassen, wenn man die Ausläufer rechtzeitig entfernt. *P. japonica* zeigt sich bei uns im allgemeinen gut hart, sie kommt oft auch ohne schützende Decke aus. Sie wächst am besten in schattigen bis halbschattigen Lagen.
Mh/Nhm-4, Zone 6b.

Ptelea L., Rutaceae
Lederstrauch

Weil sich die *Ptelea*-Arten nur sehr schwer unterscheiden lassen, bestehen große Unterschiede in den Ansichten über die Anzahl der Arten. Da wir in unseren Baumschulen ohnedies bestenfalls eine Art erhalten, ist dieser Umstand hier nicht von Bedeutung. Alle Arten sind in Nordamerika und Mexiko verbreitet; es sind sommergrüne, aromatische Sträucher mit wechselständigen, 3zähligen, durchscheinend punktierten Blättern, unscheinbaren, grünlichweißen, polygamen Blüten in endständigen Rispen oder Schirmrispen und kreisrund geflügelten, 2samigen Nußfrüchten.

P. trifoliata L. entwickelt sich zu einem etwas sparrig verzweigten, bis 5 m hohen Strauch, der sich durch seine Anspruchslosigkeit recht gut als Deckstrauch eignet. Er ist frosthart und wächst nahezu auf jedem Boden in sonniger Lage. Im Spätherbst und frühen Winter geben die Zweige mit ihren lange haftenden, trockenen Früchten einen ganz hübschen Vasenschmuck ab. Die Blätter färben sich im Herbst goldgelb.
N-2, Zone 5b.

'Aurea' unterscheidet sich von der Art durch goldgelb gefärbte Blätter.

Pterocarya Kunth, Juglandaceae
Flügelnuß

In Asien und Kleinasien sind 10 Arten sommergrüner Bäume verbreitet. Wie bei der Gattung *Juglans* sind auch hier die Zweige mit gefächertem Mark ausgestattet, die wechselständigen Blätter unpaarig gefiedert und die einhäusig verteilten Blüten in hängenden Kätzchen geordnet. Die Gattung unterscheidet sich von *Juglans* insbesondere durch die sehr langen, vielfrüchtigen Kätzchen, die Früchte, die von den beiden flügelartig angewachsenen Vorblättern becherförmig umfaßt werden und die gestielten, nackten Knospen.

Die am häufigsten gepflanzte Art wird zu einem oft vielstämmigen, eindrucksvollen Baum, der tiefgründige, frische Böden liebt und gern in der Nähe von Gewässern steht. Er ist absolut winterhart, aber empfindlich gegen Spätfröste. Natürlich braucht er einen freien Stand, um sich ins rechte Licht setzen zu können. Er entwickelt unter optimalen Standortbedingungen häufig sehr viele Wurzelausläufer, die aus einem Baum ein ganzes Gebüsch entstehen lassen können.

P. fraxinifolia (Lam.) Spach. Die Kaukasische Flügelnuß besitzt ihr natürliches Verbreitungsgebiet im Kaukasus, in Armenien und Westpersien. Sie besiedelt dort auch sehr feuchte Standorte und verträgt zeitweise Überschwemmungen. Kaum eine andere Baumart entwickelt einen so malerischen Habitus, der durch die Vielstämmigkeit, die weitausladende Krone, die bis 40 cm langen Blätter und die schwarzgraue, tiefgefurchte Borke geprägt wird. Die sehr

Ptelea trifoliata

langen Fruchtstände hängen auch noch im Winter am Baum und machen die Art schon von weitem kenntlich.

Nhw-3, Zone 5 b.

Pterostyrax Sieb. et Zucc.
Styracaceae
Flügelstorax

Die Gattung umfaßt 7 in Ostasien heimische Arten sommergrüner Bäume oder Sträucher mit wechselständigen, ungeteilten Blättern und weißen Blüten, die in großen Rispen an kurzen Seitenzweigen hängen. Die länglichen, gerippten oder geflügelten Steinfrüchte sind dicht mit Haaren besetzt und dadurch nicht ohne Schmuckwert. *Pterostyrax* ist eine leider viel zu selten angepflanzte Gehölzgattung mit überraschend schönen Blüten. Die hohen, raschwüchsigen Sträucher lieben tiefgründige, humose Böden und sonnige bis halbschattige Lagen. Ihre langen Triebe frieren an jungen Pflanzen gelegentlich zurück.

P. corymbosa Sieb. et Zucc. stammt aus den Gebirgswäldern Japans und entwickelt sich zu einem bis 5 m hohen Strauch. Im

Mai entfalten sich rahmweiße, duftende Blüten in 8–15 cm langen, breiten Rispen. Die Früchte sind 5flügelig und mit kurzen Haaren besetzt.

Nhg-4, Zone 6 b.

P. hispida Sieb et. Zucc. kommt in Japan und einigen westchinesischen Provinzen vor. In unseren Klimabereichen erreicht der meist mehrtriebige Strauch kaum mehr als 4–5 m Höhe. Im Juni schmückt er sich mit 20 cm langen, rahmweißen, duftenden, sternhaarigen, hängenden Blütenrispen. Die lange haftenden Früchte sind 10rippig und mit etwa 2 mm langen, steif abstehenden Borsten besetzt.

Nh-4, Zone 6 b.

Punica L., Punicaceae
Granatapfelbaum

Mit nur 2 Arten ist die Gattung vom Mittelmeergebiet bis zum Himalaja und bis zur Insel Sokrota im Golf von Aden verbreitet. Die auf Sokrota heimische *P. protopunica* hat als Zier- und Fruchtbaum in Europa keine Bedeutung. Die Gattung umfaßt sommergrüne Sträucher oder kleine Bäume mit einfachen, ganzrandigen, gegen- oder wechselständigen Blättern, die an Kurztrieben rosettig stehen. Die ansehnlichen, zwittrigen Blüten sind mit einer doppelten, 5- bis 8zähligen Blütenhülle ausgestattet. Die 3eckigen Kelchblätter bleiben bis zur Fruchtreife erhalten. Die Frucht ist eine große, vielsamige Scheinbeere mit einer ledrigen Fruchtwand und zahlreichen kantigen Samen, die von einer saftreichen Außenschale umgeben sind.

P. granatum L. Der Granatapfelbaum ist ein 3–5 m hoher, stark verzweigter Strauch mit zum Teil in Dornen endenden, 4kantigen bis schwach geflügelten Trieben. Die glänzendgrünen, steif-ledrigen Blätter sind 2–8 cm lang und länglich-eiförmig bis lanzettlich. Im Mai–Juni erscheinen die scharlachroten, 2–3 cm langen Blüten mit den geknitterten Blütenblättern. Die 6–8 cm breiten Früchte sind rötlichgelb bis bräunlich. Der Granatapfelbaum ist sehr anspruchslos an den Standort, er ist trockenresistent und salztolerant. Er wird nicht nur als Fruchtbaum, sondern auch als Zier- und Heckenstrauch gehalten. Die Frucht wird frisch gegessen oder zu limonadenartigen Getränken und Grenadinesirup verarbeitet. Der Granatapfel ist eine uralte Kulturpflanze, die schon in den altägyptischen Gärten gezogen wurde. In allen Anbaugebieten, vom Orient bis nach China, ist der Granatapfel seines Samenreichtums wegen

Punica granatum

Symbol der Lebensfülle und der Fruchtbarkeit.

Ms/Nsm-3, Zone 8b.

'Nana'. Zwergform, die in allen Teilen kleiner ist als die Art. Wird wie die Art bei uns oft als Kübelpflanze gehalten.

Pyracantha M. J. Roem.
Rosaceae
Feuerdorn

Von den 10 Arten der Gattung, die uns von Südosteuropa bis zum Himalaja und Mittelchina begegnen, sind in unseren Gärten nur Gartenformen und Hybriden von 3 Arten vertreten. Alle sind immergrüne, dornige Sträucher mit wechselständigen, einfachen Blättern, weißen, 7–10 mm breiten Blüten, die zu 10 oder mehr in 2–4 cm breiten Schirmrispen sitzen und roten und orangefarbenen, 5–8 mm dicken Apfelfrüchten.

Der Feuerdorn ist in der modernen Gartengestaltung ein bevorzugtes Gehölz, das für die Einzelstellung, in kleinen Gruppen, großflächigen Pflanzungen, als Fassadenbegrünung und natürlich gewachsenen Hecken Verwendung findet. Zur Beliebtheit dieser Gehölzgattung haben sicher der ansprechende Habitus, das immergrüne Laub und die reiche Fruchtbarkeit, die im Herbst noch einmal eine flammende Farbe in den Garten bringt, beigetragen. Der Feuerdorn wächst in jedem Gartenboden, er ist in hohem Maße trockenresistent, übersteht auf trockenen, sonnigen Standorten eher die Winter als auf zu feuchten Böden, läßt sich ohne Schwierigkeiten aber auch im lichten Schatten hoher Bäume als Unterpflanzung verwenden. Heute werden die Pflanzen in Töpfen oder Containern herangezogen, sie wachsen dann im Garten besser an als im freien Land kultivierte Pflanzen. Nach dem Pflanzen kann man einmal kräftig zurückschneiden, wenn die Pflanzen nicht gut verzweigt sind. Später ist jede Schnittmaßnahme überflüssig, obwohl *Pyracantha* selbst strengen Heckenschnitt verträgt.

P. coccinea M. J. Roem. In Italien und Kleinasien ist das Verbreitungsgebiet dieses immergrünen, 4 m hohen Strauches zu suchen, der mit glänzen dunkelgrünen, 2–4 cm langen Blättern ausgestattet ist. Im Mai–Juni entwickeln sich kleine, weißdornähnliche, wenig dekorative Blüten. Ab Ende August beginnen sich die dicken Trauben roter oder orangefarbener Beeren, die oft bis weit in den Winter haftenbleiben, zu färben. Die Art selbst wird nicht kultiviert, dafür einige Gartenformen.

Ms/Nsm-3, Zone 6b.

Nach einer vom Bundessortenamt Hannover in Verbindung mit dem Arbeitskreis Gehölzsichtung des Bundes deutscher Baumschulen in den Jahren 1980–1985 vorgenommenen Sortimentsüberprüfung wurde nur eine *P. coccinea*-Sorte, nämlich 'Red Column', positiv bewertet. Sorten wie 'Bad Zwischenahn', 'Kasan', 'Koralle' und 'Praecox' erwiesen sich zwar als wenig frostempfindlich, aber als stark bis mittelstark anfällig gegen Feuerdornschorf. Diese Krankheit befällt Blätter, Blüten, Früchte und junge Triebe, die olivgrüne, an Früchten schwarze, krustenartige bis korkige Flecken aufweisen, und verursacht schließlich auch starken Blattfall.

'Red Column'. Straff-aufrecht wachsende, über mannshohe Sorte mit mittelgroßen, leuchtendroten Früchten; geringe bis mittlere Frostempfindlichkeit und sehr geringe Anfälligkeit gegen Schorf. Leider blüht und fruchtet 'Red Column' nur spärlich oder erst nach mehreren Standjahren. Sie ist eine ausgezeichnete Heckenpflanze.

Hybriden

Neben den definierten Sorten von *P. coccinea* ist eine Reihe von Sorten auf dem Markt, deren Herkunft sich nicht immer einwandfrei nachweisen läßt. Neben *P. coccinea* sind am Zustandekommen dieser Hybriden unter anderem die ziemlich frostempfindlichen, in China heimischen *P. crenatoserrata* und *P. rogersiana* beteiligt. Die modernen Sorten sind trotzdem in normalen Wintern ausreichend frosthart, sie frieren erst in extrem kalten Wintern zurück.

Vom Bundessortenamt wurden folgende Sorten positiv bewertet:

'Golden Charmer'. Wuchs aufrecht bis buschig, etwas breiter als hoch. Blütenbesatz mittel bis stark. Die Früchte sind mittelgroß und leuchtendorange gefärbt, sie bleiben vergleichsweise lange hängen. Die Frosthärte ist allerdings nur gering bis mittel.

'Orange Charmer'. Wuchs aufrecht bis buschig, breiter als hoch. Blütenansatz mittel

Pyracantha coccinea 'Red Column'

bis stark, entsprechend gut ist der Fruchtbesatz mit mittelgroßen, orangefarbenen
Früchten. Die Frostempfindlichkeit ist gering bis mittelstark. Erwies sich als besonders gesund.

'Orange Glow'. Wuchs schmal und aufrecht, ziemlich hoch. Der Blütenansatz ist
mittelstark, die kleinen bis mittelgroßen
Früchte sind orange gefärbt. Die Frostempfindlichkeit ist mittel bis stark.

'Soleil d'Or'. Wuchs buschig, breiter als
hoch. Blütenansatz mittel bis stark, die mittelgroßen Früchte sind goldgelb gefärbt.
Die Frostempfindlichkeit ist mittel.

Gegenüber den Sorten von *P.coccinea* er-
weisen sich die überprüften Hybrid-Sorten
alle als wesentlich unempfindlicher gegen
den Befall von Feuerdornschorf. Alle sind
aber auch etwas frostempfindlicher, sie
brauchen geschützte Standorte.

Seit einigen Jahren werden zwei neue Sorten angeboten, die frosthart und resistent
gegen Feuerbrand und Schorf sein sollen.

'Navaho'. Kurztriebige, dicht und breitwachsende, etwa 2 m hohe Sorte. Die
leuchtend orangeroten Früchte färben sich
ab Oktober, sie bleiben bis zum Frühjahr
haften.

'Teton' baut sich mit straff-aufrechten
Haupttrieben und mehr oder weniger waa-
gerecht abstehenden Seitentrieben auf.
Kann bis 4 m hoch werden. Die Früchte
sind gelbrot, sie reifen ab Mitte Oktober
und bleiben ebenfalls über Winter haften.
Diese Sorte eignet sich besonders gut zur
Anlage geschnittener und freigewachsener
Hecken.

Pyrus L., Rosaceae
Birnbaum

Von Europa bis Ostasien, in Nordafrika,
Persien und dem Himalaja sind rund 30 Arten der Gattung verbreitet, unter denen sich
nur wenige Ziergehölze befinden. Die
Zweige der sommergrünen Bäume oder
Sträucher enden oft in Dornen. Die einfachen, rundlichen bis lanzettlichen Blätter
sind wechselständig, die 5zähligen Blüten
sitzen in Dolden oder Doldentrauben an
seitlichen Kurztrieben. Das Fleisch der birnenförmigen bis kugeligen Früchte ist mit
Steinzellen durchsetzt.

Die Wildbirnen haben in unseren Gärten
eine weit geringere Bedeutung als die Zieräpfel. Die wenigen brauchbaren Arten lieben warme, sonnige Lagen, tiefgründige
Böden und vertragen große Trockenheit.

P.calleryana Decne. stammt aus Korea
und China. Sie entwickelt sich zu einem
mittelhohen Baum mit breit-eiförmigen,

Pyrus salicifolia

8 cm langen, oberseits dunkelgrünen Blättern, die sich im Herbst schön gelb färben.
Ende März–Anfang April erscheinen die
weißen Blüten in wenigblütigen Dolden.
Die kugeligen Früchte sind 1 cm dick und
braun.
Ns-4, Zone 6a.

'Chanticleer' wurde in Amerika aus Sämlingen ausgelesen. Sie bildet einen mittelgroßen Baum mit schmal-kegelförmiger
Krone. Die breit-ovalen, lederartigen, stark
glänzenden Blätter treiben früh aus und färben sich im Herbst prächtig warmrot bis
glänzend scharlachrot. Das Laub fällt erst
nach strengem Frost. 'Chanticleer' blüht
sehr früh, reich und regelmäßig, fruchtet
aber kaum. Hat sich in Holland und Süddeutschland als Stadtstraßenbaum bewährt,
ist gebietsweise aber frostempfindlich.

P.salicifolia Pall. Die Weidenblättrige
Birne ist von Südosteuropa bis zum Kaukasus verbreitet. Sie wird 6–8 m hoch und
baut sich mit mehr oder weniger hängenden, dünnen Zweigen auf. Triebe und Blätter sind in der Jugend dicht mit silbergrauen Haaren bedeckt, ebenso Kelch und
Blütenstiele der 2 cm breiten, weißen Blüten.
Ns-3, Zone 5b.

Quercus L., Fagaceae
Eiche

Mit rund 450 Arten bilden die Eichen eine
umfangreiche, sehr vielgestaltige Gattung,
die in Amerika, Europa und Asien weit verbreitet ist. In der Hauptsache ist die Gattung auf der nördlichen Halbkugel zu finden, kommt aber auch in den Gebirgen der
Tropen vor.

Besteht die überwiegende Mehrheit der Arten auch aus hohen, sommergrünen Bäumen, so sind doch auch eine Reihe immergrüner, meist strauchiger Arten bekannt,
die unter anderem in den immergrünen
Hartlaubzonen des Mittelmeerraumes vorkommen. So unterschiedlich ihr Habitus
ist, so verschieden sind auch die Blätter gestaltet, deren Formen vom »normalen« Eichenblatt über völlig ungeteilte, am Rande
nur gesägte oder gezähnte oder auch sehr
tief eingeschnittene Blätter reicht. Ein
Merkmal aber ist allen gleich, die eiförmigen oder rundlichen Nußfrüchte, die, im
Gegensatz zu anderen Vertretern der Faga-
ceen, nur teilweise von einer becherförmigen, festen Hülle umgeben sind.

Viele Eichen haben nicht nur forstliche Bedeutung, sondern sind auch in der Gartengestaltung höchst willkommen, als mäch-

tige, raumbeherrschende Parkbäume, für die Straßenbepflanzung und zur Verwendung in der freien Landschaft. Sie wirken häufig nicht nur durch ihre Form; ihre Blattgestalt und die herbstliche Färbung der Blätter können sehr dekorativ sein. Einige kleine, schönlaubige und immergrüne Eichen sind auch in kleineren Gärten zu verwenden.

Die meisten Eichen wachsen auf nahrhaften und tiefgründigen, möglichst kalkfreien Böden. Als kalkempfindlich gelten vor allem *Q.alba*, *Q.bicolor*, *Q.coccinea*, *Q.dentata*, *Q.marilandica*, *Q.palustris*, *Q.phellos*, *Q.pontica*, *Q.rubra* und *Q.velutina*. Die südosteuropäischen und mediterranen Arten vertragen trockenere Standorte, und die winterharten, immergrünen Eichen brauchen einen geschützten Standort, an dem auch die Wintersonne keinen Schaden anrichten kann. Schnittmaßnahmen sind an Eichen kaum erforderlich. Ihr langsamer Jugendwuchs erfordert oft Geduld.

Q.alba L. Die nordamerikanische Weißeiche ist in deutschen Parkanlagen nur sehr selten anzutreffen, obwohl sich der bis 30 m hohe, kalkempfindliche Baum mit einer herrlichen orangeroten bis weinroten Herbstfärbung schmückt.
N-2, Zone 6a.

Q.bicolor Willd. ist im östlichen Nordamerika verbreitet, vor allem auf Schwemmlandböden in Flußniederungen. Sie erreicht eine Maximalhöhe von etwa 20 m und fällt durch eine besondere Borkenbildung auf: Die äußeren, hell graubraunen Borkenschuppen blättern wie bei der Platane ab. Die oberseits tiefgrünen, unterseits weißfilzigen Blätter färben sich im Herbst orange bis rot.
N-2, Zone 4.

Q.cerris L. Die Zerreiche ist in Südeuropa und Kleinasien heimisch und entwickelt sich zu einem bis 25 m hohen Baum mit kegelförmiger Krone und schwärzlicher Borke. Sie läßt sich von anderen Arten leicht durch die mit fadenförmigen Schuppen umgebenen Knospen unterscheiden. Ihre dunkelgrünen, im Herbst gelbbraunen Blätter sind mit 3eckigen Zähnen versehen. Ein wertvoller Baum für trockene und kalkreiche Lagen.
Ns-3, Zone 6b.

Q.coccinea Münchh. trägt ihren Namen Scharlacheiche zu Recht. Die Herbstfärbung keiner anderen Eiche läßt sich mit ihren scharlachroten Farben vergleichen. In ihrer nordamerikanischen Heimat stockt der 20–25 m hohe Baum auf feuchten Standorten. Seine Blätter sind im Umriß länglich-elliptisch, glänzendgrün, bis 15 cm lang und buchtig fiederlappig.
N-2, Zone 5b.
'Splendens'. Selektion mit besonders leuchtendroter Herbstfärbung.

Q.dentata Thunb. Die Japanische Kaisereiche ist mit ihren großen Blättern eine besonders stattliche Erscheinung. Die verkehrt-eiförmigen, grob buchtig gelappten Blätter werden bis 30 cm lang und knapp halb so breit. In Ausnahmefällen erreichen sie noch wesentlich größere Dimensionen. Der eher trägwüchsige, kalkempfindliche Baum wird maximal 25 m hoch, die Zweige sind sehr dick und graufilzig, im Alter wird die Borke dick und tiefrissig. Die rotbraune, leuchtende Herbstfärbung ist sehr beachtlich. *Q.dentata* ist in Japan, Korea, der Mandschurei und in Nord- und Westchina weit verbreitet.
N-4, Zone 6a.

Q.frainetto Ten. Die Ungarische Eiche ist mit ihren bis 18 cm langen, zur Basis verschmälerten, dunkelgrünen, regelmäßig gelappten Blättern eine der schönsten Eichen, die mit 30 m Maximalhöhe zu den eindrucksvollsten Parkbäumen zählt. Sie ist trockenresistent und kommt auch mit kalkhaltigen Böden zurecht. Die ockerbraune Herbstfärbung ist sehr bescheiden.
Ns-3, Zone 6a.
'Trump'. Selektion mit aufstrebender Verzweigung und einer geschlossenen, eiförmigen Krone.

Q.ilex L. Die Steineiche gehört zu den wenigen immergrünen, mediterranen Arten, die unter günstigen Klimabedingungen auch in Mitteleuropa aushalten können, sofern man Samen von Pflanzen erhält, die unter möglichst harten Bedingungen leben. Bei uns wird die Steineiche nie ihre heimatliche Höhe von 20 m erreichen. Ihre ledrigen Blätter sind in der Form sehr veränderlich, in der Jugend weißfilzig, doch oberseits bald dunkelgrün und nur noch auf der Unterseite graufilzig.
Ms-3, Zone 8a.

Q.ilicifolia Wangenh. gehört mit 4–6 m Höhe zu den wenigen strauchförmigen Eichen, die auch in kleineren Gärten einen Platz finden können. Sie besiedelt im östlichen Nordamerika sandige und steinige, oft sterile, kalkfreie Böden. Ihre 5–12 cm langen Blätter sind auf jeder Seite mit nur 2 Lappen ausgerüstet; sie sind oberseits dunkelgrün, unten weißlich filzig und färben sich im Herbst gelb bis rotbraun.
N-2, Zone 6b.

Q.imbricaria Michx. Die nordamerikanische Schindeleiche liebt kräftigen, feuchten Boden und erreicht in ihrer Heimat 20 m Höhe. Die elliptischen bis länglichen, ganzrandigen Blätter sind oberseits dunkelgrün und im Herbst dunkelgelb bis bräunlichrot.
Nw-2, Zone 5b.

Q.libani Olivier. Obwohl die kleinkronige Libanoneiche in recht günstigen Klimabereichen, in Syrien und Kleinasien, vorkommt, ist sie bei uns durchaus winterhart. Besonders hübsch sind ihre länglich-lanzettlichen Blätter, die am Rande borstig gezähnt sind.
Nsg-3, Zone 6b.

Q.macranthera Fisch. et Mey. kommt vom Kaukasus bis Nordpersien vor und fällt durch die dicken, graufilzigen Triebe, die unterseits graufilzigen Blätter, durch den gelegentlich recht hellen Stamm und die langen, behaarten Schuppen an der Endknospe auf. Die Persische Eiche wird bis 20 m hoch.
Ng-3, Zone 6a.

Q.marilandica Münchh. Mit ihren eigenartigen Blättern erinnert diese Art so gar nicht an das übliche Eichenbild. Sie sind breit-obovat, an der Spitze abgeschnitten und 2lappig, zwischen 10 und 20 cm lang, sehr derb, oberseits dunkelgrün und auf der Unterseite rostig behaart; im Herbst färben sie sich hellbraun. Nur langsam wächst diese nordamerikanische Eiche zu einem knorrigen, breitkronigen Baum heran, der kaum 10 m hoch wird.
Nw-2, Zone 7a.

Q.palustris Münchh. Die Sumpfeiche verlangt trotz ihres Namens keineswegs feuchte Standorte, sondern wächst durchaus auch in trockenen Lagen. Sie verträgt sogar das Stadtklima und wird gelegentlich als Straßenbaum verwendet. Sie stammt aus Nordamerika und ist ein vorzüglicher, industriefester, bis 30 m hoher Parkbaum mit fast horizontal abstehenden Ästen, sehr lange glatt bleibender Rinde, kleinen, tief fiederspaltigen Blättern und einer schönen roten Herbstfärbung.
N-2, Zone 5b.

Q.petraea (Mattuschka) Liebl. Die Trauben- oder Wintereiche ist in Mitteleuropa und Kleinasien weit verbreitet. Sie ist forstlich sehr wichtig, entwickelt regelmäßige Kronen und erreicht mit ihrem durchgehenden Stamm bis 45 m Höhe. Als »Spessarteiche« ist sie weithin bekannt. Man findet im Spessart, im ehemaligen Reichswald, sehr beeindruckende, mehrhundertjährige

Bäume. Durch einen relativ langen Blattstiel, am Grunde abgestutzte Blätter und fast sitzende Früchte unterscheidet sie sich von der sonst ähnlichen und im gleichen Verbreitungsgebiet vorkommenden Stieleiche, *Q. robur*. Die Traubeneiche ist ein hervorragender Parkbaum und in der freien Landschaft als strahlungsfester Baum vielseitig zu verwenden. Von den vielen Gartenformen findet man heute kaum eine in den Baumschulkatalogen angeboten.
N-3, Zone 5b.

Q. phellos L. Die Weideneiche ist im südöstlichen Nordamerika verbreitet, wo sie immer in der unmittelbaren Nähe von Gewässern wächst. Im Wald erreicht sie Höhen von rund 30 m, auch in unseren Parkanlagen wird sie annähernd gleich groß. Sie fällt durch ihre schmalen, weidenartigen Blätter auf, die sich im Herbst hellgelb verfärben.
Nw-2, Zone 6b.

Q. pontica K. Koch. Die Pontische Eiche ist mit ihren breit-elliptischen, bis 20 cm langen, scharf gesägten, ledrigen Blättern eine der schönsten Eichen für den kleinen Garten. Die Blätter entsprechen in keiner Weise den üblichen Vorstellungen von

Quercus robur

einem Eichenblatt – sie sind weder gebuchtet noch gelappt und erinnern eher an die Blätter der Eßkastanie; im Herbst färben sie sich gelb bis rot, gelegentlich aber auch nur braun. *Q. pontica* ist im Kaukasus und in Armenien heimisch, bleibt meist strauchig und wird kaum über 6 m hoch. Da die Eiche aus Mangel an Saatgut häufig auf *Q. robur* veredelt wird, kommt es nicht selten zu kümmerlichem Wuchs, mindestens aber zum Durchtreiben der Unterlage.
Nhg-3, Zone 6b.

Q. robur L. Die Stieleiche wird zu einem mächtigen, knorrigen Baum mit unregelmäßiger Krone, nicht durchgehendem Stamm und tiefrissiger, dunkelgrauer Borke. Sie ist in Europa, Nordafrika und Kleinasien heimisch, seit alten Zeiten in Kultur und forstlich sehr wichtig. Im Freistand entwickelt sie sich zu mächtigen Bäumen von ganz besonderer Schönheit. Als Flurgehölz ist sie besonders in hochwassergefährdeten Gebieten unentbehrlich, da sie zeitweise Überschwemmungen recht gut verträgt und durch ihr feines, weitreichendes Wurzelwerk den Boden festzuhalten vermag. Sie verträgt durchaus aber auch trockene Standorte. Mit ihren glänzenden, die Sonne reflektierenden Blättern ist sie

ein strahlungsfester Baum, der auch unter den ungünstigen klimatischen Bedingungen der Stadt gut gedeiht. Sie gilt als »gut geeignet« für die innerstädtische Verwendung.
N-3, Zone 5a.

Von der Stieleiche ist eine beachtliche Zahl von Gartenformen bekannt. Vielen davon begegnet man in alten Parkanlagen, einigen in den Angeboten unserer Baumschulen. Hierzu gehören:
'Concordia'. Die Goldeiche zeichnet sich durch eine besonders im Austrieb deutliche gelbe Färbung der Blätter aus, die auch den Sommer über sichtbar bleibt. Ein dekorativer, schwachwachsender Solitärbaum für Parkanlagen und große Gärten.
'Fastigiata' ist als Säuleneiche sicher die bekannteste aller Eichen-Formen. Leider findet man nicht immer schöne und typische Pflanzen, da die Form oft durch Samen vermehrt wird. Die Nachkommen ergeben dann ein uneinheitliches, oft breitwüchsiges Material.
'Fastigiata Purpurea'. Austrieb und Johannistrieb sind glänzend purpurrot, später werden die Blätter stumpfgrün.
'Maculata' sei mit ihren gelbweiß gefleckten Blättern stellvertretend für alle gelb- und weißbunten Farbmutanten genannt. Sie werden nur noch selten angeboten und entsprechen kaum dem Zeitgeschmack.
'Pendula' ist eine starkwachsende und stark hängende Varietät, die sich für eine Laubenüberdachung sehr gut eignet.

Q. rubra L. ist als Amerikanische Roteiche weit bekannt und als raschwüchsiger, gegen Industrieabgase besonders widerstandsfähiger Baum hoch geschätzt. Der rundkronige, bis 25 m hohe Baum behält lange einen glatten Stamm. Seine tief gelappten, dunkelgrünen Blätter färben sich im Herbst orange- bis scharlachrot, gelegentlich aber auch nur braun. Die Roteiche wächst schneller als unsere heimischen Eichen, stellt geringere Ansprüche an den Boden und ist ein hervorragender Park- und Alleebaum. Für den städtischen Straßenbereich ist sie nur bedingt geeignet.
N-2, Zone 5b.

Q. suber L. Im südwestlichen Mittelmeergebiet stockt die Korkeiche in hellen, kalkfreien Hartlaubwäldern, bevorzugt in Küstennähe. Sie ist ein immergrüner, bis 20 m hoher, oft knorrig gewachsener Baum mit einer sehr dicken, korkigen Borke. Die Blätter sind eiförmig, bis 7 cm lang, oberseits dunkelgrün und unterseits graufilzig.
Seit dem Altertum wird die Korkeiche als Korklieferant genutzt. Ertragsfähige Bäume können in Abständen von 8–9 Jahren geschält werden. Nach dem Schälen ist der

Quercus robur 'Concordia'

freiliegende Bast zunächst auffallend rostrot gefärbt.
Ms-3, Zone 9.

Q. × turneri Willd. **'Pseudoturneri'** läßt sich als einzige der halbimmergrünen Eichen auch in weniger milden Gebieten kultivieren. Offenbar erleidet sie erst bei Temperaturen unter −20 °C größere Schäden. Sie entwickelt kleine, rundkronige Bume mit schmalen, bis 10 cm langen Blättern, die den ganzen Winter grün bleiben. Man sollte ihr einen vor der Wintersonne und kalten Winden geschützten Standort geben. Zone 7 b.

Q. velutina Lam. Die Färbereiche ist ein häufiger Baum der amerikanischen Mittelstaaten, der ausschließlich auf kalkarmen,

trockenen Böden wächst. Sie ist bei uns ausreichend froschart und verträgt trockene, sonnige Standorte. Der 20–30 m hohe Baum ist leicht an seinen derben, tief und spitz gelappten Blättern zu erkennen; sie rascheln wie dünnes Blech, weshalb man den Baum gelegentlich auch »Blecheiche« nennt. Vor dem Laubfall färben sich die Blätter rotbraun und orange.
N-2, Zone 5 b.

Rhamnus L., Rhamnaceae
Kreuzdorn, Faulbaum

Mit etwa 160 Arten in der nördlich gemäßigten Zone und einigen Arten in Brasilien und Südafrika ist die in unseren Gärten nur spärlich vertretene Gattung sehr umfang-

reich. Sie umfaßt meist sommergrüne Sträucher oder Bäume mit oft dornigen Zweigen, wechsel- oder gegenständigen Blättern, zwittrigen oder polygamen, mitunter zweihäusig verteilten, unscheinbaren Blüten in achselständigen Büscheln oder kleinen Trauben und kugeligen Steinfrüchten. Als schöne Gartensträucher kommen nur einige großblättrige Arten in Frage, und die sind nur selten zu bekommen. Die in den Katalogen angebotenen heimischen Vertreter der Gattung sind allenfalls gute Flurgehölze, im Garten haben sie nichts zu suchen.

R. alaternus L. Der Immergrüne Kreuzdorn ist im Mittelmeergebiet ein Vertreter der immergrünen Macchie, der auf Kalk und Silikatgestein gleichermaßen gut gedeiht. Er ist unbedornt und kann bis 5 m hoch werden. Die Blätter sind lanzettlich bis eiförmig, 1–6 cm lang, ledrig und glänzendgrün. Aus sehr kleinen, gelblichgrünen Blüten im April–Mai entwickeln sich kugelige, 4–6 cm breite, zur Reife schwarze Früchte. Wird in mediterranen Gärten oft als Zier- und Heckenpflanze gehalten.
Ms-3, Zone 9.

R. alpinus L. kommt als Alpenkreuzdorn in den Gebirgen von Nordspanien bis Griechenland vor. Der sparrige, 2–3 m hohe, dornenlose Strauch trägt beiderseits glänzende, bis 10 cm lange, elliptische, feingesägte Blätter und ist als schönlaubiger Strauch in Gehölzgruppen unterzubringen.
Ng-3, Zone 5 b.

R. catharticus L. Der Kreuzdorn ist an steinigen, sonnigen Hängen in fast ganz Europa verbreitet. Der offizinellen Bedeutung von Frucht und Rinde wegen wurde er seit alten Zeiten kultiviert. Heute spielt er lediglich eine Rolle als Flurgehölz für trockene, kalkhaltige und sonnige Standorte.
N-3, Zone 4.

R. frangula L. Der Faulbaum ist ebenfalls in fast ganz Europa verbreitet, kommt aber vorwiegend auf feuchten Standorten vor. Auch hier wurden Rinde und Blätter offizinell verwendet, darüber hinaus als Färbemittel für verschiedene gelbe Farben. Der Faulbaum dient heute als Flur- und Pioniergehölz auf feuchten bis moorigen Böden, er ist sehr industriefest und ergibt eine ausgezeichnete Bienenweide.
Nhw-3, Zone 3.

R. imeretinus Booth ex Kirchn. apostrophiert man als schönste Art der Gattung. Sie ist im Kaukasus und in Kleinasien beheimatet und besitzt sehr große, bis 25 cm

Rhododendron-Hybride 'Homer'

lange Blätter, die oberseits sattgrün und glänzend, unterseits blaßgrün und behaart sind und sich im Herbst bronzerötlich färben. Ein durchaus attraktiver, bis 3 m hoher Strauch für die Einzelstellung. Sfw-3, Zone 4.

Rhododendron L., Ericaceae
Alpenrose

Innerhalb der großen, etwa 60 Gattungen umfassenden Familie der Ericaceen nimmt die Gattung *Rhododendron* mit rund 1000 Arten und einer mehrfach höheren Zahl an Hybriden und Sorten den breitesten Raum ein.

Alpenrosen – der Name trifft eigentlich nur für die beiden in den Alpen heimischen Ar-

ten zu, für die fremdländischen Arten kennen wir keine deutsche Bezeichnung – sind immergrüne oder sommergrüne Sträucher, die unter günstigen Bedingungen zum Teil auch zu Bäumen werden können. Die wechselständigen, ganzrandigen und ungeteilten Blätter stehen oft an den Zweigenden gehäuft und bilden einen Scheinwirtel. In der Regel sind die Blüten in endständigen, mehr oder weniger dichten Doldentrauben zusammengefaßt, nur gelegentlich finden sich achselständige oder einzelnstehende Blüten. Die in der Regel schwach zygomorphe Blumenkrone ist meist mit 5 oder 6–10 zusammengewachsenen Blütenblättern ausgestattet. Die Blüte ist meist glockig oder trichterförmig, gelegentlich auch röhren-, becher- oder radförmig. Die 5–20 Staubblätter tragen nach oben geöffnete Staub-

beutel mit meist klebrigen Pollen. Die Frucht ist eine von oben her aufspringende, holzige Kapsel mit sehr feinem Samen.

Das Hauptverbreitungsgebiet der Rhododendren liegt in Ostasien. Vom tibetanischen Hochland und den westchinesischen Provinzen Sichuan und Yunnan erstrecken sich die natürlichen Vorkommen im Westen bis Kaschmir, im Norden und Osten über Japan und Korea hinaus bis zur Kamtschatka-Halbinsel und im Süden bis nach Neuguinea und Nordaustralien. Während die europäischen Vorkommen an Artenzahl und Ausdehnung nur sehr gering sind, läßt sich sowohl für das pazifische als auch für das atlantische Nordamerika eine etwas größere Artenzahl namhaft machen. In Afrika und Südamerika sind keine Rhododendren heimisch.

Rhododendren nehmen häufig eine Sonderstellung ein. Im Garten verlangen sie dank ihrer besonderen ökologischen Ansprüche einige Aufmerksamkeit; einige Baumschulen und Züchter befassen sich nahezu ausschließlich mit ihrer Kultur; Pflanzengesellschaften verschiedener Länder widmen ihre Haupttätigkeit den Alpenrosen, und in der botanischen und gärtnerischen Literatur sind umfangreiche Werke über die große Gruppe der Rhododendren erschienen.

Bevor wir die wichtigsten Arten und Hybriden nennen, müssen wir uns kurz mit den verschiedenen Gruppen auseinandersetzen. Zunächst unterscheiden wir zwischen den natürlichen Arten sowie den Hybriden und Sorten. Die natürlichen Arten kommen so, wie sie sich in unseren Gärten zeigen, auch an ihren natürlichen Standorten vor. Unter Hybriden bzw. Sorten verstehen wir durch gärtnerische Züchtung und Auslese hervorgegangene Pflanzen, die ausschließlich vegetativ vermehrt werden und dann ein einheitliches Pflanzenmaterial liefern, während die natürlichen Arten innerhalb gewisser Grenzen in ihrem Erscheinungsbild variieren können.

Unabhängig von Arten und Sorten wird heute in der Praxis immer noch zwischen Rhododendren und Azaleen unterschieden, obwohl beide der Gattung *Rhododendron* angehören. Unter Rhododendren versteht man in der Regel immergrüne Pflanzen, zu den Azaleen zählt man die laubabwerfenden Arten und Sorten. Sie sind in ihren Standortansprüchen nicht ganz so wählerisch wie die immergrünen Arten. Während man die Rhododendron-Hybridgruppen in den Angeboten in der Regel als »Großblumige Rhododendren« zusammenfaßt und lediglich einige kleinbleibende Sorten, die zu den Impeditum-, Repens- und Williamsianum-Hybriden gehören, abtrennt, unterscheidet man bei den Azaleen verschiedene Hybridgruppen, deren Abstammung noch besser nachweisbar ist als die der eigentlichen Rhododendron-Hybriden.

1. Natürliche Arten

Rund 1000 natürliche *Rhododendron*-Arten bevölkern die Erde, eine weite Verbreitung in unseren Gärten wurde nur wenigen zuteil. Dort herrschen die Hybriden vor, die oft besser in der Lage sind, sich den nicht ganz idealen Verhältnissen anzupassen. Die Arten zeigen eine große Vielfalt in bezug auf ihre ökologischen Ansprüche, den Habitus und die Form von Blatt und Blüte. So reicht die Blattgröße z.B. von knapp 1 cm Länge bei *R. intricatum* bis zu den etwa 100 cm langen Blättern bei *R. sinogrande*. Die Gattung *Rhododendron* wird in mehr als

40 Gruppen, Series genannt, unterteilt, einige werden darüber hinaus in Subseries gegliedert. Die Unterteilung, nur für den interessant, der sich intensiver damit beschäftigt, soll hier unberücksichtigt bleiben.

R. aberconwayi Cowan. Ein immergrüner, 1–2 m hoch werdender Strauch mit sehr flachen, fast tellerförmigen, weißen Blüten, die auch rot getönt sein können. Blütezeit: Mai–Juni, Heimat: Ostyunnan. BGh-4, Zone 7b.

R. adenophorum Balf. f. et W. W. Sm. Bis 1 m hohe, immergrüne Art mit unterseits zimtbraunen oder rostrot-filzigen Blättern und rosa Blüten mit einigen karminroten Flecken im April. Wird vor allem als schöne Blattpflanze empfohlen. Heimat: Hochlagen in Mittelyunnan. PG-4, Zone 7b.

R. albrechtii Maxim. Sommergrüner, bis 1,5 m hoher Strauch, der als einer der schönsten frühblühenden Azaleen gilt. Zu 4–5 stehen die purpurroten Blüten zusammen, die im April–Mai vor dem Blattaustrieb erscheinen. Heimat: Nord- und Mitteljapan. Nhg-4, Zone 6b.

R. ambiguum Hemsl. Immergrüner, bis 1,5 m hoher Strauch, dessen kleine Blätter aromatisch duften. Die hellgelben, grün gefleckten Blüten entfalten sich schon im April. Heimat: Westsichuan. BGh-4, Zone 6b.

R. arborescens (Pursh) Torr. Weit über Mannshöhe erreicht der sommergrüne Strauch aus dem östlichen Nordamerika, der zur Blütezeit im Juni–Juli durch seine stark duftenden, weißen, rosa getönten Blüten auffällt. Nhw-2, Zone 6b.

R. augustinii Hemsl. Wird bis 2 m hoch und blüht im April–Mai mit lila bis blauvioletten Blüten. Die immergrüne Art stammt aus Sichuan und Hubei, sie ist für einen geschützten Standort dankbar. BGh-4, Zone 7a.

R. bakeri Lemmon et McKay. ist in den Katalogen häufig als »*R. cumberlandense*« zu finden. Die sommergrüne Art erinnert mit ihren dichten Büscheln orangeroter Blüten an die bekannte Azaleensorte 'Coccinea Speciosa', blüht aber erst im Juni. Sie ist in Nordamerika auf dem Cumberland-Plateau in Kentucky heimisch, absolut hart und wird häufig nicht mehr als 100 cm hoch. Nhw-2, Zone 6b.

R. brachycarpum C. Don ex G. Don. Eine bis 3 m hoch werdende Art für Parkanlagen und größere Gärten. Die immergrünen Blätter sind unterseits dünn braunfilzig. Erst im Juni öffnen sich die Blüten, deren Farbe zwischen rahmgelb mit grünen Flecken und weiß mit rosa Tönung variiert. Heimat: Japan. BGh-4, Zone 5b.

R. calophytum Franch. erreicht bei uns wohl kaum über 1 m Höhe und ist besonders durch die bis 30 cm langen Blätter mit den eingedrückten Nerven und den hellen Austrieb mit den roten Knospenschuppen interessant. Die immergrüne Art stammt aus Sichuan, sie blüht Anfang April weißrosa bis weiß mit deutlichem karminroten Basalfleck. Die sehr imposante Pflanze verlangt einen geschützten Standort. BGh-4, Zone 7b.

R. calostrotum Balf. f. et F. K. Ward ist mit 30 cm Höhe besonders für den Steingarten geeignet, wo sie auf ziemlich feuchten, schattigen Standorten am besten gedeiht. Die purpurvioletten Blüten der immergrünen Art entwickeln sich im Mai. Heimat: Nordostburma. PGh-4, Zone 7b.

R. calostrotum ssp. *keleticum* (Balf. f. et Forrest) Cull. wird als teppichbildender, immergrüner und dichte Polster bildender Strauch kaum mehr als 15 cm hoch. Schon im April öffnen sich die 2–3 cm breiten, schalen- bis radförmigen, purpurvioletten Blüten. Heimisch in Südosttibet und Yunnan.

'Pink Drift'. Reichblühende, schwachwüchsige, etwa 30 cm hohe Sorte mit kleinen, trichterförmigen rosa Blüten Ende April.

R. campanulatum D. Don. Der immergrüne, bis 3 m hohe Strauch trägt oberseits stark glänzende, unterseits dicht rostbraun filzige Blätter und Ende April breit-glockige, purpurrosa, dunkel gefleckte Blüten. Heimat: Kaschmir, Bhutan. BGh-4, Zone 6b.

R. campylocarpum Hook. f. Immergrüner Strauch aus den Hochgebirgsschluchten Nepals und Sikkims. Er erreicht 1–2 m Höhe und ist besonders seiner gelben Blüten wegen erwähnenswert. Blütezeit: erste Maihälfte. BGh-4, Zone 7b.

R. camtschaticum Pall. ist eine nur 20 cm hoch werdende, sommergrüne Zwergart, die beiderseits der Behringstraße heimisch ist und in unseren Gärten am besten an

Rhododendron camtschaticum

kühlen und feuchten Plätzen im Alpinum wächst. Von Juni–September entwickelt die Art einzelnstehende, dunkel purpurviolette Blüten.
PGh-4, Zone 5b.

R.canadense (L.) Torr. Eine sommergrüne, etwa 1 m hohe Azalee aus dem nordöstlichen Nordamerika, die vor dem Blattaustrieb mit purpurfarbenen, tief geschlitzten Blüten überrascht. Bevorzugt feuchte Böden.
Bh/Nhk-2, Zone 5b.

R.carolinianum Rehd. ist in den Gebirgen des östlichen Nordamerika heimisch. Die immergrüne Art baut sich locker auf und wird nur bis 1,5 m hoch. Ihre relativ kleinen Blätter sind unterseits dicht beschuppt, die blaßrosa Blüten öffnen sich im Mai–Juni.
Nhg-2, Zone 6b.
'Dora Amateis'. Hybride zwischen *R.carolinianum* und *R.ciliatum*. Sehr frühblühende, gedrungen wachsende Sorte mit glänzend dunkelgrünen, würzig-aromatisch duftenden Blättern. Die weißen Blüten sind mit grünen Flecken gesprenkelt.
'P.J.Mezitt'. Sehr winterharte, frühblühende Sorte mit dunkelrosa Blüten, blüht etwas später als 'Praecox'.

R.catawbiense Michx. stammt aus Nordamerika, ist immergrün, erreicht 2–5 m Höhe und ist eine der winterhärtesten Arten. Ihre weite Verbreitung in den Gärten verdankt sie dem gedrungenen, dichten Wuchs, dem gesunden Laub und dem dichten Blütenstand. Diese Vorteile wiegen bestimmt auch den Nachteil der lilafarbenen Blüte auf. Viele der großblumigen Catawbiense-Hybriden stammen von ihr ab. Die Blütezeit ist Ende Mai–Anfang Juni.
BGh/Nhg-2, Zone 5b.

R.caucasicum Pall. ist als Ausgangsart für viele Kreuzungen besonders wichtig. Die immergrüne Art wächst geschlossen und wird bei einer Höhe von knapp 1 m mehr breit als hoch. Sie stammt aus dem Kaukasus und blüht Anfang Mai mit weißlichrosa oder gelblichen Blüten.
BGh/Nhg-3, Zone 5b.

R.chryseum Balf. f. et F. K. Ward besticht durch niedrigen, 30–60 cm hohen Wuchs und gelbe Blüten. Der immergrüne Zwergstrauch aus Sikkim und Südosttibet gehört in das Alpinum. Er verlangt sorgfältige Bodenvorbereitung.
PGh-4, Zone 7a.

R.clementinae Forrest stammt aus China und gilt als frosthart. Sie wächst sehr kompakt und wird kaum mehr als brusthoch. Ihre blaugrünen Blätter sind unterseits dicht weiß bis hellbraun filzig. Sie blüht erst als alte Pflanze mit rahmweißen oder rosa Blüten, die dunkler gezeichnet sind.
BGh-4, Zone 6b.

R.concinnum Hemsl. Die in China heimische, immergrüne Art blüht sehr reich, wird 1–1,5 m hoch und blüht im April–Mai mit purpurrosa Blüten.
BGh-4, Zone 7b.

R.dauricum L. ist ein sommergrüner, sparriger Strauch aus Korea, der Mandschurei und Japan. Er erreicht etwa Mannshöhe und ist seiner besonders frühen Blüte wegen interessant. Purpurrosa, bis 4 cm breite Blüten öffnen sich bei günstigem Wetter im Februar.
B/Nk-4, Zone 5b.
R.dauricum var. *sempervirens* Sims. hat immergrüne Blätter und dunklere Blüten.

R.degronianum Carr. Rund 1 m Höhe erreicht dieser Japaner, der über 10–20 cm langen, am Rande eingerollten, unterseits gelbfilzigen, immergrünen Blättern im April zartrosa Blüten trägt, die dunkelrot gerippt sind. Bemerkenswert an der Art sind ihre hohe Frosthärte und ihre Widerstandsfähigkeit gegen einen trockenen Standort.
BGh-4, Zone 5b.

R.discolor Franch. Der immergrüne, in unseren Gärten bis 2 m hohe, locker-aufrechte Strauch ist in den Gebirgswäldern Westchinas daheim und empfiehlt sich der späten, intensiv duftenden Blüte wegen, die erst im Juni–Juli einsetzt und zuerst zartrosa und später weiß erscheint. Die Art benötigt unbedingt einen halbschattigen, windgeschützten Standort.
BGh-4, Zone 7b.

R.fastigiatum Franch. stammt als immergrüner Zwergstrauch aus den Hochgebirgen Yunnans. Im April–Mai entfalten sich je 4–5 hellpurpur bis blauviolette Blüten. Die kleinen, graugrünen Blätter sind beiderseits beschuppt.
PGh-4, Zone 6b.

R.ferrugineum L. Die echte Alpenrose kommt in den Alpen, den Pyrenäen und dem Apennin auf Urgestein vor, wo sie in der gut durchlüfteten, feuchten Humusauflage wächst. Wenn man im Garten gleiche Bedingungen schafft, gedeiht sie auch dort recht gut und kann sehr alt werden. Die Rostblättrige Alpenrose – die Blätter sind auf der Unterseite dicht rotbraun beschuppt – erreicht in den Gärten knapp 1 m Höhe und blüht über kleinen, immergrünen Blättern mit purpurrosa Blüten im Juni.
PGh-3, Zone 5a.

R.forrestii Balf. f. ex Diels var. **repens** (Balf. f. et Forrest) Cowan et Davidian

kommt auf den feuchten Bergweiden in Nordostyunnan und Südwesttibet vor und ist dort ein teppichbildender, immergrüner Strauch mit rundlichen, bis 3 cm langen, unterseits blaugrünen Blättern. Der zwergige Wuchs und die leuchtendrote Blütenfarbe gaben Anlaß, die Varietät sehr stark züchterisch zu bearbeiten. Kreuzungen von D. Hobbie, Linswege, ergaben die heute so begehrten und sehr wertvollen Repens-Hybriden. Alle zeichnen sich durch niedrigen kompakten Wuchs und durch leuchtend- oder scharlachrote Blüten aus. Sie gedeihen, eine ausreichend hohe Bodenfeuchtigkeit vorausgesetzt, auch in voller Sonne. Alle lassen sich als Topfpflanzen gut treiben. Der sehr frühe Blühtermin führt allerdings nicht selten zu Spätfrostschäden (siehe Tabelle Seite 445).
BGh-4, Zone 6b.

R.fortunei Lindl. Die immergrüne, bis 4 m hohe Art kommt nur für größere Gärten in Frage. Sie stammt aus der chinesischen Provinz Zhejiang, zeichnet sich durch duftende, gelblichrosa Blüten mit 7zipfligem Saum aus. Die Art blüht im Mai.
Nh-4, Zone 7a.

R.haematodes Franch. Wird als immergrüner, bis 50 cm hoher Strauch nur dem Kenner empfohlen. Die Art entwickelt im Mai trichterförmig-glockige Blüten. Weniger heikel sind Hybriden mit großblumigen Sorten wie etwa 'Bremen' und 'Gnom'. Sie

Rhododendron kiusianum

blühen besser, sind härter und wachsen leichter. Heimat Yunnan.
BGh-4, Zone 7a.

R.hippophaeoides Balf. f. et W.W. Sm. ist mit 60–100 cm Höhe eine empfehlenswerte Art für kleine Gärten und alpine Anlagen. Sie wächst in ihrer westchinesischen Heimat auf sumpfigem Gelände und bevorzugt in unseren Gärten frische Böden. Am dichtverzweigten, immergrünen Strauch entfalten sich im April aromatisch duftende, hellviolette Blüten.
PGh-4, Zone 6b.
'Blue Silver'. Blätter im Austrieb silbriggrün beschuppt, Blüten im Aufblühen rosapurpur, später amethystrosa.

R.hirsutum L. Der Almrausch ist ein Vertreter der alpinen Flora. In den europäischen Kalkalpen gedeiht er auf Rohhumus und ist keineswegs kalkverträglich. Wie *R.ferrugineum* ist er im Garten gelegentlich etwas heikel. Die Blätter der Art sind immergrün und am Rande bewimpert. Bei gedrungenem Wuchs erreicht der Almrausch etwa 80 cm Höhe, er blüht Anfang Juni mit purpurrosa Blüten.
PGh-3, Zone 5b.

R.impeditum Balf. f. et W.W. Sm. gehört mit kaum 40 cm Höhe und sehr dicht verzweigtem, breitem Wuchs zu den Zwergrhododendren, die sich besonders gut im Alpinum kultivieren lassen. Die Art ist in

den Hochgebirgen Yunnans verbreitet und wird mit ihren kleinen, graugrünen Blättern und den hell purpurvioletten Blüten als eine der schönsten Zwerggarten gepriesen. *R.impeditum*, vor allem aber ihre robusteren Hybriden (siehe Tabelle Seite 445) gehören zu den wertvollsten Zwergrhododendren des Steingartens. Alle sind sehr zierlich mit kleinen Blättern und »blauen« Blüten. Ihr graziler Habitus verträgt sich nicht mit großblumigen Sorten, eher mit kleinblättrigen Wildarten oder mit Japanischen Azaleen.
PGh-4, Zone 6b.

R.insigne Hemsl. et Wils. Ein immergrüner, 1–4 m hoher Strauch mit dekorativen, oberseits dunkelgrünen, auf der Unterseite mit einer silbrigen oder kupfrigen Haut überzogenen Blättern. Im April entfalten sich breit-glockige, zart rosaweiß getönte, teilweise dunkler gefleckte Blüten. Langsam wachsende Art mit sehr dekorativer Belaubung. Heimat: Sichuan.
BGh-4, Zone 6b.

R.japonicum (A. Gray) Suring. Von vielen Baumschulen noch als »*Azalea mollis*« angeboten, ist der sommergrüne, 1–2 m hohe Strauch für jeden Garten nahezu unentbehrlich. Vor den Blättern enfalten sich im April–Mai breit-trichterförmige Blüten, deren Farbskala von Gelb bis Dunkelrot reicht. Die sommergrünen, lanzettlichen Blätter nehmen im Herbst die gleichen Farben an. In Nord- und Mitteljapan ist die widerstandsfähige und langlebige Art heimisch. Obwohl aus Kreuzungen viele Sorten entstanden sind, können durchaus auch Sämlingspflanzen empfohlen werden, wenn sie nach Farben sortiert sind.
Nhg-4, Zone 5b.

R.kaempferi Planch. ist ebenfalls in Nord- und Mitteljapan heimisch und präsentiert sich als eine in der Blütenfarbe sehr variable, sommergrüne Art, deren Blüten rosa bis purpur und orange sein können. Niedriger Wuchs und hohe Winterhärte machen sie zu einem idealen Kreuzungspartner.
Nhw-4, Zone 6b.

R.keiskei Miq. ist besonders der gelben Blütenfarbe wegen bemerkenswert. Die in Japan heimische, immergrüne Art wird knapp 1 m hoch
BGh-4, Zone 6b.

R.kiusianum Mak. Wintergrüner, kleinblättriger, 60–80 cm hoher Strauch mit rosa- bis karminfarbenen Blüten im Mai–Juni. Hauptsächlich aus *R.kiusianum* und

Rhododendron 'Praecox'

R.kaempferi sind in Japan die Kurume-Azaleen entstanden. Alte japanische Sorten wie 'Hatsugiri' und 'Hinomayo' sind selektierte Klone von *R.kiusianum*. Heimat: Südjapan und die Berghänge auf der Insel Kyushu.
Nhg-4, Zone 7a.

'Lavendula' *(R.russatum × R.saluense × R.rubiginosum)*. Bei Hobbie entstandene, 80–100 cm hohe, breit-aufrechte, langsam und kompakt wachsende, immergrüne Hybride, deren unterseits braun beschupptes Laub angenehm duftet. Mitte bis Ende Mai öffnen sich lavendelfarbene, 5–6 cm breite Blüten mit grüner bis bräunlichgrüner oder rotbrauner Zeichnung. Eine sehr empfehlenswerte, winterharte Hybride.
Zone 6a.

R.luteum Sweet. Im Kaukasus, vereinzelt auch in Polen und Jugoslawien kommt diese sommergrüne Art vor, deren besondere Kennzeichen starker Duft, intensiv gelbe Blütenfarbe und kräftiger Wuchs sind. Im Mai blüht der Strauch übervoll. Seine länglich-lanzettlichen Blätter färben sich im Herbst kräftig purpurrot. Die besonders winterharte Art wird vielfach zu Kreuzungen benutzt und dient mit ihrem robusten Wuchs als Veredlungsunterlage für viele Azaleen-Sorten.
Nh-3, Zone 5b.

R.makinoi Tagg. Bis etwa 1,5 m hohe, immergrüne Art mit geschlossenem, rundlichem Aufbau. Die schmal-lanzettlichen, bis 17 cm langen Blätter sind unterseits anfangs weißlich, später bräunlich-filzig und am Rand zurückgerollt. Erst im Juni erscheinen zartrosa, glockig-trichterförmige Blüten in mittelgroßen Dolden. Blüht meist erst im Alter reich. Wird auch als *R.yakushimanum* ssp. *makinoi* beschrieben. Heimat: Japan.
Nhg-4, Zone 5b.
'Rosa Perle'. Eine sehr schöne Laubpflanze mit schmal-lanzettlichen, im Austrieb weißfilzigen Blättern und dunkelrosa Blüten. Sie ist schwachwachsend und winterhart.

R.metternichii Sieb. et Zucc. Immergrüne, langsamwachsende, bis 1 m hohe, kompakt aufgebaute japanische Art. Die länglich-lanzettlichen, 10–15 cm langen Blätter stehen oft dicht wirtelig gedrängt, sie sind unterseits hell- bis rostbraun-filzig. Im Mai erscheinen die glockigen, hellrosa Blüten, die durch ihre 7lappige Krone auf-fallen. Gilt als eine der schönsten immergrünen Arten aus Japan.
BGh/Nhg-4, Zone 5b.
'Hykoyama'. Schöne Blattpflanze mit tief dunkelgrünen, unterseits stark filzig behaarten Blättern und reinrosa Blüten.

R.minus Michx. wird in seiner nordamerikanischen Heimat zu einem 9 m hohen Strauch, erreicht bei uns aber nur selten mehr als 2 m Höhe. Mit ihren relativ kleinen, immergrünen Blättern wirkt die Art sehr zierlich und locker. Sie blüht im Juni mit purpurrosa Blüten und hat den großen Vorteil, daß sie auch noch an relativ trockenen Standorten und unter dem Druck hoher Bäume recht gut gedeiht.
Nhg-2, Zone 5b.

R.mucronulatum Turcz. beginnt oft schon im Februar zu blühen, und ihre purpurrosa Blüten werden häufig vom Frost zerstört. Die in Japan heimische, sommergrüne Art wird etwa 150 cm hoch.
Nh-4, Zone 6b.

R.orbiculare Decne. Aus Westsichuan stammt diese immergrüne Art, deren auffallendstes Merkmal die fast kreisrunden Blätter sind. Der dichte, rundliche Busch

437

wird kaum 1 m hoch und trägt im April breit-glockige, purpurrote Blüten.
BGh-4, Zone 6b.

R.oreodoxa Franch. erreicht bei straff-aufrechtem Wuchs um 3 m Höhe und ist damit nur für größere Gärten geeignet. In Westsichuan heimisch, benötigt er einen geschützten Standort in der Nähe des Hauses oder im Windschutz einer Gehölzpflanzung, da er schon sehr früh im März–April blüht. Beginnt schon als kleine Pflanze regelmäßig und reich zu blühen.
Nh-4, Zone 6b.

R.oreotrephes W.W. Sm. benötigt gleichfalls einen sehr geschützten Standort, da die Blütenknospen sehr empfindlich sind. An entsprechenden Standorten ist das in Yunnan und Südosttibet heimische, etwa 1,5 m hohe Rhododendron eine der schönsten Arten für den kleinen Garten, die im Mai sehr viele helllila Blüten trägt.
BGh-4, Zone 7a.

R.ponticum L. Die sehr robuste und langlebige Art erreicht im Alter 4–5 m Höhe. Wertvoll ist sie der späten Blüte wegen, die mit hell purpurvioletten Doldentrauben erst im Juni einsetzt. Heimat: Kleinasien, Südspanien und Portugal.
Nh-3, Zone 6b.
'Imbricatum'. Wächst im Gegensatz zur Art schwach und kompakt, sie wird in 15 Jahren nur 70 cm hoch, die Blätter sind dunkelgrün und stark gewölbt, die kleinen Blüten hellviolett.
'Variegatum'. Blätter am Rand unregelmäßig gelb gefleckt, braucht geschützte Standorte und Winterschutz.

'Praecox' (R.ciliatum × R.dauricum) ist als Vorfrühlings-Rhododendron in den Gärten weit verbreitet. Der bis 1,5 m hohe Strauch zeichnet sich durch wintergrüne, stark glänzende Blätter und durch lilarosa Blüten aus, die jährlich in großer Menge erscheinen und sich vom Februar an öffnen. Leider erfrieren sie recht häufig.
Zone 6a.

R.puralbum Balf. f. et W.W. Sm. Immergrüne, mannshohe Art mit länglich-ovalen, im Austrieb bläulich bereiften, unterseits bläulichgrünen Blättern. Im Mai öffnen sich breit-trichterförmige, reinweiße Blüten in lockeren Dolden. Wird als eine der schönsten Wildarten gepriesen. Heimat: Hochlagen in Yunnan.
PG-4, Zone 5b.

R.quinquefolium Bisset et S. Moore. Die nur 1–1,5 m hohe, sommergrüne Art

kommt aus Japan. Sie träge kleine, rautenförmige Blätter und blüht im April–Mai, gleichzeitig mit dem Blattaustrieb mit hängenden, weißen Blüten.
Nhg-4, Zone 6b.

R.racemosum Franch. Ein Zwergrhododendron für alpine Anlagen aus Yunnan. Bei aufrechtem bis niederliegendem Wuchs erreicht die immergrüne, kleinblättrige Art eine Höhe von 50–100 cm. Sie entwickelt hellrosafarbene Blüten, die sich im Mai entfalten.
BGh-4, Zone 6b.

'Radistrotum'. Hybride zwischen R.radicans und R.calostrotum. Wird kaum höher als 30 cm und blüht früh mit purpurroten Blüten. Wertvolle Steingartenpflanze, die widerstandsfähiger und anpassungsfähiger ist als die Ausgangsarten.
Zone 6b.

'Ramapo'. Hybride zwischen dem nordamerikanischen R.carolinianum und dem in Yunnan heimischen R.fastigiatum. Die in Amerika gezüchtete, immergrüne Hybride blüht Anfang Mai mit kleinen, pastelllila Blüten, die zu 3–5 zusammenstehen. 'Ramapo' wächst breit und gedrungen, wird in

Rhododendron schlippenbachii

10 Jahren etwa 60 cm hoch, trägt 2–3 cm lange Blätter, die aromatisch duften, graugrün gefärbt sind und auffallend blau austreiben. Eine frostharte, ziemlich anspruchslose Hybride, die zu den wertvollsten Zwergrhododendren gehört.
Zone 6a.

R.reticulatum D. Don ex G. Don wächst in Japan auf vulkanischer Asche und ist eine vollkommen harte, sommergrüne Art, die auch einen offenen Standort recht gut verträgt. Die meist rautenförmigen, an den Enden der Kurztriebe gehäuften Blätter färben sich im Herbst dunkelrot. Vor dem Blattaustrieb erscheinen die purpurrosafarbenen, schalenförmigen Blüten.
Nhg-4, Zone 6b.

R.russatum Balf. f. et Forrest. Der in Nordwestyunnan heimische, immergrüne Zwergstrauch gilt als eine der dankbarsten Arten für den Alpengarten. Über dunkelgrünen, lanzettlichen, etwa 3 cm langen Blättern entfalten sich im April–Mai veilchenblaue, intensiv gefärbte Blüten, deren gelbe Staubgefäße deutlich in Erscheinung treten.
PG-4, Zone 6b.
'Azurwolke'. Blüten tief reinblau, mit auf-

Rhododendron 'Radistrotum' **Rhododendron wardii**

fallend klarem Farbton, Blätter dunkelgrün, Wuchs in der Jugend locker, später breitrund bis 80 cm hoch.

'Gletschernacht'. Blüten im Aufblühen intensiv blauviolett, später dunkelblau, Blüten weit offen, Wuchs zunächst straff-aufrecht, später kompakt, bis 110 cm hoch.

'Lauretta'. Blüte tief violettblau, blüht später als andere Sorten, Blätter glänzend dunkelgrün, bis 80 cm hoch, sehr winterhart.

R.schlippenbachii Maxim. wird in den Katalogen nicht zu Unrecht als eine der schönsten und elegantesten sommergrünen Azaleen gepriesen. In Japan, Korea und der Mandschurei ist die Art verbreitet, sie wird in unseren Gärten knapp 2 m hoch. Ihre hellgrünen, im Herbst karminrot und gelb gefärbten Blätter stehen an den Enden der Kurztriebe in Quirlen. Etwa gleichzeitig mit dem Blattaustrieb entfalten sich dunkel- oder hellrosa gefärbte, fast schalenförmige Blüten. Die Art ist vollkommen winterhart. Nhg-4, Zone 5 b.

R.smirnowii Trautv. ist nicht zuletzt durch ihre große Winterhärte auch in kontinentalem Klima für den Garten wertvoll. Im Kaukasus ist die immergrüne, bei uns bis 3 m hohe Art verbreitet. Ihre Triebe sind ziemlich steif und weißfilzig, im Aus-

trieb sind die Blätter weißwollig, später sind sie es nur noch auf der Unterseite. Erst im Juni öffnen sich die lilarosa Blüten in lockeren Dolden. BGh-3, Zone 5 b.

R.sutchuenense Franch. gilt zwar als etwas empfindliche, aber imposante Art, die zur vollen Entfaltung Platz gebraucht, da sie auch in unseren Gärten 3–4 m Höhe erreicht. Schon im März–April entfaltet dieses westchinesische Rhododendron rosafarbene Blüten, die purpurn punktiert sind, in fast 20 cm breiten Doldentrauben. Dekorativ ist auch der Blattaustrieb mit den in der Jugend sehr dicken, grauweißfilzigen Trieben. Die oberseits mattgrünen, kräftigen, lederartigen Blätter können eine Länge von 30 cm erreichen. Der Strauch ist winterhart, braucht wegen der frühen Blüte aber einen geschützten Platz. BGh-4, Zone 6 b.

R.traillianum Forrest et W.W. Sm. stammt aus Nordwestyunnan und entwickelt sich bei uns zu einem bis 1,5 m hohen, immergrünen Strauch mit aromatisch duftenden, unterseits gelbbraun bis dunkelbraun-filzigen Blättern. Weiße, karminrot gepunktete Blüten sitzen im April–Mai zu 10–15 in Doldentrauben. BGh-4, Zone 6 a.

R.ungernii Trautv. Die späte Blütezeit im Juni–Juli und die dekorative Belaubung mit 10–15 cm langen, unterseits dicht grau- oder hellbraun-filzigen Blättern macht die Art recht wertvoll. Sie wächst nur langsam bis 2 m Höhe heran, ist immergrün, und ihre blaßrosa Blüten stehen zu 20–30 in lockeren Dolden. BGh-4, Zone 6 b.

R.vaseyi A. Gray gehört zu den nordamerikanischen Azaleen und wird als eine der besten Wildarten gerühmt. Sie blüht reich mit hellrosafarbenen Blüten im April, ist gesund im Wuchs und wird mit 1,5–2 m Höhe auch für den kleinen Garten nicht zu üppig. Nhg-2, Zone 6 a.

R.vernicosum Franch. ist ein immergrüner, bis 3 m hoher, breitwachsender Strauch aus Tibet. Die mittelgroßen, unterseits bläulichen Blätter werden bei Erwärmung lackglänzend. Im April–Mai öffnen sich glockige, weiße oder rosa Blüten. Die frostharte Art soll auch auf leicht alkalischen Böden gedeihen. BGh-4, Zone 6 a.

R.viscosum (L.) Torr. kommt in Sumpfgebieten an der Ostküste Nordamerikas vor. Der sommergrüne, kräftig wachsende

Strauch erreicht Höhen von 1,5 m. Die Zweige sind striegel- oder rauhhaarig, die Blätter sind nur unterseits auf der Mittelrippe rauhhaarig. Die weißen bis rosafarbenen, angenehm nach Nelken duftenden Blüten erscheinen erst im Juni nach der Laubentfaltung.

Sorten wie 'Joly Madame', 'Rosata' und 'Soir de Paris' sind Auslesen mit rosa Blüten.

Nhw-2, Zone 6a.

R. wardii W. W. Sm. gilt unter unseren Klimaverhältnissen als beste gelbblühende, immergrüne Art. Das in Yunnan, Sichuan und Südosttibet heimische Rhododendron wächst langsam, breit und sparrig und wird kaum übermannshoch. Die reingelben, leicht schalenförmigen Blüten entfalten sich im Mai. Braucht geschützte Lagen und frische Böden.

BGh-4, Zone 7b.

R. wightii Hook. f. Das im Osthimalaja, in Sikkim, Nepal und Bhutan heimische, immergrüne Rhododendron ist vor allem seiner Blätter wegen interessant. Sie werden 12–18 cm lang, sind in der Jugend unterseits weißfilzig, später braun bis orangerot und schließlich kahl. Die Blüten sind hell- oder zitronengelb, mit einem dunkelroten Basalfleck und mit Punkten gezeichnet. Die

nicht ganz winterharte Art braucht einen geschützten Standort.

Mhg-4, Zone 7b.

R. williamsianum Rehd. et Wils. entwikkelt einen kaum 1 m hohen, rundlichen, sehr kurzzweigigen Busch mit immergrünen, breit-eiförmigen, im Austrieb dunkelroten Blättern. Interessant sind die glokkenförmigen, rosafarbenen Blüten, die in der Regel zu dritt beisammenstehen und sich im April öffnen.

Die in der chinesischen Provinz Sichuan heimische Art wird kaum kultiviert. Von hohem Wert sind dagegen die von D. Hobbie und V. von Martin gezüchteten Williamsianum-Hybriden, die zu Beginn der 40er Jahre entstanden. Sie werden in ihrem Aussehen vor allem durch *R. williamsianum* geprägt, das mit seinen rundlichen Blättern, dem farbigen Austrieb, dem geschlossenen Wuchs und den glockenförmigen Blüten einen ganz eigenen Charakter hat. Die Hybriden benötigen im Garten einen Standort, der vor allem Schutz vor Spätfrösten bietet, denn sie leiden, wie die Art, in Austrieb und Blüte nicht selten unter Spätfrösten (siehe Tabelle Seite 446).

Nhg-4, Zone 6b.

R. yakushimanum Nakai kommt ausschließlich in einem kleinen, sehr regenrei-

chen Areal in 1200–1800 m Höhe auf der südjapanischen Insel Yaku Shima vor, nicht selten an sehr windexponierten Standorten. Die immergrüne Art hat in den letzten Jahren eine große Bedeutung erlangt. Dazu haben neben dem kompakten, nur 50–100 cm hohen Wuchs der auffallende und dekorative, allseits weißgrau behaarte Austrieb, die unterseits hellbraun-filzigen, 5–10 cm langen, schmalen, nach unten gewölbten Blätter, die große und früh einsetzende Reichblütigkeit und ihre besonders gute Winterhärte beigetragen. Bei der natürlichen Art entfalten sich im Mai aus karminrosa Knospen zuerst zartrosa gefärbte, später und im Verblühen weiß gefärbte Blüten. *R. yakushimanum* ist eine überaus dekorative, großblumige Art, die für kleine Gärten wie geschaffen ist.

BGh-4, Zone 6a.

R. yakushimanum wird gegenwärtig an vielen Stellen züchterisch bearbeitet. Die Flut der Sorten ist fast unüberschaubar geworden. Die feinen Unterschiede in den Blütenfarben sind oft nur für ganz kurze Zeit sichtbar. Zunächst kam aus England 'Koichiro Wada' zu uns. Es handelt sich um eine verklonte Wildform mit besonders schönem, weißfilzigen Austrieb und weißen Blüten aus rosa Knospen. In Deutschland hat sich vor allem H. Hachmann mit der Züchtung von Yakushimanum-Hybriden beschäftigt. Besonderer Wert wurde dabei auf ausreichend hohe Winterhärte gelegt. Die Hybriden zeichnen sich vor allem durch langsamen Wuchs, eine kompakte Wuchsform, durch früh einsetzende Blüte und große Reichblütigkeit aus. Durch die starke Behaarung ihrer Blätter gedeihen sie auch in sonnenreicheren Zonen mit kontinentalem Klima (siehe Tabelle Seite 447).

R. yedoense Maxim. ex Regel ist nur als Gartenform in Korea und Japan bekannt. Der sommergrüne, dichtverzweigte Strauch wird kaum 1 m hoch und ist seiner gefüllten lilarosa Blüten wegen geschätzt. Erst sehr viel später wurde die eigentliche Wildform von *R. yedoense* in Korea entdeckt und erhielt darum nur die Bezeichnung einer Varietät: *R. yedoense* var. *poukhanense* (Lévl.) Nakai. Sie unterscheidet sich im wesentlichen durch einfache, lilarosa, dunkler punktierte Blüten. Ihre Blätter färben sich im Herbst orange und karminrot. Beide sind winterhart.

Nhg-4, Zone 6b.

R. yunnanense Franch. ist nur unter sehr günstigen Bedingungen immergrün. In der Regel ist die in Yunnan, Sichuan und Tibet heimische Art nur wintergrün. Sie entwikkelt sich zu einem graziösen, reichblühen-

Rhododendron yakushimanum

den bis 1,5 m hohen Busch, der im Mai weißrosa Blüten entfaltet.
BGh-4, Zone 7a.

2. Immergrüne Rhododendron-Hybriden

Unter Hybriden und Sorten verstehen wir in der Regel Produkte gärtnerischer Züchtungsarbeit. Seit der Mitte des vorigen Jahrhunderts wird Rhododendron-Züchtung betrieben, die dazu geführt hat, daß Sorten und Hybriden heute in der Gartenkultur eine größere Bedeutung zukommt als den natürlichen Arten. Insgesamt sind knapp 4000 Rhododendron- und knapp 5000 Azaleen-Sorten registriert. Jeweils eine Auswahl davon wird in den folgenden Listen vorgestellt.

Die Immergrünen Rhododendron-Hybriden umfassen hier nicht nur die »Großblumigen Rhododendren« (siehe folgende Ta-belle), sondern auch die »Kleinbleibenden Rhododendren mit Wildcharakter«, wie sie in den Baumschulen häufig genannt werden.

Zu den ersten gehören verschiedene Hybridgruppen, unter denen die Catawbiense-Hybriden dominieren. Sie zeichnen sich durch hohe Winterhärte, Wüchsigkeit und gesunde Belaubung aus. Letztere ist für die Beurteilung des Gartenwertes besonders wichtig, da man von ihr während des ganzen Jahres eine Schmuckwirkung erwartet, die von den Blüten nur für kurze Zeit erreicht wird. Alle anderen Hybridgruppen sind nur für einzelne Sorten von Bedeutung. Die meisten Sorten dieser Gruppe können sich zu sehr großen Sträuchern entwickeln, die mehrere Meter in Höhe und Breite erreichen können. Da dazu aber oft Jahrzehnte notwendig und die ökologischen Bedingungen in den wenigsten Gärten opti-mal sind, kann man sie im Hausgarten mit ruhigem Gewissen enger pflanzen.

In den folgenden Tabellen werden bis auf einige ältere, bewährte Sorten überwiegend Neuzüchtungen der letzten Jahre behandelt. Sie übertreffen in ihrem Wuchs- und Blühverhalten sowie in der Leuchtkraft ihrer Blütenfarben oft die älteren Sorten.

Zu den kleinbleibenden Rhododendren gehören die Impetidum-, Repens-, Williamsianum- und Yakushimanum-Hybriden, die jeweils in einer Übersicht zusammengestellt werden (siehe Tabelle Seite 445–448), aber auch die schon bei den Wildarten behandelten Hybriden wie 'Lavendula', 'Praecox', 'Radistrotum' und 'Ramapo'. Schließlich auch einige Wildarten mit ihren Sorten wie *R. calostrotum*, *R. camtschaticum*, *R. chryseum*, *R. fastigiatum*, *R. ferrugineum*, *R. haematodes*, *R. hippophaeoides*, *R. hirsutum*, *R. kiusianum*, *R. racemosum* und *R. russatum*.

Großblumige Rhododendron-Hybriden

Sorte	Blütenfarbe	Blütezeit*	Wuchshöhe (m)	Bemerkungen
'Adriaan Koster'	hell reingelb	mittel	2	Blüten mit großer Leucht-kraft
'America'	rubin bis purpurrot, rotbraune Zeichnung	mittel	1,8–2	Wuchs locker und sparrig
'Ariane'	leuchtendrot, im Zentrum fast weiß, dunkelrote Zeichnung	spät	bis 1,2 m hoch und 1,8 m breit	
'Azurro'	intensiv dunkelviolett, samtigschwarz gefleckt	spät	10jährig 1,1	Blüten auffallend groß und mit gekräuseltem Rand
'Belkanto'	Knospen im Aufblühen goldgelb mit orangefarbenem Ton, später mit gelbem Grundton, an den Rändern orangerötlich, im Innern kräftigoliv gezeichnet	spät	10jährig 1,1	gut winterharte Wardii-Hybride
'Berliner Liebe'	leuchtendrot mit dunkelroter Zeichnung	mittel–spät	1,5	Wuchs breit-aufrecht, dicht geschlossen, Insigne-Hybride
'Bernstein'	hell bernsteingelb, kupfrigbraun gezeichnet	spät	12jährig 1,1	Sorte mit seltener Blütenfarbe, bei ungünstigem Stand ist Winterschutz ratsam
'Bismarck'	purpurrosa, später weiß	mittel	2	wüchsig, aufrecht und kompakt
'Blinklicht'	in der Knospe dunkelrot, später kirschrot	spät	15jährig 1,3	reichblühend, Wuchs aufrecht und kompakt
'Blue Peter'	hellblau mit schwarzrotem Fleck	mittel	2–2,5	Wuchs gedrungen, Blätter groß
'Blutopia'	purpurviolett mit großem olivgrünen Fleck, weit offen	früh	1,6	früh blühende Catawbiense-Hybride
'Brasilia'	in der Gesamtwirkung orangerosa mit gelb	spät	12jährig 1,2	gut winterharte Wardii-Hybride, Wuchs breit-aufrecht und kompakt
'Brigitte'	weiß mit rosa Saum, kräftig gelbgrün gezeichnet	spät	15jährig 1,1	Wuchs breit-aufrecht, Belaubung groß
'Britannia'	leuchtend scharlach- bis karminrot, schwache braune Zeichnung	spät	1,5	ziemlich kompakt wachsend, Winterschutz notwendig

Großblumige Rhododendron-Hybriden (Fortsetzung)

Sorte	Blütenfarbe	Blütezeit*	Wuchshöhe (m)	Bemerkungen
'Catawbiense Album'	weiß, im Aufblühen lilarosa, gelbgrüne Zeichnung	spät	2,5–3	alte Sorte mit kräftigem Wuchs
'Catawbiense Boursault'	hellila, schwache gelbe Zeichnung	spät	2,5–3	alte, bewährte Sorte mit breit-kugeligem Wuchs und voller Belaubung
'Catawbiense Grandiflorum'	hellila, gelbrote Zeichnung	mittel–spät	3,5–4	sehr robust und besonders winterhart, Blätter gesund und tiefgrün
'Catharine van Tol'	rubinrosa, gelbgrüne Zeichnung	mittel	2,5–3	Wuchs kompakt, breit-kugelig
'Constanze'	reinrosa mit kräftiger, dunkelroter Zeichnung	spät	12jährig 1,4	Wuchs breit-aufrecht und kompakt, erst im Alter reichblühend
'Cunningham's White'	weiß, zartgelbe Zeichnung	früh	3,5–4	sehr robuste und anpassungsfähige Sorte
'Dagmar'	zartrosa-lila, aufgeblüht fast weiß, gelbgrüne Zeichnung	spät	10jährig 1,1	Blüten mit angenehmem süßem Duft, schöne, dunkelgrüne Belaubung
'Diadem'	hellrosa bis hell lilarosa mit großem, dunkelrotem bis braunem Fleck	spät	12jährig 0,7	
'Diamant'	leuchtendrosa, schwache Zeichnung aus dunkelroten Punkten, Blütenfarbe sehr leuchtkräftig	mittel	kompakt und flachrund, bis 1,2 m hoch, bis 2,5 m breit	Blätter auffallend schmal
'Diana'	leuchtend lachsrosa mit rötlicher Zeichnung	mittel	2	Wuchs breit-kugelig, geschlossen
'Dr. H. C. Dresselhuys'	purpurrot mit brauner Zeichnung	mittel–spät	3–3,5	breit-aufrecht, fast schirmförmig wachsend
'Dr. V. H. Rutgers'	lebhaft rubinrot, dunkelbraune Zeichnung	mittel	2–2,5	Wuchs breiter als hoch, Belaubung dunkelgrün
'Duke of York'	hellrosa, grünlichbraune Zeichnung	mittel	2–2,5	alte Sorte mit intensivem Blütenduft und großen Blättern
'Ehrengold'	hellgelb, sehr schwache bräunliche Zeichnung, Saum schwach rosa, im Aufblühen aprikosenfarben	mittel	10jährig 1,0	Wardii-Hybride, Wuchs breit-aufrecht, geschlossen
'Erato'	satt tiefrot mit kräftiger schwarzroter Zeichnung, verblaut im Verblühen nicht	spät	12jährig 1,4	Wuchs breit und kompakt, schönste tiefrote Hachmann-Züchtung
'Everestianum'	hell purpurviolett, gelbgrüne oder rotbraune Zeichnung	spät	2–3	Wuchs breit-kugelig, geschlossen, alte, bewährte Sorte
'Fastuosum'	dunkellila	mittel	4–5	eigenartige Sorte mit gefüllten Blüten
'Felicitas'	hellgelb mit zart lachsrosa Tönung und auffallend rotbrauner Zeichnung, Saum leicht rosa getönt	spät	10jährig 0,8	Wuchs dicht und kompakt, sehr reichblühende Wardii-Hybride
'Furnivall's Daughter'	hell zartrosa, auffallend dunkelrot gezeichnet	mittel	15jährig 1,3	Wuchs locker, sehr schöne Sorte, die einen etwas geschützten Platz gebraucht
'Gloria'	cremefarben-gelblich mit rosa Tönung, kräftige orangegelbe bis gelbgrüne Zeichnung	spät	10jährig 1,0	Wuchs breit-aufrecht, ziemlich geschlossen, Winterhärte befriedigend bis gut

Großblumige Rhododendron-Hybriden (Fortsetzung)

Sorte	Blütenfarbe	Blütezeit*	Wuchshöhe (m)	Bemerkungen
'Goldbukett'	hellgelb, außen schwach rosa getönt, mit kräftiger dunkelrosa Zeichnung und hellrotem Basalfleck	mittel	10jährig 0,9	Wardii-Hybride, neben 'Marina' die härteste gelbblühende Hachmann-Züchtung
'Goldflimmer'	lila, gelbe Zeichnung	spät	10jährig 0,6	auffallend durch gelbbunt marmoriertes Laub
'Goldika'	reingelb bis zitronengelb mit dunkelrotem Basalfleck	spät	10jährig 0,9	Wardii-Hybride mit breitem, kompakten Wuchs
'Goldkrone'	reingelb, mit kleinen, dunkelroten Punkten gezeichnet	mittel	10jährig 0,6	Wardii-Hybride, farblich die wohl beste gelbe Hachmann-Züchtung
'Gomer Waterer'	weiß, aus lilaroten Knospen, gelbgrüne Zeichnung	spät	2–3	eine der schönsten weißblühenden Sorten
'Graf Lennart'	hellgelb mit schwacher roter Zeichnung, Saum teilweise schwach rötlich getönt	mittel	12jährig 0,9	Wuchs aufrecht und kompakt, reichblühend
'Hachmann's Feuerschein'	leuchtend reinrot mit sehr schwacher brauner Zeichnung	spät	15jährig 1,2	Wuchs kompakt, reichblühend, schon als junge Pflanze
'Humboldt'	hell purpurviolett, tief dunkelrote Zeichnung	mittel–spät	15jährig 1,5	besonders frosthart und schön in der Blüte
'Jacksonii'	weiß, im Aufblühen rosa, gelbe Zeichnung	sehr früh	10jährig 0,9	schwachwachsend, kugelig und geschlossen
'Kokardia'	rubinrosa mit schwarzrotem Fleck	spät	15jährig 1,3	Wuchs breit-aufrecht
'Lachsgold'	im Aufblühen außen rosa bis gelblichrosa, innen hellgelb, Saum schwach rosa getönt, schwache gelbgrüne Zeichnung	spät	15jährig 1,4	Blüten besonders lange haltbar, auch bei Sonne und Wind
'Lady Annette de Trafford'	hellrosa mit schwarzroter Zeichnung	sehr spät	15jährig 1,4	breit und etwas sparrig wachsend
'Lavender Girl'	zartlila, Saum rosa	mittel	2,5	großblättrig und stark wachsend
'Lee's Dark Purple'	purpurviolett, gelbbraune Zeichnung	spät	2–2,5	gesunde Belaubung und dunkle Blüte
'Maharani'	hellgelb mit dunkelroter Zeichnung	mittel	15jährig 1,8	Wuchs breit-aufrecht, locker
'Manuela'	lilarosa mit schwacher gelbgrüner Zeichnung auf hellerem Untergrund	spät	10jährig 1,0	Wuchs kugelig, kompakt, Blütensaum auffallend gekraust
'Marianne von Weizäcker'	leuchtend hellrot	spät		kompakt, breit-rundlich, bis 1,2 m hoch und 1,8 m breit, schöne Insigne-Hybride
'Memoir'	im Aufblühen zartlila, später reinweiß mit auffallendem gelbgrünem Fleck	spät	10jährig 1,2	eine der schönsten weißen winterharten Hybriden
'Mrs. P. den Ouden'	dunkel rubinrot, hellgrüne oder braune Zeichnung	spät	1,5–2	alte, verbreitete Sorte mit flach-kugeligem Wuchs
'Nova Zembla'	rubinrot, innen violettbraun gezeichnet	spät	15jährig 1,7	Wuchs breit-aufrecht, im Alter aufgelockert
'Old Port'	violettrot, dunkelbraune Zeichnung	spät	2	Wuchs stark, aufrecht und locker, alte Standardsorte
'Parsons Gloriosum'	zart purpurviolett, gelbgrüne Zeichnung	spät	3	Wuchs stark, aufrecht, buschig, ebenfalls alte, aber immer noch angebotene Sorte
'Polarnacht'	tief dunkelviolett, schwarzviolette Zeichnung und auffallend hellbraune Staubgefäße	spät	10jährig 0,8	Wuchs dicht und kompakt, Sorte mit der dunkelsten Blütenfarbe

Großblumige Rhododendron-Hybriden (Fortsetzung)

Sorte	Blütenfarbe	Blütezeit*	Wuchshöhe (m)	Bemerkungen
'Prof. Hugo de Vries'	hellrosa, rotbraune Zeichnung	mittel	3	Wuchs stark und breit-aufrecht
'Progrés'	hell rubinrosa bis hellzartrosa, im Innern kräftig weinrot gezeichnet	früh	15jährig 1,3	Wuchs locker und etwas sparrig, Blütensaum gefranst
'Purpureum Elegans'	purpurviolett, braune Zeichnung	spät	2–2,5	alte, bewährte Sorte
'Rasputin'	hell violettblau mit großem, dunkelviolettem Fleck'	spät	10jährig 1,1	Wuchs breit-aufrecht
'Rosabella'	leuchtend karminrosa mit rötlichem, stark gekräuseltem Saum und kleiner brauner Zeichnung		1,0	
'Rosa Perle'	intensiv rosa mit schwacher rötlicher Zeichnung	mittel–spät	bis 2,5	Wuchs kompakt und geschlossen, später leicht schirmförmig
'Rosarka'	hell karminrot, innen heller und mit dunkelroter Zeichnung	spät	10jährig 0,45	Insigne-Hybride, braucht einen geschützten Platz
'Roseum Elegans'	rosalila, schwache rotbraune Zeichnung	spät	20jährig 2,0	hervorragende ältere Sorte mit besonders guter Winterhärte
'Sammetglut'	tief samtrosa mit auffallend weißen Staubgefäßen	spät	15jährig 1,6	Wuchs aufrecht, locker, Blütensaum stark gewellt
'Schneespiegel'	reinweiß mit weinrotem Basalfleck, Blüten weit offen und von sehr guter Konsistenz	mittel	12jährig 0,8	Wuchs breit und kompakt, Wardii-Hybride mit Einfluß von *R. yakushimanum*
'Schneewittchen'	weiß, außen zart lilarosa getönt, kräftige dunkelrote Zeichnung	spät	bis 2,5	Wuchs breit-aufrecht und geschlossen
'Scintillation'	reinrosa, Innenseite der Blütenblätter goldbraun gefleckt	mittel	15jährig 1,6	Wuchs zunächst sparrig, später dann geschlossen, eine der schönsten reinrosa Sorten
'Seestadt Bremerhaven'	hellrosa, zum Zentrum hin weiß, gelbgrüne Zeichnung, Saum gewellt	mittel	15jährig 0,9	Wuchs breit, kompakt und geschlossen
'Selektion Alfred'	lila, schwache grüngelbe Zeichnung	mittel	1,8–2	alte, bewährte Sorte, als Treibsorte geeignet
'Silvia'	im Aufblühen zartrosa später cremefarben-gelblich mit zartrosa Hauch und gelber Zeichnung	spät	2	Wuchs kugelig, locker, im Alter etwas gestuft
'Simona'	cremefarben mit zartlila Saum und kräftiger, dunkelroter Zeichnung	sehr früh	15jährig 1,4	Wuchs zunächst sparrig, später breit-aufrecht und aufgelockert
'Stadt Delmenhorst'	im Aufblühen rosa, später cremefarben mit einem rosa Schimmer und brauner Zeichnung	mittel	1,5	Wuchs breit-aufrecht, ziemlich geschlossen
'Susan'	zart weißblau, violette Zeichnung	mittel	1,8–2,5	schöne Sorte für geschützte Standorte
'Tarantella'	leuchtend weinrot mit schwarzroter Zeichnung, in der Sonne nicht verblassend	sehr spät	10jährig 1,2	Wuchs breit und kompakt, eine der besten roten Hachmann-Sorten
'Viscy'	im Aufblühen orangefarben, dann kupfergelb mit kräftiger dunkelroter Zeichnung	sehr früh	10jährig 0,9	frühe und lang anhaltende Blütezeit, braucht gut geschützte Standorte

* Blütezeiten: sehr früh = Anfang bis Mitte April, früh = Ende April bis Anfang Mai, mittel = Mitte Mai, spät = Ende Mai bis Anfang Juni, sehr spät = Mitte bis Ende Juni

Rhododendron 'Seestadt Bremerhaven' **Rhododendron repens 'Scarlet Wonder'**

Impeditum-Hybriden

Sorte	Blütenfarbe	Blütezeit★	Wuchshöhe (m)	Bemerkungen
'Azurika'	leuchtend dunkellila	früh	0,5	Wuchs kompakt, sehr reichblühend
'Blue Tit Magor'	hellblau, zart lila getönt	früh	1,2	Wuchs aufrecht, sehr reichblühend, Blüten in dichten Büscheln
'Blumiria'	lilaviolett	früh	1,2	Wuchs zunächst fast säulenförmig aufrecht, sehr reichblühend und robust
'Gristede'	leuchtendlila	mittel	0,8	reichblühend, Wuchs sehr breit, Blütenstände mehr oder weniger ballförmig
'Moerheim'	hellviolett	früh	0,5	Wuchs dicht und kompakt
'Ramapo'				siehe Seite 438
'Violetta'	intensiv violett, Staubgefäße auffallend braunrot	mittel	0,8	Wuchs breit, halb-aufrecht, sehr reichblühend

Repens-Hybriden

Sorte	Blütenfarbe	Blütezeit★	Wuchshöhe (m)	Bemerkungen
'Abendrot'	leuchtendrot	mittel	0,3	Wuchs kompakt, Blätter dunkelgrün
'Bad Eilsen'	leuchtend scharlachrot	mittel	0,6	flachwachsend, Blätter frischgrün
'Baden-Baden'	leuchtend scharlachrot	früh	1,0	eine der wertvollsten Sorten, Blätter dunkelgrün
'Bengal'	scharlachrot	mittel	0,6	Wuchs breit und hoch, Blätter dunkelgrün
'Burning Love'	blutrot	mittel	0,8	Blütenknospen intensiv braunrot
'Dr. Ernst Schäle'	hell scharlachrot	früh	0,8	Wuchs halbkugelig, reichblühend und großblumig
'Frühlingszauber'	scharlachrot	früh	0,6	Wuchs kompakt und geschlossen
'Mannheim'	dunkelrot	mittel	0,8	Wuchs breit-aufrecht und geschlossen
'Red Carpet'	leuchtendrot	früh	0,5	Wuchs sehr langsam, teppichförmig
'Satin'	kardinalrot	früh	0,6	blüht sehr reich, Blütenfarbe mit deutlich rosa Einschlag
'Scarlet Wonder'	scharlachrot	früh	0,8	eine der wertvollsten Sorten, Blütenknospen schön braunrot

★ früh = Ende April bis Anfang Mai, mittel = Mitte Mai

Williamsianum-Hybriden

Sorte	Blütenfarbe	Blütezeit*	Wuchshöhe (m)	Bemerkungen
'August Lamken'	dunkelrosa, innen dunkelrot gezeichnet	mittel	1,5–2	Wuchs breit-aufrecht, schöne, dunkelgrüne, kräftige Belaubung
'Boccia'	rubinrosa, innen dunkelrot gezeichnet	mittel	1,2	Wuchs rundlich, kompakt
'Gartendirektor Glocker'	rosarot, später aufhellend	früh	1,3	Wuchs breit-kugelig und kompakt, sehr reichblühend
'Gartendirektor Rieger'	cremeweiß, innen dunkelrot gezeichnet	früh	1,5	Wuchs breit-aufrecht, sehr großblumig, verhältnismäßig lange Blütezeit
'Görlitz'	leuchtendrosa mit weinroter Zeichnung	früh	1,5	Wuchs kugelig bis breit-aufrecht, sehr blühwillig
'Irmelies'	leuchtend rubin-rosa	früh	1,0	sehr reichblühend, schöne, tiefgrüne Belaubung
'Jackwill'	im Aufblühen zartrosa, später rosa-weiß	früh	1,0	Wuchs schwach und kompakt
'Kristina'	rein rubinrosa, außen dunkelrosa gestreift, innen mit kräftig goldbrauner Zeichnung	früh	1,0	Wuchs breit und kompakt, sehr reichblühend
'Lissabon'	karminrot	früh	1,5	Wuchs kugelig und kompakt, Blätter im Austrieb auffallend bronzefarben
'Osmar'	hellrosa, außen dunkler gestreift, innen mit hellbrauner Zeichnung	früh	1,0	Wuchs rundlich, kompakt
'Rosa Wunder'	reinrosa, Blüten groß und weit offen	mittel	1,5	Wuchs kompakt, Winterschutz ratsam
'Rothenburg'	im Aufblühen zitronengelb, später cremefarben	früh	2,0	aufrecht und starkwachsend, Blütenstutz sehr groß
'Stadt Essen'	rosa, hellfarbener Schlund	früh–mittel	1,5	Wuchs breit-aufrecht und locker, Einzelblüten sehr groß
'Stockholm'	zart lilarosa	früh	1,5	Wuchs breit-aufrecht, kompakt, verhältnismäßig schwach
'Vater Böhlje'	hellila	früh	1,0	Wuchs kugelig und kompakt, sehr winterhart

* früh = Ende April bis Anfang Mai, mittel = Mitte Mai

Rhododendron yakushimanum 'Frühlingsanfang'   **Rhododendron 'Persil'**

Yakushimanum-Hybriden

Sorte	Blütenfarbe	Blütezeit*	Wuchshöhe (m)	Bemerkungen
'Anuschka'	Saum kräftig rosarot, innen heller bis fast reinweiß	spät	10jährig 0,5	Wuchs sehr kompakt, gleichmäßig flach-kugelig, breite, volle Belaubung
'Bad Zwischenahn'	hellrosa mit kräftiger dunkelroter Zeichnung auf weißem Untergrund	mittel	bis 1,2	Wuchs flach-kugelig, kompakt, Blütenstand etwas locker
'Barmstedt'	leuchtend rosarot, nach innen zu rosa bis zartrosa	spät	10jährig 0,6	Wuchs flach-kugelig, junge Blätter lange schön silbrig-filzig
'Blurettia'	Saum rosaviolett, nach innen heller werdend, Saum gewellt	spät	10jährig 0,75	Wuchs breit-kugelig, Blätter tief dunkelgrün
'Daniela'	leuchtend rosarot, oberes Blütenblatt mit wenigen schwachen roten Punkten auf weißem Untergrund	spät	10jährig 0,5	Wuchs niedrig, kompakt, Blütenstand kompakt und ballförmig
'Edelweiß'	aufgeblüht reinweiß, früh und reich blühend	mittel	10jährig 0,65	Blätter bleiben bis zum Herbst weißwollig behaart, wird viel breiter als hoch
'Emanuela'	weiß, Saum intensiv rosa und schön gewellt	mittel	10jährig 0,6	Wuchs breit, flach-kugelig, Blüten witterungsbeständig und von langer Haltbarkeit
'Emden'	hellrosa mit gelblichbrauner bis gelblichgrüner Zeichnung, Saum gewellt	mittel	bis 1,5	Wuchs flach und kompakt, Blütenstand etwas locker
'Fantastica'	Saum rosarot, nach innen zu heller, im Zentrum weiß mit schwacher gelblicher bis rötlicher Zeichnung	spät	10jährig 0,75	Wuchs breit-aufrecht, kompakt und sehr dicht, Blütenstand groß und domartig
'Flava'	hellgelb mit rotem Basalfleck	spät	10jährig 1,2	Wuchs ziemlich stark, Blütenstand locker überhängend, schöne gelbblühende Sorte
'Frühlingsanfang'	intensiv rosa, im Zentrum heller, feine, dunkelrote Zeichnung	früh–mittel	bis 1,5	Wuchs breit-kugelig, kompakt, Blütenstand kompakt, Blüten mit auffallend leuchtkräftiger Farbe
'Isadora'	leuchtendrosa mit dunklerem Saum, im Schlund heller, dunkelrote Zeichnung	mittel	24jährig 1,0	Wuchs breit und kompakt, viel breiter als hoch
'Kalinka'	hellrosa, Saum dunkelrosa, gelblichgrüne bis gelblichbraune Zeichnung auf weißem Untergrund, außen purpurrosa, Saum gewellt	spät	10jährig 0,7	Wuchs gleichmäßig und kompakt, Blätter schön dunkelgrün, sehr reichblühend
'Lampion'	im Aufblühen hellrot, offen rosarot, im Verblühen fast weiß	mittel	10jährig 0,4	Wuchs dicht und flach, sehr reichblühend
'Loreley'	Saum zartrosa, zum Zentrum hin gelblichrosa, schwache gelbe Zeichnung auf gelblichem Untergrund	mittel	bis 1,2	Wuchs breit-kugelig, kompakt, Blütenstand etwas locker, Blüten mit schöner Farbkombination
'Marietta'	hell cremegelb mit kleiner schwarzroter Zeichnung, Saum schön gekräuselt	spät–sehr spät	10jährig 0,35	Wuchs sehr niedrig und kompakt, Blätter tief dunkelgrün, sehr winterhart
'Marlis'	außen hellrosa, innen hellrosa mit weißen Partien, Saum hellrosa, schwache gelbe Zeichnung auf weißem Untergrund	spät	10jährig 0,8	Wuchs breit-kugelig, kompakt, als junge Pflanze locker, Blätter im Austrieb lange silbrig-filzig, Blüten sehr groß und von langer Haltbarkeit
'Morgenrot'	hellrot, zum Zentrum hin heller, bräunlichrote Zeichnung, Saum gewellt	spät	10jährig 0,75	Wuchs breit und kompakt, Belaubung dicht und tiefgrün, sehr reichblühend
'Nicoletta'	im Aufblühen hellrosa, später weiß, im Innern brombeerfarben gefleckt	mittel	10jährig 0,45	reichblühende, farbenprächtige Sorte

Yakushimanum-Hybriden (Fortsetzung)

Sorte	Blütenfarbe	Blütezeit*	Wuchshöhe (m)	Bemerkungen
'Polaris'	rubinrosa, nach innen heller werdend, Zeichnung gelbgrün auf weißem Untergrund, Saum gewellt	spät	10jährig 0,65	Wuchs flach, kompakt, sehr reichblühend, schon als junge Pflanze, sehr winterhart
'Porzellan'	reinweiß mit goldgelber bis grüngelber Zeichnung	spät	10jährig 0,7	Wuchs breit-kugelig
'Rendezvous'	leuchtend rosarot mit Zeichnung aus kleinen, dunkelroten Punkten, Saum stark gekräuselt	spät	10jährig 0,4	Wuchs kompakt, flach, Blätter nach dem Austrieb mehrere Wochen silbrig-filzig
'Schlaraffia'	im Aufblühen hellrosa, bald ganz weiß	mittel	10jährig 0,65	Blätter unterseits dicht cremeweiß-filzig
'Schneekrone'	im Aufblühen zartrosa, später reinweiß mit brauner Zeichnung, Saum leicht gewellt	spät	10jährig 0,65	Wuchs gleichmäßig, flach und kompakt
'Schneewolke'	in der Knospe lila, aufgeblüht weiß mit schwacher lila Tönung und schwacher gelber Zeichnung, Saum gewellt	spät	10jährig 0,9	Wuchs zunächst rasch und locker, später breit-kugelig und kompakt, sehr winterhart
'Silberwolke'	im Aufblühen zartrosa, später weiß mit schwacher gelbgrüner Zeichnung, Saum leicht gewellt	spät	15jährig 0,9	Wuchs rasch, kompakt, breit-aufrecht, wertvolle, bewährte Sorte
'Sonatine'	intensiv rosa, im Zentrum fast weiß, schwache, gelbgrüne Zeichnung	spät	10jährig 0,7	Wuchs gleichmäßig, kompakt, Blätter zunächst silbrig-filzig, später dunkelgrün und glänzend
'Tatjana'	purpurrosa, im Zentrum weißlich, sehr schwache rötliche bis bräunlichrote Zeichnung	spät	10jährig 0,65	Wuchs niedrig und kompakt, Belaubung dunkelgrün und dicht, Blüten mit langer Haltbarkeit

* früh = Ende April bis Anfang Mai, mittel = Mitte Mai, spät = Ende Mai bis Anfang Juni, sehr spät = Mitte bis Ende Juni

3. Japanische Azaleen

Unter diesem Sammelbegriff werden Sorten zusammengefaßt, die ihrer Abstammung nach in verschiedene Gruppen unterteilt werden können, deren Abgrenzung aber oft recht willkürlich gezogen und selbst für den Fachmann nicht immer leicht zu erkennen ist. Von den zahlreichen Hybrid-Gruppen sind nur die folgenden, außerdem einige Neuzüchtungen der letzten Jahre für die Gartenkultur von Bedeutung. Japanische Azaleen werden selten mehr als 1 m hoch, es sind dichtbuschige, häufig flachwachsende, in unserem Klima meist nur wintergrüne Azaleen, deren enorme Reichblütigkeit auffällt. Alle sind weniger winterhart als die anderen hier genannten Arten und Hybriden. Sie benötigen zu einer optimalen Entwicklung neben zusagenden Bodenverhältnissen einen vor Wind und starker Sonneneinstrahlung geschützten Standort. Halbschattige Plätze verhindern gleichzeitig das vorzeitige Ausbleichen der Blüten, wozu manche Sorten neigen. In klimatisch weniger günstigen Gebieten ist eine winterliche (Mitte Dezember bis Anfang April) Abdeckung mit Nadelholzreisig zum Schutz gegen Sonne und austrocknende Winde unbedingt notwendig. Das gilt vor allem für Kurume- und Vuykiana-Hybriden. Außerdem ist im Frühjahr (April–Mai) ein Schutz vor Spätfrösten, im Herbst (September–Oktober) ein Schutz vor Frühfrösten angebracht, in Frostnächten sollte man die Pflanzen mit Folie oder Schattenleinen abdecken.

Arendsii-Hybriden

G. Arends, Ronsdorf, kreuzte die vergleichsweise winterharte Japanische Azalee 'Noordtiana' mit *R. kaempferi* und anderen Japanischen Azaleen ein, um möglichst winterharte Sorten zu erzielen. 1950 wurden die ersten Sorten, nach über 15 Jahren Auslese, nach Flüssen des Bergischen Landes benannt. Arendsii-Hybriden sind wintergrün, sie werden mittelhoch, ihre Blüten sind mittelgroß.

Diamant-Azaleen

Kreuzungen von C. Fleischmann, Wiesmoor, zwischen 'Multiflorum' (Arendsii-Hybride) und *R. kiusianum*-Abkömmlingen. Die Sorten werden mit Farben bezeichnet; sie zeichnen sich durch einen sehr gedrungenen, flachen Wuchs, durch kleine Blüten und großen Blütenreichtum aus.

Kaempferi-Hybriden

Ursprünglich um 1920 von P. M. Koster, Boskoop, durch Kreuzung von *R. kaempferi* × 'Malvatica' entstanden. Später wurden von anderen Züchtern mehrere Klone der zweiten und dritten Generation ursprünglicher Kaempferi-Hybriden mit anderen Sorten gekreuzt, so daß aus ihnen im Laufe der Jahre eine sehr heterogene Gruppe geworden ist.

Kurume-Hybriden

Kurume-Azaleen sind aus Formen von *R. obtusum* und Naturhybriden zwischen diesen und den ebenfalls auf den japanischen Inseln vorkommenden *R. kiusianum* und *R. kaempferi* entstanden. Die Selektion begann Anfang des vorigen Jahrhunderts in Japan und wurde später in den USA und in Holland weitergeführt, nachdem E. Wilson 1917 eine Sammlung der besten Sorten nach Amerika eingeführt hatte.

Kurume-Azaleen wachsen sehr gedrungen,

Japanische Azaleen

Sorte	Blütenfarbe	Blütezeit*	Wuchs	Bemerkungen
'Agger'	hellila	mittel	gedrungen	Arendsii-Hybride
'Alexander'	leuchtend orangerot	sehr spät	kissenförmig, dicht	blüht von allen Japanischen Azaleen am spätesten
'Allotria'	hellrot, großblumig	spät	halbhoch	'Rubinetta' × 'Vuyk's Scarlet', Hachmann 1981
'Anne Frank'	intensiv reinrosa	spät	breit, kompakt, niedrig	'Muttertag' × 'Multiflora'
'Beethoven'	purpur, rotbraune Zeichnung	mittel	breit-aufrecht	Vuykiana-Hybride
'Blaauw's Pink'	lachsrosa	früh	aufrecht, dicht	Kurume-Hybride
'Blanice'	zartrosa	spät	flach, kugelig bis ausgebreitet	B. Kavka, ČSFR, 1969
'Blaue Donau'	purpurviolett	spät	locker	A. von Hecke, Belgien
'Brunella'	glühend reinrot mit dunkelroter Zeichnung, sehr gut die Farbe haltend	spät	breit, kompakt	'Signalglühen' × 'Johanna', Hachmann 1987
'Canzonetta'	karminrot bis rötlichrosa, teilweise gefüllt wirkend	spät	flach, kompakt	'Signalglühen' × ('Rubinetta' × Vuyk's Scarlet'), Hachmann 1987
'Diamant'	Sorten in den Farben lachs, purpurrot, rosa, rot und weiß	mittel	sehr niedrig, breit, kompakt	'Multiflorum' × R. kiusianum-Hybride
'Estrella'	glühend reinrot mit kleiner, dunkelroter Zeichnung, sehr leuchtkräftig und nicht verblassend	spät	dicht, kompakt	wie bei 'Canzonetta', Hachmann 1987
'Favorite'	rubinrot, scharlachrote Zeichnung	früh	aufrecht	Kaempferi-Hybride
'Fedora'	lebhaft rosa, scharlachrote Zeichnung	spät	aufrecht	Kaempferi-Hybride
'Fridoline'	leuchtend reinrot mit kleiner dunkelroter Zeichnung	spät	dicht, kompakt	wie bei 'Canzonetta', Hachmann 1987
'Gabriele'	leuchtend rosarot, Farbe bleibt auch bei sonnigem Stand stabil	spät	sehr dicht und niedrig	'Muttertag' × 'Kermesina'
'Geisha Satschika'	glühendorange mit leicht rötlicher Tönung	spät	sehr dicht, kompakt	Arendsii-Hybride
'Georg Arends'	leuchtendrosa mit brauner Zeichnung, sehr großblumig	spät	aufrecht bis breit-aufrecht, locker	Eltern unbekannt
'Granada'	dunkel purpurrosa teils halb gefüllt, kleinblumig	spät	flach-kugelig, kompakt	'Rubinstein' × ('Kermesina' × 'Red Pimponek'), Hachmann 1982
'Hatsugiri'	rein purpurviolett	früh	niedrig, breit, dicht und gedrungen	Kurume-Hybride
'Hinocrimson'	leuchtend karminrot	mittel	breit, ziemlich geschlossen	Kurume-Hybride
'Hinodigiri'	rosa, schwache rote Zeichnung	früh	niedrig, breit, gedrungen	Kurume-Hybride
'Hinomayo'	zartrosa, innen schwach rosa punktiert	früh	breit bis aufrecht	Kurume-Hybride
'John Cairns'	scharlachrot, schwache dunklere Zeichnung	früh–mittel	breit, gedrungen	Kaempferi-Hybride
'Kathleen'	dunkelrosa, schwache rotbraune Zeichnung	mittel	aufrecht	Kaempferi-Hybride
'Kermesina'	intensiv rosa mit schwacher Zeichnung, kleinblumig	spät	sehr kompakt	Arends, vor 1950
'Kermesina Rosé'	hell rubinrosa, am Saum auffallend reinweiß	spät	sehr kompakt	Sport von 'Kermesina'
'Labe'	rosa, innen matt bräunlich gezeichnet	spät	dicht, kissenförmig	B. Kavka, ČSFR, 1970
'Maruschka'	hell karminrot, sehr reichblühend	spät	sehr kompakt	'Nordia' × 'Johanna', Hachmann 1988

Japanische Azaleen (Fortsetzung)

Sorte	Blütenfarbe	Blütezeit*	Wuchs	Bemerkungen
'Muttertag'	leuchtend dunkelrot	mittel	kompakt	Kurume-Hybride
'Nordlicht'	orangerot mit schwacher brauner Zeichnung	früh	breit, gedrungen	'Vuyk's Scarlet' × 'Aladin', Hachmann 1977, Winterschutz empfehlenswert
'Orange Beauty'	hellrot mit ganz schwacher brauner Zeichnung, Blüten werden durch Sonne und Wind leicht ausgewaschen	früh	gedrungen	Kaempferi-Hybride
'Otava'	hellviolett, im Innern dunkelviolett gezeichnet	spät	dicht, kompakt	J. Jelinek, ČSFR, 1962
'Palestrina'	weiß, hellgrüne Zeichnung	mittel	aufrecht	Vuykiana-Hybride
'Rokoko'	karminrot, gefüllt, innere Blütenblätter gedreht	spät	breit, niedrig	'Nordia' × 'Johanna', Hachmann 1987
'Rosalind'	tiefrosa mit schwacher bräunlicher Zeichnung	mittel	breit-aufrecht, ziemlich geschlossen	'Kermesina' × 'Jeanette', Hachmann 1975
'Rubinetta'	leuchtend dunkelrosa mit schwacher rötlicher Zeichnung	spät	flach, breit, kompakt	'Muttertag' × 'Kermesina', Hachmann 1974
'Schneeglanz'	reinweiß mit grünlichgelber Zeichnung, Saum leicht gewellt	spät	halbaufrecht, etwas locker	'Kermesina' × 'Jeanette', Hachmann 1978
'Schneewittchen'	reinweiß mit schwacher grüngelber Zeichnung	spät	breit, kompakt	'Kermesina' × 'John Cairns', Hachmann 1980
'Signalglühen'	leuchtendrot mit schwacher dunkelroter Zeichnung	früh	breit, flach, dicht	'Vuyk's Scarlett' × ('John Cairns' × 'Muttertag'), Hachmann 1979
'Tornella'	karminrot mit kleiner weinroter Zeichnung, halbgefüllt	spät	breit	'Nordia' × 'Johanna', Hachmann 1987
'Vuyk's Rosyred'	leuchtend rosarot, sehr großblumig	spät	breit, niedrig	Vuykiana-Hybride
'Vuyk's Scarlet'	leuchtendrot, sehr großblumig	spät	breit, niedrig	Vuykiana-Hybride

* früh = Ende April bis Anfang Mai, mittel = Mitte Mai, spät = Ende Mai bis Anfang Juni

Rhododendron 'Vuyk's Rosyred'

fast tafelförmig, sie werden 60–80 cm hoch, sind halbimmergrün, kleinblumig und sehr reichblühend. Die in der Liste »Japanische Azaleen« aufgeführten Sorten werden am häufigsten angeboten, gelegentlich sind aber auch andere Sorten zu haben.

Vuykiana-Hybriden

Holländische (A. Vuyk, 1921) und später belgische Kreuzungen zwischen 'J.C. van Tol' (Mollis-Hybride) und Sorten von *R. kaempferi*. Durch spätere Einkreuzung mit dem frostempfindlichen *R. simsii* entstanden Sorten ('Vuyk's Scarlet', 'Vuyk's Rosyred'), bei denen eine wesentliche Verbesserung der Blütenfarbe erreicht wurde, leider auf Kosten der Winterhärte.
Vuykiana-Hybriden bleiben im allgemeinen niedrig, sie bauen sich locker auf und besitzen große, oft leuchtende Blüten.

Andere Hybriden

Mit der Züchtung von Japanischen Azaleen haben sich in den letzten Jahren in Deutschland unter anderem auch U. Schumacher, Kevelaer, und W. Nagel in Bretten beschäftigt. Von Schumacher stammen die Sorten 'Georg Arends' und 'Lysande', von Nagel die Sorte 'Anne Frank'.

Hans Hachmann, der zur Zeit wohl erfolgreichste deutsche Rhododendron-Züchter, hat sich nicht nur mit der Züchtung von Yakushimanum- und großblumigen Hybriden beschäftigt, er hat auch eine Reihe von Japanischen Azaleen in den Handel gebracht. Er hat bei seinen Auslesen besonderen Wert auf Winterhärte und kompakten Wuchs gelegt.

Auch die in der ČSFR gezüchteten Sorten sind ausgesprochen winterhart.

4. Sommergrüne Rhododendron-Hybriden

In viel größerem Umfang als sommergrüne Wildarten werden in unseren Gärten sommergrüne Rhododendron-Hybriden verwendet, auch sie werden im gärtnerischen Sprachgebrauch in der Regel als Azaleen bezeichnet. Seit etwa 1820 haben belgische, holländische und englische, später auch deutsche Gärtner versucht, durch die Kombination verschiedener Wildarten, später auch Sorten, neue Sorten zu erzielen, die ihre Eltern in bezug auf Blütenfarbe, Blütengröße, Blühwilligkeit, Farbkonstanz der Blüten, Wüchsigkeit und Gesundheit übertreffen. In vielen Fällen ist dies hervorragend gelungen, so daß wir heute aus einer Fülle von Sorten auswählen können, die verschiedenen Hybridgruppen zugeordnet werden.

Sommergrüne Rhododendron-Hybriden unterscheiden sich weder in ihren Standortansprüchen noch in Pflege und Düngung wesentlich von immergrünen Rhododendron. Durch den Verlust ihres Laubes haben sie naturgemäß im Winter einen Vorteil gegenüber immergrünen Arten, die den Unbilden der Witterung voll ausgesetzt sind. Die meisten sommergrünen Arten und Hybriden sind in dieser Hinsicht robuster als viele immergrüne Arten und Hybriden.

Zahlreiche sommergrüne Rhododendron-Hybriden zeichnen sich durch kräftige Blütenfarben und Farbtöne wie Gelb, Orange und Rot aus, die in dieser Intensität bei immergrünen Arten und Hybriden nicht vorkommen. Sie bringen also kräftige, leuchtende Farben in den Garten, mit denen man aber, in bezug auf ihre Zusammenstellung, vorsichtig umgehen muß. Die oft zarteren Farben immergrüner Rhododendren vertragen keine Nachbarschaft mit sommergrünen Azaleen, man sollte beide räumlich trennen.

Genter-Hybriden

Von ihrem Ursprungsort, der Stadt Gent in Belgien, haben diese Hybriden ihren Namen. Ab 1820 hat P. Mortier dort Kreuzungen zwischen dem kaukasischen *R. luteum* und amerikanischen Arten wir *R. calendulaceum*, *R. nudiflorum* und *R. viscosum* sowie dem chinesischen *R. molle* durchgeführt. Genter-Hybriden zeichnen sich durch große Winterhärte, Wüchsigkeit und Blühwilligkeit aus. Sie werden im Alter 2–3 m hoch und entsprechend breit. Ihre Blüten sind relativ klein, blühen Mitte bis

Sommergrüne Rhododendron-Hybriden

Sorte	Blütenfarbe	Blütezeit*	Abstammung	Bemerkungen
'Adriaan Koster'	reingelb	mittel	Mollis	alte, bewährte Sorte
'Annabella'	orangegelb mit teils rötlichem Saum	mittel	Knap-Hill	sehr schöne Farbkombination
'Apple Blossom'	reinrosa	früh–mittel	Mollis	ansprechende Farbe, Wuchs vieltriebig, reichblühend
'Bakkarat'	orange mit kräftigem gelbem Fleck, Saum gewellt	mittel	Knap-Hill	schwachwachsend und relativ klein bleibend
'Cecile'	lachsrosa, gelber Fleck	mittel	Knap-Hill	Wuchs locker und aufrecht, Blätter im Austrieb schwach bräunlich getönt
'Coccinea Speciosa'	dunkel orangerot	spät	Genter	Wuchs schwach, etagenförmig, kleinblumig und sehr reichblühend
'Daviesii'	weiß, gelbe Zeichnung	mittel	Genter	Blüten duften
'Fanal'	glühend reinrot, orange getönt	spät	Knap-Hill	Wuchs straff-aufrecht, Blüten sehr farbbeständig
'Feuerwerk'	glühendrot, innen zartorange getönt	mittel	Knap-Hill	sehr großblumig, schönste rote Neuzüchtung
'Fireball'	tieforange mit orangefarbener Tönung	spät	Knap-Hill	Laub im Austrieb bronzefarben
'Fridtjof Nansen'	rötlichorange, Spitzen der Blütenblätter goldgelb	spät	Knap-Hill	Wuchs breit und locker
'Gibraltar'	orange, Saum stark gekräuselt	mittel	Knap-Hill	Wuchs kompakt und breit-kugelig, schönste orangefarbene Sorte
'Glowing Embers'	orange, außen rötlich gestreift	spät	Knap-Hill	Wuchs stark und aufrecht
'Golden Sunset'	reingelb mit großem goldgelbem Fleck	mittel	Knap-Hill	Wuchs locker, großblumig
'Goldflamme'	goldorange, auffallend orangerötlich geflammt	spät	Knap-Hill	Wuchs locker und aufrecht, sehr großblumig
'Goldlack'	gelborange	mittel	Genter	Blüten mit schönem Farbspiel

Sommergrüne Rhododendron-Hybriden (Fortsetzung)

Sorte	Blütenfarbe	Blütezeit*	Abstammung	Bemerkungen
'Goldpracht'	rein goldgelb mit großem orange-gelbem Fleck	spät	Knap-Hill	schönste gelbblühende Sorte, Blüten leicht süßlich duftend, Blätter im Herbst hell- bis tiefrot gefärbt
'Goldtopas'	reingelb mit großem orangefarbenem Fleck	spät	Knap-Hill	Wuchs breit und kompakt
'Harlekin'	tieforange, stark rot geflammt	mittel	Knap-Hill	schwachwüchsig und kompakt
'Hollandia'	orangegelb	früh	Genter	früheste Sorte dieser Gruppe
'Homebush'	rein karminrosa	spät	Knap-Hill	Blütenstand fast kugelrund, Wuchs locker-aufrecht
'Hortulanus H. Witte'	gelborange mit lachsrosa Tönung und orangefarbener Zeichnung	früh–mittel	Mollis	sehr schöne Farbkombination, Wuchs schwach, etwas locker
'Hotspur'	orangerot, Saum gefranst	mittel	Knap-Hill	Wuchs aufrecht
'Ignea Nova'	karminrot mit goldgelber Zeichnung	spät	Genter	Sorte mit hohem Schmuckwert
'Juanita'	dunkelrosa mit großem goldgelbem Fleck	spät	Knap-Hill	Wuchs breitrund und kompakt
'Klondyke'	goldgelb, lebhaft rötlich-orange geflammt	spät	Knap-Hill	Wuchs mittelstark, breit-aufrecht, Austrieb braunrot
'Koster's Brillant Red'	zinnoberrot mit dunklerer Zeichnung	früh	Mollis	Blüten mit besonders leuchtender Farbe, Wuchs breit-aufrecht
'Magnifica'	rahmfarbig gelb, blaßrosa verblühend, orangefarbener Fleck	mittel–spät	Occidentale	
'Nabuco'	tief dunkelrot, im Innern leicht orangefarben getönt	spät	Knap-Hill	Sorte mit dem dunkelsten Rot, Wuchs breit-aufrecht
'Nancy Waterer'	goldgelb mit dunkelorangefarbener Zeichnung	früh–mittel	Genter	
'Narcissiflora'	hellgelb	mittel	Genter	Blüten gefüllt, duftend
'Norma'	roarot	mittel	Rustica	alte Sorte mit gefüllten Blüten, Wuchs schwach und etwas sparrig
'Otto Hahn'	leuchtend lachsorange, Spitzen der Blütenblätter leicht goldgelb	spät	Knap-Hill	Wuchs dicht und buschig
'Pallas'	geraniumrot, orangefarbene Zeichnung	früh	Genter	bewährte Sorte
'Parkfeuer'	glühend reinrot, im Innern orangerot, schwach duftend	spät	Knap-Hill	Wuchs stark und straff-aufrecht
'Persil'	reinweiß mit goldgelbem Fleck	spät	Knap-Hill	Wuchs etwas locker und unregelmäßig
'Pink Delight'	reinrosa mit großem goldgelbem Fleck	spät	Knap-Hill	Wuchs locker und aufrecht, eine der interessantesten rosa Sorten
'Raimunde'	hellrosa, dunkelrosa gestreift und marmoriert, innen goldorange gefleckt	mittel	Knap-Hill	Wuchs breit und kompakt, Laub im Herbst schön orangerötlich
'Sarina'	rosa, lachsorange getönt, mit großem goldorangefarbenem Fleck	spät	Knap-Hill	sehr großblumig, Blüten mit schönem Farbspiel, Herbstfärbung orangerötlich, Wuchs breit und kompakt
'Satan'	tief scharlachrot	spät	Knap-Hill	kleinblumig
'Schneegold'	reinweiß mit goldgelbem Fleck, Saum leicht gekräuselt und leicht rosa getönt	spät	Knap-Hill	großblumig und sehr reichblühend, Wuchs sehr gleichmäßig
'Winston'	zinnoberrot mit dunklem Fleck	früh–mittel	Mollis	Wuchs breit und etwas locker

* früh = Ende April bis Anfang Mai, mittel = Mitte Mai, spät = Ende Mai bis Anfang Juni

Ende Mai auf, sind einfach oder gefüllt und weisen eine breite Farbpalette auf, die von Hellgelb bis Dunkelkarminrot reicht.

Mollis-Hybriden

Ihre Bezeichnung bezieht sich auf *R.japonicum*, das früher *Azalea mollis* hieß. Die Züchtung von Mollis-Hybriden setzte 1870 in Belgien und Holland ein. Am Zustandekommen dieser Hybriden ist das chinesische *R.molle* beteiligt, vermutlich auch *R.viscosum*. Wichtiger waren aber Kreuzungen zwischen ausgesuchten Sämlingen von *R.japonicum*. Großblumige Sämlinge von großer Einheitlichkeit in Wuchs und Blütenfarbe wurden erstmals von der Boskooper Baumschule M. Koster & Söhne in den Handel gebracht. Sie stammen aus Samenvermehrung und werden unter Farbangaben angeboten, z. T. auch mit der Bezeichnung Kosterianum-Sämlinge.

Mollis-Hybriden wachsen etwas schwächer als Genter-Hybriden. Man sollte möglichst stecklingsvermehrte Pflanzen oder Sämlinge mit Farbangabe pflanzen. Veredelte Pflanzen lassen im Alter an Wüchsigkeit nach, wodurch das lästige Durchtreiben der Unterlage gefördert wird.

Rustica-Hybriden

Sie stammen wie die Genter-Hybriden aus Belgien und sind diesen nahe verwandt. Die ersten Sorten wurden 1890 durch Ch. Vulsteke in den Handel gebracht. Das besondere Kennzeichen der Gruppe sind gefüllte Blüten. Es wird deshalb angenommen, das Rustica-Hybriden Auslesen aus Kreuzungen gefülltblühender Genter-Hybriden mit *R.japonicum* sind.

Rustica-Hybriden zeichnen sich außerdem durch ihren gedrungenen, niedrigen Wuchs aus, was sie für kleinere Gärten wertvoll macht. Sie sind winterhart und blühen zur gleichen Zeit wie die Genter-Hybriden.

Occidentale-Hybriden

Das im westlichen Nordamerika heimische *R.occidentale* gab dieser Hybridgruppe ihren Namen. Zwischen 1895 und 1900 wurden in England und Holland Mollis-Hybriden mit *R.occidentale* gekreuzt. Daraus entstanden winterharte, starkwüchsige, bis 2,5 m hohe, großblumige Sorten, deren Blütendurchmesser 5–10 cm erreichen kann. Die Blüten duften angenehm und zeichnen sich durch einen von *R.occidentale* geerbten Fleck aus. Occidentale-Hybriden blühen etwas später als die bisher genannten Gruppen.

Knap-Hill-Hybriden

Der Name dieser Hybridgruppe bezieht sich auf die Knap-Hill-Nurseries in Surrey, England. Dort begann A. Waterer ab 1870 mit seinen Kreuzungen, an denen *R.molle*, *R.occidentale*, *R.arboreum*, *R.calendulaceum* und Hybriden zwischen *R.occidentale* × *R.molle* (= Albicans-Hybriden) beteiligt gewesen sein sollen. Die Beteiligung von *R.calendulaceum*, einer normalerweise tetraploiden Art, wird heute angezweifelt. Die später auch an anderen Stellen entstandenen Exbury- und Ilam-Hybriden werden heute zu den Knap-Hill-Hybriden gestellt. 1945 kamen die ersten, später zahlreiche weitere Knap-Hill-Hybriden zu uns. Sie zeichnen sich durch gesunden, kräftigen Wuchs, Anpassungsfähigkeit auch an weniger gute Böden, schöne, leuchtende Blütenfarben, neue Farbtöne, außergewöhnliche Farbenvielfalt, große Blüten und Widerstandsfähigkeit gegen Rote Spinne und Weichhautmilben aus.

Knap-Hill-Hybriden sind winterhart, sie wachsen meist stark und aufrecht. Ihre Blüten sind über einer langen, engen Röhre weit geöffnet. Neben Sorten mit einfachen gibt es auch solche mit gefüllten Blüten. Bei zahlreichen Sorten stehen die Blüten in großen, lockeren oder kompakten Blütenständen mit 18–30 Blüten zusammen.

Insgesamt sind die Knap-Hill-Hybriden zur Zeit die gärtnerisch wichtigste Gruppe der sommergrünen Rhododendron-Hybriden.

Knap-Hill-Hybriden sind in Deutschland vor allem von Hans Hachmann züchterisch weiterentwickelt worden. 1965 kamen die ersten Sorten auf den Markt, inzwischen haben sie eine große Bedeutung erlangt. Aus der folgenden Übersicht der Sommergrünen Rhododendron-Hybriden stammen folgende Sorten von Hachmann: 'Cecile', 'Fanal', 'Feuerwerk', 'Goldflamme', 'Goldpracht', 'Goldtopas', 'Juanita', 'Nabuco', 'Parkfeuer', 'Sarina' und 'Schneegold'.

Rhodothamnus Reichenb.
Ericaceae
Zwergalpenrose

Monotypische, mit *Rhododendron* nahe verwandte Gattung, deren langgestielte Blüten zu 1–3 am Ende vorjähriger Triebe stehen. Die radförmigen, 2–3 cm breiten Blüten sind mit 5 großen, ausgebreiteten Blütenblättern und 10 langen Staubblättern ausgestattet. Die Frucht ist eine kugelige, 5fächrige Kapsel.

R.chamaecistus (L.) Reichenb. Ein 20–40 cm hoher, kompakter, dicht verzweigter, immergrüner Zwergstrauch mit drüsig behaarten Zweigen. Die wechselständigen, dick ledrigen, oberseits glänzendgrünen Blätter sind am Rand auffallend borstig gewimpert. Im Juni–Juli öffnen sich die verhältnismäßig großen, rosa gefärbten Blüten. Die Zwergalpenrose ist eine ostalpine Pflanze, die in subalpinen Nadelwäldern, in Zwergstrauch- und Felsbandgesellschaften und auf sonnigen Schutthalden vorkommt. Sie gedeiht dort auf allen lockeren, durchlässigen, sandigsteinigen, schwach sauren bis alkalischen Substraten. In Kultur erweist sie sich als sehr heikel, sie benötigt stets kühl bleibende, durchlässige Moor- oder Heideböden in halbschattigen Lagen des Alpinums. Nhg-3, Zone 5a.

Rhodotypos Sieb. et Zucc.
Rosaceae
Scheinkerrie

Als monotypische Gattung umfaßt *Rhodotypos* nur eine in Japan und Mittelchina heimische Art. Der sommergrüne Strauch trägt gegenständige, ungeteilte Blätter und an den Triebspitzen 4zählige Blüten, aus denen sich nußartige Früchte mit spröder Schale entwickeln.

R.scandens (Thunb.) Mak. ist ein recht ansehnlicher Blütenstrauch, der nur mannshoch wird, locker wächst und aus spitzen Knospen eiförmige Blätter entfaltet, die denen der Kerrie sehr ähnlich sind. Über viele Wochen, den ganzen Mai und Juni hindurch, erscheinen an den Spitzen elegant ausladender Triebe einzelne, bis 5 cm breite, weiße Blüten. Im Herbst und Winter schmückt er sich noch einmal mit erbsengroßen Früchten, die von einer schwarzen, glänzenden Schale umgeben sind. Als sehr anspruchsloser Strauch – er wächst auch auf trockensten Böden und in sehr schattigen Lagen – kann er für Schutz- und Deckpflanzungen empfohlen werden. Nhw-4, Zone 6a.

Rhus L., Anacardiaceae
Sumach, Essigbaum

Etwa 250 sommer- und immergrüne Sträucher und Bäume oder mit Haftwurzeln kletternde Lianen kommen vorwiegend in subtropischen und warm temperierten Zonen von Nordamerika, Ostasien und Südafrika vor. Alle tragen wechselständige Laubblätter, die 3zählig oder unpaarig gefiedert, selten einfach sind. Ihre Blüten sind in der Regel in kleinen, zusammengesetzten Rispen angeordnet; sie können zwittrig oder getrenntgeschlechtig, ein- oder zweihäusig sein. Die Früchte entwickeln sich zu kleinen trockenen Steinfrüchten. Fast alle Arten besitzen milchsaftführende Gefäße und wirken mehr oder weniger hautreizend. Die Berührung einiger Arten kann zu gefährlichen Hautentzündungen führen. Die in unseren Gärten verbreiteten Arten sind alle ungefährlich.

Dank ihres lockeren, dekorativen Wuchses haben sich einige *Rhus*-Arten zu beliebten und fast zu häufig verwendeten Solitärsträuchern entwickelt. Ihre Vorzüge sind rascher, malerischer Wuchs, große, unpaarig gefiederte Blätter, die sich im Herbst prächtig färben, auffallende, bis in den Winter haftende Fruchtstände – die genannten Arten sind zweihäusig und entwickeln nur an weiblichen Pflanzen Fruchtstände – und die gute Anpassungsfähigkeit an trockene, heiße Standorte. Nachteilig wirken sich die kurze Lebensdauer und gelegentlich die Wurzelausläufer aus, die den Strauch auch zur Böschungsbefestigung geeignet erscheinen lassen. Die hier genannten Arten sollen nicht geschnitten werden.

R. glabra L. wird wegen der leuchtend karminroten Herbstfärbung als Scharlachsumach bezeichnet. Der bis 3 m hohe Strauch wird durch Wurzelausläufer recht breit. Er wächst sparrig und trägt an violett bereiften Zweigen gefiederte, bis 30 cm lange Blätter. Aus grünlichen Blüten im Juli-August entwickeln sich scharlachrote Früchte in kolbenartigen, klebrigen Blütenständen. *R. glabra* ist dort ein hervorragendes Solitärgehölz, wo genügend Platz vorhanden ist.
N-2, Zone 6a.
'Laciniata' unterscheidet sich durch tief fiederschnittige Blätter.

R. sylvestris Sieb. et Zucc. ist in China, Japan und Korea verbreitet. Die Art wird in japanischen Gärten häufig gepflanzt und entwickelt sich zu einem kleinen Baum mit breit-ausladender, schirmförmiger Krone. Die bis 40 cm langen Blätter haben 7–13 eiförmige bis eilängliche, bis 12 cm lange Blättchen mit deutlich hervortretenden Seitennerven. Die Blüten erscheinen im Juni in lockeren, meist bräunlichen, behaarten Rispen. Eine ostasiatische Sumachart mit einer schönen, scharlachroten Herbstfärbung.
Nw-4, Zone 6b.

R. typhina L. Als Hirschkolbensumach oder Essigbaum gehört der sparrig-verzweigte ausläufertreibende kleine Baum heute zu den bekanntesten Ziergehölzen. Dazu verholfen haben ihm sein dekorativer Wuchs, die großen, im Herbst orangescharlachroten, gefiederten Blätter und die An-

spruchslosigkeit an den Standort. Die karminroten Fruchtkolben haften bis weit in den Winter. Um 5 m Höhe erreicht der im östlichen Nordamerika heimische Großstrauch, der als hervorragendes Solitärgehölz gilt.
N-2, Zone 6a.
'Dissecta'. Mit ihren farnartigen zerteilten, fiederschnittigen Blättern wächst sie zierlicher und etwas schwächer als die Art.
'Laciniata'. Blättchen tief eingeschnitten gezähnt, der Blütenstand ist mit mehreren, tief eingeschnittenen Hochblättern durchsetzt.

Ribes L., Saxifragaceae
Johannisbeere, Stachelbeere

Diese umfangreiche Gattung hat uns nur wenige Blütensträucher beschert, wir verdanken ihr allerdings zwei wertvolle Obstarten. Etwa 150 Arten sind in der nördlichen kalten und gemäßigten Zone und in den Gebirgen von Zentral- und Südamerika verbreitet. Die meist sommergrünen, bis mittelhohen, unbewehrten oder stacheligen Sträucher sind mit wechselständigen, einfachen aber fast immer handförmig 3- bis 5lappigen Blättern ausgestattet. Die bei den europäischen Arten meist unscheinbaren, bei anderen auch farbigen Blüten sitzen einzeln oder in büscheligen oder traubigen Blütenständen. Die Beerenfrüchte werden von dem vertrockneten Kelch überragt und enthalten sehr viele Samen.

Ribes speciosum

Alle *Ribes*-Arten sind sehr anspruchslose Sträucher, die in jedem Gartenboden wachsen. Mit Ausnahme von *R. alpinum* und *R. aureum*, die beide in hohem Maße schattenverträglich sind, gedeihen sie am besten in voller Sonne. Durch ständiges Auslichten muß man die Sträucher stetig verjüngen, sie vergreisen sonst recht bald.

Die rotblühende Blutjohannisbeere wird immer wieder als idealer Partner der Forsythien gepriesen. Beide blühen regelmäßig zur gleichen Zeit, und ihre Farben ergänzen sich ideal.

R. alpinum L. Die heimische Alpenjohannisbeere ist zwar kein bemerkenswertes Blütengehölz, jedoch ein industriefester und schattenverträglicher Strauch für Hecken und Deckpflanzungen, der auch noch unter dem Druck hoher Bäume zurechtkommt.
Nhg-3, Zone 3.
'Schmidt'. Mit 2 m Höhe wächst sie etwas kräftiger. Ihre Blätter sind nicht so anfällig gegen Pilzbefall wie die der Art, sie haften daher auch weit länger am Strauch. Sie ist besonders schattenverträglich und unempfindlich gegen den Tropfenfall höherer Bäume und Sträucher.

R. americanum Mill., ein in den Wäldern des nördlichen Nordamerika heimischer Strauch, durch seine schöne Herbstfärbung in gelben und scharlachroten Tönen bemerkenswert.
B/Nk-1/2, Zone 5a.

R. aureum Pursh. Die Goldjohannisbeere aus dem westlichen und mittleren Nordamerika ist ein starkwachsender Deckstrauch mit besonders schöner roter Herbstfärbung.
N-1, Zone 3.

R. sanguineum Pursh. Die Blutjohannisbeere ist unter den winterharten Arten der einzige wertvolle Blütenstrauch der Gattung. Er wird zu einem straff-aufrechten Strauch, der nur knapp über 2 m hoch wird und dessen Triebe, Blüten und Blätter den typischen Geruch Schwarzer Johannisbeeren besitzen. Im April–Mai schmückt er sich mit einer Fülle roter, bis 8 cm langer, hängender Trauben, gleichzeitig mit dem Austrieb der Blätter. 1826 kam die Art aus dem pazifischen Nordamerika nach Europa, schon 1838 wurde in England die erste Gartenform selektiert. Alle Sorten sind hart und industriefest, mögen aber keine trockenen Standorte. Abgeschnittene Zweige lassen sich gut treiben.
Nm-1, Zone 5b.
'Atrorubens'. Noch heute neben der etwas wüchsigeren 'Atrorubens Select' auf dem Markt. Bei beiden sind die Blüten zwar recht klein und sitzen in kurzen, dichten Trauben, sind aber tiefrot gefärbt.
'King Edward VII' bleibt niedriger als andere Sorten und hat weinrote Blüten in großen Trauben.
'Koja'. Dänische Selektion, die knapp mannshoch wird und mit kurzen Trauben dunkelrot blüht.
'Pulborough Scarlet' wird heute allgemein als schönste Form angesehen. Sie ist besonders reichblühend, und die tiefroten Blüten, deren Mitte weiß gefärbt ist, stehen in großen Trauben.
'Splendens' hat große, hellrote Blüten, gilt in Holland als eine der besten Sorten.
Als Blühpartner gelten die schon erwähnte Forsythie, aber auch der gefüllte Schneeball.

R. speciosum Pursh. Als schönste Art seiner Gattung gilt dieser immergrüne, in seiner kalifornischen Heimat bis 4 m hohe Strauch. Seine Zweige sind neben den Stacheln mit zahlreichen Borsten besetzt. Die rundlichen Blätter sind 3- bis 5lappig. Im April–Mai erscheinen die 4zähligen, purpurroten Blüten mit ihrem roten, drüsigborstigen Kelch. Die Blüten wirken mit ihren langen, schmalen Blütenblättern und den sehr weit herausragenden Staubblättern fuchsienähnlich. Der langtriebige Strauch läßt sich gut an Spalieren ziehen, so kommen seine Blüten besonders gut zur Geltung.
Ms-1, Zone 8b.

Robinia L., Leguminosae
Robinie, Scheinakazie

Sommergrüne Bäume und Sträucher, oft mit kantigen Trieben, die glatt, klebrig oder borstig sein können, umfaßt die Gattung, deren 20 Arten in Nordamerika und Mexiko heimisch sind. Ihre wechselständigen Blätter sind unpaarig gefiedert, die Stipeln sind oft als Dornen ausgebildet. Die weißen, lila oder rosa Schmetterlingsblüten sitzen in dichten, hängenden Trauben. Die Blütenkronen sind glockig, schwach 2lippig und 5zähnig. Die flachen Fruchthülsen springen 2klappig auf.
Recht verschiedenartige Gehölze weist die Gattung der Robinien auf. Wir begegnen auserlesenen Blütengehölzen (*R. hispida* und *R. kelseyi*) und robusten Gehölzen für Pflanzungen an Straßen und in Städten (*R. pseudoacacia* mit ihren Formen). Alle haben gemeinsam: recht ansehnliche Blüten, eine hohe Lichtbedürftigkeit, Anspruchslosigkeit an den Boden und leider ihre große Anfälligkeit gegen Windbruch. Im allgemeinen bedürfen die Robinien keines Schnitts. Lediglich die besonders windbrüchige *R. hispida* kann nach der Blüte auf die halbe Länge der Triebe zurückgeschnitten werden.

R. × ambigua Poir. **'Decaisneana'** wird in den Katalogen häufig zu *R. pseudoacacia* gestellt, gehört aber nur mit einem der Elternpaare dort hin. Das andere Erbgut stammt von *R. viscosa*. Von ihr hat der Bastard die klebrigen Zweige und die hellrosa Blüten. Das übrige Aussehen erinnert an *R. pseudoacacia*. Die Hybride ist ein hervorragender, etwa 10 m hoher Park- und Straßenbaum.
Zone 6a.

'Casque Rouge' ist eine neuere Sorte unbekannter Herkunft, die sich von *R. hispida* durch dornenlose, wenig brüchige Triebe und rote Blüten unterscheidet. Sie wächst kräftig und ist völlig winterhart.
Zone 6a.

R. hispida L. Die Borstige Robinie aus dem südöstlichen Nordamerika ist ein etwa mannshoher Strauch, der Ausläufer treibt, wenn er nicht veredelt ist, was meistens leider der Fall ist. An dicht mit langen, roten Borsten besetzten Zweigen entfalten sich im Juni und zum zweitenmal im September purpurrosa Blüten in großen, borstig behaarten Trauben. Diesem herrlichen Blütengehölz gehört ein bevorzugter Platz an einer windgeschützten warmen Stelle, damit Windbruch weitgehend vermieden wird. *R. hispida* läßt sich leicht als Spalier an

Robinia hispida 'Macrophylla'

einer Hauswand ziehen, Windbruch tritt dann nicht mehr auf. Die Borstige Robinie liebt leichte, warme Böden und kann sich durch Wurzelausläufer schnell ausbreiten.
Nhw-2, Zone 6a.
'Macrophylla' wächst stärker und leidet weniger unter Windbruch. Ihre Zweige sind nur weich behaart oder ganz frei von Borsten.

R. × holdtii Beissn. (*R. luxurians* × *R. pseudoacacia*) wird zu einem mittelgroßen Baum mit rundlicher Krone, dunkelgrünen, derben Blättern und lockeren Blütentrauben. Kiel und Flügel der Einzelblüten sind annähernd weiß, die Fahne ist rosa.
Zone 6a.

R. kelseyi Kelsey ex Hutchins. stammt aus dem südöstlichen Nordamerika und läßt sich der geringen Höhe wegen auch in kleinen Gärten unterbringen. Die gesamte Länge der vorjährigen Triebe ist dicht mit 5–6 cm langen Trauben aus rosalila Einzelblüten besetzt. *R. kelseyi* blüht schon als junge Pflanze reich, und ihre Triebe brechen nicht so leicht wie die von *R. hispida*.
Nhw-2, Zone 6b.

R. luxurians (Dieck) Schneid. Die im südöstlichen Nordamerika heimische Art entwickelt sich zu einem bis 10 m hohen Baum mit dornigen Zweigen und blaßrosa bis fast weißen Blüten in dichten, vielblütigen Trauben. Die Blüten erscheinen von Juni bis August.
Ns-1/2, Zone 6a.

455

Robinia pseudoacacia 'Frisia'

R.pseudoacacia L. kam schon um 1635 von Nordamerika nach Europa und ist hier stellenweise verwildert. Der bis 25 m hohe Baum bildet im Alter schirmförmige, lokkere Kronen und eine tiefrissige, dekorative Borke. Seine jungen Zweige sind stark dornig. Die unterseits graugrünen Blätter färben sich im Herbst gelb. Im Juni entfalten sich duftende, weiße Blüten in dichten, bis 20 cm langen Trauben.

R.pseudoacacia ist nicht nur ein malerischer Parkbaum und eine ausgezeichnete Bienennährpflanze, sondern auch ein wertvolles Gehölz für die freie Landschaft. Durch ihre außerordentliche Anspruchslosigkeit an den Standort vermag die Robinie selbst trockenste, heiße Böden und industrielle Abraumhalden zu besiedeln. Durch ihre Ausläufer dient sie dort gleichzeitig als Bo-

denbefestiger. Die dornenlosen Sorten eignen sich gut für die Verwendung im städtischen Straßenbereich. Unsere Baumschulen bieten eine lange Liste von Gartenformen an.

Nw-2, Zone 6a.

'Appalachia'. Straff-aufrecht wachsende, in der Jugend sehr starkwüchsige Selektion, die an den einjährigen Trieben nur kleine Dornen entwickelt, ein idealer Straßenbaum.

'Bessoniana' ist eine starkwachsende, stachellose Form mit lockerer, kugelig-eiförmiger, im Alter etwas sparriger Krone und geringem Blütenansatz.

'Frisia' wird als gelblaubige Form angeboten, deren Blätter im Austrieb orangegelb sind. Die Farbe wandelt sich später zu Goldgelb und bleibt bis zum Winter erhal-

ten. Die jungen Triebe haben auffallend weinrote Dornen.

'Inermis' wächst wie die Art, die Triebe sind aber häufig dornenlos oder tragen nur kleine, verkümmerte Dornen.

'Pyramidalis' gleicht mit ihren aufrechten Zweigen und Ästen der Pyramidenpappel und könnte ein guter Ersatz für sie sein. In windexponierten Lagen leider etwas brüchig.

'Rectissima' wird wegen ihres straff-aufrechten Wuchses als »Schiffsmasten-Akazie« bezeichnet. Sie blüht nicht und ist, wie die meisten Sorten von *R.pseudoacacia*, für den innerstädtischen Straßenraum geeignet.

'Tortuosa' gehört zu den »ganz verrückten« Bäumen, die durch hin und her gebogene Äste und korkenzieherartig gedrehte Triebe recht dekorativ sind und unter anderem auch in großen Pflanztrögen verwendet werden können.

'Umbraculifera' ist die eigentliche Kugelakazie. Sie wächst langsam, wird nur 3–4 m hoch und bildet mit ihren vielen dünnen Trieben regelmäßige Kugelbäumchen.

'Unifoliola' wächst kräftig, ist dornenlos und trägt meist ungeteilte, bis 15 cm lange Blätter, ein empfehlenswerter Park- und Straßenbaum.

R.viscosa Vent., Klebrige Robinie. Bis 12 m hoher Baum. Die jungen Zweige sind dunkel rotbraun und dicht drüsig-klebrig. Nach einer Hauptblüte im Juni blüht der Baum in der Regel noch einmal im August mit rosa, auf der Fahne gelb gefleckten Blüten in 5–8 cm langen Trauben. Heimisch im südöstlichen Nordamerika.

Nhw-2, Zone 6a.

Rosa L., Rosaceae
Rose

Über die Anzahl der natürlichen Rosenarten gehen die Meinungen weit auseinander. Die Angaben reichen von 100 bis über 200 oder gar knapp 400. Sie sind über den größten Teil der gemäßigten Zonen der Erde verbreitet. In den Tropen und Subtropen ist ihr Vorkommen auf die Gebirge beschränkt. In Europa (40 Arten) dehnt sich ihr Verbreitungsgebiet bis Nordskandinavien aus.

Die Gattung umfaßt sommergrüne, selten wintergrüne, aufrechte oder kletternde Sträucher, meist mit bestachelten Trieben. Die wechselständigen Blätter sind unpaarig gefiedert. Die Blüten stehen einzeln oder in traubigen und rispigen Blütenständen an den Enden kurzer Seitenzweige. 5 laubblattartige Kelchblätter, 5 farbige oder weiße Kronblätter (beide selten nur zu viert) und zahlreiche Fruchtblätter kennzeichnen die Blüten. Die 1samigen, nußartigen Früchte werden von dem meist fleischigen und innen behaarten Kelchbecher umschlossen und bilden so die als Hagebutte bekannte Scheinfrucht.

Kaum eine andere Pflanzenart war und ist über Jahrtausende hinweg so eng mit den Menschen und ihren Gartenkulturen verbunden wie die Rose. Zu Beginn unserer Zeitrechnung waren schon viele Rosensorten bekannt, wurden Rosen veredelt und im Feldanbau kultiviert. Einige der 15 Sorten, die Plinius der Ältere beschreibt, sind auch heute noch vorhanden, wie *Rosa sempervirens* und *R. moschata*. Viel weiter zurück reichen die Spuren von Rosen, die man in Nordamerika, Asien und Europa in Braunkohlenlagern fand, die immerhin vor 25 Millionen Jahren entstanden. Heute ist die Rose eine vielfach bevorzugte Pflanze für den Garten, den Park und öffentliche Grünanlagen.

Unendlich viel ist zum Ruhm der »Königin der Blumen« geschrieben worden. Unendlich vielgestaltig sind auch Form, Farbe und Habitus der Rosenarten und -sorten. Angefangen bei den oft bescheidenen Wildrosen, über die heute so beliebten Park- und Strauchrosen, die Kletterrosen, die vielblumigen Polyantha- und Floribundarosen und die entzückenden Zwergrosen.

Viele tausend Rosensorten gab es im Laufe der Jahrhunderte. Mehrere hundert werden sicher gegenwärtig kultiviert, und es ist wohl nur noch dem Spezialisten möglich, sich einen genauen Überblick zu verschaffen. Jährlich kommen mit großem Werbeaufwand neue Sorten auf den Markt. Häufig erstaunliche Verbesserungen in bezug auf Blütenfarbe, Wüchsigkeit und Widerstandsfähigkeit. Oft genug muß man nach einigen Jahren aber auch feststellen, daß viele Erwartungen sich nicht erfüllten.

Rosen verlangen eine freie, sonnige Lage. Man sollte sie nie an absonnige Stellen in der Nähe von Gebäuden und Mauern, in besonders heiße, enge Ecken mit unbewegter Luft oder unter Bäume und Sträucher pflanzen. Sie gedeihen auf jedem guten Gartenboden. Ideal ist ein tiefgründiger, nahrhafter, lockerer Boden mit einem pH-Wert zwischen 5,5 und 6,5. Zu nasse Böden lassen sich durch Dränagen und die Beigabe von Torf, Styromull und Kalk lockern und erwärmen. Leichte Sandböden verbessert man durch Humusgaben.

Da Rosen sehr langlebige Gartenpflanzen sind, ist eine gute Bodenvorbereitung besonders wichtig. Jeder Boden muß vor dem Pflanzen tief (40–50 cm) gelockert werden, wobei die Bodenschichten in ihrer natürlichen Lagerung verbleiben. Dabei wird

'Rosarium Uetersen'

nach Möglichkeit alter, verrotteter Rinderdung eingebracht, der durchaus mit ins Pflanzloch gegeben werden kann. Fehlt Stalldung, muß man sich mit Torf (etwa 3 Ballen je 100 m²), Rindenhumus oder Kompost behelfen. An mineralischen Vorratsdüngern arbeitet man 4–6 Wochen vor dem Pflanzen je m² 200 g kohlensauren Kalk ein.

Immer wieder stellt sich die Frage nach der besten Pflanzzeit. Oft wird für die Herbstpflanzung plädiert. Die modernen Kühleinrichtungen der Baumschulen machen eine Frühjahrspflanzung aber ebenso leicht. Im Herbst sollte man nicht zu früh, nicht vor Ende Oktober, pflanzen. Leider roden und verkaufen manche Baumschulen und Gartencenter viel zu früh, noch bevor die Rosen auch nur einigermaßen ihr Wachstum beendet haben. Bei der Frühjahrspflanzung von Rosen aus dem Kühlhaus schneidet man die Rosen pflanzfertig zurück und legt dann die ganzen Pflanzen für 24 Stunden ins Wasser. Das gleiche gilt auch, wenn die Rosen mit trockenen Wurzeln eintreffen.

Besonders interessant ist die moderne Sommerpflanzung blühender Rosen aus Containern. Die Rosen müssen vorsichtig den Containern entnommen werden, der in der Regel nur schlecht durchwurzelte Ballen darf nicht zerfallen. Nach Möglichkeit sollte man bei trübem Wetter pflanzen, reichliches Wässern ist selbstverständlich. Rosen werden so tief gepflanzt, daß die Veredlungsstelle einige Zentimeter unter die Erdoberfläche kommt. Vorher hat man die

Wurzeln um etwa ein Drittel ihrer Länge eingekürzt. Anschließend wird angehäufelt, und zwar bei Herbst- und Frühjahrspflanzungen. Im Winter soll die angehäufelte Erde Frostschäden vermeiden, im Frühjahr – besonders bei Kühlhausrosen – Trockenschäden.

Pflanzabstände lassen sich nicht leicht generell angeben, zu unterschiedlich sind Habitus und Wuchsleistung. Pflanzt man im Verband, so wird man Polyantha- und Edelrosen in Abständen von 40–50 cm pflanzen, besonders schwachwachsende Sorten und Miniaturrosen enger und Strauch- und Kletterrosen möglichst mehrere Meter voneinander entfernt. Hochstammrosen stehen gewöhnlich in Reihen auf Beeten oder Rabatten, 1 m sollte der geringste Abstand betragen.

Durch die mechanische Entblätterung nach dem Roden sind die Triebe der Rosen oft sehr stark beschädigt. Man sollte die Triebe deshalb auch bei einer Herbstpflanzung bis ins gesunde Holz zurückschneiden, man beugt dadurch einem Pilzbefall vor. Auch beschädigte Wurzeln werden bis in die gesunden Teile zurückgeschnitten. Der eigentliche Pflanzschnitt findet erst im Frühjahr statt, nachdem, etwa im April bei trübem Wetter, die Rosen abgehäufelt wurden. Edel- und Polyantharosen nimmt man auf 3–6, stärkerwachsende Kletter- und Strauchrosen auf etwa 8–10 Augen zurück. Boden lockern, wässern, düngen und Schädlinge bekämpfen heißt es im Laufe des Jahres, will man die Rosen gesund und wüchsig erhalten. Eine ausreichende Bodenlockerung erzielt man in der Regel schon bei der manuellen Unkrautbekämpfung. Ein recht guter »Ersatz« ist das Mulchen mit verrottetem Stalldünger oder anderen organischen Materialien. Gewässert wird bei zu großer Trockenheit, besonders im ersten Jahr nach dem Pflanzen. Nie bei voller Sonne und großer Hitze spritzen oder beregnen, sondern nur morgens oder abends.

Beim Blumenschneiden beläßt man den einzelnen Trieben möglichst viel Laub, um so schneller entwickeln sich neue Triebe. Verblühte Blumen schneidet man sofort bis zu den voll entwickelten Blättern ab.

Bei der Düngung wechselt man am besten zwischen mineralischen und organischen Düngern ab. Als organischer Dünger muß wieder abgelagerter Rinderdung genannt werden, auch wenn er in vielen Fällen nicht zu haben ist, es gibt nichts Besseres. Fehlt er, muß man sich mit Torf, Rindenhumus, Kompost, Trockenrinderdung oder Oscorna helfen und jährlich etwa 100 g/m² eines chloridfreien Volldüngers geben. Davon wird je die Hälfte im März und im Juni gegeben. Im Jahr der Pflanzung vermeide man mineralische Dünger.

Bei der Schädlingsbekämpfung haben wir es vor allem mit verschiedenen Blattkrankheiten (Mehltau, Rost, Sternrußtau, Rindenfleckenkrankheit) und einigen Schadinsekten zu tun, siehe Seite 211.

Eine wichtige Arbeit im Laufe des Rosenjahres ist die Einwinterung der Pflanzen. Rosen werden nicht so sehr der Kälte wegen abgedeckt, sondern zum Schutz gegen die Sonnenstrahlen, vor allem im Vorfrühling, wenn dem Auftauen am Tag wieder ein Gefrieren bei Nacht folgt.

Bei ausreichend tief gepflanzten Beetrosen sollte zwischen die Rosen strohiger Mist oder Stroh gebracht und die Rosen dann locker mit Deckreisig schattiert werden. Stehen Buschrosen mit der Veredlungsstelle über dem Boden, muß soviel Ackererde aufgebracht werden, daß die Veredlungsstelle 5 cm hoch mit Erde bedeckt ist. Kletterrosen, Park- und Strauchrosen schützt man vor tiefen Wintertemperaturen durch das lockere Einbinden oder Behängen mit Fichtenreisig.

Hochstammrosen werden leider immer noch falsch überwintert. Unter Ölpapier und Folie schwitzen und vermodern sie. Die Veredlungsstelle am Kronenansatz wird vollständig mit lockerer Erde überdeckt (keine Komposterde verwenden). Das geht so vor sich: Jede Hochstammrose hat an ihrem Stammfuß einen mehr oder weniger deutlich sichtbaren Absatz. Schon beim Pflanzen achtet man darauf, daß diese Ab-

Rosa moyesii 'Marguerite Hilling'

sätze und Bögen alle in eine Richtung weisen, und zwar in Längsrichtung der Rabatte. Nachdem die Kronentriebe genügend ausgereift sind, biegt man die Stämme der Rosen über den Bogen zur Erde und deckt die Veredlungsstelle zu. (In die andere Richtung gebogen, würde der Stamm mit ziemlicher Sicherheit abbrechen.) Jede gesunder Rosenstamm übersteht diese Prozedur ohne Schaden, man schützt ihn selbst und die Krone vor Frost und Sonnenbrandschäden durch Reisig.

In den folgenden Aufstellungen wird der Begriff ADR-Rose auftauchen. Man versteht darunter solche Rosen, die in der All-Deutschen-Rosenneuheitenprüfung auf ihren Gartenwert geprüft wurden und dabei mindestens 80 Punkte erhielten.

Diese Sichtungsarbeit wird in 9 über das ganze (ehemalige) Bundesgebiet verteilten Prüfungsgärten durchgeführt und beurteilt Gesundheit, Wüchsigkeit, Duft, Farbe, Haltbarkeit und Selbstreinigung der Blüten. ADR-Rosen haben sich also unter verschiedenen Bedingungen bewährt und können ganz besonders empfohlen werden.

Aber bei weitem nicht alle Neuheiten durchlaufen diese Prüfgärten, so daß die Bezeichnung ADR-Rose kein absolutes

Wertzeugnis darstellen kann; es gibt auch andere gute Rosensorten.

Auf die Nennung der Züchter und des Zuchtjahres und auf Angaben, die sich auf einen Patent- oder Warenzeichenschutz beziehen, wird an dieser Stelle verzichtet.

Hier kann nur eine begrenzte Auswahl an Rosen aus dem riesigen Sortiment aufgenommen werden. Dabei werden neben den ADR-Rosen die Sorten berücksichtigt, die in möglichst vielen Baumschulen geführt werden. Jährlich kommt eine Vielzahl neuer Sorten auf den Markt, sie sind in den folgenden Listen nicht bevorzugt behandelt, denn sie müssen in der Praxis erst ihren Gartenwert beweisen.

1. Wildrosen und ihre Sorten

Man versteht darunter aus Samen gezogene Pflanzen, während alle anderen Rosen (auch die Sorten der Wildrosen) in der Regel veredelt werden, also auf fremden Wurzeln wachsen müssen. Nur wenige Rosen werden zur Zeit durch Wurzelschnittlinge oder Stecklinge vermehrt. Wildrosen werden im allgemeinen in großen Gärten und Parkanlagen, häufig auch in der freien Landschaft verwendet. Dort insbesondere für Wind- und Vogelschutzanlagen und die

Böschungs- und Hangbefestigung. Pflanzt man sie im Hausgarten, muß man ihnen genügend Platz einräumen, sie wollen frei und ungehindert wachsen können.

Zusammen mit den Wildarten, die überwiegend aus Europa, aber auch aus Nordamerika und Ostasien stammen, werden hier deren Sorten behandelt. Sie weichen in bezug auf Blütenfarbe und Blütengröße oft beträchtlich von ihrer Stammart ab. Nicht selten werden sie auch zu den Parkrosen gestellt (siehe Seite 481).

2. Strauch- oder Parkrosen

Mit diesem ungenauen und umstrittenen Begriff werden hochwachsende, stets veredelte Rosen mit Polyantharosen-Charakter bezeichnet. Als Strauchrosen gelten die öfterblühenden Sorten, während die Parkrosen nach einer Hauptblüte nur noch remontieren.

Wie die Wildrosen sollen sie in großen Gärten und Parkanlagen verwendet werden. Frei wachsende Hecken aus Strauch- oder Wildrosen ergeben ebenso eindrucksvolle Bilder wie einzeln stehende Sträucher vor dunklem Koniferenhintergrund oder lockere Gruppen verschiedenfarbiger Rosen. Neben den höheren Koniferen für den Hintergrund sind zwergige Wacholder und Kiefern gute Partner. Aber auch immergrüne Laubgehölze wie *Berberis, Pyracantha, Ilex* und *Cotoneaster* oder sommergrüne Sträucher mit herbstlichem Fruchtschmuck.

Im Herbst schmücken sich viele Wild- und Parkrosen noch einmal mit reichem Beerenschmuck. Für eine Heckenpflanzung werden Pflanzabstände von 60–100 cm angegeben.

Schneiden soll man alle Strauch- und Wildrosen nur sehr sparsam. Im Gegensatz zu den Polyantha- und Edelrosen blühen viele erst an den Kurztrieben, die entlang der langen, vorjährigen Triebe entstehen. Ständiger Rückschnitt hätte nur die Bildung langer Triebe zur Folge, auf reichen Blütenschmuck würde man umsonst warten. Das Auslichten älterer Pflanzen genügt in der Regel als Schnitt. Dabei werden die jeweils ältesten Triebe an der Basis entfernt, um dem Nachwuchs Platz zu machen.

Strauch- oder Parkrosen

Sorte	Wuchshöhe (cm)	Blüte	Bemerkungen
'Angela'	80–100	reinrosa, gefüllt	ADR-Rose, reichblühende, robuste Sorte
'Armada'	120–150	reinrosa, edelrosenähnlich, leicht duftend	gut verzweigter, buschiger Strauch
'Astrid Lindgreen'	100–130	hellrosa, gut gefüllt	Wuchs aufrecht, buschig
'Benvenuto'	150	samtig blutrot, halbgefüllt	ADR-Rose, gute Wuchskraft und reichblühend, Petalen verbrennen bei großer Hitze und Trockenheit an den Rändern
'Bischofsstadt Paderborn'	100–150	zinnoberscharlachrot, einfach	ADR-Rose, wertvolle, leuchtende Strauchrose, deren Farbe auch bei Regen nicht verblaßt
'Blossomtime'	150	dunkelrosa, innen silbrigweiß	ADR-Rose, harte, bis zum Frost blühende Pflanze
'Bonanza'	150–200	leuchtendgelb, rosa überhaucht, gefüllt	ADR-Rose, wüchsig, starktriebig, reichblühend
'Brillant' (Kordes Brillant)	100–150	brennend orange, gefüllt	schnell nachtreibend, deshalb sehr reichblühend
'Castella'	150–200	leuchtend blutrot, leicht gefüllt	gut verzweigt, von unten an üppig belaubt
'Centenaire de Lourdes'	150	leuchtend reinrosa	aufrechte, doch leicht überhängende, buschige Pflanze, die reich blüht und gut remontiert; besonders gesund und frosthart
'Chinatown'	100–150	rein goldgelb, gut gefüllt	üppig wachsend, blühwillig
'Clair Matin'	150	leuchtend zartrosa, halbgefüllt	bildet schöne, gesunde Büsche und blüht unermüdlich
'Cocktail'	200	geraniumrot, Mitte gelb, einfach	kräftig wachsend, dauerblühend, verträgt auch heiße Lagen
'Darthuizer Orange Fire'	150	leuchtendorange, halbgefüllt	buschig, breitausladend, reichblühend
'Dart's Red Dot'	150	leuchtendrot mit weißem Auge	buschig, gut verzweigt
'Dirigent'	150–200	blutrot, halbgefüllt	ADR-Rose, blüht bis in den Spätherbst
'Eden-Rose'	100–150	zart seidenrosa, zur Mitte kräftigrosa	kräftig und buschig wachsend, Blüten nach Art der alten Moosrosen
'Elmshorn'	150–200	rosa mit Lachsschein, gefüllt	ADR-Rose, sehr große Blütensträuße, langandauernder Flor
'Elveshörn'	150–200	kräftigrosa mit Lachs, gefüllt	starkwachsend, aufrecht, mit üppigem Herbstflor
'Erfurt'	80–100	rosenrot, weiß und gelbe Mitte, halbgefüllt	durch überhängenden, breiten Wuchs besonders für Böschungen geeignet
'Eyepaint'	100–150	scharlachrot mit weißem Auge	Blüten klein, einfach, am Rand leicht gefranst

Strauch- oder Parkrosen (Fortsetzung)

Sorte	Wuchshöhe (cm)	Blüte	Bemerkungen
'Feuerwerk'	150	feurigorange	starker, aufrechter Wuchs
'Fiona'	80	leuchtendrot, fast gefüllt	mit bogenförmig überhängenden Trieben breitwachsend, Belaubung glänzend
'Fontaine'	120	samtig, doch leuchtend blutrot	ADR-Rose, buschiger Wuchs, gesundes Laub und große, gutgeformte Knospen, hohe Reichblütigkeit
'Freisinger Morgenröte'	150	kräftigorange auf gelbem Grund, duftend	üppig und robust wachsend, sehr reichblühend
'Friesensonne'	120	zitronengelb, gefüllt	großblumig, bei entsprechendem Rückschnitt auch als Beetrose zu verwenden
'Gloriette'	150–200	reinrosa, angenehm duftend	edelrosenähnliche, mittelgroße Blüten auf sehr langen Stielen
'Grandhotel'	150–200	leuchtend, samtig-blutrot, gut gefüllt	Blüten sehr groß, Pflanzen gut nachtreibend
'Händel'	150	rahmweiß, karminrot gerandet	bildet große, gut verzweigte Büsche, Dauerblüher
'Hanseat'	180	einfach, rosarot, in der Mitte etwas heller	Wuchs kräftig, überhängend, zur Kombination mit anderen Blütensträuchern geeignet
'Hein Mück'		samtig blutrot, goldgelbe Staubgefäße, einfach	Gegenstück zu 'Hanseat', bis zum Herbst blühend
'Hotel Royal'	150–200	leuchtendrot	Wuchs straff-aufrecht, auch als Kletterrose zu verwenden
'Ilse Haberland'	150	karminrosa	große, stark duftende Blüten, stark und breit wachsend
'Lichterloh'	100	samtartig blutrot, gefüllt	reich und lange blühend
'Lichtkönigin Lucia'	150	zitronengelb, gefüllt, duftend	ADR-Rose, beste gelbe Strauchrose mit überreichem, weithin leuchtendem Flor
'Lucinde'	150–200	tief goldgelb	kräftig wachsend, besonders gut für Hecken geeignet
'Lydia'	150–200	gelb und rot, im Verblühen leuchtendorange	Wuchs straff-aufrecht, gut verzweigt, Blüten duftend
'Mannheim'	150–200	kirschrot, gefüllt	aufrecht, reichblühend
'Morgenstern'	100–130	hellgelb, rosa überhaucht, einfach	Wuchs aufrecht, buschig
'Mountbatten'	80–100	mimosengelb, stark gefüllt	Wuchs breitbuschig und kräftig, besonders gut für Kleingruppen und Hecken geeignet
'Mozart'	150	hellrot mit weißem Auge, einfach	zierliche Blüten in großen Dolden, schöne alte Sorte
'Nymphenburg'	150	lachsrosa, orange überhaucht, stark duftend	Blüten groß und halbgefüllt, Pflanzen aufrecht und buschig
'Rokoko'	150	cremegelb mit goldgelben Staubgefäßen	Blüten groß, leicht gewellt, Wuchs breitbuschig
'Romanze'	100–150	dunkelrosa, duftend, groß	Wuchs breitbuschig, deshalb auch für flächige Pflanzungen geeignet, reicher Herbstflor
'Rosendorf Sparrieshoop'	150	leuchtend zartrosa, fast gefüllt	Blüten sehr groß, breitbuschig, starkwachsend
'Rosenresli'	150	karminrosa, besonders stark duftend	ADR-Rose, Wuchs vieltriebig, leicht überhängend
'Rosenstadt Zweibrücken'	100	gelb und rot	Wuchs buschig, aufrecht, bis zum Herbst blühend
'Rosentanz'	100–130	einfach, leuchtend dunkelrot mit weißer Mitte und goldgelben Staubgefäßen	Wuchs kompakt und buschig

Strauch- oder Parkrosen (Fortsetzung)

Sorte	Wuchshöhe (cm)	Blüte	Bemerkungen
'Rosika'	100–120	rosa, sehr groß, gefüllt, duftend	moderne Sorte mit dem Charme der alten Rosen, Blüten beim Aufblühen ähnlich wie bei den alten Moosrosen geviertelt
'Rote Mozart'	80–100	leuchtend orangerot mit hellem Auge	Blüten halbgefüllt, in großen Dolden, bis zum Frost blühend
'Royal Star'	150–200	dunkel johannisbeerrot, stark gefüllt	Wuchs kräftig, aufrecht, Zweige bogig überhängend
'Schneewittchen'	100	weiß, gefüllte, langgestreckte Knospen	ADR-Rose, bis zu 100 Blüten sitzen in riesigen Sträußen zusammen, wegen der geringen Höhe auch als Beetrose geeignet, guter Kontrast zu roten Sorten
'Shalom'	200	leuchtend ziegelrot, duftend, stark gefüllt	Wuchs straff-aufrecht, geschlossen
'Sparrieshoop'	200	perlmuttrosa	ADR-Rose, aufrechtwachsend, sehr hart, einfache, schalenförmige, zarte Blüten
'Stadt Rosenheim'	150	lachsorange, gefüllt	ADR-Rose, vollkommen gefüllte, edelrosenähnliche Blüten von intensiver Leuchtkraft, frostunempfindlich
'Ulmer Münster'	150	leuchtend blutrot, gefüllt, duftend	Blüten sehr groß, unempfindlich gegen Regen, starkwüchsig
'Vogelpark Walsrode'	150	zartrosa, leicht duftend	Wuchs breitbuschig, ständig nachtreibend, mit besonders reichem Herbstflor
'Westerland'	150–200	lachs- bis aprikosenfarben	ADR-Rose, reichblühend, große Blüten, gesundes Laub und straff-aufrechter Wuchs, stark duftend
'Westfalenpark'	100–150	bernsteinfarben, leicht duftend	Blüten groß, eigenartig gewellt, Pflanzen buschig und gut verzweigt
'White Nights'	120–150	cremeweiß, angenehm duftend, gefüllt	Wuchs kräftig, buschig, gut verzweigt
'Wildlife'	120–150	zart lachsrosa mit heller, gelblicher Mitte, einfach	Wuchs buschig-aufrecht, gut verzweigt
'Zitronenfalter'	150	goldgelb, gut gefüllt, mit intensivem Teerosenduft	Wuchs aufrecht, buschig, gut verzweigt

3. Bodenbedeckende Rosen

Sie werden allgemein als »Bodendeckerrosen« bezeichnet und sind eine relativ junge Gruppe von Rosen, die man auch zu den Strauchrosen stellen könnte. Es handelt sich um robuste, pflegeleichte Sorten, die entweder mit zahlreichen aufrechtstehenden Trieben, oft auch mit unterirdischen Ausläufern, dicht und buschig wachsen oder mit langen, niederliegenden Trieben oder bogenförmig geneigten Trieben mehr oder weniger breit wachsen und den Boden mit einem dichten Teppich bedecken. Sie sollen den Boden möglichst rasch und gleichmäßig beschatten und ihn dadurch von Unkrautwuchs freihalten. Außerdem sollen sie reich und bis in den Spätherbst blühen. So können sie eine willkommene Alternative zu den sonst oft einheitlich grünen Bodendeckern, allen voran den *Cotoneaster dammeri*-Sorten, sein.

Im Hausgarten werden bodenbedeckende Rosen gern zur Begrünung von Hängen eingesetzt, auch zur Bepflanzung von Mauerkronen, über die ihre langen Triebe dann herabhängen können. Hier können in der Regel nur Sorten verwendet werden, die nur mäßig stark wachsen. Man sollte sie nicht in zu großen Flächen, sondern eher in kleineren Gruppen pflanzen und sie mit anderen Gehölzen kombinieren. Sie vertragen durchaus halbschattige Standorte, nur nicht den Traufbereich von Bäumen und Großsträuchern. Ungeeignet sind sie auch zur Bepflanzung von hohen, steilen Böschungen, weil dort Pflegemaßnahmen nur schwer durchzuführen sind. In zunehmendem Maße werden bodenbedeckende Ro-

sen auch in öffentlichen Anlagen und im Straßenbegleitgrün eingesetzt. Die Flächen sind dort in der Regel größer, es können auch höherwerdende Sorten oder Sorten mit sehr langen, niederliegenden Trieben verwendet werden.

Bodenbedeckende Rosen sind nicht ohne Probleme. Sie sind für mehrere Monate des Jahres ohne Laub. In dieser Zeit entwickeln sich einige Unkräuter schon oder noch recht kräftig. Ein Einsatz von Herbiziden ist mindestens bei Rosen mit niederliegenden Trieben problematisch, hier kann es leicht zu Schäden kommen. Viele bodenbedeckende Rosen sind nicht in der Lage, Wurzelunkräuter zu unterdrücken, eine sorgfältige Bodenvorbereitung vor der Pflanzung ist deshalb besonders wichtig. Bei veredelten Rosen entwickeln sich nicht

selten mehr oder weniger zahlreiche Wildtriebe, die nur schwer zu entfernen sind.
Deshalb werden bodenbedeckende Rosen
in zunehmendem Maße durch Stecklinge
oder Wurzelschnittlinge wurzelecht vermehrt. Auch bodenbedeckende Rosen kommen nicht ohne Schnitt aus. In jedem
Frühjahr müssen kranke und abgestorbene
Triebe entfernt werden. Gelegentlich kann
auch ein Rückschnitt erforderlich sein.
Schließlich muß hier auch der stets notwendige Pflanzenschutz erwähnt werden. Gegen Mehltau und Sternrußtau sind jährlich
meist mehrere Spritzungen notwendig.
Zu den bodenbedeckenden Rosen gehören
nicht nur die in der Tabelle auf Seite 462
besprochenen Sorten, sondern auch Wildrosen wie *R.nitida* oder die zahlreichen
Sorten von *R.rugosa*, die auf Seite 485 beschrieben worden sind.

4. Kletterrosen
Kletterrosen sind entweder Abkömmlinge
verschiedener Wildarten oder kletternde
Mutanten von Edelrosen oder Floribunda-
Rosen. Sie können auch zu *Rosa × kordesii*
gehören, einer Gruppe von Rosen, die
W. Kordes erzielte und die sich durch große
Frosthärte, remontierende Blüten, Unemp-
findlichkeit gegenüber Mehltau, Rosenrost
und Sternrußtau auszeichnet.

Bodendeckerrose 'Swany'

Bodenbedeckende Rosen

Sorte	Wuchshöhe (cm)	Blüte	Bemerkungen
'Alba Meidiland'	60–70	reinweiß, stark gefüllt, klein	langtriebig, breitbuschig, Triebe bogenförmig überhängend, 2–3 Pflanzen je m²
'Ballerina'	40–60	karminrosa, mit weißer Mitte, einfach, klein	Wuchs mittelstark, Triebe teils aufrecht, teils überhängend, rasche Neutriebbildung, 2–3 Pflanzen je m²
'Bassino'	20–40	leuchtend blutrot mit gelben Staubgefäßen, zierlich, reich-blühend	Wuchs niederliegend, breitausladend, lange anhaltender Blütenflor, 3–4 Pflanzen je m²
'Candy Rose'	60–70	lachsrosa mit weißem Auge und gelben Staubgefäßen, mittelgroß, halbgefüllt	Wuchs kräftig, langtriebig, Triebe bogenförmig überhängend, 2–3 Pflanzen je m²
'Carterpillar'	40–60	zart- bis weißlichrosa, halbgefüllt, im 1. Flor sehr reichblühend	Wuchs überhängend, bleibt kompakt und niedrig, 2–3 Pflanzen je m²
'Chimo'	50	blutrot, klein	starkwachsend, Triebe bis 1 m lang, überhängend, 1–2 Pflanzen je m²
'Fair Play'	150	hellrot mit heller Mitte, halbgefüllt, groß	Wuchs breitbuschig, Triebe flach wachsend, 1–2 Pflanzen je m²
'Fairy Chrystal'	20–40	reinweiß, sehr kleinblumig, reichblühend	Wuchs niedrig, flach, dicht geschlossen, 5–7 Pflanzen je m²
'Fairy Dance'	40–60	blutrot, stark gefüllt, klein	Wuchs überhängend, vom 2. Jahr an ein dichtes Polster bildend, aus dem einzelne Triebe herauswachsen, 3–4 Pflanzen je m²

Bodenbedeckende Rosen (Fortsetzung)

Sorte	Wuchshöhe (cm)	Blüte	Bemerkungen
'Fairy Land'	20	weiß mit rosa Hauch, leicht gefüllt	meist kriechend, Triebe dicht am Boden aufliegend, dichte Polster bildend, 3–4 Pflanzen je m²
'Fairy Prince'	80–100	hellrot, gut gefüllt, klein, sehr zahlreich	Wuchs stark, breitbuschig, Triebe überhängend, auch als Einzelpflanze und für kleine Gruppen geeignet, 1–2 Pflanzen je m²
'Fairy Red'	40–60	kräftig scharlachrot, klein, gut gefüllt	Wuchs bogig überhängend, 3–4 Pflanzen je m²
'Ferdy'	60–90	fuchsienrosa mit cremegelber Mitte, klein, halbgefüllt, sehr reichblühend	Wuchs mäßig stark, flachbogig bis aufstrebend, 2–3 Pflanzen je m²
'Fiona'	50	tief blutrot, gut gefüllt, anhaltend blühend	Wuchs breitbuschig, mit bogig überhängenden Trieben, 3–4 Pflanzen je m²
'Fleurette'	20–40	karminrosa mit heller Mitte, regenfest, leicht duftend	Wuchs buschig, breitausladend, 3–4 Pflanzen je m²
'Goldfächer'	10–20	tief goldgelb, einfach, klein	Wuchs niedrig, kriechend, ständig, aber nur wenig reichblühend, 5–7 Pflanzen je m²
'Heidekind'	60–80	kirschrot, gefüllt, mittelgroß	Wuchs buschig, mit leicht überhängenden Trieben, 3–4 Pflanzen je m²
'Heidekönigin'	30–50	reinrosa, gefüllt, groß, leichter Wildrosenduft	Wuchs kräftig, mit bis zu 2 m langen, starken, bogenförmigen Trieben, 1–2 Pflanzen je m²
'Heideröslein-Nozomi'	20–40	perlmuttrosa, zierlich, halbgefüllt, leicht duftend	Wuchs kriechend, mit 150–180 cm langen Trieben und zahlreichen kleinen Zweigen, 4–6 Pflanzen je m²
'Heidesommer'	60–70	weiß mit gelben Staubgefäßen, mittelgroß, halbgefüllt	Wuchs buschig, so breit wie hoch, sehr reichblühend, gute Bienenweide, 2–4 Pflanzen je m²
'IGA München 83'	60–70	karminrosa, groß, halbgefüllt	ADR-Rose, Wuchs mäßig stark, buschig-aufrecht, mit kräftigen Trieben, Fruchtansatz nach dem 1. Flor, 4–5 Pflanzen je m²
'Immensee'	20	perlmuttrosa mit gelben Staubgefäßen, stark duftend	Wuchs üppig, Triebe bis 2 m lang, dem Boden aufliegend, sehr gute Bienenweide, 2 Pflanzen je m²
'Lavender Dream'	60	lavendelfarben, duftend, klein, sehr haltbar	Wuchs locker und gut verzweigt, 3–4 Pflanzen je m²
'Palmengarten'	70	kräftigrosa, mittelgroß, gefüllt, reichblühend	Wuchs üppig, breiter als hoch, im 2. Jahr über 1 m breit, 2 Pflanzen je m²
'Pink Bells'	50–70	rosa, dicht gefüllt, am 2jährigen Holz sehr reichblühend	Wuchs sehr dicht, vieltriebig, mit bogig überhängenden Trieben, 3–5 Pflanzen je m²
'Pink Lover'	30–50	rosa, klein, einfach	Wuchs buschig, gut verzweigt, ständig in Blüte, 4–5 Pflanzen je m²
'Pink Meidiland'	90–100	intensiv lachsrosa mit weißem Auge und gelben Staubgefäßen, einfach	ADR-Rose, Wuchs mäßig stark, breitbuschig, kompakt, 3–4 Pflanzen je m²
'Red Bells'	60–70	rot, sonst wie 'Pink Bells'	Wuchs wie 'Pink Bells', 3–5 Pflanzen je m²
'Red Meidiland'	50–60	dunkelrot mit weißer Mitte und gelben Staubgefäßen, mittelgroß	ADR-Rose, Wuchs ausladend, breitbuschig, Triebe bogig überhängend und gut verzweigt, 3–4 Pflanzen je m²
'Red Yesterday'	60–80	leuchtend dunkelrot mit weißer Mitte, klein, einfach	ADR-Rose, Wuchs mittelstark, kompakte Büsche bildend, Triebe teils überhängend, 2–3 Pflanzen je m²
'Repandia'	50–60	leuchtendrosa, schalenförmig, im 1. Jahr blühend	ADR-Rose, Wuchs stark, robust, Triebe 2–3 m lang, dem Boden aufliegend, 1 Pflanze je m²

Bodenbedeckende Rosen (Fortsetzung)

Sorte	Wuchshöhe (cm)	Blüte	Bemerkungen
'Repens Meidiland'	50–60	reinweiß mit gelblicher Mitte, einfach, im Juni einmal blühend	Wuchs stark, mit zahlreichen, 1–2 m langen, bogig niederliegenden Trieben, 1–2 Pflanzen je m²
'Roseromantic'	60–80	leuchtend reinrosa, einfach, groß, in riesigen Dolden	Wuchs buschig, so breit wie hoch, 3–4 Pflanzen je m²
'Rotelfe'	60	leuchtend samtblutrot, mittelgroß, gefüllt	Wuchs breit und bogig überhängend, 4–5 Pflanzen je m²
'Scarlet Meidiland'	50–60	leuchtend orangerot, klein, locker gefüllt	Wuchs breitbuschig, ausladend, gut verzweigt, überhängend, 3–4 Pflanzen je m²
'Schneeschirm'	80	weiß, zartrosa angehaucht, einfach, mittelgroß	Wuchs mittelstark, flach, Triebe leicht ansteigend, 2 Pflanzen je m²
'Snow Ballet'	30–50	reinweiß, mittelgroß, gut gefüllt	Wuchs kriechend, dauerblühend, 3–4 Pflanzen je m²
'Snow Carpet'	10–30	weiß mit gelber Mitte, dicht gefüllt	Wuchs kriechend, zierlich, schwach, 5–7 Pflanzen je m²
'Sommerwind'	50–60	reinrosa, mittelgroß, fast gefüllt	Wuchs buschig, stark verzweigt, so breit wie hoch, sehr reich und bis zum Frost blühend, 2–4 Pflanzen je m²
'Swany'	40–50	reinweiß, mittelgroß, stark gefüllt, lange und reich blühend	Wuchs buschig, breitausladend, mit langen, niederliegenden, teils bogig aufrechten Trieben, Blüten bei feuchtem Wetter mit unzureichender Selbstreinigung, 3–4 Pflanzen je m²
'The Fairy'	70	zartrosa, klein, dicht gefüllt, sehr haltbar	Wuchs mittelstark, feintriebig, stark und breit verzweigt, Triebe teils bogig geneigt, sehr dankbare Sorte, 4–5 Pflanzen je m²
'Weiße Immensee'	30–50	reinweiß mit gelben Staubgefäßen, mittelgroß, einfach, stark duftend	starkwachsend, Triebe bis 2 m lang, dem Boden aufliegend, 2 Pflanzen je m²
'White Bells'	50–70	reinweiß mit gelber Mitte, sonst wie 'Pink Bells'	Wuchs wie 'Pink Bells', 3–5 Pflanzen je m²
'White Meidiland'	40–50	reinweiß, sehr groß, rosettenartig, stark gefüllt	Wuchs mittelstark, breitausladend, Triebe niederliegend, mittellang, 3–4 Pflanzen je m²
'Yesterday'	60	malvenrosa mit goldgelben Staubgefäßen, klein, leicht gefüllt	ADR-Rose, Wuchs mittelstark, kompakte Büsche bildend, guter Dauerblüher, 3–4 Pflanzen je m²

Kletterrosen

Sorte	Wuchshöhe (cm)	Blüte	Bemerkungen
'American Pillar'	300–400	karminrosa mit weißer Mitte, mittelgroß, einfach	Blüten in großen, schirmförmigen Ständen, sehr wüchsig, einmalblühend
'Antika 89'	250–300	feurig scharlachrot	stark kletternd, blüht bis zum Herbst sehr reich
'Blaze Superior'	300–400	scharlachrot, im Verblühen karminrot, mittelgroß, gefüllt	Wuchs hoch und breit, Triebe leicht bogig, im 1. Flor reichblühend, bis zum Frost nachblühend
'Casino'	200–250	zitronengelb, groß, gefüllt, stark duftend	kräftig wachsend, reich- und öfterblühend
'Colonia'	200–300	dunkel blutrot, halbgefüllt, schalenförmig	Wuchs mäßig stark, buschig, gut verzweigt
'Compassion'	200–250	lachsrosa mit orangefarbenem Schimmer, stark duftend	ADR-Rose, Pflanze dicktriebig, aufrechtwachsend, öfterblühend

Kletterrosen (Fortsetzung)

Sorte	Wuchshöhe (cm)	Blüte	Bemerkungen
'Coral Dawn'	200–250	lachskorallenrosa, mittelgroß, gefüllt	Wuchs aufrecht, gut verzweigt, reich- und dauerblühend
'Coral Satin'	200–300	korallenrosa, mittelgroß, locker gefüllt	Wuchs aufrecht, Triebe leicht überhängend, reichblühend
'Danse du Feu'	300	orangescharlachrot, mittelgroß, leicht gefüllt	Wuchs kräftig, öfterblühend
'Dorothy Perkins'	300–400	reinrosa, klein, gefüllt, einmalblühend	Wuchs kräftig, mehltauanfällig, deshalb nur für freie Lagen geeignet
'Dortmund'	200–300	karmingetönt blutrot mit großem weißem Auge und gelben Staubgefäßen, mittelgroß	ADR-Rose, Wuchs aufrecht bis leicht bogig
'Excelsa'	300	hellkarmin, gefüllt, becherförmig, einmal, aber sehr reich blühend	Wuchs mittelstark, Triebe dünn, mehltauanfällig, deshalb nur für freie Lagen
'Golden Olymp'	150–200	goldgelb mit kupfrigem Schein, gefüllt, duftend	Wuchs aufrecht, kräftig, öfterblühend
'Golden Showers'	200–300	hell goldgelb, groß, halbgefüllt, reich und lange blühend	Wuchs mittelstark, aufrecht
'Goldfassade'	300–400	goldgelb, zum Rand kupfrig überhaucht, groß, gefüllt, gut duftend	Wuchs stark, breit-aufrecht, reich- und dauerblühend
'Grandessa'	200	leuchtend blutrot mit samtigem Glanz, gut farbbeständig, groß, ziemlich gefüllt	Wuchs mäßig stark, aufrecht, gut verzweigt, bis zum Herbst reichblühend
'Gruß an Heidelberg'	200–300	intensiv feurigrot, gut farbbeständig, groß, gefüllt	Wuchs mittelstark, buschig verzweigt, Blühbeginn spät, bis zum Spätherbst durchblühend
'Hamburger Phoenix'	300–400	blutrot, groß, halbgefüllt, flach, leicht duftend	Wuchs stark, öfterblühend
'Harlekin'	250	cremeweiß mit rotem Rand, groß, gefüllt	Wuchs mittelstark, reich- und öfterblühend
'Ilse Krohn Superior'	200–300	reinweiß, groß, gut gefüllt, reichlich duftend	Wuchs stark, aufrecht bis leicht bogig, öfterblühend
'Iskra'	250	leuchtend scharlachrot, mittelgroß, leicht gefüllt	Wuchs mittelstark, öfterblühend
'Kassel'	200–300	orangescharlachrot, groß, halbgefüllt	Wuchs stark, öfterblühend
'Lawinia'	200–300	rein hellrosa mit silbrigem Schimmer, groß, locker gefüllt, gut duftend	Wuchs mittelstark, breitbuschig, reich- und dauerblühend
'Leverkusen'	200–300	hellgelb, groß, halbgefüllt	Wuchs mittelstark, Blüte reich und langandauernd
'Liane'	200–300	kräftigorange, groß, gut gefüllt	Wuchs aufrecht
'Maria Lisa'	200–300	leuchtend karminrosa mit weißer Mitte, klein, einfach	starkwüchsig, fast ohne Stacheln, einmal, aber sehr reich blühend
'Mme Sancy de Parabère'	300–400	violettrosa, groß, halbgefüllt, duftend	starkwüchsig, robust, stachellos, einmalblühend
'Morgensonne 88'	200–300	lichtgelb, gefüllt, mittelgroß	sehr wüchsig, starktriebig, öfterblühend
'Morning Jewel'	250–300	tiefrosa, mittelgroß, angenehm duftend	ADR-Rose, Wuchs kräftig, sehr reich- und öfterblühend
'New Dawn'	300–400	silbrigrosa, groß bis groß, locker gefüllt, gut duftend, reichblühend bis zum Frost	Wuchs sehr stark und breit, Triebe weit überhängend

Kletterrosen (Fortsetzung)

Sorte	Wuchshöhe (cm)	Blüte	Bemerkungen
'Parade'	200–300	tiefrosa, sehr groß, stark gefüllt, duftend	Wuchs mittelstark, aufrecht
'Parkdirektor Riggers'	250–300	samtig blutrot mit gelben Staubgefäßen, mittelgroß, halbgefüllt, öfterblühend, Blühbeginn mittel	ADR-Rose, Wuchs mittelstark, Triebe kräftig aufrecht bis leicht bogig
'Paul's Scarlet'	250–350	blutrot, etwas verblauend, mittelgroß, halbgefüllt, einmal aber sehr reich blühend	Wuchs stark, breitbuschig, aufrecht, gut verzweigt, mit kräftigen Trieben
'Polstjäran'	300–400	reinweiß, sehr klein, in Dolden	starkwüchsig, einmal, aber reich blühend
'Ramira'	200–250	reinrosa, groß	kräftig wachsend, ständig neue Bodentriebe bildend
'Raubritter'	200–300	zartrosa, gefüllt, duftend	kräftig wachsend
'Rosarium Uetersen'	200–300	leuchtendrosa mit silbrigem Schimmer, mittelgroß, stark gefüllt, leicht duftend	Wuchs mittelstark, aufrecht, gut verzweigt, auch als Strauch- und Trauerrose zu verwenden
'Rosendorf Schmitshausen'	200–300	dunkelrot, gut gefüllt, dauerblühend	Wuchs mittelstark auch als Strauchrose zu verwenden
'Rote Flamme'	300–400	dunkel blutrot, gefüllt	Wuchs stark, buschig, reichblühend
'Royal Gold'	300–400	rein goldgelb, sehr groß, dauerblühend	Wuchs ziemlich stark, edelrosengleiche, wetterbeständige Blüten auf langen Stielen
'Salita'	200	leuchtend orangerot, stark gefüllt	Wuchs straff-aufrecht, Pflanze baut sich langsam auf
'Santana'	200	leuchtend dunkelblutrot, groß, gefüllt	Wuchs mittelstark, aufrecht, öfterblühend
'Schneewalzer'	200–300	reinweiß, groß, gut gefüllt	Wuchs mittelhoch, buschig, öfterblühend
'Schwanensee'	200–300	weiß mit rosa Hauch, gefüllt, leicht duftend	Wuchs kräftig, straff-aufrecht, reichblühend
'Solo'	200–300	samtig dunkelrot, groß, locker gefüllt, leicht duftend	Wuchs stark, öfterblühend, mehltauanfällig
'Super Dorothy'	300	rosa, klein, stark gefüllt, blüht im ersten Flor reich, bis zum Herbst mittel	bildet lange Ruten, die – nicht aufgebunden – niederliegen
'Super Excelsa'	300	karminrosa, klein, stark gefüllt, im Blühverhalten wie 'Super Dorothy'	Wuchs wie 'Super Dorothy'
'Sympathie'	200–400	samtig dunkelrot, groß, gefüllt, reich- und öfterblühend	ADR-Rose, Wuchs kräftig, aufrecht, mit leicht bogigen, dichten, starken Trieben
'Tausendschön'	300	dunkelrosa mit heller Mitte, dicht gefüllt, einmal, aber sehr reich blühend	Wuchs mittelstark, Triebe stachellos, nur für völlig freien Stand, sonst mehltauanfällig
'Till Uhlenspiegel'	300–400	dunkelblutrot mit weißer Mitte, duftend	starkwachsend, reichblühend
'Veilchenblau'	300–400	purpurviolett mit weißem Auge, im Verblühen blauviolett, klein, locker gefüllt	Wuchs kräftig, vieltriebig, fast stachellos, einmalblühend, alte Sorte mit interessanter Blütenfarbe
'White Cockade'	250–300	innen weiß mit gelblichrosa, außen weiß mit rosa Anflug, mittelgroß bis groß, gefüllt, reichlich duftend	Wuchs mäßig stark, aufrecht, reich- und öfterblühend

Alle sind Spreizklimmer mit mehr oder weniger langen Trieben, denen ein Gerüst zur Verfügung gestellt werden muß. Man pflanzt diese Rosen an Hauswände oder Pergolen, läßt Lauben, Rosenbögen, freistehende Pyramiden und Säulen oder Böschungen beranken und kann die weniger starkwachsenden Sorten wie Strauchrosen verwenden.

Auch Kletterrosen brauchen viel Platz, je nach Wuchsstärke sollen sie 1–3 m auseinander gepflanzt werden. Pflanzt man sie an eine Hauswand, muß man ihre Triebe immer wieder anbinden, da sonst leicht der ganze Strauch nach vorne kippt. Geschnitten wird auch hier nur wenig. Möglichst viele lange und starke Triebe gilt es zu erzielen. Sie bilden im kommenden Jahr Kurztriebe und damit die Grundlage für den Blütenreichtum. An den alten Zweigen, die schon einmal geblüht haben, werden die Kurztriebe auf 3–4 Augen zurückgenommen. Die Stämme können dann jahrzehntealt werden. Die abgeblühten Blumen werden bis ins kräftige Holz entfernt.

5. Beetrosen

Mit der Bezeichnung Beetrosen werden einige Rosenklassen zusammengefaßt, die in den letzten Jahren einen überaus starken Zuwachs erfahren haben. Zu den Beetrosen gehören:

Polyantha-Rosen: Sorten mit kleinen, mehr oder weniger einfachen Blüten in vielblumigen Dolden.

Polyantha-Hybriden: Sorten mit größeren Einzelblüten in Dolden.

Floribunda-Rosen: Sorten mit edelrosengleichen Blüten.

Kletterrosen 'Flammentanz' und 'White Cockade'

Floribunda-Grandiflora: sie gleichen in Form und Farbe den Edelrosen.

Zwerg-Polyantha: niedrig wachsend, mit kleinen Blüten in Dolden. Sie werden auch als Miniaturrosen bezeichnet, ihre Sorten sind hier in einer eigenen Tabelle zusammengefaßt.

Beetrosen können in Garten und Park überall dort verwendet werden, wo Licht- und Bodenverhältnisse dies zulassen. Man verwendet sie für groß- und kleinflächige Beetbepflanzungen, als niedrige Hecken und zur Bepflanzung von Gräbern und ausreichend großen Pflanzgefäßen. Sie werden aber nicht nur in geschlossenen Pflanzungen verwendet, sie lassen sich sehr gut mit Stauden, Gräsern und Zwerggehölzen zusammenpflanzen.

Beetrosen

Sorte	Wuchshöhe (cm)	Blüte	Bemerkungen*
'Abigale'	40	karminrot, im Aufblühen cremeweiß und leicht rosa getönt	F., sehr niedrig bleibende Beetrose
'Alison Wheatcroft'	50	aprikosenfarben, feuerrot getönt, duftend	F., Wuchs buschig
'Allgold'	60	leuchtend goldgelb, halbgefüllt, dauerblühend	F., Wuchs schlank-aufrecht, locker verzweigt
'Allotria'	50	orangerot, locker gefüllt	PH., Wuchs mittelstark, buschig, dicht verzweigt
'Amada'	60	leuchtend lachsorange, groß, locker gefüllt	F., Wuchs kräftig, breit
'Amber Queen'	50	tief ambergelb, sehr gut gefüllt	F., Wuchs breitbuschig, sehr gesund
'Amsterdam'	70	leuchtend scharlachrot, mittelgroß, fast einfach, sehr reichblühend	F., Wuchs straff-aufrecht, locker verzweigt
'Anabell'	50	lachsorange, gut gefüllt	F., Wuchs kräftig, stark verzweigt
'Andalusien'	80	samtig, leuchtend blutrot, halbgefüllt, schalenförmig	PH., ADR-Rose, Wuchs locker, breitbuschig verzweigt

Beetrosen (Fortsetzung)

Sorte	Wuchshöhe (cm)	Blüte	Bemerkungen*
'Anne Crocker'	70	leuchtend orange-zinnoberrot	F., Wuchs aufrecht, kräftig, Blüten sehr regenfest
'Anne Harknes'	90	caramelfarben-gelborange	F., Wuchs stark, aufrecht, Blühbeginn ziemlich spät
'Anuschka'	40	lachsorange, mittelgroß, leicht gefüllt, früh- und reichblühend	F., Wuchs buschig verzweigt, lange Blühdauer
'Arthur Bell'	70–90	goldgelb, stark duftend	F., Wuchs sehr stark
'Attraktion'	40	goldgelb, innen rosa, gefüllt	F., ADR-Rose, lang anhaltender Flor, stark duftend
'Australian Gold'	60	cremegelb mit Kupfer	F., Wuchs kräftig, gut verzweigt
'Badener Gold'	50	goldenorange, angenehm duftend, nicht besonders stark gefüllt	F., Blüte sehr früh und reich, schnell nachtreibend
'Bad Füssig'	50	leuchtend blutrot, mit Wildrosenduft	F., Wuchs kompakt, stark verzweigt
'Bad Wörrishofen'	40	leuchtend blutrot	F., Wuchs breitbuschig, geschlossen, stark verzweigt
'Bella Rosa'	50	leuchtend reinrosa, gefüllt, sehr reichblühend	F., Wuchs buschig, kompakt, Blüten in riesigen Dolden
'Bella Weiss'	50	lichtweiß	F., in den Eigenschaften wie 'Bella Rosa'
'Bengali'	50	apfelsinenfarben, leicht duftend, gefüllt	
'Berliner Luft'	70	gelborange bis orangerosa, gut gefüllt, leicht duftend	F., Wuchs kräftig, breitbuschig
'Bernina'	50	reinweiß mit zartrosa Schimmer in der Mitte	F., Wuchs gleichmäßig niedrig
'Bernstein Rose'	60	bernsteingelb, gefüllt	F., Wuchs buschig, kompakt
'Betty Prior'	80	karmin bis lachsrosa, einfach	PH., starkwachsend und besonders reichblühend, auch für dauerblühende Hecken geeignet
'Bonica 82'	50	hellrosa, stark gefüllt	F., ADR-Rose, Wuchs buschig, locker verzweigt, sehr robuste und frostharte Sorte, auch für extreme Lagen und für Trogbepflanzung geeignet
'Boy's Brigade'	40	scharlachrot mit weißer Mitte, einfach	F., Wuchs kompakt, auch für Trogbepflanzung geeignet
'Blue Parfum'	50	lilaviolett, stark duftend	F., Wuchs gedrungen, buschig
'Champagner'	60	cremefarben mit zartrosa Anflug	F., vieltriebig, edle Blumen auf kräftigen, drahtigen Stielen, Schnittsorte
'Chorus'	60	im Öffnen lachsscharlachrot, zum Rand hin samtig blutrot	F., ADR-Rose, Wuchs kräftig, buschig verzweigt, reichblühend
'Circus'	50	goldgelb und rot, gefüllt	F., Pflanze buschig, dicht belaubt
'City of Belfast'	50	leuchtend orangerot, gefüllt	F., Wuchs buschig, reichblühend
'Cordula'	35	leuchtend blutrot, stark gefüllt	F., Wuchs kompakt
'Cosima'	50	leuchtend blutorange	F., robust, wüchsig und pflegeleicht
'Dalli Dalli'	50	leuchtend dunkelblutrot, gut gefüllt, in riesigen Büscheln	F., robuste, winterharte, dauerblühende Sorte
'Dania'	70	goldgelb, stark gefüllt	F., Wuchs buschig, aufrecht
'Daydream'	35	cremeweiß mit rotem Rand, dicht gefüllt	F., Wuchs buschig
'Deutsche Welle'	60	lilaviolett, angenehm duftend, gut gefüllt	F., Wuchs kräftig, buschig, sehr gut verzweigt

Beetrosen (Fortsetzung)

Sorte	Wuchshöhe (cm)	Blüte	Bemerkungen*
'Diadem'	60	kräftigrosa, ganz gefüllt, in Dolden zu 7–9	F., Wuchs aufrecht, gut verzweigt, mittellange Stiele von einheitlicher Länge, gute Schnittsorte
'Disco'	50	weiß mit rotem Rand, groß, locker gefüllt	F., Wuchs buschig, vieltriebig, reichblühend
'Dolly'	60	dunkelrosa, halbgefüllt	F., ADR-Rose, Wuchs breitbuschig, aufrecht
'Duftwolke'	60	korallenrot, gut gefüllt, sehr stark duftend	F., ADR-Rose, starkwachsend, dauerblühend
'Edelweiß'	40	cremeweiß, gefüllt, in riesigen Dolden	F., ADR-Rose, Wuchs breit und kompakt
'Egeskov'	50	hellrosa, locker gefüllt	F., Wuchs buschig, sehr reichblühend
'Elysium'	60	lachsrosa, gut gefüllt, groß	F., Wuchs mittelstark, buschig
'Emotion'	60	leuchtend orangerot, locker	F., in der Höhe sehr gleichmäßig, Blühbeginn ziemlich spät, aber bis zum Frost
'Escapade'	80	lilarosa, zur Mitte heller, halbgefüllt, groß	F., ADR-Rose, Wuchs kräftig, locker
'Esther Ofarim'	50	leuchtendorange auf goldgelbem Grund, halbgefüllt	F., Wuchs kräftig, buschig, robust
'Europeana'	70	dunkel karminrot, gut gefüllt, groß, in reichblühenden Dolden	F., Wuchs mittelstark, aufrecht, locker, Stiele schwach, Blüten hängen bei Regen
'Fama'	80	Knospen ockergelb, aufgeblüht cremegelb, gut gefüllt	FG., Wuchs stark, aufrecht, gut verzweigt
'Fanal'	70	leuchtendrot, halbgefüllt	PH., Wuchs kräftig, sehr reichblühend
'Fennica'	70	leuchtend blutrot, sehr groß, gut gefüllt	F., Wuchs kräftig, aufrecht, schnell nachtreibend
'Frau Astrid'	60	korallenrosa, halbgefüllt, dauerblühend	P., Wuchs buschig, gleichmäßig niedrig
'Friesia'	50	leuchtend goldgelb, groß, halbgefüllt, gut duftend	F., ADR-Rose, Wuchs kräftig, aufrecht, treibt willig nach
'Fuggerstadt Ausburg'	50	leuchtend hellrot mit orangefarbenem Schein, haltbar und regenfest	F., Wuchs breitbuschig, stark verzweigt
'Gartenzauber 84'	60	dunkelrot, groß, gefüllt, starker Herbstblüher	F., Wuchs kompakt, gut verzweigt, dicktriebig
'Geisha'	50	karminrosa mit Lachston, groß, halbgefüllt, bei starker Sonne aufhellend	F., ADR-Rose, Wuchs aufrecht, locker
'Glenfiddich'	70	ambergelb, groß, angenehm duftend	F., Wuchs kräftig, aufrecht
'Goldbeet'	60	kanariengelb, gut gefüllt	F., Wuchs stark
'Gold Bunny'	30	hell goldgelb, gefüllt, reichblühend	F., Wuchs kräftig, breitbuschig
'Golden Holstein'	70	leuchtend tiefgoldgelb, groß, schalenförmig, leicht gewellt	F., Wuchs straff-aufrecht, gut verzweigt, gut nachblühend
'Goldina'	50	intensiv goldgelb, meist einzeln, reichblühend	F., Wuchs aufrecht, sehr buschig, schnell nachtreibend, produktive Schnittsorte
'Goldmarie'	60	tief goldgelb, im Verblühen mit rötlichem Hauch, haltbar und regenfest	F., Wuchs buschig, geschlossen, reichblühend
'Goldquelle'	60	satt goldgelb, gut gefüllt, sehr haltbar	F., Wuchs kräftig, mittelhoch, gut nachtreibend, bis in den Herbst blühend
'Goldrausch'	70	leuchtend goldgelb, intensiver Duft	FG., Wuchs stark, langtriebig
'Goldtopas'	40	bernsteinbraun und bernsteingelb, gefüllt	F., ADR-Rose, Wuchs kräftig, buschig

Beetrosen (Fortsetzung)

Sorte	Wuchshöhe (cm)	Blüte	Bemerkungen*
'Gruß an Bayern'	65	samtig blutrot, mittelgroß, halbgefüllt, mit Wildrosenduft	F., ADR-Rose, Wuchs aufrecht, stark verzweigt, bis zum Frost blühend
'Hans Rosenthal'	70	dunkel johannisbeerrot	F., Wuchs stark, buschig, kräftig verzweigt
'Happy Wanderer'	40	dunkelrot, stark gefüllt, leicht duftend	F., ADR-Rose, Wuchs kompakt, sehr buschig, gut verzweigt, kommt spät in Blüte
'Heidepark'	60	kräftigrosa, klein, locker	F., Wuchs mittelstark, breitbuschig, überhängend, blüht spät, dann aber ausdauernd
'Heinz Erhardt'	50	samtig, schwarzrot, groß, gefüllt, haltbar	F., Wuchs gleichmäßig hoch
'Heinzelmännchen'	35	leuchtend blutrot, groß, gefüllt, regenfest, haltbar	F., Wuchs kompakt, rasch und reich nachblühend
'Helga'	70	reinweiß, gut gefüllt, sehr groß	F., Wuchs kräftig, aufrecht
'Holstein 87'	60	leuchtend blutrot, Farbe bei Sonne und Regen unverändert, mittelgroß, halbgefüllt	F., Wuchs aufrecht, reich und gut nachblühend
'Horrido'	50	leuchtend blutrot, mittelgroß	PH., Wuchs mittelhoch
'Hurra'	50	lachsrosa, groß und gut gefüllt	F., sehr gut verzweigt
'Ingrid Weilbull'	40	beständig scharlachrot, mittelgroß, halbgefüllt	F., Wuchs mittelstark, aufrecht, locker, Blüten wetterfest
'Insel Mainau'	40	dunkel blutrot, hält die Farbe gut, wetterbeständig	F., Wuchs kompakt, breitbuschig verzweigt
'Interama'	60	leuchtend dunkelrot, mittelgroß, gut gefüllt	F., Wuchs buschig
'Irish Beauty'	50	pfirsichfarben, gefüllt, zart duftend	F., Wuchs kräftig
'Irish Summer'	50	leuchtend orangerosa	F., Wuchs stark, schnell nachtreibend, deshalb den ganzen Sommer in voller Blüte
'Irish Wonder'	40	leuchtend blutorange, mittelgroß	F., Wuchs üppig, bis zum Herbst blühend
'Jan Spek'	50	goldgelb, außen rötlich überhaucht	F., Wuchs gedrungen, buschig
'Joseph Guy'	40	hell karminrosa, halbgefüllt, schalenförmig	F., Wuchs mittelstark, buschig, alte, bewährte Sorte
'Julischka'	50	signalrot, wetterbeständig	F., Wuchs mittelstark
'Kalinka'	70	silberrosa-lachsfarben, gut gefüllt, bei Hitze stark aufhellend	F., Wuchs mittelstark, breit, buschig verzweigt, früh und lange blühend
'Käthe Duvigneau'	80	leuchtendrot, halbgefüllt	F., Wuchs kräftig, gut verzweigt
'Korona'	70	orangescharlachrot, gefüllt, haltbar, in großen Büscheln	F., Wuchs robust, buschig, besonders winterhart
'La Paloma'	50	reinweiß, gefüllt, groß, unempfindlich	F., Wuchs buschig, gut verzweigt
'La Sevillana'	80	leuchtend zinnoberrot, halbgefüllt, anhaltend blühend	F., ADR-Rose, Wuchs sehr kräftig, breitbuschig
'Lagerfeuer'	80	samtigrot, gut gefüllt, mittelgroß, flach	F., Wuchs kräftig, aufrecht
'Laminuette'	60	weißlichrosa, nach außen kirschrot gesäumt	F., Wuchs kräftig, buschig verzweigt
'Lapponia'	40	frisch lachsrosa, groß, gut gefüllt, duftend	F., Wuchs niedrig, buschig, unermüdlich vollblühend
'Lavaglut'	50	schwarzrot, stark gefüllt	F., Wuchs buschig, sehr gesund und winterhart
'Lili Marleen'	40	samtig blutrot mit scharlachrotem Anflug, groß, locker gefüllt	F., ADR-Rose, Wuchs kräftig, buschig

Beetrosen (Fortsetzung)

Sorte	Wuchshöhe (cm)	Blüte	Bemerkungen*
'Lovita 86'	60	außen zitronengelb, innen kirschrot, mittelgroß, gut gefüllt	F., Wuchs mittelstark, aufrecht, gut verzweigt
'Ludwigshafen am Rhein'	50	karminrosa, groß, gefüllt, stark duftend	F., ADR-Rose, Wuchs buschig, stark verzweigt, bis zum Frost blühend
'Majolika'	70	zart cremerosa, sehr haltbar, regenfest	F., Wuchs aufrecht, mittellange bis lange Stiele mit kleinen Dolden, Schnittsorte
'Make Up'	80	hell- bis lachsrosa, stark gefüllt, rosettenartig	PH., Wuchs sehr kräftig, straff-aufrecht
'Maleica'	80	weiß, haltbar und regenfest	F., Wuchs lang-aufrecht, mittellange Stiele mit schlanken Dolden, Schnittsorte
'Manou Meilland'	60	im Aufblühen kräftig fliederfarben, später dunkel karminrot, groß, gefüllt	F., Wuchs mittelstark, buschig verzweigt, auf gleicher Höhe blühend, reichblühend
'Märchenland'	90	rosa mit Lachstönung, halbgefüllt, mittelgroß, schalenförmig	F., Wuchs kräftig, breit
'Margot Merril'	50	perlweiß mit leichtem Lachsschimmer, stark und angenehm duftend	F., Wuchs mittelstark, buschig, etwas anfällig für Sternrußtau
'Mariandel'	60	dunkelblutrot, mittelgroß, gefüllt, sehr reichblühend	F., Wuchs buschig, gedrungen, stark nachtreibend und fast immer in Blüte
'Marietta'	60	intensiv goldgelb, zum Rand hin leuchtendorange	F., sehr wüchsig und blühfreudig
'Marina'	60	lachsorange	F., Wuchs buschig, vieltriebig, robust
'Marlene'	35	leuchtend dunkelrot, orange überhaucht, mittelgroß, gefüllt	F., ADR-Rose, Wuchs kompakt, stark verzweigt, dauerblühend
'Maywonder'	40	blutorange, locker gefüllt, klein	P., als Topf- und Balkonrose geeignet
'Mein München'	70	gelb und rot, im Verblühen fast rot, gut gefüllt, mittelgroß	F., Wuchs aufrecht, reichblühend
'Meteor'	40	scharlach-zinnoberrot, gefüllt	F., Wuchs gedrungen, reichblühend
'Mireille Mathieu'	90	orangerot, leicht duftend	F., Wuchs kompakt, buschig verzweigt, reichblühend
'Molde'	60	blutorange, gut gefüllt, reichblühend	F., ADR-Rose, sehr gesund und winterhart
'Montana'	80	scharlach-blutorange, mittelgroß, locker gefüllt, duftend	F., ADR-Rose, Wuchs sehr kräftig, straff-aufrecht
'Mountbatten'	100	mimosengelb, rötlich überhaucht, sehr groß, stark gefüllt	F., Wuchs sehr kräftig, breitbuschig, auch als Strauchrose zu verwenden
'Muttertag'	40	leuchtendrot, klein, locker gefüllt	P., Wuchs buschig, kann als Topf- und Balkonrose verwendet werden
'Neues Europa'	60	leuchtend rotorange, sehr haltbar	F., ADR-Rose, Wuchs kompakt, buschig, sehr blühwillig
'Nicole'	60	cremeweiß mit rotem Rand, gefüllt, mittelgroß	F., Wuchs buschig, gut verzweigt, reichblühend
'Nina Weibull'	50	dunkelrot, dicht gefüllt, mittelgroß, dauerblühend	F., Wuchs sehr kräftig, buschig, sehr winterhart
'Olala'	60	blutrot, groß, halbgefüllt	F., Wuchs kräftig
'Orange Sensation'	50	zinnober-orange, groß, locker gefüllt	F., Wuchs kräftig und gedrungen
'Papageno'	60	dunkelrot mit unregelmäßigen weißen Streifen	F., Wuchs kräftig, kompakt
'Paprika'	50	paprika- bis geranienrot, ziemlich groß, leicht gefüllt	F., Wuchs kräftig, sehr frosthart
'Pariser Charme'	50	reinrosa, gut gefüllt, stark und angenehm duftend	F., ADR-Rose, Wuchs mittelstark, sehr gesund und winterhart

Beetrosen (Fortsetzung)

Sorte	Wuchshöhe (cm)	Blüte	Bemerkungen*
'Pfälzer Gold'	60	tiefgelb, stark gefüllt	F., Wuchs breitbuschig
'Piccolo'	50	leuchtend lachsrot, gefüllt	F., Wuchs niedrig, schnell durchtreibend
'Pigalle 85'	70	innen kupfergelb, außen orange geflammt, sehr groß, stark gefüllt	F., Wuchs stark, buschig, gut verzweigt
'Pink La Sevillana'	80	kräftigrosa, im Verblühen zartrosa aufhellend, mittelgroß, halbgefüllt	F., ADR-Rose, Wuchs stark, locker verzweigt, mit Wildrosencharakter
'Playboy'	50	gelb-orange-rot, einfach, dauerblühend	F., Wuchs gleichmäßig niedrig, sehr guter Nachtrieb
'Play Rose'	70	kräftigrosa, groß	F., Wuchs mäßig stark, buschig-aufrecht
'Poesie'	60	silbrigrosa, gefüllt, reich- und lange blühend	F., Wuchs buschig
'Polygold'	30	goldgelb, mittelgroß, gefüllt	F., Wuchs gleichmäßig niedrig, buschig
'Ponderosa'	50	leuchtend blutorange, gefüllt	F., ADR-Rose, Wuchs breitbuschig, reichblühend
'Prince Igor'	50	kapuzinerrot mit Wechsel zu Gelbbronze, mittelgroß, locker gefüllt	PH., Wuchs gleichmäßig niedrig, dichtbuschig
'Prominent'	70	reinorange auf gelbem Grund, gefüllt, duftend	F., ADR-Rose, Wuchs kräftig, buschig-aufrecht, treibt willig nach
'Pußta'	60	leuchtend dunkelrot, gut gefüllt	F., ADR-Rose, Wuchs sehr kräftig, buschig-aufrecht, gut verzweigt
'Rain Day'	50	dunkelorangerosa, gut gefüllt, leicht duftend	F., Wuchs kräftig, buschig, gleichmäßig niedrig
'Red Ribbon'	50	leuchtendrot, groß, gut gefüllt	F., Wuchs buschig, gut verzweigt, früh- und reichblühend
'Regensberg'	40	außen zart-, innen kräftigrosa mit hellem Auge, gefüllt, mittelgroß, duftend	F., Wuchs kompakt, buschig
'Rosabell'	40	reinrosa, klein, stark gefüllt	PH., Wuchs kompakt, breitbuschig, sehr reichblühend
'Rosali 83'	50	apfelblütenrosa, groß, sehr gut gefüllt	F., Wuchs kompakt, buschig, schnell und stark durchtreibend
'Rosamunde'	50	leuchtendrosa, halbgefüllt, schalenförmig	F., Wuchs breitbuschig, niedrig, überreich blühend
'Rosenfee'	50	reinrosa mit Silberschein, leicht duftend, groß, gefüllt	F., Wuchs gedrungen, gut verzweigt, anhaltend blühend
'Rosi Mittermaier'	65	hellorange-rot, groß, gefüllt	F., Wuchs mittelstark, stark verzweigt
'Rubina'	40	dunkelrot	F., Wuchs kompakt, gut verzweigt
'Rumba'	40	goldgelb mit orange, Rückseite der Blütenblätter gerötet, klein, gefüllt	F., Wuchs mittelstark, buschig
'Rustica'	70	cremegelb, kupfrig getönt, groß, stark gefüllt	F., Wuchs stark, buschig, locker verzweigt
'Samba'	40	goldgelb, außen gerötet, innen später scharlachrot, gefüllt, mittelgroß	F., Wuchs mittelstark, gut verzweigt
'Sarabande'	50	leuchtend geranienrot, einfach bis leicht gefüllt, wetterfest	P., Wuchs mittelstark, gedrungen, gut verzweigt
'Schleswig 87'	70	hellrot-lachsfarben, groß, halbgefüllt	F., Wuchs stark, aufrecht, gut verzweigt, reichblühend
'Schloß Mannheim'	60	leuchtend blutrot, gut gefüllt	F., ADR-Rose, Wuchs breitbuschig, robust
'Schweizer Gruß'	50	samtig dunkelrot, halbgefüllt	F., ADR-Rose, Wuchs breitbuschig, sehr gleichmäßig hoch

Beetrosen (Fortsetzung)

Sorte	Wuchshöhe (cm)	Blüte	Bemerkungen★
'Shocking Blue'	60	magentalila, ziemlich groß, gut gefüllt, intensiv duftend	F., Wuchs kräftig, mäßig verzweigt
'Signalfeuer'	40	rein orangerot, gefüllt	F., Wuchs buschig
'Sneprinsesse'	30	reinweiß, gut gefüllt, haltbar	P., auch als Balkon- und Topfrose zu verwenden
'Sonia Meilland'	70	porzellanrosa, gut gefüllt	F., Wuchs mittelstark, gut verzweigt
'Sonnenröschen'	60	goldgelb, nicht verblassend, gefüllt	F., Wuchs buschig, dichttriebig
'Späth's Jubiläum'	65	leuchtend lachsorange, gefüllt	F., Wuchs kräftig, gut verzweigt, bis in den Spätherbst blühend
'Star Child'	40	orangerot mit weißer Mitte, klein, einfach bis halbgefüllt	P., Wuchs kompakt, breitbuschig, auch für Balkon- und Schalenbepflanzung
'Sunflare'	40	zitronengelb, groß, gefüllt, stark duftend	F., Wuchs breitbuschig
'Surprise Party'	50	beim Aufblühen goldgelb mit kupferroten Rändern, später voll orangerot, sehr regenfest	F., Wuchs straff-aufrecht, buschig verzweigt
'Taora'	50	orange-scharlachrot, samtig glänzend, haltbar, wetterbeständig, dauerblühend bis zum Frost	F., ADR-Rose, Wuchs buschig, ziemlich niedrig
'Taranga'	60	dunkel blutrot, sehr groß, sehr gut gefüllt	F., Wuchs mittelstark, breitbuschig
'Tchin Tchin'	70	paprikarot, gefüllt	F., Wuchs kräftig, buschig, reich- und anhaltend blühend
'Tequila'	60	kapuzinerrot mit gelborangefarbener Unterseite, mittelgroß, gut gefüllt	F., Wuchs mäßig stark, buschig-aufrecht, gut verzweigt
'The Fairy'	80	hellrosa, klein, dicht gefüllt, dauerblühend	P., Wuchs schwach, wird auch als Bodendecker verwendet
'The Queen Elizabeth Rose'	110	rein hellrosa, ziemlich groß, locker gefüllt, reichblühend	FG., Wuchs kräftig, straff-aufrecht, Blütentriebe stark verzweigt
'Tip Top'	40	lachsrosa, groß, halbgefüllt	F., Wuchs mittelstark, buschig
'Tornado'	60	brennendrot, gefüllt	F., ADR-Rose, Wuchs buschig, sehr winterhart, robust und pflegeleicht
'Träumerei'	70	leuchtend lachsorange, groß, gut duftend	F., Wuchs breitbuschig, willig nachtreibend
'Travemünde'	50	kräftig dunkelrot, gefüllt	F., ADR-Rose, Wuchs kompakt, stark verzweigt
'Trier 2000'	70	leuchtend reinrosa, groß, fast gefüllt, reichblühend	F., Wuchs kräftig, robust, gut verzweigt, schnell nachtreibend
'Trompeter'	50	leuchtend orangerot, gut gefüllt, haltbar	F., Wuchs buschig, kompakt, reich- und dauerblühend
'Uwe Seeler'	70	lachsorange, groß, gut gefüllt, leicht duftend	F., Wuchs buschig, aufrecht, frosthart
'Vatertag'	40	orangerot, klein, halbgefüllt, kugelig	P., Wuchs buschig, auch als Topf- und Balkonrose zu verwenden
'Violetta'	40	purpurviolett mit gelber Mitte, halbgefüllt, regenfest, duftend	F., Wuchs buschig, kompakt
'Yesterday'	siehe unter Bodenbedeckende Rosen		

★ F. = Floribunda, FG. = Floribunda-Grandiflora, P. = Polyantharose, PH. = Polyantha-Hybride

Floribundarose 'Träumerei'

Edelrose 'Caramba'

Rosen mit Stauden und Gräsern

Rosen, Stauden und Gräser können sich in ihrer Wirkung gegenseitig erheblich steigern. Stehen kleinere Rosentuffs in Gemeinschaft mit anderen Pflanzen, werden sie offenbar weniger von den üblichen Rosenkrankheiten befallen als Rosen, die in großen Gruppen zusammengepflanzt sind. Die Einordnung einzelner Park-, Strauch- oder starkwachsender Polyantha-Rosen in Staudenbeete ist ziemlich unproblematisch. Schwieriger ist die Zuordnung von Stauden zu locker und in Gruppen gepflanzter Rosen. Für gemischte Pflanzungen eignen sich am besten solche Rosen, denen noch ein Hauch von Natürlichkeit geblieben ist. Die gefüllten Teehybriden und die großblumigen Floribunda- und Grandiflora-Sorten pflanzt man am besten in formale Gärten. Für Mischpflanzungen werden vor allem niedrige Stauden verwendet. Sie sollen in mehr oder weniger großen Flächen so zwischen den Rosentuffs stehen, daß sie in diese nicht hineinwachsen und die Pflege der Rosen (Düngung, Schädlingsbekämpfung, Schnitt, winterliches Anhäufeln) nicht behindern. Neben niedrigen Stauden werden auch Gräser und höhere Beetstauden verwendet. Auf die farbliche Harmonie zwischen Rose und Staude ist zu achten, sie sollen sich ergänzen, nicht miteinander konkurrieren.

Geeignete Rosenpartner

(Sieber 1974, Kühn 1977)

1. Graulaubige, niedrige Stauden für rote und rosafarbene Sorten:
Cerastium tomentosum, Antennaria alpina, Stachys byzantina, Veronica spicata ssp. *incana,* graulaubige *Helianthemum*-Sorten, *Thymus praecox* var. *pseudolanuginosus* und *T.doerfleri, Artemisia schmidtiana* 'Nana', *Acaena magellanica* und *A.glaucophylla.*

2. Grünlaubige, niedrige Stauden für rote und rosafarbene Sorten:
Campanula poscharskyana-Sorten, *Arabis procurrens, Iberis sempervirens, Sedum spurium* 'Album Superbum', *Alyssum saxatile.*

3. Grünlaubige bzw. bräunlichgrüne, niedrige Stauden für gelbe und weiße Sorten:
Sedum hybridum 'Immergrünchen', *Sedum spurium*-Sorten, *Acaena microphylla, Cotula squalida, Arabis procurrens, Iberis sempervirens, Helianthemum, Azorella trifurcata, Aster andersonii,* dazu die gelbblühende *Sedum floriferum* 'Weihenstephaner Gold' für weiße Sorten.

4. Graulaubige, weißblühende, höhere Arten für rote und gelbe Sorten:
Anaphalis triplinervis und *A.margaritacea, Artemisia stelleriana, Achillea ageratifolia.*

5. Graulaubige, blaublühende, höhere Arten für alle Rosenfarben:
Nepeta × *faassenii, Lavandula angustifolia, Perovskia abrotanoides, Veronica spicata* ssp. *incana, Eryngium*-Arten, *Prunella grandiflora,* halbhohe Astern, *Liatris spicata, Lilium perenne, Erigeron*-Hybriden.

6. Graulaubige, gelbblühende Arten für rote und rosafarbene Sorten:
Achillea clypeolata, A.filipendulina 'Coronation Gold', *Santalina chamaecyparissus, Anthemis marschalliana.*

7. Grünlaubige, blaublühende Beetstauden für rote und rosafarbene Sorten:
Delphinium × *cultorum* und *D.* × *belladonna, Salvia nemorosa* 'Mainacht' und 'Ostfriesland', *Viola cornuta, Scabiosa caucasica, Veronica longifolia, V.austriaca* ssp. *teucrium* und *V.spicata, Echinops humilis* und *E.bannaticus, Campanula persicifolia* und *C.glomerata* 'Superba', *Anchusa azurea* 'Dropmore'.

8. Grünlaubige Beetstauden mit gelben Blüten für rote und rosafarbene Sorten:
Santolina virens, Oenothera fruticosa, Achillea filipendulina 'Parker', *Kniphofia* × *hy-*

474

brida 'Canary' und 'Goldelse', *Inula ensifolia* 'Compacta', dazu einige Kleinsträucher: *Potentilla fruticosa, Hypericum androsaemum, H.*'Hidcote' und *H.kouytchense*.

9. Grünlaubige Beetstauden mit weißen Blüten für rote Sorten:
Erigeron-Hybride 'Sommerneuschnee', *Chrysanthemum maximum* und *C.leucanthemum, Delphinium*-Hybride 'Moerheimii', *Gypsophila paniculata* (zu allen nichtweißen Sorten).

10. Gräser:
Helictotrichon sempervirens, Festuca mairei, Panicum virgatum, Calamagrostis × acutiflora (C.epigejos), Miscanthus sinensis 'Gracillimus', *Festuca cinerea (F.glauca)* und *F.ovina, Pennisetum alopecuroides (P.compressum), Elymus glaucus, Molinia caerulea, Uniola latifolia.* Zu den Gräsern passen sehr gut: *Eremurus, Verbascum* und *Yucca*.

Allen großblumigen, gefüllten Sorten sollte man in sich geschlossene Beete einräumen und sie dort in nicht zu kleinen Mengen je Sorte unterbringen. Es kommt hier auf die Gesamtwirkung an, die nur dann zu erreichen ist, wenn eine bestimmte Fläche mit gleichmäßig hohen und einheitlich blühenden Rosen bepflanzt ist. Man sollte nie weniger als zwei Reihen pflanzen und benötigt je nach Wuchsstärke 6–9 Pflanzen je m².

Bei den jährlich im Frühjahr durchgeführten Schnittarbeiten an allen Beetrosen haben wir nach Woessner (1988) auf folgendes besonders zu achten:
Vor der eigentlichen Schnittarbeit alles dürre Holz sauber entfernen.
Keine langen Zapfen stehen lassen, sondern immer 3–5 mm über einem Auge schneiden.
Die Stärke des Rückschnittes richtet sich nach der Triebstärke, d.h. lange und starke Triebe werden lang (etwa 7 Augen), normal starke Triebe auf 5 Augen, schwache auf etwa 3 und ganz dünne bis auf wenige mm über der Ansatzstelle entfernt.
Die Schnittstelle soll leicht schräg vom Auge weg führen, damit Wasser nicht über das Auge abläuft. Die Stellung des Auges (innen, außen, seitlich) braucht nicht besonders beachtet zu werden.
Die Höhenangaben in den folgenden Listen basieren in der Regel auf Katalogangaben. Sie beziehen sich auf Rosen, die jährlich in der üblichen Form kurz zurückgeschnitten werden. Unterbleibt der strenge Rückschnitt, erreichen wohl alle Rosen weit größere Höhen.

6. Miniaturrosen

Unter diesem Begriff werden Sorten zusammengefaßt, die unter anderem aus *Rosa chinensis* 'Minima' gezüchtet wurden. Sie werden oft nur 20–30 cm hoch und sind daher in Heide- und Steingärten zu verwenden. Sie eignen sich ebensogut für den Friedhof, als Beeteinfassung und, bei ausreichender Wasserversorgung, für die Balkonbepflanzung oder den Topf. Im Frühjahr schneidet man sie nur wenig zurück, abgestorbene Triebe werden entfernt. Man benötigt 12–15 Pflanzen je m². Hierher gehören auch die als ›Compacta-Rosen‹ bezeichneten Sorten, die sich insbesondere durch einen gleichmäßig hohen Wuchs, gesunde, tiefgrüne Belaubung und dichtbesetzte, rispenförmige Blütenstände auszeichnen.

Miniaturrosen (Zwerg-Bengalrosen)

Sorte	Blüte	Bemerkungen
'Alberich'	johannisbeerrot, klein, halbgefüllt	Compacta-Rose, Wuchs kompakt, unermüdlich bis zum Frost blühend
'Angelita'	reinweiß mit leicht gelber Mitte, klein, gefüllt	Wuchs überhängend, auch als Bodendecker zu verwenden
'Baby Maskerade'	in der Knospe rot, im Aufblühen leuchtend goldgelb	Wuchs sehr buschig, reichblühend
'Baldwin'	rosa, einfach, klein	Compacta-Rose, Wuchs kräftig, kompakt
'Bit O'Sunshine'	leuchtend buttergelb, gut gefüllt, sehr groß	Wuchs buschig, sehr reichblühend
'Blunette'	lilablau, groß, halbgefüllt	Wuchs kompakt und gut verzweigt
'Bubikopf'	hellrosa, sehr groß, schalenförmig	Wuchs niedrig, sehr kompakt, blüht bis zum Frost
'Cha Cha'	außen rot, innen gelb, im Verblühen fast rot, klein	Wuchs buschig, kompakt
'Colibri 79'	in der Mitte gelb, zum Rand hin kupfrigrot, mittelgroß, gefüllt	Wuchs mittelstark, buschig, gedrungen
'Daniela'	leuchtend zartrosa, gefüllt	Wuchs niedrig, buschig, kompakt, breit
'Derola'	leuchtend goldgelb, mittelgroß, gefüllt	Wuchs buschig, gut verzweigt
'Fresk Pink'	lachsrosa, duftend	Wuchs vieltriebig, reichblühend
'Guletta'	zitronengelb, gefüllt, sehr reichblühend	Wuchs mittelstark, buschig
'Little Artist'	blutrot mit großer, weißer Mitte und gelben Staubgefäßen, einfach	Wuchs ziemlich niedrig, gut verzweigt
'Little Lemmy'	lichtgelb, gefüllt	Wuchs buschig, gedrungen
'Little Prince'	leuchtend orangerot mit gelber Mitte, halbgefüllt	Wuchs kompakt, gut verzweigt
'Maidy'	blutrot mit weißer Unterseite, groß, gefüllt	Wuchs dicht, kompakt, unermüdlich blühend
'Mandarin'	mandarinfarben-orangegelb	Wuchs kompakt, buschig, gut verzweigt
'Minuetto'	mandarinrot mit gelber Mitte, gefüllt, kugelig	Wuchs stark, sehr reichblühend

Miniaturrosen (Zwerg-Bengalrosen) (Fortsetzung)

Sorte	Blüte	Bemerkungen
'Morena'	lachsrosa, gut gefüllt, sternförmig	Wuchs kräftig, breitbuschig, rasch nachtreibend
'Orange Juwel'	lachsorange, groß, gut gefüllt	Wuchs kräftig, kompakt, gut verzweigt
'Orange Meillandina'	signalrot-orange, mittelgroß, gefüllt	Wuchs mittelstark, sehr buschig, sehr blühwillig
'Pink Meillandina'	lachsrosa, mittelgroß, gefüllt	Wuchs mittelstark, sehr buschig
'Pink Symphonie'	rein porzellanrosa, mittelgroß, gut gefüllt	Wuchs kräftig, buschig, kegelig, dicht
'Red Det'	leuchtend scharlachrot, sehr groß, stark gefüllt	Wuchs sehr kompakt, breitbuschig, vieltriebig
'Rosmarin 89'	kräftigrosa, mittelgroß, ganz gefüllt, sehr reichblühend	Wuchs kompakt, stark verzweigt, gut nachtreibend
'Scarletta'	scharlachrot, ziemlich farbbeständig, klein bis mittelgroß, halbgefüllt	Wuchs mittelstark, breitbuschig, gut verzweigt, reich- und lange blühend
'Sonnenkind'	tief goldgelb, gefüllt, sehr reich- und lange blühend	Wuchs sehr gedrungen, buschig, gut verzweigt
'Starina'	lachsscharlachrot, mittelgroß, gefüllt, wetterbeständig, reichblühend	ADR-Rose, Wuchs mittelstark, dichtbuschig verzweigt
'Sunmaid'	goldgelb mit orangefarbenem Schein, später rot, gefüllt	Wuchs buschig, stark verzweigt
'Sunny Meillandina'	pastellgelb mit dunklerer Mitte, groß, stark gefüllt, sehr lange haltbar	Wuchs kräftig, sehr buschig, halbaufrecht
'Sweet Symphonie'	am Grunde cremefarben, am Rand stark kirschrot, groß, locker gefüllt	Wuchs kräftig, breitbuschig, gut verzweigt
'Teeny Weeny'	rosa, am Grunde weiß, halbgefüllt	Wuchs gedrungen, buschig, sehr reichblühend
'White Dream'	reinweiß, mittelgroß, gefüllt	Wuchs kräftig, kompakt, buschig
'White Gem'	reinweiß, klein, stark gefüllt	Wuchs kräftig, halbaufrecht
'Young Masters'	leuchtend silbrigrosa, gefüllt, lange blühend	Wuchs buschig, kurztriebig, geschlossen
'Zwergenfee'	orange bis blutrot, gefüllt, mittelgroß, regenfest	Wuchs buschig, geschlossen, gut nachtreibend, reichblühend
'Zwergkönig 78'	dunkelrot, dicht gefüllt, klein	Wuchs stark, buschig, kompakt, willig nachtreibend
'Zwergkönigin 82'	kräftig reinrosa, unverändert bis zum Verblühen, groß, gefüllt	Wuchs buschig, gut verzweigt

Zwergrose 'Fresk Pink'

7. Edelrosen

Edelrosen unterscheiden sich von anderen Rosengruppen dadurch, daß sie meist nur eine oder wenige Blüten je Stiel entwickeln. Die Blüten sind in der Regel gefüllt, elegant geformt und von angenehmem Duft. Wegen der geringen Blütenzahl ist die Gesamtwirkung auf dem Beet nicht so eindrucksvoll, und sie lassen sich daher nicht wie Polyantha-Rosen verwenden, sind vielmehr die idealen Schnittrosen. Man pflanzt sie in kleineren oder größeren Gruppen im Staudenbeet oder vor eine Gehölzkulisse. Sonst verlangen sie die gleiche Behandlung wie die Polyantha-Rosen.

8. Hochstamm- und Trauerrosen

Hochstamm- und Trauerrosen (man sollte sie richtiger als Hängerosen bezeichnen) sind aus vielen Gärten leider verschwunden. Ihr Reich waren die formalen Gärten mit ihren abgezirkelten Beeten und Rabatten und die mit Buchsbaum eingefaßten Beete der Bauerngärten. Wer aber den Duft der Rosen, ihre Farben und ihr Erblühen ganz aus der Nähe betrachten will, sollte sich einen Platz für Hochstammrosen schaffen. Nahezu alle Edel-, Polyantha- und Zwergrosen lassen sich auf Stämme veredeln. In erster Linie werden aber wohl die edlen, großblumigen, nicht zu stark wachsenden, wohlriechenden Rosen verwendet. Im Zeichen der Nostalgie sind auch die Trauerrosen wieder modern geworden, die man früher auf Gräbern und in Gärten fand. Man veredelt Sorten mit dünnen, langen, bogig überhängenden Trieben, etwa die alte 'Excelsa' oder 'Tausendschön'. Die modernen Kletterrosen mit ihrem meist straffen, aufrechten Wuchs eignen sich dazu kaum. Über die Pflege von Hochstammrosen, besonders deren Überwinterung, wurde schon etwas gesagt.

Ergänzend muß noch einiges über den Schnitt nachgetragen werden. Zunächst muß ein genügend starkes Kronengerüst entwickelt werden, 6–8 gleichmäßig verteilte Triebe genügen. Aus diesen sollen sich die blütentragenden Neutriebe entwickeln. Diese werden dann jährlich im Frühjahr zurückgeschnitten. Die Länge des Schnittes richtet sich nach der Wuchsstärke der Sorte. Schwachwachsende darf man stärker einkürzen als starkwüchsige. Eine gute Verteilung der Triebe innerhalb der Krone ist anzustreben. Querstehende, nach innen oder unten wachsende Triebe werden an der Ansatzstelle entfernt, ebenso trockenes und knorriges Holz. Wird die Krone im Laufe der Jahre zu breit, kann man einen Teil des Kronengerüstes entfernen und mit den jungen Trieben in Stammnähe neu aufbauen. Bleibt noch zu sagen, daß alle Stammrosen einen Pfahl benötigen, der bis in die Krone reichen soll. Nicht nur der Stamm, auch die oft schwere Krone muß angebunden werden.

Edelrosen

Sorte	Wuchshöhe (cm)	Blüte	Bemerkungen
'Aachener Dom'	90	hellachsrot, groß, stark gefüllt	ADR-Rose, Wuchs kräftig, buschig, robust
'Adolf Horstmann'	70	leuchtend goldgelb, groß, stark gefüllt, stark duftend	Wuchs straff-aufrecht, kräftig, dicktriebig
'Alec's Red'	70	kirschrot, sehr groß, stark duftend, sehr reichblühend	ADR-Rose, Wuchs sehr stark, gleichmäßig, dicktriebig, mit langen Seitentrieben
'Alexander'	90	leuchtend zinnoberrot, leicht gefüllt, reichblühend, angenehm duftend	ADR-Rose, Wuchs stark, straff-aufrecht, gut verzweigt
'Alexandra'	60	kupfergelb, gefüllt, duftend, reicher Herbstflor	ADR-Rose, Wuchs kräftig, buschig, vieltriebig, langstielig
'Alliance'	90	reinweiß, groß, schalenförmig, sehr reichblühend	Wuchs kräftig, aufrecht, gut verzweigt
'Amalia'	70	samtigrot, groß, gefüllt, leicht duftend	Wuchs kräftig, aufrecht
'Ambassador'	70	hellorange, groß, gut gefüllt, schalenförmig	Wuchs kräftig, Stiele mit langen Verzweigungen, im 2. Flor höher
'American Home'	80	dunkel samtigrot, locker gefüllt, becherförmig	Wuchs aufrecht, dicht verzweigt, dicktriebig
'Angelique'	80	kräftig lachsrot, sehr groß, stark duftend	Wuchs kräftig, buschig, gut verzweigt, langtriebig
'Anika'	80	tief goldgelb, groß, gefüllt, leicht duftend	Wuchs kräftig, aufrecht, gut verzweigt
'Anima Renata'	80	rein hellrosa, stark gefüllt	Wuchs kräftig, aufrecht, langstielig
'Aurea'	60	kräftiggelb mit kupferroter Tönung, gut gefüllt	Wuchs mittelstark, breitbuschig, langstielig verzweigt
'Ave Maria'	60	lachsorange, sehr groß, stark duftend	Wuchs kräftig, buschig, gut verzweigt, langstielig
'Bad Nauheim'	70	leuchtend rubinrot, sternförmig, reich- und andauernd blühend	Wuchs kräftig, buschig
'Banzai 83'	80	goldgelb, außen mit orangerotem Rand, groß, stark gefüllt, sehr regenfest	Wuchs kräftig, buschig, stark verzweigt
'Barkarole'	80	samtig dunkelrot, in der Knospe nachtschwarz, stark duftend	Wuchs stark, straff-aufrecht, mit kräftigen Trieben, reichblühend
'Baronne E. de Rothschild'	70	purpurrot, gut gefüllt, leicht duftend	Wuchs mittelstark, buschig
'Bellevue'	60	goldgelb, rot schattiert, mittelgroß, locker gefüllt	Wuchs kompakt, sehr gut verzweigt
'Berolina'	90	zitronengelb mit rotem Anflug, groß, gefüllt, stark duftend	ADR-Rose, Wuchs kräftig, aufrecht, sehr gut verzweigt
'Big Purple'	80	kräftiglila, stark gefüllt, stark duftend	Wuchs kräftig, gut verzweigt
'Black Lady'	70	tief schwarzrot, gut gefüllt, stark duftend	Wuchs mittelstark, buschig, gut verzweigt

Edelrosen (Fortsetzung)

Sorte	Wuchshöhe (cm)	Blüte	Bemerkungen
'Blessings'	60	zart korallenrosa, angenehm duftend	Wuchs aufrecht, sehr gut verzweigt, mit drahtigen Stielen
'Blue River'	70	magentalila, mittelgroß, stark gefüllt	Wuchs mittelhoch, gut verzweigt
'Burgund 81'	70	leuchtend blutrot, duftend	Wuchs stark, gut verzweigt, mit langen, kräftigen Stielen
'Canary'	70	gelb mit kupfrigrotem Anflug, mittelgroß, gefüllt	Wuchs aufrecht, gut verzweigt
'Caramba'	80	außen weiß, innen leuchtend hellrot, gut gefüllt	Wuchs hoch, buschig
'Carina'	90	silbrigrosa, mittelgroß, gefüllt	ADR-Rose, Wuchs sehr kräftig, straff-aufrecht, langstielig verzweigt
'Carlita'	90	silbrigrosa, mittelgroß, gefüllt	Wuchs kräftig, aufrecht, langstielig verzweigt
'Carmen'	70	ziegelrot, sehr haltbar und witterungsunempfindlich	Wuchs straff-aufrecht, mit mittellangen bis langen Stielen
'Chardony'	60	kupfercremefarben, groß, gefüllt, duftend	Wuchs kompakt, kurz- und dicktriebig
'Cherry Brandy'	80	leuchtend kupferfarben, groß, duftend	Wuchs kräftig, mit recht langen Stielen
'Chrysler Imperial'	70	intensiv karminrot, mit leicht samtigem Glanz, duftend	Wuchs mittelstark, aufrecht, langstielig verzweigt
'Coronada'	70	innen rot, außen gelborange, groß, gut gefüllt, duftend	Wuchs stark, reichblühend
'Corso'	70	leuchtend lachs- bis gelborange mit kupfrigem Schein, mittelgroß, gefüllt, leicht duftend	Wuchs mittelstark, aufrecht, langstielig
'Crimson Glory'	60	intensiv karmin- bis blutrot, groß, locker gefüllt, sehr intensiv und angenehm duftend	Wuchs mäßig stark, langstielig, wenig verzweigt, alte, immer noch begehrte Duft- und Schnittrose
'Delicia'	70	cremeweiß mit leichtem Kupferschein, sehr farbbeständig, leicht duftend	Wuchs rasch, mit kräftigen Trieben, gut durchtreibend, sehr blühwillig
'Die Welt'	80	gelb-lachsorange mit lichtgelber Unterseite und rötlicher Berandung, leicht duftend	Wuchs kräftig, dicktriebig mit langen Stielen
'Duftgold'	70	goldgelb, mittelgroß, becherförmig, stark und angenehm duftend	Wuchs kräftig, buschig, gut verzweigt
'Duftrausch'	70	lilarosa, gefüllt, stark duftend	Wuchs kräftig, aufrecht, langtriebig
'Duftwolke'	70	leuchtend lachs- bis korallenrot, haltbar, bis zum Frost blühend	ADR-Rose, Wuchs kräftig, breitbuschig, stark verzweigt
'Duftzauber'	90	leuchtend blutrot, groß, locker gefüllt, intensiv duftend	Wuchs aufrecht, breit, reichlich verzweigt
'Ena Harkness'	80	karmin-scharlachrot, groß, dicht gefüllt, gut duftend	Wuchs kräftig, gut verzweigt, etwas mehltauanfällig
'Erotika'	70	leuchtend karmingetönt blutrot, groß, gefüllt, gut haltbar, stark duftend	ADR-Rose, Wuchs kräftig, buschig, langstielig
'Esmeralda'	80	kräftig altrosa, groß, gefüllt, gut haltbar, reichblühend, intensiv duftend	Wuchs stark, aufrecht, breitbuschig, stark verzweigt
'Europawelle Saar'	90	lachsrosa, mittelgroß, gut gefüllt, sehr farbbeständig und regenfest	Wuchs kräftig, aufrecht, gut verzweigt, langstielig

Edelrosen (Fortsetzung)

Sorte	Wuchshöhe (cm)	Blüte	Bemerkungen
'Evening Star'	90	fast reinweiß, zur Mitte gelblichweiß, mittelgroß, gefüllt, gegen Dauerregen empfindlich, sehr reichblühend	Wuchs sehr stark, straff-aufrecht, stark verzweigt, willig nachtreibend
'Feuerzauber'	60	leuchtend feurigorange, leicht duftend	Wuchs stark, aufrecht, kompakt, ausreichend verzweigt
'First Lady'	70	zartrosa, stark duftend	Wuchs kräftig, mit starken Stielen
'Flamingo'	80	zartrosa, duftend, sehr haltbar	Wuchs aufrecht, buschig, gut verzweigt
'Florentina'	90	samtig blutrot, groß, locker gefüllt, leicht duftend	ADR-Rose, Wuchs kräftig, aufrecht
'Freude'	100	lachsfarben mit hellerer Unterseite, groß, stark gefüllt	ADR-Rose, Wuchs sehr stark breitbuschig, stark verzweigt, willig nachtreibend
'Gloria Dei'	100	in der Knospe goldgelb mit kupferrotem Rand, aufgeblüht lichtgelb, rosa überhaucht, sehr groß, stark gefüllt, lange haltbar	Wuchs sehr kräftig, stark- und dicktriebig, bis zum Frost blühend
'Gold Glow'	60	goldgelb, groß, stark gefüllt	Wuchs kräftig, aufrecht, gut verzweigt
'Gold Medal'	80	goldgelb, leicht kupfergetönt, gefüllt, duftend	Wuchs stark, aufrecht, mit kräftigen Stielen
'Harkness Alexander'	100	zinnoberrot, leicht gefüllt, angenehm duftend	ADR-Rose, Wuchs sehr stark, aufrecht, sehr robust und blühwillig
'Harmonie'	80	lachsrosa, groß, gefüllt, stark duftend	Wuchs kräftig, aufrecht, stark verzweigt
'Helmut Schmidt'	70	leuchtend zitronengelb, mittelgroß, locker gefüllt, reichblühend, leicht duftend	Wuchs dicht, kompakt, stark verzweigt, mit dicken Trieben
'Henkell Royal'	70	samtig blutrot, groß, leicht gefüllt, leicht duftend	Wuchs buschig, aufrecht, starktriebig
'Hidalgo'	90	samtrot, groß, gut gefüllt	Wuchs stark, aufrecht
'Holsteinperle'	90	leuchtend lachsrot, sehr groß, stark gefüllt	Wuchs buschig, starktriebig, sehr wüchsig und robust
'Ingrid Bergmann'	70	dunkelrot, groß, gefüllt, duftend, sehr reichblühend	Wuchs kompakt, kräftig, gut verzweigt
'Janina'	50	innen lachsorange, außen hellgelb, mittelgroß, gefüllt, reich duftend	Wuchs aufrecht, mäßig stark
'Josephine Bruce'	60	samtig schwärzlichkarminrot, groß, gut gefüllt	Wuchs mittelstark, buschig
'Kabuki'	90	goldgelb, groß, gefüllt, leicht duftend	Wuchs kräftig, aufrecht, gut verzweigt
'Kardinal'	80	intensiv hellrot, groß	Wuchs aufrecht, mit straffen Stielen, stark nachtreibend
'Karl Heinz Hanisch'	60	cremeweiß, mittelgroß, gut gefüllt, intensiv duftend	Wuchs straff-aufrecht, buschig
'King's Ramson'	80	leuchtend reingoldgelb, groß, gut gefüllt, reich- und dauerblühend	Wuchs kräftig, straff-aufrecht, vieltriebig, langstielig verzweigt
'Königin Beatrix'	70	pfirsichfarben mit Kupferton, intensiv duftend	Wuchs straff-aufrecht, gut verzweigt
'Königin der Rosen'	70	innen lachsorange, außen goldgelb, mittelgroß, stark gefüllt, leicht duftend	ADR-Rose, Wuchs buschig, aufrecht, mit dicken, stark bestachelten Trieben
'Konrad Adenauer'	70	samtig dunkelblutrot, groß, stark gefüllt, reich- und angenehm duftend	Wuchs mittelstark, aufrecht, buschig verzweigt
'Lady Like'	70	kräftig altrosa, groß, gefüllt, stark duftend	Wuchs aufrecht bis breitbuschig

Edelrosen (Fortsetzung)

Sorte	Wuchshöhe (cm)	Blüte	Bemerkungen
'Lady Rose'	60	lachsrot, gut gefüllt, reich duftend, reichblühend	Wuchs breitbuschig, vieltriebig, gut nachtreibend
'Lolita'	80	in der Mitte goldbronze, am Rand kupfriglachsfarben, groß, gefüllt, reich duftend	ADR-Rose, Wuchs vieltriebig, mit kräftigen Stielen, rasch nachtreibend
'Love Story'	70	leuchtendorange, groß, locker gefüllt, leicht duftend	Wuchs kräftig, straff-aufrecht, langstielig verzweigt
'Mabelle'	70	zitronengelb, groß, mäßig bis gut gefüllt, stark duftend	Wuchs stark, gut verzweigt, mit kräftigen, stark bestachelten Trieben, nachtreibend
'Mainzer Fastnacht'	70	hellila, groß, locker gefüllt, stark duftend, reichblühend	Wuchs straff-aufrecht, langstielig verzweigt
'Märchenkönigin'	80	perlrosa, groß, gut gefüllt, leicht duftend	Wuchs kräftig, starktriebig, sehr robust
'Margaret'	60	silbrigrosa, groß, stark gefüllt, leicht duftend	Wuchs mittelstark, locker verzweigt
'Mildred Scheel'	70	tief dunkelrot, gut gefüllt, stark duftend	ADR-Rose, Wuchs kräftig, straff-aufrecht, gut nachtreibend
'Neue Revue'	70	gelblichweiß mit kräftig rotem Rand, groß, gefüllt, gut duftend	ADR-Rose, Wuchs kräftig, aufrecht, Triebe dick und stark bestachelt
'Norita'	60	tief karminblutrot, mittelgroß, gefüllt, leicht duftend	Wuchs mäßig stark, aufrecht, gut verzweigt
'Oklahoma'	70	dunkel bis schwärzlich blutrot, groß, gefüllt, sehr intensiv duftend	Wuchs mittelstark, buschig, reich verzweigt
'Panorama'	70	intensives, lachsgetöntes Rosa, mittelgroß, locker gefüllt, leicht duftend	Wuchs straff-aufrecht, gut verzweigt
'Papa Meilland'	70	samtig dunkelrot, im Verblühen etwas verblauend, groß, gefüllt	Wuchs mittelstark, nicht besonders reichtriebig
'Paradise'	70	silbrig lavendelfarben, am Rand karminrot, außen hell lavendelfarben, leicht duftend	Wuchs mittelstark, aufrecht, breit verzweigt
'Pariser Charme'	60	reinrosa, mittelgroß, ziemlich gefüllt, stark duftend, lange haltbar, etwas wetterempfindlich	ADR-Rose, Wuchs breitbuschig, kompakt, reichblühend
'Pascali'	70	rahmweiß, beim Aufblühen leicht rosa angehaucht, mittelgroß, locker	Wuchs kräftig, üppig, straff-aufrecht, vieltriebig
'Peer Gynt'	80	goldgelb, groß, dicht gefüllt, sehr haltbar, leicht duftend	Wuchs kräftig, straff-aufrecht, gut nachtreibend
'Peter Frankenfeld'	80	dunkel karminrosa, groß, gut gefüllt	Wuchs kräftig, robust
'Picadilly'	70	innen kupferrot, außen goldgelb, groß, locker gefüllt, leicht duftend	Wuchs kräftig, straff-aufrecht, vieltriebig, gut nachtreibend
'Piroschka'	70	intensiv lachsrosa, mittelgroß, leicht gefüllt, gut duftend, früh- und reichblühend	Wuchs mäßig stark, aufrecht, buschig verzweigt, guter zweiter Flor
'Polarstern'	100	reinweiß, sehr groß, haltbar, gut duftend, reichblühend	Wuchs sehr stark aufrecht, gut verzweigt
'Primaballerina'	80	karminrosa, mittelgroß bis groß, locker gefüllt, intensiv duftend	Wuchs kräftig, vieltriebig, aufrecht, reichblühend
'Rebecca'	80	goldgelb, innen hellrot, groß, gefüllt, leicht duftend	Wuchs kräftig, buschig, robust, mit dicken Trieben
'Red Star'	90	leuchtend blutrot, mittelgroß, gefüllt, leicht duftend	Wuchs kräftig, dichtbuschig

Edelrosen (Fortsetzung)

Sorte	Wuchshöhe (cm)	Blüte	Bemerkungen
'Roter Stern'	90	lachsscharlachrot bis mennigerot, mittelgroß, gefüllt	Wuchs stark, straff-aufrecht, gut verzweigt, langstielig
'Rouge Meilland'	80	leuchtend samtrot, groß bis sehr groß, gut gefüllt, farbbeständig, reichblühend	Wuchs aufrecht, buschig, kräftig verzweigt
'Senator Burda'	80	dunkelrot, groß, stark gefüllt, sehr reichblühend	Wuchs kräftig, aufrecht, gut verzweigt, kräftig bestachelt
'Silver Jubilee'	80	in der Mitte lachsrosa, außen karminrosa, groß, gefüllt, leicht duftend	Wuchs sehr kräftig, im oberen Bereich dicht verzweigt
'Starlite'	70	reingelb, mittelgroß, stark gefüllt, etwas regenempfindlich	Wuchs kräftig, aufrecht, gut verzweigt, sehr reichblühend
'Stephanie de Monaco'	70	intensiv rosa, groß, gefüllt, reichlich duftend	Wuchs kräftig, aufrecht, gut verzweigt
'Sunking'	70	goldgelb, groß, gefüllt, leicht duftend, regenfest	Wuchs mittelstark, aufrecht, buschig
'Super Star'	90	tief orangelachs, groß, gut gefüllt	Wuchs sehr kräftig, straff-aufrecht, im zweiten Flor oben stark verzweigt
'Sutter's Gold'	80	hell orangegelb, im Aufblühen stark geadert, mittelgroß, gefüllt, kräftig duftend	Wuchs kräftig, aufrecht, etwas locker, reichlich nachtreibend
'Sylvia'	90	reinrosa, groß, gefüllt, leicht duftend, reichblühend	ADR-Rose, Wuchs stark, langtriebig, schnell nachtreibend
'Taifun'	60	lachsrot mit kupfrigem Schein, groß, gefüllt, leicht duftend	Wuchs mäßig stark, willig nachtreibend
'Tatjana'	70	samtig blutrot, groß, gefüllt, stark duftend	Wuchs buschig, dicht verzweigt, dicktriebig
'Valencia'	60	kupfergelb, gefüllt, stark duftend	Wuchs kompakt, breitbuschig, dicktriebig
'Via Mala'	80	cremeweiß, geöffnet reinweiß, groß, gut gefüllt, leicht duftend	Wuchs stark, buschig, dicktriebig
'Virgo'	50	weiß, mittelgroß, leicht gefüllt, sehr leicht duftend	Wuchs schwach, straff-aufrecht, locker
'Whisky'	70	bernsteingelb mit orange, groß, locker gefüllt, reich und gut duftend	Wuchs mittelstark, buschig, ständig nachtreibend

Wildrosen und ihre Sorten

R. acicularis Lindl., Nadelrose. In Kultur bis 2 m hoher, dichter und dicht belaubter Strauch, der im Alter durch zunehmende Ausläuferbildung immer dichter wird. Im Juni–Juli erscheinen rosa bis dunkelrosa, 3–5 cm breite, leicht duftende Blüten. Die roten, gerb- und farbstoffreichen Früchte sind eirundlich, birnförmig oder kugelig bis 2,5 cm lang. Heimisch in Nordosteuropa, in Sibirien und Nordamerika, überschreitet als einzige Rose den Polarkreis. Wertvolle Art für die Anlage dichter Schutzhecken. B-1/2/3/4, Zone 1.
'Dornröschen'. Etwa mannshohe, aufrechte, gut verzweigte, öfter blühende Rose mit lachsrosa bis hellroten, edelrosenähnlichen, gut gefüllten Blüten.

R. × alba L. (vermutlich *R. canina* × *R. × damascena*), Weiße Rose. Überhängender, 2–3 m hoher, reichblühender Strauch mit 5–8 cm breiten, stark duftenden, weißen bis zartrosa, gefüllten Blüten im Juni. Die Blütezeit dauert nur 20 Tage, und die Blüten sind ziemlich regenempfindlich. Früchte länglich-eiförmig, rot, glatt und 2,5 cm lang. Besonders gut für Sichtschutzpflanzungen geeignet. Gedeiht auch noch im Halbschatten großer Bäume befriedigend.
R. × alba wird im Mittelmeergebiet seit dem Altertum kultiviert. Mit den Römern sind Alba-Rosen dann wohl über die Alpen gekommen. Dank ihrer hohen Winterhärte haben sie in Bauerngärten überlebt. Von den etwa 20 Gartenformen werden die folgenden am häufigsten kultiviert. Zone 4.
'Königin von Dänemark'. Sie wird knapp mannshoch, wächst ziemlich straff-aufrecht und trägt im Juni–Juli zahlreiche gut gefüllte, stark duftende Blüten von rein porzellanrosa Farbe. Wohl eine der schönsten und besten alten Parkrosen.
'Suaveolens'. 2–3 m hoher Strauch mit reinweißen, gefüllten, stark duftenden Blüten. Nicht identisch mit 'Semiplena', deren weiße Blüten meist nur 10 Petalen haben.

R. arvensis Huds., Kriechrose. Kaum meterhoher Strauch mit bogig überhängenden

Rosa acicularis 'Dornröschen'

bis kriechenden oder mehrere Meter hochkletternden Zweigen. 3–5 cm breit und ohne Duft. Die roten Früchte sind 10–13 mm lang. *R. arvensis* kommt von West-, Süd- und Südosteuropa bis Westasien zerstreut in lückigen, sommerwarmen Eichen-Hainbuchenwäldern, an Wald- und Wegrändern auf nährstoffreichen, neutralen bis schwach sauren, steinigen und flachgründigen Lehm- und Tonböden vor. Sie verträgt mehr Schatten als die meisten anderen Wildrosen, sie eignet sich für Mischpflanzungen, zur Ansiedlung an beschatteten Hängen und für undurchdringliche, flächige Pflanzungen.
Nm-3, Zone 5b.

R. blanda Ait., Labrador-Rose. Bis 2 m hoher Strauch mit schlanken, fast stachellosen Zweigen und mattgrünen, im Herbst rötlich gefärbten Blättern. Blüten im Mai–Juni, 4–6 cm breit, dunkelrosa bis weißlich, zu 1–8 beisammen. Die rundlichen bis eiförmigen, roten Früchte werden kaum über 1 cm dick. Heimisch in Kanada und dem nördlichen Nordamerika.
B/Nk-2, Zone 4.

R. canina L., Hundsrose. Raschwüchsiger, 1–3 m hoher Strauch mit bogig überhängenden Ästen. Blüten im Juni–Juli, 4–5 cm breit, blaßrosa, selten weiß, mit zahlreichen weißgelben Staubgefäßen, einzeln oder zu

mehreren, zart und angenehm duftend. Blüht nur wenige Tage, aber überreich. Früchte rundlich bis eiförmig, scharlachrot, glatt, sie werden am natürlichen Standort nicht selten durch fließende Gewässer verbreitet. Heimisch in Europa, Vorderasien, Mittelasien und Nordafrika, vor allem in Hecken, Pioniergebüschen, Feldgehölzen und an Waldrändern auf mäßig sauren bis alkalischen Böden. Wird besonders als Pioniergehölz in Hecken, Knicks, Misch- und Schutzpflanzungen verwendet, benötigt dort aber gut belichtete Plätze. Durch ihre zahlreichen Wurzelausläufer ist sie ein vorzüglicher Bodenbefestiger an Hängen und Böschungen.
R. canina gilt als formenreichste Wildrosenart, zu der eine Reihe schwer abgrenzbarer Kleinarten gehören. Als Kulturform ist nur die folgende Sorte von Bedeutung.
N-3, Zone 4.
'Kiese'. Etwa 2 m hoher Strauch mit mittelgroßen, blutroten Blüten mit hellerer Mitte und zahlreichen, mittelgroßen, leuchtendroten Hagebutten.

R. carolina L., Wiesenrose, Carolinarose. 1–1,5 m hoher, aufrechter, schlanktriebiger Strauch mit zahlreichen Ausläufern. Blüten im Juli–August, meist einzeln, rosa, 4–5 cm breit. Früchte rundlich, etwa 8 mm dick, rot. Heimisch im östlichen Nordamerika auf sehr unterschiedlichen Standorten. Sie

ist Wappenblume des Staates Iowa. Gedeiht auch auf ärmeren Standorten und ist dank der starken Ausläuferbildung ein guter Bodenbefestiger.
N-2, Zone 5a.

R. centifolia L., Provencerose, Hundertblättrige Rose. Bis 2 m hoher, locker wachsender, zunächst aufrechter, später überhängender Strauch mit wenigen Ausläufern. Blüten im Juni–Juli, meist rosa, dicht gefüllt, sehr wohlriechend, oft nickend. Die Kelchblätter sind mit auffallend großen, dicht stieldrüsigen Fiedern ausgestattet. Früchte werden nur selten ausgebildet.
Die Herkunft von *R. centifolia* ist bis heute ungeklärt. Vermutlich handelt es sich um eine komplexe Hybride, die in Gartenkultur entstanden ist. Jedenfalls wird sie seit Jahrhunderten kultiviert, sie hat sich dank ihrer Vitalität und der großen Winterhärte bis heute gehalten.
Zu *R. centifolia* gehören die Moosrosen, die etwa um 1700 entstanden sind. Bei ihnen sind Kelch und Blütenstiele mehr oder weniger dicht mit drüsigen Borsten besetzt.
Zone 5a.
'Blanche Moreau'. Wuchs aufrecht, etwa 1 m hoch, Blüten reinweiß, mittelgroß, gefüllt, stark duftend, Blütenknospen stark bräunlich bemoost und klebrig, anfällig gegen Mehltau.
'Crimson Globe'. Etwa 1 m hoch. Blüten leuchtend karminrot, ballförmig, gefüllt, mit kräftigem Zentifolienduft, Kelch stark bemoost. Blüht leider nicht immer auf.
'Major'. Etwa 1,5 m hoch. Blüten groß, gefüllt, kräftigrosa, reichblühend.
'Muscosa'. Etwa meterhoher Strauch mit aufrecht-überhängenden Trieben. Blüten rosa, gefüllt, stark duftend. Blütenstiele und Kelchblätter sind dicht mit drüsigen Borsten bedeckt. 'Muscosa' ist die »Bauernrose« schlechthin.
'Parkjuwel'. Starkwüchsiger, über 1,5 m hoher Strauch mit dicht gefüllten, kirschroten, wohlriechenden, edelrosengleichen Blüten, reich, aber nur einmal blühend. Kelch und Blütenstiele sind kurz bemoost. Unter den modernen Moosrosen bis heute unübertroffen.
'Pompon de Bourgogne', Burgunderröschen. Etwa 60 cm hoher, kugeliger Busch. Blüten klein, rundlich, gut gefüllt, hellrosa mit etwas dunklerer Mitte. Eine unserer ältesten Kulturrosen.

R. × damascena Mill. (*R. gallica × R. phoenicea* oder *R. gallica × R. moschata*), Damaszenerrose. Bis 2 m hoher Strauch mit bogig abstehenden, sehr stark bewehrten Trieben. Blüten im Juni–Juli, meist zu vielen beisammen, rosa, halbgefüllt, stark

duftend, oft nickend. Früchte meist birnenförmig, bis 2,5 cm lang, borstig.
Zone 5b.

Damaszenerrosen werden in Sommer- und Herbst-Damaszener unterteilt. Während Sommer-Damaszener nur einmal blühen, remontieren Herbst-Damaszener, sie blühen im Herbst noch einmal.

Man nimmt an, daß die Sommer-Damaszenerrosen während der Kreuzzüge aus dem Orient nach Europa kamen. Die Herbst-Damaszener wurden schon im alten Rom kultiviert. Um 1000 v.Chr. finden sie auf Samos Verwendung im Aphroditekult. Zu dieser Gruppe gehört unter anderem die reinrosa blühende, dicht gefüllte und stark duftende Sorte 'Quatre Saisons', die in Paestum bei Pompeji und anderswo in großem Umfang angebaut wurde.

'Rose de Resht'. Etwa 1,2 m hoch, dichtbuschig. Blüten kirschrot, mittelgroß, stark gefüllt; die rosettenförmigen Blüten werden als Pomponblüten bezeichnet; sie erscheinen von Juli bis September.

'Trigintipetala'. 1,5–3 m hoher Strauch mit gefüllten, stark duftenden, rosa Blüten. 'Trigintipetala' ist die wichtigste Sorte für die Gewinnung von Rosenöl, sie wird vor allem in Südbulgarien, im Tal von Kasanlik, in großem Umfang angebaut, sie wird deshalb auch »Rose von Kasanlik« genannt.

R.foetida J. Herrm., Fuchsrose. Bis etwa 2 m hoher, lockerer Strauch mit überhängenden Trieben. Blüten Anfang Juni, meist einzeln, 5–7 cm breit, dunkelgelb, mehr oder weniger unangenehm riechend. Blütezeit insgesamt 3–4 Wochen, Einzelblüte aber nur wenige Tage haltbar. Früchte rundlich, rot, etwa 1 cm dick. Verbreitet von Kleinasien über den Iran bis Afghanistan und Nordwest-Himalaja, nicht selten in Steppengebieten. *R.foetida* ist die schönste gelbblühende Wildrose, sie gedeiht am besten in sonnigen, sommerwarmen Regionen.
Nsg-3/4, Zone 5a.

'Bicolor', Kapuzinerrose. Bis 2 m hoher, locker aufgebauter Strauch mit einfachen, zweifarbigen Blüten. Sie sind außen goldgelb und innen kapuzinerrot. Blütezeit insgesamt etwa 15 Tage. Alle modernen gelben und orangefarbenen Gartenrosen stammen von 'Bicolor' ab.

'Persian Yellow', Persische Goldrose. Knapp mannshohe, buschige, sehr reichblühende, aus Persien stammende Sorte mit goldgelben, gefüllten Blüten. Blühdauer maximal 3 Wochen, die Blüten sind sehr regenempfindlich.

R.gallica L., Essigrose, Gallische Rose. Aufrechter, gedrungener, vieltriebiger,

meist nicht mehr als 1 m hoher Strauch, der sich durch unterirdische Ausläufer meist stark ausbreitet. Blüten im Juni–Juli, meist einzeln auf dicken, drüsigen Stielen, 4–7 cm breit, hellrot bis dunkelpurpurn, duftend. Früchte rundlich bis verkehrt-eiförmig, 1–2 cm lang, ziegelrot, drüsigborstig. Heimisch in Süd- und Mitteleuropa und in Vorderasien, an Wald- und Heckenrändern, an sonnigen Hängen, auf Magerwiesen und in Trockenwaldgesellschaften. Eine sehr reichblühende, harte, anspruchslose, kalkliebende und Hitze ertragende Art, deren Blütenblätter bei Hitze und Regen leider rasch vergehen.
N-3, Zone 5a.

R.gallica stellt einige sehr alte Gartensorten, von denen einige auch heute noch in Kultur sind.

'Officinalis', Apothekerrose. Etwa 70 cm hoher Strauch mit karminroten, halbgefüllten, sehr wohlriechenden Blüten und großen, fast kugeligen, dunkelroten Früchten. Wurde von Plinius dem Älteren schon im 1. Jahrhundert n.Chr. beschrieben. Apotheker stellten aus getrockneten Blütenblättern Rosenessig her.

'Park Wilhelmshöhe'. Etwa 1–1,5 m hoch,

Rosa gallica 'Officinalis'

kräftig und starkwachsend. Blüten groß, gefüllt, karminrosa, Knospen rundlich, stark duftend und reichblühend, eine moderne *R.gallica*-Sorte.

'Scharlachglut'. Bis 2 m hoch und breit, Blüten scharlachrot, einfach, schalenförmig mit goldgelben Staubgefäßen, ohne Duft, im Herbst mit großen, roten Hagebutten.

'Versicolor'. Im Wuchs wie 'Officinalis', Blüten rotweiß gestreift und mit zahlreichen Staubgefäßen, eine der schönsten alten Rosen.

R.glauca Pourr., Rotblättrige Rose. Locker-aufrechter, 1–3 m hoher Strauch. Blätter und Zweige auffallend rot bis hechtblau überlaufen. Blüten im Juni–Juli, 3–3,5 cm breit, rosarot, meist zu 2–4. Früchte rundlich, etwa 1,5 cm dick, leuchtendrot. Heimisch in den Vogesen und den Gebirgen Mitteleuropas, südlich bis zu den Pyrenäen, Mittelitalien und Nordalbanien, auf Felsbänken, Schotterflächen, in Trockenbuschgesellschaften und lichten Wäldern. Mit dem rötlichen Laub und den zahlreichen Früchten ein dekorativer Parkstrauch. Wichtige Art für die Besiedelung extremer Standorte, etwa an sonnigen Hängen und

Böschungen. Braucht durchlässige, sandig-steinige, humusarme, schwach saure bis alkalische Böden.
Ng-3, Zone 3.

R. hugonis Hemsl., Chinesische Goldrose. 2–2,5 m hoher und gleichbreiter Strauch mit überhängenden Zweigen. Blüten im April–Mai, einfach, hellgelb, etwa 5 cm breit. Früchte flach-kugelig, etwa 1,5 cm dick, dunkelrot. Heimisch in Mittelchina, in semiariden Gebieten auf felsig-steinigen, ziemlich trockenen Böden. Sehr schöne, überreich und früh blühende Wildrose.
N-4, Zone 6a.

R. jundzillii Bess., Rauhblattrose. Locker-aufrechter, 1–3 m hoher Strauch. Blätter unterseits auffallend netznervig. Blüten im Juni–Juli, blaß- bis dunkelrosa, etwa 6 cm breit, leicht duftend. Früchte rundlich, etwa 12 mm dick, rot. Heimisch in Mittel- und Osteuropa, westlich bis Mittelfrankreich und Nordwestitalien, Westasien, besiedelt Gebüsche, sonnige Eichen-Mischwälder und Lesesteinhaufen, wächst bevorzugt auf trockenen, steinigen, kalkhaltigen Lehmböden. Wird bei uns nur selten angeboten, eignet sich ganz besonders gut für sonnig-trockene, steinige Böschungen, Hänge und Mauerkronen.
N-3, Zone 5b.

R. majalis J. Herrm., Zimtrose, Mairose. Etwa 1,5 m hoher, wenig verzweigter Strauch mit dünnen, oft unbewehrten Zweigen und zahlreichen unterirdischen Ausläufern. Blüten im Mai–Juni, zu 1–3, etwa 5 cm breit, karminrot bis purpurrot. Früchte flach-kugelig, 1,2–1,5 cm breit, scharlachrot, reich an Vitamin C und Provitamin A. Verbreitet von Nord-, Mittel- und Osteuropa bis Nord- und Westasien. Gedeiht vorwiegend in Aue- und Bruchwäldern, aber auch auf Felsbändern und in Trockenwaldgesellschaften. Verträgt in Kultur mehr Schatten als andere Wildrosen und gedeiht auch auf frischen bis feuchten, tiefgründigen Lehm- und Tonböden.
Bh/Nkh-3, Zone 4.

R. moyesii Hemsl. et Wils., Mandarinrose. Starkwüchsiger, locker aufgebauter, bis 3 m hoher Strauch. Blüte Anfang Juni, weinrot, 5–6 cm breit, mit goldgelben Staubgefäßen. Früchte flaschenförmig, 5–7 cm lang, tief orangerot. Heimisch in der chinesischen Provinz Sichuan. R. moyesii gehört mit ihren auffallenden, ungewöhnlich großen Früchten zu den schönsten Wildrosen. Neben der Wildform werden auch einige Sorten kultiviert.
Nh-4, Zone 6a.

'Geranium'. Starkwüchsiger, bis 3 m hoher, ziemlich geschlossener Strauch. Blüten geraniumrot, einfach, schalenförmig, 5 cm breit, Früchte karminrot.
'Highdownensis'. Gut mannshoher, lockerer Strauch mit überhängenden Zweigen. Blüten einfach, hell karminrot. Früchte hellrot. Sehr gesunde und frostharte Sorte mit einer Blütezeit von 3–4 Wochen.
'Marguerite Hilling'. Etwa 2 m hoher und gleichbreiter Strauch mit elegantem, überhängendem Wuchs. Blüten karminrosa mit hellerer Mitte, etwa 10 cm breit, schalenförmig, schwach gefüllt. Sehr reichblühend und bis zum Herbst leicht remontierend. Eine der schönsten und dankbarsten Wildrosensorten.
'Nevada'. Etwa 2 m hoch mit graziös überhängenden Zweigen. Blüten reinweiß, sehr groß, gut 10 cm breit, leicht gefüllt, einmal, aber sehr reich blühend, im Spätsommer mit einem zweiten schwächeren Flor aus rosafarbenen Blüten. Früchte werden nicht angesetzt. Ebenso wertvoll wie 'Marguerite Hilling'.

R. multiflora Thunb. et Murr., Vielblütige Rose. Sehr starkwüchsiger, bis 3 m hoher und breiter Strauch, Zweige zunächst aufrecht, neigen sich bald über und klettern. Blüten im Juni–Juli, weiß, nach Honig duftend, 1,5–2 cm breit, in großen, kegelförmigen Rispen. Früchte rundlich, 5 mm dick, orange bis rot. Heimisch in Japan und Korea, häufig auf Felsen, an Abhängen und in Schluchten.
R. multiflora ist eine Wildrose mit relativ hoher Schattenverträglichkeit, sie eignet sich gut zur Unterpflanzung hoher Bäume und zur Begrünung schattiger Hänge.
R. multiflora wurde häufig für Züchtungszwecke verwendet, neben zahlreichen Polyantha-Rosen gehören hierzu einige starkwachsende, sehr reich, aber nur einmal blühende Kletterrosen wie 'Crimson Rambler', 'Tausendschön' und 'Maria Lisa', die heute meist durch öfterblühende Sorten ersetzt werden.
Nh-4, Zone 5b.

R. nitida Willd., Ganzblättrige Rose. Vieltriebiger, dichtbuschiger, 50–75 cm hoher Strauch, dessen rötliche Triebe dicht mit dünnen, borstigen Stacheln besetzt sind. Breitet sich durch zahlreiche, weitstreichende Ausläufer stark aus. Blätter oberseits stark glänzend, im Herbst leuchtend-orange bis karminrot gefärbt. Blüten im Juni–Juli, zu 1–3, 4–6 cm breit, rosa, leicht duftend, mit goldgelben Staubgefäßen. Früchte flach-kugelig, etwa 1 cm dick, hell- bis dunkelrot. Heimisch in Nordamerika, von Neufundland südlich bis Connecticut.

Wächst vorwiegend auf sauren Böden an Ufern von stehenden und fließenden Gewässern, auch in Sümpfen, feuchten Dickichten und Überschwemmungsgebieten. Ist in Kultur sehr anpassungsfähig und gedeiht auch auf trockeneren Böden. Häufig verwendete Art, die am besten in Gruppen oder flächig gepflanzt wird.
Bh/Nhk-2, Zone 4.

R. omeiensis Rolfe, Omeirose. Starkwüchsiger, 2–4 m hoher, sparriger Strauch mit graubraunen Ästen und flachen, an der Basis stark verbreiterten Stacheln, daneben auch zahlreiche Stachelborsten. Blüten im Mai–Juni, einzeln, weiß, 2,5–3 cm breit, meist mit nur 4 Blütenblättern. Früchte birnförmig, bis 1,5 cm lang, hellrot. Benannt nach dem Berg Omei in der chinesischen Provinz Sichuan. In Kultur meist nur die folgende Form.
NGh-4, Zone 6a.
R. omeiensis f. *peteracantha* (Franch.) Rehd. et Wils., Stacheldrahtrose. Unterscheidet sich von der Art vom allem durch die Stacheln. Sie sind im Austrieb auffallend blutrot, ihre Basen sind in Längsrichtung der Zweige flügelartig verbreitet, sie gehen oft ineinander über. Eine interessante Rose für geschützte Standorte, kann in sehr kalten Wintern zurückfrieren, erholt sich meist aber rasch wieder.

R. pendulina L., Alpenheckenrose. Ein 0,5–2 m hoher, in Kultur oft auch bis 3 m hoher Strauch mit aufrechten, meist grünen Trieben und zahlreichen Ausläufern. Stacheln im oberen Teil der Pflanze oft fehlend. Blüten im Mai–Juni, rosarot mit hellerer Mitte, etwa 4 cm breit. Früchte flaschenförmig, bis 3 cm lang, ziegelrot, reich an Vitamin C. Heimisch in den Gebirgen Süd- und Mitteleuropas, steigt in den Alpen bis 2000 m auf und kommt in lichten Bergmischwäldern, in Hochstaudenfluren und auf Blockschutthalden vor. Verträgt von allen Wildrosen am meisten schattige und kühl-luftfeuchte Lagen, gedeiht auf mäßig trockenen bis feuchten Böden und braucht eine schwach saure bis neutrale Bodenreaktion.
BGh-3, Zone 6a.
'Bourgogne'. Etwa 1,5 m hoher Strauch mit malerisch überhängenden Zweigen, Blüten zartrosa, einfach, sehr reichblühend. Schmückt sich im Herbst mit zahlreichen großen, leuchtendroten, sehr fleischigen Früchten mit geringem Kernanteil und hohem Vitamin-C-Gehalt.

R. pimpinellifolia L., Bibernellrose, Dünenrose. Bis 1 m hoher Strauch mit aufrechten, dünnen, fast drahtartigen Zweigen,

die dicht mit Stachelborsten und geraden bis schwach gekrümmten Stacheln besetzt sind. Breitet sich durch unterirdische Ausläufer sehr stark aus. Blüten im Mai–Juni, einzeln, weiß bis blaßgelb, 3–5 cm breit. Früchte schwarz bis schwarzbraun, rundlich, 1–1,5 cm dick. Heimisch in Europa, Westasien und Nordafrika. Kommt vor allem in Trockenbuschgesellschaften, auf Trockenrasen, in Buschdünen, auf felsigen und schottrigen Hängen vor, oft auf besonders nährstoffarmen Böden. *R.pimpinellifolia* ist ein Pioniergehölz für extreme Standorte, ein sehr guter Bodenbefestiger, der Wind, Hitze und Trockenheit verträgt und auch auf kalkhaltigen, sandigen und felsig-schottrigen Böden gedeiht.
N-3, Zone 3.

Neben einigen geographischen Rassen sind von *R.pimpinellifolia* zahlreiche Gartenformen bekannt, von denen einige wertvolle Zierrosen sind. Es handelt sich dabei vorwiegend um Kreuzungen mit *R.pimpinellifolia* var. *altaica,* einer Form, die in Sibirien, der Dsungarei und im Altai-Gebirge heimisch ist und die etwa 7 cm breite, anfangs hellgelbe, im Verblühen fast weiße Blüten hat. Nur 'Frühlingsgold', die heute wohl am häufigsten gepflanzte Sorte dieser Gruppe, entstammt einer Kreuzung mit der in Sibirien heimischen *R.pimpinellifolia* var. *hispida.*

'Frühlingsanfang'. Starkwachsend, bis 3 m hoch. Blüten einfach, schalenförmig, milchweiß, gut duftend, 10 cm breit, einmal blühend. Im Herbst mit rotbraunen Hagebutten.
'Frühlingsduft'. Bis 2 m hoch, Laub groß und derb. Blüten rosa mit gelber Mitte, sehr groß, 10 cm breit, dicht gefüllt.
'Frühlingsgold'. Sehr starkwüchsig, bis 3 m hoch und breit. Blüten früh, goldgelb, einfach bis halbgefüllt, 10 cm breit, ohne Duft. Einmal, aber sehr reich blühend.
'Frühlingsmorgen'. Weniger starkwachsend als die anderen Sorten. Blüten karminrosa mit gelber Mitte und braunen Staubgefäßen, einfach, gut 10 cm breit, ohne Duft.
'Frühlingszauber'. Etwa 2 m hoch. Blüten hellrot mit zartgelber Mitte, sehr groß, einfach bis leicht gefüllt, sehr stark duftend. Einmal blühend.
'Golden Wings'. Wuchs sparrig, 1,2–1,5 m hoch und breit. Blüten einfach, sehr groß, schwefelgelb mit orangeroten Staubgefäßen, wohlriechend. Sehr gut remontierend.
'Maigold'. Starkwachsend, kann auch als Kletterrose verwendet werden. Blüten schon im Mai, bronzegelb, halbgefüllt, sehr stark duftend. Nur einmal blühend, alte Pflanzen remontieren im Herbst. Blätter frischgrün und glänzend, sie leiden nicht unter Mehltau oder Sternrußtau.

Rosa pimpinellifolia 'Frühlingsgold'

R.roxburghii Tratt., Igelrose. Sehr sparriger, bis 2,5 m hoher Strauch. Rinde älterer Äste abblätternd. Stacheln meist an den Knoten gepaart. Blüten im Juni, meist einzeln, hellrosa, 5–6 cm breit. Früchte 3–4 cm breit, flach-kugelig, grün bleibend. Blütenstiele, -becher und Frucht sind dicht stachelborstig. Heimisch in Japan und China. Eigenartiger Strauch für Liebhaber. N-4, Zone 6b.

R.rubiginosa L., Weinrose, Schottische Zaunrose. Starkwachsender, 2–3 m hoher, zunächst straff-aufrechter, später übergeneigter Strauch. Äste und Triebe sind dicht mit hakenförmigen Stacheln besetzt. Blätter unterseits mit zahlreichen, stark apfelartig duftenden Drüsen ausgestattet. Blüten im Juni–Juli, meist zu 1–4, 3–5 cm breit, hellrosa bis rosarot. Früchte rundlich bis eiförmig, 1–1,5 cm dick, orange bis rot oder braun. Verbreitet in Europa, in Kleinasien und im Kaukasus. Kommt vorwiegend auf Magerkalkweiden, in Trockengebüschen und an sonnigen Waldrändern vor. Eignet sich besonders gut zur Anlage undurchdringlicher Hecken und als Pioniergehölz für sonnige Böschungen und Hänge. N-3, Zone 5a.
R.rubiginosa ist seit dem 16. Jahrhundert eine häufig gepflanzte Gartenrose, von der

Auslesen und Züchtungen bekannt sind. Zu den Auslesen gehört 'Magnifica', zu den Züchtungen, an denen *R.rubiginosa* mehr oder weniger stark beteiligt ist, neben 'Fritz Nobis' auch Sorten wie 'Sparrieshoop', 'Flammentanz', oder 'Till Uhlenspiegel', die aber eher zu Park- oder Kletterrosen gestellt werden.
'Fritz Nobis'. Starkwachsender, überhängender, bis 2 m hoher Strauch, Blüten mit Edelrosencharakter, lachsrosa, innen heller, gilt als eine der schönsten Parkrosen.
'Magnifica'. Sehr starkwachsend, überhängend, 2–3 m hoch, Blüten hellrot, mittelgroß, halbgefüllt.

R.rugosa Thunb., Kartoffelrose. 1–2 m hoher, aufrechter Strauch mit zahlreichen Ausläufern und dicken Zweigen, die mehr oder weniger dicht mit Stacheln und Stachelborsten besetzt sind. Blätter oberseits runzelig und glänzend dunkelgrün, im Herbst goldgelb. Blüten im Juni–September, einzeln oder zu wenigen, 6–10 cm breit, schalenförmig, purpurn, rosa oder weiß. Früchte flach-kugelig, 2–2,5 cm breit, ziegelrot, ziemlich weichfleischig, reich an Vitamin C und Provitamin A. Verbreitet in den gemäßigten und nördlichen Teilen Ostasiens bis zu den Kurilen, Kamtschatka und Sachalin. Wächst oft an sandi-

gen Küstenstränden und zeigt sich dort ungewöhnlich windfest und salzresistent.
Bh/Nh-4, Zone 5a.

R.rugosa gehört zu den wichtigsten Wildrosen für die Anlage von Hecken, Schutzpflanzungen und Straßenbegleitgrün, zur Begrünung von Halden und Böschungen. Sie ist ungewöhnlich vital und stets frei von Krankheiten und Schädlingen. Auf alkalischen Böden stellt sich allerding regelmäßig Kalkchlorose ein.

R.rugosa wird seit fast 150 Jahren in Europa kultiviert, sie hat sich stellenweise eingebürgert. Sie wird heute nicht nur in ihrer Wildform gepflanzt, sondern oft in mehr oder weniger gefülltblühenden oder kompaktwachsenden Sorten. Alle kompaktwachsenden und kriechenden, niedrig bleibenden Sorten eignen sich besonders gut für Pflanzungen in größeren oder kleineren Gruppen und für großflächige Pflanzungen. Die hochwachsenden Sorten werden einzeln oder in kleinen Gruppen als Strauchrosen gepflanzt.

'Alba'. Unterscheidet sich nur durch die weiße Blütenfarbe von der Art.

'Apart'. Wuchs aufrecht und kompakt, 60–80 cm hoch. Blüten halbgefüllt, rosa- bis purpurrot, sehr stark duftend. Blüht bis in den Oktober.

'C. F. Meyer'. Wuchs sehr stark, 2–3 m hoch, Zweige sehr stark bestachelt. Blüten reinrosa, edelrosenartig, stark duftend, öfterblühend. Alte Bauernrose, die anfällig gegen Rosenrost und Sternrußtau ist.

'Dagmar Hastrup'. Wuchs kompakt und breitbuschig, 0,8–1 m hoch. Blüten von Ende Mai bis September, reinrosa, 6–8 cm breit, einfach. Im Herbst mit reichem Fruchtschmuck.

'F. J. Grootendorst'. Wuchs aufrecht, dicht, etwa 1,5 m hoch. Blüten ab Juni, in Büscheln zu 5–10, karminrot, leicht verblauend, 3–4 cm breit, gefüllt. Einmal, aber reich blühend.

'Gelbe Dagmar Hastrup'. Wuchs buschig, aufrecht, 60–80 cm hoch. Blüten 6–8 cm breit, halbgefüllt, kräftiggelb, stark duftend.

'Foxi'. Wuchs aufrecht und kompakt, etwa 60 cm hoch, Blüten stark duftend, kräftigrosa. Blütezeit von Juni bis Oktober. Hagebutten auffallend groß. Wird vom Züchter als eine Verbesserung von 'Dagmar Hastrup' angesehen.

'Hansa'. Im Wuchs wie die Wildart. Blüten groß, locker gefüllt, rötlichviolett, im Verblühen leicht verblauend, intensiv duftend.

'Max Graf'. Triebe kräftig bewehrt, bis 2 m lang, niederliegend, sie bilden ein dichtes, bis 1 m hohes Polster. Blüten einfach, schalenförmig, etwa 5 cm breit, hellrosa mit gelber Mitte, einmal, aber reich blühend.

'Moje Hammarberg'. Aufrecht, etwa 1 m hoch. Blüten mittelgroß, violettrot, halbgefüllt, stark duftend. Fruchtansatz geringer als bei 'Dagmar Hastrup'.

'Pierette'. Wuchs niedrig, breitbuschig. Blüten sehr groß, halbgefüllt, sehr stark duftend, kräftig altrosa. Blüht von Juni bis Oktober.

'Pink Grootendorst'. Unterscheidet sich von 'F.J. Grootendorst' nur durch die rosa Blütenfarbe.

'Pink Robusta'. Wuchs straff-aufrecht, 1,5–2 m hoch. Blüten halbgefüllt, leuchtend reinrosa, leicht duftend.

'Repens Alba'. Breitet sich mit über 3 m langen, bogenförmigen oder niederliegenden, sehr dicht mit Stacheln und Borsten besetzten Trieben aus. Blüten 6–8 cm breit, einfach, propellerartig, weiß, mit zahlreichen goldgelben Staubgefäßen, einmalblühend. Besonders gut für großflächige Pflanzungen geeignet.

'Rheinaupark'. Wuchs aufrecht, 0,8–1,2 m hoch. Blüten mittelgroß, gefüllt, hell leuchtendrot, bis zum Frost blühend.

'Robusta'. Wuchs kräftig, aufrecht, 1,5–2 m hoch, Belaubung glänzend dunkelgrün, Blüten einfach, schalenförmig, leuchtend blutrot, wetterfest, reich und bis in den Herbst blühend.

'Roseraie de l'Hay'. Etwa 1,5 m hoch, Blüten groß, violettrot, später blau schattiert, stark gefüllt und intensiv duftend. Eine der schönsten R.rugosa-Sorten.

'Rugelda'. Wuchs aufrecht, bis 2 m hoch. Blüten groß, meist zu mehreren in lockeren Dolden, stark gefüllt, zitronengelb, duftend.

'Schnee-Eule'. Wuchs kompakt und aufrecht, etwa 60 cm hoch. Laub glänzend, lederartig. Blüten weiß, stark duftend, blüht von Juni bis zum Herbst, bei gleichzeitiger Fruchtbildung.

'Sir Henry'. Wuchs kräftig, buschig. Blüten gut gefüllt, edel geformt, dunkel magentalila, sehr stark duftend, öfterblühend. Eine moderne Sorte, deren Blüten an alte Rosen erinnern.

'White Hedge'. Wuchs dichtbuschig, 80–100 cm hoch. Triebe stark bewehrt. Blüten etwa 8 cm breit, weiß, mit goldgelben Staubgefäßen, lange blühend und gut remontierend. Reicher Fruchtansatz mit orangeroten Früchten.

R. × rugotida Darthuis (R.nitida × R.rugosa). Aufrechter, bis 1 m hoher, ziemlich feintriebiger Strauch mit zahlreichen Ausläufern. Blätter ähnlich, aber größer als bei R.nitida, im Herbst schön rostrot gefärbt. Blüten im Juni–Juli, karminrosa, 5–6 cm breit, einfach. Gut für großflächige Pflanzungen geeignet.

'Dart's Defender'. (R.nitida × R.rugosa 'Hansa'). Wächst buschiger als R.nitida und hat größere, halbgefüllte, violettrosa Blüten.

R.sweginzowii Koehne. Bis 5 m hoher, aufrechter Strauch. Triebe mit zahlreichen kleinen Stacheln besetzt, dazwischen einzelne große, abgeplattete, 3eckige Stacheln. Jungtriebe auffallend weinrot. Blüten im Juni, rosa, etwa 4 cm breit, zu 1–3. Früchte schlank-flaschenförmig, 3–4 cm lang, borstig, orangerot, ziemlich früh reifend. Heimisch in Nordwestchina.
N-4, Zone 6a.

'Macrocarpa'. Wird nur 2 m hoch und baut sich mit bogig überhängenden Zweigen auf. Blüten karminrot. Früchte sehr zahlreich, bis 5 cm lang und 2 cm dick. In der Regel wird nur die großfrüchtige Form gepflanzt, sie ist vor allem zur Fruchtzeit von großer Wirkung.

R.tomentosa Sm., Filzrose. Bis 2 m hoher, lockerer Strauch mit ausgebreiteten und bogig überhängenden, ziemlich dicken Zweigen. Blüten im Juni–Juli, einfach, blaßrosa bis weiß, 4 cm breit, angenehm duftend, einzeln oder zu 2–4. Früchte eiförmig, 1–2 cm lang, rot, stark borstig, reich an Vitamin C. Heimisch in Europa, Kleinasien und im Kaukasus, an Waldrändern und in lichten Gebüschen, besonders auf Lös- und Kalkböden. Wurde früher der reichlich angesetzten, verwertbaren Früchte wegen häufiger kultiviert. Sehr widerstandsfähig gegen Frost und Dürre.
N-3, Zone 5a.

R.villosa L., Apfelrose. Bis 2 m hoher, aufrechter Strauch mit kurzen, dunkelbraunen Ästen und vereinzelten Ausläufern. Blüten im Juni–Juli, 3–5 cm breit, hell- bis dunkelrosa, einzeln oder zu 2–3. Früchte rundlich-länglich, bis 3 cm lang und 2,5 cm breit, dunkelrot, schon im August reifend und bald teigig werdend, säuerlich schmeckend, hoher Gehalt an Vitamin C. Heimisch in Europa, Vorderasien und im Kaukasus. Kommt vor allem in Gebüschen und Hecken, in Nadelmischwäldern, in Felsspalten und auf Felsbändern auf kalkhaltigen und kalkfreien, flachgründigen Sand- und Steinböden vor. Wurde früher der großen, verwertbaren Früchte wegen häufig gepflanzt. Gedeiht auch noch auf extrem trockenen, durchlässigen Böden.
N-3, Zone 5a.

R.virginiana Mill., Virginische Rose. Etwa 1,5 m hoher, aufrechter Strauch mit braunroten Trieben. Blätter glänzendgrün, im Herbst feurigorange und tiefgelb ge-

färbt. Blüten Ende Juni bis Anfang August, hellrosa, meist zu 5, etwa 5 cm breit, wohlriechend. Früchte rundlich, 1–1,5 cm breit, rot, lange haftend. Verbreitet von Neufundland und Ontario südlich bis Virginia, North Carolina, Alabahma und Missouri. Schöner, robuster und anspruchsloser Strauch für die Anlage von Hecken und Schutzpflanzungen. Gedeiht auch auf ärmeren, flachgründigen Böden.
Nh-2, Zone 4.

R.wichuraiana Crép. Wintergrüne, starkwachsende Rose mit bis 5 m langen, niederliegenden oder kletternden Zweigen und kleinen, stark glänzenden Blättern. Blüten im Juli–August, weiß, duftend, 4–5 cm breit, in kleinen, kegelförmigen Ständen. Früchte eiförmig, bis 1,5 cm lang, tiefrot. Heimisch in Japan, Korea und Ostchina. Ist bei uns nicht in Kultur, wird in den USA aber seit langem als Bodendecker verwendet. Seit 1893 wird *R.wichuraiana* zu Züchtungen von Kletterrosen benutzt. Die Abkömmlinge zeichnen sich vor allem durch kleine, dunkelgrüne, stark glänzende Blätter und lange, dünne Triebe aus. Die bekanntesten, heute noch kultivierten Sorten sind 'American Pillar', 'Dorothy Perkins', 'Dortmund', 'Excelsa', 'Hamburger Phoenix','Ilse Krohn Superior', 'New Dawn', 'Parkdirektor Riggers' und 'Sympathie'.
Nh/Mh-4, Zone 6b.

Rosmarinus L., Labiatae
Rosmarin

Rosmarin ist eine im Mittelmeergebiet und in Portugal verbreitete Gattung, die in Macchien, auf küstennahen Felsen und an steinigen, trockenen Hängen vorkommt.

R.officinalis L. Der immergrüne, mehr oder weniger stark verholzende, stark aromatisch duftende Strauch erreicht Höhen von 0,5–1 (–2) m. Seine graufilzigen Triebe sind dicht mit gegenständigen, linealischen, 1–4 cm langen, am Rand umgerollten, ledrigen, oberseits glänzend tiefgrünen, unterseits weißfilzigen Blättern besetzt. Im Mai erscheinen in kurzen, achselständigen Trauben am alten Holz blaßblaue bis weißliche, 2lippige Blüten.
Rosmarin ist eine alte Duft-, Heil- und Gewürzpflanze. Blätter und Blüten werden medizinisch, die Blätter allein als Küchengewürz verwendet. Schon um 1300 wurde von Arnold von Villanova ein ausgekochtes »Oleum rosmarini« in alkoholischer Lösung dargestellt, es ist damit eines der ersten ätherischen Öle, das je gewonnen wurde. Im 16. Jahrhundert wurde aus frischen

Rosmarinus officinalis

Rosmarinblüten und Alkohol das erste destillierte Parfüm hergestellt.
Auch nördlich der Alpen ist der Rosmarin schon sehr lange bekannt. Er wurde bereits 794 im »Capitulare de villis«, der Landgüterordnung Karls des Großen, erwähnt. Hier kann er aber fast überall nur als Topf- oder Kübelpflanze gehalten werden. Nur an klimatisch sehr günstigen Standorten ist er auch in Mitteleuropa ausreichend frosthart.
Ms-3, Zone 8a.

Rubus L., Rosaceae
Brombeere, Himbeere

Mit über 400 Arten sommer- oder immergrüner, aufrechter, kletternder oder niederliegender Sträucher, von denen die meisten auf der nördlichen Halbkugel verbreitet sind, ist die Gattung noch umfangreicher als die der Rosen, umfaßt aber weit weniger bemerkenswerte Ziersträucher als diese. Nicht wenige Arten haben nur kurzlebige, häufig mit Stacheln besetzte Zweige, oft werden unterirdische Ausläufer oder Wurzelsprosse gebildet. Die Blätter der *Rubus*-Arten sind wechselständig, sie können einfach, gelappt, handförmig oder gefiedert sein. Die 5zähligen, weißen oder rosa Blüten stehen meist in end- oder achselständigen, traubigen oder rispigen Blütenständen. Ein gewölbter oder kegeliger Blütenboden trägt zahlreiche Fruchtknoten. Die 1samigen, saftigen Steinfrüchte sind zu Sammelfrüchten vereint.

Beim Schnitt muß man beachten, daß bei den sommergrünen Arten alle 2jährigen Äste sterben, nachdem sie geblüht und gefruchtet haben. Man schneidet sie im Herbst oder Nachwinter bis zum Boden zurück. Bei immergrünen Arten sind die einzelnen Stämme langlebiger, hier wird nur bei Bedarf ausgelichtet. Ein Rückschnitt muß in jedem Fall unterbleiben, da alle *Rubus*-Arten an den Zweigspitzen blühen. Die Standortansprüche der *Rubus*-Arten sind gering, sie kommen auf jedem normalen Boden fort und gedeihen in schattigen und sonnigen Lagen.

'Betty Ashburner' (*R.calycinoides* × *R.tricolor*). Aus England stammende Hybride, ein breitwachsender Strauch mit meist 3zähligen, dunkelgrünen, unterseits grauweißen Blättern, der als sehr guter Bodendecker gepriesen wird.
Zone 6b.

R.calycinoides Hayata. Aus Taiwan stammt diese immergrüne, bei uns oft nur wintergrüne, kriechende, etwa 10 cm hohe Art. Sie hat mehr oder weniger rundliche, 2–4 cm breite, dunkelgrüne, stark runzelige Blätter mit meist 3 abgerundeten Lappen, tief herzförmiger Basis und krausem Rand. Die etwa 1,5 cm breiten, weißen Blüten, die im Mai–Juni erscheinen, sind meist unter dem Laub verborgen. Ein hübscher, leider nur mäßig winterharter Bodendecker für geschützte, frische, halbschattige Lagen.
BGm/PG-5, Zone 7b.

R.cockburnianus Hemsl. Die sommergrüne, chinesische Art entwickelt bis 3 m hohe Triebe, die zunächst aufrecht wachsen, in der oberen Hälfte aber fast waagerecht abstehen. In der blauweiß bereiften, vor allem im Winter leuchtenden Rinde liegt der Reiz dieser Brombeere. Jährlich muß man die 2jährigen Ruten bis zum Boden herausschneiden.
N-4, Zone 6a.

R.deliciosus Torr. wird als eine der allerbesten Arten beschrieben und ist trotzdem auch in großen Baumschulen in der Regel nicht zu bekommen. Aus den Rocky Mountains stammt dieser etwa mannshohe Strauch, der keine Ausläufer bildet und an dessen elegant überhängenden Zweigen sich die Rinde aufrollt. Im Mai trägt der Strauch an den vorjährigen Zweigen große, reinweiße Blüten, später kleine, dunkelpurpurne, geschmacklose Früchte.
Ng-1, Zone 5a.

R.fruticosus L. Die Brombeere kommt in Mitteleuropa in sandigen Waldlichtungen, an Waldrändern, in Gebüschen und Torfmooren vor. Sie hat als Zierstrauch keinerlei Bedeutung, ist aber als gute Bienenweide und als stark bodenverbesserndes Pioniergehölz bekannt. Als Fruchtsträucher sind die rankende 'Theodor Reimers' und die aufrechtwachsende 'Wilsons Frühe' weit verbreitet.
N-3, Zone 5b.

R.henryi Hemsl. et O. Kuntze ist ein in Mittelchina heimischer, immergrüner Kletterstrauch mit hakig bestachelten Zweigen, unregelmäßig fingerlappigen, tief dunkelgrünen, unterseits weißfilzigen Blättern, hellroten Blüten und schwarzglänzenden Früchten. Sie verlangt einen geschützten, halbschattigen bis schattigen Standort.
Nhw-4, Zone 7a.

R.idaeus L. Unsere Himbeere soll nicht unerwähnt bleiben. Sie ist in Europa, Asien und Nordamerika zirkumpolar verbreitet und seit alter Zeit in vielen Sorten in Kultur.
B/N-1/2/3/4, Zone 3.

R.illecebrosus Focke, Erdbeer-Himbeere. In den japanischen Distrikten Honshu, Shikoku und Kyushu ist *R. illecebrosus* heimisch. Der Halbstrauch bildet lang kriechende, ausläuferähnliche Rhizome; nur die 20–60 cm langen, kantigen und bestachelten Blütentriebe stehen aufrecht. Sie tragen 15–20 cm lange, gefiederte Blätter mit 3–7 lanzettlichen bis breit-lanzettlichen, 3–8 cm langen, doppelt gesägten Blättchen.

Im Juni–August entfalten sich die weißen, bis 4 cm breiten Blüten einzeln oder zu wenigen in endständigen Dolden. Die scharlachroten, annähernd kugeligen bis breitelliptischen Früchte schmecken fade süßlich. Ein robuster Bodendecker mit dichtstehenden Trieben, der auch im Schatten unter hohen Bäumen gut gedeiht.
Nh-4, Zone 6b.

R.laciniatus (West.) Willd. ist mit ihren 5zähligen Blättern, deren Blättchen tief fiederspaltig eingeschnitten sind, eine sehr dekorative, kletternde Brombeere, eine Kulturpflanze unbekannten Ursprungs. Bemerkenswert schön sind auch die glänzenden schwarzen, wohlschmeckenden Früchte. Sie klettert bis 3 m hoch und eignet sich gut zur schnellen Berankung von Zäunen. Wie bei den Fruchtsorten müssen auch hier die abgetragenen Triebe jährlich entfernt werden.
Zone 6b.

R.lasiostylus Focke besticht als sommergrüner Strauch besonders im Winter durch seine schneeweißen, bogig überhängenden Triebe. Die Art ist in Mittelchina heimisch, blüht mit kleinen, nickenden, rötlichen Blüten und trägt große, rote, weißwollige Früchte.
Nhw-4, Zone 6b.

R.leucodermis Dougl. ex Torr et A. Gray ist wie *R. cockburnianus* eine weißrindige Art, die aber aus dem westlichen Nordamerika stammt. Sie wird nur 3 m hoch, und

Rubus odoratus

ihre Triebe stehen aufrecht. Die purpurschwarzen, bereiften Früchte sind eßbar.
N-1, Zone 6b.

R.odoratus L. Die Zimthimbeere gehört zum Sortiment fast aller Baumschulen. Der 2–3 m hohe Strauch ist in Nordamerika verbreitet. Er treibt Ausläufer und trägt ungewöhnlich große, handförmig gelappte Blätter. Seine großen, purpurnen, duftenden Blüten öffnen sich erst im Juni und stehen in kurzen, vielblumigen Rispen. *R. odoratus* wächst gern im Schatten großer Bäume und sollte da gepflanzt werden, wo Platz zum Verwildern ist.
Nh-2, Zone 4.

R.phoenicolasius Maxim. Die Japanische Weinbeere ziert durch ihre überhängenden, dicht rotborstigen Triebe, durch ihre in drüsig behaarten Trauben erscheinenden, hellrosa Blüten und die orangeroten, säuerlichen, wohlschmeckenden Früchte. Sie läßt sich gut am Spalier oder an Laubengängen ziehen.
Nh-4, Zone 6a.

R.thibetanus Franch. Der sommergrüne, aufrechte, bis 2 m hohe Strauch stammt aus Westchina. Seine Triebe sind bläulichrot bereift und unregelmäßig mit dünnen Stacheln besetzt. Die 10–20 cm langen Blätter sind mit 7–13 Blättchen gefiedert. Das Endblättchen ist lang und tief eingeschnitten, die übrigen sind eingeschnitten gesägt, oben seidig behaart und unterseits graufilzig. Zu 3–8 in Büscheln öffnen sich 1,5 cm

breite, purpurfarbene Blüten im Juni. Die Früchte sind kugelig, schwarz und bereift. Gilt als eine der schönsten Arten der Gattung.
Nh-4, Zone 6b.

R. tricolor Focke. Der niederliegende, sommergrüne Strauch ist in den chinesischen Provinzen Yunnan und Sichuan verbreitet. Seine eirundlichen, an der Basis herzförmigen, 6–10 cm langen Blätter sind scharf und unregelmäßig gesägt, oberseits dunkelgrün und auf der Unterseite weißfilzig. Die Triebe sind sehr dicht mit 3–4 mm langen, abstehenden Borsten bedeckt. Der Strauch öffnet seine weißen, endständigen Blütentrauben erst im Juli–August, die etwa 1,5 cm dicken, borstigen Früchte sind eßbar. *R. tricolor* wächst sehr rasch und deckt den Boden in kurzer Zeit dicht ab.
Nhg-4, Zone 6b.

'Tridell' (*R. deliciosus* × *R. trilobus*) erinnert im Habitus an *R. deliciosus*, besitzt aber größere, regelmäßig geformte, reinweiße Blüten. Mit den leicht überhängenden Ästen ein eleganter, etwas mehr als mannshoher Strauch, dessen Blüten aus der Ferne wie Rosenblüten aussehen.
Zone 6b.

Ruscus L., Ruscaceae
Mäusedorn

Auf Madeira und vom Mittelmeergebiet bis Persien ist die Gattung mit 7 Arten verbreitet. Es sind immergrüne, niedrige, reich verzweigte Sträucher mit grünen Sprossen und blattartigen Kurztrieben, die den Achseln kleiner, schuppenförmiger Blätter entspringen. Die kleinen, zweihäusig verteilten, weißen Blüten sitzen auf der Unterseite der Flachsprosse (Phyllocladien) in der Achsel eines Tragblattes. Aus den weiblichen Blüten entwickeln sich rote Beeren.

R. aculeatus L. ist ein 60–80 cm hoher Strauch mit aufrechten, einfach verzweigten, dunkelgrünen und gerieften Sprossen. Die blattartigen, 3,5 cm langen und 2,5 cm breiten, stumpfgrünen, rhombischen Flachsprosse mit einer starren, feinen, stechenden Spitze sitzen dicht spiralig an den starren Seitenzweigen. Im März–April erscheinen die 7–8 mm breiten weißen Blüten mit ihrer purpurnen Staubblattröhre zu 1–2 in der Mitte der Flachsprosse. Die roten Beeren werden 10–15 mm dick. Der Mäusedorn ist im südlichen Europa und vom Mittelmeergebiet bis zum Schwarzen Meer verbreitet. In Kultur ist er äußerst anspruchslos, er gedeiht auch an sehr schat-

tigen Standorten. Die Zweige, deren grüne Farbe sich lange erhält, werden oft in der Kranzbinderei verarbeitet.
Ms/Nm-3, Zone 8a.

Ruta L., Rutaceae
Raute

Zu dieser Gattung der Rautengewächse gehören 7 Arten, die vorwiegend im Mittelmeergebiet heimisch sind. Es sind immergrüne Stauden oder Halbsträucher mit wechselständigen, einfachen bis 3fach fiederschnittigen Blättern mit länglichen bis verkehrt-eiförmigen, durchscheinend punktierten Abschnitten. Die gelben Blüten werden in endständigen Trugdolden oder Rispen angelegt, innerhalb des Blütenstandes ist die Endblüte 5-, die seitlichen Blüten 4zählig. Die Kronblätter sind löffelartig eingekrümmt. Die zunächst senkrecht stehenden 8 oder 10 Staubblätter spreizen sich nacheinander ab und legen sich in einer langsamen Entfaltungsbewegung den waagerecht-abstehenden Blütenblättern auf. Die Frucht ist eine mehrsamige Kapsel.

R. graveolens L. Die Weinraute ist ein Halbstrauch mit ziemlich steifen, wenig verzweigten, streng aromatisch duftenden Trieben. Die 6–12 cm langen, blaugrünen, kahlen Blätter sind doppelt fiederteilig. Die grünlichgelben Blüten mit den löffelförmig eingekrümmten, am Rand gefransten Petalen sind 2 cm breit, sie erscheinen im Juni–August.
R. graveolens kommt im Mittelmeerraum auf trockenen, warmen Felshängen vor, sie braucht in Kultur ebenfalls sonnige, warme Lagen und durchlässige Böden. Sie ist in Mitteleuropa ausreichend hart, braucht aber Winterschutz mit einer Mulchdecke im Wurzelbereich.
Seit der Römerzeit wird die Weinraute als Gewürzpflanze kultiviert. Die Blätter galten als nervenstärkend und appetitanregend. Die entfernte Geruchsähnlichkeit der ätherischen Öle mit Wein brachte ihr den Namen Weinraute ein.
Ms/Nsm-3, Zone 7a.

Salix L., Salicaceae
Weide

Rund 500 Weidenarten sind fast ausschließlich in den nördlichen kühlen und gemäßigten Zonen verbreitet. Es sind fast ausnahmslos sommergrüne Bäume oder Sträucher, gelegentlich auch kriechende Zwergsträucher, die unter extremen Bedingungen in hochalpinen und polaren Gebieten ge-

deihen können. Weiden sind zweihäusige Pflanzen, deren weibliche und männliche Blüten in aufrechten Kätzchen erscheinen. Ihre Blüten sind die am einfachsten gebauten unter den insektenblütigen Pflanzen. Ihre Früchte sind 2klappig aufspringende Kapseln mit kleinen Samen, die einen Haarschopf tragen.
Überall wo Weiden an natürlichen Standorten auftreten, sind sie nützliche Pflanzen: als Pioniere in der Arktis oder im Hochgebirge – sie erschließen und befestigen Rohböden, sind Futterpflanzen für Bienen und anderen Insekten, liefern Material für Faschinen und Körbe und ein leichtes Holz, das heute vorwiegend der Papiererzeugung dient. So ist also die Weide in erster Linie eine Pflanze für technische Zwecke und kein Blütenstrauch im engeren Sinne.
Trotzdem gilt die einheimische Salweide mit ihren Blütenkätzchen nahezu als Frühlingssymbol. Nicht wenige Spaziergänger bringen von ihrem Sonntagsausflug im Vorfrühling einen Busch Weidenzweige mit und lassen die Kätzchen in der Vase aufblühen. Bei allen Weiden sind die männlichen Blüten mit ihren gelben Staubgefäßen viel hübscher als die weiblichen, die nur grün sind.
Neben einigen Weidenarten, die als Blütensträucher eine begrenzte Bedeutung haben, ist vor allem die Trauerweide ein geschätzter Parkbaum. Einige Zwergweiden sind durchaus dekorative Kleinsträucher für den Steingarten, vor allem ideale Zwergsträucher für Dachgärten und Tröge. Formen wie die Korkenzieherweide können den Liebhaber skurriler Baumgestalten erfreuen.
Die baumförmigen Weiden werden für den Hausgarten in der Regel zu groß, außerdem durchziehen sie den Boden weit mit flachstreichenden Wurzeln. Gern dringen sie in Dränagen und Kanalisationsrohre ein.
Die europäischen Baum- und Strauchweiden sind wichtige Gehölze für die freie Landschaft. Sie werden häufig als Pioniergehölze, zu Anpflanzungen in Feuchtbereichen, für Ufer- und Böschungsbefestigungen, in Hecken und Knicks und für ingenieurbiologische Bauweisen verwendet.
In bezug auf den Standort sind die Weiden denkbar genügsam. Sie kommen selbst auf ärmsten Böden fort, sofern diese nur genügend feucht sind. Als ausgesprochene Lichtholzart vertragen sie keine schattigen Standorte. Werden Weiden zur Gewinnung blühender Zweige gepflanzt, ist jährlicher Rückschnitt unmittelbar nach der Blüte zu empfehlen, nur dann erzielt man genügend lange Ruten. Die kriechenden Zwergweiden und die kugeligen Kleinsträucher bedürfen keines Schnittes. Alle Arten vertragen einen

Salix aurita

radikalen Rückschnitt, wenn er einmal notwendig ist.

S.acutifolia Willd. **'Pendulifolia'** ist eine unserer schönsten Kätzchenweiden. An ihren dünnen, lang überhängenden, bläulich bereiften Zweigen öffnen sich schon im Januar 4–6 cm lange, gelbe Kätzchen. Die Sorte wird 4–6 m hoch und fällt durch ihre eigenartige, hängende Blattstellung auf. Zone 5a.

S.alba L. Die heimische Silberweide ist seit Jahrtausenden Begleiter des Menschen und prägt als Kopfweide nicht selten das Gesicht einer dörflichen Landschaft. Bis 25 m Höhe erreicht die größte aller europäischen Weidenarten. Sie ist mit lanzettlichen, auf der Unterseite seidig behaarten Blättern ausgestattet. Beste, tiefgründige und feuchte Wiesenböden sind ihr bevorzugter Standort. Sie verträgt gelegentliche Überschwemmungen, aber keine sumpfigen Böden. In Überschwemmungsgebieten, an Fluß-, Bach- und Seeufern ist sie ein ideales Pioniergehölz. Im Park ist sie für ähnliche Standorte zu verwenden. Für den Garten kommen weder die Art noch die für

den Forst und den Landschaftsbau wichtigen Klone in Frage.
N-3, Zone 4.
'Chermesina'. Die Zweige sind im Winter leuchtend orangerot gefärbt, gilt als gute Nutzweide.
'Dart's Snake'. Raschwachsender Baum mit breiter Krone. Äste, Zweige und Blätter sind wie bei *S.matsudana* 'Tortuosa' gedreht, die glänzenden Zweige sind aber dunkler gefärbt.
'Liempde' ist eine auf hohe Holzproduktion hin selektierte Form, die aber auch im Landschaftsbau Verwendung findet. Sie verträgt trockene Luft und Streusalz und kann mit ihrem geradschäftigen Stamm und dem straff-aufrechten Wuchs bis 30 m hoch werden.
'Sericea' unterscheidet sich von der Art durch einen etwas schwächeren Wuchs und die auf beiden Seiten mehr oder weniger dicht silbergrau behaarten, glänzenden Blätter.
'Tristis'. Auf die Trauerweide sollte man in Hausgärten tunlichst verzichten. Sie wird dort in der Regel viel zu groß und unterdrückt alles unter sich. In Parkanlagen, an Ufern von Gewässern findet der oft male-

risch gewachsene Baum mit seinen senkrecht herabhängenden, hellgelben Zweigen seinen besten Platz.
'Tristis Resistenta' unterscheidet sich durch die Resistenz gegen Weidenrost und durch die intensiver gelb gefärbten Zweige.
'Vitellina', Dotterweide. Fällt durch lebhaft gelbe Zweige auf, wurde oft als Kopfweide verwendet.

S.aurita L. Die Ohrweide ist ein von Europa bis Westasien verbreiteter, 2–3 m hoher, dichtwachsender Strauch, der für die Ufer- und Böschungsbefestigung auf kalkfreien Böden wertvoll ist.
B/Nk-3, Zone 5b.

S.babylonica L. ist vom Transkaukasus bis China und Japan verbreitet. Sie bleibt mit 10–15 m Höhe viel kleiner als die allgemein verbreitete Trauerweide, läßt sich deshalb auch in kleineren Anlagen an Teich- und Bachrändern verwenden. Ein eleganter Baum mit in großen Bögen überhängenden, glänzendbraunen Zweigen.
Ns/Na-3/4, Zone 5b.

S.bockii Seemen. In Westchina ist diese nicht ganz winterharte Strauchweide heimisch. Sie fällt durch myrtenartig feine Blätter an graufilzigen Trieben und die sich erst im Herbst öffnenden Blüten auf.
N-4, Zone 7a.

S. × boydii Linton. (*S. lanata × S. reticulata*). Eine hübsche, straff-aufrecht wachsende, bonsaiähnliche Zwergweide mit fast kreisrunden, auf der Unterseite weißwolligen, runzeligen Blättern. Eignet sich sehr gut für die Bepflanzung von Trögen.
Zone 5a.

S.caprea L. Die Salweide ist ebenfalls in Europa heimisch und ein ausgezeichnetes Pioniergehölz für die Begrünung von Halden und Böschungen, das auf trockenen und feuchten Böden gleich gut eingesetzt werden kann.
B/N-3, Zone 3.
'Mas' ist die in den Baumschulen durch Veredlung vermehrte männliche Form der Salweide, eine dekorative Weide für den Park und die freie Landschaft.
'Pendula' ist eine Mutation der männlichen Salweide, deren Zweige in engen Bögen herabwachsen. Sie wird in der Regel auf Hochstämmchen veredelt und ist ein beliebtes Solitärgehölz für den Garten.
'Silberglanz' ist im Wuchs zierlicher als 'Mas', die Blütenknospen sind ziemlich dicht gestellt, die Knospenschuppen fallen frühzeitig ab, die noch nicht aufgeblühten, männlichen Kätzchen glänzen silbrig.

S.cinerea L. Von Mitteleuropa bis Kamtschatka und Nordpersien ist die Aschweide vorwiegend an feuchten Standorten verbreitet. Sie wird bis 5 m hoch, ihre Zweige sind graufilzig behaart. Da sie anspruchslos an Klima und Boden ist, wird sie vorwiegend in der freien Landschaft zur Begrünung von Ödländereien und zum Bepflanzen von Autobahn-Seitenstreifen eingesetzt.
N/B-3, Zone 4.

S.daphnoides Vill. Von Europa bis Mittelasien ist die Reifweide an ihren natürlichen Standorten zu finden. Sie wird dort zu einem 10–20 m hohen Baum mit roten, blau bereiften jungen Zweigen, länglichen, auf der Unterseite blaugrünen Blättern und dicht seidenhaarigen Kätzchen.
N-3, Zone 4.
S.daphnoides var. *pomeranica* (Willd.) Koch wächst wesentlich schwächer, trägt aber weit größere Kätzchen. Beide gehören nicht nur zu den besten Kätzchenweiden, sondern sind auch wertvolle Gehölze für die freie Landschaft.

S.elaeagnos Scop. In den Gebirgen von Kleinasien, Süd- und Mitteleuropa wächst die Rosmarinweide vor allem im unmittelbaren Bereich der Flüsse und Bäche. Sie wächst langsam, bleibt in der Regel strauchig und wird im Garten kaum mehr als 2–3 m hoch. Mit ihren 6–15 cm langen, schmal-lanzettlichen, am Rande eingerollten und unterseits weißfilzigen Blättern ist sie sicher eine der elegantesten aller Strauchweiden.
N-3, Zone 5b.
'Angustifolia' bleibt mit 1–2 m Höhe kleiner als die Art, ein hübscher Strauch, der sich in flächigen Pflanzungen bewährt hat.

S. × erythroflexuosa Rag. Die Hybride zwischen *S.matsudana* 'Tortuosa' und *S.alba* 'Tristis' bringt Merkmale beider Elternteile ein. Von der Trauerweide stammen die auffallend gelben, in Bögen abwärts wachsenden Zweige, von der Korkenzieherweide der Drehwuchs von Zweigen und Blättern, eine geglückte Kombination. Mit ihren hellen Zweigen wirkt sie vor allem im Winter viel freundlicher als *S.matsudana* 'Tortuosa'. Sie baut sich etwas breiter auf als diese und ist ein herrliches Solitärgehölz.
Zone 5a.

S.fargesii Burkh. Die chinesische Art fällt im ganzen Weidensortiment deutlich auf; der bis 3 m hohe Strauch besitzt dicke, purpurne Triebe, große rote Winterknospen und schmal-eiförmige, bis 15 cm lange, tief-

grüne und glänzende Blätter mit auffallend vertieften Nerven – eine Weide mit hohem Gartenwert, die dekorativer ist als die ähnliche *S.moupinensis*.
N-4, Zone 6b.

S.fragilis L. Die Bruch- oder Knackweide ist von Mitteleuropa bis Westsibirien weit verbreitet. Eine 5–15 m hohe, schnellwüchsige Weide mit glasartig spröden Zweigen und länglich-lanzettlichen Blättern, die häufig als Kopfweide verwendet wird.
N-3, Zone 4.

S. × grahamii Borrer (*S. herbacea* × *S. phylicifolia*) ist seit einigen Jahren in vielen Baumschulen zu haben. Sie trägt gänzend dunkelgrüne Blätter und breitet sich mit kriechenden Zweigen dicht über den Boden aus. Man kann sie also an sonnigen Plätzen und für kleine Flächen als Bodendecker, aber auch als Einzelpflanze im Stein- und Troggarten empfehlen.
Zone 5a.

S.hastata L. **'Wehrhahnii'** wird heute in fast allen Baumschulen geführt. Der niedrige, im Alter knapp mannshohe, dichtbuschige Strauch trägt sehr hübsche, eirundliche, beiderseits dicht behaarte Blätter und

besonders dichtstehende, hellgelbe, männliche Blüten. Zur Blütezeit ist 'Wehrhanii' die auffallendste Erscheinung unter sämtlichen Zwergweiden.
Zone 5a.

S.helvetica Vill. bleibt mit 50 cm Höhe noch niedriger als die vorige Art. Sie ist in den Schweizer und Tiroler Alpen heimisch und mit ihren hellen, weißfilzigen Blättern für den Steingarten zu empfehlen. Im Trog hält sie besser aus als die ebenfalls graulaubige *S.lanata*.
PGh-3, Zone 4.

S.herbacea L. Die Zwergweide ist etwas für den Liebhaber alpiner Arten. Auch im Steingarten des Flachlandes wird diese Art nur wenige Zentimeter hoch. Sie überzieht den Boden dicht mit einem Polster sehr kleiner, fast kreisrunder Blätter.
PN/PG-1/2/3/4, Zone 3.

S.integra Thunb. In Japan und Korea heimischer hoher Strauch oder kleiner Baum mit fast sitzenden, meist gegenständigen, schmal-länglichen, ziemlich dünnen, unterseits weißlichen Blättern. Wird wohl nur in der folgenden Form kultiviert.
N-4, Zone 5b.

Salix lanata

'Hakuro Nishiki'. Aus Japan kam diese auffallende Weide vor einigen Jahren zu uns. Der eher schwachwüchsige, mäßig hohe Strauch fällt durch seine meist gegenständigen, dünnen, schmal-länglichen Blätter auf. Sie sind in der Grundfarbe graugrün, aber dicht mit weißen, gelegentlich auch rosa gefärbten Tupfen und Flecken bedeckt. Eine sehr lebhafte Weide für den Liebhaber buntlaubiger Formen. Sie wird nicht selten hochstämmig veredelt und sollte regelmäßig zurückgeschnitten werden, weil die Blätter von Langtrieben besonders gut gefärbt sind.

S.lanata L. gilt als eine der schönsten Zwergweiden überhaupt. Von Nordeuropa bis Nordasien kommt der niedrige, sparrige Strauch mit seinen dicken Ästen vor. Zweige und Winterknospen sind dick wollig

Salix matsudana 'Tortuosa'

behaart, ebenso die rundlichen Blätter, die später oben verkahlen. Die männlichen Kätzchen werden mit ihren goldgelben Antheren bis 5 cm lang.
PN-3, Zone 4.

S.magnifica Hemsl. ist mit ihren bis 20 cm langen, magnolienähnlichen, oberseits bläulichgrünen, unterseits graugrünen Blättern und den auffallend großen Blüten eine bemerkenswerte Art, die bei uns kaum höher als 2 m wird und einen geschützten Standort verlangt.
Nhg-4, Zone 7a.

S.matsudana Koidz. **'Tortuosa'** gehört mit ihren korkenzieherartig gedrehten Ästen, Zweigen und Blättern zu den »ganz verrückten« Gehölzen. Sie kann durchaus auch 10 m Höhe erreichen, zeigt aber nur

als junge, wüchsige Pflanze ihre dekorative Verzweigung in bestmöglichem Zustand. Zone 5b.

S.melanostachys Mak. wird in Baumschulen gelegentlich angeboten. An dieser japanischen Art fallen besonders die schwarzen Kätzchen auf.
N-4, Zone 6b.

S.myrsinites L. gehört zu den hochalpinen Weidenarten. Diese niedrige, kaum über 40 m hohe Art besticht nicht zuletzt durch die purpurnen Antheren und die rötlichen Filamente ihrer kleinen Blüten.
PN-3/4, Zone 5a.
S.myrsinites var. *jacquiniana* (Willd.) Koch ist wohl eine der zierlichsten aller Zwergweiden. Sie ist mit sehr feinen Blättern und hübschen, relativ großen, aufrechtstehenden Blüten ausgestattet, eine ideale Weide für Stein- und Troggärten.

S.pentandra L., Lorbeerweide. Kommt von Europa bis Ostasien vor und entwickelt sich zu einem 2–5 m hohen Strauch mit ledrigen, oberseits stark glänzenden, dunkelgrünen Blättern. Sie gilt als eine der attraktivsten unter den europäischen Weiden.
B/N-3, Zone 4.

S.purpurea L. Die Purpurweide kommt von Europa bis Nordafrika vor und ist als wertvolle Nutzweide schon lange in Kultur. Sie ist trockenresistent und in der freien Landschaft sehr vielseitig zu verwenden.
B/N-3/4, Zone 5a.
'Gracilis' bildet niedrige, kugelige, bis 1,50 m hohe Büsche mit auffallend dünnen, purpurroten Trieben und silbrigen Blättern, die im Herbst lange an den Zweigen haften. Eine Weide für Einfassungshecken und für die flächige Bepflanzung von Böschungen und Straßenrändern, verträgt auch trockene Standorte.
'Pendula' ist eine Zwergform mit ganz dünnen, zierlich überhängenden, roten Zweigen; sie bleibt viel kleiner als 'Gracilis'.

S.pyrifolia Anderss. Die im östlichen Nordamerika heimische Weide ist die einzige stark balsamisch duftende Art. Darauf deutet auch der ungültige Name *S.balsamifera* hin, unter dem diese Weide besser bekannt ist. Eine von der Baumschule L. Nowotny ausgelesene Form, »*S.balsamifera mas*« (Klon SHS 55), hat sich nach v. Finteln (1978) als sehr brauchbarer »Bodendekker« für flächige Pflanzungen im Straßenbegleitgrün erwiesen. Der Klon wird als sehr vitales und robustes Pioniergehölz mit großer Wurzelausdehnung beschrieben. Er wird maximal 180 cm hoch, bleibt auf mageren Böden aber viel niedriger und breitet sich mit niederliegend-aufstrebenden Trieben, die sich rasch bewurzeln, schnell aus. B-1/2, Zone 4.

S. repens L. Die Kriechweide ist eine sehr veränderliche, hochalpine und arktische Zwergweide für Stein- und Troggärten. Die bis 1 m hohe Weide hat sich mit ihren niederliegend-ansteigenden Zweigen als guter Bodendecker für große Flächen erwiesen, der den Boden in kurzer Zeit sehr gut abdeckt. B/N-3, Zone 5a. Die vielgestaltige Art wird in mehrere Unterarten aufgegliedert, sie werden von einigen Autoren auch als selbständige Arten eingestuft.
S. repens ssp. *argentea* (Sm.) E.G. et A. Camus (= *S. arenaria*) ist in den Dünengebieten von Westfrankreich bis Südskandinavien und in den Küstenbereichen der Ostsee verbreitet. Sie verträgt vorübergehende Überwehungen und ragt gelegentlich nur mit ihren Zweigspitzen aus dem lockeren Sand. Die trockenresistente Weide breitet sich mit kriechenden Stämmen und ansteigenden Zweigen aus. An dicken Trieben trägt sie verkehrt-eiförmige, beiderseits dicht und lang seidig behaarte, derbe Blätter, die zuletzt oberseits stumpf graugrün sind.
Zu dieser Unterart gehören auch die von einigen Baumschulen angebotenen Selektionen 'Bergen' und 'Voorthuizen'.
S. repens ssp. *rosmarinifolia* (L.) Čelak. (= *S. rosmarinifolia*) kommt vorwiegend im Binnenland und entlang der Ostseeküste vor. Sie wächst ebenfalls meist niedergestreckt, hat dünne Zweige und dünne, lineal-lanzettliche Blätter, die oben dunkelgrün und unten bleibend grauseidig behaart sind.

S. reticulata L. Netzweide wird der mattenförmig auf dem Boden liegende Zwergstrauch wegen seiner runzeligen und stark netznervigen Blätter genannt. Sie ist sicher eine der ausdrucksvollsten Weidenzwerge. PN/PG-1/2/3/4, Zone 4.

S. retusa L., Stumpfblättrige Weide. Die hochalpine Art ist ein bis 30 cm hoher, rasenbildender Spalierstrauch mit relativ kleinen, verkehrt-eiförmigen bis spatelförmigen Blättern, die sich im Herbst gelb färben. Eine wüchsige Zwergweide für Stein- und Troggärten. PG-3, Zone 4.

S. sachalinensis Fr. Schmidt **'Sekka'** entwickelt sich zu einem 3–5 m hohen und oft noch breiteren Strauch, der immer Zweig-verbänderungen hervorbringt. Die flächigen und darüber hinaus gewundenen Zweige werden nicht selten bis 5 cm breit. Sie tragen recht große, silbrige Kätzchen. Ein eigenwilliges Gehölz für den Sammler »verrückter« Formen. Zone 5b.

S. serpillifolia Scop., Quendelblättrige Weide. Mit ihren 4–10 mm langen, breitspatelförmigen, an den Sproßenden rosettenartig gehäuften Blättern und den dem Boden ganz flach angedrückten Zweigen ist diese hochalpine Art eine der zierlichsten aller Zwergweiden. Eine interessante Art für Stein- und Troggärten. Pg-3, Zone 4.

S. × simulatrix F.B. White. (*S. formosa × S. herbacea*). Die dicktriebige, kriechende Zwergweide kommt in den Schweizer Bergen gelegentlich wild vor. Aus großen Winterknospen entfalten sich kleine, fast kreisrunde, beiderseits glänzend dunkelgrüne Blätter. Die zahlreichen Kätzchen stehen aufrecht auf den schon beblätterten Trieben. Zone 5a.

S. × smithiana Willd. (*S. cinerea × S. viminalis*) ist mit ihren 3–4 cm langen, vor den Blättern erscheinenden Kätzchen eine wertvolle Schmuckweide. Der Strauch wird bis 6 m hoch, seine Zweige sind ziemlich dick und steif, die lanzettlichen Blätter auf der Unterseite grau und weich behaart. Zone 5a.

S. subopposita Miq. In Japan und Korea heimische Zwergweide. Sie wird nur etwa 30 cm hoch und bildet kleine Horste aus vielen dünnen, aufrechten, in der Jugend grau behaarten Trieben. Die Blätter sind 2,5–4 cm lang, breit-lanzettlich, oberseits kahl und blaugrün, unterseits locker graugelb behaart. Eine eigenartige Weide für den Steingarten. N-4, Zone 6a.

S. triandra L. Die Mandelweide ist ein 2–4 m hoher, aufrechter, schnellwüchsiger Strauch, der von Europa bis Sibirien, China und Japan verbreitet ist. Die ziemlich derben, lanzettlichen Blätter sind auffallend lebhaftgrün, im Herbst goldgelb gefärbt. Eine häufig gepflanzte Nutzweide. N-3, Zone 4.

S. viminalis L. Die heimische Hanfweide dient mit ihren vielen Rassen schon lange den Menschen als vorzügliche Bindeweide. Sie wird häufig als Kopfweide gezogen. B/N-3/4, Zone 4.

S. waldsteiniana Willd. verdient als kriechende Zwergweide eine besondere Erwähnung. Ihre Triebe liegen dem Boden flach auf oder hängen im Alpinum über dicken Steinen bogig herab. Wie Kerzen stehen auf ihrer Oberseite auffallend große, breit-kegelförmige, männliche Blüten mit goldgelben Staubgefäßen. Die Art könnte als Bodendecker Bedeutung erlangen. PN-3, Zone 5a.

Sambucus L., Caprifoliaceae Holunder

Zur Gattung gehören etwa 40 Arten sommergrüner Sträucher, seltener auch Bäume und Stauden, die in den gemäßigten und subtropischen Zonen beider Erdhälften verbreitet sind. Typisch für die Gattung sind die mit Mark gefüllten, dicken Zweige und die gegenständigen, unpaarig gefiederten Blätter. Die meist 5zähligen Blüten entfalten sich in breiten Doldentrauben oder Rispen, die Frucht ist eine beerenartige Steinfrucht.
Obwohl der Schwarze Holunder ein alter Kulturfolger des Menschen ist, seine Blüten und Früchte in der Volksmedizin recht große Bedeutung haben und obwohl er mit seinen großen Blüten im Frühsommer ganze Landschaften prägen kann, ist er im Garten bestenfalls als Fruchtstrauch anzutreffen. Das liegt wohl an seinem etwas unangenehmen Geruch und auch an seiner Blattlausanfälligkeit.
In der Landschaftsgestaltung ist er wegen seiner außerordentlichen Schattenverträglichkeit und Regenerationsfähigkeit, seiner guten Säure- und Rußfestigkeit von großer Bedeutung.

S. caerulea Raf. Die im Westen Nordamerikas heimische Art fällt durch ihre großen Fruchtstände auf, ihre beerenartigen Steinfrüchte sind im Grundton blauschwarz, aber heller blau bereift. Ein 3–4 m hoher Strauch mit lebhaft bläulichgrünen, grob gesägten Blättern. B/N-1, Zone 6a.

S. canadensis L. ist ein bis 4 m hoher, ausläufertreibender Strauch, der im Juli–August seine riesigen, rahmweißen Blütenstände entfaltet. Die hellroten Früchte sind wohlschmeckend. N-2, Zone 5b.
'Aurea' schmückt sich während des ganzen Sommers mit intensiv goldgelber Blattfärbung.
'Maxima'. Eine starkwüchsige Selektion mit riesigen, 30–40 cm breiten Blütenständen.

S. nigra L. Der in Europa, im Kaukasus, in Kleinasien, Asien und Westsibirien heimische Schwarze Holunder ist allgemein bekannt. Er wurde zu allen Zeiten eher seiner Früchte wegen gepflanzt, denen eine heilkräftige Wirkung zugeschrieben wird. Sie enthalten unter anderem reichlich Äpfel-, Wein-, Baldrian- und Essigsäure, Zucker und Eiweiß. Die zu Mus verarbeiteten Früchte sind ein beliebtes Hausmittel, das abführend wirkt. Der Saft wirkt günstig bei fieberhaften Erkältungskrankheiten. Die getrockneten Blüten werden zu Tee verarbeitet, die Blüten in manchen Gegenden in Mehlbrei getaucht und in Butter gebacken. Von *S. nigra* ist eine Reihe von Gartenformen, besonders solche mit gelb- oder weißgerandeten, gefleckten oder marmorierten Blättern oder Formen mit abweichender Blattgestalt bekannt, außerdem einige großfrüchtige Fruchtsorten, die hier nicht behandelt werden.
N-3, Zone 5a.
'Aurea'. Die Blätter sind goldgelb, die Blattstiele mehr oder weniger rot.
'Laciniata' ist eine Form, deren Fiederblättchen regelmäßig tief eingeschnitten sind.

S. racemosa L. Der Traubenholunder kommt von Europa und Kleinasien bis Nordchina an schattigen Waldrändern vor. Im April–Mai entwickeln sich mit dem Laub gelbgrüne Blüten in aufrechtstehenden, dichtverzweigten Rispen. Vom Sommer bis weit in den Herbst fallen seine korallenroten Beeren im Unterholz deutlich auf. In großen Parkanlagen dürfte man ihn ruhig häufiger als Unterholz verwenden.
B/Nk-3/4, Zone 4.
'Plumosa Aurea' ist eine schwachwachsende Form mit beständig goldgelben Blättern, deren Blättchen fast bis zur Spreitenmitte eingeschnitten sind. Färbt sich nur in voller Sonne schön.
'Sutherland' unterscheidet sich von 'Plumosa Aurea' durch die weniger tief eingeschnittenen und besser sonnenverträglichen Blätter.

Santolina L., Compositae
Heiligenblume

Zur Gattung gehören 10 Arten aromatischer, im Mittelmeer heimischer Sträucher oder Halbsträucher. Alle haben immergrüne, wechselständige und fiederschnittige oder kammförmig geteilte Blätter und zwittrige Röhrenblüten in gestielten Köpfchen. Sie sind im mitteleuropäischen Winter nur unter einer schützenden Laubdecke ausreichend hart. Daß die oberirdischen

Teile häufig zurückfrieren, schadet nichts, als sommerblühende Halbsträucher werden sie ohnedies jährlich zurückgeschnitten.

S. chamaecyparissus L. ist ein dicht graufilziger, kniehoher Halbstrauch, der über kammartig gefiederten Blättern im Juli–August seine langgestielten, gelben, bis 2 cm breiten Blütenköpfchen entfaltet. Ein aparter Kleinstrauch für sehr warme, sonnige Plätze im Steingarten, auf Steinbeeten, an südlich gelegenen Mauern und Hauswänden, in Fugen von Trockenmauern, der unbedingt einen durchlässigen Boden verlangt.
Ms-3, Zone 7b.

Sarcococca Lindl., Buxaceae
Fleischbeere

16–20 Arten immergrüner, bei uns ganz niedriger Sträucher sind in Indien, China und Malaysia verbreitet. Sie sind mit dem Buchsbaum verwandt, tragen wie dieser lederartige, wechselständige Blätter und sehr kleine unscheinbare Blüten. Die Frucht dagegen ist nicht lederartig trocken, sondern eine fleischige Beere.

S. humilis (Rehd. et Wils.) Stapf ex Sealy ist ein durchaus beachtenswerter kleiner, 30–50 cm hoher, immergrüner Strauch. In den Achseln seiner ledrigen, lanzettlichen Blätter trägt er von Januar bis März weiße, stark duftende, kleine Blüten, die gern von

Bienen beflogen werden. Die Art liebt warme, windgeschützte, halbschattige Standorte, verträgt auch tiefen Schatten und braucht humosen Gartenboden.
Nhg-4, Zone 7a.

Sasa Mak. et Shib., Gramineae
Bambus

Von den rund 200 *Sasa*-Arten, die in Ostasien verbreitet sind, werden nur wenige bei uns kultiviert. Es sind immergrüne, niedrige bis mittelhohe, stark ausläufertreibende Sträucher mit drehrunden Halmen, verdickten Knoten und einem (seltener 2) Seitentrieb je Knoten. *Sasa*-Arten sollten nur in ozeanischen Klimabereichen an sonnige Plätze gepflanzt werden, in anderen Klimabereichen wachsen sie besser im Halbschatten. Bedingt durch ihren starken Wuchs brauchen sie reichlich Wasser und Nährstoffe.

S. kurilensis (Rupr.) Makino et Shibata ist in Korea, Japan, auf Sachalin und den Kurilen heimisch, ein etwa 2,5 m hoher, Ausläufer treibender Bambus, der sich für flächige Pflanzungen anbietet. Er verträgt sonnige und schattige Standorte. Die bis 20 cm langen Blätter sind glänzendgrün.
Nh-4, Zone 6b.

S. palmata (Burbidge) E.G. Camus. Die aus Japan stammende Art bildet kurze Ausläufer und wird etwa 2 m hoch. Ihre grünen

Sasa palmata

Sassafras albidum

Halme sind weiß bemehlt, die ledrigen Blätter sind 30 cm lang und 10 cm breit. *S.palmata* wächst an sonnigen bis vollschattigen Standorten und eignet sich für den Einzelstand ebensogut wie für Hecken.
Nh-4, Zone 7a.

S.tesselata (Munro) Mak. et Shib. gilt mit den bis 60 cm langen und bis 10 cm breiten, lang-zugespitzten Blättern als die großblättrigste Bambusart. Die Halme sind vergleichsweise schwach, sie hängen deshalb bald über, so daß die Pflanzen breiter als hoch sind. Der in Japan heimische Bambus ist starkwüchsig und bildet dichte Gebüsche.
Nh-4, Zone 7a.

S.veitchii (Carr.) Rehd. ist fast überall in Japan als Waldbodenpflanze anzutreffen. Wird etwa 1,5 m hoch und breitet sich durch Ausläufer aus. Die bis 25 cm langen, ledrigen, dunkelgrünen Blätter haben einen gelblichen Rand, der im Herbst weißtrokken wird. Verträgt vollschattige Standorte und eignet sich gut für Unterpflanzungen.
Nh-4, Zone 8a

Sassafras Nees
Lauraceae

Die Gattung besteht aus nur 2 Arten, von denen je eine in Nordamerika und in Ostasien verbreitet ist. Es sind sommergrüne, zwittrige oder eingeschlechtige, 1- oder 2häusige Bäume mit wechselständigen, ganzrandigen oder an der Spitze mit 1–3 Lappen versehenen Blättern, unscheinbaren Blüten und eiförmigen Steinfrüchten.

S.albidum (Nutt.) Nees ist im atlantischen Nordamerika ein ständiger Begleiter der Eichen-Hickory-Wälder. Er stockt dort auf besten Aueböden, besiedelt aber auch trockenere Standorte. Als ausgesprochener Lichtbaum erreicht er Höhen bis 30 m, bleibt bei uns aber sicher niedriger. Interessant und auffallend sind die wechselständigen, eiförmig-elliptischen Blätter durch die vielgestaltige Ausbildung ihrer Blattspreite. Am gleichen Zweig findet man neben ungeteilten Blättern auch solche mit einem oder zwei daumenartigen Seitenlappen. Die Jungtriebe des Baumes reifen bei uns nur in sonnigen Lagen aus, frühe und kalte Winter verträgt er nicht. In geschützten Lagen und auf kalkfreien Böden kann er mit seiner scharlachroten Herbstfärbung ein hervorragender, stets krankheitsfreier Parkbaum sein. Im Heidelberger Stadtwald fühlt sich *S.albidum* so wohl, daß sich mehrere Exemplare durch Wurzelbrut natürlich verjüngen.
Nw-2, Zone 6b.

Schinus L., Anacardiaceae
Pfefferbaum

Von Mexiko bis Argentinien sind die etwa 30 Arten dieser Gattung verbreitet. Die immergrünen Bäume oder Sträucher haben oft verdornte Zweigspitzen. Ihre Blätter sind wechselständig und unpaarig gefiedert oder einfach. Die Blüten sind nur klein und weiß oder gelb, sie stehen in achsel- oder endständigen Rispen zusammen. Die Früchte entwickeln sich zu erbsengroßen, etwas fleischigen Steinbeeren mit ledrigrunzeligem Kern. Im südlichen Europa ist nur die folgende Art von gärtnerischer Bedeutung.

S.molle L. ist ein immergrüner, graziler, rundkroniger, bis 15 m hoher Baum mit dünnen, überhängenden Zweigen. Die 15–20 cm langen Blätter sind mit bis zu 41 Blättchen unpaarig gefiedert. Die Blätter enthalten ätherische Öle. Aus gelblichweißen, unscheinbaren Blüten im April entwickeln sich korallenrote, pfefferkorngroße Steinbeeren in dichten Büscheln.
S.molle ist von Peru über die Anden bis nach Chile, Südbrasilien und Uruguay verbreitet. Der Baum ist eine Charakterpflanze trockener Landstriche, er ist in Mexiko und allen mediterranen Klimazonen ein weit verbreiteter, anspruchsloser Zier- und Schattenbaum, nicht selten wird er auch in Windschutzstreifen gepflanzt.
Die Früchte des Baumes, als Peruanischer Pfeffer bezeichnet und gelegentlich zur Verfälschung des echten Pfeffers verwendet,

enthalten sehr viel ätherische Öle. Man gewinnt aus ihnen Schinusöl für die Parfümindustrie.
Ah-5, Zone 9.

Schisandra Michx.
Schisandraceae

Alle Arten der Gattung sind immer- oder sommergrüne, windende Lianen mit wechselständigen, einfachen Blättern und zweihäusig verteilten Blüten, die einzeln oder zu wenigen in achselständigen Büscheln an der Basis der jungen Triebe stehen. Aus den zahlreichen freien Fruchtblättern entwickelt sich eine ährenförmig verlängerte Sammelfrucht mit 2- bis mehrsamigen Beerenfrüchten. Von den insgesamt 25 Arten – 24 in Ost- und Südasien, eine im östlichen Nordamerika – sind in Mitteleuropa nur 2 Arten ausreichend frosthart. Beide lieben einen kräftigen, gepflegten Gartenboden und geschützte, leicht beschattete Lagen.

S.chinensis (Turcz.) Baill. windet mit braunen, etwas kantigen Trieben 5–7 m hoch. Die Blätter sind breit-elliptisch-eiförmig, 5–10 cm lang und oben glänzend dunkelgrün. Im Mai–Juni öffnen sich die 1,5 cm breiten, weißen, oft gelblich oder rötlich getönten, duftenden Blüten. An weiblichen Pflanzen entwickeln sich im Herbst schöne, bis 10 cm lange, scharlachrote Fruchtähren. *S.chinensis* ist in Japan und Korea heimisch.
Nhg-4, Zone 6b.

S.rubrifolia (Franch.) Rehd. et Wils. wächst mit dünnen, rötlichen Trieben 4–5 m hoch. In den Achseln der 6–12 cm langen Blätter entwickeln sich im April–Mai einzelnstehende, 2,5 cm breite, an einem roten Stiel hängende, dunkelkarminrote Blüten. Daraus entwickeln sich kugelige, rote, erbsengroße Beeren. *S.rubrifolia* ist von Südwestchina bis Ostassam verbreitet. Sie gilt als schönste Art der Gattung und ist offenbar auch in Mitteleuropa ausreichend frosthart, mindestens an klimatisch günstigen Plätzen.
Nh-4, Zone 7b.

Schizophragma Sieb. et Zucc.
Saxifragaceae
Spalthortensie

Zu dieser Gattung gehören 8 Arten sommergrüner Klettersträucher, die in Japan, China und Korea heimisch sind. Mit Haftwurzeln ausgerüstet, klettern sie an Mauern, Pergolen und Gerüsten empor.

Schizophragma hydrangeoides

Langgestielt und gegenständig sind die Blätter, nur klein und weiß die Einzelblüten, die aber in großen, flachen Doldentrauben zusammenstehen. Die Frucht ist eine kreiselförmige Kapsel.

S. hydrangeoides Sieb. et Zucc. klettert mit ihren gelbbraunen Trieben bis 10 m hoch. Sie trägt langgestielte, rundlich-eiförmige, unterseits weißlichgrüne Blätter. Ihr Blütenstand ist dem der Kletterhortensien nicht unähnlich, er wird 15–20 cm breit, entfaltet sich im Juli, und seine sterilen Randblüten sind nur mit einem weißen, etwa 3 cm langen, zu einem Schauapparat umgewandelten Kelchblatt versehen. Die Spalthortensie verträgt vollsonnige Standorte an Gebäuden bei genügend feuchtem Boden. Die Kulturansprüche sind sonst wie die der Hortensien.
Nhg-4, Zone 6a.

Semiarundinaria Nakai
Gramineae
Bambus

Mit etwa 20, sehr dichtwachsenden und großblättrigen Arten ist die Gattung in Ostasien verbreitet. Die Halme bilden, ähnlich wie bei *Phyllostachys*, einen Sulcus aus, allerdings nur an Internodien, die Zweige ausgebildet haben und meist nur etwa im unteren Drittel des Halmes. Die Zweige spreizen sich während des Längenwachstums so schnell ab, daß die Kerbe nur in einem Teil der Internodien ausgebildet wird. An jedem Nodium bildet die Gattung einen starken mittleren und zwei kleinere Seitenzweige aus. Später entwickeln sich aber immer mehr Zweige.

S. fastuosa (Marliac ex Mitf.) Mak. ex Nakai ist die bei uns am weitesten verbreitete Art der Gattung. Sie wird wegen ihres straff-aufrechten Wuchses auch Säulenbambus genannt. Sie kann mit ihren dicken, ungewöhnlich aufrechten Halmen Höhen von 7 m erreichen. Sie treibt nur kurze Ausläufer und eignet sich zur Anlage hoher Hecken. Heimisch in Japan.
Nh-4, Zone 7a.

Senecio L., Compositae
Kreuzkraut

Von den 2000–3000 Arten der Gattung, die in fast allen Teilen der Erde vorkommen, sind nur wenige verholzende Pflanzen. Sie haben grund- oder wechselständige Blätter, die ganzrandig, gesägt oder fiederteilig sein können. Die bei Korbblütlern üblichen Blütenköpfe stehen in achsel- oder endständigen Doldentrauben oder Rispen zusammen. Die Köpfchen können eine Reihe weiblicher Rand- und Zungenblüten und gleichzeitig fruchtbare röhrige Scheibenblüten oder nur Scheibenblüten besitzen. Die kleinen Schließfrüchte sind 5- oder 10rippig, kahl oder ein wenig zottig.

Die im südlichen Europa und an den atlantischen Küsten kultivierten, verholzenden Arten stammen aus Neuseeland. Sie fallen vor allem durch ihre weiche, weiße Behaarung auf und sind wertvoll, weil sie in Küstennähe auch starke Seewinde aushalten, ohne Blattschäden zu erleiden. Alle brauchen vollsonnige Standorte und gut dränierte Böden.

S. greyi Hook. f. Der immergrüne, aufrechte, im Alter breitbuschige Strauch kann Höhen von 2 m erreichen. Die jungen Triebe, Blattstiele und Blattunterseiten sind dicht mit weißem, etwas bräunlichem Filz bedeckt. Die Blätter sind länglich-elliptisch, 3–9 cm lang und oberseits kahl und tiefgrün. Im Juli–August erscheinen etwa 2,5 cm breite Blütenköpfchen mit 12–15 goldgelben Strahlenblüten in 10–15 cm langen Rispen.
Ah-8, Zone 8b.

S. monroi Hook. f. Der immergrüne, breitwüchsige Strauch erreicht Höhen und Breiten von 0,5–1,5 m. Auch bei ihm sind Triebe, Blattstiele und Blattunterseiten weißfilzig. Die Blätter sind 1,5–3 cm lang, stumpfgrün und kahl, am Rand deutlich wellig und oben fein runzelig. Hellgelb sind die 10–15 Strahlenblüten an den 12–18 mm breiten Blütenköpfchen, die zu endständigen Doldentrauben vereinigt sind. Die Blütezeit der sehr hübschen Art liegt im Juni.
Ah-8, Zone 9.

S. reinoldii Endl. wird eher als Windschutzhecke denn als Zierstrauch gepflanzt, denn die gelblichen Blütenköpfchen sind ohne Strahlenblüten und deshalb weniger dekorativ.
Ah-8, Zone 9.

'Shunshine' wird als Klon aus einem Hybridenkomplex mehrerer Arten (*S. greyi*, *S. laxifolius* und *S. compactus*) beschrieben, die als »Dunedin-Hybriden« zusammengefaßt werden. Ein immergrüner, breitwachsender, 1–2 m hoher Strauch mit elliptischen, ganzrandigen bis leicht gewellten, zuletzt oberseits kahlen und grünen, unterseits dicht weißfilzigen Blättern. S. 'Shunshine' hat schöne gelbe, 2–3 cm breite Blütenköpfe, die zu vielen in großen, lockeren Rispen beisammenstehen.

Shepherdia Nutt., Elaeagnaceae
Büffelbeere

Wie beim Sanddorn sind auch die sommergrünen Sträucher dieser Gattung zweihäusige Pflanzen, die nicht der kleinen Blüte wegen, sondern um der silbrigen Blätter und der roten Früchte willen gepflanzt werden. Zweige und Blätter der 3 in Nordamerika verbreiteten Arten sind schilferschuppig. Die Triebspitzen verdornen oft, die gegenständigen Blätter sind länglich-eiförmig. Noch vor den Blättern entfalten sich die kleinen, 4zipfeligen Blüten in traubigen Ständen. Beerenartige Früchte bilden sich im Herbst.

S.argentea (Pursh) Nutt. ist ein dem Sanddorn ähnlicher, baumartiger Strauch mit schmal-länglichen, beiderseits silberschülferigen Blättern. Er ist als Steppenstrauch dürreresistent und paßt mit seiner Laubfarbe in den großräumigen Heidegarten oder den »grauen Garten«. In seiner Heimat werden die korallenroten Früchte zu Gelee verarbeitet. Will man Früchte ernten, müssen beide Geschlechter gepflanzt werden.
Ns/Na-2, Zone 5a.

Skimmia japonica

Shibataea Mak. ex Nakai
Gramineae
Bambus

In China und Japan ist die Gattung mit 5 Arten verbreitet. Sie zeichnen sich durch für Bambus recht untypische, ziemlich kurze und breite Blätter aus. Sie sitzen an kurzen Zweigen rings um den Knoten, so entsteht der Eindruck, als ob der Halm Blattquirle trage.

S.kumasaca (Zoll. ex Steud.) Mak. ex Nakai ist eine japanische Art, die etwa 80 cm hoch wird, wenige Ausläufer bildet, einen warmfeuchten Standort liebt und Kalkboden verträgt. Sie zeichnet sich durch besonders breites, kurzes Laub aus und kann als Bodendecker oder in Verbindung mit Schattenstauden verwendet werden.
Nh-4, Zone 7a.

Sibiraea Maxim., Rosaceae
Blauspiere

Nur 2 Arten sommergrüner, niedriger Sträucher umfaßt die Gattung. Die eine ist mit ihren Varietäten in Südeuropa, Westchina und Sibirien verbreitet, die andere ist auf Südwestchina beschränkt. Beide haben wechselständige, ganzrandige Blätter, weiße Blüten in doldigtraubigen Blütenständen und längliche Balgfrüchte, nur eine wird bei uns kultiviert.

S.laevigata (L.) Maxim. Die Blauspiere ist ein den Spiräen verwandter, dickzweiger, bis 1 m hoher, blaugrün beblätterter Strauch, dessen weiße Blüten sich im Mai entfalten. Bemerkenswert ist der auffallend frühe Austrieb. Die Sträucher stellen die gleichen Ansprüche wie die Spiräen und sind wie diese zu verwenden. Als Sträucher der innerasiatischen Steppengebiete vertragen sie eher trockene Standorte als die meisten *Spiraea*-Arten.
Nsg-3/4, Zone 5a.

Sinofranchetia Hemsl.
Lardizabalaceae

Die monotypische Gattung beschert uns einen sommergrünen, windenden Strauch mit langgestielten, 3zähligen Blättern, unscheinbaren, eingeschlechtigen Blüten und vielsamigen Beerenfrüchten.

S.chinensis (Franch.) Hemsl. ist in Mittel- und Westchina heimisch und windet an Klettergerüsten 5–10 m hoch. Die Art fordert Aufmerksamkeit durch ihre oberseits tiefgrünen, unterseits bläulichen Blätter, die weißen, 10 cm langen, achselständigen, hängenden Blütentrauben und die kugeligen, lilafarbenen Beeren, eine recht seltene Fruchtfarbe unter den Gehölzen. *S. chinensis* hat eine gewisse Ähnlichkeit mit der Gattung *Akebia* und wird auch wie sie verwendet.
Nhm-4, Zone 7b.

Skimmia Thunb., Rutaceae
Skimmie

In Ostasien und dem Himalaja finden 7–8 Arten ihr natürliches Verbreitungsgebiet. Alle sind immergrüne, lorbeerartige Sträucher mit wechselständigen, ledrigen Blättern, kleinen, weißen, 4- bis 5zähligen, zwittrigen, polygamen oder eingeschlechtlichen und zweihäusig verteilten Blüten in dekorativen Rispen und erbsengroßen, fleischigen, roten Früchten. Die Blüten sind schon im Herbst weit vorgebildet. Bis in den Winter haften die Früchte an den Sträuchern, die sich also während des ganzen Jahres in ein ansehnliches Gewand kleiden.
Skimmien benötigen eine geschützte Lage in wintermilden Gebieten, einen durchlässigen, humosen Boden und Schutz vor Wintersonne. Man verwendet sie in flächigen Pflanzungen unter hohen Bäumen und Sträuchern, als kleinen Vorstrauch zusammen mit Rhododendren und als Einzelgehölz im Steingarten.

S. × foremannii Knight (*S. japonica* × *S. reevesiana*) steht in den Merkmalen zwischen den Eltern, wird etwa 50 cm hoch und trägt sehr variable, gelbgrüne Blätter mit rötlichen Blattstielen. Im gleichen Fruchtstand sind die Früchte teils rund, teils verkehrt-eiförmig.
Zone 7 b.
'Rogersii'. Im Wuchs schwächer, hat dunkelgrüne Blätter und karminrote Früchte.

S. japonica Thunb. ist die bekannteste Art. Sie ist in Japan heimisch, wächst kompakt, wird bis 1 m hoch und ist mit ihren an den Triebenden gehäuften, lederartigen, oberseits hell- oder gelblichgrünen Blättern ein industriefester Strauch, der gern im Schatten wächst. Wohlriechende, gelblichweiße, 5–8 cm lange Blütenrispen mit 4zähligen, 5–8 mm breiten Blüten öffnen sich im Mai. An weiblichen Pflanzen (die Art ist zweihäusig) entwickeln sich eine Fülle rundlicher bis abgeflacht-rundlicher, 8 mm dikker, roter Früchte, die oft vom Oktober bis zum Frühjahr die Sträucher zieren.
Nhg-4, Zone 7 a.
Von *S. japonica* sind eine Reihe von Gartenformen in Kultur. Die folgenden wurden bei Sortimentsüberprüfungen in Holland positiv bewertet.
'Bremen'. Auslese aus 'Rubella', die aber wesentlich gedrungener wächst.
'Emerald King'. Männliche Sorte mit breitaufrechtem, mäßig hohem Wuchs. Die Blüten sind in der Knospe bronzegrün, später rahmweiß, sie stehen in breit-kegelförmigen Rispen zusammen.
'Kew White'. Eine Sorte mit dunkelgrünen Blättern und weißen Beeren, die sich kontrastreich vom Laub abheben.
'Nymans'. Wuchs buschig und mäßig hoch. Die besonders großen, hellroten, stark glänzenden Früchte stehen in großen Rispen, sie reifen Mitte Oktober. Die Winterhärte der englischen Sorte wird als mäßig bis gut eingestuft.
'Rubella'. Etwa 1 m hoher, rundlicher Busch mit dunkelgrünen Blättern. Die großen Blütenrispen der männlichen Sorte sind im Herbst und Winter auffallend braunrot gefärbt, im April–Mai öffnen sich die Blüten weißlichrosa. 'Rubella' ist eine der am häufigsten kultivierten Sorten, sie wird gelegentlich auch unter dem Namen *S. × foremanii* angeboten.
'Rubinetta' unterscheidet sich von der ähnlichen 'Rubella', von der mehrere Typen in Kultur sind, durch einen kompakteren Wuchs, kleinere, mattglänzend dunkelgrüne Blätter und reichere Blüte.
'Scarlet Queen'. Hoher bis sehr hoher, lockerer Strauch mit großen, hellroten Früchten in großen Rispen.

'Veitchii'. Wuchs kräftig, hoch und breit, Blätter besonders groß. Früchte hellrot und ebenfalls sehr groß.

S. reevesiana Fort. wird kaum über 50 cm hoch. Die Blätter sind oberseits dunkelgrün. Die Blüten sind zwittrig und 5zählig, sie stehen im April–Juni in 5–8 cm langen, eiförmigen Rispen über dem Laub. Verkehrt-eiförmig, 8 mm lang und dunkelrot sind die Früchte, die ebenfalls sehr lange haften. *S. reevesiana* setzt, im Gegensatz zu anderen Arten, regelmäßig Beeren an.
Nhg-4, Zone 7 a.
'Ruby King'. Ziemlich hohe, reichblühende Sorte mit dünnen Zweigen und stumpf graugrünen Blättern, die an vollsonnigen Standorten am Rand oft ausbleichen. Aus bronzebraunroten Knospen öffnen sich Ende April bis Anfang Mai rahmweiße Blüten in großen, lockeren Rispen.

Solandra Sw., Solanaceae
Trompetenblume, Goldkelch

Von Mexiko bis zum tropischen Südamerika sind die 10 *Solandra*-Arten verbreitet. Es sind Kräuter oder holzige Kletterpflanzen mit wechselständigen, ungeteilten, ganzrandigen, meist derb ledrigen, glänzenden Blättern. Einzeln auf dicken, kurzen Stielen stehen sehr ansehnliche Blüten, sie haben einen langen, röhrenförmigen, an der Spitze 2- bis 5lappigen Kelch und eine trichterförmig-glockige Krone mit einem 5lappigen Saum. Die Frucht ist eine 2fächrige, mehr oder weniger vom Kelch umschlossene Beere.
In Mitteleuropa nicht in Kultur, werden einige Arten im mediterranen Raum als

Solandra guttata

raschwachsende, üppige Kletterpflanzen kultiviert.

S. grandiflora Sw. ist ein immergrüner, bis 5 m oder mehr kletternder Strauch. Seine Blätter sind elliptisch bis verkehrteiförmig und bis 17 cm lang. Die 15–20 cm langen, über dem röhrenförmigen Kelch stark aufgebauchten Blüten sind beim Aufblühen grünlichweiß, später satt bräunlichgelb und im Schlund mit 5–7 rötlichen Linien gezeichnet. Am Tage duften die Blüten schwach, nachts stark, was auf eine Bestäubung durch Fledermäuse hinweist. Die in Jamaica, Puerto Rico und auf den Kleinen Antillen heimische und »Papaturra« genannte Art entwickelt bis zu 1 kg schwere Beerenfrüchte, die einen apfel- bis melonenähnlichen Geschmack haben.
T-2, Zone 9.

S. guttata D. Don ex Lindl. Der Goldkelch ist in Mexiko heimisch, eine immergrüne, stark verzweigte, raschwüchsige, bis 4 m hohe Kletterpflanze mit länglich-elliptischen, 7–15 cm langen, unterseits weich behaarten Blättern. Ockergelb und im Schlund mit 5 rotbraunen Streifen gezeichnet sind die bis 22 cm breiten, trichterförmigen Blütenkronen mit ihren 5 zurückgeschlagenen Saumlappen. Mit den großen, auffallenden Blüten eine beliebte Kletterpflanze in subtropischen und mediterranen Gärten.
Ms-1, Zone 9.

S. maxima (Sessé et Moç.) P. S. Green ist ähnlich wie *S. guttata*, aber ganz kahl. Die Blätter sind elliptisch und bis 15 cm lang. Die Blüten sind 15–20 cm groß, trichterförmig, mit langer Röhre und glockig erweitertem Kelch und einem abstehenden Kronsaum mit 5 breiten Abschnitten. In der Knospe sind die Blüten wachsähnlich und gelb, später goldgelb, im Verblühen hellorange und im Schlund mit braunen Linien gezeichnet. Heimisch im tropischen Südamerika.
T-5, Zone 9.

Solanum L., Solanaceae
Nachtschatten

Die über 1700 Arten der Nachtschattengewächse sind in den Tropen und Subtropen beider Halbkugeln verbreitet. Es sind Kräuter oder Sträucher mit wechselständigen, einfachen oder zusammengesetzten Blättern. In den Tropen kommen auch immergrüne und baumförmige Arten vor. Die Blüten sind meist zu Doldenrispen geordnet, sie haben einen 5- bis 10teiligen, blei-

Solanum crispum 'Glasvenin'

benden Kelch und eine radförmige bis flach-glockenförmige Krone, deren Zipfel in der Knospe gefaltet sind. Die Frucht ist eine vielsamige Beere. Alle Arten enthalten giftige Alkaloide.

Von den verholzenden Arten ist in Mitteleuropa nur der Bittersüße Nachtschatten, *S. dulcamara*, frosthart, am Mittelmeer und in England werden darüber hinaus einige weitere kletternde Arten kultiviert. Alle gedeihen am besten an vollsonnigen Standorten und auf gepflegten, humosen, frischen Böden.

S. crispum Ruiz et Pav. erreicht als Kletterstrauch eine Höhe von 3–4 m. Die in milden Gebieten immergrünen Blätter sind eiförmig bis lanzettlich, 7–12 cm lang, am Rand oft wellig kraus und beiderseits fein behaart. Von Juni bis September produziert der Strauch bis 3 cm breite, lilablaue Blüten mit gelben Staubgefäßen in 7–10 cm breiten Doldentrauben. Wird meist an Mauerspalieren gezogen und gedeiht am besten auf kalkhaltigen Böden. Heimisch in Chile. Ah-5, Zone 9.
'Glasvenin' ist eine Selektion mit einer längeren Blütezeit.

S. dulcamara L. Als Spreizklimmer ist der Bittersüße Nachtschatten in wärmeliebenden Formationen, Röhrichten und Auwäldern, in Europa, Asien und Nordafrika anzutreffen. An kantigen, graugelben Trieben sitzen länglich-eiförmige, 4–10 cm lange, dunkelgrüne Blätter. Im Juli–August erscheinen die hellvioletten Blüten mit den zurückgeschlagenen Blütenblättern in Trugdolden. Die eiförmigen Früchte sind 1 cm lang und hochrot. Sie haben mindestens einen so hohen Schmuckwert wie die Blüten.
N-3, Zone 6b.

Sophora tetraptera

S. jasminoides Paxt. ist ein immergrüner oder wintergrüner, reich verzweigter Kletterstrauch, der mit dünnen, grünlichen Zweigen bis 4 m hoch klettert. Die Blätter sind einfach und herzförmig-eirund oder 2- bis 5fach geteilt. Im Juli–August erscheinen in Massen etwa 2 cm breite, tief 5spaltige, weißlichblaue Blüten in zierlichen, end- oder achselständigen Trauben.
S. jasminoides ist etwas weniger frosthart als *S. crispum*, sie braucht einen Standort an einer geschützten Mauer. Heimisch in Brasilien.
T-5, Zone 9.
'Album'. Blüten weiß mit gelben Staubgefäßen.

Sophora L., Leguminosae
Schnurbaum

Sommer- und immergrüne Bäume und Sträucher, auch einige Halbsträucher mit wechselständigen, unpaarig gefiederten Blättern umfaßt die Gattung. Ihre Schmetterlingsblüten sind in einfachen, doppelten oder mehrfach verzweigten Trauben, endständig an Lang- oder Kurztrieben zusammengefaßt. 3–8 cm lang sind die perlschnurartigen, zwischen den Samen eingeschnürten Früchte. 50 Arten sind in Nordasien, Neuseeland und China verbreitet.

S. japonica L. Der in China und Korea heimische Schnurbaum entwickelt sich zu einem bis 20 m hohen Baum mit breitrunder Krone. Seine jungen Zweige sind auffallend dunkelgrün. Die Blätter ähneln denen der Robinie, sind aber feiner und wirken farnartig. Besonders interessant wird der Baum durch seine späte Blüte. Erst im August öffnen sich die großen Blütenrispen mit ihren gelblichweißen, duftenden Schmetterlingsblüten. Der Schnurbaum bietet eine hervorragende Bienenweide und ist in hohem Maß resistent gegen Industrieabgase. Eine für Parkanlagen und für den innerstädtischen Bereich empfehlenswerte Baumart, die Trockenheit verträgt und am besten im genügend warmen, kontinentalen Klimabereich auf leichten, durchlässigen Böden gedeiht. In ungünstigen Lagen in der Jugend frostempfindlich.
Ns-4, Zone 6b.
'Pendula' bildet mit ihrem Gewirr von hängenden Zweigen und Ästen äußerst skurrile und gespenstische Baumgestalten. Sie wächst so langsam, daß sie auch in kleineren Gärten für viele Jahre Platz findet.
'Regent'. Die amerikanische Sorte zeichnet sich durch große Blätter, einen regelmäßigen Aufbau und durch besondere Widerstandsfähigkeit gegenüber Hitze und Trockenheit aus.

S. tetraptera J. Mill. Aus Neeseeland stammt dieser immer- oder wintergrüne Strauch. Er ist in Mitteleuropa nicht ausreichend frosthart, wird aber in mediterranen und englischen Gärten nicht selten kultiviert. Dort fällt er zur Blütezeit im Mai mit seinen 3–5 cm langen, goldgelben, etwas röhrigen Blüten auf, die zu 2–8 in hängenden, kurzen Trauben stehen. Wird in etwas weniger günstigen Klimazonen oft auch an Wänden als Spalierstrauch gezogen.
Ah-8, Zone 9.

Sorbaria (Ser. ex DC.) A. Br.
Rosaceae
Fiederspiere

Mit 10 Arten sind die Fiederspieren nur eine kleine Gattung innerhalb der großen Familie der Rosengewächse. Ihre großen, sommergrünen Sträucher sind vom Ural über Kamtschatka bis Japan verbreitet. Sie sind gekennzeichnet durch wechselständige, unpaarig gefiederte Blätter, kleine weiße Blüten in großen, endständigen Rispen und an der Bauchnaht aufspringende Balgfrüchte. Die Fiederspieren sind nicht gerade sehr dekorative Sträucher. Dank ihrer Anspruchslosigkeit an Boden und Lage, sie vertragen trockene Standorte, pralle Sonne

und leichten Schatten, werden sie als Decksträucher in großen Anlagen verwendet.

S. aitchisonii (Hemsl.) Hemsl. ex Rehd. ist ein industriefester, bis 3 m hoher, lockerer Strauch. Seine großen, bis 30 cm langen Fiederblätter treiben rot aus und sind später rotgestielt. Im Schmuck seiner 20–25 cm langen Rispen ist er im Juli–August durchaus ansehnlich. In Westchina, Afghanistan und Kaschmir ist die Art verbreitet.
Ns-4, Zone 6a.

S. arborea Schneid. ist in allen Teilen größer und imposanter als andere Arten. Bei ausladendem Wuchs erreicht die in Mittel- und Westchina heimische Art bei uns Höhen von 6 m, ihre Blätter können bis zu 40 cm lang werden. Im Juli–August öffnen sich kleine, schneeweiße Blüten in endständigen, 20–40 cm langen, lockeren Rispen. S. arborea ist ein wertvoller, anspruchsloser Sommerblüher für ausreichend große Gärten.
N-4, Zone 6a.

S. sorbifolia (L.) A. Br. erreicht etwa die gleiche Höhe wie die vorige Art. Der in Nordasien verbreitete Strauch treibt stark Ausläufer und ist daher in großräumigen Anlagen zum Verwildern geeignet. Er blüht im Juni–Juli reich mit aufrechten, bis 20 cm langen, weißen Rispen.
B/N-3/4, Zone 3.

Sorbus L., Rosaceae
Eberesche, Mehlbeere

Die Gattung besteht aus rund 100 Arten sommergrüner Bäume und Sträucher, die über die nördlich gemäßigte Zone verbreitet sind. Ihre Blätter sind wechselständig, unpaarig gefiedert oder einfach und dann oft fiedrig gelappt. Die weißen oder rosa, oft unter 1 cm breiten Blüten sind zu mehr oder weniger reichblütigen Doldenrispen vereint. Die apfelartigen Scheinfrüchte sind rot, gelb oder braun gefärbt und enthalten in jedem Fach 1–2 Samen.
Als Blütengehölz haben alle Sorbus-Arten keine große Bedeutung, die Blüten sind bei den meisten Arten trotz ihrer Größe recht unansehnlich, oft riechen sie auch wenig angenehm. Um so größer ist ihre Wirkung im Herbst, wenn sich die mittelgroßen Bäume mit ihren schweren Fruchtständen und oft auch mit einer beachtenswerten Herbstfärbung schmücken. Hinzu kommen ein oft malerischer Wuchs und eine dekorative Belaubung. So sind die Sorbus-Arten ingesamt ausgezeichnete kleine Garten-,

Park- und Straßenbäume. Einige Arten, besonders S. aucuparia, sind dank ihrer hohen Anpassungsfähigkeit wichtige Pioniergehölze in der freien Landschaft.

S. alnifolia (Sieb. et Zucc.) K. Koch sieht mit ihren 5–10 cm langen, eiförmigen, ungleich gesägten Blättern auf den ersten Blick kaum wie eine Sorbus-Art aus. Sie stammt aus Ostasien, wird in der Heimat bis 20 m hoch und hat eine dichte, rundliche Krone. Bemerkenswert sind die zahlreichen, nur erbsengroßen, roten oder gelben Früchte und die orangefarbene bis scharlachrote Herbstfärbung.
Nhg-4, Zone 6a.

S. americana Marsh. wird zu einem hohen Baum oder baumartigen Strauch mit sehr langen, dunkelgrünen, gefiederten Blättern, die sich im Herbst goldgelb färben. Aus weißen Blüten in breiten Doldenrispen entwickeln sich im Oktober zahlreiche, kaum 6 mm dicke, scharlachrote Früchte in sehr dichten Ständen. Die Art wächst in ihrer nordamerikanischen Heimat, etwa in den Hochlagen der Appalachen, auf flachgründigen, sauren Böden in offenen Lagen.
Bh/Nhk-2, Zone 3.
'Belmonte'. In Sortimentsprüfungen gut bewertete Form mit tiefgrünen Blättern und großen, roten Fruchtständen, die sich schon im August–September färben, wird bis 8 m hoch und entwickelt eine kompakte, eiförmige Krone; ein wertvoller Parkbaum.

S. aria (L.) Crantz. Die in Europa heimische Echte Mehlbeere erreicht eine Maximalhöhe von 12 m. Ihre ungeteilten, elliptisch-eiförmigen Blätter sind unterseits weißfilzig, oberseits dunkelgrün.
Als wärmeliebende Baumart verträgt S. aria gut heiße und trockene Standorte, sie ist windfest, kalkliebend und lichtbedürftig.
Die Art ist als Stadtstraßenbaum nicht geeignet, die Gartenformen 'Magnifica' und 'Majestica' gelten als »bedingt geeignet«.
N-3, Zone 5a.
'Gigantea'. Bis 12 m hoher, raschwüchsiger Baum mit breit-kegelförmiger Krone. Die ovalen Blätter sind beiderseits weißwollig behaart. Wurde in Holland hoch bewertet und gilt als Verbesserung von 'Majestica', die nicht mehr empfohlen wird.
'Lutescens'. Eine starkwachsende, im Austrieb gelblichgrüne Form, sonst von der Art kaum unterschieden.
'Magnifica'. Sie wächst straff-aufrecht, ihre Blätter sind größer, oberseits tiefgrün unterseits schneeweiß. Auch die Früchte fallen sehr spät ab. Ein sehr wichtiger, kleiner Alleebaum.

Sorbus cashmiriana

'Majestica'. Ihre bis 15 cm langen, derben Blätter sind unterseits zunächst schneeweiß, später eher grünfilzig. Die Früchte sind dunkelorange gefärbt, ebenfalls ein wichtiger Park- und Straßenbaum.

S. × arnoldiana Rehd. (*S. aucuparia* × *S. discolor*). Die Hybride steht *S. aucuparia* sehr nahe, sie unterscheidet sich durch oft mehr oder weniger kahle Winterknospen, durch kleinere Blättchen und durch rosa oder weißlichrosa Früchte.
Zone 6b.
Hierzu gehören auch die Lombarts-Hybriden, eine Reihe von Sämlingsformen, die um 1950 durch L. Lombarts, Zundert in Holland, bei Kreuzungen zwischen *S. prattii*, *S. discolor* und *S. aucuparia* erzielt wurden. Insgesamt sind 20 Sorten ausgelesen und beschrieben worden. Alle zeichnen sich vor allem durch ihre Fruchtfarben aus, die mit ihren zarten Tönen deutlich von der dominierenden roten Farbe abweichen.
Nach einer Sortimentsüberprüfung in Holland sind nur die folgenden Sorten positiv bewertet worden.
'Apricot Queen'. Raschwachsend, 8–12 m hoch, Krone schmal-eiförmig. Blätter groß und dichtstehend. Früchte 1 cm dick, orangegelb, in großen Ständen. Von allen *Sorbus*-Formen mit eßbaren Früchten hat 'Apricot Queen' den höchsten Vitamin-C-Gehalt, er beträgt 158,50 mg je 100 g Früchte.
'Golden Wonder'. Ebenfalls raschwachsend und 8–12 m hoch, mit breit-kegelförmiger Krone. Die dunkelgrünen Blätter färben

sich im Herbst gelbrot. Die ockergelben Früchte hängen in großen Ständen, die Früchte reifen schon Anfang bis Mitte August.
'Red Tip'. Kleiner Baum mit kegelförmiger Krone, Blätter klein und hellgrün. Die zahlreichen Früchte sind weiß mit roten Punkten.
'Schouten'. Aufrechter, bis 6 m hoher Baum mit dicht verzweigter, eiförmiger und auffallend geschlossener Krone. Blätter 15–20 cm lang und leicht wollig behaart. Die Früchte sind orangegelb, der Fruchtansatz ist aber nur gering. Stammt nicht von Lombarts, sondern wurde 1965 von Brouwers, Groenekan, Holland, selektiert.

S. aucuparia L. Die Gemeine Eberesche kommt in ganz Europa, in Kleinasien und Sibirien auf fast allen Standorten vor. Sie steigt mit den Grünerlen und Latschen bis über die Waldgrenze empor. Das außerordentlich widerstandsfähige Gehölz findet in der Landschaftsgestaltung vielseitige Verwendung. Sie ist hitze- und strahlungsempfindlich und deshalb als Stadtstraßenbaum nicht geeignet. Der Baum, oft auch als mehrtriebiger Großstrauch gewachsen, wird kaum mehr als 15 m hoch. Er entwickelt eine lockere Krone, ist mit langen, im Herbst orangeroten Fiederblättern ausgestattet und trägt im Herbst eine Fülle korallenroter Früchte. Für den Garten sind die Formen wertvoller als die Art selbst; neben der Säulenform vor allem die eßbaren Ebereschen.
Bh/Nhk-3, Zone 3.

'Edulis', Mährische Eberesche. Wechselnde Bedeutung kommt den großfrüchtigen, eßbaren Ebereschen zu. In Notzeiten werden sie immer wieder stark angepriesen. Ihre Früchte sind bis 1 cm dick und schmecken säuerlich. Sie können zu Muttersaft, Süßmost, Sirup und Konzentrat verarbeitet oder kandiert werden.
'Fastigiata' entwickelt eine schmal-kegelförmige, dichte Krone mit dicken Zweigen, großen Fruchtständen und besonders großen, sattgrünen Blättern. Die Form fruchtet schon als relativ junge Pflanze.
'Konzentra' ist eine aus der Mährischen Eberesche selektierte Sorte mit kleinen, leicht sauren Früchten. Der Vitamin-C-Gehalt des Konzentrats liegt bei 220 mg/Prozent.
'Pendula'. Die Zweige hängen und sind unregelmäßig hin und her gebogen.
'Rosina'. Ebenfalls eine Sorte der Mährischen Eberesche, entwickelt sehr große, leuchtendrote Früchte mit gutem Aroma und angenehmem Geschmack. Der Vitamin-C-Gehalt der Früchte beträgt, in Abhängigkeit vom Erntetermin, zwischen 69 und 113 mg je 100 g Früchte.
'Rossica Major' liefert ebenfalls große, tiefrote, eßbare Früchte. Der Baum entwickelt eine breit-eiförmige Krone und hat tiefgrüne Blätter.
'Sheerwater Seedling' stammt aus England und ist ein kleiner, wüchsiger Baum mit eiförmiger Krone und orangeroten Früchten in großen Ständen.

S. cashmiriana Hedl., im Himalaja und in Kaschmir zu Hause, gehört zu den weißfrüchtigen Arten. Sie kann wohl bis 5 m hoch werden, trägt gefiederte Blätter und blüht mit bemerkenswert schönen, rosaweißen Blüten. Die Früchte sind besonders groß und auffallend, sie werden knapp 2 cm dick.
BGh-4, Zone 6b.

S. chamaemespilus (L.) Crantz, Zwergmehlbeere. Die in Gebirgen Mittel- und Südeuropas heimische Art soll hier nicht übergangen werden, obwohl sie gartenbaulich keine große Bedeutung hat. Der langsamwüchsige, bis 3 m hohe Strauch trägt länglich-eiförmige, ledrige, glänzendgrüne, unterseits weißfilzige Blätter, hellrosa bis rote Blüten und braunrote bis scharlachrote Früchte.
PGh-3, Zone 5a.

S. commixta Hedl. ist ein 7–10 m hoher Baum aus Ostasien. Der zunächst etwas säulenförmige Wuchs löst sich später in einer offenen Krone auf. Eine Fülle erbsengroßer, scharlachroter Früchte und eine

gelbrote Herbstfärbung machen den Gartenwert dieser Eberesche aus.
BG/Nhg-4, Zone 6a.

S.decora (Sarg.) Schneid. stammt aus dem nordöstlichen Nordamerika und verdient vor allem der schönen roten Früchte wegen erwähnt zu werden. Sie schmücken von Ende Juli bis in den Oktober den 6–10 m hohen Baum, der mit steifen Trieben eine kompakte, breite Krone aufbaut. Erhielt in Sortimentsprüfungen eine gute Note.
Bh/Nhk-2, Zone 5a.

S.domestica L. hatte als Speierling in süddeutschen Landschaften große Bedeutung. Durch ihren hohen Gerbstoffgehalt verleihen die großen, gerbstoffreichen, apfel- oder birnenförmigen Früchte dem Apfelmost einen kräftigeren Geschmack, klare Farbe und längere Haltbarkeit. Der Baum kann 20 m hoch werden und ist eine der stattlichsten *Sorbus*-Arten. Er ist dürreresistent, gedeiht auch auf stark kalkhaltigen Böden und bekommt eine durchaus attraktive Herbstfärbung.
Ns-3, Zone 6b.

S.hupehensis Schneid. gehört zu den wenigen Arten mit weißen Früchten, sie sind 6–8 mm dick und rosa überlaufen. Der bis 10 m hohe Baum ist in Mittel- und Westchina heimisch.
BGh-4, Zone 6a.

S.hybrida L. ist eine in Nordwesteuropa heimische Art. Ihre mehr oder weniger eiförmigen, oben breit-abgerundeten Blätter sind nur an der Basis mit 1–2 Fiederblättchen ausgestattet, sonst ist die unterseits graufilzige Blattspreite ungeteilt. Der etwa 10 m hohe Baum mit seinen waagerecht abstehenden Ästen trägt dicke, rote Früchte.
N-3, Zone 5a.
'Gibbsii', in Sortimentsprüfungen gut benotete Form, die etwa 7 m hoch wird, eine geschlossene, breite Krone mit aufrechtstehenden Trieben aufbaut und von Mitte August bis Mitte Oktober tiefrote Früchte trägt.

S.intermedia (Ehrh.) Pers. Die Schwedische Mehlbeere unterscheidet sich von der vorigen besonders dadurch, daß ihre elliptischen bis verkehrt-eiförmigen Blätter an der Basis nicht gefiedert sind. Die in Nordeuropa heimische Art ist ein industriefester Baum, der noch auf sandigen und trockenen Böden zufriedenstellend gedeiht. Er hat sich auch als Stadtstraßenbaum bewährt.
Nhk-3, Zone 5a.
'Brouwers' unterscheidet sich von der Art durch eine aufrechte Krone und den durch-

Sorbus serotina

gehenden Stamm. Eine gut bewertete Neueinführung, die sich auch im innerstädtischen Klima bewährt.

S.latifolia (Lam.) Pers. Die Rundblättrige Mehlbeere ist ein in Mitteleuropa heimischer, raschwüchsiger, bis 15 m hoher Baum mit mehr oder weniger rundlichen, unterseits grau- bis gelbfilzigen Blättern, die jederseits meist 4 mehr oder weniger 3eckige, seichte Lappen haben. Die Früchte sind gelb bis rotbraun und punktiert.
Nh-3, Zone 5a.

S.pohuashanensis (Hance) Hedl. wird ein hoher Gartenwert zugesprochen. Sie ist (nach Krüssmann) nach einem Berg in Nordchina, Po-Hua'Shan = Berg der Blumen, benannt und gilt als die vermutlich beste chinesische *Sorbus*-Art. Sie entwickelt sich zu einem kleinen Baum, der gut wächst, gesund und sehr winterhart ist. Aus weißwolligen Knospen entwickeln sich 1- bis 13zählige, unterseits weich behaarte Blätter. Etwa 1 cm breite Blüten stehen bis zu 10 in breiten Blütenständen zusammen, die fast kugeligen Frücht sind 6–8 mm dick und orangerot.
Nh-4, Zone 5b.

S.prattii Koehne, in Westchina zu Hause, ist zierlich im Wuchs (nur 5–7 m hoch) und in der Belaubung. Sie trägt an feinen Trieben weiße, 6–8 mm dicke Früchte.
BGh-4, Zone 5b.

S.reducta Diels. Ein sehr bemerkenswerter Zwergstrauch, der nur 20–50 cm hoch wird. Er breitet sich schwach durch Ausläufer aus, trägt etwa 6 mm dicke, karminrote Früchte und färbt sein Laub intensiv karminrot. Eine sehr hübsche Eberesche für sonnige und halbschattige Plätze im Trog-, Stein- und Heidegarten.
Nhw-4, Zone 6b.

S.rehderiana Koehne ist ein Strauch oder kleiner Baum, dessen Blätter 15–19 länglich-lanzettliche, 2,5–5 cm lange Blättchen tragen. die 3–7 cm breiten Blütenstände sind locker rotbraun behaart, die weißlichen bis rötlichen Früchte sind 6–7 mm dick. Die westchinesische Art ist bei uns wohl kaum in Kultur. Zu ihr gehört aber eine der interessantesten Neueinführungen der letzten Jahre, die Form 'Joseph Rock'.
Nhw-4, Zone 6b.
'Joseph Rock' ist ein raschwachsender, bis 9 m hoher, zunächst straff-aufrechter,

später eher lockerkroniger Baum. Aus 15–19 schmal-länglichen, scharf gesägten Blättchen sind die Blätter zusammengesetzt, sie färben sich im Herbst rot oder orange bis purpurn. Die Früchte sind zunächst rahmgelb, später bernsteingelb, sie bleiben bis nach dem Laubfall haften. Der Fruchtansatz ist leider oft nur mäßig.

S. sargentiana Koehne ist mit ihren dikken, steifen Trieben und den großen, klebrigen Knospen eine ganz eigenwillige Erscheinung unter den Ebereschen. Der schwachwachsende, 7–10 m hohe Baum ist im westlichen China beheimatet. Seine sehr großen (die 7–11 Blättchen können 8–13 cm lang werden), unterseits dicht grünfilzigen Blätter färben sich im Herbst orangebraun. Bemerkenswert sind auch die zwar kleinen, aber sehr zahlreichen, scharlachroten Früchte.
BGh-4, Zone 6b.

S. serotina Koehne wird als eine der wertvollsten Arten angesehen. Der eher schwachwachsende, lockerkronige Baum stammt aus Japan. Sein dekoratives Laub bleibt sehr lange haften und färbt sich dann lebhaft scharlachrot. Keine andere *Sorbus*-Art kann in dieser Hinsicht mithalten. Die korallenroten Früchte sind kaum erbsengroß.
B/N-4, Zone 6a.

S. × thuringiaca (Ilse) Fritsch gilt als Bastard zwischen *S. aria* und *S. aucuparia*, der selten zwischen den Eltern auftritt. Sie entwickelt zunächst eine kegelförmige, später eine schmal-ovale Krone. Die Blätter sind an der Basis mit 1–4 Fiedern ausgestattet, dann abnehmend gelappt, schließlich nur noch gezähnt. In der Regel werden nur die Formen gepflanzt. Sie sind robuste und anspruchslose Park- und Straßenbäume, die auch im Stadtklima gedeihen können, als Stadtstraßenbäume sind sie aber nur bedingt geeignet.
Zone 5b.
'Fastigiata' wird ungefähr 8 m hoch und baut eine geschlossene, schmale, kegelförmige Krone mit ansteigenden Ästen auf. Ihre zahlreichen, tiefroten Früchte schmükken von Mitte August bis Ende Oktober den Baum, dessen Gartenwert in Sortimentsprüfungen mit 3 Sternen benotet wurde.
'Leonard Springer'. Ihre Blätter besitzen nur 4–5 Paar Blättchen und ein großes, rautenförmiges Endblättchen. Wertvoll wird die Form durch die großen, leuchtendroten Früchte, deren hoher Gerbsäuregehalt einen vorzeitigen Vogelfraß verhindert.

S. torminalis (L.) Crantz. Die Elsbeere soll als heimischer Waldbaum nicht unerwähnt bleiben, obwohl ihr Wert als Garten- und Parkbaum nicht besonders hoch ist. Sie stockt in Mitteleuropa in artenreichen Laubmischwäldern nur auf warmen, kalkreichen Böden und liefert ein hartes, sehr begehrtes Holz, das unter anderem zum Bau von Musikinstrumenten verwendet wird. In der Regel wird der Baum nur 10–15 m hoch, kann aber auch weit mehr als 20 m hoch werden. Seine breit-eiförmigen, tief spitz gelappten, leicht glänzenden Blätter färben sich im Herbst rot oder rotbraun, die braunen, hell punktierten Früchte sind ohne Zierwert.
Ns-3, Zone 6a.

S. vilmorinii Schneid. stammt aus Westchina. Sie ist ein 3–6 m hoher, zierlicher Strauch oder kleiner Baum mit gefiederten Blättern und meist leicht geflügelter Blattspindel. Bemerkenswert sind die kugeligen, 8 mm dicken Früchte, die zunächst rosarot und später weißlichrosa gefärbt sind.
Nhg-4, Zone 6a.

Sparmannia L. f., Tiliaceae
Zimmerlinde

In den Tropen, in Südafrika und auf Madagaskar kommen 7 Arten dieser Gattung vor. Die hohen, sommergrünen Sträucher tragen wechselständige, einfache oder 3- bis 7fach gelappte Blätter. Die 4zähligen Blüten mit ihren zahlreichen Staubgefäßen sitzen in langgestielten Dolden zusammen. Die Frucht ist eine vielsamige, stachelige Kapsel. Die folgende Art ist eine beliebte, anspruchslose und deshalb leicht zu kultivierende Zimmerpflanze, die, in Drahtkörben ausgepflanzt, den Sommer über auch im Freien kultiviert werden kann. Im Mittelmeerraum kann *S. africana* ganzjährig im Freien gehalten werden.

S. africana L. f. stammt aus Südafrika und ist ein raschwachsender, baumartiger Strauch mit großen, bis 15 m langen, hellgrünen, sehr unregelmäßig gezähnten, beiderseits mit langen, weichen Haaren besetzten Blättern. Im Mai entfalten sich große, weit geöffnete Blüten mit sehr zahlreichen Staubblättern, die sich wie eine Halbkugel um den Fruchtknoten gruppieren. Bei einem durch Bestäuber verursachten Berührungsreiz, der auch nachgeahmt werden kann, spreizen sich die Staubfäden langsam nach außen ab, dabei wird der Pollen auf der Unterseite der blütenbesuchenden Insekten abgestreift.
T-6, Zone 9.

Spartium L., Leguminosae
Binsenginster, Pfriemenginster

Spartium ist eine monotypische Gattung, die eng mit *Cytisus* und *Genista* verwandt ist, von diesen aber durch den 1lippigen,

Spartium junceum

5zähnigen Kelch abweicht. Die Blüten bestehen aus einer großen Fahne und 2 Flügeln, die kürzer sind als der einwärtsgekrümmte Kiel. Die Frucht ist eine linealische, vielsamige Hülse.

S.junceum L. Der Pfriemenginster ist im Mittelmeergebiet, in Südwesteuropa und den Kanarischen Inseln vorwiegend in Küstennähe auf sauren Böden verbreitet. Er ist ein 1–3 m hoher, reich verzweigter, sommergrüner Strauch mit runden, grünen Trieben, die fein weißlich gestreift sind. Die sehr kleinen, lanzettlichen Blätter sind nur an jungen Trieben zu finden, der Strauch ist sonst meist blattlos. Seine goldgelben, duftenden, großen, ginsterartigen Blüten entfaltet er von Mai bis September in endständigen, lockeren Trauben. Der in Tracht und Blüte auffallende Strauch ist am Mittelmeer und den atlantischen Küsten ein sehr häufiger Wild- und Gartenstrauch. Ms/Nsm-3, Zone 8a.

Spiraea L., Rosaceae
Spierstrauch

Die Gattung umfaßt sommergrüne Sträucher mit wechselständigen, ungeteilten Blättern, die gezähnt, gesägt oder gelappt sein können. Spiräen begegnen uns in unterschiedlichen Blütenfarben und -ständen. Bei den frühblühenden Arten herrscht die weiße, bei den sommerblühenden die rote oder rosa Blütenfarbe vor. Die kleinen, sternförmigen Blüten können zu Trauben, Rispen oder Doldentrauben vereint sein, die sich am ein- oder mehrjährigen Holz entwickeln. Die Frucht ist eine an Bauch- und Rückennaht aufspringende Balgfrucht. Von den 100 Arten, die im gemäßigten Asien, Europa und Nordamerika verbreitet sind, ziehen unsere Baumschulen heute wohl nicht mehr als 20 Arten und Formen. Die Arten- und Sortenbeschränkung ist in diesem Fall sicher sinnvoll, denn die Gattung enthält nur wenige gartenwürdige Arten. Einige davon sind aber von großer Bedeutung und nahezu in jedem Garten zu finden. Gartenwert und Habitus bestimmen ihre Verwendung im Garten, als Vorsträucher, Solitärgehölze, in der Sichtschutzpflanzung oder als Blütenhecke. Beim Schnitt ist auf die unterschiedliche Blütezeit zu achten. An frühblühenden Arten (*S.* × *arguta*, *S.thunbergii*, *S.* × *vanhouttei*) lassen sich unmittelbar nach der Blüte die abgeblühten Zweige bis zum nächsten Langtrieb zurücknehmen. Besser ist eine ständige Verjüngung durch Entfernung der jeweils ältesten Äste. Die starkwachsenden Sommerblüher sollen im Winter nur vor-

sichtig und mäßig ausgelichtet und möglichst gar nicht zurückgeschnitten werden. *Spiraea*-Bumalda-Hybriden sollen einen jährlichen Rückschnitt erhalten, besonders wenn sie als niedrige Hecke gezogen werden. Höherwachsende Arten läßt man als Heckenpflanze möglichst ungeschoren, sofern der nötige Platz vorhanden ist. Ein Rückschnitt verringert immer die Blütenfülle. Alle Spiräen vertragen einen radikalen Rückschnitt, wenn er einmal erforderlich ist. Spiräen sind anspruchslose Sträucher, die in jedem normalen Gartenboden wachsen. Sie bevorzugen vollsonnige Standorte, halbschattige Lagen werden zwar auch vertragen, die Sträucher reagieren darauf aber mit stakigem Wuchs.

S.albiflora (Miq.) Zab. ist nicht wild, sondern nur aus japanischen Gärten bekannt. Der nur etwa 50 cm hohe, steif-aufrecht wachsende, trotzdem aber zierliche Strauch trägt im Juli–August viele kleine, weiße Blüten in endständigen, abgeflachten Schirmrispen. Ein Strauch, der sich ob seiner geringen Wuchshöhe auch für den Steingarten eignet. Ns-4, Zone 5b.

S. × **arguta** Zab. (*S. multiflora* × *S. thunbergii*) ist wohl die bekannteste aller Spiräen-Arten. Auf der ganzen Länge ihrer dünnen, dunkelbraunen, zierlich überhängenden Zweige entwickelt sich Ende April eine Fülle reinweißer Blüten in kleinen, aufrechten oder etwas geneigten Dolden. Die Art ist sicher die wichtigste, weißblühende Frühjahrsblüher, der als Einzelstrauch, aber auch in Blütenhecken verwendet wird. Sie läßt sich gut treiben und ist im Garten besonders resistent gegen Trockenheit. Zone 5a.

S.betulifolia Pall. Der dichtbuschige, 0,5–1 m hohe Strauch breitet sich durch unterirdische Ausläufer aus. Er ist von Nordostasien bis Mitteljapan sehr weit verbreitet. Über elliptischen bis rundlich-eiförmigen, dunkelgrünen Blättern entfalten sich im Mai–Juni endständige, mehr oder weniger flache, 3–6 cm breite Blütenstände mit weißlichen, selten rosa überhauchten Blüten. Harter und anspruchsloser Strauch, der auch halbschattige Lagen unter hohen Bäumen verträgt. B/N-1/2/4, Zone 4.

S. × **billardii** Herinq (*S.douglasii* × *S.salicifolia*). Bis 2 m hohe Hybride, die schon 1884 in Frankreich entstanden ist und von der einige Sorten bekannt sind. Zone 5a.

'Triumphans' gilt als beste Sorte dieser Gruppe. Ein mannshoher, aufrechter, Ausläufer treibender Strauch mit länglich-elliptischen Blättern und endständigen, breitkegelförmigen, an der Basis verzweigten, bis 20 cm langen, lebhaft purpurrosa Blütenrispen im Juni–Juli. Anspruchsloser Gruppenstrauch, der allerdings keine alkalischen Böden verträgt.

S.bullata Maxim. Der nur 30–40 cm hohe, gedrungen und dicht kugelig wachsende Strauch ist bisher in den Gärten kaum verbreitet. Er ist sicher keine überragende Schönheit, aber unempfindlich gegenüber trockenen Standorten und könnte deshalb als Zwergstrauch in Stein- und Heidegärten verwendet werden. Er blüht mit kleinen, dunkelrosa Blütendolden im Juni–Juli und hat kleine, etwas ledrige, dunkelgrüne, sehr stark runzelige Blätter. Ns-4, Zone 6b.

S.-Bumalda-Hybriden, entstanden aus einer Kreuzung zwischen *S.albiflora* und *S.japonica*, sind wichtige Sommerblüher, die für niedrige Blütenhecken, flächige Pflanzungen und als kleine Vorsträucher verwendet werden. Auf kurzen, steif-aufrecht stehenden Trieben tragen sie endständige, weiße bis dunkelrosa, abgeflachte Schirmrispen. Zone 5a.
Für alle Formen empfiehlt sich ein jährlicher, scharfer Rückschnitt. An Gartenformen werden angeboten:
'Anthony Waterer' wird nur 80 cm hoch. An kantigen Zweigen sitzen scharf gesägte, im Austrieb rote Blätter, die gelegentlich weißbunt panaschiert sind. Von Juli bis September werden ununterbrochen karminrote, flache, endständige Doldentrauben produziert.
Als 'Anthony Waterer'-Sapho ist neuerdings eine virusfreie Selektion auf dem Markt, deren Blätter nicht mehr gelb oder weiß gefleckt sind – eine wertvolle Verbesserung.
'Crispa' unterscheidet sich durch schwächeren Wuchs, am Rande wellige, oft weiß panaschierte Blätter und rote Blüten.
'Dart's Red'. Sehr reichblühende holländische Selektion mit dunkel karminroten Blüten von Juni bis August.
'Froebeli' ist eine weitere wertvolle und stark verbreitete Sorte, die nur wenig höher wird als 'Anthony Waterer' und in großen, flachen, etwas helleren Doldentrauben blüht.
'Goldflame'. Die Blätter sind im Austrieb bronzeorange, später goldgelb, im Sommer grüngelb und im Herbst kupfrigorange. Gegenüber dem farbigen Laub sind die

Spiraea japonica 'Alpina'

kleinen karminrosa Blütenstände ohne große Bedeutung.

S. × cinerea Zab. (*S. hypericifolia* × *S. cana*) ist ein knapp mannshoher, dicht und kompakt wachsender Strauch mit kleinen, weißen Blütendolden im Mai. Er gilt als ausgezeichnete Heckenpflanze.
Zone 5a.
'Graciosa' unterscheidet sich von der folgenden Sorte vor allem durch schwächeren und zierlicheren Wuchs, sie wird nur 1 m hoch.
'Grefsheim'. Die in Norwegen selektierte, sehr frostharte Sorte zeichnet sich durch kräftigen Wuchs, elegant überhängende Zweige, zierliche Belaubung und die sehr zahlreichen, weißen Blüten aus. Eine besonders wertvolle Sorte für freiwachsende Blütenhecken.

S. decumbens W. D. J. Koch ist ein Zwergstrauch, der sehr zu Unrecht von den Baumschulen vernachlässigt wird. Die Art könnte als hervorragender Bodendecker etwas Abwechslung in das Einerlei der so oft bevorzugten *Cotoneaster*-Pflanzungen bringen. Durch seine vielen unterirdischen Ausläufer vermag der nur 25 cm hohe Strauch schnell Flächen dicht zu begrünen. Er ist zwar nicht immergrün, bietet aber einen beachtlichen Blütenflor, und die dichtstehenden, drahtigen Triebe sehen mit ihren lange haftenden Blütenständen im Winter, besonders bei Rauhreif, recht hübsch aus. Im Juni entwickeln sich an den Triebenden kleine weiße Blüten in 3–5 cm breiten, flachen Doldentrauben. Durch jährlichen Rückschnitt erhält man einen kurzen Teppich dichtstehender Zweige. Ein Strauch, der sich hervorragend für die Begrünung von Böschungen und als Unterpflanzung eignet und der natürlich auch im Steingarten recht hübsch aussieht. Er ist in der Krain und in Südtirol heimisch.
Nhg-4, Zone 6a.

S. henryi Hemsl. gehört zu den sommerblühenden Arten. Im Juni öffnen sich die weißen Blüten in 5–7 cm breiten Doldentrauben. Der chinesische Strauch wächst breit und locker und wird etwa mannshoch.
N-4, Zone 6a.

S. japonica L. f., ein aus Japan stammendes Gehölz, hat im Aufbau und in der Blütenform Ähnlichkeit mit den Bumalda-Hybriden, es ist eines der Eltern dieser Formen. Die rosa Blüten verdanken ihre Wirkung nicht zuletzt den weit herausragenden Staugefäßen.
N-4, Zone 4.
'Alpina'. Sehr kompakter, ungeschnitten bis 30 cm hoher Zwergstrauch mit 1–2 cm langen Blättern und rosa Blüten in sehr zahlreichen kleinen Blütenständen im Juni–Juli an den Enden diesjähriger Triebe. Sehr schöner Zwergstrauch für Stein- und Trog-

gärten oder für kleinflächige bodendeckende Pflanzungen. Kann, wie die folgenden Sorten von *S. japonica*, jährlich bis zum Boden zurückgeschnitten werden.
'Golden Princess' unterscheidet sich von 'Little Princess' durch die goldgelb gefärbten Blätter.
'Goldmound'. Etwa 40 cm hoher Strauch mit reingelben Blättern und rosa Blüten im Juni–Juli. Eine kanadische Sorte, die sich durch die intensivste Gelbfärbung der Blätter innerhalb der Gattung auszeichnet.
'Little Princess' ist eine Form mit gedrungenem Wuchs von kaum 60 cm Höhe. Viele Wochen ist der Strauch im Sommer mit unzähligen rosaroten, flachen Blütenständen überhäuft. Er eignet sich für niedrige Blütenhecken ebenso gut wie für den Steingarten oder die Bepflanzung größerer Flächen.
'Shirobana' wächst etwas stärker als 'Little Princess'. Sie ähnelt im Aufbau und in der Form der Blütenstände eher den Bumalda-Hybriden. Sie wirkt sehr interessant und apart, weil in den einzelnen Blütenständen rosa und weiße Blüten in wechselnden Anteilen nebeneinander stehen.

S. × margaritae Zab. (*S. japonica* × *S. superba*) ist eine Hybride, die mit recht großen, lebhaft rosa Einzelblüten in rund 15 cm breiten Blütendolden vom Juli bis in den September überrascht. Der Strauch bleibt recht klein und färbt sein Laub im Herbst schön rot.
Zone 5b.

S. menziesii Hock. gehört zu den Spiräen, deren Blüten in kegelförmigen, lampenputzerähnlichen Blütenständen an der Spitze langer Triebe stehen. In die gleiche Gruppe gehören auch *S. latifolia*, *S. douglasii*, *S. salicifolia* und *S. tomentosa*. Alle sind keine begeisternd schöne Arten. Sie finden ihren Platz als Füllsträucher in dichten Schutzpflanzungen.
BGh-1, Zone 4.

S. nipponica Maxim. Mehr als mannshoch wächst dieses japanische Gehölz mit seinen steif-aufrechten, in oberen Teil bogig abstehenden Zweigen. Im Juni–Juli blüht es auf der ganzen Trieblänge mit weißen, aufrechtstehenden, halbkugeligen Blütendolden. Wertvoll und besonders schön für freiwachsende Hecken.
Nsg-4, Zone 5b.
'Halward's Silver'. Sehr kompakt dicht verzweigt wachsende, 80–100 cm hohe Sorte, die im Juni mit großen, weißen Blüten überreich blüht.
'June Bridge'. Bis etwa 1 m hoher Strauch mit leicht überhängenden Zweigen, Blätter im Austrieb purpurbraun, später dunkel-

grün, Blüten im Juni, weiß und sehr zahlreich.

'Snowmound' unterscheidet sich durch etwas schwächeren Wuchs, bogig überhängende Triebe und die besonders große Blütenfülle.

S.prunifolia Sieb. et Zucc. bietet mit gefüllten Einzelblüten in aufrechten Dolden ein für die Gattung recht ungewöhnliches Bild. Schon im Mai erscheinen die Blüten in großer Fülle an den locker stehenden, etwas überhängenden Trieben. Der dekorative Strauch ist etwas für die Einzelstellung an warmen, sonnigen Plätzen. Die Art ist nur aus japanischen und chinesischen Gärten bekannt.
N-4, Zone 6b.

S.thunbergii Sieb. ex Bl. Die früheste aller Spiräen blüht nicht nur sehr zeitig, sondern treibt auch so früh aus und leidet deshalb gelegentlich unter Spätfrösten. Der ganze Strauch wirkt mit sehr dünnen Trieben und ganz schmalen, spitzen Blättern sehr zierlich. Schon Ende April tauchen viele kleine Blüten den Strauch in ein schneeiges Weiß.
N-4, Zone 5b.

S.trilobata L. Ein recht niedriger, dicht verzweigter, trockenresistenter Strauch mit reinweißen, 3 cm breiten Blütenständen. Bietet sich für Steingärten, kleine Rabatten und niedrige Hecken an. Von Nordchina bis Turkestan ist er zu Hause.
Ns-4, Zone 5b.

S. × vanhouttei (Briot) Zab. (*S.cantoniensis × S.triloba*). Die wertvollste hochwachsende Art blüht ebenso überreich wie

Stachyurus praecox

S. × *arguta* und S.*thunbergii* – ihre Triebe biegen sich geradezu unter der Last ihrer weißen Blütenbälle –, ist aber robuster und im Gesamtbild wohl auch schöner. Man kann mit ihr wundervolle Blütenhecken anlegen, denen man natürlich genügend Platz einräumen muß, denn sie sollen möglichst wenig geschnitten werden, um sich voll entfalten zu können.
Zone 5b.

S.veitchii Hemsl. kommt aus Mittel- und Westchina und entwickelt sich zu einem 3–4 m hohen Strauch mit lang übergebogenen Zweigen, an denen im Juni–Juli in überreichem Maße reinweiße Blüten in breiten Doldentrauben erblühen.
N-4, Zone 6a.

Stachyurus Sieb. et Zucc.
Stachyuraceae
Schweifähre, Perlschweif

Die Familie besteht aus nur einer Gattung mit 10 in Ostasien und dem Himalaja verbreiteten Arten. Es handelt sich um sommergrüne oder immergrüne Sträucher oder kleine Bäume mit wechselständigen, einfachen, gezähnten Blättern. Die kleinen, 4zähligen, zwittrigen oder polygamen Blüten sitzen in achselständigen, starr abwärts gerichteten Ähren. Sie werden schon im Spätsommer des Vorjahres angelegt, überwintern nackt und öffnen sich lange vor der Laubentfaltung. Die harten Samen der beerenartigen Früchte sind von einem weichen Arillus umschlossen.

S.chinensis Franch. Der Chinesische Perlschweif ist bei uns seltener in Kultur als

S.*praecox*, obwohl ebenfalls schön und wertvoll. Er erreicht Höhen bis 2,5 m und hat länglich-eiförmige bis eiförmige, geschwänzt zugespitzte Blätter. Die Blüten sind ebenfalls gelblich, der Blütenstand nur wenig länger. Blüht 2 Wochen später als S.*praecox*.
Nhw-4, Zone 7b.

S.praecox Sieb. et Zucc. Der japanische Strauch wird mit seinen schlanken Trieben bei uns kaum mehr als mannshoch. Seine Blätter sind eiförmig, lang zugespitzt und am Rande mit abstehenden Zähnen versehen. Im März–April hängen gelbe, glockige, etwa 8 mm lange Blüten in Trauben, dicken Perlenschnüren gleich, von den noch kahlen, rotbraunen Zweigen. Ein interessanter, leider etwas empfindlicher Vorfrühlingsblüher. Die Schweifähre verlangt einen geschützten Platz in halbschattiger Lage und einen frischen, humosen, notfalls mit Torf und Sand durchsetzten Boden.
Nhg-4, Zone 7a.

Staphylea L., Staphyleaceae
Pimpernuß

Die Gattung besteht aus 10 sommergrünen, großen Straucharten in den nördlich gemäßigten Zonen. Sie zeichnen sich durch gegenständige Blätter mit 3–7 Blättchen, durch glatte Zweige mit gestreifter Rinde, durch endständige, rispenartige Blütenstände und blasig aufgetriebene, pergamenthäutige Fruchtkapseln mit haselnußgroßen, harten Samen aus. Die recht dekorativen, großen Sträucher bevorzugen sonnige Lagen, kommen aber auch mit halbschattigen Standorten an Wald- und Buschrändern zurecht. Sie verlangen einen nahrhaften, humosen Boden, der auch kalkhaltig sein darf.

S.colchica Stev. ist eine kaukasische Art, die etwas steif-aufrecht wächst und maximal 4 m Höhe erreicht. Im Mai stehen gelblichweiße Blüten in vielblumigen, gestielten, aufrechten bis nickenden Rispen zusammen. Recht hübsch wirken ihre großen, bis zu 8 cm langen, 2- bis 3lappigen, häutigen Fruchtkapseln. Im Kaukasus werden die Blüten in Essig eingelegt und als Beilage gegessen.
Nhw-3, Zone 6a.

S.pinnata L., von Mitteleuropa bis Kleinasien verbreitet, läßt ihre Blütenrispen hängen. Die 1 cm langen Einzelblüten besitzen längliche, weißliche, an der Spitze gerötete Kelch- und weiße Blumenblätter. Die Art blüht etwas später als die vorige. Ihre

Stewartia pseudocamellia

Fruchtkapseln enthalten 1 cm lange, gelbbraune, harte Kerne, aus denen sich Halsketten oder Armbänder fertigen lassen.
Nw-3, Zone 5b.

Stauntonia DC.
Lardizabalaceae

Zu der relativ kleinen Gruppe der in Asien und Südamerika heimischen Fingerfruchtgewächse gehört auch die Gattung *Stauntonia*, die mit 15 Arten in Ostasien, von Burma bis Japan, verbreitet ist. Es sind immergrüne, windende Sträucher mit wechselständigen, 3- bis 7zähligen Blättern. Die eingeschlechtlichen Blüten der einhäusigen Pflanzen erscheinen in kleinen, wenigblütigen Trauben, ihre 3zählige Blütenhülle ist nicht in Kelch- und Kronenblätter differenziert, die 3 äußeren Blütenblätter sind breiter und etwas dicker (fleischiger) als die inneren. Die Frucht ist eine walnußgroße, süße, wäßrige Beere.

S.hexaphylla (Thunb.) Decne. kommt in Südjapan, auf den Riukiu-Inseln und in Südkorea vor, ein bis 10 m hoch windender Strauch mit derb-ledrigen, 6–10 cm langen, langgestielten Blättern. Schon im April

öffnen sich etwa 2 cm lange, weißliche, außen violett überlaufene Blüten in hängenden Trauben. Die 3–5 cm langen, eiförmigen, violettpurpurnen, saftigen Früchte sind eßbar. Sie werden bei uns nur nach warmen Sommern reif.
S.hexaphylla ist eine selten kultivierte Kletterpflanze für geschützte Standorte in milden Klimazonen.
Mh-4, Zone 8a.

Stephanandra Sieb. et Zucc.
Rosaceae
Kranzspiere

Mit 4 Arten ist die Gattung sommergrüner Sträucher in Ostasien verbreitet. Die wechselständigen, einfachen, meist 3lappigen (Lappen doppelt gesägt bis eingeschnitten) Blätter sind 2zeilig angeordnet. Kleine, weiße Blüten stehen in endständigen, kleinen Doldentrauben oder Rispen. Die Balgfrucht springt nur an der Basis auf. Kranzspieren sind zierliche Sträucher mit elegantem Habitus. Ihre Zweige sind von kurzer Lebensdauer, regelmäßiges Auslichten ist daher notwendig. Sie lieben sonnige oder halbschattige Plätze und humose Böden.

S.incisa (Thunb.) Zab. stammt aus Japan und Korea und entwickelt einen breitwachsenden, bis 2 m hohen Strauch mit überhängenden, hin und her gebogenen Zweigen. Im Juni entfaltet er seine lockeren, zahlreichen, grünlichweißen Blütenrispen. Sein Herbstlaub färbt sich tief braunrot. Wertvoll als Gruppenstrauch und für niedrige Blütenhecken.
Nh-4, Zone 5b.
'Crispa' wird heute in sehr großen Mengen kultiviert. Mit ihren bogig nach unten gekrümmten Zweigen wird sie nur rund 50 cm hoch. Sie verträgt auch schattige Standorte und eignet sich hervorragend zur Bodenbedeckung.

S.tanakae (Franch. et Sav.) Franch. et Sav. In Japan ist der elegante, mannshohe Strauch zu finden. Seine dünnen, rotbraunen Rutenzweige hängen nach allen Seiten locker über. Mit seinen hübschen, hellgrünen, scharf doppelt gesägten, im Herbst orange und rot gefärbten Blättern und der Fülle weißer Blüten ist er insgesamt schöner als die vorige Art.
Nhg-4, Zone 6a.

Stewartia L., Theaceae
Scheinkamelie

Die Gattung umfaßt sommergrüne, hohe Sträucher mit platanenartig abblätternder Rinde, einfachen, wechselständigen Blättern, großen schalenförmigen, zwittrigen Blüten mit weißen, außen seidig behaarten Kronblättern und 5klappigen, von der Spitze her aufspringenden Fruchtkapseln. 10 Arten sind in Ostasien und dem östlichen Nordamerika verbreitet.
Diese nüchterne Charakterisierung sagt nur wenig über den Gartenwert und die Schönheit dieser Gattung aus, deren Sträucher zu den kostbarsten aller Blütengehölze gehören. Dabei sind sie durchaus nicht so empfindlich, wie oft zu lesen ist, sie widerstehen wohl in ganz Deutschland den Wintern. Der Boden sollte frisch, humos und sauer, der Pflanzplatz halbschattig sein.

S.pseudocamellia Maxim. Fast nur in botanischen Gärten begegnet man diesem japanischen Gehölz. Es erreicht im Alter auch bei uns durchaus 10 m Höhe, wächst aber doch recht langsam und fände auch in kleineren Gärten für lange Jahre ausreichenden Platz. Die Art ist nicht nur ihrer Seltenheit wegen kostbar, mehrere bemerkenswerte Eigenschaften machen den Strauch begehrenswert. Zunächst der wunderschöne glatte Stamm, dessen äußere Rindenschichten sich in kleinen Platten ab-

lösen und hellere Stammpartien hinterlassen. Dann die sommerliche Blütezeit mit großen, schalenförmigen, weißen Blüten, in deren Mitte sich orangefarbene Staubgefäße deutlich hervorheben. Die Blüten sind zwar nur kurzlebig, öffnen sich aber nacheinander über einen Zeitraum von mehreren Wochen im Juli–August. Nicht zuletzt sind auch noch die einfachen, frischgrünen, glatten Blätter mit ihrer blutroten Herbstfärbung zu erwähnen.
Nhg-4, Zone 6b.

Stranvaesia Lindl., Rosaceae

Mit 10 Arten in China und dem Himalaja ist *Stranvaesia* eine wenig umfangreiche Gattung immergrüner Sträucher und Bäume. Sie sind durch gegenständige, ganzrandige Blätter, weiße Blüten in endständigen Doldentrauben und kleine, rote Apfelfrüchte gekennzeichnet.

S. davidiana Decne. ist als einzige Art bei uns bekannt und ausreichend frosthart. Sie ist in Westchina heimisch und wird 2–4 m hoch. Mit ihren lanzettlichen, dunkelgrünen, im Herbst und Winter oft rot gefärbten Blättern, bevor sie im Frühjahr abfallen, den weißen Blüten in vielblütigen Schirmrispen im Juni und den erbsengroßen, karminroten Früchten wird sie mit Recht für eines der schönsten immergrünen Laubgehölze gehalten. Die Art wächst in jedem guten Gartenboden, verträgt Halbschatten und benötigt geschützte Lagen.
Nhgm-4, Zone 7a.

Styrax L., Styracaceae
Storaxbaum

Von den etwa 130 Arten der Gattung sind eigentlich nur 2 der sommergrünen Arten gelegentlich bei uns zu finden. Fast alle sind in den wärmeren Gebieten von Amerika, Asien und Kleinasien zu Hause und kommen für unsere Breiten nicht in Frage. Aber auch die wenigen, durchaus harten Arten haben bisher nur eine geringe Verbreitung erfahren. Die *Styrax*-Arten sind sommer- und immergrüne Bäume und Sträucher mit wechselständigen, kurzgestielten, ganzrandigen oder gesägten Blättern und weißen Blüten, die in Trauben oder Büscheln an kurzen Seitentrieben stehen. Die Blüten sind durch eine 5 (–8)lappige Krone und einen leicht glockigen Kelch gekennzeichnet. Die Frucht ist eine kugelige Steinfrucht.
Allen Arten sollte man einen besonderen Platz im Garten einräumen. Sie gedeihen

Styrax japonica

am besten in gepflegten, durchlässigen, humosen, sauren Gartenböden und vertragen Sonne und leichten Schatten. In der Jugend sollten sie ein wenig geschützt werden, später sind sie absolut frosthart.

S. japonica Sieb. et Zucc. Der Japanische Storaxbaum ist die bekannteste der bei uns verbreiteten Arten. Er bildet hohe Sträucher oder kleine Bäume mit dichtstehenden, fast waagerecht ausgebreiteten Ästen, dünnen Zweigen und kleinen, rundlich-elliptischen Blättern. Die wachsartigen, weißen Blüten entspringen im Juni–Juli den Blattachseln und hängen zu 3–6 in kleinen Büscheln an langen Stielen herab. Zur Blütezeit erscheint der kleine Baum wie ein weißes Blütenmeer.
Nh/Mh-4, Zone 6b.

S. obassia Sieb. et Zucc. wird auch bei uns zu einem kleinen Baum. Sie stammt wie die vorige Art aus Japan und gibt in ihrer wissenschaftlichen Bezeichnung den japanischen Namen für die Pflanze (Obassia) wieder. Viel zu selten trifft man diese Art, die durch ihre großen, oberseits dunkelgrünen, unterseits weich behaarten Blätter äußerst dekorativ wirkt, in unseren Gärten an. Die duftenden Blüten sind wesentlich größer als die von *S. japonica*, ebenfalls weiß und in 10–20 cm langen, endständigen Trauben zusammengefaßt. Die Art blüht im Mai–Juni. Sie sollte häufiger gepflanzt werden, gehört sie doch zu den schönsten aller kleinbleibenden Blütenbäume.
Nh-4, Zone 6b.

Symphoricarpos Duham.
Caprifoliaceae
Schneebeere

Das Hauptverbreitungsgebiet der Schneebeeren befindet sich in Nordamerika. Mit 17 Arten ist die Gattung dort vertreten, nur eine kommt in Ostasien vor. Alle sind niedrige, sommergrüne, meist Ausläufer treibende Sträucher mit meist ganzrandigen Blättern, kleinen, wenig auffallenden, 4- bis 5zähligen Blüten in end- oder seitenständigen, köpfchenartig verkürzten Ähren und meist großen, auffallenden, 2kernigen Steinfrüchten.
Trotz einiger Neuzüchtungen der letzten Jahre kann man die Arten und Sorten dieser Gattung kaum als begehrenswerte Blütensträucher bezeichnen. Sie sind allenfalls anspruchslose Decksträucher oder als unverwüstliches Unterholz von Bedeutung. Alle Arten sind nicht wählerisch in bezug auf Boden und Lage. Sie können als industriefeste Gruppensträucher interessant sein, auch als reichfruchtende Heckensträucher oder als Bodendecker. Auffallend und besonders bei Kindern beliebt sind nur die weißen oder roten, lufthaltigen Früchte, die in Mengen angesetzt werden und bis weit in den Winter die Sträucher zieren. Die Früchte sind giftig, die Schneebeeren gehören also nicht in die Nähe von Kinderspielplätzen.
Kenner der Gattung empfehlen eine Mischpflanzung aus *S. × chenaultii* und *S. orbiculatus*, sie soll einen besseren Fruchtbehang gewährleisten.

S. albus (L.) S. F. Blake var. **laevigatus** (Fern.) S. F. Blake stammt aus Nordamerika, trägt ihre Blüten in rötlichweißen Ähren und bis weit in den Winter hinein eine Fülle weißer Früchte. An vielen Stellen zum Gartenflüchtling geworden, ist sie so vital, daß sie sich neben einheimischen Gehölzen behauptet. Ein sehr schattenverträglicher Strauch für Unterpflanzungen und großräumige Flächenbegrünungen. B/Nk-1/2, Zone 3.

'White Hedge' wächst breit-aufrecht, wird etwa 1,5 m hoch, und trägt dicke, weiße Früchte in aufrechten Ständen. Besonders gut für freigewachsene Hecken geeignet.

S. × chenaultii Rehd. (*S. microphyllus* × *S. orbiculatus*) wird bis 2 m hoch und blüht im Juni–Juli mit glockigen, rosa Blüten. Im Herbst tragen die Zweige schwer unter der Last unendlich vieler, roter Früchte. Zone 4.

'Hancock' ist in wenigen Jahren zu einem begehrten Bodendecker geworden, der sich vom Boden an dicht mit niederliegenden, sich bewurzelnden Ästen verzweigt und auch an schattigen Stellen noch fortkommt. Er ist sehr robust, hart, industriefest und besonders unempfindlich gegen Streusalz. In freien Lagen kann er 80–100 cm hoch werden.

S. orbiculatus Moench. Die nordamerikanische Korallenbeere überhäuft sich mit purpurroten Beeren und im Herbst mit schönen roten Blättern, die besonders lange haften. N-2, Zone 5a.

Hybriden

Doorenbos hat in Holland eine Reihe von Hybriden herausgebracht, von denen sich die folgenden am besten bewährt haben. Sie werden auch als *S. × doorenbosii* (*S. × chenaultii* × *S. albus* var. *laevigatus*) beschrieben. Zone 4.

'Magic Berry' hat lilarote Früchte, sie hat sich in großflächigen Pflanzungen gut bewährt.

'Mother of Pearl' trägt an den Zweigspitzen rosa Beeren von beachtlicher Größe, die sich schon Ende September zu färben beginnen und monatelang hängenbleiben.

Symplocos Jacq., Symplocaceae
Rechenblume

Die Familie ist nahe mit den Storaxbaumgewächsen verwandt, sie besteht nur aus einer Gattung, die mit rund 350 sommer- und immergrünen Bäumen und Sträuchern

in allen tropischen und subtropischen Gebieten, außer in Afrika, verbreitet ist. Nur eine sommergrüne Art ist bei uns in Kultur. Alle Arten zeichnen sich durch wechselständige, ungeteilte Blätter, durch traubige oder büschelige, achselständige Blütenstände und durch längliche, ovale oder rundliche Steinfrüchte aus.

S. paniculata (Thunb.) Miq. wird mit etwas sparrigem Wuchs und abstehenden Zweigen kaum über 3 m hoch. Er ist ein recht unauffälliger Strauch, auch die weißen, duftenden, 1 cm breiten Blüten im Mai–Juni sind kaum bemerkenswert. Beachtung verdienen aber die erbsengroßen Früchte, die mit einer seltenen, kobaltblauen Farbe überraschen, der Strauch wird deshalb auch Saphirbeere genannt. Er ist in Japan, China und dem Himalaja beheimatet und im Garten etwas heikel. Er verlangt einen durchlässigen, kalkfreien Boden in warmen und geschützten Lagen. Man sollte immer mehrere Sträucher zusammenpflanzen, da nur bei einer Fremdbefruchtung ein ausreichender Fruchtansatz gesichert ist. Nhw/Mh-4, Zone 7a.

Syringa L., Oleaceae
Flieder

Nur etwa 30 in Ostasien und Südosteuropa verbreitete Arten kennt die Gattung, aber rund 900 Sorten, Züchtungen, die überwiegend die einzige europäische Art (*Syringa vulgaris*) zur Grundlage haben. So beherrschen denn auch die großblumigen Sorten weithin den Garten und lassen oft keinen Raum für die natürlichen Arten. Oft sind diese aber sehr reizvoll und in Habitus und Blüte eleganter als die steifen und etwas protzigen Gartenflieder.

Insgesamt besteht die Gattung aus sommergrünen Sträuchern mit gegenständigen, meist ungeteilten, z.T. auch gefiederten Blättern, kleinen, 4zipfeligen Blüten mit einer meist langen Kronröhre in end- oder seitenständigen Rispen an vorjährigen (selten auch an diesjährigen) Zweigen und ledrigen Fruchtkapseln.

Alle Fliedersorten und -arten sind für einen tiefgründigen, nahrhaften Boden dankbar. Die Sorten von *S. vulgaris* vertragen auch trockene Standorte. Sie sind große Nährstoffverbraucher und danken eine regelmäßige Düngung mit gesundem Wuchs und reicher Blüte. Eine Düngung mit Stallmist wird immer noch empfohlen, ist sicher auch am besten, aber wer verfügt heute noch über eine entsprechende Quelle. Es geht auch mit einem Volldünger, von dem man im Frühjahr 80 g/m² gibt und im August

zur Zeit der Blütenknospenbildung noch einmal 40 g.

Die Fliedersorten und auch manche Wildarten werden von den Baumschulen als veredelte Pflanzen geliefert. Die Unterlage bildet gerne viele Triebe, die sofort entfernt werden müssen, wenn sie nicht die Oberhand gewinnen sollen. Nach der Pflanzung sollte man die Fliedersträucher, besonders wenn sie nur mit wenigen Trieben ausgestattet sind, zurückschneiden, um die Bildung zusätzlicher Triebe anzuregen. Später beschränken sich die Schnittmaßnahmen auf ein Entfernen der Fruchtstände, die sonst über Monate den Strauch verunzieren, und auf ein vorsichtiges Auslichten und Verjüngen älterer Sträucher. Ein radikaler Rückschnitt alter Büsche ist zwar möglich, der Neuaufbau ist jedoch recht schwierig.

S. afghanica Schneid. Als kleiner, kurzzweigiger Gebirgsstrauch mit Steppencharakter wird die Art nur 1 m hoch, trägt kleine, zierlich zerteilte Blätter und blüht im Mai reich mit zierlichen, blaulila Blütenrispen. Ein idealer Kleinstrauch für Trog- und Steingärten. Ns/Ns-3/4, Zone 7a.

S. × chinensis Willd. (*S. persica* × *S. vulgaris*) stammt nicht aus China, sondern wurde um 1777 im Botanischen Garten in Rouen als Zufallshybride gefunden. Rund 4 m Höhe erreicht der buschige, sich stark ausbreitende Strauch, der mit schlanken, vor allem zur Blütezeit bogig überhängenden Zweigen ausgestattet ist. In der zweiten Maihälfte entfalten sich die großen, schlaffen, gut duftenden, lilarosa Blütenrispen. Zone 5a.

'Saugeana' unterscheidet sich durch stärkeren Wuchs und dunklere, tieflila Blüten. Der Chinesische oder Königsflieder ist für die Einzelstellung im Garten ebenso gut geeignet wie für die Pflanzung in großen Gruppen in Parkanlagen. Ideale Gehölzbegleiter sind Goldregen, *Spiraea*-Arten und Schneeball.

S.-Hyazinthiflora-Hybriden (*S. oblata* × *S. vulgaris*). Diese Hybride entstand, wie auch zahlreiche Sorten von *S. vulgaris*, zunächst bei V. Lemoine in Nancy, später auch bei anderen Züchtern. Nur selten werden folgende Sorten angeboten:

'Clarke's Giant' hat ungewöhnlich große Blätter und einfache, zartblaue, bis 3 cm breite Blüten in sehr großen, kegelförmigen Rispen (wird gelegentlich auch zu *S. vulgaris* gestellt).

'Esther Staley'. Blüten einfach und reinrosa. Gilt als eine der schönsten rosablühenden Sorten.

Syringa meyeri 'Palibin'   **Syringa vulgaris 'Mme Lemoine'**

'Jose' (*S. patula* × *S. microphylla* × *S. meyeri*). Etwa 1,5 m Höhe erreicht diese dicht verzweigte, langsam wachsende Hybride, deren eiförmig-elliptische Blätter 2–4 cm lang sind. Im Mai–Juni erscheinen lilarosa Blüten in dichten, 8 cm langen Rispen. 'Jose' blüht schon als junge Pflanze, sie ist ein schöner, zierlicher Zwergflieder, der sonnig und eher trocken stehen soll.

S. josikaea Jacq. f. ex Rchb., Ungarischer Flieder. Wächst in seiner Heimat an sonnigen Standorten und wird zu einem bis 4 m hohen Strauch mit ziemlich dicken, steifaufrechten Trieben und 10–20 cm langen, dichten, aber ziemlich schmalen, meist aufrecht abstehenden Rispen aus tiefviolett gefärbten, ziemlich gut duftenden Blüten. Die Blütezeit liegt im Mai–Juni.
Nh-3, Zone 5a.

S. julianae Schneid. Wie zahlreiche andere Fliederarten stammt auch diese aus Westchina. Mit ihrem ausladenden Wuchs und Höhen um 2 m findet sie auch im Hausgarten Platz. Die Triebe sind dünn und stark filzig behaart. Dicht walzig bis länglich-eiförmig sind die 8–14 cm langen, überhängenden Rispen mit den stark duftenden, purpurvioletten Blüten im Mai–Juni. Eine überaus reichblühende Art.
N-4, Zone 5b.

S. meyeri Schneid. Dieser kleine und zierliche, sehr dichtwachsende Strauch wird nur 1–1,5 m hoch. Er trägt 2–4 cm lange, elliptisch-eiförmige Blätter und im Mai–Juni bis 8 cm lange, behaarte Blütenrispen mit schlanken, violetten Blüten. Die Art ist

nur aus nordchinesischen Gärten bekannt. Sie ist sehr wertvoll, weil sie schon als ganz junge Pflanze sehr reich blüht und sich sehr gut in Trögen und Kübeln verwenden läßt.
N-4, Zone 5b.
'Palibin' ist in allen Teilen kleiner und zierlicher als die Art. Die Sorte blüht im Juni sehr reich und schön. Die endständigen Blütenrispen sind in der Knospe purpurrot, später weißlichrosa gefärbt. Auch sie ist trockenresistent und eignet sich dadurch auch hervorragend für den Troggarten.

S. microphylla Diels ist mit 1,5 m eine recht niedrige Art, die auch im kleinsten Garten Platz findet. An dünnen, weich behaarten Trieben sitzen kleine, rundliche Blätter und im Juni eine Fülle von 4–7 cm langen Blütenrispen mit stark duftenden, blaßlila Blüten.
Ns-4, Zone 6a.
'Superba' unterscheidet sich durch die enorm lange Blütezeit, die bis in den Oktober dauert, und durch rosarote, im Verblühen hellere Blüten.

S. patula (Palib.) Nakai (= *S. velutina*) ist in Korea und Nordchina verbreitet, ein bis 3 m hoher Strauch mit feinwollig behaarten Zweigen und eiförmigen bis lanzettlichen, 6–8 cm langen Blättern, die unterseits grau und dicht feinfilzig behaart sind. Die 10–15 cm langen Blütenrispen entfalten sich im Mai–Juni. Die schmalröhrigen Blütenkronen sind außen lila und innen weiß.
Ns-4, Zone 5b.

S. × persica L. (*S. afghanica* × *S. laciniata*). Die Herkunft dieser Hybride ist

wohl immer noch nicht eindeutig geklärt, sie ist seit Anfang des 17. Jahrhunderts in Europa in Kultur. Ein bis 2 m hoher, mit abstehend überhängenden Blütentrieben locker wachsender Strauch. Die lanzettlichen, 3–6 cm langen Blätter sind gelegentlich etwas gefiedert oder 3lappig. Die purpurlila Blütenstände sind zwar nur 6–8 cm lang, erscheinen aber im Mai in großer Zahl.
Zone 6a.

S.-Preston-Hybriden (*S. reflexa* × *S. villosa*) haben in Nordamerika eine große Bedeutung. Sie sind dort härter als die bei uns gebräuchlichen Sorten. Die Sträucher wachsen locker, werden 3–4 m hoch und tragen riesengroße, nickende Blütenstände, deren Blüten leider nicht duften. Für uns sind sie ihrer späten Blüte, die erst nach der unserer Gartenflieder einsetzt, wertvoll.
Zone 5b.
Die besten Sorten sind:
'Coral'. Blüten tief rosarot.
'Nocturne'. Blüten lilablau.
'Redwine'. Blüten karminrot, in langen Rispen.
'Royalty'. Blüten in der Knospe tief purpurn, später purpurblau.

S. reflexa Schneid. wird als eigenartigste der Wildflieder gelobt, wohl des Farbspiels ihrer Blüten wegen. Die Knospen sind zunächst leuchtend karminrot, die offene Blüte später außen weinrot und innen weißlich gefärbt. Die elegant überhängenden, walzenförmigen Rispen brachten ihm den Namen Bogenflieder ein. Die späte Juniblüte, die hohe Frosthärte und Industriefe-

stigkeit haben ihn zu einem wertvollen Strauch für die Einzel- und Gruppenpflanzung gemacht.
Nhw-4, Zone 4.

S.reticulata (Bl.) Hara ist unter dem alten Namen *S.amurensis* var. *japonica* sicher besser bekannt. Der Japanische Baumflieder kann 6–10 m hoch werden, er entwickelt einen kurzen Stamm mit abrollender Borke (wie bei Kirschbäumen) und entfaltet im Juni–Juli bis 30 cm lange, gelblichweiße, streng duftende Blütenstände.
Nhg-4, Zone 4.

S. reticulata var. *mandschurica* (Maxim.) Hara (= *S. amurensis*). Auch der Amurflieder wurde neu benannt. Er stammt aus der Mandschurei und Nordchina, wird 3–4 m hoch und unterscheidet sich durch die nur 10–18 cm langen Blütenrispen.

S. × swegiflexa Hesse (*S. reflexa* × *S. sweginzowii*) wird vom Züchter als wertvolle Bereicherung des Fliedersortimentes angesehen. Sicher nicht zu Unrecht, denn die 30 cm langen Blütenstände sind üppiger und farbenfroher als die der Eltern. In der Knospe dunkel weinrot, präsentieren sich

die schmalen Einzelblüten später zartrosa. Zone 5b.

S.sweginzowii Koehne et Lingelsh. Aus Nordwestchina stammt dieser bis 3 m hohe, elegante, schlankästige Strauch. Seine bis 20 cm langen, aufrechtstehenden Blütenrispen sind locker gebaut, die großen Blüten sind außen von porzellanweißer Grundfarbe mit einem fleischfarbenen Hauch, innen weißlich und im Schlund karminrot. Ein wertvoller Wildflieder mit einer späten Blüte, die erst im Juni einsetzt.
Ns-4, Zone 4.

Die wichtigsten und schönsten Sorten von Syringa vulgaris

Sorte	Blütenfarbe	Füllung	Eigenschaften
'Andenken an Ludwig Späth'	dunkelpurpur	einfach	große Blütenrispen, unübertroffen in dieser Farbe
'Charles Joly'	purpurrot mit heller Mitte	gefüllt	sehr reichblühend, Rispen kurz und gedrungen, Blüten groß
'Christophe Colomb'	zartlila	einfach	dichte, gefüllte Rispen
'Congo'	purpurrot, rückwärts heller	einfach	große, gedrungene, lockere Rispen
'Decaisne'	hellblau, Knospen mehr lila-blau	einfach	Rispen locker, mittel bis groß, Blüten groß, sehr reichblühend
'G. J. Baardse'	purpur	einfach	Rispen groß und schlank
'Katherine Havemeyer'	kobaltlila mit rosa Anflug	gefüllt	Rispen groß bis mittelgroß, sehr starkwachsend
'Léon Gambetta'	lilarosa, Knospen rot	gefüllt	Rispen schmal und lang, Blüten groß, sehr frühblühend
'Macrostachya'	zartrosa, im Verblühen fast weiß	gefüllt	Rispen lang und schmal, kegelförmig, aufrecht und locker
'Maréchal Foch'	karminrosa, später lilarosa	einfach	Rispen und Blüten sehr groß, wächst gut und blüht reich
'Maximowicz'	lilablau, Knospen hellrot	halbgefüllt, gelegentlich auch einfach	Rispen sehr lang, locker und breit-kegelförmig
'Michel Buchner'	lila, innen weiß	gefüllt	Rispen sehr lang und schmal, wächst vor allem in der Baumschule gut
'Miss Ellen Willmott'	schneeweiß	gefüllt	Blüten sehr groß und gut geformt, spätblühend
'Mme Antoine Buchner'	zart malvenrosa, Knospen purpurn	gefüllt	Rispen kräftig, lang und schmal, blüht spät und lange
'Mme Florentine Stepmann'	weiß	einfach	heute beste mittelfrühe Treibsorte, hat die ältere 'Marie Legraye' abgelöst
'Mme Lemoine'	reinweiß	gefüllt	spätblühend, beste gefüllte weiße Sorte
'Monique Lemoine'	weiß	gefüllt	Blütenrispen groß
'Mont Blanc'	reinweiß	einfach	reich- und spätblühend
'Mr. Edward Harding'	hell purpurrot, im Verblühen purpurrosa	gefüllt	Rispen und Blüten groß, gilt als beste unter den gefüllten roten Sorten
'Olivier de Serres'	purpurblau	gefüllt	Blüten werden im Verblühen blasser
'Paul Thirion'	dunkel purpurrot	gefüllt	Rispen groß, fast halbkugelig, Blüten groß
'Primrose'	hell primelgelb	einfach	für Freiland und Treiberei beste gelbe Sorte
'Prodige'	purpurrot	einfach	wenig verbreitete, aber empfehlenswerte Sorte mit besonders großen Blüten
'Ruhm von Horstenstein'	tief lilarot, Knospen rot	einfach	Rispen kurz und gedrungen, wächst gut und blüht reich
'Sensation'	purpurn mit silbrigem Saum'	einfach	schlanke, lockere Rispen
'Vestale'	reinweiß	einfach	Rispen kegelig mit breiter Basis, sehr reich- und frühblühend

S. vulgaris L. Der Gemeine Flieder ist in Südosteuropa heimisch und kann als Beispiel dafür genannt werden, was züchterischer Fleiß aus einer nicht gerade sehr ansehnlichen Wildart machen konnte.

Um die Mitte des 16. Jahrhunderts kam der Flieder nach Wien, nachdem er von den Arabern schon etwa 902 nach Spanien gebracht wurde. Obwohl schon um 1600 weiße und rotblühende Formen bekannt waren, begann die eigentliche Züchtungsarbeit erst vor etwas mehr als 100 Jahren. Von 1860 bis 1880 stieg die Zahl der bekannten Sorten von 45 auf 100. Bis heute mögen rund 900 Sorten registriert sein, deren Farbskala von der eigentlichen Fliederfarbe Lila bis zum Schieferblau, reinem Weiß, hellem Gelb und dunklem Rot reicht und dabei einfache und gefülltblühende Sorten kennt.

Um 1930 konnte eine bedeutende deutsche Baumschule (L. Späth, Berlin) noch mehr als 150 Fliedersorten anbieten. Heute unterhalten auch große Betriebe kaum mehr als 20 Sorten, deren Auswahl auf verschiedene Sortimentsprüfungen zurückgeht.

Ns-3, Zone 4.

Tamarix L., Tamaricaceae
Tamariske

Nur wenige der 54 von Westeuropa über das Mittelmeergebiet bis Westasien verbreiteten Arten sind bei uns ausreichend winterhart. Schuppenartige, sich dachziegelig deckende, grüne oder bläuliche, wechselständige Blätter sind das besondere Kennzeichen der Gattung, die sommer- oder wintergrüne Sträucher oder Bäume umfaßt. Die Sommerblüher *T. gallica* und *T. chinensis* entfalten ihre 5zähligen Blüten in Doppeltrauben endständig an diesjährigen Zweigen. Die Frühjahrsblüher, *T. parviflora* und *T. tetrandra*, haben 4zählige Blüten, die in kleinen Trauben seitlich an den vorjährigen Zweigen stehen. Die Frucht ist eine kleine, in der Regel 3- bis 4klappige Kapsel. Tamarisken sind nicht nur besonders schöne Blütensträucher, sondern fallen den ganzen Sommer über durch ihre heidekrautähnliche Belaubung und ihren lockeren, oft überhängenden Wuchs auf. Sie lassen sich nur schwer mit anderen laubabwerfenden Sträuchern in Gruppen vereinen, sie müssen frei stehen. Alle Arten lieben leichte und wenig kalkhaltige Böden in sonniger Lage. Viele von ihnen sind ausgesprochene Dünen- und Steppenbewohner, die auch mit salzhaltigen Böden vorlieb nehmen und heftigen Winden trotzen. Sie sind so für die Landschaftsgestaltung in Seenähe von

Tamarix tetrandra

großer Bedeutung. Tamarisken lassen sich nur schwer verpflanzen, man verwende daher Pflanzen aus Containern. Andere stellt man mehrere Stunden ins Wasser und schneidet die Triebe nach dem Pflanzen stark zurück. Später kann man zu sparrige Sträucher auch kräftig zurückschneiden.

T. chinensis Lour. Die Kaspische Tamariske ist von Südosteuropa bis Mittelasien verbreitet. Sie entwickelt einen 3–4 m hohen Strauch mit braunroten, überhängenden Zweigen und bläulichgrüner Belaubung. Im Juli–September entfalten sich an den Zweigenden dunkelrosa Blüten in Doppeltrauben, die aus 3–8 cm langen, lockeren Trauben zusammengesetzt sind. Verwirrend ist die Vielfalt an wissenschaftlichen Namen für diese schöne und wertvolle Art, sie wird auch als *T. pentandra*, *T. ramosissima* und *T. odessana* beschrieben.
Ns/Na-3, Zone 5 b.
'Pink Cascade'. Raschwachsende Selektion mit schlanken Zweigen, blaugrünen Blättern und zahlreichen hellrosa Blüten in 2–5 cm langen Trauben.
'Rosea'. Hoher Strauch mit leicht überhängenden Zweigen. Blätter hell blaugrün, Blü-

ten hellrosa in großen Trauben. Gilt als schönste Sorte dieser Art.
'Rubra'. Blüten dunkel karminrosa.

T. gallica L. Das natürliche Verbreitungsgebiet der Französischen Tamariske liegt im westeuropäischen Küstenbereich. Mit dünnen, aufrechten oder abstehenden Trieben wird der Strauch nur selten mehr als 3 m hoch, er trägt dunkel- bis bläulichgrüne Blätter und im Juli–September rosa Blüten in 3–5 cm langen, dichten, zylindrischen Trauben.
Nm/M-3, Zone 6 b.

T. parviflora DC. Die Frühlingstamariske ist ein in Südosteuropa heimischer, bis 4 m hoher Strauch mit dünnen, überhängenden, rotbraunen, im Winter fast schwarzen Zweigen. Er blüht schon im Mai in schlanken, 3–4 cm langen, hellrosa Trauben an den vorjährigen Trieben.
Ns/Ms-3, Zone 6 b.

T. tetrandra Pall. ist vom östlichen Balkan über die Krim bis Westasien verbreitet, ein etwa 3 m hoher Strauch mit dünnen, überhängenden, fast schwarzrindigen Zweigen und schuppenförmigen, lebhaftgrünen Blättern. Im April–Mai blühen die rosa Blüten auf, sie sitzen entlang der Zweige in 4–5 cm langen, mehr oder weniger büscheligen Trauben.

Ns/Na/Ms/Ma-3, Zone 5 b.

Tecomaria (Endl.) Spach
Bignoniaceae

Mit je einer Art ist die Gattung in Südafrika und in Mittel- bis Südamerika verbreitet. Es sind immergrüne, aufrechte oder kletternde Sträucher mit gegenständigen, unpaarig gefiederten Blättern. Die Blüten haben einen glockigen, regelmäßig 5zähnigen Kelch und eine trichterförmige, etwas gekrümmte Blütenkrone, aus der die Staubblätter weit herausragen. Die Frucht ist eine linealische, zusammengedrückte Kapsel.

T. capensis (Thunb.) Spach. Die Kapländische Trompetenwinde ist eine in südeuropäischen Gärten häufig gepflanzte, schwach kletternde Liane mit 10–15 cm langen, dunkelgrünen, stark glänzenden Blättern. Sie unterstreichen die Leuchtkraft der schlanken, zinnoberroten Blüten, die zu 4–8 in endständigen Rispen erscheinen. Die Blütezeit dauert von August bis in den Oktober. *T. capensis* gehört zu den attraktivsten Klettersträuchern in südlichen Gärten.

A-6, Zone 9.

Teucrium L., Labiatae
Gamander

Die Familie der *Labiatae* umfaßt rund 200 Gattungen mit etwa 3500 Arten. Zur Gattung *Teucrium* gehören rund 120 Halbsträucher und Stauden, die besonders zahlreich vom Mittelmeergebiet bis Vorderasien verbreitet sind. Gemeinsame Merkmale aller Labiaten sind ihr meist vierkantiger Stengel, die einfachen, kreuzgegenständigen Blätter, die 5zähligen, stark dorsiventralen Blüten und der aromatische Duft, der von Drüsenschuppen oder -haaren ausgeht.

T. chamaedrys L. ist die einzige gartenwürdige Art. Sie kommt in Mittel- und Südeuropa auf offenen, kalkhaltigen und sonnigen Standorten vor und ist ein etwa fußhoher, immergrüner Halbstrauch. Die Wildform wächst in niedrigen, Ausläufer treibenden Teppichen, die im Garten kultivierte Form ist zahmer und baut sich mit vielen aufstrebenden Trieben zu einem breitbuschigen Halbstrauch auf, dessen karminpurpurne Lippenblüten von Juli bis

Oktober in ährenähnlichen Blütenständen über dem Laub stehen.

Der Gamander ist ein hübscher Spätsommerblüher für trockene, sonnige Plätze auf durchlässigem Boden in Stein- und Heidegärten. Sehr gut läßt er sich auch als kleine Einfassungshecke verwenden, man kann ihn wie Buchsbaum scharf und regelmäßig zurückschneiden. Gelegentlich friert er stark zurück, treibt aber immer wieder durch und wird ohnedies jährlich zurückgeschnitten.

Das *T. chamaedrys* unserer Gärten weicht im Habitus deutlich von der Wildform ab. Deshalb wird von einigen Autoren auch zwischen der Wildform *(T. chamaedrys)* und der Gartenform *(T. massiliense)* unterschieden.

Na-3, Zone 6 b.

T. fruticans L. Der Strauchige Gamander kommt im westlichen und mittleren Mittelmeergebiet auf küstennahen Kalkfelsen, an trockenen, sonnigen Plätzen vor. Der immergrüne Strauch erreicht mit seinen vierkantigen, weißfilzigen Trieben eine Höhe von etwa 1,2 m. Im April–Mai entfalten sich seine bis 2,5 cm langen, blau bis lila gefärbten Blüten in end- und seitenständigen Trauben.

Ms-3, Zone 9.

Thamnocalamus Munro
Gramineae
Bambus

Die Gattung ist ein typisches Beispiel für die Zuordnung und damit die Benennung von Bambusarten. Sie ist nur an blühenden

Pflanzen möglich. Da Bambus aber nur selten und meist in sehr langen zeitlichen Abständen blüht, ergeben sich immer wieder Schwierigkeiten bei der Benennung und damit oft leidige Namensänderungen. 1984 blühten in Dänemark *Fargesia murielae* (damals noch als *Sinarundinaria murielae* bekannt) in Gartenkultur zum erstenmal. Nach einer Untersuchung von Thomas Soderstrom erhielt die Art den neuen Namen *Thamnocalamus spathaceus*. Nun scheint aber keineswegs gesichert, daß die in Dänemark untersuchten Pflanzen identisch sind mit den Pflanzen gleichen Namens in Deutschland, Frankreich und Italien, denn hier haben die Pflanzen nicht geblüht. Also behält *Fargesia murielae* zunächst ihren Namen.

T. tesselatus (Nees van Esenbeck) Soderstrom et Ellis ist in Südafrika heimisch und entwickelt sich an warmen, feuchten Stellen zu einem 2–4 m hohen Strauch mit lockerstehenden, nicht wuchernden Halmen. Die grünbraunen, in der Sonne leuchtendroten, aufrechten Halme tragen zahlreiche, erst im zweiten Jahr erscheinende Zweige und blaugrüne Blätter. Die sehr lange haftenden Halmscheiden sind blaßgrün mit Rosa und später trockenweiß. *T. tesselatus* braucht einen sonnigen Platz im hausnahen Bereich.

Nhw-4, Zone 7a.

Tilia L., Tiliaceae
Linde

In der nördlich gemäßigten und subtropischen Zone kommen etwa 50 Arten sommergrüner Linden vor. Ihre wechselständi-

Tecomaria capensis

Tilia-Allee

gen Blätter sind 2zeilig gestellt, langgestielt, am Rande gesägt und am Grunde meist herzförmig oder asymmetrisch. Gelbliche oder weiße, duftende Blüten sitzen in kleinen, hängenden Trugdolden. Der Stiel des Blütenstandes ist etwa zur Hälfte einem häutigen, blaßgrünen Hochblatt angewachsen. Die Frucht ist ein kugeliges oder birnenförmiges Nüßchen.

Kaum ein anderer Baum war so eng mit dem Leben der Menschen verbunden wie die Linde. Sie stand im Hof oder in der Mitte der Siedlung, war Ort der Versammlung und Rechtsprechung. Durch viele Märchen, Gedichte und Lieder, durch unzählige Familiennamen und mehr als 1000 Ortsnamen im deutschen Sprachraum wird deutlich, wie eng der Baum in der Seele der Menschen verwurzelt war. Noch

heute bezeugen uralte Dorf- und Gerichtslinden das Tun und Handeln früherer Zeiten.

Heute haben Linden als Park- und Alleebäume eine große Bedeutung. Noch wichtiger sind einige Arten (*T.* × *euchlora, T.* × *vulgaris* und *T.tomentosa*) als hitze- und industriefeste Straßenbäume, die auch der pflanzenfeindlichen, durch den Asphalt bedingten Rückstrahlungshitze widerstehen. Andere Linden stellen hohe Ansprüche an Klima und Lage. Sie bevorzugen gute, nahrhafte und frische Böden und Standorte mit hoher Luftfeuchtigkeit. Mit Ausnahme der in Südosteuropa heimischen *T.tomentosa* und *T.petiolaris* sind sie zur Verwendung im städtischen Straßenbereich nur bedingt geeignet. Unter entsprechenden ökologischen Bedingungen können sie

auch in Bodenschutzpflanzungen oder zur Befestigung von Dämmen und Hängen verwendet werden. Auf nicht zusagenden Standorten werden sie häufig von der Roten Spinne befallen und verlieren dadurch ihre Blätter schon im Sommer. Vor allem die beiden einheimischen Lindenarten sind wertvolle Bienenfutterpflanzen. Noch immer sieht man an Straßen oder auf Plätzen grausam zurechtgestutzte Linden. Zwar vertragen Linden manchen Schnitt, doch entstellen solche Mißhandlungen oft völlig Habitus und Charakter des Baumes. Dort, wo aus Platzmangel breitkronige Linden regelmäßig gekappt werden, hat man eine falsche Baumart gewählt.

T.americana L. Die Amerikanische Linde wird in ihrer Heimat zu einem bis 40 m ho-

hen Baum, erreicht bei uns diese Höhe aber wohl nie. Sie entwickelt bemerkenswert große Blätter, die 10–20 cm lang sind, an starken Trieben aber noch wesentlich größer sein können.
N-2, Zone 5b.

'Nova'. Selektion mit kräftigem Wuchs, breit-kegelförmiger Krone und besonders großen, sattgrünen Blättern. Wird von den Baumschulen in der Regel kultiviert. Braucht wie die Art frische Böden.

T.cordata Mill. Die Winterlinde ist ein in Europa heimischer Baum, der mit seiner hohen, regelmäßig gewölbten Krone 30 m Höhe erreichen kann. Seine Blätter sind recht klein, rundlich und herzförmig und auf der Unterseite rotbraun gebärtet. Winterlinden können neben Eichen und Eiben von allen europäischen Baumarten das höchste Alter erreichen. Zwar sind die »1000jährigen Linden« häufig bei weitem keine 1000 Jahre alt. Aber ein Alter von mehreren 100 Jahren läßt sich bei vielen Dorf-, Gerichts- oder Marienlinden nachweisen. Die Winterlinde wird als Park- und Alleebaum, als Dorf- und Hofbaum, für Eingrünungen, Hecken und Schutzpflanzungen in vielfältiger Weise eingesetzt, sie gedeiht am besten in nährstoffreichen, mäßig trockenen bis frischen Böden.
N-3, Zone 4.

'Erecta' erhielt in den Niederlanden eine gute Bewertung. Der Baum wird 18–20 m hoch, entwickelt eine kegelförmige Krone und besitzt kleine, dunkelgrüne Blätter; ein hervorragender Alleebaum, der auch für den städtischen Straßenraum bedingt geeignet ist.

'Greenspire'. Eine Selektion mit ausgesprochen kegelförmigem, gleichmäßigem, raschem Wuchs und gesunder Belaubung. Ist für Anpflanzungen im städtischen Straßenraum gut geeignet.

'Lico' wird nur 4–5 m hoch und bildet fein verzweigte, sehr dichte, kugelige Kronen mit kleinen Blättern. Ähnlich baut sich die ebenfalls aus Holland stammende Sorte 'Monto' auf.

'Rancho' bildet eine ziemlich schmale, regelmäßige, kegelförmige Krone, sie hat sich in Holland als Stadtstraßenbaum gut bewährt.

T. × euchlora K. Koch. (Vermutlich *T. cordata × T. dasystyla*) Die Krimlinde gehört zu den strahlungsfesten Straßenbäumen, die darüber hinaus in hohem Maße industriefest und resistent gegen Schädlinge sind. Ihre rundlich-eiförmigen Blätter sind oberseits auffallend glänzend dunkelgrün, sie haften lange am Baum. Als Straßen- und Alleebaum läßt sie sich allerdings

nur dort einsetzen, wo ihre weit und tief überhängenden Zweige und Äste nicht stören. Der hängende Wuchs läßt sich auch durch entsprechende Schnittmaßnahmen nicht abstellen.
Zone 5b.

T. × flavescens A.Br. (*T.americana × T. cordata*) Baum mit kräftigem, geradem Stamm und rundlicher Krone. Die 6–8 cm langen, grob gesägten Blätter bleiben im Herbst lange grün.
Zone 5a.

'Glenleven'. Wüchsiger, bis 15 m hoher Baum mit durchgehendem Stamm und breitausladender Krone. Gesunder und harter Park- und Straßenbaum, der auch für den städtischen Straßenraum geeignet ist.

T.henryana Szysz. Aus Mittelchina kam die unzweifelhaft schönste aller Linden. Sie ist wohl erst seit einigen Jahren in wenigen botanischen Gärten zu sehen und noch nicht in die Sortimente der Baumschulen gelangt. Dekorativ ist besonders ihr eiförmiges, an der Basis schief-herzförmiges Blatt, dessen fein gesägter Rand mit 1 cm langen und borstigen Zähnen versehen ist. Die Art wird im Alter höchstens 10–15 m hoch.
Nhw-4, Zone 6b.

T. × moltkei Späth. Die Hybride (*T.americana × T.petiolaris*) entstand schon vor 1880 in der Baumschule Späth in Berlin. Von *T.americana* stammen die großen (10–18 cm lang), eiförmigen bis kreisrunden Blätter, die sich von denen der *T.americana* durch ihre etwas graufilzige Unterseite unterscheiden. *T.petiolaris* brachte den mehr oder weniger stark überhängenden Wuchs mit. Ein schöner, üppigwachsender Park- und Straßenbaum mit einer lockeren, gefälligen Krone.
Zone 6a.

T.mongolica Maxim. stammt aus der Mongolei und Nordchina und fällt durch das vom üblichen Bild abweichende Blatt auf. Es ist im Austrieb rötlich, später glänzendgrün, im Umriß eirundlich, grob und unregelmäßig gesägt und oft 3- bis 5lappig. Mit nur 10 m Höhe eine interessante, kleinkronige Art.
Ns/B-4, Zone 5b.

T.petiolaris DC. wird von einigen Botanikern nur als Kulturform der Ungarischen Silberlinde (*T.tomentosa*) betrachtet. Beide Blätter sind sich sehr ähnlich: eirundlichherzförmig, an der Basis schief-herzförmig, scharf gesägt, oberseits dunkelgrün, unter-

seits weißfilzig. Bei *T.petiolaris* ist der Blattstiel nahezu so lang wie die Blattspreite. Der Blattstiel der Ungarischen Silberlinde erreicht nur knapp die halbe Länge der Spreite. Die Seitenäste hängen bei *T.petiolaris* über (daher gelegentlich auch der Name Hänge-Silberlinde), der ganze Baum wirkt eleganter als die steife *T.tomentosa*.
Nw-3, Zone 5a.

T.platyphyllos Scop. Die Sommerlinde übertrifft als zweite mitteleuropäische Art ihre Schwester in der Wuchshöhe. Auch ihre lebhaft grünen, unterseits weich behaarten Blätter sind wesentlich größer. Sie treibt sehr früh aus, blüht 14 Tage früher als andere Linden und bietet damit eine ausgezeichnete Bienenweide. Sie ist anspruchsvoller an den Standort als die robustere Winterlinde und gedeiht mit ihren großen, weichen Blättern nur bei genügend hoher Luftfeuchtigkeit.
Nh-3, Zone 4.

'Rubra' zeichnet sich durch eine gute Stammbildung und eine aufrechte Kronenform aus, die einjährigen Triebe sind intensiv rot gefärbt.

T.tomentosa Moench. Einige Merkmale der Ungarischen Silberlinde wurden schon bei *T.petiolaris* vermerkt. In den dichten und breit-kegelförmigen Kronen stehen die Äste steil-aufrecht, besonders im Winter ist die Art dadurch leicht zu erkennen. Die bei beiden Arten im Herbst goldgelben Blätter sind hier auf der Unterseite schneeweiß. Die Art ist ein hervorragender, rauchharter und strahlungsfester Straßenbaum.
Nw-3, Zone 5a.

'Brabant'. Die Selektion der Ungarischen Silberlinde wurde in den Niederlanden mit 3 Sternen bewertet. Mit 25–30 m Höhe, bei einer Breite von 15 m, wird die Selektion wohl etwas höher als die Art, die Krone ist dicht und kegelförmig.

T. × vulgaris Hayne (= *T. × europaea*). Die Holländische Linde ist einer unserer wertvollsten Straßenbäume. Sie übertrifft ihre Eltern (*T.cordata × T.platyphyllos*) an Wüchsigkeit, Gesundheit und Schönheit des Blattes. Als Straßen- und Parkbaum braucht sie mit ihrer bis 40 m hohen Krone beträchtlichen Platz.
Zone 4.

'Pallida' ist als Kaiser- oder Königslinde bekannt. Sie ist ebenfalls ein wertvoller Straßenbaum und unterscheidet sich durch größere Blätter und im Herbst auffallend gerötete Knospen.

'Rheinland'. Wuchs schmal-kegelförmig, bleibt um ein Drittel schmäler als *T.tomentosa*.

Toona (Endl.) M. J. Roem.
Meliaceae
Surenbaum

Mit 15 Arten ist die Gattung vorwiegend im tropischen Asien und Australien verbreitet. Nur eine Art ist in Mitteleuropa ausreichend frosthart. Die Gattung umfaßt sommer- oder immergrüne Bäume mit wechselständigen, paarig gefiederten Blättern, kleinen, zwittrigen Blüten in Rispen, Trauben oder Dolden und 5klappigen Fruchtkapseln.

T. sinensis (A. Juss.) M. J. Roem. kommt in China vor. Sie wird im Alter sicher um 20 m hoch und erinnert mit ihren 40–60 cm langen Blättern an *Ailanthus*. Die Blättchen tragen jedoch keine mit Öldrüsen besetzten Zähne, sie sind vielmehr nahezu ganzrandig und an der Basis rund oder etwas schief. Aus dicken, behaarten Zweigen wird eine etwas sparrige, breite Krone aufgebaut. Starke Stämme tragen eine tiefrissige Borke, die in Streifen abreißt. Die kleinen, grünlichweißen Blüten erscheinen im Juni–Juli in 50–70 cm langen, hängenden Rispen. Dekorativ sind auch die 3 cm langen, holzigen Fruchtkapseln, die in der oberen Hälfte in 5 Klappen aufspringen und als »Trockenblumen« verwendet werden können. Der Chinesische Surenbaum verträgt offenbar mehr Winterkälte als bisher angenommen. Er ist mit seinen riesigen, im Herbst gelben Blättern ein besonders dekorativer Parkbaum. Geriebene Blätter riechen schwach nach Lauch. In China sollen angeblich die Jungtriebe als Gemüse zubereitet werden.
Nhw-4, Zone 6b.

Trachelospermum Lem.
Apocynaceae
Sternjasmin

In südeuropäischen und englischen Gärten wird eine der insgesamt etwa 30 Arten der Gattung, die überwiegend im tropischen und subtropischen Ostasien (nur eine Art in Nordamerika) verbreitet ist, häufig gepflanzt. Die immergrünen, windenden Sträucher führen in Trieben und Blättern Milchsaft. Die Blätter sind gegenständig, ledrig und deutlich fiedernervig. Weiße bis gelbliche Blüten stehen in end- und achselständigen Büscheln zusammen. Die stieltellerförmigen Blüten sind mit einer langen, engen Röhre und mit einem ausgebreiteten, 5teiligen Saum ausgestattet, dessen Abschnitte oberhalb der Röhre nach rechts gedreht sind. Die Frucht ist eine rundliche, verlängerte, dünne, gekrümmte Balgfrucht.

T. jasminoides (Lindl.) Lem. Der Sternanis ist ein immergrüner, dicht verzweigter, bis 5 m hoher Kletterstrauch mit elliptisch-länglichen, 2–6 cm langen, tiefgrünen, glänzenden Blättern. Stark duftende, reinweiße, etwa 2,5 cm lange Blüten öffnen sich im Juli in langgestielten, lockeren Trauben in den oberen Blattachseln. Der hübsche, reichblühende Kletterstrauch braucht einen warmen, geschützten Platz an einer Mauer. Er hat seine Heimat in Japan, Korea und China.
Mh-4, Zone 9.

Trachycarpus H. Wendl., Palmae
Hanfpalme

Unter den 4–6 Arten der Gattung, die vom Westhimalaja bis China und Japan verbreitet sind, befindet sich eine der kälteresistentesten Arten unter den Palmen: *T. fortunei*. Die Gattung stellt mittelhohe bis hohe Fächerpalmen, deren Stamm in der Jugend meist vollständig, im Alter nur im oberen Teil dicht mit braunen Fasern bedeckt ist. Es handelt sich dabei um die Reste von Blattscheiden und den nach oben gerichteten Blattgrundresten. Die kreis- oder halbkreisförmigen, vielstrahligen Blätter haben V-förmige Segmente.
Die einhäusigen Pflanzen besitzen getrenntgeschlechtliche Blüten, die in ihrem großen Blütenstand von mehreren Spathen eingehüllt sind.

T. fortunei (Hook.) H. Wendl. Die chinesische Fächerpalme kann im Alter eine Höhe von etwa 12 m erreichen. Sie hat einen schlanken Stamm mit den für die Gattung charakteristischen braunen Fasern. Die Krone setzt sich aus etwa 30 glänzend dunkelgrünen Blättern zusammen, die einen Durchmesser von etwa 90 cm erreichen. Die 30–36 Segmente sind unterschiedlich tief, oft bis zum Blattgrund eingeschnitten. Zur Blütezeit quellen die zahlreichen Blüten als gelbe Masse zwischen den Blattstielen aus den sich abspreizenden Spathen hervor. Die Früchte sind blaue, nierenförmige, glatte Beeren.
Ihrer relativ hohen Kälteresistenz wegen gehört die Hanfpalme zu einer der am Mittelmeer besonders häufig gepflanzten Arten, sie gedeiht selbst noch in Meran, am Gardasee, im Tessin und in Südwestengland. Sie war einst eine wichtige Nutzpflanze, denn ihre äußerst zähen Fasern wurden zu Matten, Stricken, Bürsten und Regenumhängen verarbeitet. Ihre ursprüngliche Verbreitung reicht von Oberburma bis Südchina und Südjapan.
Mh-4, Zone 8b.

Tripterygium Hook. f.
Celastraceae
Dreiflügelfrucht

Die Gattung umfaßt 4 in Ostasien verbreitete, sommergrüne Lianen mit wechselständigen, einfachen, großen Blättern und kleinen, weißen, polygamen, 5zähligen Blüten in endständigen Rispen. Die Früchte sind 3flügelige, 1samige Nüße.

T. regelii Sprague et Takeda. Bis 2 m hoher Strauch mit lang ansteigenden und überhängenden, rotbraunen, feinwarzigen, schwach kantigen Zweigen. Die hellgrünen Blätter sind meist eiförmig, 10–17 cm lang, mehr oder weniger plötzlich zugespitzt bis geschwänzt-zugespitzt und kerbig gesägt. Die gelblichweißen, 8 mm breiten Blüten erscheinen im Juni–Juli in 4–6 cm breiten Rispen. Die Früchte sind gelblichweiß. Ausreichend harte und anspruchslose, aber wenig verwendete Liane, deren Triebe an Klettergerüsten angebunden werden müssen. Heimisch in Japan und Korea.
Nh-4, Zone 6a.

Trochodendron Sieb. et Zucc.
Trochodendraceae
Radbaum

T. aralioides ist die einzige Art der Gattung, ein immergrüner, aromatischer Strauch mit wechselständigen, lang gestielten, 8–15 cm langen, ledrigen Blättern und unscheinbaren Blüten (sie besitzen keine Petalen und Sepalen) im Mai–Juni in endständigen Trauben.

T. aralioides Sieb. et Zucc. ist zusammen mit *Cryptomeria japonica, Styrax japonica, Clethra barbinervis* und anderen empfindlichen Gehölzarten in den Bergwäldern der warmtemperierten Zonen Japans, Formosas und Koreas verbreitet. Bei hohen, gleichmäßig verteilten Niederschlägen treten dort kaum strenge Fröste auf. Man kann den Radbaum deshalb nur für wintermilde Gebiete in geschützten, luftfeuchten und halbschattigen Lagen empfehlen, er braucht einen frischen, humosen, sauren Boden. Er ist an ungünstigen Standorten nicht besonders dekorativ, interessant allein seiner Seltenheit wegen. An den Zweigenden älterer Sträucher sind die Internodien verkürzt, die Blätter stehen dadurch fast quirlartig dicht beieinander. Mit einiger Phantasie kann man dabei an die Speichen eines Rades denken, daher wohl der Name Radbaum.
Mhg-4, Zone 7b.

Trochodendron aralioides   **Ulex europaeus**

Ulex L., Leguminosae
Stechginster

Im westlichen Europa sind 20 Arten reich
und dicht verzweigter, dornig bewehrter
Sträucher vertreten. Ihre Zweige enden in
scharfen Dornspitzen, die Blätter sind bis
auf den dornigen Blattstiel verkümmert.
Die Blüten sitzen zu 1–3 an seitenständigen, gestauchten Kurztrieben, mitunter
auch endständig in Trauben. Die gelben
Kronblätter sind von einem gelblichen,
dicht behaarten Kelch umgeben, der fast bis
zum Grund gespalten und so in 2 Lippen
gegliedert ist. Die Frucht ist eine 1–2 cm
lange, dicht filzig behaarte Hülse.

U. europaeus L. sollte nur im luftfeuchten,
milden Klima seiner westeuropäischen Heimat gepflanzt werden. Im kontinentalen
Klima erfriert der Stechginster zu häufig.
Im Heidegarten, auf kalkarmen Sandböden
sieht er mit seinen steifen, dornigen, grünen
Zweigen und den großen gelben Blüten an
den Zweigenden recht hübsch aus. Die
Hauptblütezeit liegt im Mai–Juni, einzelne
Blüten erscheinen aber den ganzen Sommer
über. Man darf ihn nur mit Topfballen
pflanzen, er wächst sonst nicht an.
M/Nm-3, Zone 7b.

Ulmus L., Ulmaceae
Ulme, Rüster

Rund 45 Ulmenarten begegnen uns in der
nördlich gemäßigten Zone. Fast alle sind
hohe, sommergrüne Bäume mit wechselständigen, 2zeilig gestellten, an der Basis
meist sehr schiefen Blättern und zwittrigen,
unscheinbaren Blüten, die vor den Blättern
oder im Herbst erscheinen. Das flache
Fruchtnüßchen wird von einem mehr oder
weniger breiten Flügelrand ringsum eingefaßt. Ulmen sind dekorative, raschwüchsige
Bäume für den Park und die Straßenbepflanzung. Ehemals weit verbreitet und
in riesigen Mengen angepflanzt, ist ihre Bedeutung stark gesunken. Etwa seit 1920 fielen in Mitteleuropa der Ulmenkrankheit
(Ceratocystis ulmi), einem Pilz, der sich in
den Wasserleitbahnen des Holzes ausbreitet, die Zellwände teilweise zerstört und so
den Wassertransport blockiert, in wenigen
Jahren unendlich viele Bäume zum Opfer.
Nach dauerhaft resistenten Klonen wird gesucht.
Ulmen bevorzugen tiefgründige, nährstoff-
und kalkreiche, trockene bis feuchte Böden.

U. glabra Huds. emend. Moss. Die heimische Bergulme kommt zusammen mit
Esche und Bergahorn auf nährstoffreichen,
humosen, gut durchlüfteten Böden, vornehmlich an Bächen und Flüssen vor. Sie
wird aber nicht nur zur Anpflanzung an
fließenden Gewässern, sondern auch an
trockenen Standorten empfohlen. Der
hohe, breitkronige Baum bildet keine Wurzelausläufer.
Nhk-3, Zone 5a.
'Camperdownii'. Als dicht belaubte »Laubenulme« finden wir den schwachwachsenden Baum mit seiner fast halbkugeligen
Krone und den in kurzen Bögen abwärts-
wachsenden Zweigen in vielen Gärten und
auf Friedhöfen.
'Exoniensis' empfiehlt sich mit ihrem
schmal-kegelförmigen und steif-aufrechtem
Wuchs als kleiner, nur 7–10 m hoher, sehr
windfester Park- und Straßenbaum.
'Pendula'. Die Hängeulme baut sich ganz
anders auf als die Laubenulme. In der hohen, flachen Krone sind die Äste waagerecht und breit-schirmförmig ausgebreitet,
die Zweige zeigen nur an der Spitze eine
leicht hängende Tendenz. Ein etwas eigenartiger, trotzdem dekorativer Parkbaum.

U. × hollandica Mill. (*U. glabra × U. minor × U. plotii*) gilt als Sammelbezeichnung
für eine Reihe von Sorten, die als Park- und
Straßenbäume eine große Bedeutung hatten. Sie sind keineswegs resistent gegen die
Ulmenkrankheit. In den Angeboten deutscher und holländischer Baumschulen finden sich Sorten wie 'Commelin', 'Do-
doens', 'Groeneveld', 'Lobel' und 'Plantijn'.
Zone 5a.

'Jaqueline Hillier', ein Klon aus einer
Kreuzung zwischen *U. glabra × U. plotii*, ist
ein äußerst dekorativer, sehr dicht verzweigter und langsam wachsender Kleinbaum. Er erreicht in 10 Jahren etwa eine
Höhe von 2 m, wird im Alter aber deutlich
höher. Er bleibt im Freistand bis unten beastet und formt eine geschlossene, halb-
runde Krone. Die deutlich 2zeilig und sehr
dicht gestellten Blätter sind 2,5–3,5 cm
groß und rauh behaart. Die kleine Ulme hat
nur einen Nachteil: ihre Zweige sind besonders brüchig.

517

Ulmus glabra 'Pendula'

Hybriden

Seit 1958 befaßt sich der Phytopathologe E. B. Smalley an der Universität Wisconsin mit der Züchtung von Ulmen, die resistent gegen die Ulmenkrankheit sein sollen. Smalley hat junge Pflanzen amerikanischer, asiatischer und europäischer Arten mehrfach mit *Ceratocystis ulmi* infiziert und die überlebenden Nachkommen von *U.pumila*, *U.japonica*, *U.glabra* und *U.minor* miteinander gekreuzt. Die Hybriden wurden wiederum infiziert und selektiert. Das bisherige Ergebnis sind 3 resistente Sorten, die als »Resista«-Sorten bezeichnet werden. Als erste Sorte kam 1984 'Sapporo Gold' in die Bundesrepublik, ihr folgten bald 'Recerta' und 'Regal'. Sie sind seit 1982 in der Biologischen Bundesanstalt, Darmstadt, auf ihr Resistenzverhalten gegenüber der Ulmenkrankheit getestet worden. In mehreren Versuchen wurde eine geringe bis sehr geringe Anfälligkeit festgestellt.

'Recerta' ist eine F_1-Hybride aus *U.pumila* × *U.minor*. Sie wächst in der Jugend rasch, hat einen geraden Stamm und eine dichte Krone mit breit ausladenden Ästen, die elliptischen Blätter sind 6–12 cm lang und glänzend dunkelgrün.

'Regal' wächst in der Jugend etwas langsamer als 'Sapporo Gold'. Sie wächst mit straff-aufrechtem Haupttrieb und hat eine vergleichweise schmale Krone. Die Blätter sind schmaler und dunkler als bei 'Sapporo Gold', der Blattfall setzt spät ein. Am Zustandekommen von 'Regal' sind *U. × hollandica* 'Vegeta', *U.minor* und *U.pumila* beteiligt.

'Sapporo Gold' ist eine F_1-Hybride aus *U.pumila* × *U.japonica*. Sie wächst in der Jugend rasch, wird bis 20 m hoch und hat eine relativ große, mäßig dichte Krone. Die elliptischen, 8–10 cm langen Blätter färben sich im Herbst grüngelb.

U.laevis Pall. Das Verbreitungsgebiet der Flatterulme liegt in Mittel-, Südost- und Osteuropa. Sie ist ein Baum der großen Flußniederungen und oft mit Erle und Esche vergesellschaftet. Bis 30 m Höhe erreicht die Flatterulme, sie entwickelt eine breite Krone mit hängenden Ästen; sie bildet nicht selten Wurzelausschläge und ist deshalb als Straßenbaum nur bedingt geeignet.
N-3, Zone 5a.

U.minor Mill. emend. Richens. Die Feldulme ist auch unter dem Namen *U.carpinifolia* bekannt. Wie *U.glabra* in Mitteleuropa heimisch, reicht ihr Verbreitungsgebiet bis in die Steppen und Halbwüsten Nordafrikas. Als Baum bleibt sie kleiner als die Bergulme, auch ihre Blätter sind kleiner und oberseits meist glatt und glänzend, während die der Bergulme sehr rauh sind. Sie bildet in reichem Maße Wurzelbrut und eignet sich daher vorzüglich für die Ingenieurbiologie.
N-3, Zone 5a.

'Wredei' ist als gelbblättrige Säulenform bekannt. Sie wird 10–12 m hoch und trägt sehr dichtstehende, am Rande gekrauste, goldgelbe Blätter. Ein auffallender Park- und Gartenbaum, der vor einer dunklen Gehölzkulisse am besten zur Geltung kommt.

U.parvifolia Jacq. Die Chinesische Ulme wird zu einem kleinen Baum mit breiter Kugelkrone, der durch seine hohe Resistenz gegen die Ulmenkrankheit wertvoll sein könnte. Er wird 10–15 m hoch und bleibt im Herbst besonders lange grün.
N-4, Zone 6b.

'Frosty' ist eine sehr schwachwachsende Form, die sich langsam zu einem nur wenige Meter hohen, schmalkronigen Baum entwickelt. Ihre sehr kleinen, zweizeilig gestellten, gezähnten Blätter haben einen schmalen, weißlichen Rand.

U.procera Salisb. Die Englische Ulme vertritt im südlichen England die ihr nahe verwandte Feldulme. Ihr Verbreitungsgebiet reicht bis Südeuropa, wo sie auch noch auf trockenen Hügelkuppen zu leben vermag.
N-3, Zone 6b.

U.pumila L. Die Sibirische Ulme kommt von Turkestan bis Nordchina und Ostsibirien vor. Kein anderer Baum dringt so weit in die innerasiatischen Steppengebiete vor als diese Ulme. Sie ist also in hohem Maße trockenresistent und wird deshalb in Amerika sehr häufig als Straßenbaum verwendet, ist leider aber etwas windbrüchig.
Ns/Na-3/4, Zone 4.

U.pumila var. *arborea* Litvin. ist in ihrer geographischen Verbreitung auf Turkestan beschränkt und wird deutlich höher als die Art, die oft nur 5–10 m Höhe erreicht. Die Varietät wächst in der Jugend kegelförmig, bekommt im Alter aber eine breit ausladende Krone, sie ist für die Verwendung im Stadtstraßenbereich geeignet.

U.thomasii Sarg. Die Felsenulme entwickelt sich im Alter zu einem besonders stattlichen Parkbaum. Leider sieht man sie mit ihrem gefälligen Habitus und den mit Korkleisten versehenen Zweigen nur selten in botanischen Gärten. Die Äste stehen im oberen Kronendrittel steil-aufrecht, im mittleren mehr oder weniger waagerecht, während sie im unteren Kronenbereich so stark hängen, daß sie nicht selten den Boden berühren. Die Felsenulme ist auch in ihrer nordamerikanischen Heimat ein relativ seltener Baum, dabei liefert sie das beste Ulmenholz.

N-2, Zone 5 a.

Vaccinium L., Ericaceae
Heidel-, Preisel-, Moosbeere

300–400 Vaccinium-Arten besiedeln die nördliche Halbkugel vom Polarkreis bis zu den Hochgebirgen in tropischen Bereichen. Die Hauptverbreitungsgebiete liegen im südöstlichen Asien, in Nordamerika und in Süd- und Mittelamerika. Die immer- oder sommergrünen Sträucher tragen wechselständige, ganzrandige oder gesägte Blätter, meist krugförmige Blüten und saftige oder mehlige Beeren.

Mit Ausnahme der Amerikanischen Strauchheidelbeere haben die Vaccinium-Arten kaum Eingang in unsere Gärten gefunden. Nur wenige bieten sich als gartenwürdige Sträucher an, alle dagegen stellen hohe Bodenansprüche. Sie gedeihen nur auf frischen, sandig-humosen oder Moorböden und reagieren empfindlich auf geringste Kalkmengen. Der optimale pH-Wert für die Kulturheidelbeere liegt zwischen 4,0 und 4,8.

V. corymbosum L. Der Anbau der Amerikanischen Strauchheidelbeere wurde in den letzten Jahren stark propagiert. Er kann auch in Gärten dort sinnvoll sein, wo zusagende Bodenbedingungen gegeben sind oder wo mit hohem Aufwand an Torf und Nadelstreu entsprechende Voraussetzungen geschaffen werden. Die neueren Sorten liefern dann durchaus schmackhafte, z.T. kirschgroße Früchte. Der knapp mannshohe, sparrige Strauch färbt sein Laub im Herbst in herrlichen orangefarbenen und scharlachroten Tönen.
Bewährte Sorten sind 'Berkeley', 'Bluecrop', 'Bluetta', 'Coville', 'Heerma I', 'Herbert' und 'Jersey'.
Nh-2, Zone 5 b.

V. macrocarpon Ait. wird als Großfrüchtige Moosbeere in den USA zur Fruchtgewinnung in großen Flächen angebaut. Die sehr schmackhaften Cranberries sind auch bei uns zu haben. Der immergrüne, niederliegende und mattenbildende Strauch ist mit zierlichen Blättern, hellpurpurnen Blüten und 1–2 cm dicken, roten Früchten ausgestattet.
Bh/Nhk-2, Zone 2.

V. myrtillus L. Die heimische Heidelbeere gedeiht von Europa bis Nordasien in lichten Waldungen, in Zwergstrauchheiden und Gebüschen der alpinen Stufe auf frischen, humusreichen, lockeren, kalkfreien Böden. In verschiedenen Gebieten als Wildfrucht wirtschaftlich sehr wertvoll, ist sie gärtnerisch völlig ohne Bedeutung.
Bh/Nhk-3, Zone 1.

V. oxycoccos L. Die Moosbeere ist zirkumpolar in europäischen, asiatischen und nordamerikanischen Torfmooren verbreitet. Auf leichten, sauren Böden ist der immergrüne Zwergstrauch mit seinen fadenförmigen dünnen Trieben und den nur 5–10 mm langen Blättern ein sehr zierlicher Bodendecker. Die stark mit Benzoesäure angereicherten Früchte sind wirtschaftlich wertvoll.
Bh/Nhk-1/2/3/4, Zone 1.

V. uliginosum L. Die Rauschbeere kommt in Europa, Nordasien und Nordamerika im Tiefland und im Hochgebirge häufig in Torfmooren, Kiefern- und Heidemooren, in lockeren Arven- und Legföhrenbeständen sowie in den Zwergstrauchheiden der Hochgebirge vor. Der sommergrüne, 20–90 cm hohe Strauch fällt im Herbst durch seine schwarzblauen, bereiften Beeren auf. Die Früchte gelten als »giftverdächtig«. Rauschartige Erregungen, Schwindelgefühl und Durchfall treten aber wohl nur nach dem Verzehr größerer Mengen auf. In Korea werden die Früchte unter anderem zu Sirup, Saft und Gelee industriell verarbeitet.
PN/B-1/2/3/4, Zone 1.

V. vitis-idaea L. Im nördlichen Europa, in Asien und Nordamerika ist die Preiselbeere als Unterholz in trockenen Kiefernwäldern auf sandigen, sauren Böden verbreitet. Seit einigen Jahren wird der immergrüne, kriechende Strauch als Bodendecker angeboten. Er ist sicher dort recht hübsch, wo er zusagende ökologische Bedingungen vorfindet. Inzwischen sind einige vegetativ vermehrte Fruchtsorten (unter anderem 'Erntedank', 'Erntekrone', 'Erntesegen', 'Koralle' und 'Red Pearl') auf dem Markt, sie fruchten viel reicher und regelmäßiger als Sämlingspflanzen.
PN/B-1/2/3/4, Zone 1.

Viburnum L., Caprifoliaceae
Schneeball

Die Gattung der »Schneebälle« ist mit über 200 Vertretern in den gemäßigten und subtropischen Zonen der nördlichen Halbkugel sehr artenreich und enthält sommer- und immergrüne Sträucher mit gegenständigen, einfachen oder gelappten Blättern und vielgestaltigen Blütenständen. Die Einzelblüten sind in der Regel weiß oder rosa angehaucht, sie stehen in Doldentrauben oder Rispen zusammen. Die Krone ist rad-, glocken- oder röhrenförmig und 5lappig. Wie bei den Hortensien kennen wir auch hier Blütenstände mit sterilen Rand- und fertilen Innenblüten und solche, die ausschließlich aus sterilen Blüten bestehen. Viburnum-Arten sind aber nicht nur begehrte Blütensträucher, sondern mit ihren saftigen und farbigen Steinfrüchten ausgezeichnete Fruchtsträucher. Einige Arten zeichnen sich durch eine bemerkenswerte Herbstfärbung aus. Alle sommergrünen Arten sind recht problemlose Sträucher in bezug auf Lage und Boden, sie sind in hohem Maße schattenverträglich. Einige Arten, besonders V. opulus, werden häufig von Blattläusen befallen und von Blattkäfern zerfressen. In beiden Fällen hilft rechtzeitiges Spritzen mit Insektiziden. Bei den wirklich wertvollen Arten und Formen kennen wir diese Plage zum Glück kaum. Den immergrünen Arten teilt man einen halbschattigen, vor der Wintersonne etwas geschützten Standort zu. Sie lieben durchlässige, frische, leicht saure Böden. Immergrüne Arten werden nicht geschnitten. Bei den sommergrünen Arten beschränkt man das Schneiden auf ein fortgesetztes, aber vorsichtiges Auslichten. Scharfer Rückschnitt führt zu besenartigem Wuchs.

'Anne Russel' (V. × burkwoodii × V. carlesii) ist ein etwa 1,5 m hoher Strauch, dessen Blätter an V. × burkwoodii erinnern. Schon im März–April erscheinen die weißen, stark duftenden Blüten in ballförmigen Ständen. Ein sehr schöner, reichblühender Strauch.

V. betulifolium Batal. Obwohl diese chinesische Art zu den schönsten aller Schneeball-Arten gehört, ist sie nur wenig bekannt. Der bis 4 m hohe, sommergrüne Strauch braucht sehr viel Platz. Er blüht im Juni mit weißen Blüten in ziemlich lockeren Trugdolden. Im Herbst bricht er unter der Last seiner schweren, hochroten Fruchtstände fast zusammen.
N-4, Zone 6 a.

V. × bodnantense Aberconway. Die in England aus V. farreri und V. grandiflorum gezüchtete Hybride unterscheidet sich von der schon länger bekannten V. farreri durch stärkere Triebe, sparrigeren Wuchs und durch weit größere Blüten, die in der Knospe tiefrosa gefärbt sind und beim Aufblühen etwas verblassen. Die Blüten öffnen sich ebenfalls häufig schon im November–Dezember. Sie duften dermaßen stark, daß man im geschlossenen Raum nur kleine Zweige mit wenigen Blüten ertragen kann. Zone 6b.

'Dawn' ist der erste mit Namen versehene und am weitesten verbreitete Klon dieser Hybride mit den oben beschriebenen Eigenschaften.

'Charles Lamont' unterscheidet sich vom Typ durch größere, dunkelrosa Blüten.

'Deben'. Die Blüten sind in der Knospe rosa, später weiß.

V.buddleifolium Wright. Bis 2 m hoher, steif-aufrechter, wenig verzweigter, wintergrüner Strauch aus Mittelchina. Die Blätter sind länglich-eiförmig bis oval-lanzettlich, 10–14 cm lang, oberseits hellgrün und unterseits dicht samtartig graufilzig. In der Knospe sind die Blüten rötlich, später weiß, sie erscheinen im April–Mai in 8 cm breiten Trugdolden. Schöner, frühblühender Zierstrauch für Einzel- und Gruppenpflanzung an halbschattigen Standorten. Nhw-4, Zone 6b.

V. × burkwoodii Burkw. et Skipw. (*V.carlesii × V.utile*) ist ein meist wintergrüner, mannshoher, locker und sparrig wachsender Strauch mit glänzend tiefgrüner Belaubung. Die rosaweißen Blüten öffnen sich im März–April, sie duften sehr angenehm. Im Herbst blüht der Strauch regelmäßig nach. Zone 6b.

V. × carlcephalum Burkw. ex Pike (*V.carlesii × V.macrocephalum* f. *keteleerii*), eine sommergrüne Hybride englischer Herkunft, ist in ihrem äußeren Bild einem der Eltern ähnlich, *V.carlesii*. Sie ist etwas robuster, und ihre stark duftenden, reinweißen Blüten sind größer und dauerhafter. Gegen Ende April erscheinen sie in breiten, kugeligen Ständen. Die rötliche Herbstfärbung ist ein weiterer Pluspunkt für die Hybride. Zone 6a.

V.carlesii Hemsl. bleibt mit 1,2 m etwas niedriger als ihre Tochter, sie wächst langsam und locker. Ihre sommergrünen, breiteiförmigen, graugrünen Blätter sind leider oft krank und fallen vorzeitig ab, nachdem sie ein buntes Herbstkleid annahmen. Die recht großen, weißen Einzelblüten (die Knospen sind rosa gefärbt) in dichten Trugdolden sind im April–Mai von betäubendem Duft. Ein wunderschöner Koreaner als Solitär in halbschattiger Lage. Nh-4, Zone 5b.

'Aurora' gilt als beste Selektion; sie zeichnet sich vor allem durch gesunde Blätter aus.

Viburnum plicatum

V.davidii Franch. ist ein ganz exquisiter, immergrüner, kleiner Strauch für geschützte, warme Lagen. Er stammt aus Westchina, wird bei uns kaum höher als 50 cm und schmückt sich mit derben, dunkelgrünen, ganzrandigen, elliptischen Blättern, deren eigentümliche Nervatur auffällt. 3bogig verlaufende Hauptnerven sind tief in das Blatt eingesenkt. Im Juni öffnen sich rosaweiße Blüten in dichten Trugdolden. Die dunkelblauen, bis 6 mm langen Früchte sind eine besondere Zierde. Der frostempfindliche Strauch verlangt eine schützende Winterdecke aus Reisig. Nhg-4, Zone 7a.

V.farreri Stearn. Straff-aufrecht wachsender Strauch, der im nördlichen China verbreitet ist und 3 m hoch werden kann. An rotbraunen Zweigen trägt er spitz-elliptische, derbe Blätter. Wohlriechende, rosaweiße Blüten stehen in 3–5 cm langen, dichten Rispen zusammen. *V.farreri* kann uns mit den ersten Blüten schon im November oder Dezember überraschen. Die Hauptblütezeit setzt dann im März–April ein. N-4, Zone 6b.

'Nanum' ist eine zwergig wachsende, dicht geschlossene, kaum mehr als 50 cm hohe Form mit halbkugelförmigem Habitus. Blüht weniger reich als der Typ und meist erst nach einigen Standjahren im Garten.

V.lantana L. Der Wollige Schneeball ist ein Vertreter der heimischen Flora, der an felsigen Abhängen und sonnigen Waldrändern auf kalkreichen Böden zu finden ist. Dies charakterisiert seine Verwendungsmöglichkeit und seine Standortansprüche. Er ist mit seinen oberseits dunkelgrünen, auf der Unterseite dicht graufilzigen Blättern, den breiten, weißen Trugdolden und den Fruchtständen mit zunächst roten, später schwarzen Früchten ein ansehnlicher, vielseitig verwendbarer Strauch. Ns-4, Zone 4.

V.lentago L., Kanadischer Schneeball, Schafsbeere. Sommergrüner, raschwachsender hoher Strauch oder kleiner Baum mit eiförmigen, bis 12 cm langen, lang-zugespitzten, hellgrünen Blättern. Die Blattstiele haben einen wellig geflügelten Saum. Die weißen Blüten stehen im Mai–Juni in endständigen, 6–12 cm breiten Schirmrispen. Die Früchte sind 12–15 mm lang, blauschwarz und bereift. Der in Nordamerika heimische Strauch ist durch seine auffallende, lebhaft rote Herbstfärbung wert-

voll, er gedeiht am besten auf frischen Böden. Die als 'Pink Beauty' angebotene Sorte gehört zu *V.nudum*.
N-2, Zone 5b.

V.nudum L. Der aufrechte, 4–5 m hohe, sommergrüne Strauch ist seiner Belaubung wegen bemerkenswert. Die Blätter sind meist ganzrandig, lorbeerartig und lebhaft glänzendgrün, sie färben sich im Herbst leuchtend scharlachrot bis dunkel braunrot. Die weißen Blüten stehen im Juni–Juli in 12 cm breiten, langgestielten Trugdolden zusammen. Der Strauch besiedelt im östlichen Nordamerika sumpfige Böden, verträgt also nasse Standorte in unmittelbarer Ufernähe.
Nh-2, Zone 6b.
'Pink Beauty'. Selektion mit besonders intensiver Herbstfärbung. (Wird auch als *V.lentago* 'Pink Beauty' beschrieben.)

V.odoratissimum Ker-Gawl. Immergrüner, bis 5 m hoher Strauch mit steifen, warzigen Trieben und steif-ledrigen, elliptischen, 10–20 cm langen, dunkelgrünen, stark glänzenden Blättern. Reinweiße, 6 mm breite, duftende Blüten entfalten sich im Mai in breit-kegelförmigen, 7–15 mm langen Rispen. Die Früchte sind zunächst rot, zur Reife schwarz. Die vom Himalaja bis Japan verbreitete Art ist auch ohne Blüten besonders dekorativ, sie wird am Mittelmeer gelegentlich gepflanzt.
Mh-4, Zone 9.

V.opulus L. Der heimische Gemeine Schneeball ist ein aufrechter, bis 4 m hoher Strauch mit ahornähnlicher Belaubung und gelblichweißen Blüten in flachen Trugdolden. Sie sind von einem Kranz steriler Randblüten umgeben. Von hohem Zierwert sind die scharlachroten Früchte, die von den Vögeln nur ungern genommen werden und daher sehr lange haften. Bemerkenswert ist auch die rosa bis tiefrote Herbstfärbung. Der vieltriebige Strauch ist ein gutes Vogelschutzgehölz und ein anspruchsloser Schatten- und Deckstrauch für feuchte Lagen.
N-3, Zone 4.
'Compactum' wird gut 1 m hoch und blüht und fruchtet oft schon als wenige Zentimeter hohe Pflanze. Ein hübscher Kleinstrauch für Stein- und Troggärten.
'Nanum' ist ein kaum fußhoher, fast kugeliger Zwergstrauch, der kaum blüht und fruchtet und deshalb auch im Sommer nicht auffällt. Mit seinen leuchtend orangeroten Trieben kann er aber im Winter Stein- und Troggärten beleben.
'Roseum' gab mit ihren gefüllten, großen, runden Blütenbällen der Gattung ihren

Viburnum rhytidophyllum

deutschen Namen. Die erst grünlichen, später weißen und im Verblühen rosafarbenen Einzelblüten sind steril, einen Fruchtansatz kann man nicht erwarten.

V.plicatum Thunb. präsentiert sich viel hübscher als unser heimischer Schneeball. Sie ist nicht wild, sondern nur aus japanischen und chinesischen Gärten bekannt. An horizontal ausgebreiteten Zweigen trägt die sommergrüne Art dunkelgrüne, im Herbst dunkelrot-violettbraun sich verfärbende Blätter und entlang der letztjährigen Triebe im Mai–Juni aufrechtstehende, große, reinweiße Blütenbälle.
Nhw-4, Zone 5a.
V.plicatum f. *tomentosum* (Miq.) Rehd. wird als Wildform betrachtet. Sie formt einen rundlichen, etagenförmig aufgebauten Strauch, dessen nicht minder reizvolle, flache Blütenstände in zwei Reihen auf den Trieben stehen. Die fruchtbaren Innenblüten werden von einem Kranz weißer, steriler Blüten umgeben. Die blauschwarzen Früchte bekommt man selten zu Gesicht. Einige Sorten sind noch schöner als die Wildform:
'Lanarth' wird mit 4 m Höhe und etwa gleicher Breite etwas wuchtiger als *V.plicatum* f. *tomentosum*, auch die Blätter sind größer.

'Mariesii' unterscheidet sich von der Wildform durch größere Blütenstände und größere Randblüten. Eine der am häufigsten gepflanzten Sorten.
'Watanabe'. Japanische Sorte, die nur etwa 1,5 m hoch wird, die Hauptblütezeit liegt im Mai–Juni, Nachblüten entstehen bis zum Herbst, die flachen, weißen Blütenstände sind ziemlich klein.
Alle sind prachtvolle, lange blühende Sträucher für die Einzelstellung oder in lockeren Gruppen mit Zierkirschen, Japanischen Ahornen und Blumenhartriegeln. Sie vertragen auch halbschattige Lagen und benötigen frische bis feuchte Böden.

'Pragense' wurde erst um 1955 in der Stadtgärtnerei Prag erzielt. *V.rhytidophyllum* und *V.utile* sind die Eltern dieser bis 2,5 m hohen, immergrünen Hybride, die sich als recht winterhart erwiesen hat. Ihre fertilen Blüten sind etwas kleiner als die von *V.rhytidophyllum*. Die dünnen, elliptischen Blätter sind unterseits dicht sternfilzig, oberseits glänzendgrün und runzelig.
Zone 7a.

V.rhytidophyllum Hemsl. ist eines unserer schönsten immergrünen Laubgehölze. Die Art ist in Mittel- und Westchina zu

Hause, wird bis 4 m hoch und wächst straff-aufrecht. Ihre bis 20 cm langen Blätter sind oberseits glänzendgrün und sehr runzelig, auf der Unterseite dicht grau- oder gelbfilzig. Schon im Herbst werden die Blüten ausgebildet, die sich dann im Mai–Juni in großen, rahmweißen Trugdolden öffnen. Die zunächst roten Früchte werden zur Reife glänzendschwarz. Die Art ist ein dekoratives, winterhartes Gehölz für nahrhaften Boden im Park und im Garten. Nhw-4, Zone 6b.

V.sargentii Koehne, eine nordostasiatische Art, wird zu einem 3–4 m hohen Strauch, der sich im Mai–Juni mit 10 cm breiten, langgestielten Trugdolden schmückt, die von sterilen Randblüten eingefaßt werden. Die unwahrscheinliche Fülle leuchtendroter Beeren sollte die Art zu einem begehrten Fruchtgehölz machen. Bh/Nhk-4, Zone 5b.

V.sieboldii Miq. gehört wie die vorige in den Park oder den großen Garten. Bis zu 5 m Höhe schafft dieser reichblühende Japaner, dessen lange Blütenrispen im Mai oft die ganze Pflanze bedecken. Nhw-4, Zone 6b.

V.tinus L., Lorbeer-Schneeball. Aus Südeuropa und dem Mittelmeergebiet stammt dieser immergrüne, dichtverzweigte, bis 2,5 m hohe Strauch. Er trägt länglich-eiförmige bis elliptische, 3–10 cm lange, dunkelgrüne Blätter und im März–April (in seiner Heimat im November–April) in der Knospe rosa, aufgeblüht weiße, leicht duftende Blüten in endständigen Schirmrispen und später kugelige, tiefblaue Früchte. *V.tinus* ist in Mitteleuropa nur in sehr milden Klimazonen ausreichend hart, sonst wird sie oft als Kübelpflanze gehalten. M-3, Zone 8a.
'Eva Price'. Die Sorte der Wildform häufig vorgezogen, weil die Blüten mit ihrem stark karminroten Anflug besonders dekorativ sind.

V.utile Hemsl. Immergrüner, locker aufgebauter, dünntriebiger, bis 2 m hoher Strauch. Die ledrigen, elliptischen bis eilänglichen, 2–6 cm langen Blätter sind oberseits glänzendgrün, unterseits dicht sternhaarig-filzig. Weiße, außen rosa überlaufene Blüten sitzen in 5–8 cm breiten, flach-kugeligen Schirmrispen, Blütezeit ist April–Mai. Die attraktive, in Mittelchina heimische Art ist leider nur in milden Klimazonen ausreichend frosthart. Sie verträgt, wie alle immergrünen *Viburnum*-Arten, halbschattige bis schattige Plätze. Nhg-4, Zone 7a.

Vinca L., Apocynaceae
Immergrün

In Europa und Kleinasien kennen wir 5 Arten immergrüner, kriechender Halbsträucher mit gegenständigen, ledrigen Blättern, 5zähligen, zwittrigen, stieltellerförmigen Blüten und doppelten, walzenförmigen Balgfrüchten.

V.major L. ist von Südeuropa bis Kleinasien verbreitet. Die zunächst aufrechten, dann niederliegenden, nichtblühenden Triebe können bis 80 cm lang werden, blühende Triebe werden nur 30 cm hoch. Die Blätter sind deutlich größer als bei *V.minor*. Von Mai bis September entfalten sich 4 cm breite, blaue Blüten. *V.major* friert in strengen Wintern regelmäßig zurück, treibt nach einem kräftigen Rückschnitt aber wieder aus und blüht noch im gleichen Jahr. M/Nm-3, Zone 7a.

V.minor L. ist in Süd- und Mitteleuropa in Laubwäldern und Gebüschen von der Ebene bis in die montane Stufe verbreitet und nicht selten aus Gärten verwildert. Der kleine, 15 cm hohe Halbstrauch wächst auf jedem lockeren, nahrhaften Gartenboden, auch in sehr schattigen Lagen. Er ist dort ein ausgezeichneter Bodendecker. Von Mai bis September erscheinen seine bis 5 cm breiten, hellblauen Blüten. N-3, Zone 6b.
'Atropurpurea'. Interessante Sorte mit weinroten bis purpurnen Blüten. Leidet weniger unter pilzlichen Erkrankungen als *V.minor*.

Vinca major

Vitex L., Verbenaceae
Mönchspfeffer

Überwiegend in tropischen und subtropischen Gebieten sind die etwa 250 Arten dieser Gattung verbreitet. Es sind sommer- oder immergrüne, aromatische Bäume oder Sträucher mit gegenständigen 3- bis 7fach gefiederten Blättern. Die Einzelblüten sind klein, blau, weiß oder gelblich, sie sitzen aber oft in rispigen Trugdolden zusammen und erzielen so durchaus eine Schmuckwirkung. Die Blüten haben einen glockigen, oft 5zähnigen Kelch und eine röhren- bis trichterförmige Krone mit schief 5lappigem oder fast 2lippigem Saum. Die Frucht ist eine kleine, 4fächrige Steinfrucht. Die Gattung ist am Mittelmeer durch *V.agnus-castus* vertreten.

V.agnus-castus L. Der Keuschbaum kommt vom Mittelmeergebiet bis Mittelasien im Geröllschotter der Bäche und Flüsse und an den Küsten vor, er bildet, zusammen mit Oleander und Tamarisken, charakteristische Pflanzengemeinschaften. Der sommergrüne, 1–6 m hohe Strauch trägt an 4kantigen, graufilzigen Zweigen langgestielte, fingerförmig gefiederte Blätter mit 5–7 schmal-elliptischen, oberseits dunkelgrünen und unterseits weißfilzigen Blättern. Erst im September–Oktober entfalten sich die endständigen, aus ährenförmigen Teilinfloreszenzen zusammengesetzten Blütenstände mit ihren kleinen, hellvioletten, duftenden Blüten. Die kugeligen, 3–4 mm dicken Früchte haben einen scharfen Geschmack.

Der Keuschbaum ist seit dem Altertum ein Symbol der sexuellen Enthaltsamkeit, viele Volksnamen, z.B. Mönchspfeffer für die scharf schmeckenden Samen, deuten darauf hin, daß die Pflanze früher als Anaphrodisiacum benutzt wurde.
Ms/Nsm-3, Zone 8b.

Vitis L., Vitaceae
Rebe

Von den 60–70 Arten in der nördlich gemäßigten Zone sind nur wenige gartenwürdige Ziersträucher. Um so größere Bedeutung hat die Weinrebe *(Vitis vinifera)*, die aber hier nicht Gegenstand der Betrachtung sein kann.
Vitis-Arten sind sommergrüne, mit Ranken kletternde Sträucher. Mehrjährige Zweige sind mit braunem, an den Knoten unterbrochenem Mark gefüllt. Ihre Blätter sind meist tief gelappt, seltener handförmig. Aus unscheinbaren, 5zähligen, zwittrigen, polygamen oder eingeschlechtlichen Blüten entwickeln sich fleischige Beerenfrüchte. Die Kronblätter der Blüten sind an der Spitze verwachsen, sie fallen beim Aufblühen als Mütze ab.

V.coignetiae Pulliat ex Planch. begegnet uns nur höchst selten in den Katalogen selbst großer Baumschulen. Und doch ist dieses aus Japan und Korea stammende Rebengewächs eine höchst dekorative Kletterpflanze. Sehr starkwüchsig, vermag sie schnell auch hohe Gerüste, Mauern oder Pergolen zu bekleiden. Mit ihren Ranken kann sie sich besonders gut an Spanndrähten festhalten. Die großen, bis 25 cm breiten, am Grunde tief herzförmigen, am Rande undeutlich gelappten Blätter färben sich im Herbst scharlach- bis karminrot. Schwarz und purpurn bereift sind die bis 8 mm großen Früchte. Eine fast vergessene, aber der Kultur werte Art.
Bh/Nhg-4, Zone 6a.

Weigela Thunb., Caprifoliaceae
Weigelie

Die Gattung umfaßt sommergrüne, hohe Sträucher, deren Zweige mit Mark gefüllt sind. Ihre einfachen Blätter sind gegenständig, kurz gestielt und gesägt. Die Blüten entwickeln sich einzeln oder in Trugdolden gehäuft, endständig an kurzen Seitentrieben, die vorjährigen Zweigen entspringen. Die große Blütenkrone ist trichterförmig-glockig und mehr oder weniger zygomorph. Die Frucht ist eine 2klappige, holzige Kapsel.

Vitis coignetiae

Aus nur 12 Arten, die alle in Ostasien verbreitet sind, haben französische, deutsche und holländische Züchter mehr als 170 Sorten gezüchtet, von denen unsere Baumschulen heute nur mehr knapp 20 in ihren Sortimenten führen. Es werden fast ausschließlich Sorten und keine natürlichen Arten kultiviert. Sorten übertreffen in ihren dekorativen Eigenschaften fast immer die Arten, obwohl man auch ihnen gewisse Reize nicht absprechen kann.
Weigelien sind wertvolle Blütensträucher, die in fast keinem Garten fehlen. Sie sind sehr genügsam und langlebig, wachsen auf jedem normalen Gartenboden, ziehen sonnige Standorte vor und werden fast alle rund 2 m hoch. Hansen und Stahl (1976) empfehlen als Blühpartner Kolkwitzien, *Lonicera morrowii* und *Philadelphus*-Arten. An Schnittmaßnahmen ist nur ein Auslichten der jeweils ältesten Triebe bis zum Boden erforderlich. Jeder unsachgemäße, radikale Rückschnitt regt die Bildung vieler Jungtriebe an, die bald auseinanderfallen.

W.coraeensis Thunb. An der japanischen Art wird der Farbwechsel der Blüten gerühmt. Sie sind zunächst gelblichweiß bis hellrosa, später karminrot.
Nh-4, Zone 6a.

W.floribunda (Sieb. et Zucc.) K. Koch ist eine der wenigen natürlichen Arten, denen man gelegentlich auch außerhalb der botanischen Gärten begegnet. Sie stammt aus den Gebirgen Japans und ist ein bis 3 m hoher Strauch, der eine Fülle dunkel karminroter Blüten hervorbringt.
Nhw-4, Zone 6a.

W.florida (Bunge) A.DC. kommt aus Korea und Nordchina und wird ein 3 m hoher Strauch, der im Mai–Juni seine dunkelrosa oder rosa gefärbten, glockigen Blüten öffnet. Sie sind innen heller gefärbt, oft nur weiß und sitzen zu 3–4 in den Blattachseln.
Nw-4, Zone 5b.
'Purpurea' ist eine hübsche Zwergsorte, die sehr dicht wächst, und nur etwa 1 m hoch wird. Ihre Blätter sind tief braunrot, die Blüten dunkelrosa gefärbt.
'Variegata'. Blätter gelblichweiß gesäumt, Blüten tiefrosa.
'Victoria'. Der dicht geschlossene, nur 1 m hohe Strauch hat tief braunrote Blätter und 3 cm breite Blüten, die außen purpurrot und innen purpurrosa gefärbt sind.

Hybriden
Aus der riesigen Menge von Hybriden meist ungeklärter Herkunft werden mit

Weigela 'Newport Red'

überraschender Einmütigkeit nur ein knappes Dutzend als die besten Sorten angesehen.
Zone 6a.

'Abel Carriére' wächst breit, ist großblumig und blüht recht früh mit lebhaft karminrosa Blüten, deren Schlund gelb gefleckt ist.

'Boskoop Glory' blüht lachsrosa, hat sehr große Blüten und blüht im Sommer gerne nach.

'Bouquet Rosé' blüht aus karminroten Knospen mit karminrosa Blüten auf, deren Kronsaum weißlichrosa gefärbt ist.

'Bristol Ruby' ist heute mit ihren leuchtend karminroten Blüten, dem gesunden Wuchs und der Blühfreudigkeit eine der begehrtesten Sorten.

'Candida' behält ihre reinweiße Blütenfarbe bis zum Verblühen bei.

'Eva Rathke' ist der Vorläufer von 'Bristol Ruby'. Ihr schwacher und langsamer Wuchs befriedigt nicht ganz, die karminroten Blüten sind aber von unübertroffener Leuchtkraft.

'Eva Supreme' zeichnet sich durch kräftigen Wuchs und weinrote Blüten aus.

'Evita'. Bis 70 cm hoher, aufrechter Kleinstrauch, Blüten sehr zahlreich, in der Knospe schwärzlichrot, später karminrot.

'Floréal' gehört zu den frühblühenden Sorten, die auch in rauhen Lagen im Herbst gut ausreifen. Sie blüht karminrot, ist großblumig und reichblühend.

Weigela middendorffiana

'Le Printemps' ist sehr reichblühend und blüht schon im Mai mit rosa Blüten aus hell karminroten Knospen auf.

'Lucifer'. Französische Sorte mit großen, 4 cm breiten, roten, nicht verblassenden Blüten.

'Minuet'. Kompakter, bis 70 cm hoher Kleinstrauch mit 2farbigen, dunkel karminroten bis hellrosa Blüten.

'Newport Red' ist der 'Eva Rathke' ähnlich, wächst aber etwas besser. Ihre violettroten Blüten besitzen nicht die gleiche Ausstrahlung.

'Red Prince'. Kompakt wachsend, Blüten leuchtend dunkelrot.

'Rosabella' wächst locker und etwas steif,

blüht aber reich mit großen, weit offenen, rosa Blüten, die am Saum rosaweiß sind.

'Styriaca' wird als enorm reichblütig gerühmt, ihre rosa Blüten sind zwar nur mittelgroß, der enorme Blütenreichtum macht sie aber mit Sicherheit zu einer der besten Sorten.

W. middendorffiana (Trautv. et C. A. Mey.) K. Koch ist ein Strauch, der Liebhabern von Weigelien nicht genug empfohlen werden kann. Seine für die Gattung ungewöhnliche, schwefelgelbe, mit orangefarbenen Punkten und Flecken durchsetzte Blütenfarbe macht ihn so interessant. Braucht frische und humose, saure Böden.
N-4, Zone 5a.

W. praecox (Lemoine) L. H. Bailey stammt aus China und der Mandschurei und ist wegen der frühen Blüte wertvoll, die schon Anfang Mai einsetzt. Die Blüten der Art sind purpurrosa mit gelbem Schlund.
Nh-4, Zone 5b.

Wisteria Nutt., Leguminosae
Glyzine, Wistarie

9 Arten sommergrüner, windender Sträucher kommen in Nordamerika und Ostasien vor. Sie sind durch wechselständige, unpaarig gefiederte Blätter, große Schmetterlingsblüten in reichblütigen, hängenden Trauben und große, längliche Fruchthülsen gekennzeichnet. Die große, zurückgeschlagene Fahne hat 2 kurze, oft verwachsene Anhängsel, an deren Basis 3 Zähne sitzen. Die Flügel der Blüte sind sichelartig, der Kiel abgestumpft, der Kelch 2lippig und glockig.

Wistarien nennt man die »schönsten aller blühenden winterharten Lianen«. Die Blüten bestimmter Sorten sollen an günstigen Standorten 90–100 cm Länge erreichen. Glyzinen verlangen sonnige, warme Lagen und einen nahrhaften, durchlässigen Boden. Ihrem hohen Wasserbedürfnis im Sommer kommt man durch die Wahl der richtigen Pflanzstelle entgegen, sie darf sich nicht im Regenschatten einer Wand befinden. Will man mit ihnen Wände bekleiden, muß man für Spanndrähte sorgen. Ihr unbändiges Wachstum läßt sich eindämmen, indem man im Hochsommer überzählige Triebe bis auf wenige Blätter einkürzt. Damit wird gleichzeitig die Bildung von Blütenknospen angeregt. Glyzinen wachsen häufig nur schlecht an. Nach dem Pflanzen schneidet man die Triebe bis auf wenige Augen zurück. Bis zum Austrieb, der gelegentlich lange auf sich warten läßt, hält man die Pflanzen feucht (nicht naß) und schattiert sie. Bei veredelten Pflanzen müssen sorgfältig die durchtreibenden Wildtriebe entfernt werden. Man sollte auch bei Wildarten nur vegetativ vermehrte Nachkommen reichblühender Mutterpflanzen verwenden. Sämlingspflanzen blühen meist weniger reich und erst nach vielen Jahren.

W.floribunda (Willd.) DC. Bis 8 m windet sich der japanische Schlinger in die Höhe. Violette oder violettblaue, bis 2 cm lange, duftende Blüten öffnen sich im Mai–Juni allmählich von der Basis der bis 50 cm langen, lockeren Trauben her. Die Pflanzen sind rechtswindend.
Nhw-4, Zone 6b.
'Alba'. Blüten weiß in 25–35 cm langen Trauben.
'Kuchi-beni-fuji'. Japanische Sorte mit 30 cm langen Blütentrauben. Die leicht duftenden Blüten sind in der Knospe rosa, später weiß.
'Longissima Alba'. Blüten weiß, in 60–70 cm langen Trauben, im Mai–Juni, vor oder mit der Laubentfaltung.
'Macrobotrys' unterscheidet sich durch größere Blätter und durch die längeren Blütentrauben, die an geeigneten Standorten

Wisteria floribunda 'Macrobotrys'

bis 100 cm lang werden sollen. Die Fahnen der Schmetterlingsblüten sind kobaltblau, Kiel und Flügel dunkler gefärbt.
'Shiro-naga-fuji'. Reichblühende japanische Sorte mit weißen Blüten in sehr langen Trauben.

W. × formosa Rehd. (*W.floribunda × W. sinensis*). Linkswindende Hybride. Blüten 2 cm lang, die Fahne blaßviolett, Flügel und Kiel etwas dunkler, in den etwa 25 cm langen Trauben. Die vorzüglich duftenden Blüten blühen fast gleichzeitig auf.
'Issai'. Japanische, linkswindende Sorte mit zahlreichen, 18–25 cm langen Blütentrauben aus hell lilablauen Blüten. Blüht schon als ganz junge Pflanze.

W.sinensis (Sims) Sweet stammt aus China, ist linkswindend und kann bis 10 m hoch werden. Ihre ziemlich dichten und etwas plumperen Blütentrauben werden 15–30 cm lang. Die blauvioletten, etwa 2,5 cm langen, leicht duftenden Blüten öffnen sich innerhalb einer Traube etwa gleichzeitig. Die Blütezeit liegt im April–Mai, lange vor dem Blattaustrieb.
Nhw-4, Zone 6b.

Xanthoceras Bunge
Sapindaceae
Gelbhorn

Die Gattung ist mit wechselständigen, unpaarig gefiederten Blättern, 5zähligen, polygamen Blüten und 3klappigen, dickwandigen Fruchtkapseln ausgestattet. Mit 2 Arten ist die Gattung in China verbreitet.

X.sorbifolium Bunge wird in seiner ostasiatischen Heimat zu einem Baum, bei uns nur zu einem langsamwachsenden, bis 2 m hohen Strauch. Leider ist dieses aparte Gehölz, das bis zu 30 cm lange Blätter trägt, eine große Rarität. Kurz nach dem Blattaustrieb erscheinen die leicht glockenförmigen, 2–3 cm breiten Blüten in 10–25 cm langen, endständigen Trauben. Die zarten, weißen Kronblätter sind etwas faltig, sie sind am Grunde zunächst grünlichgelb, später auffallend rot gefleckt. Die 5 hornartigen Fortsätze am Rande des Blütenbechers gaben der Art ihren Namen. Das Gelbhorn ist als erwachsene Pflanze ganz hart und bedarf nur in der Jugend eines leichten Winterschutzes. Der Strauch ist trockenresistent und wächst gern in durchlässigen Böden, die kalkhaltig sein können und in warmer Lage.
Ns-4, Zone 6b.

Xanthorhiza Marsh.
Ranunculaceae
Gelbwurz

Die Gelbwurz ist eine monotypische Gattung. Wurzeln und innere Rinde des sommergrünen Strauches sind gelb, die gefiederten Blätter wechselständig. Aus wenig ansehnlichen Blüten in endständigen Rispen entwickeln sich einsamige Balgkapseln.

X.simplicissima Marsh. Die Amerikanische Gelbwurz bildet niedrige, kaum 60 cm hohe Sträucher, die sich durch Ausläufer mehr oder weniger rasch ausbreiten und im tiefen Schatten noch recht gut gedeihen. Ein Unterholz also, dessen große, gefiederte Blätter bemerkenswert sind. Die zarten, rotbraunen Blüten, die sich noch vor den Blättern entfalten, fallen nicht besonders auf.
Seit einigen Jahren hat die bisher kaum beachtete Gelbwurz einen neuen Verwendungsbereich gefunden. Nach v. Finteln (1978) ist *X.simplicissima* ein sehr guter Bodendecker für großflächige Pflanzungen, etwa als Rasenersatz an Straßen. Einzelpflanzen können auf zusagenden Stand-

Xanthoceras sorbifolium

orten in 4 Jahren einen Durchmesser von mehr als 2 m erreichen.
Nhw-2, Zone 5b.

Yucca L., Agavaceae
Palmlilie

Im südlichen Nordamerika, in Mexiko und Westindien sind 40 Arten der Gattung verbreitet. Es sind stammlose oder kurzstämmige, teilweise auch größere, verzweigte Holzgewächse mit derben, lang-linealischen, mehr oder weniger blaugrünen, rosettig gestellten Blättern. 3–7 cm lange, breit-glockige, nickende, weiße oder gelbliche Blüten sitzen in bis zu 1,5 m hohen Rispen. Die kapselartigen Früchte werden in Europa nicht ausgebildet, weil die be-

stäubenden Motten fehlen. Palmlilien verlangen einen tiefgründigen, durchlässigen Boden in vollsonniger Lage. Empfindlich reagieren sie auf große Winterfeuchte. Man muß das überschüssige Wasser durch Dränagen oder Pflanzungen auf kleine Hügel fernhalten. Auf zusagenden Standorten können sie sehr alt werden und beträchtliche Ausmaße erreichen. Ihnen gebührt im Garten eine Sonderstellung als beherrschende Pflanze zwischen niedrigen Sträuchern und Gräsern in Heide-, Stein- und Steppengärten. In Mitteleuropa ist nur *Y.filamentosa* ausreichend frosthart, in den Gärten am Mittelmeer werden auch andere Arten als dekorative Zierpflanzen gehalten.

Y.aloifolia L. ist eine baumförmige Art mit einem dünnen, nur selten verzweigten,

3–6 m hohen Stamm. Der 60–90 cm breite Blätterschopf besteht aus starren, dolchförmigen, 30–45 cm langen und bis 3,5 cm breiten Blättern mit stechender Spitze und tiefgrüner Färbung mit bläulichem Anflug. Im Mai–Juni bildet sich aus dem Zentrum des Blattschopfes eine 30–60 cm lange Rispe aus etwa 5 cm langen, rahmweißen Blüten, die an der Basis purpurn überlaufen sind. *Y.aloifolia* stammt aus den Trockengebieten von North Carolina bis Louisiana und Ostmexiko, sie ist eine der am Mittelmeer am häufigsten gepflanzten Arten.
T/Mh-1/2, Zone 9.

Y.elephantipes Regel. Die Riesenpalmlilie entwickelt sich zu einem vielstämmigen, in der Heimat bis 12 m hohen Baum, der durch seine geschwollene Stammbasis ein

unverwechselbares Merkmal trägt. In der fast kugeligen Krone sind die 60–120 cm langen und 5–10 cm breiten Blätter mit ihrer weichen Spitze glänzend dunkelgrün. Erst im Sommer entfalten sich die bis 7,5 cm langen, rahmweißen Blüten in sehr dichten, bis 80 cm langen, aufrechten Rispen. Gehört zu den auffallendsten und schönsten Arten der Gärten am Mittelmeer. Heimisch in Mexiko und Guatemala.
T/Mh-1/2, Zone 9.

Y.filamentosa L. Der stammlose Strauch entwickelt an der Basis kurze Seitentriebe mit steil-aufrechten, bis 70 cm langen, leicht blaugrünen Blättern. Im Juli–August entsprießen den Blattquirlen bis über 1 m hohe, kegelförmige Rispen mit gelblichweißen, hängenden Blüten.
Nw/M-2, Zone 5b.

Y.gloriosa L. hat einen kurzen und dicken, gelegentlich verzweigten Stamm und 40–60 cm lange und 5–7 cm breite, steife und flache, stachelspitzige, blaugrüne Blätter. Die rahmweißen, außen oft purpurn oder rot getönten Blüten entfalten sich im Juli–September in bis mannshohen, schmalen, kegelförmigen Rispen. Heimisch von North Carolina bis Florida.
Mh-2, Zone 8b.

Zanthoxylum L., Rutaceae
Stachelesche

Rund 30 Arten der Gattung sind vorwiegend in den Tropen und Subtropen verbreitet. Die sommer- oder immergrünen Bäume oder Sträucher haben meist mit paarig angeordneten Stacheln besetzte Zweige und wechselständige, unpaarig gefiederte, selten 3zählige, aromatische Blätter mit durchscheinend punktierten Blättchen. Die Blüten sind klein, unscheinbar und polygam oder eingeschlechtlich. Die kleinen Früchte öffnen sich zur Reife 2klappig.
Zanthoxylum-Arten sind als ausgesprochene Liebhaber-Arten meist nur in botanischen Gärten anzutreffen. Sie stellen keine besonderen Ansprüche an Lage und Boden.

Z.simulans Hance stammt aus China und ist ein etwa 3 m hoher Strauch, dessen Zweige sehr breite Stacheln und glänzendgrüne Blätter mit 7–11 Blättchen tragen. Aus gelblichen Blüten im Juni–Juli entwickeln sich kleine rote Früchte.
N-4, Zone 6a.

Zelkova Spach., Ulmaceae
Zelkove

Die Gattung umfaßt 6–7 sommergrüne, ulmenartige Bäume in West- und Ostasien. Ihre wechselständigen Blätter sind kurz gestielt, an der Basis nicht schief wie bei den nahe verwandten Ulmen und am Rande einfach gesägt. Unscheinbare, zwittrige oder eingeschlechtliche, einhäusig verteilte Blüten entstehen an diesjährigen Zweigen, sie entwickeln sich zu steinfruchtartigen Früchten.
Zelkoven sind große, imposante Parkbäume mit dekorativen Blättern und braungelber Herbstfärbung. Sie bilden dichte, breite Kronen und sind vollkommen winterhart. Sie sind wie Ulmen einzusetzen und leiden wie diese gelegentlich unter der Ulmenkrankheit. Sie liefern ein wertvolles, dauerhaftes Holz, das in Japan unter anderem für kunstgewerbliche Arbeiten hoch geschätzt ist.

Z.carpinifolia (Pall.) K. Koch. Die Kaukasische Zelkove wird ein bis 25 m hoher Baum mit recht unterschiedlichem Habitus. Er kann vom Boden aus mehrstämmig sein, aber auch einstämmig wachsen. Seine steilen, aufrechtwachsenden Äste formen eine geschlossene eiförmige Krone. Die elliptisch-länglichen Blätter sind oberseits tiefgrün und rauh. Der buchenartige Stamm blättert in kleinen Schuppen ab. Die Art wächst im Süd- und Ostkaukasus wild.
Nw-3, Zone 5b.

Z.serrata (Thunb. ex Murr.) Mak. Die Japanische Zelkove stammt aus Japan und entwickelt in der Regel einen kurzen Stamm, der sich bald in mehrere Hauptäste teilt, die eine breite, fast tafelförmig-flache Krone formen. Die oval-länglichen Blätter sind lang zugespitzt und scharf gesägt. Wird in Japan nicht selten als Stadtstraßenbaum verwendet.
Nhw/Mh-4, Zone 6a.

Zenobia D. Don, Ericaceae

Eine monotypische, im südöstlichen Nordamerika heimische Art mit meist wintergrünen, ledrigen Blättern, glockenförmigen, nickenden Blüten und 5klappigen, kugeligen Fruchtkapseln.

Z.pulverulenta (Bartr. ex Willd.) Pollard. Bogig abstehende Zweige wachsen gelegentlich dicht und etwas unordentlich durcheinander. Sie sind, ebenso wie die elliptischen, bis 7 cm langen Blätter bläulich bereift. Im Mai–Juni stehen reinweiße Blüten in achselständigen Büscheln an den obersten 10–20 cm der vorjährigen Triebe, die blühenden Zweigenden erwecken so den Eindruck einer Traube. Mit seiner sonderbaren Farbe gehört der kaum 1 m hohe Strauch in den Heide- oder Steppengarten auf sandigen, torfhaltigen, sauren Boden.
Nhw-2, Zone 6b.

Ziziphus Mill., Rhamnaceae
Judendorn

Von den rund 40 Arten der Gattung ist eine im südöstlichen Europa, die übrigen in Indomalesien und Südasien, im tropischen

Zelkova serrata

Ziziphus jujuba

Afrika, in Mexiko und Südamerika verbreitet. Es sind sommer- oder immergrüne Bäume oder Sträucher mit zu meist ungleichen Dornen umgewandelten Nebenblättern. Die von der Basis an 3- oder 5nervigen Blätter sind wechselständig oder 2zeilig gestellt. Kleine, unscheinbare, grünliche, gelbe oder weißliche, 5zählige Blüten stehen in achselständigen Trugdolden. Die Frucht ist eine fast kugelige bis mehr längliche Steinfrucht.

Z. jujuba Mill., Jujube. Im südlichen Osteuropa und Ostasien ist der sommergrüne, bis 9 m hohe Baum oder Strauch verbreitet. An den hin und her gebogenen Trieben ist jeweils ein Dorn schlank und bis 3 cm lang, der andere kürzer und gekrümmt. Die oval-lanzettlichen, 3–6 cm langen Blätter sind kerbig gesägt. Im April–Mai stehen je 2–3 gelbe Blüten in den Blattachseln. Die oval-länglichen, bis 2,5 cm langen, zunächst roten, zur Reife schwärzlichen Früchte sind genießbar.
Z. jujuba, auch als Chinesische Dattel bezeichnet, ist eine der wichtigsten Obstarten Chinas. Kandierte Früchte sind in Ostasien ein wichtiger Handelsartikel. Die Früchte werden außerdem in der kosmetischen Industrie verarbeitet. Die gerbstoffreichen Blätter werden, wie die Rinde, als Gerbemittel oder zu Heilzwecken verwendet. Schließlich ist sie eine der Futterpflanzen der Tasarseidenraupe, die in Indien genutzt wird.
Ns/Ms/Ma-3/4, Zone 8a.

LEXIKON DER NADELGEHÖLZE

einschließlich Ephedra und Ginkgo

Abies amabilis 'Spreading Star'

Abies Mill., Pinaceae
Tanne

Die Gattung umfaßt etwa 40 Arten in der nördlich gemäßigten Zone, in Nordafrika und im Himalaja. An den immergrünen, kegelförmig wachsenden Bäumen mit den quirlig gestellten Ästen und der meist glatten und mit Harzbeulen versehenen Rinde sind die nadelförmigen Blätter schraubig angeordnet und oft mehr oder weniger gescheitelt, sie stehen dann 2reihig in einer Ebene. Kurz oberhalb der Basis sind sie etwas zusammengezogen, sie sitzen mit einer verbreiterten runden Basis dem Zweig auf und hinterlassen nach dem Abfallen eine kreisrunde, flache Narbe. Die meist flachen Nadeln sind oberseits dunkelgrün, unterseits gekielt und mit oft weißen Stomatabändern versehen. Die glänzendgrüne Oberseite ist in Wirklichkeit die Unterseite der Nadeln. An ihrer sichelförmigen Basis sind die Nadeln um 180° gedreht. Ihre mit Spaltöffnungen versehene, deshalb meist hellere morphologische Oberseite ist nach unten gekehrt und genießt so einen besseren Schutz. Die Nadeln der Tannen leben etwa 4–6 Jahre, sie fallen dann ab und werden nicht mehr ersetzt. Die einhäusigen Pflanzen tragen ihre Blüten nur im Spitzenbereich der Krone an vorjährigen Zweigen. Der aufrechtstehende, walzenförmige Zapfen zerfällt bei der Reife bis auf die stehenbleibende Spindel am Baum.

Tannen sind von ihrer Jugend an, wenn sie durch Samen vermehrt wurden, gleichmäßig gewachsene Bäume, die dann bald ihre volle Schönheit erreichen. Sie finden in großen Gärten und Parkanlagen einen weiten Verwendungsbereich und sind häufig sehr wertvolle Waldbäume. Ihre Ansprüche an Boden und Lage sind höher als die von Fichte und Kiefer. Sie bevorzugen tiefgründige, nahrhafte und genügend frische Böden und ein ausgeglichenes, luftfeuchtes Gebirgs- oder Seeklima. Auf sandigen Böden und in windexponierten oder stark sonnigen Lagen wachsen sie nur ungern. In der Jugend vertragen sie recht viel Schatten. Vollbelaubte, gleichmäßig gewachsene und bis unten beastete Bäume lassen sich aber nur in völligem Freistand erzielen.

A.alba Mill. Die Gemeine Weißtanne ist in den Gebirgen von Süd- und Mitteleuropa heimisch, in Deutschland vor allem aus dem Schwarzwald bekannt. Sie kann bis 50 m Höhe erreichen und ist damit eine der höchsten mitteleuropäischen Baumarten. Sie bildet einen kerzengeraden Stamm mit glatter Rinde, waagerecht abstehenden Ästen und kammförmig gescheitelten, glänzend dunkelgrünen Nadeln. In erster Linie ist sie ein wertvoller Forstbaum, der ein weiches, astfreies, elastisches und leicht polierbares Bau- und Werkholz liefert. Außerhalb ihres Verbreitungsgebietes erreicht sie unter oft nicht optimalen Bedingungen selten ihre volle Schönheit.

Nhg/BGh-3, Zone 5a.

'Pendula' kann zu abenteuerlichen und skurrilen Gestalten erwachsen. Meist sind sie schlank-säulenförmig mit bizarr aufstrebendem Mitteltrieb und lang herabhängenden Zweigen, die den Stamm völlig bedecken.

A.amabilis (Dougl. ex Loud.) Dougl. ex Forb. Die von Südalaska bis Westoregon verbreitete Purpurtanne gehört zu den schönsten ihrer Gattung. In ihrer Heimat kann sie 50–80 m hoch werden. Bei uns wird sie wohl über 25 m hoch, wächst breitkegelförmig und ist regelmäßig und locker verzweigt. Ihre Nadeln stehen dicht, auf dem Zweig bürstenartig und sind unten gescheitelt. Gerieben riechen sie angenehm nach Orangen. Eine sehr harte, bei uns aber seltene Tanne.

Nhg/BGh-1, Zone 6b.

'Spreading Star' wächst mit fast waagerecht abstehenden Ästen zu einer breitausladenden, etwa 1 m hohen Kleinkonifere heran, die locker und gefällig wirkt.

A.balsamea (L.) Mill. Die Balsamtanne kommt von Kanada bis Virginia vor und ist die am weitesten verbreitete nordamerikanische Tanne. Der mittelhohe, spitz-kegelförmige Baum ist nur in der Jugend dekorativ und daher bei uns kein verbreiteter Parkbaum. Seine beiden Zwergformen dagegen sind interessante Kleinkoniferen.

Bh-2, Zone 4.

A.balsamea f. *hudsoniana* (Jacques) Fern. et Weatherby ist eine Gebirgsform aus den White Mountains im Staat New Hampshire. Sie entwickelt kissenförmige, dicht verzweigte, knapp über 50 cm hohe Formen mit schwarzgrünen, halbradial um den Zweig gestellten Nadeln.

'Nana' unterscheidet sich durch deutlich radial gestellte Nadeln. Beide sind reizende Zwerge für Stein- und Heidegärten, enge Rabatten und Troggärten.

A.cephalonica Loud., Griechische Tanne. In den Gebirgen Griechenlands zu Hause, wird sie zu einem mittelgroßen Baum mit kegelförmiger Krone und sehr dicht gestellten, waagerecht abstehenden und lang zugespitzten, stechenden Nadeln. Eine Solitärtanne, die auch sonnige Standorte verträgt.

NGs-3, Zone 6b.

'Meyer's Dwarf'. Wächst ohne Gipfeltrieb breit, niedrig und etwas unregelmäßig, die Triebe sind viel kürzer, die Nadeln nur 8–15 mm lang. Eine interessante Form für Heide-, Stein- und Troggärten, sie verträgt mehr Hitze und Trockenheit als viele an-

Abies balsamea 'Nana'

Abies concolor

dere Zwergtannen. Nach einigen Standjahren entwickelt sich oft ein aufstrebender Mitteltrieb, der rechtzeitig entfernt werden muß.

A. cilicica (Ant. et Kotschy) Carr. Die Cilicische Tanne tritt in Kleinasien und dem Cilicischen Taurus waldbildend auf. Auch sie ist ein mittelgroßer, raschwüchsiger Baum mit an der Spitze überhängenden Ästen und lang zugespitzten Nadeln. Sie wächst in ihrer Heimat an heißen, trockenen Stellen und verträgt ähnliche Standorte auch bei uns.
NGs-3, Zone 6 b.

A. concolor (Gord. et Glend.) Lindl. ex Hildebr. Vom südwestlichen Nordamerika bis Nordmexiko ist die Koloradotanne verbreitet. Sie ist eine der wichtigsten Tannen unserer Gärten; sie verträgt Trockenheit, ist absolut frosthart und unempfindlich gegen den Rauch und Ruß der Großstadt. Sie hat aber nicht nur einen hohen Gebrauchswert, sondern ist mit ihren langen, blaugrün bereiften Nadeln auch besonders schön, wird bis zu 30 m hoch und ist im Freistand

bis unten beastet. Die unregelmäßig gestellten Nadeln sind meist sichelförmig aufwärts gekrümmt.
Ns-1, Zone 5 a.
'Compacta' ist eine unregelmäßig wachsende Strauchform mit dichter Verzweigung und kürzeren, derben Nadeln.
A. concolor var. *lowiana* (Gord.) Lemm. unterscheidet sich von der Art durch etwas flacher gestellte, oberseits mattgrüne Nadeln und durch die im Alter sehr dicke, rissige Borke. Wird in der Heimat (Südoregon und Kalifornien) bis 75 m hoch und damit viel höher als die Art. Bei uns werden nur Höhen von 25–30 m erreicht.
'Piggelmee'. Kaum über 30 cm hohe Zwergform mit sehr dichtstehenden, 2–3 cm langen, blaugrünen Nadeln. Aus einem Hexenbesen aus *A. concolor* 'Candicans' entstanden.
'Violacea' ist mit ihren blauweiß bereiften Nadeln eine auffallende, prachtvolle, normalwüchsige Form der Koloradotanne.

A. grandis (Dougles ex D. Don) Lindl. An der nördlichen pazifischen Küste der USA wird die Große Küstentanne zu einem riesi-

gen, bis 90 m hohen Baum. Die größte aller Tannen erreicht bei uns diese Höhe sicher nicht, ist aber trotzdem ein bemerkenswerter Baum mit schlanker, zierlicher Verzweigung, der tiefgründigen Boden und hohe Luftfeuchtigkeit verlangt.
N-1, Zone 6 a.

A. homolepis Sieb. et Zucc. Die Nikkotanne, eine der widerstandsfähigsten Arten, kam aus Japan nach Europa. Sie bildet regelmäßige, kegelförmige Kronen. Ihre frischgrünen, ziemlich steifen Nadeln sitzen an deutlich gefurchten Zweigen, sie sind unterseits kreideweiß gefärbt. Die Nikkotanne erwies sich als äußerst frosthart und außerdem unempfindlich gegen Rauch und Ruß. Sie wächst recht breit, wird bei uns im Alter bis 30 m hoch und braucht viel Platz.
Nhg/BGh-4, Zone 5 b.

A. koreana Wils. Die Koreatanne wurde in den letzten Jahren zu einem begehrten Modebaum. In den Gebirgen des südlichen Korea ist ihr heimatlicher Standort. Sie wird dort etwa 15 m hoch, bleibt bei uns meist etwas kleiner und eignet sich daher auch für moderne Hausgärten. Ihre rasche Verbreitung verdankt sie ihren glänzendgrünen, unterseits weißen Nadeln und der besonders frühen Fruchtbarkeit, die schon an kleinen Bäumen die vor der Reife violettpurpurnen Zapfen entstehen läßt. Veredelte Pflanzen tragen sehr viel früher Zapfen als aus Samen gezogene. Diese wachsen in der Regel aber gefälliger und gleichmäßiger als die oft wenig ansehnlichen Veredelungen, bei denen es sich vermutlich um einen Klon handelt.
BGh-4, Zone 5 b.
'Blauer Pfiff'. Benadelung nicht grün, sondern blaugrün.
'Horstmanns Silberlocke'. Der Name Silberlocke kennzeichnet sehr treffend eine Eigenschaft dieser normalwüchsigen Form. Ihre Nadeln sind wie aufgedrehte Locken nach oben gebogen, dadurch wird die silberweiße Unterseite der Nadeln deutlich sichtbar. Eine äußerst reizvolle Konifere. Ganz ähnlich verhalten sich Sorten wie 'Silberreif' und 'Silver Show'. Bei allen sind die Nadeln aber nur an jungen, starkwachsenden Trieben nach oben gedreht.
'Piccolo' ist eine strauchige Form, die breit und flach wächst und bei einer Breite von 1,5 m nur 30 cm hoch wird.
'Taiga' ist auch eine flachwachsende, nur 40 cm hoch werdende Selektion der Koreatanne. Sie hat dunkelgrüne Nadeln, die etwas kürzer und breiter sind als bei der Art.

A. lasiocarpa (Hook.) Nutt. Von Alaska bis Oregon, Utah und Neumexiko wächst

Abies lasiocarpa 'Compacta'

die Felsengebirgstanne nahe der Baumgrenze. In unseren Gärten gedeiht sie unbefriedigend, sie treibt meist zu früh aus und erfriert dann. Die Baumschulen bieten daher meist nur eine Hochgebirgsform an.
BGh-1, Zone 4.

'Argenta' ist die silbernadelige Form der Korktanne.

A.lasiocarpa var. *arizonica* (Merr.) Lemm. Die Korktanne wächst auch nur in kühlen und luftfeuchten Gebieten, verlangt dort aber einen sonnigen Standort. Sie unterscheidet sich von der Art durch ihre rahmweiße, korkige Rinde und die oberseits mehr bläulichgrünen, unterseits bläulichweißen Nadeln. Der Baum wird in unserem Klima kaum höher als 10 m.

'Compacta'. Baut sich mit kompaktem, regelmäßigem, schmal- bis breit-kegelförmigem Habitus und kurzen, sehr dichtstehenden, aufstrebenden Ästen zu einer Endhöhe von etwa 5 m auf. Sie fällt außerdem durch ihre bürstenförmig aufwärts gerichteten, sehr schön silberblauen Nadeln auf. Ganz harte Kleinkonifere für nicht zu leichte, frische Sand- und Lehmböden. Wird auf alkalischen Böden leicht chlorotisch.

A.nordmanniana (Stev.) Spach. Die Nordmannstanne tritt im Kaukasus, zusammen mit der Orientfichte, waldbildend auf. In unseren Gärten und Parkanlagen ist sie schon lange ein geschätzter Baum, der zwar auch frische Böden und luftfeuchte Lagen bevorzugt, aber bei weitem besser gedeiht als die heimische Weißtanne. Der bis 30 m hohe Baum ist bis unten mit weitausladenden Ästen besetzt. Seine dicht bürstenförmig gestellten Nadeln tragen unterseits 2 silberweiße Stomatabänder. Diese stattliche Tanne finden wir von allen Arten am häufigsten in unseren Parkanlagen. Ihre Zwergformen werden bei uns kaum kultiviert.
Nhg/BGh-3, Zone 5a.

'Barabits Compact'. Langsam wachsende Zwergform mit waagerecht abstehenden Ästen und Zweige, oben tafelförmig abgeflacht. Die frischgrüne Farbe der Nadeln fällt vor allem im Winter angenehm auf.

'Pendula'. Hängeform mit aufrecht wachsendem Stamm und senkrecht herabhängenden Zweigen. Erreicht immerhin eine Höhe von 10–20 m.

A.numidica de Lannoy ex Carr. gehört mit *A.cephalonica*, *A.cilicica* und *A.pinsapo* zu den in Nordafrika und Südeuropa heimischen Tannen, die sich alle durch ihre geringen Bodenansprüche auszeichnen. In ihren natürlichen Arealen stocken sie nicht selten auf alkalischen Böden. Die Numidische Tanne bleibt mit einer Höhe von 15 m in auch für kleinere Gärten erträglichen Grenzen. Sie baut sich mit einer dichten, regelmäßigen Krone auf. Auch die Nadeln stehen sehr dicht; sie sind dunkelgrün, relativ kurz und breit und bürstenförmig nach oben gerichtet.
NGsm-3, Zone 6b.

A.pinsapo Boiss. Die Spanische Tanne ist mit ihren rings um den Zweig gestellten, starren Nadeln eine ganz unverwechselbare Erscheinung unter den Tannen. Die Nadeln sind dunkelgrün, hart und steif, mit kaum stechender Spitze. Sie kommt in Südspanien an wenigen Stellen in der Sierra de la Nieves vor. In über 1000 m Höhe stockt sie dort auf Kalkböden. In vor Wind und der Wintersonne geschützten Lagen ist sie ausreichend winterhart; sie entwickelt sich dann bei freiem Stand zu herrlichen Exemplaren. Am natürlichen Standort wird sie bis 25 m hoch; bei uns erreicht sie mit ihrem mäßigen Wuchs diese Höhe wohl nie.
NGsm-3, Zone 6b.

'Glauca'. Die blaugrün benadelte, sehr wirkungsvolle Form wird häufiger angeboten als die Art; sie ist nicht nur schöner, sondern auch frosthärter. Einige Baumschulen haben blaue Formen ausgelesen, denen eine besonders hohe Frosthärte nachgesagt wird.

'Horstmann' unterscheidet sich von *A.pinsapo* 'Glauca' durch ihren langsamen und gedrungenen Wuchs und die im Frühjahr nicht rieselnden Nadeln. Sie wächst ohne Mitteltrieb, ist sehr dicht verzweigt und fast so breit wie hoch, in 20 Jahren knapp 2 m hoch.

Abies procera 'Glauca'

'Kelleriis'. Besonders wüchsige und winterharte Selektion mit regelmäßiger Aststellung und blauer Benadelung.

A.procera Rehd. In den Kaskadengebirgen, den Siskiyou Mountains und in Kalifornien findet die Edeltanne ihr natürliches Verbreitungsgebiet. Sie wächst dort zu Riesenexemplaren heran, bescheidet sich bei uns aber mit rund 20 m Höhe und einem gemächlichen Jugendwachstum. Eine schlanke, kegelförmige Krone, ein im Alter tiefrissiger Stamm, oben dicht gestellte, unten kammförmig gescheitelte Nadeln und bis 25 cm lange, purpurbraune Zapfen kennzeichnen die Art. Sie ist nicht nur ein hervorragender Parkbaum, sondern auch ein geschätzter Forstbaum, der für die Floristen ein sehr wertvolles Schmuckreisig liefert.

Nhg-1, Zone 6b.

'Blaue Hexe' wurde 1972 von der Baumschule Böhlje aus einem Hexenbesen gewonnen und in Kultur genommen. Sie wächst ganz flach, ist ziemlich gleichmäßig gewölbt, wird breiter als hoch und ist sehr kurz und dicht verzweigt. Sie wächst weitaus schwächer als andere Zwergformen der Art.

'Glauca' wird mit ihrer prächtigen, blauweißen Benadelung als Garten- und Parkbaum der Art vorgezogen. Sie ist recht frosthart, meidet aber kalkhaltige Böden. Sie wächst nur dann so regelmäßig wie die meist aus Samen gezogene Art, wenn sie durch Veredelung mit Gipfeltrieben gezogen wurde. Werden Seitenzweige verwendet, legen die Bäume nur sehr zögernd ihren Zweigcharakter ab oder entwickeln sich gar nicht zu regelmäßig verzweigten, aufstrebenden Bäumen. Die im Handel angebotenen Zwergformen sind möglicherweise nichts anderes als durch Seitenzweige vermehrte Pflanzen, die für viele Jahre als niedrige Büsche dekorative Formen entwickeln können.

'Glauca Prostrata' ist eine solche Zwergform, die mit ausgebreiteten oder nur wenig ansteigenden Ästen locker und breitbuschig wächst. Meist wird sie in vielen Jahren kaum meterhoch, kann gelegentlich aber auch plötzlich einen Gipfeltrieb bilden, den man dann möglichst rasch entfernen muß.

'Nobel'. Eine zwergige Form der Edeltanne aus dem Golden Gate Park in San Francisco. Sie wächst breit und flach und wird kaum mehr als 1 m hoch; die bürstenförmig aufwärts gebogenen Nadeln stehen sehr dicht, sie sind beiderseits auffallend blau gefärbt. Sie entwickelt nach einigen Standjahren in der Regel aufstrebende Mitteltriebe, die entfernt werden müssen, wenn die Wuchsform strauchig bleiben soll.

A.veitchii Lindl. Die Gebirge in Zentral- und Südjapan sind die engere Heimat der Veitchtanne, einer schlanken und üppigen Tanne mit kurzen, horizontal stehenden Ästen und weichen, dichtstehenden, unterseits kreideweißen Nadeln. Sie liebt in der Jugend schattige Lagen, treibt spät aus und leidet daher nur selten unter Spätfrösten, mag keinen kalkhaltigen Boden, ist aber rauchhart und kann bestens empfohlen werden.

BGh-4, Zone 5a.

Araucaria Juss., Araucariaceae Schmucktanne

In Australien und Neuguinea, in Südbrasilien und Chile begegnet man 18 Arten immergrüner, hoher Bäume. Ihre Äste stehen in unregelmäßigen Quirlen, die jungen Triebe sind grün. Mit ihren starren, dichtstehenden, pfriemlichen bis oval-lanzettlichen Blättern sehen einige Arten wie Relikte der Urzeit aus. Tatsächlich gehören sie entwicklungsgeschichtlich zu den ältesten Nadelgehölzen. In früheren Erdperioden kamen sie auch außerhalb ihres heute eng begrenzten Verbreitungsgebietes in Nordamerika und in Westeuropa vor. Die weiblichen Blüten stehen an kurzen Seitentrieben in großen, bis 20 cm breiten, fast kugeligen Zapfen. Als Vertreter der südlichen Erdhälfte vertragen fast alle Araukarien unser mitteleuropäisches Klima nicht. Lediglich *A.araucana* läßt sich an klimatisch besonders günstigen Stellen im Freien kultivieren.

A.araucana (Mol.) K. Koch. An den Westhängen der Küstenkordillere in Chile und in den Anden, im Grenzgebiet von Chile und Argentinien, wächst die Chilenische Araukarie zu 30–50 m hohen Bäumen heran. Ihr gerader Stamm ist im Freistand bis unten beastet. Die Zweige sind dicht mit dachziegelig angeordneten, scharf stachelspitzigen, ledrigen Blättern bedeckt, die

Araucaria araucana

10–15 Jahre am Leben bleiben, dann vertrocknen, aber nicht abfallen. Nur an günstigen Stellen, etwa am Niederrhein oder am Bodensee, hält die Art im luftfeuchten und wintermilden Klima aus. Aber auch dort braucht sie einen geschützten Platz, eine winterliche Laubabdeckung des Wurzelbereiches und einen Schutz vor Sonne und Wind an den oberirdischen Pflanzenteilen. Nach Frostschäden regeneriert sich *A. araucana* mindestens aus 2jährigem Holz sehr gut. In letzter Zeit sind große Mengen an Saatgut aus rauhen Lagen auf der Ostseite der Anden bei uns eingeführt worden. Möglicherweise erwachsen daraus Pflanzen, die frosthärter sind als die bisher verbreiteten Exemplare.
Ahg-5, Zone 8a.

A. bildwillii Hook. In Australien, an den Küsten von Queensland, ist dieser bis 50 m hohe, in der Jugend kegelförmig wachsende Baum beheimatet. Er hat im Alter eine kugelige bis abgeflachte Krone, in der die kaum verzweigten und oft lang herabhängenden Äste in regelmäßigen Quirlen stehen. Die spiralig stehenden Blätter sind an sterilen Zweigen lanzettlich, bis 5 cm lang, tief dunkelgrün, sie laufen in eine lange, steife Spitze aus. Die elliptisch-eiförmigen Zapfen können bis 30 cm lang, 23 cm breit und bis 5 kg schwer werden. Sie enthalten an die 150 große, etwa 6 cm lange Samen, die von den Eingeborenen gern gegessen werden. Deshalb ist in bestimmten Zonen Australiens der Einschlag zur Holzgewinnung eingeschränkt.
Ah-7, Zone 9.

A. heterophylla (Salisb.) Franco. Die Norfolktanne ist bei uns als »Zimmertanne« eine nicht selten kultivierte Topfpflanze. Diese lassen naturgemäß nicht ahnen, daß der auf den Norfolk-Inseln verbreitete Baum Höhen von 70 m erreichen kann. Auch er trägt seine streng waagerecht abstehenden Äste in regelmäßigen Quirlen. Die Nadeln sind an jungen Pflanzen und Seitentrieben weich, pfriemförmig, hellgrün und bis 1,5 cm lang, an älteren Pflanzen und fertilen Trieben viel kürzer, derb und hornartiger, mit einwärts gekrümmter Spitze. Die Zapfen sind mit einer Länge von etwa 12 cm viel kleiner als bei *A. bildwillii*.
Ah-7, Zone 9.

Calocedrus Kurz, Cupressaceae
Weihrauchzeder

Im pazifischen Nordamerika und im subtropischen Asien sind 3 Arten immergrüner Bäume verbreitet. Sie wachsen dort nicht an Flüssen, wie die falsche deutsche Bezeichnung »Flußzeder« vermuten läßt, sondern an Gebirgshängen und in Tälern. Die stark abgeflachten Zweige sind auffallend in einer Ebene verzweigt, sie sind beiderseits fast gleichfarbig und glänzendgrün. Die Blätter stehen kreuzweise zu viert in Scheinquirlen, sie sind schuppenförmig und lederartig. Die Weihrauchzedern sind einhäusige Pflanzen und bilden einen eiförmigen bis länglichen Zapfen mit 6 Schuppen, der im ersten Jahr reift.

C. decurrens (Torr.) Florin. Allein die Kalifornische Weihrauchzeder kommt für die Parkanlagen unserer Klimabereiche in Frage. Sie ist in den Gebirgen von Kalifornien und Oregon beheimatet und wächst dort zu einem bis 45 m hohen Baum heran. Wir kennen sie als schmale, säulenförmige Konifere mit sehr kurzen, abstehenden Ästen. An ihren Heimatstandorten entwickelt sie im Alter eine breite, unregelmäßige Krone. In unseren Parkanlagen ist die Weihrauchzeder ein recht seltener Baum, obwohl sie durchaus hart ist, einen eigentümlichen, dekorativen Habitus entwickelt und an den Standort keine besonderen Ansprüche stellt. Sie wächst auf nahezu jedem Boden, versagt auch bei Lufttrockenheit nicht, ist erstaunlich windfest und wächst recht flott.
Ns-1, Zone 6b.
'Aureovariegata'. Über die ganze Pflanze sind unregelmäßig goldgelbe Zweigpartien verteilt. Langsamer im Wuchs als die Art.
'Pillar'. Wächst schlank wie eine Zypresse.

Calocedrus decurrens

Cedrus Trew, Pinaceae
Zeder

In den Gebirgen südlich und östlich des
Mittelmeeres und im westlichen Himalaja
sind 3 Zedernarten verbreitet. Es sind
hohe, immergrüne, in der Jugend regelmäßig gestaltete Bäume, im Alter mit unregelmäßig ausgebreiteter Krone. Die Zweige
sind mit Lang- und Kurztrieben ausgestattet. An den Kurztrieben sind die Nadeln zu
20–30 dicht gedrängt, an den Langtrieben
stehen sie einzeln und spiralig. Sie sind steif
und zugespitzt, im Querschnitt meist 3kan-
tig, sie leben 3–6 Jahre lang. Die Blüten
entwickeln sich im Spätherbst. Die männlichen Blüten stehen aufrecht und dicht gedrängt, sind goldbraun, walzenförmig und
etwa 5 cm lang. Wenige kleine, weibliche
Blüten sitzen auf den Zweigen. Sie entwikkeln sich in 2–3 Jahren zu eiförmigen bis
zylindrischen, dekorativen Zapfen, die bei
der Reife am Baum zerfallen.

Der wichtigste Baum in der Geschichte des
Orient war die Libanonzeder, die ehemals
in riesigen Wäldern die Gebirge des Taurus, Antitaurus und des Libanon bedeckte.
Die Ägypter bauten ihre Tempel, Paläste,
Festungen und Flotten aus Zedernholz und
vernichteten trotz großer Entfernungen
und erheblicher Transportschwierigkeiten
ganze Wälder. Heute fristen nur noch wenige Altbäume ein kümmerliches Dasein.

Zedern sind herrliche, im Alter oft riesengroße Parkbäume, die in Hausgärten nur
für eine begrenzte Zeit ausreichenden Platz
finden. Mit ihrer weitausladenden Krone
kommen sie auf weiten, freien Rasenflächen
erst richtig zur Geltung. Sie lieben ein mildes, luftfeuchtes Klima und einen genügend
frischen, durchlässigen Boden. In der Jugend sind sie recht empfindlich gegen tiefe
Temperaturen, kalte Winde und die Wintersonne. In weniger günstigen Klimabereichen muß man dem Kleinklima besondere
Aufmerksamkeit widmen. An nach Westen
oder Nordwesten geneigten Hängen überstehen sie oft Winter, denen Pflanzen im
Tal zum Opfer fallen. Für den mitteleuropäischen Garten kann man nur *C. atlantica*
und *C. libani* empfehlen. Nur in klimatisch
bevorzugten Gebieten läßt sich *C. deodara*
pflanzen.

C. atlantica (Endl.) Manetti ex Carr. Die
Atlaszeder ist in den Gebirgen Nordwest-
afrikas zwischen 1000 und 1800 m Höhe
verbreitet. In unseren Gärten ist sie in ihrer
blauen Form die häufigste Art, gleichzeitig
die härteste und gegen das Stadtklima
widerstandsfähigste. Sie wächst in der Jugend kegelförmig mit steil ansteigenden
Ästen in lockerer Krone. Auch im Alter be-

Cedrus atlantica 'Glauca'   **Unten: Cedrus atlantica 'Pendula'**

stimmt der bis zur Spitze durchgehende Stamm das Gesicht der Krone. Die bläulichgrünen Nadeln sind etwa 3 cm lang. Der Zapfen ist 5–7 cm lang und 4–5 cm breit, vor der Reife purpurviolett und am Scheitel meist nabelförmig vertieft. Die Formen der Atlaszeder werden in der Regel auf die wenig kalktolerante Himalajazeder veredelt; sie gedeihen deshalb auf stark alkalischen Böden nur unbefriedigend. NGsm-3, Zone 7a.

'Aurea'. Die im ersten Jahr goldgelben, oft vor einem grauen Schimmer überzogenen Nadeln vergrünen im zweiten Jahr. Die Form ist schwachwüchsig und leidet unter Sonnenbrand.

'Aurea Robusta' ist wüchsiger und weniger empfindlich, die Nadeln sind aber nicht so kräftig gefärbt. Beide sind nur für milde Klimabereiche zu empfehlen.

'Glauca'. Mit ihren stahlblauen Nadeln gehört die Blaue Atlaszeder ganz sicher zu unseren dekorativsten Solitärkoniferen. Sie hat die früher so beliebte »Blautanne« häufig aus den Vorgärten verdrängt. Kein Wunder: sie ist mit ihrem lockeren Aufbau viel gefälliger und noch repräsentativer als diese. 'Glauca' ist viel frosthärter als grünnadelige Formen, kann in sehr strengen Wintern trotzdem stark geschädigt werden.

'Glauca Pendula' wächst sich zu phantastischen Baumgestalten aus, die aber nicht jedermanns Geschmack sind. Von den in weiten Bögen abstehenden Hauptästen, die häufig gestützt werden müssen, hängen die Zweige dicht mähnenartig herab.

C.deodara (D. Don) G. Don. Die Himalajazeder wird im westlichen Himalaja zu einem mächtigen Baum. In der Jugend wächst sie kegelförmig mit überhängenden Zweigspitzen. Ihre Äste stehen nahezu waagerecht ab, und der gerade Stamm geht auch im Alter bis in die Spitze. Von den anderen beiden Arten ist sie durch ihre langen, weichen, frischgrünen Nadeln leicht zu unterscheiden. Ihre bis 12 cm langen, tonnenförmigen Zapfen sind zur Reife rötlichbraun und am Scheitel etwas gewölbt. Leider ist dieser elegante Baum nur in genügend milden Klimabereichen ausreichend frosthart. Südlich der Alpen findet der Urlauber herrliche Exemplare. Gedeiht nicht auf alkalischen Böden, verlangt vielmehr einen sauren, durchlässigen, gleichmäßig feuchten Boden. NGsm-4, Zone 7b.

'Feelin Blue' ist eine besonders schöne, flachwachsende, winterharte, dicht verzweigte Zwergform mit übergebogenen Zweigspitzen und graublauen Nadeln.

'Golden Horizon'. Wuchs breit und flach, wird bei einer Höhe von 70 cm etwa 1,5 m

Cedrus deodara

hoch. Nadeln an der Sonnenseite gelb bis grünlichgelb, sonst mehr graugrün. Eine schöne, aber leider empfindliche Form.

'Karl Fuchs'. Aus einer größeren Anzahl von *C.deodara*-Sämlingen, deren Samen durch Karl Fuchs aus der Provinz Paktia (Höhenlagen der westlichen Ausläufer des Himalaja mit geringen Niederschlägen und Temperaturen unter − 20 °C) eingeführt wurden, hat G. Horstmann eine relativ langsamwachsende Form mit leuchtenden, silberblauen Nadeln ausgelesen. Sie ist winterhärter als die bisher bekannten Himalajazedern. Alle Zedern dieser Herkunft unterscheiden sich von *C.deodara* vor allem durch den aufrechtstehenden Mitteltrieb und die weniger stark hängenden, dickeren Seitentriebe. Aus der gleichen Samenherkunft ist von G. Horstmann nach dem extrem kalten Winter 1978/79 eine durch Frost ungeschädigte Pflanze mit hell graublauen Nadeln ausgelesen worden, die nun den Sortennamen 'Eisregen' trägt.

'Kashmir' ist ebenfalls erst vor einigen Jahren selektiert worden, eine silbergrau benadelte und damit wohl ziemlich winterharte Form, die der prachtvollen, aber anspruchsvollen Himalajazeder zu einer größeren Verbreitung verhelfen könnte.

'Pendula'. Hängeform mit geradem, aufrechtem Stamm und bogenförmig bis zum Boden überhängenden Zweigen. Wird im südlichen Europa häufiger kultiviert. Braucht besonders in der Jugend Winterschutz.

'Verticillata Glauca', eine relativ kleinwüchsige Form (4–6 m) mit schmal-aufrechtem Wuchs, lockerer Verzweigung und blaugrünen Nadeln, nicht zuverlässig winterhart.

'Wiesemannii' wächst langsamer und kompakter als die Art und ist etwas frosthärter als diese. Die Zweige sind dicht mit blaugrünen Nadeln besetzt.

C.libani A. Rich. In den Gebirgen des Taurus, Antitaurus und des Libanon ist die Libanonzeder heimisch. In der Jugend ist sie nur schwer von der Atlaszeder zu unterscheiden. Ihre Krone ist zunächst kegelförmig, aber dichter und weniger durchsichtig. Erst im Alter formt sich ihr typischer Habitus, wenn sich ihr Stamm bald in mehrere Hauptäste teilt, die dann mehr oder weni-

ger waagerecht stehen und eine flache, schirmförmige Krone entwickeln. Ihre Nadeln sind ebenfalls rund 30 mm lang, aber etwas weicher und dünner. Die Zapfen sind 8–10 cm lang und 4–6 cm breit, der Scheitel ist nabelförmig vertieft. Sie stellt höhere ökologische Ansprüche als die Atlaszeder. Wir treffen sie vorwiegend im Weinbauklima, in Westdeutschland, Nordwestfrankreich und in Südengland. Wo man sie vom Klima her pflanzen kann, gehört sie auf weite Rasenflächen in genügend großen Parkanlagen.
NGs-3, Zone 7a.

C. libani ssp. *brevifolia* (Hook. f.) Meikle. In den Gebirgen Zyperns ist diese kleine Zeder verbreitet. Sie wird bei uns kaum 10 m Höhe erreichen. Sie wächst sehr langsam mit kurzen, unregelmäßigen Ästen; die blaugrünen Nadeln sind nur 5–6 mm lang. Veredelte Pflanzen können besonders reizvoll sein, vor allem dann, wenn die Veredlungsreiser von älteren Pflanzen stammen. Sie übertragen die malerische Altersform unmittelbar auf die jungen Pflanzen, die dann besonders langsam wachsen und bald zu aufgelockerten, etwas bizarren Gestalten heranwachsen.

'Sargentii' ist eine langsamwüchsige Zwergform (1–1,5 m hoch), die nur einen kurzen Stamm ausbildet, ihre Äste waagerecht ausbreitet und die Triebe nach allen Seiten überhängen läßt. Ihre bläulich bereiften Nadeln sind lang und dick.

C. libani var. *stenocoma* (Schwarz) Davis. ist in Südwestanatolien heimisch (sie steigt dort bis zur Baumgrenze hinauf), wächst fast fichtenartig schlank mit waagerecht abstehenden Ästen. Eine sehr attraktive, elegante, grünnadelige Zeder, die nicht viel Raum in Anspruch nimmt. Sie ist frosthärter als jede andere Zeder und übersteht auch extreme Winter völlig schadlos.

Cephalotaxus Sieb. et Zucc. ex Endl., Cephalotaxaceae Kopfeibe

Von den 5 in Ostasien heimischen Arten sind nur 2 bei uns genügend winterhart. Es sind immergrüne, zweihäusige Bäume und Sträucher mit gegenständigen Zweigen, eiförmigen Knospen und nadelförmigen Blättern in 2 mehr oder weniger horizontal ausgebreiteten Reihen. Ihre in kugeligen Köpfchen in den Achseln junger Triebe stehenden männlichen Blüten gaben der Gattung den deutschen Namen. Die weiblichen Blüten sitzen zu 1–3 beisammen. Sie entwickeln sich zu großen, steinfruchtartigen Samen mit fleischiger Schale. Kopfeiben sind nur in milden Gebieten in halb-

Cephalotaxus harringtonia var. drupacea

Cephalotaxus fortunei

schattiger Lage kulturwerte Koniferen, die durch ihre langen Nadeln auffallen.

C. fortunei Hook. stammt aus Mittelchina und bleibt bei uns nur strauchig. Sie ist in bevorzugten Klimabereichen durch ihre 5–8 cm langen, 2zeilig und fast horizontal stehenden Nadeln ein interessanter, fremder Gast.
Mhg/Nhg-4, Zone 7b.

C. harringtonia (Knight ex Forb.) K. Koch var. **drupacea** (Sieb. et Zucc.) Koidz. kommt aus Japan und ist viel härter. Auch ihre Nadeln sind streng 2zeilig gestellt, bis 5 cm lang und oft sichelförmig gekrümmt. In ihrer Heimat wächst sie baumartig, in unseren Gärten nur strauchig.
Nh-4, Zone 6b.

'Fastigiata' wächst mit ihren langen steilaufrechten und fast nicht verzweigten Ästen annähernd säulenförmig. Sie ist ziemlich unempfindlich gegen Ruß und Rauch, zeigt eine recht ordentliche Frosthärte und regeneriert sich nach Frostschäden erstaunlich schnell.

Chamaecyparis Spach
Cupressaceae
Scheinzypresse

In Nordamerika sind 3, in Ostasien 4 Arten immergrüner, hoher Bäume verbreitet. Ihre charakteristischen Merkmale sind: die abgeflachten, meist fächerförmig verzweigten Triebe, die meist schuppenförmigen und kreuzgegenständigen Blätter (an jungen Pflanzen und an einigen Gartenformen kommen auch pfriemliche Blätter vor), die kleinen, kugeligen, harten Fruchtzapfen, die im ersten Jahr (bei *C. nootkatensis* im zweiten Jahr) reifen und der kegelförmige Habitus mit den überhängenden Triebspitzen. Das letzte Merkmal unterscheidet sie oft schon von weitem von den habituell ähnlichen Arten und Formen der Gattungen *Thuja* und *Juniperus*.

Fast alle Arten der Gattung mutieren sehr leicht. Eine Fülle von Gartenformen sind die Folge, laufend kommen neue auf den Markt. Nahezu alle sind recht winterhart und stellen an den Boden keine besonderen Ansprüche. Lediglich die gelbbunten Formen sind gegen Wind und winterliche Sonneneinstrahlung empfindlich. Die Formenmannigfaltigkeit bietet eine große Verwendungsbreite: die hohen Formen als Solitärgehölze, einzeln oder in Gruppen im Rasen, straffwachsende Säulenformen als immergrüne Hecke, die niedrigen Formen als Zwergkoniferen im Vorgarten, auf schmalen Rabatten, im Alpinum, auf Gartenterrassen, auf Gräbern und in Troggärten, einige Hängeformen sind ganz hervorragende, charaktervolle Solitärgehölze.

C. lawsoniana (A. Murr). Parl. Im westlichen Nordamerika ist die Lawson-Scheinzypresse ein wertvoller Forstbaum, der ein dauerhaftes und schweres, gegen Insekten sehr widerstandsfähiges Holz liefert. Der Baum wird in der Heimat bis 50 m hoch, bleibt bei uns aber viel niedriger und entwickelt eine spitzkegelige Krone, in der die Äste waagerecht abstehen. Die Art liebt einen frischen, lehmigen Boden, verträgt Halbschatten und Überschirmung und ist in der Regel frei von Krankheiten und Schädlingen. Als natürliche Art wird sie bei uns wohl nur als Forstbaum kultiviert. In den Gärten herrschen die Formen vor, von denen wohl mehr als 150 bekannt sind. Ng-1, Zone 5 b.

'Alumigold'. Aus einer Zweigmutation an 'Alumii' entstandene Form, die etwas gedrungener und langsamer wächst als 'Alumii'. Die Benadelung ist außen reingelb, sie wird zum Innern der Pflanze hin allmählich bläulich gelbgrün.

'Alumii'. Eine schmale, bis 10 m hohe Säulenform mit waagerecht abstehenden und locker überhängenden, dichtstehenden Zweigen. Die Nadeln sind zuerst blau bereift, später mehr graublau. Eignet sich für die Einzelstellung und für Hecken und wird auch im Garten nicht zu groß.

'Blom'. 2–3 m hohe, säulenförmige Kleinkonifere mit aufrechten, dicht gestellten Ästen und blau bereiften Nadeln.

'Blue Ribbon'. Im Habitus wie 'Columnaris', Benadelung jedoch etwas blauer.

'Blue Surprise' ist im Habitus der 'Ellwoodii' ähnlich, wächst aber etwas rascher und ist auffallend blaugrün benadelt.

'Columnaris'. Ganz schlanke, 5–10 m hohe Form mit straff-aufrechten Ästen und dichtverzweigten, regelmäßig aufrechten Zweigen, Nadeln oberseits dunkelgrün, unterseits deutlich blaugrün. Mit ihrem zypressenhaft schlanken Wuchs eine sehr elegante Form.

'Ellwoodii'. Dicht beastet, kegelförmig, 2–3 m hoch. Die Zweige stehen alle aufrecht, die blaugraue, im Herbst stahlblaue Benadelung ist fedrig. Eine sehr dichtwüchsige Form für Hecken und kleine Gärten.

'Ellwood's Gold'. Mutation mit goldgelben Triebspitzen im Frühjahr und Sommer. Sie verblassen zum Herbst hin.

'Ellwood's Pillar'. Unterscheidet sich von 'Ellwoodii' durch schlankeren und niedrigeren Wuchs, dichtere Verzweigung und eine blaugrüne Benadelung.

'Erecta Alba'. Wuchs schlank-kegelförmig, 5–10 m hoch, die Spitzen der Zweiglein silbrigweiß, besonders schön im Austrieb.

'Forsteckensis'. Weit verbreitete, gut 1 m hohe, sehr dicht beastete Zwergform mit kurzen, kraus stehenden Zweigen und sehr kleinen, graublauen Nadeln.

'Gimbornii'. Dichte, gedrungene, kugelig zugespitzte, langsamwüchsige, etwa 1 m hohe Zwergform mit dicken, steifen, aufrechten Ästen und blaugrünen Nadeln.

'Glauca Argentea'. Bis 10 m hohe, streng pyramidale Form. Die blaugrünen Nadeln sind blauweiß bereift. Eine absolut frostharte Solitärkonifere.

'Golden Wonder'. Dunkler in der Farbe als die goldgelbe 'Lane', behält auch über Winter ihre Farbe bei. Sie wächst mit locker aufgestellten Trieben kräftig und aufrecht und ist sehr dekorativ.

'Green Hedger' wächst kräftig aufrecht und kegelförmig, trägt eine auffallend frischgrüne Benadelung, sie ist eine ideale Heckenpflanze.

'Howarth's Gold'. Wuchs aufrecht, gedrun-

Chamaecyparis lawsoniana 'Columnaris'

Chamaecyparis lawsoniana 'Minima Glauca'

Chamaecyparis lawsoniana 'Golden Wonder'

gen, kegelförmig, Zweiglein in einer Ebene, Benadelung hellgelb. Gilt als eine der besten gelblaubigen Formen, sie ist unempfindlich gegen Sonnenbrand.

'Intertexta' wird als sehr dekorative Form für den freien Stand empfohlen. Sie wächst locker, bis 10 m hoch, mit weit gestellten, bogig überhängenden Ästen und blaugrünen Nadeln, benötigt einen geschützten Standort.

'Kelleriis Gold' wird als gelblaubige Neuheit mit säulenförmig-aufrechtem Wuchs beschrieben, sie soll in ihren Eigenschaften und in ihrem Habitus der 'Columnaris' ähnlich sein.

'Lane'. Prachtvoll goldgelbe Nadeln sind ihr hervorstechendes Merkmal, eine schlank-säulenförmige, mäßig wachsende, völlig winterharte Form für den Liebhaber gelbbunter Koniferen.

'Minima Aurea'. Kugelig wachsende, bis 80 cm hohe Zwergform mit hellgelber, auch im Innern gut gefärbter Belaubung.

'Minima Glauca'. Bis 1,5 m hohe, stumpf-kegelförmige, dicht bezweigte Form mit etwas muschelförmig angeordneten Zweigen und mattblau bereiften Nadeln.

'Moerheimii'. Eine gut winterharte, bis 10 m hohe, kegelförmige Sorte mit aufrechten bis abstehenden Ästen und oberseits hellgelben Zweiglein.

'Nidiformis'. Blaugrün benadelte Form mit waagerecht abstehenden Ästen und überhängenden Zweigen. Kann im Alter bei einer Höhe von etwa 2 m bis 8 m breit werden.

'New Silver'. Baut sich mit leicht überhängender Spitze und waagerechten Seitenzweigen etagenförmig auf. Die Belaubung ist dicht, filigranartig und blaugrün.

'Pembury Blue' gilt mit ihrer stahlblauen Farbe, die in ihrer Intensität an besonders schön gefärbte »Blautannen« erinnert, als eine der besten blauen Formen. Sie wächst mittelhoch und ist locker bezweigt.

'Pygmaea Argentea'. Etwa 1 m hohe, zunächst kugelige, später breit-kegelförmige Zwergform mit dunkelgrünen, an der Spitze weißlichgelben Zweigen.

'Rijnhof'. Zwergform mit flach ausgebreiteten Ästen, überhängenden Zweigspitzen, fast fischgrätenartiger Verzweigung und dunkelgrünblauen, auch im Winter beständigen Nadeln. Eine der elegantesten Zwergformen der Art.

'Robusta Glauca'. Üppigwachsende, bis 20 m hohe, graublau bereifte Säulenform mit nickenden Zweigspitzen.

'Romana'. Gleichmäßig schlank-säulenförmig wachsende, gut winterharte Sorte mit goldgelber Benadelung. Wird auch als 'Aurea Romana' angeboten.

'Silver Queen'. Besonders zur Zeit des Austriebs durch ihre silberschimmernde Färbung interessant, wird 5–10 m hoch und ist recht frosthart.

'Spek' gilt als beste blaue Scheinzypresse. Sie wird bis 10 m hoch, wächst kegelförmig mit dicken Ästen und überhängenden Zweigspitzen und ist prachtvoll graublau benadelt. Man sagt ihr hohe Winterhärte und Rußfestigkeit nach. Eine der wirkungsvollsten Formen für die Einzelstellung.

'Stardust'. Neuere, unempfindliche Form, die stark und breit-kegelförmig wächst; die federförmigen Zweiglein sind schwefelgelb und auch im Innern der Pflanze gut gefärbt.

'Stewartia' gilt als beste goldgelbe Form. Sie wächst kegelförmig, wird bis 10 m hoch, ist an den Triebspitzen goldgelb, im Innern gelbgrün, frosthart und widerstandsfähig.

'Tharandtensis Caesia'. Als junge Pflanze wächst sie kugelförmig, später wird sie breit-kegelförmig und bis 2 m hoch. Ihre zahlreichen Zweige sind etwas kraus und schön blau bereift, insgesamt etwas lockerer und eleganter als 'Forsteckensis'.

'Tilgate'. Flach-kugelig und kompakt wachsende Zwergform mit überhängenden Zweigen und frischgrüner Benadelung.

'Triomf van Boskoop', eine der häufigsten Formen, erreicht bis 15 m Höhe und ist nicht gerade für kleine Gärten zu empfehlen. In Parkanlagen ist die lockere, kegelförmige Mutante mit ihrer fächrig zerteilten, überhängenden Bezweigung und den silbrig bereiften Nadeln ein wirkungsvoller, rauchharter Solitärbaum.

'Van Pelt's Blue'. Wuchs aufrecht, schlank-kegelförmig, Benadelung tiefblau.

'White Spot'. Mindestens 5 m hohe, locker

bezweigte Säulenform mit dünnen, abstehenden Ästen. Ein Teil der Blätter ist weiß oder weiß marmoriert und im Austrieb rahmweiß. Im Laufe des Sommers vergrünen die hellen Spitzen weitgehend.

'Wisselii' fällt durch die feinen, kurzen Seitenzweige auf, die farnartig oder hahnenkammförmig sein können und gelegentlich einzeln herausragen. Der Wuchs ist schmalkegelförmig; die Form wird 5–10 m hoch.

'Youngii'. Sehr alte, aber immer noch attraktive Form. Sie wird bis 10 m hoch und trägt an ziemlich steifen Ästen lockere, mehr oder weniger gedrehte Triebe, ziemlich lange, fast farnartige Zweiglein und glänzend dunkelgrüne Nadeln, deren Farbe sich auch im Winter nicht verändert.

C. nootkatensis (D. Don) Spach. Das Verbreitungsgebiet der Nutka-Scheinzypresse reicht im Einflußbereich der pazifischen Küste von Oregon bis nach Alaska hinein. Mit ihrem schlanken, kegelförmigen Wuchs, den überhängenden Ästen und den schlaff herabhängenden Zweigen erreicht sie in ihrer Heimat 30–40 m Höhe. Bei uns bleibt sie ein mittelhoher Baum. Ihre dichtanliegenden, dunkelgrünen Blätter sind unterseits ohne weiße Zeichnung. Von anderen Scheinzypressen ist sie leicht durch ihre großen, kugeligen Fruchtzapfen mit den höckerartigen, stark hervortretenden Spitzen zu unterscheiden. Obwohl die Art durchaus dekorativ ist, auch noch in rauhen Lagen, bei Sommerdürre und kalten Wintern gut gedeiht, Rauch und Ruß der Großstadt recht gut verträgt, wird sie nur selten gepflanzt; um so häufiger ihre kaum weniger widerstandsfähigen Formen.
N-1, Zone 5 b.

'Aurea'. Mit dem schlank-kegelförmigen Habitus, den überhängenden Ästen und den schlaff herabhängenden Zweigen im Wuchs wie die Art, wird aber nur 5 m hoch. Die Blätter sind im Austrieb hellgelb, später hellgrün gefärbt.

'Glauca' unterscheidet sich von der Art durch stärkere, schwer überhängende Zweige und blaugrün gefärbte Nadeln, wird 5–10 m hoch und ist gut winterhart.

'Pendula'. Bis 15 m Höhe erreicht die wohl schönste aller Scheinzypressen-Formen. Selbst wer die Gattung wegen ihrer strengen Wuchsformen nicht sonderlich mag, wird sich an dem gefälligen und dekorativen Habitus großer, freistehender Exemplare begeistern. Sie zeigt aber nicht nur im Alter ihre charakteristische Form, sondern schon als ganz kleine Pflanze in der Baumschule. Von den weit gestellten, abwärts gerichteten Ästen hängen die Zweige senkrecht und schlaff herab. Die Nadeln sind auch im Winter grün. Diese Sorte stellt an Boden

Chamaecyparis obtusa 'Pygmaea'

und Klima überhaupt keine Ansprüche, ist winterhart und rußfest.

'Tatra'. Wüchsige, blaugrün benadelte Form, die mit leicht überhängenden Triebspitzen schmal-kegelförmig wächst.

C. obtusa (Sieb. et Zucc.) Sieb. et Zucc. ex Endl. Die Hinoki-Scheinzypresse ist in Japan ein bis 30 m hoher Waldbaum. Als Gartengehölz spielt sie in Japan keine große Rolle, als Bauholz hat sie dagegen eine überragende Bedeutung. Wie das kaiserliche Schloß in Kyoto und die meisten Schinto-Schreine, ist auch der Großschrein von Ise, das höchste Heiligtum Japans, aus Hinoki-Holz errichtet. Der Schrein wird alle 20 Jahre abgerissen und neu errichtet, er darf nur aus Hinoki-Holz gebaut werden, weil nur dieses ganz weiß ist und damit dem Idol der Reinheit voll entspricht. Zusammen mit anderen japanischen Nadelbaumarten – *Sciadopitys verticillata, Thujopsis dolabrata, Thuja standishii* und *Chamaecyparis pisifera* – gehört die Hinoki zu den »fünf heiligen Bäumen von Kiso«.

Die natürliche Art ist ein langsamwachsender Baum mit breiter, spitz-kegelförmiger, dichter Krone, rotbrauner, ziemlich glatter Rinde, waagerecht abstehenden Ästen mit überhängenden Spitzen, abgeflachten Zweiglein und dicklichen, fest angepreßten, dunkelgrünen Nadeln, die unterseits deutlich weiß gezeichnet sind. Sie wächst gern an kühlen, luftfeuchten Standorten in sonniger Lage.

Auch hier ist die Art in den Gärten nahezu unbekannt; weit verbreitet dagegen sind besonders einige zwergige Formen, die wohl immer durch Mutation entstanden sind und keine »fixierten Jugendformen« darstellen. Alle grünnadeligen Formen sind völlig winterhart, die gelb- und weißbunten dagegen sind etwas empfindlich. Sie wachsen am besten auf halbschattigen Standorten und sind für einen Winterschutz dankbar. Ihrer Verwendung sind in der Friedhofs- und Gartengestaltung nahezu keine Grenzen gesetzt.
Nhg-4, Zone 4.

'Albospica'. Bis 2 m hoher, kegelförmiger Strauch, dessen Zweigspitzen im Austrieb und im Sommer gelblichweiß sind, später aber vergrünen.

'Aurea'. Beständig goldgelbe, kegelförmige, bis 5 m hohe Form, die auch im Winter nicht verblaßt.

'Contorta'. Wächst kegelförmig und wird im Alter bis 2 m hoch. Die Äste sind kurz, gedreht und abstehend, die Zweiglein haben kurze, dicke, fadenförmige Triebe, die Nadeln stehen dicht und sind hellgrün.

'Coralliformis'. Rund 50 cm hohe Zwergform mit dünnen, schlaff durcheinander wachsenden Ästen, mehr oder weniger fadenförmigen Zweigen und dicklichen, korallenförmig verdickten Zweiglein.

'Crippsii'. Bis 5 m hohe, lockere Form mit goldgelben Nadeln. Sie ist empfindlich und benötigt Winterschutz.

'Filicoides'. Langsamwachsende, im Alter 5–6 m hohe Form mit eigentümlich gedrängt stehender, farnwedelartiger Verzweigung.

'Hage'. Dicht gedrungene Zwergform, bis 1 m hoch und sehr langsam wachsend, dicht gedrängte und gedrehte Triebe, Nadeln sehr klein und frischgrün.

'Kosteri'. Gedrungene, gut 1 m hohe Zwergkonifere mit lockerer, ansteigender Bezweigung, dicklichen, leicht muschelförmigen Zweiglein und hellgrünen Nadeln.

'Lycopodioides'. Wie 'Coralliformis' eine monströse, 2–2,5 m hohe Form mit dicken Zweigen und hahnenkammförmig gehäuften Zweiglein. Nadeln bläulich dunkelgrün.

'Lycopodioides Aurea'. Etwas schwächer wachsende, gelb benadelte Zwergkonifere.

'Magnifica'. Dekorativer, breit-kegelförmiger, bis 5 m hoher Baum mit waagerecht abstehenden Zweigen und hellgrünen Nadeln.

'Nana Aurea' wurde schon vor 1867 aus Japan eingeführt; sie entwickelt sich zu einem bis 2 m hohen, kegelförmigen Busch mit goldgelben und weißlichgelben Zweiglein.

'Nana Gracilis'. Sicher die bestbekannte und eine der häufigsten Koniferen-Zwergformen. Sie bleibt wirklich zwergig und erreicht in Jahrzehnten nur Mannshöhe, besonders wenn sie durch Stecklinge vermehrt und nicht veredelt wurde. Als junge Pflanze wächst sie ungleichmäßig mit waagerecht abstehenden Ästen, unregelmäßig gestellten Zweigen und muschel- bis tütenförmig gedrehten, dunkelgrünen und glänzenden Zweiglein. Sie läßt sich nahezu überall pflanzen und ist der ideale Zwerg für Troggärten in sonniger und halbschattiger Lage.

'Pygmaea' kam auch schon früh aus Japan nach Europa und ist eine häufige, breit-kugelige, bis 1,5 m hohe Zwergform mit fächerförmigen Zweigen und auffallend rotbraunen Zweiglein.

'Rigid Dwarf'. Zwergform, die straff-aufrecht wächst und etwa 90 cm hoch wird, die Hauptäste wachsen fast senkrecht aufwärts, während die Zweiglein fingerförmig abstehen, die Benadelung ist dunkelgrün. Gilt als eine der schönsten Zwergformen der Art.

'Tetragona Aurea'. Goldgelbe, monströse Zwergform, selten höher als 2 m, mit unregelmäßigen, an der Spitze oft hahnenkammartigen Zweigen.

'Wissel'. Sehr langsam wachsende, fast kugelrunde Zwergform, die eine Ähnlichkeit hat mit der schon 1894 aus Japan eingeführten 'Sanderi'. Auch bei 'Wissel' sind alle Blätter nadelförmig, linealisch und dicklich,

Chamaecyparis pisifera 'Filifera Nana Aurea'

sie stehen kreuzweise gegenständig und sind bläulichgrün. 'Wissel' eignet sich besonders gut zur Bepflanzung von kleinen Trögen und Töpfen, ist aber nicht überall ausreichend frosthart.

C. pisifera (Sieb. et Zucc.) Sieb. et Zucc. ex Endl., Sawara-Scheinzypresse. In ihrer japanischen Heimat ist diese Scheinzypresse (wie die Hinoki eine der 5 heiligen Baumarten) auf feuchten Böden und in Tallagen zu finden. Sie entwickelt sich in der Heimat zu einem bis 50 m hohen Baum mit schmaler, kegelförmiger Krone und bemerkenswert rotbraunem Stamm. Die äußere Rinde löst sich in langen Streifen. Ihre Äste stehen waagerecht ab, die flachen Zweiglein stehen in einer Ebene und hängen über. Die anliegenden, scharf zugespitzten Nadeln sind oben glänzendgrün, unten deutlich weiß gefleckt.

Die natürliche Art ist kein sonderlich dekorativer Parkbaum, wir kultivieren daher nahezu ausschließlich Gartenformen. Häufig solche mit nadelförmigen Blättern. Auch sie sind keine »fixierten Jugendformen«, sondern durch Mutation entstandene und vegetativ vermehrte Klone.

Nhg-4, Zone 4.

'Aurea' unterscheidet sich von der Art nur durch ihre goldgelben Nadeln, die Farbe verblaßt im Inneren der Pflanze.

'Boulevard' trat als Sproßmutation an

'Squarrosa' auf und hat wie sie nadelförmige, weiche Blätter, die im Sommer ausgesprochen silberblau sind. Die Form trat in den letzten Jahren einen wahren Siegeslauf an. Kleine Baumschulpflanzen sehen besonders hübsch aus, vermitteln den Eindruck einer Zwergkonifere und werden mit Begeisterung gekauft. Leider hält sie nicht, was sie in der Jugend verspricht. Sie wird sicher weit höher als 5 m und an nicht zusagenden Standorten schnell locker und bekommt im Inneren der Pflanze viele braune, vertrocknete Nadeln.

'Filifera'. Alle 'Filifera'-Formen sind durch kurze, nadelförmige Blätter, fadenförmige Zweige und überhängenden Wuchs gekennzeichnet. Diese Form wird im allgemeinen bis 5 m hoch und ebenso breit. Sie ist durch ihre allseits überhängenden Zweigspitzen sehr elegant.

'Filifera Aurea'. Gleicher Habitus wie die grünblättrige Form, wächst aber langsamer und färbt die Blätter gelb.

'Filifera Nana'. Dichtbuschige Zwergform mit nach allen Seiten überhängenden, fadenförmigen Zweigspitzen, wird in vielen Jahren nur 50 cm hoch.

'Filifera Nana Aurea'. Alle Formen unter diesem Namen sollen aus Seitentrieben von 'Filifera Aurea' vermehrte, etwas schwächer wachsende Pflanzen sein, die sich schließlich aber doch zu recht großen Exemplaren entwickeln.

'Golden Mop'. Beständig goldgelbe, wirklich niedrigbleibende 'Filifera'-Form.

'Gold Spangle'. Aus einer Mutation an 'Filifera Aurea' entstandene, mindestens 3 m hohe Form. Sie ist sehr lebhaft gefärbt, weil ihre Zweige teilweise gedreht und dann hellgelb gefärbt sind, die restlichen Zweige sind fadenförmig und dunkler gelb.

'Nana'. Sehr schwachwachsende Zwergform (in 40 Jahren nur 60 cm hoch und 150 cm breit), die sich flach-kugelig oder kissenförmig ausbreitet und fächerförmige Zweiglein mit etwas krausen Spitzen und tiefgrünen Nadeln trägt.

'Plumosa'. Bis 20 m hoher, kegelförmiger Baum mit abstehenden Ästen, federartig krausen Zweiglein und nadelförmigen, spitzen, etwas abstehenden Blättern. Eine sehr winterharte Form, bewährt als Windschutz- und Heckenpflanze. Die charakteristische Benadelung aller 'Plumosa'-Formen steht in ihren Merkmalen zwischen der natürlichen Art und den 'Squarrosa'-Formen.

'Plumosa Aurea'. Durch goldgelbe Nadeln unterschieden.

'Plumosa Compressa'. Sehr langsam und dicht wachsender, kaum 60 cm hoher, kissenförmiger Zwerg, der unter Sonnenbrand leiden kann.

'Plumosa Flavescens'. Etwa 1 m hohe, kegelförmige oder mehr kugelige Zwergform mit gelbweißen Nadeln, die bis zum Herbst weitgehend vergrünen.

'Plumosa Nana Aurea'. Flach-kugelige, langsamwüchsige Zwergform mit goldgelben, stark zurückgebogenen Nadeln, wird ebenfalls durch Sonnenbrand häufig braun.

'Squarrosa' vertritt die dritte Formengruppe mit weichen, nadelförmigen, moosartig krausen, dicht ringsum gestellten Blättern. Sie entwickelt bis 20 m hohe Bäume mit breiter, lockerer Krone, rotbraunem Stamm und silbergrauen Zweiglein. Beliebte Form für Park und Friedhof, man findet dort häufig prachtvolle, alte Bäume.

'Squarrosa Intermedia'. Eine Form, die Nadel- und Schuppenblätter trägt und sich, wenn ungeschnitten, zu eigenartigen, oft locker und bizarr geformten, kegelförmigen Gestalten entwickelt.

'Squarrosa Sulphurea' wird nicht ganz so hoch wie 'Squarrosa' und besticht durch ihre im Sommer schwefelgelbe, im Winter silbergraue Benadelung.

'Sungold'. Etwas gröber bezweigt als 'Filifera Aurea'. Nadeln nur gelbgrün, aber sehr sonnenbeständig, während andere gelbe Formen in sonnigen, sommertrockenen Regionen verbrennen.

C.thyoides (L.) B.S.P. In Sumpfgebieten des atlantischen Nordamerika kommt die Art vor. Sie bildet dort 25–30 m hohe Bäume mit aufrechten oder ausgebreiteten Ästen, rötlichbrauner Rinde und dünnen, nach allen Seiten ausgebreiteten Zweiglein. Ihre Nadeln sind dunkelbläulich bis hellgrün und ohne weiße Zeichnung. Sie erinnern bei oberflächlicher Betrachtung an die von *Juniperus virginiana*. Die Art ist bei uns durchaus hart und dekorativ, wird aber nicht sehr häufig angebaut. Sie wächst am besten auf feuchten, nährstoffreichen, kalkarmen Sandböden.

Nhw-2, Zone 4.

'Andelyensis' zeigt einen zwergigen, kegelförmigen, bis 3 m hohen Wuchs mit straffaufrecht stehenden Ästen, kurzen Zweigen und blaugrünen, gerieben streng aromatisch riechenden Nadeln.

'Glauca'. Gedrungene, aber zierliche Form mit zahlreichen, kurzen Ästen und silbrig blaugrünen Nadeln.

Cryptomeria D. Don
Taxodiaceae
Sicheltanne, Sugi

Nur 1 Art der Gattung ist in Japan und Südchina verbreitet. Der immergrüne Baum wird dort bis 40 m hoch, trägt eine kegelförmige Krone mit spiralig um den schlanken Stamm gestellten Ästen. Vom Stamm löst sich die rötliche Borke in langen Streifen ab. Die Zweige sind mit sichelförmig gekrümmten, nach vorne gerichteten Nadeln ausgestattet, die in 5 Reihen spiralig den Zweig umstehen. Aus einzeln stehenden, kugeligen, weiblichen Blüten entwickeln sich braune, kugelige, im ersten Jahr reifende Zapfen.

C.japonica (L.f.) D. Don. In Japan gilt die Sugi als wichtigste Nadelholzart, die auf allen großen Inseln ausgedehnte Wälder bildet. Bei uns haben forstliche Anbauversuche häufig nicht befriedigt. In unseren Gärten und Parkanlagen erwächst sie zu einem stattlichen Baum, wenn sie in luftfeuchten und wintermilden, genügend warmen Klimabereichen steht. Sie verträgt keine scharfen Winde, keine Wintersonne und keinen nassen Schnee, sie verlangt tiefgründige, lehmige Böden. In ihrer Heimat hat man rund 200 Rassen, Standortformen und Sorten aufgestellt. Nur relativ wenige davon sind auch in Europa bekannt.

In Japan ist Sugi das wichtigste Nutzholz, es wird vor allem für den Bau von Tempeln und für die Bretterverschalung des japanischen Holzhauses verwendet. Überall im Land findet man die Haine an Tempeln

Cryptomeria japonica 'Compacta'

und Schreinen von Sugi durchsetzt, nicht selten bestehen sie ausschließlich aus Sugi. Zunächst wurde sie vielleicht nur aus praktischen Erwägungen in Tempelnähe gepflanzt, so stand nach einem Tempelbrand gleich Bauholz zur Verfügung. Daraus entstand im Laufe der Zeit eine hohe sakrale Bedeutung, die die Sugi zum häufigsten Tempelbaum Japans werden ließ. Sie wird an vielen Stellen in alten, eindrucksvollen Exemplaren hoch verehrt.
Nh/Mh-4, Zone 6b.

'Bandai-sugi' ist in unseren Gärten weit verbreitet, sie wird bis zu einem 2 m hohen, unregelmäßigen Strauch mit unterschiedlich langen Trieben und Nadeln, die Zweige sind meist steif und dick und an der Basis der längeren Triebe oft monströs verformt.
'Compacta'. Kegelförmiger, dicht bezweigter, bis 15 m hoher Baum mit zahlreichen Trieben und kurzen, derben, blaugrünen Nadeln.
'Cristata'. Die Hahnenkamm-Sicheltanne trägt an ihren steifen, kurzen Trieben häufig breite, hahnenkammförmige Zweigverbänderungen, sie wird 6–8 m hoch. Etwas für den Liebhaber außergewöhnlicher Formen.
'Elegans' wächst zu unregelmäßigen, bis 10 m hohen Bäumen heran mit sehr dichten, abstehenden Ästen und bläulichgrüner, im Winter rotbrauner Benadelung.
'Globosa Nana' bildet gedrungene, kugelige, etwa 1 m hohe Zwergformen mit sehr dicht und unregelmäßig gestellten Ästen, kurz übergebogenen Zweiglein und kurzen, dichtstehenden, gelbgrünen, im Winter blaugrünen Nadeln, eine recht harte, empfehlenswerte Form.
'Gracilis' fällt durch ihre auch im Winter frischgrünen und besonders kurzen Nadeln (2–3 mm) auf. Die winterharte, kräftigwachsende, kegelförmige, bis 5 m hohe Form ist mit wenigen dünnen Seitentrieben locker beastet.
'Jindai-sugi'. Ebenfalls recht hart, 2–3 m hoch, kegelförmig und gedrungen wachsend, mit hellgrünen, auch im Winter farbkonstanten Nadeln.
'Lobbii'. Häufig in Kultur, ein schöner, gut wachsender, dichter und geschlossener, widerstandsfähiger Baum mit langen, tiefgrünen Nadeln.
'Vilmoriniana'. Kaum 1 m hohe, unregelmäßig kugelige, sehr dichte Zwergform mit kurzen und steifen Ästen und hellgrünen, im Winter bläulichen Nadeln. Hübsch, aber Schutz vor Wintersonne notwendig.
'Winter Bronze'. Bis 1,5 m hohe, breit-kegelförmige, dicht verzweigte und regelmäßig aufgebaute Zwergform. An der Sonnenseite färben sich die Nadeln im Winter auffallend bronzebraun bis braunrot.

Cunninghamia B. Br.
Taxodiaceae
Spießtanne

In China ist 1, in Formosa sind 2 Arten dieser immergrünen, hohen Bäume verbreitet, deren Äste unregelmäßig in Quirlen stehen und die schmal-lanzettliche, lederartige, steife und scharf zugespitzte Blätter tragen, die am Zweig 2zeilig und in einer Ebene stehen. Der Zapfen besteht aus lokkeren, weichen, an der Spitze abstehenden Schuppen. Allen Arten ist nur eine geringe Winterhärte eigen, nur eine ist in Mitteleuropa an klimatisch günstigen Stellen hart.

C. lanceolata (Lamb.) Hook. wird in Süd- und Zentralchina zu einem Baum, bleibt bei uns aber strauchig. Sie ist interessant und eigenartig durch ihre leicht gebogenen, bis 6 cm langen, glänzendgrünen und stechenden Nadeln. In Deutschland sind nur wenige größere Exemplare zu finden. Sie braucht in milden Gebieten eine halbschattige, vor Wind, Spätfrösten und Wintersonne geschützte Lage und nicht zu schweren, frischen Boden. Wer sich an ihr versuchen will, muß junge Pflanzen im Winter durch eine Laubdecke und durch Fichtenreisig schützen. Sie besitzt eine erstaunliche Fähigkeit, sich nach Frostschäden zu regenerieren.
Mk/Nhm-4, Zone 7b.

× Cupressocyparis Dallim.
Cupressaceae

Bis jetzt sind 3 Naturhybriden bekannt geworden. Alle sind Gattungsbastarde zwischen *Chamaecyparis nootkatensis* und verschiedenen *Cupressus*-Arten, die in England zufällig in der Gartenkultur entstanden sind.

C. leylandii (A.B. Jacks. et Dallim.) Dallim. et A.B. Jacks. ist wohl die bekannteste dieser Hybriden. Sie entstand in England seit 1888 mehrmals an verschiedenen Stellen als Hybride zwischen *Chamaecyparis nootkatensis* und *Cupressus macrocarpa*. Die Samen wurden zweimal von *C. macrocarpa* und einmal von *C. nootkatensis* geerntet. Aus den Nachkommen dieser Kreuzungen wurden einige Pflanzen ausgelesen, als Klone vermehrt und später als Sorten benannt. So erklärt sich auch, daß die *C. × leylandii* auf dem Kontinent durchaus nicht einheitlich sind, sondern in der Benadelung und in ihrem Habitus abweichende Merkmale zeigen.
Gemeinsam ist ihnen ein ungewöhnlich rascher Wuchs, die dichte und zierliche, kegel- bis säulenförmige Krone, ihre relativ hohe Winterhärte und die Widerstandsfähigkeit gegen Trockenheit. Die Hybriden sind dekorative, bis 30 m hohe Solitärbäume und ausgezeichnete, schnellwachsende Heckenpflanzen für geschnittene und freiwachsende Hecken. Sie lassen sich leicht durch Stecklinge vermehren und erreichen in wenigen Jahren mehr als Mannshöhe.
Zone 7a.
'Castlewellan Gold' ist eine schöne, goldgelbe Form der Leyland-Zypresse, die etwas langsamer wächst als die Hybride und viel weniger winterhart ist.
'Haggerston Grey' ist vor allem in der englischen Gartenkultur weit verbreitet, ein zierlicher, kegel- bis säulenförmiger Baum mit ziemlich lockerer Verzweigung und grünen bis leicht graugrünen Nadeln.
'Leighton Green'. Die bei uns am häufigsten kultivierte Form zeichnet sich durch anfangs schmal-säulenförmigen, später lockeren Wuchs aus. Sie entwickelt stets einen Leittrieb, stellt ihre Triebe unregelmäßig, dicht und flach in einer Ebene, die Nadeln sind frischgrün bis gelbgrün.
'Naylor's Blue' unterscheidet sich von 'Leighton Green' vor allem durch die lokkere Verzweigung und die graublauen Nadeln.

C. notabilis Mitchell. Die Hybride *(Cupressus glabra × Chamaecyparis nootkatensis)* entwickelt sich zu einem schmal-kegelförmigem Baum mit bogig aufstrebenden Zweigen und fiederförmig angeordneten Trieben mit blaugrünen, schuppenförmigen Nadeln.
Zone 7a.

Cupressus L., Cupressaceae
Zypresse

Wir kennen die echten Zypressen vor allem aus dem Mittelmeerraum; sie sind darüber hinaus im euroasiatischen Raum bis zum Himalaja verbreitet. Mehrere Arten kommen auch im tropischen und subtropischen Nordamerika und in der Sahara vor. Alle sind hohe, immergrüne Bäume, die kleine, zunächst nadel-, dann schuppenförmige Blätter tragen. Die Blüten der einhäusigen Pflanzen sitzen an verschiedenen Zweigen, die kugeligen, holzigen Zapfen reifen im zweiten Jahr. Alle Arten haben ein sehr hohes Wärmebedürfnis, in der Regel sind sie unserem Klima nicht gewachsen. Nur einige der 15 oder 20 Arten halten in Gebieten mit Weinbauklima oder im milden Westen und Südwesten aus. Südlich der Alpen und in England sind dagegen zahlreiche Arten ausreichend hart.

Cupressocyparis × leylandii **Cupressus sempervirens**

C. arizonica Greene. Die Arizonazypresse entwickelt sich zu prachtvollen, schlanken, dicht beasteten Bäumen, deren Blätter graublau bis silbergrau gefärbt sind. Der Stamm alter Bäume, die in der Heimat 20 m hoch werden, ist rauh und tief gefurcht. *C. arizonica* gilt als eine der härtesten Arten, ist aber trotzdem nur für milde Klimabereiche an geschützten, sonnigen Plätzen zu empfehlen. Sie verträgt auch kalkhaltigen Boden.
Ms/Nsm-1, Zone 7 b.
'Conica'. Kegelförmig wachsende Sorte mit ansteigenden Ästen und sehr zahlreichen, locker gestellten, kurzen und steifen Zweiglein. Die Blätter sind auffallend blaugrau gefärbt.
'Fastigiata'. Wuchs straff-aufrecht, dichtgedrungen. Benadelung blaugrau.
'Glauca'. Wuchs schmal-säulenförmig, regelmäßig und dicht. Die Benadelung ist intensiv silbergrau.
'Sulphurea'. Wuchs gedrungen, aufrecht. Benadelung graugelb.

C. bakeri Jeps., Modoczypresse. Stammt aus den Küstenregionen Kaliforniens und entwickelt sich zu einem bis 10 m hohen Baum mit dünner, rötlicher, in dünne Platten gespaltener Borke, dünnen, 4kantigen Zweiglein und stumpfen, hell- oder dunkelgrünen Blättern. Die Modoczypresse ist in Mitteleuropa relativ winterhart.
Ms/Ns-1, Zone 7 b.

C. cashmeriana Royle ex Carr. gehört sicher zu den elegantesten Gestalten unter den Nadelbäumen, die sonst ja nicht selten recht steif wirken. Der kleine, kegelförmige Baum läßt seine Zweige lang und schwer von aufstrebenden Ästen herabhängen. Die Zweiglein sind alle flach und blaugrün gefärbt. Die Heimat der Kaschmirzypresse liegt vermutlich in Kaschmir oder Tibet, ist aber nicht sicher bekannt.
Zone 9.

C. lusitanica Mill. Die Mexikanische Zypresse ist von Mexiko bis Honduras heimisch. Sie entwickelt sich zu einem großen, in der Heimat bis 30 m hohen Baum mit rotbraunem Stamm, längsrissiger Borke, weit ausgebreiteten Zweigen, überhängenden Trieben und ausgesprochen blaugrünen Blättern. Ein eleganter Baum, der am Mittelmeer ausreichend hart ist.
Ms-1, Zone 8 b.
'Glauca Pendula'. Triebe hängend und stärker blaugrün gefärbt als die Wildform.

C. macrocarpa Hartw. Die Montereyzypresse besiedelt nur ein sehr kleines Areal in der Montereybucht in Kalifornien. Dort wächst sie nicht selten auf felsigen Standorten und an Abhängen im unmittelbaren Küstenbereich. In der Jugend wächst sie schmal oder breiter kegelförmig, formt im Alter aber eine weit ausladende, oft flachschirmförmige Krone. Auffallend ist außerdem die zunächst rotbraune Borke, die später grau und rissig-schuppig wird. In englischen Gärten und am Mittelmeer ist die 15–20 m hoch werdende Art nicht selten zu finden.
Ms-1, Zone 8 b.
'Goldcrest'. Wuchs säulenförmig, Benadelung goldgelb. Wird häufig als Topfpflanze angeboten.
'Lutea'. Wuchs breit-kegelförmig. Benadelung im ersten Jahr schön gelb, im zweiten Jahr grün werdend.

C.sempervirens L. Mit ihren oft bleistift-schlanken, hochaufragenden Säulen beherrscht die Mittelmeerzypresse im mediterranen Raum ganze Landschaften und Stadtbilder. Sie stammt ursprünglich aus Nordpersien, Kleinasien und Kreta, wurde aber schon im Altertum nach Italien eingeführt und gehört, neben dem Ölbaum, zu den Charakterpflanzen der Mittelmeerregion.

In vielen Ländern hat die Zypresse eine hohe symbolische Bedeutung. Sie war in der iranischen Religion ein Bild der heiligen Feuerflamme, in der biblischen Symbolik galt sie als Bild des Hohen, Erhabenen und Unvergänglichen. Nach Plinius war sie den Göttern der Unterwelt geweiht und galt deshalb als Todessymbol. Auch heute noch wird das Bild zahlreicher Friedhöfe in Südeuropa und dem Orient durch die schlanken Gestalten der Zypressen geprägt. Sie sollen im Angesicht des Todes die Gedanken zum ewigen, unvergänglichen Leben emportragen.

Der 20–30 m hohe Baum trägt entweder waagerecht ausgebreitete oder straff-aufrecht stehende Äste. Seine Borke ist dünn, glatt, graubraun und etwas rissig. Die Art wird in 2 Formen eingeteilt:

C.sempervirens f. *horizontalis* (Mill.) Voss. Mit mehr oder weniger waagerecht ausgebreiteten Ästen ist die »Wilde Mittelmeerzypresse« im Habitus eher zedernartig. Dieser Typ kommt im ursprünglichen Verbreitungsgebiet der Art wild vor, tritt aber nicht selten auch in den im Mittelmeergebiet verwilderten Beständen auf.

C.sempervirens f. *sempervirens*. Wuchs sehr veränderlich, von straff-säulenförmig bis schmal-kegelförmig. Hierzu gehören alle schlanken Formen, gleichgültig, ob sie aus generativer oder vegetativer Vermehrung stammen. Säulenformen stellen ursprünglich wohl Auslesen aus der *C.s.* f. *horizontalis* dar. Sie fallen auch aus Samen ziemlich echt, ergeben aber keine einheitlichen Bestände. Säulenformen werden nicht selten auch unter Bezeichnungen wie 'Pyramidalis' oder 'Stricta' beschrieben. Ms-3, Zone 8a.

Ephedra L., Ephedraceae
Meerträubel

Die etwa 40 *Ephedra*-Arten kommen in warmtemperierten Gebieten vor, vom Mittelmeer bis nach Innerasien, vom westlichen Nordamerika bis nach Mexiko und in den südlichen Anden. Sie wachsen dort in der Regel auf sandigem und felsigem Untergrund in Wüsten, Steppen und im Gebirge. Mit ihren grünen, rutenförmigen

Zweigen (die Photosynthese findet vorwiegend in den Zweigen statt), den eingesenkten Spaltöffnungen, den weitgehend reduzierten Blättern und dem stark entwickelten Wurzelwerk haben sie sich an das Leben auf extrem trockenen Standorten angepaßt.

Die meisten Arten sind kleine Sträucher mit kreuzweise gegenständigen oder zu 3–4 in Quirlen stehenden Zweigen; nur wenige Arten klettern an Bäumen oder Sträuchern empor. Fast alle Arten sind zweihäusig. Die kleinen, unscheinbaren Blütenzäpfchen entspringen den Knoten der Stengel. Nach der Befruchtung verhärtet sich die Blütenhülle, die Deckblätter verholzen oder entwickeln sich zu einer fleischigen, oft rot gefärbten Scheinbeere. Einige *Ephedra*-Arten sind wichtige Arzneipflanzen. Sie enthalten das Alkaloid Ephedrin, das dem Adrenalin sehr nahe steht und unter anderem den Blutdruck steigert.

Die wenigen bei uns kultivierten Arten besitzen alle keinen besonders hohen Schmuckwert. Mit ihrem schachtelhalmähnlichen Aussehen sind sie jedoch eigenartige kleine Sträucher, die auf extrem trockenen, sonnigen Plätzen in Stein- und Troggärten ihren Platz finden können.

E.distachya L. Der meist nur 50 cm hohe, Ausläufer treibende Strauch ist von Südeuropa bis Westsibirien verbreitet. Er baut sich mit ziemlich steifen, blau- oder dunkelgrünen, fein gestreiften Ästen auf und trägt kugelige, rote Früchte.
Ns/Na/Ms/Ma-3, Zone 6b.

Ephedra distachya

E.distachya ssp. *helvetica* (C.A. Mey.) Aschers. et Graebn. Kaum mehr als 20 cm hoher Zwergstrauch, der in den französischen Westalpen und im Schweizer Wallis auf sehr trockenen, kalkreichen, südexponierten Standorten wächst.

E.gerardiana Wall. ex Stapf. ist in den trockenen Hochtälern des Himalaja verbreitet, ein nur handhoher Zwergstrauch mit sehr dünnen, dunkelgrünen Zweigen, nur 2 mm langen, schuppenförmigen Blättern und kugeligen, roten Früchten. NGs/NGa-4, Zone 6b.

Ginkgo L., Ginkgoaceae
Ginkgo-, Mädchenhaarbaum

Der Ginkgobaum ist der einzige Vertreter der Ordnung der *Ginkgoales* und der Familie der *Ginkgoaceae*. Eigentlich kein Nadelgehölz, doch zu den nacktsamigen Pflanzen, den Gymnospermen, gehörend, gilt er als Relikt prähistorischer Baumarten, die vor etwa 180 Millionen Jahren weit verbreitet waren, auch auf dem europäischen Kontinent. Vor etwa 50 Millionen Jahren nahm er seine heutige Gestalt an, er ist vielleicht die älteste lebende Pflanzenart der Erde und trägt zu Recht die von Darwin geprägte Bezeichnung »Lebendes Fossil«. Er bildet einen hohen, sommergrünen Baum mit Lang- und Kurztrieben, fächerförmigen, parallelnervigen, vorne oft mehr oder weniger tief ausgerandeten bis 2lappigen, im

Ginkgo biloba

Herbst goldgelben Blättern und unscheinbaren, zweihäusig verteilten Blüten.

Die Befruchtung erfolgt nicht, wie bei Gymnospermen üblich, durch Spermakerne, sondern durch frei bewegliche Spermazellen, wie dies bei Palmfarnen, Farnen und niederen Pflanzen üblich ist. Die Samen bestehen aus einer gelbfleischigen Schale und einem harten, eßbaren Kern. Die saftig-fleischige Samenschale riecht zur Vollreife unangenehm nach Butter- und Valeriansäure. Nicht zuletzt aus diesem Grund sucht man immer wieder nach äußeren Merkmalen, die eine sehr frühe Unterscheidung der Geschlechter erlaubt. Aber weder am Habitus noch am Zeitpunkt des Austriebes läßt sich das Geschlecht der Pflanzen mit Sicherheit erkennen. Da sich der Ginkgobaum ohne Mühe veredeln läßt, könnte man auch leicht und sicher männliche Pflanzen heranziehen.

Der Ginkgo hat in Japan und China keine besondere Bedeutung als Tempelbaum. Gepflanzt wurde er zunächst, weil er selten

Ginkgo biloba

war, später aus medizinischen Gründen. Alte Erfahrungen mit dem Ginkgo als Heilpflanze sind nun wieder in der modernen Medizin entdeckt worden. In Europa ist aus Ginkgoblättern ein Extrakt gegen Durchblutungsstörungen entwickelt worden.

Verehrt wird der Ginkgo in Ostasien, weil er sehr alt werden kann. Vor allem alte

Bäume mit Tschitschi-Bildungen wurden in Japan hoch verehrt. Weil Tschitschi im Anfangsstadium ihrer Entstehung einer Frauenbrust nicht unähnlich sind, sah man in ihnen ein Fruchtbarkeitssymbol. Kinderlose Frauen pilgerten zu solchen Bäumen und erflehten reichen Kindersegen.

G. biloba L. Heimisch ist der Ginkgo im Grenzgebiet der chinesischen Provinzen Anhui und Zhejiang, südlich des unteren Yangtsekiangflusses sowie im Nordteil der Provinz Guizhou am oberen Yangtsekiang. Der Baum kam schon früh nach Japan, dort entdeckte ihn der deutsche Arzt und Botaniker E. Kaempfer. 1730 gelangte das erste Saatgut in den Botanischen Garten in Utrecht, dort steht noch ein Baum aus dieser Zeit.

Der Ginkgobaum ist ein dekorativer, 25–30 m hoher Parkbaum und ein sehr wertvoller Straßenbaum. In der Jugend wächst er schlank-aufrecht, im Alter entwickelt er unterschiedliche, schmale, breite oder fächerförmige Kronen. Die graue Rinde ist an alten Stämmen tief gefurcht. Als Straßenbaum besticht er durch seine Strahlungsfestigkeit, die ihn auch an heißen Stadtstraßen gedeihen läßt. Er ist anspruchslos an Boden und Klima, dazu rauchhart und frei von Krankheiten.

Nhw-4, Zone 5 b.

'Autumn Gold' ist eine männliche, breit-kegelförmig wachsende Selektion mit besonders auffallender, leuchtend goldgelber Herbstfärbung.

'Fastigiata'. Form mit spitz-kegelförmigem bis säulenförmigem Wuchs.

'Pendula'. Der kleine Baum entwickelt mit seinen zunächst waagerecht ausgebreiteten, dann mehr oder weniger stark hängenden Ästen eine schirmförmige Krone.

'Tremonia'. Im Botanischen Garten Dortmund wurde diese besonders schmale (bei 12 m Höhe nur 80 cm breit) Säulenform in einer Aussaat gefunden. Sicher ein wertvoller Baum für schmale Straßen.

Juniperus L., Cupressaceae
Wacholder

Von der Polarzone bis zu den tropischen Gebirgen sind rund 60 Arten immergrüner Bäume oder Sträucher verbreitet. Alle sind reich verzweigt, tragen ihre nadel- oder schuppenförmigen Blätter gegenständig oder zu dritt in Quirlen. Junge Pflanzen sind stets mit nadelförmigen Blättern ausgerüstet. An älteren finden wir entweder nadel- oder schuppenförmige Blätter, gelegentlich auch beide Blattformen. Die Blüten der ein- oder zweihäusigen Pflanzen sind sehr klein. Die Beerenzapfen bestehen aus 3–6 fleischigen, vergrößerten Schuppen, sie reifen im ersten oder zweiten Jahr, sind dann meist dunkelblau und häufig weiß bereift.

Von den 60 Arten kultivieren unsere Baumschulen kaum 10, von diesen aber eine erhebliche Zahl an Formen. Fast alle sind strauchförmige Koniferen, aber recht unterschiedlich in ihrem Habitus. Von der weitausladenden *J.chinensis* 'Pfitzeriana' und den säulenartigen Formen der *J.virginiana* bis zu den kriechenden Zwergen bei *J.horizontalis* sind alle Übergänge vorhanden. Sehr variabel ist auch ihre Nadelfärbung, von einigem Zierwert der Fruchtbehang. Die vergleichsweise bescheidene Größe macht sie zu idealen Pflanzen für den kleinen Garten, den Friedhof, für die Böschungsbepflanzung, für Stein- und Atriumgärten. Zusammen mit Birken und Kiefern sind Wacholder für den Heidegarten unentbehrlich. Alle wachsen gern auf leichten Böden. *J.communis* auch auf ärmsten Heideböden. Sie bevorzugen freie Lagen, in tiefem Schatten werden sie schütter und unansehnlich, immerhin wird eine leichte Beschattung durch lichte Birken oder Kiefern vertragen.

J.chinensis L. Der China-Wacholder kommt in China, Japan und der Mongolei vor und erwächst dort zu 20 m hohen Bäumen mit recht unterschiedlichen Kronenformen, bleibt aber auch strauchig oder gar niederliegend. Wir kultivieren nur einige seiner zahlreichen Gartenformen, die vor allem in Holland stellenweise als *Juniperus × media*-Sorten *(J.chinensis × J.sabina)* beschrieben und angeboten werden. N-4, Zone 5a.

'Blaauw', als 'Blaauw's Varietät' besser bekannt, ist eine kaum mannshohe, graublau benadelte Form, deren Hauptäste in der Regel nach einer Seite stehen. Eine sehr wertvolle Zwergform aus japanischen Gärten mit fiederförmigen Zweigen und schuppenförmigen Nadeln.

'Blue Alps'. Aufrechter, buschiger, dicht verzweigter Strauch mit zierlich abstehenden oder überhängenden Spitzen. Die scharf zugespitzten Nadeln sind auffallend silbrigblau, eine sehr schöne und gesunde Form.

'Blue Cloud'. Wuchs strauchig, breit und niedrig. Zweiglein sehr dünn, fast fadenförmig, stahlblau gefärbt; Zweiglein riechen gerieben unangenehm.

'Fairview' ist mit ihrem schmal-kegelförmigen Wuchs eine der schönsten schlankwüchsigen Wacholderformen. Sie wächst stark, die meist pfriemförmigen Nadeln sind hellgrün.

'Globosa Cinera' wird als breit-kugelige Buschform mit schuppenförmigen, aschgrauen bis graugrünen Nadeln beschrieben, bemerkenswert ist ihre frühe Fruchtbarkeit.

'Gold Coast' wächst kompakt, breit und abgeflacht-tafelförmig mit leicht übergeneigten Zweigspitzen. Die Benadelung ist an den Triebspitzen intensiv goldgelb; sie wird im Spätherbst und Winter dunkelgelb.

'Gold Star' ist eine der zahlreichen Abkömmlinge von 'Pfitzeriana', unter denen sich auch einige gelblaubige Formen befinden. Sie gilt als schönste und beste Sorte dieser Gruppe und wird in Zukunft wohl die alte 'Pfitzeriana Aurea' ablösen.

'Hetzii'. 2–4 m hohe Form mit lockerer Verzweigung und nach allen Seiten strebenden Ästen, wertvoller und gesunder, blaugrüner Wacholder mit schuppenförmigen Blättern.

'Iowa'. Amerikanische Selektion mit hohem, breit-kegelförmigem Wuchs und bläulichgrüner Benadelung.

'Kaizuka'. Über die USA aus Japan eingeführte Form mit breit-aufrechtem, 3–4 m hohem Wuchs und unregelmäßig abstehenden Ästen; an diesen stehen die Zweige in Gruppen, wodurch sich ein eigenartiger, dekorativer Habitus ergibt. Malerische, aber etwas empfindliche Form.

'Keteleeri'. Bis weit über 5 m hoher, säulenförmiger Wacholder mit ansteigenden Ästen, zahlreichen kurzen und dünnen Zweigen und schuppenförmigen, leicht bläulich bereiften Blättern. Fällt durch seine vielen großen, blaubereiften Früchte auf, ist sehr frosthart und widerstandsfähig.

'Mathot' ist als Mutation an 'Pfitzeriana' entstanden und ihr im Habitus sehr ähnlich, nur etwas dichter verzweigt. Ihre Nadeloberseite ist nach außen gekehrt, die Benadelung wirkt dadurch blaugrün.

'Mint Julep' wächst relativ breit mit bogig abstehenden Ästen und erinnert im Aufbau an die Sorte 'Pfitzeriana', mit ihren frischgrünen Nadeln ist sie aber freundlicher als diese.

'Monarch'. Schmale, blaugrün benadelte Kegelform. Die abgestorbenen Nadeln fallen rasch ab, deshalb macht diese Sorte immer einen »ordentlichen« Eindruck.

'Mordigan Aurea'. Sehr gesunde und wüchsige, breit-gedrungene Form aus den USA mit frischer, goldgelber Benadelung.

'Mountbatten' erinnert in der Form an den bekannten Säulenwacholder, ist sehr dicht und kurz beastet. Die nadelförmigen Blätter sind graugrün. Die Form fruchtet reich.

'Obelisk'. Breite, in der Oberfläche unregelmäßige Säulenform, sicher über 3 m hoch, mit ansteigenden und kurzen Ästen, nadelförmigen, stechenden, leicht gebogenen, blau bereiften Nadeln. Eine herrliche Säulenform, die nie auseinanderfällt, nicht geschnitten werden sollte und nicht so »geleckt« aussieht, wie der gewöhnliche Säulenwacholder.

'Old Gold'. Eine Mutation an 'Pfitzeriana Aurea', aber flacher wachsend, behält auch im Winter die bronzegelbe Farbe.

'Olympia'. Schlanke Säulenform mit ansteigenden Ästen und kurzen Zweigen. Ihre schuppenförmigen Blätter sind bläulich, die nadelförmigen stechen und sind auf der

Juniperus chinensis 'Goldcoast'

nach unten gekehrten Oberseite mit weißen Stomalinien gezeichnet.

'Pfitzeriana' entwickelt eine breit-ausladende Form mit weit herausragenden einzelnen Ästen, bis 5 m hoch und breit. In der Kultur wird sie oft hochgebunden und bildet dann breite, etagenförmige Kegel. Neben schuppenförmigen, hellgrünen Blättern kommen im Innern der Pflanze auch nadelförmige Blätter vor. 'Pfitzeriana' ist sicher eine der am häufigsten gepflanzten Koniferen. Man findet sie daher nicht selten auch an unpassenden Stellen. Sie braucht Platz, um sich ausdehnen zu können, sie kommt sonst nicht zur Geltung. Seine Beliebtheit verdankt der Wacholder seinen geringen Standortansprüchen – er verträgt Schatten und Trockenheit – und seiner hohen Industriefestigkeit.
'Pfitzeriana Aurea'. Im Wuchs und Habitus dem Typ ähnlich. Die jungen Triebe sind gelb, vergrünen aber im Laufe des Sommers und sind im Winter gelbgrün.
'Pfitzeriana Compacta' wächst gedrungen und flach und wird bei einer Breite von etwa 2 m nur rund 60 cm hoch, eine winterharte, anspruchslose Form, der man mehr Beachtung schenken sollte.
'Pfitzeriana Glauca' unterscheidet sich durch die dichtere Beastung und die silbrigblauen bis graugrünen Blätter, schöner als 'Pfitzeriana'.
'Plumosa'. Breitwüchsige, bis 1,5 m hohe Zwergform mit schräg ausgebreiteten, fächerförmigen Ästen, fiederförmigen Zweigen und schuppenförmigen, dichten und dunkelgrünen Blättern.
'Plumosa Aurea'. Bis etwa 1 m hohe, breitstrauchige Form mit bemerkenswert goldgelber Belaubung, im Winter bronzegelb, unempfindlich gegen Ruß, einer der besten gelben Wacholder.
'Ramlösa'. Breiter, niedriger, bis 50 cm hoher Strauch mit beinahe horizontal abstehenden Ästen und grünen bis graugrünen Nadeln.
'Robusta Green'. Säulenförmige, etwa mannshohe, sehr robuste und gesunde Sorte mit blaugrüner Benadelung.
'Rockery Gem' ist eine kriechende Form, die sich mit ihrem niedrigen Wuchs (waagerecht abstehende und teilweise dem Boden aufliegende Zweige) als robuster und gesunder Bodendecker erweist.
J.chinensis var. *sargentii* Henry. Eine bis 0,8 m hohe Zwergform mit bis 3 m weit kriechenden Ästen, 4kantigen Zweiglein, blaugrünen, an jungen Zweigen mehr grasgrünen, schuppenförmigen Blättern und blauen, hell bereiften Früchten. Auf den Kurilen, in Japan und Sachalin heimische Varietät, die sich als Bodendecker anbietet und auch auf schlechten Böden gedeiht.

'Glauca' unterscheidet sich durch auffallend blau bereifte Nadeln und besseren Wuchs.
'Spartan'. Amerikanische Selektion mit aufrechtem, breit-gedrungenem Wuchs, zeichnet sich durch eine reingrüne Benadelung und große Winterhärte aus.
'Stricta'. Schmale, sehr dicht bezweigte, spitze, regelmäßig gebaute Kegelform. Die nadelförmigen Blätter sind oberseits blaugrün und unterseits bereift.
'Variegata'. In Färbung und Aufbau der 'Stricta' ähnlich, interessant durch die z.T. weißen oder weiß gezeichneten Nadeln.

J.communis L. Der Gemeine Wacholder ist in Europa, von Nordasien bis Nordchina, in Nordafrika und Nordamerika verbreitet. Wir kennen ihn in Deutschland vor allem aus der Lüneburger Heide, wo er zusammen mit vereinzelten Birken und Kiefern das Gesicht einer ganzen Landschaft prägt. In seinem Habitus äußerst variabel, kann er zu einem bis 15 m hohen Baum werden, aber auch nur strauchig bleiben. Er ist geprägt durch in der Jugend 3kantige Triebe, stets nadelförmige, bis 15 mm lange, zu dritt stehende Nadeln, die meist graugrün sind und oben mit einem breiten weißen Band versehen sind. Die Blüten sind in der Regel zweihäusig verteilt. Die kugelige bis eirunde, zunächst grüne, dann weißblau bereifte und zur Reife schwarze Frucht reift im zweiten oder dritten Jahr. Als äußerst genügsame Pflanze ist er wertvoll für die Besiedelung extrem trockener Sandböden. In großen Heidegärten sind seine so verschieden gestalteten Wildformen oft dekorativer als die gleichmäßig gewachsenen Gartenformen. Wie viele andere Arten wird auch dieser Wacholder gern von Hasen und Kaninchen angenommen und stark verbissen. Von seinen vielen Gartenformen werden heute etwa die folgenden vermehrt:
B/N-2/3/4, Zone 3.
J.communis ssp. *alpina* (Neilr.) Čelak. Die Gebirgsform unseres Wacholders baut sich mit mehr oder weniger niederliegenden, dichtstehenden Ästen und kurzen, dicken Zweigen auf; sie erreicht, je nach Standort, Höhen zwischen 20 und 50 cm. Die Blattwirtel stehen an den Zweigen dicht gedrängt, die Nadeln sind oberseits kreideweiß und unterseits glänzendgrün. *J. communis* ssp. *alpina* ist in arktischen Zonen und den Hochgebirgen von Europa und Asien heimisch. Hierzu gehört auch die als 'Sibirica' angebotene Form, eine besonders dekorative, schwachwüchsige Zwergform.
'Barmstedt'. Eine besonders schlanke Säulenform, die in 25 Jahren eine Höhe von 2,2 m und eine Breite von nur 30 cm erreicht hat.

Juniperus chinensis 'Plumosa Aurea'

'Bruns'. Eine 'Suecica'-Selektion von schwedischen Wildstandorten. Die straffaufrechte Säulenform ist an der Spitze lokker bezweigt, sie soll besonders widerstandsfähig gegen Gitterrost sein.
'Candelabriformis'. Hoher, baumförmiger Wacholder mit lockerer, kandelaberartiger Verzweigung und dunkelgrüner Belaubung.
'Compressa'. Eine schmale, kegelförmige Säulenform, bei 2–3 cm jährlichem Zuwachs erreicht sie kaum 80 cm Höhe, eine ideale Miniaturkonifere für den kleinen Steingarten.
'Depressa Aurea' unterscheidet sich von 'Nana Aurea' durch den höheren Wuchs (im Alter bis 1 m) und die bei weitem nicht so intensive Färbung der Nadeln, die nur im Frühjahr an den Zweigspitzen gelb gefärbt sind.
'Depressed Star' soll die in den Baumschulen als 'Depressa' kultivierte Pflanze genannt werden, da es sich um einen Klon handelt und nicht um die im östlichen Nordamerika und Kanada verbreitete Wildform *J.communis* var. *depressa* (Pursh) Franco. Die Gartenform wächst breit und flach mit regelmäßig verteilten Zweiglein und grünen, im Winter leicht bräunlichen Nadeln.
'Gold Cone'. Schmale, dichtverzweigte Säulenform mit dem Habitus von 'Hibernica', die Nadeln sind jedoch konstant goldgelb.
'Hibernica'. Der Irische Säulenwacholder ist in den Gärten weit verbreitet und als »der« Säulenwacholder allgemein bekannt. Er entwickelt dicht bezweigte, schmale, 3–5 m hohe Kegel- oder Säulenformen mit steif-aufrechten Triebspitzen und scharf zugespitzten, nicht stechenden Nadeln. Fällt im Alter gern auseinander und muß dann zusammengebunden werden.

'Hornibrookii'. Kriechende, bis 50 cm hohe und bis 2 m breite, sehr dichte, hellgrüne Zwergform, die sich als Bodendecker anbietet.

'Horstmann'. In der Lüneburger Heide wurde diese Form vor einigen Jahren gefunden. Ihr stark hängender Wuchs zwingt zum Aufbinden des Mitteltriebes. Von den wenigen, in aufsteigenden Bögen wachsenden Seitenästen hängen die Triebe senkrecht hinab. Ein ganz unverwechselbarer, eleganter Wacholder.

'Hulkjaerhus'. Frischgrüne, dichte 'Suecica'-Selektion aus Dänemark, die zunächst etwas schwächer wächst, im Alter aber von 'Suecica' kaum zu unterscheiden ist.

'Meyer'. Um 1945 selektierter, breit-kegelförmiger, bis 3 m hoher, locker wachsender, silbriggrüner, sehr robuster Wacholder.

'Minima' ist eine schon seit über 100 Jahren in Holland unter verschiedenen Namen kultivierte Zwergform. Sie liegt mit kräftigen Ästen und kurzen Zweigen dem Boden auf und trägt nichtstechende, auf der Oberseite blauweiß gestreifte, unten bläulich bereifte Nadeln.

'Nana Aurea'. Bis 50 cm hohe Zwergform mit dicht über dem Boden stehenden Ästen und abwärts gerichteten Zweigspitzen. Die silberweiß gestreiften Nadeln sind vom Austrieb bis zum späten Herbst goldgelb, im Winter bronzegelb. Die Gelbfärbung wird im Austrieb besonders deutlich und ist bei keinem anderen Wacholder derart dekorativ.

'Oblonga Pendula'. Breit-säulenförmig, bis 5 m hoch. Die Äste stehen zunächst aufrecht, hängen im oberen Teil dann aber lang und mähnenartig über, eine dekorative und aparte Form.

'Repanda'. Heute eine der wichtigsten Zwergformen. Der Wuchs ist kriechend, kaum mehr als 40 cm hoch. Die dichtstehenden grünen Nadeln sind ganz weich und silbrig gestreift. Eine besonders harte und auch ausnehmend schöne Form, die auch als Bodendecker verwendet werden kann.

'Schneverdinger Goldmachangel'. Eine der wenigen aufrechten und gelbbunten Formen, die gegen Sonnenbrand unempfindlich sind. Die in der Lüneburger Heide gefundene Form wächst säulenförmig aufrecht; im Sommer sind ihre Nadeln leuchtendgelb, im Winter grüngelb.

'Sentinel'. Extra schmale, lang zugespitzte Säulenform aus Kanada.

'Sieben Steinhäuser'. Dichte, schwachwüchsige Säulenform mit smaragdgrüner Benadelung.

'Suecica'. Im Gegensatz zu 'Hibernica' wächst der Schwedische Säulenwacholder breit-säulenförmig mit überhängenden Zweigspitzen und bläulichgrünen, stechenden Nadeln. 5–10 m hoch wächst diese harte Form, die für große Heidepartien nahezu unentbehrlich ist. Auch sie fällt im Alter gern auseinander, muß dann gestäbt und zusammengebunden oder rechtzeitig durch junge Pflanzen ersetzt werden.

'Suecica Nana'. Dieser zwergige Säulenwacholder unterscheidet sich von 'Compressa' durch den schnelleren und etwas aufgelockerten Wuchs und durch die bessere Winterhärte. Er wird bei einer Breite von etwa 30 cm kaum höher als 100–150 cm und eignet sich damit ebenfalls hervorragend für die Bepflanzung von Troggärten.

'Wilsede'. Hängeform mit frischgrüner Benadelung.

J.conferta Parl. Niederliegender Strauch, mit langen Ästen und aufgerichteten Zweigspitzen. Die nadelförmigen Blätter sind graugrün und zugespitzt, aber nicht stechend, die Früchte auffallend groß, tief dunkelblau und grau bereift. *J.conferta* entwickelt an ihren natürlichen Standorten (meeresnahe Sanddünen in Japan und Sachalin) dichte, rasenartige Polster; sie ist ein ausgezeichneter Bodendecker.
Nh-4, Zone 6a.

'Emerald Sea' wurde vom National Arboretum in Washington verbreitet, eine dicht mattenförmig wachsende, salzverträgliche Form mit smaragdgrünen Nadeln, die oberseits ein graugrünes Band tragen und sich im Winter gelbgrün verfärben.

J.horizontalis Moench. Eine nahezu in ganz Nordamerika verbreitete Art, deren Äste dem Boden aufliegen und weithin kriechen; sie sind sehr zahlreich, kurz und dick. An Kulturpflanzen findet man meist nur schuppenförmige Blätter, die oft blaugrün oder stahlgrün gefärbt sind. Alle Gartenformen eignen sich als Bodendecker. Sie kommen im Alpinum oder oberhalb von Trockenmauern besonders gut zur Geltung und sind natürlich auch im Heide-, Dach- und Troggarten und zur Hangbepflanzung zu verwenden.
B-1/2, Zone 4.

'Andorra Compact'. Die amerikanische Selektion hat Ähnlichkeit mit 'Plumosa', unterscheidet sich aber durch den dichten, fast kissenförmigen Wuchs von knapp 40 cm Höhe und durch schmalere Nadeln, die Zweige stehen etwas schräg-aufrecht.

'Bar Harbor' erinnert mit dem niederliegenden Wuchs an 'Glauca'. Von den flach liegenden Hauptästen richten sich die Seitenzweige leicht auf. Die sehr kleinen, dunkelgrünen Nadeln sind dicht graugrün be-

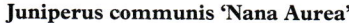
Juniperus communis 'Nana Aurea'

reift. Gesunder und wüchsiger Bodendecker.

'Blue Acres'. Kanadische Sorte mit eng dem Boden anliegenden Trieben und graublauer Benadelung, sehr wüchsig und rasch Flächen deckend.

'Blue Chip'. Äste flach ausgebreitet, Zweige ansteigend, 40–50 cm hoch, sehr schöne, silberblaue Benadelung, keine Verfärbung im Winter, hervorragender Bodendecker.

'Douglasii'. Mattenförmiger, nur 30 cm hoher bis 3 m breiter, langsamer Wuchs; im Sommer graugrüne, blaubereifte, im Winter purpurn überlaufende Nadeln kennzeichnen diese Form.

'Emerald Spreader'. Amerikanische Sorte mit flach dem Boden aufliegenden, nach allen Seiten gleichmäßig abstehenden Zweigen und smaragdgrünen Nadeln, die im Winter violett schimmern, wertvoll wegen der abweichenden Nadelfarbe.

'Glacier'. Amerikanischer Klon, der ursprünglich aus dem Glacier National Park in den Rocky Mountains stammt. Die Benadelung ist hell leuchtendblau.

'Glauca'. Eine der am intensivsten gefärbten blauen Formen, wächst dicht mattenförmig und liegt dem Boden flach auf. In der Mitte der Pflanzen schieben sich die Zweige übereinander, die schuppenförmigen Blätter verfärben sich auch im Winter nicht. Die Form ist beliebt und weit verbreitet. Neuerdings sind einige Selektionen auf dem Markt; sie unterscheiden sich nur wenig von der Ausgangsform.

'Hughes'. Starkwachsende, mattenförmig ausgebreitete Form mit weißlichblauer Benadelung.

'Jade River'. Wuchs mattenförmig, dicht verzweigt, Benadelung silbrig graublau, im Winter mit purpurnem Schimmer.

'Plumosa'. Eine der bekanntesten Formen, bildet plattrunde, in der Mitte bis 50 cm hohe, bis 2,5 m breite Büsche, deren Äste dem Boden dicht aufliegen und deren Zweigspitzen leicht ansteigen. Die fiederförmigen Zweiglein tragen dichtstehende, hellgraugrüne Blätter, die sich im Winter purpurn verfärben.

'Prince of Wales'. Wuchs mattenförmig, dicht verzweigt, Belaubung grün, im Winter mit purpurnem Schimmer, eine neue, schöne Form aus Kanada.

'Prostrata'. Ebenfalls mattenförmiger, dem Boden aufliegender, bis 4 m breiter Wacholder mit steifen Hauptästen, dicht gedrängten Zweiglein und blaugrauen, an der Spitze etwas purpurnen Nadeln. Insgesamt etwas glatter und dunkler als 'Plumosa'.

'Turquoise Spreader'. Die Form liegt mit fiederförmig ausgebreiteten Zweiglein ganz dicht dem Boden auf und bildet dichte Teppiche, sie ist ein ausgezeichneter Bodendecker. Die Nadelfarbe wird als türkisgrün beschrieben.

'Wiltonii' besticht durch den zwergigen, nur 10 cm hohen, sehr dichten Wuchs und die schöne, silberblaue Benadelung. Ein hübscher Zwerg für Stein- und Troggärten.

'Yukon Belle'. Sehr winterharte, gleichmäßig mattenförmig wachsende Sorte mit silberblauer Benadelung.

J. oxycedrus L. Der Stechwacholder ist ein 2–7 m hoher, oft knorriger, dichtverzweigter Strauch oder Baum mit zunächst kegelförmiger, im Alter rundlicher Krone und rotbraunem Stamm. Alle Blätter sind nadelförmig und in dreizähligen Wirteln angeordnet, sie sind oberseits flach und mit 2 silbergrauen Spaltöffnungslinien gezeichnet. Die fast kugeligen, 9–15 mm dicken Zapfen sind zur Reife glänzend rotbraun. *J. oxycedrus* kommt vom Mittelmeergebiet bis nach Westasien und dem Kaukasus vor. Eine sehr anspruchslose Art, die in Dünen und Felsheiden, in Macchie und Garigue vorkommt. Nördlich der Alpen ist die Art nur in Gebieten mit Weinbauklima ausreichend hart.
Ms/NGs-3, Zone 8a.

J. phoenicea L. Das Verbreitungsgebiet des Phoenizischen Wacholders reicht von den Kanarischen Inseln bis ins Mittelmeergebiet und Nordwestafrika. Ein 2–6 m hoher, dichtverzweigter Strauch oder sparriger Baum mit unregelmäßiger Krone und dunkelrotbrauner Rinde. Die jungen Blätter sind nadelförmig und in 3zähligen Wirteln, die Altersblätter schuppenförmig und meist gegenständig angeordnet. Die Beerenzapfen sind zur Reife gelb- bis rotbraun und bereift. *J. phoenicea* ist eine Charakterpflanze der Dünen- und Felsheiden, sie ist nördlich der Alpen nicht ausreichend hart.
Ms-3, Zone 9.

J. procumbens (Endl.) Miq. In den japanischen Gebirgen kommt dieser kriechende Wacholder vor. Der kaum kniehohe, im Alter bis 2 m breite Strauch wächst mit etwas steifen, flach ausgebreiteten Ästen und leicht aufgerichteten Triebenden. Die Nadeln stehen zu 3 in Quirlen, sind 6–8 mm lang, scharf zugespitzt und unterseits bläulich mit 2 weißen Flecken in Nähe der Basis. *J. procumbens* gilt allgemein als eine der schönsten natürlichen Kriechformen.
Nh-4, Zone 6b.

'Nana' ist eine selektierte Form, die in allen Teilen kürzer, dichter und kompakter ist als die Art und sich damit noch besser für die Bepflanzung von Stein- und Troggärten eignet.

J. rigida Sieb. et Zucc. Der in Korea, der Mandschurei und in Japan heimische Wacholder entwickelt einen bis 6 m hohen Strauch oder Baum. Von den weit ausgebreiteten, locker gestellten und bogig überhängenden Ästen hängen die Zweige wie Mähnen herab. Die grünen, pfriemenförmigen Nadeln stehen zu dritt, sind steif und stechen. Die Triebspitzen färben sich im Herbst und Winter gelbbraun. Eine äußerst elegante Art, der man im Garten genügend freien Raum geben muß. Die Baumschulen sollten sich ihrer verstärkt annehmen.
N-4, Zone 6b.

J. sabina L. In den europäischen Gebirgen, in Sibirien, dem Kaukasus und in Kleinasien ist der Sadebaum verbreitet, ein meist niedriger Strauch, gelegentlich auch kleiner, bis 4 m hoher Baum mit schräg aufsteigenden Ästen, rotbrauner, abblätternder Borke und sehr dichtstehenden Zweigen. Typisch für die Art und alle Formen ist der scharfe und unangenehme Geruch der geriebenen Zweige. An seinen natürlichen Standorten wächst er auf mineralarmen Böden und wird nicht selten zu einer ausgesprochenen Felsenpflanze. Bei ungehindertem Wachstum im Garten kann sich der Sadebaum zu weitausladenden Gebüschen entwickeln, die weit über 10 m im Durchmesser erreichen können. Freilich dauert dies Jahrzehnte und läßt sich im Garten durch einen Rückschnitt leicht verhindern.
Ns/Na/BG-3, Zone 5a.

'Arcadia'. Wuchs ausgebreitet, etwa 50 cm hoch. Nadeln meist schuppenförmig, klein und hellgrün, im Winter bräunlichgrün. Eine besonders winterharte Form.

'Blue Danube' wird in Deutschland als 'Blaue Donau' angeboten und ist eine Form mit breitem, niedrigem Wuchs, aufwärts gebogenen Zweigspitzen und kräftig blauer Benadelung.

'Broadmoor'. Im Aufbau wie 'Tamariscifolia' etwa 70 cm hoch, im Alter bis 3,5 m breit. Äste waagerecht, Zweige feiner als bei 'Tamariscifolia'. Nadeln leicht graugrün.

'Buffalo'. Wuchs tellerförmig flach, bei einer Breite von 60–80 cm etwa 15 cm hoch, rasch flächendeckend. Benadelung im Sommer und Winter frischgrün.

'Cupressifolia'. Sehr niedrige, gedrungene Form mit waagerechten Ästen und schuppenförmigen, blaugrünen Blättern, eine reichfruchtende Form, die sehr schattenverträglich ist.

'Femina'. Selektion weiblicher Pflanzen, die niedrige, dunkelgrüne Büsche bilden.

'Mas' wird als männliche Pflanze angesehen, soll im Alter jedoch gelegentlich fruchten. Dieser Sadebaum wird mit seinen ansteigenden Ästen und der blaugrünen Benadelung zu einem bis 1,3 m hohen Busch.

'Rockery Gem'. 80–100 cm hoch, langsam-wachsend. Äste waagerecht abstehend, in der Jugend dem Boden aufliegend, später in mehreren Etagen. Zweige steif und locker, Spitzen nur leicht ansteigend. Nadeln grau-grün. Guter Ersatz für die meist kranke 'Tamariscifolia'.

'Tamariscifolia' ist die beliebteste Form des Sadebaumes. Der niedrige, hellgrün bena-delte Busch wird im Alter kaum mehr als 1 m hoch und 2 m breit, seine Äste stehen waagerecht und etagenförmig dicht über-einander. Die Form verträgt kalkhaltige Bö-den und ist absolut rußfest. In der Baum-schule H. Kordes ist eine Form selektiert worden, deren Nadeln blau getönt sind.

'Tam No Blight'. Breitwachsend, etwa 50 cm hoch. Zweige leicht ansteigend. Na-deln grün bis graugrün. Ein Abkömmling von 'Tamariscifolia', der weit weniger vom Zweigsterben befallen wird.

'Thomsen'. Niederliegende, matten-förmige, bis 20 cm hohe, dänische Form mit dunkelgrüner Belaubung.

J.scopulorum Sarg. Der auf trockenen Felsrücken im westlichen Nordamerika weit verbreitete Baumwacholder wird bei uns wohl nicht kultiviert. Einige der insgesamt wohl 40 Gartenformen sind auch bei uns seit einigen Jahren zu haben. Alle sind nicht so frosthart wie die bisher behandelten For-men, sie brauchen also einen geschützten, sonnigen und trockenen Platz, damit sie gut ausreifen können. Interessant sind sie we-gen ihrer blaugrünen oder silbrigen Bena-delung.

Ns/Na-1, Zone 6b.

'Blue Haven' wächst aufrecht, kegelförmig und locker und wird sicher weit über mannshoch. Sie ist konstant blaugrün ge-färbt und fällt Jahr für Jahr durch reichen Fruchtschmuck auf.

'Blue Pyramidal'. Wuchs kegelförmig. Be-nadelung blau. Sehr gesund und robust.

'Pathfinder'. Wuchs ist breit-kegelförmig, 6–9 m hoch, mit aufrechten Zweigen, dicht verzweigt, Nadeln silberblau.

'Springbank' wächst ähnlich wie 'Blue Ha-ven', ist aber silbergrau benadelt und des-halb eine sehr effektvolle Konifere.

'Wichita Blue'. Schlank- bis breit-kegelför-mige, dicht geschlossene Form mit auffal-lend silbrigblauer Benadelung, auch im Winter.

J.squamata Buch.-Ham. ex Lamb. Von Afghanistan bis Formosa findet die Art ihr natürliches Verbreitungsgebiet. Sie formt meist einen niederliegenden Strauch mit kurzen Hauptästen, die mehr oder weniger steil ansteigen und an den Spitzen nicken.

Juniperus rigida

Unten: Juniperus sabina 'Tamariscifolia'

Die nadelförmigen Blätter stehen dicht und zu dritt in Quirlen, sind unten grün und oben weiß gefärbt. Die natürliche Art ist kaum in Kultur, ihre Formen dagegen sehr häufig.

BG/NGs-4, Zone 5b.

'Blue Carpet'. Wüchsige, sehr dicht verzweigte, bis 30 cm hohe Form, deren Zweige dem Boden aufliegen und die sich deshalb als Bodendecker für sonnige Lagen recht gut eignet. Ihre Nadelfärbung ist der von 'Meyeri' ähnlich.

'Blue Spider'. Als Zweigmutation an *J. squamata* 'Meyeri' entstanden. Wuchs breit, flach-kugelförmig, dicht verzweigt, besonders im Inneren der Pflanze, Zweigspitzen überhängend, Benadelung blaugrün.

'Blue Star' entstand um 1950 aus einem Hexenbesen an 'Meyeri', kam aber erst einige Jahre später in den Handel. Seitdem erfreut sie sich steigender Beliebtheit. 'Blue Star' bleibt wirklich zwergig und erwächst zu einem sehr dichten, halbkugeligen Busch, dessen Nadelfärbung der von 'Meyeri' entspricht. Eine ideale Pflanze für den Troggarten, die Grabbepflanzung und das kleine Alpinum.

'Hunnetorp'. Ausgebreitet wachsender Strauch, der bei einer Höhe von 1 m 3 m breit werden kann, Belaubung graugrün mit silbrigem Glanz.

'Meyeri' ist keine Zwergkonifere; sie kann Höhen von 5–6 m erreichen, wird dann aber in der Regel sehr locker und durch die Braunfärbung der alten Nadeln wenig ansehnlich. Durch rechtzeitigen und regelmäßigen Rückschnitt erhält man die Pflanzen dicht und jugendlich. Sie sind dann aufrecht gewachsen, meist mit einem Hauptstamm, aufrechten Ästen, kurzen, ansteigenden Zweigen, sehr dicht benadelten Zweiglein und intensiv blauweiß gefärbten, nadelförmigen Blättern. Die auffallende Form stammt aus China, ist dort aber nur als Gartenpflanze bekannt.

J. virginiana L. Die Rotzeder ist in Nordamerika östlich des Felsengebirges weit verbreitet. Sie wird dort zu einem bis 30 m hohen Baum mit recht unterschiedlichem Habitus. Auch in Europa sind bis 15 m hohe, stattliche Bäume bekannt. Sie bilden im Alter unregelmäßige Kronen mit waagerecht abstehenden oder auch überhängenden Ästen. Vom grau- bis rotbraunen Stamm löst sich die Rinde in langen Streifen ab. Die Blätter sind meist schuppenförmig, an alten Bäumen auch nadelförmig. Weibliche Pflanzen schmücken sich im Herbst oft mit dicken, dunkelblauen, bereiften Früchten. Die Rotzeder liefert ein rotbraunes, wohlriechendes Holz, das we-

Juniperus virginiana 'Skyrocket'

gen seiner Leichtigkeit und der guten Schneidbarkeit als Bleistiftholz allgemein bekannt ist. Im Garten sind ihre Formen meist hohe Säulen, die im Heidegarten und auf Rasenflächen ihren Platz finden.

N-2, Zone 4.

'Blue Arrow' erinnert mit ihrem bleistiftschlanken Aufbau an *J. virginiana* 'Skyrokket', stellt aber eine wesentliche Verbesserung dar, weil die Pflanzen besser wachsen, sich geschlossener aufbauen (es gibt keine abstehenden Seitenzweige mehr, die bei 'Skyrocket' immer wieder vorkommen), weniger unter Schneedruck leiden und weniger von *Juniperus*-Zweigsterben befallen werden. 'Blue Arrow' wurde auf der Herfstweelde 1990 in Boskoop als »beste Neuheit« ausgezeichnet.

'Blue Mountain'. Robuste, aufrechtwachsende Sorte mit graublauer Benadelung.

'Burkii' wird gelegentlich als eine der schönsten aller Wacholderarten bezeichnet. Mit breit-säulenförmigem oder kegelförmigem Wuchs erreicht sie 3 m Höhe. Die nadelförmigen Blätter sind blaugrün, im Herbst stahlblau und im Winter purpurn überlaufen.

'Canaertii' fällt im Herbst immer durch die zahlreichen, blauweißen Beerenzapfen auf. Die breit-säulenförmige bis kegelförmige Sorte wird bis 5 m hoch, ihr Habitus wird durch dicke Äste und kurze, dicht gedrängte Zweige geprägt. Auffallend ist die grasgrüne Benadelung.

'Glauca'. Raschwachsende, säulenförmige, bis 10 m hohe Form mit stahlblauen, meist schuppenförmigen Blättern. Eine besonders für den kleinen Garten empfehlenswerte Solitärkonifere.

'Grey Owl' erinnert im Habitus an *J. chinensis* 'Pfitzeriana', erreicht aber mit 2 m Höhe nicht deren Ausmaße und ist graublau benadelt. Die Triebspitzen färben sich im Winter purpurn. Eine harte und anspruchslose Form, die *J. chinensis* 'Pfitzeriana' überall da vertreten sollte, wo für diese nicht genug Platz zur Verfügung steht.

'Moonglow'. Schmale, dichte Säulenform mit silbrigblauer Benadelung. Etwas breiter als 'Skyrocket'.

'Kim'. Säulenförmig wachsende, dänische Sorte mit sehr feinen, waagerecht abstehenden Zweigen und schöner, sattgrüner Benadelung, sehr winterhart.

'Skyrocket'. Kaum ein anderer Wacholder wurde mit einem derart treffenden Namen (= Himmelsrakete) ausgestattet. Die wohl schmalste aller Säulenkoniferen wird bei einer Höhe von 4 m nur etwa 40 cm breit. Alle Zweige und Äste stehen senkrecht, die Nadeln sind lebhaft bläulichgrün. Mit ihrem an Zypressen erinnernden Habitus läßt sich ein Hauch vom Mittelmeer auch in den mitteleuropäischen Garten zaubern.

'Tripartita'. Eine alte, niedrigbleibende Form, die erst im Alter 2 m Höhe und Breite erreicht und sich unregelmäßig mit einigen steifen Ästen verzweigt.

Larix Mill., Pinaceae
Lärche

Etwa 10 Arten sind in den kälteren Zonen und den Gebirgen der nördlichen Halbkugel verbreitet. Im Gegensatz zu vielen anderen Koniferen sind Lärchen sommergrüne Bäume. In der Jugend von regelmäßigem, kegelförmigem Wuchs, stehen ihre Äste im Alter waagerecht ab oder hängen über, die Borke wird dann tiefrissig. Ihre weichen, dünnen, nadelförmigen Blätter sind an Langtrieben spiralig geordnet, an Kurztrieben zu dichten Büscheln gehäuft. Die männlichen Blüten sind kugelig oder eiförmig und gelb, die weiblichen grün, rötlich oder purpurn gefärbt. Die holzigen Zapfen sind walzen- oder eiförmig bis kugelig; sie reifen im ersten Jahr und tragen unter jeder Fruchtschuppe 2 fast 3eckige Samen.

Lärchen sind ausgesprochene Park- oder Waldbäume, die im Hausgarten kaum jemals ausreichenden Platz finden. Als ausgeprägte Lichtholzart verlangen sie einen freien Stand. Bietet man ihnen schon in der Jugend genügend freien Raum, bleiben sie bis unten beastet und können dann zu eindrucksvollen Baumgestalten werden. Am besten wachsen sie auf tiefgründigen, genügend feuchten Lehm- und Kalkböden. Zu dichter Stand, den Schatten benachbarter Bäume, trockenen Boden und Lufttrockenheit vertragen sie nicht. Sie sind in der Jugend raschwachsende Bäume, dekorativ durch ihren zeitigen, zartgrünen Austrieb und die gelbe Herbstfärbung. Ihre hohe Schnittverträglichkeit macht sie zu einer brauchbaren Heckenpflanze. Mit wenigen Ausnahmen kennen wir in unseren Parkanlagen nur die beiden folgenden Arten.

L.decidua Mill. Die Europäische Lärche ist in vielen Teilen Europas verbreitet und hat geographische Rassen gebildet, die forstlich von Bedeutung sind. Sie ist ein geschätzter Park- und Waldbaum, der bis 30 m hoch werden kann, ist absolut frosthart und durch das weitreichende Wurzelsystem besonders windfest. Sie liefert ein hervorragendes Holz von kräftig rotbrauner Farbe, das unter anderem für Vertäfelungen, Fußböden, Türen und Fenster verwendet wird. An den Standort stellt sie nicht so hohe Ansprüche wie ihre japanische Schwester, verträgt vor allem mehr Trockenheit. Ihre charakteristischen Merkmale sind: die graue, später braune Borke, die horizontalen oder überhängenden Äste mit aufstrebender Spitze, die gelblichen, dünnen, zierlich herabhängenden Zweige und die am Rande nicht umgerollten Zapfenschuppen.
BG-3, Zone 4.

'Kornik'. Die kurzen Zweige stehen dicht und ziemlich gleichmäßig nach allen Seiten ab. Die kugelige Form sieht mit ihren kurzen, frischgrünen Nadeln sehr gefällig aus. Veredelte Pflanzen erreichen in 10 Jahren etwa eine Höhe von 70 cm bei einer Breite von etwa 1 m.

'Pendula' kann sich zu höchst dekorativen Formen entwickeln. Sie wachsen langsam mit zunächst ansteigenden, dann überhängenden Ästen und kommen nur im Freistand zur Geltung.

'Repens' ist eine Zwergform mit am Boden aufliegenden oder überhängenden Zweigen.

L.kaempferi (Lamb.) Carr. Die Japanische Lärche, als »L.leptolepis« besser bekannt, unterscheidet sich von der europäischen Lärche durch die rötlichbraunen Jungtriebe, die blaugrünen Nadeln, die waagerecht abstehenden, nicht überhängenden Äste und die an der Spitze zurückgeschlagenen Fruchtschuppen. Sie ist weniger empfindlich gegen Spätfröste, leidet weniger unter Schädlingen, ist aber ungleich anspruchsvoller an den Standort. Sie gedeiht nur bei genügend hoher Boden- und Luftfeuchtigkeit. Unter zusagenden ökologischen Bedingungen leistet sie mehr als andere Arten.
BG-4, Zone 5a.

'Blue Ball'. Breit-kugelig wachsende Zwergform mit bläulicher Benadelung.

'Blue Dwarf'. Aus einem Hexenbesen gewonnene, niedrige, gedrungene, ballförmige bis breitbuschige Kleinkonifere mit 3–4 cm langen, blaugrünen Nadeln.

'Blue Rabbit' ist eine schmal-kegelförmige Lärche mit deutlich blau gefärbten Blättern.

'Diana'. Schwachwüchsige, schmal-aufrechte Form mit leicht korkenzieherartig gedrehten Zweigen.

'Grey Pearl'. In Aufbau und Nadellänge ähnlich 'Blue Dwarf'. Nadeln mehr graugrün bis schwach blaugrau gefärbt.

'Little Blue Star'. Die in Holland aus einem Hexenbesen gewonnene Sorte hat Ähnlichkeit mit der in Deutschland gefundenen 'Blue Dwarf'. Sie hat blaugraue Nadeln, wächst vielleicht etwas weniger stark als 'Blue Dwarf' und bleibt deshalb kompakter. Wurde auf der Herfstweelde 1990 in Boskoop mit einer Goldmedaille ausgezeichnet.

Larix decidua 'Repens'

Larix kaempferi 'Wolterdingen'

Die in Aufbau und Nadelfärbung ähnliche 'Cupido' erhielt ebenfalls eine Goldmedaille, die Sorte 'Blue Ball' eine Silbermedaille.

'Pendula' ist das japanische Gegenstück zur Hängeform der Europäischen Lärche. Sie wächst sehr langsam mit zunächst ansteigenden, später überhängenden Ästen und blaugrünen Nadeln. Eine sehr malerische Form für den großen Heidegarten.

'Wolterdingen'. Zwergig wachsende Form mit nahezu waagerecht abstehenden Zweigen und leicht gedrehten, graugrünen Nadeln, 10jährige Pflanzen sind etwa 40 cm hoch und 60–70 cm breit.

Metasequoia Miki ex Hu et Cheng, Taxodiaceae
Chinesisches Rotholz

Die einzige Art der Gattung wurde erst 1944 in China entdeckt und ist ein sommergrüner, dem *Taxodium* nahe verwandter Baum. Er unterscheidet sich von diesem durch die 2zeilig angeordneten, gegenständigen Blätter, die bei *Taxodium* wechselständig sind. Bei beiden Arten sitzen die Nadeln an Kurztrieben, die mit den Nadeln im Herbst abgeworfen werden. Der neue Austrieb entsteht vorwiegend aus der Endknospe und den obersten Seitenknospen. Die *Metasequoia* – Boerner (1969) nennt sie Chinesisches Rotholz, den irreführenden Namen »Urweltmammutbaum« lehnt er ab – ist eine einhäusige Pflanze. Die männlichen Blüten sitzen mit etwa 20 Staubblättern in Trauben oder Rispen beisammen. Die weiblichen sind aus 22–26 kreuzweise gegenständigen Fruchtschuppen gebildet, die sich zu einem fast kugeligen, hängenden, langgestreckten Zapfen entwickeln.

M.glyptostroboides Hu et Cheng. Kaum eine andere Baumart hat nach dem Zweiten Weltkrieg ein so großes Aufsehen erregt wie das Chinesische Rotholz. Zunächst gab der Paläobotaniker Miki einigen tertiären Funden in Japan den Namen *Metasequoia*. 1941/42 kam T. Kan erstmalig mit einem bis dahin unbekannten Baum im Grenzgebiet der beiden chinesischen Provinzen Hubei und Sichuan in Berührung. 1944 brachte T. Wang Herbarmaterial nach Nanking, dort stellte sich bald heraus, daß das mitgebrachte Material mit dem fossilen Gehölz identisch war. Man hatte ein »Lebendes Fossil« entdeckt, um das sich bald viele Stellen bemühten. Nachdem 1946 durch Prof. Hu Herbarmaterial an das Arnold Arboretum in Jamaica Plain (USA) gekommen war, rüstete man von dort eine Expedi-

Metasequoia glyptostroboides

tion aus, die 1947 in größeren Mengen keimfähigen Samen mitbrachte. Dieser wurde sofort an viele botanische Gärten in der ganzen Welt verschickt und dort im Winter oder Frühjahr 1947/48 ausgesät. Die in verschiedenen botanischen Gärten anzutreffenden »ältesten« Bäume sind also alle gleich alt, allerdings recht unterschiedlich hoch. Mit über 18 m Höhe (1972) steht wohl einer der größten Bäume im Forstbotanischen Garten Hann. Münden. Er ist bemerkenswert schlank und nur wenig abholzig, im Gegensatz zu verschiedenen freistehenden Bäumen mit stark abholzigen Stämmen und sehr breiter Krone. Von den botanischen Gärten aus gelangte die Art schnell in die Gärten, die Parkanlagen und den Wald. Dort hat sie sich als wüchsig, gesund und widerstandsfähig erwiesen. Sie ist absolut winterhart, stellt an den Boden keine Ansprüche und läßt sich wie keine andere Konifere leicht durch Steckholz vermehren. Ihr Habitus ist schmal bis breit-kegelförmig, die horizontal abstehenden Äste sind gegenständig angeordnet. Die Borke ist rotbraun bis gelbbraun und soll im Alter dunkelgrau werden. Im Nachwinter wird sie häufig von Eichhörnchen abgenagt. In ihrer Heimat erreichen die Bäume kaum mehr als 35 m Höhe. Dekorativ ist das Chinesische

Rotholz vor allem durch die frischgrünen, weichen Nadeln, die sich im Herbst leuchtend rostrot verfärben.
Nhw-4, Zone 6b.

Microbiota Kom.
Cupressaceae

In Südostsibirien ist eine Art verbreitet, ein flachwachsender, niedriger, immergrüner, einhäusiger Strauch mit 4kantigen, abgeflachten Zweiglein und schuppenförmigen Blättern. Kleine, 1samige Zapfen mit 2–4 ledrigen oder holzigen Fruchtschuppen sitzen an den Enden kurzer Zweige.

M.decussata Kom. wurde 1923 von Komarow erstmalig beschrieben, kam aber erst im Frühjahr 1968 nach Westeuropa. Der Forstbotanische Garten Hann. Münden erhielt einige Stecklinge aus dem Arboretum Novy Dvur, ČSFR, und gab noch im Herbst des gleichen Jahres Pflanzen an andere botanische Gärten in Europa ab. In Novy Dvur wächst eine Pflanze oberhalb einer kleinen Trockenmauer im lichten Schatten anderer Koniferen. Ihr Zweigspitzen wachsen über die Mauer hinaus und hängen dann herab. Sie gedeiht an sonni-

gen, völlig freien Standorten aber besser als im Halbschatten. *Microbiota* wächst ganz flach, ihre Triebe breiten sich dicht und flächenförmig über den Boden aus. Sie wird kaum über 30 cm hoch und erreichte im Botanischen Garten Taschkent (UdSSR) in 10 Jahren einen Durchmesser von 1,4 m. Ihre abgeflachten, gelbgrünen Triebe färben sich im Winter violettbraun, sind dabei aber durchaus nicht häßlich. Sie ist in der Provinz Primorskaja, im Olgagebiet, im Tal des Flusses Sutschana und am Oberlauf der Flüsse Anjuja und Chora, bei Tschernigorka verbreitet und wächst dort oberhalb der Waldgrenze in der *Pinus pumila*-Zone auf Granitfelsen und Geröllhalden. Eine interessante, völlig winterharte und unempfindliche Zwergkonifere, die im Alpinum und auf Trockenmauern ihren besten Standort findet. Kaum eine andere Konifere eignet sich so vorzüglich für die Trogbepflanzung wie diese.
Bhg-4, Zone 3.

Picea A. Dietr., Pinaceae
Fichte

Rund 50 Arten sind in den gemäßigten und kühlen Gebieten der nördlichen Halbkugel verbreitet. Die Masse der Arten ist in West- und Mittelchina zu finden. Fichten sind immergrüne, meist hohe, kegelförmig wachsende Bäume mit schuppenförmiger Rinde und ziemlich kurzen, quirlständigen Ästen. In ihrer Jugend gleichen sie im Habitus den Tannen, im Alter kann man sie auch von weitem dadurch unterscheiden, daß die Fichten ihre kegelförmige Krone nicht verändern, die Krone der Tannen sich an der Spitze jedoch abflachen. Ihre Triebe sind durch die herablaufenden Blattkissen der Nadeln gefurcht und nach deren Abfallen raspelartig rauh. Die Nadeln der meisten Arten sind mehr oder weniger 4kantig und besitzen auf allen 4 Seiten Stomatalinien. Bei den Arten der Sektion Omorika *(P. brachytyla, P. breweriana, P. omorika und P. spinulosa)* sind sie tannenartig zusammengedrückt und nur auf der nach unten gerichteten Seite mit Stomatalinien versehen. Die Nadeln verbleiben mehrere Jahre am Baum und fallen dann ab. Die männlichen Blüten entwickeln sich an den vorjährigen Trieben, kurz unterhalb der Spitze, die weiblichen an der Spitze der vorjährigen Triebe. Sie stehen zunächst aufrecht und sind nicht selten auffallend rot oder purpurrot gefärbt. Der meist hängende, eirunde bis längliche Zapfen reift im ersten Jahr und fällt dann als Ganzes ab.
Die natürlichen Fichtenarten sind wegen ihrer Größe nahezu ausschließlich Park-

und Waldbäume. Nur die schlanke Omorikafichte, die Mähnenfichte, die Purpurfichte und die Zwergformen verschiedener Arten sind beliebte Garten- und Friedhofspflanzen. Ihre unterschiedliche Größe und vielgestaltiger Habitus machen sie vielseitig verwendbar. Auserlesene Arten für die Einzelstellung sind neben *P. breweriana, P. omorika, P. purpurea* und *P. orientalis* verschiedene bizarre Wuchsformen der einheimischen Fichte und die blauen Formen der *P. pungens*. Alle Zwergformen eignen sich für Stein- und Heidegärten, Grabbepflanzungen und Vorgärten, für Terrassen, Trog- und Dachgärten. *P. abies* und *P. sitchensis* (Windschutz in küstennahen Zonen) sind die wichtigsten Arten für die freie Landschaft und dank ihrer hohen Regenerationsfähigkeit ausgezeichnete Heckenpflanzen.
Die Standortansprüche der einzelnen Arten sind recht unterschiedlich. Im allgemeinen sind die Fichten weniger unempfindlich als die Tannen, aber nicht so robust wie die Kiefern. Wohl alle wachsen in luftfeuchten Lagen besser als in trockener Luft. Da sich ihre Wurzeln nur in den oberen Bodenschichten bewegen, kommen sie auch mit leichteren und mittelschweren, flachgründigen Böden zurecht, sofern diese genügend frisch sind.

P. abies (L.) Karst. Die Fichte oder Rottanne ist heute unser häufigster Waldbaum, auch außerhalb ihrer natürlichen Areale in Nord- und Mitteleuropa. Jedermann kennt sie mit ihrem kegelförmigen Wuchs, dem geraden, säulenförmigen, rotbraunen Stamm und den waagerecht oder bogig abwärts stehenden Ästen. Sie wird als »Brotbaum« der deutschen Forstwirtschaft bezeichnet und ist unser häufigster Weihnachtsbaum, obwohl sich Blaufichte und diverse Tannenarten immer besser absetzen lassen. Sie sind zwar teurer, lassen aber ihre Nadeln nicht so schnell fallen.
Unter zusagenden Bedingungen – hohe Luftfeuchtigkeit und kühle, frische, nährstoffreiche Verwitterungsböden – ist sie sehr starkwüchsig und erreicht Höhen bis zu 50 m. Sie ist eine sehr gute Heckenpflanze, aber als Windschutzpflanze ungeeignet, da ihr weitreichendes Wurzelsystem nur sehr flach ist.
Die natürliche Art wird in der Park- und Gartengestaltung kaum verwendet. Um so mehr ihre Formen. Bei kaum einer anderen Gehölzart müssen wir eine derart große Variationsbreite feststellen. Sie hat beträchtliche Unterschiede im Habitus, in der Benadelung, der Aststellung und der Zapfenform zur Folge. Hinzu kommen äußere Einflüsse, besonders klimatische Umwelt-

faktoren, die Harfen-, Kandelaber-, Zottel- oder Mattenfichten entstehen lassen. Schließlich ist ein Heer von Mutationen bekannt, die in der Kultur, aber auch an natürlichen Standorten entstanden sind und niedrige Kegel-, Kugel- oder breit-kugelige Formen, hohe Säulen- und Hängeformen oder bizarre Schlangenfichten schufen oder Abweichungen in der Nadelfärbung herbeiführten. Von den weit über 100 Mutanten finden wir nur in wenigen Spezialbaumschulen mehr als 30 Formen.
Bh/BGh-3, Zone 2.
'Acrocona' konnte sich in den letzten Jahren stark durchsetzen und ist heute wohl in jeder Baumschule zu haben. Der breit-kegelförmige, unregelmäßig gestaltete Busch trägt schon als junge Pflanze an den Zweigspitzen regelmäßig Zapfen. Sie sind in der Jugend rot gefärbt und dann besonders dekorativ. Die Form wird wohl über 4 m hoch und ebenso breit.
'Argenteospica'. Eine Form mit normalem Wuchs, aber mit im Austrieb weißen Nadeln, die nach etwa 6 Wochen vergrünen. Ein wirkungsvoller und schöner Parkbaum.
'Aurea' wächst nur wenig schwächer als die Art, ihre Nadeln sind jedoch gelblich-weiß, im Herbst und Winter am besten gefärbt. In voller Sonne verfärben sich die Nadeln und verbrennen leicht, ein schattiger Standort ist daher notwendig.
'Aurea Magnifica' wächst niedriger und breiter als 'Aurea'. Die Nadeln sind etwas kräftiger gefärbt, nämlich hell goldgelb, im Winter mehr orangegelb.
'Barryi'. Kräftige, robuste Zwergform, die als junge Pflanze oft kugelig, im Alter jedoch sehr unregelmäßig kegelig wächst. Sie zeichnet sich durch auffallend lange, ansteigende Hauptäste und abstehende, kräftige junge Triebe mit großer Endknospe aus. Die Nadeln sind glänzend dunkelgrün, nach vorn und oben gerichtet.
'Cincinnata', die Lockenfichte, hat keine gelockten Nadeln oder Triebe. Die Nadeln sind ungewöhnlich lang und breit und mehr oder weniger aufwärts gebogen. Die Form präsentiert sich mit normalem, baumartigem Wuchs, bogig nach unten stehenden Ästen und mehr oder weniger hängenden Trieben. Im Alter ein eigenartiger, eindrucksvoller Baum.
'Clanbrassiliana'. Eine besonders langsam wachsende Form. Die Originalpflanze wurde in 180 Jahren nur 3 m hoch. Der Habitus ist etwa bienenkorbförmig. Auffallend sind die verschiedenartigen Triebe an einer Pflanze. Sie können kräftig sein und lange Nadeln tragen, aber auch sehr schwach und mit kurzen Nadeln versehen sein. Alle sind glänzend hellgrün und stehen sehr dicht.

'Columnaris' ist wiederum eine normalwüchsige Form, die durch sehr kurze, horizontal stehende oder etwas abwärts gerichtete Hauptäste und dicht verzweigte Seitenzweige einen schmal-säulenförmigen Habitus erhält.

'Compacta', die Kugelfichte, wächst breitkegelförmig, gedrungen und sehr dicht. Auch als alte Pflanze ist sie kaum über 2 m hoch. Ihre Nadeln sind 6–9 mm lang und glänzendgrün. Eine weit verbreitete Form, ideales Vogelnistgehölz.

'Cranstonii' ist der Schlangenfichte ähnlich, wird 10–15 m hoch und ist sehr locker beastet. Ihre Äste sind lang und dick, besitzen nur wenige Seitenzweige und wachsen oft wirr durcheinander. Die dunkelgrünen Nadeln sind etwas länger als die der Schlangenfichte, die herabhängenden »Schwänze« erscheinen dadurch dicker und schwerer. Eine monströse Form, die oft eher eigenartig als schön ist.

'Cupressina'. 10–20 m hoch wird die Form mit ihrer säulenförmigen, sehr spitz zulaufenden Krone und den ziemlich dicht stehenden, steif ansteigenden, dicht bezweigten Ästen. Eine strenge Form für formale Gärten.

'Dicksonii'. Monströse Form, deren kurze, dicke Äste schief-aufrecht stehen und etwas voller bezweig sind als die von 'Cranstonii'.

'Echiniformis', die Igelfichte, soll nach Krüssmann (1983) in Kultur nur selten echt sein und oft mit 'Gregoryana' oder 'Veitchii' verwechselt werden. Die echte Form ist ungemein schwachwüchsig, kugelig oder kissenförmig, dicht und unregelmäßig gewachsen. Ihre Jahrestriebe sind nur 15–20 mm lang und tragen normale Nadeln und 4–5 Knospen, oder sie entwickeln ein Bündel gestauchter, nur 3–5 mm langer Triebe mit dünnen Nadeln und je einer Endknospe. Charakteristisch ist das Hervorbrechen stärkerer Triebe aus der Kugelform. Die Igelfichte ist ein echter Zwerg und überall dort willkommen, wo nur geringer Raum zur Verfügung steht.

'Frohburg'. Hängeform mit mehr oder weniger aufrechtem, geradem Stamm und senkrecht herabhängenden Ästen und Zweigen, die häufig den Boden berühren und dann kriechend weiterwachsen.

'Gregoryana'. Außerordentlich langsamwachsende Form, die auch im Alter kaum über 60 cm hinauskommt, in der Jugend kugelig bis breit-kugelig wächst und sehr dicht bezweigt ist. Von der ähnlichen 'Echiniformis' unterscheidet sie sich durch kürzere und dichtstehende Nadeln und die glattere Oberfläche der Kugelform, die im Alter unregelmäßige Ausbuchten bekommt.

'Gregoryana Veitchii' wird häufiger kultiviert als die vorige, von der sie sich haupt-

Picea abies 'Inversa'

sächlich durch etwas stärkeren Wuchs und die nur an aufrechten Trieben radial stehenden Nadeln unterscheidet.

'Humilis'. Zwergform mit sehr variablem Habitus, der stumpf- oder spitzkegelig oder mehr kugelig, regelmäßig oder ausgebaucht sein kann und mit unterschiedlich langen Trieben aufwartet. Die Nadeln sind glänzend dunkelgrün, sehr kurz, spitz und stehen dicht gedrängt.

'Inversa' kann sich als Hängeform zu phantastischen Baumgestalten entwickeln. Der aufrechte Wuchs sollte zunächst durch Stäben unterstützt werden. Der Leittrieb legt sich sonst über, und die Pflanze kommt nicht vom Boden fort. Sie kann mehr als 10 m hoch werden, ist dann meist schmalsäulenförmig, mit senkrecht herabhängenden Ästen, die dem Stamm dicht anliegen.

'Kamon'. Eine unregelmäßig breit wachsende Zwergform, die in 10 Jahren 50 cm hoch und etwa doppelt so breit wurde. Sie besticht durch die auffallend silbrig-blaugrüne Benadelung.

'Little Gem' ist eine ganz zwergige Form, die aus einer Mutation an 'Nidiformis' entstand und wie diese flach-kugelig wächst, mit einer nestartigen Vertiefung in der Pflanzenmitte. Insgesamt wächst sie schwächer als ihre Stammform.

'Mariae-Orffiae'. Eirunde Zwergform mit dicht gedrängten, aufrechten Zweigen. Eine der kleinsten aller Fichten mit einem Jahreszuwachs von 5–10 mm.

'Maxwellii'. Kissenförmige Zwergfichte von kugeligem Wuchs und mit einer Menge dicker, sehr kurzer Triebe mit radial gestellten Nadeln an der Spitze, wird 0,5–1 m hoch.

'Merkii'. Breit-kegelförmiger, gedrungener und unregelmäßiger Wuchs, wird bis 2 m hoch und läßt die Zweigspitzen leicht überhängen. Die Nadeln sind stachelspitzig und dünn, die Zweige gelblichweiß, dünn und biegsam.

'Nana Compacta'. Flach-kugelige, sehr gedrungene, dicht beastete Zwergform, deren dicke, starke Äste am Gipfel stets schräg aufsteigen. Die stechenden, frischgrünen Nadeln sind auch an Seitenzweigen radial gestellt. Die Form wurde erst im Jahre 1950 eingeführt, sie wird bis 2,5 m hoch.

'Nidiformis', die Nestfichte, ist an ihrem Habitus leicht zu erkennen. Der kugeligabgeflachte Busch ist in der Mitte stets nestförmig vertieft, bedingt durch die von der Pflanzenmitte an schräg aufsteigenden Äste. Eigenartige, besonders häufig gepflanzte Form, die kaum über 1 m hoch wird.

'Ohlendorffii'. Breit-kegelförmige Zwergfichte mit ansteigenden und ausgebreiteten,
dicht bezweigten Ästen. Die Zweige sind
nicht flach-ausgebreitet, sondern unregelmäßig gestellt, auch die hellbraunen Triebe
stehen nicht in einer Ebene. Sie wird in
Jahrzehnten 6–9 m hoch und gilt als eine
der schönsten aller Formen. Sie wächst in
der Jugend kugelig, später jedoch breit-kegelförmig mit ansteigenden und ausgebreiteten, dicht bezweigten Ästen. An jungen
Pflanzen und an Leittrieben stehen die hellgrünen, glänzenden Nadeln radial, sonst
halbradial.

'Pachyphylla'. Ungemein langsamwüchsige, lockere und unregelmäßige Form mit
kurzen, dicken und steifen Ästen. Die älteste Pflanze ist in knapp 50 Jahren nur
50 cm hoch geworden.

'Parviformis'. Breit-kegelförmige Fichte,
die im Alter bis zu 2,5 m hoch werden
kann. Sie hat dünne und feine, gelbliche
Zweige und dichtstehende, sehr kurze Nadeln, die an der Triebspitze nur 2 mm lang
sind.

'Pendula Major'. Kegelförmige, aufrechtwachsende Hängeform mit teils waagerecht
abstehenden, teils in großen Bögen abwärts
gerichteten, gekrümmten Zweigen. Die jungen Triebe hängen senkrecht herab, die derben Nadeln sind sichelförmig aufwärts gekrümmt. Großer, dekorativer Parkbaum.

'Procumbens'. Breit und flach, jedoch
starkwachsende Form, deren Äste in flachen Lagen dicht übereinanderstehen. Die
Nadeln sind halbradial und sehr dicht angeordnet, fühlen sich steif an, sind frischgrün und von allen flachwachsenden Formen am längsten.

'Pumila Glauca' und 'Pumila Nigra' gleichen sich nach Krüssmann (1983) im Habitus und in der Benadelung so sehr, daß eine
Trennung nicht notwendig ist. Die Stomata
von 'Pumila Glauca' sollen unter 25facher
Vergrößerung deutlich glänzen (dadurch
der kaum wahrnehmbare bläuliche Ton der
Nadeln). Beide wachsen breit und flach und
überschreiten auch im Alter kaum 1 m
Höhe. Ihre dünnen und sehr biegsamen
Triebe liegen in dichten Etagen übereinander.

'Pygmaea'. Als eine der ältesten bekannten
Zwergfichten – sie wird seit 170 Jahren kultiviert – ist die Gnomenfichte ein echter
Zwerg, der nur wenig mehr als 1 m Höhe
erreicht. Die Form ist kugelig bis breit-kegelförmig, sehr dicht und gestaucht. Frischgrüne, 5–8 mm lange Nadeln stehen an
starken Trieben radiär, sonst spiralig und
deutlich gedreht.

'Remontii'. Häufig kultivierte Form, die
mit ihrem sehr dichten, gleichmäßigen, kegelförmigen Wuchs bis 3 m hoch wird. Die

Picea abies 'Ohlendorffii'

Unten: Picea abies 'Procumbens'

Äste stehen spitzwinklig ab, die Nadeln sind frischgrün und unregelmäßig radial gestellt.

'Repens'. Die Kriechfichte wächst niederliegend bis ausgebreitet. Ihre Zweige sind von der Pflanzenmitte aus in mehreren Lagen dicht und regelmäßig geschichtet. Sie wird kaum 50 cm hoch, ihre Nadeln stehen halbradial und variieren in der Farbe von frischgrün zu gelbgrün.

'Tabuliformis'. In der Jugend wächst die Tafelfichte mattenförmig, später stehen die Äste in Lagen übereinander. Sie wird dann flach-kugelig mit weit auseinanderstehenden, gelbgrünen Nadeln.

'Viminalis', Nordische Hängefichte. Breitkegelförmiger, bis 20 m hoher Baum mit waagerecht abstehenden Ästen und kaum verzweigten, biegsamen, lang herabhängenden Zweigen. Sie wird häufig in verschiedenen Übergangsstadien zur Normalform gefunden, ist aber nur in ihrer ausgeprägten Gartenform ein reizvoller, malerischer Parkbaum.

'Virgata', Schlangenfichte. Auch sie wird nicht selten in Fichtenkulturen gefunden und kann im Habitus sehr variabel sein. In der Regel wird sie zu einem hohen Baum mit einzelnstehenden, lang ausgestreckten, schlangenförmig hin und her gebogenen Ästen. In der oberen Kronenhälfte sind sie aufwärts gerichtet, die Äste der unteren Kronenpartie hängen oft stark herab. Eine monströse Gestalt für den Liebhaber ungewöhnlicher Formen.

'Will's Zwerg'. Eine sehr dichte, kegelförmige Zwergfichte, die in 30 Jahren 2 m hoch geworden ist. Interessant ist der Farbwechsel der Nadeln während des Johannistriebes. Die hellgrünen Nadeln der neuen Triebe heben sich deutlich von der alten, dunkelgrünen Benadelung ab.

P. asperata Mast. Die Borstenfichte ist in Westchina verbreitet, tritt dort waldbildend auf und gilt als das asiatische Gegenstück zur Rotfichte. In unseren Gärten ist sie ein hoher Baum mit breit-kegelförmiger Krone, waagerecht abstehenden Ästen, okkerbraunen, verharzten Knospen und radial gestellten, steifen und stechenden, bläulichgrünen Nadel. Sie ist ein ausgezeichneter, völlig harter Solitärbaum, der am besten auf sandigen Lehmböden gedeiht.
BGh-4, Zone 5 b.

P. bicolor (Maxim.) Mayr. In ihrer japanischen Heimat wird diese Fichte über 25 m hoch, bei uns mag sie etwas kleiner bleiben. Sie entwickelt eine dichte, kegelförmige Krone mit waagerecht ausgebreiteten Ästen und ziemlich dünnen Zweigen und fällt durch ihre oberseits dunkelgrünen und

Picea breweriana

unterseits blaugrünen, mit je 5–6 weißen Stomatalinien versehenen Nadeln auf. Eine völlig harte, in Parkanlagen nicht seltene Fichte.
BGh-4, Zone 5 b.

P. brachytyla (Franch.) Pritz. wird als eine der schönsten der chinesischen Fichtenarten beschrieben. Sie kommt in den Gebirgen West- und Mittelchinas zwischen 2000 und 4000 m Höhe vor. Sie wird nur mäßig hoch mit ziemlich langen, waagerechten Ästen und mehr oder weniger hängenden, älteren Trieben. Wirkungsvoll durch ihre Benadelung, die auf der Unterseite kreideweiß und oberseits grün ist. Gilt als eine der schönsten Fichtenwildarten.
BGh-4, Zone 6 b.

P. breweriana S. Wats. Die Siskiyoufichte wird auch Mähnenfichte genannt und ist durch diese Bezeichnung deutlich charakterisiert. Von ihren waagerecht abstehenden, an den Spitzen leicht ansteigenden Ästen hängen Zweige dicht und peitschenförmig schlaff herab. Die Nadeln stehen meist radial, sind 20–25 mm lang, oberseits glänzend dunkelgrün und auf der Unterseite mit weißen Stomatalinien ausgestattet. Keine andere Fichte bietet ein ähnliches Bild, sie ist eine einmalige, höchst attraktive Erscheinung. Beheimatet in den Gebirgen Südwestoregons und Nordwestkaliforniens, kam sie 1891 nach England und wurde von dort in Europa verbreitet. Wir bekommen in den Baumschulen in der Regel nur veredelte Pflanzen, die sich im Habitus alle völlig gleichen. Sämlingspflanzen erreichen nie die Schönheit veredelter Exemplare. Vermutlich stammen alle in Europa kultivierten Pflanzen von einer einzigen, besonders schönen Mutterpflanze ab. Auch am natürlichen Standort sieht man selten so vollkommen entwickelte Pflanzen wie in unseren Gärten. Die Mähnenfichte, wird bei uns kaum über 10 m hoch, paßt also auch in den Hausgarten. Sie ist absolut frosthart und anspruchslos an den Boden.

Nur in völligem Freistand entwickelt sie sich zu ansehnlichen Bäumen. Unter dem Druck hoher Bäume wird sie sparrig und ist unregelmäßig und locker bezweigt. Man würde sie in den Gärten sicher häufiger antreffen, wenn sie als junge Pflanze mehr aus sich machen könnte und nicht so teuer wäre.

N/BGh-1, Zone 6a.

P.engelmannii Parry ex Engelm., Engelmann-Fichte, ein Hochgebirgsbaum des westlichen Nordamerika mit einem sehr großen Verbreitungsgebiet. Der bis 30 m hohe Baum formt eine sehr dichte, kegelförmige bis säulenförmige Krone, in der die waagerechten Äste quirlig stehen. Die Nadeln sind dünn und biegsam, bläulichgrün bis stahlblau. Die Fichte wächst in der Jugend langsam, behält dann aber bis ins hohe Alter ihre Wüchsigkeit bei. Sie gedeiht am besten in feuchter Luft und auf frischen, lehmigen, kalkarmen Böden; auch in rauhen Lagen ist sie absolut frosthart. In ihrer ganzen Tracht gleicht sie der Blaufichte, wirkt oft aber nicht ganz so steif und ist ein sehr wertvoller Parkbaum. Bei ihrer Form 'Glauca' sind die Nadeln intensiv blau gefärbt.

Bg-1, Zone 4.

P.glauca (Moench) Voss. Die Schimmel- oder Weißfichte kommt vom östlichen Nordamerika bis Kanada und Labrador in großen, zusammenhängenden Waldungen vor. Sie wird bei uns nur mittelgroß und ist besonders in der Jugend ein recht hübscher Baum. Schlank-kegelförmig ist ihr Wuchs, waagerecht ausgebreitet die Äste und kurz, matt blaugrün bis weißgrau die Benadelung. Die Weißfichte blüht und fruchtet schon als recht junge Pflanze überreich und bekommt dadurch nach einigen Jahren eine unregelmäßige und wenig ansehnliche Krone. Sie kommt bei uns auch in extrem kalten Lagen zurecht und hat sich an der Küste auch in Windlagen bewährt, sie stellt keinerlei Ansprüche an den Boden, verlangt aber eine hohe Luftfeuchtigkeit.

Bh-2, Zone 4.

'Alberta Globe'. Als Mutation an *P.glauca* 'Conica' entstanden, wächst mit regelmäßig, geschlossener Oberfläche breit-kegelförmig, hat feine, grüne Nadeln und wird etwa 50 cm hoch.

'Conica', eine Gartenform der Weißfichte, ist heute wohl eine der am häufigsten gepflanzten Zwergkoniferen und in unendlich vielen Exemplaren in Gärten und auf Friedhöfen zu finden. Sie wächst unverwechselbar regelmäßig dicht-kegel- oder zuckerhutförmig mit sehr feinen Zweigen und frischgrünen Nadeln. Ihr langsamer

Picea engelmannii 'Glauca'

Wuchs hat die älteste Pflanze in Europa in 60 Jahren nur 4 m hoch werden lassen. Eine beliebte, gegen die Rote Spinne aber sehr empfindliche Form. Aus Mutationen an 'Conica' entstanden in den letzten Jahren einige neue Formen, die aber noch ohne größere Bedeutung sind und in den Baumschulkatalogen noch nicht auftauchen.

'Echiniformis' dagegen konnte sich in wenigen Jahren stark durchsetzen. Die Zwergform wächst flach-kugelig bis kissenförmig, wird 1 m breit, halb so hoch und fällt durch ihre steifen, blaugrün bereiften Nadeln auf.

'Laurin'. Die aus einer Mutation an 'Conica' entstandene Form ist sicher eine der schwachwüchsigsten aller Zwergkoniferen. Sie besitzt den gleichen Habitus wie 'Conica', wächst jährlich aber nur 2–3 cm. Eine ideale Zwergkonifere für Schalen und Tröge.

P.glehnii (Fr. Schmidt) Mast. Die Sachalinfichte erinnert mit ihren kurzen, glänzenden Nadeln an die Orientfichte, ist aber härter als diese. Sie wächst in ihrer Heimat – Japan und Sachalin – auch auf kalten, morastigen Böden, wird dort 30 m hoch und entwickelt eine elegante, schmal-kegelförmige Krone und einen nur ihr eigentümlichen, schokoladenbraunen Stamm. Ihre waagerechten Äste sind an der Spitze aufwärts gerichtet, die Nadeln an den roten, behaarten Jungtrieben sind kurz, auf der Trieboberseite frischgrün und unten mattgrün. Sie treibt sehr spät aus und entgeht dadurch fast immer den Spätfrösten. Eine sehr dekorative Fichte, der man eine noch größere Verbreitung bei uns wünschen möchte.

Bh-4, Zone 4.

P. × hurstii de Hurst. Der Bastard zwischen *P.engelmannii* und *P.pungens* wird zu einem 10–20 m hohen Baum mit kegelförmiger Krone und zunächst aufstrebenden, später zierlich überhängenden Ästen mit feinen, dichtstehenden, stechenden Nadeln. Zone 4.

P.jezoensis (Sieb. et Zucc.) Carr. Die Yedofichte treibt im Gegensatz zur Sachalinfichte sehr früh aus, ihr junger Austrieb wird nicht selten durch Spätfröste vernichtet. Der Baum hat dann Mühe, die Schäden auszugleichen, und präsentiert sich dann in einem unansehnlichen Gewand. Wertvoll ist die dichtkronige Japanerin durch ihre absolute Rauchhärte, die ihren Anbau auch in Industriegebieten erlaubt. Versagt auf kalkreichen Böden völlig.

Bh-4, Zone 5b.

P.likiangensis (Franch.) Pritz. Likiangfichte, ein Gebirgsbaum aus den chinesischen Provinzen Hubei und Sichuan, wird in der Heimat bis 40 m hoch, bleibt bei uns aber sicher kleiner. Die Art wächst kegelförmig mit waagerecht ausgebreiteten Ästen, hellgelbgrünen Trieben und unterseits deutlich blauweiß gestreiften Nadeln. Eine graziöse Fichte für frischen, humosen, durchlässigen Boden.

BGh-4, Zone 6b.

P.mariana (Mill.) B.S.P. Die Schwarzfichte bildet von Labrador bis Alaska ausgedehnte Wälder und gedeiht auch in kalten Sumpfgegenden. Sie ist ungemein hart, in der Jugend auch recht dekorativ, im Alter aber wenig reizvoll, dazu recht kurzlebig. Wertvoll ist sie nur als Stammform interessanter Gartenformen.

Bh-2, Zone 3.

'Beissneri' ist keine Zwergform, sondern eher eine Buschfichte, die leicht 5 m Höhe erreicht. Sie wächst dicht kegelförmig mit silber- bis stahlgrauen Nadeln. Im Freistand bewurzeln sich ihre unteren, dem Boden aufliegenden Zweige regelmäßig. Deren Spitzen richten sich dann auf und erwachsen zu neuen Tochterbäumen und bilden so immer breitere Gruppen.

'Doumetii' kann die gleiche Höhe erreichen und gleicht der vorigen bis auf ihren etwas schlankeren Wuchs.

'Nana'. Kaum 50 cm hohe, doch viel breitere, locker, aber regelmäßig bezweigte Zwergfichte. Ihre Nadeln stehen dicht, mehr oder weniger radial, sind blaugrün und auf jeder Seite mit stark ausgeprägten Stomatalinien versehen.

P. × mariorika Boom (*P.mariana ×*
P.omorika). Ähnlich wie *P.omorika*, aber

mit breit-kegelförmigem Habitus, kurzbe-
haarten Zweigen und schmaleren, mehr
blaugrünen Nadeln sowie kürzeren Zapfen.
Nach Ansicht des holländischen Dendrologen Boom sind alle in unseren Baumschulen gezogenen Pflanzen, die nicht den typisch schlanken, fast säulenförmigen Wuchs
der Omorikafichte haben, als Hybriden anzusehen. Diese Ansicht trifft aber wohl
nicht zu, denn auch am natürlichen Standort, vor allem in niedrigeren Lagen, kommen breitwüchsige Formen von *P.omorika*
vor.
Zone 5a.
'Machala'. Wuchs zwergig, ausgebreitet bis
flach-kugelig, etwa 1 m breit und bis 50 cm
hoch, Zweige waagerecht bis leicht ansteigend, Nadeln dunkelgrün, ziemlich steif
und sehr spitz, auf der Unterseite silberweiß bis graublau, deshalb in der Gesamtwirkung silbrig-graublau. Eine sehr angenehm gefärbte Zwergfichte mit aufgelocker-
tem Wuchs.

P.obovata Ledeb. Die Sibirische Fichte ist
von Nordeuropa bis Sibirien und Kamtschatka verbreitet. Sie unterscheidet sich
von der heimischen Rotfichte unter anderem durch die etwas hängenden Äste, die
etwas dünneren, gelbgrünen Zweige und etwas kleinere Zapfen. Ihre geographische
Verbreitung garantiert eine besonders hohe
Frosthärte, nur deshalb ist sie für uns interessant. Die gelegentlich als *P.obovata* var.
alpestris angebotene Fichte ist eine in den
Graubündener Alpen verbreitete Varietät
von *P.abies*.
B-3/4, Zone 1.

P.omorika (Panč.) Purk. Die Omorika-
oder Serbische Fichte ist heute die für unsere Gärten, Parkanlagen und Friedhöfe
wichtigste Fichte. Vielleicht ist sie die am
häufigsten gepflanzte aller Koniferen. Sie
besitzt nur ein sehr kleines natürliches Verbreitungsgebiet am mittleren und oberen
Lauf der Drina und in den Viogora-Bergen
über der Mündung des Lim-Flusses in Jugoslawien (Bosnien und Serbien). 1877
wurde sie dort von Pančić erstmalig aufgefunden und fand dann eine sehr rasche Verbreitung in unseren Gärten. »Echte« Omorikafichten wachsen schmal-kegelförmig,
oft fast säulenförmig mit ziemlich kurzen,
abstehenden und an der Spitze ansteigenden Ästen. Diese Hochgebirgsformen haben sich ihren Umweltbedingungen, besonders den winterlichen Schneelasten angepaßt. Im Alter sind diese schlanken, hoch-
aufstrebenden Bäume sehr eindrucksvoll.
In Baumschulen und Gärten finden wir in
zunehmendem Maße Formen, deren Habitus voller und breiter ist. In der Jugend se-

Picea omorika

hen solche Pflanzen vollständiger aus, im
Alter erreichen sie die Schönheit schlanker
Omorikafichten nie. Boerner (1969) glaubt,
daß es sich hier um eine »Negativauslese«
handelt, indem Samen von Bäumen aus tieferen Lagen gesammelt wurden. Da heute
sicher auch schon bei uns Samen geerntet
werden, entfernen wir uns immer mehr von
den eleganten Hochgebirgsformen.
Die Serbische Fichte ist ein idealer Baum
auch für den kleinen Garten. Mit ihrem
schlanken Wuchs wird sie dort nie lästig.
Sie schmückt sich mit glänzend dunkelgrünen, auf der Unterseite blauweißen Nadeln,
stellt an den Boden keine Ansprüche,
wächst auch noch auf trockenen Standorten, vermeidet lediglich stauende Nässe.
Darüber hinaus ist sie frosthart, sehr windfest und hat sich in Industriegebieten bestens bewährt. Gegen das Omorikasterben,
dem vor einigen Jahren in Norddeutschland viele Pflanzen zum Opfer fielen, hilft
eine ausreichende Versorgung des Bodens
mit Magnesiumsulfat. Je nach ihrer Größe
soll jede Pflanze im Frühjahr 50–200 g
Magnesiumsulfat erhalten.
Nhg/BGh-3, Zone 5a.
'Gnom'. Die in Oldenburg ausgelesene
Form baut sich bei sehr dicht verzweigtem
Wuchs breit-kegelförmig auf. Sie wurde in

20 Jahren knapp mannshoch und soll gegen
Rote Spinne äußerst unempfindlich sein.
'Minima' entstand aus einem Hexenbesen
an *P.omorika* 'Nana', mit sehr kurzen Trieben und aufgelockerter Oberfläche wächst
sie ganz zwergig, breit-kugelig bis flach-
gewölbt, in 10 Jahren erreicht sie nur eine
Höhe von 15–20 cm.
'Nana' ist eine Zwergform, die bei einem
breit-kegelförmigen, besonders dichten
Wuchs wohl einiges über 3 m hoch wird.
Ihre mehr oder weniger radial gestellten
Nadeln sind gedreht und zeigen dadurch
sehr deutlich ihre breiten, weißen Stoma-
bänder.
'Pendula Bruns' ist eine normalwüchsige,
vegetativ vermehrte Wildform, die sich
durch ihre senkrecht herabhängenden
Zweige zweiter Ordnung und durch die
unterseits schön silbrigweißen Nadeln auszeichnet.
'Pimoko' entstand wie 'Minima' aus einem
Hexenbesen, sie entwickelt sich zu einem
dichtverzweigten, abgeflachten Busch, der
in 10 Jahren etwa 30 cm hoch wird, eine
bemerkenswert schöne Zwergform.
'Treblitzsch'. Als Hexenbesen in der ehemaligen DDR gefunden, eine kurztriebige
und kurznadelige Zwergform, die nur etwa
25 cm hoch und 40 cm breit wird.

Picea omorika 'Gnom'

P.orientalis (L.) Link. Die Orientfichte kommt in Kleinasien und im Kaukasus zusammen mit der Nordmannstanne vor, sie erreicht dort bis 50 m Höhe. Ihre kegelförmige Krone ist dicht bezweigt und im Freistand bis zum Boden beastet. Von hoher Schmuckwirkung sind die kurzen, dunkelgrünen und stark glänzenden Nadeln. Sie ist ein ausgezeichneter Parkbaum, der auch in größeren Gärten gepflanzt werden kann. Sie verträgt wie kaum eine andere Fichte lufttrockene Lagen und ist in der Jugend sehr schattenverträglich. Sie bleibt bis ins hohe Alter ein dekorativer Solitär- und Gruppenbaum, der kaum mehr als 20 m hoch wird.
BGh-3, Zone 5b.

'Aurea'. Im Habitus der Art ähnlich, bleibt etwas niedriger und ist mit ihrem goldgelben Austrieb im Frühjahr eine reizvolle Fichte. Die gelbgefärbten Nadeln vergrünen später.

'Early Gold'. Sie entstand aus einer Mutation an *P.orientalis* 'Aurea', wächst aber schwächer als diese, und die Farbe des goldgelben Austriebes bleibt länger erhalten.

'Gracilis' ist mit ihrer sehr zierlichen Benadelung und dem eirunden bis 6 m hohen Habitus eine hübsche kleine Fichte.

'Nutans'. Die Hängeform der Orientfichte wächst unregelmäßig und sehr sparrig. Ihre weit abstehenden Äste sind unterschiedlich lang und hängen über. Eine Fichte für den Freund bizarrer Formen.

P.polita (Sieb. et Zucc.) Carr. Sie stockt auf Lavaböden der japanischen Hauptinsel Hondo und ist mit ihren stechenden, dolchartig zugespitzten, allseits fast rechtwinklig vom Zweig abstehenden – daher der Name Tigerschwanzfichte –, glänzend frischgrünen Nadeln die eigenartigste aller Fichten. Sie wächst nur langsam und braucht ausreichend warme, geschützte Standorte, bietet dem Kenner aber etwas Besonderes.
Nhg-4, Zone 6a.

P.pungens Engelm. Der Stechfichte und ihren Formen kommt im Garten und Park fast die gleiche Bedeutung zu wie der Omorikafichte. Auch sie werden jährlich in riesigen Stückzahlen produziert. Die natürliche Art ist als Gebirgsbaum im westlichen Nordamerika weit verbreitet, tritt jedoch nicht bestandsbildend auf. Sie wird zu einem hohen Baum mit breit-kegelförmiger Krone, in der die waagerechten Äste in regelmäßigen, tellerförmigen Quirlen übereinanderstehen. Ihre Nadeln stehen radial,

sind starr und stechend, meist bläulichgrün, selten ganz grün. Auch in der Natur kommen viele Farbnuancen vor, die besonders im Austrieb und im Sommer eine blaue bis silberweiße Färbung annehmen können. Kauft man solche »Blautannen« – diese falsche Bezeichnung scheint man nicht ausrotten zu können –, darf man im Herbst und Winter über die mangelnde Blaufärbung nicht enttäuscht sein. Will man diese, so muß man die zwar weit teureren, aber farbkonstanten Veredlungen erstehen. Sehen diese auch in der Jugend nicht gerade sehr voll und gleichmäßig aus, entwickeln sie sich später doch zu regelmäßigen Pflanzen, sie müssen zunächst den Zweigcharakter überwinden.

Blaufichten sind sehr anspruchslos an Boden und Lage, vertragen auch trockene und sonnige Standorte, sind winterhart und unempfindlich gegen Rauch, Staub und Ruß. Sie sind beliebte Bäume für Garten, Park und Friedhof. Ihre Eingliederung ist oft problematisch, vor allem sollte man sie nicht in den Vorgarten, rechts und links vom Eingang pflanzen. Der gewünschte Effekt, zwei völlig gleiche Bäume, ist bei ungeschnittenen Bäumen nie zu erreichen. Neben der Wildform, die als Weihnachtsbaum immer größere Bedeutung erlangt, bieten die Baumschulen eine Reihe von Formen an.
BG-1, Zone 4.

'Compacta' ist eine Zwergform mit flach ausgebreiteten Ästen und besonders starken, dunkelgrünen Nadeln, die in 75 Jahren nur 3 m hoch und 4 m breit wurde.

'Endtz'. Dicht kegelförmiger Baum, der an seinen waagerechten Ästen kleine, spornartige, aufrechtstehende Triebe entwickelt. Die Nadeln sind blau, im Winter silbrig, bis 30 mm lang und leicht sichelförmig gebogen.

'Erich Frahm' wird als besonders wertvolle Blaufichte gepriesen. Sie wächst ganz gleichmäßig kugelförmig und ist während des ganzen Jahres dunkelblau gefärbt.

'Fürst Bismarck'. Eine sehr alte Sorte, die zu mächtigen Bäumen erwachsen kann. Ihre Äste stehen in der unteren Kronenhälfte in tellerförmigen, regelmäßigen, dichtstehenden Lagen und steigen in der oberen Kronenpartie an der Spitze leicht an; ihre jungen Nadeln sind fast weiß gefärbt.

'Glauca Globosa'. Eine Zwergform, die in der Jugend etwas locker und unregelmäßig wächst, bald aber flach-kugelig und sehr dicht wird, die Benadelung ist weißblau. Eine Form, deren Beliebtheit seit wenigen Jahren stark ansteigt.

'Glauca Pendula'. Sehr vielgestaltige, krumm oder schief-aufrecht wachsende

Picea pungens 'Glauca Globosa'   **Unten: Picea pungens 'Glauca Procumbens'**

Form, deren untere Äste schräg herabhängen, die Nadeln sind silberweiß. Die Form muß in der Jugend gestäbt und angebunden werden, sie erhebt sich sonst kaum vom Boden.

'Glauca Procumbens'. Eine strauchig wachsende, auch im Winter silbergraue Zwergform, sehr unregelmäßig gestaltet und sehr viel dekorativer und lebendiger als 'Glauca Globosa'. Sie bleibt sehr niedrig und kann mehrere Quadratmeter große Flächen bedecken. In alpinen Anlagen schmiegt sie sich den Geländeunebenheiten an und wächst über Felsen hinweg. Die Form sollte häufiger angezogen werden.

'Glauca Prostrata' wächst mattenförmig, ihre silberblau benadelten Zweige liegen dem Boden ganz dicht auf, in Kultur noch seltener als die vorige.

'Hoopsii'. Kräftig aufrechtwachsende, sehr dichte Blaufichte mit breit abstehenden Ästen und sehr dichter Benadelung. Gilt zusammen mit 'Thomsen' als eine der besten weißblauen Formen.

'Koster'. Eine der bekanntesten und ältesten Blaufichten, wächst regelmäßig kegelförmig, Zweige quirlständig ausgebreitet, Nadeln leicht sichelförmig und auch im Winter deutlich silberblau gefärbt.

'Moerheim'. Eine der neueren Formen mit schmal-kegelförmigem, dichtem Wuchs, langem Leittrieb, aber kurzen, quirlständigen Ästen. Die Nadeln sind bis 30 mm lang, blauweiß bereift und auch im Winter farbkonstant.

'Moll'. Langsamwüchsige, breit-kegelförmige, dicht bezweigte, blauweiß benadelte Zwergform, die in 20 Jahren nur 1 m hoch geworden ist.

'Montgomery' ist der vorigen ähnlich, wächst jedoch ein wenig stärker und ist graublau benadelt. Beide sind nur sehr selten zu haben, obwohl sie sehr hübsch sind und das Zwergkoniferen-Sortiment durch blaue Töne bereichern könnten.

'Oldenburg'. Von zu Jeddeloh selektierte Form; sie unterscheidet sich von anderen veredelten Blaufichten vor allem durch ihre Fähigkeit, nach dem Veredeln schnell den Zweigcharakter zu überwinden und gerade durchzutreiben. Sie wächst sehr kräftig und regelmäßig, die Nadeln sind 20–25 mm lang und stahlblau gefärbt.

'Thomsen' wächst kräftig und regelmäßig aufrecht und ist der 'Hoopsii' recht ähnlich, unterscheidet sich von ihr nur durch die doppelt so dicken Nadeln.

'Vuyk' wird hoch und wächst kegelförmig mit regelmäßig quirligen Ästen und dikkem, steifem Leittrieb. Die Nadeln sind locker, fast gerade, mäßig silbrig, blauweiß bereift und in den Wintermonaten mehr grau gefärbt.

Picea schrenkiana

P.purpurea Mast. Die Purpurfichte wächst nur mäßig und fällt durch ihren dicht geschlossenen, spitzkegeligen Wuchs und die kurzen Nadeln auf. Diese sind oberseits glänzend dunkelgrün und zeigen deutlich die beiden breiten, weißen Stomalinien ihrer Unterseite. Die zierliche, winterharte Fichte findet auch im kleinen Garten Platz, interessant sind ihre vor der Reife purpurvioletten Zapfen. Wird in unseren Gärten häufiger gepflanzt als die nahe verwandte Likiangfichte, *P.likiangensis*. BGh-4, Zone 6b.

P.schrenkiana Fisch. et Mey. unterscheidet sich von anderen Fichten durch ihren in der Jugend besonders breiten Aufbau und durch die langen, kräftigen Nadeln. Im Verhältnis zur Höhe ist sie breiter als alle anderen baumförmigen Fichten. Die Art ist in Zentralasien verbreitet und bildet dort ausgedehnte Urwälder mit mächtigen, bis 35 m hohen Bäumen, bei uns bleibt sie wesentlich niedriger. BG-3, Zone 6b.

P.sitchensis (Bong.) Carr. Die Sitkafichte, von Alaska bis Kalifornien im Bereich der pazifischen Küste verbreitet, liebt kühle und feuchte Luft und feuchte bis anmoo-rige Böden. Nur unter zusagenden Bedingungen entwickelt sie sich zu schönen Bäumen. Sie ist kein Gartenbaum, in weiträumigen Anlagen mag sie ihren Platz finden. Große Bedeutung kommt ihr als Waldbaum zur Aufforstung von Heideflächen, zur Dünenbefestigung und als Windschutzgehölz an der Küste zu. Sie verträgt Wind, braucht aber frische bis feuchte Böden und eine hohe Luftfeuchtigkeit. Die Sitkafichte entwickelt im Alter eine breit-kegelförmige Krone mit waagerecht abstehenden, dünnen Ästen. Charakteristisch sind ihre steifen und stechenden, oberseits silbrigweißen, unten glänzendgrünen Nadeln. Nh-1, Zone 5b.

P.smithiana (Wall.) Boiss. Die Himalaja-Fichte läßt sich bei uns nur in geschützten Lagen milder Klimabereiche kultivieren. Dort ist sie mit ihren senkrecht herabhängenden Zweigen und den besonders langen, radial abstehenden Nadeln sehr attraktiv. Mit einer Länge von 25–50 mm sind die Nadeln länger als die fast aller anderen Fichten, *P.breweriana* ausgenommen. In ungünstigen Lagen leidet sie unter Spätfrost, sie entwickelt sich dann nicht optimal und wird eher häßlich. BGm-4, Zone 8a.

Pinus L., Pinaceae
Kiefer

Rund 100 Arten sind auf der nördlichen Halbkugel beheimatet, wobei sich ihr Verbreitungsgebiet vom hohen Norden südwärts bis Nordafrika, Westindien, Guatemala und Indonesien erstreckt. Nahezu alle Arten sind immergrüne Bäume mit rissiger oder schuppenförmiger Borke, in der Jugend quirlständiger Verästelung und mit schirmförmigen oder abgeflachten Kronen im Alter. Kiefern sind mit Lang- und Kurztrieben ausgestattet. Die Blätter der Langtriebe sind schuppenförmig und kurzlebig. Die Kurztriebe bestehen aus einem Bündel von 2–5 Nadeln, die in seltenen Fällen auch aus 1 oder 6–8 Nadeln bestehen können. Die Pflanzen sind einhäusig. Die männlichen Blüten sitzen achselständig am Grunde junger Langtriebe, sind oft auffallend gelb, rot oder orange gefärbt und aus zahlreichen Staubblättern zusammengesetzt. Die weiblichen Blüten entwickeln sich etwas später seitlich oder am Ende der gleichen Triebe, sie bestehen aus spiralig geordneten Fruchtschuppen. Die Zapfen sind sehr unterschiedlich geformt, hängen oder stehen seitwärts ab und reifen meist im zweiten Jahr.

Die meisten Kiefernarten sind Park- oder Waldbäume. Nur wenige baumförmige Arten lassen sich auch im kleinen Hausgarten für längere Zeit unterbringen. In der modernen Gartengestaltung werden sie den Tannen und Fichten vorgezogen. Sie sind nur in der Jugend regelmäßig geformt, entwickeln im Alter eine lockere und dekorative, weit weniger steife Krone. Neben ihrem ansprechenden Habitus bieten sie weitere Vorteile. In bezug auf Boden und Umwelt sind sie ungleich robuster. Sie gedeihen auch noch auf ärmsten Böden und in sehr rauhen Lagen und sind, bedingt durch ihre tiefgehende Pfahlwurzel, sehr windfest. Alle Kiefern sind ausgesprochene Lichtholzarten. Im Garten, in Parkanlagen und auf Friedhöfen stehen sie daher einzeln oder in lockeren Gruppen. Sie bleiben dann oft bis zum Boden beastet und formen sich zu malerischen Bäumen. Alle hochwachsenden Kiefern sind infolge ihrer tiefreichenden Wurzeln ideale Schattenspender für Rhododendren und andere Ericaceen. Ihre Zwergformen werden heute oft denen von Fichte und Tanne, Lebensbaum und Scheinzypressen vorgezogen. Sie sind häufig anspruchsloser als diese, interessanter im Habitus und dadurch leichter zu verwenden. Als Einzelpflanze oder in kleinen Gruppen in alpinen Anlagen, auf Rabatten, Gräbern, Terrassen und Dachgärten, in Heide- und Troggärten, in großen, zusammenhängenden Pflanzungen an Böschungen oder als freiwachsende Hecke. Die 100 Arten und ihre vielen Gartenformen bieten uns eine sehr reiche Auswahl.

P. aristata Engelm. Die Grannenkiefern werden kaum 10 m hoch. Sie wachsen mit in der Jugend regelmäßig quirlständigen, fuchsschwanzartigen Zweigen und sehr dicht gedrängten, dunkelgrünen Nadeln, die zu fünft stehen, 12–13 Jahre leben und mit verstreuten, weißen Harzflocken behaftet sind. Sie sehen aus, als sei der Baum mit »Schmierläusen« verseucht, wirken aber nicht unästhetisch. Eine eigenartige, kleine Kiefer für die Einzelstellung im Rasen, im Heidegarten oder in alpinen Anlagen.
P. aristata ist allein auf der Westseite des Colorado-Green-River-Systems, in Utah, Nevada und Kalifornien verbreitet, wo sie in großen Höhen Sonne und Dürre, Stürme und klirrende Kälte zu ertragen hat. Bei uns leidet sie in der Jugend offenbar unter einem Pilz, der die Zweigspitzen zum Absterben bringt. An älteren Pflanzen sind solche Krankheitsbilder nicht zu beobachten, vielleicht sagen ihr das feuchte Klima Norddeutschlands und die gut gedüngten Baumschulböden nicht zu. Man sollte ihr im Garten einen sonnigen und trockenen Standort geben.
BGs-1, Zone 6a.

P. armandii Franch. ist in Mittel- und Westchina, in Korea und Formosa verbreitet. In unseren Gärten ist sie bisher kaum vertreten, dabei ist die 5nadelige, maximal 20 m hohe Kiefer mit ihren waagerecht abstehenden Ästen und den 9–15 cm langen, meist hängenden und etwas geknickten, frischgrünen Nadeln durchaus attraktiv. Eine besondere Zierde sind die 10–20 cm langen, hängenden Zapfen mit ihren dicken, holzigen Schuppenschildern, die noch bis in den Herbst des zweiten Jahres auffallend grün gefärbt sind. Mit 10–12 mm Durchmesser sind die rotbraunen, eßbaren Samen von beträchtlicher Größe.
BGh/Nhg-4, Zone 6a.

P. ayacahuite Ehrenb. ist wohl die einzige zentralamerikanische Kiefer, die sich im milden Westen und Südwesten Deutschlands kultivieren läßt. An anderen Stellen ist sie nicht ausreichend winterhart. Sie erinnert mit ihrem Habitus an *P. wallichiana* und ist mit ihren dünnen, nicht ganz so langen, schlaff herabhängenden Nadeln eine sehr ansprechende, hohe Kiefer. Durch die Stomatalinien auf den inneren Nadelseiten schimmern die Nadeln silbrig oder blaugrün.
NGm-1, Zone 7b.

P. bungeana Zucc. ex Endl. ist in Zentralchina heimisch und bei uns außerhalb der botanischen Gärten kaum bekannt. Sie ist schon in der Jugend mit ihren zu dritt stehenden, sehr locker an den Zweigen verteilten, auffallend breiten Nadeln eine ungewöhnliche Erscheinung und wird dies im Alter durch ihren platanenartig abblätternden Stamm mit seiner weiß, rotbraun und graugrün gefleckten Rinde, die schließlich fast vollständig silbrigweiß wird, immer mehr. Ein knapp 20 m hoher Baum für den Sammler seltener Arten.
P. bungeana, die mit ihrem Namen Silberkiefer gut charakterisiert ist, gehört zu den wenigen Baumarten, die man regelmäßig in chinesischen Tempelgärten sieht.
Ng-3, Zone 6b.

Pinus bungeana

P. cembra L. Die Zirbelkiefer oder Arve ist ein Vertreter der Alpenflora, die außerdem auf den alpinen Höhen der Karpaten und in Sibirien vom Ural bis zum Amur verbreitet ist. Die europäische Arve kann bis 20 m Höhe erreichen, die sibirische wird nicht wesentlich höher, sie wächst in Kultur wohl auch nicht rascher, ist aber wesentlich frosthärter. In den Alpen wurde die Zirbelkiefer jahrhundertlang durch den Menschen in viel zu starkem Maße genutzt, vor allem als Brennholz in den großen Salinen. Heute steht sie vielfach unter Naturschutz. Sie liefert ein sehr dichtes, feines Holz für Holzschnitzereien. Ihre Samen, die Zirbelnüsse, sind eßbar und waren in Sibirien ein wichtiges Nahrungsmittel. Sie werden dort auch heute noch gerne gegessen.
Im freien Stand entwickelt sich die Arve zu schlanken, fast säulenförmigen Bäumen. In den Kampfzonen ist sie häufig als Kandelaber- oder Wetterbaum anzutreffen, mit

phantastisch geformten Kronen. Für den kleinen Garten ist die 5nadelige Art mit ihrer regelmäßigen, bis zum Boden beasteten Krone und ihrem mäßigen Wuchs die wichtigste baumförmige Kiefer. Steht sie nicht völlig frei, wird sie kahl und unansehnlich.
Bh/BGh-3, Zone 4.
'Glauca'. Sehr schöne, normalwüchsige Form mit silbrigblauen Nadeln.
'Glauca Compacta'. Eine zwar gedrungene, aber aufrecht und kegelförmig wachsende Selektion mit kurzen, dicken Ästen und bläulichweißen Nadeln.
P. cembra var. *sibirica* (Du Tour) Loud. verhält sich an ihren natürlichen Standorten in Sibirien wie ihre Schwester in den Alpen. Auch sie ist ein Hochgebirgsbaum, der, mindestens im Süden Mittelsibiriens (Baikalsee), erst in größeren Höhen (etwa ab 1500 m) auf ausreichend frischen Böden wächst, begleitet von *Abies sibirica*, *Picea obovata* und *Larix dahurica*. Auf trockenen Bergkuppen wird sie von *Pinus sylvestris* abgelöst. Sie unterscheidet sich in ihren morphologischen Merkmalen nur geringfügig von der alpinen *Pinus cembra*. Sie gedeiht auf allen mäßig trockenen bis frischen und durchlässigen, humosen oder sandig-schottrigen Böden.

P. contorta Dougl. ex Loud. In Nordamerika ist die 2nadelige Drehkiefer von Südalaska bis Kalifornien verbreitet. Sie wird bei uns wohl kaum 10 m hoch und erfreut durch ihren eigenwilligen, unregelmäßigen Wuchs und die oft gedrehten, dunkelgrünen bis gelbgrünen Nadeln. Ihr würde man eine stärkere Beachtung gönnen.
N/BG-1, Zone 5a.
'Frisian Gold'. Eine Form mit goldgelben Nadeln, die 1962 als Mutation an *P. contorta* gefunden wurde. Sie baut sich mit weit ausgebreiteten Ästen und aufstrebenden Triebspitzen auf und wird deutlich breiter als hoch.

P. coulteri D. Don ist eine seltene und ganz eigenartige Erscheinung unter den Kiefern. Sie kommt aus den Küstengebirgen Kaliforniens und Nordwestmexikos und hält in geschützten Lagen milder Klimabereiche auch bei uns aus. Sie baut sich mit dicken, zunächst blau bereiften, locker gestellten und weit ausgebreiteten Ästen und einer durchsichtigen Krone wie *P. jeffreyi* auf, ist mit den dunkel blaugrünen Nadeln aber viel schöner als diese. Bemerkenswert sind auch die Zapfen dieser 3nadeligen Kiefer. Mit einer Länge von 25–30 cm und einer Breite von etwa 15 cm (im geschlossenen Zustand) gehören sie mit zu den größten aller Kiefernzapfen.
Ms/NGs-1, Zone 7b.

Pinus densiflora 'Umbracilifera'

P. densiflora Sieb. et Zucc. Auch die Japanische Rotkiefer ist bei uns kaum bekannt, obwohl sie durchaus hart ist und zu eindrucksvollen Bäumen erwächst. Die 2nadelige Kiefer entwickelt im Alter flach ausgebreitete, unregelmäßige Kronen, wie wir sie kaum bei einer anderen Kiefer kennen. An ihren bereiften, erst grünen, dann orangegelben Trieben stehen die grünen Nadeln an den Enden pinselförmig.

P. densiflora und *P. thunbergiana*, die Japanische Schwarzkiefer, bestimmen in Japan weithin das Landschaftsbild der Küstenebenen und der ebenen Landstriche an den großen Binnenseen. Einige solcher Landstriche gelten als »die« Landschaften Japan. Die beiden Kiefern sind auch unentbehrliche Gestaltungsmittel japanischer Gärten. Selten dürfen sie sich frei entfalten, meist werden sie in bestimmte Formen gezwungen, die in der Regel aber sehr einfühlsam natürlichen Wuchsformen nachempfunden sind.

Auch darin drückt sich die hohe Verehrung der Kiefer in Japan aus. Kiefern sind ein Gegenpol zu den kurzlebigen Blüten von Kirsche und Japanischer Aprikose, sie verkörpern das männliche Prinzip unter den Bäumen. Mit ihrem grünen Nadelkleid sind sie ein Bild unverbrüchlicher Treue, die durch den Wandel der Zeit nicht beeinflußt wird. Sie stehen für Feierlichkeit, Beständigkeit, Lebenskraft und langes Leben. Nh-4, Zone 6b.

'Alice Verkade'. Zwergform mit geschlossenem, kugelförmigem Wuchs. Wird nur etwa 70 cm hoch.

'Oculus-draconis'. Eigenartige Form mit auffallend gelb gefleckten Nadeln.

'Umbraculifera' entwickelt erst im Alter ihren typischen Habitus. Der vielstämmige Strauch wird im hohen Alter 4–6 m hoch und formt dann seine flache, schirmförmige Krone aus. Die Form ist winterhart, muß aber auf trockenen, durchlässigen Böden stehen. Auf zu feuchten Standorten wird sie leicht krank. Die in den Baumschulen gelegentlich angebotene 'Pumila' unterscheidet sich mindestens in der Jugend überhaupt nicht von 'Umbraculifera'.

P. flexilis James. Die Nevada-Zirbelkiefer kann man getrost als eine der schönsten baumförmigen Kiefernarten bezeichnen. Sie ist in Nordamerika, in den Rocky Mountains zu Hause und erreicht bei uns vielleicht eine Höhe von knapp 15 m. In der Jugend wächst sie kegelförmig, im Alter nimmt ihre Krone eine breit-kugelige Form an. Ihre Nadeln stehen zu fünft, sind steif, gerade und blaugrün gefärbt. Auffallend ist

Pinus flexilis

die Benadelung an jungen und älteren Trieben. Die einzelnen, pinselförmigen und dicht geschlossenen Nadelbündel sind deutlich voneinander getrennt. Eine seltene Kiefer, die auch im kleinen Garten nicht zu groß wird, auch auf nährstoffarmen Böden gedeiht und völlig frosthart ist.
BG-1, Zone 6a.
'Firmament'. Wächst schwächer als die Wildform, die Nadeln sind graublau.
'Glauca'. Normalwüchsige Form mit blauen Nadeln.

P. × hakkodensis Makino ist eine Hybride zwischen *P.parviflora* und *P.pumila*, die am natürlichen Standort in Nordjapan zwischen den Eltern vorkommt. Sie erinnert in ihrem Aufbau an *P.pumila*, wächst also strauchig, wird wohl etwa 1,5 m hoch und unterscheidet sich von ihr vor allem durch die längeren und gröberen, gedrehten Nadeln. Sie ist wüchsiger als *P.pumila* und verdient eine weitere Verbreitung als bisher.
Zone 5b.

P.halepensis Mill., Aleppo- oder Seekiefer. In einem stark zersplitterten Areal kommt die Aleppokiefer vom östlichen Mittelmeergebiet bis zur Südtürkei, Syrien und dem Libanon vor. Sie ist ein 15–20 m hoher Baum mit im Alter asymmetrischer, oft fast schirmförmiger Krone und einem silbergrauen bis rötlichbraunen Stamm. Die Nadeln stehen zu zweit, sie sind 5–10 cm lang, frischgrün, gerade und weich. Erst im 3. Jahr reifen die breit-eiförmigen oder kegelförmigen, meist symmetrischen, 7–10 cm langen Zapfen. Sie bleiben nach der Reife noch jahrelang am Baum hängen. *P.halepensis* hat sich als besonders anspruchsloser Baum vor allem für Aufforstungen von Dünen, Sand- und Karstflächen bewährt. Sie verträgt Wind und sommerliche Dürre, braucht aber ein ausgeglichenes Klima.
Ms, 3 Zone 9.

P.heldreichii Christ hat ihren Arealschwerpunkt in Nordalbanien sowie in den angrenzenden jugoslawischen Gebieten von Montenegro und Kosovo, sie kommt außerdem inselartig in fast ganz Albanien, in Serbien und Makedonien, im nordwestlichen Griechenland, im bulgarischen Pirin-Gebirge sowie in Süditalien vor. Sie besiedelt vorwiegend felsige Gebirgsstandorte auf Kalk und Dolomit.
Nach neuerer Auffassung muß die Schlangenhautkiefer, *P.leucodermis*, in *P.heldreichii* einbezogen werden, weil es zwischen beiden Arten keine hinreichenden Unterschiede gibt und weil nach den Regeln des Internationalen Codes der Botanischen Nomenkla-

tur *P.heldreichii* der gültige Name ist. Folglich gehören auch die bisher zu *P.leucodermis* gestellten Gartenformen zu *P.heldreichii*.
P.heldreichii gehört mit ihrem geschlossenen, schmal-kegelförmigen Aufbau und den dunkelgrünen Nadeln zu unseren schönsten und gleichzeitig anspruchslosesten Kiefern. Der Baum wächst langsam, erreicht erst in hohem Alter Höhen von 15 bis 20 m und findet so auch in kleineren Gärten ausreichend Platz. *P.heldreichii* hat im Alter eine hell aschgraue, in kleine, eckige Felder zerspringende Borke. Die jungen Zweige sind dick, grauweiß bis hellbraun, bereift und nach dem Abfallen der Kurztriebe (Nadelbüschel) schlangenhautartig gefeldert. Die Nadeln stehen zu zweit, sehr dicht und an den Zweigenden pinselartig gehäuft. Die 6–8 cm langen Zapfen fallen vor der Reife durch ihre schwarzblaue Färbung auf.
Ng-3, Zone 6a.
'Aureospicata' wird wegen ihrer beständig gelben Nadelspitzen »Meckikiefer« genannt. Sie wächst recht langsam und breit-kegelförmig.
'Compakt Gem'. Unter diesem Namen wird eine angebliche Zwergform angeboten. Sie wächst zwar deutlich langsamer und kompakter als Sämlingspflanzen, wird mit ihrem aufrechten Wuchs aber wohl einige Meter hoch werden.
'Satellit'. Wuchs besonders schmal-kegelförmig, Nadeln dunkelgrün und stark zum Zweig hin gebogen bis angedrückt.
'Smidtii' wurde im Herbst 1926 von dem damaligen Sekretär der tschechoslowakischen Dendrologischen Gesellschaft im Balkan gefunden und nach ihm benannt. Šmidt brachte die Pflanze in den heutigen Botanischen Garten Pruhonice bei Prag und pflanzte sie in das Alpinum. Dort findet man diese hübsche, dichte, bienenkorbförmige Kiefer noch heute, sie ist nur nun fast 100 cm hoch geworden. Veredelungen, die in den letzten Jahren gemacht wurden, versprechen ein etwas schnelleres Wachstum.

P.jeffreyi Grev. et Balf. Die 3nadelige Jeffrey-Kiefer wird im südlichen Nordamerika und in Mexiko zu einem 30–40 m hohen Baum, der durch seine lockerstehenden, oft etwas hängenden Äste und die bis 22 cm langen Nadeln auffällt. Von der habituell ähnlichen *P.ponderosa* unterscheidet sie sich durch ihre blauweiß bereiften einjährigen Triebe und die weitaus größeren Zapfen, die eine Länge von 8–25 cm erreichen. Sie ist ein schöner, raschwachsender Parkbaum.
NGs-1, Zone 6a.
'Joppi' ist die erste zwergige Form von *P.jeffreyi*, sie ist mehr oder weniger kugelig

Pinus heldreichii

aufgebaut und entwickelt sich mit bis zu 20 cm langen Jahrestrieben zu einem größeren Busch. 'Joppi' ist mit den langen, hellgrünen, strahlig abstehenden Nadeln und den hellgrauen Knospen sehr dekorativ.

P.koraiensis Sieb. et Zucc. Die Koreakiefer ist in unseren Gärten noch viel zu wenig bekannt. Sie wird in ihrer japanischen Heimat ein hoher Baum, ist im Wuchs der Zirbelkiefer ähnlich, doch wesentlich lockerer aufgebaut. Sie gehört zu den 5nadeligen Arten, ihre Nadeln sind steif, 6–12 cm lang, auf dem Rücken grün und an den Seiten ausgeprägt blauweiß gefärbt. Eine sehr schöne, völlig harte Kiefer, die bei uns wohl kaum mehr als 15 m hoch wird und auch in Gärten Platz findet.
Bh-4, Zone 5a.
'Glauca'. Selektion mit viel dickeren und auffallend blauen Nadeln. Wird häufiger angeboten als die Art.
'Silveray'. Mäßig hoher Baum mit unregelmäßiger Krone und silbrig-graublauen Nadeln.
'Winton' gilt als eine besonders schöne, zwergige Kiefer. Sie wird bei einer Höhe von 2 m rund 4 m breit und ist wie die Art benadelt.

P.longaeva D.K. Bailey hat in den letzten Jahren weltweite Beachtung gefunden, nachdem 1954 in den White Mountains in Kalifornien eine größere Zahl von Bäumen entdeckt wurde, deren hohes Alter auffiel. Genauere Untersuchungen bestätigten einigen Bäumen ein Alter von weit über 4000 Jahren, ein fast unvorstellbarer Zeitraum. Die Borstenkiefern sind damit die ältesten Lebewesen der Welt, wesentlich älter als die Mammutbäume Kaliforniens. Sie sind aber nicht nur deshalb interessant, sondern sind auch für den Garten äußerst wertvolle Gehölze, wenn auch noch wenig bekannt.

P. longaeva ist ein kleiner Baum mit hängender Bezweigung, der in großen Höhen (oberhalb 3000 m) unter extremen Klimabedingungen wächst. Die Nadeln bleiben fast 30 Jahre lang funktionsfähig und weisen fast keine Harzausscheidungen auf, im Gegensatz zu den Nadeln der habituell ähnlichen *P. aristata*. *P. longaeva* ist bei uns nur selten in Kultur.
BGs-1, Zone 6a.

P. monophylla Torr. et Frém. Die im südlichen Nordamerika und in Mexiko heimische Art ist eine höchst interessante Kiefer. Ihre Nadeln stehen einzeln, nur selten auch zu zweit, sie sind kreisrund, bis 5 cm lang, dick, steif und stechend, graugrün und etwas gestreift. Eine 5–10 m hohe Kiefer, die nur dem Liebhaber zu empfehlen ist.
NGa-1, Zone 7a.

Pinus longaeva

P. montezumae Lamb. In ihrer mexikanischen Heimat kann die Montezumakiefer Höhen von 20–30 m erreichen. Sie ist nur südlich der Alpen ausreichend hart. Schon im Tessin entwickelt sie sich zu eindrucksvollen Baumgestalten. Die meist zu fünf stehenden, bläulichgrünen Nadeln werden bis zu 30 cm, die breit-eiförmigen bis schmal-kegelförmigen Zapfen bis 15 cm lang. Am Stamm reißt die rötlichbraune Borke rauh und unregelmäßig auf.
NGm-1, Zone 8b.

P. monticola Dougl. ex D. Don. Die Westliche Weymouthskiefer ist nicht nur ein wertvoller Forstbaum für feuchte, aber freie und luftige Lagen, sondern auch ein attraktiver Parkbaum. Die Art ist im nordwestlichen Nordamerika weit verbreitet und gedeiht auch auf trockenen und sandigen Böden. Bei oberflächlicher Betrachtung erinnert sie an *P. strobus*, unterscheidet sich von ihr aber durch die stärkeren Triebe (bei *P. strobus* auch im 3. Jahr kaum mehr als 2–3 mm stark), die dicht gedrängt stehenden, ziemlich steifen, grünen Nadeln (bei *P. strobus* sind die Nadeln weich, dünn und bläulichgrün) und durch etwas längere (10–25 cm) Zapfen. Wie andere 5nadelige Kiefern ist auch *P. monticola* anfällig gegen Blasenrost.
N-1, Zone 6a.

'Ammerland'. Von zu Jeddeloh selektierter und vermehrter Klon, der sich durch sehr starken Wuchs, dicke Triebe und ziemlich lange, blaugrüne Nadeln auszeichnet. Besonders schöne Kiefer, guter Ersatz für die wind- und frostempfindliche *P. wallichiana*.
'Glauca'. Sehr schöne, raschwachsende Selektion mit silbrigblauen Nadeln.
'Pendula'. Eigenartige Form mit stark hängenden Zweigen, baut sich nur dann gut auf, wenn der Mitteltrieb rechtzeitig, vor der vollen Verholzung, aufgebunden wird.
'Skyline'. Mittelgroßer Baum mit schlanker Krone.

P. mugo Turra. Die Bergkiefer, auch Latsche, Legföhre oder Krummholzkiefer genannt, bedeckt in der subalpinen und alpinen Region der Alpen stellenweise ausgedehnte Flächen und bildet hier oft die obere Baumgrenze. Sie steigt bis über 2300 m auf und wirkt hier oft als Schutzholz gegen Steinschlag und Lawinen. Außer in den Alpen trifft man sie auch in den Pyrenäen, den deutschen Mittelgebirgen, in den Karpaten und der Hohen Tatra. Die 2nadelige Art tritt in vielerlei Gestalt auf. Von extrem niederliegenden bis zu baumartigen Formen sind alle Übergänge zu finden. Stark differenziert ist auch die Zapfenform, nach der heute 2 strauchförmig wachsende Varietäten unterschieden werden, die auch pflanzengeographisch getrennt sind, häufig aber ineinander übergehen.
BGh-3, Zone 4.

P. mugo ssp. *mugo*, Krummholzkiefer, mit strauchig-niederliegendem Wuchs (die Form wird im Alter höher und lockerer) und asymmetrischen, unbereiften und zur Reife hellbraunen Zapfen. Die Krummholzkiefer ist eine Lokalrasse der Ostalpen und der Balkanländer.
P. mugo ssp. *pumilio* (Haenke) Franco, Zwergkiefer, vorwiegend östlich und nördlich der Schweiz, bis Bosnien und Montenegro verbreitet, aber auch in den deutschen Mittelgebirgen und den Karpaten zu finden. Auch sie wird strauchig-niederliegend, aber nie höher als 3 m. Die Äste sind dicht gestellt, die Nadeln kurz, der Zapfen symmetrisch, fast sitzend und bei der Reife gelblich oder dunkelbraun. Sie bleibt von allen Formen am niedrigsten.
Bei beiden Varietäten hängt die Wuchshöhe unter anderem auch von der Herkunft der Samen ab. An jungen Baumschulpflanzen

Pinus mugo

ist der Wuchscharakter noch nicht mit Sicherheit zu erkennen. Wer auf garantiert niedrig bleibende Formen Wert legt, greife auf die von verschiedenen Baumschulen ausgelesenen und vegetativ vermehrten Klone zurück.

In ihren natürlichen Arealen stocken die Bergkiefern sowohl auf sauren Moorböden wie auf trockenen Kalkböden. Sie gelten als genügsamste und abgehärteste Kiefernart, die im Flachland auch auf ärmsten Sandböden zurechtkommt. In den Dünen der Küste ist sie als Windschutzpflanze, die den starken und salzhaltigen Winden trotzt, unentbehrlich. Im Garten und Park verwenden wir sie einzeln oder in Gruppen für Vorpflanzungen, an Böschungen, auf Gräbern, in Heide- und Steingärten, oder auch als Heckenpflanze. Als Lichtholzart verträgt sie keinen Druck benachbarter Bäume und Sträucher, wächst jedoch leicht in großen, artenreinen Gruppen. Höherwachsende Formen bleiben kurz, wenn man ihre Seitentriebe zurückschneidet oder die jungen Mitteltriebe aller Zweigenden im Frühjahr ausbricht und nur die schwächeren Seitentriebe stehenläßt.

'Alpenzwerg' unterscheidet sich von allen anderen Sorten durch den straff-aufrecht, breit-säulenförmigen Wuchs – eine bemerkenswerte Neuheit.
'Brevifolia'. Mit ihren zahlreichen Seitentrieben und den extrem kurzen, schwarzgrünen Nadeln bleibt 'Brevifolia' kleiner als andere *P.mugo*-Formen; in 10 Jahren wird sie etwa 50 cm hoch und breit.
'Frisia' wird, im Gegensatz zu 'Gnom', höher als breit. Sie erreicht mit straff-aufrechten, dichtverzweigten Ästen und moosgrünen Nadeln ebenfalls etwas mehr als 2 m Höhe.
'Gnom' wächst mit zahlreichen Trieben dicht und kegelig, wird etwas mehr als mannshoch und gleichbreit. Die dicht gedrängten und radial stehenden Nadeln sind tiefgrün.
'Hesse' ist eine niedrige Zwergform, die sich zu einem kissenförmigen Busch von 1,5–2 m Höhe entwickelt und mit ihren kurzen Trieben kompakt und dicht geschlossen bleibt.
'Humpy' ist kurztriebig und wächst extrem langsam und gedrungen, die sattgrünen Nadeln sind 2–5 cm lang, eignet sich besonders gut für eine Bepflanzung von Trögen und Schalen.
'Krauskopf'. Raschwachsende, bodendeckende, mattenförmig ausgebreitete, nur 15 cm hohe Kiefer.
'Laurin'. Wuchs aufrecht bis kugelig, ähnlich 'Mops', aber etwas stärker wachsend. Nadeln auffallend dunkelgrün.
'Minimops'. Wuchs viel schwächer als 'Mops', eine sehr dichtverzweigte »Minikiefer« für die Bepflanzung von Troggärten.
'Mops' wächst sehr langsam zu einem dichten, kugeligen und kurzzweigigen Busch heran.
'Pal Maleter'. Wuchs flach und breit, dicht verzweigt, nach 20 Jahren etwa 80 cm hoch und 150 cm breit. Nadeln im Austrieb gelb, später, mit Ausnahme der Spitzen, vergrünend.
'Wintergold'. Etwa 50 cm hohe, locker aufgebaute Kiefer, deren grüne Nadeln sich im Winter leuchtend goldgelb färben. Ganz ähnlich verhält sich die holländische Sorte 'Zundert'.

P.nigra Arnold. Die Schwarzkiefer wird zu einem 20–40 m hohen, 2nadeligen Baum mit geradem Stamm, tiefrissiger, schwarzgrauer Borke, in der Jugend gleichmäßig kegelförmiger, im Alter schirmförmiger Krone. Sie tritt in den mittel- und südeuropäischen Gebirgen und in Westasien vorwiegend auf kalkhaltigen, trockenen Böden waldbildend auf und wird in 4 geographische Rassen getrennt. Von ihnen wird die Österreichische Schwarzkiefer am häufigsten gepflanzt.
Ng/Ms-3, Zone 5b.
P.nigra ssp. *laricio* (poir.) Maire, Kalabrische Kiefer, in ihrer Verbreitung auf Süd- und Mittelitalien beschränkt. Sie unterscheidet sich durch ihre lockere, durchsichtige, etwas struppige Krone mit ihren hin- und hergebogenen Ästen und den grasgrünen, welligen Nadeln von der Österreichischen Schwarzkiefer.
P.nigra ssp. *nigra*, Österreichische Schwarzkiefer. Sie ist vor allem auf den Kalkbergen der unteren und mittleren Region der Ostalpen und auf dem Balkan verbreitet. Sie ist eine der beliebtesten Kiefern unserer Gärten und Parkanlagen. Schon in der Jugend ist sie mit ihrem gleichförmigen Wuchs und der kandelaberartigen Aststellung höchst dekorativ, erreicht ihre volle Schönheit aber erst im Alter und nur in völligem Freistand. Sie entwickelt sich dann zu mächtigen, bis 20 m hohen Bäumen mit breit abgeflachter Krone, die lange bis zum Boden beastet bleibt. Später wird ihr eindrucksvoller, tiefrissiger Stamm sichtbar. Sie ist in hohem Maße anspruchslos an Boden und Klima, aber hochgradig schatten-

empfindlich. Sie kommt auch auf sehr armen, trockenen Standorten fort und verträgt Industrieabgabe wie keine andere Kiefer. Zu Zeiten der Dampflokomotiven nannte sie mein Lehrer »Lokomotivschuppenbaum«. In Hausgärten und bei beengten Platzverhältnissen sollte man auf sie verzichten. Sie wächst sehr rasch, wird bald zu groß, unterdrückt alle benachbarten Pflanzen und wirkt ohnedies nur als Solitärpflanze oder in kleinen, lichten Gruppen in genügend großen Gartenräumen. In landespflegerischer Hinsicht ist sie zur Besiedlung trockener Tonböden in semiariden Gebieten von sehr großer Bedeutung. Nordöstlich der Alpen wird sie zur Aufforstung trockener Muschelkalk- und Lößböden eingesetzt.

P.nigra ssp. *pallasiana* (Lamb.) Holmboe, Krimkiefer, kommt auf der Krim und den Hochgebirgen Kleinasiens vor, wo sie auch rauhem Klima trotzt. Lange, starke Äste formen sich im Alter zu einer dichten, malerischen, leuchtendgrün benadelten Krone.

P.nigra ssp. *salzmannii* (Dun.) Franco, Pyrenäenkiefer, in Südfrankreich, den Pyrenäen und Nordspanien verbreitet. Von den anderen Arten durch geringere Wuchsleistung und pinselartig an den Triebenden gehäuft, nicht wellige, blaugrüne Nadeln unterschieden.

Von den Gartenformen der Art sind nur einige in unseren Baumschulen zu haben.

'Helga' ist sicher die schönste Zwergform der Schwarzkiefer. Sie wächst kompakt und langsam, wirkt aber keineswegs steif, sondern mit ihren dunkelgrünen Nadeln und den weißlichen Knospen und Nadelscheiden recht lebhaft.

'Hornibrookiana' wächst gedrungen und breit-strauchig mit dichtstehenden, aufrechten Zweigen, die Nadeln sind gehäuft, gerade, 5–6 cm lang, dunkelgrün, steif und scharf zugespitzt. Sie entstammt einem Hexenbesen an einer Schwarzkiefer.

'Jeddeloh'. Eine gegenüber der Normalform schwächer wachsende Auslese mit gedrungenem, dichtem Wuchs, kürzeren Zweigen und Trieben und kurzen, stechenden Nadeln; eine schöne Schwarzkiefer, die auch in kleineren Gärten Platz findet.

'Molette' ist eine in Ungarn aus *P.nigra* var. *pyramidata* ausgelesene und vegetativ vermehrte Sorte. Sie wächst mit dicht gestellten Ästen und Zweigen straff-aufrecht und bildet ziemlich schlanke, geschlossene Säulen, die, im Gegensatz zur normal wachsenden Schwarzkiefer, auch in kleinen Gärten Platz finden.

'Pygmaea' ist eher kugelig-buschig, ihre kurzen Zweige stehen sehr dicht und tragen an den Spitzen gehäufte, beiderseits grüne, scharf zugespitzte Nadeln.

Pinus nigra 'Helga'

P.nigra var. *pyramidata* Acatay, interessante, säulenförmige Varietät der Schwarzkiefer, die mit straff aufwärts gerichteten, dichtstehenden Ästen am natürlichen Standort 20–25 m hoch wird. Die Varietät wurde von A. Acatay erst 1955 im Tavschanli-Gebiet in der Türkei in einem 250 ha großen Bestand gefunden. Inzwischen ist sie von einigen Baumschulen in Kultur genommen worden; man wird bemüht sein, besonders schlanke und schwächer wachsende Pflanzen vegetativ zu vermehren. Eine vielversprechende Varietät, für die auch in kleinen Gärten ausreichend Platz sein wird.

P.parviflora Sieb. et Zucc. Die Mädchenkiefer, auf den Kurilen und in Japan heimisch, ist eine ideale Kiefer für den kleinen Hausgarten, die für viele Jahre selbst auf ganz schmalen Rabatten Platz findet. Sie wird bei uns kaum über 10 m hoch und ist mit ihrem lockeren, graziösen und etwas unregelmäßigen Wuchs schon von Jugend an schön und begehrenswert. Die 5nadelige Art formt im Alter mit weit ausgebreiteten Ästen und kurzen Zweigen eine flach ausgebreitete Krone, die nicht zuletzt durch ihre vielen kurzen, weit geöffneten Zapfen auffällt. Die grasgrünen bis blaugrünen Nadeln der Art sind gedreht und an den Enden der Zweige pinselförmig gehäuft. Eine völlig harte und an den Boden anspruchslose, kleine Solitärkonifere. Ihre Gartenformen finden vielfache Verwendung in Stein- und Heidegärten, vor allem auch in Troggärten und auf Gräbern.

Nhg-4, Zone 6b.

'Adcock's Dwarf'. In England wurde diese besonders schöne Zwergform gefunden. Sie zeichnet sich durch einen langsamen, kompakten, trotzdem aber eleganten Wuchs aus. Die Nadeln sind 1,5–2,5 cm lang, graugrün, an den Zweigenden gehäuft.

'Blauer Engel'. Kompakt wachsende Selektion mit intensiv blauen Nadeln.

'Bonsai'. Bizarr und zwergig wachsende, früh Zapfen tragende Form mit kurzen, blaugrünen Nadeln, eignet sich besonders gut für Trogbepflanzungen.

'Brevifolia' ist eine schwachwachsende, wenig verzweigte Form mit extrem kurzen (2–3 cm), ziemlich steifen Nadeln. Eine ideale Form für größere Tröge.

'Gimborn's Ideal'. Eine niedrige Form (bis 8 m) mit nahezu säulenförmigem Wuchs und ziemlich feinen, bläulichgrünen Nadeln. 'Gimborn's Pyramid' wächst sich sehr langsam zu einer gedrungenen und breiten Form mit einer Maximalhöhe von 3 m aus. Im Frühjahr sind die Nadeln besonders intensiv blaugrün gefärbt.

'Glauca' unterscheidet sich von der Art durch steifere und gedrehte Nadeln, die auf der Innenseite stark blauweiß bereift sind. Diese Form wird in den Baumschulen am häufigsten angeboten; sie ist viel wertvoller als die Art.

'Negishi'. Wuchs breit-kegelförmig und dicht. Nadeln stark gedreht, graublau, auf der Innenseite blauweiß. Eine japanische Form, die kleiner bleibt als die bekannte 'Glauca'.

'Tempelhof'. Stark- und aufrechtwachsende Selektion mit dünner Verzweigung und blaugrauen Nadeln.

P. peuce Griseb. Die Rumelische Kiefer ist in den Gebirgen des Balkan, in Jugoslawien, Albanien und Bulgarien heimisch. Sie stockt in Höhe zwischen 1100 und 2200 m, häufig auf Granit und Gneis. Sie erreicht an ihren Naturstandorten Höhen von über 30 m. Im Gegensatz zur artverwandten *P. strobus* ist sie weitgehend immun gegen

Pinus parviflora 'Adock's Dwarf'

den Blasenrost. Bei uns wächst die 5nadelige Art langsam, aber stärker als *P. cembra*, der sie im Habitus sehr ähnlich ist; sie kann mit ihrem schlanken Wuchs auch für kleine Gärten empfohlen werden. Für beengte Platzverhältnisse ist sie viel besser geeignet als die Schwarzkiefer. Sie ist völlig winterhart, gedeiht aber nur auf sauren Böden zufriedenstellend. Man sollte sich ihrer häufiger erinnern.

Nhg/BGh-3, Zone 5 a.

P. pinaster Ait., Strandkiefer. Im westlichen Mittelmeergebiet, bevorzugt in Meeresnähe und auf tiefgründigen, gut dränierten, nährstoffarmen Sandböden stockt *P. pinaster*. Ein 20–30 m hoher Baum mit im Alter dichter, abgeflachter Krone und einem tiefrissigen, grau- bis rötlichbraunen Stamm. Nadeln zu zweit, 15–25 cm lang, steif, fast gerade und dunkel- bis graugrün. Die Zapfen werden 10–20 cm lang, sind mehr oder weniger symmetrisch und reifen im 2. Jahr. Die Strandkiefer wird heute im Mittelmeergebiet weit über ihr ursprüngliches Areal hinaus aufgeforstet, zum Teil in großen, geschlossenen Beständen. In den »Landes« Südwestfrankreichs wurde sie von 1904 an zur Holznutzung und zur Gewinnung von Terpentin großflächig aufgeforstet. Mit Erfolg ist die Strandkiefer auch

auf den Britischen Inseln, in Holland und Belgien und auf kleinen Flächen am Niederrhein aufgeforstet worden.

Ms-3, Zone 8 a.

'Aberdoniae' ist eine in der Umgebung von Nizza gefundene Form, die bedeutend winterhärter ist als die Art.

P. pinea L., Pinie. Mit ihrer im Alter sehr dichten und oft flach-schirmförmigen Krone gehört die Pinie zu den unverwechselbaren und charakteristischen Baumgestalten des mediterranen Raumes. Ihr natürliches Verbreitungsgebiet reicht von Südeuropa bis Westasien, läßt sich aber nur schwer rekonstruieren, weil der Baum seit Jahrhunderten im ganzen Mittelmeerraum angepflanzt wird. Er bevorzugt tiefgründige, feuchte, gut dränierte, mäßig nährstoffreiche bis arme, basische oder saure Sand- und Kiesböden in ausgeglichener, wintermilder Klimalage. Er kann Höhen von 15–25 m erreichen und bildet im Freistand schon früh eine kugelförmige Krone aus, die im Alter flach schirmförmig wird. Am graubraunen, tief längsrissigen Stamm löst sich die Borke in Platten ab und legt rötlich gefärbte Borkenschichten frei. Die Nadeln stehen, wie bei allen mediterranen Kiefern, zu zweit, sie sind 10–17 cm lang, gerade oder schwach gebogen und dunkelgrün. Eiförmig bis kugelig ist der harzige, 10–15 cm lange Zapfen, der erst im 3. Jahr reift und dann unvollständig abfällt. Die Zapfen enthalten 1,5–2 cm lange, steinharte Samen mit einer dicken Samenschale. Sie sind als »Piniennüsse« bekannt und enthalten ein wohlschmeckendes Nährgewebe, das den Embryo umgibt. In Frankreich sind sie als »pignes« oder »pingnons«, in Italien als »pinocchi«, »pignoli« oder »pinoli« im Handel. Nördlich der Alpen ist die Pinie nicht mehr ausreichend winterhart.

Ms-3, Zone 9.

P. ponderosa Dougl. ex P. et C. Laws. Die Gelbkiefer wird im westlichen Nordamerika zu einem mächtigen, bis 70 m hohen Baum. Bei uns begnügt sich die 3nadelige Kiefer wohl mit einer Höhe von etwas über 20 m. Sie ist in ihren Eigenschaften und den Verwendungsmöglichkeiten der *P. jeffreyi* sehr ähnlich, unterscheidet sich von dieser im wesentlichen durch etwas längere und dichter stehende, steife, dunkelgrüne Nadeln, die bräunlichen Triebe und etwas kleinere Zapfen. *P. ponderosa* ist der Nationalbaum des nordamerikanischen Staates Montana.

Ns-1, Zone 5 b.

'Pendula'. Seltene Form mit aufrechtem Stamm, fast senkrecht herabhängenden Ästen und besonders langen Nadeln.

P.pumila (Pall.) Regel. Unsere heimische Bergkiefer besitzt in *P.pumila* ihr ostasiatisches Pendant. Sie darf wohl als die schönste aller Zwergkiefern bezeichnet werden. *P.pumila* ist ein stammloser, niederliegender Strauch mit an den Spitzen sich aufrichtenden Ästen. In seiner Heimat – den Felsen an der Baumgrenze im nördlichen Sibirien, in Sachalin und Japan – wird der Strauch bis 3 m hoch. Die 4–7 cm langen, blaubereiften Nadeln liegen den Zweigen in der Regel dicht an. Besonders auffallend sind die tiefroten, männlichen Blüten. Die eiförmigen Zapfen sind 3–4 cm lang, mit zurückgebogener Spitze an jeder Schuppe, zunächst violett, später braun, sie reifen im Sommer des 2. Jahres.

Das große Areal der Art und die damit zusammenhängenden Unterschiede im Habitus, in der Länge der Nadeln, deren Stellung und Färbung brachten große Unsicherheiten in der Benennung mit sich. So wurde *P.pumila* oft als Zwergform von *P.cembra* angesehen. Auch was heute von den Baumschulen als »*P.cembra* 'Pygmaea'« angeboten wird, ist wohl immer mit *P.pumila* identisch. Anhand der Knospen und Nadeln lassen sich *P.pumila* und *P.cembra* nur schwer trennen. Die Zapfen bieten dagegen deutlichere Unterscheidungsmerkmale. Bei *P.cembra* sind sie 6–8 cm lang, stumpf-eiförmig, zunächst ebenfalls violett, später jedoch hellbraun, die Spitzen ihrer Schuppen sind nicht zurückgebogen, der Zapfen reift erst im 3. Jahr nach der Blüte. An Nadelquerschnitten sind beide recht gut zu unterscheiden. *P.pumila* hat in der Regel 2 Harzgänge, die dicht unter der Epidermis liegen und diese dadurch etwas emporwölben. Bei *P.cembra* liegen die beiden Harzgänge tiefer im Parenchym und mehr in den Ecken der 3kantigen Nadeln.

P.pumila läßt sich im Garten wie die Krummholzkiefern verwenden. Sie wächst zufriedenstellend nur auf durchlässigen, sauren Böden, bei stauender Nässe leidet sie unter chlorotischen Blattverfärbungen. Die Baumschulen bieten einige Selektionen an. Bhg-4, Zone 4.

'Barmstedt'. Unter diesem Namen wird in den Baumschulen Schleswig-Holsteins eine Form angeboten, die vergleichsweise stark und aufrecht wächst und die durch ihre sehr langen, stark gedrehten, silbrigblauen Nadeln auffällt. Die Form wurde zunächst von der Baumschule H.J. Draht als 'Glauca' (Draht) vertrieben. Die Veredlungsreiser stammen von einer Pflanze aus dem Forstbotanischen Garten in Hann. Münden. Sie wurde aus Samen gezogen, der 1928 aus Sapporo kam.

'Dwarf Blue' zeichnet sich durch besonders intensiv blau gefärbte Nadeln aus. Sie wird

Pinus pumila

breiter als hoch und ist locker beastet. 'Glauca' ist eine selektierte und vegetativ vermehrte Wildform mit langen, graublauen Nadeln, an denen die weißen Stomatalinien auffallen.

'Globe' entwickelt sich zu einem nahezu kugeligen, sehr dichten, bis 2 m hohen Strauch mit dünnen, schön gefärbten, blaugrünen Nadeln. Wird in den Baumschulen gelegentlich als *P.cembra* 'Globe' angeboten, gehört ganz sicher aber zu *P.pumila*.

'Jeddeloh'. Sehr wüchsige und gesunde Form mit flachem, breit ausladendem Wuchs, schräg nach außen ansteigenden, dicht benadelten Trieben und frischgrünen, auf den Innenseiten blauweißen Nadeln.

P.radiata D. Don. Die Montereykiefer besiedelt nur ein sehr begrenztes Areal auf der Monterey-Halbinsel südlich von San Francisco. Sie erreicht dort auf ihren felsigen Standorten kaum größere Höhen, kann an günstigen Standorten aber sehr rasch wachsen und gehört in subtropischen Klimazonen zu den forstlich besonders wichtigen Baumarten. Der Baum entwickelt über starken Stämmen mit einer besonders dicken, dunkelbraunen, tiefrissigen Borke meist unregelmäßige, weit ausladende Kronen. Die 10–14 cm langen, ziemlich dünnen Nadeln stehen meist zu dritt. Die Zapfen sind sehr schief und asymmetrisch, sie bleiben viele Jahre geschlossen am Baum hängen. Am Mittelmeer und in englischen Gärten sind nicht selten mächtige Bäume der Montereykiefer zu sehen. Ms-1, Zone 8b.

P.resinosa Ait. Die Amerikanische Rotkiefer gehört zu den 2nadeligen Arten. Sie ist im östlichen Nordamerika heimisch und dort eine der wertvollsten Koniferen. In unseren Gärten ist sie recht selten und zeigt sich als vielästiger Baum mit breiter, unregelmäßiger Krone und gelblichgrünen bis dunkelgrünen, sehr dicht stehenden Nadeln. Sie ist eine dekorative, lichthungrige, genügsame Kiefer für weiträumige Anlagen auf sauren Böden. Nhk/Bh-2, Zone 5a.

P.rigida Mill. Im östlichen Nordamerika, auf dürren und sumpfigen Böden heimische, 3nadelige Pechkiefer. In unseren Parkanlagen fällt sie durch Stammausschläge auf, die aus Adventivknospen entstehen. Sie ist eher interessant als schön und nur wertvoll, weil sie auch auf schlechtesten, kalkarmen Sandböden gedeihen kann. Nh-2, Zone 6a.

P. × schwerinii Fitschen. In der Benadelung steht diese 5nadelige Hybride zwischen den Eltern (*P.wallichiana* × *P.strobus*). Im Wuchs unterscheidet sie sich erheblich von beiden. Sind bei anderen Kiefernarten die Hauptäste eines Astquirls alle mindestens annähernd gleich lang, müssen wir hier eine recht unterschiedlich starke Ausbildung beobachten. Diese führt zu offenen, unregelmäßigen, dekorativen Kronenformen. *P. × schwerinii* kann mit ihren dünnen, 8–11 cm langen, hängenden, mit bläulichen Stomatalinien gezeichneten Nadeln als sehr guter Ersatz für die empfindliche und anspruchsvolle *P.wallichiana* verwendet werden. Gegenüber dieser hat sie den Vorteil, daß sie schon als ganz junge Pflanze reichlich fruchtet. Ihre langen Zapfen sind auffallend rotbraun gefärbt und mit vielen Harztropfen bedeckt. Eine sicher über 20 m hohe Kiefer, die viel häufiger gepflanzt werden sollte.
Zone 6b.

P.strobus L., Weymouthskiefer, von Kanada bis zu den Alleghany Mountains verbreitet. Der 5nadelige, raschwüchsige Baum ist in unseren Parkanlagen recht häufig zu finden. In seiner Jugend wächst er schlank-kegelförmig, im Alter formt er oft malerische Kronen, die im Freistand bis unten beastet bleiben und dann erstaunliche Durchmesser erreichen können. Sie stellt an den Boden nur geringe Ansprüche, leistet jedoch auf feuchten, sandigen Lehmböden am meisten, meidet stagnierende Nässe und trockene Kalkböden. Sie ist völlig frosthart und verträgt größere Beschattung als andere Kiefern, leidet aber häufig unter dem Blasenrost. Seit der zweiten Hälfte des 18. Jahrhunderts wird die Weymouthskiefer, die ein wertvolles Bauholz liefert, auch forstlich angebaut. Die nordamerikanischen Bundesstaaten Maine und Minnesota haben sie zu ihrem »state tree« erkoren.
Nh-2, Zone 5a.
'Fastigiata'. Säulenförmiger, 8–10 m hoher Baum mit gut geschlossener Krone und grünen Nadeln.
'Krüger's Liliput' wächst nur als junge Pflanze deutlich schwächer als die alte 'Radiata'. Nach einigen Standjahren auf nahrhaften Böden verschwinden die Unterschiede weitgehend, der zunächst geschlossene Aufbau lockert auf.
'Macopin'. Starkwüchsige, locker verzweigte, breitbuschige, etwa 1,5 m hohe und gleich breite Form, die schon als junge Pflanze Zapfen trägt und etwas lockerer wächst als *P.strobus* 'Radiata'.
'Minima' wächst gleichmäßig flach-kugelig, ist sehr dicht verzweigt und wird etwa 40 cm hoch.

Pinus strobus 'Radiata'

'Pendula'. Hängeformen der Weymouthskiefer sind in Aussaaten mehrfach gefunden worden, Aufbau und Habitus können daher sehr verschieden sein. Die schönste 'Pendula'-Form ist von der Baumschule Wüstemeyer in Schermbeck in den Handel gegeben worden. Die dicht benadelten Seiten- und Spitzentriebe dieser Form wachsen senkrecht nach unten; der Spitzentrieb muß zunächst einmal aufgebunden werden. Die Seitentriebe liegen dem Boden auf und bilden später schlangenförmige Schleppen.
'Radiata' wächst sehr gedrungen, kugelig und zunächst zwergig, kann in hohem Alter aber mehrere Meter hoch werden. Sie ist die am häufigsten kultivierte Form der Weymouthskiefer, die häufig auch unter dem alten Sortennamen 'Nana' angeboten wird.

P.sylvestris L. Die Gemeine Kiefer oder Föhre ist als heimischer Baum allgemein bekannt. Ihre Verbreitung erstreckt sich von Nord- und Mitteleuropa nach Süden bis zu den südspanischen und norditalienischen Gebirgen, nach Osten hin durch ganz Sibirien. Sie ist ein Baum des nördlich-kontinentalen Klimas, verträgt extrem niedrige Temperaturen und besitzt eine große Anpassungsfähigkeit an den Boden. Sie wächst auch auf sandigen und kiesigen Böden dann zufriedenstellend, wenn ihr genügend Bodenfeuchte zur Verfügung steht. Sie ist eine ausgesprochene Tiefwurzlerin und in hohem Maße lichtbedürftig. Als Waldbaum wächst sie bis 40 m hoch mit geradem, meist schlankem Stamm und länglicher bis breit-schirmförmiger Krone. Ihre an alten Stämmen rostrote und rissige, an jungen

Stämmen und an Ästen fuchsrote Borke unterscheidet sie deutlich von anderen 2nadeligen Kiefern. Ihre Nadeln sind 3–7 cm lang, gedreht und blaugrün. Entwickelt sie im Bestand nur eine recht kleine Krone, kann sie sich im Freistand zu breitkronigen, sehr wirkungsvollen Schirmkiefern entwickeln. Sie ist weit mehr ein Waldbaum, viel weniger ein Parkbaum, obwohl sie im lichten Bestand ein idealer Schattenspender für *Rhododendron*-Pflanzungen ist. Für den Garten sind besonders ihre Formen von Bedeutung.

B/N-3, Zone 1.

'Albyns'. Zwergform mit dem Boden aufliegenden Ästen und waagerecht abstehenden bis leicht ansteigenden Zweigen. Benadelung blau- bis graugrün. Die Originalpflanze ist bei einem Durchmesser von 2,5 m nur 30 cm hoch.

P.sylvestris f. *argentea* Stev. kann man gelegentlich in Kiefernbeständen beobachten, wo sie durch deutlich silberglänzende Nadeln auffällt. Vegetativ vermehrte Formen der blaunadeligen Föhre werden als 'Glauca' angeboten.

'Argentea Compacta'. Intensiv stahlblaue Nadeln sind das hervorstechende Merkmal dieser kegel- bis kugelförmigen Varietät; sie wird im Alter 3–5 m hoch.

'Aurea'. Alte, langsamwachsende Form, die einen gedrungenen, kugeligen Busch bildet. Die Nadeln sind im Frühjahr und Sommer gelbgrün, im Winter jedoch goldgelb. Eigenartige Liebhaberform.

'Beuvronensis' ist eine besonders schöne Zwergform, die unregelmäßig und locker wächst, in 25 Jahren nur etwa 50 cm hoch wird und sich deshalb ganz besonders gut für die Trogbepflanzung eignet.

'Blue Shag' baut sich zu einem dichten, abgeplattet-rundlichen, 1,5–2 m hohen Busch auf. Die dünnen Nadeln sind 4–10 cm lang und blaugrün. Der amerikanischen Selektion werden Wüchsigkeit und Gesundheit bescheinigt.

'Fastigiata' besticht durch extrem schlanken Wuchs und blaue Nadelfärbung. Sehr hübsch in Heidepartien und groß »in Mode«. Sie ist aber keine Zwergform, sondern wird im Alter wohl 15 m hoch.

'Glauca' wurde in einer Aussaat gefunden und wird seit einigen Jahren vermehrt. Sie wächst wie die Gemeine Kiefer, bleibt nur etwas niedriger, entwickelt eine breite Krone und trägt intensiv blau gefärbte Nadeln.

'Globosa Viridis' wird nur etwa 1 m hoch, ist dicht verzweigt und besitzt grüne, gedrehte Nadeln.

'Hibernica'. Zwergform mit ziemlich kurzen, blauen Nadeln und auffallend rot gefärbten Winterknospen. Als Hexenbesen in Irland gefunden und 1962 von zu Jeddeloh in den Handel gebracht.

'Nana'. Buschige, dicht verzweigte, 50–100 cm hohe Form mit sehr kurzen, aufwärts gerichteten Zweigen und blaugrünen Nadeln.

'Norske Typ'. Skandinavische Selektion, die schwächer wächst als die Wildform, sie baut sich mit dichtstehenden Ästen ziemlich kompakt auf. Eine harte und anspruchslose, malerische Form mit blaugrauen Nadeln.

'Watereri' wird besonders häufig gepflanzt. Sie ist mit ihren blaugrünen, steifen Nadeln und dem bis 4 m hohen und breiten, kegelförmigen Wuchs eine der schönsten aller zwergigen Kiefern.

P.uncinata Mill. ex Mirb. Die Hakenkiefer ist hauptsächlich in Spanien, den Pyrenäen, den Westalpen und in der Schweiz verbreitet. Sie wächst in der Regel 1stämmig und baumartig, kann bis 25 m hoch werden und hat schiefe, asymmetrische Zapfen, deren Schuppenschilder auf der freien Seite stark verdickt sind und einen zurückgebogenen Dorn tragen.

BGh-3, Zone 4.

P.uncinata ssp. *rotundata* (Link) Janch. et Neumayer kommt in den Alpen, den deutschen Mittelgebirgen und den Karpaten vor, wächst baumartig, aber mit mehreren Stämmen, wird bis 10 m hoch und hat ebenfalls schiefe, asymmetrische Zapfen, deren Schuppenschilder keinen Dorn tragen und breiter als hoch sind.

In der Zwergkoniferensammlung G. Horstmann sind aus Hexenbesen an *P.uncinata* einige interessante Zwergformen gezogen worden, hübsche Zwerge für Stein- und Troggärten.

'Grüne Welle'. Ganz schwach wachsend und malerisch verzweigt, bildet im Alter eine kleine, wellig bewegte Landschaft.

'Ofenpaß'. Wuchs sehr zierlich, wie ein kleiner Zuckerhut. Nadeln schön dunkelgrün.

'Paradekissen'. Kleinste Form im *P.uncinata*-Sortiment. Wuchs flach und kompakt, kissenförmig, wird in 10 Jahren etwa 10 cm hoch und 30 cm breit. Die grünen Nadeln sind etwa 30 mm lang.

P.wallichiana A.B. Jacks. Von den in unseren Breiten winterharten Kiefern gilt die Tränen- oder Himalajakiefer als eine der schönsten. Sie tritt mit *Cedrus deodara* im Himalaja waldbildend auf und erreicht dort bis 50 m Höhe. Bei uns bleibt sie wesentlich niedriger und entwickelt sich zu einem breit-kegelförmigen, lockeren Baum, der im Freistand bis unten beastet bleibt. Höchst dekorativ sind die zu 5 beisammenstehenden, bis 20 cm langen, dünnen, bläulich-grünen, hängenden Nadeln und die nahezu 30 cm langen, walzenförmigen Zapfen, die sich im 2. Jahr hellbraun färben und mit vielen Harztropfen bedeckt sind.

Die außerordentliche Schönheit ist leider mit einer großen Empfindlichkeit gepaart. Man kann diese Kiefer nur für wintermilde, luftfeuchte Gebiete vorbehaltslos empfehlen. Sie verträgt keine tiefen Temperaturen, keine winterliche Sonnenbestrahlung und keine trockenen Winde; trotzdem muß man sie ganz freistellen, da sie sehr lichtbedürftig ist. In klimatisch weniger günstigen Gebieten muß man in strengen Wintern mit schweren Schäden rechnen, die im günstigen Fall nur zum Verlust sämtlicher Nadeln führen. Im Frühjahr bilden sich zwar häufig neue Nadeln, die Schönheit des Baumes ist aber dahin. Da die Art außerdem unter dem Blasenrost *(Cronartium flaccidum)* leidet, sollte man sie nur mit Vorsicht verwenden.

NG-4, Zone 7a.

Podocarpus L'Hérit ex Pers.
Podocarpaceae
Steineibe

Mit ihren rund 100 Arten ist die Gattung die umfangreichste innerhalb der Familie der *Podocarpaceae* und gleichzeitig die umfangreichste Nadelholzgattung der südlichen Halbkugel. Sie ist weit verbreitet und kommt unter anderem in Australien, Neuseeland, Japan, Indien, im tropischen Afrika und in Zentral- und Südamerika vor, wo sie als Gebirgsbaum auftritt.

Podocarpus-Arten sind immergrüne Bäume oder Sträucher mit meist spiraligen, linealen oder lanzettlichen bis eiförmigen Blättern. Die Blätter weisen unter dem Nerv in der Regel einen (nur selten mehrere) Ölgang auf. Die Pflanzen sind zweihäusig, der männliche Blütenstand ist ährenförmig oder bis auf 1–2 Blüten reduziert; je 1–2 weibliche Blüten sind wie die männlichen end- oder achselständig angeordnet. Die meist großen Samen sind von einer verholzten oder verhärteten Innenschicht und von einer fleischigen Außenschicht umgeben. Von allen Arten hält in Mitteleuropa nur eine im Freien aus, und das auch nur in milden Wintern oder in klimatisch günstigen Gebieten.

Im Mittelmeergebiet und in England können aber neben *P.nivalis* auch andere Arten gehalten werden.

P.macrophyllus (Thunb.) D. Don. In Japan ist *P.macrophyllus* von Südhonshu bis zu den Riukiu-Inseln verbreitet. Sie entwickelt sich dort zu einem 12–15 m hohen

Baum, bleibt oft aber auch nur strauchig und erreicht kaum mehr als Mannshöhe. An waagerecht abstehenden Ästen stehen die Triebe dicht gedrängt. Die glänzend dunkelgrünen, lederartigen, breit-linealischen Nadeln sind 8–10 cm lang, sie stehen sehr dicht an den Zweigen. Auf einem dikken, dunkelroten, fleischigen Fuß stehen die etwa 12–15 mm langen, grünlichen Samen.

Mh-4, Zone 9.

P.macrophyllus var. *maki* Sieb. ist eine in China, Formosa und Burma heimische Form mit straff-aufstrebender Verzweigung und ganz dichter Belaubung. Sie wird in Japan Rakan-Maki oder Maki genannt und ist dort in etagenförmig geschnittenen Figuren häufig in den Gärten zu finden.

P.neriifolius D. Don ist von Südostasien bis China verbreitet und kann dort Höhen bis 30 m erreichen, bleibt in Europa aber wesentlich kleiner. Die Nadeln sind schmal-lanzettlich, 2–7,5 cm lang, lederartig und oberseits glänzendgrün, an den Rändern etwas eingerollt. Die nahezu kugeligen, bis 1 cm dicken Samen sitzen auf einem dicken, fleischigen Fuß aus 2 verwachsenden Schuppen.

Mh-4, Zone 9.

P.nivalis Hook. Aus neuseeländischen Gebirgen stammt diese kleine, vieltriebige Art, die auch im Alter nur selten mannshoch wird. Der niedergestreckte Strauch wächst mit kurzen Zweigen und sehr dicht stehenden, steif-ledrigen Blättern – man könnte ihn mit einem *Taxus* verwechseln. Der nur langsam wachsende Zwerg ist im Stein- und Heidegarten recht hübsch, braucht aber einen warmen, geschützten Platz und in strengen Wintern zusätzlichen Schutz.

BG-8, Zone 7a.

Pseudolarix Gord., Pinaceae
Goldlärche

Die Gattung kennt nur eine im östlichen China heimische Art. Der hohe, sommergrüne Baum verliert, wie unsere Lärchen, im Winter seine Nadeln. An den Langtrieben stehen sie zerstreut, an Kurztrieben zu 15–30 gehäuft in schirmartig ausgebreiteten Büscheln. Sie sind 3–7 cm lang, weich, hellgrün und färben sich im Herbst auffallend goldgelb. Die kurzgestielten, eiförmigen 5–7 cm langen, rötlichbraunen Zapfen stehen aufrecht. Die Samenschuppen fallen bei der Reife ab.

P.amabilis (J. Nels.) Rehd. ist ein seltener Baum in unseren Gärten. In seiner Heimat erreicht er Höhen über 30 m, bei uns begnügt er sich mit etwa 10 m. Die Goldlärche ist zwar ausreichend frosthart, wächst aber nur in klimatisch günstigen Gebieten ausreichend schnell, um zu ansehnlichen, unverkrüppelten Bäumen zu werden. Wo man ihr als gesundem Baum begegnet, erregt sie mit ihren zartgrünen Nadeln immer Bewunderung. Als Gebirgsbaum verlangt sie eine völlig freie, sonnige Lage. Nahrhafte, genügend frische, tiefgründige und kalkfreie Böden sagen ihr am besten zu.

Nhw-4, Zone 6b.

Pseudotsuga Carr., Pinaceae
Douglasie

5 Arten sind im westlichen Nordamerika und in Ostasien verbreitet, nur eine ist bei uns von Bedeutung. Es sind mächtige, fichtenartige Bäume mit unregelmäßig quirligen Ästen und fast glatten Trieben mit nahezu eiförmigen Blattnarben. Ihre Blätter sind spiralig gestellt, oberseits dunkelgrün und gefurcht und unterseits mit 2 Stomabändern versehen. Sie bleiben 5–8 Jahre

Sciadopitys verticillata

am Leben und riechen gerieben nach Orangen. Auffallend ist der kurzgestielte, hängende Zapfen durch die weit herausragenden, grannenartig verlängerten, 3spitzigen Deckschuppen.

P.menziesii (Mirb.) Franco. Die Douglasie besiedelt an der pazifischen Küste Nordamerikas ein riesiges Gebiet, das von Britisch-Kolumbien bis nach Texas und Mexiko reicht. Sie hat verschiedene geographische Rassen gebildet, von denen als Wald- und Parkbaum nur die grüne Form von Bedeutung ist. Sie entwickelt sich an ihren Heimatstandorten zu riesigen, bis 60 m hohen Bäumen und kann bei uns nur ein Parkbaum sein, der weit über 30 m Höhe erreicht. Sie ist an den Boden sehr anspruchslos, meidet nur anmoorige Böden und stauende Nässe. Sie übersteht selbst längere Trockenperioden, ist absolut frosthart, verträgt in der Jugend viel Schatten, muß später aber frei gestellt werden. Die Douglasie ist für uns der wertvollste ausländische Waldbaum, der sehr schnell wächst, hohe Erträge bringt und durch sein wertvolles Schmuckreisig noch wirtschaftlicher wird. Auf besten Standorten haben einige

Pseudotsuga menziesii

Sequoiadendron giganteum

Bäume in 70 Jahren 45 m Höhe erreicht. Das dem Lärchenholz ähnliche, wertvolle Holz ist im Handel als »Oregon-Pine« bekannt.
N-1, Zone 5a.

'Fletcheri'. Die zwergige Form bildet flachkugelige, lockere, sehr schwachwüchsige Büsche mit blaß gelbgrünen, unterseits grauweißen Nadeln. Sie ist die am häufigsten kultivierte Gartenform der Douglasie, wird im Alter 1–3 m hoch und ist eine hübsche Konifere für den Heide-, Stein- und Troggarten.

P. menziesii var. *glauca* (Beissn.) Franco ist die vor allem in den Rocky Mountains beheimatete Gebirgsform. Sie wächst langsamer als die Küstendouglasie, hat eine schmale Krone und kürzere, dicke Nadeln, die oberseits bläulichgrün sind. Für Gärten und Park wertvoller als die Art.
N-1, Zone 5b.

Sciadopitys Sieb. et Zucc.
Taxodiaceae
Schirmtanne

Die einzige Art der Gattung kommt in Ostasien vor. Es ist ein immergrüner Baum mit schmal-kegelförmiger Krone, dünnen und kurzen, in der Jugend quirlig stehenden Ästen. Sie ist mit ihren breiten, in Quirlen zu 20–40 an den Zweigenden stehenden Doppelnadeln, die den Kurztrieben der Kiefern vergleichbar sind, eine eigentümliche, exotische Erscheinung. Neben diesen großen, an einer Längsseite miteinander verwachsenen, glänzendgrünen Nadeln findet der aufmerksame Betrachter noch einen zweiten Nadeltyp: kleine, etwa 5 mm lange Schuppenblätter an der Basis der Doppelnadelquirle. Sie liegen dem Trieb dicht an. Die einhäusige Pflanze trägt oval-längliche Zapfen mit dicken, holzigen, breit-runden Schuppen, die im 2. Jahr reifen.

S. verticillata (Thunb.) Sieb. et Zucc. wird wohl immer eine seltene Erscheinung in unseren Gärten bleiben. Die Schirmtanne stellt an den Standort recht große Ansprüche. Die Winter dürfen nicht zu halt sein, sie will einen lockeren, nahrhaften, kalkarmen, nicht zu trockenen Boden und Schutz vor Wintersonne. Sie verträgt sehr viel Schatten, kann ihre volle Schönheit allerdings nur im Freistand voll entfalten. Sie wird bei uns kaum 10 m hoch, wächst sehr langsam und paßt auch in den kleinen Garten. Die Schirmtanne ist ein exquisites, in ihrer Tracht einmaliges Solitärgehölz für

klimatisch begünstigte Lagen auf gut gepflegten, sauren Böden.
Ngh-4, Zone 7a.

Sequoia Endl., Taxodiaceae
Küstensequoie, Redwood

Die einzige Art der Gattung besiedelt nur einen schmalen Streifen an der Küste von Oregon und Nordkalifornien. Sie bildet dort dichte Urwälder mit den höchsten Bäumen der Welt. Ihr Alter liegt zwischen 400 und 800 Jahren. Einzelbäume erreichen ein Alter von über 2000 Jahren und Stammdurchmesser von über 3 m. Die Bäume formen eine schlanke, kegelförmige Krone, einen geraden, kaum abholzigen Stamm mit einer dunkelroten, flachrissigen, schwammigen Borke. Die immergrünen Nadeln stehen an Leittrieben spiralig, an Seitentrieben 2zeilig, sind linealisch, lederartig und ähnlich denen der Eibe. Der schwarzbraune Zapfen sitzt aufrecht an kurzen Seitenzweigen, er reift im 1. Jahr.

S. sempervirens (D. Don) Endl. ist in Mitteleuropa nur in klimatisch besonders begünstigten Lagen einigermaßen winterhart. Aber auch dort erreicht sie nie die

Schönheit ihrer Heimat. Sie bleibt deshalb wohl immer ein seltener, exotischer Gast unserer Gärten, den man seiner Seltenheit wegen bewundert.

Nm/M-1, Zone 8a.

Sequoiadendron Buchh.
Taxodiaceae
Mammutbaum

Der Mammutbaum gehört sicher zu den bemerkenswertesten Bäumen der Erde. Er wird als »imponierendstes Lebewesen der Erde, bewundernswert in Größe und Alter,« gerühmt. Wohl keine Baumart ist an ihrem natürlichen Standort von so vielen Millionen Menschen bewundert worden, und über keine andere wurde so viel geschrieben. Als einzige Art seiner Gattung kommt er im westlichen Nordamerika in einem relativ kleinen Gebiet vor. Zwischen 1350 und 2500 Höhe stockt er in einem etwa 30 km breiten und 450 km langen Streifen in isolierten Talschluchten, den sogenannten »Groves« (insgesamt 72) an den Westhängen der Sierra Nevada in Kalifornien. Der Baum tritt in Reinbeständen auf oder ist mit *Pinus ponderosa*, *P. lambertiana*, *Abies concolor* und *Calocedrus decurrens* vergesellschaftet. Er erreicht Höhen von 50–80 m und Stammdurchmesser von 5–8 m. Das größte Exemplar, als »General Sherman« bezeichnet, hatte 1975 eine Höhe von 83,82 m, eine Kronenbreite von 32,60 m und einen Stammdurchmesser von 82,9 m. Er steht im Sequoia National Park. Derartige Riesen sind heute nur noch selten, sie stehen unter Naturschutz und wurden mit Namen belegt.

Nachdem der Mammutbaum erst 1795 entdeckt wurde, begann um die Mitte des vorigen Jahrhunderts ein rücksichtsloser Einschlag, dem gerade noch rechtzeitig Einhalt geboten werden konnte. Bis vor wenigen Jahren hielt man die Mammutbäume mit ihren 2000 bis 3000 Jahren für die ältesten Lebewesen der Welt. Inzwischen fand man, ebenfalls in Kalifornien, verschiedene Borstenkiefern, deren älteste Exemplare weit über 4000 Jahre alt sind. Ihren wissenschaftlichen Gattungsnamen erhielten die Mammutbäume zu Ehren des Indianermestizen Sequoyah, der zu Beginn des vorigen Jahrhunderts ein indianisches Alphabet entwickelte.

Der erste Samen von Mammutbäumen kam 1853 nach England. In Deutschland wurde der erste Baum 1856 im Schloßgarten zu Oldenburg gepflanzt. Heute findet man an vielen Stellen Deutschlands mächtige, über 100 Jahre alte und mehr als 40 m hohe Mammutbäume, ein Zeichen dafür, daß der Baum nahezu überall in Deutschland ausreichend frosthart ist, vor allem dann, wenn auf Frosthärte selektierte Klone gepflanzt werden.

S. giganteum (Lindl.) Buchh. baut sich mit einer kegelförmigen Krone auf, die bis zum Boden beastet sein kann. Der säulenförmige Stamm geht durch die Krone und trägt eine im Alter bis 60 cm starke, rotbraune, schwammige Borke, die man leicht eindrücken kann. Die Äste stehen abwechselnd, die Triebe sind zunächst blaugrün, später rotbraun. Blaugrüne oder graugrüne Nadeln sind in 3 Längsachsen spiralig um den Zweig gestellt, sie sind schuppenartig bis lanzettlich und den Zweigen mehr oder weniger angepreßt. Die Zapfen sitzen endständig an kurzen Zweigen, sie reifen im 2. Jahr, hängen dann, nachdem sie im 1. Jahr aufrecht standen.

Der Mammutbaum ist bei uns ein großartiger, wirkungsvoller Parkbaum, der natürlich nur in großräumigen Anlagen zur Geltung kommt. Er ist in normalen Wintern überall in Deutschland ausreichend frosthart, leidet in sehr strengen Wintern gelegentlich, kann aber aus dem Stamm innerhalb weniger Jahre eine ganz neue Krone aufbauen. Er verlangt einen tiefgründigen, nährstoffreichen, frischen Boden. Man würde die Art gerne noch häufiger in Parkanlagen sehen.

NG-1, Zone 6b.

'Barabits Requiem'. Die Sorte 'Pendulum' ist als Hängeform des Mammutbaumes schon lange bekannt. Sie baut sich oft mit überhängendem und wieder aufstrebendem Gipfeltrieb und mit mähnenartig herabhängenden Zweigen zu eigenartigen oder gar grotesken Baumgestalten auf. Die in Ungarn von Barabits selektierte Form baut sich dagegen mit einem kräftigen, kerzengerade wachsenden Hauptstamm auf. Die Seitenzweige hängen locker und elegant über. Einzelne Seitenzweigen stehen zunächst oft waagerecht ab, hängen später aber auch über. Eine sehr attraktive Form, die frosthärter ist als 'Pendulum'.

Taxodium L. C. Rich.
Taxodiaceae
Sumpfzypresse

In Sumpfgebieten und Flußniederungen des südöstlichen Nordamerika und in Mexiko kommen 3 Arten sommergrüner, hoher Bäume vor. Ihre Zweige werden als Lang- und Kurztriebe ausgebildet. An den

Taxodium distichum

Langtrieben stehen die nadelförmigen Blätter spiralig und sind schuppenförmig. An den Kurztrieben, die mit den Nadeln im Herbst abgeworfen werden, sind sie 2zeilig gestellt. Im Gegensatz zu den ähnlich geordneten Nadeln von *Metasequoia* stehen sie hier deutlich wechselständig. Der einhäusige Baum entwickelt rundlich-eiförmige, holzige, kurzgestielte, bei der Reife aufspringende Zapfen.

T.ascendes Brongh. kommt im gleichen Gebiet vor wie *T.distichum* und entwickelt sich dort zu einem bis 25 m hohen Baum mit unregelmäßig stehenden, ausgebreiteten Ästen und pfriemlichen, 5–10 mm langen, schraubig gestellten, dem Zweig anliegenden Nadeln. Wird bei uns nur selten kultiviert.
Nhw/Mh-2, Zone 6b.
'Nutans' unterscheidet sich durch dicht gedrängt stehende Zweige, die zunächst aufrecht stehen, später aber mehr oder weniger stark nicken, die Nadeln sind nur 5 mm lang. Wird häufiger gepflanzt als die Art, ist in Kultur aber wesentlich aussprüchsvoller und schwachwüchsiger als *T.distichum*.

T.distichum (L.) L.C. Rich. Die Art kommt im südöstlichen Nordamerika an feuchten Plätzen und in Sümpfen vor. Sie ist bei uns ein recht häufiger, dekorativer Parkbaum mit rotbrauner Rinde und hellgrüner, fast fedriger Belaubung, die sich im Herbst rotbraun verfärbt. Eigentümlich sind den Sumpfzypressen die oft weit und rings um den Stamm gestellten Auswüchse, die aus den flachstreichenden Wurzeln entstehen, sich kniehoch über den Boden erheben und als Wurzelknie oder Atemknie bezeichnet werden. Sie bestehen aus sehr porösem, weichem Gewebe und sollen die in sumpfigen Böden nur unzureichend mit Sauerstoff versorgten Wurzeln bei ihrer Atmung unterstützen. Wie kein anderes Nadelgehölz vermag sie an sumpfigen und feuchten Plätzen zu wachsen. Man kann sie sogar unmittelbar in flache, stehende Gewässer pflanzen, am besten in der Art, daß man große Solitärpflanzen mit entsprechend umfangreichen Ballen nur auf den Teichgrund setzt. Die Wurzeln suchen sich von dort schnell ihren Weg in tieferliegende Bodenschichten. Sie gedeiht aber auch auf trockeneren Sand-, Lehm- und Tonböden, wenn nur ein genügend hoher Grundwasserstand zur Verfügung steht. In der Jugend wächst sie sehr langsam, sollte dann auch leichten Winterschutz genießen. Später ist sie völlig frosthart und erwächst zu mächtigen, bis 30 m hohen Bäumen. Die Sumpfzypresse zählt sicher zu den schönsten Koniferen, die uns die Neue Welt be-scherte. Sie findet in Parkanlagen, in der Uferzone von Weihern, Flüssen und Bächen ihren besten Platz.
Nw-2, Zone 6b.

Taxus L., Taxaceae
Eibe

Die 8 auf der Nordhalbkugel verbreiteten, sehr nahe verwandten Arten werden von manchen Botanikern nur als geographische Rassen einer Art angesehen. Hier werden sie als eigenständige Arten behandelt. Alle sind immergrüne, dichtverzweigte Bäume oder Sträucher mit rotbrauner, in Platten abblätternder Borke. Ihre nadelartigen Blätter stehen an Seitenzweigen 2zeilig, an aufrechten Trieben spiralig, sie laufen mit der stielartigen Verschmälerung der Basis am Zweig herab. Die Nadeln sind oberseits dunkelgrün und unterseits mit 2 grau- oder gelbgrünen Bändern gezeichnet. Ihr Alkaloid Taxin wird besonders den Pferden und Eseln gefährlich: sie gehen zugrunde, wenn sie Zweige gefressen haben. Die Pflanzen sind zweihäusig, die männlichen Blüten sitzen zu 6–14 in gestielten, gelben Köpfchen, die weiblichen mit winzigen Schuppen und nur einer einzigen Blüte in der Achsel der obersten Schuppe. Der eiförmige Samen wird von einem scharlachroten, offen bleibenden, fleischigen Mantel, dem Arillus, umgeben. Die schleimig süßen Samenmäntel selbst sind auch für den Menschen nicht giftig, die Samen dürfen weder gekaut noch unzerkaut gegessen werden.

Die Eibe ist wohl der langlebigste Baum unserer Breiten und seit dem Altertum eng mit den Menschen verbunden. Er wurde verehrt, und sein zähes und schweres Holz lieferte Material für alle Waffen und Hausratsgegenstände.

In der Gartengestaltung sind die Eiben auch heute noch von großer Bedeutung, in der barocken Gartenkunst waren sie unentbehrlich. Sie lassen sich in jede Form zwingen und vertragen diesen Schnitt über Jahrhunderte, wie sehr alte Figuren in norddeutschen Bauerngärten oder in alten englischen Gärten beweisen. Ihr hoher Wert als Heckenpflanze ist spätestens seit dieser Zeit bekannt. Wertvoll wird sie auch durch ihre hohe Schattenverträglichkeit, die sie zu einem vollkommenen Unterholz macht. Eiben sind entschieden kalkhold, wachsen jedoch auch auf anderen Böden, lediglich trockene und heiße oder nasse, undurchlässige Böden werden gemieden.

Die Eibe ist ein außerordentlich formenrei-

Taxus baccata

ches Gehölz. Es gibt heute unzählige Formen für den Steingarten, den Friedhof und kleine Rabatten, schlanke Säulenformen für die Einzelstellung und für schmale Hecken. Strauchformen für die Unterpflanzung, aufrechte, baumförmige Sorten und dekorative Hängeformen für die Einzelstellung. Für uns sind nur *T. baccata* und *T. cuspidata* von Interesse.

T. baccata L. Die Gemeine Eibe ist in Europa, Nordafrika und Westasien weit verbreitet, in Mitteleuropa aber nur noch an wenigen Stellen in natürlichen Beständen vorhanden. Als kernwüchsiger, aus Samen gezogener Baum kann sie bis 20 m Höhe erreichen, als Baumschulform bleibt sie in der Regel wesentlich kleiner. Sie ist stellenweise ein ausgeprägter Waldbaum, der oft im Schatten wächst und auch im Garten beschattete Standorte erträgt. An vollsonnigen Standorten kann die Eibe im Winter unter Trockenschäden leiden. Von der Eibe sind sicher mehr als 50 Formen bekannt (viele haben nur regionale Bedeutung); große Baumschulen führen ein sehr breites, häufig auch ein eigenes Sortiment – ein Beweis für den hohen Gartenwert der Art. Nh-3, Zone 6a.

'Adpressa'. Stark abweichende, kleinblättrige Form, sie wächst breitstrauchig, wird bis 3 m hoch, ist dunkelgrün benadelt und besonders hübsch.

Taxus baccata 'Repandens'

'Adpressa Aurea' unterscheidet sich von 'Adpressa' durch schwächeren Wuchs (sie wird nur halb so hoch) und durch die gelbnadeligen Triebspitzen, die restlichen Nadeln sind nur gelbbunt.

'Adpressa Variegata'. Sehr buschig mit aufstrebenden Mitteltrieben und beständig goldgelben Nadeln, die durch einen grünen Mittelstreifen gezeichnet sind.

'Amersfoort'. Ganz schwach wachsende, höchst eigenartige *Taxus*-Form, die mit ihren kurzen oder ganz breiten Nadeln eher an *Podocarpus* erinnert. Sie wird wohl nie eine Massensorte, ist aber eine interessante Pflanze für den Sammler.

'Cavendishii'. Sehr langsam wachsende Zwergform, Äste flach über den Boden ausgebreitet, Triebspitzen zur Erde geneigt. Benadelung oberseits dunkel blaugrün, unterseits heller. Wird bei einer Breite von 2 m nur etwa 40 cm hoch.

'Dovastoniana' wächst oft baumförmig mit quirlständigen, waagerecht abstehenden Ästen, deren Spitzen senkrecht herabhängen. diese im Habitus ganz unverwechselbare Eibe ist besonders dekorativ und für die Einzelstellung zu empfehlen. Nur aus Mitteltrieben gezogene Pflanzen bekommen ihren typischen Habitus. Aus Seitentrieben gezogen, wächst sie flach und breit.

'Dovastonii Aurea' bleibt nur wenig niedriger, ihre Triebe sind goldgelb, die Blätter oberseits meist gelbgrün mit gelbem Rand,

unterseits gelbgrün. Auch sie wächst aus Seitentrieben gezogen zu knieholzartigen, aber bis mannshohen Büschen heran.

'Elegantissima' macht mit dem aufrechten Wuchs und den weit ausgebreiteten Ästen ihrem Namen alle Ehre. Ihre Nadeln sind zunächst gelb gestreift, später eher weißbunt.

'Fastigiata', die Irische Säuleneibe, erwächst zu 2–3 m hohen, schlanken Säulen, die im Alter gern auseinanderfallen, wenn man ihre Hauptäste im Innern nicht zusammenbindet. Ihre zahlreichen Äste wachsen straff-aufrecht, sind kurz und oft verzweigt, ihre schwarzgrünen Nadeln stehen rings um den Zweig und sind leicht nach unten gekrümmt. Eine besonders schöne Form für die Einzelstellung. Sie ist etwas frostempfindlich und bevorzugt halbschattige Standorte.

'Fastigiata Aureomarginata' ist noch empfindlicher als die grüne Form. Sie wächst schwächer. Die Nadeln ihrer Jungtriebe sind anfangs gelbrandig, vergrünen aber später.

'Fastigiata Nova' unterscheidet sich von 'Fastigiata' durch ihren schlankeren Aufbau, den rascheren Wuchs und die bessere Winterhärte.

'Fastigiata Robusta'. Seit einigen Jahren auf dem Markt und durch ihre hohe Frosthärte viel wertvoller als 'Fastigiata'. Ihre Nadeln sind größer und heller grün als bei dieser.

'Hessei'. Straff-aufrecht wachsende, üppige Form, die bei etwa 1 m Breite 5 m Höhe erreichen kann. Sie ist mit langen, dunkelgrünen Nadeln ausgestattet, die auch im Winter ihre satte Farbe nicht verlieren. Sie gilt als härteste aller *Taxus*-Formen; selbst strenge Winter haben ihr nie geschadet. Eine Form für die Einzelstellung und für natürlich gewachsene, breite Hecken.

'Ingeborg Nellemann'. Wuchs breit-kompakt, etwa 1 m hoch, Triebspitzen überhängend. Nadeln ganzjährig intensiv gold- bis orangegelb, sonnenbeständig und gut die Farbe haltend.

'Melfard' ist eine besonders winterharte, schlanke, etwa 2 m hoch werdende dänische Selektion mit glänzend dunkelgrünen Nadeln.

'Nissen's Corona' ist eine von mehreren »Aprather Typen«, vegetativ vermehrten Eibenklonen mit besonders schönen, dekorativen Wuchsformen, die sich in wenigen Jahren einen guten Namen gemacht haben. 'Nissen's Corona' wächst regelmäßig rund, breit und flach mit überhängenden Triebspitzen, wird etwa 6mal so breit wie hoch und ist lichtgrün benadelt.

'Nissen's Kadett'. Aufstrebend, ohne Mitteltrieb, locker gewachsen, mit feinen, dunkelgrünen Nadeln.

'Nissen's Präsident'. Breiter, wuchtiger Klon, wird 3mal so breit wie hoch und ist als alte Pflanze besonders eindrucksvoll. Ihre tief dunkelgrünen Nadeln sind im Austrieb heller.

'Nissen's Regent' gehört ebenfalls zu den »Aprather Typen«, wächst breit und bleibt flach wie 'Nissen's Corona', unterscheidet sich aber durch unregelmäßigen Wuchs und dunkelgrüne Nadeln.

'Overeynderi'. Sehr alte, aus der Säuleneibe entstandene, breit-aufrechte Säulenform, die mehr als 5 m hoch wird, sehr alt werden kann, nicht auseinanderfällt und sich mit gleichmäßig gestellten Ästen, zahlreichen Zweigen und tiefgrünen Nadeln darbietet. Für breite Hecken und Einzelstellung.

'Pendula Graciosa' ist sicher die eleganteste Hängeform unter den Eiben. Sie wächst mit einem nur wenig verzweigten Stamm aufrecht und läßt die Zweige am Stamm herabhängen. Die zierlichen Seitenzweige sind lang und gedreht.

'Repandens'. Niederliegende, kaum 60 cm hohe Zwergform mit waagerecht abstehenden Ästen und dunkelgrünen Nadeln. Hart und anspruchslose, dabei besonders hübsche, zwergige Eibe.

'Schwarzgrün'. Selektion der Baumschule H. Kordes. Wuchs kompakt, gleichmäßig breitbuschig. Nadeln ausgesprochen tiefgrün.

'Semperaurea' wird als beste gelbnadelige Strauchform angeboten. Sie wird bis 2 m hoch, wächst breit-aufrecht, ist kurzzweigig, und ihre etwas sichelförmig gekrümmten Nadeln sind beständig goldgelb.

'Spiekermann'. Ihr lockerer, graziöser Aufbau wird in den Beschreibungen besonders unterstrichen. Sie wächst ohne Mitteltrieb mehr breit als hoch, zeichnet sich durch große, dunkelgrüne Nadeln und hohe Winterhärte aus.

'Standishii'. Die gedrungen und langsam wachsende Säulenform gilt mit ihren rundum goldgelben Nadeln als beste gelblaubige Säulenform.

'Summergold'. Wüchsige, sehr breit wachsende, mehr oder weniger tafelförmige Sorte. Nadeln im Sommer goldgelb, im Winter hellgrün, in der Sonne nicht verbrennend.

'Washingtonii'. Häufige Form, die gedrungen und locker wächst, bis 2 m Höhe erreicht und sich mit abstehenden Ästen und überhängenden Spitzen zeigt. Ihre sichelförmigen Nadeln sind im Sommer grünlichgelb, im Winter bronzegelb gefärbt.

T. cuspidata Sieb. et Zucc. Die Japanische Eibe wird in ihrer Heimat zu einem über 20 m hohen Baum, bleibt in unseren Gärten meist aber nur strauchig. Sie ist durch

Taxus baccata 'Fastigiata Aureomarginata'

unregelmäßig 2zeilig gestellte, plötzlich zugespitzte, an der Basis verschmälerte, deutlich gelb gestielte, tiefgrüne Nadeln gekennzeichnet. Sie stellt die gleichen Ansprüche, wächst unter den gleichen Bedingungen und wird wie unsere heimische Eibe eingesetzt. Sie ist wertvoll wegen ihrer sehr großen Winterhärte und der tiefgrünen Benadelung. Einige ihrer Gartenformen sind auch bei uns nicht unbekannt.

Nhg-4, Zone 5 a.

'Farmen'. Form mit kompaktem, gleichmäßig breitbuschigem Wuchs, sehr dicht stehenden Zweigen und kräftig dunkelgrünen Nadeln.

'Green Valley'. Wuchs niedrig mit aufstrebender bis abstehender Verzweigung. Ziemlich kurze, breite, dunkelgrüne Nadeln.

'Nana'. Niedriger, meist kaum über 1 m hoher, bis 4 m breiter Strauch mit dichtbezweigten Ästen und ziemlich kurzen, stumpfgrünen Nadeln. Sie treibt von allen Eiben im Frühjahr als erste aus, ist außerordentlich frosthart und wird auch mit sehr schattigen Lagen fertig.

T. × media Rehd. Ein Bastard der beiden vorgenannten Arten. Er wächst etwas kräftiger als unsere Eibe, seine älteren Zweige sind olivgrün. Die Blätter sind der japanischen Eibe ähnlich, jedoch deutlich 2zeilig gestellt und oft waagerecht ausgebreitet.

Die aufrechten, säulenförmigen Sorten sind ideale Heckenpflanzen für etwas breitere Hecken.

Zone 5 b.

'Hatfieldii'. Breit-kegelförmiger Wuchs, etwa 1,5 m hoch mit aufrechten Trieben und allseits abstehenden, schön grün gefärbten Nadeln.

'Hicksii'. Bis 3 m hohe, schmal-aufrechte Säulenform. Äste lang und aufstrebend. Die an aufrechten Trieben allseits abstehenden Nadeln sind oberseits glänzend dunkelgrün, unterseits hellgrün und in der Mitte und am Rand dunkel gezeichnet. Sie ist sehr frosthart und besonders für Hecken geeignet.

'Hillii' wächst breit-kegelförmig, bis etwa 3 m hoch, mit aufrechten, dichtstehenden Zweigen und kurzen Seitentrieben.

'Nidiformis'. Wuchs breit und niedrig, mit vertiefter Mitte. Äste und Zweige waagerecht ausgebreitet.

'Strait Hedge'. Wuchs kräftig, mehrtriebig, sehr schmal und aufrecht, auch an der Basis stets gut verzweigt. Nadeln tiefgrün. Fruchtet schon als jüngere Pflanze gut.

'Stricta Viridis'. Gut mannshohe und etwa 50 cm breite, dichtverzweigte Säulenform mit schöner, hellgrüner Benadelung, die auch im Winter nur wenig dunkler wird. Der hohen Frosthärte wegen besonders wertvoll.

'Thayerae' präsentiert sich als breit-aufrechtwachsende, lockere, vasenförmige, elegante Form mit weit abstehenden Zweigen und wenigen, an der Spitze überhängenden Seitentrieben. Hart und wertvoll, verdient größere Verbreitung.

Thuja L., Cupressaceae
Lebensbaum

Von den 6 Arten (je 3 sind in Nordamerika und Ostasien verbreitet) kennen wir 5 in unseren Gärten. Sie sind immergrüne, meist kegel- oder säulenförmige Bäume (nur in ihren Gartenformen wachsen sie strauchig) mit schuppenförmiger Borke, mehr oder weniger abgeflachten Zweigen und schuppenförmigen, kreuzweise gegenständigen, dem Zweig angedrückten Blättern. Die Blüten der einhäusigen Pflanzen sind unscheinbar. Die Zapfen sind klein, ledrig, eiförmig-länglich, sie haben 4–6 Schuppenpaare in dachziegelartiger Anordnung.

Alle *Thuja*-Arten und besonders ihre Formen werden in Gärten, Parkanlagen und auf Friedhöfen gern und häufig gepflanzt. Die hochwachsenden Formen können sich im Freistand zu schönen Einzelexemplaren oder dekorativen Gehölzgruppen entwickeln und sind nicht zuletzt hervorragende Hecken-, Wind- und Sichtschutzpflanzen. *T. occidentalis* ist sicher immer noch eine der am häufigsten verwendeten, immergrünen Heckenpflanzen, sie hat ein hohes Regenerationsvermögen und läßt sich mühelos schneiden. Die Zwergformen der *Thuja*-Arten sind wertvolle Kleinkoniferen für den Friedhof, den Vorgarten, für schmale Rabatten und den Steingarten. An Klima und Boden stellen sie keine großen Ansprüche. Obwohl alle luftfeuchte Lagen vorziehen, kommen sie auch mit kontinentalem Klima zurecht. Mit Ausnahme von *T. orientalis* sind alle in Mitteleuropa ausreichend winterhart. Sie gedeihen auf allen Gartenböden und meiden lediglich extrem trockene Standorte. Alle sind gegen Rauch und Ruß wenig empfindlich.

T. koraiensis Nakai. Der Koreanische Lebensbaum ist in Korea heimisch. Er wächst häufig als Strauch mit niederliegend-aufsteigenden Ästen – wohl eine Folge der ständigen Vermehrung durch Seitenzweige –, kann aber auch als Baum auftreten. Aus Samen gezogene Pflanzen wachsen von Jugend an baumförmig. Die Art ist nur locker bezweigt und fällt durch ihre lebhaftgrünen Blätter mit ihrer kreideweißen Unterseite auf. Eine hübsche Art, die viel Schatten verträgt und ein hervorragendes Dekorationsgrün liefert.
Nhg-4, Zone 5b.

T. occidentalis L. Der allen bekannte Abendländische Lebensbaum ist ein Vertreter der borealen Fichten- und Tannenwälder und im nördlichen Nordamerika und in Kanada häufig auf kalten, sumpfigen Böden zu finden. Bei uns wächst er, ausreichende Luft- und Bodenfeuchtigkeit vorausgesetzt, auf allen Standorten. Die natürliche Art wird zu einem bis 20 m hohen, kegelförmigen Baum mit schuppenförmigen Blättern, die sich im Winter zu einem unschönen Braungrün verfärben. In unseren Gärten wird sie vorwiegend als Heckenpflanze verwendet. Von allen *Thuja*-Arten hat sie die meisten Formen entwickelt, abweichend im Habitus und in der Nadelfärbung. Einige Baumschulen führen beachtliche Sortimente.
Nhk/Bh-2, Zone 5a.

'Aurescens'. Wuchs schmal-kegelförmig, deutlich schwächer als die Wildform. Junge Triebe prächtig goldgelb. Robust und sehr winterhart, eine der schönsten gelblaubigen Lebensbäume.

'Brabant'. Unterscheidet sich von der Wildform durch einen kräftigeren Wuchs, dichtere Verzweigung und eine frischgrüne, auch im Winter beständige Benadelung.

'Columna' formt auch ohne Schnitt regelmäßige, schmale, kräftigwachsende, bis 10 m hohe Säulen mit fächerförmigen, glänzend dunkelgrünen Zweiglein. Besonders gut für schmale Heckenwände.

'Danica'. Kugelige, etwas breiter als hoch wachsende Zwergform, die in 20 Jahren etwa 50 cm hoch wird. Die Zweiglein stehen dicht und aufrecht. Die Belaubung ist frischgrün, im Winter bronzegrün. 'Danica' ist gegenwärtig eine der am häufigsten vermehrten Zwergformen.

'Elegantissima'. Wuchs schmal-kegelförmig, zierlich und dicht, bis 5 m hoch. Blätter dicht, glänzendgrün, an den Spitzen bräunlich und im Winter dunkler.

'Ellwangeriana'. Breit-kegelförmig, 2–3 m hoch. Äste ansteigend oder aufrecht. Sehr dünne Zweige mit schuppen- und nadelförmigen, grünen Blättern. Die dichte, fedrige Bezweigung läßt die Form sehr zierlich erscheinen. Sie ist besonders gut für schmale Heckenwände geeignet.

'Ellwangeriana Aurea'. Wie die vorige benadelt, im Austrieb bronzefarben, später hellgoldgelb, in voller Sonne wird sie häßlich braungelb.

'Europe Gold'. Aufrecht und kegelförmig wachsend, raschwüchsiger und schlanker als 'Aurescens'. Belaubung sehr schön goldgelb, im Winter orangegelb.

'Fastigiata' wächst breit-säulenförmig bis

Thuja occidentalis 'Ellwangeriana Aurea'

15 m hoch und empfiehlt sich als Solitär- und Heckenpflanze.

'Frieslandia'. Wuchs aufrecht, breit-kegelförmig. Belaubung schwach glänzend, hellgrün. Sehr gute, gegen Seewinde unempfindliche Heckenpflanze.

'Globosa'. Kugelige, bis 2 m hohe und breite, zierlich bezweigte Zwergform, deren hellgrüne Blätter sich im Winter graugrün verfärben.

'Golden Globe'. Kugelig wachsende Zwergform mit zartgelber Belaubung. Ist vor allem im Winter sehr dekorativ.

'Holmstrup'. 3–4 m hohe Form aus Dänemark, bildet dichte, tiefgrüne Säulenformen, wächst langsam und ist eine empfehlenswerte Heckenpflanze.

'Hoveyi'. Hübsche, oval-rundliche, knapp mannshohe, hellgrüne Zwergform, die im Alter leicht auseinanderfällt.

'Little Champion'. Bis etwa 50 cm hohe, kugelig wachsende Zwergform mit lockerer, aufrecht abstehender Bezweigung und grünen Blättern.

'Little Gem'. Flach-kugelige, bis 2 m breite, aber niedrigere, ganz gedrungene Zwergform, deren dunkelgrüne Blätter im Winter braun werden.

'Lori'. Im Wuchs wie die Wildform, unterscheidet sich von dieser durch die auch im Winter hellgrün bleibende Belaubung. Eine Selektion der Firma Lohmann und Richter.

'Lutea' gilt mit ihrer goldgelben Belaubung noch immer als eine der besten gelben Sorten. Sie baut sich schlank-kegelförmig auf und wird bis 10 m hoch.

'Malonyana'. Ganze schmale, spitze Säulenform, die von allen ähnlichen Formen den geringsten Kronendurchmesser hat. Ihre hohen, schlanken Heckenwände lassen sich an Schönheit kaum überbieten. Fällt bei Schneebelastung leicht auseinander.

'Mecki' wird als kugelig und gedrungen wachsende, sehr gesunde, frischgrüne Zwergform für die Einzelstellung und für niedrige Hecken angeboten.

'Ohlendorffii'. Eher interessant als schön; monströse Form mit fadenförmigen, kaum verzweigten Ästen für den Sammler bizarrer Formen.

'Recurva Nana'. Breit-kegelförmig, bis 2 m hoch. Sehr dichte Zwergform mit gedrehten oder übergebogenen Zweigspitzen und grünen, im Winter braunen Nadeln.

'Rheingold'. Was unter diesem Namen oder auch als »Ellwangeriana Rheingold« in den Baumschulen angeboten wird, soll allein durch die fortgesetzte Vermehrung der nadelförmigen Jungtriebe von 'Ellwangeriana Aurea' entstehen. Diese Pflanzen behalten lange ihre goldgelbe bis orangegelbe Farbe bei, die sich im Winter kupfriggelb verfärbt. Im Alter bilden sich jedoch auch schuppen-

förmige Blätter wie bei 'Ellwangeriana Aurea'.

'Rosenthalii' ist eine äußerst langsam-wachsende Säulenform, die in 50 Jahren nur 2–3 m hoch wird. Die kurzen, steifen Zweige tragen gedrängt stehende Triebe und glänzend dunkelgrüne Blätter.

'Skogholm'. Wird als wesentliche Verbesserung von 'Fastigiata' beschrieben. Auch sie kommt aus Skandinavien, wächst säulenförmig, dicht und gleichmäßig, hat sich als besonders frosthart erwiesen und behält auch im Winter ihre frische, dunkelgrüne Blattfärbung.

'Smaragd'. Locker bezweigte, gedrungene Kegelform. Die smaragdgrüne Selektion aus Dänemark verfärbt sich auch im Winter nicht. Sie wird besonders als Heckenpflanze angeboten.

'Spiralis'. 10–15 m hohe Kegelform, die durch ihre gedrehten, schraubig stehenden Zweige und die farnwedelartigen, blaugrünen Zweiglein auffällt. Sie ist wertvoller als die ähnliche 'Douglasii Pyramidalis', die gerne einen Teil ihrer Nadeln frühzeitig abwirft.

'Sunkist' gilt als Verbesserung von 'Lutea'; sie wächst rascher und baut sich kegelförmig auf.

'Tiny Tin'. Langsamwachsende und dichtverzweigte, feintriebige Zwergform, deren Blätter sich im Winter leicht bräunlich färben. Sie wird in 10 Jahren etwa 40 cm breit und 30 cm hoch.

'Umbraculifera'. Flach-kugelige, bis 1,5 m hohe Form mit aufrechtstehenden Ästen und gedrehten Zweigspitzen. Ihre dünnen, grünen Blätter sind blauweiß bereift.

T.orientalis L. Der Morgenländische Lebensbaum ist in China, Korea und der Mandschurei verbreitet, wird dort zu einem bis 10 m hohen Baum, ist bei uns aber nur in wärmeren Gebieten ausreichend frosthart. Er unterscheidet sich von anderen Arten durch die aufrechtstehenden, in einer Ebene ausgebreiteten Zweige. Ihre aufrechtstehenden Zapfen tragen an der Spitze ihrer Schuppen einen langen, zurückgeschlagenen Dorn. Für Garten und Park stehen uns bessere Arten und Formen zur Verfügung.

Ns-3/4, Zone 6b.

'Aurea Nana'. Die eiförmige Zwergform wird kaum über 60 cm hoch; sie ist sehr dicht mit senkrecht und nahezu parallel stehenden Trieben verzweigt. Die Blätter sind im Sommer hell grüngelb, im Winter bräunlichgelb gefärbt.

'Elegantissima'. Wuchs breit-säulenförmig, bis 5 m hoch. Äste aufrecht, Zweiglein fächerförmig. Blätter im Frühjahr goldgelb, später grünlichgelb, im Winter braun.

'Pyramidalis Aurea'. Hochwachsende Form, in der Jugend schmal-kegelförmig, als alte Pflanze aber an der Basis ziemlich breit, sehr dicht verzweigt. Junge Triebe lange goldgelb bleibend, später mehr gelbgrün. Wird im Winter nicht braun.

'Sieboldii' ist eine fast bienenkorbartige Zwergform, der eine große Winterhärte bescheinigt wird. Sie wächst mit zahlreichen, aufrechtstehenden Ästen sehr dicht und färbt ihre Blätter im Austrieb gelbgrün.

T.plicata Donn ex D. Don, Riesenlebensbaum. Im westlichen Nordamerika heimisch, tritt er im Bereich der pazifischen Küste in Sitkafichten- und Douglasienwäldern auf. Er stockt in der Nähe von Gebirgswässern und liebt Boden- und Luftfeuchtigkeit. Er ist bei uns ein hervorragender Parkbaum, der sich mit seiner spitz-kegelförmigen Krone zu eindrucksvollen Bäumen entwickeln kann. Im völligen Freistand bleibt er bis zum Boden beastet. Seine untersten Äste bewurzeln sich dann häufig, richten sich an der Spitze auf und entwikkeln sich zu selbständigen Bäumen, die wie ein Kranz den Mutterbaum umgeben. Bei kaum einem anderen Nadelgehölz kann man so häufig eine derartige Schleppenbildung beobachten. Der Riesenlebensbaum ist an seinen oberseits glänzendgrünen, unterseits weiß gezeichneten Blättern, die gerieben aromatisch duften, von andern *Thuja*-Arten zu unterscheiden. Die frischgrüne Färbung ändert sich auch im Winter nicht – ein Grund für die immer häufigere Verwendung als Heckenpflanze. Er verträgt starke Beschattung und ist bei uns mit jedem Boden zufrieden. Nur einige Formen werden kultiviert.

N-1, Zone 5b.

'Atrovirens' unterscheidet sich von der Art nur durch besonders tiefgrüne Blätter.

'Aurescens'. In Wuchs und Habitus wie die Wildform, aber die Spitzen der jungen Triebe grünlichgelb.

'Dura' ist als verhältnismäßig schwach und kugelig wachsende, dicht und gleichmäßig geformte, besonders winterharte Form bekannt. Sie kahlt von unten nicht auf und empfiehlt sich als Solitärkonifere.

'Euchlora'. Wuchs schmal-kegelförmig. Zweige kräftig und locker gestellt, Zweiglein auffallend wenig verzweigt, aber zahlreich, dünn, weich und frischgrün.

'Excelsa'. Hochwüchsige, locker-säulenförmige Sorte mit fast waagerecht abstehenden Ästen und leicht ansteigenden Triebspitzen, Zweige locker gestellt. Nadeln derb, dicklich, glänzend dunkelgrün, wesentlich größer als bei der Wildform.

'Fastigiata' weicht durch schmaleren, säulenförmigen Wuchs ab.

'Zebrina'. Hochwachsende, breite Kegelform, 12–15 m hoch. Zweige abstehend. Belaubung zebraartig gelblich gestreift, zuletzt weißlich gestreift.

T.standishii (Gord.) Carr. Die einzige in Japan heimische Art dieser Gattung bleibt bei uns ein kleiner, kaum 10 m hoher Baum. Seine etwas dicklichen, flachen Zweiglein sind aufwärts gerichtet, oberseits hellgrün und unterseits weißlich gefleckt. Von anderen Arten unterscheidet diese sich durch ihre typische, kandelaberförmige Aststellung, die zu einer lockeren, unregelmäßigen, dekorativen Krone führt. Eine sehr hübsche Art, die frische Böden bevorzugt.
Nhg-4, Zone 6b.

Thujopsis Sieb. et Zucc. ex Endl. Cupressaceae
Hiba-Lebensbaum

Die monotypische Gattung ist in Japan verbreitet und wird dort zu einem immergrünen Baum, während sie bei uns in der Regel nur strauchig wächst, vermutlich eine Folge der ständigen Stecklingsvermehrung aus Seitentrieben. Die Gattung ist gekennzeichnet durch ihre breiten, flachen, fächerförmig ausgebreiteten Zweiglein und die schuppenförmigen, glänzenden Blätter mit ihrer dunkelgrünen Oberseite und der auffallend weiß gezeichneten Unterseite. Die Blüten der einhäusigen Pflanzen sind unscheinbar. Der Zapfen wird kugelig, steht fast aufrecht und besteht aus 6–10 verdickten, ledrig-holzigen, an der Spitze zurückgebogenen Schuppen.

T.dolabrata (L.f.) Sieb. et Zucc. Die Hiba, so wird sie in ihrer Heimat genannt, tritt dort in 2 geographischen Rassen auf. Die eine ist im Süden heimisch und wird als der Typ der Art betrachtet. Die andere – *T.dolabrata* var. *hondai* Makino – bildet in Nordjapan dichte Wälder. Sie wächst wesentlich stärker, ist wohl auch schöner, läßt sich bei uns aber nicht überall verwenden, da sie eine sehr hohe, gleichmäßige Luftfeuchtigkeit verlangt. In unseren Gärten wird nahezu ausschließlich der Typ kultiviert, in seiner Heimat ein bis 15 m hoher Baum, bei uns fast immer strauchig. Man sollte sich verstärkt um Samen bemühen oder bei der Stecklingsvermehrung Spitzentriebe verwenden. Denn eine baumförmige Hiba ist um vieles dekorativer als die meist kugeligen Büsche. Im Freistand kann

Thujopsis dolabrata

auch sie Schleppen bilden und entwickelt sich dann zu besonders breiten Gebüschen. In unseren Gärten fühlt sie sich auf tiefgründigen, ausreichend frischen Böden, bei hoher Luftfeuchtigkeit und in halbschattiger, doch freier Lage besonders wohl.
Nhg-4, Zone 6a.
'Nana' ist eine dichte, buschige Zwergform, die kaum 50 cm hoch wird und dichte, feintriebige Polster bildet.
'Variegata'. Schwachwüchsige, etwa 1,5 m hohe Form mit weißbunten Zweigen, eher eigenartig als schön.

Torreya Arn., Taxaceae
Nußeibe

Von den 6 in Nordamerika und Ostasien verbreiteten Arten ist nur eine so winterhart, daß sie allgemein empfohlen werden kann. Die anderen bleiben hübsche Pflanzen für Liebhaber, die über ein entsprechend mildes, luftfeuchtes Klima verfügen. Von der nahe verwandten Eibe unterscheiden sie sich durch ihre langen, starren und stechenden Nadeln und die großen, von einem dicken, fleischigen Mantel umgebenen und im 2. Jahr reifenden Samen. Im Gegensatz zu *Taxus* umwächst der Arillus die Samen vollständig.

T.californica Torr. Die Kalifornische Nußeibe bevorzugt in ihrer kalifornischen Heimat Standorte in Tälern und an Flußufern. Der in seiner Heimat 15–20 m hohe Baum hat eine regelmäßig kegelförmige Krone mit abstehenden und etwas überhängenden Ästen. Die 3–7 cm langen Nadeln sind oberseits glänzend dunkelgrün, unterseits gelbgrün und mit 2 grauweißen Spaltöffnungsbändern beiderseits der Mittelrippe. Beim Zerreiben riechen die Nadeln scharf aromatisch. Die pflaumenähnlichen, 3–4 cm langen Samenmäntel sind grün mit purpurroten Flecken.
M/Nm-1, Zone 8a.

T.grandis Fort. In Südostchina ist die Chinesische Nußeibe heimisch. Dort entwickelt sie sich zu einem bis 25 m hohen Baum mit lockerer, im Alter breiter bis schirmförmiger Krone. Die Nadeln sind bis 2,5 cm lang, steif, gerade, oberseits gefurcht und dunkelgrün, unterseits mit nur wenig deutlichen Spaltöffnungsbändern. Ihnen fehlt der unangenehme Geruch der Nadeln von *T.nucifera*. Die Samenmäntel sind bis 2,5 cm lang und rotbraun gefärbt.
Nhw-4, Zone 8a.

T.nucifera (L.) Sieb. et Zucc. Die Japanische Nußeibe ist in Japan heimisch und von

allen Arten am härtesten. Sie wird zu einem kleinen Baum mit dichter, eiförmiger Krone. Ihre 2–3 cm langen, plötzlich zugespitzten, oft etwas sichelförmig gebogenen, oberseits gewölbten und dunkelgrünen, unterseits mit deutlich sichtbaren, schmalen Spaltöffnungsbändern gezeichneten Nadeln riechen gerieben unangenehm. Die grünen, 2,5–3 cm langen Samenmäntel haben einen rötlichen Anflug. Sie braucht im Garten einen leicht schattigen Platz auf mittelschwerem, gleichmäßig feuchtem Boden. Ein Gehölz für den Liebhaber seltener, exotischer Arten.
Mh/Nhw-4, Zone 7a.

Tsuga Carr., Pinaceae
Hemlock- oder Schierlingstanne

Die meisten der 14 Arten, im gemäßigten Nordamerika und vom Himalaja bis Japan verbreitet, sind bei uns winterhart, aber nur 5 oder 6 sind von einiger Bedeutung. Hemlocktannen sind hohe, immergrüne Bäume, nahe mit den Fichten und Tannen verwandt. Von diesen unterscheiden sie sich durch kleinere, meist flache und nur unterseits mit Spaltöffnungsbändern versehene, deutlich gestielte (die Stielchen liegen dem Zweig an und sitzen auf deutlichen Blattkissen) Nadeln und Zapfen, die stets am Zweigende sitzen und vor allem durch ihren eleganteren Habitus. Er ist durch eine lockere, oft ungleichmäßige Beastung, meist peitschenartig überhängenden Mitteltrieb und an den Spitzen überhängende Seitentriebe geprägt.

Obwohl die Hemlocktannen oft zu mächtigen Bäumen werden, gehören sie dank ihrer feinen Bezweigung zu den zierlichsten aller Nadelgehölze. Sie sind daher begehrte Park- und Gartengehölze, die als Einzelpflanze oder in lockeren Gruppen nie ihre Wirkung verfehlen. Alle Arten lieben einen mittelschweren, genügend frischen Boden. *T.caroliniana*, *T.diversifolia* und *T.heterophylla* kommen mit kalkhaltigen Böden nicht zurecht. Sie wachsen mindestens in der Jugend gut unter dem Schirm hochkroniger Bäume, lieben in jedem Fall halbschattige, windgeschützte Lagen.

T.canadensis (L.) Carr. Die Kanadische Hemlocktanne ist in Nordamerika von der Hudsonbay bis Carolina verbreitet und Bestandteil der Buchen-Zuckerahorn-Wälder und der Weymouthskiefern-Mischwälder. Sie wird in ihrer Heimat bis 30 m hoch, bleibt bei uns aber wesentlich kleiner und entwickelt einen schlanken, oft gegabelten Stamm, wächst von der Basis an gelegentlich auch mehrstämmig. Sie ist mit ihren

glänzenden, unterseits weißgezeichneten kleinen Nadeln und ihrem lockeren Aufbau besonders im Alter eine wirkungsvolle Solitärkonifere. Sie braucht einen windgeschützten, halbschattigen Standort, in trockenen und heißen Lagen kümmert sie. Sie ist der Nationalbaum des Bundesstaates Pennsylvania. Einige ihrer Formen sind reizvolle Gartengehölze.
Nhk-2, Zone 5b.

'Albospica' ist mit ihren gelblichweißen Zweigspitzen und dem zierlichen, lockeren Wuchs eine auffallende Form für den Liebhaber.

'Gracilis Oldenburg' ist ein neuer Name für die vor allem im Oldenburger Raum als 'Gracilis' oder 'Nana Gracilis' kultivierte Form, die sich damit von der in England bekannten 'Gracilis' unterscheidet. Die Zwergform wirkt durch ihre nur 6–8 mm langen, tiefgrünen Blätter und die fast hängenden Äste und Zweige recht zierlich. Sie wächst halbkugelig und bildet in der Mitte eine Vertiefung aus. Im Alter wird sie nicht höher als 2 m.

'Jeddeloh'. Eine zwergige Form, die erst vor 20 Jahren in Kultur genommen wurde und heute weit verbreitet ist. Sie wächst geschlossen und halbkugelig, ihre Zweige sind von der Mitte aus leicht spiralig gestellt,

wodurch eine deutliche, nestförmige Vertiefung entsteht. Bemerkenswert groß und derb sind die frischgrünen Nadeln. Im Alter soll sie kaum über 1 m Höhe erreichen.

'Minima'. Langsamwachsende, bis mannshohe Zwergform mit lockerem, kugeligem Aufbau. Von den ansteigenden Ästen hängen die kurz benadelten Spitzen über.

'Nana'. Bis 1 m hohe Zwergform mit waagerechten, lang ausgebreiteten Ästen und kurzen, sparrigen Zweigen.

'Parvifolia' ist mit ihren sehr dünnen Zweigen und den kurzen Nadeln eine besonders zierliche Form, die mit ausgebreiteten Ästen wächst und häufig in der Mitte eine nestförmige Vertiefung bildet.

'Pendula'. Sammelname für Hängeformen mit breit-aufrechtem Habitus, meist mehrstämmig gewachsen. Die Äste stehen waagerecht, locker und unregelmäßig, ihre Spitzen hängen weit über. Sie gehören zu den schönsten aller Koniferen-Hängeformen, sind ausgezeichnete Solitärbäume, die auch in Jahrzehnten kaum höher als 4 m werden. In der Jugend soll der Haupttrieb aufgebunden werden. In den Gärten werden hochgebundene 'Nana'-Formen häufig als 'Pendula' ausgegeben. Sie entwickeln eine schirmförmige Krone mit glatten, stark hängenden Zweigen.

Tsuga canadensis 'Pendula'

Tsuga mertensiana

T. caroliniana Engelm. Die Karolina-Hemlocktanne kennen wir in unseren Gärten kaum. Sie ist in den Gebirgen von Südwestvirginia bis Georgia beheimatet und wird zu einem bis 15 m hohen Baum mit dichter, kegelförmiger Krone und überhängenden Ästen. Ihre linealischen Nadeln sind glänzend dunkelgrün und auf der Unterseite weiß gestreift.
Nhg-2, Zone 6b.

T. diversifolia (Maxim.) Mast. Die Japanische Hemlocktanne wird in ihrer asiatischen Heimat zu 25 m hohen Bäumen. Sie ist ein ausgesprochener Hochgebirgsbaum, der in Höhen zwischen 2000 und 2500 m verbreitet ist und dort in großen Reinbeständen vorkommt. In unseren Gärten bleibt sie oft nur strauchig. Sie besticht durch ihre absolute Winterhärte, will allerdings einen luftfeuchten, schattigen Standort. In ihrer kegelförmigen Krone stehen die Äste waagerecht ab. Ihre dichtstehenden, dunkelgrünen, unterseits mit 2 weißen Stomatabändern versehenen Nadeln sind sehr unterschiedlich lang. Sie treibt sehr spät aus, und der Kontrast zwischen ihren dunkelgrünen Nadeln und dem hellgrünen Austrieb ist bemerkenswert.
Nhg/BGh-4, Zone 6a.

T. heterophylla (Raf.) Sarg. Die Westliche Hemlocktanne ist im westlichen Nordamerika ein bedeutender Waldbaum und zusammen mit dem Riesenlebensbaum in den Sitkafichten-Mischwäldern der Küstenregion die vorherrschende Holzart. Sie erreicht dort bis 60 m Höhe und wird trotzdem als »das zierlichste und graziöseste Nadelgehölz des amerikanischen Urwaldes« bezeichnet. Sie wächst mit einem kerzengeraden Stamm und kurzen, waagerecht abstehenden Ästen, deren Spitzen überhängen. In der Jugend will sie schattig stehen, wächst ausgezeichnet auch unter dem Schirm großer Bäume. In freier, sonniger Lage kümmert sie und leidet dann auch unter Frost. Ein herrlicher Parkbaum.
N-1, Zone 6b.

T. mertensiana (Bong.) Carr. Berghemlocktanne. Kommt von Südalaska bis Kalifornien in hohen Berglagen vor. Sie ist mit ihren radial gestellten, blaugrünen bis fast silbrigblauen Nadeln eine ganz besonders schöne Konifere, der ein bevorzugter Platz im Garten zukommt. In ihrer Heimat wird sie gelegentlich höher als 30 m, wächst in Europa aber so langsam, daß sie auch im Hausgarten nicht gefährlich wird. Auch sie kann sonnige Standorte und das Stadtklima nicht vertragen.
BGh-1, Zone 6b.
'Argentea' unterscheidet sich von der Art durch ihre betont silbrigen Nadeln.
'Glauca' ist mit ihren ausgeprägt blaugrünen Nadeln und dem langsamen, schmalkegelförmigen Wuchs eine einmalige Schönheit, der ein bevorzugter Platz im Heidegarten gehört.

T. sieboldii Carr. Die Araragi-Hemlocktanne ist ein Baum der Hügel und unteren Berglagen auf den 3 südlichen japanischen Hauptinseln. Sie wird dort zu einem stattlichen Baum, bleibt bei uns aber nur strauchig und verzweigt sich vom Boden aus elegant mit mehreren Stämmen. Sie ist locker mit glänzendgrünen Blättern benadelt, ausreichend frosthart, aber wie alle anderen Arten anspruchsvoll an die Lage, die auch bei ihr leicht schattig sein soll.
Nhw-4, Zone 6b.

VERZEICHNISSE

Ungültige, aber noch gebräuchliche botanische Namen

Gebräuchliche Bezeichnung	Korrekter Name
Laubgehölze	
Acanthopanax	*Eleutherococcus*
Acer nikoense	*Acer maximowiczianum*
– × *zoeschense*	– × *neglectum*
Aesculus octandra	*Aesculus flava*
Amelanchier canadensis	*Amelanchier lamarckii*
Aristolochia durior	*Aristolochia macrophylla*
Arundinaria auricoma	*Pleioblastus viridistriatus*
– *fastuosa*	*Semiarundinaria fastuosa*
– *pygmaea*	*Pleioblastus pygmaeus*
– *simonii*	– *simonii*
Artemisia procera	*Artemisia abrotanum*
Azalea mollis	*Rhododendron japonicum*
– *pontica*	– *luteum*
Betula lutea	*Betula alleghaniensis*
– *verrucosa*	– *pendula*
Calycanthus fertilis	*Calycanthus floridus* var. *laevigatus*
Cedrus brevifolia	*Cedrus libani* ssp. *brevifolia*
Chaenomeles	*Choenomeles*
Cistus incanus	*Cistus creticus*
Cladrastis lutea	*Cledrastis kentukea*
Cornus stolonifera	*Cornus sericea*
Correa speciosa	*Correa reflexa*
Cotinus americanus	*Cotinus obovatus*
Cotoneaster tomentosus	*Cotoneaster nebrodensis*
Crataegus × *carrierei*	*Crataegus* × *lavallei*
– *coccinea*	– *pedicellata*
– *monogyna* 'Kermesina Plena'	– *laevigata* 'Paulii'
– *orientalis*	– *laciniata*
– *oxyacantha*	– *laevigata*
– × *prunifolia*	– *persimilis* 'McLeod'
– *tanacetifolia*	– *laciniata*
Erica herbacea	*Erica carnea*
– *purpurascens*	– *erigena*
Fallopia aubertii	*Polygonum aubertii*
– *baldschuanicum*	– *baldschuanicum*
Fothergilla monticola	*Fothergilla major*
Frangula alnus	*Rhamnus frangula*
Hebe armstrongii	*Hebe ochracea*
Hydrangea petiolaris	*Hydrangea anomala* ssp. *petiolaris*
– *sargentiana*	– *aspera* ssp. *sargentiana*
– *serrata*	– *macrophylla* var. *serrata*
– *aspera* var. *strigosa*	– *aspera* 'Macrophylla'
– *strigosa*	– *aspera* 'Macrophylla'
Hypericum hookerianum 'Hidecote'	*Hypericum* 'Hidecote'
– *patulum* var. *forrestii*	– *forrestii*
– *patulum* 'Sungold'	– *koutchense*
Indigofera gerardiana	*Indigfera heterantha*
Kalopanax pictus	*Kalopanax septemlobus*
Leucothoë catesbaei	*Leucothoë walteri*
– *fontanesiana*	– *walteri*
Lithospermum	*Buglossoides*
Lycium halimifolium	*Lycium barbarum*
Magnolia kobus var. *stellata*	*Magnolia stellata*
– *obovata*	– *hypoleuca*
Malus sargentii	*Malus toringo*
– *sieboldii*	– *toringo* var. *sargentii*
Neillia longiracemosa	*Neillia thibetica*
× *Osmarea burkwoodii*	*Osmanthus* × *burkwoodii*
Phillyrea decora	– *decorus*
– *vilmoriniana*	– *decorus*

Gebräuchliche Bezeichnung	Korrekter Name
Phormium colensoi	*Phormium aequalis*
Platanus × *acerifolia*	*Platanus* × *hispanica*
– × *hybrida*	– × *hispanica*
Plumbago capensis	*Plumbago auriculata*
Potentilla fruticosa 'Arbuscula'	*Potentilla fruticosa* 'Elisabeth'
Pseudolarix kaempferi	*Pseudolarix amabilis*
Quercus borealis var. *maxima*	*Quercus rubra*
– *pedunculata*	– *robur*
– *sessiliflora*	– *petraea*
Rhododendron cumberlandense	*Rhododendron bakeri*
– *flavum*	– *luteum*
– *keleticum*	– *calostrotum* ssp. *keleticum*
– *radicans*	– *calostrotum* ssp. *keleticum*
Rosa × *paulii*	*Rosa rugosa* 'Repens Alba'
– *rubrifolia*	– *glauca*
– *sericea* var. *omeiensis*	– *omeiensis*
– *spinosissima*	– *pimpinellifolia*
Salix amygdalina	*Salix triandra*
– *arenaria*	– *repens* ssp. *argentea*
– *balsamifera mas*	– *pyrifolia*
– *rosmarinifolia*	– *repens* ssp. *rosmarinifolia*
– 'Setsuka'	– *sachalinensis* 'Sekka'
– *wehrhanii*	– *hastata* 'Wehrhanii'
Sasa tesselata	*Indocalamus tesselatus*
Sibiraea altaiensis	*Sibiraea laevigata*
Sinarundinaria murielae	*Fargesia murielae*
– *nitida*	– *nitida*
– *spathaceus*	– *spathacea*
Syringa amurensis	*Syringa reticulata* var. *mandschurica*
– *amurensis* var. *japonica*	– *amurensis*
– *palibiniana*	– *meyeri* 'Palibin'
– *velutina*	– *patula*
Tamarix japonica	*Tamarix chinensis*
– *juniperina*	– *chinensis*
– *pentandra*	– *ramosissima*
– *plumosa*	– *chinensis*
Tilia argentea	*Tilia tomentosa*
– × *europaea*	– × *vulgaris*
– × *intermedia*	– × *vulgaris*
Ulmus carpinifolia	*Ulmus minor*
– *montana*	– *glabra*
– *scabra*	– *glabra*
Nadelgehölze	
Abies nobilis	*Abies procera*
– *pectinata*	– *alba*
Cedrus brevifolia	*Cedrus libani* ssp. *brevifolia*
Larix europaea	*Larix decidua*
– *leptolepis*	– *kaempferi*
Libocedrus decurrens	*Calocedrus decurrens*
Picea alcoquiana	*Picea bicolor*
– *excelsa*	– *abies*
Pinus cembroides var. *monophylla*	*Pinus monophylla*
– *excelsa*	– *wallichiana*
– *griffithii*	– *wallichiana*
– *leucodermis*	– *heldreichii*
– *montana*	– *mugo*
– *mugo* var. *rostrata*	– *uncinata* ssp. *uncinata*
– *mugo* var. *rotundata*	– *uncinata* ssp. *rotundata*
– *nigra* var. *austriaca*	– *nigra* ssp. *nigra*
Pseudolarix amabilis	*Pseudolarix kaempferi*

Literaturverzeichnis

Aden H., und Knuff, R.: Waldlehrpfad Köln-Brück. Stadt Köln 1972.

Albrecht, H.-J., und Sommer, S.: Rhododendron. Deutscher Landwirtschaftsverlag, Berlin 1991.

Althaus, C.: Fassadenbegrünung. Patzer Verlag, Berlin u. Hannover 1987.

Bärtels, A.: Frostschäden an Gehölzen im Winter 1978/79. MDDG 72, 19–71, 1981.

Bärtels, A.: Zwerggehölze. Verlag Eugen Ulmer, Stuttgart 1983.

Bärtels, A.: Kostbarkeiten aus ostasiatischen Gärten. Verlag Eugen Ulmer, Stuttgart 1987.

Bärtels, A.: Schöne Clematis. Verlag Eugen Ulmer, Stuttgart 1989.

Bauckmann, M.: Kiwi. Verlag Eugen Ulmer, Stuttgart 1987.

Bean, W. J.: Trees and Shrups-Hardy in the British Islands. 8. Aufl. Butler and Tanner, London 1976–1980.

Beck, G.: Pflanzen als Mittel zur Lärmbekämpfung. Patzer-Verlag, Berlin 1968.

Berg, J., und Heft, L.: Rhododendron und immergrüne Laubgehölze. 2. Aufl. Verlag Eugen Ulmer, Stuttgart 1979.

Berge, H.: Die Auswirkung gas-, rauch- und staubförmiger Luftverunreinigungen auf Laub- und Nadelhölzer. MDDG 62, 66–70, 1961/62.

Berner, U.: Die Bienenweide. 3. Aufl. Verlag Eugen Ulmer, Stuttgart 1979.

Biologische Bundesanstalt für Land- und Forstwirtschaft: Pflanzenschutzmittel-Verzeichnis. 28. Aufl. Braunschweig 1980.

Blauermel, G.: Beurteilung von Baumarten für die Verwendung im städtischen Straßenraum. Baumschulpraxis, 4, 146–148, 5, 190–194 und 7, 260–264, 1987.

Boerner, F.: Nadelgehölze für Garten und Park. Deutsche Verlagsanstalt (Verlag Stichnote), Stuttgart 1969.

Boerner, F.: Gehölzschnitt. Das Schneiden der Ziergehölze im Garten und Park. Begr. v. F. Boerner†, 5. Aufl. v. H. Koch†. Verlag Eugen Ulmer, Stuttgart 1979.

Boerner, F.: Taschenbuch der botanischen Pflanzennamen. 4. Aufl., überarbeitet und erweitert von G. Kunkel. Verlag Paul Parey, Berlin u. Hamburg 1989.

Boerner, F., und Scheller, H.: Blütengehölze für Garten und Park. 3. Aufl. Verlag Eugen Ulmer, Stuttgart 1985.

Börner, H.: Pflanzenkrankheiten und Pflanzenschutz. 3. Aufl. Verlag Eugen Ulmer, Stuttgart 1978.

Boros, G.: Heil- und Teepflanzen. Beschreibung, Anbau, Verwendung. 3. Aufl. Verlag Eugen Ulmer, Stuttgart 1979.

Bouillon, G.: Ihr Balkon – eine Augenweide auch im Winter. Grün – das Gartenmagazin 11, 1972.

Bünemann, O.: Dortmunder Erfahrungen mit Rosen als Bodendecker. Rosenbogen, Heft 4, S. 208–219, 1980.

Businsky, R.: Beitrag zur Taxomomie und Nomenklatur von *Pinus heldreichii* Christ und *Pinus leucodermis* Antoine sowie des Kultivars 'Smidtii'. MDDG 79, 91–106, 1990.

Carl, I.: Miniaturgärten in Trögen, Schalen und Balkonkästen. Verlag Eugen Ulmer, Stuttgart 1978.

Carow, B.: Frischhalten von Schnittblumen. Verlag Eugen Ulmer, Stuttgart 1978.

Chmelar, J., und Meusel, W.: Die Weiden Europas. A. Ziemsen Verlag, Wittenberg Lutherstadt 1976.

Colvin, B.: Trees for Town and Country. 4 rev. ed. Lund Humphries, London 1972.

De Haas, P. G.: Naturgemäßer Obstbaumschnitt. BLV-Verlagsgesellschaft, München 1965.

Denkewitz, L.: Heidegärten. Verlag Eugen Ulmer, Stuttgart 1987.

Deutsche Dendrologische Gesellschaft: Gehölzinventur in Parkanlagen und Botanischen Gärten West-, Nord- und Mitteleuropas. MDDG 73, 1981.

Deutschmann, F.: Probleme bei der Bepflanzung von Kinderspielplätzen mit Gehölzen. Gartenwelt 68, 1968.

Dressel, R.: Die Grenzabstände für Holzpflanzen und Waldungen nach den neuen Nachbarrechtsgesetzen in Baden-Württemberg. Hessen, Niedersachsen und Nordrhein-Westfalen. MDDG 65, 95–104, 1972.

Duhme, F.: Lebensbedingungen von Pflanzen auf schwierigen Standorten der Stadt, insbesondere auf Tunneln, Leitungskanälen und Tiefgaragen. Untersuchung mit Unterstützung des Bundesministers für Verkehr. Diss. Techn. Uni. München/Weihenstephan 1972.

Ehmke, F., Meißner, W., Süßkow, R., und Wirth, P.: Schatten im Garten. Verlag Eugen Ulmer, Stuttgart 1989.

Eiselt, M. G., und Schröder, R.: Nadelgehölze. Neumann Verlag, Radebeul 1974.

Eiselt, M. G., und Schröder, R.: Laubgehölze. Neumann Verlag, Leipzig-Radebeul 1977.

Ellenberg, H.: Vegetation Mitteleuropas mit den Alpen. 2. Aufl. Verlag Eugen Ulmer, Stuttgart 1978.

Encke, F., und Schiller, H.: Dachgärten, Terrassen und Balkone. 2. Aufl. Verlag Eugen Ulmer, Stuttgart 1979.

Erste-Hilfe-Leitfaden für Ausbilder. Deutsches Rotes Kreuz, Bonn 1974.

Evison, R. J.: Making the most of Clematis. Floraprint, Nottingham 1985.

Feininger, A.: Wunderbare Welt der Bäume und Wälder. Econ-Verlag, Wien u. Düsseldorf 1968.

Feßler, A.: Erdgemische und Dünger für Alpenpflanzen. Gartenpraxis 6, 275–279, 1975.

Finteln, F. von: Bodendeckende Gehölze als Rasenersatz an Straßen. Diss. Techn. Univ. Hannover 1977.

Finteln, F. von: Probleme der Anlage und Erhaltung von Gehölzflächen. Vortrag VII. Osnabrücker Kontaktstudientage 1978.

Fischer, P.: Kamelien. Verlag Fröhlig, Celle 1986.

Fisk, J.: Clematis. A Wisley Handbook. Cassel, London 1985.

Fitschen, J.: Gehölzflora. 9. Aufl., bearbeitet von F.-H. Meyer, U. Hecker, H. R. Höster und F.-G. Schroeder. Quelle und Meyer Verlag, Heidelberg 1990.

Frank, R.: Päonien. Verlag Eugen Ulmer, Stuttgart 1989.

Frohne, D., und Pfänder H. J.: Giftpflanzen. 2. Aufl. Wissenschaftliche Verlagsgesellschaft, Stuttgart 1983.

Gelderen, D. M. van: Pieris. Dendroflora 15/16, 36–44, 1979.

Gelderen, D. M. van: Juniperus – Keuringsrapport. Dendroflora 21, 3–38, 1984.

Glasau, F.: Sommergrüne Ziergehölze. Verlag Paul Parey, Berlin u. Hamburg 1967.

Göritz, H.: Laub- und Nadelgehölze für Garten und Landschaft. 5. Aufl. VEB Deutscher Landwirtschaftsverlag, Berlin 1986.

Grootendorst, H. J.: Spiraea. Dendroflora 13/14, 50–61, 1977.

Grootendorst, H. J.: Hamamelis – Keuringsrapport. Dendroflora 17, 9–17, 1980.

Grootendorst, H. J.: Magnolias in Nederland. Dendroflora 18, 17–40, 1980.

Gussone, H.-A., Rehfuß, K. E., und Ulrich, B.: Entwicklungstendenzen in der Forstdüngung. Allg. Forst- und Jagdzeitschrift 143, 41–48, 1972.

Hansen, R., und Stahl, F.: Bäume und Sträucher im Garten. Verlag Eugen Ulmer, Stuttgart 1976.

Hardt, H., und Schroeder, F. G.: Register der Mitteilungen der Deutschen Dendrologischen Gesellschaft 1926–1974 (B. 36–67). MDDG 68, 28–320, 1976.

Hecker, U.: Nadelgehölze, wildwachsende und häufig angepflanzte Arten. BLV Verlagsgesellschaft, München 1985.

Hecker, U.: Laubgehölze, wildwachsende Bäume, Sträucher und Zwerggehölze. BLV Verlagsgesellschaft, München 1985.

Heddergott, H., und Thiede, H.: Taschenbuch des Pflanzenarztes. 38. Folge. Landwirtschaftsverlag Hiltrup 1989.

Heinze, W., und Schreiber, D.: Eine neue Kartierung der Winterhärtezonen für Gehölze in Europa. MDDG 75, 11–56, 1984.

Hilkenbäumer, F.: Obstbau. Grundlagen, Anbau und Betrieb. Verlag Paul Parey, Berlin u. Hamburg 1953.

Hiller, K., und Bickerich, G.: Giftpflanzen. Ferdinand Enke Verlag, Stuttgart 1988.

Illies, A.: Noahs Arche – Wege zum biologischen System. Franckhsche Verlagshandlung. Kosmos-Bibliothek 267, Stuttgart 1969.

Jahnel, H., und Watzlawik, G.: Beobachtungen über die Frosthärte einiger Gehölze im Winter 1955/56 im Forstbotanischen Garten zu Tharandt. Wiss. Z. Techn. Hochsch. Dresden 6, H. 3, 543–548, 1956/57.

Jahnel, H., und Watzlawik, G.: Weitere Beobachtungen über die im Winter 1955/56 geschädigten Gehölze des Forstbotanischen Gartens zu Tharandt. Wiss. Z. Techn. Hochsch. Dresden 8, H. 4, 928–932, 1958/59.

Jahnel, H., und Watzlawik, G.: Abschließende Beobachtungen über die im Winter 1955/56 geschädigten Gehölze im Forstbot. Garten zu Tharandt. Wiss. Z. Techn. Hochsch. Dresden 10, H. 6, 1–3, 1961.

Jong, P.C. de Betula: Dendroflora 23, 3–28, 1986.

Kahl, A.: Der Winterfrost 1928–1929 und seine Auswirkungen auf Baum und Strauch. MDDG 42, 222–245, 1930.

Kammeyer, F.H.: Die schönsten Zaubernüsse. A. Ziemsen Verlag, Wittenberg 1957.

Kammeyer, F.H.: Mammutbäume. A. Ziemsen Verlag, Wittenberg 1960.

Kiermeier, P.: Über Vorkommen und Wuchszonen ausländischer Gehölzarten in Südbayern. Diss. Techn. Hochschule München 1969.

Kiermeier, P.: Wildgehölze des mitteleuropäischen Raumes. BdB-Handbuch VIII. Fördergesellschaft »Grün ist Leben«, Baumschulen mbH., Pinneberg 1987.

Kiermeier, P.: Bäume und Grün … natürlich geplant. Lorenz von Ehren, Katalog 1991.

Koch, H.: Giftige Pflanzen an Kinderspielplätzen. Druckschrift des Verbandes Garten- und Landschaftsbau Rheinland e.V., Köln 1974.

Kraus, F., und Helebrant, L.: Frostschäden an Immergrünen und Nadelgehölzen im Park des Botanischen Gartens der Tschechischen Akademie der Wissenschaften. Nachrichten des Botanischen Gartens der Tschechischen Akademie der Wissenschaften in Pruhonice, H. 1, 51–76, 1965 (tschech.).

Krienke, E.G., und Zaminer, A.: Pflanzenvergiftungen auf Kinderspielplätzen. Öffentl. Gesundheitswesen 35, 1973.

Krüssmann, G.: Taschenbuch der Gehölzverwendung. 2. Aufl. Verlag Paul Parey, Berlin u. Hamburg 1970.

Krüssmann, G.: Handbuch der Nadelgehölze. 2. Aufl. Verlag Paul Parey, Berlin u. Hamburg 1983.

Krüssmann, G.: Handbuch der Laubgehölze. 2. Aufl. in 3 Bd. Verlag Paul Parey, Berlin u. Hamburg 1976–1978.

Krüssmann, G.: Die Nadelgehölze. 3. Aufl. Verlag Paul Parey, Berlin u. Hamburg 1979.

Kühn, G.: Rosen in Partnerschaft. Gartenpraxis 6, 264–267, 1977.

Laar, H.J. van de: Heidegärten. Verlag Paul Parey, Berlin u. Hamburg 1976.

Laar, H.J. van de: Mahonia en Mahoberberis. Dendroflora 11/12, 18–35, 1975.

Laar, H.J. van de: Skimmia – Keuringsrapport. Dendroflora 21, 63–80, 1984.

Laar, H.J. van de: Clematis – Keuringsrapport. Dendroflora 22, 33–58, 1985.

Laar, H.J. van de: Lonicera. Dendroflora 25, 37–54, 1988.

Laar, H.J. van de: Naamlist van houtige Gewassen. 4. Aufl. Proefstation voor de Bommteldt es het stedelijk Groen, Boskoop 1989.

Liebenow, H., und Liebenow, K.: Giftpflanzen. Verlag Ferdinand Enke, Stuttgart 1973.

Lloyd, C., und Bennet, T.: Clematis. Viking Press, New York u. London 1989.

Lombarts, P.: Malus – Keuringsrapport. Dendroflora 21, 39–57, 1984.

Lombarts, P.: Fraxinus – Keuringsrapport. Dendroflora 26, 7–29, 1989.

Maatsch, R.: Pareys illustriertes Gartenbaulexikon, Bd. 1 u. 2. 5. Aufl. Verlag Paul Parey, Berlin u. Hamburg 1956.

Malek, J. von, und Wawrik, H.: Baumpflege. Verlag Eugen Ulmer, Stuttgart 1985.

Maurizio, A., und Grafl, J.: Das Trachtpflanzenbuch. Ehrenwirth Verlag, München 1969.

Menzel, P. und I.: Das Kletterpflanzenbuch. Verlag Eugen Ulmer, Stuttgart 1988.

Menzinger, W., und Sanftleben, H.: Parasitäre Krankheiten und Schädlinge an Gehölzen. Verlag Paul Parey, Berlin u. Hamburg 1980.

Meyer, F.H.: Bäume in der Stadt. 2. Aufl. Verlag Eugen Ulmer, Stuttgart 1982.

Michel, H.-G., und Umgelter, H.: Pflanzenschutz im Garten. Verlag Eugen Ulmer, Stuttgart 1982.

Miessner, E.: Das Heidegartenbuch. VEB Deutscher Landwirtschaftsverlag, Berlin 1970.

N.N.: Darthuizer Vademecum. 3. Aufl. Darthuizer Boomkwekerijen, Leersum 1987.

N.N.: Pflanzenschutz in Baumschulen. 2. Aufl. Pflanzenschutzamt Oldenburg der Landwirtschaftskammer Weser-Ems, 1988.

N.N.: The Hillier Manuel of Trees and Shrubs. Sixth Edition. Hillier Nurseries, Winchester 1991.

Noack, H.: Wild- und Parkrosen. Verlag Neumann-Neudamm, Melsungen 1989.

Ohwi, J.: Flora of Japan. Edited by G. Meyer and E.H. Walker, Smithsonian Institution, Washington D.C. 1984.

Pardatscher, G.: Hecken. Verlag Eugen Ulmer, Stuttgart 1988.

Philipp, W.-D.: Biologische Bekämpfung von Pflanzenkrankheiten. Verlag Eugen Ulmer, Stuttgart 1988.

Pritsch, G.: Der Anbau von Gehölzen in der Landschaft zur Verbesserung der Bienenweide. Beiträge zur Gehölzkunde. Kulturbund der Deutschen Demokratischen Republik, 1977.

Pritsch, G., und Albrecht, H.J.: Bienenweidegehölze. VEG Saatzucht-Baumschulen, Dresden o.J.

Proudley, B., und Proudley, V.: Heidekräuter in Landschaft und Garten. Verlag J. Neumann-Neudamm, Melsungen, Berlin, Basel, Wien 1977.

Ranft, H.: Zur Rauchhärte von Gehölzen für die Industrieumgrünung. Dt. Gartenarchitektur 2, 1971.

Rauh, W.: Die Gesetzmäßigkeit der Verzweigung und deren Bedeutung für die Wuchsform der Pflanzen. MDDG, 52, 86–111, 1939.

Recht, D., und Wetterwald, M.F.: Bambus. Verlag Eugen Ulmer, Stuttgart 1988.

Rehder, A.: Manual of cultivated trees and shrubs. Macmillan Company, New York 1927 u. 1951, reprinted by Dioscorides Press, Wilshire 1990.

Rose, P.: Efeu. Verlag Eugen Ulmer, Stuttgart 1982.

Scheller, H.: Magnolien für Garten und Park. Gartenpraxis 5, 205–209, 1980.

Scheller, H.: Die gartenwürdigen Magnolien. Gartenpraxis 6, 249–255, 1980.

Schmalscheidt, W.: Rhododendron- und Azaleenzüchtung in Deutschland. Selbstverlag, Oldenburg 1989.

Schmucker, Th.: Was ist ein Baum? MDDG 57, 14–19, 1951–52.

Schneider, C.: Illustriertes Handbuch der Laubholzkunde. Verlag Gustav Fischer, Jena 1906.

Schroeder, F.G.: Arealformeln für Gehölze auf vegetationskundlicher Grundlage. MDDG 68, 7–21, 1976.

Schubert, M.: Im Garten zu Hause. 6. Aufl., BLV Verlagsgesellschaft, München 1970.

Sieber, J.: Rosen. BdB-Handbuch IV. Fördergesellschaft »Grün ist Leben«, Baumschulen mbH., Pinneberg 1982.

Siewniak, M.: Die Wunde als Hauptproblem der Baumchirurgie, einer modernen Behandlung von Bäumen. Baum-Zeitung, 10 (4) 1976.

Simon, H.: Substrate f. Tröge, Schalen u. Kübel. Gartenpraxis 2, 64–67, 1976.

Stifter, R.: Dachgärten. Verlag Eugen Ulmer, Stuttgart 1988.

Strasburger Lehrbuch der Botanik. 27. Aufl. Gustav Fischer Verlag, Stuttgart 1958.

Treseder, N.G.: Magnolias. Faber and Faber, London 1978.

Ullström, K.-E.: SPF:s Växtatlas andra utgåvan. Kristianstad 1966.

Walter, H.: Vegetationszonen und Klima. (UTB 14). 4. Aufl. Verlag Eugen Ulmer, Stuttgart 1979.

Welch, J.H.: Manuel of Dwarf Conifers. Theophrastus, New York 1979.

Wersilow, W.: Einfluß der Stimulatoren auf das Wachstum umgesetzter Bäume. Im Sammelband: Vorträge der Akademie der Wissenschaften der UdSSR, Bd. 65, Nr. 3, 1949.

Wiepking, H.: Umgang mit Bäumen. BLV Verlagsgesellschaft, München 1963.

Witt, H.H., Schmalscheidt, W., und Bassler, J.: Rhododendron-Sortiment, Verwendung, Pflege. Lehr- und Versuchsanstalt für Gartenbau, Bad Zwischenahn 1983.

Woessner, D.: Rosen für den Garten. 2. Aufl. Verlag Eugen Ulmer, Stuttgart 1988.

Wolf, E., und Kesselring, W. (St. Petersburg): Die für den Norden tauglichen und untauglichen Gehölze. Mitt. Dendrol. Ges. z. Förd. d. Gehölzkunde u. Gartenkunst in Österr.– Ungarn I. Jg. S. 11–19, 46–50, 50–54, 70–82, 106–108, Wien u. Leipzig 1911/12.

Zander, Handwörterbuch der Pflanzennamen. 13. Aufl. Von F. Encke, G. Buchheim und S. Seybold. Verlag Eugen Ulmer, Stuttgart 1984.

Zimmermann, G.: Überprüfung der Resistenz von drei amerikanischen Ulmenzüchtungen gegen die Ulmenkrankheit durch künstliche Infection mit Ceracystis ulmi (Buism.) Moreau. Gesunde Pflanze, 38, 417–421, 1986.

Deutsche Pflanzennamen

Abendländischer Lebensbaum, *Thuja occidentalis*
Abelie, *Abelia*
Abführender Ginster, *Cytisus purgans*
Ährenheide, *Bruckenthalia spiculifolia*
Agave, *Agave*
Ahorn, *Acer*
Akazie, *Acacia*
Akebie, *Akebia*
Aleppokiefer, *Pinus halepensis*
Alexandrinischer Lorbeer, *Danaë*
Almrausch, *Rhododendron hirsutum*
Alpengoldregen, *Laburnum alpinum*
Alpen-Heckenkirsche, *Lonicera alpigena*
Alpenheckenrose, *Rosa pendulina*
Alpenheide, *Loiseleuria procumbens*
Alpenjohannisbeere, *Ribes alpinum*
Alpenkreuzdorn, *Rhamnus alpinus*
Alpenrose, *Rhododendron*
Alpenseidelbast, *Daphne alpina*
Alpenwaldrebe, *Clematis alpina*
Amberbaum, *Liquidambar*
Amerikanische Agave, *Agave americana*
Amerikanische Buche, *Fagus grandifolia*
Amerikanische Gleditschie, *Gleditsia triacanthos*
Amerikanische Linde, *Tilia americana*
Amerikanische Roteiche, *Quercus rubra*
Amerikanische Rotkiefer, *Pinus resinosa*
Amerikanische Strauchheidelbeere, *Vaccinium corymbosum*
Amerikanischer Perückenstrauch, *Cotinus obovatus*
Amerikanischer Streifenahorn, *Acer pensylvanicum*
Amerikanisches Gelbholz, *Xanthorhiza simplicissima*
Amurahorn, *Acer ginnala*
Amur-Traubenkirsche, *Prunus maackii*
Anemonenwaldrebe, *Clematis montana*
Angelikabaum, *Aralia chinensis*
Apfel, *Malus*
Apfelbeere, *Aronia*
Apfelrose, *Rosa villosa*
Apfelsine, *Citrus sinensis*
Araragihemlocktanne, *Tsuga sieboldii*
Aralie, *Aralia*
Arizonazypresse, *Cupressus arizonica*
Aschweide, *Salix cinerea*
Asiatisches Gelbholz, *Maackia*
Atlaszeder, *Cedrus atlantica*
Aukube, *Aucuba japonica*
Australische Keulenlilie, *Cordyline australis*
Avocado, *Persea americana*

Bärentraube, *Arctostaphylos*
Balsampappel, *Populus balsamifera*
Balsamtanne, *Abies balsamea*
Bambus, *Indocalamus*
– *Phyllostachys*
– *Pleioblastus*
– *Sasa*
– *Semiarundinaria*
– *Shibataea*
– *Thamnocalamus*
Bartblume, *Caryopteris*
Bastardindigo, *Amorpha*

Baumheide, *Erica arborea*
Baum-Kraftwurz, *Kalopanax*
Baummalve, *Lavatera arborea*
Baumschlinge, *Periploca*
Baumwacholder, *Juniperus scopulorum*
Baumwürger, *Celastrus*
Becherkätzchen, *Garrya*
Beifuß, *Artemisia*
Berberitze, *Berberis*
Bergahorn, *Acer pseudoplatanus*
Berg-Federbuschstrauch, *Fothergilla gardenii*
Berghemlocktanne, *Tsuga mertensiana*
Bergkiefer, *Pinus mugo*
– *Pinus pumila*
Berglorbeer, *Kalmia latifolia*
Bergulme, *Ulmus glabra*
Bergwaldrebe, *Clematis montana*
Bergzimterle, *Clethra acuminata*
Besenginster, *Cytisus scoparius*
Besenheide, *Calluna vulgaris*
Bibernellrose, *Rosa pimpinellifolia*
Binsenginster, *Spartium junceum*
Birke, *Betula*
Birnbaum, *Pyrus*
Bitternuß, *Carya cordiformis*
Bitterorange, *Poncirus trifoliata*
Bittersüßer Nachtschatten, *Solanum dulcamara*
Blasenbaum, *Koelreuteria paniculata*
Blasenspiere, *Physocarpus*
Blasenstrauch, *Colutea*
Blaue Passionsblume, *Passiflora coerulea*
Blauglockenbaum, *Paulownia*
Blauheide, *Phyllodoce*
Blauspiere, *Sibiraea*
Bleibusch, *Amorpha canescens*
Bleiholz, *Dirca palustris*
Bleiwurz, *Plumbago*
Blumenesche, *Fraxinus ornus*
Blumenhartriegel, *Cornus florida*
Bocksdorn, *Lycium*
Bogen-Zwergmispel, *Cotoneaster conspicuus*
Borstenfichte, *Picea asperata*
Blutjohannisbeere, *Ribes sanguineum*
Brandkraut, *Phlomis*
Breitblättrige Steinweide, *Phillyrea latifolia*
Brombeere, *Rubus*
Bruchweide, *Salix fragilis*
Buche, *Fagus*
Buchsbaum, *Buxus*
Buchsblättrige Kreuzblume, *Polygala chamaebuxus*
Buddleie, *Buddleja*
Büffelbeere, *Shepherdia*
Burgenahorn, *Acer monspessulanum*
Buschklee, *Lespedeza*

Carolinarose, *Rosa carolina*
Cassie, *Cassia*
Chilenische Araukarie, *Araucaria araucana*
Chilenischer Feuerstrauch, *Embothrium coccineum*
China-Wacholder, *Juniperus chinensis*
Chinesische Birke, *Betula albosinensis*
Chinesische Dattel, *Ziziphus jujuba*
Chinesische Fächerpalme, *Trachycarpus fortunei*
Chinesische Goldrose, *Rosa hugonis*
Chinesische Nußeibe, *Torreya grandis*
Chinesischer Liguster, *Ligustrum sinense*

Chinesischer Roseneibisch, *Hibiscus rosa-sinensis*
Chinesischer Schneeflockenstrauch, *Chionanthus retusus*
Chinesische Ulme, *Ulmus parvifolia*
Chinesischer Zimt, *Cinnamomum aromaticum*
Christusdorn, *Paliurus spina-christi*
Cilicische Tanne, *Abies cilicica*
Cissusblättriger Ahorn, *Acer cissifolium*
Cornwallheide, *Erica vagans*

Damascener Rose, *Rosa × damascena*
Dattelpalme, *Phoenix dactylifera*
Dattelpflaume, *Diospyros*
Doldige Ölweide, *Elaeagnus umbellata*
Doppelblüte, *Disanthus cercidifolius*
Doppelschild, *Dipelta*
Dornige Ölweide, *Elaeagnus pungens*
Douglasie, *Pseudotsuga*
Dreiflügelfrucht, *Tripterigium*
Drehkiefer, *Pinus contorta*
Drillingsblume, *Bougainvillea*
Dünenrose, *Rosa pimpinellifolia*
Duftblüte, *Osmanthus*
Duftstrauch, *Olearia*

Eberesche, *Sorbus*
Echte Lavendelheide, *Andromeda polifolia*
Echte Pistazie, *Pistatia vera*
Echter Fächerahorn, *Acer palmatum*
Echter Jasmin, *Jasminum officinale*
Echter Lavendel, *Lavendula angustifolia*
Edelkastanie, *Castanea sativa*
Efeu, *Hedera*
Eibe, *Taxus*
Eibisch, *Hibiscus*
Eiche, *Quercus*
Eichenblättrige Hortensie, *Hydrangea quercifolia*
Eingerollter Palmfarn, *Cycas circinalis*
Eingriffeliger Weißdorn, *Crataegus monogyna*
Elfenbeinginster, *Cytisus × praecox*
Elsbeere, *Sorbus torminalis*
Engelmann-Fichte, *Picea engelmannii*
Engelstrompete, *Datura*
Englische Heide, *Erica ciliaris*
Englischer Ginster, *Genista anglica*
Erdbeerbaum, *Arbutus unedo*
Erdbeerraute, *Artemisia abrotanum*
Erle, *Alnus*
Erlenblättrige Zimterle, *Clethra alnifolia*
Esche, *Fraxinus*
Essigbaum, *Rhus*
Essigrose, *Rosa gallica*
Europäische Lärche, *Larix decidua*

Färbereiche, *Quercus velutina*
Färberginster, *Genista tinctoria*
Falscher Jasmin, *Philadelphus*
Farnmyrte, *Comptonia peregrina*
Faulbaum, *Rhamnus frangula*
Federbuschstrauch, *Fothergilla*
Feigenbaum, *Ficus carica*
Feigenkaktus, *Opuntia*
Feldahorn, *Acer campestre*
Felsenbirne, *Amelanchier*
Felsengebirgstanne, *Abies lasiocarpa*
Felsenulme, *Ulmus thomasii*
Felsen-Zwergmispel, *Cotoneaster integerrimus*
Feuerdorn, *Pyracantha*

Fichte, *Picea*
Fiederspiere, *Sorbaria*
Filzige Apfelbeere, *Aronia arbutifolia*
Filzige Zwergmispel, *Cotoneaster tomentosus*
Filzrose, *Rosa tomentosa*
Fingeraralie, *Eleutherococcus*
Fingerkraut, *Potentilla*
Flatterulme, *Ulmus laevis*
Fleischbeere, *Sarcococca*
Flieder, *Syringa*
Flügelginster, *Genista sagittalis*
Flügelnuß, *Pterocarya*
Flügelstorax, *Pterostyrax*
Forsythie, *Forsythia*
Französischer Ahorn, *Acer monspessulanum*
Französische Tamariske, *Tamarix gallica*
Französische Zistrose, *Cistus monspeliensis*
Frühlingstamariske, *Tamarix parviflora*
Fuchsie, *Fuchsia*
Fuchsrose, *Rosa foetida*

Gagel, *Myrica*
Gallische Rose, *Rosa gallica*
Gamander, *Teucrium*
Ganzblättrige Waldrebe, *Clematis integrifolia*
Gedrungene Zwergmispel, *Cotoneaster congetus*
Gelbbirke, *Betula alleghaniensis*
Gelbe Pavie, *Aesculus flava*
Gelbe Strauchpäonie, *Paeonia lutea*
Gelbe Zistrose, *Halimium halimifolium*
Gelbholz, *Cladrastis kentucea*
Gelbhorn, *xanthoceras sorbifolium*
Gelbkiefer, *Pinus ponderosa*
Gelbwurz, *xanthorhiza*
Gemeine Bärentraube, *Arctostaphylos uva-ursi*
Gemeine Eberesche, *Sorbus aucuparia*
Gemeine Eibe, *Taxus baccata*
Gemeine Esche, *Fraxinus excelsior*
Gemeine Felsenbirne, *Amelanchier ovalis*
Gemeine Heckenkirsche, *Lonicera xylosteum*
Gemeine Kiefer, *Pinus sylvestris*
Gemeine Myrte, *Myrtus communis*
Gemeine Roßkastanie, *Aesculus hippocastanum*
Gemeine Weißtanne, *Abies alba*
Gemeiner Bocksdorn, *Lycium barbarum*
Gemeiner Flieder, *Syringa vulgaris*
Gemeiner Goldregen, *Laburnum anagyroides*
Gemeiner Judasbaum, *Cercis siliquastrum*
Gemeiner Perückenstrauch, *Cotinus coggygria*
Gemeiner Schneeball, *Viburnum opulus*
Gemeiner Seidelbast, *Daphne mezereum*
Gemeiner Wacholder, *Juniperus communis*
Gemeines Pfaffenhütchen, *Euonymus europaea*
Gemsheide, *Loiseleurica procumbeus*
Gerippte Birke, *Betula costata*
Geißblatt, *Lonicera*
Geißklee, *Cytisus*
Geweihbaum, *Gymnocladus*
Gewöhnlicher Buchsbaum, *Buxus sempervirens*
Gewürzrinde, *Cassia*
Gewürzstrauch, *Calycanthus*
Ginkgobaum, *Ginkgo biloba*
Ginster, *Cytisus, Genista*
Glanzblättrige Rose, *Rosa nitida*
Glanzmispel, *Photinia*
Gleditschie, *Gleditsia*
Glyzine, *Wisteria*

Götterbaum, *Ailanthus*
Goldglöckchen, *Forsythia*
Goldjohannisbeere, *Ribes aureum*
Goldkelch, *Solandra guttata*
Goldlärche, *Pseudolarix*
Goldregen, *Laburnum*
Granatapfelbaum, *Punica granatum*
Graue Heide, *Erica linerea*
Grauerle, *Alnus incana*
Graupappel, *Populus canescens*
Griechische Baumschlinge, *Periploca graeca*
Griechischer Bergahorn, *Acer heldreichii*
Griechische Tanne, *Abies cephalonica*
Großblättrige Ölweide, *Elaeagnus macrophylla*
Großblütige Alpenwaldrebe, *Clematis macropetala*
Großer Federbuschstrauch, *Fothergilla major*
Großfrüchtige Moosbeere, *Vaccinium macrocarpon*
Grünerle, *Alnus viridis*
Grünesche, *Fraxinus pennsylvanica*
Guave, *Psidium guajava*
Gurkenmagnolie, *Magnolia acuminata*
Guttaperchabaum, *Eucommia ulmoides*

Hahnendorn, *Crataegus crus-galli*
Hainbuche, *Carpinus*
Hainbuchenblättriger Ahorn, *Acer carpinifolium*
Hanfweide, *Salix viminalis*
Hakenkiefer, *Pinus uncinata*
Hammerstrauch, *Cestrum*
Hartriegel, *Cornus*
Haselnuß, *Corylus avellana*
Hanfpalme, *Trachycarpus*
Hauhechel, *Onois*
Heckenkirsche, *Lonicera*
Heide, *Erica*
Heidekraut, *Calluna*
Heidelbeere, *Vaccinium*
Heiligenblume, *Santolina*
Hemlocktanne, *Tsuga*
Herkuleskeule, *Aralia spinosa*
Hiba-Lebensbaum, *Thujopsis dolabrata*
Hickorynuß, *Carya*
Himalajakiefer, *Pinus wallichiana*
Himalajazeder, *Cedrus deodara*
Himbeere, *Rubus*
Hinoki-Scheinzypresse, *Chamaecyparis obtusa*
Hirschkolbensumach, *Rhus typhina*
Hoher Beifuß, *Artemisia procera*
Holländische Linde, *Tilia* × *vulgaris*
Holunder, *Sambucus*
Hopfenbuche, *Ostrya*
Hornnarbe, *Ceratostigma*
Hortensie, *Hydrangea*
Hülse, *Ilex aquifolium*
Hundertblättrige Rose, *Rosa centifolia*
Hundsrose, *Rosa canina*

Igelkraftwurz, *Oplopanax horridus*
Igelrose, *Rosa roxburghii*
Immergrün, *Vinca*
Immergrüner Kreuzdorn, *Rhamnus alaternus*
Indigostrauch, *Indigofera*
Indische Lagerstroemie, *Lagerstroemia indica*
Indischer Zedrachbaum, *Melia azedarach*
Irische Heide, *Daboecia*
Italienische Erle, *Alnus cordata*

Italienischer Ahorn, *Acer opalus*
Italienische Waldrebe, *Clematis viticella*

Jamesie, *Jamesia americana*
Japanische Aprikose, *Prunus mume*
Japanische Eibe, *Taxus cuspidata*
Japanische Hemlocktanne, *Tsuga diversifolia*
Japanische Kaisereiche, *Quercus dentata*
Japanische Kamelie, *Camellia japonica*
Japanische Kornelkirsche, *Cornus officinalis*
Japanische Lärche, *Larix kaempferi*
Japanische Nußeibe, *Torreya nucifera*
Japanischer Baumflieder, *Syringa reticulata*
Japanischer Blumenhartriegel, *Cornus kousa*
Japanischer Liguster, *Ligustrum japonicum*
Japanischer Palmfarn, *Cycas revoluta*
Japanischer Rosinenbaum, *Hovenia dulcis*
Japanische Rotkiefer, *Pinus densiflora*
Japanische Schönfrucht, *Callicarpa japonica*
Japanische Schwarzkiefer, *Pinus thunbergiana*
Japanischer Spindelstrauch, *Euonymus japonica*
Japanischer Storaxbaum, *Styrax japonica*
Japanische Weinbeere, *Rubus phoenicolasius*
Japanische Wollmispel, *Eriobotrya japonica*
Japanische Zelkove, *Zelkova serrata*
Japanische Zierquitte, *Choenomeles japonica*
Japanische Zimterle, *Clethra barbinervis*
Jasmin, *Jasminum*
Jeffrey-Kiefer, *Pinus jeffreyi*
Jelängerjelieber, *Lonicera caprifolium*
Johannisbeere, *Ribes*
Johannisbrotbaum, *Ceratonia siliqua*
Johanniskraut, *Hypericum*
Judasbaum, *Cercis*
Judendorn, *Ziziphus jujuba*
Jungfernrebe, *Parthenocissus*

Kahle Apfelbeere, *Aronia melanocarpa*
Kahle Bougainville, *Bougainvillea glabra*
Kalabrischer Spitzahorn, *Acer lobelii*
Kalifornische Nußeibe, *Torreya californica*
Kalifornische Weihrauchzeder, *Calocedrus decurrens*
Kamelie, *Camellia*
Kamm-Minze, *Elsholtzia stauntonii*
Kampferbaum, *Cinnamomum camphora*
Kanarische Dattelpalme, *Phoenix canariensis*
Kanadische Hemlocktanne, *Tsuga canadensis*
Kanadischer Judasbaum, *Cercis canadensis*
Kanadischer Schneeball, *Viburnum lentago*
Kapländische Trompetenwinde, *Tecomaria capensis*
Kapmyrte, *Phylica*
Karolinahemlocktanne, *Tsuga caroliniana*
Kartoffelrose, *Rosa rugosa*
Kaskadenstrauch, *Holodiscus discolor*
Kaspische Tamariske, *Tamarix chinensis*
Kastanie, *Castanea sativa*
Katsurabaum, *Cercidiphyllum japonicum*
Kaukasische Flügelnuß, *Pterocarya fraxinifolia*
Kaukasische Zelkove, *Zelkova carpinifolia*
Kerrie, *Kerria japonica*
Keulenlilie, *Cordyline*
Keuschbaum, *Vitex agnus-castus*
Kirsche, *Prunus*
Kirschpflaume, *Prunus cerasifera*
Klebrige Robinie, *Robinia viscosa*
Klebsame, *Pittosporum*

Kleinblättriger Buchsbaum, *Buxus microphylla*
Kleinblättrige Zistrose, *Cistus parviflorus*
Kleinblättrige Zwergmispel, *Cotoneaster microphyllus*
Kletterhortensie, *Hydrangea anomala* ssp. *petiolaris*
Knackweide, *Salix fragilis*
Knöterich, *Polygonum*
Knopfbusch, *Cephalanthus occidentalis*
Kobushi-Magnolie, *Magnolia kobus*
Königsblume, *Daphne blagayana*
Kolchischer Efeu, *Hedera colchica*
Kolchischer Spitzahorn, *Acer cappadocicum*
Kolkwitzie, *Kolkwitzia amabilis*
Koloradotanne, *Abies concolor*
Kopfeibe, *Cephalotaxus*
Kopfginster, *Cytisus supinus*
Korallenbaum, *Erythrina*
Korallenstrauch, *Erythrina crista-galli*
Koreakiefer, *Pinus koraiensis*
Koreanischer Lebensbaum, *Thuja koraiensis*
Koreatanne, *Abies koreana*
Korkbaum, *Phellodendron*
Kornelkirsche, *Cornus mas*
Korokie, *Corokia cotoneaster*
Krähenbeere, *Empetrum nigrum*
Kranzspiere, *Stephanandra*
Kreuzblume, *Polygala chamaebuxus*
Kreuzdorn, *Rhamnus catharticus*
Kreuzkraut, *Senecio*
Kreuzstrauch, *Baccharis*
Kriechende Zwergweide, *Salix* × *simulatrix*
Kriechrose, *Rosa arvensis*
Kriechweide, *Salix repens*
Krimlinde, *Tilia* × *euchlora*
Kronwicke, *Coronilla emerus*
Kuchenbaum, *Cercidiphyllum japonicum*
Küstensequoie, *Sequoia sempervirens*
Kupfer-Felsenbirne, *Amelanchier lamarckii*
Kumquat, *Fortunella*

Labradorrose, *Rosa blanda*
Lackzistrose, *Cistus ladanifer*
Lärche, *Larix*
Lagerstroemie, *Lagerstroemia indica*
Lambertnuß, *Corylus maxima*
Lavendel, *Lavandula*
Lavendelheide, *Andromeda, Pieris*
Lawson-Scheinzypresse, *Chamaecyparis lawsoniana*
Lebensbaum, *Thuja*
Lederblatt, *Chamaedaphne calyculata*
Lederstrauch, *Ptelea*
Libanoneiche, *Quercus libani*
Libanonzeder, *Cedrus libani*
Liguster, *Ligustrum*
Likiangfichte, *Picea likiangensis*
Linde, *Tilia*
Lorbeer, *Laurus*
Lorbeerblättrige Zistrose, *Cistus laurifolius*
Lorbeerkirsche, *Prunus laurocerasus*
Lorbeermispel, *Stranvaesia*
Lorbeerrose, *Kalmia*
Lorbeer-Schneeball, *Viburnum tinus*
Lorbeer-Seidelbast, *Daphne laureola*
Lorbeerweide, *Salix pentandra*
Losbaum, *Clerodendrum*
Lupine, *Lupinus*
Lydischer Ginster, *Genista lydia*

Mädchenhaarbaum, *Ginkgo biloba*
Mädchenkiefer, *Pinus parviflora*
Mäusedorn, *Ruscus*
Magnolie, *Magnolia*
Mahonie, *Mahonia*
Mairose, *Rosa majales*
Mammutbaum, *Sequoiadendron giganteum*
Mandarine, *Citrus reticulata*
Mandarinrose, *Rosa moyesii*
Mandelbäumchen, *Prunus triloba*
Mandelbaum, *Prunus dulcis*
Mandelweide, *Salix triandra*
Mandschurische Birke, *Betula platyphylla*
Mannaesche, *Fraxinus ornus*
Mannsblut, *Hypericum androsaemum*
Mastixstrauch, *Pistatia lentiscus*
Maulbeerbaum, *Morus*
Meerträubel, *Ephedra*
Mehlbeere, *Sorbus aria*
Menziesie, *Menziesia*
Mexikanische Zypresse, *Cupressus lusitanica*
Milchorange, *Maclura pomifera*
Mispel, *Mespilus germanica*
Mittelmeerzypresse, *Cupressus sempervirens*
Mönchspfeffer, *Vitex agnus-castus*
Mongolischer Steppenahorn, *Acer ginnala*
Mongolische Waldrebe, *Clematis tangutica*
Montereykiefer, *Pinus radiata*
Montereyzypresse, *Cupressus macrocarpa*
Moorbirke, *Betula pubescens*
Moosbeere, *Vaccincum oxycoccos*
Moosglöckchen, *Linnaea borealis*
Morgenländischer Lebensbaum, *Thuja orientalis*
Myrte, *Myrtus communis*
Myrtenheide, *Melaleuca*

Nachtschatten, *Solanum*
Nadelrose, *Rosa acicularis*
Nanshan-Zwergmispel, *Cotoneaster praecox*
Nelkenpfeffer, *Calycanthus*
Netzweide, *Salix reticulata*
Neuseeländischer Flachs, *Phormium*
Nevada-Zirbelkiefer, *Pinus flexilis*
Nikkotanne, *Abies homolepis*
Nordamerikanische Korallenbeere, *Symphoricarpos orbiculatus*
Nordamerikanische Papierbirke, *Betula papyrifera*
Nordamerikanischer Zürgelbaum, *Celtis occidentalis*
Nordamerikanische Schindeleiche, *Quercus imbricaria*
Nordamerikanische Weißeiche, *Quercus alba*
Nordamerikanische Zuckerbirke, *Betula lenta*
Norfolktanne, *Araucaria heterophylla*
Nußeibe, *Torreya*
Nutka-Scheinzypresse, *Chamaecyparis nootkatensis*

Ölbaum, *Olea europaea*
Ölweide, *Elaeagnus*
Ohio-Roßkastanie, *Aesculus glabra*
Ohrweide, *Salix aurita*
Oleander, *Nerium oleander*
Omeirose, *Rosa omeiensis*
Omorikafichte, *Picea omorika*
Opuntie, *Opuntia*
Orange, *Citrus sinensis*
Orangenblume, *Choisya ternata*

Orangenkirsche, *Idesia polycarpa*
Oregon-Ahorn, *Acer macrophyllum*
Orientalische Waldrebe, *Clematis orientalis*
Orientbuche, *Fagus orientalis*
Orientfichte, *Picea orientalis*
Orient-Weißbuche, *Carpinus orientalis*
Osagedorn, *Maclura pomifera*

Päonie, *Paeonia*
Pagodenhartriegel, *Cornus controversa*
Palmfarne, *Cycas*
Palmlilie, *Yucca*
Pampelmuse, *Citrus maxima*
Panzerkiefer, *Pinus heldreichii*
Papiermaulbeerbaum, *Broussonetia papyrifera*
Pappel, *Populus*
Parrotie, *Parrotia persica*
Passionsblume, *Passiflora*
Paulownie, *Paulownia*
Perlbusch, *Exochorda*
Perlschweif, *Stachyurus*
Persimone, *Diospyros virginiana*
Petterie, *Petteria ramentacea*
Perückenstrauch, *Cotinus*
Pfahlrohr, *Arundo donax*
Pfeifenstrauch, *Philadelphus*
Pfeifenwinde, *Aristolochia*
Pfefferbaum, *Schinus molle*
Pfingstrose, *Paeonia*
Pfirsichbaum, *Prunus persica*
Pflaume, *Prunus*
Pfriemenginster, *Sparticum junceum*
Phoenizischer Wacholder, *Juniperas phoenicea*
Pimpernuß, *Staphylea*
Pinie, *Pinus pinea*
Pistazie, *Pistatia*
Platane, *Platanus*
Pomerance, *Citrus aurantium*
Pontische Eiche, *Quercus pontica*
Porst, *Ledum palustre*
Portugiesische Lorbeerkirsche, *Prunus lusitanica*
Prachtglocke, *Enkianthus*
Preiselbeere, *Vaccinium vitis-idaea*
Primeljasmin, *Jasminum mesnyi*
Provencerose, *Rosa centifolia*
Prunkspiere, *Exochorda*
Puderquasten-Sträucher, *Calliandra*
Purpurfichte, *Picea purpurea*
Purpurginster, *Cytisus purpureus*
Purpurmagnolie, *Magnolia liliiflora*
Purpurtanne, *Abies amabilis*
Purpurweide, *Salix purpurea*
Pyramidenpappel, *Populus nigra*

Quitte, *Cydonia*

Radbaum, *Trochodendron aralioides*
Rainweide, *Ligustrum*
Rauhblattrose, *Rosa jundzillii*
Rauschbeere, *Empetrum, Vaccinium uliginosum*
Raute, *Ruta graveoleus*
Rebe, *Vitis*
Rechenblume, *Symplocus paniculata*
Redwood, *Sequoia sempervirens*
Regensburger Ginster, *Cytisus ratisbonensis*
Reichblütige Ölweide, *Elaeagnus multiflora*
Reifweide, *Salix daphnoides*
Riemenblume, *Loropetalum chinense*
Riesenlebensbaum, *Thuja plicata*

Riesenpalmlilie, *Yucca elephantipes*
Rispenblütige Waldrebe, *Clematis maximowicziana*
Rose, *Rosa*
Rosenakazie, *Robinia hispida*
Rosenapfel, *Syzygium jambos*
Rosenginster, *Cytisus purpureus*
Rosmarin, *Rosmarinus officinalis*
Rosmarinheide, *Andromeda*
Rosmarin-Seidelbast, *Daphne cneorum*
Rosmarinweide, *Itea, Salix elaeagnos*
Rostnerviger Ahorn, *Acer rufinerve*
Roßkastanie, *Aesculus*
Rotahorn, *Acer rubrum*
Rotblättrige Rose, *Rosa glauca*
Rotblühende Roßkastanie, *Aesculus × carnea*
Rotbuche, *Fagus sylvatica*
Rote Pavie, *Aesculus pavia*
Roter Hartriegel, *Cornus sanguinea*
Rotesche, *Fraxinus pennsylvanica*
Rottanne, *Picea abies*
Rotzeder, *Juniperus virginiana*
Rüster, *Ulmus*
Rumelische Kiefer, *Pinus peuce*
Rundblättrige Mehlbeere, *Sorbus latifolia*
Runzelblättrige Zwergmispel, *Cotoneaster bullatus*

Sachalinfichte, *Picea glehnii*
Sadebaum, *Juniperus sabina*
Säckelblume, *Ceanothus*
Salbeiblättrige Zistrose, *Cistus salvifolius*
Salweide, *Salix caprea*
Salzstrauch, *Halimodendron halodendron*
Sandbirke, *Betula pendula*
Sanddorn, *Hippophaë rhamnoides*
Sandginster, *Genista pilosa*
Sandkirsche, *Prunus pumila*
Sandmyrte, *Leiophyllum luxifolium*
Sauerbaum, *Oxydendrum arboreum*
Sauerdorn, *Berberis vulgaris*
Sauerkirsche, *Prunus cerasus*
Schafsbeere, *Viburnum lentago*
Scharlacheiche, *Quercus coccinea*
Scharlachfuchsie, *Fuchsia magellanica*
Scheinakazie, *Robinia*
Scheinbeere, *Gaultheria*
Scheineller, *Clethra*
Scheinhasel, *Corylopsis*
Scheinkamelie, *Stewartia*
Scheinkerrie, *Rhodotypos scandens*
Scheinparrotie, *Parrotiopsis jacquemontiana*
Scheinrebe, *Ampelopsis*
Scheinquitte, *Choenomelas*
Scheinzypresse, *Chamaecyparis*
Schierlingstanne, *Tsuga*
Schimmelfichte, *Picea glauca*
Schindelborkige Hickorynuß, *Carya ovata*
Schirmmagnolie, *Magnolia tripetala*
Schirmtanne, *Sciadopitys verticillata*
Schlehe, *Prunus spinosa*
Schlingknöterich, *Polygonum*
Schmalblättrige Ölweide, *Elaeagnus augustifolia*
Schmetterlingsstrauch, *Buddleja*
Schmucktanne, *Araucaria*
Schneckenklee, *Medicago*
Schneeball, *Viburnum*
Schneeballblättriger Ahorn, *Acer opalus*
Schneebeere, *Symphoricarpos*

Schneeflockenstrauch, *Chionanthus*
Schneeforsythie, *Abeliophyllum distichum*
Schneeglockenbaum, *Halesia*
Schneeheide, *Erica carnea*
Schneelocke, *Neviusia alabamensis*
Schnurbaum, *Sophora japonica*
Schönfrucht, *Callicarpa*
Schönmalve, *Abutilon*
Schottische Zaunrose, *Rosa rubignosa*
Schuppenheide, *Cassiope*
Schwarze Heckenkirsche, *Lonicera nigra*
Schwarzer Ginster, *Cytisus nigricans*
Schwarzerle, *Alnus glutinosa*
Schwarzer Maulbeerbaum, *Morus nigra*
Schwarzfichte, *Picea mariana*
Schwarzkiefer, *Pinus nigra*
Schwarznuß, *Juglans nigra*
Schwedische Mehlbeere, *Sorbus intermedia*
Schweifähre, *Stachyurus*
Seekiefer, *Pinus halepensis*
Seidelbast, *Daphne*
Seidenbaum, *Albizia julibrissin*
Serbische Fichte, *Picea omorika*
Sibirische Fichte, *Picea obovata*
Sibirische Ulme, *Ulmus pumila*
Sicheltanne, *Cryptomeria japonica*
Siebolds Fächerahorn, *Acer sieboldianum*
Silberahorn, *Acer saccharinum*
Silberakazie, *Acacia dealbata*
Silber-Ölweide, *Elaeagnus commutata*
Silberpappel, *Populus alba*
Silberweide, *Salix alba*
Silberwurz, *Dryas*
Sisalagave, *Agave sisalana*
Siskiyoufichte, *Picea breweriana*
Sitkafichte, *Picea sitchensis*
Skimmie, *Skimmia*
Sommerlinde, *Tilia platyphyllos*
Spätblühende Traubenkirsche, *Prunus serotina*
Spalier-Zwergmispel, *Cotoneaster adpressus*
Spalthortensie, *Schizophragma hydrangeoides*
Spanische Heide, *Erica australis*
Spanische Tanne, *Abies pinsapo*
Spanischer Ginster, *Genista hispanica*
Sparrige Zwergmispel, *Cotoneaster divaricatus*
Speierling, *Sorbus domestica*
Spierstrauch, *Spiraea*
Spießtanne, *Cunninghamia lanceolata*
Spindelstrauch, *Euonymus*
Spitzahorn, *Acer platanoides*
Stachelbeere, *Ribes*
Stacheldrahtrose, *Rosa omeiensis f. pteracantha*
Stachelesche, *Zanthoxylum*
Stechapfel, *Datura*
Stechfichte, *Picea pungens*
Stechginster, *Ulex*
Stechpalme, *Ilex*
Stechwacholder, *Juniperus oxycedrus*
Steinapfel, *Osteomeles*
Steineibe, *Podocarpus*
Steineiche, *Quercus ilex*
Steinsame, *Buglossoides*
Steinweichsel, *Prunus mahaleb*
Steinweide, *Phillyrea*
Sternanis, *Trachelospermum*
Sternmagnolie, *Magnolia stellata*
Stieleiche, *Quercus robur*
Stinkesche, *Euodia*
Storaxbaum, *Styrax*

Strahlenginster, *Genista radiata*
Strahlengriffel, *Actinidia*
Strandkiefer, *Pinus pinaster*
Straucheibisch, *Hibiscus syriacus*
Strauchiger Hauhechel, *Onois fruticosa*
Strauchmalve, *Lavatera*
Strauchmelde, *Atriplex halimus*
Strauchnessel, *Phlomis fruticosa*
Strauchpäonie, *Paeonia suffruticosa*
Strauchveronika, *Hebe*
Stumpfblättrige Weide, *Salix retusa*
Südfranzösische Strandmalve, *Lavatera olbida*
Südlicher Zürgelbaum, *Celtis australis*
Südbuche, *Nothofagus*
Südseemyrte, *Leptospermum*
Süßkirsche, *Prunus avium*
Süßklee, *Hedysarum*
Sugi, *Cryptomeria japonica*
Sumach, *Rhus*
Sumpfeiche, *Quercus palustris*
Sumpflederholz, *Dirca palustris*
Sumpfporst, *Ledum palustre*
Sumpfzypresse, *Taxodium*
Surenbaum, *Toona sinensis*

Tamariske, *Tamarix*
Tanne, *Abies*
Tatarischer Hartriegel, *Cornus alba*
Tatarischer Steppenahorn, *Acer tataricum*
Taubenbaum, *Davidia involucrata*
Teppich-Zwergmispel, *Cotoneaster dammeri – Cotoneaster horizontalis*
Texas Waldrebe, *Clematis texensis*
Thunbergs Fächerahorn, *Acer japonicum*
Tigerschwanzfichte, *Picea polita*
Torfmyrte, *Pernettya mucronata*
Torffränke, *Chamaedaphne calyculata*
Tränenkiefer, *Pinus wallichiana*
Traubendorn, *Danaë*
Traubeneiche, *Quercus petraea*
Traubenheide, *Leucothoë*
Traubenholunder, *Sambucus racemosa*
Traubenkirsche, *Prunus padus*
Traubenspiere, *Neillia*
Trompetenbaum, *Catalpa*
Trompetenblume, *Solandra*
Tupelobaum, *Nyssa sylvatica*
Tulpenbaum, *Liriodendron tulipifera*
Tulpenmagnolie, *Magnolia × soulangiana*

Ulme, *Ulmus*
Ungarische Eiche, *Quercus frainetto*
Ungarischer Flieder, *Syringa josikaea*
Ungarische Silberlinde, *Tilia tomentosa*

Veilchenstrauch, *Iochroma*
Vielblütige Heide, *Erica multiflora*
Vielblütige Rose, *Rosa multiflora*
Virginische Rose, *Rosa virginiana*
Virginischer Schneeflockenstrauch, *Chionanthus virginicus*
Vogelkirsche, *Prunus avium*

Wacholder, *Juniperus*
Waldgeißblatt, *Lonicera periclymenum*
Waldrebe, *Clematis*
Walnußbaum, *Juglans*
Warziger Spindelstrauch, *Euonymus verrucosa*
Wechselblättriger Hartriegel, *Cornus alternifolia*

Weichselkirsche, *Prunus cerasus*
Weide, *Salix*
Weidenblättrige Birne, *Pyrus salicifolia*
Weideneiche, *Quercus phellos*
Weigelie, *Weigela*
Weihrauchzeder, *Calocedrus decurrens*
Weinraute, *Ruta graveolens*
Weinrose, *Rosa rubignosa*
Wermut, *Artemisia absinthium*
Westliche Hemlocktanne, *Tsuga heterophylla*
Westliche Weymouthskiefer, *Pinus monticola*
Weißbuche, *Carpinus*
Weißdorn, *Crataegus*
Weiße Eskallonie, *Escallonia virgata*
Weißerle, *Alnus incana*
Weißer Maulbeerbaum, *Morus alba*
Weiße Rose, *Rosa* × *alba*
Weiße Zistrose, *Cistus albidus*
Weißfichte, *Picea glauca*
Weißrindige Himalajabirke, *Betula jacquemontii*
Weymouthskiefer, *Pinus strobus*
Wiesenrose, *Rosa carolina*

Wilder Wein, *Parthenocissus quinquefolia*
Winterblüte, *Chimonanthus praecox*
Wintereiche, *Quercus petraea*
Winterjasmin, *Jasminum nudiflorum*
Winterlinde, *Tilia cordata*
Winterrinde, *Drimys winteri*
Wistarie, *Wisteria*
Wolliger Schneeball, *Viburnum lantana*
Wollmispel, *Eriobotrya japonica*

Yedofichte, *Picea jezoensis*

Zaubernuß, *Hamamelis*
Zeder, *Cedrus*
Zedrachbaum, *Melia*
Zelkove, *Zelkova*
Zerreiche, *Quercus cerris*
Zickzackstrauch, *Corokia cotoneaster*
Zierbanane, *Ensete ventricosum*
Zierquitte, *Choenomeles*
Zimmeraralie, *Fatsia*
Zimtahorn, *Acer griseum*
Zimterle, *Clethra*

Zimthimbeere, *Rubus odoratus*
Zimtlorbeer, *Cinnamomum*
Zimtrose, *Rosa majalis*
Zistrose, *Cistus*
Zitronat-Zitrone, *Citrus medica*
Zitrone, *Citrus limon*
Zitterpappel, *Populus tremula*
Zuckerahorn, *Acer saccharum*
Zürgelbaum, *Celtis*
Zweigriffeliger Weißdorn, *Crataegus laevigata*
Zwergalpenrose, *Rhodothamnus chamaecistus*
Zwergbirke, *Betula nana*
Zwerglorbeer, *Chamaedaphne calyculata*
Zwergmandel, *Prunus tenella*
Zwergmehlbeere, *Sorbus chamaemespilus*
Zwergmispel, *Cotoneaster*
Zwergpalme, *Chamaerops*
Zwergweide, *Salix herbacea*
Zylinderputzer, *Callistemon*
Zypresse, *Cupressus*
Zyprischer Erdbeerbaum, *Arbutus andrachne*

Wissenschaftliche Pflanzennamen

Sachregister

Bildquellen

Fotos

J. Apel: Seite 290 (2), 318, 402, 437, 523, 526.
H. Draht: Seite 299 oben, 532 unten rechts.
J.D. zu Jeddeloh: Seite 572.
S. Seidl: Seite 274.
Strobel & Co.: Seite 462.

Alle übrigen Fotos vom Verfasser.

Zeichnungen

Aden und Knuff (1972): Seite 83.
Boerner und Koch (1979): Seite 10, 12, 13, 16, 43, 172, 173, 174, 175 oben, 177, 178, 179, 180, 181, 182, 185, 186, 187, 188, 189, 190 unten links, 191 unten.
Boullion (1972): Seite 136.
Colvin (1972): Seite 14, 15.
Duhme (1972): Seite 146.
Feininger (1968): Seite 17 oben links (verändert).
Fitchen (1990): Seite 22.
de Haas (1965): Seite 175 unten.

Hansen und Stahl (1976): Seite 176 (verändert).
Heinze und Schreiber (1984): Seite 102, 103, 106, 107.
Hilkenbäumer (1953): Seite 100 oben (verändert).
Information der Schutzgemeinschaft Deutscher Wald: Seite 11 (verändert).
Informationsmaterial des Bundes deutscher Baumschulen: Seite 162 unten.
Krüssmann (1976): Seite 17 (verändert) (alle Abbildungen außer oben links).
Schubert (1970): Seite 78 oben rechts, 109, 110, 111.
Siewniak (1976): Seite 190 oben rechts (verändert), 191 oben (verändert).
Strasburger (1958): Seite 17 oben links.

Alle übrigen Zeichnungen nach Vorlagen des Verfassers, erstellt von Helmut Poeschel (Seite 18, 42, 78 unten links, 100 oben und unten links) und Gisela Tambour (Seite 40, 66, 67, 68, 69, 70, 71, 72, 73, 100 unten rechts, 162 oben, 163, 164, 165, 166, 171, 179 Mitte rechts, 186 oben).

Die Freiland-Schmuckstauden. Handbuch und Lexikon der winterharten Gartenstauden. Begr. v. Leo Jelitto und Wilhelm Schacht. Neu hrsg. v. Wilhelm Schacht und Alfred Fessler. 4., überarbeitete Auflage. 683 Seiten mit 663 Farbfotos und 342 Schwarzweißfotos. Leinen mit Schutzumschlag DM 290,–.

Im grünen Reich der Stauden. Der neue englische Staudengarten. Von Beth Chatto. Aus dem Englischen von Ralf Carls. 191 Seiten mit 207 Farbfotos, 13 Farbzeichnungen und 6 Pflanzpläne. Leinen mit Schutzumschlag DM 68,–.

Der Staudengarten. Von Alfred Fessler. 364 Seiten mit 112 Farbfotos, zahlreichen Zeichnungen und Pflanzplänen. Pp. mit Schutzumschlag DM 68,–.

Bambus. Von Christine Recht und Max F. Wetterwald. 139 Seiten mit 68 Farbfotos und 7 Schwarzweißfotos sowie 25 Zeichnungen. Leinen mit Schutzumschlag DM 88,–.

Rhododendron und immergrüne Laubgehölze. Von Johann Berg (†) und Lothar Heft. 3., überarbeitete und neugestaltete Auflage. 272 Seiten mit 104 Farbfotos und 19 Zeichnungen. Leinen mit Schutzumschlag DM 108,–.

Gartenpflanzen für Kenner. Hundert ausgewählte Gehölze und Stauden. Von Roy Lancaster. Aus dem Englischen von Marion Zerbst. 192 Seiten mit 135 Farbfotos. Leinen mit Schutzumschlag DM 78,–.

Gärten schaffen Freude. Erlebnisse und Erfahrungen aus eigenen und fremden Gärten. Von Ellen Fischer. 256 Seiten mit 128 Farbfotos und 38 Farbzeichnungen. Leinen mit Schutzumschlag DM 68,–.

Pflanzenbilder aus meinen Gärten. Über englische Gartengestaltung. Von Gertrude Jekyll. Aus dem Englischen von Angela Uthe-Spencker. 186 Seiten mit 47 Farbfotos und 47 Farbzeichnungen sowie 16 Bepflanzungspläne. Pp. mit Schutzumschlag DM 58,–.

Formale Gärten. Gestaltungselemente und Anlage architektonischer Gärten. Von Hans Meyer. 171 Seiten mit 68 Farbfotos und 5 Schwarzweißfotos sowie 106 Zeichnungen. Leinen mit Schutzumschlag DM 88,–.

Farbe im Garten. Von Penelope Hobhouse. Aus dem Englischen von Helge Mücke. 240 Seiten mit 300 Farbfotos, zahlreichen Skizzen und Pläne. Leinen mit Schutzumschlag DM 98,–.

Japanische Gärten und Gartenteile. Von Kiyoshi Seike und Masanobu Kudo. Bearbeitet von Walter Schmidt. 96 Seiten mit 141 farbigen Tafeln und zahlreichen Zeichnungen. Pp. mit Schutzumschlag DM 68,–.

Gestalten mit Pflanzen. Versuch einer Ästhetik des Gartens. Von Friedolin Wagner. 125 Seiten mit 72 Farbfotos. Leinen mit Schutzumschlag DM 68,–.

Der harmonische Garten. Wie Pflanzen zusammenpassen. Von Gisela Zinkernagel. 218 Seiten mit 100 farbigen Aquarellen. Pp. mit Schutzumschlag DM 58,–.

Prospekte kostenlos

Erhältlich in Ihrer Buch(Fach)handlung oder beim **Verlag Eugen Ulmer**
Postfach 70 05 61, 7000 Stuttgart 70

VERLAG EUGEN ULMER